SAMMLUNG DALP

OTTO HILTBRUNNER

Kleines Lexikon der Antike

Umfassend die griechisch-römische Welt
von ihren Anfängen bis zum Beginn des Mittelalters
(6. Jahrhundert n. Chr.)

Unter Mitarbeit von Marion Lausberg

SECHSTE, VÖLLIG NEUBEARBEITETE
UND ERWEITERTE AUFLAGE
MIT ZWEI KARTEN

FRANCKE VERLAG TÜBINGEN
UND BASEL

Die Deutsche Bibliothek – CIP-Einheitsaufnahme

Kleines Lexikon der Antike umfassend die griechisch-römische Welt
von ihren Anfängen bis zum Beginn des Mittelalters (6. Jahrhundert n. Chr.) /
Otto Hiltbrunner. Unter Mitarb. von Marion Lausberg.
[Den Art. »Medizin« hat Pierre Schmid beigesteuert]. –
6., völlig neubearb. und erw. Aufl. – Tübingen ; Basel : Francke, 1995
(Sammlung Dalp)
ISBN 3-7720-1036-9
NE: Hiltbrunner, Otto

Den Artikel »Medizin«
hat Professor Pierre Schmid, Lausanne, beigesteuert.

6., völlig neubearbeitete und erweiterte Auflage 1995
5. Auflage 1974

Dischingerweg 5 · D-72070 Tübingen

Gedruckt auf säurefreiem und alterungsbeständigem Werkdruckpapier.

Gesamtherstellung: Präzis-Druck, Karlsruhe
Printed in Germany

ISBN 3-7720-1036-9

VORWORT

Die Wurzeln der abendländischen Kultur, der geistigen wie der materiellen, liegen in Rom und Griechenland. Wenn wir unser Dasein nicht naiv als gegeben hinnehmen, sondern es als ein aus vielfältigen Voraussetzungen geschichtlich gewachsenes zu verstehen suchen, dann wird immer die Kenntnis der griechisch-römischen Welt der Schlüssel zu solchem Verständnis sein. Wir können uns der Antike auf verschiedene Weise nähern. Wer seinen Standpunkt in der Gegenwart nimmt, wird zunächst fragen: Was ist aus dem Altertum für heute noch unmittelbar interessant? Was hat es damals auch schon und was noch nicht gegeben? Die Antworten auf eine solche Fragestellung haben den Reiz der Aktualität. Doch haftet ihnen notwendig eine Einseitigkeit an. Kuriositäten und Erscheinungen, die in der Antike selbst nur am Rande gestanden haben, drängen sich ins Blickfeld. Aus der unendlichen Zahl der Dinge, die nicht gewesen sind, läßt sich wohl das eine oder andere herausstellen, aber die Wahl muß subjektiv bleiben. Wertvolles versinkt auf der andern Seite ins Dunkel, weil es keinen direkten Weg in das Heute gefunden hat. Doch wir erben nicht nur unmittelbar dieses und jenes Stück. Wir sind Nachfolger einer Welt, die in sich ein Ganzes gewesen ist. Viele Kräfte haben sie mitgeformt, deren Auswirkung uns nur mittelbar noch erreicht, die innerhalb der antiken Welt in einem räumlich oder zeitlich begrenzten Teilbereich ihre Bedeutung gehabt haben und darin aufgegangen sind. Auch dieses aufgehobene Kulturgut dürfen wir nicht vernachlässigen, wenn wir zu einem Gesamtbild der Antike gelangen wollen. Die Betrachtung des Altertums unter dem Gesichtspunkt der Aktualität, wie sie das Wörterbuch der Antike von Lamer übt, hat also ohne Zweifel ihre Berechtigung, aber sie darf nicht die einzige Betrachtungsweise sein. Der Verfasser dieses Buches hat sich daher bewußt für die andere Fragestellung entschieden: Was ist in der Antike selbst wichtig gewesen? Diese Frage zielt auf ein nach allen Seiten abgerundetes, ausgewogenes Gesamtbild, das sich in den Namen und den wesentlichen Sachbereichen darstellt. Der Umfang eines kleinen Lexikons zwingt auch hier zur Auswahl. Indessen ist die Zahl der Stichwörter so reichlich angesetzt, daß der Freund der Antike, welcher nach einem griechischen oder römischen Namen oder einem Begriff sucht, meist die gewünschte Auskunft finden wird. Die Realencyclopädie, das große Nachschlagewerk der Altertumswissenschaft, ist in ihren ersten, noch vor 1900 erschienenen Bänden überaltert. Ein kleines Lexikon, das in kürzeren Abständen neu überarbeitet wird, hat den Vorteil, dem gegenwärtigen Stand der Forschung am nächsten zu kommen. Obwohl die Gegenstände mehr als zwei Jahrtausende zurückliegen, wird unser Wissensstand immer noch durch neue Entdeckungen vermehrt, wie z. B. die seit 1977 von dem Archäologen der Universität Thessaloniki, M. Andronikos, gefundenen Königsgräber in Vergina (*Aigai). Der genaueren Orientierung dienen die neuesten Literaturangaben, bei denen über die deutschsprachigen Titel hinaus solche in den anderen europäischen Hauptsprachen genannt werden. Damit wird auch den Studenten der Altertumswissenschaft eine erste bescheidene Handreichung geboten. In erster Linie wendet sich der Verfasser aber nicht an die Fachkollegen, sondern an den Kreis all derer, welche im Geiste des Humanismus den Weg zur Antike gehen wollen.

Der Aufschwung der deutschen Altertumswissenschaft hat in der Zeit der Aufklärung begonnen. Es lag in der Tendenz jener Epoche, daß das Christliche und Kirchliche aus dem Bezirk der Ideale, in welchen das klassische Altertum einzog, ferngehalten wurde. Aber das Altertum ist in den letzten fünf Jahrhunderten des hier betrachteten Zeitraums vom Christentum geprägt worden. Ein echtes Verständnis ist uns verbaut, solange wir den Blick nur auf das sterbende Heidentum richten und an dem geflissentlich vorbeisehen, was als die positive Kraft diese Zeiten bewegt. Die Humanisten haben das noch gefühlt, und ein Erasmus von Rotterdam hat seinen Hieronymus mindestens ebenso gut gekannt wie den Cicero. Die Einseitigkeit der Betrachtungsweise ist in unseren Tagen überwunden. Doch das 1940 abgeschlossene Standard-Wörterbuch der griechischen Sprache von Liddell und Scott hat noch die Sprache der griechischen Kirchenschriftsteller unberücksichtigt gelassen; sie ist inzwischen durch das Patristic Greek Lexicon von Lampe erschlossen. In den frühen Bänden der Realencyclopädie sind Athanasios nur 3 Spalten gegönnt, unter Kyrillos erscheint keiner von den in der Kirchengeschichte berühmten Trägern des Namens. Das hat sich in den neueren Bänden zum Vorteil geändert. Das Lamer'sche Wörterbuch hat von den Nachwirkungen der Antike die im heutigen Leben zweifellos folgenreichste, das Christentum, nur in sehr beschränktem Maße zu Worte kommen lassen. Die Spezialwerke über Antike und Christentum, allen voran das bis zur Mitte des Alphabets vorangeschrittene Reallexikon für Antike und Christentum, beziehen ihrerseits das Heidnische nur soweit ein, als es für die christliche Entwicklung bedeutungsvoll ist. Der Verfasser hat die Gewichte so verteilt, daß das christliche Altertum den ihm historisch gebührenden Platz erhält. Geblieben ist die Beschränkung auf das griechisch-römische Altertum. Ägypten, Vorderasien, die keltische und germanische Frühgeschichte werden nur in den Beziehungen zu Griechenland und Rom kurz angesprochen. Die Forschung pflegt diese Gebiete als eigenständige Bereiche zu behandeln und der Leser wird sie hier kaum erwarten.

Wie sehr man es auch bedauern mag, die Zahl der Menschen, die durch ausreichende Sprachkenntnis einen unmittelbaren Zugang zu antiken literarischen Quellen haben, nimmt ab. Um so wichtiger wird der andere Zugang zur Welt des Altertums, den die Anschauung der archäologischen Denkmäler bietet. Der Verfasser freut sich darüber, daß sein Büchlein nicht selten sich in der Tasche der Reisenden findet, welche die antiken Stätten aufsuchen wollen. Um ihren Bedürfnissen noch besser zu entsprechen, hat meine Mitarbeiterin Marion Lausberg in der fünften Auflage zahlreiche neue archäologische Artikel hinzugefügt und die bereits vorhandenen auf den neuesten Stand gebracht.

Den vielen Freunden der früheren Auflagen, welche mit ihren Zuschriften zum weiteren Ausbau des Buches angeregt haben, sei an dieser Stelle herzlich gedankt. Insbesondere hat Dr. Franz Dollnig durch zahlreiche Hinweise viel zur Verbesserung beigetragen. Wenn das Lexikon ein kleiner, handlicher Wegweiser bleiben soll, ist es leider nicht möglich, die Zahl der Artikel über ein gewisses Maß hinaus zu vermehren. Doch hat der Verfasser alle ihm zugegangenen Vorschläge erwogen und ist ihnen in sehr vielen Fällen gefolgt.

München, im September 1994

HINWEISE FÜR DEN BENUTZER

Griechische Wörter sind in der griechischen Lautgestalt angeführt, ausgenommen einige Fälle eingedeutschter Formen. Früher pflegte man die gr. Namen zu latinisieren. Dabei ergaben sich als häufigste Veränderungen:

gr. *k* = lat. *c;* gr. *ai* = lat. *ae;* gr. *ei* = lat. *ī;* gr. *oi* = lat. *oe.*

Der Benutzer wird, wenn er diese Erscheinungen beachtet, unschwer einen Namen, der ihm in lat. Form begegnet, in die gr. zurückverwandeln, um ihn im Lexikon zu finden. Es erscheinen z. B. *Socrates* unter dem Stichwort **Sokrates**, *Aesopus* unter **Aisopos**, *Aeschylus* unter **Aischylos** (s-ch getrennt zu sprechen), *Piraeus* unter **Peiraieus**, *Croesus* unter **Kroisos**.

*vor einem Wort besagt, daß unter diesem Stichwort nähere Einzelheiten stehen.

In den Literaturanmerkungen sind zu den Schriftstellern die empfehlenswerteste Textausgabe und Übersetzung, wo eine solche vorhanden ist, genannt; im übrigen ist nur eine knappe Auswahl der wichtigsten Literatur gegeben. In der Regel sind Artikel aus den auf S. XI aufgeführten Enzyklopädien und Lexika nicht zitiert. Wer wissenschaftlich arbeiten will, wird ohnehin zu ihnen greifen. Es findet sich z. B. eine ausgezeichnete Abhandlung über Cicero in Pauly-Wissowas Realencyclopädie (unter dem Stichwort Tullius). Um die Zahl der sachlichen Stichwörter zu beschränken, ist manches unter einem allgemeineren Begriff zusammengefaßt, ohne daß in allen Fällen ein Verweis darauf hinführt (z. B. Ackerbau unter **Landwirtschaft**, Grabkult unter **Tod**, die athenischen Bürgerklassen der Solonischen Verfassung unter **Solon**).

Nachweise der Werke und Textausgaben von hier nicht aufgeführten entlegeneren Autoren findet man: Für die griech. Profanliteratur im Lexicon von Liddell and Scott (s. S. XII), S. XVI ff.; für die griech. christliche Literatur in G. W. H. Lampe, A Patristic Greek Lexicon, Oxford 1961, S. XI–XLV; für die lateinische Literatur in der Editio altera des Index librorum zum Thesaurus linguae Latinae, Leipzig 1990. Man darf freilich nicht erwarten, in jedem Falle die neueste, heute maßgebende Ausgabe genannt zu bekommen, da diese Listen nicht über die Zeit ihrer Abfassung hinaus zu führen vermögen.

ABKÜRZUNGEN

I. Römische Vornamen:

A.	Aulus	P.	Publius
C.	Gaius	Q.	Quintus
Cn.	Gnaeus	S.	Sextus
D.	Decimus	Sp.	Spurius
L.	Lucius	T.	Titus
M.	Marcus	Ti. oder	
M'.	Manius	Tib.	Tiberius.

Verzeichnis der in lat. Inschriften üblichen Abkürzungen: Dessau, Inscriptiones latinae selectae, Bd. 3, S. 752 ff.

II. Im deutschen Text:

att.	attisch.
cos.	Consul.
Frg.	Fragment(e), Bruchstück(e).
gr.	griechisch.
H.	Hälfte.
K	Kommentar(e).
lat.	lateinisch.
röm.	römisch.
T	Textausgabe(n).
Ü	Übersetzung(en).

Abkürzungen für Reihen und grundlegende Einzelwerke, auf die oft verwiesen wird:

ACW	Ancient Christian Writers. New York (engl. Ü).
ANRW	Aufstieg und Niedergang der röm. Welt. Berlin-New York 1972 ff.
AW	Bibliothek der Alten Welt, Artemis Verlag, Zürich-München (Ü, neuere Bände mit T).
BGL	Bibliothek der gr. Literatur. Stuttgart (deutsche Ü).
Budé	Ausgabe in der Collection des Universités de France, publiée sous le patronage de l'Association Guillaume Budé, Paris, Société d'Edition Les Belles Lettres. In einer gr. und einer lat. Reihe sind jeweils T und französische Ü vereinigt.
CMG (CML)	(CML) *Corpus medicorum Graecorum* (bzw. *Latinorum*), Berlin u. Leipzig.
Corp. Chr.	*Corpus Christianorum, Series latina*, Editions Brepols, Turnhout-Paris. T der Kirchenschriftsteller. Eine *Series graeca* ist 1977 begonnen.
Corp. Vindob.	*Corpus Scriptorum Ecclesiasticorum Latinorum* Vindobonense, Wien, enthält T der lat. kirchlichen Schriftsteller.
dtv	Deutscher Taschenbuchverlag.

Friedländer	Ludwig F., *Sittengeschichte Roms.* Die Seitenzahlen beziehen sich auf die illustrierte Phaidon-Ausgabe, Wien 1934. Wer die wissenschaftliche Ausgabe mit Anmerkungen (9./10. Aufl.von G. Wissowa, 1919/21) benutzt, wird die Stellen mit Hilfe des im 3. und 4. Bande beigegebenen Registers finden.
Gr. chr. Schr.	Die gr. christlichen Schriftsteller der ersten Jahrhunderte, hg. von der Akad. d. Wissenschaften Berlin.
Herrscherbild	Das röm. Herrscherbild, hg. von Max Wegner, Berlin 1939 ff.
Inselb.	Inselbücherei, Leipzig.
Kröner	Kröners Taschenausgaben, Stuttgart.
KV	Bibliothek der Kirchenväter (Übersetzungen), Verlag Kösel & Pustet, Kempten-München. Die Sammlung ist in mehreren Reihen seit 1830 erschienen.
Loeb L.	The Loeb Classical Library, Cambridge Mass.-London, enthält T mit englischer Ü.
Malcovati	Enrica M., *Oratorum Romanorum Fragmenta*, Turin, 4. A. 1976–79.
Migne	*Patrologiae graecae* (und *latinae*) *cursus completus*, Paris, unkritische Textausgaben der Kirchenschriftsteller. Für viele Autoren die einzige zugängliche Ausgabe, daher trotz ihrer Unzuverlässigkeit unentbehrlich.
OS	Osiander-Schwabsche Übersetzungsbibliothek der gr. und röm. Prosaiker und Dichter.
Oxf. Cl.	Oxford Classical Texts (= Scriptorum classicorum bibliotheca Oxoniensis), gr. und lat. T, seit 1900.
Reclam	Reclams Universal-Bibliothek, Stuttgart-Leipzig. Ü, neuere Bändchen mit T.
RE Suppl.	Supplementbände zu Pauly-Wissowa, Realencyclopädie der classischen Altertumswissenschaft (1–15), 1903–78.
S. chrét.	Sources chrétiennes, Paris, Ed. du Cerf, enthält T und französische Ü von Kirchenschriftstellern.
Schefold	Karl Sch., *Die Bildnisse der antiken Dichter, Redner und Denker*, Basel 1943.
Tb	Teubner-Verlag, Stuttgart-Leipzig. Die *Bibliotheca Teubneriana* ist die umfangreichste Sammlung von gr. und lat. T.
Tusc.	Tusculum-Bücher, Artemis Verlag Zürich-München, frühere im Verlag Heimeran, München. T mit nebenstehender deutscher Ü. Begleitende Reihe: Tusculum Schriften (Tusc. Schr.).
Vorsokr.	Diels-Kranz, *Die Fragmente der Vorsokratiker*, gr. und deutsch, 12./13. Aufl., 1967/8.
WdF	Wege der Forschung, Wiss. Buchgesellschaft, Darmstadt. Sammlung wichtiger Aufsätze zum jeweiligen Titel.

WICHTIGSTE ALLGEMEINE LITERATUR

Siehe auch oben unter Abkürzungen und unter den zusammenfassenden Artikeln **Lyrik**, **Philosophie**, **Plastik**, **Portrait**, **Religion**, **Recht** usw.

LEXIKA UND NACHSCHLAGEWERKE

Allgemeine Sachwörterbücher:

PAULY-WISSOWA, *Realencyclopädie der classischen Altertumswissenschaft*, 1892–1980. Ausführlichstes Nachschlagewerk. Kürzer DER KLEINE PAULY, 1964–75 (5 Bde.).

DAREMBERG-SAGLIO, *Dictionnaire des antiquités*, 1877–1919 (9 Bde).

NGLHAMMOND - HHSCULLARD, *The Oxford Classical Dictionary*, 2. A. 1972.

Lexikon der Alten Welt, Zürich-Stuttgart, 1965. Nach Sachgebieten geordnet auch in Taschenbuchreihe dtv.

HLAMER, *Wörterbuch der Antike*, Stuttgart 1933 (9. A. 1989). Vgl. Vorwort.

Antike und Christentum:

Reallexikon für Antike und Christentum, Stuttgart 1950 ff. (bis J erschienen).

KPRÜMM, *Religionsgeschichtliches Handbuch für den Raum der altchristlichen Umwelt*, Freiburg 1943 (Nachdruck 1954).

Mythologie:

WHROSCHER, *Ausführliches Lexikon der gr. und röm. Mythologie*, 1884–1937.

HHUNGER, *Lexikon der gr. und röm. Mythologie mit Hinweisen auf das Fortwirken antiker Stoffe und Motive in der bildenden Kunst, Literatur und Musik bis zur Gegenwart*, Wien, 6. A. 1969.

PGRIMAL, *Dictionnaire de la mythologie grecque et romaine*, Paris 1969 (Ü: PGRIMAL-EPETERICH, *Die klassischen Mythen und Sagen der Griechen, Römer und Germanen*. München 1990 dtv).

ETRIPP, *Reclams Lexikon der antiken Mythologie*, Stuttgart 1974.

MGRANT-JHAZEL, *Lexikon der antiken Mythen und Gestalten*, München 1976.

LBURN, *Gr. Mythen*, Stuttgart 1993 (Reclam).

KSCHEFOLD, *Geschichte der gr. Sagenbilder*, München 1981 ff.

Lexicon iconographicum mythologiae classicae, Zürich-München 1981 ff.

ESIMON, *Die Götter der Griechen*, München 1985.

ESIMON, *Die Götter der Römer*, München 1990.

Bildende Künste:

Enciclopedia dell'arte antica classica e orientale, 7 Bde, Roma 1958–66.

JOVERBECK, *Die antiken Schriftquellen zur Geschichte der bildenden Künste bei den Griechen*, Leipzig 1868 (Nachdr. Hildesheim 1959).

W. HELBIG, *Führer durch die öffentlichen Sammlungen klassischer Altertümer in Rom*, 4. Aufl. hg. von H. Speier, 4 Bde, Tübingen 1963–72.

Sachaltertümer:
ANTHONY RICH, *Illustriertes Wörterbuch der röm. Altertümer*, übers. v. C. Müller, Paris 1862.
H. KOLLER, *Orbis pictus latinus*, Zürich-München 1989.
Van der HEYDEN-STIER, *Bildatlas zur antiken Welt*, Gütersloh 1960.
Van der MEER-MOHRMANN-KRAFT, *Bildatlas der frühchristlichen Welt*, Gütersloh 1959.

Geographie:
M. B. BESNIER, *Lexique de géographie ancienne*, Paris 1914.
E. KIRSTEN-W. KRAIKER, *Griechenlandkunde*, 5. A., Heidelberg 1967.

Ausgrabungen:
R. STILLWELL, *The Princeton Encyclopedia of Classical Sites*, 1976.

Literatur:
W. BUCHWALD-HOHLWEG-PRINZ, *Tusculum-Lexikon gr. und lat. Autoren des Altertums und des Mittelalters*, 1982.
M. C. HOWATSON, *The Oxford Companion to Classical Literature*, 1989.

Sprache:
H. G. LIDDELL and SCOTT, *A greek-english Lexicon*, new ed. by Henry Stuart Jones, Oxford 1925–40, mit Suppl. 1968.
H. FRISK, *Griechisches etymologisches Wörterbuch*, Heidelberg 1954–72.
P. CHANTRAINE, *Dictionnaire étymologique de la langue grecque. Histoire des mots.* Paris 1968–80.
K. E. GEORGES, *Ausführliches lat.-deutsches Handwörterbuch*, 8. A. 1913–18. Neuere Auflagen sind unveränderte Nachdrucke.
A. WALDE, *Lat. etymologisches Wörterbuch*, 3. A. bearb. von I. B. Hofmann, Heidelberg 1938–56.
A. ERNOUT-MEILLET, *Dictionnaire étymologique de la langue latine, Histoire des mots.* 4. A. Paris 1950–60.

Historische Personen:
J. KIRCHNER, *Prosopographia Attica*, 1901–03.
T. R. S. BROUGHTON, *The magistrates of the Roman Republic*, 1951–52; *Suppl.* 1986 (in chronologischer, nicht alphabetischer Anordnung).
Prosopographia imperii Romani, 2. A. A-P, 1933–92.
A. H. M. JONES-MARTINDALE-MORRIS, *The Prosopography of the Later Roman Empire*, 1971–92.
G. HAFNER, *Bildlexikon antiker Personen*, Zürich-München 1993.

ZUSAMMENFASSENDE DARSTELLUNGEN

Sammlungen:

Handbuch der Altertumswissenschaft, begründet von Iwan v. Müller, Beck'sche Verlagsbuchhandlung München. Enthält ausführliche Darstellungen der verschiedenen Gebiete der Altertumswissenschaft.

GERCKE-NORDEN, *Einleitung in die Altertumswissenschaft.* 3 Bde. Einzelne Teile nach 1950 wieder neuaufgelegt.

Die Altertumswissenschaft, Einführungen in Gegenstand, Methoden und Ergebnisse ihrer Teildisziplinen und Hilfswissenschaften, Darmstadt 1967 ff.

Literaturgeschichte:

WSCHMID-STÄHLIN, *Geschichte der griech. Literatur* (im *Handbuch der Altertumswissenschaft).* I. Teil, 7. A., 1929 ff.; II. Teil, 6. A., 1920–24.

ALESKY, *Geschichte der griech. Literatur*, Bern, 3. A. 1971.

ADIHLE, *Griech. Literaturgeschichte*, München 1991.

HGÖRGEMANNS (Hg.), *Die griech. Literatur in Text und Darstellung*, Stuttgart (Reclam).

The Cambridge History of classical Literature: Greek, 1985; *Latin*, 1982.

MSCHANZ-HOSIUS, *Geschichte der römischen Literatur* (im *Handbuch der Altertumswissenschaft*). I.–II. Teil, 4. A., 1927–35. III.–IV. Teil 1914–22 (Neubearb. von RHERZOG-PLSCHMIDT, 1994 ff).

EBICKEL, *Geschichte der röm. Literatur*, Heidelberg, 2. A. 1961.

KBÜCHNER, *Röm. Literaturgeschichte*, Stuttgart, 4. A. 1968. Kröner.

MVONALBRECHT, *Geschichte der röm. Literatur.* 2. A. München 1994. Ders. (Hg.), *Die röm. Literatur in Text und Darstellung*, Stuttgart (Reclam).

ADIHLE, *Die griech. und lat. Literatur der Kaiserzeit*, München 1989.

OBARDENHEWER, *Geschichte der altkirchlichen Literatur*, 1902–32 (5 Bde, Nachdruck Darmstadt 1962).

BALTANER-STUIBER, *Patrologie*, 8. A., Freiburg 1978. Mit vorzüglicher Bibliographie der frühchristlichen Autoren.

JQUASTEN, *Patrology* (3 Bde), 1950–1960 (franz. Ausg. 1955–63 u. d. Titel *Initiation aux Pères de l'église*).

Kultur- und Geistesgeschichte:

JAKOB BURCKHARDT, *Griech. Kulturgeschichte*, 1898-1902, seither viele Neuausgaben.

WKRANZ, *Griechentum*, Baden-Baden 1952.

BAUMGARTEN-POLAND-WAGNER, *Die hellenische Kultur*, Leipzig-Berlin 1913.

– *Die hellenistisch-römische Kultur*, 1913.

WJÄGER, *Paideia, Die Formung des griech. Menschen* (bis Platon), 2. A. Berlin 1954–55 (3 Bde); dazu ergänzend: *Das frühe Christentum und die griech. Bildung*, 1963.

MPOHLENZ, *Der hellenische Mensch*, Göttingen 1947.

– *Gestalten aus Hellas*, München 1950.

– *Griechische Freiheit*, Heidelberg 1955.

PGRIMAL, *Römische Kulturgeschichte*, München-Zürich 1961.
UKAHRSTEDT, *Kulturgeschichte der röm. Kaiserzeit*, 2. A. Bern 1958.
MFUHRMANN, *Rom in der Spätantike*, Zürich-München 1994.
CSCHNEIDER, *Kulturgeschichte des Hellenismus*, München 1967–9.
– *Geistesgeschichte des antiken Christentums*, München 1954.
MGRANT-RKITZINGER, *Civilisation of the ancient Mediterranean*, London 1988 (3 Bde.).
MIFINLEY (Hg.), *The Legacy of Greece*, Oxford 1992.
RJENKYNS (Hg.), *The Legacy of Rome*, Oxford 1992.

Kunst:
WHSCHUCHHARDT, *Geschichte der gr. Kunst*, Stuttgart 1971.
GMARICHTER, *A Handbook of Greek Art*, London, 6. A. 1969.
JBOARDMAN-JDÖRIG-WFUCHS-HHIRMER, *Die gr. Kunst*, 1966.
KSCHEFOLD, *Die Griechen und ihre Nachbarn*, Berlin 1967 (Propyläen-Kunstgeschichte I).
THKRAUS, *Das röm. Weltreich*, Berlin 1967 (Propyläen-Kunstgeschichte II).
BANDREAE, *Röm. Kunst*, Freiburg 1973 (Ars antiqua 5).
RBIANCHI-BANDINELLI, *Die röm. Kunst*, München 1993.
NH und ARAMAGE, *The Cambridge illustrated History of Roman Art*, 1991.
WFVOLBACH, *Elfenbeinarbeiten der Spätantike und des frühen Mittelalters*, Mainz 1976.
RHIGGINS, *Greek and Roman Jewelry*, Berkeley 1980.
WFVOLBACH-MHIRMER, *Frühchristliche Kunst*, München 1958.

Politische Geschichte:
HBENGTSON, *Geschichte der alten Welt*, Frankfurt 1989 (dtv).
EMEYER, *Geschichte des Altertums*, 1884 ff. (8. A., hg. v. H. E. Stier, Darmstadt 1981).
The Cambridge ancient History, 1924-39, New Edition 1970 ff.
MROSTOVTZEFF, *Geschichte der alten Welt*, Bremen 1956 (2 Bde, kurz).
EKORNEMANN, *Weltgeschichte des Mittelmeerraumes von Philipp II. bis Muhammed*, München 1967.
UWILCKEN, *Griech. Geschichte im Rahmen der Altertumsgeschichte*, 9. A. 1962.
HBENGTSON, *Griech. Geschichte*, 4. A. 1969, im *Handbuch der Altertumswissenschaft*.
HBERVE, *Griech. Geschichte*, 3. A., Freiburg 1950-60 (3 Bde).
FSCHACHERMEYR, *Griech. Geschichte*, Stuttgart 1960.
EBAYER, *Griech. Geschichte*, 1987 (Kröner).
THMOMMSEN, *Röm. Geschichte*, München 1993 (dtv, die Originalbde. 1–3 und 5 in 8 Bdn., Bd. 4 nicht erschienen).
AHEUSS, *Röm. Geschichte*, 3. A. 1971.
HBENGTSON, *Grundriß der röm. Geschichte mit Quellenkunde*, 1970, im *Handbuch der Altertumswissenschaft*.
KCHRIST, *Röm. Geschichte*, 5. A. Darmstadt 1994. Ders., *Geschichte der röm. Kaiserzeit*, München 1992. *Krise und Untergang der röm. Republik*, 3. A. Darmstadt 1993.

OSeeck, *Geschichte des Untergangs der antiken Welt*, 1910–21.
EStein, *Geschichte des spätröm. Reiches*, Bd. 1, Wien 1928 (Bd. 1 u. 2 franz. unter dem Titel *Histoire du Bas-Empire*, hg. v. J. R. Palanque, 1959 und 1949).

Gesellschafts- und Wirtschaftsgeschichte:
MRostovtzeff, *Gesellschaft und Wirtschaft im röm. Kaiserreich*, Leipzig 1930 (2 Bde).
– *Gesellschafts- und Wirtschaftsgeschichte der hellenistischen Welt*, Darmstadt 1955–56 (3 Bde, auch unter d. Titel *Die hellenistische Welt*).
HKloft, *Die Wirtschaft der gr.-röm. Welt, eine Einführung*, Darmstadt 1992.
EMeyer, *Römischer Staat und Staatsgedanke*, 3. A. 1964.
An economic survey of ancient Rome, ed. T. Frank, Baltimore 1933–40 (6 Bde).
FHeichelheim, *Wirtschaftsgeschichte des Altertums*, 2 Bde, 1938 (Nachdr. 1966; Bd. 1 in engl. Neubearb.: *An ancient economic history from the palaeolithic age to the migrations of the germanic, slavic and arabic nations*, 1958).
AHMJones, *The later Roman Empire 284–602*, Oxford 1990.

Privatleben:
WABecker, *Charikles, Bilder altgr. Sitte; Gallus oder röm. Szenen aus d. Zeit des Augustus*. 3. A. von H. Göll, Berlin 1877; 1880–82.
JMarquardt, *Das Privatleben der Römer*, 2. A. von A. Mau, 1886 (Nachdr. Darmstadt 1990).
HBlümner, *Die röm. Privataltertümer*, München 1911.
HBlanck, *Einführung in das Privatleben der Griechen und Römer*, Darmstadt 1976.
LFriedländer, s. Abkürzungsverzeichnis.
RFlacelière, *La vie quotidienne en Grèce au siècle de Périclès*, 1960.
JCarcopino, *Rom, Leben und Kultur in der Kaiserzeit*. Stuttgart 1986 (Reclam).
UEPaoli, *Das Leben im alten Rom*, 3. A. Bern 1979.
– *Die Frau im alten Hellas*, 1955.
PGrimal, *Histoire mondiale de la femme 1*, 1965.
– *Liebe im alten Rom*, Frankfurt 1981.
SBPomeroy, *Frauenleben im klassischen Altertum*, Stuttgart 1985 (Kröner).

FORSCHUNGSBERICHTE UND BIBLIOGRAPHIEN

Jahresbericht über die Fortschritte der klass. Altertumswissenschaft, begründet von C. Bursian, bis 1955; dann abgelöst durch
Lustrum, Internat. Forschungsberichte aus dem Bereich des klass. Altertums, hg. von Mette u. Thierfelder, 1956 ff.
Année philologique bearb. von J. Ernst, hg. von J. Marouzeau, Paris 1925 ff., verzeichnet jährlich die gesamte altertumswissenschaftliche Literatur.
Fasti archaeologici, annual bulletin of class. archaeology, 1948 ff.

Archäologische Bibliographie (Beilage zum Jahrbuch des Deutschen Archäol. Instituts in Rom), erscheint jährlich.

PLATNAUER, *Fifty years of classical scholarship*, Oxford 1968 (kurze Referate über neuere Forschung auf Einzelgebieten).

J. A. NAIRN, *Handlist of books relating to the Classics*, 3. A., Oxford 1953 (Bibliographie der wichtigsten Lit.).

A

Abai, gr. Stadt in Phokis mit Orakelstätte im Apollontempel.

Abaris, ein hyperboreischer Schamane, der mit dem Pfeile des Apollon herumgezogen sein und durch Zaubersprüche die Pest gebannt haben soll. Zuerst erwähnt ihn Pindar. Den Neuplatonikern gilt er als Freund des Pythagoras; sie lassen ihn auf dem Pfeil durch die Lüfte fahren. KMeuli, Gesammelte Schriften 2, Basel 1975, 859-864.

Abas, der Heros **eponymos* des Stammes der *Abantes*, nach der Sage Gründer der Stadt Abai in Phokis. Die Abanter siedelten in homerischer Zeit auf Euboia, nahmen an der Kolonisation der kleinasiat. Küste teil, verschwanden aber nachher aus der Geschichte. Der Schild des A. besaß die Zauberkraft, durch seinen bloßen Anblick ein sich empörendes Volk zur Unterwerfung zu bringen. Von A. stammten ab Akrisios, Danae, *Perseus, *Atalante.

Abdera, Stadt an der Küste Thrakiens. Ionische Siedler aus Klazomenai um 656 v. Chr. wurden von den Thrakern wieder vertrieben; Ende 6. Jh. v. Chr. setzten Auswanderer aus Teos sich dauernd fest. Unter ihnen befand sich *Anakreon; später wurde A. die Heimat von *Demokrit, *Protagoras, *Anaxarchos. Sprichwörtlich waren die Schildbürgerstreiche der Abderiten.

Abella, gr. Kolonie in Campanien, von Chalkis ausgegangen. Ein im 2. Jh. v. Chr. abgefaßter Vertrag mit der Nachbarstadt Nola über einen Heraklestempel gehört zu den wenigen größern Denkmälern der Sprache der *Osker (Inschrift des *cippus Abellanus*).
TÜ (lat.): EVetter, Handbuch der italischen Dialekte 1, 1953, Nr. 1 S. 8-13.

Aberglaube, von den Griechen *Deisidaimonia* (Dämonenfurcht), von den Römern *Superstitio* genannt. Als A., besser Volksglaube, bezeichnet die Wissenschaft Äußerungen primitiver Religiosität, die als tiefere Schicht unterhalb des offiziellen Götterkults in Volksbräuchen, Märchen, Mythos, *Zauberei, Gespensterglauben weiterleben. Ihm haben selbst Leute aus den höchsten Kreisen gehuldigt (z. B. *Nikias).
*Theophrastos, *Charaktere 16 (Deisidaimon)*. *Plutarch, *A. und Unglaube*. T-Auswahl: Jax, A. und Zauberei im Altertum, 1933. – EStemplinger, Antiker Volksglaube, 1948.

Aberkiosinschrift. Die 1883 aufgefundene Grabschrift des Bischofs Aberkios von Hieropolis (Kleinasien) zeigt, wie sich das Frühchristentum des 2. Jh. ganz nach der Art der hellenistischen Mysterien- und Geheimkulte in eine Symbolsprache hüllte, welche Nichteingeweihten

unverständlich bleiben sollte. Die Vermengung religiöser Bilder verschiedensten Ursprungs ist so merkwürdig, daß man am christl. Charakter der Inschrift gezweifelt hat.
TÜ: Reallex. für Antike u. Christentum 1 (s. o. S. XI) S. 11ff.

Abile (auch *Abilyx*) und **Kalpe**, Ceuta und Gibraltar, die sog. Säulen des *Herakles.

Abioi, ein sagenhaftes Volk im Norden. Homer (*Ilias* 13, 6) nennt sie «die gerechtesten Menschen».

Abnoba, der Schwarzwald, auch als Göttin (*Diana A.*) verehrt.

Aborigines, mythisches Volk in Mittelitalien. Der Name wurde später volksetymologisch von *ab origine* (vom Ursprung) hergeleitet und so als «die Ureinwohner» verstanden.

Abu Simbel, Ort am Nil in Oberägypten mit in den Felsen gehauenen Tempeln. Auf den Füßen einer der Relieffiguren am Eingang zu einer der Höhlen haben gr. und phönizische Söldner des Pharao Psammetich 591 v. Chr. ihre Namen eingeritzt. In der Ptolemäerzeit kamen zahlreiche andere Namen hinzu. Als 200 km nördl. der Assuan-Staudamm gebaut wurde, rettete man die Anlage vor der Überflutung durch den Stausee, indem man sie höher in den Felsen versetzte.
TÜK: Bernand u. Masson, Revue des études grecques 70, 1957, 1ff. ChDesroches-Noblecourt, Die Welt rettet A.S., 1968.

Abusina, röm. Kastell an der Donaugrenze (Eining, Landkreis Kelheim). Am Ort noch bedeutende Mauerreste; ein Kaiseraltar für Caracalla im Nationalmuseum München.
FDaffner, Geschichte und Beschreibung des Römerkastells A., 1930.

Abydos. – 1. Tochterstadt von Milet am Hellespont. (*Hero). Hier baute 480 v. Chr. Xerxes seine Schiffsbrücke (*Perserkriege). – 2. in Oberägypten, Fundort von 2 Tafeln mit Listen der ägypt. Könige.

Acca Larenti(n)a, sabinische Erdgottheit. Am 23. Dez., den *Larentalia*, wurde ihr ein staatliches Totenopfer an ihrem Grabe (**mundus*) im *Velabrum dargebracht. In der Sage erscheint sie als Geliebte des Hercules oder Nährmutter von Romulus und Remus.
WFOtto, Röm. Sagen, Wiener Studien 35 (1913), S. 62ff.

Accius, der größte Tragiker Roms, geb. 170 v. Chr. in Pisaurum. Erhalten sind Frg. von über 40 Tragödien, in denen er gr. Mythen behandelte, und von 2 *Praetextae: Die *Aeneaden* (oder **Decius*) und *Brutus*. Daneben schrieb er über Literaturgeschichte *(Didascalica, Pragmatica)* und versuchte eine Reform der Orthographie.
TK (Frg.): VD'Antò, Lecce 1980. *Tragödie. Ü (engl.): Warmington, Remains of old Latin II (Loeb L.).

Acestes gilt als Heros **eponymos* der sizil. Stadt *Segesta. In Vergils *Aeneis* nimmt der Held A. die Troer freundlich in Sizilien auf und erlaubt dem dort zurückbleibenden Teil, die Stadt Acesta zu gründen (5, 718).

Achäer *(gr. Achaioi)*, im homerischen Epos Sammelname für alle Griechen. A. im engern Sinne wohnten in historischer Zeit in Thessalien und an der Nordküste der Peloponnes, wo sich ihre 12 Städte in einer Kultgemeinschaft des Poseidon zusammengeschlossen hatten. Es waren Dyme, Olenos, Pharai, Tritaia, Patrai, Rhypes, Aigion, Helike, Bura, Aigai, Aigeira, Pellene. Eine politische Rolle spielten sie als Achäischer Bund, nachdem 251 v. Chr. *Sikyon beigetreten war und der Feldherr *Aratos im Wirrwarr der Diadochenstaaten sich eine bedeutende Macht erkämpfte. Korinth wurde 243 für den Bund gewonnen, der weiterhin unter der Führung *Philopoimens erfolgreich war, aber dann ins Netz der röm. Politik geriet. Nach dem Sieg Roms über Makedonien bei Pydna (168) mußten 1000 vornehme A. als Geiseln nach Rom gehen, unter ihnen *Polybios. Nur 300 erlebten nach 17 Jahren die Heimkehr und schürten jetzt den Römerhaß. 146 erklärte der Bund trotz Roms Verbot den Krieg gegen Sparta. Der Praetor *Metellus (2), der gerade die Makedonen besiegt hatte, zerschlug das achäische Heer; bevor er aber den Krieg beenden konnte, erschien der Consul Mummius, siegte bei Leukopetra auf dem Isthmos und plünderte Korinth. Das Land der A. wurde ein Teil der röm. Provinz Macedonia unter dem Namen Achaia. Seit Augustus bildete Achaia eine eigene Provinz mit der röm. Kolonie Korinth als Hauptort.
RUrban, Wachstum und Krise des Achäischen Bundes 280-222 v. Chr., 1979 (Historia E.schr. 35). ThSchwertfeger, Der Achäische Bund von 146-27 v. Chr., 1974 (Vestigia 19). ABastini, Der Achäische Bund als hellenische Mittelmacht, 1987.

Achaimenes, Ahnherr der persischen Könige vor Alexander d. Gr. Die Dynastie der Achaimeniden herrschte 521-330 v. Chr: *Dareios, *Xerxes, *Artaxerxes. Königsliste auf der Felsinschrift von Behistun (Bagistana). *Perser.

Acharnai, der volkreichste *Demos von Attika. Nach ihm betitelte Aristophanes eine seiner Komödien, *Die Acharner*. Die meisten Einwohner waren Bauern und Köhler.

Achates, in Vergils *Aeneis* der getreue *(fidus)* Gefährte des Aeneas.
ThWeber, Fidus A., 1988 (Diss. Heidelberg).

Acheloos, der größte Fluß Griechenlands. Er entspringt am Pindos und mündet zwischen Akarnanien und Aitolien in die Ionische See, wo er durch Aufschwemmung die Inselgruppe der Echinaden bildet. Der A. war den Griechen der Vertreter des fließenden Wassers schlechthin; auch kleinere Flüsse erhielten den Namen. Sage: Der Flußgott A. war der älteste der 3000 Söhne des Okeanos und der Tethys. Er kämpfte mit Herakles um die Braut Deianeira. Während des Ringens verwandelte er sich in Schlange und Stier; da brach ihm Herakles ein Horn ab. Der besiegte A. gab zum Austausch dafür dem Herakles das Füllhorn der *Amaltheia. Dieser Ringkampf war ein beliebtes Sujet der Vasenmaler. In der Lit.: Sophokles, *Trachinierinnen*. *Ovid, *Met.* 8, 870ff.- HPIsler, A., 1970.

Acheron hießen mehrere Flüsse, vor allem ein Fluß in Thesprotien (Epeiros), in den der Kokytos mündet und der durch den Acherusischen Sumpfsee ins Ionische Meer fließt. Alle 3 Gewässer stellten sich die Griechen als Leidensströme in der *Unterwelt vor. Überall, wo man geographische Stätten so nannte, waren sie mit Unterweltssagen verbunden (Eingang zum Totenreich); besonderen Anhalt dazu bot der streckenweise unterirdische Lauf des A. Am Zusammenfluß von A. und Kokytos in Thesprotien lag beim Ort Ephyra ein berühmtes Totenorakel, dessen Reste 1958 unter einem heutigen Kloster identifiziert werden konnten.
SIDakaris, in: Neue Ausgrabungen in Griechenland (Antike Kunst Beih. I), 1963, S. 51ff.

Achilleus (lat. *Achilles*), der größte gr. Held des troischen Krieges in *Homers *Ilias* und den *Epen des *Kyklos*. A. war der Sohn des Peleus, des Königs der Myrmidonen im thessalischen Phthia, und der Nereide Thetis. Die göttliche Mutter wollte ihn unsterblich machen und hielt ihn nach der Geburt über eine Zauberflamme (nach jüngerer Sagenversion badete sie ihn in der Styx); doch von Peleus überrascht, konnte sie das Werk nicht vollenden. Nun war A. bestimmt entweder ewiger Ruhm, aber ein kurzes Leben, oder ein langes, ruhmloses Leben. Er wurde von dem heilkundigen Kentauren Cheiron erzogen. Als der Krieg um Troia ausbrach, versteckte ihn die Mutter in Mädchenkleidung unter den Töchtern des Königs Lykomedes auf der Insel Skyros. Doch der schlaue Odysseus kam mit andern gr. Fürsten dahin und legte wie ein Händler weiblichen Schmuck und Waffen vor. Plötzlich ließ er überraschend die Kriegstrompete blasen, A. ergriff instinktiv das daliegende Schwert und hatte sich verraten. Er zog jetzt mit nach Troia; die Lykomedestochter Deidameia aber gebar ihm einen Sohn namens Pyrrhos oder Neoptolemos. In den Feldzug begleiteten ihn der Freund Patroklos, der alte Waffenmeister und Lehrer Phoinix und die Myrmidonen auf 50 Schiffen.
Homers *Ilias* setzt ein mit dem Streit, der vor Troia zwischen A. und dem Oberfeldherrn Agamemnon ausbrach, weil dieser ihm die schöne Sklavin Briseis wegnahm. A. enthielt sich grollend des Kampfes, und Zeus verlieh auf Bitten der Thetis den Troern Sieg. In höchster Not sandte Agamemnon eine Bittgesandtschaft mit Odysseus, Aias und Phoinix und versprach Rückgabe der Briseis und reiche Geschenke. A. blieb unerbittlich. Erst als der Troerheld Hektor schon das Feuer in die gr. Schiffe schleuderte, ließ er in seiner Rüstung den Freund Patroklos in den Kampf ziehen. Entgegen der Weisung des A. verfolgte Patroklos die weichenden Troer weiter und fiel dabei; Hektor erbeutete die Rüstung. In unermeßlichem Schmerz zog jetzt A. selbst aus, um den Freund zu rächen, nachdem Thetis ihm eine vom Gott Hephaistos geschmiedete wunderbare neue Rüstung gebracht hatte. Nach furchtbarem Morden erlegte er Hektor im Zweikampf, schleifte die Leiche an seinem Streitwagen und feierte dem Patroklos Leichenspiele und Totenopfer. Doch gab er dem Vater Hektors, dem Troerkönig Priamos, vom Mitleid gerührt, den Leichnam des Sohnes zur Bestattung heraus.
Die nachhomerischen Epen berichten von späteren Kämpfen mit dem Aithioperkönig Memnon und der Amazonenkönigin Penthesileia. Doch

das Schicksal hatte dem Helden bestimmt, vor der Einnahme Troias durch einen von Apollon gelenkten Pfeil des feigen Paris zu fallen. (Andere Version: *Polyxena.) Durch Homer war A. der gr. Nationalheld, das leuchtende Vorbild der gr. Jugend. Vor allem beseelte Alexander den Gr. der Trieb, A. nachzueifern, und auch röm. Kaiser rühmten sich gerne der Tugenden des A.
Zahllos sind die A.-darstellungen auf Vasen. A. bei Cheiron und A. auf Skyros: Pompeianische Wandgemälde (*Athenion). DKemp-Lindemann, Darstellungen des A. in gr. und röm. Kunst, 1975. – Lit. Hauptquellen: *Homeros. *Statius, *Achilleis* (Jugendgeschichte). *Quintus Smyrnaeus, *Posthomerica.* *Euripides, *Iphigeneia in Aulis* (A. in der Rolle des angeblichen Bräutigams). Frg.: Kyklos *(*Kypria, *Aithiopis).* *Aischylos, *Myrmidonen.* – KCKing, A. in classical Poetry, 1979 (Diss. Princeton). MRoussel, Biographie légendaire d'A., 1991.

Achilleus-Maler, bedeutender att. Vasenmaler der Hochklassik um 440 v. Chr., benannt nach einem Achill mit Lanze auf einer rotfig. Amphora im Vatikan. Er bemalte vor allem weißgrundige *Lekythen.
Arias-Shefton-Hirmer (*Vasen) Taf. XXXVIII f. 186ff.

Achilleus Tatios aus Alexandreia verfaßte Ende 2. Jh. n. Chr. einen Liebesroman in 8 Büchern: *Leukippe und Kleitophon.*
T: EVilborg, Göteborg 1955, K: ders., 1962. Ü: FJacobs, 1990 (AW). KPlepelits, 1980 (BGL). TÜ: Gaselee (Loeb L.). JPhGarnaud, 1991 (Budé).

Achivi: Lat. Form des Namens der *Achäer.

Achradina, ein Stadtteil von *Syrakus.

Acilius, Name eines plebeischen Geschlechts in Rom. – 1. M'. A. Glabrio, cos. 191 v. Chr., besiegte König *Antiochos d. Gr. – 2. Gaius A. schrieb in gr. Sprache eine Geschichte Roms (**Annales*). Als Senator dolmetschte er 155 v. Chr. in der Verhandlung mit der athenischen Philosophengesandtschaft. – 3. M'. A. Glabrio, Volkstribun wahrscheinlich 122 v. Chr., Parteigänger des C. Gracchus, gab ein inschriftlich erhaltenes *Repetundengesetz.
T: Bruns, Fontes iuris Rom. 10, 1902.
4. M'. A. Glabrio, Praetor 70 v. Chr. im Prozeß des *Verres, als cos. 67 unfähiger Feldherr im Krieg gegen *Mithridates. – 5. M'. A. Glabrio wurde als cos. 91 n. Chr. von Domitian gezwungen, in der Arena mit einem Löwen zu kämpfen, und 95 hingerichtet. Da später mehrere christliche A. in den Priscilla-Katakomben begraben sind, vermutet man, daß schon zu seiner Verurteilung das Christentum Anlaß gewesen sein könnte.

Acro, Helenius, röm. Grammatiker, dem fälschlich ein spätlat. Horazkommentar zugeschrieben wurde.
T: Keller, Pseudacronis Scholia, 1902/4 (Nachdr. 1967, Tb).

Acta, Verfügungen und Protokolle von Behörden. – 1. A. senatus, Protokolle der Senatsverhandlungen, seit 59 v. Chr. auf Anordnung Caesars ständig aufgenommen, vorher nur in wichtigen Fällen. – 2. A. principis, die aufgezeichneten Äußerungen des Kaisers in Briefen

Edikten, Reskripten, Dekreten, Reden usw. Daß sie Gesetzeskraft hatten, setzte zuerst M. Antonius für die A. Caesars nach dessen Tode 44 v. Chr. durch. – 3. A. d i u r n a , die staatliche Tageszeitung, von Caesar begründet. Sie wurden öffentlich angeschlagen und teilten dem Publikum Nachrichten von allgemeinem Interesse mit. – 4. A. hießen auch die Protokolle von Festen, z. B. die inschriftlich erhaltenen der *Arvales und der *Saecularfeiern. – 5. A. m a r t y r u m , Berichte über das Martyrium von Christen, die altertümlichsten in Form eines Gerichtsprotokolls (z. B. die *Passio Scillitanorum* nach einem im J. 180 in Scillium [Afrika] durchgeführten Verfahren). *Christenverfolgungen.
– TÜ (Ausw.): HMusurillo, Acts of the Christian Martyrs, 1972.

Actium, Vorgebirge in Akarnanien am Golf von Ambrakia. Hier errang Octavianus, der spätere Kaiser Augustus, am 2. September 31 v. Chr. seinen welthistorischen Seesieg über Antonius und Kleopatra, der dem Abendland (Rom) für Jahrhunderte die Vorherrschaft gegenüber dem Orient (Alexandreia) sicherte. Zum Gedächtnis erweiterte Octavian den dortigen Tempel des Apollon Aktios, erneuerte die aktischen Festspiele und gründete an der Küste gegenüber die Stadt Nikopolis (Siegesstadt).
JMCarter, Die Schlacht bei A., 1972. RGurval, A. and Augustus, Ann Arbor 1995. – Nikopolis: MLeGlay, Villes, temples et sanctuaires dans l'orient romain, Paris 1986, 38-41.

Adamklissi: *Tropaion.

Admetos, Gatte der *Alkestis.

Adonis, Sohn des *Kinyras und der Myrrha (daneben andere orientalische Genealogien), ein schöner Jüngling, wurde von der Göttin Aphrodite geliebt. Doch auf der Jagd wurde er durch einen Eber getötet. Aphrodite aber klagte so schmerzlich über seinen Tod, daß die Götter erlaubten, A. dürfe jedes Jahr 6 Monate bei ihr auf der Erde weilen. A., eine orientalische Gottheit wie Attis und Kybele, ist ein Sinnbild für das rasche Hinwelken der Natur im heißen Sommer. Im Hochsommer fand das A.-fest statt: Der tote A. war durch eine Holzfigur dargestellt. Ringsum stellten die Frauen rasch welkende Blumen (A.-gärten) in Blumentöpfen oder Scherben hin. Es wurden Totenklagen gesungen.
Wie es dabei in Alexandreia zuging, beschreibt *Theokritos (*Die Syrakuserinnen am A.-fest.* K: Gow, Journal of Hellenic Studies 58, 1938, 180ff.) – Wilamowitz, A. (Reden u. Vortr. 1, 1925). WAtallah, A. dans la littérature et l'art grecs, 1966. HTuzet, Mort et résurrection d'A., 1987. MDetienne, Les jardins d'A., 1972.

Adrasteia, thrakisch-phrygische Berg- und Muttergöttin. Die Griechen deuteten den Namen etymologisch als «die Unentrinnbare» und verbanden sie mit *Nemesis.

Adrastos wurde von Amphiaraos aus der Heimat Argos vertrieben, floh nach Sikyon und wurde dort König. Dann söhnte er sich mit Amphiaraos aus, gab ihm seine Schwester Eriphyle zur Frau und kehrte nach Argos zurück. Seine weitern Schicksale: *Sieben gegen Theben.

Adria (Hadria). Das Adriatische Meer hat seinen Namen von der Hafenstadt Atria im Gebiet der *Veneter. Es war als stürmisch gefürchtet. Ein reger Handel ging noch im 5. Jh. v. Chr. von Griechenland über die Adria zu den Etruskern (*Spina). Später war der Verkehr zeitweise durch die Seeräuber Illyriens unsicher, was die Römer von 230 v. Chr. an zu mehreren Kriegen gegen sie zwang (*Illyrier).

Aedilis, röm. Beamter. Es gab 2 plebeische (seit 493 v. Chr.) und 2 *curulische (seit 366 v. Chr.) Ae. Dem Range nach stand die Aedilität über der Quaestur, unter der Praetur. Aufgabe der Ae. war: 1. Stadtpolizei (*cura urbis*): Straßen, öffentliche Gebäude und privates Bauwesen, Verkehr, Feuerwehr (**Vigiles*). 2. Lebensmittelamt (*cura annonae*): Getreidezufuhr und -verteilung, Marktaufsicht. Hierfür wurden seit Caesar 44 v. Chr. 2 weitere plebeische *Aediles Ceriales* gewählt. 3. Ausrichtung der öffentl. Spiele (*cura ludorum*).
Sabbatucci, L'edilità Romana, 1954.

Aëdon, die Nachtigall. Nach der attischen Sage war A. oder Prokne die Tochter des Königs Pandion von Athen und mit dem Thrakerkönig Tereus in Daulis am Parnaß vermählt. Ihr beider Kind war Itys. Doch Tereus vergewaltigte die Schwester seiner Gattin, Philomele, und, um ihres Schweigens sicher zu sein, riß er ihr die Zunge aus. Trotzdem kam das Verbrechen an den Tag. Aus Rache töteten die beiden Schwestern den Itys und setzten ihn dem Vater Tereus zum Mahle vor. Als dieser des Greuels gewahr wurde, verfolgte er in rasendem Zorn die fliehenden Mörderinnen. Aber ehe er sie einholte, verwandelte Zeus, um noch größerem Unheil zu wehren, alle in Vögel, Tereus in den Wiedehopf, Philomele in die Schwalbe, A. jedoch in die Nachtigall, die nun immerfort ihr Klagelied um Itys ertönen läßt.
– Sophokles behandelte die Sage in dem verlorenen Drama *Tereus*. Bei andern Griechenstämmen wurde die Geschichte anders erzählt: Itys hieß auch Itylos und wurde von der Mutter aus Versehen getötet. Sie hatte aus Neid den ältesten Sohn der kinderreicheren Schwägerin ermorden wollen und das eigene Kind mit ihm verwechselt.
Ovid, *Metamorphosen* 6, 424-674. Statuengruppe des *Alkamenes.

Agäische Kultur: *Kreta.

Das **Ägäische Meer** mit seinen Küsten und Inseln (die 2 Inselgruppen der Kykladen und Sporaden waren die «Brücken» von Griechenland nach Kleinasien) bildete den Lebensraum der ionischen und (auf Lesbos mit der Küste gegenüber, in Thessalien und Boiotien) äolischen Griechenstämme. Bei der Einwanderung hatten diese eine hochkultivierte vorgr. Bevölkerung angetroffen (kretisch-mykenische Kultur) und von ihnen gelernt. Die Seefahrt brachte sie in Berührung mit den alten Kulturen des Orients. Darum waren die Ioner und Aioler den Stämmen im gebirgigen Innern des gr. Festlands (schon die Boioter

galten als rückständig) geistig voraus: Hier ist die Wiege der europäischen Wissenschaft und Dichtung.
APhilippson, Die gr. Landschaften, Bd. 4, 1959.

Aegatische Inseln, Inselgruppe westl. von Sizilien, berühmt durch den Seesieg des C. Lutatius Catulus über die Karthager 241 v. Chr., der den 1. Punischen Krieg entschied.

Ägis (Ägide), gr. *Aigís*, in Anklang an *Aix* (Ziege) gedeutet als «Ziegenfell», die wunderbare Schutzwaffe des Zeus, die er Athene verliehen hat. An den Rändern sind hundert Troddeln, in der Mitte das *Gorgohaupt. Wer sie erblickt, wird von übernatürlichem Schrecken gelähmt. Die Griechen haben sich die Ä. bald als großen Brustschmuck, Panzer oder ein zum Schutz über den linken Arm hängendes Fell, bald als Schild vorgestellt. Die Ä. ist ein Attribut der Athene auf bildlichen Darstellungen.
Nilsson I 436f. (*Religion).

Aegypten (gr. *Aígyptos*). Die uralte Kultur des Nillandes hat schon auf die vorgr. Bewohner des östl. Mittelmeeres stark gewirkt (*Kreta). Die Griechen standen von Anfang an im Handelsverkehr und Kulturaustausch mit Ae., der besonders intensiv wurde, seitdem Milet im Nildelta die Tochterstadt *Naukratis gegründet hatte (ca. 650 v. Chr.) und der König Amasis (570-526) den Griechen größere Freizügigkeit im Lande gewährte. Die gr. Wissenschaft empfing Anregung aus Ae. (*Thales); *Herodot widmete der Beschreibung Ae.s das 2. Buch seines Geschichtswerks. Während der Perserherrschaft (525-332) unterstützte Athen mehrfach ägyptische Aufstände. Nach der Eroberung durch Alexander d. Gr. (332) herrschten sein General *Ptolemaios und dessen Nachkommen als Könige über Ae. Ihre Residenz war das 331 gegründete *Alexandreia, das zum Mittelpunkt des ganzen gr. Geisteslebens wurde. Gr. Soldaten erhielten Siedlerstellen in den ägyptischen Städtchen. So wurden Oberschicht und Mittelstand der Bevölkerung gr. Seit 30 v. Chr. gehörte Ae. als kaiserliche Provinz zum röm. Reich, ohne aber kulturell romanisiert zu werden. Diese Epoche endete 640 n. Chr., als die Araber Ae. eroberten.
In den ersten christlichen Jh. blühten in Ae. Sekten und religiöse Bewegungen (Ursprung des Mönchtums), die untereinander und mit den Heiden erbitterte Kämpfe austrugen. (*Arius, *Hypatia). Außer dem Export von Getreide und anderen Erzeugnissen des fruchtbaren Bodens und von *Papyros, für den ein staatliches Monopol bestand, war Ae. für den Transithandel mit *Indien wichtig. Die eingeborenen Aegypter waren als Nation bei den Römern sehr verachtet; sie konnten z. B. nicht ohne weiteres das röm. Bürgerrecht erwerben. Ae. ist für die Altertumskunde von unschätzbarer Bedeutung, weil der trockene Sand außerhalb des Bereichs der Nilschwemme sehr viele antike Reste bewahrt, die überall sonst zugrunde gegangen sind, vor allem die Schriftstücke auf Papyri und Ostraka. *Malerei (Mumienportraits).
Alte Zeit: JHBreasted, Gesch. Ae.s, 1936 (Phaidon-V.). WHelck, Geschichte des alten Ae., München 1981. WHelck-EOtto, Lexikon der Ägyptologie, 1972ff. – gr.-röm. Zeit: WSchubart, Ein Jahrtausend am Nil, 1923; ders., Ae. von Alexander d. Gr. bis Mohammed, 1922. Johnson, Egypt

and the Roman empire, Ann Arbor 1951. HIBell, Egypt from Alexander the Great to the Arab conquest, 1948 (Neudruck 1977). HThierfelder, Unbekannte antike Welt, 1963. AAdriani, Repertorio d'arte dell'Egitto Greco-Romano, Palermo 1961ff.

Aelia Capitolina: *Jerusalem.

Aelianus. – 1. Claudius Ae., gr. Schriftsteller aus Praeneste bei Rom, Ende 2. Jh. n. Chr. Erhaltene Werke: *Tierleben. Varia Historia* (Buntes Wissen, meist nur im Auszug überliefert). *Erotische Bauernbriefe.*
T: Hercher, 1864/6 (Tb). *Briefe:* Domingo-Forasté, 1993 (Tb). *Var. Hist.*: MRDilts, 1974 (Tb). TÜ: *Tierl., Briefe:* Scholfield, 1958ff. (Loeb L.). Ü: OS. *Bunte Geschichten:* HHelms, 1990 (Reclam).
2. Verfasser eines Lehrbuchs der hellenistischen Infanterietaktik, um 100 n. Chr.
TÜ: Köchly-Rüstow, Gr. Kriegsschriftsteller 2 (1855).

Aelius, Name eines berühmten plebeischen Geschlechts. – 1. Sextus Ae. Catus, cos. 198 v. Chr., berühmter Jurist. – 2. *Stilo. *Seianus. *Hadrianus. *Antoninus. *Commodus. *Donatus. *Aristeides.

Aelius pons, röm. Tiberbrücke, von Kaiser *Hadrianus erbaut als Verbindung von seinem Mausoleum (heute Engelsburg) zum Marsfeld.

Aemilia via, eine von M. Aemilius Lepidus, cos. 187 v. Chr., als Fortsetzung der *via Flaminia* (*Flaminius) von Ariminum bis Placentia angelegte Straße. Die von ihr berührte Landschaft heißt noch heute Emilia.

Aemilius, Name eines patrizischen Geschlechts: *Paulus. *Scaurus. *Lepidus. *Macer. – *Papinianus.

Aemilius pons, erste Steinbrücke Roms, von M. Aemilius *Lepidus gebaut. Sie überquerte den Tiber am Forum boarium (heute Ponte rotto).

Ämterlaufbahn. Die ordentlichen Ämter, zu denen die Beamten der röm. Republik jeweils auf 1 Jahr vom Volk gewählt wurden, waren in Reihenfolge und Mindestalter geregelt durch die *Lex Villia annalis* aus dem Jahre 180 v. Chr.; Sulla änderte und präzisierte dieses Gesetz 81 v. Chr. Man konnte *Quaestor mit 31, *Praetor mit 40, *Consul mit 43 Jahren werden. Vor der Quaestur, die zugleich die Aufnahme in den Senat bedeutete, pflegte der Dienst als Militärtribun geleistet zu werden; zwischen ihr und der Praetur lag entweder die *Aedilität oder (nur für Plebeier) das Volkstribunat (*Tribunus). Zum *Censor wählte man nur gewesene Consuln. Kein Amt *(magistratus)* war besoldet, daher setzte der Senatorenstand den Besitz eines Vermögens voraus (*Senat). Kein Amt bekleidete einer allein; es gab 2 Censoren, 2 Consuln, 8 Praetoren, 4 Aedilen, 20 Quaestoren, 10 Volkstribunen (Ausnahme: das außerordentliche Amt des *Dictators). Wo Verwaltung und Krieg Verlängerung des Amtes oder Vertretung erforderten, amteten *Proconsuln, Propraetoren. In der Kaiserzeit wurden die Magistrate von Senat und Kaiser er-

nannt, das Mindestalter herabgesetzt, Amtsabzeichen auch bloß ehrenhalber verliehen.
Broughton (s. o. S. XII). FLeifer, Studien zum antiken Ämterwesen (Klio, Beih. 23), 1931. Astin, The lex annalis before Sulla, 1958. MPeachin, Roman imperial titulature and chronology, Amsterdam 1990.

Aeneas (gr. *Aineias*). – 1. Troischer Held, Sohn des Anchises und der Aphrodite (Venus). In Homers *Ilias* spielt er noch keine sehr große Rolle (Zweikampf mit Diomedes im 5. Buch). *Vergil hat ihn in seiner *Aeneis* unter Verwertung von Zügen der nachhomerischen Dichtung zum Nationalhelden Roms und Ahnherrn des Kaisers Augustus erhoben. Ae. flieht aus dem eroberten, brennenden Troia, fromm den gebrechlichen Vater Anchises auf dem Rücken tragend. (Diese Fluchtszene ist in der Kunst oft dargestellt: Vasen. Pompeian. Wandgemälde. Relief in Turin.) Nach langen Irrfahrten wird er nach Karthago verschlagen, gewinnt die Liebe der Königin Dido, muß sie aber verlassen, um in die ihm vom Schicksal bestimmte neue Heimat Italien zu fahren. Dido gibt sich den Tod, und untilgbarer Haß besteht seitdem zwischen Rom und Karthago. Nach schweren Kämpfen mit den italischen Völkern erringt er die Gattin Lavinia, die Tochter des Königs Latinus; ihr früherer Bräutigam *Turnus, der Führer der Rutuler, fällt im Zweikampf. Ae. gründet in Latium die Stadt *Lavinium*, sein Sohn Iulus oder Ascanius *Alba longa*, die Mutterstadt Roms. Bereits die alten Etrusker haben die A.-sage gekannt; die gr. Vasenmaler wählten darum gerne Szenen aus ihr für die Gefäße, welche zum Export nach Etrurien bestimmt waren. Die röm. Dichter, als erster Naevius, und die Historiker (Cato 1) knüpften also neben der gr. literarischen Tradition auch an in Italien heimische Überlieferung an.
KSchauenburg, Ä. und Rom, in Gymnasium 67, 1960, 176ff. CJMackie, The characterisation of A., Edinburgh 1988.
2. *Aineias.

Äolisch, ein gr. Dialekt, gesprochen von den Aiolern in der *Aiolis, am nächsten verwandt mit dem Thessalischen und Boiotischen. In dieser Sprache dichteten *Alkaios und *Sappho ihre Lieder.
AMBowie, The poetic dialect of Sappho and Alcaeus, 1981.

Äolische Inseln (Aeoliae insulae), die Liparischen Inseln nördlich von Sizilien.

Aequi (Aequiculi), mittelitalisches kriegerisches Gebirgsvolk zwischen Fucinersee und Algidus, 304 v. Chr. von den Römern endgültig unterworfen.

Aerarium, die röm. Staatskasse. Es war im Tempel des Saturnus am Aufgang vom Forum zum Capitol untergebracht. In republikanischer Zeit wurde es von Quaestoren verwaltet. *Fiscus.

Aesculapius: *Asklepios.

Aesopus – 1. *Aisopos. – 2. Clodius Ae., berühmter tragischer Schauspieler zur Zeit Ciceros.

Aetheria: *Peregrinatio Aetheriae.

Aethiopien. Bei Homer sind die Aithiopes ein Fabelvolk am Rande der Welt. Der Tod des Aithioperkönigs Memnon, der den Troern zu Hilfe geeilt war, durch Achilleus war Gegenstand eines kyklischen *Epos, der *Aithiopís.* Später trat man über Aegypten mit dem Lande in Berührung. Die Ptolemäer unternahmen Kriegszüge dorthin. 22 v. Chr. besiegte der Praefekt von Aegypten, C. Petronius, die kriegerische Königin Kandake und eroberte ihre Hauptstadt Napata bei Meroë. Seit dem 4. Jh. ist das Christentum in Ae. Staatsreligion.

Aëtion, Maler zur Zeit Alexanders d. Gr. Sein Meisterwerk, *die Hochzeit Alexanders mit Roxane,* beschreibt *Lukian.

Aëtios v. Amida, Arzt in Konstantinopel (6. Jh. n. Chr.), schrieb ein mediz. Sammelwerk in 16 Büchern, für das er aus älteren Quellen, besonders Oreibasios, schöpfte.
T: Buch 1-8: Olivieri, CMG (*Medizin), 1935-50. Ü: 7. Buch: Hirschberg, Die Augenheilkunde des A., 1899. 16. Buch: Wegscheider, 1901.

Aëtius wurde unter Galla *Placidia mit hunnischer Unterstützung zum mächtigsten General. Er verteidigte das röm. Reich in der Völkerwanderung und schlug im Bunde mit den Goten 451 n. Chr. die Hunnen *Attilas auf den Katalaunischen Feldern.

Aetna (gr. *Aitne*), vulkanischer Berg auf Sizilien. Nach der Sage warf Zeus im Kampf gegen die Giganten den Berg auf seinen Feind *Typhon oder Enkelados; Erdbeben sind ein Zeichen, daß der Überwundene sich noch rührt. *Empedokles soll sich in den Krater des Ae. gestürzt haben. Die älteste Kunde von einer Eruption 479 v. Chr. geben Pindar (*Pyth. I, 20ff.*) und Aischylos (*Prom. 351ff.*). Hieron I. gründete 476/5 v. Chr. am Fuße des Berges die Stadt Aitne. Ein anonymes lat. Gedicht *Ae.*, unter den kleinen Werken Vergils überliefert und jedenfalls vor 79 n. Chr. verfaßt, sucht die Naturrätsel des Vulkans zu erklären.
TÜ: Sudhaus, 1898. WRichter, 1963. AdeVivo, Napoli 1987. TK: Goodyear, 1965.

L. **Afranius**. – 1. ein Dichter von Togatae (*Komödie) zur Zeit des jüngeren Scipio (3) und der Gracchen.
TÜ (Frg.): ADaviault, Comoedia togata, 1981 (Budé).
2. Legat des Pompeius, wurde durch dessen Gunst 60 v. Chr. Consul und kämpfte im Bürgerkrieg gegen Caesar. Nach der Schlacht bei Thapsus fiel er 46 v. Chr. in die Gefangenschaft des P. *Sittius und wurde getötet. – 3. *Burrus.

Africa. – 1. Der Erdteil, gr. *Libye* genannt, galt in ältester Zeit als ein Teil von Asien. Später nahm man 3 Erdteile, Europa, Asien, Libyen an, rechnete aber Aegypten noch zu Asien. Nur Nordafrika gehörte zum an-

tiken Kulturkreis; das übrige A. war bloß durch vereinzelte Berichte von Forschungsexpeditionen bekannt, die 2 Problemen galten: *a)* Umsegelung: Vom Pharao Necho um 600 v. Chr. ausgesandte phönizische Seefahrer waren vom Roten Meer aus um A. herum ins Mittelmeer gelangt; doch begegneten ihre Angaben Zweifeln. Der Karthager *Hanno vollendete die Umschiffung in umgekehrter Richtung nicht, und ein angeblicher Plan Alexanders d. Gr. gelangte nicht zur Ausführung. *b)* *Nilquellen.
Die afrikan. Mittelmeerküste wurde früh von Phöniziern besiedelt; ihre wichtigste Kolonie Karthago war vor 800 v. Chr. gegründet worden. Als erste Griechen kamen Dorier von *Thera 639 nach der Halbinsel Barka. Später wurde Kyrene ihre wichtigste Kolonie. Nach der Besiegung Karthagos setzten sich die Römer fest. In der Kaiserzeit bestand die Einteilung in die Provinzen *Aegyptus, Cyrenaica, Africa, Numidia, Mauretania Tingitana, Mauretania Caesariensis.* Die blühende röm. Kultur dieser Länder hatte ihren Höhepunkt im 3./4. Jh. n. Chr. Von ihr zeugen zahlreiche Ruinenstädte (*Landwirtschaft), aber auch die lat. Literatur dieser Zeit. Der rapide Niedergang begann mit der Besetzung durch die *Vandalen 429 n. Chr.
2. Die röm. Provinz A. umfaßte das beschränkte Gebiet, das Karthago 146 v. Chr. noch besessen hatte. Nach der Besiegung *Iubas I. wurde 46 v. Chr. Numidien einverleibt, als *A. nova* von der bisherigen *A. vetus* unterschieden. 37 n. Chr. wurde das Küstenland, das nicht unter Militärverwaltung gestellt wurde, als A. *proconsularis* abgetrennt.
Wichtigste Städte: *Utica, *Karthago, *Lepcis magna, Hippo diarrhytus, Hippo regius, Hadrumetum.
Bouchier, Life and Letters in Roman A., 1913. SGsell, Hist. ancienne de l'Afrique du Nord (8 Bde), 1913-18. Romanelli, Storia delle province rom. dell'A., 1959. LLeschi, Algérie antique, 1952. Julien, Histoire de l'Afrique du Nord, 2. A. 1951. GChPicard, La civilisation de l'Afrique romaine, 2. A. 1990 (dt.: Nordafrika und die Römer, 1962). SRaven, Rome in Africa, 3. A. 1993. EKirsten, Nordafr. Stadtbilder, 1966.

Agamedes und **Trophonios**, die legendären Erbauer des Apollontempels in *Delphi.

Agamemnon, Sohn des Atreus aus dem Geschlecht des Pelops, König von Mykene. Er heiratete Klytaimestra, sein Bruder Menelaos deren Schwester Helena. Als diese nach Troia entführt worden war, leitete A. den Feldzug der Griechen dorthin als Oberfeldherr. In Aulis, wo die Flotte sich zur Ausfahrt sammelte, erlegte er auf der Jagd eine der Artemis heilige Hindin. Die erzürnte Göttin sandte Windstille, und nach dem Spruch des Sehers Kalchas konnte die Flotte nicht eher auslaufen, als bis A. seine eigene Tochter Iphigeneia zur Sühne geopfert hätte. Das Schwanken des A. um den schweren Entschluß zum Opfer hat Euripides in der *Iphigeneia in Aulis* dargestellt; der große König ist in diesem Drama ein zu keiner Entscheidung fähiger Schwächling. – Vor Troia geriet A., wie Homers *Ilias* erzählt, mit Achilleus in Streit. Er hatte sich geweigert, seine Lieblingssklavin Chryseis dem Vater gegen Lösegeld zurückzugeben. Doch dieser, der Apollonpriester Chryses, flehte zu Apoll, der den Griechen die Pest sandte. Nun mußte A. nachgeben, hielt sich aber schadlos, indem er Achilleus die Briseis wegnahm. Darüber aufs tiefste gekränkt, weigerte sich Achilleus, weiter zu kämpfen, und überließ die Griechen ihrem Schicksal. A. beteiligte sich selbst an der Schlacht, wollte aber nach der Niederlage des Heeres schließlich mutlos den Kriegszug aufgeben. Odysseus und Diomedes verhinderten diesen Entschluß, und nach dem endlichen Eingreifen Achills wandte sich das Glück. – Troia fiel, und siegreich kehrte A. in die Heimat zurück. Doch dort hatte Aigisthos, der Sohn des Thyestes, Klytaimestra verführt. Das Paar vereinte sich zum Gattenmord. Hinterlistig warf Klytaimestra über A., als er im Bade saß, ein Netz und erschlug den Wehrlosen mit der Doppelaxt. Der Tochter *Elektra gelang es, den einzigen Sohn *Orestes zu retten und in der Fremde als Bluträcher aufzuziehen. Dieses tragische Schicksal des heimgekehrten A. bildet den Stoff zu den Dramen A. des *Aischylos und des *Seneca. – *Timanthes.

Agape, das Liebesmahl der Frühchristen, zu dem alle gemeinsam Spenden mitbrachten.

Agasias, Künstler aus Ephesos, 1. Jh. v. Chr., von dessen Hand der sog. *Borghesische Fechter* stammt (Louvre, Paris), eine freie Umbildung nach einem Original des 4. Jh. – Fuchs (*Plastik) Abb. 140/2.

Agathokles, aus niedrigen Verhältnissen als tapferer Soldat emporgestiegen, ergriff 318 v. Chr. die Herrschaft über das von Parteikämpfen zerrüttete Syrakus. Mit geschickter Diplomatie und durch erfolgreiche kriegerische Unternehmen stellte er den sizilischen Städtebund unter Führung von Syrakus wieder her (313), geriet jedoch in Konflikt mit Karthago, dem der Großteil Siziliens gehörte. Er erlitt eine Niederlage, griff aber kühn entschlossen 310 Karthago in Afrika selbst an und eroberte die ganze Umgegend mit allen Städten außer Karthago selbst. Rückschläge veranlaßten ihn, zurückzufahren und Frieden zu schließen. 304 nahm er den Königstitel an und heiratete Theoxene, eine Tochter des ägypt. Königs Ptolemaios Soter; seine Tochter Lanassa gab er dem Pyrrhos von Epeiros zur Ehe. Diese außenpolitischen Erfolge brachten Syrakus Macht und Reichtum. Doch persönlich litt A. unter Unglück in der Familie. Der Sohn und Thronfolger wurde von einem ehrgeizigen Enkel ermordet. Als er 289 im Alter von 72 Jahren starb, angeblich durch Giftmord, gab A. daher in seinem Testament Syrakus die republikanische Freiheit wieder.
HBerve, Die Herrschaft des A., Sitzungsber. Akad. München 1952.

Agathon, athenischer Tragiker, ein feinsinniger Weltmann. Zur Feier seines ersten Tragödiensieges 417/6 v. Chr. läßt *Platon im *Symposion* einen erlesenen Kreis der größten Geister Athens in seinem Hause versammelt sein.
PLévêque, A., Paris 1955.

Agaue, die Mutter des Pentheus (*Bakchai).

Agaunum (St.-Maurice im Wallis), Ort am Nordfuß der wichtigen Paßstraße des Gr. St. Bernhard. Ende 4. Jh. errichtete der erste bekannte Bi-

schof des Wallis, Theodorus von *Octodurus, am Felshang eine Kapelle zur Verehrung der Märtyrer der sog. Thebäischen Legion. Unter den Kaisern Diocletian und Maximianus sollte diese ganze Legion mit ihrem Anführer Mauritius wegen ihres Bekenntnisses zum Christentum hingerichtet worden sein. Die Legende ist in dieser Form unhistorisch. Seit dem 5. Jh. wurde A. zum vielbesuchten Wallfahrtsort. 515 entstand hier das älteste heute noch existierende Kloster der Schweiz, eine Stiftung des Burgundenkönigs Sigismund. Die Fundamente der ersten Kapelle, einer Pilgerherberge des 5. Jh. und der späteren Bauten sind erhalten.
DvanBerchem, Le martyre de la légion thébaine, 1956.

Agesilaos, Sohn des Archidamos, von 399-361 v. Chr. König von Sparta, wahrte zunächst erfolgreich die von Lysandros mit der Niederwerfung Athens im Peloponnesischen Krieg errungene Macht. 396-394 führte er eine Expedition im kleinasiatischen Küstenland gegen die Perser und befreite die ionischen Städte. Inzwischen hatte sich in Griechenland eine von Persien finanzierte Koalition Athen-Theben-Korinth-Argos gebildet. A. kehrte zurück und besiegte diese 394 bei Koroneia. Sein Ziel war, die Vorherrschaft Spartas zu sichern durch Schwächung aller Gemeinden und Mächtegruppen in Griechenland. Er erzwang daher die Auflösung aller Bündnisse und trat für den Königsfrieden des *Antalkidas ein, der 387 den Persern ganz Kleinasien überließ. Seine Politik erlitt den schwersten Schlag durch Epameinondas, der bei Leuktra und Mantineia (362) Spartas Macht zerbrach. Um Geld für den äußersten Widerstand aufzutreiben, fuhr A. 361 nach Aegypten, starb aber auf der Rückreise im Alter von 84 Jahren. Er war einfach und leutselig, von kleiner Gestalt und etwas lahm. Als Heerführer wie als Politiker wagte er nie den großen entscheidenden Einsatz, sondern war ein vorsichtiger Rechner.
Biogr.: *Xenophon. *Plutarch. *Nepos. – HBengtson, Gr. Staatsmänner, 1983. PCartledge, A. and the crisis of Sparta, Baltimore 1987.

Agis, Name spartanischer Könige. – 1. Sohn des Archidamos, regierte 427-399 v. Chr. 426 zog er erstmals mit dem spartanischen Heer gegen Athen, kehrte aber eines Erdbebens wegen am Isthmos um. Später führte er mehrere Einfälle nach Attika. Seit 413 befehligte er den Stützpunkt Dekeleia in Attika, 405/4 belagerte er Athen bis zum Falle der Stadt. In Sparta hatte er gegen eine starke Opposition zu kämpfen, der 414-412 auch sein persönlicher Feind Alkibiades angehörte. Trotzdem zählt er um seiner Kriegstaten willen zu den mächtigsten Königen Spartas. – 2. König 338-331 v. Chr. Er wagte einen Aufstand gegen Alexander d. Gr., wurde von dessen Statthalter Antipatros bei Megalopolis besiegt und fiel. – 3. Sohn des Eudamidas, König seit 244 v. Chr. Er wollte die geschwundene Größe Spartas durch eine Sozialreform wieder aufrichten (Aufteilung des Großgrundbesitzes, Ausgleichung der Vermögen, Wiedereinführung altspartanischer Zucht nach den Gesetzen des Lykurgos). Das scheiterte am Widerstand der Ephoren, deren Werkzeug sein Mitkönig Leonidas war. A. wurde 241 hingerichtet.
Biogr.: *Plutarch.

Aglaia, eine der 3 *Chariten (Grazien).

Aglauros oder Agraulos, Tochter des *Kekrops.

Agon, Wettkampf. Neben sportlichen (gymnische Agone = Leichtathletik, hippische A. = Pferderennen) kannten die Griechen und später die Römer auch musische A. der Musiker (Instrumentalvirtuosen, Sänger, Rezitatoren), Dichter, Schauspieler und Tänzer. *Spiele.

Agorá, urspr. (Volks)versammlung, dann auf deren Ort übertragen: Marktplatz der gr. Städte. Am bekanntesten ist durch die 1931 begonnenen amerikanischen Ausgrabungen die A. von *Athen. Sie lag über einem Begräbnisplatz aus mykenischer Zeit. Außer den Fundamenten der öffentlichen Gebäude fanden sich in der Nähe Privathäuser, Läden von Metallarbeitern, Bildhauern und Töpfern, Tausende von Inschriften, *Ostraka, Wasseruhren, wie sie bei den Gerichtsverhandlungen zur Bemessung der Redezeit gebraucht wurden, Statuen. Die gefundene Keramik erweist die dauernde Besiedlung seit der Steinzeit. Die Funde sind in der am Rande der A. als Museum wiederaufgebauten Stoa des Attalos gesammelt. – Die A. der mit rechtwinkligem Straßensystem (*Hippodamos) planvoll angelegten Städte (z. B. Priene, Milet) ist als rechteckiger, von Säulenhallen umgebener Platz gestaltet. *Forum.
The Athenian A., Results of excavations, Princeton 1953ff. Picture Books, 1958ff. Kurz: The Athenian A., A Guide to the Excavations, 3. A. 1976. JMCamp, Die A. von Athen, Mainz 1989. – RMartin, Recherches sur l'a. grecque, 1951. FKolb, A. und Theater, Volks- und Festversammlung, 1981.

Agorakritos von Paros, Bildhauer, Schüler des Pheidias. Von seinem Hauptwerk, dem Kultbild des *Nemesistempels in *Rhamnus, sind Bruchstücke im Original erhalten. Reste des Kopfes und der Basisreliefs waren schon länger bekannt; weitere Fragmente der Statue konnten vor kurzem identifiziert werden.
GIDespinis, Symbole ste melete tou ergou tou Agorakritou (neugr.), Athen 1971.

Agricola, Cn. Iulius, geboren am 13. Juni 40 n. Chr. in Forum Iulii, cos. suffectus 77 n. Chr., ein verdienter röm. Offizier. 77-85 unterwarf er als Kommandant von 4 Legionen, Hilfstruppen und Flotte ganz Britannien, wurde dann vom Kaiser Domitian abberufen und mit den Triumphabzeichen geehrt. Als lauteren und aufrechten Mann von alter Römerart schildert ihn sein Schwiegersohn und Biograph *Tacitus.
WSHanson, A. and the conquest of the North, London 1991.

Agrigentum: *Akragas.

Agrimensoren: *Gromatici.

Agrippa. – 1. M. Vipsanius A., 63-12 v. Chr., der bedeutendste General des Kaisers Augustus. Als Jugendfreund stand er im Bürgerkrieg an dessen Seite und sicherte ihm zahlreiche militärische und diplomatische

Erfolge. 36 erfocht er den Seesieg über Sextus Pompeius bei Naulochoi (= *Mylai), 31 den bei Actium über Antonius und Kleopatra. 21 heiratete er des Augustus Tochter Iulia und führte bis zu seinem Tode viele Kommandos in den Provinzen. In Rom baute er die erste große Thermenanlage. *Pantheon. Er ließ eine Weltkarte anfertigen, die Augustus nach dem Tode A.s in der Säulenhalle des Marsfeldes aufstellte. Diese höchst wichtige Karte ist das Urbild aller späteren röm. Landkarten (z.B. der Peutingerschen Tafel). Ein Bruchstück der Leichenrede des Augustus auf A. ist 1970 aus einem Kölner Papyrus bekannt geworden. (LKoenen, in Zeitschr. f. Papyrologie und Epigraphik 5, 1970, 217-83; Gray, ebd. 6, 1970, 227-38).
Portrait: *Ara Pacis. Kopf im Louvre (Paris). HSimon, A., Freund und Mitregent des Augustus, 1978. JMRoddaz, M.A., Rom 1984.

2. *Herodes A., Könige von Iudaea.

Agrippina. – 1. Vipsania A., Tochter des M. Vipsanius *Agrippa aus 1. Ehe, Gattin des späteren Kaisers Tiberius. Aus der glücklichen Ehe war schon der Sohn Drusus hervorgegangen, als aus dynastischen Gründen Tiberius von Augustus den Befehl erhielt, sich von A. zu scheiden und die Kaisertochter Iulia zur Frau zu nehmen, die in 2. Ehe mit dem eben gestorbenen Agrippa verheiratet gewesen war. Vipsania verheiratete sich darauf mit C. Asinius Gallus, den Tiberius um dessentwillen tief haßte; als Greis wurde Asinius ein Opfer seiner Rache. A. starb 20 n. Chr.

2. Vipsania A., die sog. ältere A., Tochter des M. Vipsanius Agrippa aus 3. Ehe und somit durch ihre Mutter Iulia eine Enkelin des Augustus. Ihrem Gatten Germanicus, den sie sehr liebte und auf seinen Feldzügen in Germanien und im Orient begleitete, schenkte sie 9 Kinder, darunter Caligula und A. (3). Nach dem Tode des Germanicus kehrte sie 19 n. Chr. mit der Aschenurne nach Rom zurück und bezichtigte den Kaiser Tiberius in maßlosem Haß ständig, die Mörder ihres Gemahls gedungen zu haben. Der Kaiser sah sich schließlich genötigt, sie durch das Senatsgericht nach der Insel Pandataria verbannen zu lassen (30 n. Chr.), wo sie 3 Jahre später durch Verweigerung der Nahrung ihrem Leben selbst ein Ende setzte.

3. Iulia A., die jüngere A., Tochter des Germanicus und der älteren A., geboren am 6. Nov. 15 n. Chr. in Ara Ubiorum, das 50 n. Chr. ihr zu Ehren den Namen *Colonia Agrippinensium* (Köln) erhielt. Sie war eine schöne und kluge, aber in ihrem Ehrgeiz hemmungslose Frau. Aus ihrer 1. Ehe mit Domitius Ahenobarbus stammte der spätere Kaiser Nero. Am Hofe des Bruders Caligula spielte sie zuerst eine glänzende Rolle, wurde aber 39 verbannt. Kaiser Claudius rief sie zurück, und nach der Ermordung ihres 2. Gatten wurde sie 49 mit Hilfe einer Hofintrige Kaiserin. Sie veranlaßte Claudius, Nero zu adoptieren und ihm als dem Thronfolger seine Tochter Octavia zu vermählen, obschon er einen eigenen Sohn Britannicus hatte. Darauf ließ sie 54 Claudius vergiften und Nero zum Kaiser ausrufen. Nero ehrte in der ersten Zeit dankbar die Mutter, doch bald wurde sie ihm lästig. Ein Versuch, sie auf einer Schiffahrt untergehen zu lassen, mißlang, da der Versenkungsmechanismus versagte. Da ließ er sie durch Soldaten erschlagen (59 n. Chr.).

*Tacitus, *Annalen*. – Kornemann, Große Frauen des Altertums, 1952. FSampoli, Giulia A., la donna dei Cesari, Roma 1988.

Aguntum (bei Lienz in Osttirol), Stadt im Südwesten von *Noricum, in ursprünglich illyrischem, seit dem 1. Jh. v. Chr. keltischem Gebiet. Die Ausgrabungen haben neben den älteren röm. auch bedeutende frühchristliche Bauten freigelegt. 610 wird A. zum letztenmal genannt als Schauplatz eines Siegs der Slaven über die Baiuvaren; es ist in der Völkerwanderung untergegangen.

WAlzinger, A., Führer, 3. A. 1974. SKarwiese, Der ager Aguntinus, Lienz 1975.

Agyieus, Beiname Apollons als Gottes des Eingangs und der Wege *(agyiai)*. Vor den gr. Haustüren standen Spitzsäulen, die ihm heilig waren, d. h. urspr. den Gott selbst bedeuteten.

Abb.: Nilsson I, Tafel 34, 4 (*Religion).

Ahala, C. Servilius, nach der legendär ausgeschmückten Überlieferung 439 v. Chr. der Magister equitum des Dictators L. Cincinnatus. Sp. Maelius, ein reicher Plebeier, hatte damals während einer Hungersnot sich beim Volk durch Getreidespenden beliebt gemacht. Die Patrizier verdächtigten ihn, daß er nach dem Königtum strebe. A. überbrachte ihm die Vorladung vor den Dictator, und als Maelius sich zu folgen weigerte, stieß er ihn nieder. Dann eilte er, den blutigen Dolch in der Hand und mit dem Rufe, er habe den Tyrannen getötet, in den Senat. Vom Geschlecht der Servilier stammte mütterlicherseits M. Brutus, der mit der Ermordung Caesars die Tat des Ahnherrn nachahmte.

*Livius 4, 13ff.

Ahenobarbus (Rotbart), Beiname einer Familie des Geschlechts der Domitier. – 1. Cn. Domitius A., cos. 192 v. Chr., besiegte die Boier. – 2. Cn. Domitius A., cos. 122 v. Chr., unterwarf die *Allobroger. – 3. Cn. Domitius A., Volkstribun 104 v. Chr., brachte ein Gesetz durch, wonach die Priestertümer nicht mehr durch *cooptatio* (Zuwahl) von den Priesterkollegien selbst, sondern durch Volkswahl der Tribus besetzt wurden. Er wurde 103 selbst Pontifex maximus. Als Censor erließ er 92 ein Edict gegen die in Mode kommenden lat. Rhetorenschulen. – 4. Cn. Domitius A., ein Anhänger des Marius, von Pompeius 81 v. Chr. bei Utica besiegt und getötet. – 5. L. Domitius A., cos. 54 v. Chr., Schwager des Cato (2) und eines der Häupter der Senatspartei, ein hartnäckiger Gegner Caesars. Dieser schloß ihn im Bürgerkrieg 49 in Corfinium ein. Seine Truppen, die er feig im Stich lassen wollte, lieferten ihn an Caesar aus, der ihn großmütig freiließ. A. begab sich sofort zu Pompeius, kämpfte in Massilia erneut gegen Caesar und entkam knapp vor dem Fall der Stadt durch Flucht. Er fiel 48 bei Pharsalus, wo er von Caesars Reitern eingeholt wurde. – 6. Cn. Domitius A., der Sohn des vorigen, begleitete seinen Vater; Caesar begnadigte ihn nach der Schlacht bei Pharsalus. Nach Caesars Ermordung führte er die Flotte der Republikaner gegen Octavian und M. Antonius, gab aber auf die Kunde von der Niederlage bei Philippi die Sache auf und schloß sich Antonius an. Die-

ser verschaffte ihm 32 v. Chr. das Consulat. In den letzten Stunden vor der Schlacht bei Actium ging A. zu Octavian über, starb aber wenige Tage darauf. – 7. L. Domitius A., cos. 16 v. Chr., Gatte der älteren Antonia, der Nichte des Augustus, bekannt durch seine Feldzüge in Germanien. – 8. Dessen Sohn Cn. Domitius A., cos. 32 n. Chr.: *Agrippina (3). – 9. L. Domitius A. hieß der spätere Kaiser Nero vor der Adoption durch Claudius. – 10. Die Reliefs des sog. Altars des Domitius A., wahrscheinlich aus dem 1. Jh. v. Chr. (aus Rom, jetzt in Paris und München), zeigen Poseidon und Amphitrite, von Meereswesen geleitet, und ein röm. *Suovetaurilienopfer beim Census. Die Verbindung mit einem der A. ist hypothetisch.
HKähler, Seethiasos und Census, 1966.

Ahnenbilder. Die vornehmen röm. Familien hatten das Recht, von verstorbenen Mitgliedern ihres Geschlechts, die senatorische Ämter bekleidet hatten, Wachsmasken herstellen zu lassen *(ius imaginum)*. Diese wurden im Atrium in hölzernen, tempelartigen Schreinen aufgestellt, und wenn jemand aus der Familie zu Grabe getragen wurde, fuhren Schauspieler in der Amtstracht der Dargestellten mit den Masken aller Ahnen im Leichenzug auf Wagen voraus. Fasces und andere Amtsinsignien, wie sie einem jeden zugestanden hatten, wurden vor der Maske einhergetragen. Die Leichenrede, die der Sohn oder sonst ein Angehöriger auf dem Forum hielt, hörten die Ahnen, auf Elfenbeinsesseln sitzend, gleichsam mit an. *Portrait.
EBethe, Ahnenbild und Familiengeschichte bei Griechen und Römern, 1935.

Aia, mythisches Land jenseits des Nordostmeers, wohin die *Argonauten fuhren. Als die Ionier im 7. Jh. sich genaue Kenntnis von den Küsten des Schwarzen Meeres (*Pontos Euxeinos) verschafften, identifizierten sie A. mit dem Land *Kolchis, das in den jüngeren Sagenformen an die Stelle von A. trat.
ALesky, in Wiener Studien 63, 1948, 22ff.

Aiakos, Sohn des Zeus und der *Aigina, Vater des Peleus und des Telamon. Er war fromm und ein Freund der Götter; daher amtet er nach seinem Tode als Richter in der Unterwelt.

Aias. – 1. Sohn des Telamon, des Königs von Salamis. Er zog mit seinem Halbbruder Teukros in den troischen Krieg. Homer schildert ihn als den stärksten und tapfersten Griechenhelden nach Achill, einen rauhen Krieger. Er rettete den Leichnam des Patroklos, später den des Achilleus aus der Schlacht. Beim Streit um die Waffen des Achilleus entschieden die Troerinnen, der listige Odysseus habe ihrer Vaterstadt mehr geschadet. So sprach man die Waffen diesem zu. Durch die Zurücksetzung tief gekränkt, wollte Aias alle gr. Anführer ermorden. Doch Athene schlug ihn mit Wahnsinn: A. hielt die Herdentiere für seine Feinde und richtete unter ihnen ein Blutbad an. Als er zur Besinnung kam, beschloß er, die Schande nicht zu überleben. Die Bitten seiner Sklavin und Gattin Tekmessa, die ihm das Söhnchen Eurysakes geboren hatte, erweichten ihn

nicht; er stürzte sich in sein Schwert. Selbst in der Unterwelt blieb er des Odysseus unversöhnlicher Feind.
Den Tod des A. hat *Sophokles zum Stoff für seine Tragödie *A.* genommen. Auch die Vasenmaler stellten den Helden gern dar (*Exekias. Waffenstreit auf einer Schale des *Duris in Wien). – Vonder-Mühll, Der große A., Rektoratsprogramm Basel 1930.
2. Sohn des Oileus von Lokris, fuhr mit 40 Schiffen nach Troia. Er war, im Gegensatz zum Telamonier A., von kleiner Gestalt und der schnellste Läufer nach Achill. Bei der Eroberung Troias riß er die schutzsuchende Priesterin Kassandra vom Altar der Athene weg und schändete sie. Der rohe Frevel erregte den Zorn der Göttin. Sie ließ auf der Heimfahrt das Schiff des A. zerschellen. Mit Poseidons Hilfe rettete er sich auf den gyrischen Felsen. Als er nun aber lästerte, daß er trotz den Göttern dem Tode entrinne, ergrimmte Poseidon, spaltete mit dem Dreizack den Fels, und A. wurde von den Fluten verschlungen.

Aietes, König von Aia: *Argonauten.

Aigai. – 1. A. (heute Vergina, die frühere Lokalisierung bei Edessa ist hinfällig), die alte Königsstadt der Makedonen am Südufer des Flusses Halyakmon in Nordpierien. *Archelaos (2) verlegte den Regierungssitz in das näher am Meer gelegene *Pella. Doch blieben in A. Grabstätte und Kult der Könige. Eine ältere Nekropole (seit ca. 1000 v. Chr.) wurde durch eine jüngere in klassischer Zeit abgelöst. Diese wurde in hellenistischer Zeit geplündert und zerstört, wahrscheinlich durch keltische Söldner des *Pyrrhos. Aus ihren Trümmern wurde ein gewaltiger Hügel über den Königsgräbern des 4. Jh. v. Chr. aufgeschüttet. Drei Königsgräber, davon zwei unversehrt, wurden 1977 wiederentdeckt. In ihnen war *Philippos II. mit seinen Waffen (Rüstung, Helm, Köcher, Prunkschild), Diadem und Krone beigesetzt, in der zweiten Kammer eine Königin. Die Wandgemälde (Raub der Persephone, Reiterjagd auf Löwe, Eber, Rehe) sind die ersten bekannten Originale von großen gr. Malern des 4. Jh. v. Chr.
MAndronikos, La nécropole d'A., in: MBHatzopoulos-LALoukopoulos (Hg.), Philippe de Macédoine, Paris-Fribourg 1982, 188-229.
– 2. Stadt in Mysien, von der ausgedehnte Reste aus hellenistischer Zeit erhalten sind (u. a. Theater, Tempel, Säulenhallen).
RBohn-CSchuchhardt, Altertümer von A., 1889.

Aigeus, König von Athen, Vater des *Theseus.

Aigimios, Sohn des Doros, Stammvater der Dorier. Ein Gedicht des epischen Kyklos trug den Titel *A.* (*Epos).

Aigina. – 1. Mythos: A., die Tochter des Flußgottes Asopos, wurde von Zeus geraubt. Auf der Insel Oinone, die von nun an A. hieß, gebar sie ihm den Aiakos. – 2. Die Insel A. im Saronischen Meerbusen war früh der blühendste Seehandelsplatz der Dorier. Hier wurden um 650 v. Chr. die ersten gr. Münzen geprägt (Stempel: Schildkröte). In ihrer Glanzzeit 600-480 v. Chr. entfaltete A. eine hohe künstlerische Kultur; Bronzestatuen aus äginetischem Erz waren weitberühmt. Das größte

Bauwerk der spätarchaischen Zeit (519-480) ist der A p h a i a tempel, zu dessen Einweihung Pindar das Festlied dichtete. Die wiederaufgerichteten Ruinen sind noch heute eindrucksvoll. Die Figuren der Giebel, die sog. Aegineten, befinden sich in München (Glyptothek). Dargestellt sind Kämpfe um Troia. Während der ältere Westgiebel noch deutlich spätarchaische Züge trägt, zeigt der etwas jüngere Ostgiebel schon den Durchbruch der Klassik (Strenger Stil); das archaische Lächeln wird von einem neuen Ernst abgelöst. 459 v. Chr. wurde A. von den Athenern, die in der Insel die gefährlichste Rivalin ihrer Seemacht erkannten, endgültig unterworfen. 431 vertrieben sie die dorische Bevölkerung und setzten attische Siedler an ihre Stelle.
AFurtwängler, Das Heiligtum der Aphaia, 1906. GWelter, A., 1938. HWalter (Hg.), Alt-Ägina, Mainz 1974ff. DOhly, Die Aegineten (Katalog der Glyptothek München), München 1976-77. Ders., Tempel und Heiligtum der Aphaia auf A., 1985.

Aigisthos, der Sohn des Thyestes. Er verführte *Agamemnons Weib Klytaimestra, während dieser vor Troia weilte, und erschlug ihn meuchlerisch, als er zurückkehrte. Nach 7 Jahren tötete ihn Agamemnons Sohn Orestes als Vollstrecker der Blutrache. Die attischen Tragiker bereicherten die Sage mit Einzelzügen nach dem Vorgange des *Stesichoros (*Thyestes). Aischylos *(Orestie)*, Sophokles *(Elektra)*, Euripides *(Elektra)* und Seneca *(Agamemnon)* lassen alle den A. als Feigling erscheinen: Klytaimestra muß den Mord an ihrem Gatten vollbringen. Der Rächer Orest findet einen gemeinen, grausamen, aber mutlosen Tyrannen, mit dem er rasch fertig wird.

Aigos Potamoi, Flüßchen in der thrakischen Chersones am Hellespont (Dardanellenhalbinsel). Hier erlitten die Athener 405 v. Chr. durch die spartan. Flotte unter Lysander die Niederlage, die den Peloponnesischen Krieg entschied.

Aigyptos. – 1. Bruder des Danaos (*Danaiden). – 2. *Ägypten.

Aineias. – 1. *Aeneas. – 2. A. Taktikos, der älteste gr. kriegstechnische Schriftsteller, um 360 v. Chr. Erhalten ist eine Schrift über die Verteidigung gegen Belagerer.
T: RSchöne, 1911. – TÜ: Hunter-Handford, Oxford 1927. Oldfather, 1927 (Loeb L.). ADain-AMBon, 1967 (Budé). ÜK: DWhitehead, Oxford 1990.
3. A. v. Gaza suchte im 5. Jh. n. Chr. christl. und neuplatonische Lehren zu verschmelzen.
Erhalten: Ein Dialog *Theophrastos* (TÜK: MEColonna, Neapel 1958) und *25 Briefe* (T: Hercher, Epistolographi gr., Paris 1873. TÜK: LMassa Positano, Neapel 1962). – MWacht, A. v. G. als Apologet, 1969.

Ainesidemos aus Knossos, skeptischer Philosoph (*Skeptiker).

Ainianen, hellenischer Volksstamm, der aus Thessalien in das obere *Spercheiostal einwanderte. Ihrer kleinen Zahl wegen spielten sie nie eine selbständige politische Rolle.

Aiolis, Name verschiedener gr. Landschaften, besonders des Gebiets von *Lesbos, Tenedos und der Küste von Troas, Mysien und Lydien (*äolisch). Die nördl. Küstenstädte bildeten in der Kaiserzeit den Ilischen Städtebund (wichtigste: Ilion, Assos, Skepsis, Abydos, Lampsakos, Parion, Alexandreia Troas). In der südl. Gruppe waren Smyrna und Kyme die bedeutendsten Orte.

Aiolos. – 1. Sohn des Hippotes, lebte als Beherrscher der Winde mit seinen 6 Söhnen und 6 Töchtern auf der Sageninsel Aiolia. Dem Odysseus gab er freundlich die widrigen Winde in einen Schlauch eingesperrt mit. Doch diesen öffneten die neugierigen Gefährten, kurz bevor man die Heimat erreichte. So fuhren die Winde heraus, und Odysseus wurde nach Aiolia zurückverschlagen. Dieses zweite Mal wies ihn A. barsch ab. – 2. Sohn des Hellen, König von Thessalien und Stammvater der äolischen Griechen. Er hatte 5 Töchter und 7 Söhne, darunter *Sisyphos und *Athamas. – 3. *Melanippe.

Aischines. – 1. Sohn des Atrometos, attischer Redner, 389-314 v. Chr., Gegner des *Demosthenes. Zum erstenmal war er nach dem Fall von *Olynth hervorgetreten: Bei einer Gesandtschaft, welche die Arkader für die antimakedonische Koalition gewinnen sollte (348/47), schwenkte er in seiner politischen Haltung plötzlich um und blieb seitdem der Wortführer der Makedonenfreunde in Athen. Er war bei den 10 Gesandten, die 346 mit König Philipp den unehrenhaften Philokratesfrieden schlossen. A. wurde darauf unter dem Vorwurf der Truggesandtschaft angeklagt. Dem ersten Angriff durch Timarchos kam er mit einer Gegenklage zuvor. Aber vor der folgenden Anklage durch Demosthenes selbst rettete er sich nur mit wenigen Stimmen (343). Im Amphiktionenrat hetzte er 339 zum Krieg gegen *Amphissa, dessen Ausgang Griechenland in die Abhängigkeit von Makedonien führte. 330 erst kam es zum Entscheidungskampf mit Demosthenes. Ktesiphon hatte nach der Schlacht bei Chaironeia die öffentliche Ehrung des Demosthenes mit einem Kranz beantragt. Aischines klagte ihn an, weil der Antrag gesetzwidrig sei. Der Prozeß wurde 8 Jahre lang hinausgeschoben. Demosthenes verteidigte Ktesiphon und sein eigenes politisches Wirken in der berühmten *Kranzrede* mit so durchschlagendem Erfolg, daß A. ins Exil gehen mußte. Erhalten sind 3 Reden des A.: *Gegen Timarchos, Über die Truggesandtschaft, Gegen Ktesiphon.* Unecht sind 12 Briefe.
TÜ: Budé-Martin, 1927-28 (Budé). Ü: OS. Loeb L. – Bildnis: Schefold.
2. A. von Sphettos, Schüler des Sokrates, Verfasser sokratischer Dialoge. Von seinen Werken haben wir nur Frg.: Krauss, 1911. HDittmar, A., 1912 (Philol. Unters. 21). Dazu Oxyrhynchos Papyri 13 n. 1608. BEhlers, Eine vorplatonische Deutung des sokratischen Eros, 1966.

Aischylos, Sohn des Euphorion aus Eleusis, der erste große Tragiker Athens. Er kämpfte als junger Mann in den Perserkriegen bei Marathon und Salamis mit. Nach 470 weilte er als Gast des Königs *Hieron (1) einige Zeit auf Sizilien (*Aitne), wohin er auch im Alter zurückkehrte; er starb dort 456 in Gela. A. siegte 13 mal im tragischen Agon; von seinen 90 Dramen sind 7 erhalten. 499-96 ist die Teilnahme des A. an einem

Agon zum erstenmal bezeugt. 472 siegte er mit den *Persern*. Statt einer Sage stellte er hier einen zeitgenössischen Stoff, die Wirkung des athenischen Siegs von Salamis auf die Perser, dar, was außer ihm einzig *Phrynichos gewagt hatte. 467 wurden die **Sieben gegen Theben* aufgeführt. Vermutlich 463 wurden *Die Schutzflehenden (Hiketides)* gespielt. Das Stück handelt von der Aufnahme der *Danaiden in Argos, als sie vor der Ehe mit den Söhnen des Aigyptos fliehen. Der Form nach ist es das altertümlichste Stück; bis vor kurzem hat man es für das früheste des Dichters gehalten. Doch ein neugefundener Papyrustext enthält eine *Didaskalie, derzufolge die Trilogie, zu welcher die *Hiketiden* gehören, im Agon gegen Sophokles den Sieg errungen hat. Da Sophokles 468 sein erstes Stück aufgeführt und damit gesiegt hat, müssen die *Hiketiden* des A. später sein. 458 schuf A. als letztes Werk die Trilogie *Oresteia* mit den Dramen *Agamemnon, Choephoren (Das Opfer am Grabe)* und *Eumeniden*. Im ersten Stück kehrt Agamemnon von Troia siegreich zurück und wird durch die Hinterlist seiner Gattin Klytaimestra ermordet. In den Choephoren läßt der Dichter Orestes als Bluträcher des Vaters in die Heimat zurückkehren und, nachdem er seine Schwester Elektra am Grabe Agamemnons wiedergefunden hat, Klytaimestra und Aigisthos erschlagen. Doch ob des Muttermordes verfällt er den Erinyen, die ihn im letzten Stück verfolgen, während Apollon schützend für ihn eintritt. Im Schiedsgericht in Athen gibt die Göttin Athene den Ausschlag zugunsten Orests; die Rachegeister lassen sich versöhnen. Das uralte Gesetz der Blutrache wird durch eine höhere, reinere Rechtsauffassung überwunden. Zeitlich nicht festlegbar ist der **Prometheus*. Das Stück weicht im Stil beträchtlich von den übrigen ab und ist deshalb in neuerer Zeit öfter für unaischyleisch erklärt worden. Von den verlorenen Dramen sind größere Stücke aus den Tragödien *Niobe* und *Myrmidonen* und den Satyrspielen *Die Netzfischer* und *Die Isthmiastai* (Satyrn wollen sich an den isthmischen Spielen beteiligen) durch Papyri bekannt geworden. – A. hat, indem er zu dem bis zu seiner Zeit üblichen Wechselgespräch zwischen einem *Chor und einem Schauspieler die Rolle des 2. Schauspielers hinzufügte, das europäische Drama geschaffen. Seine Sprache ist erhaben und großartig durch kühne Wortschöpfungen und Bilder von gewaltiger Kraft. Aus den Tiefen des Irrationalen steigt seine Dichtung; er erlebt das Weltgeschehen als Walten eines ewigen Gesetzes der Gottheit, die das Menschliche mit gerechtem Auge schaut und den Frevelmut *(*Hybris)* straft. Der Mensch steht vor dem Anspruch des Rechts, aufgerufen zu bewußter Entscheidung, sich zum rechten Handeln durchringend zwischen Ansprüchen, von denen keiner absolut gesetzt werden darf. Dieses wesentlichste Moment des Tragischen hat A. entdeckt. *Aristophanes stellt ihn in den *Fröschen* dem Rationalisten Euripides gegenüber als das Muster guten alten Athenersinns.

1. Erhaltene Dramen: T: UvWilamowitz, 1914. MLWest, 1990 (Tb). TÜK: *Agam.:* EdFraenkel, Oxford 1950. K: *Perser:* LBelloni, Milano 1988. *Prom.:* DJConacher, Toronto 1980. TK: *Perser:* HDBroadhead, Cambridge 1960. *Sieben:* GOHutchinson, Oxford 1987. LLupaş Bukarest 1981. *Hiketiden:* HFriis-Johansen-EWWhittle, Kopenhagen 1981. *Agam.:* JBollack u. a., Lille 1981-82. *Choeph.:* AFGarvie, Oxford 1986. *Eum.:*

AHSommerstein, Cambridge 1989. *Prom.:* MGriffith, Cambridge 1983. TÜ: OWerner, 1969 (Tusc.). Ü: JGDroysen, 1832 (oft neu). EBuschor, 1953-58. *Orestie, Sieben, Perser:* EStaiger 1987 (Reclam). *Prom.:* WKraus (Reclam). – 2. Frg.: T: SRadt, *Trag. Gr. Frg. 3,* Göttingen 1985. KÜ: JMette, Der verlorene A., 1963. – Lit.: s. Gesamtdarst. der gr. *Tragödie. GMurray, A., 1974 (dtv). HHommel, Wege zu A., 1974 (2 Bde., WdF). MLWest, Studies in A., Stuttgart 1990. Zu einzelnen Stücken: KDeichgräber, Perser, Nachr. Akad. Göttingen, 1941. Ders., Lykurgie, ebda. 1938/9. AFGarvie, Supplices, 1969. HDCameron, Studies on the Seven against Thebes, 1971. – Portrait: Schefold.

Aison, att. Vasenmaler, Ende 5. Jh. v. Chr. Hauptwerk: Schale in Madrid mit Theseustaten. – Buschor (*Vasen) S. 239.

Aisopos, Fabeldichter im 6. Jh. v. Chr., soll ein freigelassener Sklave des Iadmon auf Samos gewesen sein. Die Legende berichtet, er sei von Kroisos mit Geschenken nach Delphi geschickt worden. Ob der Verteilung sei er mit den Delphiern in Streit geraten und vom Felsen hinabgestürzt worden. Unter seinem Namen erzählte man im Volk viele Fabeln. Sokrates soll im Gefängnis etliche von ihnen in Versform gebracht haben. *Demetrios von Phaleron sammelte sie. Überliefert ist eine gr. Bearbeitung des *Babrios in Versen. Die Sammlung der äsopischen Fabeln in Prosa wurde erst durch die Byzantiner zusammengestellt. Lateinisch geben *Phaedrus und *Avian die Fabeln in Versform; daneben existiert eine späte Prosasammlung unter dem Namen Romulus.
T: AHausrath-HHunger, 1959-70 (Tb). *Lebensgeschichte:* BEPerry, Aesopica I, 1952. *Romulus:* Thiele, 1911. TÜ: HCSchnur, 1985 (Tusc.). Ü (Auswahl): JPapadopoulos, 1988 (Goldmann Taschenb.). LMader, Antike Fabeln, 1951 (AW). – Bildnis: Schefold. – NHolzberg, Die antike Fabel, 1993.

Aisymnetes hießen in Ionien und Megara Schiedsrichter, die das Volk wählte, um den staatszerrüttenden Parteikämpfen ein Ende zu setzen. Sie hatten absolute Vollmacht zur Wiederherstellung der Ordnung. *Pittakos.

Aithra, die Tochter des Königs Pittheus von Troizen, Gemahlin des Königs Aigeus von Athen. Ihr nahte Poseidon, so daß als Vater ihres Sohnes *Theseus bald Aigeus, bald Poseidon genannt wird. Sie wurde von den Dioskuren geraubt und mußte Helena als Sklavin dienen. Mit ihr kam sie nach Troia, wo sie bei der Eroberung der Stadt von den Enkeln Demophon und Akamas befreit wurde.

Aitne, Stadt am Südhang des Aetna von *Hieron (1) gegründet, der ihr 470 v. Chr. seinen Sohn Deinomenes zum Regenten gab. Aus diesem Anlaß führte *Aischylos am Ort ein Festspiel *Aitnai* auf und pries *Pindaros die Stadt in der 1. pythischen Ode.

Aitolia, Gebirgsland nördl. des Golfs von Patras und Korinth; im Westen bildet der Acheloos die Grenze gegen Akarnanien. Hauptstädte: *Kalydon, Pleuron. Seit Mitte des 3. Jh. v. Chr. war der Aitolische Bund durch

Anschluß der Nachbarstämme erstarkt und bestimmte neben den makedon. Diadochenkönigen und dem Achäischen Bund die gr. Politik. Die Aitoler retteten 279 v. Chr. Delphi vor der Plünderung durch einfallende Kelten (*Brennus 2). 192 stand der Bund mit König Antiochos im Krieg gegen Rom; Fulvius Nobilior belagerte *Ambrakia. 146 wurde das Bundesgebiet mit dem achaischen vereint zur römischen Provinz gemacht.
CAntonetti, Les Étoliens, image et religion, Paris 1990.

Aitolos, Heros *eponymos der Aitoler.

Aixone, attischer *Demos, zur Phyle Kekropis gehörig. Hier wurde 1929 eine wichtige Inschrift gefunden mit Angaben über Theateraufführungen aus der Zeit des Sophokles.
T: Wilamowitz, in Hermes 65, 1930, S. 243.

Aizanoi (heute Cavdir Hissar), Stadt im Grenzgebiet von Phrygien und Bithynien. Bedeutende Reste aus röm. Zeit wurden vom Deutschen Archäol. Institut unter Krencker und Schede ausgegraben.
RNaumann, Der Zeustempel zu A., 1979. MLeGlay, Villes, temples et sanctuaires dans l'orient romain, Paris 1986, 229-235.

Akademie (gr. *Akadēmeia*), der heilige Bezirk des attischen Heros Akademos nordwestl. von Athen. Dort war ein Gymnasion, neben dem Platon um 385 v. Chr. seine Schule einrichtete. Seit Platons Tod wählten die Akademiker jeweils auf Lebenszeit ein Schulhaupt. Man teilt die geistesgeschichtliche Entwicklung der A. in 3 Epochen: 1. Die alte A. von Speusippos, dem ersten Nachfolger Platons, bis Krates (268 v. Chr.) pflegte vorwiegend die Ethik. 2. Die mittlere A. von *Arkesilaos (2) an nahm in der Erkenntnistheorie eine skeptische Haltung ein, die um die Mitte des 2. Jh. v. Chr. in der Wahrscheinlichkeitslehre des *Karneades gipfelte. Die Zerstörung der Gebäude und der Bibliothek während der Belagerung Athens durch Sulla 86 v. Chr. bereiteten der A. das Ende. 3. Die neue A. ist vor allem durch *Cicero bekannt, der den nach Rom geflüchteten Philon von Larissa und in Athen dessen Schüler Antiochos von Askalon hörte. Antiochos zog die Tradition der andern Platonikerschulen, Stoa und Peripatos, heran, um mit ihrer Hilfe, unter Absage an den Skeptizismus, die alte A. wiederaufleben zu lassen. Neben Cicero standen *Varro und *Lucullus der A. nahe. 4. In der Kaiserzeit bestand die Schule in Athen weiter bis 529 n. Chr. Sie machte die philos. Entwicklung zum *Neuplatonismus mit.
AWeische, Cicero und die Neue A., 1961.

Akanthos. – 1. Pflanze mit rosettenartig angeordneten, stachligen Blättern. Als ornamentales Motiv u.a. am *korinthischen Kapitell und, besonders schön, an der *Ara Pacis. – 2. makedonische Stadt.

Akarnan, Sohn des *Alkmaion und der Kallirrhoe, Stammvater der Akarnanen.

Akarnania, westgr. Küstenland gegenüber Ithaka und Leukas. Die Ostgrenze gegen Aitolien bildete der Fluß Acheloos. Hauptstädte: Stratos,

Astakos, Anaktorion, Tyrrheion, Oiniadai. Obwohl ältere Bindungen mit Korinth bestanden, traten die Akarnanen im Peloponnesischen Krieg auf die Seite Athens. In der Kultur blieben sie hinter den übrigen Griechen zurück.

Akontios und **Kydippe**. A., ein Jüngling von der Insel Keos, kam zum Fest der Artemis nach Delos und verliebte sich dort in die Athenerin Kydippe. Um sie zu gewinnen, griff er zu einer List. Er ließ im Tempel einen Apfel vor ihre Füße rollen, auf den er die Worte geritzt hatte: «Bei Artemis, ich werde den A. heiraten.» Da man im Altertum nur laut zu lesen pflegte, hatte das Mädchen, als es den Apfel aufhob und erstaunt die Worte las, auch schon den Schwur ausgesprochen. Die Göttin wachte über dessen Erfüllung und sandte jedesmal, wenn der Vater sie einem anderen vermählen wollte, eine Krankheit. So blieb ihm nichts anderes übrig, als die Tochter dem A. zur Frau zu geben. Die Sage wurde von *Kallimachos in einem bruchstückweise erhaltenen Gedicht (*Aitia* frg. 67-75) und von *Ovid *(Heroinenbriefe 20/21)* verwendet.

Akragas (lat. *Agrigentum*), Stadt an der Südküste Siziliens. Die nach Angabe des Thukydides (6, 5, 4) um 581 v. Chr. von Gela aus hingeführte Kolonie wurde durch Export von Getreide, Wein, Öl und Zuchtpferden bald reich. Mächtige Tyrannen herrschten: *Phalaris, *Theron (seit 488). 405 wurde die Stadt von den Karthagern erobert und erholte sich nie wieder ganz. Ihr berühmtester Bürger ist *Empedokles. – Die Schönheit der Stadt wurde schon im Altertum gefeiert. Auf einem Hügel am Südrand des antiken Stadtgebietes stand eine Reihe herrlicher Tempel, von denen am besten der sog. Tempel der Iuno Lacinia, der sog. Concordiatempel, beide aus dem 5. Jh., und der sog. Heraklestempel vom Ende des 6. Jh. erhalten sind. Unvollendet blieb der gewaltige Tempel des Olympischen Zeus, den Theron zur Feier des Sieges bei *Himera (480 v. Chr.) begonnen hatte.
PGriffo, Agrigento (Guida), 1961. Ders., Il museo archeologico regionale di Agrigento, 1987. JAdeWaele, Acragas Graeca I, 1971. Bildbd.: EDemiro, Das Tal der Tempel in Agrigent, 1989.

Akrai (Palazzolo Acreide), Kolonie von Syrakus, in Südsizilien um die Mitte des 7. Jh. v. Chr. gegründet an Stelle einer älteren Niederlassung der Sikeler, von der noch eine Nekropole zeugt. Aus hellenistischer Zeit ein gut erhaltenes Theater.
LBernabò Brea, A., Catania 1956. Ders., Il tempio di Afrodite di A., Neapel 1986.

Akrisios, Sohn des Abas, Vater der Danaë (*Perseus).

Akrokeraunia, ein von den Seefahrern gefürchtetes Vorgebirge in Epeiros an der Küste der Ionischen See (Kap Glossa).

Akrolith, Statue, bei der die sichtbaren nackten Körperteile aus Marmor gearbeitet sind, während der übrige Körper aus mit Metall verkleidetem Holz bestand. Die Technik war vor allem in Großgriechenland verbreitet. Wegen der unterschiedlichen Haltbarkeit des Materials sind von A.-

Statuen nur die Marmorteile, vor allem Köpfe, erhalten: A. Ludovisi im Thermenmuseum, Rom. Athena im Vatikan. Apollokopf aus Cirò (in Reggio Calabr.). – Langlotz (*Großgriechenland) Taf. 62/3. 86/7. 118/9.

Akropolis, die Zitadelle der gr. Städte auf dem Burghügel. Die A. von Athen und ihre Abhänge waren schon in der Steinzeit besiedelt. In der 2. H. des 2. Jahrtausends bauten die Könige der mykenischen Epoche im nördlichen Mittelteil des Platzes ihren Palast. Daneben befinden sich die ältesten heiligen Wahrzeichen: der Ölbaum der Göttin Athene und der Erdspalt da, wo Poseidon mit Athene um das Land streitend seinen Dreizack in den Boden gestoßen hatte (ein Blitzmal). Im 13. Jh. v. Chr. wurde die Burg mit einer mächtigen Mauer befestigt, die die Stürme der dorischen Wanderung überdauert hat. In archaischer Zeit, vor allem im 6. Jh., schmückte man die A. als Hauptheiligtum Athens mit zahlreichen Bauten. Um 570 wurde ein *Hekatompedon genannter Athenetempel gebaut, ob an der Stelle des späteren Parthenon oder über dem alten Königspalast, ist nicht geklärt. An letzterer Stelle errichteten die Peisistratiden um 525 einen neuen großen Tempel, von dem sich, wie von dem älteren, Giebelskulpturen erhalten haben. Das alles zerstörten 480 die Perser restlos. Nachher ebnete man mit dem Schutt den Boden aus, stellte den Tempel vorläufig her, erneuerte und erweiterte die Burgmauer. Erst unter Perikles kam ein großzügiger Neubau zustande. Unter der Bauleitung des Pheidias entstanden die Propyläen am Westaufgang (437-432), der Tempel der Athene *Nike (427-424. *Kallikrates), das Erechtheion (421-406) und der Parthenon (447-432). In diesem fand die Stadtgöttin Athene Parthenos (Jungfrau Athene) eine würdige Wohnstatt. Die Architekten *Iktinos und *Kallikrates wirkten als Baumeister, *Pheidias und seine Schüler schufen die Skulpturen. Den Tempel umgeben rings dorische Säulen, 8 an den Schmal-, 17 an den Längsseiten. Im Ostgiebel war die Geburt Athenes im Westgiebel der Streit Athenes und Poseidons um Attika dargestellt. Die Metopen oben an den Längsseiten waren mit Reliefbildern aus der Sage geschmückt. Oben an den Wänden des Tempelhauses selbst lief außen der 1 m hohe Fries mit der Darstellung des *Panathenäenfestzuges ringsum. Im Mittelschiff stand die goldelfenbeinerne Athenestatue des *Pheidias. Den größten Teil des Bildschmucks, soweit er noch vorhanden war, brachte um 1801/2 Lord Elgin ins Brit. Museum nach London *(Elgin Marbles)*. Der Tempel selbst war im Mittelalter von den Türken als Pulvermagazin benutzt worden; 1687 flog der Mittelbau durch einen Volltreffer in die Luft. Auf dem Platz östl. von den Propyläen stand weithin sichtbar die Kolossalstatue der Athene Promachos (*Pheidias).

Hege – Rodenwaldt, Die A., 1937 (ill.). FBrommer, Die Skulpturen der Parthenongiebel, 1963; ders., Die Metopen des Parthenon, 1967; ders., Der Parthenonfries, 1977 (2 Bde.); ders., Die A. von Athen, 1985. Rhys Carpenter, Die Erbauer des Parthenon, 1970. LASchneider-ChHöcker, Die A. von Athen, 1990. Collignon-Fougères-Picard, L'Acropole d'Athènes (3 Monumentalbände), Paris, 1924, 1929, 1931. *Archaisch.

Akroterion, ornamentale oder figürliche Verzierung über den Giebelspitzen und den seitlichen Giebelecken der Tempel, aus Marmor, Metall oder *Terrakotta. *Architektur.
HGropengiesser, Die pflanzlichen Akrotere klassischer Tempel, 1961.

Aktaion, ein boiotischer Jäger. Er belauschte eines Tages Artemis mit ihren Nymphen im Bade. Erzürnt verwandelte ihn die jungfräuliche Göttin in einen Hirsch, so daß ihn seine eigenen Jagdhunde zerrissen.
LRLacy, The myth of A., literary and iconographic studies, 1984 (Diss. Bryn Mawr College). – Vasenbild des *Pan-Malers: Buschor (*Vasen) S. 187.

Akusilaos von Argos, ein Logograph Ende 6. Jh. v. Chr., schrieb 3 Bücher *Genealogien* (Stammbäume von den Göttern bis zu den Helden des Troischen Krieges).
TÜ: Vorsokr. I.

Ala. – 1. «Flügel» des röm. Heeres, bestehend aus Truppen der Bundesgenossen. Seit Caesar gab es nur noch Reiter-Alae. In der Kaiserzeit: Abteilung von Reitern der Hilfstruppen in Sollstärke von 500 oder 1000 Mann. – 2. Nach dem *Atrium zu offener Raum zur linken und rechten Seite.

Alabanda, Stadt in Karien. Die Ausgrabungen haben Bauten aus hellenistischer und röm. Zeit freigelegt.

Alalia: *Aleria.

Alanen, Nomadenvolk nördl. des Kaukasus. Im 4. Jh. von den Hunnen aus ihren Sitzen verdrängt, erschienen sie während der Völkerwanderung als Gefährten der *Vandalen.
BSBachrach, A history of the Alans in the West, Minneapolis 1973.

Alarich, König der Westgoten 395-410 n. Chr. Er zog mit seinem Heer 395/8 durch Griechenland und fiel seit 401 mehrfach in Italien ein. Am 23./24. August 410 plünderte er Rom, starb aber kurz danach in Süditalien (Grab im Busento).
MBrion, La vie d'A., 1930. APastorino, la prima spedizione di Alarico in Italia 401-402 d. C., Torino 1975 (mit TÜ von *Claudianus, *De bello Gotico*).

Alba, Name mehrerer Städte, besonders: – 1. A. Fucens, Stadt der Aequer beim Fucinersee. 304 v. Chr. wurde eine röm. Kolonie von 6000 Bürgern dahin gelegt. Ausgrabungen. – 2. A. Longa, von Iulus, dem Sohn des Aeneas, am Albanersee gegründet, die Mutterstadt Roms. Nach der Sage zerstörte sie Tullus Hostilius und siedelte die Einwohner als Bürger in Rom an (*Latiner). In der Kaiserzeit lagen viele Villen der röm. Aristokraten in der Gegend.
FDionisi, La scoperta topografica di Alba Longa, Rom 1961.

Albanerberg *(mons Albanus)*, Monte Cavo, beherrschender Berggipfel in Latium, dem Juppiter Latiaris geweiht. Dessen Kult vereinigte alljährlich die 47 Gemeinden Latiums zur Feier der Feriae Latinae im Tempel auf der Höhe. Dorthin zogen seit 231 v. Chr. Feldherrn, denen der Senat den Triumph in Rom versagte, im Albanischen Triumph über die noch heute begehbare Triumphstraße hinauf.

Albanersee, ein Kratersee am Westfuß des Albanerbergs. Der Wasserspiegel wurde 398/7 v. Chr. durch einen Ableitungstunnel *(emissarium)* von 1800 m Länge reguliert; die Anlage funktioniert noch heute.

Albinos, angesehener platonischer Philosoph im 2. Jh. n. Chr., den der Arzt Galenos als Student hörte. Unter seinem Namen ist nur eine sehr kurze *Einführung* zu Platon erhalten. Zugewiesen wird ihm auch eine unter dem Namen Alkinoos überlieferte systematische Darstellung der Hauptlehren Platons, wobei aristotelische und stoische (*Areios Didymos) Standpunkte mit einbezogen sind (*Didaskalikos* oder *Epitome*). Die Zuweisung ist umstritten.
Einführung: TK: ONüsser, Albins Prolog und die Dialogtheorie des Platonismus, 1991. – *Didaskalikos*: TÜK: JWhittaker – PLouis, Alcinous, 1990 (Budé). Ü (engl.): JReady, The Platonic doctrines of Albinus, Grand Rapids 1991.

Albinovanus Pedo, Dichter und Freund des *Ovid. Erhalten sind von ihm 22 Verse aus einem Epos über den Germanenfeldzug des Germanicus.
T: WMorel-KBüchner-JBlänsdorf, Frg. poet. lat., 1994 (Tb).

Albinus, Clodius, ein von den britannischen Legionen aufgestellter Gegenkaiser des *Septimius Severus.

Album (das Weiße), urspr. öffentlich aufgestellte geweißte Holztafeln, auf denen behördliche Bekanntmachungen aufgeschrieben waren. Später wurden vor allem offizielle Mitglieder- oder Teilhaberlisten so genannt, z. B. das A. des Senats. Derartige Tafeln waren auch in gr. Städten aufgestellt; sie hießen dort *Kyrbeis*. Man fertigte sie 3eckig an und stellte sie zu drehbaren Pyramiden zusammen. In Athen waren so die Gesetze Solons veröffentlicht.

Albunea, schwefelhaltiger Quell bei Tibur, der einen Wasserfall bildete und durch den Hain des Faunus in den Anio floß. Die Quellnymphe galt als weissagende Sibylle.

Aldobrandinische Hochzeit heißt nach dem ersten Besitzer ein 1606 auf dem Esquilin gefundenes Wandgemälde aus augusteischer Zeit (in der Vatikan. Bibliothek). Es stellt ein Brautpaar während der Vorbereitungen zur Hochzeit dar.
Helbig, Führer 1 (s. o. S. XII). HMarwitz, in Antike und Abendland 12, 1966, 97-110.

Alemannen (lat. Alamanni), germanischer Stamm. Sie standen seit dem 3. Jh. n. Chr. am Oberrhein in steten Kämpfen mit Römern (Schlachten

bei Vindonissa 298, bei Straßburg 357) und Franken. Im 5./ 6. Jh. breiteten sie sich im Elsaß, in der Schweiz und in Schwaben bis zum Lech aus, seit 536 Untertanen der Franken.
Geschichtsquellen: T: CDirlmeier u.a., Quellen zur Geschichte der A., 1976ff. (bis 1991 19 Bde.). Für die Schweiz: TÜ: Howald-Meyer, Röm. Schweiz, 1941. – WMüller, Zur Geschichte der A., 1975 (WdF).

Aleria, Stadt an der Ostküste Korsikas. Die Phokaier, Ionier aus Kleinasien, legten sie 564 v. Chr. als gr. Kolonie Alalia an, wurden aber von Karthagern und Etruskern besiegt und siedelten nach Elea in Unteritalien über.
JJehasse, A. grecque et romaine, 1965. Les fouilles d'A., Ajaccio 1980ff.

Alesia, Stadt der Mandubier auf dem Mt. Auxois (Alise-Sainte Reine, Côte d'or). Caesar schloß sie 52 v. Chr. mit einem doppelten Wall ein. Schwere Annäherungshindernisse vor dem 21 km langen äußern Wall machten den Entsatz von außen unmöglich. Die ausgehungerte Stadt ergab sich (*Vercingetorix).
*Caesar, *Gallischer Krieg* 7, 68ff. – JCarcopino, A. et les ruses de César, 1970. JLeGall, A., le siège de la forteresse par César, la ville gallo-romaine, le culte, Paris 1985.

Aleuaden, Nachkommen des Aleuas, ein Herrschergeschlecht in Larissa (Thessalien).

Alexander (gr. *Aléxandros*). – 1. In Homers *Ilias* = *Paris.
2. Tyrann v. Pherai in Thessalien 369-359 v. Chr. *Pelopidas.
3. Könige von Epeiros: *a)* Onkel Alexanders d. Gr., 342 v. Chr. von Philipp v. Makedonien als König eingesetzt. – *b)* Sohn und Nachfolger des Pyrrhos, mütterlicherseits Enkel des Agathokles.
4. Könige von Makedonien: *a)* Sohn des Amyntas, regierte 494-454 v. Chr. Er wurde von Xerxes zur Heeresfolge gegen die Griechen gezwungen, stand aber insgeheim mit ihnen in Verbindung. – *b)* A. der Große, Sohn des Philippos und der *Olympias, der 3. mak. König seines Namens, 356-323 v. Chr. Er wurde von Aristoteles erzogen. Als Führer der Reiterei gewann er bei Chaironeia 338 den Sieg gegen die heilige Schar der Thebaner. 336 wurde er König, beseitigte die andern Thronprätendenten und zog sofort mit einem Heer nach Griechenland, das im Begriff war abzufallen. Von den versammelten Griechen ließ er sich in Korinth zum Oberfeldherrn gegen die Perser ausrufen. Um für diesen Zug im Rücken Ruhe zu haben, wandte er sich 335 gegen die Barbaren in Norden und Westen, überschritt die Donau und besiegte die aufständischen Illyrier. Auf die Nachricht von seinem Tod brach in Theben die Revolution aus. Doch A. erschien unerwartet schnell und ließ als abschreckendes Beispiel die Stadt zerstören, die Einwohner als Sklaven verkaufen. 334 begann er die Expedition gegen Persien mit einem Heer von 30 000 Mann Infanterie, 5 000 Reitern und einem Stab bewährter Generale (Parmenion, Perdikkas, Kleitos, Hephaistion, Krateros, Ptolemaios, Antigonos; Antipatros blieb als Befehlshaber in Makedonien zurück). Nach der Überschreitung des Hellespont brachte

A. zuerst bei Troia dem Achilleus, den er sich zum Vorbild erwählt hatte, Grabopfer dar. Im Mai 334 errang er den ersten Sieg in der Reiterschlacht am Granikos. Danach gewann er die kleinasiatischen Küstenstädte. Im Frühjahr 333 vereinigte er sein Heer in Gordion. Den berühmten gordischen Knoten, von dem die Sage ging, daß, wer ihn löse, Herrscher von Asien würde, durchschnitt er mit dem Schwert und erfüllte so die Prophezeiung. Auf dem Marsch gegen Syrien stellte sich ihm der Perserkönig *Dareios III. selbst mit einem großen Heer bei Issos (Nov. 333). Der Sturmangriff, den A. persönlich gegen den König führte, entschied den Sieg. Im erbeuteten Lager befanden sich Mutter, Gattin und Töchter des Dareios. A. erwies ihnen königliche Ehren. Das machte auf Dareios solchen Eindruck, daß er dem großmütigen Sieger danken ließ und ihm Frieden und die Hälfte des Reiches bis zum Euphrat anbot (*Parmenion). In Phönizien leistete die Inselstadt *Tyros äußersten Widerstand. Sie fiel im August 332. Aegypten unterwarf sich 331 ohne Schwertstreich. A. gründete im Nildelta die Stadt Alexandreia. An der Oase Schiwah begrüßten ihn die Priester des Orakels als Sohn des Zeus Ammon. Im Sommer überschritt das Heer Euphrat und Tigris. Dareios trat im Okt. 331 bei Gaugamela (Arbela) zur Entscheidungsschlacht an. Wieder siegte A. durch seinen persönlichen Angriff auf Dareios. Nun besetzte er Babylon, Susa und die Königsresidenz Persepolis, die er in Flammen aufgehen ließ. 330 verfolgte er den fliehenden Dareios in die östlichen Satrapien des Reichs; da wurde dieser von Bessos, dem Satrapen von Baktriane, ermordet. A. fühlte sich jetzt ganz als Nachfolger des Großkönigs, und damit zeigte sich der schon lange vorbereitete Wandel in seiner Stellung gegenüber Griechen und Makedonen: Er wünschte als asiatischer Despot durch die dem gr. Stolz unerträgliche Proskynesis (Niederwerfen vor den Füßen des Herrn und Küssen des Bodens) verehrt zu werden, trug Perserkleidung und suchte orientalische Sitten auch in seiner Umgebung einzuführen. So riß eine Kluft auf zwischen dem König und seinen Generalen und Mannschaften, um so gefährlicher, weil die Makedonen und Griechen den Krieg als beendet ansahen und nur aus persönlicher Ergebenheit für A. sich bewegen ließen, weiterzuziehen. Im Herbst 330 wurde eine Verschwörung aufgedeckt. Philotas, der Befehlshaber der mak. Ritterschaft, wurde vom Volksgericht des Makedonenheeres wegen Hochverrats verurteilt, und auch sein Vater, der altbewährte Parmenion, dem A. den wichtigsten Posten in Ekbatana anvertraut hatte, mußte sterben. Etwas später ermordete der König in unbeherrschtem Zorn seinen besten Freund Kleitos, als dieser ihn beim Weine durch Widerspruch gereizt hatte. 329 marschierte A. über den Hindukusch nach Baktria, nahm Bessos gefangen und ließ ihn hinrichten. 2 Jahre dauerte die Unterwerfung der nördl. Stämme bis zum Jaxartes. A. gründete neue Städte als Vorposten hellenischer Kultur und brachte durch seine Vermählung mit der Baktrierin Roxane zum Ausdruck, daß er Griechentum und Persertum zu einer Einheit zu verschmelzen wünschte. 327 zog er nach Indien, überquerte den Indus, stieß aber am Hydaspes auf den Widerstand des mächtigen Königs Poros. Großmütig beließ er dem Besiegten sein Reich und marschierte weiter zum Hyphasis. Da verweigerte das Heer den Gehorsam, und unwillig mußte er vom weitern

Vordringen ins Unbekannte absehen. Zu Schiff erreichte er Ende 326 auf dem Indus den Indischen Ozean. Der Admiral Nearchos segelte mit der Flotte in den Persischen Golf, A. zog mit dem Landheer auf entbehrungsreichem Marsch durch die gedrosische Wüste dahin. In Susa ließ er, bedacht auf den Ausgleich zwischen Griechen und Persern, die Vermählung von 10 000 Makedonen mit Asiatinnen durch ein 5tägiges Fest feiern und nahm selbst nach orientalischer Sitte eine zweite Frau, eine Tochter des Dareios. Neben der Riesenaufgabe der Ordnung des Reiches beschäftigten ihn gewaltige neue Pläne. Ende 324 traf den König ein harter Schlag. Hephaistion, der Jugendfreund, der ihm unter allen Generalen am nächsten stand, starb. Wenige Tage nach der mit überschwenglicher Pracht abgehaltenen Totenfeier erkrankte der König selbst und starb nach 11 Tagen im Juni 323. Da die Nachfolge nicht geregelt war, zerfiel das Reich unter die sich befehdenden Generale (*Diadochen). – A. hatte einen Dichter, Choirilos v. Iasos, und einen Historiker, *Kallisthenes, mit sich geführt, die seine Taten verewigen sollten. Beide enttäuschten seine Hoffnungen. Die erste auf Quellenmaterial und eigenem Erlebnis beruhende Geschichtsdarstellung gab sein General *Ptolemaios. Auf ihm beruhen die erhaltenen Werke: gr.: *Arrian, *Anabasis*. *Plutarch, A.; lat.: *Curtius Rufus. A.s Züge wurden bald Gegenstand der Sage (Alexanderroman, z. B. Pseudo-*Kallisthenes).

Droysen, Geschichte A.s d. Gr., 1941 (Kröner). UWilcken, A. d. Gr., 1931. WTarn, A. d. Gr., 1968. FSchachermeyr, A. d. Gr., 1973 (Sitzungsber. Akad. Wien 285). JSeibert, A. d. Gr., 4. A. 1994. Ders., Die Eroberung des Perserreiches durch A. d. Gr., 1986. SLauffer, A. d. Gr., 1981 (dtv). NGLHammond, A. the Great, 1980. Karten zum A.-zug: Tübinger Atlas des vorderen Orients B V,1.

Bildliche Darstellungen sind sehr zahlreich: *a)* Alexandersarkophag, so genannt nach den Reliefs der Wandflächen des Sarges, die A. im Kampf und auf der Jagd zeigen. Das Werk wurde Ende des 4. Jh. von gr. Künstlern als Grabstätte für einen Fürsten von Sidon geschaffen (heute im Museum von Istanbul). – KSchefold-MSeidel, Der A.sarkophag, 1968. VvGraeve, Der A.sarkophag und seine Werkstatt, 1970. – *b)* A.-schlacht, ein in Pompeii (Haus des Faun) gefundenes großes Mosaik, Nachbildung eines gr. Originalgemäldes (*Philoxenos). Das Bild beabsichtigt wahrscheinlich nicht eine historisch exakte Wiedergabe einer der drei Schlachten (Granikos, Issos, Gaugamela), sondern faßt deren historische Einzelzüge zu einer ins Allgemeine gehobenen Darstellung vom Kampf des A. gegen Dareios zusammen. – BAndreae, Das A.mosaik aus Pompeji, Recklinghausen 1977. – *c)* *Münzen: Lange, Herrscherköpfe, 1938. – *d)* Portrait: MBieber, A. the Great in Greek and Roman Art, 1964. THölscher, Ideal und Wirklichkeit in den Bildnissen A. d. Gr., 1971. – A.-roman: FPfister, Der A.-roman mit einer Auswahl aus den verwandten Texten, 1978. Ders., Kleine Schriften zum A.-roman, 1976. RMerckelbach, Die Quellen des gr. A.-romans, 1977.

5. A. Aitolos, Tragödiendichter und Bibliothekar in Alexandreia um 285 v. Chr.

6. A. Polyhistor von Milet, kam als Kriegsgefangener nach Rom und erhielt von Sulla Freiheit und Bürgerrecht. Er war ein gelehrter Vielschrei-

ber, der riesige Auszüge aus wissenschaftlichen Werken aller Richtungen machte.
7. A. von Aphrodisias, *Peripatetiker im 2./3. Jh. n. Chr., verfaßte Kommentare zu Aristoteles und eigene philosophische Schriften.
T: IBruns, Suppl. Aristotelicum 2, 1887-92. Commentaria in Aristotelem graeca 1-3, 1891-1901. Frg.: PMoraux, Le commentaire d'A. aux 'Seconds Analytiques' d'Aristote, 1979. Einzelne Schriften: TÜ: PThillet, Traité du destin, 1984 (Budé). RBTodd, De mixtione, 1976. MBaldassari, Analyt. prima, Topika, 1986. Ü (engl.): WEDooley, 1989. JBarnes, 1991. – DPapadis, Die Seelenlehre bei A., 1987.
8. A. von Abonuteichos gründete um die Mitte des 2. Jh. n. Chr. ein Orakel des Asklepios-Glykon. *Lukianos hat ihn als Nutznießer des Aberglaubens in der Schrift *A. oder der Lügenprophet* angeprangert. FCumont, A. d'A., 1888. OWeinreich, in Neue Jahrb. 47, 1921, 129ff. ADNock, A. of A., in Classical Quarterly 22, 1928. MCaster, Études sur A. ou le Faux-Prophète de Lucien, 1938.
9. M. Aurelius A. Severus, Vetter Elagabals. Als dieser 222 n. Chr. ermordet wurde, gelangte A. 13½jährig zur Herrschaft als 4. Kaiser der von Septimius Severus begründeten Dynastie syrischer Herkunft. Praktisch übte seine Mutter Iulia Mamaea die Regierung aus, erster Berater war der berühmte Jurist Ulpianus als Gardepräfekt. Der Senat gewann unter dem schwächlichen Regiment wieder eine politische Bedeutung. Nach einigen Friedensjahren mußte A. einem Einfall des Partherkönigs Artaxerxes im Osten begegnen. Die mangelnde Autorität des Kaisers und die Zuchtlosigkeit der Heere führten zu einem schmählichen Mißerfolg. Immerhin zogen sich die Parther vor der Übermacht zurück, und A. feierte einen Triumph. Die Truppen für diesen Krieg hatten von der Nordgrenze abgezogen werden müssen, so daß nun die Germanen Gallien verheerten. Als A. dort auftrat und den Frieden in Unterhandlungen zu erkaufen suchte, meuterten die Truppen unter Maximinus. A. wurde samt seiner Mutter erschlagen (235 v. Chr.). Die Biographie des Puppenkaisers in der Historia *Augusta von Vopiscus ist eine Lobhudelei. – Portraits: Münzen. Marmorkopf im Louvre Paris. Herrscherbild. – Domaszewski, Gesch. d. röm. Kaiser, 1909. RSoraci, L'opera legislativa e amministrativa dell'imperatore S.A., Catania 1974 (mit Bibliographie).
10. A. von Tralles, Arzt, 6. Jh. n. Chr. in Konstantinopel und Rom.
T: Puschmann, Wien 1878/9, Berlin 1886 (Nachdr. 1963).

Alexandria (gr. *Alexândreia*) hießen zahlreiche von Alexander d. Gr. als Vorposten gr. Kultur angelegte Städte. Bedeutend wurde das 331 v. Chr. gegründete A. im Nildelta gegenüber *Pharos unter der Herrschaft von Alexanders General Ptolemaios und dessen Nachkommen (*Ptolemäer). A. war eine moderne Stadt nach den Plänen des Architekten *Deinokrates mit rechtwinkligen Straßenzügen. Durch die wissenschaftliche Forschungsstätte des *Museion mit seiner *Bibliothek wurde es der geistige Mittelpunkt der hellenistischen Zeit. Die Ptolemäer zogen die größten Dichter und Gelehrten an ihren Hof. Die alexandrin. Dichtung zeichnet sich aus durch sorgfältige feine Form in Sprache und Versbau. Es werden, da die großen Sagenstoffe schon behandelt waren, entlegene Themen

gesucht, fast vergessene Lokalsagen und Volksbräuche; auch Bekanntes wird in neuartiger, interessanter Weise beleuchtet. Man bevorzugte kleine, kunstvoll ausgefeilte Gedichte: *Elegien, *Epyllien, *Hymnen, *Epigramme (*Kallimachos); das Großepos des Apollonios v. Rhodos ist eine Ausnahme. Die Gelehrsamkeit verstieg sich oft zu *Rätselgedichten; Lehrgedichte waren sehr beliebt. Auch die Tragödie wurde von den Dichtern der alexandrinischen *Pleiade gepflegt, daneben die neue *Komödie. Aus der romantischen Einstellung des Großstädters zum Land erwuchs die *bukolische Idyllendichtung. In die niedere Literatur gehören *Mimos und *Sotadeen. Im Museion blühten die Wissenschaften: 1. Sprach- und Literaturforschung. Sammlung und kommentierte kritische Ausgaben der Dichter und Prosaiker durch die Philologen *Zenodot, *Aristophanes v. Byzanz, *Aristarch, *Didymos. System der Grammatik durch *Dionysios Thrax. 2. Mathematik und Technik: *Eukleides, *Ktesibios, *Philon (2), *Heron. 3. Astronomie: *Aristarch v. Samos, *Seleukos, *Eratosthenes, *Hipparchos. 4. Medizin: *Herophilos, *Erasistratos, die *Empirikerschule. – Mit der Eroberung A.s durch Caesar (Brand des Museion) war die erste Blüte der Stadt vorbei. Die Pläne von M. Antonius und Kleopatra, A. zum Mittelpunkt des Weltreichs zu machen, wurden in der Schlacht bei Actium zerschlagen. Von jeher wohnte in A. eine starke jüdische Kolonie (*Aristeasbrief, *Bibel, *Philon [5]). Durch sie fand auch das Christentum bald Eingang. Heftige Religionskonflikte wurden in den nachchristl. Jh. oft in blutigen Straßenkämpfen ausgetragen, besonders seitdem im 3. Jh. auch die neuplatonische Philosophie, die letzte Stütze des Heidentums, hier ihr Zentrum hatte (*Hypatia). Die alexandrin. Katechetenschule, an deren Anfängen *Clemens und *Origenes stehen, übte einen tiefgreifenden Einfluß auf die Entwicklung der christl. Theologie aus. A. blieb eine Hauptstätte der Wissenschaft bis zur Araberzeit (640 n. Chr.).
HTDavies, A. the golden city, Evanston 1958. KMichalowski, A., 1971. PMFraser, Ptolemaic A., 1972 (3 Bde). – Lit.: T (Frg): JUPowell, Collectanea Alexandrina, 1925 (Nachdr. 1970), ergänzt durch HLloyd-Jones-PParsons, Supplementum Hellenisticum, Berlin 1993. TK: JClack, An Anthology of Alexandrian Poetry, Pittsburgh 1982. NHopkinson, A Hellenistic Anthology, Cambridge 1988. – *Aegypten, *Hellenismus, *Bibliothek.

Alexis, Dichter der mittleren *Komödie, starb hochbetagt 270 v. Chr. in Athen. Von seinen 245 Stücken sind nur Frg. erhalten.
T: Kock, Comic. Attic. Frg. II. TÜ: Edmonds (*Komödie) 2, 373-520. Greek Lit. Papyri I (Loeb L.).

Alfenus Varus, cos. suffectus 39 v. Chr., aus Cremona. Vom Schuster arbeitete er sich zum berühmten Juristen empor. *Vergil hat ihm die 6. Ecloge gewidmet.

Algidus, der östliche Zug des Albanergebirges, früher große Eichenwälder, in der Kaiserzeit Villengegend.

Alimentus, L. Cincius, Praetor 210 v. Chr., verfaßte eine röm. Geschichte (*Annales*) in gr. Sprache.
T: HPeter, Historicorum Rom. reliquiae 1, 1914, 40-43.

Aliso, Römerkastell, von Drusus (3) um 11 v. Chr. an der Lippe als Basis für die Germanenfeldzüge angelegt.

Alkaios aus Mytilene, der Dichter des äolischen Liedes neben Sappho. Als Adliger war er führend beteiligt an dem schweren Bürgerzwist zwischen Aristokraten und Volk auf Lesbos. Immer wieder gingen populäre Männer als Alleinherrscher hervor. A. haßte diese Tyrannen fanatisch und jubelte laut über ihren Sturz; lange Zeit mußte er in der Verbannung leben. Auch den 590 v. Chr. zum *Aisymneten gewählten weisen *Pittakos beschimpfte er seiner niedrigen Herkunft wegen; doch dieser gewährte A. Amnestie. Außer politischen und Kriegsliedern *(Stasiotika)* dichtete A. Götterhymnen, Liebes- und Trinklieder, vorzugsweise in der nach ihm genannten alkaischen Strophe. Der röm. Dichter *Horatius hat die berühmtesten A.-Lieder frei nachgebildet.
TÜ: MTreu, 1980 (Tusc.). Loeb L. (Greek Lyric I). T: Diehl (*Lyrik). Lobel-Page, Poetarum Lesbiorum frg., 1955. EMVoigt, Sappho und A., 1971. – DPage, Sappho and A., 1955. WRösler, Dichter und Gruppe, 1980. – Bildnis: Schefold.

Alkamenes, Bildhauer des 5. Jh. v. Chr., Schüler und Rivale des Pheidias. Berühmt war seine *Aphrodite in den Gärten*. Im Original erhalten ist eine von ihm geweihte Gruppe der *Prokne* mit dem Knaben Itys (*Aëdon) auf der Akropolis. Durch Kopien bekannt ist sein *Hermes Propylaios*. Außerdem hat man vermutet, daß der *Ares Borghese* (Paris, Louvre) auf das Kultbild zurückgeht, das A. für den Tempel des Ares in Athen schuf. *Hephaistos.
LCapuis, A., Firenze 1968. ELanglotz, Aphrodite in den Gärten, Sitzungsber. Akad. Heidelberg 1954. – WHSchuchhardt, A., 1977 (Winckelmannsprogr.).

Alkathoos, Sohn des Pelops und der Hippodameia. Zum Lohn für die Tötung des kithaironischen Löwen machte ihn Megareus, der König von Megara, zum Schwiegersohn und Nachfolger. Er baute mit Hilfe Apollons die Mauern von Megara wieder auf.

Alkestis, die Gattin des Admetos, des Königs von Pherai in Thessalien. Ihm hatte Apollon A. gewinnen helfen und von den Moiren erwirkt, daß er am Leben bleiben dürfe, wenn ein anderer Mensch für ihn freiwillig ins Totenreich ginge. Als nun aber der Tod an ihn herantrat, da weigerten sich die greisen Eltern, den kurzen Rest ihrer Tage herzugeben, und niemand außer der blühenden jungen Gattin A. war bereit, das Opfer zu bringen. Nach ihrem Hinscheiden kam gerade Admets Freund Herakles am Trauerhause vorbei. Er eilte dem Tod nach, rang mit ihm und holte A. aus seinen Händen wieder ins Leben zurück. Die herrliche Tat der liebenden Gattin preist Euripides in seiner *A.* – Ü: Wilamowitz, Gr. Tragödien 3, 1926. – Lesky, A., der Mythos und das Drama, 1925.

Alkibiades, Athener aus hochadligem Geschlecht. Nach dem Tode des Vaters Kleinias wurde Perikles sein Vormund. A. hing schwärmerisch an Sokrates, aber trotzdem vermochte das Vorbild des Philosophen das unbändige Temperament des schönen, hochbegabten, reichen und maß-

los ehrgeizigen jungen Mannes nicht zu zügeln (Charakteristik in Platons *Symposion*). Sein skrupelloses Machtstreben offenbart einen Radikalismus der Vernunft, dem kein Sittengebot mehr heilig ist, und zeigt A. als Schüler der *Sophisten. In der 2. Hälfte des Peloponnes. Kriegs wirkte A. als Politiker. Er vertrat den schärfsten athenischen Imperialismus (Stratege gegen *Melos 416/5), propagierte 415 die Expedition nach Sizilien und wurde mit Nikias und Lamachos zu deren Führer gewählt. Vor der Abfahrt der Flotte wurden eines Nachts alle Hermen in Athen verstümmelt. A. war der Teilnahme an diesem Religionsfrevel verdächtig. Unterwegs nach Syrakus wurde er nach Athen vor Gericht geladen, floh aber zum Feind nach Sparta. Auf seinen Rat schickten die Spartaner Hilfe nach Syrakus und vernichteten dort Athens Streitmacht; auch besetzten sie in Attika den Stützpunkt Dekeleia (413). Mit dem König Agis verfeindet (es ging das Gerücht, A. habe ihm die Frau verführt), ging A. zu den Persern über, verhandelte von dort mit Athen und erhielt das Kommando über die athenische Flotte. Nach den Seesiegen 410-408 feierte ihn das athenische Volk stürmisch als seinen Helden. Doch ein Mißerfolg seines Unterfeldherrn Antiochos bei Notion (407) brachte ihn um die Volksgunst: Nicht wiedergewählt ging er 406 ins Exil auf seine Güter in der thrak. Chersones. Nach dem Fall Athens ließ ihn der persische Satrap Pharnabazos in Melissa (Phrygien) ermorden.
Biogr.: *Plutarch, *Nepos. – FTaeger, A., 1943. MPohlenz, Gestalten aus Hellas, 1950, S. 189ff. HBengtson, Gr. Staatsmänner, 1983. WEllis, A., London 1989.

Alkidamas, gr. Rhetor und Sophist um die Wende vom 5. zum 4. Jh. v. Chr., Schüler des Gorgias. Gegen *Isokrates, der von seinen Schülern eine ausgefeilte schriftliche Abfassung der Reden verlangte, legte A. das Gewicht auf die Fähigkeit des Redners, zu improvisieren. In der Einleitung seines Hauptwerks *Museion* veranschaulichte er diese Forderung mit der Erzählung vom Wettkampf zwischen Hesiod und Homer. Homer ist der unerschöpflich einfallsreiche Improvisator, der die ihm von Hesiod als Aufgabe vorgelegten, scheinbar sinnwidrigen Verse immer mit einem eigenen zweiten Vers zu einem sinnvollen Ganzen verwandelt. Sonst ist von A. nur eine Kampfschrift *Von den Verfassern der Schreibreden oder von Sophisten* erhalten.
T: LRadermacher, Artium scriptores, 1951, S. 135-141. TÜ (it.) K: GAvezzù, Roma 1982. *Wettkampf* (A. als Quelle der erhaltenen späten Bearbeitungen nachgewiesen von FNietzsche, 1870, dazu EVogt in Antike und Abendland 11, 1962, 103ff.; Zuweisung zuletzt verteidigt von NO'Sullivan, A., Aristophanes and the beginning of Greek stilistic theory, 1992): T: Rzach (*Hesiodos). Wilamowitz (*Homeros I.). ÜK: WSchadewaldt, 1959.

Alkinoos. – 1. König der *Phaiaken auf Scheria, nahm Odysseus gastfreundlich auf (Homer, *Odyssee* 7-13). – 2. *Albinos.

Alkiphron verfaßte im 2. Jh. n. Chr. eine Sammlung von 118 Briefen. Schreiber und Adressaten sind fingiert (attische Fischer, Bauern, Parasiten und Hetären des 4. Jh. v. Chr.).

T: Schepers, 1905 (Tb, Nachdr. 1969). Ü: Herel, Altenburg 1767. *Hetärenbriefe*: WPlankl, 1958. PHansmann, 1989 (Insel-Taschenb., mit Philostratos). TÜ: Benner-Fobes, 1949 (Loeb L.). LFiore, Florenz 1957 (it.).

Alkmaion. – 1. Sohn des *Amphiaraos und der Eriphyle, nahm am Zug der Epigonen gegen Theben teil. Dann rächte er den Vater, den Eriphyle um das Halsband und den Peplos der Harmonia verraten hatte (*Sieben gegen Theben). Den Muttermörder verfolgten die Erinyen. In Psophis heiratete er die Phegeustochter Arsinoë oder Alphesiboia und gab ihr das Halsband und den Peplos. Aber des Fluches wegen mußte er weiterziehen. Der Flußgott Acheloos entsühnte ihn und gab ihm seine Tochter Kallirhoë, die nun den verhängnisvollen Schmuck zu besitzen wünschte. A. bekam ihn durch eine Vorspiegelung von Phegeus heraus; als dieser aber den Betrug merkte, befahl er seinen zwei Söhnen, A. zu ermorden. Auf das Gebet Kallirhoës ließ Zeus die Söhne des A., Amphoteros und Akarnan, alsbald zu Männern werden. Sie nahmen Blutrache an Phegeus und dessen Söhnen, den Unheilsschmuck aber weihten sie dem delphischen Apollon. – 2. A. v. Kroton, um 500 v. Chr., pythagoreischer Philosoph und Arzt. Er entdeckte die Nerven und das Gehirn als Zentralorgan; die Sinneswahrnehmung erklärte er durch Kanäle *(Póroi)* von Auge und Ohr zum Gehirn. Die Reste seines Buches *Über die Natur* sind das älteste Stück gr. medizinischer Literatur.
TÜ: Vorsokr. I. – DTeti, Alcmeone e Pitagora, 1970.

Alkman aus Sardes begründete in Sparta um die Mitte des 7. Jh. v. Chr. die *Chorlyrik. Bisher hatten die Dichter gleichartige Verse gereiht; A. aber baute einander entsprechende Strophen aus verschiedenartigen Rhythmen. Er schrieb im altlakonischen Dialekt. Ein großes Stück aus einem Jungfrauenchor *(Parthénion)* zum Artemisfest wurde 1855 auf einem Papyrus entdeckt.
T: DLPage, Poetae melici Graeci, 1962. TÜ: BSnell-ZFranyó, Frühgr. Lyriker 4, 1976. TÜK: CCalame, Roma 1983. – CCalame, Les choeurs de jeunes filles en Grèce archaïque, 1977.

Alkmene, Mutter des *Herakles: *Amphitryon.

Alkmeoniden, eines der vornehmsten Adelsgeschlechter Athens (*Kylon). Während Peisistratos und dessen Söhne regierten, lebten die A. noch immer im Exil und übernahmen den Neubau des Apollontempels in *Delphi, durch dessen Pracht sie in ganz Griechenland berühmt wurden. Vom delphischen Orakel unterstützt, zog *Kleisthenes, das damalige Haupt der A., 510 in Athen ein und stellte die Demokratie her.

Alkyone, Gattin des *Keyx.

Allekto, eine der *Erinyen.

Allia, kleiner Nebenfluß des Tiber ca. 15 km nördl. Rom. Hier erlitten die Römer am 18. Juli 387 v. Chr. durch die Gallier eine vernichtende

Niederlage. Der Jahrestag der Schlacht galt als schwarzer (d.h. Unglücks-)Tag *(dies ater)*.

Allia Potestas, eine Freigelassene, welcher ihr Patron und Verehrer eine lat. Grabschrift in 52 Versen gesetzt hat (3./4. Jh. n. Chr.). Ohne Sprache und Verskunst recht zu meistern, aber mit Anlehnungen an Vergil und Ovid und in seltsamer Mischung hochpoetischen und vulgären Ausdrucks schildert der halbgebildete Mann, so gut er es vermag, die seelischen und körperlichen Vorzüge der verstorbenen Hausdame.
T: FBücheler-ELommatzsch, Carmina latina epigraphica, Nr. 1988.

Allius, Freund des *Catullus, dem dieser das große Gedicht 68 widmete.

Allobroger, mächtiger und kriegerischer Keltenstamm in Savoyen und Dauphiné, Hauptstadt *Vienna. Cn. Domitius Ahenobarbus unterwarf sie 121 v. Chr.; den Krieg entschied der Sieg des Mitkonsuls Q. Fabius Maximus an der Isèremündung. Fabius erhielt den Triumph und den Beinamen *Allobrogicus*. Noch während der Catilinarischen Verschwörung (63) zum Aufstand bereit, blieben sie im Gallischen Krieg Caesars (58-51 v. Chr.) den Römern treu.

Aloaden. Otos und Ephialtes, die riesenstarken Söhne des Aloeus, hielten Ares 13 Monate gefangen. Sie wollten den Himmel stürmen, indem sie den Ossa auf den Olymp und den Pelion auf den Ossa türmten; doch Apollon tötete sie.

Alpen. Erst als Hannibal 218 v. Chr. mit seinem Heer die Westalpen überstieg, rückten diese ins Blickfeld der antiken Mittelmeervölker. Der Nord-Süd-Verkehr pflegte das Hindernis zu umgehen (Rhoneweg über *Massilia oder Ostweg über das Schwarze Meer). Seit dem 1. Jh. v. Chr. gewannen die Pässe Bedeutung. Caesar suchte den Großen St. Bernhard zu sichern. Augustus und Claudius bauten die Paßstraßen systematisch aus. Die begangensten Pässe waren: Küstenweg der Riviera. Mont Genèvre. Kleiner St. Bernhard. Großer St. Bernhard mit berühmtem Tempel des Juppiter Poeninus auf der Paßhöhe (nur Saumpfad). Splügen. Septimer. Julier. Reschen. Brenner-Seefelder Sattel, Plöckenpaß-Radstätter Tauern. Norische Alpen (über Villach). Julische Alpen (Aquileia-Laibach). Die vorindogermanischen Bewohner der A., aus deren Sprache der Name des Gebirges stammt, wurden in ihrem Siedlungsgebiet von Kelten und Illyriern stark zurückgedrängt. Verehrung der *Alpes* als Gottheiten bezeugt ein Votivaltar in Allmendingen bei Thun aus dem 1. Jh. n. Chr. *Tropaion.
EZacherl (Hg.), Die Römer in den A. (Historikertagung Salzburg 1986), Bozen 1989. Zum großen und kleinen St. Bernhard-Paß: GWalser, Summus Poeninus, 1984 (Historia E. Schr. 46). Ders., Via per A. Graias, 1986 (Historia E. Schr. 48).

Alpheios, der größte Fluß in der Peloponnes, fließt durch Arkadien und mündet 4 Stunden westl. von Olympia.

Althaia, Mutter des *Meleagros und der *Deianeira.

Altis, der heilige Hain von *Olympia.

Alyattes, Vater des *Kroisos, begründete Ende 7. Jh. v. Chr. durch die Vertreibung der *Kimmerier aus Kleinasien das Großreich der Lyder und dehnte es bis zum Flusse Halys aus. Ihm sagte Thales die während der letzten Schlacht mit den Medern am 28. Mai 585 eintretende Sonnenfinsternis voraus (Herodot 1, 74).

Amalasuntha, Tochter *Theoderichs d. Gr., führte nach dessen Tode 526 die Regentschaft an Stelle des minderjährigen Königs, ihres Sohnes Athalarich. Der Römer *Cassiodorus diente ihr wie schon dem Theoderich als Chef der Hofkanzlei. Selbst römisch gebildet, ließ sie auch dem jungen König eine römische Erziehung zuteil werden, zum Ärger der sich als Herren Roms fühlenden Goten. Als Athalarich 534 starb, nahm A. ihren Vetter Theodahad zum Mitregenten an; dieser aber setzte sie gefangen und ließ sie 535 töten. Ihre Ermordung gab dem Kaiser Iustinianus den Grund zu dem Kriege, welcher die Ostgotenherrschaft in Italien vernichtete.

Amaltheia, die Ziege, die mit ihrer Milch den Zeus nach seiner Geburt auf Kreta nährte. Nach späterer Sage war A. eine kretische Nymphe, die den Zeusknaben mit Ziegenmilch aufzog. Dem abgebrochenen Horn der Ziege verlieh Zeus die Gabe, stets voll zu sein mit allen guten Gaben. So war das Horn der A., bei den Römern *Cornu Copiae* genannt, als segenspendendes Füllhorn ein Symbol des Reichtums, Attribut des Zeus und der Friedensgöttin.

Amasis. – 1. griechenfreundlicher König von Ägypten (570-526 v. Chr.), unterhielt Beziehungen mit *Kroisos und *Polykrates. *Naukratis. – 2. att. Töpfer, ca. 560-530 v. Chr., dessen *Vasen der sog. Amasismaler schwarzfigurig bemalte.
DvBothmer, The A.-Painter and his world, 1985.

Amazonen, sagenhaftes Volk kriegerischer Frauen im Nordosten Kleinasiens. Den Namen erklärte man als die Brustlosen von der Sitte, die rechte Brust wegzuschneiden, um im Kampf besser den Bogen führen zu können. *Herakles kämpfte mit ihnen und auch *Theseus; doch unternahmen die A. einen Rachezug nach Attika. Im Troischen Krieg zogen die A. den Troern zu Hilfe; Achilleus tötete ihre Königin *Penthesileia. Die A.-königin Thalestris soll nach einer Legende Alexander d. Gr. aufgesucht haben mit dem Wunsche, von ihm Kinder zu bekommen.
A.-schlachten waren ein sehr beliebtes Thema der Kunst: Vasenbilder. Wandgemälde *Mikons. Reliefs (Metopen des Athenerschatzhauses in *Delphoi, in Kopien faßbare Reliefs des Pheidias am Schild der Athene Parthenos, Friese des Apollontempels von *Phigaleia, des Mausoleums von Halikarnass und des Artemistempels von *Magnesia; oft auf Sarkophagen). Im Wettbewerb für Ephesos schufen die berühmtesten Künstler des 5. Jh. v. Chr., Pheidias, Polyklet, Kresilas und der sonst unbe-

kannte Phradmon, Statuen einer verwundeten A., die in erhaltenen Kopien nachweisbar sind. *Galater.
DvBothmer, Amazons in Greek art, 1957. VMStrocka, Piräusreliefs und Parthenonschild, Bochum 1967. RRedlich, Die A.sarkophage des 2. u. 3. Jh. n. Chr., 1942. WBTyrrell, Amazons, a Study in Athenian mythmaking, 1984.

Ambarvalia, ein altröm. Fest, an dem mit einem Flurumgang das Gedeihen der Saat erfleht und das verderbliche Eindringen des Mars abgewendet werden sollte. Der staatliche Kultakt wurde von den *Arvales begangen. Geopfert wurden Schwein, Schafbock und Stier (*Suovetaurilia).

Ambitus, die Ämterbewerbung in Rom. Der Kandidat suchte sich die Unterstützung einflußreicher Männer und durch Spiele die Gunst des Volkes für die Wahl zu verschaffen. Im üblen Sinne nannte man A. den Stimmenkauf, gegen den seit 181 v. Chr. ohne Erfolg Gesetze erlassen wurden.
Kroll, Kultur der ciceron. Zeit II S. 188 (1933). Friedländer, Sittengesch. S. 125ff. *Cicero (2).

L. **Ambivius** Turpio, Direktor einer Schauspieltruppe, der durch sein unentwegtes Eintreten den Komödien des *Caecilius Statius und des Terentius zum Erfolg verhalf.

Ambrakia, korinthische Kolonie am gleichnamigen Golf nördl. von Akarnanien. Pyrrhos v. Epeiros machte sie 297 v. Chr. zu seiner Residenz und schmückte sie mit prächtigen Kunstwerken. Später wurde A. Vorort des Aitolischen Bundes. 189 v. Chr. nahm sie der cos. *Fulvius Nobilior nach tapferem Widerstand ein und beraubte sie ihrer Kunstschätze.

Ambrosia und **Nektar**, Speise und Trank der Götter, durch deren Genuß sie sich die Unsterblichkeit erhielten.

Ambrosiaster, die durch Erasmus von Rotterdam eingeführte Bezeichnung für den Verfasser eines vorzüglichen K zu den Paulusbriefen (ohne Hebr.). Das Werk ist zwischen 366 und 384 entstanden und ist ein wichtiger Zeuge des altlat. Bibelttextes.
T: HJVogels, 1966-9 (Corp. Vindob. 81, 1-3).

Ambrosius, Bischof von Mailand, † 397 n. Chr. Als weltlicher Statthalter erwarb er sich solche Beliebtheit, daß das Volk seine Wahl zum Nachfolger des Arianers Auxentius durchsetzte. Als Bischof trat er Heiden (*Symmachus) und Sekten (Arianern, Priscillianern) ebenso machtvoll entgegen wie der Staatsgewalt: Er zwang sogar Kaiser Theodosius zu öffentlicher Buße (*Gratianus). Seine Schriftstellerei war von großem Umfang; mit seinen Hymnen wurde A. der Schöpfer des lat. Kirchenliedes. Die erste Lebensbeschreibung des A. schrieb bald nach seinem Tode sein Sekretär Paulinus.
T: Corp. Vindob. 32, 62, 64, 73, 78, 79, 82. Corp. Chr. 14; Rest bei Migne lat. 14-16. TÜ: S.chrét. 25. 45. 52. 179. 239. Ü (Ausw.): KV. *Hymnen:*

TÜK: JFontaine, 1992. Ü: FWolters, 1922. – v. Campenhausen, A. v. Mailand als Kirchenpolitiker, 1929. HDudden, St. Ambrose, 2 Bde, Oxford 1935. AParedi, Sant' Ambrogio e la sua età, 2. A. 1960. EDassmann, Die Frömmigkeit des Kirchenvaters A., 1965. RSauer, Studien zur Pflichtenlehre des A., Diss. Würzburg 1981. MBecker, Die Kardinaltugenden bei Cicero und A.: De officiis, 1994. HLeeb, Die Psalmodie bei A., 1967. PCourcelle, Recherches sur S. Ambroise (Vies anciennes, culture, iconographie), 1973. – Biogr. des Paulinus: TK: MPellegrino, 1961. Ü: EDassmann, 1967. – Mosaikbildnis in Mailand, Sant' Ambrogio (5. Jh.).

Ameipsias, attischer Komödiendichter zur Zeit des *Aristophanes.

Amelios, Lieblingsschüler des Neuplatonikers *Plotinos.
Frg.: ANZoubos, Athen 1956.

Amisos, Hauptstadt von *Pontos, Residenz des *Mithridates.

Ammianus Marcellinus aus Antiocheia, der größte röm. Geschichtsschreiber nach Tacitus, 2. Hälfte des 4. Jh. n. Chr. Sein Werk umfaßte die Zeit von 96 bis 378 n. Chr.; erhalten ist davon der Schluß (Buch 14-31), der mit dem Jahr 353 beginnt. Er machte Feldzüge in Italien, Gallien und im Orient mit, besonders unter Kaiser Iulianus. A. ist ein glänzender Charakterschilderer; als gebürtiger Grieche hat er es im Latein zur Meisterschaft des kunstvollen rhetorischen Stils gebracht.
T: WSeyfahrt u.a., 1978 (Tb). TÜ: EGalletier u.a., 1968-84 (Budé). Rolfe (Loeb L.). K (B. 14-21): PdeJonge-JdenBoeft u.a., 1935-91. TÜK: WSeyfahrt, 1968-71. – WEnsslin, Zur Gesch.-schreibung und Weltanschauung A.s, 1923. EAThompson, The historical work of A.M., 1947. HTränkle, in Antike und Abendland 2, 1962. JMatthews, The Roman Empire of A., London 1989.

Ammon, ägypt. Gott mit einem berühmten Orakel bei der Oase Schiwah (*Alexandros d. Gr.). Gr. = *Zeus A.*, röm. = *Iuppiter A.*

Ammonios. – 1. Alexandrinischer Gelehrter, Nachfolger Aristarchs (2) als Bibliothekar des Museions. – 2. A., später zur Unterscheidung mit Zunamen Sakkas, als Lehrer des *Plotinos der Begründer des *Neuplatonismus. – 3. Neuplatoniker, 5./6. Jh. n. Chr., verfaßte Aristoteleskommentare.
TÜK (zu *Kategorien*): YPelletier, Montreal 1983.

Amor: *Eros.

Amphiaraos, berühmter Seher in Argos. Er nahm an der *Kalydonischen Jagd und am *Argonautenzuge teil, wider Willen auch am Zug der *Sieben gegen Theben. *Alkmaion. In Boiotien wurde er als chthonischer Heros und traumdeutender Heilgott besonders in Oropos verehrt. – Großer korinthischer A.-Krater des 6. Jh. in Berlin: Buschor (*Vasen) S. 74.

Amphiktionen, die Umwohner eines Heiligtums, die sich zu dessen Schutz in einem Staatenbund *(Amphiktionie)* zusammentaten. Im Frühling und Herbst tagte der A.-rat. Am bedeutendsten war die delphische Amphiktionie, welche 355 v. Chr. den heiligen Krieg gegen die Phoker beschloß und an ihrer Stelle Philipp v. Makedonien als Mitglied aufnahm; 338 rief sie ihn zum heiligen Krieg gegen *Amphissa auf und verschaffte ihm damit die Gelegenheit, die Herrschaft über Griechenland zu gewinnen.

Amphion und **Zethos**, Zwillingsbrüder, Söhne des Zeus und der Antiope. Lykos, der König von Theben, übergab Antiope seiner grausamen Gattin Dirke als Sklavin; die ausgesetzten Zwillinge wurden auf dem Berg Kithairon aufgezogen. Dort fand sie die vor Mißhandlungen fliehende Mutter als Jünglinge wieder. Sie gingen jetzt nach Theben, erschlugen Lykos und banden Dirke an die Hörner eines wilden Stiers. Sie befestigten Theben, indem Amphion so schön auf der von Hermes geschenkten Leier spielte, daß die Steine sich rührten und sich von selbst zur Mauer fügten. Amphion heiratete *Niobe. In der Tragödie *Antiope* ließ Euripides den Amphion das besinnliche Leben des Künstlers gegen die Vorwürfe des praktisch veranlagten Zethos verteidigen. Die Brüder galten seither als die typischen Vertreter jener verschiedenen Lebenseinstellungen.
Statuengruppe: sog. Farnesischer Stier (Bestrafung Dirkes) in Neapel, nach einem Original der Bildhauer Apollonios und Tauriskos aus Tralleis, die im 1. Jh. v. Chr. auf *Rhodos wirkten. Die Figur der Antiope ist eine Zutat des Kopisten.

Amphipolis, attische Kolonie am Flusse Strymon in Thrakien, gegründet 437 v. Chr., wichtigster Stützpunkt der athen. Herrschaft im Norden. Die Spartaner unter Brasidas eroberten 424 die Stadt; 357 entriß sie Philipp den Athenern endgültig.
IPapastauru, A., Gesch. u. Prosopographie, 1936 (Klio Beih. 37).

Amphissa, Stadt der ozolischen Lokrer. Wegen Bebauung gebannter Fluren rief 338 v. Chr. die delphische Amphiktionie Philipp v. Makedonien zum Krieg gegen A. auf. Bald nach der Zerstörung wurde A. wieder aufgebaut.

Amphitheater. Im gewöhnlichen Theater bildeten die Sitzreihen einen Halbkreis gegenüber der Bühne; im A. gingen sie in geschlossenem Ring herum. In der Arena fanden Gladiatoren- und Tierkämpfe statt. Das große A. Roms, das A. Flavium (seit dem Mittelalter Colosseum genannt), wurde 80 n. Chr. von Kaiser Titus eingeweiht. *Naumachia. A. sind in vielen Städten des römischen Imperium erhalten, das älteste aus dem 1. Jh. v. Chr. in Pompeii. *Spiele 3b.
AHönle-AHenze, Röm. A. und Stadien, 1981. JCGolvin-ChLandes, A. et gladiateurs, Paris 1990. Rom: MdiMacco, Il Colosseo, 1971.

Amphitrite, Göttin der Meerestiefe (*Theseus).

Amphitryon führte von Theben aus einen siegreichen Feldzug gegen die Taphier. Während seiner Abwesenheit nahte seiner Gattin Alkmene Zeus in Gestalt des A. Der göttliche Liebhaber ließ die Gestirne im Laufe einhalten und die Nacht doppelt lange dauern. In der folgenden Nacht

kehrte A. selbst zurück. Als nun Alkmene behauptete, er sei erst gestern bei ihr gewesen, mußte A. sie für untreu halten. Zeus selbst klärte die Verwicklung auf. Alkmene gebar Zwillinge, Herakles von Zeus und Iphikles von A.
*Plautus benutzte die Sage zu einer Verwechslungskomödie *Amphitruo.* – WSteidle, Plautus' A. und sein gr. Original, in Ausgew. Aufsätze, Amsterdam 1987, 461-475.

Amphora (gr. *Amphoreús*), großes zweihenkliges Gefäß, als Maß 26,2 l.

Amykos, Sohn des Poseidon, König der Bebryker. Er zwang alle an seiner Küste landenden Fremden, mit ihm einen Boxkampf auszutragen, und erschlug sie dabei. Als die *Argonauten dort vorbeikamen, fand A. seinen Meister in Polydeukes und wurde unschädlich gemacht. Fesselung des A.: *Ficoronische Cista.

Amyntas, häufiger Name vornehmer Makedonen, u. a. des Königs 392-370 v. Chr., des Vaters von *Philippos II.

Anabasis Hinaufmarsch (ins anatolische Hochland und nach Asien), Titel von Werken *Xenophons und *Arrians.

Anacharsis, Skythe aus königlichem Geschlecht, betrachtete auf seinen Reisen gr. Sitten kritisch und mit natürlichem Verstande. Er war Freund Solons und galt als großer Weiser, von dem viele Sprüche und Legenden umgingen.
Unechte Briefe: T: FHReuters, Diss. Bonn 1957. TÜ: ders., 1963. – JFKindstrand, A., The legend and the Apophtegmata (T), Stockholm 1981.

Anakreon von Teos, ionischer Lyriker des 6. Jh. v. Chr. Als Teos samt der kleinasiat. Küste von den Persern erobert wurde, wanderten die Einwohner nach Abdera aus. A. weilte als Hofdichter an Fürstenhöfen bei *Polykrates auf Samos und nach dessen Sturz bei den Peisistratossöhnen in Athen. Seine Lieder sind von anmutiger Leichtigkeit. Als Sänger des frohen Genusses von Liebe und Wein lebte er fort und regte noch viele Jh. später dazu an, in seinem Stil zu dichten. Diese späten Gedichtchen wurden als *Anacreontea* gesammelt.
T: Echter A.: Diehl (*Lyrik). DLPage, Poetae melici Graeci, 1962. TÜ: BSnell-ZFranyó, Frühgr. Lyriker 3, 1976. DACampbell, Greek Lyric 2, 1988 (Loeb L.). BGentili, 1992. Anakreonteen: MLWest, 1993. Ü: Mörike. PARosenmeyer, The poetics of imitation, Cambridge 1992. – *Portrait: Schefold. Statue des Pheidias.

Anaxagoras aus Klazomenai, 500-428 v. Chr., lebte seit seinem 20. Jahre in Athen und übte als Philosoph einen großen Einfluß auf die geistig führenden Männer, besonders Euripides und Perikles aus. Seiner Lehre wegen wurde er 432/1 der *Asebeia angeklagt; sein Freund Perikles konnte ihn vor der Todesstrafe bewahren. A. starb als Verbannter in Lampsakos. Sein Buch *Über die Natur* enthielt die Lehre, daß die Welt aus unendlich vielen unendlich kleinen ähnlichen Elementen *(Homoiomerien)* bestehe. Deren chaotische Mischung ordne ein unpersön-

lich gedachter Weltgeist *(Nus)* durch einen Wirbel, aus dem die einzelnen Stoffe gesondert hervorgingen. Die Sonne sei eine glühende Steinmasse, größer als die Peloponnes. Sonnenfinsternis, Meteorfall und Nilschwelle erklärte er physikalisch.
TÜ: Vorsokr. II. – TÜ (engl.) K: DSider, 1981. STTeodorsson, A.' theory of matter, Göteborg 1982. HFränkel, Wege und Formen frühgr. Denkens, 1968, 284-93.

Anaxarchos aus Abdera, Philosoph am Hof Alexanders d. Gr., schrieb ein Lehrbuch für Könige *Über das Königtum.* Später wurde er von seinem Feind Nikokreon, dem König von Kypros, gefangen und in einem Mörser zerstampft. Berühmt war seine Standhaftigkeit bei diesem Tode.
TÜ: Vorsokr. II.

Anaximandros von Milet, ionischer Naturphilosoph 610-547 v. Chr. In seinem Werk *Über die Natur* erklärte er für den Urgrund alles Seins das Grenzenlos-Unbestimmbare (*ápeiron,* im Sinne der Potentialität), aus dem sich das Warme, das Kalte, das Feste und das Flüssige durch Bewegung aussondern und in das sie aus der Aktualität des Seins wieder zurückkehren.
TÜ: Vorsokr. I. Bildnis: Schefold. – HFränkel, Wege und Formen frühgr. Denkens, 1968, 186-197. HSchmitz, A. und die Anfänge der gr. Philosophie, 1988.

Anaximenes. – 1. A. von Milet, ionischer Naturphilosoph, gestorben 528/525 v. Chr., schrieb *Über die Natur.* Urstoff war ihm die Luft (*Aër*), aus der durch Verdünnung Feuer, durch Verdichtung Wolken, Wasser, Erde, Stein werde.
TÜ: Vorsokr. I. – RLaurenti, Introduzione a Talete, Anassimandro, Anassimene, Roma 1986 (mit Bibliogr.).
2. A. von Lampsakos, Historiker und Rhetor zur Zeit Alexanders d. Gr. Ihm wird von einigen die unter den Werken des Aristoteles überlieferte *Rhetorik an Alexander* zugeschrieben.
T: MFuhrmann, 1966 (Tb).

Anchises, König von Dardanos am Berg Ida bei Troia. Ihn liebte die Göttin Aphrodite und gebar ihm den Sohn *Aeneas.

Ancilia. Nach röm. Legende fiel zur Zeit des Königs Numa ein Schild *(ancile)* vom Himmel. Um die heilige Waffe vor Raub zu sichern, fertigte man 11 völlig gleiche Schilde an, so daß man den echten nicht mehr erkannte. Sie waren zusammen mit dem heiligen Speer des Mars in der *Regia,* dem Haus des *Pontifex maximus* am Forum, aufbewahrt. Die ins Feld ziehenden Heerführer bewegten nach altem Brauch diese Waffen und riefen dazu: «Mars, wache!»

Ancona, Hafenstadt an der Adria (*Picenum). Sie wurde am Anfang des 4. Jh. v. Chr. von Syrakusanern gegründet. Traian ließ 115 n. Chr. den Hafen ausbauen; aus diesem Anlaß wurde ihm auf der Mole ein gut erhaltener Ehrenbogen errichtet (*Triumphbogen).
MNatalucci, A. antica, 1960.

Ancus Marcius, nach der Sage der 4. König Roms. Er unterwarf die Latiner und siedelte sie auf dem Aventin an; diese neuen Siedler bildeten die *Plebs.

Andokides. – 1. Athenischer Redner, lebte vor 440 bis nach 391 v. Chr. mit wechselvollen Schicksalen, mehrmals verbannt. Von 4 überlieferten Reden sind 3 echt: *Für die Heimkehr aus dem Exil, Verteidigung gegen die Klage wegen unberechtigter Teilnahme an den Mysterien, Für den Frieden mit Sparta* (391).
TÜ: Dalmeyda, 1930 (Budé). Maidment, Minor att. orators, 1953 (Loeb L.). Ü: Becker, 1832. TK (*Myst.*): DMMacdowell, 1962 (Nachdr. 1989). – AMissiou, The subversive Oratory of A., Cambridge 1992.
2. In der athen. Töpferwerkstatt des A. wurde um 525 v. Chr. der rotfigurige Stil der *Vasenmalerei entwickelt.
Münchner Amphora des A.-Malers: RLullies, Gr. Vasen der reifarchaischen Zeit, 1953. Berliner Amphora: ERKnauer, Die Berliner A.-Vase, 1965 (Reclam).

Androclus, Held einer rührenden Geschichte bei *Gellius (5,14). Der entlaufene Sklave A. hilft einem lahmen Löwen, indem er ihm den Dorn aus der Tatze zieht. Später zum Tod in der Arena verurteilt, begegnet er demselben Löwen und wird durch die Dankbarkeit des Tieres gerettet.

Androgeos, Sohn des *Minos.

Andromache, Gattin *Hektors, Mutter des Astyanax. *Neoptolemos nahm sie als Sklavin mit nach Epeiros. In der Tragödie *A.* des Euripides ist Neoptolemos mit ihr vermählt, hat aber um des Geldes willen nachher noch *Hermione geheiratet, welche A. mit tödlicher Eifersucht verfolgt.

Andromeda: *Perseus.

Andronikos. – 1. *Turm der Winde. – 2. A. von Rhodos, Peripatetiker um 70 v. Chr., sammelte und kommentierte die Schriften des Aristoteles.
PMoraux, Der Aristotelismus bei den Griechen 1, 1973.

Andros, nördlichste Insel der Kykladen, im 5./4. Jh. v. Chr. meist unter athenischer Herrschaft. Menanders Komödie *Das Mädchen von A.* ist in der Bearbeitung des *Terentius erhalten. Fundort einer Versinschrift mit einem Hymnos auf *Isis.

Anio, Fluß bei Tibur (Tivoli) mit romantischen Wasserfällen, mündet in den Tiber. Zwei Aquaeducte versorgten Rom mit Wasser aus dem A.

Ankyra in Galatien (Ankara). Berühmt ist eine Inschrift *(monumentum Ancyranum)*, die dort an den Wänden des Tempels des Augustus und der Roma 1555 entdeckt wurde. Es ist die Kopie des Tatenberichts, den Kaiser Augustus am Ende seines Lebens selbst schrieb und vor seinem Grabmal in Rom aufstellen ließ, ein Geschichtsdokument allerersten Ranges. Da die Leute in A. gr. sprachen, gibt die Inschrift außer dem Originaltext eine gr. Ü. Kopien des Textes standen auch in andern Städten; Frg. sind in Antiocheia gefunden worden.

T: Volkmann, 1969. TÜ: EWeber, 1989 (Tusc.). MGiebel (Reclam). – WWeber, Princeps, 1936. – Röm. Stadt: MLeGlay, Villes, temples et sanctuaires dans l'orient romain, Paris 1986, 242-248.

Anna Perenna, etruskische Erdgöttin, deren Fest in Rom am 15. März mit Laubhütten, Singen, Tanzen und Zechen gefeiert wurde. Späte Sage setzte sie Anna, der Schwester Didos, gleich, die von Karthago zu Aeneas nach Latium geflohen sei.
WFOtto, Röm. Sagen, in Wiener Studien 34, 1912, 322ff.

Annales. In alter Zeit wurde im Amtslokal des *Pontifex maximus in Rom eine weiße Tafel *(*Album)* aufgestellt, auf der man die obersten Magistrate und die wichtigsten Ereignisse jedes Jahres verzeichnete. Später faßte man diese Jahresberichte in den 80 Büchern der *Annales maximi* zusammen. Die ersten röm. Geschichtsschreiber (*Fabius 4) folgten in Sprache und Darstellung gr. Vorbildern; die lat. schreibenden sog. *Annalisten* seit dem 2. Jh. v. Chr. übernahmen die Form der jahrweisen Berichterstattung. Ihre ohne Kritik und oft tendenziös abgefaßten Werke wurden durch Livius, der sie (hauptsächlich *Quadrigarius und *Valerius Antias) noch benutzte, endgültig überholt und fielen in Vergessenheit. Der Titel *A.* des Tacitus ist nicht authentisch.
BWFrier, Libri annales pontificum maximorum, the origins of the annalistic tradition, Rom 1979.

Annona, Vorratslager für die Lebensmittelversorgung Roms und die Zulieferungen. Sie unterstanden den *Aediles, seit 44 v. Chr. den zwei zu den bisherigen hinzutretenden *Aediles ceriales*, in der Kaiserzeit eigenen *Praefecti. Röm. Bürger konnten sich seit 123 v. Chr. (Lex Sempronia des C. *Gracchus 4) in Listen eintragen, was sie zum monatlichen Empfang einer kostenlosen oder verbilligten Kornration berechtigte.
BSirks, Food for Rome, Amsterdam 1991.

Antaios, Sohn Poseidons und der Gaia (Erde), ein libyscher Riese, mit dem Herakles rang. Immer wenn er ihn zu Boden geworfen hatte, verlieh die Berührung mit der Mutter Erde dem A. neue Kräfte. Da hob ihn Herakles in die Luft und erwürgte ihn so.
Vasenbild des *Euphronios: Buschor S. 148 (*Vasen).

Antalkidas (Name inschriftlich *Antialkídas*) schloß als spartan. Unterhändler den Königsfrieden von 386 v. Chr. mit den Persern. Die kurz zuvor von Agesilaos befreiten kleinasiat. Griechen wurden den Persern preisgegeben. Attisch blieben Lemnos, Skyros und Imbros.

Antenor. – 1. Vornehmer Troer in Homers *Ilias*. – 2. Att. Bildhauer vor den Perserkriegen. Erhalten ist eine spätarchaische Mädchenstatue von der Akropolis (Fuchs [*Plastik] Abb. 169). Vermutlich hat er auch die fragmentarisch erhaltenen Giebelskulpturen des von den *Alkmeoniden erbauten Apollontempels in *Delphoi geschaffen. *Tyrannenmörder.

Antentempel: *Architektur.

Anthemios. – 1. Procopius Anthemius, Kaiser 467-472 n. Chr.: *Ricimer. – 2. A. von Tralles, Bruder des Arztes Alexander (10), war mit Isidoros von Milet der Architekt des nach dem Brand von 532 n. Chr. errichteten Neubaus der Sophienkirche in Konstantinopel. Die Kuppel im Mittelpunkt der Kirche mit einem Durchmesser von 31 m wurde nur vom *Pantheon übertroffen. Sie stürzte 558 durch ein Erdbeben ein und wurde bei der Erneuerung um 7 m erhöht.
GLHuxley, A. of Tr., a study in later Greek geometry, 1959. HJantzen, Die Hagia Sophia, 1967. HKähler, Die Hagia Sophia, 1967.

Anthesterien, 3tägiges Frühlingsfest in Athen. Die einzelnen Festtage hießen *Pithoigia* (Faßöffnung), *Choai* (Kannenfest; beides Tage des Weingottes Dionysos) und *Chytroi* (Topffest, eine Totenfeier). – RHamilton, Choes and Anthesteria, Ann Arbor 1992. *Feste 1.

Anthimus, Arzt, widmete dem Frankenkönig Theuderich (511-34) ein *Diätkochbuch*, sprachlich ein wichtiges Zeugnis des *Vulgärlateins.
TÜ: Liechtenhan, CML (*Medizin), 1963.

Anthologie (Blumenlese). – 1. *Griechische A.* heißt eine Sammlung von Epigrammen verschiedenster Dichter von der Zeit der Perserkriege bis zum byzantinischen Mittelalter. Grundstock ist der *Kranz* des *Meleagros von Gadara aus dem 1. Jh. v. Chr. (47 Dichter). Im 1. Jh. n. Chr. legte Philippos von Thessalonike einen zweiten *Stéphanos* (Kranz) an. Diese und spätere Epigramm-Sammlungen arbeitete Konstantinos Kephalas Anf. 10. Jh. n. Chr. in seine A. (7 Bücher) ein, die, nochmals erweitert auf 15 Bücher, in einem Codex erhalten ist, der sich um 1600 in der Bibliotheca Palatina (Heidelberg) befand (heute Heidelberg und Paris). Danach heißt diese Sammlung *Anthologia Palatina*. Eine der des Kephalas ähnliche Sammlung (ebenfalls 7 Bücher) des Maximos Planudes (13. Jh.) enthält 388 Epigramme, die in der *Palatina* fehlen; sie werden in den Ausgaben der *Gr. A.* als 16. Buch an die Palatina angehängt. Die kleinen Gedichte von feinster Formkunst bieten das mannigfaltigste Bild gr. Geistes.
TÜ: HBeckby, 1965-67 (Tusc.). TÜK (Meleagros, Philippos): Gow-Page, 1968-70. – ACameron, The Greek A. from Meleager to Planudes, Oxford 1993.
2. Sentenzensammlung des *Stobaios. – 3. *Lateinische A.*, eine moderne Sammlung lat. Epigramme und kleiner Gedichte. Den antiken Grundstock bildet der sog. Codex Salmasianus mit einer im 6. Jh. n. Chr. im vandalischen Afrika entstandenen Gedichtsammlung.
T: ARiese, 1894/1906 (Tb); *Salmas.*: Shackleton Bailey, 1982 (Tb). Dazu die inschriftlich überlieferten: FBuecheler, Carmina latina Epigraphica, 1895-1926 (Nachdr. 1982, Tb).

Antigone, Tochter des *Oidipus. Sophokles hat sie in seinen Dramen zur edelsten Heldin der Kindes- und Schwesternliebe erhoben. Im *Oidipus auf Kolonos* läßt er sie den alten blinden Vater bis zum Tode betreuen. In der *A.* verteidigt sie mutig das ungeschriebene Gesetz der Menschlichkeit gegen die Staatsgewalt (ihr Wahlspruch: «Nicht mitzuhassen, sondern mitzulieben ist mein Wesen»): Ihre Brüder Polyneikes

(*Sieben gegen Theben) und Eteokles hatten um die Königsherrschaft gestritten und waren im Zweikampf miteinander gefallen. Der neue Tyrann Kreon verbot, den Polyneikes, der gegen die Vaterstadt in den Krieg gezogen war, zu bestatten. A. tat es trotzdem und wurde zur Strafe lebendig in einem Felsverlies begraben. Ihr Bräutigam Haimon, Kreons Sohn, empörte sich gegen den Vater und eilte, sie zu befreien. Doch A. hatte sich erhängt, und Haimon gab sich im Schmerz selbst den Tod; ebenso Kreons Gattin, als sie das Ende des Sohnes vernahm. A. bleibt noch im Tode Siegerin, Kreon, der Vertreter der unbedingten Strenge des Staatsgebots, ist ein gebrochener Mann. – Ü: KReinhardt, 1961. – Als Begleiterin des greisen Oidipus im Elend erscheint A. auch in den *Phoinissai* des Euripides und den *Phoenissae* Senecas.

Antigonos. – 1. A. Monophthalmos (der Einäugige), General Alexanders d. Gr. Bei dessen Tod war er Statthalter von Großphrygien, Lykien und Pamphylien und suchte diesen Besitz in mannigfachen Kämpfen mit den andern Diadochen (Eumenes, den er 316 gefangennahm; Ptolemaios; Kassandros; Lysimachos; Seleukos) unter Ausnutzung der rasch wechselnden politischen Konstellationen zu einem kleinasiatischen Reich zu erweitern. Als bester Feldherr diente ihm sein Sohn Demetrios Poliorketes. Der Koalition der 4 letztgenannten Gegner erlagen sie 301 in der Schlacht bei Ipsos; A. fiel.
CWehrli, A. et Demetrios, Genf 1968. PBriant, A. le borgne, Paris 1973.
2. A. Gonatas, Sohn des Demetrios Poliorketes. Nach dem Tod des Vaters (283) nannte er sich König von Makedonien und konnte sich 276 wirklich in den Besitz der Herrschaft setzen, die er gegen Pyrrhos von Epeiros und Ptolemaios, in steten Kämpfen um die Führung in Griechenland, mit wechselndem Glück behauptete. 243 verlor er Korinth an den Achäischen Bund. A. starb 239. Er war mit dem Philosophen Zenon, dem Gründer der Stoa, befreundet. Dessen Schüler Persaios spielte an seinem Hof eine große Rolle. Auch Dichter (*Aratos [2]) und Historiker (Hieronymos v. Kardia) lebten in seiner Umgebung.
WTarn, A.G., 1913 (Nachdr. 1969).
3. A. Doson, makedon. König 227-221 v. Chr., siegte mit dem Achäischen Bunde über den Spartanerkönig Kleomenes (2) bei Sellasia (222).
ChTHREhrhardt, Studies in the reigns of Demetrius II and A. Doson, Ann Arbor 1976.
4. A., vermutlich identisch mit dem Schriftsteller A. von Karystos auf Euboia, war nach dem Zeugnis des Plinius (1) 34,84 im 3. Jh. v. Chr. am Hof von Pergamon beauftragt, zusammen mit andern Künstlern die Gruppen von Bronzestatuen zu schaffen, mit denen die Attalidenkönige ihren Sieg über die Gallier verherrlichten. Anders als die Marmorreliefs des *Pergamonaltars, die demselben Ziel dienten, sind diese Plastiken verloren, ebenso wie das von Plinius erwähnte Buch *Über seine Kunst* (den Bronzeguß).
UvWilamowitz, A. v. K., 1881. TDorandi in Museum Helveticum 51, 1994, 5-29.

Antikleia, Mutter des Odysseus.

Antikyra, phokische Stadt an einer Bucht der Nordseite des Golfs von Korinth. Dort gedieh die als bestes Mittel gegen Verrücktheit berühmte Nieswurz *(helléboros)*. Der Name wird daher oft zu Anspielungen benutzt. Es gab noch 2 kleinere Städtchen A. am Spercheios und im westl. Lokris. Horaz sagt in seiner *Dichtkunst (V. 300)*, alle 3 würden nicht genügen, um einen Dichterling zu heilen.

Antikythera, unbedeutende kleine Insel südlich der Peloponnes, bei der im Jahr 1900 im Meer Bronze- und Marmorskulpturen aus einem in der Antike gesunkenen Schiff gefunden wurden (jetzt in Athen). Am bekanntesten der bronzene «Jüngling von A.» aus dem 4. Jh. v. Chr. und der hellenistische Bronzekopf eines Philosophen.
PCBol, Die Skulpturen des Schiffsfundes von A., 1972.

Antimachos v. Kolophon, ein Gelehrter des frühen 4. Jh. v. Chr. Er dichtete ein Epos *Thebais* und eine Elegie *Lyde* auf den Tod seiner Frau. Er war das gefeierte Vorbild der alexandrinischen Elegiendichter, obgleich Kallimachos ihn ablehnte. Schon Platon bewunderte die Dichtung seines Zeitgenossen.
T (Frg.): BWyss, 1936. *Lyde:* MLWest, Iambi et elegi 2, 1972.

Antinoos. – 1. In *Homers *Odyssee* der frechste von den Freiern. – 2. Liebling des Kaisers Hadrian, ein schöner Jüngling aus Bithynien. Er starb 130 n. Chr. im Nil für den Kaiser den Opfertod. Hadrian ließ ihn zum Gott erheben, weihte ihm Tempel und Statuen, nannte ein Sternbild nach ihm und gründete ihm zu Ehren die Stadt Antinoupolis.
A.-bildnisse sind sehr zahlreich erhalten. CWClairmont, Die Bildnisse des A., 1966.

Antiocheia am Fluß Orontes, von Seleukos 300 v. Chr. als Residenz der syrischen Könige gegründet und zu Ehren seines Vaters Antiochos benannt. Später wurde A. immer wieder erweitert und war in der Kaiserzeit neben Alexandreia die wichtigste Stadt des Ostens, ein Zentrum der christlichen Kirche (berühmte Theologenschule). – Bedeutende Mosaikfunde. *Eutychides.
GDowney, Ancient A., Princeton 1963. FOWaage, A. (amerikan. Ausgrabungen, 5 Bde), Princeton 1934-72. AJFestugière, A. païenne et chrétienne, 1959. SCampbell, The mosaics of A., Toronto 1988.

Antiochos. – I. Könige der *Seleukidendynastie in Syrien. – 1. A. Soter, Sohn des Seleukos Nikator, 324-261 v. Chr. Er befehligte die Reiterei in der siegreichen Schlacht bei Ipsos 301. Von leidenschaftlicher Liebe zu seiner Stiefmutter Stratonike verzehrt, war er dem Tode nahe. Der Leibarzt entdeckte die Liebe, gegen die der junge Mann vergeblich ankämpfte, dem Vater, und dieser entsagte der Gattin zugunsten des Sohnes. A. bestieg 281 den Thron. Den Beinamen *Soter* (Retter) erhielt er 275 nach dem Sieg über die Galater. – 2. A. Theos (der Gott), Sohn des vorigen, König 261-246. – 3. A. der Große, Sohn des Seleukos II., König 223-187 v. Chr. Ein Ostfeldzug 209-206 führte ihn bis nach Indien. Dann geriet er bei der Erweiterung der Macht nach Westen in Konflikt

mit Rom, das sich nach dem Sieg über Philippos V. bei Kynoskephalai (197) in Makedonien und Griechenland festsetzte, während A. seinerseits möglichst viel von dem Erbe seines einstigen Verbündeten Philipp an sich riß. 196 nahm A. Hannibal an seinem Hofe auf. Als er den Aitolern gegen Rom zu Hilfe eilte, wurde er 191 bei den Thermopylen von M'. Acilius Glabrio geschlagen, ebenso seine Flotte bei Korykos durch C. Livius. In der Entscheidungsschlacht bei Magnesia am Berg Sipylos (190) erlitt A. gegen den cos. L. Scipio und dessen Bruder, den Besieger Hannibals, eine vernichtende Niederlage. Er mußte im Frieden von 188 Asien bis zum Tauros abtreten und die Riesensumme von 15 000 Talenten zahlen. 187 wurde er, als er den reichen Bel-Tempel in Elymais südl. des Kaspischen Meers ausplünderte, von den Einheimischen erschlagen. A. war der größte Herrscher seines Geschlechts und seiner Zeit, kühn und zäh, schlau und skrupellos, nötigenfalls unerhört grausam. – 4. A. Epiphanes, Sohn A. des Großen, lebte 189 als Geisel in Rom. Er folgte seinem Bruder 175 auf dem Thron. Als begeisterter Griechenfreund versuchte er, sogar die Juden gewaltsam zu hellenisieren. Diese widerstanden ihm unter Führung der Makkabäer. – 5. Weitere Könige des Namens A. folgten. Der letzte wurde 65 v. Chr. von Pompeius abgesetzt; Syrien wurde röm. Provinz.
HHSchmitt, Unters. z. Geschichte A. d. Gr. und seiner Zeit, 1964 (Historia Einzelschr. 6). OMörkholm, A. IV of Syria, Diss. Aarhus 1966.
II. Könige von *Kommagene, des nördl. Teils von Syrien. A. I. (69-34 v. Chr.) errichtete sich ein prachtvolles Grabmal auf dem höchsten Berg der Gegend (Nemrud Dagh), dessen plastischer Schmuck von der hohen Blüte der späten gr. Kunst im Orient zeugt. Eine zweite große Grabanlage schuf er für seinen Vater Mithradates Kallinikos in der Vorstadt von Arsameia am Flusse Nymphaios. Die gr. Inschriften sind hochinteressante Zeugnisse für den hellenistischen Herrscherkult und die Vermengung gr. und orientalischer religiöser Vorstellungen (*Synkretismus) in jener Zeit, ebenso wie für den Manierismus des asianischen Sprachstils.
T: ENorden, Die antike Kunstprosa I, 1958, 140-146. HDörrie, Der Königskult des A., 1964. – FKDörner, Der Thron der Götter auf dem Nemrud Dağ, 1987. WHoepfner, Das Hierothesion des Königs Mithradates I. Kallinikos von Kommagene, 1983. AMannzmann, Herrschaft unter dem Aspekt königlicher Machtpolitik, in Studien zur Religion und Kultur Kleinasiens 2 (Festschr. FKDörner), Leiden 1978.
III. A. von Askalon, akademischer Philosoph, war mit Lucullus und anderen röm. Großen befreundet, Lehrer Ciceros.
GLuck, Der Akademiker A., 1953. JGlucker, A. and the late Academy, 1987.

Antiope. – 1. *Amphion. – 2. Die von *Theseus geraubte Amazonenkönigin. Marmorgruppe vom Westgiebel des Apollontempels von *Eretria: Fuchs (*Plastik) Abb. 371/2.

Antipater, L. Coelius, schrieb um 115 v. Chr. eine Geschichte des 2. Punischen Kriegs in 7 Büchern. Damit begründete er die Form der historischen Monographie in Rom, im Gegensatz zur jahrweisen Darstellung der *Annalen. Livius benutzte ihn als Quelle.

T (Frg.): Peter (*Geschichtsschreibung). – WHerrmann, Die Historien des Coelius A., 1979.

Antipatros. – 1. General Philipps v. Makedonien und Alexanders d. Gr., Vater des *Kassandros. Während Alexanders Perserzug blieb er als Statthalter von Makedonien und Griechenland zurück, leitete den Nachschub und unterwarf 331 bei Megalopolis die aufständischen Spartaner. Nach Alexanders Tod erhoben sich die Griechen und schlossen A. in Lamia ein, doch siegte er 322 bei Krannon. Er starb 319. *Diadochen.

2. A. v. Tarsos, stoischer Philosoph, Schüler des Diogenes v. Babylon und Lehrer des *Panaitios. † vor 137 v. Chr. – T(Frg.): vArnim (*Stoa) 3, 244-58. – 3. A. v. Sidon, Epigrammendichter Ende 2. Jh. v. Chr.; Gedichte in der *Anthologie (1). – 4. A. von Thessalonike, gr. Epigrammendichter im augusteischen Rom. T: *Anthologie (1).

Antiphanes, Dichter der mittleren *Komödie im 4. Jh. v. Chr.

Antiphon. – 1. Der älteste der 10 großen attischen Redner, 480-411 v. Chr., wurde nach dem Sturz der Oligarchen in Athen hingerichtet. Er trat nur in diesem letzten Prozeß selbst vor Gericht auf mit der Verteidigungsrede *Über die Verfassungsänderung*, von der ein Bruchstück erhalten ist. Sonst schrieb er Reden für andere (*Logograph). Erhalten sind 15 Reden in Mordsachen; die ersten 12 sind bloß fingierte Fälle als Muster für die Schule.

TÜ (franz.): Gernet, 1954 (Budé). Maidment, Minor att. orators, 1953 (Loeb L.). – EHeitsch, A. aus Rhamnus, 1984 (Abh. Akad. Mainz).

2. A. der *Sophist, Zeitgenosse des Sokrates. Er schrieb ein philosoph. Lehrbuch *Über die Wahrheit*, ferner *Über den Gemeinsinn*, eine *Staatsrede* und ein *Traumbuch*. Identität mit dem Redner nicht auszuschließen.

TÜ: Vorsokr. II und III 654. TK: GJPendrick, The Frg.s of A. the Sophist, Ann Arbor 1987. – WNestle, Vom Mythos zum Logos, 1940. DCMoulton, The argument of A.'s *Truth*, Ann Arbor 1971.

Antisthenes, Sokratesschüler. Er lehrte, daß die Tugend sich selbst genüge, daß der Mensch nach dem Vorbild des Herakles zu Bedürfnislosigkeit und Arbeit berufen sei. Sein Schüler *Diogenes v. Sinope entwickelte hieraus die kynische Philosophie.

EdSchwartz, Antike Charakterköpfe II, 1911. HDRankin, A. Sokratikos. Amsterdam 1986. – Bildnis: Schefold.

Antium, latinische Küstenstadt, im 5. Jh. v. Chr. von den Volskern besetzt, 338 vom cos. *Maenius erobert. Seit Ciceros Zeit war A. ein Villen- und Badestrand. Geburtsort Caligulas und Neros. Fundort hervorragender antiker Kunstwerke.

Mädchen von A.: LCurtius, Interpretation von 6 gr. Bildwerken, 1947.

Antonia. – 1. Die ä l t e r e A., Tochter des Triumvirn M. Antonius und der Octavia, der Schwester des Augustus, geb. 39 v. Chr. Sie war mit L. Domitius Ahenobarbus (7) verheiratet und Großmutter des Kaisers

Nero. – 2. Die j ü n g e r e A., Schwester der ältern A., 36 v. Chr. bis 37 n. Chr., Gemahlin des Drusus, des Bruders des spätern Kaisers Tiberius. Nachdem Drusus 9 v. Chr. gestorben war, blieb A. Witwe, berühmt ob ihrer Schönheit und Sittenstrenge. Ihre Kinder waren *Germanicus, *Livia (2) und der Kaiser *Claudius.
NKokkinos, A. Augusta, London 1992. – Wahrscheinlich ist die sog. Iuno Ludovisi des Thermenmuseums (Rom) ein Idealporträt der A. – KPolaschek, Studien zur Ikonographie der A. minor, 1973. HvHeintze, Iuno Ludovisi, 1957 (Opus nobile 4).

Antoninus Pius, 86-161 n. Chr., 138 von Hadrian adoptiert, im gleichen Jahr dessen Nachfolger als röm. Kaiser. Das Reich genoß unter ihm Frieden und Wohlstand. Die Provinzen blühten auf, besonders nach dem Erlaß aller Steuerrückstände (148). Die Rechtspflege lag in Händen trefflicher Juristen. Mit großzügiger staatlicher Hilfe baute A. nach einer Erdbebenkatastrophe die verwüsteten Städte Griechenlands, der kleinasiatischen Küste und der Insel Rhodos neu auf; auch sonst erstellte er große Bauten. In Britannien wurde der Limes gegen Schottland durch den Antoninuswall befestigt. Zum Nachfolger bestimmte er *Marcus Aurelius.
WHüttl, A. P., 1936/9 (2 Bde). WSHanson, Rome's north-west frontier, Edinburgh 1983. – Portrait: Herrscherbild II,4.

Antonius. – 1. M. A., 143-87 v. Chr., neben L. Crassus (1) der größte Redner seiner Zeit nach dem Urteil Ciceros. A. war cos. 99 und Censor 97. Als Parteigänger Sullas wurde er von Marius und Cinna proskribiert. Reste seiner Reden: T: Malcovati, Oratorum Rom. Frg.
2. C. A., Sohn des Redners, cos. 63 v. Chr. mit Cicero. Er war eine sehr zweifelhafte Figur. In die Verschwörung des Catilina selbst mitverwikkelt, sollte er das Heer der Aufrührer bekämpfen. Er überließ die Führung seinem Legaten Petreius. Als Statthalter von Makedonien (61) übte er Erpressungen und wurde trotz Ciceros Verteidigung verurteilt. Inschriftlich erhalten ist ein Gesetz über die städtischen Freiheitsrechte von Termessos im Taurusgebirge Südanatoliens, das A. als Volkstribun eingebracht hat (T: HDessau, Inscr. Lat. selectae nr. 38). – 3. M. A. der T r i u m v i r, 82-30 v. Chr., Neffe des vorigen. 54 wurde er Caesars Legat und vertrat als Volkstribun 49 dessen Ansprüche in Rom. Beim Ausbruch des Bürgerkrieges floh er in Caesars Lager. 44 wurde er mit dem Consulat belohnt. Nach Caesars Ermordung sicherte er sich dessen Privatpapiere und den Staatsschatz, setzte die Anerkennung von Caesars Verfügungen *(*Acta)* samt einer Anzahl von ihm als caesarisch untergeschobener Gesetze durch und hetzte bei der Leichenfeier das Volk gegen die Caesarmörder auf. Bald brach er mit der Senatspartei, die sein Todfeind Cicero führte. Die Senatstruppen unter den Consuln Hirtius und Pansa mit den Veteranen, die Octavian, Caesars testamentarischer Erbe, führte, schlugen A. 43 bei Mutina. Die Consuln fielen; Octavian, der seine Ernennung zum cos. erzwungen hatte, einigte sich mit dem durch die Truppen des Lepidus inzwischen verstärkten A. Die drei schlossen das sog. 2. Triumvirat zum gemeinsamen Kampf gegen die Caesarmörder, d. h. die Senatspartei. Die Gegner wurden proskribiert (Tod Ciceros). Die Schlacht von Philippi (42) entschied den Untergang

der Senatsrepublik. A. ging nach Asien, bereicherte sich durch gewaltige Kontributionen und ließ sich als Gott Dionysos verehren. Bald geriet er in den Bann der Königin *Kleopatra. Seine Gattin Fulvia stiftete unterdessen in Italien einen Aufruhr gegen Octavian an. Sie starb kurz nachher, und Octavian versöhnte sich mit A. durch das Abkommen von Brundisium (40). Die Ehe des A. mit Octavians Schwester Octavia sollte das Bündnis festigen. Schon 37 trat eine neue Spannung ein; Octavia vermittelte den Vertrag von Tarent. A. unternahm einen Partherkrieg mit schmählichem Ausgang; etwas mehr Erfolg hatte 34 ein Zug gegen Armenien. A. war jetzt ganz zum ausschweifenden orientalischen Despoten geworden und schenkte Kleopatra und seinen mit ihr gezeugten Kindern ganze Provinzen. Der Bruch mit Octavian war unvermeidlich. A. bot den Rücktritt vom Triumvirat an und verstieß Octavia. Der Senat erklärte Kleopatra den Krieg. Die Flotte Octavians siegte bei *Actium. Kleopatra floh, und A. fuhr ihr, das Heer im Stich lassend, nach. Alexandreia wurde 30 erobert. Als ihm fälschlich Kleopatras Tod gemeldet wurde, stürzte sich A. in sein Schwert. – Biogr.: *Plutarch. – HBengtson, M.A., 1977. EGHuzar, Mark Antony, London 1986. FChamoux, M.A., 1989. Auch unter *Augustus.

4. A., ca. 251-356, aus Kome in Mittelägypten, christlicher Einsiedler und der erste der Mönchsväter in der Wüste zwischen dem Niltal und dem Roten Meer. Er unterstützte *Athanasios in dessen Kampf gegen *Arius.

Leben des A. von Athanasios: gr. T: Migne gr. 26. Antike lat. *Vitae:* Garitte, Brüssel-Rom 1939. Migne lat. 73 (von Euagrius). Ü: HHanakam, Stern der Wüste, 1989.

Anubis, ägypt. Totengott, wurde von den Griechen mit Hermes, dem Geleiter der Seelen in die Unterwelt, gleichgesetzt. Er trug einen Hundekopf.

Anxur: *Tarracina.

Anyte v. Tegea, Dichterin von Epigrammen in der *Anthologie (1), ca. 300 v. Chr.

GLuck, in Museum Helveticum 11, 1954, 172-181.

Anytos, reicher Gerber in Athen, Ankläger des *Sokrates.

Apameia am Orontes, Stadt in Syrien. Heimat des Stoikers *Poseidonios. Heute ausgedehntes Ruinenfeld.

Fouilles d'Apamée de Syrie, Bruxelles 1968ff. JBalty, Guide d'Apamée, Bruxelles 1981.

Apaturien, ionisch-attisches Geschlechterfest. Am 3. Festtag *(Kureotis)* wurden die rechtmäßigen Kinder der Vollbürger in die Phratrien (staatl. Geschlechterverbände) aufgenommen. Den Knaben wurde das Haar geschoren und der Göttin Artemis geweiht.

*Feste.

Apelles aus Kolophon, berühmter Hofmaler Alexanders d. Gr., der sich nur von ihm malen ließ. Die *Aphrodite Anadyomene* (die aus dem Mee-

re auftauchende) des A. in Kos erwarb Kaiser Augustus für den Tempel der Venus Genetrix in Rom. An den Bildern rühmte man die Charis (vgl. *Charites) und die Feinheit der Linienführung. Plinius (*Naturkunde* 35, 79 ff.) berichtet von A. viele hübsche Künstleranekdoten (*Protogenes) und geflügelte Worte wie «Kein Tag ohne einen Strich!» und «Schuster, bleib bei deinem Leisten!» *Lukianos beschreibt in dem Essay *Daß man nicht leicht einer Verleumdung glauben soll* ein Bild der Verleumdung als Dämon.
WLepik-Kopaczýnska, A., Berlin 1962.

Apellikon, reicher Bücher- und Urkundensammler in Athen, kaufte in Skepsis den lange verschollenen und durch Würmer und Feuchtigkeit schon schwer geschädigten Nachlaß des Aristoteles und Theophrast. Er starb 84 v. Chr., als Athen von Sulla erobert wurde, und Sulla brachte die kostbare Bibliothek nach Rom. *Tyrannion.

Apex, stabartiger, aus Ölbaumholz geschnitzter Aufsatz auf der Kopfbedeckung der röm. Priester. In der Schrift nannte man A. das nach Bedarf auf Vokale gesetzte Längezeichen (z. B. á).

Aphaia, Göttin des großen Tempels auf *Aigina.

Aphrodisias, Stadt in Karien. In der Kaiserzeit Sitz einer Bildhauerschule. Bedeutende Reste von Bauwerken aus röm. Zeit (u. a. Aphroditetempel, Theater, Stadion, Thermen).
KTErim, A., 1989. SCampbell, The mosaics of A., Toronto 1991. A. Papers 1-2 in Journal of Roman Archaeology, Suppl., 1990-91. Kurz in MGrant, The visible past, New York 1990, 112-116.

Aphrodite, die gr. Göttin der (sexuellen) Liebe und der Schönheit (= röm. *Venus). Homer nennt sie Tochter des Zeus und der Dione. Man deutete den sicher vorgriechischen Namen als *Die aus dem Schaum (aphrós) Aufgetauchte (dyté)* und spann daraus die Sage von ihrer Geburt aus dem Meere (*A. anadyoméne*), die zahlreiche Künstler angeregt hat (*Apelles. Sog. **Ludovisischer Thron*). Bei der Verstümmelung des Uranos (*Kronos) seien Blutstropfen ins Meer gefallen und daraus A. gezeugt worden. Sie trug deshalb den Beinamen *Urania*, den Spätere (Platon) als *die himmlische* auffaßten und ihr eine *A. pandemos* (röm. *vulgivaga*) als die *irdische*, käufliche Liebe entgegenstellten. A. war mit dem lahmen, rußigen Schmied Hephaistos vermählt, der sie beim Ehebruch mit Ares ertappte (Schwankerzählung des Demodokos bei Homer, *Odyssee* 8, 267ff.). Auch von ihrer Liebe zu Sterblichen gingen viele Sagen um (*Anchises, *Adonis). – A. war in mykenischer Zeit übers Meer aus dem Orient zu den Griechen gekommen (vgl. die syrisch-phönizische Astarte). Daher liegen die Hauptkultstätten auf den Inseln *Kypros und Kythera; A. heißt danach *Kypris* und *Kythereia*. Züge der kleinasiatischen Religionen (Muttergottheit und Herrin der Berge) haben stark auf die gr. Vorstellungen eingewirkt. In Korinth gab es nach oriental. Sitte Tempelsklavinnen, deren Prostitution der Göttin Zins trug. Auf Sizilien verehrten die gr. Siedler die alte Göttin des im punisch beherrschten Gebiet gele-

genen Berges Eryx als A. (**Venus Erycina*). Der Gürtel *(Kestos)* der A. hatte die Zaubermacht, seine Trägerin begehrt zu machen. Die Taube war ihr heilig, auch die Sperlinge (in Sapphos A.-gebet). Ihr Sohn ist *Eros.
Berühmte A.-statuen waren die A. Urania in Olympia von Pheidias, die A. des *Alkamenes, und vor allem die knidische A. Euploia des *Praxiteles, von der zahlreiche Kopien erhalten sind (eine gute im Vatikan). Die A. von Arles (Louvre, Paris) ist wahrscheinlich eine Kopie nach einem Frühwerk desselben Künstlers. Vermutlich nach *Lysipp ist die A. von Capua (Neapel) gearbeitet, nach hellenistischen Vorbildern die Kapitolinische A., die A. Medici (Florenz) und die A. von *Kyrene. Ein hellenistisches Original ist die A. von *Melos (Louvre, Paris).
DMBrinkerhoff, Hellenistic statues of A., 1978. ChMitchell Havelock, The A. of Knidos and her successors, Ann Arbor 1995.

Aphthonios, Rhetor des 4. Jh. n. Chr. aus Antiocheia, verfaßte das für die Byzantiner maßgebende Lehrbuch für Anfänger in der *Rhetorik *(Progymnásmata).*
T: Rabe, 1926 (Tb).

Apicius, M. Gavius, berühmter röm. Feinschmecker, Anfang 1. Jh. n. Chr. Unter seinem Namen geht ein *Kochbuch* aus späterer Zeit.
TÜK: RMaier, 1991 (Reclam). Ausw.: EAlföldi-Rosenbaum, 10. A. 1993.

Apion, Grammatiker in Alexandreia, schrieb in der 1. H. des 1. Jh. n. Chr. Homererklärungen, ein Geschichtswerk über Aegypten u. a. *Iosephos bekämpfte ihn als den Führer der judenfeindlichen Partei.
T(Frg.): Jacoby, Frg. der gr. Hist. III C 1 n. 616.

Apis. – 1. Ein mythischer Seher-Arzt in Argos. – 2. Der heilige Stier von Memphis, von den Ägyptern als Gott hoch verehrt.

Apocolocyntosis: *Apotheose.

Apokrypha nannte man in hellenistischer Zeit geheime Bücher mit verborgenen Lehren, z. B. hermetische Schriften (*Hermes 7). Im Judentum und Christentum verfaßten vor allem die Sekten geheime, vor Uneingeweihten zu hütende Schriften. In Qumrân am Toten Meer ist eine ganze Bibliothek von Schriften einer Sekte kurz vor der Zeit Christi gefunden worden. Gerne nahmen die Bücher die Form von *Apokalypsen* an (geheime Offenbarungen, oft mit Zukunftsvisionen über das Weltende). So wurde A. zur Bezeichnung der von der Kirche nicht anerkannten Bücher, insbesondere der aus dem biblischen Kanon ausgeschlossenen. Zu den alttestamentlichen A. gehören z. B. das 4. Buch Esdra, die Testamente der 12 Patriarchen. Neben dem Neuen Testament stehen u. a. eine Anzahl alter apokrypher Evangelien, die z. B. Jakobus, Thomas, Petrus, Nikodemus zugeschrieben werden.
T: CTischendorf, Evangelia apocrypha, 2. A. 1876. Ü: ASchindler, 1988. Kautzsch, A. und Pseudoepigraphen des A. T., 1900. WSchneemelcher, Neutestamentliche A., 6. A. 1989-90).

Apollinarios. Bischof von Laodikeia, ca. 310-390, war als Freund des Athanasios ein Vorkämpfer der Trinitätslehre des Konzils von Nikaia, wurde aber 381 vom Konzil von Constantinopel verurteilt, weil er über die Inkarnation lehrte, Christus habe keine Vernunftseele innegewohnt, sondern diese sei durch den göttlichen Logos ersetzt worden. Statt der 2 Naturen (vollkommener Mensch und vollkommener Gott) gebe es also nur eine einzige Mischnatur Christi. Von der sehr reichen Schriftstellerei des A. (Bibel-K., 30 B. gegen den Neuplatoniker *Porphyrios, eine Psalmenparaphrase in Hexametern) ist einiges unter falschen Namen (Ps.-Athanasios u. a.) und in Katenen-K. erhalten. Das dogmatische Hauptwerk *Über die Inkarnation* ist aus der Gegenschrift *Antirrhetikos* des *Gregor von Nyssa kenntlich. Verloren sind seine von dem Kirchenhistoriker *Sokrates (3,16) erwähnten Dichtungen (u.a. ein Bibelepos).
T: HLietzmann, 1904. *Psalm.*: ALudwich, 1912 (Tb). *Paulus-K*: KStaab, 1933. JReuss, 1941 und 1957. RMHübner, Die Schrift des A. gegen Photin und Basilius von Caesarea (Zuschreibung von Ps. Athanasios, *Contra Sabellianos*), 1989. – EMühlenberg, A. v. L., 1970.

Apollinaris: *Sidonius.

Apollodoros. – 1. A. v. Athen, *Maler Ende 5.Jh. v. Chr., berühmt für seine Kunst der Schattengebung. – 2. Athener im 4. Jh. v. Chr., Parteigänger des Demosthenes. Mehrere seiner Reden in Privatprozessen sind im Corpus der Reden des *Demosthenes unter dessen Namen überliefert.
ALesky, Gesch. d. gr. Lit., 1971, 670f. JTrevett, A., the son of Pasion, Oxford 1992.
3. A. v. Karystos, bekannter Dichter der neuen Komödie. Terenz dichtete nach Stücken A.s seinen *Phormio* und die *Hecyra*. – 4. A. aus Athen, ca. 180-109 v. Chr., stoischer Gelehrter, Schüler Aristarchs. Er schrieb u. a. *Chronika*, das im Altertum maßgebende Werk für Geschichtsdaten, und 24 Bücher *Götterlehre* (Religionsgeschichte und Mythologie). Unter seinem Namen geht ein mythographisches Handbuch des 1. Jh. n. Chr. mit dem Titel *Bibliothek*.
T: Wagner, Mythographi Gr. I, 1926 (Tb). Ü: ChGMoser-DVollbach, 1992. Frazer (Loeb L.). ÜK: JCCarrière-BMassonic, Paris 1991.
5. A. v. Pergamon, *Rhetoriklehrer des Augustus. – 6. A. von Damaskos, Architekt des Kaisers Traian, ein genialer Baukünstler, legte das *Traiansforum* an. Er fiel unter Hadrian in Ungnade.
WDHeilmeier, A. v. D., in Jahrb. Deutsches Archäol. Institut 90, 1975, 316-347.

Apollon, «der griechischste der Götter», kam in der Frühzeit aus Kleinasien nach Griechenland. Nach der Sage wurde er von Leto auf Delos mit der Zwillingsschwester Artemis geboren. Häufigster Beiname *Phoibos*. – In älterer Zeit war A.: 1. Gott des Ackerbaus. Sein Baum war der Lorbeer (*Daphne). Ihm waren der Vorerntemonat *Thargelión* und der Herbstmonat *Pyanopsión* mit den Festen *Thargélia* und *Pyanópsia* heilig. In Sparta feierte man ihm die Hauptfeste *Hyakínthia* und *Kárneia*. Als *Smintheus* wehrte A. die Feldmäuse ab. Im Winter weilte er bei den Hyperboräern und wurde mit Hymnen zurückgerufen. 2. Hirtengott. A. Lykeios wehrte die Wölfe von den Herden ab. 3. Heilu n d S ü h n e g o t t. Er sendet Pest und Tod mit seinen Pfeilen am Anfang der *Ilias*; mit ihnen tötete er die Söhne *Niobes und die Aloaden. Doch er kann auch der Krankheit wehren; ihm unterstanden die Reinigungszeremonien und der Heilzauber. An vielen Wallfahrtsorten verehrte man ihn mit seinem Sohn Asklepios, der später als Arztgott an A.s Stelle trat. Das dem A. heilige Lied, der *Paián*, ist urspr. ein Heilgebet, später Preis- und Siegeslied. 4. O r a k e l g o t t. Am berühmtesten war das *Orakel des *A. Pythios* in Delphi; in Kleinasien die in Gryneion, Patara, Klaros bei Kolophon und Didyma bei Milet. – In späterer Zeit wurde A. ferner: 5. aus seiner alten Rolle des Hüters der Tore *(*Agyieús)* zum Patron von S t a d t gründungen und der bürgerlichen Ordnung (Volksversammlung, Geschlechterverbände). 6. Gott der K ü n s t e und Wissenschaften, besonders der Musik, Führer der Musen. Im Wettstreit besiegte er mit der Kithara den *Marsyas (*Midas). 7. Erst im 5. Jh. v. Chr. erscheint A. als die Sonne. An diese Vorstellung knüpfte Platon an; sie verbreitete sich im Hellenismus.

In Rom wurde A. 496 v. Chr. als erster gr. Gott aus Cumae eingeführt. Seit 212 gab es zu seinen Ehren Spiele *(ludi Apollinares)*. Kaiser Augustus sah in A. seinen persönlichen Schutzgott, und der Dichter Horaz feierte A. als Sonnengott *Sol* im Festlied der Säcularspiele 17 v. Chr. Mehrere bedeutende A.-Statuen sind in röm. Kopien erhalten. Nach Originalen des 5. Jh.: sog. Omphalos-A., Tiberapoll, Kasseler A. (*Pheidias); des 4. Jh.: A. Sauroktonos (*Praxiteles), A. vom Belvedere (vielleicht *Leochares). Bedeutendstes Original: A. im Westgiebel des Zeustempels von *Olympia. *Euphranor. Etruskisch: A. von *Veii (um 500). – HWParke, The oracles of A. in Asia minor, 1985. – *Naxos. *Religion.

Apollonia, Name mehrerer Städte, am bedeutendsten A. im heutigen Albanien, erste Station auf der Hauptstraße von Dyrrhachion an der Ionischen See nach Makedonien (Via Egnatia). – A. in Libyen war die Hafenstadt von *Kyrene. Amerikanische Ausgrabungen.

RGGoodchild, Kyrene und A., 1971.

Apollonios. – 1. A. R h o d i o s, Bibliothekar in Alexandreia, ca. 295-215 v. Chr., dichtete ein Epos *Argonautiká* in 4 Büchern. Die homerische Form erfüllte er mit modernem Geist (schöne Liebesszene Iason-Medeia). Mit seinem Lehrer Kallimachos, der in seiner Kunsttheorie das Großepos ablehnte, verfeindete er sich.

Röm. Nachdichter: *Varro Atacinus (2). *Valerius Flaccus. – T: HFränkel, 1964 (Oxf. Cl.). TÜ: FVian-EDelage, 1974-81 (Budé). Loeb L. Ü: ThvScheffer, 1940. TK: RLHunter, Cambridge 1989. K (B.2): TMPaśkiewicz, Oxford 1981. – Bildnis: Schefold.

2. A. v. P e r g e in Pamphylien, ca. 265-170 v. Chr., einer der größten Mathematiker, Schüler des Eukleides. Erhalten sind sein grundlegendes Werk über die *Kegelschnitte*, ferner über *Irrationalzahlen*, z. T. in arabischen Ü.

T: Heiberg, 1891/3 (Nachdr. 1974, Tb). TLHeath, 1896 (Neudruck 1961). Ü: Czwalina, 1926. ÜK (*Kegelschn. B. 5-7* aus Arab.): GJToomer, New York 1990. – ONeugebauer, A.-Studien, in Quellen und Studien z. Gesch. der Math. B 2, 1933, 215-254.

3. A. v. Athen, Sohn des Nestor, Bildhauer des 1. Jh. v. Chr. (?). Wir kennen ihn durch seine Signatur auf dem sog. Torso vom Belvedere (Vatikan). Vielleicht hat er auch die 1884 in Rom aufgefundene Bronzestatue eines Faustkämpfers (jetzt im Thermenmuseum) geschaffen. Die Signatur, die man früher auch hier zu erkennen geglaubt hatte, hat sich allerdings als Irrtum herausgestellt.
JJWinckelmann, Beschreibung des Torso im Belvedere, 1759. Fuchs (*Plastik) Abb. 311/4.
4. A. von Tralleis, Bildhauer im 1. Jh. v. Chr.: *Amphion. – 5. *Molon. – 6. A. von Kition, Arzt der empirischen Schule, schrieb im 1. Jh. v. Chr. einen K. zur hippokratischen Schrift *Über die Gelenke.*
TÜ: Kollesch-Kudlien, 1965 (CMG).
7. A. v. Tyana, ein großer Wundermann im 1. Jh. n. Chr., Magier, Prophet, Neupythagoreer. Er machte weite Reisen, hatte in seiner wundersüchtigen Zeit gewaltigen Zulauf und wurde nach seinem Tode eine legendäre Gestalt.
Biogr.: *Philostratos (it. Ü: Dario Del Corno, Milano 1978). TÜK *(Briefe)*: RJPenella, Leiden 1979. – EdMeyer, in Hermes 52, 1917. MDzielska, A. of T. in legend and history, Roma 1986. ELBowie, in ANRW II 16,2, 1978, 1652-99.
8. A. Dyskolos, Grammatiker des 2. Jh. n. Chr., schrieb das grundlegende Werk über *gr. Syntax.*
T: Schneider-Uhlig, Gramm. Gr. 2, 1878-1910 (Tb). Ü: Buttmann, 1877. Ü (span.): VBBotes, Madrid 1987. – DLBlank, Ancient philosophy and grammar, Chicago 1982.
9. König v. Tyros, Held eines lat. Volksbuches (Abenteuer- und Liebes*romans) aus dem 6. Jh. n. Chr.
T: GSchmeling, 1988 (Tb). Ü: Peters, 1904. K: K. und MRoberts, Bryn Mawr 1988.

Apologien, Verteidigungsreden, -schriften; insbesondere die von Platon und Xenophon verfaßten *A. des Sokrates.* In den ersten christlichen Jh. entstand eine Literatur von *A.* gegen die Vorwürfe der Christengegner und -verfolger. Die wichtigsten gr. Apologeten sind *Iustinus (2), *Tatianos, *Athenagoras; lat. *Minucius Felix, *Tertullianus *(Apologeticum).* *Arnobius.

Apotheose, Vergottung (gr. *theós* = Gott). Im Orient waren die hellenistischen Könige schon zu Lebzeiten Götter. Die röm. Kaiser seit Caesar wurden nach ihrem Tode zu Göttern *(divi)*, wie in der Vorzeit Romulus. Die A. des *Claudius forderte den Spott Senecas (2) heraus: Er schrieb eine parodische *Apocolocyntosis* (Verkürbissung) *des Claudius.*
T: RRoncali, 1990 (Tb). CFRusso, Florenz 1964. TÜ: Schöne, 1957 (Tusc.). TÜK: PTEden, Cambridge 1984. Ü: OWeinreich, Röm. Satiren, 1949 (AW).

Apoxyomenos, berühmte Statue des *Lysippos, die Agrippa vor seinen Thermen in Rom aufstellen ließ (Plinius, nat. hist. 34, 62) und die sehr wahrscheinlich das Original des erhaltenen A. im Vatikanmuseum war. Sie stellt einen Ringer dar, der sich nach dem Kampf die Kruste des am geölten Körper haftenden Sandes abschabt. Schon *Polykleitos hatte einen A. geschaffen (Plinius a. a. O. 34, 55)

Appia via, die wichtigste Straße von Rom (*Porta Capena*) nach dem Süden, am Fuß der Albanerberge vorbei bis Capua, später verlängert bis Brundisium. Sie wurde vom Censor *Appius Claudius Caecus 312 v. Chr. angelegt. *Beneventum.

Appianos aus Alexandreia schrieb in Rom unter Hadrian und Antoninus Pius in gr. Sprache eine *röm. Geschichte* nach Völkern und Landschaften. Das Werk ist zum Teil nur in Auszügen erhalten.
T: Mendelssohn-Viereck-Roos-Gabba, 1886-1939 (Nachdr. 1962-92, (Tb). Ü: OS. White (Loeb L.). ÜK: OVeh-KBrodersen-WWill, Stuttgart 1987-89 (BGL). TK (*Syriake*): KBrodersen 1989-91.

Appius. – 1. A. Claudius der Decemvir: *Verginia. – 2. A. Claudius Caecus (der Blinde), ein wahrhaft revolutionärer Geist, der rücksichtslos mit überalterten Bräuchen und Vorrechten der Patrizier brach. Als Censor vollendete er 312 v. Chr. die *via *Appia* und die Wasserleitung *aqua Appia*, gab den Freigelassenen das röm. Bürgerrecht und nahm einige von ihren Söhnen in den Senat auf. Er war cos. 307 und 296, Dictator zwischen 292 und 285. Als 280 der Senat die Friedensbedingungen des *Pyrrhos annehmen wollte, ließ sich der alte, blinde A. ins Rathaus tragen und bestimmte durch eine mannhafte Rede die Römer zur Fortsetzung des Kampfes. Diese Rede war die älteste von einem röm. Redner schriftlich überlieferte (Inhaltsangabe bei Plutarch, *Pyrrhos*). Auch im röm. Recht tat A. einen wichtigen Schritt. Er ließ durch seinen Schreiber Cn. Flavius den Kalender der Gerichtstage und die zur Einleitung des Prozesses erforderlichen Rechtsformeln veröffentlichen, deren Kenntnis bisher ein Privileg der Pontifices gewesen war. Er dichtete Sprüche (der bekannteste: «Jeder ist seines Glückes Schmied») und reformierte die Rechtschreibung. – 3. A. *Claudius Pulcher.

Apsis, halbkreisförmiger überwölbter Raumteil in der röm. (Tempel, *Basilica, Thermen) und vor allem in der christlichen Architektur, wo die meist mit Mosaiken geschmückte A. das Mittelschiff der Basilika abschließt.
ChrIhm, Die Programme der christlichen A.malerei vom 4. Jh. bis zur Mitte des 8. Jh., 1963.

Apsyrtos, der Bruder der Medeia: *Argonauten.

Apuleius v. Madauros in Africa, Mitte 2. Jh. n. Chr., Rhetor und platonischer Philosoph. Er heiratete Pudentilla, eine reiche Witwe, und wurde darauf von seinem Stiefsohn angeklagt, er habe ihre Liebe durch Zauberei gewonnen. Seine **Apologia* ist interessant als Spiegel des Aberglaubens der Zeit. A. wurde freigesprochen. Neben mehreren philosoph. Schriften und einer Blütenlese aus seinen Reden *(Florida)* schrieb er den Roman *Metamorphosen:* Ein Jüngling wird in einen Esel verzaubert, sieht als solcher viel Menschlich-Allzumenschliches und erhält nach mannigfaltigen Schicksalen durch die Gnade der Isis seine frühere Ge-

stalt wieder. Im Rahmen dieses Romans wird das entzückende Märchen von *Amor und Psyche* erzählt.
Metam.: T: RHelm, 1968 (Tb). TÜ: EBrandt-WEhlers, 1989 (Tusc.). Robertson-Vallette (Budé). TK: BCHijmans, 1977ff. *Apol.*: T: RHelm, 1972 (Tb). Ü: FWeiß, 1894. K: AAbt, 1908. *Flor.*: T: RHelm, 1963 (Tb). *Philosoph. Schr.*: T: CMoreschini, 1992 (Tb). TÜ: JBeaujeu, 1973 (Budé). Ü *(Der Schutzgeist des Sokrates)*: MBingenheimer, 1993. – APennacini u.a., A. letterato, filosofo, mago, Bologna 1979.

Apulien, das Land zwischen Apennin und Adriatischem Meer, reichte vom Fluß Tifernus aus nach Süden bis in die Gegend nördl. von Tarent. Die heute als A. bezeichnete südöstl. Halbinsel Unteritaliens hieß im Altertum *Calabria. In A. wurde Landwirtschaft auf großen Gütern (Latifundien) betrieben. Im ausgehenden 5. und im 4. Jh. v. Chr. blühte in A. eine in *Großgriechenland führende Vasenproduktion, deren bedeutendste Erzeugnisse die in prunkvollem rotfigurigem Stil bemalten Prachtkratere sind.
EMdeJuliis, Archeologia in Puglia, Bari 1983. MSchmidt, Der Dareiosmaler und sein Umkreis, 1960. ACambitoglou-ADTrendall, Apulian Red-figured Vase-Painters of the Plain Style, 1961. MBorda, Ceramiche apule, 1966. LGiuliani, Bildervasen aus A., 1988.

Aquae, Stadtname für Badeorte mit Heilquellen (*Thermen), u. a.: – 1. *A. Helveticae* (Baden bei Zürich). – 2. *A. Sextiae* (Aix en Provence), berühmt durch den Sieg des Marius über die Teutonen (102 v. Chr.). – 3. *A. Mattiacae* (Wiesbaden). – 4. *A. Granni* (Aachen). – 5. *A. Sulis* (Bath). – 6. *A.* (Baden-Baden): ESchallmayer, 1989.

Aquae ductus (Wasserleitungen). Schon im 6. Jh. v. Chr. legten Peisistratos in Athen und Polykrates auf Samos Wasserleitungen an. In hellenistischer Zeit gab es sie in allen gr. Städten. Die Griechen bevorzugten Hochdruckleitungen mit unterirdischen Röhren aus Ton, Blei oder Stein. Das an hochgelegenen Quellen gefaßte Wasser stieg in den Häusern der tiefer liegenden Städte nach dem Prinzip der kommunizierenden Röhren. Die Römer führten das Wasser oft auf viele km langen Brücken mit gewaltigen Bogen und Pfeilern; oben floß das Wasser in gemauerten Kanälen. Rom hatte 11 Leitungen. Die älteste hatte 312 v. Chr. Appius (2) angelegt. Die größten waren die *aqua Marcia* mit eiskaltem Wasser und die *aqua Claudia*, deren Bogen noch heute in der Campagna stehen. Alle wurden durch die Goten unter Vitigis bei der Belagerung 537 n. Chr. zerstört, einer der schwersten Schläge, die Rom erlitt. Auch die Städte in den Provinzen waren mit fließendem Wasser versorgt. Große A.: Pont du Gard (*Nemausus), A. des Valens (Konstantinopel, noch in Betrieb), A. von Segovia und *Tarraco. In den Städten wurde das Wasser von Sammelbassins *(castella)* aus durch Röhren in die Bäder, öffentl. Brunnen und Privathäuser verteilt. Einzelheiten darüber berichtet S. Iulius Frontinus, Direktor der Wasserversorgung Roms 97 n. Chr., in seinem Buch *Über die A. Roms.*
T: CKunderewicz, 1973 (Tb). TÜK: Frontinus-Gesellschaft (Hg.), Frontinus, die Wasserversorgung im antiken Rom, 4. A. 1989. PGrimal, 1961. –

ChBrun, The water supply of ancient Rome, Helsinki 1991. ATrevor Hodge, Roman Aqueducts and Water Supply, London 1993. KGrewe, Planung und Trassierung röm. Wasserleitungen, 1985; ders., Atlas der röm. Wasserleitungen nach Köln, 1986. LJeancolas, Les aqueducs antiques de Lyon, 1986.

Aquileia, Stadt im Mündungsgebiet des Isonzo am Nordende des Adriat. Meeres, von Rom 181 v. Chr. als latinische *Kolonie gegründet, blühend bis 452 n. Chr. (Zerstörung durch Attila). Von den ausgegrabenen Resten sind insbesondere die frühen christl. Kirchenbauten mit Mosaikfußböden bedeutsam.
STavano, A. e Grado (Führer), 1986. HKähler, Die spätantiken Bauten unter dem Dom von A., 1957; ders., Die Stiftermosaiken in der konstantinischen Südkirche von A., 1962. MVerzár-Bass, Scavi ad A., 1991ff.

Aquilius. – 1. M'. A., cos. 129 v. Chr., beendete den Krieg gegen Aristonikos, den Bruder des Attalos v. *Pergamon. – 2. M'. A., cos. 101 v. Chr., hatte große Erpressungen begangen, wurde aber freigesprochen wegen seines durch tapfern eigenen Einsatz errungenen Sieges im Sklavenkrieg (100). *Mithridates nahm ihn gefangen und tötete ihn 88, indem er dem goldhungrigen Römer flüssiges Gold in den Mund gießen ließ. – 3. *Regulus. – 4. A. Gallus, Jurist, Praetor 66 v. Chr.

Aquincum, Stadt in Pannonien (nördl. von Ofen, dem rechtsufrigen Teil von Budapest). Seit Traian war A. Legionslager, Septimius Severus erhob die Stadt zur Colonia. Ausgrabungen.
JSzilágyi, A., 1956. MNémeth, Denkmäler des Legionslagers von A., 1986. HPolenz (Hg.), Das röm. Budapest (Ausstellung Münster), Lengerich 1986.

Aquinum, latinische Stadt im Tal des Liris (Aquino).
MCagiano de Azevedo, A., 1949.

Aquitania, das Land zwischen Garonne und Pyrenäen, seit Augustus Provinz und bis zur Loire ausgedehnt.
MSuffran, Histoire de l'Aquitaine, Paris 1987, 26-53. Rome et le Sud-Ouest de la Gaule (Ausstellung Mont-de Marsan), 1983.

Ara Pacis Augustae, der Friedensaltar, den Augustus 13 v. Chr. bei seiner Heimkehr nach der Befriedung Galliens und Spaniens errichten ließ, 9 v. Chr. geweiht, ein herrliches Denkmal der Kunst dieser Zeit. Unter Verwendung der erhaltenen Bruchstücke ist er in Rom wieder aufgebaut worden.
Rodenwaldt, Kunst um Augustus, 1943. GMoretti, A. P. A., Rom 1948. LBudde, A. P., 1957. ESimon, A. P. A., 1967.

Ara Ubiorum: *Ubier.

Arabien war wichtig durch seinen Handel (Edelsteine, Weihrauch, Myrrhe, Gummi; Transitverkehr mit Indien und China). Es wurde eingeteilt in 1. *Arabia Petraea*, bewohnt von den Nabataeern, alte Hauptstadt

*Petra, seit Errichtung der röm. Provinz (106 n. Chr.) Bostra. 2. *A. Felix*, Großarabien. 3. *A. Deserta*, die Wüste gegen Mesopotamien. Das reiche Handelsvolk der Araber übernahm im ausgehenden Altertum das geistige Erbe der gr. Wissenschaft, das im Westen verlorenging. Erst die Araber vermittelten im Mittelalter von Nordafrika und Spanien aus dem Abendland wieder die Erkenntnisse der gr. Medizin, Mathematik usw. Viele gr. Werke sind uns nur in arab. (und syrischen) Ü. erhalten.
Brünnow-vDomaszewski, Die Provincia Arabia 1-3, Straßburg 1904-9. DeLacy O'Leary, How Greek science passed to the Arabs, London 1949. FKlein-Franke, Die klass. Antike in der Tradition des Islam, 1980. FAltheim-RStiehl; Die Araber in der Alten Welt, 1963-69. GWBowersock, Roman A., 1983. BDoe, Süd-A., Antike Reiche am Indischen Ozean, 1970.

Arachne, eine Lydierin, forderte Athene zum Wettkampf in der Webekunst heraus. Sie wob in untadeliger Technik die Liebesabenteuer der Götter. Die darob erzürnte Athene verwandelte A. in eine Spinne. – Ovid, *Metamorphosen* 6, 1-145.

Arae Flaviae (Rottweil) wurde unter den flavischen Kaisern als röm. Lager errichtet mit einer im 1./2. Jh. n. Chr. blühenden Zivilsiedlung.
DPlanck, Die Topographie des röm. Rottweil, in Bonner Jahrb. 172, 1972, 195-211. A.F., in Forschungen und Berichte zur Vor- und Frühgeschichte in Baden-Württemberg (6, 1-2, 13.18.28), 1975-88.

Arator verfaßte ein Bibelepos über die Apostelgeschichte, das er dem Papst Vigilius widmete und im J. 544 in der röm. Kirche S. Pietro in vincoli öffentlich vortrug.
T: APMcKinlay, 1951 (Corp. Vindob. 72). TÜ (engl.): RJSchrader, Atlanta 1987.

Aratos. – 1. Großer Feldherr des Achäischen Bundes 271-213 v. Chr., siegte im Bunde mit Makedonien 222 bei Sellasia über Sparta.
Biogr.: Plutarch. – Walbank, A. of Sicyon, 1933.
2. A. v. Soloi, ca. 310-245 v. Chr., wirkte an den Höfen des Antigonos (2) in Makedonien und des Seleukos in Antiocheia. Sein Hauptwerk ist das astronomische Lehrgedicht *Phainomena*. Die wissenschaftl. Beschreibung der Himmelserscheinungen wird durch Sternsagen ausgeschmückt. Das Gedicht wurde viel gelesen, kommentiert und von *Varro Atacinus, Cicero, Germanicus, Avienus ins Lateinische übertragen. Von A. ist ein Zitat ins Neue Testament eingegangen (Apgesch. 17, 28).
T: EMaaß, 2.A., 1955. TÜK: JMartin, 1956. TÜ: MErren, 1971 (Tusc.). Ü: Voß, 1824. ASchott, 1958. – Bildnis: Schefold.

Arausio (Orange), Stadt in der Gallia Narbonensis, wo ein röm. Heer 105 v. Chr. von den Cimbern geschlagen wurde (*Caepio); röm. Kolonie seit Augustus. Gut erhaltene Bauten, darunter ein dreitoriger Ehrenbogen und ein Theater mit Bühnenrückwand.
MEBellet, Orange antique, 1991.

Arbela, Ort des Sieges *Alexanders d. Gr. 331 v. Chr.

Archaisch (von *archaikós* = altertümlich) bezeichnet in der modernen Archäologie die Kunstepoche vom Ende der *geometrischen Zeit bis zum Beginn der Klassik, d. h. etwa von 700 bis um 500/480. *Kuros.
HSchrader-ELanglotz-WSchuchhardt, Die a. Marmorbildwerke der Akropolis, 2. A. 1969. GRichter, Archaic Greek Art, 1949. JCharbonneaux-RMartin-FVillard, Das a. Griechenland, 2. A. 1985. OMurray, Das frühe Griechenland, 3. A. 1986. KSchefold, Götter- und Heldensagen der Griechen in der früh- und hocharchaischen Kunst, 1993.

Archaistisch nennt man die bewußte Wiederaufnahme archaischer Stilformen in späteren Zeiten, in der Kunst eine Unterströmung seit dem 4. Jh. v. Chr. In der Literatur herrschte die a. Mode besonders im 2. Jh. n. Chr. (*Fronto).
ESchmidt, Archaistische Kunst in Griechenland und Rom, 1922. WFuchs, Die Vorbilder der neuatt. Reliefs, 1959.

Archelaos. – 1. Vorsokr. Philosoph, Schüler des Anaxagoras. – 2. Sohn des Perdikkas v. Makedonien und einer Sklavin, bahnte sich 413 v. Chr. durch Ermordung der Verwandten den Weg zum Thron. Er förderte energisch Militärwesen, Handel und Verkehr und zog die berühmtesten Künstler an seinen Hof: Euripides (dichtete ein Drama *A.* und starb in Makedonien), Agathon, Timotheos, Zeuxis u. a. Dagegen ließen die Sokratiker (Aristot. rhet. 2 p. 1398 a 24) den Sokrates eine Einladung des A. ablehnen, und Platon nennt ihn als das Beispiel des Tyrannen, der trotz allem äußeren Glanze nie wahrhaft glücklich sein kann.
3. A. v. Priene, Bildhauer, der ein vermutlich Ende d. 2. Jh. v. Chr. entstandenes Relief signiert hat (London, Brit. Mus.). Es zeigt in mehreren Bildstreifen den Musenberg und allegorische Gestalten, die dem Dichterfürsten Homer ein Opfer darbringen.
DPinkwart, Das Relief des A. v. P. und die Musen des Philiskos, 1965; dies., in: Antike Plastik IV, 7 (1965), S. 55ff.

Archemoros: *Hypsipyle.

Archias, Dichter aus Antiocheia. Einige seiner Epigramme stehen in der *Anthologie (1). Cicero hielt 62 v. Chr. für ihn eine bekannte Rede.

Archidamos, Name spartan. Könige. Der bekannteste ist der Führer des Einfalls nach Attika am Anfang des *Peloponnes. Krieges 431 v. Chr. (Archidamischer Krieg).

Archigenes aus Apameia in Syrien, Arzt zur Zeit Traians, Vertreter der pneumatischen Schule (*Medizin 4.), wichtige Quelle für *Galenos.

Archilochos v. Paros, um 650 v. Chr., sprach als erster Grieche in seiner Lyrik ganz persönliche Gefühle aus. Er führte als Krieger und Sänger von leidenschaftlichem Temperament ein bewegtes Leben und fiel im Krieg gegen Naxos. Am berühmtesten wurden seine Schmählieder gegen Lykambes, der die mit A. verlobte Tochter einem andern gegeben hatte. A. schuf damit die Literaturgattung des *Iambos* (Spott- und Schimpfgedichte in iambischem Versmaß). Doch dichtete er noch in an-

dern Rhythmen und fand auch herzliche und festliche Töne. *Epodos (2).
T: MLWest, Iambi et elegi graeci ante Alexandrum cantati 1, 1989. TÜ: MTreu, 1959 (Tusc.). – HDRankin, A. of Paros, 1977. APBurnett, Three archaic poets: A., Alcaeus, Sappho, Cambridge Mass. 1983.

Archimedes v. Syrakus, 287-212 v. Chr., der große Mathematiker, Physiker und Mechaniker. Nach Studien in Alexandreia lebte er als Forscher in Syrakus. Bei dessen Eroberung wurde er gegen den Befehl des Marcellus von einem röm. Soldaten getötet. 2 Jahre hatte er mit seinen Maschinen die Belagerer aufgehalten. Die Abhandlungen, in denen er seine Entdeckungen veröffentlichte, sind zum Teil erhalten. Unter anderem errechnete er 8 Unbekannte aus Gleichungen, löste kubische Gleichungen, fand einen Annäherungswert für π, handelte über die Infinitesimalrechnung; er fand die Gesetze des Schwerpunktes, des Hebels, der Schraube, der schiefen Ebene, des Auftriebs (spezifisches Gewicht, hydraulische Maschinen) und verbesserte den Flaschenzug. Das hochberühmte Werk über die Optik der Hohlspiegel gab Anlaß zu der späten Legende, er habe die Schiffe der belagernden Römer mit Brennspiegeln angezündet.
T: ILHeiberg, 1910-15 (Nachdr. 1972, Tb). TÜ: ChMugler, 1970-71 (Budé). Ü: Kliem, 1914. Heath, New York 1953. PVerEecke, 1961 (2Bde, mit K des Eutokios von Askalon). ACzwalina u. a., 1967. ÜK aus Arab. (*Über einander berührende Kreise*): Dold u.a. 1975 (Tb). – Dijksterhuis, A., 1956. (Nachdr. Princeton 1987). ISchneider, A., Ingenieur, Naturwissenschaftler und Mathematiker, 1979. RBesnard, A., premier ingénieur, Paris 1980.

Architektur. Das einzige aus dem Altertum über dieses Gebiet erhaltene Buch ist das des *Vitruvius. Er rechnete zur A. außer der Baukunst auch den Maschinenbau und die Konstruktion von Uhren. – Die bedeutendste Leistung der gr. A. ist der Tempelbau. Im gr. Mutterland und im Westen (Unteritalien, Sizilien) wurde vorwiegend die dorische Ordnung verwendet, im Osten, später auch in Attika (*Niketempel, *Erechtheion), die ionische. Die d o r i s c h e Säule steht mit ihrem Schaft direkt auf dem Boden (d. h. der obersten Tempelstufe). Senkrecht am Säulenschaft laufen die *Kanneluren*, halbrunde Einkehlungen, die, meist 20 an der Zahl, mit spitzen Graten aneinanderstoßen. Oben besteht das Kapitell aus einem polsterartigen *Echinos*, darüber einer rechteckigen Platte *(Abacus)*. Die Säule trägt mit ihrem Kapitell das Gebälk, das aus dem *Architrav*, dem *Fries* und einem vorspringenden Gesims, dem *Geison*, besteht. Beim Fries steht je eine quadratische Platte, die oft reliefgeschmückte **Metope*, zwischen den *Triglyphen*, die ihren Namen von drei vertikalen Einkerbungen haben und in der ursprünglichen Holzkonstruktion als Deckplatten die Enden der Dachbalken schützten. Der zur Ableitung des Regenwassers aufgebogene Dachrand heißt *Sima*. Über den Enden der Sima und des Dachfirstes erheben sich über den Giebelecken und -spitzen die **Akrotere*. Die Giebelfelder sind oft mit Skulpturen geschmückt. – Die i o n i s c h e Ordnung zeigt charakteristische Unterschiede in Säule und Gebälk: Die Säule ist schlanker, steht auf einer Basis und hat normalerweise 24 Kanneluren, zwischen denen ein Streifen des Säulenmantels steht, so daß sie nicht aneinanderstoßen. Am Kapitell sind charakteristisch die *Voluten* (Einrollung der seitlich überhängenden Enden des tragenden Glieds). Über einem dreifach gestuften Architrav liegt ursprünglich der *Zahnschnitt*, später ein durchlaufender Relieffries oder auch eine Verbindung von beidem. Seit dem Ende des 5. Jh. kommt statt des ionischen auch das *korinthische Kapitell in Gebrauch. – Die einfachste Grundrißform ist der Antentempel (1): Im Eingang stehen 2 Säulen zwischen den 4eckigen Wandpfeilern. Vor dem Hauptraum liegt eine Vorhalle *(Pronaon)*. Erhält sie auf der Rückseite eine Entsprechung *(Opisthodom)*, so ergibt sich der Doppelantentempel. Beim *Prostylos* (2) tritt vor dem Eingang eine Säulenreihe hinzu, beim *Amphiprostylos* auch vor die Rückseite. Bei den großen Tempeln legt sich um die meist als Doppelantenbau gestaltete Cella, in der das Kultbild stand, eine Säulenhalle *(Peristasis)*. Diese Normalform des gr. Tempels heißt *Peripteros* (3). Die Schmalseiten zählen meist je 6, die Längsseiten beim klassischen dorischen Tempel (Olympia) 13 Säulen. Bei den gewaltigen ion. Tempeln auf *Samos und in Kleinasien (*Didyma. *Ephesos) wird die Säulenreihe verdoppelt *(Dipteros)*. *Hermogenes. Grund- und Aufriß griech. Tempel zeigen ausgewogene Maßverhältnisse der einzelnen Teile zueinander und zum Ganzen.

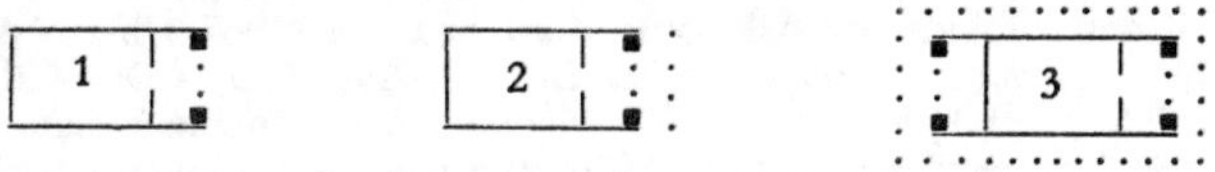

In hellenistischer Zeit gewinnen in der A. öffentliche Bauten wie Theater, *Stoa, *Buleuterion, *Gymnasium an Bedeutung. – In der röm. A. wirkt beim Haus- und Tempelbau einheimische italisch-etruskische Tradition mit gr. Einflüssen zusammen. Das alte *Atriumhaus wird um das hellenistische *Peristyl erweitert. Im Tempelbau verwendet man gr. Säulenordnungen, besonders die korinthische. Im Unterschied zur körperlichen Allansichtigkeit des gr. Tempels ist jedoch der röm. wie der italisch-etruskische Tempel auf die Vorderansicht berechnet und erhebt sich auf einem hohen Podium, das nur an der Front durch eine Freitreppe zugänglich ist. Die Säulen werden nicht auf allen Seiten gleichmäßig herumgeführt; bei der Maison carrée von *Nemausus z. B. sind sie an den Seiten und hinten nur als Halbsäulen der Cellawand vorgeblendet; der Tempel des Mars *Ultor in Rom lehnt sich hinten an eine mächtige Mauer an. Die Hauptleistungen der röm. A. liegen jedoch in der reichen Entfaltung kühner Bogen- und Gewölbekonstruktionen sowie in der Gestaltung von Fassaden und Innenräumen. Sie kommen im Tempelbau meisterhaft in der Sonderform des *Pantheon in Rom zum Ausdruck, vor allem aber prägen sie die zahlreichen Nutz- und Repräsentationsbauten wie Brücken, *Aquädukte, *Theater und *Amphitheater, das *Tabularium, die *Nymphäen, *Triumphbögen, *Thermen, Paläste und *Basiliken. – Die christliche A. konnte für ihre Gemeindekirchen an die Form der profanen *Basilica anknüpfen und sie für ihre Zwecke weiterbilden. Für Gedächtniskirchen und Baptisterien verwendete man den

Zentralbau. Durch Verbindung von Längs- und Zentralbau, in der Mitte von einer Kuppel überwölbt, entstand im 6. Jh. als letzter Höhepunkt antiker A. die Sophienkirche in Konstantinopel (*Anthemios).
HKnell, A. der Griechen, 1988. WMüller-Wiener, Gr. Bauwesen in der Antike, 1988. Ders., Architekten in der Welt der Antike, 1989. GGruben, Die Tempel der Griechen, 2. A. 1976. HKähler, Der gr. Tempel, 1964; ders., Der röm. Tempel, 1970. HLauter, Die A. des Hellenismus, 1986. FSear, Roman Architecture, London 1989. PLNervi, Weltgeschichte der A., darin: RMartin, Griechenland; JBWard-Perkins, Rom, 1988. – *Haus.

Archon, Die oberste Behörde in Athen waren die 9 Archonten. Sie wurden jährlich gewählt; das Jahr hieß nach dem Namen des obersten A. *(archon epónymos).* Dem A. *basiléus* («König», weil er die sakralen Funktionen der altattischen Könige ausübte) oblagen die Opfer und Feste der Götter. Der A. *polémarchos* leitete das Kriegswesen. Die 6 andern *(archontes thesmothétai)* amteten als Richter in Privatsachen. Diese in der Verfassung des Solon festgelegten Befugnisse wurden durch die Verfassung des *Kleisthenes großenteils praktisch aufgehoben.

Archytas v. Tarent, pythagoreischer Philosoph, Mathematiker und Staatsmann um 380 v. Chr. Er war ein Freund Platons. Echte in dorischem Dialekt geschriebene Frg. vor allem aus der Harmonielehre. Unter seinem berühmten Namen liefen später viele unechte Traktate um.
TÜ: Vorsokr. I.

Ardea, alte Stadt an der Küste von Latium.

Areios Didymos, Stoiker aus Alexandreia, neben *Athenodoros philosophischer Lehrer und Freund des Kaisers Augustus.
WWFortenbaugh, On stoic and peripatetic ethics: The work of A. D., New Brunswick 1983.

Arelate (Arles), seit 46 v. Chr. röm. Kolonie in der Gallia Narbonensis, später chr. Metropole, in die Constantinus im J. 314 das erste kaiserliche Konzil zur Entscheidung des Streits um *Donatus einberief. *Favorinus. *Caesarius. Gut erhaltene Reste, darunter ein Theater und ein Amphitheater; zahlreiche chr. Sarkophage.
LAConstans, Arles antique, 1954. FBenoit, Sarcophages paléochrétiens d'Arles et de Marseille, 1954 (Gallia Suppl. 5).

Areopag (gr. *Areios pagos*, Areshügel), Hügel westl. der Akropolis von Athen, wo der älteste, ehrwürdigste Rat und Gerichtshof (*en Areío págo bulḗ*) tagte. Nur gewesene Archonten waren seine Mitglieder. In älterer Zeit war dieser Rat die höchste Instanz des athen. Staates. Die Verfassung des Ephialtes (462 v. Chr.) schränkte seine Befugnisse ein, doch blieb ihm die Blutgerichtsbarkeit.
RWWallace, The Areopagos Council to 307 B.C., Baltimore 1989.

Ares, Sohn des Zeus und der Hera, der Gott des blutigen, zerstörenden Krieges. Seine Heimat ist das wilde Thrakien. Er ist der verhaßteste un-

ter allen Göttern. Wesensgleich ist ihm Enyalios; die Römer identifizierten ihn mit ihrem Gott Mars. Da A. nur wenige Tempel hatte, sind A.-Statuen nicht eben zahlreich.
A. Borghese im Louvre, Paris (*Alkamenes). A. Ludovisi im Thermenmuseum, Rom. *Religion. – IBeck, A. in Vasenmalerei, Relief und Rundplastik, 1984 (Diss. Mainz).

Aretaios, Arzt der pneumatischen Schule, 1. Jh. n. Chr. Erhalten sind 8 Bücher über *akute und chronische Krankheiten.*
T: CHude, in CMG (*Medizin), 1958. Ü: Mann, 1858.

Arethas, Erzbischof von Caesarea seit ca. 902. Wie sein Lehrer *Photios hat er als Sammler und Kommentator der antiken gr. Literatur das große Verdienst, von ihr einen wertvollen Teil durch die dunklen Jahrhunderte des frühen Mittelalters hindurchgerettet zu haben. Er ließ sorgfältige Abschriften herstellen. Deren berühmteste, den 895 geschriebenen Codex des Platon, brachte der Engländer Clark 1801 aus dem Kloster Patmos nach Cambridge.
T (Kleine Schriften): LGWesterink, 1968-72 (Tb) mit Bibliogr.

Arethusa, Name von Quellen, am bekanntesten die Quelle auf der Insel Ortygia (Altstadt von Syrakus). Es ging die Sage, daß in ihr das Wasser des peloponnes. Flusses Alpheios zutage trete. Der Flußgott Alpheios, in die Nymphe A. verliebt, verfolge sie unter dem Meere hindurch und mische sein Wasser mit dem ihrigen. (Vgl. Ovid, *Metamorphosen* 5, 572-641.) Die Syrakusaner prägten Münzen mit dem Kopf der A.

Arganthonios, König von *Tartessos.

Argentorate (Argentoratum), Straßburg. Lager einer röm. Legion seit ca. 16 v. Chr., Ort eines Sieges Iulians über die Alemannen 357 n. Chr.
JJHatt, Strasbourg au temps des Romains, 1953.

Argiletum, die vom röm. Forum aus in die Subura führende Straße. Buchhändler und Schuster hatten hier ihre Läden.

Arginusen, 3 der äolischen Küste vorgelagerte Inselchen gegenüber dem Süden von Lesbos. Die Athener errangen hier 406 v. Chr. einen Seesieg über die Spartaner. Infolge des Sturms war es unmöglich, die Schiffbrüchigen und Gefallenen zu bergen. Das athen. Volk verurteilte deswegen die Strategen zum Tode. Einzig Sokrates wagte, der entarteten Justiz zu widersprechen.

Argivisch, zu *Argos gehörig.

Argonauten, die 50 Helden, die auf dem Schiff Argo ausfuhren, um aus Kolchis (*Aia) das goldene Vlies (*Phrixos) zu holen. Pelias hatte seinen Neffen Iason der Herrschaft über Iolkos beraubt. Als Iason, vom Kentauren Cheiron erzogen, herangewachsen war und das Erbe zurückforderte, schickte ihn Pelias auf das gefährliche Abenteuer. Die wichtigsten Begleiter Iasons: Herakles, Orpheus, Kastor und Polydeukes, Amphiaraos. Sie kamen zur damals männerlosen Insel Lemnos, wo die Frauen

(Königin *Hypsipyle) sie durch ihre Liebe beinahe hätten die Weiterfahrt vergessen lassen. In Kios raubten die Nymphen den schönen Knaben Hylas, den Liebling des Herakles. Polydeukes besiegte den Boxer *Amykos. Den König *Phineus befreiten die A. von den Harpyien. Die Durchfahrt in den Pontos Euxeinos sperrten die Symplegaden, zwei Felsen, die immer zusammenschlugen, wenn etwas Lebendes sich zwischen ihnen befand. Die Schnelligkeit der Argo ließ die Gefahr überwinden; die Felsen waren seither festgebannt. In Kolchis stellte König Aietes Iason die Aufgaben, mit den feuerschnaubenden Stieren zu pflügen und mit den Gewappneten, die aus gesäten Drachenzähnen aufwuchsen, zu kämpfen. Iason gewann die Liebe der Zauberin *Medeia, der Tochter des Aietes. Mit ihrer Hilfe erlangte er das Vlies, dessen Wächter, den 100äugigen Drachen, er mit einem Zaubermittel einschläferte. Die A. flohen mit Medeia. Aietes verfolgte sie. Da tötete Medeia ihren Bruder Apsyrtos und warf den zerstückelten Leichnam ins Meer. Aietes wurde durch die Bergung der Reste seines Sohnes aufgehalten. Man fuhr entlang den Grenzen der Welt zurück. Beim Phaiakenkönig Alkinoos wurde die Hochzeit Iasons mit Medeia gefeiert.
*Apollonios v. Rhodos behandelte die Sage in seinem Epos *Argonautikâ*, nach ihm *Valerius Flaccus. Der bunte Stoff bot den Künstlern reiche Anregung (Vasen, Reliefs, *Ficoronische Cista). – MVojatzi, Frühe A.-bilder, 1982. KSchefold, Die Sagen von den A., von Theben und Troia in der klassischen und hellenistischen Kunst, 1989.

Argos. – 1. Hauptstadt der Landschaft Argolis im Nordosten der Peloponnes (Flußebene des Inachos). In dieser Gegend lagen die alten Städte *Tiryns und *Mykene, die Königssitze der gr. Frühzeit, so daß Homer den Namen *Argeioi* (lat. *Argivi*) für die Griechen schlechthin braucht. Nahe bei A. war der berühmte Tempel der Landesgöttin *Hera mit dem Kultbild von *Polykleitos. Hier entstand die älteste Jahreszählung der Griechen, indem man die Jahre nach den Namen der Herapriesterinnen benannte. Die Sage von der Herapriesterin *Io und deren Nachkommen (*Danaiden) knüpft hier an. – Im 7. Jh. einigte König *Pheidon das Land A. und machte es zur Vormacht der Griechen (Vorsitz bei den olympischen Spielen). Seit Sparta führend wurde, blieb die Politik von A. immer in Opposition gegen die Lakedaimonier: Neutralität in den Perserkriegen, meist auf der Seite Athens im Peloponnes. Krieg. – Die Ausgrabungen haben Grabanlagen von frühhelladischer Zeit an, die Agora, ein großes Theater und die Fundamente des Heraion aufgedeckt. CWaldstein, The Argive Heraeon, 1902. Études péloponnésiennes 1, 3-6, 1956-72. RMatton, Mycènes et l'Argolis antique, 1966. RATomlinson, A. and the Argolid, 1972. ThKelly, A history of A. to 500 B.C., Minneapolis 1976.
2. Im Mythos der 100äugige Wächter der *Io.

Ariadne: *Theseus.

Arianismus: *Arius.

Aricia, Latinerstadt am Fuß des Albanerbergs an der Via Appia, bekannt durch den Kult der *Diana Nemorensis.

Ariminum (Rimini), Hafenstadt an der Adria, 268 v. Chr. latinische Kolonie. Endpunkt der Via *Flaminia und Ausgangspunkt der Via *Aemilia. 27 v. Chr. wurde ein noch erhaltener Ehrenbogen für Augustus in die Stadtmauer eingefügt. Gut erhalten ist auch eine 22 n. Chr. fertiggestellte Brücke.
GAMansuelli, A., 1941. ODelucca, Giocare alla storia: Itinerario di scoperte archeologiche Riminesi, 1989.

Arion von Methymna auf Lesbos, gr. Dichter und Sänger um 600 v. Chr. Er gab dem Dithyrambos, dem Kultlied des Dionysos, die chorlyrische Kunstform mit einer Mythenerzählung als Kernstück. Die Dithyramben ließ er von Satyrn aufführen; so gab er ein Vorbild auch für die spätere Entwicklung des Chors der *Tragödie. Von ihm erzählt Herodot (1, 23) die Legende, daß ihn einst auf hoher See die Schiffer ausraubten und ins Meer stürzen wollten. Da spielte er noch einmal ein Lied und sprang in die Fluten. Dort aber nahm ihn ein Delphin (man hielt diese Tiere im Altertum für musikliebend) auf seinen Rücken und setzte ihn bei Tainaron an Land. A. ging an den Hof seines Gönners Periandros v. Korinth und entlarvte dort die Bösewichter, als sie wenige Tage später mit ihrem Schiff ankamen und dem Könige meldeten, A. sei nicht mit ihnen gefahren.
Es hat sich von A. kein echtes Gedicht erhalten.

Ariovistus, König des Germanenstammes der Sueben, wurde von Caesar 58 v. Chr. in der elsässischen Ebene besiegt.

Ariphron aus Sikyon dichtete um 420 (?) v. Chr. einen inschriftlich erhaltenen Paian *Auf die Gesundheit.*
T: Diehl II (Lyrik). – PMaas, Epidaurische Hymnen, 1933.

Aristagoras, Vetter und Schwiegersohn des Histiaios v. Milet. Während dessen Aufenthalt am Perserhofe übte er die Herrschaft aus. Um 500 rief er die ionischen Griechen zum Freiheitskampf gegen Persien auf. Seine Truppen brannten 498 Sardes nieder. Doch dann eroberten die Perser die aufständischen Städte eine nach der andern zurück. A. wanderte nach Thrakien aus, wo er 496 fiel.

Aristainetos verfaßte im 5. Jh. n. Chr. eine Sammlung von Erotischen Briefen in 2 Büchern, in denen er Motive der ältern gr. Liebesdichtung verwertete.
T: OMazal, 1971 (Tb). Ü: ALesky, 1951 (AW).

Aristaios, Sohn Apollons und der Kyrene, Gott der Herden, Ölpflanzungen und Bienenzucht.

Aristarchos. – 1. A. v. Samos, ca. 310-230 v. Chr., Astronom in Alexandreia. Er lehrte das heliozentrische System, d. h. daß die Erde sich um sich selbst und in schiefer Ebene um die Sonne drehe, die Sonne zu den Fixsternen gehöre. Diese richtige Erkenntnis gab das ausgehende Altertum wieder preis. Erhalten ist von A. nur das Buch *Über die Größenverhältnisse und Entfernungen von Mond und Sonne.*
TÜ (engl.): TLHeath, 1913 (Nachdr. 1966).

2. A. v. Samothrake, 217-145 v. Chr., Bibliothekar des Museions und Philologe in Alexandreia. Er legte System und Terminologie der Grammatik endgültig fest, wie sie später durch das Lehrbuch des *Dionysios Thrax allgemein verbreitet wurden und noch heute in unserer Schulgrammatik in Geltung sind. Die Texte der gr. Klassiker prüfte er kritisch auf ihre Richtigkeit und veranstaltete die maßgebenden wissenschaftlichen Ausgaben, u. a. von Homer, Hesiod, Pindar, den Lyrikern, den Dramatikern, Herodot. Auf diese Ausgaben, nicht auf die Originale der Dichter, gehen die Texte zurück, die wir heute lesen.
ALudwich, A.s homerische Textkritik, 1884-5 (Nachdr. 1971).

Aristeas v. Prokonnesos verfaßte etwa um 600 v. Chr. ein Epos *Arimáspeia*, aus dem Herodotos (4, 13ff.) fabulöse Nachrichten über die Nordvölker anführt. A. war in Prokonnesos tot umgesunken, doch fand man seinen Leichnam später nicht mehr; von Apollon entrückt, war er über das Skythenland hinaus bis zu den Issedonen gereist, die ihm Kunde gaben von den noch weiter im Norden wohnenden einäugigen Arimaspen und deren Kämpfen mit den goldhütenden Greifen.
JDPBolton, A. of P., 1962 (vgl. Burkert, Gnomon 35, 1963, 235-240). KMeuli, Gesammelte Schriften 2, 1975, 853-859.

Aristeasbrief, eine zu Ende des 2. Jh. v. Chr. verfaßte Fälschung, die einen angeblich zeitgenössischen Bericht über die Entstehung der gr. Ü. des alten Testaments, der sog. Septuaginta, gibt. Der fingierte Absender Aristeas, Kommandant der Leibwache des Ptolemaios Philadelphos (285-247) in Alexandreia, preist darin die geistige Bedeutung der Juden.
TÜ (franz.): APelletier, 1962 (S. chrét. 89). Ü: in Kautzsch, Apokryphen und Pseudoepigraphen des Alten Testaments, 1900.

Aristeides, – 1. Sohn des Lysimachos aus dem athenischen Demos Alopeke. Die Athener gaben ihm den Beinamen der Gerechte. Er war Stratege in der Schlacht bei Marathon 490 v. Chr. und wurde in der Folgezeit der große innenpolitische Rivale des *Themistokles. Dieser erreichte 482 die Verbannung des A. durch den *Ostrakismos. Zur Schlacht bei Salamis kehrte A. zurück, kämpfte tapfer auf dem Inselchen Psyttaleia und wurde rehabilitiert. 479 war er Stratege bei Plataiai und gründete 478 mit Kimon den Attischen Seebund. Er setzte die Beiträge der Bundesmitglieder in die auf Delos verwahrte Bundeskasse fest. A. starb arm, und seine Kinder wurden vom Staat ausgestattet.
Biogr.: *Plutarch. *Nepos.
2. A. aus Theben, Maler des 4. Jh. v. Chr., soll als erster seelische Affekte in Gemälden dargestellt haben. Auch sein Enkel A. war Maler.
3. A. der Apologet aus Athen, richtete um 125 eine Schrift zur Verteidigung des Christentums an Kaiser Hadrianus. Der ganze Text ist nur in syr. Ü erhalten, Frg. gr. und armenisch.
T: CAlpigiano, Firenze 1988. Ü: CVona, Rom 1950. – JGeffcken, Zwei gr. Apologeten, 1907.
4. P. Aelius A., bekannter Rhetor, 117(?)-187 n. Chr., Schüler des *Herodes Atticus. Er lebte einige Zeit in Aegypten, dann in Rom, wo er dem Hof des Marcus Aurelius und Commodus nahestand. Vom erstern

erreichte er durch seine Rede über das Erdbeben von Smyrna (178) den Wiederaufbau der zerstörten Stadt. Seine Genesung von 17jähriger Krankheit schrieb er einem Wunder des Gottes Asklepios zu. Erhalten sind 55 kulturgeschichtlich hochinteressante *Reden*. 2 *rhetorische Lehrbücher* unter seinem Namen sind unecht.
T: FWLenz-CABehr, Leiden 1976-80 (B. 1-16). BKeil, 1898 (B. 17-53). TÜK: RKlein, 1981 (*Romrede*, Nr. 27). GJöhrens (*Athene*, Nr. 37). ÜK: HOSchröder, 1986 (*Heilige Berichte*, Nr. 47-52). Ü (engl.): CABehr, Leiden 1981-87. *Rhet.*: T: WSchmid, Rhetores gr. 5, 1926 (Tb). – ABoulanger, Aelius A., Paris 1923.
5. A. Quintilianus, schrieb 3 Bücher *Über Musik (peri musikés)*, wahrscheinlich im 3. Jh.
T: Winnington-Ingram, 1963 (Tb). ÜK: RSchäfke, 1937. ThJMathiesen, New Haven 1983.

Aristippos aus Kyrene, Schüler des Sokrates, begründete die Schule der Kyrenaiker. Davon ausgehend, daß wir nur die Sinneseindrücke, nicht aber deren Ursachen, die Dinge an sich, erkennen, und daß alle Geschöpfe nach Lust streben, erklärte er den Genuß des Augenblicks für das höchste Ziel.
T: EMannebach, Aristippi et Cyrenaicorum Frg., 1961. – KDöring, Der Sokratesschüler A. und die Kyrenaiker, 1988. – Bildnis: Schefold.

Aristodemos, Held des 1. Messenischen Krieges (*Messenien).

Aristogeiton, der eine der athenischen *Tyrannenmörder.

Aristokles, att. Bildhauer. Sein Werk ist die bekannte Grab-*Stele des Aristion (gegen 510 v. Chr.). – Fuchs (*Plastik) Abb. 555.

Aristomenes von Andania, Nationalheld von Messenien. Die Sage schmückte seine Taten im 2. Messenischen Krieg legendär aus. Rhianos (3. Jh. v. Chr.) besang sie in einem Epos.

Ariston. – 1. A. v. Chios, Schüler des Stoikers Zenon um 275 v. Chr neigte der kynischen Philosophie zu. Seine Beredsamkeit trug ihm den Beinamen Sirene ein.
Frg.: *Stoa. – Bildnis: Schefold.
2. A. v. Iulis auf Keos, Peripatetiker um 225 v. Chr.
T: Wehrli, Schule des Aristoteles 6, 1968.
3. A. von Alexandreia, Peripatetiker im 1. Jh. v. Chr., zuerst als Akademiker Schüler des Antiochos (III).
TK (Frg.): IMariotti, 1966.

Aristonikos. – 1. Als Attalos 133 v. Chr. Rom testamentarisch zum Erben des Königreichs Pergamon eingesetzt hatte, beanspruchte sein Stiefbruder A. das Erbe. Er besiegte 131 den cos. Crassus, wurde aber 130 von Perperna gefangen genommen und in Rom hingerichtet.
FCollins, The revolt of A., Ann Arbor 1980 (Diss. Virginia-Univ.).
2. Alexandrinischer Homerkommentator Ende 1. Jh. v. Chr.

Aristophanes. – 1. Der größte *Komödiendichter Athens. Mit urwüchsigem, scharfem Witz nahm er das attische Leben seiner Zeit und die führenden Männer aufs Korn; er stritt als sittlicher Erzieher des Volkes durch sein Theater gegen den Zeitgeist für den guten alten Athenergeist. 11 Stücke sind erhalten: 1. *Die Acharner*, 425 v. Chr.: Dikaiopolis schließt kriegsmüde einen Sonderfrieden. 2. *Die Ritter*, 424: Der alte Demos (Personifikation des athenischen Volkes) ist ganz unter den schlechten Einfluß seines neuen Sklaven, des Paphlagoniers, geraten (Karikatur des allmächtigen Demagogen *Kleon). Doch der Wursthändler Agorakritos, ein noch gemeinerer Schuft, sticht ihn in der Gunst des Alten aus. 3. *Die Wolken*, 423: Die moderne «Bildung» der Sophisten, als deren Exponenten A. den Sokrates hinstellt, wird verspottet. 4. *Die Wespen*, 422: Satire auf die Prozeßwut der Athener. 5. *Der Frieden*, 421: Der Bauer Trygaios befreit die gefangene Friedensgöttin. – Nach einer Pause von mehreren Jahren trat A. wieder hervor. 6. *Die Vögel*, 414: Die Bürger Euelpides und Pisthetairos, der Schikanen in der Stadt müde, gründen mit den Vögeln den Idealstaat Wolkenkuckucksheim. 7. *Lysistrate*, 411: Die Frauen Griechenlands treten in einen Ehestreik, um die Männer zum Frieden zu zwingen. 8. *Das Thesmophorienfest*, 411: Beim Frauenfest schleicht sich Mnesilochos, verkleidet in die weibischen Gewänder des *Agathon, ein und verteidigt in einer Glanzrede Euripides, den die Frauen als Weiberfeind ächten wollen. Er wird entlarvt, aber der große Intrigant Euripides bekommt ihn frei. 9. *Die Frösche*, 405: Alle großen Tragiker sind gestorben. Da will der Theatergott Dionysos selbst einen aus der Unterwelt zurückholen. Aischylos und Euripides tragen vor ihm einen Wettstreit aus. 10. *Die Ekklesiazusen*, 389: Die Frauen halten eine Volksversammlung ab, um es besser zu machen als die Männer. 11. *Plutos*, 388: Der Gott des Reichtums wird von seiner Blindheit geheilt und verteilt nun seine Gaben gerecht.
TÜ: VCoulon, 1928ff. (Budé, 5 Bde). TK: JvanLeeuwen, 1893-1906. *Frösche:* LRadermacher-WKraus, 1967. KJDover, Oxford 1993. *Vögel:* OSchroeder, 1927. *Lysistr.:* Wilamowitz, 1964. JHenderson, Oxford 1987. *Frieden:* Platnauer, 1964. *Wolken:* KJDover, 1968. *Wespen:* DMMacDowell, 1971. *Ekkl.:* RGUssher, 1973. – Ü: LSeeger-HJNewiger, 1990 (AW). *Lysistr.*: EFried, 1992. *Ekkl.*: DBremer, 1983. In Reclam: *Wolken, Frieden, Vögel, Frösche.* – GMurray, A., 1933. OSeel, A., 1960. EFraenkel, Beobachtungen zu A., 1962. VEhrenberg, A. und das Volk von Athen, 1968 (AW). KJDover, Aristophanic Comedy, London 1972. HJNewiger, A. und die Alte Komödie, 1975 (WdF). Entretiens sur l'antiquité classique 38, 1993. – Bildnis (unsicher): Schefold.
2. A. v. Byzanz, Bibliothekar des Museions in Alexandreia, ca. 257-180 v. Chr. Er gab u. a. Homer, Hesiod, die Lyriker (Pindar), die Tragiker und Aristophanes (1) in wissenschaftlich bereinigten Texten heraus. Die in unsern Ausgaben vor den Dramen stehenden Einleitungen *(Hypothéseis)* gehen letztlich auf ihn zurück, ebenso die Strophengliederung der Chorlieder und das ganze heute im Gr. gebräuchliche Akzentsystem. Er verfaßte das erste große gr. Lexikon.
T (Frg.): WJSlater, 1986.

Aristoteles, Sohn des makedonischen Hofarztes Nikomachos von Stageiros, 384-322 v. Chr., der begabteste Schüler Platons. Als nach dessen

Tod (347) Speusippos Leiter der Akademie wurde, zog A. von Athen fort. 342 berief ihn Philipp als Erzieher seines Sohnes Alexandros nach Makedonien. 335 eröffnete A. mit *Theophrastos eine Schule im Lykeion im Osten von Athen. Nach dem Wandelgange *(Perípatos)* des Hauses nannten sich die Schüler Peripatetiker. Nach Alexanders Tod mußte A., obwohl er ideell seinem einstigen Schüler seit langem fernstand, vor dem Makedonenhaß aus Athen weichen und starb bald darauf in Chalkis. Im Gegensatz zur platonischen Ideenlehre, welche die Dinge der Natur als von den allein wahren, transzendenten Ideen abgeleiteten Schein betrachtete, suchte A. in einer universellen Philosophie alle Tatsachen und Dinge der Erfahrungswelt zu erfassen, indem er davon ausging, daß die Form *(eidos)* nicht transzendent, sondern den konkreten Dingen immanent sei. Somit kommt der Welt der realen Dinge auch ein eigener Wert zu. Ein Teil seiner Schriften sind empirische Materialsammlungen, in den anderen ordnet er die empirischen Einzeltatsachen systematisch und leitet aus ihnen die allgemeinen Gesetze ab. – 1. Erkenntnistheorie und Logik (Die Schriften unter dem Sammelnamen *Organon*): A. schuf hier eine Lehre von den Schlußweisen (Syllogistik); Kategorien. – 2. Naturwissenschaft: Von den Sammelwerken ist das imposanteste die *Tierkunde*. In der systematischen Physik prägte A. die Terminologie: *Hyle* = Stoff, Materie. *Eidos* = Form. *Dynamis* = Möglichkeit, Anlage, Potenz. *Enérgeia* = Wirkung, Aktualität. *Entelécheia* = Erfüllung der Zielstrebigkeit zur vollendeten Form. Die Fortsetzung der *Physik* bildeten die *Metaphysiká* (der Name besagt nur, daß die Schrift in der Reihenfolge nach [*meta*] der Physik stand; der heutige Sinn des Wortes metaphysisch ist erst später mit Bezug auf den Inhalt der Schrift des A. entstanden). Zu den naturwissenschaftlichen sind auch die Schriften über Psychologie zu rechnen. – 3. Ethik: Hauptwerk die *Nikomachische Ethik* (genannt nach dem Herausgeber Nikomachos, dem Sohn des A.). Die Tugend ist die seelische Haltung in der Mitte zwischen den Extremen. Sie wird auch durch äußere Güter gefördert. (Gegen diesen Satz protestierten Kyniker und Stoiker.) Die *Eudemische Ethik* ist nach *Eudemos v. Rhodos genannt (B. 4-6 = *Nikom. Eth. 5-7*). Die sog. *Große Ethik* stammt aus der Hand eines späteren Peripatetikers. – 4. Politik: Aus einem großen Sammelwerk, in dem 158 Staatsverfassungen untersucht waren, ist *Der Staat der Athener* am Ende des 19. Jh. auf einem Papyros wiederentdeckt worden. In dem systematischen Werk *Politiká* geht A. davon aus, daß der Mensch von Natur ein auf Staatsgemeinschaft angewiesenes Wesen *(Zoon politikón)* sei, und kommt zu dem Resultat, daß eine Aristokratie des Mittelstandes die beste Staatsform, in der Mitte zwischen Monarchie und extremer Demokratie, sei. – 5. Menschliche Tätigkeiten: Von der *Poetik* ist nur der 1. Teil über Tragödie und Epos erhalten, das 2. Buch fehlt. Nach der Entwicklungsgeschichte der Tragödie wird im lehrhaften Teil der berühmte Satz ausgesprochen, daß die Tragödie durch Erregung von *Eleos* («Jammer») und *Phobos* («Schauder») zur *Katharsis hinführe. Die 3 Bücher *Rhetorik* erhoben die Lehre von der Beredsamkeit von einer äußerlichen Technik auf eine höhere geistige Ebene. Sie wurden das maßgebende Werk für die philosophische Schulung der Redner. Einteilung in gerichtliche, beratende und Festreden. – A. gab manche Werke in für

das große Publikum ausgearbeiteter Form heraus *(exoterische Schriften)*. Von ihnen sind nur noch Frg. bekannt. Am stärksten hat der *Protreptikós* (Aufforderung zum Philosophieren) nachgewirkt: Cicero im *Hortensius* u. a. haben das Thema nach diesem Vorbild aufgegriffen. Die meisten späteren Werke aber waren für den engern Kreis der Schule bestimmt *(esoterische Schriften)*; es sind stilistisch nicht durchgearbeitete Vorlesungsmanuskripte, die Unterbrechungen, Wiederholungen und Widersprüche aufweisen und nicht leicht lesbar sind. Wir besitzen nur Werke dieser Art. Als genialer Organisator der wissenschaftl. Forschung ließ A. manche Einzelgebiete von Schülern und Mitarbeitern behandeln (z. B. *Farbenlehre, Akustik*), deren Werke sich nebst noch späteren unechten unter der Masse der aristotelischen finden.
Im 1. Jh. v. Chr. erhielt die Beschäftigung mit A. einen neuen Antrieb durch die Herausgabe der Texte aus der Bibliothek des *Apellikon (*Tyrannion, *Andronikos). Umfangreiche Kommentare entstanden. Für die Scholastik des christlichen Mittelalters wurde A. (in lat. Ü) die Norm. Auch die Araber, die ihn durch syrische Ü. vermittelt bekamen, bauten ihre Wissenschaft auf A. auf.
T: Gesamtausgabe der Berliner Akademie hg. von IBekker, 1831-70, 2. ergänzte A. von OGigon, 1960-87 (5 Bde.). Wichtigste Werke in Einzelausg.: Oxf. Cl. *Rhet.*: RKassel, 1976. *Ath. Polit.*: MChambers, 1986 (Tb). TÜ: Budé, Loeb L. *Poet.*: StHalliwell, 1987. *Phys.*: HGZekl, 1987-88. Ü: Gesamtwerk: DRoss, Oxford 1908-1952 (engl.). ÜK: Werke in deutscher Ü, hg. von EGrumach-HFlashar, 1956ff. *Metaphys.*: JTricot, Paris 1986-91. TK: *Poetik:* Gudeman, 1934. TÜK: *Protreptikos,* Frg.: IDüring, 1979. *Analyt. 2:* HSeidl, 1984; *Metaphys.*: Ders., 1982-91. *Metaphys. 12*: HGGadamer, 1976. *Kateg.*: MZanatta, 1989; *Nikom. Eth.*: Ders., 1986. K: *Rhet. 1.2*: WMAGrimaldi 1980-88. *Ath. polit.*: PJRhodes, Oxford 1981.
Ü in Auswahl: Meiners Philos. Bibl.; Reclam. OGigon, 1950ff. (AW). WNestle, 1977 (Kröner). *Rhet.*: GSieveke, 1993. – WJäger, A., 1923 (Nachdr. 1955). DRoss, A., 1923. JHRandall, A., 1960. IDüring, A., 1966. PMoraux, A. in der neueren Forschung, 1968 (WdF). FPHager, Metaphysik und Theologie des A., 1969 (WdF); ders., Ethik und Politik des A., 1972 (WdF); ders., Logik und Erkenntnislehre des A., 1972 (WdF). GASeeck, Die Naturphilosophie des A., 1975 (WdF). KvFritz, Beiträge zu A., 1984. GBien, Die Grundlegung der politischen Philosophie bei A., 3. A. 1985. TIrwin, A.' first principles, Oxford 1988. StHalliwell, A.'Poetics, 1986. KHVolkmann-Schluck, Die Metaphysik des A., 1979. – Bildnis: Schefold.

Aristoxenos v. Tarent, Aristotelesschüler in der 1. H. des 4. Jh. v. Chr., berühmt als Musiktheoretiker. Erhalten sind 3 Bücher *Harmonik* und Fragmente anderer Schriften.
Harm.: T: RdaRios, 1954. TÜ: Marquard, 1868. Macran, Oxford 1902 (engl.). – ABélis, 1986. Frg.: Wehrli, Schule des Aristoteles II, 1967. *Rhythm.*: LPearson, Oxford 1990.

Arius (auch Arrius, gr. *Areios*), Priester in Alexandreia. An Origenes anknüpfend, stellte er um 318 ein Glaubensbekenntnis auf, in dem er Christus für Gott ähnlich erklärte (keine Dreieinigkeit, sondern nur Dreiheit

der göttlichen Personen), nicht geboren, sondern von Gott vor aller Zeit aus dem Nichtseienden geschaffen. Die Lehre wurde 325 auf dem Konzil von Nikaia verdammt und das Dogma festgesetzt, daß Christus nicht wesensähnlich (*homoi-usios*) dem Vater, sondern mit dem Vater wesenseins *(homo-usios)* sei. So spaltete sich die Kirche für die nächsten Jh. in Arianer und Athanasianer (nach *Athanasios genannt), was bei der Bedeutung, die im ausgehenden Altertum den Glaubensfragen beigemessen wurde, zu welthistorischen Konflikten und blutigen Verfolgungen führte. Am hartnäckigsten blieben die bekehrten Germanen dem Arianismus treu.
RWilliams, A., heresy and tradition, London 1987. RPHanson, The search for the christian doctrine, Edinburgh 1988.

Arkadien, Gebirgsland inmitten der Peloponnes. Wichtige Städte: *Tegea, *Mantineia, *Megalopolis, Pallantion, *Phigaleia. Die Arkader lebten als einfache Hirten auf ihren Bergen. Die bukolische Dichtung verlegte in dieses Land ihr Schäferparadies. Der mythische Stammesheros war der Jäger Arkas, der Sohn des Zeus und der Kallisto.
Ernst Meyer, Peloponnes. Wanderungen, Zürich 1939; Neue Pelop. Wanderungen, Bern 1957. HJost, Sanctuaires et cultes d'Arcadie, Paris 1985. BSnell, in Die Entdeckung des Geistes, 3. A. 1955. *Peloponnes.

Arkesilaos. – 1. Name von 4 Königen von Kyrene. – 2. A. aus Pitane, ca. 315-240 v. Chr., schloß sich nach längeren Studien den Akademikern Polemon und Krates an und wurde Leiter der Akademie. Seine skeptische Richtung begründete eine neue Epoche, die sog. mittlere Akademie. Gegen die Stoiker lehrte er, daß die Wahrnehmung keine Gewähr für Richtigkeit biete. Es gebe kein sicheres Wissen; der Weise müsse sich aller Zustimmung enthalten. Praktisch genüge aber, um vernünftig handeln zu können, die Wahrscheinlichkeit.
– 3. Bildhauer, schuf für Caesar die Tempelstatue der Venus Genetrix.

Arktinos, Dichter nachhomerischer Epen *(Aithiopis, Ilions Fall)*.

Armenien. Die Zehntausend unter *Xenophon, die 401 v. Chr. den Rückzug durch A. erkämpften, durchzogen als erstes gr. Heer dieses Land. Später gehörte A. zum Seleukidenreich. Als Antiochos d. Gr. den Römern erlag, wurde es selbständig (höchste Macht unter *Tigranes 95-56). Seit der Eroberung durch Lucullus (69 v. Chr.) war A. ständiges Streitobjekt zwischen Rom und dem Partherreich.
RGrousset, Hist. de l'Arménie des origines à 1071, Paris 1984. MChahin, The Kingdom of A., 1987. MSchottky, Media Atropatene und Groß-A. in hellenistischer Zeit, 1989.

Arminius, Fürst des Germanenstammes der Cherusker, am Hof des Augustus in Rom erzogen, führte im Rang eines röm. Ritters die germanischen Hilfstruppen. 9 n. Chr. gehörte er zum Stab des Statthalters P. Quinctilius *Varus, der ihm, obwohl gewarnt, voll vertraute. Im *Teutoburger Walde überfiel A. verräterisch aus dem Hinterhalt das röm. Heer. 3 Legionen mit Reiterei und Hilfstruppen wurden vernichtet, Varus gab sich den Tod. Es war der schwerste Schlag, den das Reich unter Augu-

stus erlitt. Germanicus unternahm 15 einen Rachezug, bestattete die Überreste des Varianischen Heeres und besiegte A., zog sich aber nach diesem Erfolg zurück. So blieb A. unbestritten der Befreier Germaniens. Er wurde im J. 19 im Alter von 37 Jahren von seinen Verwandten ermordet.
*Velleius Paterculus 2, 118. *Tacitus, *Annalen* 1 und 2. – DTimpe, A.-studien, 1970. HRitter-Schaumburg, Der Cherusker, 1988.

Arnobius, Rhetor aus Sicca Veneria in Africa, verfaßte 305 n. Chr. nach seiner Bekehrung zum Christen eine Kampfschrift *Gegen die Heiden* (7 Bücher). Er sucht den Polytheismus durch Sammlung aller Obszönitäten der Göttersagen zu widerlegen. Das an sich unerquickliche Werk ist eine Fundgrube sonst kaum bekannter religionsgeschichtlicher Überlieferungen.
T: Reifferscheid, 1875 (Corp. Vindob.). Marchesi, 2. A. 1953. Ü: Besnard, Landshut 1842. McCracken, 1949 (Ancient Christian Writers 7. 8.). TÜK (B.1): HLeBonniec, 1982 (Budé).

Arpinum, alte Stadt der Volsker über dem Liristal, Geburtsort von Marius und Cicero.

Arretium (Arezzo), Etruskerstadt, Heimat des Maecenas, mit einer hochberühmten keramischen Industrie, die seit ca. 30 v. Chr. *Terra sigillata herstellte.
MLopes Pegna, L'origine di Arezzo, Firenze 1964.

Arria, eine durch Gattenliebe und Heldensinn berühmte Römerin. Ihr Mann, Caecina Paetus (cos. 37 n. Chr.), war an einem Aufstand gegen Kaiser Claudius beteiligt. Als er von Illyricum zur Aburteilung nach Rom gebracht wurde, verweigerte man A., auf demselben Schiff mitzufahren. Da unternahm sie die Fahrt in einem kleinen Fischerkahn. Paetus hatte nach seiner Verurteilung (42 n. Chr.) sich selber den Tod zu geben. A. ging ihm mit heroischem Beispiel voran: Sie stieß sich den Dolch ins Herz und reichte ihn dann dem Gatten mit den Worten: «Es tut nicht weh, Paetus».
Plinius (2), *Briefe* 3, 16.

Arrianus, Flavius, aus Nikomedeia, Grieche mit röm. Bürgerrecht, stieg als Offizier rasch zu höchsten Ehren empor (cos. 130 n. Chr., später Statthalter von Kappadokien). In seiner Schriftstellerei ahmte er Xenophon nach, wobei ihm *Epiktetos die Stelle des Sokrates vertrat. Hauptwerke: Epiktets *Handbüchlein der Moral* und A.s *Aufzeichnungen* aus den Vorlesungen des Meisters. *Indiké*. *Anabasis Alexanders*, unsere Hauptquelle für Alexanders Perserzug, weil A. mit seinem geschulten Blick die einzige historisch zuverlässige Quelle, Ptolemaios, erkannte und verwertete.
T (ohne *Epiktet): Roos, 1907/28 (Nachdr. 1967, Tb). TÜ: GWirth, 1985 (Tusc.). Loeb L. *Ind.* (franz.): Chantraine, 1952 (Budé). Ü: OS. *Anab.*: Capelle, 1950 (AW). K (*Anab.*): ABBosworth, 1980ff. – PhAStadter, A. of Nicomedia, 1980.

Arsakiden, das Herrschergeschlecht der *Parther (250 v. Chr. bis 224 n. Chr.), Nachkommen des Arsakes, der das Partherreich durch Abfall von den Seleukiden gegründet hatte. Der letzte des Stammes, Artabanos, erlag dem Artaxerxes, dem Gründer der *Sassanidendynastie.

Arsameia, Name zweier Städte in *Kommagene, Herrschersitz des *Antiochos (II).
FKDörner-ThGoell, A. am Nymphaios, 1963.

Arsinoë. – 1. Tochter des *Ptolemaios Soter (1), heiratete 299 v. Chr. *Lysimachos, dessen Sturz sie durch ihre Intrigen verschuldete. Seit 278 war sie nach Pharaonensitte die Gattin ihres Bruders *Ptolemaios Philadelphos (2).
Kornemann, Große Frauen des Altertums, 1952.
2. Hauptstadt des ägyptischen Nomos (Distrikt) *Arsinoïtes* im Fajum, wo in neuerer Zeit reiche Papyrosfunde gemacht worden sind (Tebtunis-Papyri).

Artabazos. – 1. Mitfeldherr des Mardonios bei Plataiai. – 2. Feldherr unter Artaxerxes Mnemon gegen Datames. Dann weilte er einige Zeit als Flüchtling am Hofe Philipps in Makedonien, kehrte zu Dareios zurück und anerkannte nach dessen Tod Alexander als Perserkönig. Er wurde Satrap von Baktrien.

Artaphernes, Name einiger Angehöriger des *Achaimenidengeschlechts. Ein A. war Anführer der Perser bei Marathon.

Artaxerxes, Name von Perserkönigen. – 1. A. Makrocheir (Langhand), Sohn des Xerxes, 464-425 v. Chr. Er schloß 449 nach wechselvollen Kämpfen mit den Athenern (*Kimon) Frieden. – 2. A. Mnemon, 404-358 v. Chr., schlug 401 bei Kunaxa seinen aufständischen Bruder Kyros, in dessen Heer *Xenophon mitzog. Seine Flotte siegte 394 unter dem Kommando des Atheners Konon über die Spartaner bei Knidos. Der *Antalkidasfriede 387 gab ihm ganz Kleinasien zurück. *Ktesias. Biogr.: *Plutarch.
3. A. Ochos, 358-337 v. Chr., unterwarf 343 das abgefallene Aegypten. – 4. A., der Begründer des neupersischen Sassanidenreiches (211-241 n. Chr.).

Artemidoros. – 1. A. v. Ephesos, Geograph im 1. Jh. v. Chr. – 2. A. v. Daldis, Verfasser eines Traumbuchs (um 170 n. Chr.).
T: RAPack, 1963. Ü: FSKrauss, 1991 (Reclam).

Artemis, Tochter des Zeus und der Leto, Schwester Apollons, auf Delos geboren. Sie ist: – 1. Herrin der T i e r e und jungfräuliche J ä g e r i n. Hauptkulte in Arkadien. Auch bei Homer ist sie vorwiegend Jagdgöttin. Mit ihren Pfeilen sendet sie ebenso wie Apollon raschen Tod (*Aktaion, *Orion, *Niobiden). Ihr heilig sind Hirsch und Bär. – 2. B a u m göttin. Ihr gehörten zahlreiche Fruchtbarkeitskulte. Als Gefolge umgaben sie die N y m p h e n; an ihren Festen führten die Mädchen Tänze auf. Bekannt sind die Tänzerinnen von Karyai *(*Karyatiden)*. In Sparta tanzten

Mädchenchöre am Fest der *A. Orthia*. Später fand an diesem Tage auch die Auspeitschung der Jünglinge am Altar der A. statt. – 3. Schützerin der Jugend (*Kurotróphos*) und Jungfräulichkeit (*Hippolytos). Man opferte ihr vor der Eheschließung. Den Frauen stand sie bei der Entbindung bei. – 4. In manchen Gegenden nahm A. die Wesenszüge verwandter Lokalgottheiten an: In Ephesos war sie Vegetationsgöttin wie die Große Mutter. Das Kultbild in dem berühmten Tempel hatte viele Brüste. Auf Kreta war sie der Berggöttin Diktynna gleich. In Taurien wurden der A. Menschen geopfert; Iphigeneia und Orestes brachten nach der Sage das Kultbild von dort nach Brauron in Attika. Spät wurde A. mit *Hekate und deren Verwandten, der Mondgöttin Selene, gleichgesetzt. Die Römer übernahmen A. unter dem einheimischen Namen Diana.
Statuen (Kopien): A. von Gabii, A. v. Versailles (beide in Paris). *Religion. – KHönn, A., Zürich 1946. RFleischer, A. von Ephesos und verwandte Kultstatuen aus Anatolien und Syrien, Leiden 1973. MBBHollingshead, Legend, cult and architecture of three sanctuaries of A., 1980.

Artemisia, Königinnen von Halikarnassos. – 1. A. I. nahm mit 5 Schiffen an der Schlacht bei Salamis teil und wurde von Xerxes für ihre Tapferkeit ausgezeichnet. – 2. Witwe des *Mausolos.

Artemision, Vorgebirge im Nordosten von Euboia, wo gleichzeitig mit der Schlacht an den Thermopylen 480 v. Chr. die gr. Flotte sich erfolgreich mit der persischen maß. 1928 wurde hier eine Bronzestatue (Poseidon oder Zeus) aus dem Meere geborgen, eines der bedeutendsten Werke des *Strengen Stils.
Curtius, Interpret. von 6 gr. Bildwerken, Bern 1947.

Arvales, uraltes röm. Priesterkollegium von 12 Mitgliedern (Arvalbrüder). Sie feierten wohl ursprünglich das Fest der **Ambarvalia*, nach der Neubegründung durch Augustus den Kult der Dea Dia (Segnung der Saatfelder).
Lied der A: Carmina Epigraphica 1 (*Anthologie 3). APasoli, Acta fratrum arvalium, 1950. – JScheid, Les frères A., Paris 1975. IPaladino, Fratres A., Roma 1989.

Arverni, mächtigster keltischer Stamm Süd- und Mittelgalliens (Auvergne). – Exposition sanctuaires Arvernes, 1985.

As, röm. Gewichts- und Münzeinheit, urspr. = 1 röm. Pfund Bronze. In der Kaiserzeit Kupfermünze. Als Gewicht wird der As untergeteilt in 12 unciae.

Ascanius, Sohn des *Aeneas. Er hieß auch Iulus und war der mythische Ahnherr des Geschlechts der Iulier.

Asciburgium (Asberg bei Moers am Unterrhein), röm. Kastell zwischen *Novaesium und Castra *Vetera, Standort einer **Ala*. Die erste Anlage stammt aus dem Germanenfeldzug des Drusus (3). Tacitus (*Germania* 3)

weiß von einer Sage, daß Odysseus auf seinen Irrfahrten A. gegründet habe.
TBechert, A.-Ausgrabungen. 1974.

Asconius Pedianus schrieb um die Mitte des 1. Jh. n. Chr. den besten antiken Kommentar zu Ciceros Reden. Teile davon sind erhalten.
T: ThStangl, 1912. CGiarratano, 1920 (Nachdr. 1967). TÜ: SSquires, Bristol 1990. K: BAMarshall, Columbia 1985.

Asébeia (Irreligiosität). Das ältere gr. Recht bestrafte als Gottesfrevel nur Tempelraub, Tempelschändung und ähnliches. Erst 432 v. Chr. wurde in Athen ein gegen die Philosophie der Sophisten und den Kreis um *Perikles gerichtetes Gesetz angenommen, das auch Leugnung oder Vernachlässigung der Staatsgötter als A. unter Strafe stellte. Ihm fielen u.a. Anaxagoras, Protagoras, Diagoras und Sokrates zum Opfer.
Nestle, Vom Mythos zum Logos (1940) S. 479ff.

Asellio, P. Sempronius, schrieb um 100 v. Chr. in Rom die erste Darstellung der Zeitgeschichte.
T: HPeter, Historicorum rom. reliquiae, 1914 (Nachdr. 1993), 179-184.

Asia nannten die ältesten Griechen alles, was nicht zu Europa gehörte. Erst später zählte man Libyen (*Afrika) als eigenen 3. Erdteil. Im engeren Sinne brauchte man den Namen für die den Griechen zuerst bekannt gewordene Westküste Kleinasiens. Die röm. Provinz A. umfaßte urspr. nur das 133 v. Chr. geerbte Reich des Attalos von Pergamon, später auch Hellespont, Lydien, Phrygien, Karien und einige Inseln (Rhodos).
VChapot, La province rom. d'Asie, 1904. DMagie, Roman rule in A. minor (2 Bde), 1950. ANRW II 7,2 (1980).

Asianismus. In den nach der Befreiung von den Persern durch Alexander d. Gr. aufblühenden Ionierstädten Kleinasiens machten sich die Redner von den klassischen Bindungen des gemessenen, wohlproportionierten attischen Redestils frei. Ihr asianischer Stil war in 2 Arten Mode: 1. Kurze, zerhackte Sätzchen mit rhythmischem Wortfall, der fast singend klang. 2. Bombastische Schwellung. Der A. herrschte bis Ende 1. Jh. v. Chr ; auch der junge Cicero huldigte ihm noch. Gegenbewegung: *Attizismus.

Asklepiades. – 1. A. v. Samos, einer der bedeutendsten Epigrammendichter der gr. *Anthologie (1), um 320-290 v. Chr.
Ü: Körte-Händel, Hellenist. Dichtung, 1960. Wallace, A. of Samos, Oxford 1941.
2. A. aus Bithynien, gr. Arzt in Rom, † gegen 30 v. Chr. (*Medizin 4). – JTVallance, The lost theory of A. of B., Oxford 1990.

Asklepios (lat. *Aesculapius*), Gott der Heilkunst, Sohn Apollons und der Koronís. An die A.-heiligtümer schlossen sich Ärzteschulen an (*Kos, *Pergamon); der berühmteste A.-tempel war der in *Epidauros. In Rom wurde der Kult 293 v. Chr. eingeführt (Tempel auf der Tiberinsel). Wahrzeichen des Gottes ist die heilige Schlange.

KKerényi, Der göttliche Arzt, 1956. EJEdelstein, A., Baltimore 1945 (Sammlung der Zeugnisse). – EBoehringer, Das Asklepieion (Altertümer von Pergamon 11, 1-3), 1968.

Aspasia aus Milet, Gemahlin des *Perikles. Sie wurde von dessen politischen Gegnern, besonders durch die Komödie, heftig angegriffen, während die Sokratesjünger (Platon, Xenophon) sie als die geistig höchststehende Frau im Athen jener Zeit verehrten. Bildnis: Schefold. – Kornemann, Große Frauen, 1952.

Aspendos, Stadt in *Pamphylien (Kleinasien). Vorzüglich erhaltenes Theater aus dem 2. Jh. n. Chr.
JWagner-GKlammet, Die türkische Südküste, 1977-78, 180-190. JWagner, Südtürkei 1991 (Artemis Reiseführer).

Assos, Stadt in der Troas, Heimat des *Kleanthes. Unter den erhaltenen Resten ist vor allem ein dorischer Tempel des 6. Jh. v. Chr. hervorzuheben, der als bauliche Besonderheit Reliefschmuck auf dem Architrav zeigt.
Clarke-Bacon-Koldewey, Investigations at A., 1902/21. UFinster-Hotz, Der Bauschmuck des Athenatempels von A., Rom 1984. ÜSerdaroglu-RStupperich, Ausgrabungen in A., 1990.

Assyrien. Das mächtige Assyrerreich brach 612 v. Chr. mit der Zerstörung der Hauptstadt Ninive (*Ninos*) zusammen. Griechen waren im 7. Jh. häufig als Söldner ins Tigrisland gekommen. Was sie an Kunde nach Hause brachten, klang recht sagenhaft. Man erzählte von dem Reichs- und Stadtgründer N i n o s und seiner Gattin S e m i r a m i s . Ihre Legende berichtete *Ktesias (Anfang 4. Jh. v. Chr.) in seinen *Geschichten aus dem Perserreich*. Seit der hellenistischen Zeit war der *Ninos*roman* ein Volksbuch, das in vielen Varianten umlief. Sprichwörtlich war ferner die Grabschrift des S a r d a n a p a l : «Das habe ich, was ich gegessen, getrunken und im Liebesrausch genossen habe; alles andere ist nichts.»

Asteria, Tochter des Titanen Koios und der Phoibe, Schwester *Letos. Sie floh vor der Liebe des Zeus und verwandelte sich in eine Wachtel (*ortyx*), die sich ins Meer stürzte und zur schwimmenden Insel Ortygia (*Delos) wurde.

Astrologie und **Astronomie** wurden im Altertum nicht unterschieden. Beide kamen zu den Griechen von Babylon und Aegypten her. Mit wissenschaftl. Himmelskunde befaßten sich zuerst die ionischen Naturphilosophen (*Thales, Anaximandros [Sonnen*uhr],*Anaxagoras). Der Platonschüler *Eudoxos konstruierte den ersten Himmelsglobus. *Aristarchs heliozentrisches System (250 v. Chr.) benutzte Seleukos (200 v. Chr.) zur Erklärung von Ebbe und Flut. *Eratosthenes. *Hipparchos. Das abschließende Sammelwerk des *Ptolemaios (150 n. Chr.) bedeutete einen Rückschritt, da ihm wieder die Erde als Mittelpunkt der Welt galt. – Besonders im hellenistischen Alexandreia kamen die Griechen seit 200 v. Chr. in intensive Berührung mit der babylonisch-chaldaei-

schen Lehre vom Einfluß der Gestirne auf das Menschenleben (Wahrsagerei, Sterndeutung). In Rom wies die Behörde die sog. Chaldaeer mehrmals aus; aber in der Kaiserzeit blühte der astrologische Aberglaube üppig. Hauptwerk: *Firmicus Maternus. – Auch poetische Lehrgedichte über Sternkunde waren beliebt, das klassische Werk des *Aratos noch ziemlich frei von Astrologie, dagegen *Manilius (ca. 20 n. Chr.) voll davon.
T: Außer den Ausg. der einzelnen Autoren die wichtige Sammlung: Catalogus codicum astrologorum Graecorum 1-12, 1898-1940. TÜ (Auswahl): Balss (Tusc.) – FCumont, L'Egypte des astrologues, 1937; ders., A. and Religion among the Greeks and Romans, 1912. Gundel, Sterne und Sternbilder im Glauben des Altertums und der Neuzeit, 1922; ders., Sternglaube, Sternreligion und Sternorakel, 2. A. 1959; ders., Astrologumena, die astrolog. Lit. in der Antike, 1966. Boll, Sternglaube und Sterndeutung, 1931 (Nachdr. 1966); ders., Kleine Schriften zur Sternkunde, 1950. BLvanderWaerden, Die Astronomie der Griechen, 1988.

Astyanax, Sohn des *Hektor und der Andromache. Odysseus ließ ihn töten durch Herabstürzen von der Mauer des eroberten Troia. – Euripides, *Troerinnen*. Seneca, *Troerinnen*.

Atalante, arkadische Jägerin, Tochter des Iasos und der Klymene. Sie wurde als Kind ausgesetzt und von einer Bärin gesäugt. Die Jungfrau nahm an der kalydonischen Jagd teil (*Meleagros). Ihre Freier mußten mit ihr wettlaufen; die Unterliegenden wurden getötet. Meilanion gewann durch List: Er ließ während des Laufes drei goldene Äpfel fallen. A. hob sie auf und gab so Meilanion den entscheidenden Vorsprung. Ihr Sohn war Parthenopaios, den sie verlor, als er mit den * Sieben gegen Theben zog.

Ataraxia, die von *Epikur gelehrte unerschütterliche innere Ruhe des Weisen, der seine Begierden beherrscht und frei ist von irrigen Meinungen über die Dinge. Schon *Demokrit hatte im gleichen Sinne die Euthymia gelehrt.

Ate, Verblendung und Schuld. Homer (*Ilias* 19, 93) läßt sie als göttliches Wesen «über den Häuptern der Menschen hinschreiten».
JStallmach, A., 1950. REDoyle, A., its use and meaning, New York 1984.

Atellane, volkstümliches Lustspiel mit feststehenden Charaktertypen, genannt nach der kampanischen Kleinstadt Atella. In Rom blühte die A. am Anfang des 1. Jh. v. Chr. (Dichter: Pomponius, Novius).
T: ORibbeck (*Komödie). Frassinetti, Fabularum Atell. frg., 1967.

Athamas, Vater des *Phrixos, Gatte der *Ino.

Athanasios, Bischof v. Alexandreia 328-373, Vorkämpfer des orthodoxen Bekenntnisses gegen *Arius.
T: Migne gr. 25/8. HGOpitz, 1934ff. (Gr. chr. Schr., erst 2 Bde). – Ü: zum Teil in KV und S.chrét. Einzelne Schr.: *Apologien*: TÜ: JMSzymusiak, 1987 (S.chrét.). *Leben des Antonius*: T (lat.): Hoppenbrouwers, 1960. Ü:

AGottfried, 1986. *Brief an Epiktet*: T: GLudwig, 1911 (Diss. Jena). *Osterfestbriefe*: TÜK: LLorenz, 1986 (10. Brief). Ü: PMerendino, 1965. *Gegen die Heiden, Über die Inkarnation*: T: RWThomson, 1971. ÜK: EPMeijering, Leiden 1984 und Amsterdam 1989. – EdSchwartz, Gesammelte Schriften 3, 1959. ChKannengießer, Arius and A., 1991. TDBarnes, A. and Constantius, theology and politics in the Constantinian Empire, Cambridge Mass. 1993.

Athanodoros, rhodischer Bildhauer: *Laokoon.

Athen. Schon in ältester Zeit war der Burgfelsen der *Akropolis besiedelt. Später begann sich am Süd- und Westhang der Burg die Unterstadt zu entwickeln, bald auch im Norden der **Kerameikos* (Töpferviertel. Die attische Keramik wurde im 6. Jh. v. Chr. führend in Griechenland: *Vasen). Große Bautätigkeit unter Peisistratos (6. Jh.), aber 480 radikale Zerstörung durch die Perser. Reste aus früherer Zeit werden im Schutt gefunden, der beim Neubau zur Ausebnung verwendet wurde. Themistokles (Stadtmauer), dann Kimon, zuletzt Perikles ließen im 5. Jh. die Stadt herrlicher wiedererstehen. Mittelpunkt der Unterstadt war der Markt (**Agora*) nördl. des *Areopags. Wer auf der beidseitig von Grabmälern flankierten Straße durch das Nordwesttor, das *Dipylon*, in die Stadt eintrat, kam über den *Kerameikos* auf die *Agora*. Um den Platz standen Säulenhallen (**Stoa Poikile*, seit späthellenist. Zeit die *Stoa des Attalos*), Tempel (*Apollon Patroos* [*Euphranor], *Heroon* im heiligen Bezirk des Theseus, *Metroon* der Göttermutter), Altäre (*12-Götter), das Rathaus (*Buleuterion*) und Statuen (*Tyrannenmörder). Westlich erhob sich auf einem Hügel der gut erhaltene *Hephaistostempel (sog. Theseion). Südwestlich am Areopag vorbei gelangte man über eine Treppe hinauf zur **Pnyx*. Vorher zweigte nach Osten die Straße ab, auf der am Panathenäenfest die Prozession zur Akropolis zog. Am Südosthang der Burg lag das große Dionysos*theater, östlich davon das **Odeion* des Perikles. Das *Odeion* des Herodes Atticus südl. der Propyläen ist erst im 2. Jh. n. Chr. gebaut. Die Verbindung mit der Hafenstadt **Peiraieus* sicherte Perikles durch die *Langen Mauern*. Diese wurden nach der Niederlage 404 geschleift, aber 393 von Konon wieder aufgebaut. – Seit der Belagerung und Erstürmung der Stadt durch Sulla (86 v. Chr.) war die Weltbedeutung A.s endgültig vorbei. Es wurde eine stille Fremden- und Universitätsstadt, die von ihrer großen Vergangenheit lebte. Der Griechenfreund *Hadrian brachte nochmals eine Epoche großer Bautätigkeit. Er vollendete den riesigen Tempel des olympischen Zeus, dessen Bau die Peisistratiden im 6. Jh. begonnen und Antiochos (4) Epiphanes im 2. Jh. v. Chr. weitergeführt hatte (15 korinthische Säulen stehen noch aufrecht). Im Jahr 267 n. Chr. wurde die Stadt durch einen Einfall der germanischen Heruler verwüstet. 529 n. Chr. verlor A. mit der Schließung der Akademie auch noch seine Stellung als geistiges Zentrum antiker Bildung.

Judeich, Topographie v. A., 1931. Hill, The ancient city of A., 1953. JTravlos, Bildlexikon zur Topographie des antiken A., 1971. JSBoersma, Athenian Building Policy from 561/0 to 405/4., Groningen 1970. KWWelwei. A., 1992. Röm. Zeit: MLeGlay, Villes, temples et sanctuaires dans l'orient romain, 1986, 79-106. Stadtgeschichte: CWWeber, A., Aufstieg und Größe des antiken Stadtstaates, 1989. DLStockton, The class. Athenian Democracy, Oxford 1990. ChHabicht, Studien zur Gesch. A.s in hellenistischer Zeit, 1982.

Athenagoras v. Athen, christl. Philosoph, schrieb eine Bittschrift für die Christen an die Kaiser Marcus Aurelius und Commodus (um 177) und eine Schrift über die Auferstehung.
TÜ: WRSchoedel, 1972. BPouderon, 1992 (S.chrét.). Ü: KV. – LWBarnard, A., 1972. BPouderon, A. d'Athènes, philosophe chrétien, Paris 1989.

Athenaios. – 1. Gr. Arzt aus Attalia, wirkte um die Mitte des 1. Jh. v. Chr. in Rom und begründete die pneumatische Schule (*Medizin 4). – 2. Grammatiker aus Naukratis in Ägypten, Anfang 3. Jh. n. Chr. In seinen *Deipnosophistaí* (Gastmahl der Gelehrten) trug er über verschiedenste Themen viel Wissensstoff aus älterer Literatur zusammen.
T: GKaibel, 1887/90 (Nachdr. 1985-92, Tb). Ü: UTreu, 1985. TÜ: Gulick, 1937-41 (Loeb L.). TÜK: AMDesrousseaux, 1956 (nur B. 1-2).

Athene, auch *Pallás* (das Mädchen) *A.*, die Lieblingstochter des Zeus, aus seinem Haupte entsprungen und unberührbare Jungfrau. Sie war Patronin des Handwerks und der Künste und wehrhafte Stadtschirmerin. Der Name A. ist vorgr. Hauptkultort der A. war Athen, um dessen Besitz sie mit Poseidon gestritten hatte: Siegen sollte, wer dem Land die nützlichste Gabe schenkte. Poseidon gab das Pferd, A. aber den Ölbaum. Der Vogel der A. war die Eule. Am *Panathenäenfest zog ein Festzug zum A.-Tempel auf die Akropolis, um der Göttin ein Prachtgewand (*Peplos*) darzubringen. Dieser Festzug ist auf dem Parthenonfries dargestellt. Im Parthenon stand die Goldelfenbeinstatue der A. mit Aigís (*Ägis), Lanze und Schild, unter dem die Burgschlange hervorkroch, ein Werk des *Pheidias. Der gleiche Künstler hatte das Kolossalbild der A. Promachos auf der *Akropolis und die A. Lemnia geschaffen. Eine bekannte A.-Figur ist die des Myron in der *Marsyasgruppe. *Endoios. Giebel von *Aigina. Metopen von *Olympia. *Peiraieus. Die Römer setzten A. mit *Minerva gleich.
*Religion. – Wilamowitz, Kleine Schriften V 2, 1937. IKasper-Butz, Die Göttin A. im klassischen Athen, 1990.

Athenion, Maler des 4. Jh. v. Chr., malte u.a. die *Entdeckung des *Achilleus auf Skyros.* Ein pompeianisches Wandbild gibt vielleicht eine Kopie davon.

Athenodoros, stoischer Philosoph, Lehrer und Ratgeber des Kaisers Augustus. Cicero hatte ihn bei der Abfassung von *De officiis* um Literatur über die Pflichtenlehre des Poseidonios gebeten.

Athos, östl. Vorgebirge der Chalkidike. Xerxes ließ 480 v. Chr. die A.-Halbinsel mit einem Kanal durchstechen, um den 1935 m hohen Berg nicht umschiffen zu müssen; denn 492 war dort die Perserflotte gescheitert. In byzantinischer Zeit entstanden die zahlreichen Klöster des A., in deren Bibliotheken wertvolle Handschriften sich erhalten haben. *Deinokrates.

Atlantis, nach Platons mythischer Erzählung im *Kritias* und *Timaios* eine große Insel der Vorzeit, die im Meere versank.
PhYForsyth, A., the making of a myth, 1980.

Atlas, Sohn des Titanen Iapetos, Bruder des Prometheus. Er steht am Westrand der Welt und stützt mit seinen Schultern die Säule, die den Himmel trägt. Seine Töchter sind die *Pleiaden (unter ihnen *Maia), Hyaden und *Hesperiden. Die Gestalt eines Himmel und Erde tragenden Riesen ist auch aus altorientalischen Mythen bekannt (Upelluri in den hethitischen Texten). *Telamonen.
Reliefplastik: A.-Metope von *Olympia. – LCurtius, Interpretation von 6 gr. Bildwerken, Bern 1947.

Atome, (gr. *a-toma* = Unteilbare [Körperchen]). *Demokritos begründete die später von den Epikureern übernommene materialistische Lehre, daß die Welt aus unendlich vielen kleinsten Körperchen aufgebaut sei, die ewig sind und in ewiger Bewegung durch den unendlichen Raum wirbeln. Sie sind Träger der Grundqualitäten (warm, kalt, trocken, feucht) und bilden durch ihr Zusammentreten alle Dinge und Lebewesen. Auch die Seele besteht aus feinsten Atomen.
WKranz, Entstehung des Atomismus (in Convivium, FestSchr. Ziegler, 1954). TÜ: FJürss, Gr. Atomisten, 1984.

Atreus, Sohn des Pelops, Bruder des *Thyestes.

Atrium, der Hauptraum des röm. Hauses. Der Hausherr empfing hier die Besucher. An den Wänden standen die Schreine mit den *Ahnenbildern. Das Licht kam durch eine Öffnung des Daches in der Mitte. Beste erhaltene Beispiele in Pompeii und Herculaneum. *Architektur. – In der chr. Architektur nennt man A. die peristylartige Vorhalle vieler Kirchen.

Atropos, die Unabwendbare, eine der 3 *Moiren.

Attaleia (Antalya), von König Attalos II. als Seestützpunkt des Reiches von *Pergamon gegründet, wurde nach dem Übergang Pergamons an Rom ein Piratennest. Pompeius führte von hier aus den Seeräuberkrieg (67 v. Chr.). Hadrianstor. Im Museum Funde aus der Umgegend, bes. Perge. – JWagner, Südtürkei, 1991 (Artemis Reiseführer).

Attalos, Name der Könige von *Pergamon. *Galater.

Atticus. – 1. T. Pomponius A., 109-32 v. Chr., der reiche und hochgebildete Freund Ciceros. Er schrieb selbst historische Werke. Am erfolgreichsten war sein *Liber annalis*, eine chronologische Übersicht der röm. Geschichte (Fixierung der Geschichtsdaten). Vor allem aber brachte er als Verleger Werke der hervorragendsten Autoren seiner Zeit in guten Ausgaben auf den Markt. Seine geübten Sklaven stellten die Abschriften serienweise her. Bekannt ist A. durch die Sammlung der an ihn gerichteten Briefe Ciceros. Dieser hatte sie ihres sehr vertraulichen

Inhalts wegen nicht veröffentlichen wollen. Erst lange nach dem Tode aller Beteiligten wurden sie aus dem Nachlaß herausgegeben. Sie lassen Cicero mit allen seinen menschlichen Schwächen, die er vor dem Freunde nicht verbarg, in einem andern Lichte erscheinen als die von ihm für das Publikum bestimmten Schriften. *Nepos widmete seinem Freund A. eine Biographie.
OPerlwitz, A. 1992 (Hermes E.schr.58). – Ciceros Briefe: TÜ: DSchmitz, 1992 (Reclam).
2. *Herodes A.

Attika. – 1. Die Halbinsel, auf der Athen liegt. Die Grenze gegen Boiotien bildete das Kithairongebirge. Der Gebirgszug des Parnes ist die höchste Erhebung des Landes. Kleinere Berge: Pentelikon, Hymettos (in beiden Marmorbrüche), Laureion (Silberbergwerke). Südostspitze der Halbinsel: Kap Sunion. Die Ebene bei Athen durchfließen der Kephisos und der Ilissos. Die Bewohner waren urspr. in 4 *Phylen* (Stammesverbände) eingeteilt. *Kleisthenes ersetzte die alte Ordnung durch eine Einteilung von A. in 10 lokale *Phylen* (Amtsbezirke) und 174 *Demoi* (Gemeinden).
DWWhitehead, The Demes of A., Princeton 1986. ROsborne, Demos, the discovery of classical A., Cambridge 1985. – TÜ von auf A. sich beziehenden Stellen: Reutern, Hellas (Tusc.).
2. In der Architektur: Aufsatz über dem Gesims, z.B. am *Triumphbogen.

Attikos, Platoniker im 2. Jh. n. Chr., von dem Frg. von Kommentaren zu Platon (*Phaidros, Timaios*) und Aristoteles (*Kategorien*) erhalten sind.
TÜ: EdesPlaces, 1977 (Budé).

Attila, König der Hunnen, ca. 433-453, der mächtigste Herrscher der Völkerwanderungszeit. Ostrom zahlte ihm Tribut. Der weström. Feldherr Aëtius besiegte ihn 451 auf den Katalaunischen Feldern. 452 hielt ihn Papst Leo vom Marsch auf Rom ab.
FAltheim, A. und die Hunnen, 1951. MBouvier-Ajam, A., Paris 1982. MBussagli, A., 1986.

Attis, phrygischer Vegetationsgott, im Wesen *Adonis ähnlich. A., der Geliebte der *Kybele, entmannte sich in rasender Ekstase. Seine Novizen taten es ihm in orgiastischen Feiern nach; die entmannten Priester hießen Galli. In Rom, wo A. mit Kybele 204 offiziell eingeführt worden war, blieb dieses Priestertum immer den Orientalen überlassen. Römische A.-Verehrer konnten als Weihe die Bluttaufe der *Taurobolia empfangen.*Catull hat im 63. Gedicht eine A.-klage nachgebildet. – HHepding, A., seine Mythen und sein Kult, 1903. PLambrechts, A., 1962. MJVermaseren, The legend of A. in Greek and Roman Art, Leiden 1966; ders., Corpus cultus Cybelae Attidisque, Leiden 1982-89.

Attizismus. Als Reaktion gegen den *Asianismus kam seit Anfang des 2. Jh. v. Chr. der A. hoch. Er forderte eine klassisch-attische Sprache in Nachahmung der alten Vorbilder; Stilmuster waren Lysias und Demosthenes. Ende 1. Jh. v. Chr. vertraten den A. vor allem die Rhetoren Cae-

cilius von Kalakte und Dionysios v. Halikarnass. Im 2. Jh. n. Chr. herrschte der A. absolut: die Umgangssprache (*Koine*) war in der Literatur verpönt (Hauptvertreter: Aelius *Aristeides, *Herodes Atticus). Um richtig zu schreiben, brauchte man in dieser Zeit ein attizistisches Lexikon. Mehrere solche sind erhalten (z.B. das des Phrynichos). In der lateinischen Sprache trat Caesar (3) für den A. ein.
Norden, Antike Kunstprosa, 1971. WSchmid, A., 1887/96 (5 Bde).

Aufidus, Hauptfluß Apuliens.

Auge, Mutter des *Telephos.

Augeias (Augiasstall): *Herakles.

Augur: *Mantik.

Augusta. – I. Seit Domitian Titel der röm. Kaiserinnen. Vorher wurde er einigen Frauen des Kaiserhauses verliehen, zuerst durch das Testament des Augustus seiner Witwe Livia.
II. Name zahlreicher von Augustus oder späteren Kaisern (mit dem Titel Augustus) gegründeter Städte: – 1. A. Emerita (Mérida in Spanien), 25 v. Chr. als Veteranensiedlung gegründet, Hauptstadt der Provinz Lusitania. Von den Bauten sind bedeutende Reste erhalten, u.a. ein Theater, ein Amphitheater, Aquädukte und eine der längsten Brücken der röm. Welt. – MAlmagro, Mérida (Führer), 1961.
2. A. Praetoria (Aosta). Bedeutende Reste sind erhalten, u.a. die Stadtmauer mit Türmen und Toren, Forum, Theater, Ehrenbogen für Augustus. – PBarocelli, A. Pr., 1948 (Forma Italiae, Reg. 11, 1).
3. In der Schweiz erhielt die 44 v. Chr. von Munatius *Plancus angelegte Colonia Raurica später den Namen A. Raurica (Augst, Baselland). Das Theater ist das am besten erhaltene nördlich der Alpen. Hauptstück des 1962 gefundenen Silberschatzes ist eine große Platte mit getriebenem Figurenschmuck. – ELaur Belart, Führer durch A.R., 4. A. 1973. Ders., Der spätröm. Silberschatz von Kaiseraugst, 3. A. 1967. ERiha, Der röm. Schmuck aus Augst und Kaiseraugst, 1990. Römermuseum, 1991 (2 Bde.).
4. A. Taurinorum (Torino, Turin). Das Stadtbild läßt noch heute den rechteckigen Lagergrundriß erkennen. Gut erhaltenes Stadttor. – GBendinelli, Torino Romana, 1929.
5. *Treverer. – 6. *Vindeliker.

Historia **Augusta**, eine Sammlung von Biographien der röm. Kaiser von Hadrian bis Carinus (283 n. Chr.) von verschiedenen Verfassern, mehr Propagandaliteratur als Geschichtswerk.
TÜ: EHohl, 1976-85 (AW). Loeb L. RTurcan, 1993 (Budé, erst 1 Bd.).

Augustales. Freigelassene konnten sich in röm. Städten von der Gemeinde für jeweils ein Jahr die Mitgliedschaft im Collegium der *Seviri A.* erkaufen. Die A. richteten auf ihre Kosten Kult und Feste zu Ehren der lebenden und der vergöttlichten Kaiser aus und erlangten damit ein Sozialprestige, das auch reichen Freigelassenen sonst versagt blieb.

Augustinus, Aurelius, aus Tagaste (Numidien), 354-430 n. Chr. Seine Mutter Monnica war Christin. In seiner leidenschaftlich bewegten Jugend widmete sich A. der Rhetorik. Ciceros *Hortensius* begeisterte ihn für die Philosophie; er wandte sich vom *Manichäismus ab und schloß sich dem Neuplatonismus an. Ambrosius von Mailand bekehrte ihn zum Christentum und taufte ihn 387. Seit 396 war A. Bischof von Hippo Regius in Afrika. Er war ein unvergleichlich produktiver Schriftsteller. Sein Werk, das umfangreichste, das sich von einem Schriftsteller des röm. Altertums erhalten hat, beschränkt sich nicht auf die Theologie, sondern umfaßt die gesamten Wissenschaften. A. ist ein wahrhaft begnadeter tiefer Denker und großer Seelenführer. Sein Geist hat die Kultur des Abendlandes entscheidend mitgeformt. Am meisten gelesen werden die *Bekenntnisse* (Darstellung seiner eigenen inneren Entwicklung) und das gewaltige Alterswerk *Der Gottesstaat*, in dem er geschichtsphilosophisch den weltlichen Staat Roms betrachtet und daran anknüpfend das Bild des christlichen Staates entwickelt. Dogmatische Kampfschriften: *Pelagius, *Donatus.
T: Zahlreiche Werke im Corp. Vindob. und Corp. Chr., das übrige bei Migne lat. 32-47. Ü: KV. Franz.: Bibliothèque Augustinienne, 1933ff. (bisher 46 Bde.). Einzelne Werke: *Confessiones*: T: Skutella, 1981 (Tb). Ü: WThimme, 1988 (dtv, AW). JBernhart, 1956. TK: JO'Donnell, Oxford 1992 (3 Bde.). *Civitas Dei*: T: Dombart-Kalb, 1992 (Tb). Ü: WThimme, 1985 (dtv). *Frühdialoge*: Ü: BRVoss, 1987 (AW). *Theol. Frühschriften*: TÜ: WThimme, 1962 (AW). *Schriften gegen Pelagius*: TÜ: AKunzelmann-SKopp (Hg.), 1981-91. JANourant-WJCollinge, 1992. *De vita beata*: TÜ: ISchwarz-Kirchenbauer, 1982 (Reclam). *Selbstgespräche*: TÜ: HMüller, 1986 (Tusc.). TÜK: GWatson, 1990. *Predigten* (Ausw.): ASchmitt, 1947. – Lit.: MGrabmann, Die Grundgedanken des hl. A., 1929. VanderMeer, A. als Seelsorger, 1953. PCourcelle, Recherches sur les Confessions, 1968. HIMarrou, A. und das Ende der antiken Bildung, 1982. PBrown, A. von Hippo, 1982. HChadwick, A., 1987. GPfligersdorffer, Augustino praeceptori, 1987. JMRist, A., ancient thought baptized, Cambridge 1994. – Bibliographie: CAndresen, 1973. – Zeitschr.: Revue des Études Augustiniennes, 1955ff., mit begleitender Reihe Recherches augustiniennes, 1958ff. – Bildnis: JLadmirant-PCourcelle, Iconographie de Saint A., 1965ff.

Augustodunum (Autun), ca. 10 v. Chr. gegründete Stadt in Gallien, die *Bibracte als Hauptort der *Haeduer ablöste. Zentrum des Sacrovir-Aufstandes. Aus ihrer Rhetorenschule gingen im 3. Jh. mehrere Lobredner auf Kaiser hervor (*Panegyrici). Erhaltene Bauten: 2 Tore, Theater, sog. Janustempel.
DGrivot, Autun, Lyon 1967. Autun, ville gallo-romaine, Paris 1986 (Guide archéol. de la France 12).

Augustus, 63 v. Chr. – 14 n. Chr., stammte aus dem alten plebeischen, durch Caesar zum Patriziat erhobenen Geschlecht der Octavier und hieß zuerst C. Octavius. Sein Vater, zuletzt Proconsul von Makedonien, starb schon 58. Der Großonkel C. Iulius Caesar nahm sich seiner Erziehung an und adoptierte ihn in seinem Testament als Erben. Nach Caesars Ermordung eilte er 44 nach Rom; als Adoptivsohn Caesars nannte er sich jetzt C. Iulius Caesar. Der Beiname Octavianus, mit dem er zur Unterscheidung bezeichnet wurde, war nicht ein offizieller Bestandteil des Namens. M. *Antonius, der sich als Testamentsvollstrecker gebärdete, verweigerte dem 18jährigen die Erbschaft. Dieser sammelte, unterstützt von seinen Freunden M. Vipsanius *Agrippa und C. Cilnius *Maecenas, Truppen aus Caesars Veteranen. Durch geschickte Diplomatie verschaffte er sich den Auftrag des Senats zum Kampf gegen Antonius. Cicero pries Octavian als die große Hoffnung der Senatspartei. Nach dem Sieg bei Mutina und dem Tod beider Consuln rückte O. gegen Rom, erzwang Consulat und Triumph und schloß unter veränderter politischer Konstellation ein Abkommen (das sog. 2. Triumvirat) mit Antonius und Lepidus. Die Gegner der drei wurden geächtet; 130 Senatoren, unter ihnen des Antonius Feind Cicero, und 2000 Ritter fielen der Proskription zum Opfer. Bei Philippi siegten die Triumvirn 42 über die Caesarmörder und teilten sich in die Welt: Antonius erhielt den Osten, O. den Westen, Lepidus wurde mit Afrika abgefunden und beiseitegeschoben. O. entschädigte seine Soldaten durch Ackerverteilungen in Norditalien; die bisherigen Bauern wurden erbarmungslos verjagt (*Vergil). Der Bruder des Antonius stiftete in Italien Aufruhr; O. belagerte ihn in *Perusia und vollzog an der Stadt ein furchtbares Strafgericht. Sextus Pompeius beherrschte noch die Meere; der Sieg Agrippas bei Naulochoi 36 schuf auch hier Ordnung und Sicherheit. Bei beiden Anlässen war der Bruch mit Antonius knapp vermieden worden. 33 brach der Konflikt offen aus; O. wurde durch den Sieg bei Actium (2. Sept. 31) Alleinherrscher.

Die Aufgabe, das Reich neu zu ordnen, löste O., anders als Caesar, unter Wahrung der altröm.-republikanischen Tradition. Mit einer großen Geste gab er die ganze Staatsgewalt dem Senat und dem Volk zurück (27). Darauf verlieh ihm der Senat neben andern Ehren auf Antrag des Munatius Plancus den Beinamen Augustus. Das Wort (vgl. das Verb *augere* «mehren» und *augurium* «glückverheißendes Zeichen») gilt dem Träger einer übermenschlichen Macht, die Gedeihen und Wachstum des Volkes garantiert. Als *Princeps und Proconsul aller Provinzen, in denen Heere standen, (Aegypten blieb überdies dem Kaiser persönlich unterstellt) und mit der Amtsgewalt eines *Tribunen (seit 23 v. Chr. auf Lebenszeit) behielt A. praktisch die Leitung des Reichs in seiner Hand. Aber anders als Caesar war er ein verfassungsmäßiger Herrscher. Die innere Kraft Roms suchte er zu steigern am Vorbild alter Römertugend. Kulte und Tempel der Götter wurden erneuert; die von Maecenas geförderten Dichter kündeten die Berufung des röm. Geistes; Gesetze sollten dem Verfall der Sitten entgegenwirken (gegen Luxus, strenge Strafen für Ehebruch; die Ehegesetze verpflichteten Männer zwischen 25 und 60, Frauen zwischen 20 und 50 Jahren, zu heiraten; Nichtverheiratete waren in der Ämterlaufbahn benachteiligt und ohne Erbrecht; kinderlose Verheiratete erbten nur die Hälfte. Erbschaftssteuer von 5%). Prachtvolle Bauten veränderten das Stadtbild Roms. Außenpolitisch stellten sich Erfolge ein: Die Parther gaben die 53 v. Chr. (*Crassus) erbeuteten röm. Feldzeichen zurück. Die Stiefsöhne Drusus und Tiberius siegten im Norden. Der schwerste Rückschlag war der Untergang des *Varus (9 n.

Chr.). Schweres Leid bereitete A. seine Familie. Die Gattin *Livia schenkte ihm keinen Erben. Die Tochter Iulia aus 1. Ehe lebte sehr leichtsinnig und mußte schließlich ihrer skandalösen Ausschweifungen wegen verbannt werden. Der Schwiegersohn und Neffe Marcellus und die Enkel Lucius und Gaius, auch der Stiefsohn Drusus, starben früh. Den 2. Stiefsohn, Tiberius, liebte A. nicht. Trotzdem blieb ihm keine andere Wahl des Nachfolgers. A. starb in Nola. In seinem Testament nahm er Livia mit dem Titel Augusta in das iulische Geschlecht auf und gab sie Tiberius als Mitregentin bei.
T: EMalcovati, 1969. – Einen von ihm selbst verfaßten *Tatenbericht* (TÜ: EWeber, 1989, Tusc.) ließ A. vor seinem Mausoleum in Rom und in den Augustustempeln der Provinzen aufstellen (*Ankyra). Inschriftl. Bruchstücke von *Erlassen* sind in Kyrene entdeckt worden (Stroux-Wenger, Abh. Bayer. Ak. München 1928). – Biogr.: *Sueton. – Bildnisse: A.-statue von Primaporta (Vatikan). Büste im kapitolin. Museum. *Ara Pacis. *Gemma Augustea (Wien). HKähler, Die A.-statue von Primaporta, 1959. WHGroß, Zur A.-statue von Prima Porta, 1959. PZanker, Studien zu den A.-Porträts 1, 1973. – VGardthausen, A. und seine Zeit, 1891/1905. RSyme, Die röm. Revolution, 1991 (Piper Taschenb.). HBengtson, A., 1981. DKienast, A., Prinzeps und Monarch, 1992. WSchmitthenner, A., 1991 (WdF). GBinder (Hg.), Saeculum Augustum, 1987-91 (3 Bde.). ESimon, A., Kunst und Leben in Rom, 1986. PZanker, A. und die Macht der Bilder, 1990. – GCarretoni, Das Haus des A. auf dem Palatin, 1983.

Der Beiname A. wurde von den röm. Kaisern geführt. Seit Diocletian war A. Amtsbezeichnung für die 2 Oberkaiser, denen 2 Caesares unterstanden.

Aulis, Hafen in Boiotien, gegenüber Chalkis auf Euboia. In A. sammelten sich die Griechen zur Fahrt nach Troia (*Agamemnon). Die Ausgrabungen (seit 1956) haben die Reste des Artemistempels und östlich davon die heilige Quelle mit dem Platz der schon von Homer (*Ilias* 2, 307) genannten Platane aufgedeckt.

Aurelianus, L. Domitius, röm. Kaiser 270-275 n. Chr. Durch persönliche Tüchtigkeit aus dem Soldatenstand aufgestiegen, trat er die Herrschaft über das völlig zerrüttete Reich an. Vandalen und Sarmaten warf er über die Donau zurück, mußte aber Dakien nördl. der Donau den Goten preisgeben. Dann schlug er die Alemannen, die Norditalien verheerten. Im Osten besiegte er *Zenobia, in Gallien den Gegenkaiser Tetricus und warf andere Aufstände an allen Enden nieder. Zum Schutz gegen die Barbareneinfälle ließ er die Stadt Rom mit der 19 km langen Aureliansmauer befestigen. Innere Reformen sollten der Not steuern. Den orientalischen Sonnengott (*Sol invictus*) erhob A. 274 zum obersten Staatsgott. Auf einem Partherfeldzug wurde A. ermordet.
Portrait: Herrscherbild III, 3.

Aurelius. – 1. Röm. Plebeiergeschlecht. – 2. Name röm. Kaiser seit *Antoninus Pius. (*Marcus A.). – 3. A. *Victor.

Aurora: *Eos.

Ausculum, Stadt in Apulien, wo *Pyrrhos 279 v. Chr. über die Römer siegte.

Ausonia, alter Name für Italien.

Ausonius, Decimus Magnus, aus Burdigala (Bordeaux), ein gefeierter Rhetor und Dichter im 4. Jh. n. Chr. Er wurde als Erzieher des Thronfolgers Gratianus an den Kaiserhof berufen. Nach der Thronbesteigung Gratians erhielt A. 379 das Consulat. Mit dem geistigen Führer der röm. Aristokratie, *Symmachus, stand er im Briefwechsel. Sein Lieblingsschüler war *Paulinus von Nola. Das bekannteste von A.s Werken ist *Die Mosel*, eine poetische Beschreibung des Flusses.
T: Peiper, 1976 (Tb). TK: RPHGreen, Oxford 1991. TÜ: Loeb L. *Mosella*: BKWeis, 1994. – MLossau (Hg.), A., 1991 (WdF). HSivan, A. of Bordeaux, London 1993.

Auspicium: *Mantik.

Autarkie (gr. *autárkeia*, Selbstgenügsamkeit). Nach der hauptsächlich von *Kynikern und von der *Stoa vertretenen Lehre ist der wahre Weise von allen äußeren, materiellen Dingen unabhängig (*autárkes*); die Tugend genügt sich selbst.

Autochthonen, die Ureinwohner, die, wie z.B. die Athener, behaupteten, ihre Ahnen seien aus dem Boden des Landes selbst entsprossen. – NLoraux, Les enfants d'Athéna, Paris 1981.

Autolykos. – 1. Großvater des Odysseus, berühmt als der schlauste der Diebe. – 2. Astronom um 300 v. Chr. Er schrieb über die Planetensphäre und über Auf- und Untergänge der Fixsterne.
T: FHultsch, 1885. JMogenet, Louvain 1950. Ü: ACzwalina, 1931.

Avaricum (Bourges), Hauptstadt der Bituriger, von Caesar im J. 52 v. Chr. belagert und zerstört. – WWimmel, Die technische Seite von Caesars Unternehmen gegen A., 1973 (Abh. Akad. Mainz).

Aventicum, Hauptort der *Helvetier (Avenches). Die Stadt entging 69 n. Chr. knapp der Zerstörung durch das Heer des Vitellius. Vespasian, dessen Vater hier gelebt hatte, erhob A. 73/4 zur röm. Kolonie. Um 260 plünderten es die Alemannen; im 4. Jh. war A. halb verfallen. Von den antiken Bauten sind zahlreiche Reste erhalten (Ringmauer, Amphitheater, Theater, Forum mit Tempelanlage, von der eine große Säule aufrecht steht). Inschriften.*Helvetier. – GThSchwartz, Die Kaiserstadt A., 1964. HBögli, A., 1984 (franz. 2.A. 1989).

Aventinus mons, einer der 7 Hügel Roms. Vor der Gründung der Stadt stellte sich Romulus auf den Palatin, Remus auf den A. Die Vogelzeichen entschieden zugunsten des Romulus. Zu dieser Sage stimmt, daß die älteste Siedlung auf dem Palatin lag, während der A. erst 456 v. Chr. der Plebs zur Bebauung freigegeben wurde. Ins offizielle Stadtgebiet (**Pomerium*) wurde der A. sogar erst unter Kaiser Claudius aufgenommen. – AMerlin, L'Aventin dans l'antiquité, 1906.

Avernus lacus, berühmter Kratersee in Campanien. Seine Dünste töteten angeblich die Vögel; man erklärte den Namen als gr. *áornos* (ohne Vögel). Vergil läßt hier den Eingang sein, durch den Aeneas in die Unterwelt hinabsteigt.

Avianus (richtiger nach den ältesten Handschriften Avienus), lat. Dichter äsopischer Fabeln zu Beginn des 5. Jh. n. Chr. (*Aisopos). Das Buch widmete er dem Freund *Macrobius.
T: Perry, Aesopica I. Ellis, 1887. Guaglianone, 1958. Loeb L. (Minor Latin Poets). Ü: Rabenlechner, 1883. – JKüppers, Die Fabeln A.s, Studien zu Darstellung und Erzählungsweise, 1977 (Diss. Bonn).

Avidius Cassius, siegreicher General im Partherfeldzug des L. *Verus. 165 n. Chr. eroberte er die feindliche Hauptstadt Ktesiphon. Marcus Aurelius ernannte ihn zum Statthalter des ganzen Orients. Die Kaiserin Faustina fürchtete bei einer Krankheit des Kaisers für die Thronfolge und stiftete A. an, wenn M. Aurelius sterbe, die Herrschaft zu übernehmen, wozu sie ihm ihre Hand anbot. 175 erklärte sich auf eine falsche Todesnachricht A. zum Kaiser und konnte, als er die Wahrheit erfuhr, den Schritt nicht mehr rückgängig machen. Er wurde nach 3 Monaten ermordet. – MLAstarita, A. Cassio, Roma 1983.

Avienus, Postumius Rufius Festus (richtiger nach einer Inschrift Avienius) verfaßte nach der Mitte des 4. Jh. n. Chr. Nachdichtungen von gr. Lehrgedichten: *Die Meeresküste* (*ora maritima*; für die antike Geographie wertvoll, weil A. alte verlorene Originale benutzt hat), Ü. des **Aratos, eine Erdbeschreibung*.
T: Holder 1887 (Nachdr. 1965). *Descriptio orbis terrae*: PvandeWoestijne, Gent 1961. *Ora:* TÜ: DStichtenoth, 1968. K: Berthelot, Paris 1934. ASchulten, 1955. – Zum Namen: ACameron, in Classical Quarterly 17, 1967, 392.

Avitus. – 1. Eparchius A., Statthalter von Gallien, 455-56 weström. Kaiser, Schwiegervater des *Sidonius. – 2. Alcimus A., Bischof von Vienna (Vienne im Rhonetal), † 518 n. Chr. Erhalten sind von ihm ein Epos (*Weltschöpfung, Verlorenes Paradies, Sündflut*), ein *Lob der Jungfräulichkeit*, 86 *Briefe*, Bruchstücke von *Predigten*.
T: Peiper, 1883. Ü: *Sündenfall:* Krüger, Bibeldichtung zu Ausgang des Altertums, S. 20 (1919). *Briefe* an den Burgundenkönig Gundobad, den Papst u.a.: Burckhardt, Diss. Basel 1938.

B

Baalbek: *Heliopolis.

Babrios brachte im 2. Jh. n. Chr. äsopische *Fabeln (*Aisopos) in Verse (gr. Hinkiamben).
T: MJLuzzato-ALaPenna, 1986 (Tb): TÜ: BEPerry, 1965 (Loeb L.). Ü: in Stowasser, Griechenlyrik.

Babylon. Als zuerst Griechen, die in fremde Kriegsdienste gingen, B. kennenlernten (7. Jh. v. Chr.), stand es unter assyrischer Herrschaft. So wurden die *assyrischen Sagen von Ninos und Semiramis in B. lokalisiert. Seit der Eroberung durch Kyros 539 gehörte B. als eine der Hauptstädte zum Perserreich. Aus der Mitte des 5. Jh. stammt der älteste größere gr. Bericht, den wir über B. haben, im Geschichtswerk des *Herodot. Die Vorstellungen über B. wurden wesentlich genährt durch die romanhafte Geschichte des *Ktesias (Anfang 4. Jh.). Die Eroberung durch Alexander d. Gr. brachte eine intensive Berührung chaldäischer und hellenischer Kultur. B. sollte die Hauptstadt des makedonisch-persischen Reiches werden. In den Diadochenkämpfen litt B. schwer. Schließlich blieb es im Besitz des *Seleukos, der aber seine Residenz in das neugegründete Seleukeia an den Tigris verlegte. Seit der Mitte des 2. Jh. gehörte B. den Parthern. Da die stets umstrittene röm.-parthische Grenze die Stadt ihres Wirtschaftsgebietes beraubte, verfiel sie völlig. Traian fand, als er 115 n. Chr. in B. einzog, nur Ruinen. In der Literatur wurde B. ein Musterbeispiel für entschwundene Herrlichkeit. Die alte Wissenschaft B.s hatte, durch Ägypten vermittelt, die Anfänge gr. Forschens angeregt (Thales). In hellenistischer Zeit drang dann chaldäische Sternkunde und der Wust *astrologischen Aberglaubens von B. aus ins Abendland vor.
EUnger, B., 1931 (Nachdr. 1970). RKoldewey, Das wiedererstandene B., 5. A. 1990. WAndrae, B., die versunkene Weltstadt und ihr Ausgräber Robert Koldewey, 1952.

Bacchanalia, ausschweifende Feiern eines Geheimkults des Bakchos, aus Unteritalien in Rom eingeführt. Der röm. Staat schritt 186 v. Chr. streng dagegen ein; von 7 000 Angeklagten wurden die meisten hingerichtet (Bericht bei *Livius 39, 8ff.). Trotzdem lebten später bakchische Mysterien wieder auf; wir finden sie in den berühmten Gemälden der Mysterienvilla in Pompeii.
Der Senatsbeschluß gegen die B. ist auf einer Inschrift erhalten: T: Bruns, Fontes iuris Rom., 1909, S. 164. – JMPailler, B., la répression de 186 av. J.-C., Paris 1988.

Bäder: *Thermen. *Aquae.

Baetica (Andalusien), senatorische Provinz mit den Hauptstädten Corduba, Gades, Astigi, Hispalis. Sie hieß nach dem Fluß Baetis (Guadalquivir).

Baiae, mondänster Badeort (Schwefel-Thermalquellen) in Campanien am Golf von Neapel beim Lucrinersee. Sittenstrenge Leute vermieden es, sich dort blicken zu lassen. Von den Thermenanlagen sind bedeutende Reste erhalten, am besten ein Kuppelsaal des 1. Jh. v./n. Chr., der sog. Tempel des Mercur.
Friedländer, Sittengesch. S. 351ff. AMaiuri, I campi flegrei, 4. A. 1963.

Bakchai (= *Mainades* [Mänaden] oder *Thyiades*), die Frauen im Gefolge (*Thiasos*) des Gottes *Dionysos (= Bakchos). In ekstatischem Rausche tanzten sie in der Nacht im Scheine der Fackeln über die winterlichen Bergeshöhen unter dem Lärm von Becken und Pauken und dem Rufe *Euhoi.* Über dem Gewande hing von ihren Schultern ein Rehfell *(Nebris)*, in den Händen trugen sie den *Thyrsosstab. So stürzten sie sich auf die erjagten jungen Rehe und zerrissen sie mit den Zähnen (*Omophagía*, d. h. Roh-Verschlingen). – Euripides behandelt in seinem Drama B. den Tod des P e n t h e u s, der sich gegen die Einführung des Dionysoskultes gewehrt hatte. Der Gott überlistete ihn: Als er die B. belauschen wollte, wurde er von den Rasenden, darunter seiner eigenen Mutter Agaue, zerrissen.
Bildl. Darstellungen von B. sind häufig: *Vasen (z. B. *Kleophradesmaler). *Kallimachos (1). *Skopas. Wandgemälde aus der Casa del Naviglio in Pompeii).

Bakchylides von Keos, ca. 505-450 v. Chr., Chorlyriker, Neffe des *Simonides. Am Hofe Hierons von Syrakus war er Konkurrent *Pindars. Erst durch einen Papyrusfund von 1896, zu dem noch in jüngster Zeit ein Zuwachs gekommen ist, sind mehrere seiner Gedichte bekanntgeworden (*Theseus). Ihre Form ist glatt und gefällig, doch erreichen sie weder die Gedankentiefe noch die Sprachgewalt Pindars.
TÜK: HMaehler, Leiden 1982. TÜ: OWerner, 1969 (Tusc.). – Wilamowitz, B., Reden und Vorträge I, S. 146ff. (1925). WMCalder-JStern, Pindaros und B., 1970 (WdF). APBurnett, The art of B., Cambridge Mass. 1985.

Baktria (Baktriane), nordöstliche Satrapie des Perserreiches. Alexander d. Gr. siedelte dort zahlreiche Griechen an. Um 250 v. Chr. löste sich B. aus dem Verband des Seleukidenreichs. Unter den Königen Diodotos, Euthydemos, Demetrios, Eukratides dehnte sich B. bis ins indische Fünfstromland aus. 140 v. Chr. erlag die gr. Dynastie den einwandernden asiatischen Völkern (Saken, Skythen, später Tocharier). Am Grenzfluß Oxos (Amu Daria) ist eine gr. Kolonie Alexanders ausgegraben worden, in der bis 145 v. Chr. Griechen neben den Einheimischen lebten.
PBernard, Fouilles d'Aï Khanoum, 1973-86. WWTarn, The Greeks in B. and India, 3. A. 1984. GLigabue, Battriana, una antica civiltà, Venezia 1988.

Balbilla, Iulia, Hofdame der Kaiserin Sabina im Gefolge Hadrians. Sie dilettierte als Dichterin und ließ auf einer Ägyptenreise ihre *Sappho nachahmenden kümmerlichen Verse auf Schenkel und Füße der *Memnonstatue einmeißeln.
T: Geffcken, Gr. Epigramme, 1916.

Balearen. Die B.-Inseln waren von Phöniziern beherrscht. 122 v. Chr. eroberte sie Metellus Balearicus für Rom. Die Einwohner waren als Schleuderer in den Heeren berühmt.

Bantia, Stadt an der Grenze von Apulien und Lucanien. Eine dort gefundene Bronzetafel *(Tabula Bantina)* enthält auf der Vorderseite in lat. Sprache ein Gesetz, auf der Rückseite das Stadtrecht in oskischer Sprache.
T: Bruns, Fontes iuris Rom., 1909.

Baptisterium (von gr. *bắptein* = untertauchen, chr. = taufen). Seit dem 4. Jh. n. Chr. erbaute man neben den christlichen Kirchen ein eigenes Taufgebäude, meist als Zentralbau (rund, quadratisch od. achteckig) mit dem Taufbecken in der Mitte des Innenraums.
AKhatchatrian, Les baptistères paléochrétiens, 1962.

Barbaren nannten die Hellenen alle Nichtgriechen, mit dem lautmalenden Wort auf ihre «kauderwelsche» Sprache anspielend; denn die gr. Sprache empfand der Grieche als Ausdruck seiner kulturellen Überlegenheit. Als die Römer das gr. Geisteserbe übernommen hatten, bezeichneten sie als B. die Völker, die nicht an der gr.-röm. Kultur teilhatten. Die kosmopolitische Lehre in der Philosophie der Stoa hatte die Verachtung des Fremden als solchen überwunden, so daß das Wort jetzt nicht mehr einen nationalen Gegensatz ausdrückte, sondern den heutigen Sinn geistiger Unbildung bekam.

Basileios (lat. Basilius) d. Große, Bischof v. Kaisareia, ca. 331-379, Bruder Gregors v. Nyssa. Er studierte Rhetorik in Konstantinopel und Athen, wo er Freundschaft mit Gregor v. Nazianz schloß. B. ist einer der größten Kirchenväter, berühmt durch seine *Briefe* und *Predigten (Über das Sechstagewerk)* und als Gründer großer Anstalten für Bedürftige und Kranke. Seine Klosterregel ist für die Klöster des Ostens grundlegend geworden.
T: Migne gr. 29-32. TÜ: *An die Jugend über den Nutzen der heidn.-gr. Lit.*: FBoulenger, 1935 (Budé). *Briefe*: YCourtonne, 1957-66 (Budé). Loeb L. In S. chrét.: *Vom hl. Geist:* Pruche, 1968. *Sechstagewerk*: Giet, 1968. *Vom Ursprung des Menschen*: Smets-VanEsbroek, 1970. *Gegen Eunomius:* BSesboüé, 1982-83. *Über die Taufe*: JDucatillon, 1989. Ü: KV. *Briefe*: WDHauschild, 1973-93 (BGL). *An die Jugend, Mahnreden*: AStegmann, 1984. *Mönchsregeln* (franz.): LLèbe, 1969. – YCourtonne, Un témoin du IVe s. oriental, Paris 1973. RPouchet, B. le Grand et son univers d'amis, Roma 1992.

Basilica (von *basilikós* = königlich), Halle am Forum röm. Städte für Geschäfte und Verwaltung. Die B. war ein langgestreckter Bau mit Säulenreihen im Innern, die den Raum in mehrere, gewöhnlich 3 Schiffe teilten, wobei das mittlere meist überhöht war und öfter an einer oder beiden Seiten durch eine *Apsis abgeschlossen wurde. Der Bautyp wurde von der christlichen *Architektur für ihre Gemeindekirchen übernommen und, dem neuen Zweck entsprechend, weitergebildet. Beschreibung einer von ihm selbst gebauten B. in Fanum bei *Vitruvius

(5, 1, 6). Rom erhielt auf dem Forum durch *Cato (1) 184 v. Chr. als erste die *B. Porcia*, dann 179 die *B. Aemilia* durch den Censor *Lepidus (1). Caesar ließ 46 v. Chr. die noch größere *B. Iulia* bauen. Gut erhalten aus republikanischer Zeit ist die B. in Pompeii. Kaiserzeitlich: In Rom *B. Ulpia* des *Traianus und B. des *Maxentius. B. in Lepcis Magna. Christliche B. in *Rom und *Ravenna.
AvGerkan, Die profane und die kirchliche B., in: Von antiker Architektur und Topographie, 1959, 447ff. HKähler, Die frühe Kirche, 1972. ELanglotz, Der architekturgesch. Ursprung der chr. B., 1972.

Bassai: *Phigaleia.

Bassareus, Beiname des *Dionysos.

Bataver, Germanenstamm zwischen Waal und Schelde, an der Rheinmündung. Es waren gewaltige Krieger. Dem Bündnis mit Rom blieben sie treu bis zum Aufstand des Claudius *Civilis (69/70 n. Chr.). Im röm. Heer dienten *alae* und *cohortes Batavorum* als Hilfstruppen. Die Stadt Passau verdankt ihren Namen den dort stationierten B.-Kohorten. Um 300 wurde das Volk von den einfallenden Franken vernichtet.
RUrban, Der B.-Aufstand und die Erhebung des Iulius Classicus, 1985.

Bathyllos. – 1. Lieblingsknabe *Anakreons. – 2. Pantomimentänzer, Freigelassener des Maecenas.

Batrachomyomachia, eine Homer zugeschriebene Parodie auf die *Ilias:* Der Krieg der Frösche und Mäuse.
TÜ: Th. von Scheffer (Tusc.). HAhlborn, 1978. TK: RGlei, 1984 (Diss. Köln).

Battos, Stammvater des Herrscherhauses von *Kyrene (Battiaden).

Baukis, Gattin des *Philemon (1).

Bedriacum. Ort bei Cremona, wo 69 n. Chr. die Entscheidungsschlachten zwischen Otho und Vitellius, dann Vitellius und Vespasianus geschlagen wurden.

Belgae, nordgallische Stämme (keltisch, im Osten germanisch). Caesar lobt sie als die tapfersten Gallier und unterwarf sie in schweren Kämpfen (57, 51, 46 v. Chr.). Die um 16 v. Chr. eingerichtete kaiserliche Provinz Belgica umfaßte das Gebiet zwischen Rhein, Nordsee, Seine und Saône. Sitz des Procurators war *Durocortorum* (Reims). Seit 250 erfolgten stete Einfälle der Germanen, denen Rom nach 410 das Gebiet endgültig überlassen mußte.
AWankenne, La Bélgique à l'époque romaine, Bruxelles 1972. MEMarien, L'empreinte de Rome: Belgica antiqua, 1980. MJDaxhelet, Quand les Belges étaient Gaulois, 1987.

Belisarios, verdienstvoller Feldherr *Iustinians, ca. 505-565 n. Chr. Er besiegte u. a. die *Vandalen und den Gotenkönig Vitiges in Italien und eroberte Rom 536. Der mißtrauische Kaiser berief ihn immer wieder mit-

ten in seinen Erfolgen ab, aus Italien nach Persien, von dort wieder nach Italien. 562 wurde er einer Verschwörung bezichtigt und ein Jahr gefangengehalten. Die spätere Legende läßt ihn, ein Beispiel kaiserlichen Undanks, als blinden alten Bettler durch Konstantinopel irren.
LMChassin, Bélisaire, Paris 1957.

Bellerophon (Bellerophontes), Sohn des Glaukos von Korinth und der Eurymede, Enkel des Sisyphos. Als er bei König Proitos weilte, verliebte sich dessen Gattin Anteia (oder Stheneboia) in den Jüngling. Von ihm abgewiesen, verleumdete sie ihn bei Proitos, er habe ihr nachgestellt. Proitos sandte ihn mit einem Brief zu Iobates, worin stand, der Überbringer solle getötet werden. Iobates schickte darauf B. aus, das Ungeheuer *Chimaira zu bekämpfen. Doch auf seinem geflügelten Zauberroß Pegasos erlegte B. das Untier. Da gab Iobates sein Vorhaben auf und machte ihn zum Schwiegersohn und Nachfolger. Doch B. verstieg sich zu Frevelmut: Er wollte auf dem Pegasos in den Himmel fliegen. Zeus brachte ihn zu Fall, und den Göttern verhaßt irrte er auf dem aleischen Gefilde umher.
Der Kampf mit der Chimaira regte zu bildlicher Darstellung an (*Vasen, Reliefs, Münzbilder, großes B.-mosaik in einem röm. Gutshof bei Parndorf [Burgenland]). Die Tragödie *B.* des Euripides ist nicht erhalten. – FBrommer, B., 1954. SHiller, B., Ein gr. Mythos in der röm. Kunst, 1969. KSchefold, Die Urkönige ... in der klassischen und hellenistischen Kunst, 1988.

Bellona, röm. Kriegsgöttin. In ihrem Tempel vor der Stadt verhandelte der Senat mit Feldherrn, die den Triumph verlangten, und mit ausländischen Gesandten, die die Stadt nicht betreten durften.

Belos nannten die Griechen den semitischen Gott Baal, den sie nicht als Gott, aber als Stammvater der *Danaiden und des *Palamedes in die Mythologie übernahmen.

Bendis, thrakische Mondgöttin, deren Kult in perikleischer Zeit nach Athen kam.
Hartwig, B., 1897.

Benedictus v. Nursia, der Stifter des Benediktinerordens. Er gründete 529 das Kloster Monte Cassino, in dem wertvollste antike Handschriften erhalten geblieben sind. B. verfaßte eine *Mönchsregel.* Die nach ihr lebenden Klöster haben dem Abendland das Erbe der Antike bewahrt.
T: RHanslik 1977 (Corp. Vindob.). TÜ: GHolzherr, Einsiedeln 1982. ÜK: BSteidle, 1952. TÜK: JNeufville-AdeVogüé, 1971-2 (S. chrét.). Biogr. (legendär): Gregor d. Gr., *Dialoge II* (Ü: Fäßler, Luzern 1949). – IHerwegen, Der hl. B 1926. ISchuster, Storia di S. Benedetto e dei suoi tempi, Mailand 1943. EDubler, Das Bild des hl. B., 1953.

Beneventum, Stadt in Südsamnium, hieß urspr. Maleventum. Nach dem Sieg des M'. Curius 275 v. Chr. über Pyrrhos legte man 268 eine latinische Kolonie dahin und änderte den Namen der bösen Vorbedeutung wegen («Schlechtkommen», wirkliche Bedeutung illyrisch «Bergstadt») in

B. («Gutkommen»). Am Ausgangspunkt der 114 n. Chr. eröffneten Via Traiana nach Brundisium, einer Variante zur Via *Appia, wurde ein vorzüglich erhaltener Ehrenbogen für Traian mit reichem Reliefschmuck errichtet (*Triumphbogen).
MRotili, L'arco di Traiano a B., 1972. ThLorenz, Leben und Regierung Traians auf dem Bogen von B., 1973. GVirgineo, Storia di B. 1, 1985.

Berecynthia, vorgr. Beiname der *Kybele.

Berenike. – 1. Halbschwester und Gattin des Ptolemaios Soter, Mutter der Arsinoë und des Ptolemaios Philadelphos, der ihr zu Ehren die Stadt B. am Roten Meer gründete. – 2. Tochter des Ptolemaios Philadelphos. Der Seleukide Antiochos Theos heiratete sie 248 v. Chr. aus Staatsraison, nachdem er seine Gattin Laodike verstoßen hatte. Kaum war aber Ptolemaios gestorben (247), rief er Laodike zurück. Diese rächte sich für die angetane Schmach, indem sie Antiochos vergiftete und B. mit ihrem Söhnchen grausam ermordete. – 3. Tochter des Königs Magas von Kyrene, der sie dem Prinzen Ptolemaios verlobte. Aber nach dem Tode des Magas suchte ihre Mutter eine Ehe mit Demetrios, dem Bruder des Antigonos Gonatas, zustandezubringen. B. jedoch ließ Demetrios 247 ermorden und heiratete Ptolemaios Euergetes. Sie brachte ihm Kyrene in die Ehe mit. Der junge Gatte mußte bald in den Krieg ziehen, um die Ermordung seiner Schwester B. (2) an den Syrern zu rächen. B. weihte für seine glückliche Heimkehr eine Locke in den Tempel der Arsinoë Zephyritis. Die Locke verschwand, und der Hofastronom Konon beeilte sich, sie als neues Sternbild am Himmel zu entdecken. Der Hofdichter *Kallimachos feierte das Ereignis in einem Gedicht, das teilweise im Original, ganz in der lat. Ü. des *Catull erhalten ist. B. wurde 221 von ihrem Sohn Ptolemaios Philopator, der als Nachfolger des Vaters den Thron bestiegen hatte, ermordet.
Porträtkopf: Antike 5, 1929, Tafel 2-5. *Locke:* Ü: Wilamowitz, Reden u. Vorträge I, 1925, S. 197ff.
4. Tochter des jüdischen Königs Agrippa I., lebte als junge Witwe mit ihrem Bruder Agrippa II. zusammen. Sie war bei der Gerichtsverhandlung gegen den Apostel Paulus (60 n. Chr.) anwesend. Später war sie eifrige Anhängerin von Vespasian und Titus. Sie galt als Geliebte des Titus und folgte ihm nach Rom; doch die Empörung des Volkes zwang ihn, sie fortzuschicken. (79 n. Chr.). Racine machte sie zur Heldin seiner Tragödie B. (1671).
EMireaux, La reine Bérénice, Paris 1951. RJordan, B., London 1974.

Bergbau. Die berühmtesten gr. Bergwerke waren die vom Laureion in Attika, wo Silber und Blei gewonnen wurde. Der Staat verpachtete die Gruben an Unternehmer, die mit Sklaven arbeiteten. Noch heute sind etwa 2000 Schächte und Stollen zu sehen, viereckig mit 2 m langen Seiten, 20 bis 120 m tief, abgestützt mit Holz. Die Verhüttung erfolgte an Ort und Stelle in Ergasterien. Der Betrieb verfiel in der Makedonenzeit. Doch wurden die riesigen Schutthalden im 1. Jh. n. Chr nach einem verbesserten Verfahren neu aufgearbeitet, seit 1860 zum drittenmal. Die Bergwerke des Römerreiches kamen allmählich alle in kaiserlichen Be-

sitz. Außer Sklaven und Kriegsgefangenen wurden Verbrecher zur Arbeit in Bergwerken und Steinbrüchen verurteilt.
Eine recht interessante Inschrift enthält die Bergwerksordnung der Vipascensischen Kupferminen in Lusitanien. T: Bruns, Fontes iuris Rom. S. 289ff. (1909). – Täckholm, Studien über den B. der röm. Kaiserzeit, Uppsala 1937, 2. A. 1979. JRamin, La technique minière et métallurgique des anciens, Bruxelles 1977. JFHealy, Mining and metallurgy in the Greek and Roman world, 1978. RShepherd, Ancient Mining, 1993.

Berliner Maler, att. rotfig. Vasenmaler am Anfang des 5. Jh. v. Chr., benannt nach einer Amphora mit Hermes und Satyrn in Berlin. Seine Figuren stehen ohne Bildrahmen und meist einzeln in dem schwarz bemalten Gefäßgrund.
JDBeazley, Der B.M. (Bilder gr. Vasen 2), 1930.

Berytos, alte phönizische Hafenstadt. Sie wird in Keilschrifttexten schon im 15. Jh. v. Chr. erwähnt. Der Seleukide *Antiochos Epiphanes (4) suchte die Stadt unter dem neuen Namen Laodikeia zu hellenisieren. In den Bruderkriegen seiner Nachfolger wurde sie zerstört. Die Gründung einer latinischen Veteranenkolonie 15 v. Chr. gab B. wieder Bedeutung als Stützpunkt des Römertums im Osten. Zu dem der Kolonie unterstehenden Gebiet gehörte bis zum Beginn des 3. Jh. n. Chr auch *Heliopolis. Titus feierte in B. seinen Sieg im Jüdischen Krieg. Im 6. Jh. fiel B. einem Erdbeben zum Opfer. Erst nach der Eroberung durch die Araber begann die Stadt im 7. Jh. erneut zu blühen. Zu der seit alters bedeutenden Ausfuhr von Wein und Leinwand kam in der Römerzeit der Seidenhandel; die aus China importierten Stoffe wurden hier ausgerüstet. Seit dem 3. Jh. n. Chr. war die Schule von B. ein hochangesehenes Zentrum der röm. Rechtswissenschaft.
RMouterde – JLauffray, Beyrouth ville romaine, 1952.

Bessos, der Mörder des *Dareios III. (*Alexandros d. Gr.).

Bestattung: *Tod. *Sarkophag.

Bias von Priene, einer der *Sieben Weisen um 550 v. Chr. *Stilpon. – Porträt: Schefold.

Bibel (gr. *biblos*, Buch). Im 3. Jh. v. Chr. entstand für den Gebrauch der hellenisierten Juden in Alexandreia eine Ü. des Alten Testaments in die gr. Umgangssprache *(*Koine)*. Sie wird nach der Fiktion des *Aristeasbriefes *Septuaginta* (Werk der 70 Übersetzer) genannt. Im 2. Jh. n. Chr. gab es noch andere Ü. und z. T. von vornherein in Gr. abgefaßte Erweiterungen. Die große synoptische Ausgabe des *Origenes *(Hexapla)* stellte nebeneinander: 1. den hebräischen Text. 2. die Umschrift des hebr. Textes in gr. Buchstaben. 3. die Wort-für-Wort-Ü. des Aquila. 4. die Ü. des Symmachos. 5. die Septuaginta. 6. die Ü. des Theodotion. – Auch das in gr. Koinesprache geschriebene Neue Testament enthielt lange Zeit Stücke, die bei der Fixierung des gültigen Kanons (Ende 4. Jh.) ausgeschlossen wurden.

Für die lat. sprechenden Christengemeinden brauchte man bald eine lat. Ü. Seit dem 2. Jh. entstanden deren verschiedene in Italien (sog. *Itala*) und Afrika (sog. *Afra*), die man mit dem Sammelbegriff *Vetus Latina* bezeichnet, wichtige Zeugnisse der lat. Volkssprache. Wir kennen sie nur bruchstückweise, denn sie wurden alle überboten und verdrängt durch die 382 begonnene Ü. des Hieronymus, die von der Kirche als **Vulgata* anerkannt wurde.
T: 1. Wissenschaftl. Ausgaben: Für die *Septuaginta* besteht in Göttingen ein Septuaginta-Unternehmen; seit 1922 sind Teile der großen kritischen Ausgabe und eine vollst. Handausg. von ARahlfs, 1935, erschienen. *Gr. Neues Testament:* Westcott-Hort, Cambridge 1881. *Vetus Latina:* Die in Handschriften und durch Zitate bei den Kirchenschriftstellern bekannten Texte sammelt die 1949 begonnene Ausgabe des V.-L.- Instituts in Beuron; die Evangelien sind von AJülicher-KAland, 2. A. Berlin 1954-72, ediert. Mit der *Vulgata* befaßt sich eine 1907 von Papst Pius X. eingesetzte Kommission (Abtei San Girolamo in Rom); die große kritische Ausgabe seit 1926, noch nicht abgeschlossen; vollst. Handausg. von RWeber, 1983. *Vulgata des Neuen Testaments:* Wordsworth-White, Cambridge. – 2. Taschenausgaben aller T: Württembergische Bibelanstalt.

Bibliothek. Die berühmteste öffentl. B. des Altertums war die des *Museions von Alexandreia. Die ersten Ptolemäer scheuten keine Kosten und Anstrengungen, für diese alle erreichbare Literatur zu sammeln. So soll Ptolemaios Euergetes von Athen das Staatsexemplar der drei Tragiker ausgeliehen haben gegen die hohe Kaution von 15 Talenten. Er ließ die Kaution verfallen, behielt das Original und schickte den Athenern eine kostbar ausgestattete Abschrift zurück. Von dem Bestand von 700 000 Papyrosrollen verbrannte ein Großteil 47 v. Chr. während der Kämpfe Caesars in der Stadt. Der wieder ergänzte Rest wurde endgültig nach der Eroberung durch die Araber (640) vernichtet. – Mit Alexandreia rivalisierte eine Zeitlang *Pergamon. Wie in Alexandreia die B. mit dem Musenheiligtum verbunden war, so in Pergamon mit dem Tempel der Stadtgöttin Athene. In Rom wurde die erste öffentliche B. von Asinius *Pollio nach 39 v. Chr. errichtet. Weitere folgten in Rom und anderen Städten des Imperiums. Die B., die Augustus 28 v. Chr. beim Apollotempel auf dem Palatin erbaute, und die B. auf dem Trajansforum hatten getrennte Säle für die gr. und die lat. Literatur. Am besten erhalten sind die B.s-Bauten von *Ephesos (110 n. Chr.) und von *Thamugadi. Die Papyrusrollen lagen in Holzschränken *(armaria)*, die in Wandnischen eingelassen waren. Diese waren in Ephesos in drei durch Galerien zugänglichen Geschossen angeordnet. – Große private B. gab es sicher schon im 5. Jh. v. Chr. *Apellikon. Wie die B. eines literarisch interessierten Mannes aussah, zeigen uns die in Herculaneum in der Pisonenvilla gefundenen Reste (sog. *Herculanensische Rollen*).
*Buch. Wendel, Gesch. der B.en im gr.-röm. Altertum, 1940 (im Handbuch d. B'swissenschaft). ChCallmer, Antike B.en, in Opuscula archaeologica 3, 1944, 145ff. LCanfora, Die verschwundene B., 1990. Mustafa al Abbadi, The life and fate of the ancient library of Alexandria, Paris 1990.

Bibracte, Hauptstadt der *Haeduer, bekannt durch den Sieg Caesars über die Helvetier 58 v. Chr. Um 5 v. Chr. wurden die Bewohner in die neue Hauptstadt *Augustodunum (20 km östl.; heute Autun) umgesiedelt. Ausgrabungen am Mont-Beuvray.
DBertin-JPGuillaumet, B., Paris 1987. NGuinot, La bataille de B., 1989.

Bibulus, M. Calpurnius, Schwiegersohn des jüngern Cato, Amtskollege Caesars als Aedil (65 v. Chr.), Praetor (62) und Consul (59). Er war Caesars erbitterter Feind und suchte ihm auf jede Weise zu opponieren. Damit hatte er wenig Glück und zog sich im Consulat bald verärgert ganz zurück, so daß der Volkswitz sagte, man lebe jetzt unter den Consuln Iulius und Caesar. Am Anfang des Bürgerkrieges führte er die Adriaflotte des Pompeius, verpaßte es, Caesars Überfahrt zu hindern, und starb kurz danach auf seinem Schiff.

Bier. Griechen und Römer tranken Wein, B.-trinker waren Barbaren (Babylonier-Aegypter und Thraker-Kelten); B.-genuß sah man also als Zeichen kultureller Minderwertigkeit an. So läßt schon *Aischylos (*Schutzflehende* 952) den Griechenkönig Pelasgos voll Mannesstolz zu den feindlichen Aegyptern sagen: «Die Einwohner dieses Landes sind richtige Männer, nicht Trinker von Gerstengebräu.» Die Abneigung gegen B. herrschte im ganzen Altertum. Kaiser Iulianus, der es in Gallien gekostet hatte, erklärt in einem um 360 n. Chr. geschriebenen Epigramm, Wein dufte nach Nektar, das keltische B. aber so, als ob es von einem Ziegenbock käme.
EMRuprechtsberger (Hg.), B. im Altertum, Linz 1992.

Biographie. Die Lebensbeschreibung hervorragender Personen wurde erst durch die Peripatetiker seit dem 4. Jh. v. Chr. eine Literaturgattung. Älter sind Lobreden *(Enkomia)*, Charakterschilderungen (die nicht einen Lebenslauf darstellen, sondern ein statisches Bild zeichnen), Selbstdarstellungen zum Zweck der Rechtfertigung, z. B. in Gerichtsreden. Interesse der Biographen fanden neben politischen Persönlichkeiten vor allem Dichter (z. B. Euripides-B. des *Satyros) und Philosophen (z. B. *Pythagoras). *Peripatos.
Schon bald gab es auch B.-Sammlungen, deren bekannteste Verfasser *Plutarchos und in lat. Sprache *Nepos und *Suetonius geworden sind. Kurz-B. der Autoren stellte man den Ausgaben ihrer Werke voran in den **Hypotheseis*; auch Sammlungen wie Suetons B. der röm. Grammatiker und Rhetoren oder des Hieronymus B. der chr. Schriftsteller *(de viris illustribus)* beschränken sich auf wenige Lebensdaten und Aufzählung der Werke. Neben der erzählenden Form wurde schon von Satyros die Dialogform gewählt; ihrer bedienten sich auch chr. Biographen wie *Palladios (2) und *Sulpicius Severus. In den chr. Heiligenviten mischten sich B. und Lobrede; mit den Philosophen-B. haben sie gemein das Bestreben, das Vorbildhafte der Person herauszustellen.
IBruns, Das lit. Porträt, 1896 (Nachdr. 1961). FLeo, Die gr.-röm. B., 1901 (Nachdr. 1965). GMisch, Gesch. der Autob. 1949-50. AMomigliano, The Development of Greek B., 1971. ADihle, Studien zur gr. B., 1956 (Abh.

Akad. Göttingen); ders., Die Entstehung der historischen B., 1986 (Sitzungsber. Akad. Heidelberg).

Bion. – 1. Bukolischer Dichter aus Smyrna, Ende 2. Jh. v. Chr., schrieb u. a. eine **Adonisklage*. Ein in manchen Handschriften *Moschos zugeschriebenes Klagegedicht betrauert seinen Tod.
TÜ: *Theokritos. TK: MFantuzzi, Liverpool 1985.
2. B. v. Borysthenes (am Dnjepr), freigelassener Sklave, populärphilosophischer Wanderprediger Ende 4. Jh. v. Chr. Seine Vorträge, die er als *Diatriben veröffentlichte, waren für saftige Witze berühmt.

Bithynia, Landschaft im nordwestl. Kleinasien, hauptsächlich an der Propontis (Marmarameer) gelegen, mit thrakischer Bevölkerung, Verehrern des nur in B. bekannten Kriegsgottes Preietos. Beim Zerfall des Perserreiches machten sich die Bithyner selbständig. König Nikomedes I. gründete 264 v. Chr. die Hauptstadt Nikomedeia. Sein Enkel Prusias I. gewährte Hannibal Asyl, trat aber 190 auf die Seite der Römer, welche die Politik B.s von nun an bestimmten und es 73 v. Chr. zur Provinz machten. Etwa 110-2 n. Chr. war *Plinius (2) Statthalter in B.; seine Korrespondenz mit Kaiser Traian ist eine der wichtigsten Quellen für die Geschichte der Provinzialverwaltung. Die zweitwichtigste Stadt von B. war *Nikaia.
MFLewis, A history of B. under Roman rule 74 B.C.-14 A.D., 1974 (Diss. Minnesota).

Bituriges, gallischer Stamm, nach dem seit der Spätantike die Hauptstadt, heute Bourges, heißt; ihr früherer Name *Avaricum ist durch Caesar berühmt geworden, der sie 52 v. Chr. belagerte.

C. Blossius aus Cumae, durch *Antipatros (2) zur stoischen Philosophie geführt, war der Berater des Ti. Gracchus (3). Nach dessen Tod bekannte er sich vor den Consuln zu ihm, floh dann nach Asien, wo er 130 v. Chr. den Freitod wählte.
Dudley, B. of Cumae, in Journal of Roman Studies 1941, S. 94-99.

Boëthius, Anicius Manlius Severinus, 480-524 n. Chr., vornehmer Römer, fruchtbarer philosophisch-mathematischer Schriftsteller. Am Hofe Theoderichs war er einer der ersten Männer. Weil er für einen angeklagten Freund eintrat, wurde er plötzlich selbst unter Anklage des Hochverrats verhaftet und hingerichtet. Im Gefängnis schrieb er das Werk *Trost (Consolatio) der Philosophie*, ein erschütterndes und tiefes Buch, in dem Poesie und Prosa wechseln. Es wurde im Mittelalter viel gelesen, von König Alfred ins Angelsächsische, von Notker Labeo ins Althochdeutsche übersetzt, und verdient auch heute noch gelesen zu werden. Die begonnene lat. Ü. der Werke des Aristoteles ist bald abgebrochen worden, hat aber dem Mittelalter die frühste Bekanntschaft mit Aristoteles vermittelt.
Consolatio: T: Weinberger, 1936 (Corp. Vindob.). LBieler, 1984 (Corp. Chr.). K: JGruber, 1978. TÜ: EGegenschatz-OGigon, 1990 (Tusc). Ü: KBüchner (Reclam). *Theol. Traktate:* TÜK: MElsässer, 1988. TÜ: Stewart-Rand, 1926 (Loeb L.). *K zu Aristoteles' Lehre vom Satz:* T: CMeiser, 1877

(Tb). *K zu Porphyrios:* T: Brandt, 1906 (Corp. Vindob. 48). *K zu Ciceros Topica:* T: Cicero, ed. Orelli 5, 1833. ÜK: EStump, Ithaca 1988. *Musik:* T: Friedlein, 1867 (Tb). Ü: CMBower, New Haven 1989. *Arithmetik:* Friedlein, 1867 (Tb). Ü: MMasi, Amsterdam 1983. *Übrige Schriften:* T: Migne lat. 64. – MFuhrmann (Hg.), B., 1984 (WdF). MGibson, B., his life, thought and influence, 1981. HChadwick, B., 1981. EReiss, B., 1982.

Boëthos, Name mehrerer hellenistischer Künstler. Einem von diesen kann das Original der Gruppe des Knaben, der eine Gans würgt, zugewiesen werden (beste Kopie: München, Glyptothek). – Fuchs (*Plastik) Abb. 414.

Boghazköy: *Hethiter.

Boii, keltischer Stamm, der sich bei der Keltenwanderung Anfang 4. Jh. v. Chr. in 2 Ströme teilte. Die einen siedelten sich in Norditalien an (Hauptstadt *Bononia). Sie wurden 283 von den Römern am Vadimonischen See besiegt und nach der Einnahme Bononias 193 romanisiert. Die andern gründeten ein Reich in Böhmen, aus dem sie um 60 v. Chr. nach Pannonien und Noricum abwanderten. Teile von ihnen kämpften mit den Helvetiern gegen Caesar und ließen sich in Gallien nieder.

Boiotia (Böotien) in Mittelgriechenland. Politisch war B. ein Bundesstaat unter der Führung *Thebens, dem schließlich 15 Städte in 11 Bezirken angehörten, die jährlich je einen Boiotarchen wählten. Am längsten hielt sich Orchomenos fern. Die Boioter galten als rückständig; doch in der Frühzeit war B. kulturell führend gewesen (*Minyer).
PWWallace, Strabo's Description of B. 1979 (K). – RJBuck, A history of B., Edmonton 1979. JMFossey, Topography and population of ancient B., 1988; ders., Papers in Boiotian topography and history, 1990.

Bona Dea, urspr. Beiname *(Gute Göttin)* der Fauna. Dann verehrten die Römer die B. D. als eine selbständige Göttin, Tochter oder Gattin des Faunus. Wie dieser den Männern, so gab die B. D. den Frauen Weissagungen. Alljährlich fand Anfang Dez. eine Nachtfeier der B. D. statt im Hause eines Consuls oder Praetors; kein männliches Wesen durfte während dieser Zeit im Hause sein. Als 62 v. Chr. die Feier im Hause des Stadtpraetors Caesar stattfand, schlich sich P. *Clodius in Weiberkleidung ein und wurde entdeckt. Es gab einen Gesellschaftsskandal, um dessentwillen Caesar sich von seiner Frau schied.

Bonna (Bonn am Rhein), röm. Legionslager. Der Ortsname ist keltisch; später gehörte B. ins Siedlungsgebiet der Ubier. Die ersten, noch aus Holz errichteten Lagerbauten stammen aus den spätern Regierungsjahren des Tiberius oder der Zeit des Claudius. Nach dem Abzug der Legion und dem Beginn der Frankenherrschaft (1. Hälfte 5. Jh. n. Chr.) bestand eine zivile Siedlung im Südwesten des Lagers fort.
ESadée, Das röm. Bonn, 1925. EEnnen-DHöroldt, Vom Römerkastell zur Bundeshauptstadt, 1976.

Bononia (Bologna), war schon um 1000 v. Chr. besiedelt (In der Nähe die Gräber der Früh-Eisenzeit, nach deren Fundstätte Villanova diese ältesten Siedler benannt werden). Unter den Etruskern hieß es Felsina. Dann war B. Hauptstadt der *Boier, seit 189 v. Chr. latinische Kolonie, im 1. Jh. v. Chr. **municipium*. B. beherrschte an einem wichtigen Punkte die Hauptstraßen *(via *Aemilia)*.
PDOri, Bologna, storia della città, Milano 1988.

Boreas, der Nordwind. Er hauste in Thrakien, wohin er Oreithyia, die Tochter des Königs Erechtheus von Athen, entführte. Ihre Söhne waren die Boreaden Zetes und *Kalais. Die Athener verehrten B. besonders, seit er 492 v. Chr. der Perserflotte Schaden getan hatte.

Borghesischer Fechter, Statue des *Agasias.

Boscoreale und **Boscotrecase**, moderne Orte am Abhang des Vesuvs. Hier wurden mehrere 79 n. Chr. mit Pompeii verschüttete röm. Villen mit bedeutenden Wandmalereien sowie (Boscoreale) einem Schatz mit Bronze- und Silbergeschirr gefunden. Die Villa in Boscotrecase wurde erbaut für *Agrippa (1) kurz vor dessen Tod und gehörte dann seinem Sohn, dem Enkel des Augustus. Die Wandmalereien (in den Museen von Neapel und New York) zeigen Landschaften und mythische Szenen aus der Dichtung (*Andromeda, *Polyphem).
PhWLehmann, Roman Wall Paintings from Boscoreale, 1953. FBaratte, Le trésor d'orfèvrerie romaine de Boscoreale, Paris 1986. KSchönberger-Münch, Die Silberbecher von Boscoreale, 1988 (Diss. TU Berlin). – PHvBlanckenhagen-ChAlexander, The Augustan villa at Boscotrecase, 1990.

Bosporos. – 1. Der thrakische B., die Meerenge von Konstantinopel. Der Name B. (Kuh-Furt) erinnert an die Sage von *Io, die als Kuh verwandelt auf ihrer Irrfahrt hier nach Asien hinüberging. – 2. Der kimmerische B., die Straße von Kertsch. Er war für den Handel mit den milesischen Niederlassungen am Maiotischen See (Asowsches Meer) wichtig. Schon im 5. Jh. v. Chr. entstand ein selbständiges bosporanisches Reich mit der Hauptstadt Pantikapaion, das seit 107 *Mithridates, später seinem Sohn *Pharnakes gehörte.
VFGajdukevič, Das Bosporanische Reich, 1971.

Bostra kam unter Trajan zum röm. Imperium und wurde Hauptstadt der Provinz *Arabia. Gut erhaltenes Theater, Kathedrale in Form eines Zentralbaus aus dem 6. Jh. n. Chr.

Branchiden, Priestergeschlecht von *Didyma.

Brasidas, der bedeutendste Feldherr Spartas im ersten Teil des *Peloponnes. Krieges. Er führte 424 v. Chr. die Expedition gegen Thrakien und die athenischen Kolonien auf der Chersones und eroberte Amphipolis. 422 schlug er das athenische Entsatzheer unter Kleon vernichtend, wurde aber selbst dabei tödlich verwundet.

Brauron, alte Stadt an der Ostküste Attikas mit einem Tempel der *Artemis Brauronia, der seit 1948 ausgegraben worden ist. Artemis hatte den Beinamen Iphigeneia. Die Opferung der *Iphigeneia, die nach der geläufigen Version in Aulis stattfand, wird von der lokalen Sage nach B. verlegt, und Euripides läßt Iphigeneia nach der Rückkehr von den Taurern Priesterin in B. werden. Am Fest führten attische Mädchen beim Altar einen Bärentanz auf als Sühne für die Tötung der heiligen Bärin. Mehrere Statuen dieser Tänzerinnen sind bei den Ausgrabungen gefunden worden.

Brennus. – 1. Häuptling der Gallier, die 387 v. Chr. nach der Schlacht an der Allia Rom zerstörten. Später erzählte man, er habe das Lösegeld, 1000 Pfund Gold, mit falschen Gewichten abgewogen. Als die Römer protestierten, habe er mit dem Wort *Vae victis* (Weh den Besiegten!) auch noch sein Schwert in die Waagschale geworfen. – 2. Führer der Kelten, die 279 v. Chr. in Griechenland einfielen, aber in der Nähe von Delphi zurückgeschlagen wurden.

Briareos. Die 100armigen Riesen *(Hekatoncheiren)* B. (oder Aigaion), Kottos und Gyes kämpften in der Titanenschlacht auf Seite der Götter.

Briefe wurden im Altertum meist auf Wachstäfelchen oder Papyros geschrieben. Von den letzteren sind aus Aegypten sehr viele erhalten, private und amtliche. B. bedeutender Persönlichkeiten wurden oft gesammelt herausgegeben, so daß schon im 4. Jh. v. Chr. eine Briefliteratur existierte. Es kann sich dabei um wirkliche B. handeln (z. B. die Korrespondenz Ciceros), aber auch um «offene B.», die von vornherein nicht allein dem Adressaten galten, sondern im Publikum verbreitet wurden (z. B. Isokrates an König Philipp: Propaganda für den Nationalkrieg gegen Persien. Sallust an Caesar: Programm der Staatsreform). Philosophen wandten sich mit B. an ihre Gemeinden (Platon, Epikur). Diese Form wurde von den Christen (B. des Apostels Paulus) sehr fruchtbar gemacht. Fast von allen namhaften Kirchenschriftstellern besitzen wir Briefsammlungen. Von den Sammlungen der zwar an einzelne Empfänger gerichteten, aber auf eine mitlesende Öffentlichkeit rechnenden B. war kein weiter Schritt zur rein literarischen Briefsammlung, die von Anfang an ein Buch war und die Briefform nur als bequeme Einkleidung wählte (Seneca). Solche Kunstbriefe konnten auch Versform haben (Horaz). Seit hellenistischer Zeit erfreute sich die Literaturgattung der fiktiven B. steigender Beliebtheit. Man schrieb unter dem Namen historischer Persönlichkeiten so, wie diese hätten geschrieben haben können. Es ist für uns nicht leicht, echte und fingierte B. zu unterscheiden, zumal oft beiderlei in der Überlieferung vereinigt erscheint. Aufgerollt wurde das Echtheitsproblem 1697 durch Bentleys Nachweis der Unechtheit der *Phalarisbriefe. In der Kaiserzeit kam man auf den Gedanken, statt der Großen der Geschichte auch einmal die kleinen Leute reden zu lassen. Mit feiner psychologischer Einfühlung gewann man gerade diesem Thema reizvolle Wirkungen ab (*Hetären-B.*; *Alkiphron, *Aristainetos). Fiktive B. in Versform gab Ovid *(Heroinen-B.)*; gerade diese ovidische

Form wurde in der Zeit des Humanismus und Barock mit Vorliebe gepflegt (HDörrie, Der heroische Brief, 1968).
T: Hercher, Epistolographi Graeci, Paris 1873 (Kunstbriefe). TK: PCugusi, Epistolographi Latini minores, Torino 1970-79. Corpus epistularum Latinorum papyris tabulis ostracis servatum, Firenze 1992. *Papyros. Unter den Namen der verschiedenen Autoren. Ü: Schubart, Ein Jahrtausend am Nil, 1923. HThierfelder, Unbekannte antike Welt, 1963. Rüdiger, Briefe des Altertums, 1965 (AW). MHofmann, Antike B., 1935 (Tusc.). – NHolzberg (Hg.), Der gr. Briefroman, 1994 (fiktive B.).

Brigantium (Bregenz), Stadt der Raeter am *Brigantinus lacus*, dem Bodensee.
KHBurmeister (Hg.), B. im Spiegel Roms, 1987. EVonbank, Das röm. B. (Ausstellung), 1985.

Briseis, Geliebte des *Achilleus.

Britannia. Zuerst waren die brit. Inseln als Zinninseln (gr. *Kassiterídes*) den Phoeniziern bekannt, deren Handelsschiffe dort das zur Herstellung der Bronze (Legierung von Kupfer mit 4-8 % Zinn) unentbehrliche, in Vorderasien fehlende Metall holten. Erst im Gallischen Krieg Caesars (55/4 v. Chr.) kamen die Römer in direkten Kontakt mit der keltischen Bevölkerung von B.; doch setzte sich Caesar dort nicht fest. Unter Kaiser Claudius begann 43 n. Chr. die Eroberung. Nachdem Suetonius Paulinus 61 den Aufstand der Königin Boudicca niedergeworfen hatte, stand die Macht Roms in B. fest. *Agricola dehnte sie nach Norden bis zum Firth of Forth aus. Der unter Hadrian erbaute Grenzwall verlief weiter südlich, doch legte Antoninus 143 die Befestigung wieder auf die nördl. Linie vor. Septimius Severus mußte den Hadrianswall erneuern. Der Süden B.s erlebte im 3. Jh. seine höchste Blüte; die Bevölkerung nahm röm. Kultur an. 407 wurden alle röm. Truppen aus B. abgezogen, das nun den Caledoniern, Picten und Scoten des Nordens und den von der See her einfallenden Saxonen preisgegeben war.
TK: RWMoore, The Romans in Britain, 3. A. 1969. – SFrere, B., 3. A. 1987. PSalway, Roman Britain, Oxford 1984. RJAWilson, A guide to the Roman remains in Britain, 2. A. 1980. ABirley, Life in Roman Britain, 2. A. 1981. MMillett, The Romanization of Britain, Cambridge 1990. PFry, Roman Britain, history and sites, 1984. BJones-DMattingly, An Atlas of Roman Britain, Oxford 1990. JMCToynbee, Art in Roman Britain, 2. A. 1963. MHenig, Art of Roman Britain, 1995.

Britannicus, von röm. Kaisern geführter Beiname. – Ti. Caesar Claudius B., der Sohn des Kaisers *Claudius und der Messalina, war der legitime Thronerbe. Die Stiefmutter Agrippina erreichte durch Intrigen, daß Claudius den von ihr in die Ehe gebrachten Nero adoptierte. Als nach dem Tode des Claudius (54 n. Chr.) Nero Kaiser wurde, beseitigte er 55 den Stiefbruder durch Gift.
Portrait: VPoulsen, Claudische Prinzen, 1960.

Britomartis, kretische Berggöttin: *Diktynna.

Bromios, Beiname des *Dionysos.

Brundisium (Brindisi), der wichtigste Hafen für den Verkehr von Italien nach Griechenland und Aegypten, seit 244 v. Chr. latinische Kolonie. Im 2. Jh. v. Chr. wurde die Via Appia bis B. verlängert. *Beneventum.

Bruttii, das heutige Calabrien; oskische Bevölkerung im Innern (Hauptstadt Consentia), an der Küste gr. Kolonien (Rhegion, Lokroi, Thurioi). Die Bruttier standen 216-203 auf seiten Hannibals gegen Rom. Zur Strafe mußten sie später als Amtsdiener der röm. Beamten in den Provinzen Sklavendienste tun.
FMannacio, Storia della terra dei Bruzi, 1968.

Brutus, Beiname, der im Geschlecht der Iunii geführt wurde. – 1. L. Iunius B., der sagenhafte Ahnherr der Familie, vertrieb mit Tarquinius Collatinus den letzten röm. König Tarquinius Superbus. B. und Collatinus waren die ersten Consuln (509 v. Chr.). B. mußte seine eigenen Söhne, die sich verschworen hatten, den König zurückzuführen, zum Tode verurteilen und fiel im Kampf gegen Arruns, den Sohn des Königs, für die Republik. *Accius hat die (uns durch Livius [3] bekannte) Sage in einem verlorenen Drama dargestellt. – 2. D. Iunius B. Callaicus, cos. 138 v. Chr., verwaltete das jenseitige Spanien, wo er durch Unterwerfung der Callaecer die Ruhe herstellte. Er war literarisch hochgebildet, Gönner des *Accius. – 3. Dessen Sohn D. Iunius B., cos. 77, war der Gatte der Sempronia, die in der Catilinarischen Verschwörung eine wichtige Rolle spielte. – 4. Dessen Sohn D. Iunius B. zeichnete sich unter Caesar im Gallischen Krieg aus (Seesieg über die Veneter 56 v. Chr.), kommandierte Caesars Flotte vor Massilia. Zum Lohne erhielt er u. a. die Statthalterschaft von Gallia Cisalpina. Trotzdem nahm er an der Verschwörung gegen Caesar teil. Nach dessen Ermordung ging er in seine Provinz, wurde von M. Antonius in Mutina belagert und durch Hirtius und Pansa entsetzt. Er floh zu M. Brutus nach Makedonien, aber seine 6 Legionen ließen ihn im Stich, und sein Gastfreund Camillus verriet ihn an Antonius, der ihn töten ließ (43). – 5. M. Iunius B., Anhänger des Marius, verheiratet mit Servilia, der Halbschwester des jüngern Cato. Pompeius ließ ihn 77 töten. – 6. Dessen Sohn M. Iunius B., der bekannte Caesarmörder, wurde 85 v. Chr. geboren. Nach dem frühen Tod des Vaters erzog ihn Cato nach den Grundsätzen der Senatspartei. Daher kämpfte er im Bürgerkrieg auf der Seite des Pompeius, obschon dieser ihm den Vater gemordet hatte. Caesar begnadigte ihn nicht bloß, sondern zeichnete den begabten jungen Redner, dem auch Cicero mehrere seiner Werke widmete, hoch aus (Statthalter von Gallia Cisalpina 46, Stadtpraetor 44). B. aber gab eine Lobschrift auf Caesars toten Feind Cato heraus und verstieß seine Frau, um Catos Tochter Porcia zu heiraten. Er wurde das Haupt der Verschwörung gegen Caesar. Als nach dem vollbrachten Mord die Lage in Rom unhaltbar wurde, ging er nach Griechenland und Asien und sammelte ein Heer. Bei Philippi besiegt, stürzte er sich in sein Schwert (42 v. Chr.).

Teile seiner Korrespondenz mit *Cicero sind erhalten. Biogr.: Plutarch. Lit.: *Caesar. *Cicero. – UOrtmann, Cicero, B. und Octavian, Bonn 1988 (Diss. Bonn).

Bryaxis, att. Bildhauer mit karischem Namen, Mitte 4. Jh. v. Chr. Er arbeitete mit an den Skulpturen des *Mausoleums von Halikarnass. Außerdem kann man auf ihn vermutlich das Urbild der erhaltenen *Sarapisdarstellungen (das Kultbild von Alexandreia) zurückführen, vielleicht auch das des Zeus von Otricoli (Vatikan).

Brygosmaler, bedeutender att. Vasenmaler des beginnenden 5. Jh v. Chr., benannt nach dem signierenden Töpfer. Charakteristisch ist die temperamentvolle Darstellungsweise seiner Bilder aus dem dionysischen Bereich (*Komos) und dem Mythos (Trojas Ende auf einer Schale im Louvre, Paris; *Priamos).
ACambitoglou, The Brygos Painter, 1968. MWegner, B., 1973.

Buch. Gedichte wie die Epen Homers setzen *Schrift und Buch voraus. Eine ältere Zeit mündlich überlieferter Heldenlieder können wir historisch nicht mehr fassen. Als Schreibmaterial verwendete man den aus Aegypten durch den Handel bezogenen *Papyros. Von diesem wurde ein langes Band zusammengeklebt und gerollt. Der Text stand in nicht allzu breiten Spalten, so daß man bequem, die eine Seite ab-, die andere aufrollend, nur die gerade zu lesende Spalte offen halten konnte. Die Rollen waren um einen beidseitig mit einem Knauf versehenen Stab gewickelt. Ein kleiner hervorstehender Zettel *(Syllabos)* gab den Titel an, so daß man zum Suchen nicht erst die Rollen zu öffnen brauchte. Die Buchrollen wurden in runden Körben zu ca. 6 Rollen aufbewahrt. – Die Vervielfältigung besorgten besonders im Schreiben geübte Sklaven. Die Entwicklung der Buchschrift können wir an den vielen in Aegypten gefundenen Papyrosbüchern gut verfolgen. Die Schrift des ältesten (Ende 4. Jh. v. Chr., *Timotheos) steht noch den Schriftformen der Inschriften nahe. Später werden die Züge flüssiger. Akzente, Interpunktion, getrennte Schreibung der einzelnen Wörter kommen allmählich auf. Jedoch bewahrte das Buch immer einen Abstand von den für uns schwer entzifferbaren Kursivschriften des täglichen Verkehrs. Man kannte im Altertum nur die großen Buchstaben; Minuskelhandschriften gibt es erst seit dem 9. Jh. n. Chr. – Die Papyrosfabrikation war in Aegypten Staatsmonopol. Da die *Seleukiden in ständige Konflikte mit den ägypt. Ptolemäern verwickelt waren, aber für die Verwaltung ihres Reiches große Mengen Schreibmaterial brauchten, begannen sie dieses nach einem bisher nur selten angewendeten Verfahren aus Tierhäuten herzustellen. Als Ptolemaios den Aufstieg *Pergamons zu einem mit Alexandreia rivalisierenden Bildungszentrum hemmen wollte, indem er die Papyroslieferung sperrte, stellten sich auch die pergamenischen Könige auf den neuen Stoff um: Von ihrer rasch aufblühenden Industrie erhielt dieser den Namen *charta Pergamena* (= Pergament). Der Verfall der Papyrosfabriken im späten Altertum verhalf dem Pergament endgültig zum Sieg. Schon früh hatte man für kürzere Aufzeichnungen Holztäfelchen verwendet, die in Heftform zusammengebunden wurden. Da diese Brett-

chen aus einem Holzklotz *(codex)* geschnitten waren, hieß auch das ganze Heft Codex. Beim Übergang zum Pergament, das man nicht ohne weiteres wie den Papyros in langen Bändern herstellen konnte, erwies sich die Codexform als praktischer. Sie ist die Form unserer heutigen Bücher. Seit dem 1. Jh. n. Chr. stand der Pergamentkodex neben der Rolle; diese verschwand im 4./5. Jh., und damit ging alle Literatur verloren, die damals nicht des Umschreibens auf das Pergament für wert geachtet wurde. – Der antike Buchhandel (*Atticus) war gut entwickelt und lieferte gewöhnliche Bücher zu erstaunlich niedrigen Preisen, daneben auch schön ausgestattete, kostbare Ausgaben. Eigentliche Prachtausgaben, oft mit Illustrationen (*Dioskurides, *Terenz), ließen sich vornehme Herren für den eigenen Gebrauch herstellen.
*Bibliothek. – WSchubart, Das Buch bei den Griechen u. Römern, 1962. ThBirt, Das antike Buchwesen, 1882. FGKenyon, Books and readers in ancient Greece and Rome, 2. A. 1951. Pinner, The world of books in class. antiquity, 2. A. 1958. TKleberg, Buchhandel und Verlagswesen in der Antike, 1969. Faksimileausg. des berühmtesten illustr. Codex (in Byzanz unter Kaiser Anastasios, 491-518, entstanden): Ceriani-Ratti, Homeri Iliadis pictae Fragmenta Ambrosiana, Mailand 1905 (neu: Ceriani-Calderini, Olten 1953). RBianchi-Bandinelli, Hellenistic-Byzantine Miniatures of the Iliad, 1955. Verzeichnis aller lat. Codices vor 800 n. Chr.: EALowe, Codices Latini antiquiores, 1934-66; Suppl. 1971.

Bukephalos, Lieblingspferd Alexanders d. Gr., starb vor der Schlacht mit Poros (326 v. Chr.). Zu seinem Andenken gründete Alexander die Stadt Bukephala am Hydaspes (Indien).

Bukoliker, Hirtendichter. Immer schon hatten die Hirten zum Klang der Rohrflöte ihre Lieder gesungen. Als die Griechen zu Großstädtern wurden (Alexandreia, Syrakus), erwachte eine sentimentale Sehnsucht nach dem einfachen, friedlichen und unverdorbenen Leben in der Natur. Die Dichtung kam diesem Bedürfnis entgegen und malte ein idealisiertes Hirtenleben. Die höchst verfeinerten Ausdrucksmittel (Vers und Stil der alexandrinischen Dichtung) standen zu dem gewählt bäurischen Stoff in einem interessanten Kontrast. Die Szene lag meist in Sizilien. Dort hatte schon Stesichoros um 600 v. Chr. die Gestalt des schönen Schäfers *Daphnis* in die Literatur eingeführt; T h e o k r i t , der größte B., war dort beheimatet. Außer seinen Gedichten (*Idyllen) umfaßt die Sammlung der gr. B. noch Stücke von Bion, Moschos u. a. In Rom war die Voraussetzung einer feinen urbanen Kultur, die das verklärte Bild des Schäfertums zu genießen bereit war, erst nach der Mitte des 1. Jh. v. Chr. gegeben. Vergils bukolische Eclogen gingen vom Vorbild Theokrits aus, überhöhten es aber ins Imaginäre, das auch allegorischer Weltdeutung dient. Richtig heimisch wurde diese Poesie in Rom nicht; nur kleinere Dichter (Calpurnius, Nemesianus, anonyme Bucolica aus neronischer Zeit in einer Handschrift von Einsiedeln) haben sie später noch gepflegt. Dagegen wurde im 2./3. Jh. n. Chr. in der gr. Literatur der bukolische Roman (*Longos) große Mode.
Lit. unter den Autoren. Samml.: T: ASFGow, Bucolici graeci, 1952 (Oxf. Cl.). TÜ: HBeckby, Die gr. B. (Theokrit, Moschos, Bion), 1975. Calpur-

nius, Nemesian, *Bucolica Einsidlensia*: CGiarratano, 1951. TÜK: DKorzeniewski, Hirtenged. der neronischen Zeit, 1971; ders., Hirtenged. aus spätröm. und karolingischer Zeit, 1976. – BEffe-GBinder, Die antike Bukolik, 1989.

Buleuterion, das Versammlungsgebäude der *Bulé*, des Rats der gr. Städte. Am besten erhalten sind die B. von *Priene und *Milet. Theaterartige Sitzstufen umziehen rechtwinklig an drei Seiten bzw. halbkreisförmig das Innere der Bauten.
FKrischen, Antike Rathäuser, 1941. – Gesch. der Ratsversammlung: PJRhodes, The Athenian Boule, Oxford 1985.

Bulla, eine Amulettkapsel, welche die freigeborenen röm. Knaben um den Hals trugen.

Bulla regia, Stadt in Africa proconsularis (Hamman Daradji in Tunesien). Röm. Ruinen: Capitolium, Forum, Apollontempel, Thermen, Nymphaeum, Theater, Amphitheater u.a.
ABeschaouch, Les ruines de B.R., Rom 1977.

Bundesgenossen *(socii)* hießen im röm. Staatsrecht die zur Heeresfolge verpflichteten autonomen italischen Stämme. Sie stellten im Heer den röm. Legionen Hilfstruppen und Reiterei zur Seite (*Militär). Als Rom den Italikern das Bürgerrecht verweigerte und der Tribun Livius Drusus, der den Antrag dafür stellen wollte, ermordet wurde, entbrannte 91 v. Chr. der sog. B.-Krieg, der die röm. Weltherrschaft schwer erschütterte. Rom mußte schließlich das Bürgerrecht zugestehen.
JGöhler, Rom und Italien, 1939. GDeSanctis, La guerra sociale, Firenze 1976.

Burdigala (Bordeaux), Heimat des Ausonius, der den Rhetoriklehrern der Stadt eine Gedichtreihe gewidmet hat.
REtienne, Bordeaux antique, 1962.

Burrus, S. Afranius, wurde 51 n. Chr. auf Betreiben der Agrippina (3) zum *Praefectus praetorio* ernannt und neben Seneca damit betraut, Nero zum künftigen Kaiser heranzubilden. Sein Tod 62 beraubte Seneca der mächtigsten Stütze und veranlaßte mit dessen Entschluß zum Rücktritt aus der Rolle des Beraters des Kaisers.

Buseiris, grausamer Aegypterkönig, den *Herakles erschlug. Vasenbilder: *Caeretaner Hydria, Buschor (*Vasen) S. 102, und öfter auf att. rotfig. Vasen.

Byblis, Tochter des Miletos, entbrannte in verbrecherischer Liebe zu ihrem Bruder Kaunos und wurde in eine Quelle verwandelt.
*Ovid, *Metamorphosen 9*, 450ff.

Byrsa, die Burg von Karthago.

Byzantion, um 660 v. Chr. als Kolonie von Megara gegründet, erhielt eine hohe handelspolitische Bedeutung durch seine Lage am Bosporus.

Es beherrschte die Getreideeinfuhr aus den Schwarzmeerländern nach Griechenland. Die Perser brachten den wichtigen Übergang nach Europa im 6. Jh. in ihre Hand. B. beteiligte sich am Ionischen Aufstand 497/4 und wurde danach von den Persern zerstört. Das bei Plataiai 479 geschlagene Perserheer marschierte über B. zurück; die gr. Flotte unter Pausanias kam zu spät, um es abzuschneiden, eroberte aber B. In der Stadt behauptete sich nun Pausanias gegen den Willen seiner Regierung sieben Jahre lang und trat in Unterhandlungen mit Xerxes, während die meisten Griechen sich empört von ihm abwandten und dem Athenischen Seebund beitraten, den Aristeides vor B. gegründet hatte. Die Athener belagerten B. und zwangen Pausanias zur Flucht. Als Mitglied des Seebunds blühte B. auf. Es zahlte 15 bis 22 Talente jährlich als Bundessteuer. Erst nach der Katastrophe der athenischen Macht in Sizilien fiel es ab. Das bedeutete die Abschneidung Athens von seiner Getreidezufuhr. Alkibiades eroberte 409 B. zurück, aber 405 fiel es wieder an Sparta, und dessen Stratege Klearchos errichtete 403 eine Schreckensherrschaft. Als Philipp Makedonien zur Weltmacht erhob, erkannte er früh die Wichtigkeit von B. Er belagerte die mit Athen verbündete Stadt 340, worauf ihm Athen den Krieg erklärte. Obschon Philipp bei dieser denkwürdigen Belagerung die modernsten Kriegsmaschinen des Mechanikers Polyeidos einsetzte, mußte er schließlich erfolglos abziehen. B. blieb auch unter Alexander d. Gr. autonome Stadt. Die um 278 einbrechenden Kelten verheerten es schwer und auferlegten ihm einen hohen Tribut. In der Römerzeit erfreute es sich eines großen Wohlstands. Doch als die Byzantiner den Gegenkaiser Pescennius Niger gegen Septimius Severus unterstützten, ließ Septimius nach langer Belagerung 196 n. Chr. die Stadt grausam strafen. Auf Fürsprache Caracallas baute er sie indes wieder auf, und in den folgenden Jh. war sie ein Bollwerk gegen die in der Völkerwanderung hereinbrechenden Barbaren. Kaiser Constantinus verlegte seine Residenz nach B., das jetzt von 330 an Konstantinopel und Neu-Rom hieß. Es wurde ebenso politisches Zentrum des oström. Reichs wie kultureller Mittelpunkt, wo die antike Tradition, die im Westen in den Stürmen der Völkerwanderung verschüttet wurde, fortbestand. Die christliche Kirche hatte hier den Sitz eines Patriarchen, dessen Stellung durch die unmittelbare Verbindung zum Kaiserhof sehr mächtig wurde. Der Anspruch auf den Titel *oikumenikós* (Welt-Patriarch) stieß auf den Widerstand des röm. Papstes. Als Iustinianus (527-565) den Westen zurückeroberte und die Reichseinheit nochmals herstellte, erhielt die Hauptstadt glänzende neue Bauten (Sophienkirche: *Anthemius). In Konstantinopel wurde damals das röm. *Recht kodifiziert, der folgenreichste Beitrag zur Weltkultur. In der Folgezeit (Byzantinische Zeit bis 1453) ging der Westen endgültig verloren. Die byzantinischen Kaiser behaupteten ihr Reich mühsam gegen Perser, Araber, Bulgaren; innenpolitisch war es oft durch Thronwirren und erbitterte Glaubenskämpfe gefährdet. Die Verwaltung geschah durch einen streng hierarchisch aufgebauten Beamtenapparat, dessen Spitze der kaiserliche Hof bildete mit einem ungeheuer prunkvollen und umständlichen, ganz starren Zeremoniell; zuoberst stand der Kaiser als absoluter Monarch und Statthalter Christi auf Erden, nur wenigen höchsten Würdenträgern zugänglich. Die antike gr. Literatur wurde immer noch von z. T.

bedeutenden Männern gepflegt (*Photios, *Arethas, *Tzetzes, *Eustathios, *Anthologie, *Suidas). Die letzten dieser Gelehrten wanderten, als die Türken 1453 die Stadt eroberten, nach Italien aus und vermittelten den Humanisten der Renaissance die Kenntnis der gr. Originale; im Osten aber ging die antike Kultur unter.

Stadt: RJanin, Constantinople byzantine, Paris 1950. *Aquae ductus. Landmauer des Theodosius (2): FKrischen, Die Landmauer von Konstantinopel, 1938-43. – Reich: Ostrogorsky, Gesch. des byz. Staates, 3. A. 1963. Krumbacher, Gesch. der byz. Lit., 1897. Beck, Kirche u. theol. Lit. im byz. Reich, 1959; ders., Gesch. der byz. Volkslit., 1971. Dölger, Gesch. der reinsprachl. byz. Dichtung 1949. AGuillou, La civilisation byzantine, Paris 1990. HHunger, Reich der neuen Mitte, der chr. Geist der byz. Kultur, 1965. Rice-Hirmer, Kunst aus B., 1959. AGrabar, B., 1966. APKazhdan (Hg.), The Oxford Dictionary of Byzantium, 1991 (3 Bde.). OMazal, Manuel d'études byzantines, 1994.

C

Cacus. Als *Herakles mit den Rindern des Geryones auf dem Heimweg an der Stätte des späteren Rom lagerte, stahl ihm der Riese C. einen Teil der Herde. Er zog sie am Schwanz in die Höhle, so daß die Spuren von dieser wegliefen und den Suchenden täuschten. Doch als die eingeschlossenen Rinder brüllten, entdeckte Herakles den Räuber und erschlug ihn, obgleich er sich mit Feuerschnauben wehrte. Das war die Stiftungslegende des Herculeskultes in Rom an der *Ara Maxima* beim *Circus Maximus*.
*Vergil, *Aeneis* 8, 185-272. – FMünzer, C. der Rinderdieb, Basel 1911.

Caduceus, der Heroldsstab, den Mercurius trägt (*Hermes).

Caecilia. – 1. C. Attica, Tochter des *Atticus, war verheiratet mit M. Vipsanius *Agrippa. – 2. C. Metella, Gattin eines Sohnes von *Crassus (2). Ihr bekanntes Grabmal, Ende des 1. Jh. v. Chr. errichtet, steht an der *Via Appia*.

Caecilius, Name eines plebeischen Geschlechts in Rom, urspr. aus Praeneste. Berühmtester Zweig die *Metelli. – 1. Statius C., ein Insubrer, ca. 220-168 v. Chr., dichtete röm. Komödien, freie Übertragungen nach Menandros. Doch hielt er sich enger an die Vorlagen, als es *Plautus getan hatte. Der Theaterdirektor *Ambivius Turpio vermochte ihn nach langem beim Publikum beliebt zu machen. Durch C. war der Boden für Terenz bereitet.
T: Ribbeck (*Komödie). Ü: Leo, Gesch. der röm. Lit. S. 466ff. (1913). Warmington, Remains of old Latin I (Loeb L.).
2. C. von Kalakte (Sizilien), *attizistischer Rhetor Mitte 1. Jh. v. Chr. Sein Hauptwerk behandelte die zehn attischen Redner (*Kanon).
T(Frg.): Ofenloch, 1907.

Caecina, altes Etruskergeschlecht aus Volaterrae. – 1. A. C., von Cicero 69/8 v. Chr. in einem Erbschaftsprozeß verteidigt. – 2. A. C. Severus, consularischer Legat in *Germania Inferior* 14 n. Chr., kämpfte als bewährter General unter *Germanicus gegen die Cherusker.

Caecubum, ein geschätzter latinischer Wein aus der Gegend von Fundi.

Caelius, röm. Plebeiergeschlecht. – 1. C. Rufus stand in Briefwechsel mit Cicero (8. Buch ad fam.), der ihn 56 v. Chr. in einer Rede verteidigte. 48 erhielt er von Caesar die Praetur, mußte aber bald abgesetzt werden. – 2. C. Aurelianus aus Sicca (Numidien) schrieb im 4./5. Jh. n. Chr. drei Bücher über akute und fünf über chronische Krankheiten, Übersetzungen aus verlorenen Werken des *Soranos, ferner über Frauenkrankheiten *(Gynaecea)*.
TÜ: GBendz-IPape, 1990 (CML).

Caelius mons, einer der sieben Hügel Roms, südl. des Esquilin.

Caepio, Quintus Servilius, cos. 106 v. Chr. Als Imperator zog er gegen die *Kimbern und plünderte die abgefallene Stadt Tolosa (Toulouse). Das aus deren Tempel geraubte Gold brachte ihm kein Glück. Eigensinnig weigerte er sich, mit dem Oberfeldherrn, dem Consul Mallius, zusammenzuarbeiten. So erlitt das Heer bei Arausio (Orange) im Rhonetal eine vernichtende Niederlage. Von 80 000 Mann retteten sich wenige mit den fliehenden Feldherrn. Caepio wurde abgesetzt und verurteilt; er starb in Smyrna im Exil.

Caere (Cerveteri), uralte Etruskerstadt (*Mezentius), in deren Nekropole (Gräberstadt) interessante Reste der etrusk. Kultur (Wandgemälde, Vasen) gefunden worden sind. Frauen sind in einem Sarkophag in Form eines Hauses beigesetzt; Männergräber werden durch eine Säule (Phallos) bezeichnet. Nach dem Hauptfundort C. benannt werden die *Caeretaner Hydrien*, eine Gruppe von Vasen aus der 2. H. d. 6. Jh. v. Chr., auf denen Szenen aus dem Mythos lebhaft, drastisch und in bunter Farbgebung erzählt werden. Wahrscheinlich wurden sie von einem aus Ostionien nach Etrurien eingewanderten Meister und seiner Werkstatt geschaffen. Die Bevölkerung von C. war gemischt und zweisprachig; Caeriten dienten Römern und Etruskern als Dolmetscher. 353 erhielt C. das röm. Bürgerrecht ohne Stimmrecht.
MPallottino, La necropoli di Cerveteri, 1960. JMHemelrijk, Caeretan Hydriae, 1984.

Caesar, Beiname eines Zweiges des Geschlechts der I u l i i . – 1. L. Iulius C., cos. 90 v. Chr., beantragte das Gesetz über die Verleihung des Bürgerrechts an die *Bundesgenossen. Er wurde 87 von den Anhängern des Marius ermordet, zusammen mit seinem Bruder. – 2. Dieser, Gaius Iulius C. Strabo Vopiscus, war curul. Aedil 90 v. Chr. Als er sich 88 ungesetzlich um das Consulat bewarb, schritten die Tribunen ein. Er war ein großer Redner und dichtete auch Tragödien. Cicero läßt ihn in seinem Dialog *Über den Redner* auftreten.
3. Gaius Iulius C., geboren 13. Juli 100 v. Chr. Die Schwester seines Vaters, Iulia, war verheiratet mit *Marius. So stand C. auf seiten der demokratischen Partei gegen die Optimaten (*Sulla). Marius machte ihn, 16jährig, zum *Flamen Dialis*, nachdem C. sich, um die Bedingungen dieses Priestertums zu erfüllen, zuvor mit Cornelia, der Tochter des Consuls Cinna, vermählt hatte. 82 geriet C. während der Proskriptionen Sullas in höchste Gefahr, weil er die Scheidung seiner Ehe verweigerte. Den Verwandten, deren Fürsprache ihn rettete, soll Sulla, auf die gürtellose Priestertracht des Dialis anspielend, gesagt haben: «Nehmt euch in acht vor dem schlechtgegürteten Jungen; in dem stecken viele Mariusse.» Caesar verließ Rom, um unter dem Propraetor von Asien, Minucius Thermus, Offizier zu werden. Für seine Tapferkeit beim Sturm auf Mytilene wurde er mit dem Bürgerkranz ausgezeichnet. Nach Sullas Tod trat C. 78 in Rom als Gerichtsredner auf. 75 fuhr er nach Rhodos, um sich beim Rhetor Molon auszubilden. Er fiel unterwegs Seeräubern in die Hände, die ihn gegen ein Lösegeld von 50 Talenten freiließen. Doch C. brachte sogleich ein Geschwader zusammen, fuhr den Piraten nach, nahm sie gefangen und ließ sie entgegen der Verfügung des

Statthalters auf eigene Faust kreuzigen. 73 wurde er ins Collegium der *Pontifices* gewählt und eilte zum Amtsantritt nach Rom. Er begann jetzt die senatorische Ämterlaufbahn. 68 war er Quaestor im jenseitigen Spanien. 65 gewann er als Aedil die Volksgunst durch glänzende Spiele. Mit ungeheuren Aufwendungen für den Stimmenkauf erreichte er 63 die Wahl zum *Pontifex Maximus*. Als die Verschwörung des Catilina aufgedeckt wurde, vertrat C. geschickt seinen Antrag, die Verschworenen mit Haft zu bestrafen. Doch sein Gegner *Cato (2) setzte in einer feurigen Rede die Todesstrafe durch. 62 wurde C. Stadtpraetor (*Bona Dea).

Vor Antritt des Consulats (59) schloß er das Triumvirat mit den mächtigsten Männern Roms, Pompeius und Crassus. Gegen die Opposition des Mitconsuls *Bibulus und Catos brachte C. ein neues Agrargesetz durch: Röm. Bürgern und Veteranen, zunächst 20 000, wurde Siedlungsland zugewiesen und durch diese sozialpolitische Maßnahme das röm. Proletariat vermindert. Pompeius heiratete C.s Tochter Iulia, C. selbst Calpurnia. Durch einen von *Vatinius beantragten Volksbeschluß erhielt C. das Cisalpine Gallien bis 1. März 54 als Provinz zugewiesen. Dieses Imperium wurde vor Ablauf verlängert, so daß C. 58-51 das Transalpine Gallien erobern konnte. Zuerst besiegte er die *Helvetier und *Ariovist, dann der Reihe nach die gallischen Stämme. In den Grenzgebieten zeigte er durch zwei Rheinüberquerungen (55 und 53) und zwei Expeditionen nach Britannien (55/4) die Macht Roms. Schließlich unterdrückte er die gefährlichste Erhebung der gesamten Gallier zum letzten Freiheitskampf unter *Vercingetorix. Dabei schuf er sich ein kriegsgeübtes, ihm persönlich ergebenes Heer, das stärkste Mittel zur Macht. Die Plünderung der keltischen Heiligtümer deckte nicht nur C.s riesige Schulden, sondern erlaubte ihm reichsten Aufwand und Schenkungen. Die Menge des gallischen Goldes ließ den Goldpreis in Rom um ein Drittel sinken.

56 hatten sich die Triumvirn in Luca über die weitere Politik geeinigt. Doch Crassus fiel 53 in Mesopotamien, und nach dem Tode Iulias 54 entfremdeten sich C. und Pompeius. C. durfte sich nach Volksbeschluß abwesend um das Consulat von 48 bewerben und wünschte, bis dahin mit seinem Heer in Gallien zu bleiben. Pompeius, der sich jetzt auf die Optimatenpartei des Senats stützte, hintertrieb das mit allen Mitteln und lehnte Caesars weitgehende Vermittlungsvorschläge ab. Der Senat beschloß zuletzt die Entlassung von C.s Heer (10 Legionen) und gab Pompeius den Oberbefehl. Da überschritt C. am 10. Jan. 49 am Rubico die Grenze seiner Provinz und eroberte in zwei Monaten Italien. Pompeius gelang es, nach Griechenland überzusetzen. C. erledigte nun zuerst sieben Pompeianische Legionen unter Afranius und Petreius in Spanien (*Ilerda). Auf dem Wege wurde *Massilia nach langem Widerstand genommen. Dann setzte C. über die von der feindlichen Flotte beherrschte Adria, wurde aber bei Dyrrhachion in einen Stellungskrieg gezwungen. Erst im Juli 48 zog er nach Thessalien ab. Pompeius folgte ihm, stellte sich bei Pharsalos zur Schlacht und wurde besiegt. C. suchte selbst den übers Meer Fliehenden einzuholen, fand ihn aber bei der Ankunft in Aegypten ermordet.

C. entschied in Alexandreia den Thronstreit gegen Ptolemaios zugunsten der *Kleopatra, die ihn durch ihre Klugheit und Schönheit zu gewinnen vermochte. Die empörten Alexandriner belagerten ihn mit 20 000 Mann königlichen Truppen in der Burg, wo er sich mit geringen Streitkräften den ganzen Winter unter großer Gefahr halten konnte. Im März 47 erschien ein Entsatzheer und schaffte ihm Freiheit. Kleopatra gebar ihm bald danach einen Sohn *Kaisarion. Im August besiegte C. Pharnakes bei Zela und kehrte nach Rom zurück. Von da wandte er sich gegen die Pompeianer. Er schlug sie 46 bei *Thapsus in Afrika (Cato gab sich in Utica den Tod) und 45 bei *Munda in Spanien. Damit war er Alleinherrscher geworden. Schon nach Pharsalos waren ihm die Dictatur auf unbestimmte Zeit, das Consulat auf fünf Jahre, die tribunizische Gewalt lebenslänglich übertragen worden. 45 erhielt er die Verfügung über Staatskasse und Heer, Vollmacht zur Ernennung der Beamten, das Recht, sein Bild auf Senatsmünzen zu prägen und stets Triumphalgewand und Lorbeerkranz zu tragen. Es wurden ihm göttliche Ehren erwiesen und der Monat *Quintilis* nach seinem Namen *Iulius* umbenannt. C. reorganisierte den Staat, indem er seinen früheren Gegnern großmütig verzieh. Der in den Bürgerkriegen zusammengeschmolzene Senat wurde auf 900 Mitglieder gebracht, das Bürgerrecht freigebig verliehen, die Zahl der zum unentgeltlichen Empfang von Getreide berechtigten 320 000 röm. Proletarier durch soziale Maßnahmen auf 150 000 gesenkt, der Kalender, der um 90 Tage nachging, geordnet. Geplant war u. a. die statistische Aufnahme und Vermessung des Reichs, Regulierung des Tiber, Trockenlegung der Pontinischen Sümpfe, Kodifizierung des röm. Rechts, Einrichtung einer öffentl. Bibliothek, ein Partherkrieg. C. versuchte, an das Königtum des Staatsgründers Romulus anzuknüpfen. Am 15. Febr. 44, dem Lupercalienfest, drückte der Consul M. Antonius C. das Diadem aufs Haupt. Doch erst als C. es abnahm, rief das Volk Beifall. Der Haß gegen den Namen König war den Römern durch lange geschichtliche Tradition zu tief eingewurzelt. Das Stichwort *rex* (König) brachte die Verschwörung der Republikaner im Senat gegen C. zusammen. Ihre Führer waren M. *Brutus und *Cassius (1). C. war gewarnt, vertraute aber wie immer auf sein Glück. Am 15. März 44 sank er, von 23 Dolchstichen getroffen, vor der Statue des Pompeius nieder.

Von C.s literarischem Werk sind erhalten die sieben Bücher über den *Gallischen Krieg* (ein achtes Buch fügte sein General Hirtius hinzu) und drei Bücher über den *Bürgerkrieg*. Der *Alexandrinische, Afrikanische* und *Spanische Krieg* mußte nach seinem Tode von seinen Anhängern beschrieben werden. Verloren sind ein Werk über das Sprachproblem der *Analogie* und zwei Bücher gegen seinen Todfeind *Cato*. C.s Stil ist von unübertrefflicher Klarheit und Präzision des Ausdrucks, die Darstellung so geschickt, daß alle seine Maßnahmen immer ganz natürlich, folgerichtig und berechtigt erscheinen. Es wirkt hier jene innere Überzeugungskraft des souveränen Geistes fort, die auch dem Lebenden die Herzen gewann.

Gesamtwerk: T: AKlotz, 1957; Fortsetzer 1927 (Tb). TK: HMeusel, 1906-20 (Nachdr. 1964-66); Fortsetzer: RSchneider, 1888-1905 (Nachdr. 1962). TÜ: OSchönberger, 1990-94 (Tusc.). Einzeln: *Bellum Gall.:* T: OSeel, 1977 (Tb). TÜ: MDeißmann (Reclam). Ü: VStegemann, 1989 (Goldmann TB). *Bellum civile:* Ü: GWirth, 1966. Deissmann-Merten (Reclam). *Bellum Alexandrinum:* T: RGiomini, 1956. *Bellum Africum:* TÜ: ABouvet,

1949 (Budé). Zum Kalender: Hofmann (Tusc.). – MGelzer, C., der Politiker und Staatsmann, 1960. EdMeyer, C.s Monarchie und das Principat des Pompeius, 1921. ChMeier, C., 1993 (dtv). Adcock, C. als Schriftsteller, 1962. HStrasburger, C. im Urteil seiner Zeitgenossen, 1968. MRambaud, L'art de la déformation historique dans les commentaires de C., 1966. DRasmussen, C., 1980 (WdF). – Portrait: *Münzen. Kopf im Vatikan. Schefold. FSJohansen, Antichi ritratti di Caio Giulio Cesare nella scultura, in: Analecta Romana Inst. Dan. 4, 1967, 7ff.

4. L. Iulius C., Sohn von C. (1), cos. 64. Er ging 52 als Legat C.s nach Gallien, wurde 43 von Antonius proskribiert, aber auf Fürsprache seiner Schwester Iulia, der Mutter des Antonius, begnadigt. – 5. Sein Sohn L. Iulius C. spielte im Jan. 49 den Vermittler zwischen C. und Pompeius, schloß sich dann dem letztern an. Nach dem Tod Catos in Utica erflehte er Verzeihung, wurde aber bald beseitigt. – 6. Gaius Caesar, der im J. 4 n. Chr. früh verstorbene Enkel des Kaisers Augustus. In Limyra (Kleinasien), wo ihn auf der Rückkehr von einem Feldzug der Tod ereilt hatte, errichtete man dem Thronfolger ein Grabmal, doch der Leichnam wurde in Rom beigesetzt.

JGanzert, Das Kenotaph für G. Caesar in Limyra, 1984. JPollini, The portraiture of Gaius and Lucius C., New York 1987.

7. Der Kaiser *Caligula. – 8. Der Beiname C. wurde auch nach dem Aussterben des iulischen Kaiserhauses in der Kaisertitulatur weitergeführt. Seit Hadrian bedeutete die Verleihung des C.-Titels die Bestimmung zur Thronfolge. Diocletians System sah zwei regierende Augusti vor, denen je ein C. unterstellt war.

Caesarea (gr. *Kaisareia*), Name von Städten. – 1. In Kappadokien, von Tiberius benannt, im 3. Jh. Bischofsstadt des *Basileios. – 2. Von *Herodes (1) mit Hilfe röm. Ingenieure an der zuvor hafenlosen Küste von Palästina angelegt, Sitz der röm. Statthalter. Bei den Ausgrabungen wurde 1961 eine Inschrift mit dem Namen des Pontius Pilatus gefunden. Wirkungsstätte des *Origenes und *Eusebios.

T: Iosephus, *Jüd. Krieg* 3, 408-414. – LILevine, C. under Roman Rule, Leiden 1975. Levine-Netzer, Excavations at C. maritima 1975-79, Final Report, 1986. KGHolum-RLHohlfelder, King Herod's dream, New York 1988.

3. Hauptstadt der Provinz Mauretania Caesariensis (Cherchel). Bedeutende Statuen- und Mosaikfunde.

StGsell-MLeglay, Cherchel, 1952. PhLeveau, C. en Maurétanie, Rom 1984.

Caesarius v. Arelate (Arles), gallischer Bischof, Schüler des *Pomerius, † 542. Er war ein eifriger Förderer des Klosterwesens und leitete mehrere gallische Concilien. Auf dem Concil von Arausio 529 setzte er gegen die Überbetonung der Willensfreiheit durch die sog. Semipelagianer (*Cassianus) die Anerkennung von Augustins Gnadenlehre in gemäßigter Form durch. Besonders breite Wirkung übte er durch seine volksnahen Predigten.

T: Morin, Maredsous 1937/42; daraus *Sermones:* Corp. Chr. 103/4, 1953. TÜ: S. chrét. 1971ff. (bisher 5 Bde.). *K zur Apokalypse:* Ü: JCourreau, Paris 1989. – CFArnold, C. v. A. und die gallische Kirche seiner Zeit, 1894. AMalnory, St.-Césaire, 2. A. 1934. WEKlingshirn, C. of A., the making of a christian community in Late antique Gaul, Cambridge 1994.

L. **Caesellius** Vindex, Grammatiker zur Zeit Hadrians.

Calabria, die östliche Halbinsel von Süditalien (heute Apulien). An der Küste wurden früh gr. Kolonien angelegt (Großgriechenland). Hauptorte: *Tarentum, *Brundisium. 272/66 eroberten die Römer das Land.

Calcidius verfaßte (wahrscheinlich um 400) eine Ü und einen K zum Platonischen *Timaios*, des einzigen Werks, durch das Platon, vor allem dank C., im lat. Mittelalter bekannt war.
T: HWaszink, 1975. – JCMvanWinden, C. on matter, 1959. JdenBoeft, C. on fate, 1970; ders., C. on demons, 1977.

Calenus, Q. Fufius, rettete 61 v. Chr. als Volkstribun den P. *Clodius vor der Verurteilung wegen Religionsfrevels (*Bona Dea). Praetor 59. Im Bürgerkrieg kämpfte er auf seiten Caesars; cos. 47. Nach Caesars Tod folgte er M. Antonius, rettete den geächteten *Varro (3), verwaltete 41 die Provinz Gallia Narbonensis. † 40.

Caligula (Stiefelchen), Beiname des Kaisers Gaius Caesar, den er von den Soldaten erhalten hatte, in deren Lager er in Germanien aufgewachsen war. Er war Sohn des Germanicus und der *Agrippina (2), geb. 12 n. Chr. Nach dem frühen Tode des Vaters erzogen ihn Agrippina, die Großmutter Antonia und die Urgroßmutter Livia. Er entging dem Verderben, das Seianus über seine Brüder brachte. Nachdem er sich die Unterstützung des Praetorianerpraefekten Macro gesichert hatte, wählte ihn der Senat 37 zum Nachfolger des Tiberius, das Volk jubelte ihm als dem Sohn des beliebten Germanicus zu. Doch nach wenigen Monaten vernünftiger Regierung verfiel C. nach einer schweren Krankheit ganz dem Caesarenwahnsinn, verschwendete die Staatsfinanzen (er speiste an einem Tage für 10 000 000 Sesterzen, den Jahresertrag von 3 Provinzen), beschenkte seine Günstlinge, z. B. den jüdischen Prinzen Agrippa, mit Königreichen und verurteilte in einem Schreckensregiment jeden zum Tode, der sein Mißfallen erregte oder dessen Besitz ihn reizte. Er fühlte sich als Allgott Iuppiter. 41 wurde er endlich von dem Praetorianertribunen Chaerea ermordet.
Biogr.: *Sueton (K: DWHurley, Atlanta 1993). *Tacitus (*Annalen* 6). Bildnis: Büste in Kopenhagen. *Münzen. Herrscherbild I 4, 1988. – JPBalsdon, The emperor Gaius, 1934. AABarrett, C., the corruption of power, London 1989. AFerrill, C., emperor of Rome, New York 1991.

Calpurnia, die vierte und letzte Gattin Caesars, Tochter Pisos (2).

Calpurnius, plebeisches Geschlecht. Wichtigste Zweige: *Bibulus. *Piso. – T. C. Siculus, bukolischer Dichter neronischer Zeit, schrieb 7 *Eclogen*.

TÜK: DKorzeniewski, Hirtengedichte aus neronischer Zeit, 2. A. 1987. BSchröder, 1991 (4. Ecl.). LDiSalvo, Bologna 1990 (7. Ecl.). *Bukoliker.

Calvus, C. Licinius Macer, Sohn des *Macer, trat 56 v. Chr. als erfolgreicher Redner hervor und war zugleich neben seinem Freund Catullus der begabteste *neoterische Dichter. Er starb sehr jung, kurz nach 54. Erhalten sind nur wenige Frg.
Reden: Malcovati. Gedichte: WMorel-KBüchner-JBlänsdorf, Frg. poet. Lat., 1994 (Tb). – ECastorina, Licinio Calvo, Catania 1946.

Cambodunum, keltischer Stadtname. – 1. Kempten im Allgäu.
WSchleiermacher, C. – Kempten, 1972.
2. In Britannien, nahe bei Eburacum (York).

Camenae, altitalische Quellgöttinnen, mit den gr. Musen gleichgesetzt, weil der Name von *carmen* (Gedicht) hergeleitet schien.

Camilla, amazonenhafte Tochter des Volscerkönigs Metabus von Privernum, fiel in der Schlacht gegen Aeneas durch einen Pfeil des Arruns. – *Vergil, *Aeneis* 11, 648ff.

Camillus, M. Furius, Held der röm. Republik. An seine historische Gestalt haben sich viele sagenhafte Züge angeschlossen. Er war 6mal Consulartribun und angeblich 5mal Dictator, Censor 403 v. Chr. 396 eroberte er *Veii nach 10jähriger Belagerung. Doch wegen Unterschlagung von Beute verurteilt, ging er 391 nach Ardea ins Exil. Nachdem die Gallier unter Brennus Rom zerstört hatten (387), soll der zurückkehrende C. den Feinden das Lösegeld abgenommen und sie vernichtet haben. Dann habe er die Bürger gehindert, die Trümmer Roms zu verlassen und nach Veii überzusiedeln, und habe die Stadt neugegründet. Er siegte über Volscer, Aequer und Etrusker und feierte darauf einen 3fachen Triumph. Auf der Rednerbühne *(rostra)* des röm. Forums stand seine Statue. – Biogr.: *Plutarch.

Campania, die Ebene am Golf von Neapel. Wichtigste Städte: Cales und Casilinum am Fluß Volturnus, Capua und Nola in der Ebene, Cumae, Puteoli und Neapolis an der Küste, Nuceria, Pompeii und Stabiae im Gebiet des Flusses Sarnus. Die einheimische Bevölkerung war oskisch, die Küstenstädte gr. Kolonien. Erste gr. Kolonisten aus Euboia ließen sich schon im 8. Jh. in Kyme (Cumae) und auf der Insel Pithekusai (Ischia) nieder. Etwa 520-438 stand C. unter etruskischer Herrschaft; dann drängten die Samniten in die Städte vor. Die Römer erschlossen sich das Land durch die via Appia 312 v. Chr. Nach dem Abfall Capuas im Hannibalischen Krieg wurde C. Staatsdomäne, dann von Caesar an Siedler aufgeteilt. Das reiche und fruchtbare Land war die ganze Kaiserzeit hindurch bis ins 6. Jh. der Garten Italiens.
Beloch, Campanien, 1890. AGMcKay, Ancient C., 1972 (2 Bde.). Vasen: *Großgriechenland.

Cannae, Dorf in Apulien am Fluß Aufidus. Hier bereitete Hannibal am 2. August 216 v. Chr. den Römern die furchtbarste Niederlage. Der Con-

sul Varro hatte gegen den Willen des Mitkonsuls Aemilius Paulus die Schlacht begonnen. Gegen 50 000 der eingekesselten Römer fielen, fast 20 000 wurden gefangen.
Kromayer, Antike Schlachtfelder III (1912). v. Schlieffen, C., 1913. FCornelius, Das C.-problem, 1932 (Klio Beiheft 26).

Cantabrer, kriegerisches Volk in Nordspanien, endgültig unterworfen durch Augustus (26-19 v. Chr.).

Capena, Etruskerstadt am Fuß des *Soracte, wo ein Hain und Tempel der *Feronia lag. – *Porta* C., das Tor, durch das die *via Appia* in die Stadt Rom hineinführte.

Capito, C. Ateius, cos. 5 n. Chr., berühmter Jurist, von dem die Schule des *Sabinus und Cassius ausging. *Labeo.
T: LStrzelecki, 1967 (Tb).

Capitolium. Der kapitolinische Hügel, die Burg des alten Rom, ist gegliedert in 2 Kuppen: nördl. die *Arx*, südwestl. das *Capitolium*. Dazwischen liegt ein Sattel, über den der Weg *(clivus Capitolinus)* vom Forum hinaufführte; rechterhand lag hier das **Tabularium*. Das C. krönte der Haupttempel Roms, dessen Bau im 1. Jahr der Republik (509) vollendet war; später wurde er nach Bränden öfter neu gebaut. Hier verehrte man die kapitolinische Trias, d. h. den Staatsgott *Iuppiter Optimus Maximus* mit *Iuno* und *Minerva* (*Vulca). Siegreiche Feldherrn fuhren im *Triumph in der Tracht des Iuppiter zu diesem Tempel hinauf. Auf der *Arx* stand der Tempel der *Iuno Moneta*, die röm. Münzstätte. Der steile Absturz auf der Südostseite des C. war der Tarpeische Felsen, über den hinab Staatsverbrecher zu Tode gestürzt wurden. *Veiovis. – Nach dem Vorbild Roms hatten auch andere Städte des Imperium im Stadtzentrum einen der Göttertrias geweihten und C. genannten Tempel (guterhaltene Reste z. B. in Pompeii, Ostia, *Thugga, *Sufetula; die Kirche Maria im Kapitol in Köln steht an der Stelle des dortigen C.).

Capreae, die Insel Capri im Golf von Neapel. Augustus legte hier eine Villa an. Später wählte der Kaiser Tiberius C. zu seinem Lieblingsaufenthalte. Bedeutende Reste.
AMaiuri, Capri, 1958.

Capua, Hauptstadt Campaniens, um 800 v. Chr. von den *Etruskern gegründet, später oskisch. Von der etrusk. Siedlung finden sich zahlreiche Reste; die etrusk. Sitte der *Gladiatorenkämpfe kam von da nach Rom. Um 343 schloß sich C. im Abwehrkampf gegen die Samniten an Rom an und erhielt das Bürgerrecht ohne Stimmrecht. 216 fiel die Stadt zu Hannibal ab, dessen Truppen hier im Winterquartier verweichlichten. 211 eroberten die Römer C. zurück; es wurde seiner Stadtrechte beraubt. 59 legte Caesar eine röm. Kolonie dahin, und C. nahm einen neuen Aufschwung. – Ruinen eines großen Amphitheaters.

Caracalla. M. Aurelius Severus Antoninus, Sohn des *Septimius Severus und der Iulia Domna, 186 n. Chr. in Lyon geboren, Kaiser 211-217. Den

Übernamen C. bekam er von dem gallischen Kapuzenmantel, den er seit 213 trug. Seine folgenreichste Tat war der Erlaß der *Constitutio Antoniniana* 212, die allen Freigeborenen im ganzen Reiche das röm. Bürgerrecht verlieh und dadurch die Provinzen mit Italien und Rom gleichstellte. Seine verschwenderische Prachtliebe (Bau riesiger Thermen bei Rom) und die reichen Spenden an die Soldaten führten zu Steuererhöhung und Münzverschlechterung. Ein wahnsinniger Ehrgeiz (Nachahmung Alexanders d. Gr.) und rohe Grausamkeit waren die hervorstechendsten Charakterzüge: Seinen Bruder Geta ermordete er im Arm der Mutter. Den Circus liebte er so, daß er selbst darin auftrat. Auf einem Partherfeldzug ließ ihn der Gardepraefekt Macrinus bei Carrhae ermorden.
OThSchulz, C., 1909. Sasse, Die constitutio Antoniniana, 1958. EBrödner, Untersuchungen an den C.-thermen, 1951. – Portrait: Büste in Neapel. Herrscherbild III,1.

Carausius, Kommandant einer röm. Flotte, der sich 286 n. Chr. in Britannien zum Kaiser proklamierte. Da Maximianus und Diocletian militärisch nichts gegen ihn ausrichteten, mußten sie ihn dulden. C. ließ Dreikaisermünzen schlagen, die aber nur in Britannien ausgegeben wurden. 293 wurde er durch Allectus ermordet.
JCasey, C. and Allectus, the British Usurpers, London 1994.

Carbo, plebeischer Zweig des Geschlechts der Papirii. – 1. Gaius Papirius C., cos. 120 v. Chr., bedeutender Redner. Als Volkstribun war er 131 oder 130 einer der aktivsten Anhänger der Reformen des toten Tib. *Gracchus gewesen. Aber beim Tod des Gaius Gracchus 121 schwenkte er um zu den Optimaten. Den Mörder des Gracchus, L. Opimius, verteidigte er vor Gericht, er habe mit Recht zum Wohle des Vaterlandes gehandelt. Selbst angeklagt von L. Crassus, beging er 119 Selbstmord.
Frg. der Reden: Malcovati.
2. Cn. Papirius C., ein Führer der Partei des Marius, cos. 85/4 und 82 v. Chr. Vor Sulla floh er nach Africa, wurde von Pompeius gefangen und hingerichtet.

Carcer, das röm. Staatsgefängnis am Forum Romanum unter dem Südosthang des Capitols; der Name *c. Mamertinus* ist nicht antik. In seinem unterirdischen Verlies, dem *Tullianum*, fanden die Hinrichtungen statt.

Carinus, Sohn des Carus, Kaiser 283-285, wurde von seinen Soldaten während des Krieges gegen Diocletian erschlagen.
Herrscherbild III,3.

Carmen bedeutete ursprünglich nicht Gedicht, sondern ‹ritueller Spruch›. Neben Gebet und Zauber gehörte auch das Recht, dessen Herkunft aus der Religion in Rom noch sehr deutlich war, zu den Anwendungsbereichen des c. Die altertümliche Bindung der Rede im c. zeigt sich u. a. darin, daß dieselbe Vorstellung mit drei verschiedenen nebeneinander gestellten Wörtern von ähnlicher Form eindrucksvoll wiederholt wird, in der Alliteration und in der Wiederkehr bestimmter Satzrhythmen. Besonders feierliche *carmina* wurden unter Dreisprungtanz *(tripudium)* je dreimal abgesungen. Nach Einführung der Versliteratur in Rom wurde das Wort c. auch für diese Art gebundener Rede gebraucht (mit Ausnahme des Dramas). C. in der alten und neuen Bedeutung zugleich ist z. B. das *c. saeculare* des Horaz. Das Zwölftafelgesetz bestrafte jeden, der einen Schadenzauber *(malum c.)* gegen jemand absänge, spätere Juristen verstanden die Bestimmung als ein Verbot von Schmähgedichten, und Horaz (*Sat.* 2, 1, 80ff.) deutet sie scherzend um zu einem Verbot, schlechte Verse zu dichten.

Carmentis (auch Carmenta), altröm. Göttin, deren Heiligtum vor der *Porta Carmentalis* lag. Ihr Fest, die *Carmentalia*, fand am 11. und 15. Jan. statt. Über ihr Wesen wußte man nichts Gewisses mehr; Varro deutete sie als Geburtsgöttin, und indem man den Namen mit dem Wort *carmen* verband, schrieb man ihr weissagende Sprüche zu. Augustinus spricht von einer Mehrzahl von Carmentes. Im Mythos bei Vergil ist C. die Mutter des *Euandros.
GRadke in Festschr. WPötscher (Grazer Beiträge, Suppl. 5), 1993, 181-184.

Carnuntum (Petronell-Altenburg), Militärlager nahe der Donaugrenze, Hauptstadt von Ober-Pannonien, heute die bedeutendste röm. Ruinenstadt Österreichs. *Dolichenus.
Der röm. Limes in Österreich, Wien 1900ff. – C.-Jahrbuch, 1955ff. AObermayr, Römerstadt C., 1967. WJobst, Provinzhauptstadt C., 1983. Führer: EVorbeck, 1983.

Carrhae (Harran), Stadt im mesopotamischen Grenzgebiet, um dessen Besitz die Römer gegen die Parther und später gegen die Sassanidenkönige wechselvolle Kämpfe führten. Niederlage des Crassus 53 v. Chr. *Caracalla.

Carthago nova (Cartagena), um 221 v. Chr. von Hasdrubal (1) als Sitz seiner Herrschaft über das von ihm eroberte Spanien gegründet, fiel 209 nach einer Belagerung durch Scipio Africanus an die Römer und wurde Hauptstadt der Provinz *Hispania citerior.*

Carus, M. Aurelius, Praetorianerpraefekt des Kaisers Probus, selbst Kaiser 282/3, starb auf einem siegreichen Partherfeldzug.
Herrscherbild III,3.

Casilinum, nordcampanische Stadt an der Volturnobrücke der *via Appia.*

Casinum (Cassino), Volskerstadt, seit dem 4. Jh. v. Chr. latinisch. Über ihr erhebt sich der Hügel, auf dem *Benedictus sein Kloster gründete. *Cassiodorus.
Carretoni, C. (Municipi e Colonie II,2), Rom 1940.

Cassianus, Johannes, war um 405 aus dem Orient nach Rom gekommen, nachdem er 10 Jahre lang das Leben der ägyptischen Wüstenmön-

che kennen gelernt hatte. 415-428 schrieb er in seinem Kloster in Massilia 12 B. *Über das Leben in den (ägypt.) Klöstern und die Mittel gegen die 8 Hauptlaster*, ferner 24 B. *Collationes* (erbauliche Gespräche mit ägypt. Mönchsvätern). Die im 13. B. niedergelegten Lehren über Willensfreiheit und Gnade wurden später vom Konzil von Arausio 529 ohne Nennung von C.s Namen verurteilt (*Caesarius). Die 7 B. *Gegen Nestorius über die Menschwerdung Christi* schrieb C. auf Wunsch des späteren Papstes Leo I. im Hinblick auf das bevorstehende Konzil von Ephesos (431).
T: Petschenig, 1886/8 (Corp. Vindob.). TÜ: *Collat.:* EPichery, 1955-59 (S.chrét.). *Institutiones:* ICGuy, 1965 (S.chrét.). Ü: KV. Kemmer, Weisheit der Wüste, Einsiedeln 1948 (Ausw.)

Cassiodorus Senator, Flavius Magnus Aurelius, cos. 514 n. Chr., dann *Magister officiorum* (Kanzleichef) des Theoderich. Nach 540 zog er sich zurück in das von ihm gegründete Kloster Vivarium im Bruttierlande. Sein großes Verdienst war die Sorge um die Hebung des Bildungsstandes der Mönche, der er den Rest seines Lebens widmete. Durch seine Anweisung, antike Bücher abzuschreiben, wurden die mittelalterlichen Klöster, vor allem das Stammkloster der Benediktiner auf dem Monte Cassino, zu Pflegestätten der Literatur und Wissenschaft. Die Erlasse aus seiner Amtszeit sind gesammelt in den 12 Büchern *Variae*. T: ThMommsen, 1894. Fridh, 1973 (Corp. Chr.). Ü (engl.): Hodgkin, London 1886. Zahlreiche Werke verfaßte er in der Klosterzeit; am bedeutendsten sind die *Institutiones* (Kurze Anweisung für die Bildung der Mönche). T: Mynors, Oxford 1961. *Psalmen-K:* Ü: PGWalsh, New York 1990-91. Außerdem sind viele Schriften in seinem Auftrage entstanden, z. B. die *Historia tripartita* (Kirchengeschichte). T: Jacob-Hanslik, 1952 (Corp. Vindob. 71).
T der übrigen Werke: Migne lat. 70. Corp. Chr. 96-98. *Iordanes. – JJO'Donnell, C., statesman and historian, 1975 (Diss. Yale Univ.). BMeyer-Flügel, Das Bild der ostgotisch-röm. Gesellschaft bei C., 1992.

Cassius, vornehmes plebeisches Geschlecht. – 1. Gaius C. Longinus rettete 53 v. Chr. als Quaestor des Crassus nach der Niederlage von Carrhae die Trümmer des Heeres und die Provinz Syrien. Im Bürgerkrieg ging er nach der Schlacht bei Pharsalos zu Caesar über, der ihn 44 zum Praetor ernannte. Mit seinem Schwager M. Brutus war C. eines der Häupter der Verschwörung und an der Ermordung Caesars selbst beteiligt. Bei Philippi gab er sich, von Antonius besiegt und über das Schicksal des Brutus ungewiß, den Tod. – 2. Gaius C. Longinus, cos. 30 n. Chr., großer Jurist, Nachfolger des Masurius Sabinus. Als blinder Greis wurde er von Nero verbannt, weil er gewagt hatte, die Maske des Caesarmörders C. unter seinen *Ahnenbildern aufzustellen. Vespasian rief ihn zurück. Er schrieb 10 Bücher über *Zivilrecht*. – 3. C. Felix, afrikanischer Arzt der dogmatischen Schule, schrieb 447 n. Chr. *de medicina* (nach gr. Vorlagen, besonders Galen).
T: Rose, 1879 (Tb).
4. *Avidius, – 5. *Dion.

Castra: *Lager. – Ortsnamen: 1. *C. Régina* (Regensburg), röm. Legionslager an der Donau. Der quadratische Lagergrundriß ist im heutigen Stadtbild noch kenntlich.
GUlbert, Das röm. Regensburg, in Germania Romana 1, 1960.
2. *C. *Vetera.*

Catilina, L. Sergius, verarmter Patrizier aus altem Geschlecht, Praetor 68 v. Chr. Seine Bewerbung um das Consulat 65 wurde verhindert durch eine Anklage wegen Erpressungen. Er hatte sich in der Provinz Africa sanieren wollen. C. war ein verwegener politischer Abenteurer und fand für ein Umsturzprogramm mit Schuldentilgung reichlich Anhänger unter dem verschuldeten Adel und den sullanischen Veteranen. Caesar und der Großfinanzmann Crassus hofften, ihn als Werkzeug zu brauchen, und unterstützten ihn heimlich. Als ersten Anschlag plante C. die Ermordung der für 65 gewählten Consuln, was aber mißlang. Für 63 trat er wieder als Konsulatskandidat auf, aber gewählt wurden Cicero und Antonius (2). Auch bei der Wahl für 62 fiel C. durch. Die Verschwörung war inzwischen so weit erstarkt, daß C. nach Ermordung der Consuln die Stadt in Brand stecken wollte. Cicero deckte in einer Senatsrede am 8. Nov. 63 das Komplott auf. Vor der 2. Rede floh C. nach Etrurien. Durch eine Unvorsichtigkeit fiel Cicero die Korrespondenz der Verschwörer mit den Allobrogern, die sie zum Abfall verleiten wollten, in die Hände. Jetzt ließ der Consul Cicero die Leiter der Verschwörung in Rom verhaften und hielt eine 3. Rede an das Volk. Im Senat sprachen Caesar gegen, Cato und Cicero für die Todesstrafe (5. Dez.). Die Verhafteten wurden sofort erdrosselt, gegen C. und seine Truppen in Etrurien ein Heer ausgesandt. Tapfer kämpfend fiel C. mit allen seinen Anhängern in der Schlacht bei Pistoria. *Sallust, *Der Catilinarische Krieg.* *Ciceros *Catilinarische Reden.*
Quellen-TÜ: HDrexler, Die Catilinarische Verschwörung, 1976. – HDStöver, Macht und Geld im alten Rom, 1989.

Cato. – 1. M. Porcius C. Censorius, 234–149 v. Chr., aus Tusculum, zeichnete sich im Hannibalischen Krieg aus, war 205 Quaestor Scipios in Sizilien und Africa, 198 Praetor in Sardinien, von wo er schon 204 auf der Rückreise den Dichter Ennius nach Rom mitgebracht hatte. 195 war er als cos. in Spanien, 184 Censor. Selbst ein gebildeter Mann, war er der Mode, die damals hellenische Sitten in Rom einführte, durchaus abgeneigt (*Karneades). Die gr. Ärzte, sagte er, hätten sich verschworen, alle Barbaren, zu denen sie besonders die Römer rechneten, mit ihren Arzneien umzubringen, und ließen sich dafür auch noch bezahlen. C. war ein temperamentvoller Redner, der oft gegen seine Gegner aus der Nobilität auftrat und eine eigenwillige Sprache mit kräftig treffenden Ausdrücken führte. Während seine Zeitgenossen gr. schrieben, schuf C. einen lat. Prosastil. Sein Hauptwerk *Origines*, eine Urgeschichte des röm. Volkes (er nannte keine Namen von Feldherren, um dem Volk die Ehre der Taten zu lassen), ist verloren, ebenso alle übrigen außer einem Büchlein über den *Ackerbau*, eine kostbare Fundgrube altröm. Bauernlebens. Viele seiner Aussprüche waren sprichwörtlich geworden, z. B. «Die kleinen Diebe hängt man, die großen gehen in Gold und Purpur»

oder «Karthago muß zerstört werden», womit er immer seine Senatsreden geschlossen haben soll. Von Antiochos d. Gr. sagte er: «Er führt Krieg mit Briefen, er zieht ins Feld mit Schreibrohr und Tinte.» Man ließ darum später eine Sammlung Verssprüche, die sog. *Disticha Catonis*, unter seinem Namen umlaufen; sie war bis ins späte Mittelalter ungemein verbreitet.
Reden: T: Malcovati. TK: MTSblendorio Cugusi, Torino 1982. *Origines:* TÜ: MChassignet, 1986 (Budé). TK (B. 1): WASchröder, 1971. *De agricultura:* T: AMazzarino, 1982 (Tb). TÜ: RGoujard, 1975 (Budé). TÜK: PThielscher, 1963. Ü: Loeb L. *Übrige Frg.:* T: Jordan, 1860. *Disticha:* T: MBoas-Botschuyver, Amsterdam 1952. Ü: Pistorius, 1816. Biogr.: *Plutarch. *Nepos.– Hörle, C.s Hausbücher, 1929. DKienast, C. der Zensor, 1979. Scullard, Roman politics 220-150 B. C., 2. A. 1973. AEAstin, C. the censor, New York 1975. FKlingner, Röm. Geisteswelt, 5. A. 1979.
2. M. Porcius C. Uticensis, 95-46 v. Chr., Urenkel des Censorius. Er war ein fanatischer Feind Caesars, gegen den er den Standpunkt der Republik, d. h. der Senatsaristokratie, verfocht. Als Stoiker trug er eine unbestechliche Sittenstrenge zur Schau und sprach 63 für die Hinrichtung der Catilinarier nach altröm. Sitte. Im Bürgerkrieg tötete er sich nach der Schlacht bei Thapsus in Utica. Seither pflegten alle, die ein Bekenntnis der Opposition gegen die Monarchie ablegen wollten, eine *Lobschrift auf C.* zu schreiben (*Lucanus); Cicero und M. Brutus taten das noch zu Caesars Lebzeiten. Caesar antwortete mit einer Gegenschrift *Anticato.* – Biogr.: *Plutarch. – PMRusso, C. Uticensis, 1976. RFehrle, C. Uticensis, 1983. HJTschiedel, Caesars Anticato, 1981.
3. Valerius C., Grammatiker und führender Dichter des *Neoterikerkreises. Im Alter lebte er in größter Armut, worauf sein Zeitgenosse Furius Bibaculus in 2 witzigen Gedichtchen anspielt.
Bibaculus: T: WMorel-KBüchner-JBlänsdorf, Frg. Poet. Lat., 1994 (Tb). Von C.s Werken ist nichts erhalten.

Catullus, C. Valerius, geb. 84 (?) v. Chr. in Verona, der größte Lyriker des *neoterischen Dichterkreises. Kein Römer hat je so unmittelbar aus vollem Herzen gesprochen wie er in den Liedern, die ihm das Glück und Unglück seiner Liebe zu *Lesbia* (Pseudonym für Clodia, die mondäne Schwester des P. *Clodius) eingab. Seine *Iamben* schonten mit ihrem sicher treffenden Hohn auch Caesar und dessen Günstling Mamurra nicht. Daneben dichtete er kunstvoll ausgefeilte Übertragungen gr. Vorbilder (*Sappho, *Kallimachos). Er starb früh im Alter von etwa 30 Jahren. Die Sammlung der Gedichte umfaßt 3 Gruppen: Die kleineren Gedichte, deren Form Spätere als für C. charakteristisch nachahmten, die längeren, meist hexametrischen oder elegischen Gedichte und die Epigramme.
T: WEisenhut, 1983 (Tb). TÜ: WEisenhut, 1993 (Tusc.). GPGoold, 1987 (dtv). GLee, Oxford 1990. Ü: RHelm (Reclam). TK: WKroll, 1968. K: HPSyndikus, 1984-90 (3 Bde.). – RHeine, C., 1975 (WdF).

Catulus. – 1. Gaius Lutatius C., cos. 242 v.Chr., beendete durch den Seesieg bei den Aegatischen Inseln 241 den 1. Punischen Krieg. – 2. Q. Lutatius C., cos. 102 v. Chr., besiegte zusammen mit Marius 101 die Kimbern auf den Raudischen Feldern bei Vercellae. Im Bürgerkrieg stand er auf seiten Sullas. Den Schergen des Marius entging er durch Selbstmord. Er war ein angesehener Redner und dilettierte als Dichter von Epigrammen.

Caudinische Pässe. Hier schlossen die Samniten unter Gavius Pontius 321 v. Chr. ein röm. Heer ein und schickten es zur Schmach unter dem Joche durch. – *Livius, 9, 1ff.

Celsus. – 1. A. Cornelius C. schrieb ca. 30 n. Chr. ein Sammelwerk, das alle Wissenschaften behandelte. Erhalten sind daraus die 8 Bücher *Medizin*, nach guten gr. Quellen empirischer Schule übersetzt (*Medizin II), medizingeschichtlich sehr wichtig.
T: FMarx, 1915 (CML [*Medizin]). Ü: Scheller-Frieboes, 1906. ThMeyer-Steineg, 1912. TÜ: WGSpencer, 1935-38 (Loeb L.). TÜK: *Einleitung:* PhMudry, Rome 1982. *B. 8:* SContino, Bologna 1988.
2. P. Iuventius Celsus T. Aufidius Hoenius Severianus, berühmter Jurist unter Traian und Hadrian, letzter großer Vertreter der Schule der Proculianer. Unter seinem Consulat kam 129 n. Chr. das *SC Iuventianum* zustande (über die Haftung des Erbschaftsbesitzers für die Herausgabe des Nachlasses an die Erben). *Responsum Celsinum* ist sprichwörtlich für ‹grobe Antwort auf eine dumme Frage›, wie sie C. einem Domitius Labeo erteilt hat.
3. Kelsos von Alexandreia, Platoniker. Seine 178 n. Chr. verfaßte Schrift *Die wahre Lehre* war das erste gegen die Christen gerichtete philosophische Buch.
T (Frg): OGlöckner, 1924. TÜ (it.): SRizzo, Milano 1989. Ü: ThKeim, 1984. – ABader, 1940 (dazu Wifstrand, Lund 1942). *Origenes. – CAndresen, Logos und Nomos, 1955. KPichler, Streit um das Christentum, 1980 (Diss. Regensburg).

Cenomani, Keltenstamm, teils im transalpinen Gallien, teils nördl. des Po *(Gallia Transpadana)*. Wichtigste Städte: Brixia, *Verona, *Cremona, Mantua, Tridentum. Durch ein Gesetz verlieh Caesar 48 v. Chr. allen Transpadanern das röm. Bürgerrecht.

Censor, der Beamte, welcher im republikan. Rom die Musterung der Bürgerschaft vornahm. Das Amt der Censur wurde fast nur gewesenen Consuln verliehen. Jeweils für einen Zeitraum von 5 Jahren *(lustrum)* registrierten die 2 C. in feierlicher Versammlung *(contio)* auf dem Marsfelde die Personalien der Bürger, teilten sie in Tribus, Klassen und Centurien ein und nahmen die Steuerschätzung vor. Nach der Steuerklasse richtete sich die Einteilung im Heeresdienst. Die C. konnten unwürdige Senatoren aus dem Senat ausstoßen und neue aufnehmen. Sie überwachten das Staatsbudget, insbesondere die Vergabe von öffentl. Bauten. Mit ihrem Recht, über die Sitten zu wachen und nötigenfalls jedermann eine Rüge *(nota)* zu erteilen, griffen sie tief in das Privatleben jedes einzelnen ein.

Censorinus schrieb 238 n. Chr. *Über den Geburtstag* (Einfluß der Sterne auf den Menschen; Zeiteinteilung).
TÜK: KSallmann, 1988 (Tb). CARapisarda, Bologna 1991.

Cento, Flickgedicht. Man bastelte aus Versen und Versteilen von Homer oder Vergil eigene Gedichte zusammen, z. B. Hosidius Geta eine Tragödie *Medea* (T: *Anthologie [3]), *Ausonius ein *Hochzeitsgedicht.*

Centumviri (Hundertmänner), röm. Gerichtshof für Privatprozesse.

Centuria (Hundertschaft), seit *Servius Tullius die Einteilungsgrundlage für das röm. Volk. – 1. bei Volksabstimmungen in *Comitia centuriata.* – 2. bei den Fußtruppen des Heeres. Der eine C. führende Unteroffizier hieß *Centurio.* – 3. bei der Landvermessung (*Gromatici), ein Quadrat oder Rechteck von 504 668 Quadratmetern für 100 Ansiedler.

Ceres, die Erdmutter, Göttin des Pflanzenwachstums und des Totenreichs, von den Römern in ältester Zeit indirekt aus Griechenland (*Demeter) übernommen. 496 (?) v. Chr. wurde der Kult nochmals direkt aus Unteritalien eingeführt: Tempel für Ceres, Liber und Libera auf dem Aventin. Fest: *Cerialia* am 19. April.
*Religion. BSSpaeth, The goddess C., 1987 (Diss. Hopkins Univ.). Le Bonniec, Le culte de C. à Rome, 1958.

C. Cestius Epulo, † vor 12 v. Chr. Seine Grabpyramide steht noch heute an der Porta Ostiensis in Rom.

Cethegus, Zweig des Patriziergeschlechts der Cornelier. Altertümelnd betonten sie ihren Namen auf der ersten Silbe trotz metrischer Länge der zweiten (Quintilian, *inst.* 1, 5, 23) und trugen unter der *toga* keine *tunica*, so daß ihre nackte Schulter sprichwörtlich wurde. – 1. M. Cornelius C., Censor 209 v. Chr., war als Redner berühmt. – 2. Gaius Cornelius C., 63 v. Chr. als Mitverschworener Catilinas hingerichtet.

Chabrías, Schüler des Platon, athenischer General in der Zeit von 389 bis 357 v. Chr. – Biogr.: *Nepos.

Chairemon von Alexandria, Stoiker und äg. Priester. Er wurde im J. 49 neben Seneca, der ihn wohl in Ägypten kennen gelernt hatte, als Lehrer des Prinzen Nero nach Rom berufen.
TÜK (Frg): HRSchwyzer, 1932 (Diss. Bonn). PWvan der Horst, Leiden 1984.

Chairestratos, Bildhauer des beginnenden 3. Jh. v. Chr. Sein Werk ist die erhaltene Statue der Themis von Rhamnús. Sie ist charakteristisch für den harten, schlichten Stil der frühhellenistischen *Plastik. – Fuchs (*Plastik) Abb. 242.

Chaironeia, boiotisches Städtchen, wo Philipp 338 v. Chr. die Thebaner und Athener schlug. Den Sieg entschied der Angriff Alexanders d. Gr. gegen die heilige Schar der Thebaner, auf deren Grab später das Löwendenkmal errichtet wurde. Ch. bedeutete das Ende der einzelstaatlichen Freiheit und die Einigung Griechenlands unter dem makedonischen Joch, den Anfang der gemeingr. Kultur des *Hellenismus. 86 v. Chr. siegte Sulla bei Ch. über Mithridates. *Plutarch ist in Ch. geboren.
Kromayer, Schlachten-Atlas IV, 1926. NGLHammond, Studies in Greek History, 1973, 534-557.

Chaldaea: *Babylon.

Chalkidike, Halbinsel Makedoniens mit 3 Vorgebirgen, auf dem östlichsten der Berg Athos. Wichtigste Städte: *Olynthos, *Poteidaia, Mende, Torone, Stageiros, Akanthos. Der Name kommt von den ersten Siedlern aus Chalkis; seit 550 v. Chr. schuf Athen sich auf der Ch. seinen wichtigsten Stützpunkt im Norden (*Brasidas).

Chalkís auf Euboia am Euripos, im 8. bis 6. Jh. v. Chr. blühendste Seehandelsstadt, von der viele Kolonien gegründet wurden, auch in Italien (Cumae, Rhegium) und Sizilien. Vielleicht in einer der großgriechischen Kolonien wurden die sog. chalkidischen Vasen hergestellt, eine schwarzfig. Vasengattung der 2. H. d. 6. Jh. Das bekannteste Stück ist die Phineusschale in Würzburg (*Harpyien). – ARumpf, Chalkidische Vasen, 1927. AFerrari, I vasi calcidesi, Torino 1978.

Chalybes, Volk in Kleinasien zwischen den Südhängen des Pontos-Gebirges und den Quellen des Euphrat. Erzvorkommen und Waldreichtum ließen sie zu berühmten Herstellern von Eisen und Stahl werden, als im 2. Jahrtausend Ägypten, Mesopotamien und Europa noch in der Bronzezeit lebten. Die Überlegenheit der *Hethiter bis 1200 v. Chr. beruhte wesentlich auf ihren stählernen Waffen. Die Griechen gaben dem Stahl, den sie erst im 1. Jahrtausend v. Chr. kennen lernten, den Namen *Chalybs.*

Chamailéon, Peripatetiker, Ende 4. Jh. v. Chr. Neben philos. Werken schrieb er *Dichterbiographien*, die er durch kritiklose Erzählung von allerlei Klatsch «interessant» machte. Leider traf er damit den Geschmack des Publikums, so daß läppische Anekdötchen in unserer Überlieferung vom Leben der großen Griechen viel Wertvolles überwuchert und verdrängt haben.
T (Frg.): Wehrli, Schule des Aristoteles 9, 1969. TK: DGiordano, Bologna 1990.

Chaos, der klaffende und unendliche Raum vor der Entstehung des Kosmos.

Chares. – 1. Athenischer General zur Zeit Philipps und Alexanders d. Gr., Feldherr bei Chaironeia, auch als Söldnerführer in persischen Diensten, eine Landsknechtsnatur. – 2. Ch. aus Lindos, Erzgießer, Schüler des Lysippos. Seine 70 Ellen hohe Kolossalstatue des Sonnengottes Helios stand in *Rhodos von 292 bis 227 v. Chr., stürzte aber bei einem Erdbeben um. Auch die Trümmer wurden noch als Weltwunder bestaunt.

Charisius, Flavius Sosipater, schrieb im 4. Jh. eine lat. Grammatik, für die er die bedeutendsten älteren Werke verwertete.
T: Barwick, 1925 (Nachdr. 1964, Tb).

Chárites, Göttinnen der freudebringenden Gaben: Anmut, Schönheit, Festlichkeit; im Gefolge der Aphrodite und des Apollon mit den Musen. Hesiod nennt ihrer 3: Aglaia, Euphrosyne, Thaleia. Röm.: *Gratiae.* Die Gruppe der Ch. wurde in der Kunst oft dargestellt.

ESchwarzenberg, Die Grazien, 1966. KDeichgräber, Charis und Chariten, 1971 (= Kleine Schriften, 1984, 207-225).

Chariton schrieb im 1. oder 2. Jh. n. Chr. einen gr. Liebesroman *Chaireas und Kallirrhoe* (8 Bücher).
T: WEBlake, Oxford 1938. Ü: KPlepelits, 1976 (BGL). ChLucke, 1985 (Reclam).

Charon, der Fährmann, der die Schatten der Verstorbenen über die Styx in die Unterwelt fährt. Den Fährlohn von einem Obolos legte man den Toten vor der Bestattung in den Mund.

Charondas aus Katane gab seiner Vaterstadt Gesetze, die von vielen Städten Siziliens und Unteritaliens übernommen wurden. Um seine Gestalt spannen sich Legenden, die Stadtrechte entwickelten sich fort, so daß weder die Person noch das Werk des Ch. mehr wirklich faßbar sind.
MMühl, Die Gesetze des Zaleukos und Ch., 1929 (Klio 22).

Charybdis, Meeresstrudel gegenüber der *Skylla, der dreimal täglich die Flut hinabschlürfte und wieder aussprudelte (Homer, *Od.* 12).

Chatti, mächtiger Germanenstamm (Hessen). Germanicus triumphierte 17 n. Chr. über sie.
KDemandt, Geschichte des Landes Hessen, 1959.

Cheiron, weiser, heilkundiger *Kentaur, der den Achilleus, Iason und andere Heroen erzog. Er war unsterblich. Doch als ihn Herakles versehentlich mit einem seiner Giftpfeile verwundet hatte, wurde dies dem Leidenden zur Last: Er trat die Unsterblichkeit dem Prometheus ab.

Chersonesos. – 1. Die thrakische Ch., die Dardanellenhalbinsel. Die dortigen gr. Kolonien (Sestos) beherrschten den Hellespont. – 2. Die taurische Ch., die Krim, wurde im 6. Jh. von Milet aus kolonisiert. Hauptort Pantikapaion.
Gundel, Die Krim im Altertum (in Das Gymnasium, 1942).

Cherusci, Germanenstamm, mächtig unter *Arminius. Gegen 100 n. Chr. gingen sie, von den Chatten bedrängt, unter.

Chigikanne, Meisterwerk der protokorinthischen *Vasenmalerei mit reichem Bildschmuck, um 640 v. Chr. entstanden. Benannt nach dem früheren Besitzer, jetzt in der Villa Giulia, Rom. – Buschor (*Vasen) S. 31.

Chilon, der Spartaner unter den *Sieben Weisen (ca. 560 v. Chr.).

Chímaira, feuerspeiendes Fabeltier, vorn Löwe, in der Mitte Ziege, hinten Schlange. *Bellerophon tötete sie. – Etruskische Bronzefigur im Archäol. Museum, Florenz.

Chios. Die reiche Insel wurde früh von Ioniern besiedelt. 494 geriet sie unter Perserherrschaft, wurde dann nach der Schlacht von Mykale (479)

ein treues Mitglied des 1. und 2. Athenischen Seebundes. Nur die Niederlagen Athens im Peloponnes. Krieg führten 412 zu Parteiwirren und vorübergehender spartanischer Besetzung. Ch. galt als wahrscheinlichste Heimat Homers. Chiischer Wein zählte zu den feinsten Marken.
JBoardman, Chios, Oxford 1984.

Chiton: *Kleidung.

Choirilos. – 1. Ch. v. Athen, Tragiker vor Aischylos. – 2. Ch. v. Samos, dichtete in der 2. Hälfte des 5. Jh. v. Chr. ein Epos über die Perserkriege. – 3. Ch. v. Iasos, Hofepiker *Alexanders des Großen, galt als schlechter Poet.

Chor, gr. *chorós*, urspr. Tanzplatz, dann auch der Tanz selbst, die Tänzerschar und ihr Lied. In langsam feierlichem Rhythmus schritten die *Choreuten* (Tänzer) ihren Reigen, meist am Fest eines Gottes, zum Lied des Chorführers. Später sangen auch die Choreuten mit. Die Begleitmusik wurde auf der *Kithara* oder der Flöte *(Aulós)* gespielt. Das Hauptstück des Liedes war eine Erzählung aus der Sage. Der Textdichter komponierte auch und studierte den Chor ein. – Die erste kunstmäßige Entwicklung des Chores zeigte sich bei den Dorern. In Sparta wirkten im 7. Jh. v. Chr. die Chordichter Terpandros, Tyrtaios, Thaletas; das älteste erhaltene größere Stück ist ein Jungfrauenchor des Alkman. In der Folgezeit ragten der Sizilier Stesichoros, Ibykos aus Süditalien und Arion hervor. Auf dem Gipfel der Kunst stehen an der Wende des 6./5. Jh. Simonides, Pindar und Bakchylides. Die beiden wichtigsten Arten kultischer Chorlieder waren: 1. Der *Paián* zu Ehren Apollons. 2. der *Dithýrambos* zu Ehren des Dionysos. Dithyramben wurden auch in Athen an den Dionysien aufgeführt im Wettstreit um den Siegespreis. Noch im 5./4. Jh. blühte dort der sog. *Jungdithyrambos* (Hauptvertreter Timotheos), ein virtuoser Kunstgesang, der allerdings nicht mehr vom Chor, sondern vom Künstler selbst vorgetragen wurde.
Von höchster Bedeutung war in Athen die Entstehung des Dramas aus dem Chor am Frühlingsfest des Dionysos. Das Wechselgespräch zwischen einem Schauspieler (*hypokrites,* wörtl. Antworter) und dem Chor, wobei der Schauspieler in trochäischen oder iambischen Versen sprach, der Chor in lyrischen Maßen antwortete, ließ eine Handlung nur in beschränktem Sinne zu. Aischylos führte einen zweiten Schauspieler ein und wurde so der wirkliche Schöpfer der Tragödie. Sophokles erhöhte die Zahl auf drei. Der Dithyrambenchor behielt immer 50 Choreuten. Der tragische Chor bestand in den älteren der uns erhaltenen Tragödien aus 12, seit Sophokles aus 15 Personen. Der Chorführer *(Koryphaios)* war der Sprecher des Chors in den Dialogszenen. Der Chor selbst sang ein Einzugslied *(Párodos)* und ein kurzes Abgangslied *(Exodos)* in Anapästen. Während der Zwischenakte ertönten seine *Stásima* (Standlieder) in kunstvollen lyrischen Kompositionen, meist so gebaut, daß auf zwei gleiche Strophen ein Abgesang folgte. Nicht selten teilten sich die Tänzer in zwei Halbchöre, die abwechselnd sangen und einander antworteten. Die Sprache der Chorlieder blieb auch in Athen dorisch. Die Choreuten trugen die Maske von Männern oder Frauen des

Ortes, an dem die Handlung spielte. Doch griffen sie in die Handlung selbst nicht ein; der Chor begleitete diese nur mit seinen Reflexionen. Der Dichter konnte durch seinen Mund zum dramatischen Geschehen Stellung nehmen. – Ähnlich lagen die Verhältnisse beim Chor der alten *Komödie, nur daß hier die charakteristische *Parabase* das Kernstück bildete. Dagegen konnten in der mittlern und neuen Komödie zwar beliebige Liedchen zwischen den Akten vorgetragen werden, einen eigentlichen Chor jedoch gab es nicht mehr.
Die Kosten für die Ausstattung des Chors und die Aufführung *(Choregía)* wurden von einem reichen Bürger als **Leiturgía* übernommen. Diesem Choregen galt neben dem Dichter die Ehre, wenn der Chor siegte. *Lysikratesdenkmal. – Webster, The Greek Chorus, 1970. BZimmermann, Dithyrambos, Geschichte einer Gattung, 1992.

Christenverfolgungen. Der röm. Staat war fremden Religionen gegenüber tolerant. Viele der wie das Christentum aus dem Orient kommenden Erlösungsreligionen verbreiteten sich ungehindert. Wenn die Regierung einschritt, wie z. B. 186 v. Chr. gegen die *Bacchanalien oder mehrmals gegen die Isispriester, waren strafrechtliche Delikte gegen die öffentliche Moral der Grund. Die Religion als solche wurde nicht verboten. Allerdings ging keine dieser Religionen so weit, den Dienst der offiziellen Staatsgötter zu verdammen. Sie verhießen ihren Anhängern ein besonderes Heiltum, das diese von keinem andern Gotte erwarteten; in diesem Sinne nannten sie ihn den einzigen, ohne daß damit den für diese Frommen überflüssig gewordenen andern Göttern die Göttlichkeit überhaupt abgesprochen worden wäre. *Synkretismus. Auch der philosophische Atheismus blieb passiv: Kein Philosoph würde ein Götzenbild zertrümmert haben. Im übrigen fehlte den philosophischen Gottesleugnern die für ein Gesetz greifbare Kultgemeinschaft. Nur der Gott der Juden war grundsätzlich intolerant. Doch hatte Caesar die Sonderstellung der Juden gesetzlich anerkannt. Dieser rechtliche Schutz blieb ihnen, trotz zeitweiliger blutiger Verfolgungen, die meiste Zeit gewahrt.
Die Ch. sind eine der schwierigsten Fragen der röm. Rechtsgeschichte. Es ist kein Gesetz überliefert, das eine Bestrafung der Christen anordnet, und erst das Decret des Kaisers Decius, der 250 allen Untertanen befahl, den Göttern zu opfern, und die Weigerung mit der Todesstrafe bedrohte, gab den Ch. eine feste Rechtsgrundlage. Bis dahin ging man von der Befugnis der Magistrate aus, zur Wahrung von Ruhe und Ordnung mit ihrer administrativen Amtsgewalt vorzugehen und nach freiem Ermessen alle Strafmittel anzuwenden, wenn jemand ihrer Weisung nicht folgte *(coercitio)*. Das Gerichtsverfahren wurde auch gegen röm. Bürger nicht als regulärer Prozeß, sondern als außerordentliche Untersuchung *(cognitio extraordinaria)* geführt. Bestraft wurde das Bekenntnis zum Christennamen an sich, auch wenn keine vom Gesetz ausdrücklich unter Strafe gestellte Tat vorlag. Ob die Christen überhaupt verfolgt und wie schwer sie bestraft wurden, hing somit von dem gerade zuständigen Magistraten ab. *Plinius (2) befahl als Statthalter von Bithynien den Angeschuldigten, zu opfern und Christus zu lästern, und strafte die Ungehorsamen wegen Mißachtung des amtlichen Befehls.

Doch lehnte Traian es auf seine Anfrage hin ab, nähere Ausführungsbestimmungen aufzustellen, und bestimmte, man solle von systematischen Fahndungen absehen und anonyme Anzeigen nicht beachten. Mögliche Motive des behördlichen Vorgehens sind: 1. Die feindliche Haltung gegenüber den Staatsgöttern und dem immer wichtiger werdenden Kaiserkult, welche Christen und Juden gemeinsam war. Die jüdischen Sonderrechte standen aber den Christen nicht zu. 2. Alle Vereine, auch Kultgenossenschaften, bedurften offizieller Genehmigung. Seitdem Augustus das maßgebende Korporationengesetz erlassen hatte, wuchs das Mißtrauen des Staates ständig. Traian wollte im Orient nicht einmal die Gründung einer Feuerwehr gestatten. Sobald die Christen eine Gemeinde bildeten, galt diese als staatsgefährlicher, verbotener Geheimbund.
Die spätere christliche Literatur führt das Verbot auf die erste Verfolgung unter Nero (64 n. Chr.) zurück; übrigens wurde schon 57 gegen eine vornehme Römerin ein Verfahren wegen «ausländischen Aberglaubens» durchgeführt. Aber es spricht manches dafür, in der neronischen Verfolgung einen improvisierten Willkürakt zu sehen: Sie beschränkte sich auf die Stadt Rom; die Opfer wurden nicht einfach als Christen, sondern als angebliche Brandstifter bestraft. Der Haß des Pöbels gegen alles, was sich von ihm absondert, legte Nero nahe, auf diese Weise die Volkswut abzulenken. Die auf formelle kaiserliche Decrete gestützten Ch. fanden zwischen 250 und 312 statt unter den Kaisern Decius, Valerianus, Diocletianus, Galerius und Maximinus Daia. Gewöhnlich stellt man sich die Zahl der Opfer zu groß vor. Durch Massenterror und in Glaubenskämpfen christlicher Sekten (z. B. *Victor von Vita), wo nach Gesetz nicht gefragt wurde, haben namenlose Tausende den Tod erlitten. Das staatliche Einschreiten aber bedingte für jeden einzelnen ein formelles Rechtsverfahren, von dem die ältesten Stücke der Märtyrerakten ein ziemlich treues Bild geben. In Palästina sind z. B. 303-311 während der blutigen Verfolgung unter Diocletian und Galerius nach dem Bericht des Kirchenhistorikers Eusebios 44 Christen hingerichtet worden. Nicht die Zahl, sondern der Geist der Märtyrer gab der Kirche die Kraft, über die synkretistischen Religionen und philosophischen Bewegungen der Spätantike zu siegen.
Quellen (TÜK): PGuyot-RKlein (Hg.), Das frühe Christentum bis zum Ende der Verfolgungen, 1993f. JSpeigl, Der röm. Staat und die Ch., 1970. RKlein, Das frühe Christentum im röm. Staat, 1971 (WdF). HDStöver, Ch. im röm. Reich, ihre Hintergründe und Folgen, 1984 (dtv). PKeresztes, Imperial Rome and the Christians, 1989-90. ANRW II, 23.

Chryseis, Lieblingssklavin des *Agamemnon.

Chryselephantine Statuen (Goldelfenbeinstatuen). Auf einem Holzgerüst waren die Fleischpartien des Standbilds in Elfenbeinplättchen aufgesetzt, das Gewand aus Gold. Die berühmtesten Künstler arbeiteten in dieser Technik: Pheidias den Zeus in Olympia und die Athene Parthenos in Athen, Polykleitos die Hera in Argos. Entsprechend der Kostbarkeit des Materials waren chr. St. ursprünglich Götterbildern vorbehalten; erst Philipp von Makedonien ließ sich und seine Familie von

Leochares in Goldelfenbein darstellen. Wegen der Vergänglichkeit des Holzes und der Habgier späterer Jahrhunderte sind uns keine chr. St. erhalten.

Chrysippos von Soloi, Schüler von Arkesilaos und Kleanthes, 281/77-208/4 v. Chr., Schulhaupt der *Stoa, deren Lehre er dogmatisch festlegte und mit scharfsinniger Dialektik rechtfertigte. Mit Recht hieß es: «Wenn Ch. nicht wäre, so wäre die Stoa nicht.» Er schrieb ungeheuer viel (705 Bücher), ohne sich dabei um guten Stil und Darstellung zu kümmern.
T: Arnim II und III (*Stoa). Pohlenz, Kleine Schriften 1, 1965, 1-38. JBGould, The Philosophy of Ch., 1970. – Bildnis: Schefold.

Chrysostomos. – 1. Johannes aus Antiocheia, 397-403 Patriarch von Konstantinopel, Schüler des Libanios. Seine hinreißende Beredsamkeit erwarb ihm als Prediger in Antiocheia den Beinamen *Ch. (Goldmund).* Vom Kaiser nach Konstantinopel berufen, machte er sich durch strenge Reformen dem Klerus der Hauptstadt und der Kaiserin Eudoxia verhaßt und mußte die letzten Lebensjahre 403-407 im Exil verbringen. Sein literarischer Nachlaß ist umfangreicher als der irgend eines gr. Schriftstellers der Antike *(Predigten, Reden, Abhandlungen, Briefe).* Am bekanntesten sind: 21 Predigten *Über die Statuen.* Die Antiochener hatten 387 bei einem Aufruhr die Statuen des Kaisers umgestürzt und zitterten vor dem Strafgericht. Ch. mahnte zur Reue und tröstete, bis die von ihm erflehte Begnadigung eintraf. Predigten zur Auslegung von *Matthäus* und den *Paulusbriefen,* zum Teil nach tachygraphischen Nachschriften herausgegeben mit den Antworten des Redners auf den Beifall der Zuhörer. 6 Bücher *Über das Priestertum.* 3 Bücher *Trostschrift an Stagirios. Über Hoffart und Kindererziehung.*
T: Migne gr. 47-64. *Hoff. u. Kindererz.:* BKExarchos, 1954. TÜ einzelner Werke von verschiedenen Hg. in S. chrét., 1951ff. *Taufkatechesen:* RKaczynski, 1992. *Zu Hiob:* U. und D. Hagedorn 1990. Ü: *Ch.-Liturgie:* PEudokimov, Das Gebet der Ostkirche, 1986. – BHVandenberghe, Saint Jean Ch., Paris 1961. ChBaur, der hl. J. Ch. und seine Zeit, 1929-30.
2. *Dion von Prusa.

Chthonische Götter, Erdgottheiten. Sie repräsentieren die Erde: 1. als mütterliche Spenderin der Früchte und des Lebens. 2. als die alles Sterbende in sich aufnehmende Macht (Toten- und Unterweltsgötter). *Demeter. *Gaia.

Cicero. – 1. M. Tullius C., der größte röm. Redner, wurde am 3. Jan. 106 v. Chr. in Arpinum geboren, dessen Mitbürger Marius damals im Lichte neuen Ruhmes strahlte. Begabung, Fleiß und Ehrgeiz bahnten dem Unbekannten *(homo novus)* den Weg zu den höchsten Ehren. Schon in seinem zweiten Prozeß (80) führte er die Verteidigung des *S. Roscius,* dessen Feind der als Günstling Sullas allmächtige Chrysogonus war. Sein mutiges und erfolgreiches Auftreten machte C. zu einem der ersten Anwälte Roms. Den Anstrengungen gesundheitlich nicht gewachsen, ging er 79-77 nach Griechenland, wo er in Athen die Lebensfreundschaft mit *Atticus, seinem späteren Verleger und vertrautesten Berater, schloß und in Rhodos bei Apollonios Molon sich die volle Beherrschung der Rhetorik erwarb. 75 amtete er als Quaestor in Sizilien. Als Patronus der Sizilier klagte er 70 **Verres* an, siegte über den Gegenanwalt Hortensius und war damit endgültig als der beste Redner Roms anerkannt. 69 war er Aedil; 66 trat er als Praetor für die Verleihung des Oberbefehls gegen Mithridates an Pompeius *(lex Manilia)* ein. 63 entlarvte er als Consul die *Catilinarische Verschwörung.* Er sah darin den Höhepunkt seines Lebens, den er auch in einem Epos *Über sein Consulat* selbst verherrlichte. Doch sofort setzte nun von seiten der popularen Partei eine Hetze gegen C. ein wegen unrechtmäßiger Hinrichtung der Verschwörer. Den P. *Clodius hatte C. sich zum Todfeind gemacht, als er bei der Untersuchung des Religionsfrevels am Fest der *Bona Dea gegen ihn aussagte. Caesar, der 60 das Triumvirat mit Crassus und Pompeius einging, suchte auch C. zu gewinnen. Obwohl er so geschützt gewesen wäre, glaubte C. seinen eigenen Weg gehen zu können und lehnte ab. Da ließ ihn Caesar fallen und Clodius setzte 58 seine Verbannung durch. 57 wurde C. wieder zurückgerufen. Für die Rückerstattung seines Hauses, wo Clodius in der Zwischenzeit einen Tempel geweiht hatte, hielt er die Rede *de domo.* Die Verhältnisse der folgenden Jahre zwangen ihn zum unfreiwilligen Rückzug aus der Politik. Er schrieb seine großen Werke *de oratore* (Über den Redner) und *de re publica* (Staat). 53 wurde er zum Augur gewählt. 52 erlitt er als Verteidiger Milos, der wegen Totschlags des P. Clodius angeklagt war, einen schweren Mißerfolg, weil er bei dem Geschrei der Clodianer die Fassung verlor. Er ersetzte später die mißlungene Rede durch eine im Buchhandel verbreitete *(pro Milone)*, die als sein Meisterwerk galt. 51 mußte er als Proconsul nach Kilikien gehen; die Soldaten riefen ihn zum Imperator aus. Er schmeichelte sich mit der Hoffnung auf einen Triumph. Aber der Ausbruch des Bürgerkriegs zwischen Caesar und Pompeius (49) ließ es dazu nicht kommen. C., der mit beiden in Beziehung stand, durch seine politische Vergangenheit wie seinen philosophischen Glauben jedoch am Ideal der Republik hing, folgte nach langem Zögern Pompeius (sein Ausspruch: «Ich weiß, vor wem ich zu fliehen, aber nicht, wem ich zu folgen habe.»). Der Sieger Caesar behandelte C. mit höchster Zuvorkommenheit; indes blieb C. wenig Raum zur politischen Tätigkeit. Er widmete sich der Abfassung des Großteils seiner rhetorischen und philosophischen Werke. Schwer traf ihn 45 der Tod der Tochter Tullia. Nach der Ermordung Caesars hoffte C. zunächst auf ein Wiedererstehen der Republik. In den *philippischen Reden* (Titel nach dem Vorbild der *Philippika* des Demosthenes) wandte er sich als Führer des Senats scharf gegen M. Antonius. Dieser befahl nach dem Abschluß des 2. Triumvirats seine Ermordung. Am 7. Dezember 43 ereilten die Henker C. auf der Flucht.

C.s Werke brachte Atticus laufend in den Buchhandel; den Nachlaß ordnete sein Freigelassener *Tiro. In den R e d e n , die für die Buchausgabe überarbeitet und stilistisch ausgefeilt wurden (58 sind erhalten), zeigt sich C. als Meister der Sprache. Die r h e t o r i s c h e n Schriften führen hin zu seinem Ideal des Redners, der neben der formalen auch philosophische Bildung besitzen müsse. In der Geschichte der röm. Redner *(Brutus)* stellte er sich selbst als den Vollender an den Schluß. Durch die philosophischen Schriften erwarb C. sich das Verdienst, die gr. Fachsprache wortschöpferisch ins Lateinische übersetzt und so die geistigen Werte der nacharistotelischen Philosophie zum Eigentum der Römer gemacht zu haben (*Panaitios. *Scipio [3]). Wichtigste: *de re publica* (Staat, nur in Frg. erhalten), *de legibus* (Die Gesetze), *de finibus bonorum et malorum* (Das größte Gut und das größte Übel), *Academica, Tusculanae disputationes* (Gespräche in Tusculum), *de natura deorum* (Das Wesen der Götter), *de divinatione* (Die Seherkunst), *de officiis* (Die Pflichten). Die Briefe C.s sind hochinteressante Dokumente der Zeitgeschichte (*Atticus). Schwach war C. als Dichter (Ü. *Arats, Epos auf sein Consulat [Frg.]).

T: Verschiedene Hg. in Tb und Oxf. Cl. TÜ in Budé (franz.) und Reclam; in Tusc.: *Brutus:* BKytzler, 1990, *Orator:* Ders., 1988. *Topica:* THNüßlein, 1994. *Partitiones oratoriae:* KBayer, 1994. *Cato, Laelius:* MFaltner, 1993. *Hortensius, Lucullus, Academica:* LStraume-Zimmermann u. a., 1990. *De republica, De officiis:* KBüchner, 1993-94. *De legibus, Paradoxa Stoicorum:* RNickel, 1994. *De natura deorum:* WGerlach-KBayer, 1990. *De divinatione:* ChSchäublin, 1991. *De finibus:* OGigon-LStraume, 1988. *Tusculanae disputationes:* OGigon, 1992. *De fato:* KBayer, 1963. *Briefe:* HKasten, 1989-90. – Ü: *Reden:* MFuhrmann, 1978-85 (AW). TÜK: *Hortensius:* LStraume-Zimmermann, 1977. *Poet. Werke, Aratea:* JSoubiran, 1972 (Budé). TK: *Pro Murena:* JAAdamietz, 1989. *Briefe:* Tyrrell-Purser, London 1897-98. DRShackleton-Bailey, Cambridge 1965-80. *Brutus:* AEDouglas, 1966. *De divinatione, De natura deorum:* ASPease, 1912-3, 1955-8. *De fin.:* Madvig, 1876; 1-2: JSReid, 1925. *Lael.:* Seyffert-Müller, 1876 (Nachdr.). *De off.:* HAHolden, 1899 (Nachdr. 1966). *De orat.:* ASWilkins, 1892 (Nachdr. 1962). *Tusc.:* TWDougan, 1905-34. *Cato:* JGFPowell, Cambridge 1988. K: *De oratore 1-2:* ADLeeman-HPinkster-HLWNelson, 1981-89. *De legibus 1:* LPKenter, Amsterdam 1971. *De republica:* KBüchner, 1984. *Laelius:* KANeuhausen, 1981ff. *De divinatione:* STimpanaro, 1988. – Lit.: MGelzer u. a., C. (Sonderdr. aus Pauly-Wissowa, Realencycl.). OSeel, C., 1961. MGelzer, C. 1969. PGrimal, C., 1988. WStroh, Taxis und Taktik, 1975. CJClassen, Recht, Rhetorik, Politik, 1985. MFuhrmann, C. und die röm. Republik, 1992. TZielinski, C. im Wandel der Jh., 1929 (Nachdr. 1973). KBüchner, Das neue C.-Bild, 1971 (WdF); ders., Studien zur röm. Lit. 2, 1962. RHeinze, Vom Geist des Römertums, 1960. WKroll, Die Kultur der ciceron. Zeit, 1933 (Nachdr. 1972). FKlingner, Röm. Geisteswelt, 1979.

2. Q. Tullius C., Bruder des Redners. Er diente Caesar als Legat im Gallischen Krieg. 43 wurde er proskribiert und mit seinem Sohn ermordet. Wir besitzen seine Abhandlung *Über die Bewerbung ums Consulat (*ambitus)* und M. C.s Briefe an ihn (3 Bücher) aus der Zeit von 60-54. TÜ: *Cicero (1).

3. M. Tullius C., Sohn des Redners, geb. 65 v. Chr. Zur Zeit von Caesars Ermordung studierte er in Athen. Der Vater, der damals für ihn das Buch *Die Pflichten* schrieb, wollte zu ihm reisen; doch der Tod vereitelte die Absicht. C. kämpfte als Republikaner bei Philippi und unter S. Pompeius; 39 wandte er sich Octavian zu. Dieser zeichnete ihn, um das Unrecht am Vater gutzumachen, aus; 30 bekleidete er mit ihm zusammen das Consulat, C. verlas die Proklamation des Siegs über Antonius und Kleo-

patra. Selbst unbedeutend und dem Trunk ergeben, verdankte er seine Laufbahn nur dem Ruhm des Vaters.

Cincinnatus, L. Quinctius, cos. 460 v. Chr. Er wurde 458 vom Pflug weggeholt, um als Dictator das von den Aequern eingeschlossene Heer zu befreien. Nach 16 Tagen hatte er seine Aufgabe erfüllt und kehrte aufs Land zurück. 439 wurde er angeblich nochmals Dictator (*Ahala). Die röm. Geschichtsschreiber feierten ihn als Musterbild altröm. Tugend.

Cinna. – 1. L. Cornelius C., Parteigänger des Marius. Als cos. 87 mit Cn. Octavius leistete er vor dem Weggang Sullas in den Orient den Eid, die Sullanischen Anordnungen einzuhalten. Da er diesen Eid brach, zwangen ihn Octavius und der Senat zur Flucht. Er sammelte ein Heer, rief Marius zurück, eroberte Rom und führte eine Schreckensherrschaft ein; die Gegner wurden proskribiert. Er blieb cos. bis 84 und rüstete gegen den zurückkehrenden Sulla. Seine meuternden Soldaten erschlugen ihn. – 2. Sein Sohn gleichen Namens, Praetor 44 v. Chr., stand den Mördern Caesars nahe. – 3. C. Helvius C., *neoterischer Dichter und Freund Catulls. Sein sehr gepriesenes *Epyllion *Smyrna* ist nicht erhalten. 44 wurde er vom Pöbel, der ihn mit dem Caesargegner (2) verwechselte, erschlagen.
T: WMorel-KBüchner-JBlänsdorf, Frg. Poet. lat., 1994 (Tb), 114-116. – HDahlmann, Über Helvius C., 1977 (Abh. Akad. Mainz).

Circus Maximus im Tal zwischen Aventin und Palatin. Hier fanden, nach etruskischem Vorbild in Rom eingeführt, Wagenrennen statt. *Consus. Weitere C.anlagen gab es in Rom (*Flaminius) und anderen Städten.
Bildl. Darstellung: Mosaik in *Piazza Armerina.

Ciris: *Skylla 2.

Cirta (Constantine), Hauptstadt *Numidiens.

Civilis, C. Iulius Claudius, *Bataver aus königlichem Geschlecht. Unter Vitellius (69 n. Chr.) rief er die Bataver zum Freiheitskampf auf. Der Aufstand erfaßte ganz Nordgallien und wurde für Rom sehr gefährlich; alle Legionslager und Kastelle außer Mainz und Vindonissa fielen. Ende 70 wurde ein für die Bataver ehrenvoller Friede geschlossen.

Claudius **Claudianus** aus Alexandreia, † 404 n. Chr., schrieb als Hofdichter *Panegyrici* auf Stilicho, Honorius u. a., behandelte aber auch historische (Gotenkriege des *Alarich u. a.) und mythologische Stoffe *(Raub der Proserpina)*. Kleinere Gedichte gr., Hauptwerke in lat. Sprache.
T: JBHall, 1985 (Tb). TÜ: MPlatnauer, 1956 (Loeb L.). Ü: v. Wedekind, 1868. *Proserpina:* TÜ: JLCharlot, 1991 (Budé). TÜK: CGruzelier, Oxford 1993. *De consulatu Stilichonis:* K: UKeudel, 1970. *Panegyricus Olybrio et Probino coss.:* TÜK: WTaegert, 1988 (Diss. Würzburg). *De bello Gildonico:* TÜK: EMOlechowska, Leiden 1978. *Hochzeitsgedicht für Kaiser Honorius:* K: UFrings, 1975. *Gegen Rufinus:* HLLevy, 1971. – SDöpp,

Zeitgeschichte in Dichtungen C's., 1980. ACameron, C., Poetry and Propaganda at the court of Honorius, 1970. – Bildnis: Schefold.

Claudius, röm. Adelsgeschlecht. Der Ahnherr Atta Clausus war 504 aus der Sabinerstadt Regillum nach Rom gezogen und als Appius C. Sabinus Inregillensis unter die Patrizier aufgenommen worden. – 1. *Appius. – 2. *Marcellus. – 3. Appius C. Pulcher, cos. 54 v. Chr., als Proconsul von Kilikien Vorgänger Ciceros, mit dem er, obgleich sein Bruder P. Clodius dessen Todfeind war, zeitweilig in gutem Verhältnis stand. 50 übte er sehr streng die Censur aus und stieß viele Caesarianer (*Sallust) aus dem Senat. – 4. *Clodius. – 5. Ti. C. Nero, der erste Gemahl Livias, der Gattin des Augustus. Seine Nachkommen waren die iulisch-claudischen Kaiser von Tiberius bis Nero. – 6. Ti. C. Nero Germanicus, Kaiser 41-54 n. Chr., Sohn des Drusus (des Bruders des Kaisers Tiberius) und der jüngeren Antonia, geb. 10 v. Chr. in Lugdunum (Lyon). Augustus und Tiberius ließen ihn seiner körperlichen und geistigen Schwäche wegen nicht vor die Öffentlichkeit treten. Caligula gewährte ihm ein Consulat. 41 riefen ihn die Praetorianer zum Kaiser aus, doch blieb er weltfremd und versenkte sich gerne in professorale Gelehrsamkeit. Das Regiment führten tatsächlich seine Freigelassenen Narcissus und Pallas als allmächtige Minister und die Frauen. Die Regierung war erfolgreich. Britannien wurde erobert. Im Innern wurden das Ehe-, Erb- und Sklavenrecht reformiert. Die ausgezeichnete Finanzverwaltung ermöglichte viele Bauten: Wasserleitung Roms *(aqua Claudia)*, Regulierung des Fucinersees, Neuanlage des Hafens von Ostia. Straßen erschlossen das Reich dem Verkehr. Insbesondere wurden die Alpenpässe ausgebaut und die Provinzialverwaltung in Raetien und Noricum eingerichtet. 48 ließ C. seine Gattin *Messalina hinrichten und heiratete 50 Agrippina (3). Diese wußte Britannicus, den Sohn des C., zu verdrängen, und nachdem C. ihren Sohn Nero adoptiert hatte, vergiftete sie den Kaiser. Neros Erzieher *Seneca verspottete den Toten in dem Pamphlet *Apocolocyntosis* (*Apotheose), verfaßte aber gleichzeitig die offizielle Leichenrede; beim Lob der Weisheit des C. erhob sich allgemeines Gelächter.
*Tacitus, *Annalen*. Die Rede des C. für die Verleihung des Bürgerrechts an die Gallier ist inschriftlich erhalten (Bruns, Fontes iuris Rom., 1909). *Portrait: C. als Iuppiter, im Vatikan. MStuart, The Portraiture of C., New York 1938. – A. Momigliano, C., 1961. BLevick, C., London 1990.
7. M. Aurelius C. Gothicus, Kaiser 268-270, besiegte Alemannen und Goten, starb an der Pest.
Damerau, Kaiser C. II. Gothicus, 1934. – Herrscherbild III,3.

Clemens. – 1. Bischof von Rom, schrieb um 96 n. Chr. einen *Brief an die Gemeinde in Korinth*, nach den Paulusbriefen das ehrwürdigste Dokument des römischen Christentums im 1. Jh. Eine lat. Ü. des gr. Originals entstand im 2. Jh. Der sog. 2. Clemensbrief ist eine Mitte 2. Jh. entstandene Predigt. Im 3. Jh. machte man C. zum Helden eines christlichen *Romans, in welchem C. die abenteuerlichen Schicksale seiner Familie und seine Erlebnisse als Begleiter des Petrus erzählt (sog. *Clementinen*).

T (gr. u. lat.): CThSchaefer, 1941. Ü: HUvon Balthasar, Die apost. Väter, 1984. TÜ: JAFischer, Die apostolischen Väter, 1956. *2. Brief:* T: KBihlmeyer, Die a. Väter, 1956. ÜK: RKnopf, Handb. z. NT, Ergänzungsbd., 1920. *Clementinen:* T: BRehm-FPaschke, 1953-65.

2. T. Flavius C., Schüler des Pantainos, Begründer der christl. Katechetenschule von Alexandreia um 200 n. Chr., Lehrer des Origenes. Der *Protreptikos* ist eine Mahnrede an die Heiden, im *Paidagogos* erscheint Christus als der wahre Lehrer. In seinem Hauptwerk *Stromateis* (Teppiche) suchte er gr. Philosophie und christl. Glauben zu einer «wahren Philosophie» zu verbinden. Zahlreiche Bruchstücke alter gr. Philosophen sind uns durch ihn erhalten.

T: OStählin, 1970-85 (Gr. chr. Schr.). TÜ: in S. chrét. (noch unvollst.). Ü: OStählin, *Mahnrede an die Heiden, Der Erzieher, Teppiche:* KV (1934-38). FOverbeck, *Teppiche,* 1936. – MPohlenz, Gestalten aus Hellas, 1950, S. 706ff.; ders., Kleine Schriften 1,1965, 481-558. WVölker, Der wahre Gnostiker nach Kl. v. A., 1952. EFOsborn, The philosophy of C., 1957. JFerguson, C. of Alexandria, New York 1974.

Clienten (*cliens,* «der sich schutzeshalber anlehnt»), im alten Rom halbfreie Hintersassen eines patrizischen Herrn, der als *Patronus* ihren Rechtsschutz übernahm. Um 400 v. Chr. wurden die C. privat und öffentlich voll rechtsfähig, doch blieb die Beziehung zum *Patronus* als Pietätsverhältnis bestehen. Dieser gewährte ihnen Speise- und Geldspenden *(sportulae)* und vertrat sie vor Gericht. Die C. hatten ihm eine Morgenvisite zu machen, in der Öffentlichkeit sein Gefolge zu bilden und bei Wahlen für ihn einzutreten.

AWallace-Hadrill (Hg.), Patrons and clients, 1988.

Cloaca maxima, Hauptkanalisation von Rom. Schon in der Königszeit wurde die Ebene des spätern Forum Romanum durch einen Kanal entsumpft, der auch die Abwässer der Stadt aufnahm und beim Forum boarium in den Tiber führte. Später wurde der Lauf mit einem Steingewölbe zugedeckt und überbaut. Die Anlage ist, nach Ausbesserung der mittelalterlichen Schäden im obern Teil, heute noch in Betrieb.

Clodia, Schwester des *Clodius, verheiratet mit Q. Metellus Celer, von *Catullus als Lesbia besungen. Ihr sittenloser Lebenswandel war berüchtigt.

P. **Clodius** Pulcher, politischer Abenteurer zur Zeit des Pompeius. 65 klagte er erfolglos Catilina an. 62 kam er wegen des Religionsverbrechens der *Bona Dea vor Gericht, wurde aber von bestochenen Richtern freigesprochen. 59 trat er zur Plebs über, um Volkstribun werden zu können, und änderte dabei seinen patrizischen Namen Claudius in die volkssprachliche Form C. Als Tribun setzte er 58 Ciceros Verbannung durch und bildete Banden, mit denen er Rom terrorisierte. 53 bewarb er sich um die Praetur, wurde aber 52 von den Banden seines Feindes *Milo erschlagen.

HBenner, Die Politik des P.C.P., 1987.

Cloelia, röm. Mädchen aus patrizischem Geschlecht, das dem König Porsena 508 v. Chr. als Geisel gestellt worden war. Sie floh, durchschwamm den Tiber, wurde aber zurückgegeben. Porsena ließ sie, ihren Mut bewundernd, frei. – *Livius 2, 13.

Codex: *Buch. – Speziell: 1. *C. accepti et expensi*, das Buch der Einnahmen und Ausgaben in der Buchhaltung der Römer.
Beigel, Rechnungswesen u. Buchführung der Römer, 1904.
2. Gesetzbücher: *C. *Iustinianus, C. Theodosianus* (*Theodosius 2).

Cohorte. – 1. Das Gefolge eines Propraetors oder sonstigen Provinzialstatthalters. – 2. Truppeneinheit (*Militär).

Collatinus, L. Tarquinius, Gatte der *Lucretia.

Colonia Agrippinensium (Köln): *Ubier.

Colosseum, nachantiker Name für das **Amphitheatrum Flavium* in Rom.

Columbarium: *Katakomben.

Columella, L. Iunius Moderatus, aus Gades, verfaßte Mitte 1. Jh. n. Chr. ein Lehrbuch der *Landwirtschaft *(de re rustica)* in 12 Büchern (davon das 10. in Versen) und ein Einzelbuch über *Baumzucht*.
T: Lundström-Josephson-Hedberg, Upsala 1897-1968. TÜ: WRichter, 1981-83 (Tusc.). Ash-Forster-Heffner, 1941-55 (Loeb L.). *B. 3. 10. 12. De arboribus:* Verschiedene Hg. in Budé.

Comitien: *Volksversammlung.

Commodianus, christl. Dichter (wahrscheinlich Anf. 4. Jh.), verfaßte in ungelenken Versen *Instructiones* (Belehrungen für Heiden und Christen) und ein *Carmen apologeticum*.
T: IMartin, 1960 (Corp. Chr. 128). TÜK: ASalvatore, *Instr.:* Napoli 1965-68; *Apol.:* Torino 1977.

Commodus, L. Aurelius, Kaiser 180-192 n. Chr., der entartete Sohn des Marcus Aurelius und der Faustina, geb. 161. Er trat selbst im Circus als Tierkämpfer auf und ließ sich als röm. Hercules verehren, ergötzte sich am Blutvergießen und befahl sogar, die Kaiserin als Ehebrecherin hinzurichten (182). Nach dem Fehlschlagen mehrerer Verschwörungen ließen ihn schließlich die Konkubine Marcia, der Gardepraefekt Laetus und der Kämmerer Eclectus durch den Athleten Narcissus erwürgen.
MGherardini, Studien zur Gesch. des Kaisers C., 1974 (Diss. Graz). JChTraupman, The life and reign of C., 1976 (Diss. Princeton). – Portrait: Büste im Konservatorenpalast, Rom: C. als Hercules. Herrscherbild.

Concilium, Versammlung, speziell: – *C. plebis*, in Rom die Bürgerversammlung der Plebeier, in Unterscheidung von den *comitia*, der Versammlung des Gesamtvolkes (*Volksversammlung). – Christlich: Versammlung von Bischöfen (gr. *sýnodos*). Lokale *Concilia* einer

bestimmten Gegend waren sehr häufig. Die allgemeinen (oikumenischen) C. des Altertums sind: 1. C. von Nikaia, 325, von Kaiser Constantinus berufen. Es verurteilte *Arius. 2. C. von Konstantinopel, 381, setzte gegen Makedonios fest, daß der Heilige Geist in gleicher Weise wie Vater und Sohn göttlich und anzubeten sei. 3. C. von Ephesos, 431, verurteilte auf Betreiben des *Kyrillos (1) den *Nestorios. 4. C. von Chalkedon, 451, definierte gegen Eutyches (*Monophysiten) die Lehre von den zwei Naturen Christi.
T: EdSchwartz, Acta c'orum oecumenicorum, 1922ff. (nicht abgeschlossen). IDMansi, Sacrorum C'orum collectio, 1759-98. Handausg.: C'orum oecumenicorum decreta, 1962. – HJSieben, Die Konzilsidee der Alten Kirche, 1979.

Concordia, Göttin der Eintracht (gr. *Homonoia*). In ihrem Haupttempel am Forum beim Aufgang zum Capitol fanden Senatssitzungen statt. Die *concordia ordinum* (Zusammenwirken von Senat und Ritterschaft) war ein Hauptschlagwort des politischen Programms von Cicero. *Münzen.

Constans, jüngster der 3 Söhne Constantins d. Gr., Kaiser des Westens 337-350. Er trat gegen *Constantius für die orthodoxe Lehre des *Athanasios ein.

Constantinus. – 1. Flavius Valerius C., Sohn des Constantius Chlorus und der Helena. Ein genialer politischer Instinkt ließ ihn jede Möglichkeit, seine Machtposition im Zerfall des *diokletianischen Systems auszubauen, erkennen und nutzen. 306 nahm er nach dem Tode seines Vaters den Titel des Augustus an. Mit dem Tod des *Maximianus 309 wandte sich C. von Hercules als dem Schirmgott des Kaisertums ab und ließ *Sol invictus* (*Aurelianus) auf seine Münzen prägen, ein Bekenntnis zur Idee der Allherrschaft gegen Diocletians System der Teilherrschaften. Nach dem Tod des Ostkaisers Galerius sicherte er sich zunächst von dieser Seite, indem er die beiden Augusti des Ostens, Licinius und Maximinus, sich das Gleichgewicht halten ließ, und wandte sich gegen den Augustus Italiens, Maxentius. Diesen besiegte er 312 bei Saxa Rubra und zog über die mulvische Brücke in Rom ein. Schon vorher hatte er Anschluß an die christliche Kirche gesucht und hatte das Kreuzeszeichen auf die Schilde seiner Garde gesetzt. 313 erließ er mit Licinius das *Edict von Mailand*, das der Kirche allen Besitz zurückgab und sie unter kaiserlichen Schutz stellte. Das bedeutete Krieg mit Maximin, der Christengegner war. Licinius besiegte ihn 313. So hatte C. nur noch einen Mitregenten. Der Sieg über diesen 323/4 bei Adrianopel und Chrysopolis machte ihn zum Alleinherrscher. Bei der Neuorganisation des Reichs wich er von Diocletians Ordnung ab und kehrte zur Erbmonarchie zurück. Die Herrschaft stützte sich streng absolutistisch auf einen militärisch organisierten Beamtenapparat, der von Kommissaren aus dem Hofadel der *Comites* (Begleiter des Kaisers) geleitet wurde. Der Kaiser, an der Spitze des Konsistoriums der höchsten Hofbeamten, vereinigte in sich alle Gewalten. Hauptstadt wurde *Byzanz, wo er 326 den Grundstein der neuen Stadt Konstantinopolis legte. In Kirchenangelegenheiten griff er vor allem ein, indem er das Konzil von N i k a i a 325 berief, das die Lehre des *Arius verdammte. Ohne Widerstand nahm er so auch in kirchlichen Dingen das Recht der obersten Entscheidung an sich. 337 starb C., nachdem er sich kurz vorher hatte taufen lassen. – Zur Feier des Siegs über Maxentius wurde C. ein dreitoriger, vorzüglich erhaltener *Triumphbogen errichtet, für dessen Bildschmuck größtenteils ältere Reliefs wiederverwendet wurden.

Quellen: Ü: VKeil, Quellensammlung zur Religionspolitik Konstantins, 1989. *Panegyricus des Jahres 310:* BMüller-Rettig, 1990 (ÜK). – JBurckhardt, Die Zeit K.s des Großen 1853 u. oft neu. HDoerries, K. d. Gr., 1958. JVogt, K. d. Gr. und sein Jahrhundert, 1960. AAlföldi, The conversion of C., 1948. LVölkl, Der Kaiser K., 1957. EHorst, K. d. Große, 1984. PThrams, Christianisierung des Römerreiches und heidnischer Widerstand, 1992. – Portrait: Kolossalkopf von einer Sitzstatue im Hof des Konservatorenpalasts, Rom. AvGerkan-HPL'Orange, Der spätantike Bildschmuck des Konstantinsbogens, 1939.

2., der älteste Sohn des C. (1), fiel 340 im Bruderkrieg gegen *Constans.

Constantius. – 1. Flavius Valerius C. Chlorus, Vater Constantins d. Gr., war einer der von *Diocletian ernannten Caesares und dem Augustus des Westens, Maximianus, unterstellt. Nach dessen Rücktritt 305 wurde er selbst Augustus, starb aber 306 in Eboracum (York) auf Britannien. – 2. Flavius Iulius C., der mittlere der 3 Söhne Constantins d. Gr., seit 337 Kaiser des Ostreichs, solange sein Bruder Constans im Westen regierte. Als dieser 350 von dem Usurpator Magnentius ermordet wurde, wandte sich C., bis dahin mit einem Perserkrieg beschäftigt, gegen den Mörder und schlug ihn 351. 355 ernannte er *Iulianus zum Caesar, der 360 zum Augustus ausgerufen wurde. Bevor es darob zum Kriege kam, starb C. 361. Entgegen der Kirchenpolitik des Vaters und des Bruders begünstigte C. die Lehre des *Arius, wofür ihn *Lucifer (2) heftig angriff.

RKlein, C. II und die chr. Kirche, 1977. ChVogler, Constance II et l'administration impériale, Strasbourg 1979.

Consul (abgekürzt: cos.). An der Spitze der röm. Republik standen 2 höchste Beamte, die jährlich wechselten. Sie hießen in ältester Zeit *Praetores*, seit 449 v. Chr. *Consules*. Die *Comitia centuriata* (*Volksversammlung) wählten zuerst nur Patrizier; seit 367 v. Chr. sollte einer der beiden C. Plebeier sein. Ihre Befugnisse wurden durch den zunehmenden Einfluß des *Senats und die Möglichkeit, gegen ihr Urteil Berufung *(*Provocatio)* an das Volk einzulegen, beschränkt. Ihnen oblag es, Senat und Comitien einzuberufen, deren Beschlüsse sie vollstreckten. Im Kriege führten sie das Kommando. Als Zeichen ihrer Würde gingen ihnen 12 Lictoren mit den *Fasces* voran; sie trugen die *Toga *Praetexta* und saßen auf elfenbeinernem Klappstuhl *(sella curulis)*. Nach ihnen wurde das Jahr genannt. – In der Kaiserzeit blieben die C. Vorsitzende des Senats mit den geringen Befugnissen, die nicht der Kaiser an sich gezogen hatte. Die Wahl erfolgte durch den Senat auf Vorschlag des Kaisers, der das Amt als höchste Auszeichnung an Mitglieder der Nobilität verlieh. Damit mehr Leute die Ehre erhalten konnten, verkürzte man die Amtszeit (oft nur 1 Monat); das Jahr hieß nach dem 1. C.-paar, die andern waren *Consules suffecti*. Seit *Diocletian war C. ein leerer Titel. C.-Listen: Republik: Broughton (s.o. S. XII). Kaiserzeit: ADegrassi, I fasti consolari dal 30 a. C. al 613 d. C., Rom 1952. WLiebenam, Fasti consulares imperii Romani, 1909. – *Fasti.

Consulares. Die Consuln nach Ablauf ihrer Amtszeit waren als C. die angesehensten Mitglieder des Senats, sie gingen als proconsularische Statthalter in die Provinzen; Censoren und Dictatoren wählte man in der Regel aus ihrer Mitte.

Consus, altröm. Gottheit. Der Name ist von *condere* (bergen) hergeleitet. Wie die Feldfrüchte in überdeckten Gruben geborgen wurden, so war auch der Altar des C. im Tal zwischen Palatin und Aventin unterirdisch und mit Erde überdeckt. Am Fest der *Consualia* (21. August) fanden dort Rennen statt: Auf dem Platz wurde der *Circus Maximus gebaut. *Consualia* feierte man auch am 15. Dez. mit Beziehung auf den Jahresabschluß.
UWSchulz, C. und die Consualia, in Festschr. W. Pötscher (Grazer Beitr. Suppl. 5) 1993, 195-213.

Contio: *Volksversammlung.

Contorniaten, münzenähnliche Kupferstücke aus dem 4./5. Jh. n. Chr., meist gegen 4 cm im Durchmesser, mit überhöhtem Rand. Innerhalb dieses Randes läuft auf beiden Seiten ringsum eine Rille. Auf der Vorderseite erscheinen Porträtköpfe berühmter Personen wie Homer, Terentius, Sallust, Alexander d. Gr., mit Vorliebe aber die ersten Christenverfolger Nero und Traianus. Für die Rückseite sind Motive aus Circus und Amphitheater beliebt.
AAlföldi, Die K., ein verkanntes Propagandamittel der stadtröm. heidnischen Aristokratie in ihrem Kampfe gegen das christliche Kaisertum, 1942/43. Vgl.Toynbee, in Journal of Roman Studies 35, 1945, 115-121.

Corbulo, Cn. Domitius, einer der verdientesten röm. Generale, siegte 47 n. Chr. in Germanien, seit 54 im Osten gegen die Parther. Nero zwang ihn 67 zum Selbstmord.
RSyme, in Journal of Roman Studies 60, 1970, 27-39.

Corduba, röm. Kolonie in Spanien, Heimat von Seneca (1.2.) und Lucan.
RCKnapp, Roman Córdoba, Berkeley 1983.

Coriolanus, Cn. Marcius, ein sagenhafter Held der frühröm. Geschichte. Er eroberte 493 die Volskerstadt Corioli und erhielt davon den Namen, wurde dann aber seines patrizischen Adelsstolzes wegen verbannt. An der Spitze eines Volskerheeres kam er zurück, um Rom zu erobern. Erst auf die Bitten seiner Gattin Volumnia und seiner Mutter Veturia kehrte er um, wurde aber von den erzürnten Volskern getötet.
*Plutarch, *Biogr.* *Livius 2, 33-40.

Corippus, Flavius Cresconius, lat. Epiker, besang im 6. Jh. den siegreichen Feldzug Kaiser Iustinians in Nordafrika durch den Feldherrn Iohannes (8 B. *Iohannis*). Den Kaiser Iustinus pries er in 4 Büchern.
T: *Ioh.:* JDiggle-FRDGoodyear, Cambridge 1970. TÜ: *Iust.:* ACameron, 1976. – EBurck, in Das röm. Epos, 1979, 379-399.

Cornelia. – 1. Die Mutter der *Gracchen, Tochter des älteren Scipio Africanus, eine hochgebildete Frau. Nach dem Tode ihres Gatten *Gracchus (2) blieb sie Witwe und widmete sich ganz der Erziehung ihrer Söhne. Sie galt als das Muster einer Römerin; von ihrem Geiste zeugen die 2 Bruchstücke von Briefen an ihren Sohn Gaius.
T: *Nepos. TÜ: Hofmann, Antike Briefe (Tusc.). Ü: FLeo, Gesch. d. röm. Lit. I, 1913, S. 479.
2. Witwe des Pompeius. – 3. Erste Gattin *Caesars (3), Mutter von Iulia (1). Sie starb schon vor 68 v. Chr. – 4. Gattin des L. Aemilius Paulus Lepidus, auf deren Tod *Propertius die Elegie 4,11 dichtete, «die Königin der Elegien», in der er das unvergängliche Idealbild einer röm. *Matrona* zeichnete.

Cornelius, altröm. Patriziergeschlecht. Bekannteste Familien: *Cethegus. *Cinna. Cossus (*Spolia). *Dolabella. *Lentulus. *Scipio. *Sulla. Plebeisch: *Balbus, *Gallus. *Nepos.

Ti. **Coruncanius**, cos. 280 v. Chr., erster plebeischer *Pontifex maximus* 254. Er erteilte als erster öffentlich Rechtsbescheide und wurde so der älteste röm. Rechtslehrer.

Crassus. – 1. L. Licinius C., 140-91 v. Chr., der größte Redner seiner Zeit, cos. 95. Er gründete 118 die röm. Kolonie in Narbo. Als Censor erließ er 92 ein Edict gegen die lat. Rhetoren. Cicero läßt ihn im Dialog *Über den Redner* auftreten.
Reden: T: Malcovati.
2. M. Licinius C. Dives (der Reiche), 115-53 v. Chr., Anhänger Sullas, beendete den Sklavenkrieg mit dem Sieg über Spartacus (71), cos. 70 mit Pompeius. Mit seinen gewaltigen Reichtümern (*Vigiles) suchte er Politik zu machen (Finanzierung Catilinas). 65 war er Censor. Caesar gelang es 60, ihn mit Pompeius wieder auszusöhnen und mit beiden das 1. Triumvirat zu schließen. Auf der Konferenz von Luca (56) erhielt C. mit Pompeius das Consulat für 55 und anschließend Syrien als Provinz auf 5 Jahre. Am 9. Juni 53 erlitt er durch die Parther bei Carrhae eine vernichtende Niederlage und wurde von ihnen durch Verrat ermordet.
Biogr.: *Plutarch. – AMWard, M.C. and the late Roman Republic, 1977. GAntonelli, C., il banchiere di Roma, 1986.

Cremera, Nebenflüßchen des Tiber nördlich von Rom, bekannt durch den Heldentod der 300 Fabier am 18. Juli 477 v. Chr. Das ganze Geschlecht bis auf einen Knaben war für Rom gegen Veii ins Feld gezogen und fiel in einen Hinterhalt.

Cremona, Stadt in der Poebene im Gebiet der Cenomani, 218 v. Chr. als latinische Kolonie gegen Hannibal angelegt. Octavian teilte 41 v. Chr.

ihr Gebiet an die Veteranen des Bürgerkriegs auf. Nach der 2. Schlacht von Bedriacum (69 n. Chr.) plünderten und zerstörten Vespasians Truppen die Stadt.
GDenti, Storia di C., Cremona 1985.

Cuicul (Djemila in Algerien), Ort in Numidien, heute eine der bedeutendsten röm. Ruinenstädte Nordafrikas (Fora, Basiliken, Tempel, Theater, Thermen, Caracallabogen, Privathäuser mit Mosaiken, christl. Kirchen, Baptisterium).
LLeschi, Djemila, antique Cuicul, 1953.

Cumae (gr. *Kyme*), älteste gr. Kolonie in Italien (Campanien), im 8. Jh. v. Chr. von *Chalkis aus gegründet. Sie behauptete ihr Griechentum gegen die Etrusker mit Hilfe des Königs Hieron v. Syrakus, der 474 v. Chr. bei C. einen großen Sieg errang. Seit 338 besaß C. das röm. Bürgerrecht ohne Stimmrecht. In der Kaiserzeit war es ein stilles Kleinstädtchen; der Weltverkehr ging über die nahe Hafenstadt Puteoli. In einer 1932 wieder aufgefundenen Grotte des Burgfelsens hatte die sagenhafte *Sibylle von C. ihre Orakelsprüche gegeben. – AMaiuri, I campi flegrei, 1963.

Curia. – 1. Die röm. Bürgerschaft war in alter Zeit in Geschlechterverbände, *Curiae*, eingeteilt, denen ein Curio vorstand. So trat sie damals zu den *Comitia curiata* (*Volksversammlung) an. – 2. Versammlungslokal, insbesondere das des Senats am röm. Forum, die *C. Hostilia*, von Caesar als *C. Iulia* neugebaut. Der erhaltene Bau stammt aus der Zeit Diokletians, der die C. nach einem Brand wiederherstellte. – In den Munizipien und Kolonien Tagungsgebäude der *decuriones.
ABartoli, C. senatus, 1963.
3. Chur, Hauptort der Provinz Raetia I.

M'. **Curius** Dentatus, «den niemand weder mit dem Schwert noch mit Gold bezwang» (Ennius). Im 1. Consulat 290 v. Chr. triumphierte C. über Samniten und Sabiner. Im eroberten und an die Bürger verteilten Land führte er durch Ableitung des Velinersees eine Bodenamelioration durch. 284 schlug er die Senonen und legte die Kolonie Sena Gallica (Sinigaglia) an. Im 2. Consulat errang er auf den Arusinischen Feldern (die Lokalisierung bei Beneventum ist ungenau) 275 den Sieg, der Pyrrhos zum Verlassen Italiens zwang. 273 war er zum 3. Mal Consul. Als Censor baute er 272 die Wasserleitung *Anio vetus*. Der ältere Cato sah in C. das Ideal eines Römers und hat dieses Bild der Nachwelt weitergegeben. Am bekanntesten ist die Anekdote von den Samniten, die den schlichten Landmann C. mit Gold bestechen wollten. Er erwiderte, er wolle lieber über Leute herrschen, die Gold besäßen, als selbst welches haben.

M. Curtius. Als 362 v. Chr. auf dem röm. Forum ein Erdspalt sich öffnete, erging der Spruch, er werde sich schließen, wenn man das opfere, was Roms höchstes Gut sei. Der Jüngling C. erkannte, daß dies Waffen und Heldenmut seien, und stürzte sich mit seinem Rosse in voller Rüstung in den Abgrund. Da schloß sich die Erde. An der Stelle befand sich der *Lacus Curtius (*mundus).*

Curtius Rufus, Quintus, röm. Rhetor, wahrscheinlich Mitte 1. Jh. n. Chr., Verfasser einer *Geschichte Alexanders d. Gr.* in 10 Büchern, von denen die letzten 8 erhalten sind. Er verwertet gute gr. Quellen. Sein Ziel ist aber nicht die Exaktheit des Historikers, sondern die effektvolle Buntheit von dramatischer Handlung, interessanter Beschreibung und moralischer Lehrhaftigkeit.
T: EHedicke, 1908 (Tb). TÜ: KMüller-HSchönfeld, 1954 (Tusc.). K (B. 3-4): JEAtkinson, Amsterdam 1980.

Curulische Ämter hießen die höheren röm. Staatsämter, deren Inhaber (vor allem Censoren, Consuln, Praetoren und c. Aedilen) das Privileg hatten, in Rom auf einem Wagen *(currus)* zu fahren. Amtsabzeichen war die *sella curulis*, ein elfenbeinerner Klappstuhl ohne Arm und Rükkenlehne, auf dem sie zu Gericht saßen.
ThSchäfer, Imperii signa: sella c. und fasces, 1982.

Cynthia, Pseudonym der Geliebten des *Propertius (nach dem Berg Kynthos auf Delos, vgl. die Delia des Tibullus).

Cyprianus, Caecilius, bekehrter Heide, 248-258 Bischof von Karthago, starb unter Valerian den Märtyrertod. Seine Schriften *(Traktate* und *Briefe)*, in klarem, reinem Stil geschrieben, zeigen ihn als verständigen Kirchenpolitiker und von tiefem sittlichen Ernst erfüllten Seelsorger.
T: WHartel, 1868-71 (Corp. Vindob. 3). Teilw. in Corp. Chr. 3-3AB. TÜ *(An Donatus, Gabe der Geduld)*: JMolager, 1982 (S. chrét.). ÜK *(Briefe)*: GWClarke, New York 1984-89 (ACW). Ü: Feyerabend, 1818/20. JBaer, 1918/28 (KV). – ChSaumagne, Saint C., Paris 1975.

D

Dämon. Im *Daimon* personifizierte der Grieche die göttliche Kraft, deren Einwirkung er spürte. Während der Gott Individualität hat, ist das Wesen des D. unbestimmt. Der Begriff umfaßt außer den Göttern auch alle andern übersinnlichen Mächte, z. B. die Toten, die aus ihren Gräbern wirken. In allgemeiner Bedeutung ist D. = Schicksal (Spruch des Heraklit: *Ethos anthrópo daímon* [Sein Charakter ist dem Menschen sein D.]). D. ist das Irrationale, der plötzliche, unerklärliche Gedanke, der den Menschen zu etwas führt oder verführt. Spätere Zeiten (schon Platon) sahen in den *Daimones* Halbgötter, Mittler zwischen Menschen und Göttern. – Von dem Adjektiv *daimónios*, das bei Homer «wunderlich, unverständlich» bedeutet, leitet sich das berühmte *Daimónion* des Sokrates her, die innere Stimme, die ihn nach Platons Zeugnis oft warnte, aber nie ihm zuredete.

Daidalos, in der Sage der Ahnherr des athenischen Kunsthandwerks. Er floh wegen des Mordes an *Talos zu König Minos nach Kreta, baute viele Kunstwerke, wurde aber vom König gefangengehalten. Da fertigte er sich und seinem Sohne Ikaros mit Federn und Wachs Flügel und entwich durch die Luft. Ikaros kam der Sonne zu nahe, das Wachs schmolz, und er stürzte ab. Ursprünglich gehört D. nach Kreta, wo er als Gott einen Kult genoß. Die überlegene Kultur Kretas gab den Athenern Anlaß, ihn für sich zu übernehmen. – Nach dem mythischen D. nennt man die kretische Kunst des 7. Jh. v. Chr. «dädalisch».
Bekannteste Darstellung der Sage: *Ovid, *Met.* 8, 183ff. Wandgemälde aus Pompeii. – GKaulen, Daidalika, 1967. SPMorris, D. and the origins of Greek art, Princeton 1992.

Dakien. Daker und Geten, thrakische Volksstämme, saßen nördl. der untern Donau (Rumänien). Gegen ihren König Decebalus, der seit Domitian die Grenzen beunruhigte (85-89 n. Chr.), führte *Traian siegreiche Kriege (101-106), zu deren Gedächtnis die Traianssäule in Rom und das *Tropaion von Adamklissi errichtet wurden. D. wurde röm. Provinz, seit Marcus Aurelius schwer umkämpft, von Aurelianus aufgegeben.
AAlföldi, Die Gotenbewegungen und die Aufgabe der Provinz D., 1939. HVetters, Dacia ripensis, 1950. ARuzé, Ces latins des Carpathes, Bern 1989. RFlorescu, L'art de l'antiquité daco-romaine, Bukarest 1986. Die Daker (Ausstellungskatalog Köln), 1980.

Daktylen. – 1. Idäische D., Heinzelmännchen des Volksglaubens in Phrygien und Kreta, kunstfertige Metallarbeiter.
BHemberg, Die i. D., Eranos 50, 1952, S. 41-59.
2. *Versbau. – 3. Daktylos (Finger) als Maß: 1,85 cm.

Dalmatien trat in den Machtbereich der Römer, als diese 229/8 v. Chr. erstmals die *Illyrier bekriegten, die hier ihre Seeräuberschlupfwinkel hatten. Aber erst unter Octavian (Augustus) festigte sich die röm. Herrschaft. Seit 10 n. Chr. war D. eine eigene Provinz, sehr bedeutend in der spätern Kaiserzeit (*Diocletian). Hauptstadt *Salona. – JJWilkes, Dalmatia, 1969. SRinaldi Tufi, Dalmazia, Roma 1989.

Damaskios, Neuplatoniker, letzter Schulleiter der 529 auf Befehl Kaiser Iustinians geschlossenen Akademie zu Athen. Er schrieb u. a. Kommentare zu Dialogen Platons; sein philos. Hauptwerk die "Probleme und Lösungen über die Grundursachen".
TÜ: *De principiis:* LGWesterink-JCombes, 1986-91 (Budé). *Kommentare:* LGWesterink, 1959 *(Philebos)*, 1977 *(Phaidon)*.

Damasus, Papst 366-384, ließ die Grabstätten in den *Katakomben wieder instand setzen und mit von ihm selbst verfaßten Gedenkversen schmücken. Diese Epigramme sind teils handschriftlich, teils inschriftlich an Ort und Stelle erhalten. *Hieronymus.
TK: AFerrua, Vaticano 1942. TÜ (Ausw.): AFerrua-CCarlotti, Vaticano 1986. – LAndré-Delastre, Saint D., Paris 1965.

Damokles. Der jüngere Dionysios, Tyrann von Syrakus, soll dem D., der ihn glücklich pries, angeboten haben, dieses Glück einmal zu genießen. Als D. darauf einging, umgab ihn Dionys mit allem Luxus, aber ließ über seinem Kopfe ein scharfes Schwert schweben, aufgehängt an einem Haare. Da flehte D., daß ihm dies Glück erlassen werde.

Damon und **Phintias**, berühmtes pythagoreisches Freundespaar. Der Tyrann Dionysios (2) von Syrakus hatte den einen zum Tode verurteilt. Da bürgte der andere für ihn unter der Bedingung, selbst zu sterben, wenn der Freund nicht innerhalb der gewährten Frist zurückkehre. Dieser stellte sich pünktlich wieder ein, um den Bürgen auszulösen. Da sprach Dionys, von solcher Treue erschüttert: «Könnte ich doch der Dritte in eurer Freundschaft sein!»
Schiller hat den Stoff zu seiner Ballade *Hyginus (3) entnommen, der von der üblichen Erzählung in Einzelheiten abweicht.

Damophon von Messene, Bildhauer um die Mitte des 2. Jh. v. Chr., der in der Peloponnes zahlreiche Götterbilder schuf. Erhalten sind Bruchstücke seiner Kultgruppe von *Lykosura sowie ein 1962 in Messene gefundener Apollonkopf. – Fuchs (*Plastik) Abb. 698.

Danaë: *Perseus.

Danaer, gr. Stamm in Argos. Homer und Vergil nennen alle Griechen so.

Danaiden, die 50 Töchter des Danaos. Sie flüchteten aus Abscheu vor der Ehe, zu der sie die 50 Söhne des Aigyptos, des Bruders von Danaos, zwingen wollten, von Aegypten zurück nach Argos, der alten Heimat ihrer Ahnfrau *Io. Der Argiverkönig Pelasgos trat für sie ein, erlag aber den Aigyptossöhnen, und die Vermählung fand statt. Doch in der Hochzeitsnacht erdolchte eine jede den aufgezwungenen Gatten. Nur eine,

Hypermestra, wurde von Liebe gerührt und verschonte den Bräutigam Lynkeus; die Göttin Aphrodite schützte sie vor der Rache der Schwestern. Soweit stellte Aischylos die Sage in einer Trilogie dar, deren 1. Stück, *Die Schutzflehenden*, erhalten ist. Lynkeus und Hypermestra begründeten das neue Königsgeschlecht von Argos, dessen Bewohner jetzt Danaer hießen. Die andern D. aber müssen zur Strafe in der Unterwelt ewig in ein durchlöchertes Faß Wasser schöpfen.
Winnington-Ingram, The Danaid Trilogy of Aeschylus, in Journ. of Hellenic Studies 81, 1961, 141-159.

Daphne. Apollon liebte die schöne Nymphe D. und verfolgte sie. Er hatte das Mädchen schon fast eingeholt, da wurde sie auf ihr Gebet in einen Lorbeerbaum (gr. *dáphne*) verwandelt. Dichter (*Ovid, Metamorphosen 1, 452-567) und bildende Künstler (pompeianische Wandgemälde, Mosaiken) haben das Sagenmotiv oft verwendet.
WStechow, Apollo und D., 1932 (Nachdr. 1965).

Daphnis. – 1. Die Idealgestalt des sizilischen Hirten. D. erfand das bukolische Lied und bezauberte durch seine Schönheit und seine Melodien selbst die Nymphen. Er starb dahinschmachtend an unglücklicher Liebe, wie es *Theokrit *(1. Eidyllion)* besingt. Nach einer andern Version strafte ihn die Nymphe Echenais, weil er ihr die Treue gebrochen hatte, mit Blindheit. – Statuengruppe Pan und D., in Neapel. – GWojaczek, D., 1969. – 2. *D. und Chloë:* *Longos.

Dara, 507 gegründete Stadt in Mesopotamien, mit gr. Namen Anastasiupolis, im lang umkämpften Grenzland zwischen Persien und Ostrom. Die Ruinen sind noch nicht ausgegraben.
WEnsslin, Byz.-neugr. Jahrb. 5, 1927, 342-47.

Dardaner. – 1. Die Troianer als Nachkommen des Königs Dardanos. – 2. Wildes illyrisches Volk nördl. von Makedonien.

Dareios, Name persischer Könige. – 1. D. I., Sohn des Hystaspes, verschwor sich mit 6 andern hohen Adeligen und befreite Persien von dem Usurpator Gaumata, der sich für Smerdis, den Bruder des *Kambyses, ausgab. D. herrschte dann als 1. Achaimenide 521-486 v. Chr. Mit starker Hand reorganisierte er das Reich im Innern, teilte es in 20 Satrapien ein und baute Straßen, auf denen die Staats*post verkehrte. Er schuf eine Reichswährung und ließ als erster König der Welt sein Bild auf die Goldstücke *(Dareikoi)* prägen. Sein außenpolitisches Ziel war die Unterwerfung Europas, nachdem er ganz Asien beherrschte. Eine große Expedition gegen die *Skythen (513) mißlang; denkwürdig blieb der Bau einer Schiffsbrücke über den Bosporus (Architekt Mandrokles von Samos). 497/4 wurde der Aufstand der *Ionier unterdrückt. 492 sicherte Mardonios das nördl. Vorfeld Griechenlands bis Thessalien. Den Hauptstoß gegen Athen führten 490 Datis und Artaphernes; doch sie erlagen bei *Marathon. Während neuer Rüstungen starb D. Seine Taten sind verewigt in einer großen dreisprachigen Inschrift an den Felsen von Behistun. – 2. Dareios II. Ochos regierte 424-404 v. Chr. – 3. D. III. (der Bei-

name Kodomannos ist unsicher), König ca. 336-330, verlor sein Reich an Alexander d. Gr.
Junge, D. I., 1944. – D. III.: Berve, Das Alexanderreich II, 1926.

Dareiosmaler, Vasenmaler, der um die Mitte des 4. Jh. v. Chr. in Großgriechenland arbeitete, Vertreter des apulischen reichen Stils.
ChAellen-ACambitoglu-JChamay, Le peintre de Darius et son milieu, Genève 1986.

Dares und **Dictys**. Die höfischen Dichter des franz. und deutschen Mittelalters, die den Troianischen Krieg besangen, kannten Homer nicht. Sie schöpften aus den spätlat. Ü. von zwei gr. Prosadarstellungen des *Untergangs von Troia*, angeblichen Augenzeugenberichten des Phrygers *Dares* (5. Jh. n. Chr.) und des Kreters *Diktys* (4. Jh.). Der gr. Text ist außer geringen auf 206 n. Chr. datierbaren Papyrosfrg. des *Dictys* verloren.
T: *Dares:* FMeister 1873 (Nachdr. 1991, Tb). *Dictys:* WEisenhut, 1973 (Nachdr. 1994, Tb). – StMerkle, Die Ephemeris belli Troiani des Diktys, 1989.

Datames, Satrap von Kappadokien, machte sich 370 v. Chr. von Persien unabhängig. Dem König gelang es 362, ihn ermorden zu lassen.
Biogr.: *Nepos.

Decemviri, Kommission *(Collegium)* von 10 Beamten, wie sie oft in Rom zu besonderen Zwecken gewählt und mit Spezialvollmacht ausgestattet wurden. 451 v. Chr. wurden *d. legibus scribundis* (zum Niederschreiben der Gesetze) gewählt. Sie hatten consularische Gewalt, und es gab in diesem Jahre keine ordentlichen Magistrate. Ihr Werk waren 10 Gesetzestafeln, denen 450 zwei weitere folgten, das sog. **Zwölftafelgesetz*. *Verginia.

P. **Decius Mus**. – 1. D. rettete 343 v. Chr. das von den Samniten umzingelte röm. Heer. Als Consul weihte er 340 in der Schlacht gegen die Latiner sich und das feindl. Heer in feierlicher **Devotio* den Totengöttern und starb den Opfertod. – 2. Sein Sohn, cos. 312, 308, 297 und 295 v. Chr., beseitigte 304 in seiner Censur demokratische Maßnahmen des Appius Claudius (2). In der Schlacht bei Sentinum gegen die Samniten 295 starb auch er, nachdem er sich und die Feinde devoviert hatte, fürs Vaterland. *Accius feierte ihn in einem Drama als Nationalhelden. – 3. Sein Sohn, cos. 279, wurde von Pyrrhos bei Ausculum besiegt. Auch er vollzog die Selbstopferung.

Decius, Kaiser 249-251, verfolgte als erster die Christen planmäßig. Er wurde von den Goten besiegt und fiel. – Portraitbüste im Kapitolinischen Museum, Rom. Herrscherbild 3,3.

Declamatio: *Rhetorik.

Decumates agri nennt Tacitus *(Germania* 29) das Gebiet zwischen Rhein und Donau (Baden-Württemberg), das seit Domitian zum röm. Reich gehörte (Bau des *Limes). Die Bevölkerung war keltisch, bis um 260 die Alemannen das Land dauernd in Besitz nahmen. Die Bedeutung

des Namens ist ein vielumstrittenes Problem; er ist nicht von *decima* (Abgabe des Zehnten) abgeleitet.
EdNorden, Altgermanien, 1934. Hesselmeyer in Klio 36 S. 175ff. (1944). Hertlein-Goeßler-Paret, Die Römer in Württemberg, 1928/32.

Decuriones, die Gemeinderäte in Städten römischen oder latinischen Rechtes, nach Analogie der Senatoren Roms. *Curia.

Deianeira, Gattin des Herakles (*Acheloos).

Deinarchos, athenischer Redner, wirkte ca. 342-290 v. Chr. Erhalten sind 3 Reden *gegen Demosthenes, Aristogeiton, Philokles.*
T: Conomis, 1975 (Tb). TÜ (engl.): Burtt, Minor attic orators (Loeb L.). ÜK: IWorthington, Ann Arbor 1993.

Deinokrates, Architekt Alexanders des Großen, der die Stadt *Alexandreia mit rechtwinkligen Straßenzügen erbaute. Er soll den Plan gehabt haben, den Berg *Athos in eine Riesenstatue des Alexander zu verwandeln.

Deiotarus, König von Galatien. Cicero verteidigte ihn, als er 45 v. Chr vor Caesar angeklagt war, er habe diesen ermorden wollen.

Dekeleia, attischer Demos im Parnesgebirge. 413 v. Chr. setzten sich die Spartaner dort fest und verheerten Attika dauernd. Die letzte Phase des Peloponnes. Krieges heißt danach der Dekeleische Krieg.

Delia, Pseudonym der Geliebten des *Tibullus (*Cynthia).

Delos war nach der Sage eine schwimmende Insel namens *Asteria oder Ortygia gewesen. Als Leto sie betrat und am Berg Kynthos Apollon und Artemis gebar, wurde sie mit 4 Säulen am Meeresgrund befestigt und hieß von nun an D. Die Insel galt als hochheilig. Bei ihrem Apollontempel fand jährlich das Fest des Gottes statt. Neben den Tempel des 6. Jh. wurden im 5. Jh. zwei weitere Apollontempel gebaut. Nördlich der Tempel lagen im heiligen Bezirk Schatzhäuser, südwestlich die Halle der *Naxier, östlich die sog. Stierhalle (moderne Benennung nach den Stierfiguren an den Kapitellen), die vermutlich zur Aufnahme eines als Weihgeschenk aufgestellten Schiffes diente. Vielleicht westlich ist der berühmte würfelförmige Hörneraltar zu lokalisieren. An diesen knüpfte die Legende das sog. delische Problem, einen Würfel in seinem Rauminhalt zu verdoppeln (Lösungen von *Hippokrates [2] und *Archytas). 478-454 v. Chr. wurde im Tempel der Bundesschatz des 1. Attischen Seebundes verwahrt. Die Athener richteten 425 ein alle 4 Jahre stattfindendes Fest nach Art der panhellenischen Spiele ein. In hellenistischer Zeit war D. selbständig. Doch die Römer gaben es 166 v. Chr. an Athen und richteten einen Freihafen ein, in dem sich bald ein großer Handelsverkehr abwickelte (Sklavenhandel). Von der Blüte der Insel in dieser Zeit zeugen die ausgegrabenen Wohnviertel mit schönen *Peristylhäusern. Durch die Mithridatischen Kriege verwüstet, blieb D. seit 69 v. Chr. öde.

Französische Ausgrabungen seit 1873 (Exploration archéol. de D., 1909ff.). WALaidlaw, A history of D., Oxford 1933. Gallet de Santerre, D. primitive et archaïque, 1958. AChampdor, Les antiquités de la Grèce, D., 1960. PhBruneau, Guide de D., 3. Aufl. 1983. PhZaphiropoulou, D., 1983. FDurrbach-Roussel-Launay-Plassart, Inscriptions de D., 1926-72.

Delphoi, die wichtigste gr. Orakelstätte. Von ihr hatte Apollon Besitz ergriffen, indem er nach der Sage den Drachen Python tötete und Kreter als seine Priester herführte. Als legendäre Erbauer des Tempels galten Agamedes und Trophonios. Die heute sichtbaren Ruinen stammen von einem Neubau des 4. Jh. v. Chr., der den eingestürzten Tempel des ausgehenden 6. Jh. ersetzte. Diesen hatten die *Alkmeoniden anstelle eines 548 verbrannten Vorgängerbaus errichtet; Teile der Giebelskulpturen (*Antenor) sind erhalten. Im Tempel stand der **Omphalos* (Nabel), ein heiliger Stein, den man als den Erdmittelpunkt ansah. Griechen und Barbaren kamen, um, nachdem sie sich im heiligen Quell *Kastalia* gewaschen und Opfer dargebracht hatten, den Gott zu befragen. Die einfache Form war das Losorakel. Vornehmern Fragestellern gab die *Pythia* Bescheid, im Allerheiligsten auf dem Dreifuß sitzend; ihre Sprüche wurden in Versen mitgeteilt. Nicht selten griffen die delphischen Priester durch ihre Orakel in den Gang der politischen Geschichte ein. Durch Weihgeschenke an den Gott (Schlangensäule mit goldenem Dreifuß nach dem Sieg in den Perserkriegen; erhaltene Bronzestatue eines Wagenlenkers. *Kleobis. *Sphinx. *Lysippos [Agias]. *Paulus [1]) und durch das vierjährliche Nationalfest der pythischen Spiele sammelten sich gewaltige Schätze an. Alle bedeutenderen Städte hatten zur Aufbewahrung ihrer Weihgaben ihr eigenes Schatzhaus in D. (wiederaufgebaut das Athenerschatzhaus. *Siphnos). Die *Lesche der Knidier war mit berühmten Wandgemälden des *Polygnotos (1) geschmückt. Die Gallier, welche das Heiligtum bedrohten, wurden 279 v. Chr. vor Erreichen ihres Ziels abgeschlagen. Doch Sulla plünderte ausgiebig, und Nero entführte 500 Statuen; 3000 blieben und die Lücke fiel kaum auf. Seit dem 1. Jh. v. Chr. hatte das Orakel seine Bedeutung verloren. D. zehrte von der großen Vergangenheit. Auch die Nachblüte unter Traian und Hadrian war nur vorübergehend; in dieser Zeit war *Plutarch Priester des delphischen Gottes.

*Plutarch, *Pythische Orakel. Die Bedeutung des E in D. Das Schwinden der Orakel.* *Pausanias, *10. Buch* (Ortsbeschreibung). – Französische Ausgrabungen seit 1880: Fouilles de Delphes, 1902ff. WWunderer, D. 1933. Pdela Coste-Messelière, Delphes (phot. de Miré), 1957. MMaaß, Das antike D., 1993. Führer: MAndronikos, D., Athen 1988. EMelas, D., die Orakelstätte des Apollon, 1990. Inschr.: Corpus des inscriptions de D., 1977-92 (3 Bde.). ChPicard/ delaCoste-Messelière, La sculpture grecque à Delphes, 1929. – Orakel: HBerve, Gestaltende Kräfte der Antike, 1966. Parke-Wormell, The Delphic oracle (2 Bde), Oxford 1956. GRoux, D., Orakel und Kultstätten, 1971. TÜK: JPSavignac, Les oracles de D., 1989.

Demades, athenischer Redner ca. 380-319 v. Chr. Er stammte aus dem niedern Volke und brachte von da einen scharf treffenden Witz mit. Seit

Chaironeia trat er für Makedonien ein und setzte 322 das Todesurteil gegen Demosthenes durch. Eine Anzahl witziger Aussprüche werden von ihm überliefert.
TÜ (Frg., engl.): Burtt, Minor attic orators (Loeb L.).

Demeter, die Erdmutter, Göttin der Fruchtbarkeit des Bodens. Ihr Hauptfest waren die *Thesmophoria* zur Zeit der Aussaat; es waren dazu nur Frauen zugelassen. Nach der heiligen Legende war die Tochter der D., Persephone (der Name zeigt, daß die Geschichte vorgr. ist) von dem Gotte Pluton (*Hades) geraubt worden. Als sie auf der Wiese Blumen pflückte, war er durch die sich spaltende Erde aus der Unterwelt heraufgefahren und hatte sie auf seinem Wagen in die Tiefe entführt. D. durchirrte in tiefem Leid auf der Suche nach der Verlorenen alle Länder. Im attischen Eleusis fand sie freundliche Aufnahme und lehrte dafür *Triptolemos den Ackerbau. Da Persephone in der Unterwelt bereits einen Granatapfelkern gegessen hatte, blieb sie diesem Reiche verfallen. Doch Zeus gestattete, daß sie nur die Sommermonate (in denen die gr. Felder unter der Sonnenhitze kahl sind) als Gemahlin des Pluton und Herrin der Toten in der Unterwelt verbringe, die übrigen 2/3 des Jahres bei ihrer Mutter. Im Kult hieß Persephone als Tochter der D. einfach *Kore* (das Mädchen), und D. und *Kore* nannte man kurz *die beiden Göttinnen*. – In *Eleusis bei Athen war die Stätte ihrer Mysterien. Von Athen zog die Prozession hinaus nach dem *Telestérion* (Haus der Weihen), wo die Feier stattfand. Wer als Myste die Weihen (*Teletaí*, in 3 Stufen: *Mýesis, Teleté, Epopteía* [Schau]) empfangen und das Heilige geschaut hatte, war zum Schweigen verpflichtet. Den Geweihten war ein glückliches Leben im Jenseits verheißen. *Eumolpiden. – Die Gabe des Ackerbaus wurde als Beginn der menschlichen Kultur angesehen und *D. Thesmophoros* auch zur Göttin der sittlichen Ordnungen der menschlichen Gemeinschaft erhoben (*Erysichthon).
*Homer, *Hymnos auf D.* (TÜK: HPFoley, Princeton 1994). VMagnien, Les mystères d'Eleusis, Paris 1950. Nilsson, Die eleusin. Mysterien (Antike 18, 1942, 210ff.). KKerényi, Die Mysterien von Eleusis, 1962. ACh-Brumfield, The Attic festivals of D., New York 1981.

Demetrias, von *Demetrios (2) nach Erringung der Königsherrschaft über Makedonien in der thessalischen Landschaft Magnesia als seine Hauptstadt gegründet. Erhalten ist vor allem die gewaltige Stadtmauer mit Wehrtürmen und Toren.
D. (Die deutschen archäol. Forschungen in Thessalien 5), 1987.

Demetrios. – 1. D. Phalereus, ca. 350-283 v. Chr., Schüler Theophrasts, war 317-307 von Kassandros zum Gouverneur von Athen bestellt und verwaltete die Stadt vortrefflich. Durch D. Poliorketes vertrieben, ging er nach Alexandreia, lebte dort seinen Studien und beriet Ptolemaios bei der Anlage der Bibliothek des Museions. Von seinen vielen Werken, welche athenische Geschichte (u. a. seine eigenen 10 Amtsjahre), philosophische und rhetorische Themen behandelten, ist nichts erhalten. Ein unter seinem Namen überliefertes Buch *Über den Stil* ist unecht. *Stele.
T: LRadermacher, 1901 (Tb, Nachdr. 1967). TÜ: PChiron, 1993 (Budé).

Loeb L., 1927 (mit Aristoteles, *Poetik*). Echte Frg.: Wehrli, 1968 (Schule des Aristoteles 4). – EBayer, D. Ph. der Athener, 1942 (Nachdr. 1969).

2. D. Poliorketes (der Stadtbelagerer), 337-283 v. Chr., Sohn des *Antigonos Monophthalmos, Vater des Antigonos Gonatas. Er führte das abenteuerlichste Leben eines *Diadochenkönigs auf ständigen Kriegszügen in Griechenland und Asien, vom Glück bald erhoben, bald gestürzt, ein Mann von raschen Entschlüssen und reich an Einfällen, die er rastlos zu verwirklichen trachtete, getrieben vom Ehrgeiz, ein zweiter Alexander zu werden. Wichtigste Daten seines Lebens: 306 Seesieg über Ptolemaios bei Kypros. 305/4 Belagerung von Rhodos (daher der Beiname). 301 Niederlage bei Ipsos (Tod des Vaters). 294 Erstürmung Athens. 294-287 König v. Makedonien. 286-283 Gefangener des Seleukos.

Biogr.: *Plutarch. JBurckhardt, Gr. Kulturgesch. III. EManni, D. Poliorcete, Rom 1951.

3. D. Soter, Sohn des Seleukos IV. von Syrien, Enkel Antiochos' d. Gr., lebte lange als Geisel in Rom, entfloh dort 162 v. Chr., wurde König von Syrien, siegte 160 über Iudas Makkabäus, erlag aber 150 gegen *Attalos und den Usurpator Balas. – 4. Sohn des *Philippos V. von Makedonien (I 2.).

Demodokos. – 1. Blinder Sänger am Hofe des Phaiakenkönigs Alkinoos (Homer, *Odyssee* 8, 62ff.). – 2. D. von Leros, Dichter von Lehrsprüchen in elegischer Form, 6. Jh. v. Chr.

T (Frg.): West, Iambi et elegi 2, 1972. TÜ: BSnell-ZFranyó, Frühgr. Lyriker 1, 1971.

Demokedes, Arzt von Kroton, wirkte in Aigina und Athen, als Hofarzt des Polykrates auf Samos, 522-520 v. Chr. als Leibarzt des Perserkönigs Dareios, dann als Pythagoreer in Kroton.

Demokritos von Abdera, Philosoph, geb. ca. 460 v. Chr., baute die von seinem Mitbürger Leukippos begründete *Atomenlehre wissenschaftlich aus und schuf so ein geschlossenes einheitliches Weltbild, in dem alles aus der Bewegung der Atome hervorging («Der gebräuchlichen Redeweise nach gibt es Farbe, Süßes, Bitteres, in Wahrheit aber nur Atome und Leeres.»). Er verhehlte sich nicht, damit noch nicht zum Urgrund des Seins vorgedrungen zu sein («In Wirklichkeit wissen wir nichts, denn in der Tiefe liegt die Wahrheit.»), und sagte, er möchte lieber eine einzige ursächliche Erklärung finden als das Perserreich zu eigen bekommen. In der Ethik lehrte er die *Euthymia* (Wohlgemutheit dadurch, daß man nicht über seine Kräfte hinausgeht und das rechte Maß hält). In der Erkenntnistheorie unterschied er echte Erkenntnis und dunkle Erkenntnis (= Sinneswahrnehmung). Außer Philologie und Mathematik beschäftigten ihn noch viele weitere Spezialgebiete (Kalender, Gartenbau). Cicero lobt seinen Stil und stellt ihn darin Platon zur Seite. D.s rationalistischen Materialismus nahm *Epikur in seine Philosophie auf (auch **Ataraxia*).

TÜ: Vorsokr. II. TÜK: RLöbl, 1989. – RLöbl, D.s Atomphysik, 1987.

Demophon: *Phyllis.

Demos (Volk). In *Attika hießen *Demoi* die durch die Verfassung zum Verband der Stadt Athen zusammengeschlossenen Gemeinden. DWhitehead, The Demes of Attica, Princeton 1986.

Demosthenes. – 1. Verdienter athenischer Feldherr im Peloponnes. Krieg. 425 v. Chr. besetzte er Pylos und schloß die Spartiaten auf Sphakteria ein. *Kleon nahm sie dann gefangen und erntete leicht, was D. mit ehrlicher Mühe so weit gebracht hatte. 414 wurde er zu Nikias nach *Sizilien gesandt, der trotz der Warnung des D. die Expedition nicht abbrechen wollte. 413 richteten die Syrakusaner beide nach der bedingungslosen Kapitulation hin. – 2. Der größte athenische Redner, aus dem Demos Paiania, 384-322 v. Chr. Mit 8 Jahren verlor er den Vater; die Vormünder veruntreuten das Erbe. D. studierte Rhetorik bei Isaios und erreichte trotz schweren physischen Mängeln der Sprachorgane sein Ziel. 364 führte er mit Erfolg den 1. Prozeß gegen die Vormünder. Um 355 wurde er vom privaten Anwalt zum Staatsmann. 354 sprach er zum Volk für die vermehrte Heranziehung reicher Bürger zum Flottenbau *(Symmorienrede)*. Zum wahrhaft großen Redner und Politiker wuchs er heran, als er die der gr. Freiheit von *Philippos II. drohende Gefahr erkannte und es zu seiner Lebensaufgabe machte, den Mitbürgern dafür die Augen zu öffnen. 349: 1. *Philippische Rede*. 349-348: **Olynthische Reden*. 346 wurde der Philokratesfriede geschlossen, und D. selbst mit seinem makedonenfreundlichen Gegner *Aischines mußte als Gesandter zu Philipp gehen. Als die Athener bald bereuten, mahnte D. angesichts der Machtlosigkeit zum Frieden, belangte aber Aischines wegen der *Truggesandtschaft*. 344/1: 2. und 3. *Philippische Rede*. D. war jetzt der führende Mann. 440 trat Athen als Bundesgenosse von *Byzanz in den Krieg gegen Philipp. Doch 38 zerstörte der Sieg Philipps bei Chaironeia über die verbündeten Thebaner und Athener alle Hoffnungen. D., der selbst mitgekämpft hatte, hielt die Leichenrede für die Gefallenen, und Ktesiphon beantragte, ihn mit einem goldenen Kranz zu ehren. Aischines stellte einen Gegenantrag; der Prozeß wurde bis 330 verschleppt. D. entwarf nun in seiner großartigen *Kranzrede* nochmals ein Bild seines ganzen politischen Wirkens; Aischines verlor den Prozeß und ging ins Exil. Als 325 der ungetreue Schatzmeister Alexanders, Harpalos, nach Athen floh, nahm D. von ihm Geld an. Er wurde 324 wegen Bestechung zu 50 Talenten Strafe verurteilt und mußte, da er nicht zahlen konnte, fliehen. Nach Alexanders Tod rief man ihn zurück. Doch als nach der Niederlage bei Krannon Antipatros Athen besetzte, beantragte Demades gegen D. die Todesstrafe. Die Schergen des Antipatros ereilten ihn im Tempel des Inselchens Kalaureia. Da nahm D. Gift und starb. Die hinreißende Kraft des D. ist unlösbar verbunden mit einer gewaltigen Parteileidenschaft, die keineswegs vor bewußten Unwahrheiten und Zerrbildern zurückschreckte, wenn es galt, die Gegner zu diskreditieren.

T: Fuhr u. Sykutris (Tb, unvollst.). Butcher-Rennie, 1903-31 (Oxf. Cl.). Ausw.: CCarey, Cambridge 1985. TÜ: Budé. Loeb L. Ü: OS. Ausw.: WUnte (Reclam). K: *Kranzrede:* HWankel, 1976. SUsher, Westminster 1993. TÜK: *Gegen Meidias:* DMMacDowell, Oxford 1990. – Biogr.: *Plutarch. *Portrait: Schefold (*Polyeuktos). – WJäger, D., 1939. LPearson,

The art of D., 1976. HBengtson, Gr. Staatsmänner, 1983. WSchindel, 1987 (WdF). CCarlier, D., Paris 1990. RSealey, D. and his time, Oxford 1993.
3. Gr. Arzt im 1. Jh. n. Chr. aus der Schule des Herophilos, schrieb ein für alle Späteren grundlegendes Werk über *Augenheilkunde*, das erst im späten Mittelalter verlorenging.

Denarius, röm. Silbermünze, seit 214 v. Chr. nachweisbar, = 4 Sesterzen. Fortschreitende Entwertung; unter Diocletian war 1 Pfund Gold 50 000 Denare wert.
Mattingly-Robinson, Zur Chronologie der ältesten röm. Silbermünzen, in Welt als Geschichte 3, 1937. AAlföldi, Timaios' Bericht über die Anfänge der Geldprägung in Rom, Mitteilungen des Deutschen archäol. Inst., Röm. Abt., 68, 1961, 64-79.

Deukalion und seine Gattin Pyrrha entrannen als einzige Menschen der Sintflut, da ihm sein Vater Prometheus geraten hatte, einen Kasten zu bauen, mit dem sie nach 9 Tagen am Parnaß landeten. Sie erzeugten das neue Menschengeschlecht, indem sie auf Geheiß des Orakels der Themis «die Gebeine der Mutter», d. h. die Steine der Erde, hinter sich warfen. – *Ovid, *Metamorphosen* 1, 260ff.

Devotio, religiös-magischer Ritus, durch den ein römischer Feldherr das Heer der Feinde und sich selbst den Totengöttern weihte. Er suchte dann den Tod in der Schlacht; nahmen die Götter die Selbstopferung an, war damit die Niederlage der Feinde und der Sieg der Römer sicher. *Decius Mus.
HSVersnel, Self-sacrifice, compensation and the anonymous gods, in: Entretiens sur l'antiquité classique 27, 1980, 135-194.

Diadochen, die Nachfolger Alexanders d. Gr., die in wechselvollen Kämpfen miteinander um die Teile des Reiches stritten. Neben klaren Realpolitikern wie *Ptolemaios stehen Abenteurer, die mit List, Grausamkeit und Gewalt dem ehrgeizigen Traum nachjagten, Weltherrscher wie Alexander zu werden (*Demetrios Poliorketes, *Pyrrhos). Weitere D.: *Antipatros, *Antigonos, *Perdikkas, *Eumenes, *Krateros, *Kassandros, *Lysimachos, *Seleukos, *Antiochos.
Biogr. der älteren D.: HBerve, Das Alexanderreich II, Prosopographie, 1926. HBengtson, Die D., 1987. JSeibert, Das Zeitalter der D., 1983. D.-geschichte: *Hellenismus.

Diadochos, Bischof von Photike in Epeiros. Seine Mitte 5. Jh. verfaßten *100 Kapitel über geistliche Vervollkommnung* sind ein Hauptwerk ostkirchlicher Mystik und Askese.
TÜ (franz.): EdesPlaces, 1966 (S. chrét. 5). Ü: KSFrank, Einsiedeln 1982.

Diadumenos, Jüngling, der sich die Siegerbinde ums Haupt legt; Statue des *Polykleitos.

Diagoras von Melos, lyrischer Dichter. Er folgte der Lehre *Demokrits. Gegen 420 v. Chr. wurde er in Athen wegen *Asebeia (Verspottung der Eleusinien) verurteilt und mußte fliehen.
T: MWiniarczyk, 1981 (Tb). TÜ: BSnell-ZFranyó, Frühgr. Lyrik 4, 1976. *Lyrik. – FJacoby, D. ho atheos, 1959.

Dialekte. – 1. Griechische: Die verschiedenen gr. Stämme wichen in ihrer Sprache stark voneinander ab, wozu die geographische Isolierung durch Meer und Gebirge viel beitrug. Die in sich wieder in Lokaldialekte gegliederten Hauptmundarten sind: Ionisch-attisch, arkadisch-kyprisch, *äolisch, nordwestgr.-*dorisch. Doch nicht allein Orts- und Stammeszugehörigkeit bestimmten den Dialekt. Wer in einer Literaturgattung als erster hervorragte, dessen Sprache wurde maßgebend für die Späteren, auch wenn deren Muttersprache eine andere war. Wer ein Epos schrieb, tat das bis in die byzantinische Zeit in der Sprache Homers, einer aus Altionisch und Aiolisch gemischten Kunstsprache, die nie irgendwo so als gesprochene Sprache eines Stammes existiert hatte. Geschichtsschreibung und Medizin erforderten neuionische Sprache (Vorbilder: Herodot und Hippokrates. Für die Geschichte brachen Ktesias und Thukydides dem Attischen Bahn, für die Medizin Diokles). Die attischen Tragiker und der Boioter Pindar schrieben ihre Chorlieder im dorischen Dialekt, der für die Chorlyrik geboten war. – Im 5. Jh. begann sich die Sprache Athens als Schriftsprache durchzusetzen und wurde in hellenistischer Zeit, von einigen speziell attischen Eigentümlichkeiten befreit, zur «allgemeinen Verkehrssprache» *(koinė diálektos)*. Dagegen erhob sich die Reaktion des *Attizismus, der sich streng an das reine Attisch hielt. So gingen von da an Schriftsprache (Attisch) und Umgangssprache (Koine) auseinander.
EdSchwyzer, Gr. Grammatik, 1959-63. AThumb, Handbuch der gr. D., 2. A. bearb. v. Kieckers (B. 1, 1932) und Scherer (Bd. 2, 1959). FBechtel, Die gr. D., 1921-24. RSchmitt, Einführung in die gr. D., 2. A. 1991.

2. Italische: In Nachbarschaft anderssprachiger Völker (*Etrusker, Griechen in Süditalien, Kelten in der Poebene, *Ligurer, Messapier, *Illyrier) bildeten die *Italiker eine Gruppe von Stämmen, welche durch ihre Sprachen, die italischen D., enger verwandt waren. Innerhalb der italischen D. stehen sich 2 Familien gegenüber, deren eine vor allem durch das Latinische als der Sprache Roms vertreten ist, die zweite durch die nur aus Inschriften bekannten D. der *Osker und der Umbrer (*Umbrien). Als in Italien die Literatur begann, war die zentrale Stellung Roms schon so stark, daß nur seine Sprache Lit.-sprache wurde, dies, obgleich die ältesten Dichter keine Stadtrömer waren (Plautus ein Umbrer, Ennius ein Osker). Erst im ausgehenden Altertum begannen sich, entsprechend den verschiedenen Sprachgewohnheiten der Bevölkerung in den Provinzen, die romanischen Sprachen aus dem *Vulgärlatein nach verschiedenen Seiten abzusondern.
Vetter, Handbuch der italischen D. I, 1953.

Dialog. Das Gespräch in Abfolge von direkten Reden der Unterredner wurde als eigene literarische Form eingeführt von den Schülern des Sokrates, unter denen die erhaltenen D. des *Platon und *Xenophon (1) hervorragen. Von den D. des Aristoteles, in denen er auch sich selbst redend einführte, sind nur einige Titel bekannt. In seiner Nachfolge schrieben die Peripatetiker; nur ein längeres Stück ist aus dieser Zeit durch den Papyros des *Satyros bekannt. Doch schloß sich *Cicero, als er die Literaturgattung mit seinen philos. Schriften in Rom einbürgerte, nicht der Weise Platons, sondern der des Aristoteles an: Vor die Schilderung des Gesprächsortes tritt ein Vorwort des Verfassers; die Personen sprechen seltener in kurzen Wechselreden, sondern legen ausführlich und in zusammenhängendem Vortrag ihre unterschiedlichen Auffassungen dar. Zur selben Art gehört formal auch der D. des *Tacitus, während die sog. D. Senecas keine wirklichen D. mehr sind; in ihnen spricht fast allein der Lehrer, der sich die möglichen Einwendungen selbst macht (Form der *Diatribe). *Plutarchos näherte sich wieder mehr der platonischen Form. Im 2. Jh. n. Chr. tritt die Festlegung auf philosoph. Themen zurück; in den D. des *Lukianos überwiegt manchesmal (z. B. in den Hetären-D.) die Komödie. Für *Athenaios und *Macrobius wurde die Form des Gastmahls mit einem D. gelehrter Gäste der Ausbreitung enzyklopädischen Wissens dienstbar gemacht. Schon seit dem 2. Jh. benutzten die Christen die D.-Form (*Iustinus [2], *Minucius [3], *Palladius [2], *Sulpicius [2] u. a.). Am vollkommensten entwickelte *Augustinus in seinen um 386 in Cassiciacum geschriebenen D. die ciceronische Form fort. *Boethius ließ in seiner *Consolatio* das Zwiegespräch zwischen ihm und der personifizierten Philosophie abwechseln mit lyrischen Gedichten.

RHirzel, Der D., 1895. BRVoss, Der D. in der frühchristl. Lit., 1970.

Diana, die röm. Mondgöttin, identisch mit *Artemis. Der Tempel der D. auf dem Aventin war das Bundesheiligtum Roms und der Latiner. Der Kult war dorthin verpflanzt worden, nachdem Rom die Latiner am See Regillus 496 v. Chr. besiegt und unter seine Oberhoheit gebracht hatte. Das Bundesheiligtum des alten Latinerbundes lag am Nemisee bei Aricia. Dort bestand auch weiter der berühmte Hain der D., deren Priester *(rex Nemorensis)* ein entlaufener Sklave sein mußte, der seinen Vorgänger erschlagen hatte. Das Kultbild aus dem Ende des 6. Jh. v. Chr. stellte, wie das Münzbild von Denaren des Jahres 43 v. Chr. zeigt, die Gottheit in drei Personen (Artemis, Luna, Hekate) dar. Als Frauengöttin wurde D. auch noch mit *Lucina gleichgesetzt. *Catullus dichtete einen schönen Hymnus auf D.

AAlföldi, D. Nemorensis, in Americ. Journal of Archaeology. 64, 1960, 137ff.

Diasien, altes Fest des Zeus Meilichios in Athen am 23. Anthesterion (Mitte März). Man beschenkte an dem Tag die Kinder.

Diatribe, Gespräch im freien Umgangston, speziell von volkstümlichen Philosophenvorträgen, welche die Zuhörer zu bekehren suchen mit Hilfe einfacher, aber schlagender und witziger Formulierungen, die heitere Form in den Dienst eines ernsten Zieles stellend, vergleichbar einer «Kapuzinerpredigt». Als Begründer gilt *Bion (2); typischer Vertreter ist *Teles. Die D. wirkt nach u. a. bei *Menippos und in den Satiren des

Horaz, der erklärt, «lachend die Wahrheit zu sagen», aber auch noch in der Argumentationsweise von Senecas ethischen Schriften. *Arrianus betitelte die von ihm aufgezeichneten Lehrgespräche des Epiktet als *D.* *Tertullian führte mit der Schrift *Über das Pallium* den D.-Stil in die christl. Literatur ein.

Dictator, höchster außerordentlicher röm. Beamter. Nur in Notzeiten gab man das Prinzip auf, daß immer 2 Beamte einander die Waage halten sollten. Auf Geheiß des Senats ernannte dann einer der Consuln den D. Dieser hatte unumschränkte Gewalt und war nicht rechenschaftspflichtig; alle Behörden waren ihm untergeordnet. Der Auftrag des D. war genau umschrieben; nach seiner Erfüllung, längstens nach 6 Monaten, legte er sein Amt nieder. Zum Gehilfen ernannte er den *Magister equitum* (urspr. = Führer der Reiter); in der Frühzeit hatte der D. selbst *magister populi* (Führer des Heeres) geheißen. Der letzte D. nach der alten Rechtsform wurde 202 v. Chr. ernannt. Die Dictaturen *Sullas und *Caesars verwendeten den alten Titel für eine in ihrem Wesen andersartige Ausnahmegewalt.
RStark, Ursprung u. Wesen der altröm. Diktatur, in Hermes 75, 1940, 206-214. MEHartfield, The Roman dictatorship, Diss. Berkeley, 1982.

Didaskalien, öffentliche Urkunden über die Aufführungen von Dramen und Chordichtungen. Sie gaben an das Datum der Aufführungen, die Titel der Werke, die Namen der Dichter, 1. Schauspieler und Choregen und die Preise, die sie errungen hatten. Einige Frg. solcher Dokumente sind inschriftlich erhalten (*Aixone). Aristoteles sammelte die Angaben in einem Werk *D.*, aus dem spätere Gelehrte schöpften.
AWilhelm, Urkunden dramatischer Ausführungen in Athen, 1906. APickard-Cambridge, The dramatic Festivals of Athens, 1968.

Dido, Tochter des Königs von Tyros (Phönizien). Vor ihrem Bruder Pygmalion, der ihr aus Goldgier den Gatten ermordet hatte, floh sie nach Afrika. Hier kaufte sie vom König Iarbas so viel Platz, als eine Rindshaut einnehme. Sie schnitt diese in Sehnen und umspannte damit den Raum, auf dem sie die Burg Karthagos, Byrsa, gründete. *Vergil erzählt im 4. Buch der *Aeneis* ihre Liebe zu Aeneas und ihren tragischen Freitod, nachdem Aeneas sie verlassen hatte.

Didyma, Orakelstätte Apollons, wenig südl. von Milet. Der Gott hatte nach der Legende seinem Sohne Branchos das Priesteramt verliehen, das im Geschlecht der Branchiden erblich blieb. Nach der Niederlage Milets 494 lieferten die Branchiden den Tempelschatz an die Perser aus und siedelten nach Baktrien über; an ihren Nachkommen nahm dort Alexander d. Gr. späte Rache für den Verrat. Der zerstörte Tempel wurde seit Ende des 4. Jh. v. Chr. wie sein Vorgänger als ionischer Dipteros größer wiederaufgebaut, jedoch nie ganz vollendet.
Deutsche Ausgrabungen. Hauptwerk: ThWiegand, D., 1941-58. – KTuchelt, Branchidai-D., Geschichte und Ausgrabung, 1991. Führer: JKleine, Führer durch die Ruinen von Milet, D., Priene, 1980. BKWeis, Das Orakelheiligtum des Apollon von D., 1983.

Didymos. – 1. Der letzte große alexandrinische Philologe, Mitte 1. Jh. v. Chr. Selbst nicht mehr schöpferisch, sammelte er die Ergebnisse der alexandrin. Forscher in zahllosen Büchern, was ihm die Beinamen *Chalkenteros* (Der Mann mit dem ehernen Eingeweide) und *Bibliolathas* (Büchervergesser, weil er selbst nicht immer mehr wußte, was er alles schon geschrieben hatte) eintrug. Von seinen Kommentaren ist ein Teil desjenigen zu *Demosthenes* erhalten. Besonders wichtig waren seine *Lexika*, vor allem das zu den attischen Tragikern. Später wurden für den Schulgebrauch Auszüge daraus gemacht. Einen Auszug aus solchen Auszügen stellte in hadrianischer Zeit D i o g e n i a n o s zusammen; es war bis gegen 1000 n. Chr. das meistgebrauchte Hilfsbuch für die Lektüre. Nochmals verkürzt und verstümmelt ist schließlich das Material des Diogenianos auf uns gekommen in dem Lexikon des *H e s y c h i o s.
T: *Demosth*.: LPearson-Stephens, 1983 (Tb). – KTOsborne, The Peri Demosthenous of D., Diss. Seattle 1990. Wilamowitz, Euripides Herakles I, Einleitung in die gr. Tragödie S. 158ff (4. A. 1959).
2. D. der Blinde, † um 398, Leiter der Katechetenschule von Alexandreia, Lehrer von Hieronymus und Rufinus. Der in seinen Schriften enthaltenen Lehren des Origenes wegen wurde er 553 mit diesem für häretisch erklärt. Erhalten sind u. a. 3 B. *Über die Dreifaltigkeit* (Echtheit angezweifelt), 3 B. *Über den hl. Geist* in lat. Ü. von Hieronymus; von seinen umfangreichen Bibel-K. sind durch einen Papyrusfund in Tura größere Teile wiederentdeckt worden.
T: Migne gr. 39. Migne lat. 23. TÜ: *Dreifaltigkeit:* JHönscheid *(B. 1)*, 1974; ISeiler *(B. 2, 1-7)*, 1975. *Hl. Geist:* LDoutreleau, 1992 (S.chrét. 386). *K: Zacharias, Genesis:* LDoutreleau (S.chrét.). *Hiob:* UHHagedorn u.a., 1968-85. *Eccles.:* GBinder, 1979-83. *Psalmen:* Doutreleau-Gesché-Gronewald, 1968-9.

Digamma, Ϝ, gr. Buchstabenzeichen für den Laut w. Der Laut verschwand in den meisten gr. Dialekten, am frühesten im ionisch-attischen, und das Zeichen wurde nicht ins Alphabet aufgenommen. Der engl. Philologe Bentley († 1742) entdeckte durch Kombination, daß das nicht mehr geschriebene Zeichen einmal im Homertext dagewesen sein mußte, und erklärte so mit einem Schlage viele bisher unverstandene Unregelmäßigkeiten der Sprache Homers. Heute kennen wir zahlreiche Beispiele des Ϝ aus gr. Inschriften.

Digesten: *Iustinianus.

Dikaiarchos von Messene, Aristotelesschüler, Historiker und Geograph. Es ist ein unersetzlicher Verlust, daß sein *Bios Hellados*, eine Kulturgeschichte Griechenlands, nicht erhalten ist.
Frg.: Wehrli, Schule des Aristoteles I, Basel 1967.

Dike, die Gerechtigkeit, Tochter des Zeus und der Themis bei *Hesiod. In den Tragödien des Aischylos ist D. eine der Urmächte allen Geschehens, die den Willen des Zeus vollstreckt.

Dikte, Gebirge auf Ost-Kreta, wo das Zeuskind aufwuchs.

Diktynna (= die vom Dikte-Gebirge) und Britomartis, kretisch-minoische Göttinnen, mit Artemis gleichgesetzt.

Diktys: *Dares.

Diocletianus, C. Aurelius Valerius, röm. Kaiser 284 bis 305 n. Chr. Er war Illyrier, Sohn eines Freigelassenen. Vom Soldaten stieg er bis zum Kommandanten der Leibwache *(comes domesticorum)* empor und wurde von den Offizieren auf den Thron erhoben. Er war der große politische Neuordner des Reichs, ein energischer, zielbewußter, achtunggebietender Mann. Seine Reform hatte 3 Ziele: 1. Teilung der Regierungsgewalt: D. ernannte seinen Freund Maximianus zum gleichberechtigten Mitkaiser *(Augustus);* nach den Hauptgöttern nannten sich er selbst *Iovius,* Maximian *Herculius.* Beide Augusti adoptierten je einen Unterkaiser *(Caesar),* D. den Galerius, Maximian den Constantius. Beide Caesares sollten Nachfolger der Augusti sein und dann ihrerseits Caesares ernennen. Damit war 2. die Thronfolgeordnung gesichert unter Ausschaltung der Erbmonarchie. Dieses künstliche System überdauerte freilich D.s Regierung nicht. 3. Dezentralisation der Staatsverwaltung bei Gleichschaltung aller Reichsglieder. Der Senat und Rom verloren ihre Vorrechte, Italien wurde den bisherigen Provinzen gleichgestellt. Das Reich wurde in 4 *Praefekturen* eingeteilt: Gallien, Italien, Illyrien, Orient (Haupt- und Residenzstädte: Civitas Treverorum [Trier], Mediolanum [Mailand], Sirmium [Mitrovitza], Nikomedeia [Izmit]). Die Praefekturen waren gegliedert in 12 *Dioecesen* = 101 *Provinzen.* Militär- und Zivilverwaltung wurden getrennt, der zivile Beamtenapparat dem *Praefectus Praetorio* unterstellt. Altrom sollte im Staatskult des Iuppiter erneuert werden (Christenverfolgung). D. wahrte die Regierungsform des Principats; erst Constantin vollzog den Schritt zum *Dominat. Zwangswirtschaft und schwere Steuern lähmten das Leben. Die verfehlte Münzreform endete in voller Inflation, die D. mit einer Höchstpreisverordnung für alle Waren und Löhne bannen wollte. D.s festes Auftreten nach außen gewährte dem Reich Frieden; große Bauten entstanden (D.s-Thermen in Rom). Gewaltiges Aufsehen erregte es, als D. am 1. Mai 305 abdankte, nachdem er Maximian zum gleichen Schritt veranlaßt hatte, und sich wie nach vollbrachtem Tagewerk in den Ruhestand zurückzog. Er lebte in seinem Palaste in *Salona (Split) noch bis 316 in ländlicher Muße und weigerte sich entschieden, die Herrschaft nochmals zu übernehmen.
T: MGiacchero, Genova 1974. TÜ: SLauffer, D.s Preisedikt, 1971. *Inschriften, Münzen:* ILukanc, D., der römische Kaiser aus Dalmatien, 1991. – Ed. Schwartz, Kaiser Konstantin, 1936. OThSchulz, Vom Prinzipat zum Dominat (Das Wesen des röm. Kaisertums im 3. Jh.), 1919. Kornemann, Doppelprinzipat u. Reichsteilung, 1930. WSeston, D. et la tétrarchie, 1947. FMasi, Diocleziano, Roma 1991. – Thermen: GLugli, Monumenti antichi di Roma 3. – Portrait: Ein 1939 in Nikomedeia gefundener Kopf, in Istanbul. ILukanc (s.o.).

Diodoros Siculus gab ca. 60-30 v. Chr. eine Weltgeschichte *Bibliotheke* in 40 Büchern heraus, welche die Ereignisse von der Frühgeschichte

des alten Orients bis zu Caesars Gallischem Krieg populär darstellte. Er war kein wissenschaftlicher Geist und benutzte oberflächlich ältere Geschichtsdarstellungen (*Timaios). Erhalten sind die Bücher 1-5 und 11-20, vom Rest nur Frg.
T: 1-20: FVogel-Fischer, 1888ff. (Tb). Rest: LDindorf, 1866-68 (Nachdr. 1985-91, Tb). CHOldfather u.a., Cambridge Mass. 1970-84. MCasewitz-Bommelaer u.a., 1972-93 (Budé). ÜK *(1-10):* GWirth-OVeh-ThNothers, 1992-93 (BGL). Ü: Wurm (OS). Loeb L. K: ABurton, 1972 *(B. 1)*. PStylianu, Diss. Oxford 1981 *(B. 15)*.

Diogenes. – 1. D. v. Apollonia, populärer Philosoph in Athen, um 430 v. Chr. Nach seiner monistischen Lehre war die Luft *(Aër)* der Urstoff.
TÜ: Vorsokr. TÜK: ALaks, Diogène d'A., la dernière cosmologie présocratique, Lille 1983. – WNestle, Vom Mythos zum Logos, 1940, S. 190f.
2. D. v. Sinope, Schüler des Antisthenes, der hochberühmte Gründer der kynischen Philosophensekte. In Athen und Korinth predigte er zur Zeit Alexanders d. Gr. sein «Zurück zur Natur», indem er das Ideal der Bedürfnislosigkeit unter Brüskierung allen konventionellen Anstandes vorlebte (daher der Name *Kyon*, der Hund). Zahllose Anekdoten waren von ihm im Umlauf. (Viele bei *D. Laertios 6, 2 überliefert. *Hellenismus.)
EdSchwartz, Charakterköpfe II, 1910. v. Fritz, Quellenuntersuchungen zu Leben und Philosophie des D., 1926. HNiehues-Pröbsting, Der Kynismus des D., Diss. Münster 1979. Porträt: Schefold.
3. D. Babylonios aus Seleukeia, † um 150 v. Chr., Stoiker, Schüler Chrysipps und Lehrer des Karneades, mit dem er 155 als Gesandter nach Rom ging (*Cato 1).
T: Arnim (*Stoa).
4. D. Laërtios schrieb vermutlich um 275 n. Chr. eine *Geschichte der gr. Philosophen* und ihrer Lehren in 10 Büchern. Da er aus älteren verlorenen Sammelwerken abgeschrieben hat, sind seine an sich kümmerlichen Angaben für uns sehr wertvoll.
T: HSLong, 1964 (Oxf. Cl.). Ü: OApelt (2 Bde), 1955. Hicks (Loeb L.). MGigante, 1962 (it.). – JMejer, D.L. and his hellenistic background, 1978 (Hermes E. Schr. 40).
5. D. von Oinoanda, Epikureer, der Anf. 3. Jh. n. Chr. zur Belehrung der Bürger von Oinoanda in Lykien die Lehren Epikurs als Inschrift auf der Wand einer Porticus öffentlich anbringen ließ. Die Frg. sind seit 1892 ediert.
T: CWChilton, 1967 (Tb). TÜ: ACasanova, Firenze 1984. ÜK: Chilton, Oxford 1971. – DClay, ANRW II 36,4 (1990) 2446-2559.

Diognetos, Adressat eines Briefs (Ende 2. Jh.), dessen Verfasser, vermutlich in Alexandreia, für das Christentum wirbt.
TÜ: HIMarrou, 1965 (S. chrét.).

Diokles v. Karystos, Arzt der dogmatischen Schule in Athen, wahrscheinlich Ende 4. Jh. v. Chr. Ein längeres Frg. über gesunde Lebensführung, für die er das für den einzelnen Menschen Passende als Regel aufstellt, ist durch *Oreibasios erhalten.

T: Wellmann, Frg.-Sammlung d. gr. Ärzte I 117ff. (1901). TÜ: Müri, Der Arzt im Altertum, 1986 (Tusc.). – WJäger, D. v. K., die gr. Medizin u. die Schule des Aristoteles, 1938.

Diolkos: Schleifbahn über den *Isthmos von Korinth.

Diomedes. – 1. Sohn des Tydeus, einer der größten Griechenhelden vor Troia in Homers *Ilias* (vor allem im 5. Buch). Später gründete er viele Griechenstädte in Italien. – Sitzender D. mit dem troischen Palladion (Marmor), in Athen gefunden. D. aus Cumae, in Neapel, nach einem Original des 5. Jh. v. Chr. – 2. Thrakerkönig mit menschenfressenden Rossen, die *Herakles wegzuführen hatte.

Dion von Syrakus, Schwager und später Schwiegersohn des älteren Dionysios. Er war ein begeisterter Verehrer des Philosophen Platon, der auf diesen seinen Schüler große Hoffnungen setzte. Mehrmals weilte er auf Dions Einladung am Tyrannenhofe von Syrakus; hier hätte vielleicht sein Staatsideal Wirklichkeit werden können. Doch Dion wurde im Machtkampf mit Dionysios dem Jüngeren gestürzt und kam als Verbannter nach Athen. 357 nahm er den Kampf für seine Rückkehr auf, fiel aber 354 in Syrakus durch Mörderhand.
Biogr.: *Plutarch, *Nepos. *Platon, 7. Brief. RvScheliha, D., die platonische Staatsgründung in Sizilien, 1934. HBerve, Gestaltende Kräfte der Antike, 1966. HBreitenbach, Platon und D., 1960.

Cassius **Dion** Cocceianus aus Nikaia zog sich nach seinem 2. Consulat 229 n. Chr. ins Privatleben zurück. Er schrieb in gr. Sprache eine *Römische Geschichte* von Aeneas bis zu seiner Gegenwart in 80 Büchern, von denen 36-60 (Jahre 68 v. Chr. – 47 n. Chr.) erhalten sind, vom Rest Frg. und Auszüge.
T: Boissevain, 1895-1931 (Neudruck 1955). Ü: OVeh, 1985-87 (AW). Cary (Loeb L.).

Dion Cocceianus C h r y s o s t o m o s von Prusa, ca. 40-120 n. Chr., der größte Redner seiner Zeit. Unter Domitian mußte er 14 Jahre als Verfolgter, oft versteckt in einsamen Gehöften auf dem Lande, verbringen. Mit Nerva und Traian war er befreundet. Er war ein vornehmer, weitgereister und hochgebildeter Mann, der liebenswürdigste Vertreter des damals herrschenden romantischen Geistes (Idyll der unverdorbenen reinen Natur im *Euboikós*). Seine stoische Philosophie neigte sich später der kynischen Lehre zu. Von seinen *Reden* sind 78 erhalten.
T: HvArnim, 1893/6. Ü: WElliger, 1967 (AW). *Euböische Idylle:* HHommel, 1959. TÜ (engl.): Loeb L., 1932-51. TK (Reden 7.12.36): DARussell, Cambridge 1992. – HvArnim, Leben und Schriften des D. v. Prusa, 1898. CPJones, The Roman World of D. Ch., London 1978.

Dione, Gemahlin des Zeus, Mutter der Aphrodite, die von späteren Dichtern auch selbst D. genannt wird.

Dionysia, Fest des Gottes *Dionysos. In Athen feierte man die ländlichen D. nach der Wintersonnenwende, die städtischen mit Aufführungen von *Tragödien und Komödien Anfang April.

Dionysios. – 1. D. der Ältere, von 405-367 v. Chr. Tyrann von *Syrakus. In 3 großen Kriegen kämpfte er gegen die karthagische Herrschaft auf Sizilien (397-392, 382-374, 368/7) und rettete so das Griechentum der Insel. Auch auf Unteritalien dehnte er seine Herrschaft aus und stand als mächtigster gr. Herrscher seiner Zeit da.
KFStroheker, D. I., 1958. HBengtson, Gr. Staatsmänner, 1983. LJSanders, D. I of Syracuse and Greek Tyranny, 1987.
2. Sein Sohn und Nachfolger D. der Jüngere erbte nur die Grausamkeit, nicht das militärische und politische Genie seines Vaters. Durch *Dion vertrieben, machte er sich zum Tyrannen von Lokroi und kehrte 347 von dort nach Syrakus zurück. Die unterdrückten Syrakusaner fanden einen Befreier in dem Korinther *Timoleon. D. mußte sich in der Burg ergeben und lebte verbannt noch lange Jahre, angeblich als Schulmeister, in Korinth. – 3. D. Thrax, ca. 170-90 v. Chr., Schüler des *Aristarchos (2), schrieb ein Lehrbuch *Téchne grammatiké*. *Grammatik.
T: Uhlig, 1883. KvLinke, WHaas, SNeitzel, 1977 (Samml. gr. und lat. Grammatiker 3). Ausw. mit K: Wilamowitz, Lesebuch II.
4. D. v. Halikarnass, *attizistischer Rhetor, seit 30 v. Chr. in Rom. In seinen rhetorisch-technischen Schriften (Hauptwerk: *Wortfügung*) und literaturkritischen Essays (*Demosthenes, Thukydides* u. a.) beweist er ein feines Stilgefühl. Seine *Röm. Geschichte* will als rhetorisches Meisterstück, nicht als historisch kritisches Geschichtswerk in unserem Sinne gewertet sein.
T: Usener-Radermacher und CJacoby, 1885-1929 (Tb, Nachdr. 1967-85). Ü: OS. TÜ: Loeb L. *Rhet. Schriften:* GAujac, 1988-92 (Budé). – EGabba, D. and the history of archaic Rome, Berkeley 1991.
5. D. der Perieget, aus Alexandreia, schrieb 124 n. Chr. ein geograph. Lehrgedicht *Weltbeschreibung*. Das gr. Gedicht wurde von *Avienus und *Priscianus ins Lat. übertragen.
T: Müller, Geogr. gr. minores II. Paris 1861. TÜ: KBrodersen, Das Lied von der Welt, 1994. ChrJacob, Paris 1990 (frz.).
6. D. v. Byzanz, verfaßte wahrscheinlich im 2. Jh. n. Chr. in kunstvoller attizistischer Prosa eine Beschreibung der Küsten des *Bosporos (1).
T: RGüngerich, 1958.
7. D. Areopagites, Pseudonym eines Autors, der im 5. Jh. n. Chr. in seinem theologischen Werk christliche und neuplatonische Lehren vereint. Er übte auf die Weltanschauung des Mittelalters einen tiefen Einfluß aus.
T: BRSuchla, 1990-91. ÜK: GHeil, BRSuchla, AMRitter, 1986-1994 (BGL). – ALouth, Denys the Areopagite, 1989.

Dionysos, auch B a k c h o s genannt (röm. **Liber*), der Gott des Weines. Nach der Sage zeugte ihn Zeus mit der Thebanerin *Semele. Diese verlangte, den Gott in seiner wahren Gestalt zu schauen. Das brachte ihr den Tod, denn Zeus erschien im Blitz. Zeus rettete aber das noch ungeborene D.-Kind, trug es in seinem eigenen Schenkel aus bis zur Geburt und ließ es von den Nymphen in Nysa aufziehen. D. war ein thrakischer

Gott; sein ekstatischer Kult war schon in mykenischer Zeit in Griechenland verbreitet. Manche Züge verbinden ihn mit dem minoischen Kreta (Stiergestalt, Vermählung mit Ariadne). Von göttlicher Raserei ergriffen, tanzten die Frauen als *Bakchai durch Wälder und Berge. Die Männer, die den Orgien zu wehren suchten, strafte D. (Pentheus [*Bakchai], *Lykurgos). Schließlich machte Apollon den neuen Gott zum Teilhaber des delphischen Orakels; die Wintermonate gehörten D. So wurde der Kult in geordnetere Bahnen gelenkt. Dionysische Ekstase, Tanz und Musik bewirkten Heilung seelischer Spannungen (*Katharsis); D. trug den Beinamen "Löser" *(Lyaios)*. Der Einzug des D. auf einem Schiffwagen, begleitet von *Satyrn und *Silenen, wurde an den Anthesterien gefeiert. In Athen entwickelte sich aus dem Fest des Maskengottes *D. Eleuthereús* die *Tragödie (Aufführungen an den großen Dionysien und den Lenäen). Gattin des D. war Ariadne (*Theseus). Seinen Siegeszug bis nach Indien besang *Nonnos. Die ältere gr. Kunst stellte D. als bärtigen, würdigen Mann in langem Gewande, mit Efeukranz und Trinkbecher dar. Seit dem 4. Jh. v. Chr. dominierte der Typus des schönen, weichlichen Jünglings. *Orphik.
MDetienne, D., göttliche Wildheit, 1992. HJeanmaire, D., histoire du culte de Bacchus, Paris 1991. Nilsson, The Dionysiac mysteries, 1957. WFOtto, D., 4. A. 1980. KKerényi, Der frühe D., 1961. – Statuen und Vasenbilder (*Exekias. *Kleophradesmaler) sehr zahlreich. *Religion.

Diophantos, alexandrinischer Arithmetiker um 300 n. Chr. (Diophantische Gleichungen).
T: PTannery 1893-5 (Nachdr. 1974, Tb). ThLHeath 1910 (Nachdr. 1964). TÜ (arab.-frz.): Roshdi Rashed, 1984 (B. 4-7, Budé). Ü: Czwalina 1952. PVerEecke (franz.), 1926 (Neudr. Paris 1959).

Dioskuren (*Diós kóroi* «Söhne des Zeus»), die Zwillingsbrüder K a s t o r und P o l y d e u k e s (lat. *Pollux*). Ihre Mutter war *Leda, ihre Schwester Helena. Kastor war als Rossebändiger, Polydeukes als Faustkämpfer berühmt. Von ihren Heldentaten sind die bekanntesten: Die Befreiung Helenas, welche Theseus nach Attika entführt hatte. Der Argonautenzug. Der Kampf mit den Messeniern *Idas und Lynkeus wegen der *Leukippiden. Kastor fiel, Polydeukes aber, der unsterblich war, trat dem Bruder die Hälfte dieser Gabe ab, so daß sie nun abwechselnd in der Unterwelt und auf der Oberwelt weilen. Die Zwillinge wurden als Nothelfer angerufen, besonders von den Schiffern, denen sie als Sternbild leuchteten. Wenn im Sturm sich das St. Elmsfeuer (elektrische Entladungen an den Mastspitzen) doppelt zeigte, so waren es die D., die Rettung brachten; ein einfaches Flämmchen bedeutete Helena, d.h. den Untergang. – Vasenbild des *Penthesileamalers aus *Spina. Kolossalstatuen in Rom an der Treppe zum Kapitol und am Quirinal. Statuen aus Lokroi in Neapel (Fuchs [*Plastik] Abb. 393/4).

Dioskurides. – 1. Ein Dichter von gr. Epigrammen in der *Anthologie (1), 3. Jh. v. Chr. – 2. D. Pedanius von Anazarba, gr. Arzt in Rom, Mitte 1. Jh. n. Chr. Sein Werk über die *Arzneistoffe* behandelt in 5 Büchern ca. 600 Arzneipflanzen; es genoß bis ins 16. Jh. großes Ansehen. Die älte-

ren Handschriften sind mit Illustrationen ausgestattet, höchst wertvolle Zeugnisse antiker Buchkunst.
T: MWellmann, 1906/14 (Neudruck 1958). Ü: JBerendes, Stuttgart 1902 (Nachdr. 1988). – Illustr. Handschrift: de Vries, Cod. gr. et lat. photographice depicti X, Leiden 1910. OMazal, Graz 1981. CBertelli, Roma 1988-92. – JMRiddle, D. on pharmacy and medicine, Austin 1985.
3. D. v. Samos, Mosaikkünstler um 100 v. Chr., von dem zwei hübsche Komödienszenen in Pompeii gefunden worden sind (Museum Neapel). Die Szenen gehören zu *Menandros, *Synaristosai*, und vielleicht der *Theophorumene*.

Diotima, Priesterin aus Mantineia. Im *Gastmahl* Platons will Sokrates die Lehre von der Liebe als Sehnsucht nach dem Schönen von ihr empfangen haben. Ob sie gelebt hat oder eine von Platon erfundene Gestalt ist, wissen wir nicht.

Diphilos aus Sinope, ein Dichter der neuen *Komödie. Plautus dichtete nach Stücken des D. *Casina* und *Rudens*.
T (Frg.): RKassel-CAustin, Poetae comici gr. 5, 1986, 47-123. – WHFriedrich, Euripides und D., 1953. MLDamen, The comedy of D., Ann Arbor 1985. ELefèvre, D. und Plautus, Der Rudens und sein Original, 1984 (Abh. Akad. Mainz). – Portrait: Schefold.

Dipteros: *Architektur.

Diptychon, doppelte Schreibtafel. Die zwei mit Scharnieren oder Bändern zusammengehaltenen Holzbrettchen waren auf der Innenseite mit Wachs bedeckt, in das man mit dem Griffel schrieb. In der Spätantike pflegten hohe Beamte zur Feier des Amtsantritts Diptycha zu schenken, deren Außenseite von kostbarer Elfenbeinschnitzerei bedeckt war. Solche Stücke sind später als Buchdeckel verwendet worden und so erhalten geblieben.
RDelbrueck, Die Consular-D., 1926-8.

Dipylon, Haupttor im Nordwesten Athens im *Kerameikos. Wichtigster Fundort att. *geometrischer *Vasen (D.-Vasen).

Dirke: *Amphion.

Diskobol (Diskoswerfer), berühmte Statue des *Myron. *Naukydes.

Dithyrambos: *Chor.

Divico, Häuptling der helvetischen Tiguriner (*Helvetier).

Dodona in Epeiros, uraltes Orakel des Zeus, wo aus dem Rauschen der heiligen Eiche geweissagt wurde. Das Priestergeschlecht der Selloi, welche das Orakel verwalteten («ohne die Füße zu waschen und auf dem Boden schlafend»), wird schon von Homer erwähnt (*Ilias* 16, 234). Die

Ausgrabungen haben in D. ein großes Theater mit 63 Sitzreihen für 18 000 Zuschauer freigelegt, ferner die Burg, den Zeustempel und das Buleuterion.
SIDakaris, Archaeological Guide to D., Iannina 1971.

Doidalsas, bithynischer Bildhauer des 3. Jh. v. Chr., Schöpfer der *Kauernden Aphrodite*, von der mehrere Kopien erhalten sind.
RLullies, Die kauernde Aphrodite, 1954.

Dolabella, P. Cornelius, Schwiegersohn Ciceros. In der Hoffnung, sich aus seinen Schulden zu befreien, schloß er sich im Bürgerkrieg Caesar an. Als Volkstribun beantragte er 47 v. Chr. ein Schuldenerlaßgesetz, konnte es aber nicht durchbringen, weil er sich M. Antonius durch einen Ehebruch mit dessen Frau zum Feind gemacht hatte. Nach der Ermordung Caesars trat er 44 das Consulat an, obschon seine Wahl ungültig war, da M. Antonius ungünstige Auspicien eingeholt hatte. D. ging in die reiche Provinz Syrien, übte unterwegs Erpressungen und ermordete in Smyrna den Proconsul *Trebonius. Im Juli 43 ließ er sich bei Laodicea von einem Soldaten töten, um nicht in die Hände seines Feindes *Cassius (1) zu fallen.
JJacobs, D. in der Korrespondenz Ciceros, Diss. Köln 1982.

Dolichenus, Stadtgott (Baal) von Doliche in Syrien, im 2. und 3. Jh. n. Chr. in allen Garnisonen des röm. Heeres bis nach Britannien als *Iuppiter D.* verehrt. Er wurde gewappnet auf einem Stier stehend dargestellt, in den Händen Blitz und Doppelaxt. Bekannteste Tempelreste in *Carnuntum.
PMerlat, Repertoire des inscr. et monum. de Jupiter D., 1951. MHörig-ESchwertheim, Corpus cultus Iovis Dolicheni, Leiden 1987. In Deutschland: MPSpeidel, J.D., der Himmelsgott auf dem Stier, 1980.

Dolonie, das 10. Buch von Homers *Ilias* (Gefangennahme des troischen Spähers Dolon durch Odysseus und Diomedes; Tötung des Thrakerkönigs *Rhesos).

Dominatus, das absolute röm. Kaisertum. Während Augustus als **Princeps* (Erster unter den Bürgern) gelten wollte, führte *Constantin (306-337) offiziell den D. ein: Er stand als *dominus* (Herr über Sklaven) über seinen Untertanen. Tatsächlich aber war schon Domitian (81-96) als Dominus aufgetreten.

Domitianus, Titus Flavius, Kaiser 81-96 n. Chr., Sohn Vespasians und Bruder des Titus. Während des Aufstands seines Vaters befand er sich in Rom, konnte sich vor Vitellius auf das Capitol retten und regierte nach Vespasians Sieg mit Mucianus unter schändlichem Mißbrauch der Macht, bis Vespasian selbst eintraf und dem Treiben ein Ende setzte. Als Nachfolger des Titus regierte er streng, ordnete besonders die Rechtspflege, setzte aber den Senat, dessen Zusammensetzung er als ständiger Censor selbst bestimmte, zurück. Er richtete in Rom glanzvolle Festspiele, den Capitolinischen Agon, ein. Nach außen war er erfolgreich in Britannien (*Agricola), gegen die Chatten in Germanien und die Daker;

die oberrheinischen Gebiete sicherte er durch den Grenzwall (*Limes). Eine Verschwörung, die sich auf die Legionen in Germanien stützte (88/9), steigerte seinen Argwohn gegen den Senat: Ein furchtbares Blutregiment erreichte 93 den Höhepunkt. 96 wurde D. von seiner nächsten Umgebung ermordet.
Biogr. *Sueton. – BWJones, The emperor D., London 1992. – Portrait: Büste im Konservatorenpalast, Rom. Herrscherbild 2,1.

Domitius, röm. Geschlecht, seit 30 v. Chr. patrizisch; bekanntester Zweig: *Ahenobarbus. Auch *Aurelianus, *Corbulo, *Ulpianus.

Domus aurea («Goldenes Haus»), Palast des *Nero in Rom.

Donatus. – 1. Christl. Priester in Numidien. D. wurde um 313 von einer Oppositionsgruppe zum Bischof von Karthago gemacht. Der von ihr nicht anerkannte Bischof Caecilianus wurde jedoch von zwei Konzilien und Kaiser Constantinus bestätigt. Die Kirchenspaltung erschütterte Afrika ein Jh. lang in blutigen Fehden. Optatus und Augustinus führten den literarischen Kampf gegen die Donatisten. 412 wurde das letzte kaiserliche Verbot des Donatismus erlassen. Doch hielt sich die Sekte noch lange.
CFrend, The Donatist Church, 2. Aufl. 1985. ETengström, Donatisten und Katholiken, 1964.
2. Aelius D. schrieb um 350 n. Chr. eine *lat. Grammatik*, die bis zum Ende des Mittelalters maßgebend blieb, und einen Kommentar zu den Komödien des *Terentius. Eine *Vita des *Vergilius* ist der Rest eines verlorenen Vergil-K.s.
T: *Gramm.:* Keil, Grammatici Lat. IV, 1864. *Terenz-K:* Wessner, 1902/5 (Tb, Nachdr. 1966). *Leben Vergils:* TÜ: JGötte, 1988 (Tusc., mit *Aeneis*).
3. Claudius D. schrieb um 400 n. Chr. einen ästhetisch-rhetorischen Schulkommentar zu Vergils *Aeneis*.
T: HGeorgii, 1905/6 (Tb).

Dorier, der zuletzt in Griechenland eingewanderte Stamm (Ende 2. Jahrtausend v. Chr.). Nach der Sage kamen sie aus der Landschaft Doris (südl. Thessalien) unter Führung der Herakleiden in die Peleponnes. In 3 Stämmen (Hylleis, Pamphyloi, Dymanes) herrschten sie über die unterworfenen Einwohner der Argolis, von Messenien und Lakedaimon. Auch die Inseln Thera, Kreta, Kos, Rhodos und das südwestliche Küstengebiet Kleinasiens (Knidos, Halikarnass), ferner Süditalien, Sizilien und Kyrene (Kolonie von Thera) waren dorisch. Der herbe, ernste und strenge Charakter der D. war am ausgeprägtesten in *Sparta.

Dorisch. – 1. Sprache: Der d. *Dialekt wurde nicht allein von Doriern gesprochen, sondern als Literatursprache für die Gattung der Chorlyrik verwendet (*Pindar, *Chor der attischen Tragödie). Dabei fielen lokale Eigentümlichkeiten weg, wie z. B. die lakonische Aussprache von th als s. Die d. Färbung zeigt sich vor allem in der Bewahrung des alten ā, welches im ionischen und mit wenigen Einschränkungen auch im attischen Dialekt zu ē geworden war. – 2. D. Ordnung: *Architektur.

Dornauszieher, Bronzestatue eines Knaben, der sich einen Dorn aus dem Fuße zieht (Konservatorenpalast, Rom). Wahrscheinlich klassizistische Umbildung eines hellenistischen Motivs.
WFuchs, Der D., 1958 (Opus nobile, H. 8).

Dorotheos v. Sidon, schrieb im 1.-2. Jh. n. Chr. astrolog. Lehrgedichte.
T (Fragmente): DPingree, 1976 (Tb).

Doryphoros (Speerträger). – 1. Statue des *Polykleitos. – 2. Leibgardist an Tyrannen- und Königshöfen.

Drachme, gr. Gewicht (in Athen 4,3 g) und Silbermünze.

Dracontius, christlicher Dichter in Karthago, 5. Jh.
T: Vollmer, 1914 (Tb). TÜK *(Lob Gottes, Genugtuung)*: CMoussy, 1985-88 (Budé).

Drakon, athenischer Aristokrat, den seine Standesgenossen 624 v. Chr. beauftragten, das Gewohnheitsrecht aufzuschreiben. Die Härte der Gesetze D.s blieb stets sprichwörtlich.

Drama: *Tragödie, *Komödie, *Mimos, *Atellane, *Phlyaken, *Theater.

Dreifigurenreliefs, vier in Kopien erhaltene, um 420 v. Chr. entstandene Reliefs, die jeweils 3 in tragischem Schicksal aufeinander bezogene Gestalten des Mythos zeigten (das bekannte Orpheusrelief, *Medea mit den Töchtern des Pelias, Herakles mit Theseus und *Peirithoos in der Unterwelt, Herakles und die *Hesperiden). Man vermutet, daß sie ursprünglich zu einem choregischen Weihgeschenk oder zum *Zwölfgötteraltar gehörten.
HGötze, Die att. D., in Mitteil. d. Deutsch. Arch. Inst., Röm. Abt., 53, 1938, 189ff.

Dreißig Tyrannen, die oligarchischen Machthaber in Athen nach der Niederlage im Peloponnes. Krieg 404 v. Chr. (Häupter: *Theramenes, *Kritias). Unter ihrer Blutherrschaft wurden 1500 reiche Bürger und Metöken um ihres Besitzes willen hingerichtet. *Thrasybulos stürzte sie 403/2.
PMKrentz, The Thirty at Athens, Ithaca 1982 (Diss. Yale Univ.).

Drusilla. – 1. Beiname *Livias, der Gemahlin des Augustus. – 2. Iulia D., Lieblingsschwester *Caligulas, nach ihrem Tode 38 n. Chr. vergöttert. – 3. Tochter des jüdischen Königs Agrippa I., verheiratet mit Felix, dem Procurator von Iudaea (*Apostelgesch*. 24).

Drusus. – 1. M. Livius D., cos. 112 v. Chr., hatte als Volkstribun die Interessen der Senatspartei gegen seinen Kollegen C. Gracchus vertreten. Er starb 109 als Censor. – 2. Sein Sohn M. Livius D. suchte als Volkstribun 91 v. Chr. den Italikern das Bürgerrecht zu verschaffen. Seine Ermordung löste den *Bundesgenossenkrieg aus. – 3. Nero Claudius D. (der ältere D.) wurde als Sohn der Livia aus 1. Ehe 3 Monate nach ihrer Vermählung mit Octavianus, dem späteren Kaiser Augustus, geboren (38 v.

Chr.). Mit seinem Bruder Tiberius siegte er 15 in Raetien und Noricum. 12-9 kämpfte er gegen die Germanen am Niederrhein und stieß bis zur Elbe vor. Auf dem Rückweg stürzte er vom Pferde und starb an dem erlittenen Beinbruch nach 30 Tagen, tief betrauert vom Volk und dem schwergetroffenen Augustus. Seine Kinder von Antonia, der Tochter des Triumvirn M. Antonius, waren Germanicus, der Kaiser Claudius und Livia Iulia. Ein unbekannter Dichter hat nach dem Tod des D. ein Trostgedicht an die Mutter Livia gerichtet (TK: HSchoonhoven, Groningen 1992). – 4. D. Iulius Caesar (der jüngere D.), Sohn des Kaisers Tiberius. Seianus, der nach der Krone strebte, verführte ihm die Gattin Livilla und stiftete sie an, D. zu vergiften († 23 n. Chr.). – 5. D. Iulius Caesar, Sohn des Germanicus, Bruder des spätern Kaisers Caligula. Tiberius ließ ihn verhaften und 33 n. Chr. im Gefängnis verhungern.

Dryaden, Baumnymphen.

C. **Duilius**, cos. 260 v. Chr. im 1. Punischen Krieg. Er erhielt das Kommando über die erste von den Römern erbaute Flotte und rüstete sie mit Enterhaken aus. Beim Vorgebirge Mylai nördl. von Sizilien errang er einen glänzenden Seesieg. Als Trophäe errichtete man ihm auf dem röm. Forum eine Säule, an der die erbeuteten karthagischen Schiffsschnäbel angebracht waren *(Columna rostrata)*. Die Inschrift des Monuments wurde in augusteischer Zeit erneuert, ohne daß der Versuch, die altertümliche Sprachform nachzuahmen, voll gelang (CIL I 2, 2. A., nr. 25).
MNiedermann, Recueil Niedermann, Neuchâtel 1954, 209-220.

Dura – Europos, Grenzstadt am Euphrat, wo hellenistische und orientalische Kultur zusammentrafen. *Seleukos I. hatte Europos mit makedonischen Siedlern gegründet, die gegen 100 v. Chr. unter die Herrschaft der Parther fielen. Nach mehreren Vorstößen (*Traian, *Verus) setzten sich die Römer fest; um 210 n. Chr. wurde Europos röm. Kolonie mit festem Garnisonslager. 256 fiel es nach schwerer Belagerung durch König Sapor I. wieder in die Hand der Perser. In der verlassenen Stadt hauste im 4. Jh. ein christl. Eremit. – Das ausgegrabene D. hat vor allem die Kultur der Parther deutlicher erkennen lassen als national-iranische Reaktion gegen den Hellenismus der Seleukiden. Die Juden besaßen in D. eine mit reichen Fresken geschmückte Synagoge, die Christen seit 232 einen Kirchenraum in einem Privathaus (Wandmalereien mit Bildern aus dem Alten u. Neuen Testament).
Die Ruinenstätte wurde 1920 von Breasted entdeckt. Franz. und amerik. Ausgrabungen: Excav. at D.-E (Yale Univ. Press) 1929ff.; Final Report 1943ff. Rostovtzeff, D.-E and its Art, 1938. APerkins, The Art of D.-E., 1973. CHopkins, The discovery of D.-E., London 1979. KWeitzmann-HLKessler, The frescoes of the Dura Synagogue and Christian art, 1990.

Duris. – 1. Att. Vasenmaler des frühen 5. Jh. Er verwendet besondere Sorgfalt auf die Bildkomposition. Sein reifstes Werk ist die ergreifende Darstellung der *Eos mit dem Leichnam ihres Sohnes *Memnon auf einer Schale im Louvre, Paris.
MWegner, D., 1968. Arias-Shefton-Hirmer (*Vasen) Taf. 145.
2. D. von Samos, Historiker der hellenistischen Zeit (4./3. Jh. v. Chr.). Er

näherte die Geschichtsdarstellung der Tragödie an. Aus seinen verlorenen Werken ist manches in die Schriften späterer Historiker eingegangen.
RBKebric, In the shadow of Macedon, 1977 (Historia E. Schr. 29). PPédech, Trois historiens méconnus, Paris 1989.

Duumviri, Kollegien von 2 Beamten. In den Landstädten waren sie als Bürgermeister die oberste örtliche Behörde, ähnlich den 2 Consuln in Rom.

E

Eburodunum (Yverdon), röm. Vicus im Gebiet der Helvetier südl. von Aventicum.
RKasser, Yverdon, 1975.

Echinaden, Inselgruppe vor der Mündung des *Acheloos.

Eclogen (ausgewählte Gedichte, Einzelgedichte) nannte man besonders die Hirtengedichte Vergils, denen er selbst den Titel *Bukolika* gegeben hatte.

Edictum. Die rechtsprechenden und mit höhern Verwaltungsaufgaben betrauten röm. Beamten veröffentlichten vor Amtsantritt die Grundsätze, nach denen sie ihr Amt ausüben wollten, in einem E., an das sie dann für ihr Amtsjahr gebunden waren. Besondere Bedeutung kam dem E. der Praetoren zu. Hadrian ließ den Text als *E. perpetuum* fixieren; die Beamten hatten von da an das E. in diesem vorgeschriebenen Text zu veröffentlichen, verloren also die freie Rechtssetzung. In der Kaiserzeit wurde vor allem das kaiserliche E. als Gesetzgebungsakt wichtig. *Iulianus (Salvius).

Edonen, Thrakerstamm am Strymon mit orgiastischem Bakchoskult.

Egeria, röm. Quellnymphe und Geburtsgöttin. Nach der Sage war sie mit dem König Numa vermählt, der nach ihren Ratschlägen weise regierte. Sie wurde im Hain der Diana bei Aricia und mit den Camenae vor der Porta Capena in Rom verehrt. – 2. *Peregrinatio Aetheriae.

Egnatia via, die wichtige Verbindungsstraße von der Adria (Dyrrhachium – Apollonia) nach Makedonien (Thessalonike). Ruinen von Straßenstationen und Kastellen.
FO'Sullivan, The Egnatian way, London 1972.

Ehe. – 1. Bei den Griechen: Bei Homer und in den Göttermythen sind noch ältere Eheformen kenntlich. In der *Ilias* haben z. B. die Helden außer der einen rechtmäßigen Gemahlin noch Nebenfrauen; der Freier brachte dem Brautvater Geschenke (frühere Sitte des Brautkaufs). Die alte Form der Raubehe kommt noch in vielen Brautraubsagen vor. In Athen wurde eine Ehe begründet durch Abschluß eines Vertrags zwischen dem über die Braut Verfügungsberechtigten und dem Bräutigam oder seinem Vater. Vor allem wurde die Mitgift festgesetzt und deren Rückgabe bei Scheidung oder Tod vereinbart. Leitend waren gesellschaftliche und finanzielle Erwägungen. Die Brautleute selbst sahen sich vor der Ehe kaum. Ein Sonderfall war die Erbtochter: Der nächste in Betracht kommende Verwandte war gesetzlich verpflichtet, sie zu heiraten, um das Vermögen in der Familie zu behalten. Stritten sich mehrere Bewerber, so sprach der Richter sie durch Urteil zu. Hochzeitszeremonien:

Brautbad (das Wasser wurde in besonderen Gefäßen, *Lutrophóroi*, herbeigetragen), Festmahl, Überführung der Braut in das Haus des Mannes. Da die Ehe keine religiöse Bindung bedeutete, war kein Priester beteiligt. Die verheiratete Frau lebte zurückgezogen im Frauengemach und zeigte sich nie in der Öffentlichkeit. Einkaufen ging, wenn man keinen Sklaven hatte, selbstverständlich der Mann.

2. In Rom: Das römische Recht unterschied zwischen solchen E., in denen die Frau aus der elterlichen Gewalt ihres Hausvaters in die Gewalt *(*manus)* des Ehemannes überging als Hausmutter *(mater familias)*, und solchen, in denen sie rechtlich in der Gewalt des Vaters blieb und nur *uxor* (Gattin), nicht *mater familias* ihres Mannes wurde. Von der erstern, der *manus-Ehe*, gab es 3 Formen: – *a)* Die feierlichste war die *confarreatio*, nur unter Patriziern möglich. Nur hier wirkte im Altertum bei der Eheschließung ein Priester mit. Der Pontifex maximus und der Flamen Dialis opferten; dann sprachen die Brautleute vor 10 Zeugen und Priestern die vorgeschriebenen Worte. Scheidung einer solchen E. war in älterer Zeit unmöglich; erst in der Kaiserzeit gab es eine *diffarreatio*. – *b) Coemptio*. Die Braut ging durch einen Scheinkauf in den Besitz des Mannes über. – *c) Usus*. Das Besitzrecht des Mannes gründete in diesem Fall formell auf Ersitzung des Eigentums, wenn die Frau mit ihm 1 Jahr in ehelicher Gemeinschaft gelebt hatte. Doch konnte die Frau der rechtlichen Gewalt des Mannes entgehen, wenn sie jedes Jahr 3 Nächte nacheinander auswärts gewesen war. Diese Art der Ehe kam gegen Ende der Republik ab. – Die üblichste Form war indessen die manusfreie Ehe, die auf Grund gegenseitiger Vereinbarung abgeschlossen wurde. – Eheschließung war zuerst nur möglich unter Bürgern und Angehörigen von Städten, mit denen Rom staatsrechtlich das gegenseitige Heiratsrecht *(conubium)* vereinbart hatte. Diese Beschränkungen wurden mit der Zeit weitgehend aufgehoben; doch war mit Ausländerinnen (*Peregrinen) und seit Augustus zwischen Personen senatorischen Standes und Freigelassenen nur *Concubinatus* möglich.

Concubinenkinder waren nicht vollbürtig und erbten nur 1/4. Verboten war die Ehe mit Sklaven. Jünglinge konnten in Rom mit 14, Mädchen mit 12 Jahren heiraten. Die Frau besaß größere gesellschaftliche Freiheiten als in Griechenland; seit dem 1. Jh. v. Chr. wurde es üblich, daß sie bei einem Gastmahl teilnehmen durfte. In älterer Zeit war aber z. B. Weingenuß den Ehefrauen streng untersagt gewesen. Gleichzeitig mit der Lockerung der Sittenstrenge verschlechterte sich die Moral der Ehen bedenklich. Nach altröm. Recht konnte der *Pater familias* die im Ehebruch ertappte Frau straflos töten. Jetzt wurden Ehebruch und Scheidung alltäglich. Vom Charakter vornehmer Römerinnen entwirft *Iuvenal *(6. Satire)* ein erschreckend düsteres Bild. Scheidung erfolgte im gegenseitigen Einverständnis *(divortium)* oder durch einseitige Erklärung *(repudium)*; die Mitgift mußte der nichtschuldigen Frau herausgegeben werden. *Augustus suchte dem Sittenverfall durch Ehegesetze zu steuern und Ehescheu und Kinderlosigkeit zu bekämpfen, indem er Junggesellen und Kinderlose rechtlich schlechter stellte. Der Erfolg blieb aus, zumal die kaiserliche Gnade doch auch Kinderlosen den Weg zu den Ämtern freigab durch Verleihung des Dreikinderrechts ehrenhalber.

Nahe Verwandtschaft war auch bei den Griechen und Römern ein Ehehindernis. Die Geschwisterehe unter den Ptolemäerkönigen blieb eine Ausnahme. Das attische Recht war in dieser Hinsicht toleranter als das römische. Noch die Heirat des Kaisers Claudius mit seiner Nichte Agrippina stieß auf starke juristische Bedenken.
WErdmann, Die E. im alten Griechenland, München 1934. WKLacey, The Family in classical Greece, 1968. – AMette-Dittmann, Die Ehegesetze des Augustus, 1991 (Historia E. Schr. 67). STreggiari, Roman marriage, Oxford 1991.

Eileithyia, vorgr. Göttin (im alten Kreta Eleuthyia), die den Frauen bei Geburten beistand, als Erscheinungsform der *Artemis verehrt.
SPirgiatoglu, E., 1981 (Diss. Würzburg).

Eirenaios: *Irenaeus.

Eirene, der Frieden, eine der 3 *Horen. Titel einer Komödie des *Aristophanes. E. mit dem Plutosknaben auf dem Arm, eine berühmte Statue Kephisodots, stand auf dem Markt in Athen.
ESimon, E. und Pax, 1988. – Kopie in München, Glyptothek. Fuchs (*Plastik) Abb. 399.

Ekbatana (Hamadan), Sommerresidenz der Perserkönige in Medien.

Ekklesia: *Volksversammlung.

Ekkyklema. Die gr. Tragiker ließen keinen Mord auf offener Bühne sich abspielen, sondern verlegten Tötungen ins Innere des Hauses. Nachher wurde der Innenraum auf einer Theatermaschine, dem E., vorgerollt, damit die Zuschauer die Toten sahen und die Totenklage auf der Szene stattfinden konnte. Die Verwendung des E. ist für die frühe Zeit nicht erweisbar, muß aber bei Euripides angenommen werden (Lesky, Gesch. d. gr. Lit., 1971, S. 298 Anm. 2).

Elagabalus, M. Aurelius Antoninus, Großneffe der Iulia Domna, trug den Namen des syrischen Sonnengottes E., graezisiert Heliogabalus, dessen Oberpriester er war. Als angeblicher Sohn Caracallas wurde er 14jährig 218 n. Chr. zum Kaiser ausgerufen. Er erklärte seinen Gott zum obersten Gott Roms und baute ihm einen Tempel auf dem Palatin. Sein schwelgerisches, orientalisch sittenloses Leben und das Weiberregiment der Großmutter Iulia Maesa empörte die Soldaten; sie erschlugen E. 222.
RTurcan, Héliogabale et le sacre du soleil, Paris 1985. MFrey, Untersuchungen zur Religion und zur Religionspolitik des Kaisers E., 1989 (Historia E. Schr. 62). – Portrait (Münzen): Herrscherbild.

Elaphebolia, athenisches Artemisfest, nach dem der Monat Elaphebolion (März/April) hieß.

Elateia, Phokerstadt an der Paßstraße zwischen Spercheios- und Kephisostal, dem Einfallstor nach Mittelgriechenland.

Elea (lat. Velia), ionische Kolonie in Unteritalien. – Ausgrabungen: MNapoli, Guida degli scavi di Velia, 1972. – *Eleaten.

Eleaten, die älteste gr. Philosophenschule, im unteritalischen *Elea von *Xenophanes um 540 v. Chr. begründet. Vollender der eleatischen Lehre vom einen und unveränderlichen Sein war *Parmenides; seine Anhänger *Zenon und *Melissos.

Elegie (gr. *Elegeia*). Im 7. Jh. v. Chr. entstand in Ionien die Form der E., Gedichte, in denen der epische Vers (Hexameter) mit dem Pentameter wechselte und so das Verspaar des Distichons bildete. Die E. wurden zur Flöte vorgetragen und waren urspr. keineswegs nur Klagelieder, sondern riefen die Bürger zum mutigen Kampf auf, lehrten politische, weltanschauliche und philosophische Ideen und dienten auch zum Ausdruck subjektiver Empfindung. E. wurden als Vortrag beim Symposion beliebt. Ältere Elegiker: *Archilochos, *Kallinos, *Tyrtaios, *Mimnermos, *Phokylides, *Theognis, *Solon, *Xenophanes, *Simonides u. a. Eine neue Epoche leitete *Antimachos mit seiner E. *Lyde* ein (Trauer über den Tod der Gattin). An ihn knüpften die Alexandriner an: *Hermesianax, *Phanokles, *Philitas, *Kallimachos. Die röm. Elegiker waren von den alexandrin. Dichtern angeregt (*Neoteriker). In der Generation nach *Catullus erstanden die Meister der subjektiv erotischen E., die Glück und Leid ihrer Liebe sentimental besangen (*Tibull, *Sulpicia, *Propertius, *Ovid). Eine selbständige Entwicklung machte die Kurzform der E., das *Epigramm, durch.
T: MLWest, Iambi et elegi gr. ante Alexandrum cantati, 2.A., 1989-92. BGentili-Prato, Poetarum elegiacorum testimonia et fragmenta, 1985-88 (Tb). Unter den Autoren. – Bowra, Early Greek Elegists, London 1938. NHolzberg, Die röm. Liebeselegie, 1990. Day, The Origins of Latin Love-Elegy, 1972. GPfohl, Die gr. E., 1972 (WdF).

Elektra, Tochter des *Agamemnon und der Klytaimestra. Homer nennt sie noch nicht, doch in der attischen Tragödie ist sie eine Hauptgestalt. Nach der Ermordung des Vaters hatte sie den Orestes als Bluträcher in die Fremde gerettet; sie selber blieb im Hause der Mörder zurück, erniedrigt und durch Schmach und Haß zum Äußersten getrieben. Endlich erschien der lange erwartete Orest, und nach einer dramatischen Wiedererkennungsszene zwischen den beiden Geschwistern vollzog er die Rache an der Mutter und Aigisthos. Die E.-Tragödien aller drei großen Tragiker sind erhalten: *Aischylos, *Choëphoren*, *Sophokles, *E.* (Höchste Tragik vor der Wiedererkennung dadurch, daß E. zuerst eine Trugmeldung vom Tod des Bruders hört und in tiefste Verzweiflung gestürzt wird.), *Euripides, *E.* (E. ist zur Demütigung an einen Bauern verheiratet, die Handlung so der heroischen Größe entkleidet.)

Eleusis, Stadt an der Küste westl. von Athen mit dem berühmten Mysterienkult der *Demeter. *Eumolpiden. Die Ausgrabungen haben das Gelände des Heiligtums freigelegt. Das Telesterion (Haus der Weihen)

wurde mit Veränderungen nach einem Plan des Parthenon-Architekten *Iktinos erbaut. An den vier Innenwänden des quadratischen Säulensaals liefen ringsum theaterartige Sitzstufen. Im 4. Jh. fügte *Philon (1) eine Vorhalle hinzu.
GEMylonas, E. and the Eleusinian Mysteries, Princeton 1961. DLauenstein, Die Mysterien von E., 1987. – KKanta, E., Athen 1979 (Führer).

Elis, westliches Küstenland der Peloponnes, in der Ebene der Flüsse Peneios und Alpheios. Im Alpheiostal in der seit ca. 570 v. Chr. zu E. gehörenden Landschaft Pisa lag *Olympia.

Elysium. Im Gegensatz zum unterirdischen Schattenreich des Hades war das E. ein paradiesischer Ort (Inseln der Seligen) am Westrande der Welt, jenseits des Ozeans, wohin die Lieblinge der Götter, ohne zu sterben, entrückt wurden, um bei Rhadamanthys ewig und mühelos zu leben. Später stellte man sich jedes «Jenseits» als in der Unterwelt liegend vor; das E. wurde dort ein abgesonderter «Ort der Seligen».

Emancipatio: **mancipatio.*

Empedokles, aus edlem Geschlecht in Akragas, ca. 483-423 v. Chr. Er schlug die Königswürde aus, ging auf Reisen und lebte als Arzt, Philosoph und heiliger Wundermann. Wir besitzen Reste seiner epischen Lehrgedichte *Die Natur* (2 Bücher) und *Reinigungslehren* (mythische Offenbarungen). Von den Urkräften Liebe *(Philotes)* und Haß *(Neikos)* werden, lehrte er, die 4 Elemente Feuer, Luft, Wasser, Erde geeint und wieder geschieden. So bilden sich in der Weltkugel *(Sphairos)* alle Dinge und Lebewesen immer neu in ewigem Wechsel. Man berichtete, E. habe ein wunderbares Ende durch Sturz in den Krater des Aetna gefunden.
TÜ: Vorsokr. I. TÜK: BInwood, Toronto 1992. JBollack, 1965-9 (*Phys*., 3 Bde). Zu den *Katharmoi (Reinigungen):* GZuntz, Persephone, 1971. – WKranz, E., 1949. DO'Brien, E.' Cosmic Cycle, Cambridge 1969.

Empiriker, Ärzteschule: *Medizin.

Emporion (Emporiae), von Massilia gegründete Hafenstadt an der Ostküste Spaniens nahe dem Fuß der Pyrenäen (heute Ampurias, bedeutende Ausgrabungsstätte). Die Altstadt des 6. Jh. v. Chr. war auf einer Insel angelegt, während sich am Festland südl. vom Hafen die Neustadt ausbreitete. Auf einem Hügel über der gr. Neustadt lagen die Stadt der Iberer und die 45 v. Chr. gegründete röm. Kolonie.
MAlmagro, Ampurias, 1951; ders., Las inscripciones ampuritanas griegas, ibéricas y latinas, 1952; ders., Las necropolis de Ampurias, 1953-5 (2 Bde).

Endoios, vornehmlich in Athen wirkender Bildhauer der 2. H. d. 6. Jh. v. Chr. Erhalten ist sehr wahrscheinlich seine sitzende Athene aus Marmor auf der Akropolis. – Fuchs (*Plastik) Abb. 273.

Endymion, schöner Jüngling, den Selene, die Mondgöttin, liebte. Er lag in ewigem Schlafe. Die Sage war in Varianten in Elis und in Karien am Berg Latmos heimisch. – Sichtermann, Späte E.-Sarkophage, 1966.

Enkaustische Malerei, eine seit dem 6. Jh. v. Chr. viel geübte Technik (Plinius, nat. 35, 122): Wachsfarben wurden auf Marmor, Holz oder Elfenbein mit glühender Kohle eingebrannt. Es wurden auch Statuen so bemalt, z. B. die des *Praxiteles durch Nikias. Erhalten sind uns e. M.en in einem Teil der Mumienportraits (*Malerei).
RBüll, Wachsmalerei, in: Vom Wachs 1 (Frankfurt/M. 1963), S. 317ff. HCros, L'encaustique ... chez les anciens, Paris 1884 (Nachdr. 1988).

Q. **Ennius** aus Rudiae in Calabrien, 239-169 v. Chr., einer der ersten Dichter Roms. Er war dreisprachig (gr., oskisch, lat.). 204 brachte ihn Cato (1) von Sardinien mit nach Rom. Gefördert von den literarisch interessierten Adelskreisen (Scipionen; Fulvius Nobilior, den er 189 in den Aitolischen Krieg begleitete und dessen Sohn ihm 184 das röm. Bürgerrecht verschaffte), vermittelte E. Werke der gr. Literatur durch Übertragungen und wurde der Begründer der römischen mit seinen eigenen Dichtungen. Er schenkte den Römern ihr nationales Epos in seinen **Annales* (Jahrbüchern), die die röm. Geschichte von Aeneas bis nach dem 2. Punischen Krieg behandelten. In Darstellungsweise, Sprachgestaltung und Vers (Hexameter statt des altertümlichen *Saturniers) hielt sich E. an Homer als Vorbild. Seine sprachschöpferische Leistung trug wesentlich dazu bei, das Latein zur Verwendung im epischen Vers geschmeidig zu machen; *Lucretius und Vergil, dessen *Aeneis* dann die *Annalen* des E. verdrängte, verdanken ihm sehr viel. Übrige Werke: *Tragödien* und *Komödien*. Lehrgedichte: *Epicharmos* (rationalistische Philosophie), *Hedyphagetica* (ein Kochbuch). *Epigramme*. *Saturae* (*Satire). Prosa: **Euhemeros*. Erhalten sind uns nur Frg.
T: Vahlen, 1903 (Tb, Nachdr.). TK: *Annales:* OSkutsch, Oxford 1985. *Trag.:* HDJocelyn, 1967. Ü (Ausw.): Leo, Gesch. der röm. Lit. I, 1913. Warmington, Remains of old Latin I (Loeb L.). – Entretiens sur l'antiquité class. 17, 1972. WSuerbaum, Untersuchungen zur Selbstdarstellung älterer röm. Dichter, 1968; ders., E. als Dramatiker, in Orchestra (Festschr. H. Flashar), 1994, 346-62. RABrooks, E. and Roman tragedy, New York 1981.

Ennodius, 514-521 Bischof von Pavia, ein Südgallier, schrieb *Briefe, Reden,* einen *Panegyricus* auf Theoderich u. a., alles in dem schwer genießbaren rhetorisch-preziösen Modestil seiner Zeit.
T: Vogel, 1885. Ü: *Lobrede* auf Theoderich: Fertig, Landshut 1858. *Hymnen:* Wolters, Hymnen und Lieder der chr. Zeit 2, 1922, 40-42. *Vita Epiphanii:* MCesa, Como 1988.

Entelechie: *Aristoteles.

Enyalios, vorgr. Kriegsgott, mit Ares gleichgesetzt.

Eos (lat. *Aurora*), die Morgenröte, Tochter des Hyperion, Mutter des *Memnon. Als Gatten hatte sie sich den schönen Jüngling Tithonos geraubt und für ihn die Unsterblichkeit von Zeus erwirkt. Doch hatte sie vergessen, auch um ewige Jugend zu bitten, so daß sie nun an der Seite eines altersschwachen Greises lebt. Am Morgen fährt «die rosenfingrige E.» (Homer) auf ihrem Wagen vom Okeanos zum Himmel auf. *Duris.

Epameinondas. 379 v. Chr. schüttelten die Thebaner die spartanische Herrschaft ab. An die Spitze des neuerstehenden Boiotischen Bundes traten *Pelopidas und E. E. führte eine neue Kampftaktik ein, die *schiefe Schlachtordnung* (*Militär), und gründete die *heilige Schar*, eine Truppe edler Freundespaare, die auf Leben und Tod verschworen waren. 371 erfocht er mit diesem Heer bei Leuktra einen großen Sieg über Sparta. Theben wurde die Vormacht Griechenlands. 362 siegte er nochmals bei Mantineia, fiel aber. Die Macht Thebens überdauerte seinen Tod nicht. E. lebte im Gedächtnis der Nachwelt fort nicht nur als Feldherr, sondern auch als Bürger, der selbstlos dem Vaterlande diente und trotz seiner Führerstellung arm blieb.
Biogr.: *Nepos. – HBengtson, Griechische Staatsmänner, 1983. HBeister, Untersuchungen zu der Zeit der thebanischen Hegemonie, 1970.

Epeiros (lat. *Epirus*), «Festland», nannten die Griechen auf Kerkyra das ihnen im Osten gegenüberliegende Festland. Es war bewohnt von den illyrischen Stämmen der Chaoner, Thesproter und Molosser (*Dodona). Erst gegen Ende des 5. Jh. v. Chr. begann die Graezisierung des Landes. Weltgeschichtliche Bedeutung erlangte es nur unter dem Diadochenkönig *Pyrrhos.
PRFranke, Alt-E. und das Königtum der Molosser, 1955; ders., Die antiken Münzen von E., 1961 (nur Bd. 1). NGLHammond, Epirus, Oxford 1967. AFoss, E., London 1978. APhilippson, Die gr. Landschaften, Bd. II 1, 1956.

Epeisodion, der Akt im gr. Drama, d. h. die in iambischen Trimetern gehaltene Schauspielerpartie zwischen 2 Chorliedern.

Epheben hießen die jungen Manner in Athen und andern gr. Städten vom Zeitpunkt ihrer Mündigkeit an. Mit 18 Jahren wurden sie in die Bürgerliste aufgenommen und erhielten vom Staat eine geistige, sportliche und militärische Ausbildung. Nach dem ersten Jahr bekamen sie Schild und Lanze und leisteten den *Ephebeneid*.
T: *Pollux 8, 105/06. – CPelekidis, Histoire de l'éphébie attique, 1962.

Ephesos, alte karische Küstenstadt, nach der Überlieferung im 11. Jh. v. Chr. (in Wirklichkeit wohl später) von den Ioniern in Besitz genommen und seitdem einer der bedeutendsten Hafenplätze des Altertums. In der Nähe lag die Kultstätte einer vorgr. Vegetationsgöttin, in der die Griechen *Artemis sahen. Der hochberühmte Tempel des 6. Jh., den Herostratos 356 v. Chr. in Brand gesteckt hatte, um durch diese Tat seinen Namen zu verewigen, wurde bald neu aufgebaut und als eines der 7 Weltwunder bestaunt. Die unteren Säulentrommeln beider ionischer Dipteroi (*Architektur) waren z. T. mit Reliefs geschmückt (Reste in London, British Museum). *Amazonen.

88 v. Chr. wurden in E. an einem Tage auf Befehl des Mithridates alle Römer ermordet. 56-58 n. Chr. weilte der Apostel Paulus in E., der Hauptstadt der Provinz Asia. 431 fand in E. ein ökumenisches Konzil statt (*concilium). – Wichtigste der ausgegrabenen Denkmäler: Artemistempel. Straße Arkadiané vom Hafen zum Theater. Agora. Thermen der Scholastikia mit Tempel des vergotteten Hadrianus. Nymphaeum des Traianus. Sarapistempel. *Bibliothek des Celsus. Konzilskirche. Johanneskirche. 2 Artemisstatuen vom Rathaus.
Österreichische Ausgrabungen seit 1896 (Forschungen in E., 1906ff.). ABammer, E., Stadt an Fluß und Meer, 1988. Ders., Das Heiligtum der Artemis von E., 1984. WElliger, E., Geschichte einer antiken Weltstadt, 1985. DKnibbe, E. im Spiegel seiner Inschriften, 1984.

Ephialtes. – 1. Der Verräter, der die Perser bei den *Thermopylen in den Rücken der spartanischen Verteidiger führte. Er wurde geächtet und 469 erschlagen. – 2. Demokratischer Politiker in Athen, Gegner des Kimon und Freund des Perikles, 461 ermordet. – 3. *Aloade.

Ephoren, 5 Beamte, die in *Sparta die oberste Behörde bildeten. Sie übten das Aufsichtsrecht über die Könige, Beamten und alle Bürger mit fast unumschränkter Strafbefugnis.

Ephoros von Kyme in Kleinasien schrieb die erste *Universalgeschichte der Griechen* in 30 Büchern von der Rückkehr der Herakleiden (= Einwanderung der *Dorier, die er auf 1069 datiert) bis zu seiner Zeit (340 v. Chr.). Im Gegensatz zu Thukydides entwickelte er die novellistische Form Herodots rhetorisch fort. Wir kennen von dem Werk nur dürftige Reste.
T: Jacoby II (*Geschichtsschreibung). Barber, The historian E., 1935.

Ephraem der Syrer, größter Kirchenlehrer der syrischen Christen. Aus Nisibis begab er sich nach der Eroberung der Stadt durch die Perser im J. 363 nach Edessa, wo er 373 starb. Neben theologischen Prosaschriften wurde er vor allem berühmt durch seine Dichtungen. Im gr. und lateinischen Abendland galten seine Hymnen und liturgischen Gesänge als Vorbilder.
T (syr. mit Ü) im Corpus scriptorum chr. orientalium, vgl. Bibliogr. in SBrock, L'oeil de lumière, Bellefontaine 1991, S. 339-348. Ü in KV 27-37, 1839-42. Teil: OBardenhewer, 1919 (KV). *Hymnen* (Ausw.): EBeck, E.d.S., Lobgesang aus der Wüste, 1967. DRance in SBrock, L'oeil de lumière (s.o.), 207-337. *Osterhymnen:* GAMRouwhorst, Leiden 1989 (Vigiliae chr., Suppl. 7). – EBeck, in Studia Anselmiana 21; 26; 33, Vatican 1949-53. SBrock, The luminous Eye, Rome 1985.

Epicharmos aus Megara auf Sizilien, ca. 550-460 v. Chr., der Hauptvertreter der sizilischen Komödie. Er gab dem altdorischen Possenspiel literarischen Rang; Platon schätzte ihn hoch. Im Gegensatz zur attischen Komödie fehlten bei ihm die politische Satire und Angriffe gegen Personen des öffentlichen Lebens; er liebte Mythenparodie und Schwänke mit komischen Charaktertypen, auch Anspielungen auf Literatur und

Philosophie seiner Zeit kamen vor. Man schob ihm deshalb später gnomische und physiologische Lehrgedichte unter.
T: Kaibel (*Komödie). Philosoph. Frg.: Vorsokr. I n. 23.

Epidauros an der Ostküste der Argolis (*Argos), ein weltberühmter Kurort. Die Kranken fanden Heilung durch Schlaf im Asklepiostempel, der zweieinhalb Stunden von der Stadt in einem Talgrunde lag. Sechs ausgestellte Tafeln (drei davon sind bei den Ausgrabungen gefunden worden) berichteten von den Wunderkuren des Gottes, zum Teil recht phantastische Dinge. Operationen wie Kopfabschneiden und Aufschneiden von Bauch und Magen wurden natürlich nicht wirklich ausgeführt, sondern von den Kranken im Traum erlebt. Der wissenschaftlichen Medizin, wie sie die hippokratische Ärzteschule in Kos übte, waren die Priester von E. feind, was sie aber nicht hinderte, hippokratische Behandlungsmethoden ebenfalls anzuwenden. Die Ausgrabungen haben die Reste des Heiligtums freigelegt, u. a. den Asklepiostempel (*Timotheos), einen Rundbau (Tholos od. Thymele) des 4. Jh. v. Chr. mit reichem Ornamentschmuck (*korinthisches Kapitell), Palaistra, Stadion, Gästehaus. Vorzüglich erhalten ist das frühhellenistische Theater, dessen Schönheit schon *Pausanias rühmte.
RHerzog, Die Wunderheilungen von E., 1931. FRobert, Epidaure, 1935. IFCrome, Die Skulpturen des Asklepiostempels von E., 1951. AvGerkan-WMüller-Wiener, Das Theater von E., 1961. RATomlinson, E., 1983 (Führer). *Asklepios.

Epigonen, die Nachkommen, hießen die Söhne der *Sieben gegen Theben, welche den gescheiterten Zug ihrer Väter wiederholten und die Stadt eroberten.

Epigonos, hellenistischer Plastiker, der in der 2. H. d. 3. Jh. v. Chr. in Pergamon wirkte. *Galater.
EKünzl, Die Kelten des E. von Pergamon, 1971.

Epigramm (Aufschrift). Der Name stammt von der urspr. Verwendung auf Grabmälern, Weihgeschenken usw. her. Der hier verfügbare Raum forderte möglichste Kürze im Ausdruck, die auch für das spätere Buch-E. das Wesensmerkmal blieb. Als metrische Form bevorzugte man das *elegische Distichon, so daß das E. eine Kurzelegie darstellt. Seit dem Ende des 6. Jh. v. Chr. gewann das E. die literarische Bedeutung, die es nie mehr verlor. Neben der schlichten Gelegenheitsdichtung der echten Aufschriften standen E., in denen dieser Zweck nur poetische Fiktion war, und solche, die auch diese Fiktion aufgaben und nur das Merkmal der pointierten Kürze bewahrten. Zum Festhalten einer Stimmung, eines geistvollen Gedankens, eines einprägsamen Spruches war das E. wie geschaffen, die Vielfalt der Themen war unbegrenzt: Symposion, Eros, Politik, Literatur- und Kunstkritik, Spott. – Der erste große E.-Dichter war *Simonides (Grabschrift der Thermopylenkämpfer). Auch *Aischylos (von ihm ist wahrscheinlich die Inschrift am Denkmal der Helden von Marathon) und fast alle großen Griechen der klassischen Zeit schrieben E., sehr schöne Platon (unter dessen Namen viel Unechtes steht). In der hellenistischen Zeit, der die feingeschliffene Form des

E.s besonders lag, sind *Kallimachos, *Leonidas v. Tarent und *Asklepiades v. Samos die größten Meister. Über 3600 gr. E. aus allen Zeiten sind in der *Anthologie (1) gesammelt. Die Römer übernahmen die Gattung von den Alexandrinern. Erster war Ennius. Die weitere Entwicklung wurde wesentlich beeinflußt von in Rom wirkenden Griechen wie *Philodemos und *Lukillios. Unter den lat. E.-Dichtern, die vor allem das Spott-E. pflegten, ragen hervor *Catullus, *Vergil *(Catalepton)* und ganz besonders *Martial, der ausschließlich E. schrieb. Durch ihn ist es gekommen, daß heute das Satirische als Wesenszug des E.s gilt.
Inschriften: T: GKaibel, Epigrammata Graeca, 1878. DPage, Epigrammata Graeca, 1976 (Oxf. Cl.). WPeek, Gr. Vers-Inschr. I, 1955. TÜ: Peek, Gr. Grabgedichte, 1960. Literar. E.: EStaiger, Gr. Epigramme, Zürich 1946. – OWeinreich, E.studien, 1948. GPfohl, Das E., 1968. L'épigramme grecque, Entretiens sur l'antiquité class. 14, 1969. MLausberg, Das Einzeldistichon, 1982.

Epigraphik, Inschriftenkunde: *Inschriften.

Epiktetos. – 1. Att. rotfig. Vasenmaler am Ende des 6. Jh. v. Chr. Seine Stärke liegt in der Rundkomposition von Schaleninnenbildern.
WKraiker, E., Jahrb. d. Deutsch. Archäol. Inst. 44, 1929, 141ff.
2. Stoischer Philosoph, ca. 60-140 n. Chr. Er war ein Sklave aus Hierapolis in Phrygien, wurde freigelassen und lehrte in Rom bis zur Domitianischen Philosophenverfolgung (89), dann in Nikopolis. Selbst schrieb er nichts, doch von *Arrianos besitzen wir Nachschriften aus seinen Vorlesungen und das *Handbüchlein der Moral*. E. lebte arm und verband die sittliche Erziehung mit asketischen Übungen. Seine populäre Lehre war nur auf die Ethik gerichtet, die Wissenschaften lagen ihm fern.
T: HSchenkl, 1894 (Tb, Nachdr. 1965). RLaurenti, Bari 1989. TÜ: WCapelle-RNickel, 1994 (Tusc.). *Handb.:* KSteinmann, 1992 (Reclam). *Arrian:* JSouilhé, 1948-65 (Budé). Ü: HSchmidt, 1984 (Kröner). – MPohlenz, Gestalten aus Hellas 1950, S. 645-670.

Epikuros, der Begründer der epikureischen Philosophie, 341-270 v. Chr. Er war Sohn eines Atheners auf Samos, kam 323 nach Athen und ließ sich nach seinen Wanderjahren 306 dort dauernd nieder, indem er Haus und Garten kaufte und die Schule der Philosophen *«im Garten»* einrichtete. Ziel seiner Lehre war die individuelle Glückseligkeit des Menschen. Wie *Aristippos erklärte er die Lust für das höchste Gut; diese bestehe aber keineswegs in der Erfüllung körperlicher Begierden, die nur Rückschläge in die Unlust zur Folge hätten, sondern darin, daß die Seele von Schmerz frei sei. Die Seele beherrscht den Leib und kann körperliche Schmerzen besiegen. Das bewies E. selbst in seinen letzten Tagen: Er starb unter großen Schmerzen, die er mit Geduld und Ruhe ertrug. Glück beruht auf Gemütsruhe *(*Ataraxia)*. Zu ihr verhilft allein die Tugend, die den Menschen über alle Begierden erhaben macht. Was die Gemütsruhe stört, ist auszuschalten: Der Philosoph beteiligt sich nicht an der Politik. Sein oberster Grundsatz heiße *láthe biósas* (Lebe im Verborgenen!). Er wird auch nicht heiraten. Die Seele muß von der Furcht befreit werden: Einzig dazu dient die Naturwissenschaft, uns vor ängstigenden Irrtümern zu bewahren. E. erklärte die Welt nach Demo-

krits Atomenlehre mechanisch. Mit dem Tode zerstreuen sich die Seelenatome und die individuelle Existenz hört auf; es ist ein erfreuliches Ende, ein Fortleben im Hades gibt es nicht. Somit ist die Furcht vor dem Tode unsinnig. Die Götter leugnete E. nicht: Sie hätten wunderschöne menschliche Gestalt und wohnten in den leeren Räumen zwischen den Welten; doch kümmerten sie sich nicht um die Menschen und den Weltenlauf. Darum sei auch die Furcht vor den Göttern unberechtigt. Der Glaube der Stoiker, die Gottheit habe die Welt um der Menschen willen geschaffen, sei eine alberne menschliche Überheblichkeit. – E. wirkte noch mehr durch seine Persönlichkeit als durch seine Lehre: Die Pflege wahrer Freundschaft machte das Wesen seiner Schule aus. E.s Lehre hielten die späteren Epikureer unverändert fest, und sie behauptete sich in weitesten Kreisen der gebildeten Griechen und Römer trotz dem Widerspruch aller anderen Sekten. Direkte Schüler E.s: *Metrodoros, Hermarchos, *Kolotes. Von späteren Epikureern sind die bekanntesten *Philodemos und der röm. Dichter *Lucretius. Außer drei *Briefen* haben wir von E.s Werken nur Bruchstücke.
T: *Briefe:* PVonderMühll, 1922 (Nachdr. 1982, Tb). *Frg.:* Usener, Epicurea, 1887 (Tb). Vogliano, Epicuri ... scripta in Herculanensibus papyris servata, 1928. WSchmid, Ethica Epicurea, 1939. CDiano, Epicuri Ethica, Firenze 1946. TÜ: HWKrautz (Reclam). TÜK *(Briefe, Leitsätze)*: MConche, Paris 1987. Ü: OGigon, 1992 (AW). JMewaldt, 1973 (Kröner). – *Diogenes Laertios, 10. Buch (Ü: Kochalsky, Leben und Lehre E.s, 1914). Pohlenz, Gestalten aus Hellas, 1950, 562ff. MHossenfelder, E., 1991. RMüller, Die epikureische Ethik, 1991. RWHibler, Happiness through tranquility, London 1984. RMStrozier, E. and Hellenistic philosophy, London 1985. – *Portrait: Schefold.

Epimenides, kretischer Wundermann, soll 596/3 v. Chr. nach einer Pest Athen entsühnt haben und als Knabe in einen 57jährigen Schlaf verfallen sein.
TÜ (Frg.): Vorsokr. I n. 3.

Epimetheus: Bruder des *Prometheus (*Pandora).

Epiphanios, seit 367 n. Chr. Bischof von Constantia (= Salamis) auf Cypern, ein Vorkämpfer des orthodoxen Glaubens. Hauptwerke: *Der Festverankerte* (Dogmatik mit Abwehr der Irrlehren), *Panarion* (Arzneikasten, eine ausführliche Geschichte aller Häresien und Sekten).
T: KHoll-JDummer, 1915-85. (Gr. chr. Schr.). Ü: Hörmann, 1919-23 (KV).

Epirus: *Epeiros.

Epodos. – 1. In dreiteilig gebauten Chorliedern der auf zwei gleiche Strophen folgende Abgesang. – 2. Gedichte, in denen immer ein Langvers mit einem Kurzvers verbunden wird. Die von *Archilochos erfundene Form hat *Horatius in seinen *Iamben* (meist einfach Epoden genannt) bekannt gemacht.

Epona, keltische Pferdegöttin, auch von den Helvetiern verehrt.
Statuette aus Muri: Stähelin (*Helvetier) S. 516-518. RMagnen, E., Bordeaux 1953-55.

Eponymos (Namengeber) hießen besonders: – 1. Die obersten Beamten, nach denen das Jahr benannt wurde (*Archon). – 2. Die zehn Heroen, nach denen die athenischen *Phylen hießen.
UKron, Die zehn attischen Phylenheroen, 1976.

Epos (Wort, Spruch, Vers) nannte man besonders den daktylischen Hexameter (*Versbau) und danach die in diesem Vers abgefaßten epischen Gedichte. Die beiden Epen *Homers, *Ilias* und *Odyssee*, stehen am Anfang der gr. und damit der europäischen Literatur. Da die Sagen von den Helden des Troianischen Kriegs ihr Stoff waren, versteht man unter E. im engern Sinne das Heldengedicht. Doch bezieht sich der Name nur auf die äußere Form, und im Altertum wurde jedes längere Gedicht in Hexametern der Gattung des E. zugerechnet, also auch die Werke des Hesiodos, Aratos, Lucretius, die wir der Gattung des *Lehrgedichtes zuweisen.
Die Epen wurden nicht wie Lieder von Sängern vorgetragen, sondern von Rhapsoden rezitiert. Diese hatten in ihrem Repertoire außer *Ilias* und *Odyssee* noch viele andere Epen und *Hymnen* und auch eigene Gedichte. Die meisten dieser Werke wurden, damit sie mehr Wert und Ansehen erhielten, Homer zugeschrieben, bei anderen war der Name des Verfassers strittig. Die Literaturgeschichte faßt die Masse dieser alten Epen unter dem Namen *Epischer Kyklos* zusammen. Wir besitzen nur Bruchstücke. Neben dem Troianischen Sagenkreis *(*Kypria, *Aithiopís, Ilíu Pérsis* [Zerstörung Ilions], *Kleine Ilias, Nóstoi* [Heimkehr von Troia], **Telegonie)* waren besonders die Sagen um Theben beliebt *(Thebaís, Epigonen, *Oidipodie)*, außerdem die *Danaís* (*Danaiden). Auch die Gattung des komisch-parodischen E. war vertreten: *Margítes, *Batrachomyomachie.* Alle diese Gedichte konnten sich gegenüber *Ilias* und *Odyssee* nicht behaupten: diese allein wurden an den staatlichen Festen (*Panathenäen, *Olympia) rezitiert. Homer war das erste Buch des Schulunterrichts im ganzen Altertum. Noch Augustinus erzählt, wie er sich als Knabe damit geplagt habe.
T (Frg. des *Kyklos*): GKinkel, Epicorum gr. Frg., 1877. MDavies, Epicorum gr. Frg., 1988. ABernabé, Poetarum epicorum gr. testimonia et frg., Bd. 1, 1987 (Tb). EBethe, Homer II und III, 1922/27. MDavies, The epic cycle, 1986.
Die epische Dichtung wurde ohne Unterbruch bis über das Ende des Altertums hinaus weitergepflegt. Doch war, als die Griechen aufhörten, selbst mit jugendlichem Geiste den Mythos mitzuleben, und zum geschichtlichen Bewußtsein erwachten, die Zeit des Volksepos vorüber. Allmählich wurden die Dichter zu Gelehrten, die nach eingehenden Vorstudien über Mythen und Altertümer und homerische Sprache ihr Kunstepos verfaßten. Aus der klassischen Zeit kennen wir zwar einige Namen (*Peisandros, *Panyassis, *Choirilos im 5., *Antimachos am Anfang des 4. Jh.), besitzen aber kein Werk. Der Führer der alexandrinischen Dichter, *Kallimachos, sprach sich gegen das Großepos für

die Kleinform des *Epyllion aus. Trotzdem erwarb sich sein Zeitgenosse *Apollonios v. Rhodos mit seinen *Argonautika* verdienten Ruhm. Die bedeutendsten nachchristlichen gr. Epiker sind *Quintus Smyrnaeus *(Die Ereignisse nach Homer)*, *Nonnos *(Dionysiaka)* und Musaios *(*Hero und Leander)*.
KZiegler, Das hellenistische E., 2. A. 1966.
Das röm. E. stand von Anfang an unter dem Einfluß der Griechen. Das erste lat. E. war die Ü. der *Odyssee* durch *Livius Andronicus (um 240 v. Chr.). Sein Vers war der einheimische *Saturnier. In der ersten Zeit wurden mehr historische Stoffe als mythische behandelt: *Naevius besang den 1. *Punischen Krieg* und *Ennius schrieb *Annalen* in Hexametern. Dieser Vers wurde seither auch im röm. E. allein geltend. Den nächsten großen Fortschritt brachte das epische Lehrgedicht des *Lucretius. Gleichzeitig feierte *Cicero sein eigenes Consulat in einem E., und *Varro (2) ahmte die *Argonautika* des Apollonios nach. Diese beiden und viele andere E. sind nur in Bruchstücken auf uns gekommen. Den glänzenden Höhepunkt der röm. Epik erlebte die augusteische Zeit, als *Vergil das Nationalepos *Aeneis* schuf. Er wurde den Römern, was Homer den Griechen war. In seinem Stile schrieben im 1. Jh. n. Chr. *Valerius Flaccus *Argonautica*, Silius die *Punica*, *Statius die *Thebais* und *Achilleis*, während *Lucanus mit der *Pharsalia* einen Stoff aus der noch gegenwartsnahen Geschichte wählte und neue stilistische Ausdrucksformen fand. *Ovid hatte in den *Metamorphosen* keinen zusammenhängenden Stoff, sondern Einzelepisoden gestaltet, die erst durch die Kunst des Dichters verbunden werden, nach dem Vorbild von Hesiods *Eoien* und hellenistischer Epen. Mit *Iuvencus (Anf. 4. Jh.) begann die lat. christliche Epik, die biblische Stoffe bearbeitete.
Frg. des lat. E. außer *Ennius: WMorel-KBüchner-JBlänsdorf, Frg. Poetarum Lat., 1994 (Tb). – SKoster, Antike E.- theorien, 1970. RHäussler, Das historische Epos 1.2., 1976-78. EBurck (Hg.), Das röm. E., 1979.

Epulones, röm. Priesterkollegium von drei (seit 196 v. Chr.; Sulla erhöhte die Zahl auf 7, Caesar auf 10) Männern. An zwei Festtagen richteten sie das *epulum* aus, d. h. eine Mahlzeit, die den Göttern vorgesetzt wurde *(*Lectisternium)*.

Epyllion, Kleinepos. Der führende Dichter und Literaturkritiker Alexandreias, *Kallimachos, erklärte, die Zeiten des kyklischen Epos seien ein für allemal vorbei. Er schuf dafür das in allem Detail ausgefeilte, mit feinster Verstechnik und erlesener Gelehrsamkeit auf ein hochgebildetes Publikum berechnete E. Das Muster der Gattung stellte er auf in seiner *Hekale*, in der er eine entlegene Episode aus der Theseussage aufgriff: Das alte Mütterchen Hekale nimmt den Helden in seinem armen Häuschen auf am Vorabend des Kampfes mit dem Marathonischen Stier.

Equites: *Ritter.

Erasistratos aus Iulis auf Keos, berühmter Anatom in Alexandreia um 258 v. Chr. (*Medizin 3). Er studierte speziell Gehirn, Seh- und Hörnerven. Als Arzt blieb er dogmatisch bei der älteren Pneumalehre, nach der die Arterien im Normalzustande mit Luft gefüllt sein sollten. Seine Heil-

methode suchte gewaltsame Eingriffe zu vermeiden (Gegner des Aderlasses) und legte Gewicht auf Diät und Hygiene. Die von ihm ausgehende Schule der Erasistrateer war bis ins 2. Jh. n. Chr. bedeutend.
T (Frg.): IGarofalo, Pisa 1988. Ü: Dobson (Proceedings of the Royal Society of Med., Hist. Sect.), 1927.

Erato, *Muse der lyrischen und hymnischen Dichtung.

Eratosthenes von Kyrene, ca. 284-202 v. Chr., Schüler des *Kallimachos, Leiter der Bibliothek von Alexandreia seit ca. 235, ein ungeheuer vielseitiger Geist. Seine Hauptverdienste erwarb er in der *Geographie: Er bewies die Möglichkeit der Erdumsegelung, schuf für seine Erdkarte eine Einteilung in Vierecke (noch nicht rechtwinkelige Koordinaten), führte eine Vermessung der Strecke Alexandreia-Syene durch und bestimmte den Erdumfang auf 252 000 Stadien mit im Altertum unübertroffener Genauigkeit (900 Meilen zu groß). Auch in Mathematik, Astronomie, Chronologie und Literaturgeschichte leistete er Großes. Überdies war er Dichter: Astronomie und Sternmythen verband er in den *Katasterismoí* (Sagen von Verwandlungen in Sterne). In Versen schrieb er Epyllien: *Erigone* (*Ikaros), *Anterinys, Hermes.*
T der Frg.: Geogr. und Chronologie: Jacoby II 241 (*Geschichtsschreibung). *Katasterismoi:* Olivieri, Mythographi Gr. III, 1897 (Tb). Gedichte: Powell, Collectanea Alexandrina, 1925. Keller, E. u. d. alexandr. Sterndichtung, Diss. Zürich 1946. EdSchwartz, Charakterköpfe II, 1910. GDragoni, E. e l'apogeo della scienza greca, Bologna 1979.

Erebos, die Finsternis, besonders in der Unterwelt. In der Weltschöpfungsgeschichte Hesiods ist E. Sohn des Chaos.

Erechtheion, Tempel des alten Landesheros Erechtheus oder Erichthonios und der Stadtgöttin Athene auf der Nordseite der *Akropolis von Athen. Der Zwang, die heiligen Kultmale (Salzwasserbrunnen, Dreizackspur Poseidons) mit einzubeziehen, gab dem Bau einen ganz eigenartigen Grundriß. Südl. ist die *Karyatiden- oder Korenhalle angebaut, so genannt nach den Figuren der Mädchen *(kórai)*, welche das ionische Gebälk tragen.
*Akropolis. WDörpfeld, E., 1941.

Eretria, neben *Chalkis wichtigste Stadt *Euboias, von der u. a. Reste des im 7. Jh. v. Chr. erbauten ionischen Tempels des *Apollon Daphnephóros*, über dem am Ende des 6. Jh. ein dorischer Bau errichtet wurde (*Antiope), ferner des Theaters, eines Thesmophorion und der Stadtmauern mit dem Westtor erhalten sind. Von der Zerstörung durch die Römer 198 v. Chr. erholte sich E. nur schwer. Neue schweizerische Ausgrabungen seit 1964.
EFiechter, Das Theater in E., 1937. E., Ausgrabungen und Forschungen, 1968ff. PAuberson-KSchefold, Führer durch E., 1972.

Ergotimos, att. Töpfer: *Klitias.

Erichthonios, wie Erechtheus (*Erechtheion), mit dem er ursprünglich identisch war, sagenhafter Heros Athens. *Kekrops.
GJBaudy, Der Heros in der Kiste: In Antike und Abendland 38, 1992, 1-47.

Eridanos, großer Strom im Westen, an dessen Ufern nach der Sage *Phaëthon abgestürzt sein soll. Die Tränen seiner ihn dort beklagenden Schwestern, der Heliostöchter, haben sich in Bernstein verwandelt (Ovid, *Met.* 2, 325-366). Seit Apollonios Rhodios galt den Dichtern E. als alter Name des Po (*Padus).

Erigone: *Ikarios (1).

Erinna von Telos dichtete im 4. Jh. v. Chr. ein Kleinepos *Die Spindel* und Epigramme.
T: Diehl I & Suppl. (*Lyrik). TÜ: BSnell-ZFranyó, Frühgr. Lyriker 3, 1976. – KLatte, Kleine Schriften, 1968, 508-25.

Erinyes (lat. *Furiae, Dirae*), die in der Unterwelt wohnenden Rächerinnen allen Unrechts, besonders des Mordes. Einzelne nannte man mit Namen: Allekto, Megaira, Teisiphone. Sie waren unentrinnbar schnell und unerbittlich, ihre Attribute Schlangen, Fackeln und die in Wahnsinn versetzende Peitsche, mit denen sie den Verbrecher peinigten. *Aischylos ließ im letzten Teil der *Orestie* den von den E. gehetzten Orestes durch Athene retten, indem sie mit ihrem Stimmstein beim Urteil Stimmengleichheit herstellte. Die erzürnten Rächerinnen erhielten Wohnung in den Erdschlüften an der Ostseite des Areopag. Versöhnt wurden die Gehaßten zu wohltätigen Hüterinnen der Rechtsordnung und hießen jetzt *Eumeniden* (die Wohlgesinnten). Im Kult wurden sie als *Semnái* (Ehrwürdige) verehrt mit Trankopfern, die keinen Wein enthalten durften.
MJunge, Untersuchungen zur Ikonographie der Erinys in der gr. Kunst, 1983 (Diss. Kiel).

Eriphyle: *Sieben gegen Theben.

Eris, Göttin des Streites, Schwester des Ares. Sie warf bei der Hochzeit des Peleus und der Thetis einen goldenen Apfel mit der Aufschrift «Der Schönsten» unter die Gäste. Hera, Athene und Aphrodite stritten darum vor dem zum Schiedsrichter bestellten Troerprinzen *Paris und suchten ihn durch Versprechungen zu gewinnen. Er gab den Apfel Aphrodite, die ihm die schönste Frau versprochen hatte. Die Göttin half ihm, *Helena zu entführen: So hatte E. den Anstoß zum Troianischen Krieg gegeben.

Eros (lat. *Amor, Cupido*), der Liebesgott, Sohn des Ares und der Aphrodite. Wen er mit seinem Pfeil trifft, der verfällt in Liebe. Es gab nur wenige größere E.-tempel, den berühmtesten in Thespiai (Boiotien) mit archaischem Steinkult. Schon früh erhob die *Orphik den E. zum schaffenden und zeugenden Weltprinzip; so steht er auch in Hesiods *Theogonie* unter den Urkräften. Anders vergeistigte Platon im *Sympo-*

sion den E. zum Drang nach dem Schönen, dem Verlangen nach Erkenntnis der Idee des Guten. Die Dichtung, vor allem die Lyrik, hat den E. in unzähligen Gestalten besungen, vom dämonisch wilden Gott bis zum tändelnden Knäblein. In der darstellenden Kunst erschien E. in klassischer Zeit als blühend schöner, nackter, fast im Ephebenalter stehender Knabe (Parthenonfries. Die berühmten E.-Statuen des Praxiteles sind verloren). Im Laufe der Zeit wurde E. immer jünger. Schon kindliche Formen beginnt der in Kopien faßbare bogenspannende E. des Lysipp zu zeigen. Im Epos des Apollonios Rhodios ist er bereits ein richtiger kleiner Schlingel. Noch später erscheinen eine Menge Eroten als ganz kleine Knäblein; diese Darstellungen leben in den Putti der Renaissance- und Barockkunst fort. *Psyche.

AGreifenhagen, Gr. Eroten, 1957. HDöhl, Der E. des Lysipp. Frühhellenistische Eroten, 1968. FLasserre, La figure d'E. dans la poésie grecque, 1946. ACarson, E. the bittersweet, Princeton 1986. – HFliedner, Amor und Cupido, Untersuchungen über den röm. Liebesgott, 1974 (Diss. Kiel). – ALesky, Vom E. der Hellenen, 1976.

Erymanthos, Gebirge in Nordwestarkadien, Heimat der *Kallisto. *Herakles bestand hier das Abenteuer mit dem Erymanthischen Eber.

Erysichthon, Sohn des Thrakerkönigs Triopas, frevelte gegen Demeter. Die Göttin strafte ihn mit ewigem, gräßlichem Heißhunger. *Kallimachos erzählt die Geschichte im *Demeterhymnos*, Ovid in *Met.* 8, 738-878.

Ü: Wilamowitz, Demeterfest, Reden u. Vorträge I 237ff. (1925). KJMcKay, E., a Callimachean comedy, Leiden 1962. CWMüller, E., der Mythos als narrative Metapher, 1987 (Abh. Akad. Mainz).

Eryx, Berg mit gleichnamiger Stadt und berühmtem vorgr. Kult der Aphrodite *(*Venus Erycina)* in Westsizilien.

Esquilinus mons, einer der 7 Hügel Roms, im Osten, wo seit alter Zeit die Begräbnis- und Richtstätte lag. In augusteischer Zeit legte man den Friedhof etwas weiter hinaus, um für die Gärten des Maecenas Raum zu gewinnen.

Eteokles, Sohn des Oidipus: *Sieben gegen Theben.

Etrusker (lat. *Tusci*, gr. auch *Tyrrhenoi*) wohnten in dem nach ihnen *Etruria* (Toscana) genannten Teil Italiens. Wahrscheinlich waren sie aus Kleinasien eingewandert. Ihre Sprache (ältestes Zeugnis die Inschrift eines Bechers aus der 2. Hälfte des 7. Jh. v. Chr.) ist anscheinend nicht indogermanisch und, obwohl die Schrift lesbar ist, immer noch nicht im Zusammenhang verständlich; nur einzelne Wörter und Namen dürfen als sicher gedeutet gelten. Außer den Inschriften (altetr. *Tontafel von *Capua* um 500, *Perusia) ist das Hauptdokument die *Agramer *Mumienbinde.* Die E.-Städte standen einzeln, ohne nationalen Zusammenschluß, unter Führung ihrer Priesterfürsten, der *Lucumonen;* nur gelegentlich verbündeten sich Gruppen von Städten *(foedera)* zu gemeinsamen Aktionen. Ihre Handels- und Piratenschiffe beherrschten

das westl. Mittelmeer (Tyrrhenische See) und unterhielten einen regen
Verkehr mit dem Osten: Gr. Kunstgegenstände kamen zahlreich nach
Etrurien; die hohe Kunst der E. ist wesentlich von der gr. beeinflußt.
Doch brechen immer wieder vorgr. Züge alter, derjenigen *Kretas ver-
wandter Mittelmeerkultur durch. Hauptfunde in den Gräberstädten
(Nekropolen), die sich neben den auf steilen Berghöhen angelegten
Städten der Lebenden erhoben, genau gleich mit rechtwinklig sich
schneidenden Straßen angelegt (*Caere). Die Grabkammern schmük-
ken großartige Wandgemälde (Tomba François in *Vulci; berühmter
Frauenkopf der Tomba dell'Orco in Tarquinii: Abb. bei Pfuhl [Malerei]).
Sehr bedeutend war die Keramik (Gefäße, *Sarkophage, *Terrakotten.
*Arretium) und die Bronzegießerei (Klappspiegel, Statue der kapitolini-
schen Wölfin, *Chimaira). – Im 7./6. Jh. dehnten die E. ihre Herrschaft
südlich bis nach Campanien aus. Die röm. Königssage bewahrt die Erin-
nerung an die etruskische Herrschaft: Die Tarquinier waren E. Dann
kam der Rückschlag: Die unterital. Griechen siegten bei Cumae 524 und
474 (Hieron I.). Rom eroberte etrusk. Städte nördl. des Tiber in lang-
wierigen Kämpfen (Veii 396). Der Galliereinbruch 390 schwächte die E.
dauernd. Im *Bundesgenossenkrieg endlich (91-88) vernichtete Sulla
die Bürgerschaft ihrer Städte und siedelte seine Veteranen dort an. Das
Land wurde romanisiert. – Keine italische Kultur hat in Rom so tiefe
Nachwirkungen hinterlassen wie die der E. Auch lebte im röm. Volk ein
starker Einschlag etrusk. Blutes. Dämonenfurcht und ängstliche Beob-
achtung religiöser Zeremonien, *Mantik (sog. *disciplina Etrusca:* Leber-
schau, Vogelschau, Weissagung aus dem Blitz), bestimmte Äußerungen
der Grausamkeit (Gladiatorenkämpfe [urspr. Menschenopfer am Grabe.
*Capua]) und der Lust an Schaustellungen (Circusrennen, Schauspieler),
*Ahnenbilder kamen von den E. An Einrichtungen des staatlichen
Lebens übernahmen die Römer das **Imperium* mit *Lictoren, Fasces
und Beil, Sella *Curulis, Purpurstreifen als Amtsabzeichen, *Triumph; in
der *Architektur Atriumhaus und Tempel, Kanalisation *(Cloaca maxi-
ma).*

T: HRix, Etruskische Texte, 1991. – AJPfiffig, Einführung in die Etrus-
kologie, 4. A. 1991. MPallotino, Etruskologie, 1988. MSprenger-GBarto-
loni, Die E., Kunst und Geschichte, 1990. RBianchi Bandinelli-AGiulia-
no, E. und Italiker vor der röm. Herrschaft, 1974. FBoitani-MCataldi
u. a., Die Städte der E., 1977.

Etymologie, Lehre von der wahren (gr. *étymos*) Herleitung der Wörter.
Die ältesten Versuche von Worterklärung gründeten auf der Überzeu-
gung, daß Wortform und Wesen der Sache sich entsprechen, womit sich
die magische Vorstellung vereinte, daß das Wissen um die wahre Be-
deutung des Namens auch die Gewalt über die Sache gebe. Schon
Homer (*Odyssee* 19, 407) erklärt das Schicksal des Odysseus aus seinem
Namen: Er ist der, dem die Götter zürnen *(odyssámenos)*. *Aischylos hat
solche E. besonders geliebt: Polyneikes muß gegen seinen Bruder strei-
ten, weil er «Vielstreit» heißt. Platon läßt im *Kratylos* den Sophisten die-
ses Namens derart E. treiben, und auch die stoische Sprachwissenschaft
hielt den Ursprung der Wörter für in der Natur *(physis)* der bezeichne-
ten Sachen gegeben. Erst im 1. Jh. v. Chr. kam eine andere Richtung auf,

die das Prinzip der Analogie zugrunde legte. Wissenschaftlich begründete E. gibt es erst, seitdem man im 19. Jh. die Verwandtschaft der indogermanischen Sprachen und die Gesetze des Lautwandels entdeckt hat. Die antiken E. gingen von äußerlichen Gleichklängen aus; deshalb sind die E. bei *Varro, *Festus, *Isidorus u. a. (für das gr. die byzantinischen *Etymologikâ*) oft komisch unsinnig: *caelebs* (Junggeselle) = der wie im Himmel *(caelum)* lebt.

Euadne stürzte sich, als ihr gefallener Gatte Kapaneus (*Sieben gegen Theben) verbrannt wurde, aus Gattenliebe in die Flammen des Scheiterhaufens.

Euagoras, König von Salamis auf Kypros, ca. 434-374/73 v. Chr. Obschon Vasall des Perserkönigs, war er ein Freund Athens, nahm nach der Schlacht von Aigospotamoi *Konon (1) bei sich auf, vermittelte die Unterstützung Persiens zum Kampf gegen Sparta und die Ernennung Konons zum Admiral einer persischen Flotte. Die Korruption am persischen Hofe verstand er sich zunutze zu machen. Um 392 erhob er sich gegen die persische Oberherrschaft, brachte viele Städte von Kypros, das phönizische Tyros und die Küste Kilikiens in seine Gewalt, konnte aber auf die Dauer der persischen Macht nicht trotzen. Der Friede beließ ihm das Königtum von Salamis. Er starb durch einen Palastmord. *Isokrates schrieb im Auftrage seines Sohnes Nikokles eine Gedenkrede auf E. – KSpyridakes, E., 1935.

Euainetos, bedeutender *Münzstempelschneider, der Ende des 5. Jh. v. Chr. in Sizilien, vor allem in Syrakus, wirkte. – JLiegle, E., Berlin 1941.

Euandros, arkadischer Heros aus Pallantion. Nach der Sage wanderte er aus und gründete an der Stelle des späteren Rom die erste Siedlung. – *Vergil, *Aeneis* 8, 97ff.

Euboia, die große Insel, die sich von Thessalien längs der gr. Küste bis Attika erstreckt. Ihre Hauptstädte *Eretria und *Chalkis trieben im 8. und 7. Jh. v. Chr. blühenden Handel: Als erste Griechen begannen ihre Seefahrer in Sizilien, Italien (*Cumae) und auf der *Chalkidike Kolonien zu gründen. *Schrift. Der erbitterte Krieg, der um 700 zwischen den beiden Städten um das Lelantische Feld entbrannte, schwächte E.s Macht für immer. Von den Perserkriegen 490 und 480 wurde es schwer heimgesucht. Die späteren Schicksale waren vom wechselnden, meist freundlichen Verhältnis zu Athen bestimmt. Die Ausgrabung einer Siedlung aus dem 10.-9. Jh. v. Chr. auf den Lelantischen Feld (*Lefkandi) erbrachte wichtige Zeugnisse für die "dunkle" Zeit zwischen dem Ende der mykenischen und dem Beginn der archaisch-gr. Epoche.
FGeyer, Topographie u. Geschichte der Insel E., 1903. MGrant, The visible Past, New York 1990, 4-7.

Eubulos, neben Alexis der bedeutendste Dichter der sog. mittleren Komödie in der 1. Hälfte des 4. Jh. Von seinen 101 Stücken sind nur Frg. bekannt.

TÜK: JMEdmonds, The Frg.s of Attic Comedy 2, Leiden 1959, 81-143. TK: RLHunter, Cambridge 1983.

Eudemos v. Rhodos, Aristotelesschüler, nach dem die als aristotelisch überlieferte *Eudemische Ethik* genannt ist. Seine Forschungen über die Geschichte der Wissenschaften (Mathematik, Astronomie, Theologie) waren grundlegend; doch ist nichts direkt erhalten.
TK (Frg.): Wehrli, 1969 (Schule des Aristoteles 8).

Eudoxos v. Knidos, Mathematiker und Astronom, ca. 390-340 v. Chr., Schüler des Archytas, der Aegypter und Platons. Seine Darstellung der Proportionslehre (goldener Schnitt) wurde von Eukleides in seine *Elemente* übernommen. E. begründete die Theorie von den Himmelssphären, die homozentrisch um die Erde als Mittelpunkt herumgelegt seien. Er lehrte die geographische Ortsbestimmung.
TÜK: FLasserre, 1966. – OBecker, E.-Studien, Quellen u. Stud. z. Gesch. der Mathematik, Astronomie u. Physik, B 2, 1933, 311-33 und 369-87. FHeglmeier, Die homozentrischen Sphären des E., 1988 (Diss. Erlangen).

Eugippius, Abt eines Klosters bei Neapel, † nach 533, schrieb Auszüge aus den Werken des Augustinus und ein Leben des hl. Severinus, der bis 482 in Noricum gewirkt hatte. Das Buch ist die Hauptquelle für die Geschichte des Christentums und der Völkerwanderung im Donau-Alpenraum während des 5. Jh.
T: Knöll, Corp. Vindob. 9, 1885-86. TÜK *(Vita Severini):* PhRégerat, 1991 (S. chrét. 374). TÜ: ThNüsslein, 1986 (Reclam).

Euhemeros verfaßte etwa 300 v. Chr. einen utopischen Roman *Die heilige Aufzeichnung*. Er erzählte, er habe auf der Insel Panchaia im Indischen Ozean eine Inschrift entdeckt, auf der Uranos, Kronos und Zeus ihre Taten nach der Art der orientalischen Könige verewigt hätten. Die Götter wären also Menschen, die ihrer Verdienste um die menschliche Kultur wegen göttlich verehrt worden wären. Diese Lehre des Euhemerismus gewann rasch große Verbreitung, teils als gottloser Schwindel gebrandmarkt, teils als philosophische Aufklärung gepriesen (Lat. Ü. des *Ennius).
T (Frg.): Jacoby I (*Geschichtsschreibung). MWiniarczyk, 1991 (Tb).

Eukleides. – 1. Sokratesschüler, Stifter der Philosophenschule der *Megariker. – 2. Der große Mathematiker in Alexandreia um 300 v. Chr. Sein Lehrbuch *Elemente* (13 Bücher) ist bis heute das klassische Werk der Geometrie. Er nahm darin die Definitionen Platons und viele andere Sätze von *Eudoxos auf. Weitere Spezialwerke (*Optik* u. a.) sind ebenfalls erhalten.
T (mit lat. Ü): Heiberg-Menge, 1883-1916. *Elemente:* Heiberg-Stamatis, 2. A. 1969-77 (Tb). Ü: CThaer, 1933-37 (Nachdr. 1991). ÜK: ThHeath, 1925. – PSchreiber, Euklid, 1987.

Eumaios, der Sauhirt auf Ithaka, der dem Odysseus die Treue wahrte. (Homer, *Odyssee*, Buch 15ff.).

Eumenes. – 1. E. v. Kardia, 362-316 v. Chr., Privatsekretär Philipps und Alexanders d. Gr. Nach dessen Tod behauptete er eine Diadochenherrschaft in Asien mit Geschick und Mut einige Zeit lang unter steten Kämpfen.
Biogr.: *Plutarch. *Nepos. – EMAnson, E. of Cardia, Ann Arbor 1976 (Diss. Univ. of Virginia). Berve (*Diadochen).
2. König von *Pergamon.

Eumeniden: *Erinyes.

Eumolpiden, attisches Adelsgeschlecht, das die Priesterschaft *(Hierophantie)* von Eleusis verwaltete. Ihr sagenhafter Ahnherr Eumolpos galt als Stifter der Mysterien der Demeter.

Eunomios, von Gregor von Nyssa und Basileios bekämpfter arianischer Bischof.
TÜ: RPVaggione, Oxford 1987. Gegenschrift des Basileios: BSesboüé, 1982-83 (S.chrét. 299. 305).

Eupalinos, Architekt des 6. Jh. v. Chr. auf *Samos.
HJKienast, Der Tunnel des E. auf Samos, in: Mannheimer Forum 1986-87, S. 179-241.

Eupatriden, der 1. Stand (Adel) Athens. Die unteren Stände hießen *Geomóroi* (Grundbesitzer) und *Demiurgoí* (Handwerker). *Kleisthenes, selbst ein E., beseitigte die Vorrechte des Adels 509 v. Chr.

Euphorion. – 1. Vater und Sohn des Aischylos, der letztere tragischer Dichter. – 2. E. v. Chalkis, hellenistischer Dichter von Epyllien (Ende 3. Jh. v. Chr.), den die röm. *Neoteriker sich zum Vorbild wählten.
T(Frg.): IUPowell, Collectanea Alexandrina, 1925 (Nachdr. 1970), 28-58.
TÜ: Page, Greek Literary Papyri, 1950 (Loeb L.).

Euphranor wirkte ca. 360 v. Chr. als Maler und Plastiker in Athen. Eine auf der Agora gefundene Marmorstatue kann vermutlich mit seinem Kultbild des *Apollon Patroos* identifiziert werden.
OPalagia, E., Leiden 1980.

Euphronios, trotz der selbstbewußten Worte seines Rivalen *Euthymides wohl der bedeutendste att. rotfig. Vasenmaler des ausgehenden 6. Jh. Hauptwerke: Krater mit dem Kampf des Herakles und *Antaios, im Louvre, Paris. Schale mit Reiterbild des Leagros, in München. – Buschor S. 158 (*Vasen). MWegner, Euthymides und E., 1979. IWehgartner, E. und seine Zeit, 1992.

Euphrosyne, eine der 3 *Chariten.

Eupolis, neben Aristophanes der begabteste Dichter der alten Komödie in Athen. Sein bekanntestes Stück waren die *Demen,* in denen er Miltiades, Aristeides und Perikles aus der Unterwelt aufsteigen ließ, um den Verfall des Staatslebens zu bessern. E. fiel 411 v. Chr. in den Kämpfen am Hellespont.

T: Kock und Edmonds (*Komödie). KPlepelits, Die Frg. der Demen des E., Wien 1970.

Euripides, der 3. große Tragiker des 5. Jh. v. Chr. in Athen, kurz vor 480 auf Salamis geboren, Sohn eines Grundbesitzers. Die Lehren der Philosophen und Sophisten wirkten auf ihn tief, und die Probleme der Aufklärung bewegten ihn auch als Dichter. So stand er bewußt im Gegensatz zur altattischen Gläubigkeit des Aischylos und dem harmonischen Wesen des Sophokles. Leidenschaftlich rang er um sittliche Probleme: Das Wesen der Götter, die in der homerischen Sage so unsittlich und grausam handelten, die Stellung des Menschen in einer Welt der Fragwürdigkeiten und unlösbaren Konflikte, das Recht der Natur gegenüber Geboten der Tradition. Unüberbietbar ist sein psychologischer Tiefblick, mit dem er besonders die Abgründe der weiblichen Seele durchdrang. Sophokles sagte: «Ich stelle die Menschen dar, wie sie sein sollen, E. aber so, wie sie sind.» Ein bekannter Vers des E. (*Hippol.* 380): «Was gut ist, wir erkennen's wohl, wir wissen es, doch lassen wir's zur Tat nicht werden.» Der Dramatiker E. beherrschte souverän alle Mittel der Bühnenwirkung; aber in seinen Chören hat er auch herrliche rein lyrische Stücke geschaffen. Seine modernen musikalischen Kompositionen, die wir nur noch in den beweglichen Rhythmen erahnen können, haben sehr stark gewirkt. – Der kühne Neuerer hatte es schwer, sich durchzusetzen. Von 455 bis 406 schrieb er 92 Stücke und siegte nur 5mal. Noch nach dem Tode des E. reichte der Komiker *Aristophanes in der Literaturkomödie *Die Frösche* die Palme im Wettstreit dem Aischylos. Im Alter ging E. an den Hof des Makedonenkönigs *Archelaos, wo er 406 starb, angeblich von den wilden Jagdhunden zerrissen. Um so größer war sein Nachruhm: Er war in der Folgezeit der meistgelesene Tragiker, wozu die Klarheit seiner Sprache mit beigetragen hat. Es sind von ihm 19 Stücke (von Sophokles und Aischylos nur je 7) erhalten: *Kyklops* (Blendung des *Polyphemos, ein *Satyrspiel). **Alkestis*. **Medeia*. *Herakleidon* (Athen schützt die von dem Peloponnesier Eurystheus verfolgten Waisen des Herakles; ein patriotisches Stück aus dem Peloponnes. Krieg). **Hippolytos*. **Andromache*. **Hekabe*. *Schutzflehende* (Theseus schützt die Mütter der *Sieben vor Theben gefallenen Helden und zwingt die Thebaner, die Toten zur Bestattung freizugeben; Tod *Euadnes). **Herakles* (H. erschlägt in von Hera gesandtem Wahnsinn seine Kinder). *Ion* (Intrigenstück: Kreusa versucht an Ion einen Giftmord, nach dessen Mißlingen Ion ihren Tod will; da erkennen sie sich als Mutter und Sohn). *Troerinnen* (ihre Schicksale nach der Zerstörung Troias). **Elektra*. *Taurische *Iphigeneia*. *Helena* (H., die während des Troianischen Krieges in Aegypten weilte, wird von Menelaos mit List entführt). *Phoinissai* (Kampf der *Sieben gegen Theben). **Orestes*. **Bakchai*. *Iphigeneia in Aulis* (*Agamemnon). Als unecht gilt zu Recht der **Rhesos*. Dazu kommen viele Frg. aus z. T. berühmten Stücken (*Antiope* [*Amphion], **Phaëthon*, **Telephos*).

Gesamtwerk: T: JDiggle, 1981-94 (Oxf. Cl.). Verschiedene Hg. bei Tb, 1970ff. TÜ: JEbener, 2.A. 1990. EBuschor-GASeeck, 1972-81 (Tusc.). Frg.: Nauck-Snell (*Tragödie). – Einzelne Stücke: *Alkestis:* TÜK: DJConacher, 1988. *Andromache:* PTStevens, 1971. *Bakchai:* TK: ERDodds,

Oxford 1960. K: JRoux, Paris 1972. *Elektra:* TÜK: MJCropp, Warminster 1988. *Hekabe:* AGarzya, 1955. *Helena:* TK: KKannicht, 1969. MLGuardini, Treviso 1984. *Herakles:* UvWilamowitz, 1889 (Nachdr. 1959). GWBond, Oxford 1988. *Herakleidai:* AMaggi, Torino 1943. *Hiketides:* ChCollard, Groningen 1975. *Hippolytos:* WSBarrett, Oxford 1964. *Ion:* UvWilamowitz, 1926. *Iphigeneia in Aulis:* GAmmendola, Torino 1959. *Iphigeneia bei den Taurern:* HStrohm, 1949. *Kyklops:* TK: RSeaford, 1976. K: WBiehl, 1986. *Medeia:* TK: DLPage, Oxford 1967. JCKamerbeek, Leiden 1983. *Orestes:* TK: CWWillink, Oxford 1986. TÜK: MLWest, Warminster 1987. *Phoinissai:* TÜK: ECraik, Warminster 1986. *Rhesos:* TÜ: DEbener 1966. *Troades:* K: RSeaford, Oxford 1984. WBiehl, 1989. Fragmentarisch erhaltene: *Andromeda:* K: FBubel, 1991. *Hypsipyle:* TÜK: WECockle, Roma 1987. *Melanippe:* TÜK: SAuffret, 1988. *Phaëton:* JDiggle, 1970. – Lit.: GMurray, E. und seine Zeit, 1969. HStrohm, E., 1957. MLloyd, The nature of Euripidean tragedy, Oxford 1983. ERSchwinge, E., 1969 (WdF 89). – Portrait: Schefold.

Europa, die Tochter des phoinikischen Königs Agenor, wurde von Zeus in Gestalt eines Stiers übers Meer nach Kreta entführt. Dort vermählte er sich mit ihr, und der westliche der beiden Erdteile hieß nach ihr E.
Der Raub ist oft dargestellt in Dichtung (*Moschos; Ovid, *Met.* 2,833ff.), Reliefs (Metope von Selinus), Malerei (Vasen, Pompeianische Wandgemälde) und Mosaiken. – WBühler, E., 1968.

Eurotas, Hauptfluß Lakoniens (*Sparta).

Euryalus: *Nisos (2).

Eurydike: *Orpheus.

Euryelos, Anhöhe vor Syrakus mit starken Befestigungswerken, wahrscheinlich aus der Zeit von *Hieron II.

Eurykleia, Amme des Odysseus (Homer, *Odyssee* Buch 19ff.).

Eurymedon, Fluß in Pamphylien (Kleinasien), berühmt durch *Kimons Doppelsieg über die Perser 468 (?) v. Chr.

Eurystheus, König von Mykene: *Herakles.

Eusebios, ca. 260-340 n. Chr., seit 313 Bischof von *Caesarea (2) in Palästina, Schüler des gelehrten Märtyrers Pamphilos. Er gehörte der theologisch-wissenschaftlichen Richtung des *Origenes an und schrieb zahlreiche hochbedeutende Werke, darunter die *Chronik* (Handbuch der Geschichtsdaten, nur in der lat. Ü. des *Hieronymus erhalten), die *Praeparatio evangelica* und als wichtigstes die *Kirchengeschichte* bis zum Jahre 323. Zusammen mit dem gleichnamigen Bischof E. von Nikomedeia, der persönlich dem Kaiser Constantin nahe stand, trat er nicht ohne Erfolg bei Hofe zugunsten des *Arius ein. In seinem *Leben des Constantinus* hat er die Tugenden des verstorbenen Kaisers gepriesen.
T: In Gr. chr. Schr., 1902-84, Neubearbeitung von FWinkelmann, ALaminski, EKlostermann u.a., 1991ff. TÜ: In S.chrét.: *Kirchengesch.:* GBardy, 2. A. 1987. *Praeparatio evang.:* EdesPlaces, 1975ff. *Gegen Hie-*

rokles: MForat, 1986. Ü: *Rede zum 30. Regierungsjubiläum des Constantinus:* HADrake, Berkeley 1976. *Kirchengesch.:* Kraft-Häuser-Gärtner, 1967. – Laqueur, E. als Historiker seiner Zeit, 1929. Wallace-Hadrill, E., 1960. TDBarnes, Constantine and E., Cambridge Mass. 1981. FWinkelmann, E., der Vater der Kirchengeschichte, 1991.

Eustathios, Erzbischof von Thessalonike 1175, schrieb einen umfangreichen *Homerkommentar.*
T: Stallbaum, 1825-30. *Ilias:* MvanderValk, Leiden 1971-87. – PWirth, Eustathiana, Amsterdam 1980.

Euterpe, die *Muse der Aulodie (Flötenmusik).

Euthymides, att. rotfig. Vasenmaler des ausgehenden 6. Jh. v. Chr. Hauptwerke 2 Amphoren in München: Theseus beim Raub der Helena. Hektor beim Anziehen der Rüstung. (Dabei die Inschrift: «Das hat E. gemalt, wie *Euphronios es nie fertiggebracht hätte.»).
Lullies, Gr. Vasen der reifarchaischen Zeit, 1953. ERaschke, Die Ringer des E., 1990. MWegner, E. und Euphronios, 1979.

Eutropius schrieb im Auftrag des Kaisers Valens (364-378 n. Chr.) einen Abriß der röm. Geschichte in 10 Büchern bis zum Jahr 364. Das Büchlein hatte seiner übersichtlichen Kürze wegen einen Riesenerfolg und wurde alsbald ins Gr. übersetzt.
T: CSantini, 1992 (Tb). Ü: Forbiger, 1865. ÜK: DNErickson, Ann Arbor 1990.

Eutychides, Bildhauer, Schüler des Lysipp. Sein Hauptwerk ist die in mehreren Nachbildungen erhaltene *Tyche* von *Antiocheia am Orontes, die er bald nach der Gründung der Stadt (300 v. Chr.) schuf.
TDohrn, Die Tyche von Antiochia, 1960.

Evocatio, altröm. Zauberritual, mit dem ein Gott aufgefordert wurde, von einem Platz zu weichen. Vor Beginn einer Belagerung evozierten die *pontifices* die Schirmgötter der feindlichen Stadt und versprachen ihnen einen gleichwertigen oder bedeutenderen Kult in Rom. Ältestes Beispiel die Einholung der Iuno Regina aus Veii nach Rom (396 v. Chr.). Nur der Gott des Marksteins, Terminus, war durch keine E. zu bewegen.
VBasanoff, E., Paris 1947. JLe Gall in Mélanges Jean Heurgon 1, Paris-Rome 1976, 519-24.

Exedra, ein zum Sitzen eingerichteter, nach einer Seite hin offener Raum, meist mit davorliegender Säulenhalle. Speziell die Form mit halbkreisförmiger Sitzbank wird in der Archäologie als E. bezeichnet. Die E. war in Privathäusern, Gymnasien und Palästren als eine Art Veranda beliebt (Pompeii), wurde aber auch als selbständiger Bau für Versammlungen errichtet.

Exekias, größter attischer Meister der schwarzfigurigen Vasenmalerei, um 550-525 v. Chr. Hauptwerke: Amphora mit Achilleus und Aias beim Brettspiel, im Vatikan. Amphora mit Selbstmord des Aias, in Boulogne.

Münchener Schale mit Meerfahrt des Dionysos.
WTechnau, E. (Bilder gr. Vasen 9), 1936.

Exodos («Auszug»). – 1. Das Schlußlied des *Chors am Ende der Tragödie. – 2. In der *Septuaginta* (gr. *Bibel-Ü): Das 2. Buch Mosis (Der Auszug aus Ägypten).

F

Fabel: *Aisopos.

Fabius, uraltes röm. Patriziergeschlecht. – 1. Der Stammvater war Kaeso F. Vibulanus. Von 485-479 v. Chr. bekleideten jedes Jahr abwechselnd seine Söhne Kaeso, Quintus und Marcus ein Consulat. 477 wurde das mächtige Geschlecht bis auf einen Knaben an der *Cremera vernichtet. – 2. Q. F. Maximus Rullianus, 325 v. Chr. Magister equitum des *Dictators L. Papirius Cursor, der ihn, weil er gegen seinen Befehl gekämpft hatte, trotz dem Siege hinzurichten befahl. Das Volk begnadigte ihn (*Livius 8, 30ff.). Er war 5mal cos., zuletzt mit P. Decius Mus Sieger bei Sentinum 295 v. Chr. – 3. Q. F. Maximus Verrucosus, genannt *Cunctator*, war 233 v. Chr. zum 1. Male cos., wurde nach der Niederlage am *Trasumenus vom Volk 217 zum Dictator gewählt und führte den Krieg hinhaltend, indem er Hannibal auf den Fersen blieb, aber jeder Entscheidungsschlacht auswich. Die Ungeduld des Heeres erzwang die Ernennung des Magister equitum Minucius Rufus zum Mitdictator; als dieser sich aber in den Kampf einließ, wäre er durch einen Hinterhalt Hannibals vernichtet worden, wenn nicht F. eingegriffen hätte. Man nannte F. den Schild, M. *Marcellus das Schwert Roms. Als gegen Ende des Kriegs Rom wieder den Kampf offensiv führte, war F. Gegner der Pläne Scipios. Er starb 203 v. Chr. *Ennius feierte ihn mit dem berühmten Vers: *Unus homo nobis cunctando restituit rem* (Ein einziger Mann hat durch Zögern den Staat wieder hochgebracht). – Biogr.: Plutarch.
4. Q. F. Pictor schrieb die erste *röm. Geschichte* (von Aeneas bis zum 2. Pun. Krieg) in gr. Sprache. Nach der Schlacht von Cannae ging er 216 als Gesandter zum delphischen Orakel.
5. Q. F. Maximus Allobrogicus: *Allobroger.

C. Fabricius Luscinus, cos. 282 und 278 v. Chr., Censor 275. Er nahm mehrere gr. Städte in Süditalien gegen Tarent in röm. Schutz, wofür ihm die Thurier seine Statue in Rom aufstellten. Als Gesandter bei *Pyrrhos widerstand er den Versuchen des Königs, ihn mit allen Mitteln zu gewinnen, mit Unerschrockenheit und Unbestechlichkeit. In seinem 2. Consulat kam ein Verräter ins röm. Lager und erbot sich, Pyrrhos zu vergiften. F. sandte ihn zurück und ließ den König warnen, der ausgerufen haben soll, eher lasse sich die Sonne von ihrer Bahn abbringen als F. von der Rechtschaffenheit. Die röm. Schriftsteller (Cicero) werden nicht müde, F. seiner staatsmännischen Klugheit, Gerechtigkeit und freiwilligen Armut wegen zu preisen; die typischen Züge überwiegen das Historische.

Falerii (Cività Castellana), die Hauptstadt der Falisci. 241 v. Chr. erhob sich die Stadt zum letztenmal gegen Rom. Nach 6 Tagen erlag sie den röm. Cos. Q. Lutatius Cerco und A. Manlius Torquatus, welche die Einwohner zwangen, die auf dem Berge gelegene Stadt *F. veteres* zu verlassen und sich in der Ebene anzusiedeln. Von dieser neuen Stadt *(F. novi)*

sind die Stadtmauern mit Türmen und Toren gut erhalten. Aus *F. veteres* Terrakottadekorationen mehrerer Tempel in der Villa Giulia, Rom.
ACamilli, Cività Castellana (F. veteres, Führer), Roma 1987.

Falerner, der beste Wein Italiens, wuchs südl. des Bergs Massicus im Norden von Campanien.

Falisci, der kleinste Stamm der alten Italiker. Ihr Dialekt ist dem Latinischen näher verwandt als dem Oskisch-Umbrischen. Sie siedelten nördlich vom Unterlauf des Tiber, im Süden an Rom grenzend, sonst von Etruskern umgeben, mit denen sie sich bis zum endgültigen Fall ihrer Stadt *Falerii öfter gegen Rom verbündeten.
Inschriften: EVetter, Handbuch der italischen Dialekte 1, 1953, S. 277-327. – La civiltà dei F. (Kongress 1987), Firenze 1990.

Farnesischer Stier: *Amphion.

Fasces: *Lictoren.

Fasti, der röm. Fest- und Amtskalender, ein Verzeichnis der Tage, an denen das Sakralrecht die Besorgung bürgerlicher Geschäfte (Gericht, Volksversammlung) gestattete *(dies fasti)* oder verbot *(dies nefasti)*. Reste vieler F. sind inschriftlich erhalten. Einen poetischen Festkalender gab *Ovid. – Der Name F. wurde auch auf die Jahresverzeichnisse übertragen, in denen die höchsten Beamten jedes Jahres verzeichnet wurden *(Consularfasten)*. Augustus ließ sie an seinem Triumphbogen auf dem Forum Romanum aufstellen. Die Marmortafeln befinden sich heute auf dem Capitol. Sie sind als Geschichtsquelle höchst wichtig, da die mit den Consulnamen bezeichneten Daten anhand dieser Listen bestimmt werden können. Gesondert angelegt wurde das Verzeichnis der Triumphatoren *(F. triumphales)*.
T: Inscript. Italiae XIII I. – GRadke, F. Romani, Betrachtungen zur Frühgeschichte des röm. Kalenders, 1990.

Fatum, die unabänderliche Schicksalsbestimmung. Die frühröm. Religion kannte drei göttliche *Fatae*, zugeordnet den Parzen: Die *Parcae* als Geburtsgöttinnen (zu *parere* "gebären") bestimmen durch ihren Spruch (*fatum* zu *fari* "sprechen") das Schicksal, das den Menschen bis zum Tode begleitet, weshalb auch *Morta* (zu *mors* "Tod") zu den Parzen zählte (Gellius 3,16,9-11). F. ist daher öfter unheilvoll, Verderben und Tod. Vergil hat in der *Aeneis* den Begriff vertieft: Schicksalsordnung ist der Wille des höchsten Gottes Iuppiter, und da dieser der Weltvernunft gleich ist, darf er nach stoischer Auffassung keine Änderung erfahren.
WPötscher, Das röm. F., in ANRW II 16,1, S. 393-424.

Faunus, altlatinischer Gott der wilden Natur, als Schützer des Viehs und der Äcker später mit Pan gleichgesetzt. Er gab im Walde Orakel. Der Name bedeutet vielleicht «Wolf», seine Priester hießen *Luperci* (Die Wölfischen). Am Fest der *Lupercalia* (15. Febr.) liefen sie, nur mit dem Fell des vorher geopferten Bockes bekleidet, um den palatinischen Hügel herum. Dieser Hügel war das Stadtgebiet des ältesten Roms gewesen;

an seinem Fuße lag das *Lupercal*, die Höhle, wo die Wölfin Romulus und Remus gesäugt hatte. Die Feier sollte Fruchtbarkeit erwirken, zugleich war sie eine Reinigung des Volkes von bösen Mächten (der Festtag fiel in die neuntägige Totenfeier der *Parentalia*).
ECHSmits, F., Diss. Utrecht 1946. WPötscher, Die Lupercalia, in Grazer Beitr. 11, 1984, 221-249. ChUlf, Das röm. Lupercalienfest, 1982. Altheim (*Religion).

Faustina, Annia Galeria. – 1. Gattin des Kaisers *Antoninus Pius 105-141. – 2. Ihre Tochter, Gattin des *Marcus Aurelius, † 176. – Portraits: Herrscherbild.

Faustkampf: *Spiele II 2.

Favianae, Stadt an der Donau in Noricum (Mautern bei Krems), Flottenstation der 1. norischen Legion. In einem Kloster zu F. starb 482 Severinus (*Eugippius).
HStiglitz-ESchneider, Mautern 1991 (Führer).

Favorinus, Philosoph aus Arelate (Arles), Anf. 2. Jh. n. Chr. Er schrieb gr. für das große Publikum, indem er «buntes Wissen» (24 Bücher) in unterhaltender Form darbot. Die Popularisierung und Trivialisierung brachte ihm großen Erfolg; er erhielt ein hohes Priesteramt und den Rang eines röm. Ritters.
Frg. bei *Stobaios. Nr. 37 und 64 aus der Sammlung der Reden des *Dion Chrysostomos werden ihm zugewiesen. TK: EMensching, 1963. ABarigazzi, 1966. Papyrus: BHäsler, F. *Über die Verbannung*, 1935.

Feldmesser: *Gromatici.

Feldzeichen. Den *Adler*, der in der 1. Cohorte der Legion auf einer Stange als F. vorangetragen wurde, führte um 100 v. Chr. *Marius ein. Älter waren die F. der *Manipel*, urspr. ein auf einer Lanze aufgestecktes Heubüschel, später metallene Zeichen (ausgestreckte Hand, Tierfiguren). Standarten aus einem viereckigen, mit einem Querholz an einer Stange befestigten Tuch *(vexilla)* hatte die Reiterei, später auch Infanterieabteilungen *(vexillationes)*. Gleich konstruiert war die von Constantinus eingeführte christl. Fahne *(lábarum)*, ein Purpurtuch, und auf der Fahnenspitze das Christusmonogramm mit dem Siegeskranz. Sie blieb als Reichsfahne dem Kaiser vorbehalten, war also kein Abzeichen von Truppenteilen.
AvDomaszewski, Die Fahnen im röm. Heere, 1885. REgger, Das Labarum, 1960 (Sitzungsber. Österr. Akad., Phil.-hist. Kl. 234).

Felix, Antonius, Procurator von Iudaea, Freigelassener Antonias, der Mutter des Kaisers Claudius, und Bruder des *Pallas (3), um 60 n. Chr. abberufen .

Feriae, die Festzeiten des röm. Kalenderjahres. Man unterschied bei den *F. publicae* solche mit fixen Daten (die 45 Staatsfeste der *F. stativae*), *F. conceptivae* (Wandelfeste, deren Datum jeweils die Pontifices ansetzten, darunter am wichtigsten die *F. Latinae*) und *F. imperativae* aus besonderen, unvorhergesehenen Anlässen. An diesen Tagen *(dies nefasti)* ruhten die bürgerlichen und staatlichen Geschäfte. *Fasti.

Feronia, etruskische Göttin. Am Berg Socrate hatte sie einen heiligen Hain, in Rom einen Tempel auf dem Marsfeld. Sie wurde besonders von Sklaven und Freigelassenen verehrt; in ihrem Tempel bei Tarracina fanden Freilassungen statt. Bei ihrem Hain am Soracte gründete Augustus eine Kolonie *Lucus Feroniae*. Hier wurde beim Bau der Autobahn 1962 eine große röm. Villa mit Mosaikfußböden gefunden.

Fescennium, südetruskisches Städtchen, die Heimat der *fescenninischen Verse*, mit denen sich an Hochzeiten zwei Parteien derb zu nekken pflegten.

Feste waren bei Griechen und Römern religiöse Feiern zu Ehren eines Gottes. – 1. In Griechenland hatte außer den 4 panhellenischen (gemeingr.) Festen (*Spiele) jede Gemeinde ihre eigenen F. In Athen waren die wichtigsten: *Panathenäen, *Dionysien (*Dionysos, *Tragödie), *Lenäen, Eleusinische Mysterien (*Demeter), *Anthesterien, *Diasien, Thesmophorien (*Demeter). – In Sparta: *Karneen, *Hyakinthia.
LDeubner, Attische F., 1932 Nachdr. 1969). Nilsson, Gr. F. von religiöser Bedeutung mit Ausschluß der attischen, 1906. HWParke, Athenische F., 1987. ESimon, Festivals of Attica, Madison 1983.
2. In Rom (*Fasti, *Feriae, *Spiele) waren die wichtigsten F.: *Carmentalia, *Cerialia, *Consualia, Lupercalia (*Faunus), Larentalia (*Acca Larentina, *Lar), Parentalia (Totenfest), Parilia (*Pales), *Quirinalia, *Saturnalia, *Terminalia. Durch Theateraufführungen waren besonders ausgezeichnet die *ludi Romani* und *ludi Megalenses*; an den heiteren *Floralia* spielte man Mimen (*Mimos).
WWarde Fowler, Roman Festivals of the Period of the Republic, 1908. HHScullard, Röm. F., Kalender und Kult, 1985. A. u. IKönig, Der röm. Festkalender der Republik, 1991 (Reclam).

Festus. – 1. S. Pompeius F., machte im 2. Jh. n. Chr. (?) einen Auszug aus dem verlorenen Lexikon der röm. Altertümer, das der gelehrte Verrius Flaccus zu Anfang des 1. Jh. n. Chr. verfaßt hatte. Von diesem Auszug des F. besitzen wir Teile, das meiste aber nur in einem nochmaligen Auszug, den *Paulus Diaconus zur Zeit Karls d. Gr. verfertigte.
T: Lindsay, 1913 (Tb). ders., Glossaria lat. IV, Paris 1930.
2. Ruf(i)us F. verfaßte um 370 n. Chr. einen kurzen Abriß der röm. Geschichte.
TÜ: MPArnaud-Lindet, 1994 (Budé). TK: JWEadie, 1967.

Fetiales, ein röm. Collegium von 20 Priestern, dem die Sorge für das Völkerrecht oblag. Die Kriegserklärung wurde vollzogen, indem der zum *Pater Patratus* bestimmte Fetialis eine blutige Lanze ins Feindesland schleuderte.
Die vom F. dabei auszusprechenden Formeln: *Livius 1, 32. – ThWiedemann, in The Classical Quarterly 36, 1986, 478-490.

Fibula. Die antiken Gewänder hatten keine Knöpfe, sondern wurden mit einer F. (Sicherheitsnadel) zusammengehalten. Eine in dem Latinerstädtchen Praeneste gefundene F. etwa aus dem Jahre 600 v. Chr. trägt die angeblich älteste Inschrift in lat. Sprache: *Manios med fhefhaked Numasioi* (Manius hat mich gemacht für Numerius). Echtheit zweifelhaft.

Ficoronische Cista, ein nach dem früheren Besitzer benanntes, in Praeneste gefundenes zylindrisches Gefäß, das der signierende Künstler Novios Plautios um 300 v. Chr. in Rom geschaffen hat. Auf dem Zylindermantel ist die Fesselung des Amykos durch die Argonauten eingraviert.
TDohrn, Die F. C., 1972.

Dius Fidius, Schwurgott: Semo *Sancus.

Figulus, P. Nigidius, Praetor 58 v. Chr., ein gelehrter Freund Ciceros, Grammatiker, Naturwissenschaftler; besonders aber hatte es ihm die sakrale Wissenschaft der Weissagung angetan. Er trat als pythagoreischer Magus auf.
T(Frg.): ASwoboda, 1889 (Nachdr. 1964). DLiuzzi, Lecce 1983. – ADella Casa, N. F., 1962.

Firmicus Maternus schrieb etwa 335 n. Chr. das umfangreichste astrologische Lehrbuch, das wir aus dem lateinischen Altertum besitzen (8 Bücher *Matheseos*). 337 bekehrte er sich zum Christentum und verfaßte die Streitschrift *Der Irrtum der heidnischen Religionen.*
T: Kroll-Skutsch-Ziegler, 1897-1913 (Tb, *Math*. Nachdr. 1968). TÜ *(Irrtum)*: KZiegler, 1953. RTurcan, 1982 (Budé).

Fiscus («Korb»), die Staatskasse des röm. Kaiserreichs. Im Unterschied von dem mehr und mehr an Bedeutung verlierenden *aerarium*, über welches nominell weiter der Senat verfügte, unterstand der F. direkt dem Kaiser und wurde vom Hofamt *a rationibus* verwaltet.

Flamen (Opferer), in Rom der Einzelpriester einer bestimmten Gottheit. Im Rang am höchsten stand der F. des Iuppiter *(F. Dialis)*. Sein Amt war an strenge Vorschriften gebunden: Er mußte Patrizier sein, aus confarreierter *Ehe stammen und in solcher leben, die Priestertracht ständig tragen, durfte keine Nacht außerhalb Roms weilen, kein Heer und keine Arbeit sehen, kein Pferd besteigen, nichts berühren oder nennen, was zu Tod und Unterwelt in Beziehung stand, nichts am Leibe tragen oder sehen, was bindet. Auch seine Gattin, die *Flaminica*, trug Priesterinnenkleidung. Außerhalb Roms waren am verbreitetsten die *Flamines* der göttlich verehrten Kaiser *(Flamines Augustales)*.

Flaminia via, Hauptstraße von Rom nach *Ariminum (*Flaminius).
GMassineo, La via F. da Porta del popolo a Malborgheto, Roma 1991.

Flamininus, T. Quinctius, cos. 198 v. Chr. im Alter von erst 30 Jahren, besiegte 197 Philipp V. von Makedonien bei Kynoskephalaí. An den Isthmischen Spielen 196 erklärte er unter ungeheurem Jubel die Griechen für frei. Er starb 174, hochgeehrt von den Griechen. – Biogr.: *Plutarch.

C. Flaminius, cos. 223 (Triumph über die Insubrer) und 217 v. Chr., energischer Gegner der Senatsaristokraten und Vorkämpfer der Plebs. Als Censor 220 baute er den *Circus F.* und die *via *Flaminia.* 217 vernichtete Hannibal ihn und sein Heer am *Trasumenischen See.

Flavius. – 1. Schreiber des *Appius Claudius Caecus. – 2. Seit das Geschlecht der Flavier mit *Vespasianus den Kaiserthron bestieg, wurde der Name F. sehr verbreitet (*Titus, *Domitianus, *Constantinus; *Iosephus).

Flora, sabinische Göttin der blühenden Pflanzenwelt. Ihr Fest (*Floralia*, Ende April bis Anfang Mai) wurde mit großer Ausgelassenheit gefeiert (*Spiele).

Florus, P. Annius, wechselte mit Kaiser Hadrian Scherzverse. Andere Gedichte sind in der *Anthologie (3) erhalten. Eine rhetorische Schrift handelt darüber, ob Vergil Redner oder Dichter sei. Außerdem schrieb er einen Auszug der *röm. Geschichte* (nach Livius). Ob Dichter, Rhetor und Historiker dieselbe oder verschiedene Personen sind, ist unsicher.

Verse: T: WMorel-KBüchner-JBlänsdorf, Frg. Poet. Lat., 1994 (Tb). TK: CdiGiovine, Bologna 1988. Prosa: T: Malcovati, Rom 1938. TÜ *(Gesch.):* PJal, 1967 (Budé). Loeb L. Ü *(Gesch.):* OS.

Fortuna, Glücksgöttin mit alten Kulten in Latium (*Praeneste), seit dem 1. Jh. v. Chr. der gr. *Tyche gleich.

Hymnus auf die F. von Antium: *Horaz, Ode 1, 35. – JChampeaux, Recherches sur le culte de la Fortune à Rome, Paris 1982-87.

Fortunatus: *Venantius Fortunatus.

Forum, Markt (vgl. gr. *Agorá*). Das röm. F. *(forum Romanum)* liegt im Tal zwischen Esquilin, Palatin und Capitol. In ältester Zeit sumpfig, wurde es nach Anlage der *Cloaca Maxima* zum Mittelpunkt der Stadt. Markt im wörtlichen Sinn (*Macellum) war es in späterer Zeit nicht mehr, wenn sich auch immer ein reger Geschäftsverkehr hier abspielte. Vor allem standen am F. Tempel, öffentl. Gebäude (*Basiliken, Regia [Amtslokal des Pontifex Maximus], *Curia), die Rednerbühne *(*rostra)* und viele Denkmäler. Der Platz war allmählich so eng überbaut, daß die Kaiser seit Caesar zur Entlastung und zur Repräsentation die Kaiserfora anlegten. Diese und die Fora anderer röm. Städte sind meist längliche, rechteckige und von Säulenhallen umgebene Plätze, die, anders als die *Agora gr. Städte, auf einen an einer der Schmalseiten sich erhebenden Tempel ausgerichtet sind. Guterhaltene Fora in Pompeii, Ostia, Lepcis Magna.

F. Romanum: PZanker, 1972. FCoarelli, 1983-85. WKBuchner, Zentrum der Welt, 1990. Kaiserfora: LBarroero, Via dei Fori imperiali, Venezia 1983. CMAmici, Il Foro di Cesare, Firenze 1991.

Foruminschrift. Ein auf dem *Forum Romanum* beim *Comitium* (Versammlungsplatz) unter dem sog. *Lapis niger* (Schwarzer Stein; die Stelle ist schwarz gepflastert) ausgegrabener viereckiger Pfeiler, dessen oberer Teil bei der Planierung des Bodens gegen Ende der republikanischen Zeit abgeschlagen worden ist. Er enthält auf allen 4 Seitenflächen eine altröm. Inschrift (6. Jh. v. Chr.), von der wir nur einzelne Wörter verstehen.
T: Diehl, Altlat. Inschr., n. 254 (1930). Erklärung: Leifer-Goldmann, F., Klio, 27. Beiheft (1932). GDumézil, La religion romaine archaïque, 2. A. 1974, 99-103.

Forum Iulii (Fréjus), röm. Kolonie in der Gallia Narbonensis, Heimat des *Gallus und des *Agricola. Erhalten sind Reste des Theaters, des Amphitheaters, der Stadtmauer und der Hafenanlagen.
P-AFévrier, F. I., 1963.

Françoisvase: *Klitias.

Franken, rechtsrheinische Germanenstämme, die seit dem 3. Jh. n. Chr. nach Gallien vordrangen und dort um 500 das Merowingerreich errichteten.
Ihr Geschichtsschreiber: *Gregor von Tours (5). – LSchmidt-Zöllner, Geschichte der F. bis zur Mitte des 6. Jh., 1970. – Dt. Landschaft: GArnold, Die Römer in F., 1986.

Freigelassene. Sklaven wurden von ihren Herren oft freigelassen, am häufigsten durch Testament. In Griechenland gab es erst spät in einzelnen Gemeinden Vorschriften über die Freilassung. Sie geschah öfter durch Weihung des Sklaven an einen Gott. Im alten Rom kannte man 3 Verfahren der *manumissio* (Entlassung aus der Rechtsgewalt des Herrn): – 1. **Vindicatio*. – 2. Dadurch, daß der Censor den Sklaven in die Bürgerliste einschrieb. – 3. Durch Testament. – Es war eine Freilassungssteuer von 5 % des Wertes der Sklaven zu zahlen. Der F. *(Libertinus)* trug als Abzeichen eine Filzkappe *(pilleus)*. Er blieb dem Freilasser als seinem Patronus rechtlich verpflichtet, und der Makel der unfreien Geburt schloß ihn von Staatsämtern und dem Militärdienst in der Legion aus. F. konnten in der Frühzeit keine Ehe mit Freigeborenen schließen. Seit Augustus war nur noch die Ehe mit Personen senatorischen Standes ungesetzlich. Selbst Söhne von F. galten gesellschaftlich als nicht ganz ebenbürtig. Im 1. Jh. n. Chr. waren aber die F. des Kaisers im Hausdienst oft allmächtige Minister und besaßen besonders unter Claudius phantastische Reichtümer.
Quellen (TÜ): WEck-JHeinrichs, Sklaven und F. in der röm. Kaiserzeit, 1993. – Friedländer S. 204ff. HLemonnier, Etude hist. sur la condition privée des affranchis aux 3 premiers siècles de l'empire romain, 1887. STreggiari, Roman freedmen during the late republic, 1969. WWaldstein, Operae libertorum, 1986. *Sklaven.

Frontinus, S. Iulius, siegreicher Feldherr in Britannien, 97 n. Chr. Direktor der Wasserversorgung Roms, † bald nach seinem 3. Consulat 100 n.

Chr. Er schrieb über *Feldmessung* (*Gromatici), über die *Wasserleitungen Roms* (*Aquae ductus) und eine Beispielsammlung *Kriegslisten. Strategemata:* T: RIIreland, 1990 (Tb). TÜ: GBendz, 2. A. 1978. Loeb L.

Fronto, M. Cornelius, aus Cirta, Rhetor, Consul 143 n. Chr., Erzieher von *Marcus Aurelius und Verus. Nach der damaligen *archaistischen Mode schätzte er an Lit. nur, was älter als Cicero war oder wie Sallust einen altertümlichen Stil pflegte. Sein *Briefwechsel* und einige Abhandlungen wurden 1815 in einem schwer lesbaren *Palimpsest entdeckt.
T: MVandenHout, 1988 (Tb). FSerra, Pisa 1989. TÜ (engl.): Haines (Loeb L.).

Fucinus Lacus, großer Apenninensee, dessen ständig schwankendes Niveau *Claudius 52 n. Chr. durch einen Abflußtunnel *(emissarium)* von 5640 m Länge regulieren ließ. Die der Überschwemmungen wegen erwünschte Trockenlegung wurde nicht erreicht.

Fulgentius. – 1. Bischof von Ruspe im nordafrikanischen Vandalenreich, 467-532. Bedeutender Theologe, der die katholische Sache gegen die arianischen Könige Thrasamund und Hilderich verteidigte.
T: JFraipont, 1961 (Corp. Chr. 91).
2. F. der Mythograph, verfaßte Ende 5. Jh. n. Chr. in Afrika allegorische Erklärungen von Mythen und zur Aeneis. Die Weltgeschichte teilte er nach den 23 Buchstaben des Alphabets in 23 Epochen ein; bei der jeweils behandelten Epoche kommt der betr. Buchstabe im Text nicht vor.
T: RHelm, 1898. Ü: LGWhitbread, Ohio State Univ. 1972.

M. **Fulvius** Nobilior, cos. 189 v. Chr., siegte über den Aitolischen Bund. Als vornehmer Kunstliebhaber brachte er aus dem eroberten *Ambrakia viele gr. Kunstwerke nach Rom in den von ihm erbauten Tempel des Hercules Musarum. Er war ein Gönner des *Ennius.

Furien: *Erinyes.

G

A. **Gabinius** setzte als Volkstribun 67 v. Chr. das Gesetz *(Lex Gabinia)* durch, welches Pompeius den unumschränkten Oberbefehl gegen die Seeräuber gab. Als cos. 58 unterstützte er *Clodius bei der Verbannung Ciceros. Auf Wunsch des Pompeius mußte ihn Cicero 54 verteidigen, dennoch wurde G. seiner Erpressungen in Syrien wegen verurteilt. Caesar rief ihn im Bürgerkrieg aus dem Exil zurück, doch starb er 47.

Gades (Cadiz), uralte phönizische Kolonie in Spanien. Bei üppigen Gelagen der röm. Kaiserzeit traten die lasziven gaditanischen Tänzerinnen auf.
JRRamirez Delgado, Los primitivos nucleos de asentamiento en la ciudad de Cadiz, Cadiz 1982.

Gaia (oder *Ge*, röm. *Terra mater* oder *Tellus*), die Erde als *chthonische Göttin. Sie galt als erste und älteste Göttin, Mutter und Gattin des *Uranos.
Darstellung am Altar von *Pergamon. Tellus auf der *Ara Pacis.

Gaius, großer röm. Jurist, schrieb etwa 140-180 n. Chr. Außer zahlreichen Erörterungen in den *Digesten* Iustinians besitzen wir von ihm 4 Bücher *Institutiones* (Einführung ins röm. Zivilrecht). Sie wurden 1816 von Niebuhr in einem Veroneser *Palimpsest entdeckt.
TÜ (engl.): Zulueta, Oxford 1946. TÜ: WMGordon-OFRobinson, Ithaca 1988. Ü: Lammeyer, 1929. TK: David-Nelson-Manthe, 1954ff.

Galateia, schöne *Nereide, in die der grobe Kyklop Polyphemos verliebt war. Liebeslieder des Kyklopen waren ein reizvolles Thema der Dichter (Philoxenos; Theokrit 11; Ovid, *Met.* 13, 750ff.), und auch die Maler ließen sich den Kontrast des seltsamen Paars nicht entgehen (Wandgemälde in Pompeii und Rom; Bildbeschreibung des *Philostratos).
HDörrie, Die schöne G., 1968.

Galater, *Gallierstämme, die 278/7 v. Chr. von dem bithynischen König Nikomedes als Hilfstruppen nach Kleinasien gerufen wurden und sich im Osten von Großphrygien seßhaft machten. Die Könige von *Pergamon hatten mit ihnen schwer zu kämpfen. Ihre Siege verherrlichten sie in mehreren Denkmälern, deren bedeutendstes der Zeusaltar ist. Zu einem der Weihgeschenke, die Attalos I. (241-197 v. Chr.) errichten ließ, gehörten die Originale des *Sterbenden Galliers* und des *Galliers*, der sich und seine Frau tötet (Rom, Kapitol. Museum, bzw. Thermenmuseum), vermutlich Werke des *Epigonos. Wahrscheinlich von Attalos II. (159-138) wurde eine andere Skulpturengruppe, von der ebenfalls Kopien erhalten sind, auf die Akropolis von Athen geweiht; neben den G.-kämpfen der Pergamener waren hier Giganten-, Amazonen- und Perserschlachten dargestellt. Zu Caesars Zeit war *Deiotarus König von

Galatien, das 25 v. Chr. röm. Provinz wurde. Brief des Apostels Paulus an die G.
FLequenne, Les Galates, Paris 1959. EKünzl, Die Kelten des Epigonos von Pergamon, 1971.

Galba, Servius Sulpicius. – 1. cos. 144 v. Chr., ein bedeutender Redner. Als Praetor ließ er 151 eine Schar Lusitaner, die sich auf Zusicherung des Lebens ergeben hatte, wortbrüchig niedermorden. Darob vom alten *Cato (1) angeklagt, verstand er das Mitleid der Richter so zu erregen, daß er freigesprochen wurde.
T: Malcovati.
2. Kaiser vom 9. Juli 68 bis 15. Jan. 69 n. Chr., ein bewährter Heerführer. Doch vermochte der 73jährige Greis die über das Ausbleiben reicher Geldgeschenke erbosten Praetorianer nicht zu meistern; er wurde erschlagen (*Otho). – Biogr.: *Sueton. *Plutarch. *Tacitus, *Hist.* 1.

Galenos aus Pergamon, 129 bis gegen 200, der berühmteste Arzt der Kaiserzeit, studierte in Alexandreia, praktizierte zuerst als Gladiatorenarzt in Pergamon, dann in Rom, wo er als Hofarzt des Marcus Aurelius eine reiche Tätigkeit als Forscher und Lehrer (öffentl. Vorträge und Disputationen) entfaltete. G.s überragende Bedeutung als Schriftsteller: *Medizin 5.
T: Gesamtausg. bisher nur CGKühn, 1821-33 (22 Bde). *Hippokrates-Kommentare* u. a.: CMG 1914ff. (*Medizin). Kleinere Werke: Helmreich-Kalbfleisch 1884-1909 (Tb). Gesamt-Ü: Beintker-Kahlenberg, 1939ff. (erst 3 Bde). ÜK *(Über die therapeutische Methode)*: RJHankinson, Oxford 1991. *K zu Platons Timaios*: CJLarrain, 1992. – Meyer-Steineg, Ein Tag im Leben des G., 1913. GSarton, G. of Pergamon, Lawrence 1954.

Galerius, Kaiser 293, Augustus 305-311: *Diocletianus.

Gallien, das Land zwischen Rhein, Alpen, Pyrenäen und Ozean, das im Süden von Ligurern und Iberern, sonst von *Kelten besiedelt wurde. Auch die Poebene gehörte dazu, nach 200 v. Chr. unter röm. Herrschaft als Provinz *Gallia cisalpina* (südl. des Po *Gallia cispadana*, nördl. *G. transpadana*) bis 49 v. Chr. Damals erhielten die dortigen Gallier (*Cenomanen, *Insubrer, *Boier) alle durch Caesar das röm. Bürgerrecht. Das Rhonetal (Provence) wurde von der gr. Kolonie *Massilia aus früh der gr. Kultur erschlossen. 118 v. Chr. richteten die Römer hier die Provinz *Gallia transalpina (Narbonensis)* mit der Hauptstadt Narbo ein. 58-51 eroberte Caesar das übrige Gallien. Augustus teilte 27 v. Chr. die von Caesar neugewonnenen Gebiete in 3 kaiserliche Provinzen *Lugdunensis, Belgica, Aquitania*; die *Narbonensis* blieb Senatsprovinz. Die Romanisierung schritt rasch vorwärts; 21 n. Chr. flackerte der Kampf der Gallier um ihre Freiheit zum letztenmal auf (Aufruhr der Studenten von Augustodunum unter Sacrovir). Nach 2 Jh. blühenden Wohlstandes begannen seit Mitte des 3. Jh. stete Germaneneinfälle das Land zu verwüsten. Die Kaiser, welche seit Diocletian ihre Residenz in Trier hatten, vermochten die Gefahr nicht dauernd zu bannen. Franken, Burgunder (im Rhonetal) und Westgoten errichteten im 5 Jh. ihre Reiche in G. und übernahmen das Erbe der röm. Kultur.

G. cisalpina: ChrPeyre, La Cisalpine gauloise du 3e au 1er siècle a.C., Paris 1979. TÜK des Caesarischen Bürgerrechtsgesetzes: FJBruna, Lex Rubria, Leiden 1972. – *G. transalpina:* CJullian, Histoire de la Gaule, 1908-26 (8 Bde). FLot, La Gaule, 1967. JJHatt, Kelten und Galloromanen, 1970. Thevenot, Histoire des Gaulois, 1971. AGrenier, Manuel d'archéologie gallo-romaine 1931-60 (4 Bde). JFDrinkwater, Roman Gaul, Ithaca 1983; ders., Fifth-century Gaul, Cambridge 1992. JPClébert, Provence antique 2, 1970. HSchoppa, Die Kunst der Römerzeit in G., Germanien und Britannien, 1957. Forschungsberichte in Zeitschr. Gallia. Quellen-T: PMDuval, La Gaule jusqu'au milieu du V^{e}s., 1971.

Gallienus, Licinius, Sohn *Valerians, Kaiser 253-268 n. Chr. Unter ihm sank das Römerreich am tiefsten: An allen Grenzen gingen weite Gebiete verloren. Germanenhorden durchstreiften Italien und Griechenland, überall erhoben sich Gegenkaiser. Dennoch kam es unter dem gebildeten Herrscher und seiner Gemahlin Salonina zu einem Aufschwung der Kunst und des Geisteslebens (*Plotinos).

LdeBlois, The Policy of the emperor G., Leiden 1976. WKuhoff, Herrschertum und Reichskrise, 1979. – Portraitkopf im Thermenmuseum, Rom. Herrscherbild 3,3.

Gallio. – 1. Iunius G., Senator und Freund des älteren Seneca, der ihn als berühmten Deklamationen-Redner oft zitiert. – 2. L. Annaeus Novatus, der ältere Bruder des Philosophen Seneca, wurde von G. (1) adoptiert und nannte sich nun L. Iunius G. Er war 52/3 der Proconsul von Achaea, vor dem die Juden den Apostel Paulus anklagten. G. lehnte es ab, in einen jüdischen Religionsstreit einzugreifen (Apg. 18). Seneca widmete ihm die Bücher *Über den Zorn* und *Vom glücklichen Leben.* Wie Seneca beging er 65 nach dem Fehlschlag der Pisonischen Verschwörung Selbstmord.

Gallus. – 1. C. Cornelius G., 69-26 v. Chr., empfahl den jungen Vergil der Gunst Octavians (= Augustus). 30 wurde er als Vertrauter des Kaisers erster Praefekt der neuen Provinz *Aegypten. Seine Taten verewigte er in Inschriften auf Pyramiden und andern Monumenten (Obelisk, jetzt auf dem Petersplatz, Rom; 3-sprachige Inschr. von Philae). Durch seine Überheblichkeit fiel er in Ungnade und tötete sich. G. galt als der erste unter den röm. Elegiendichtern. 1978 wurden in Ägypten Reste von Versen auf die Geliebte Lycoris gefunden; bis dahin war sonst nur ein Halbvers bekannt. Die Nachricht des Vergilkommentators *Servius, Vergil habe das Lob des G. aus dem 4. Buch der *Georgica* tilgen müssen, bleibt zweifelhaft.

JHermes, C. Cornelius G. und Vergil, das Problem der Umarbeitung des 4. Georgica-Buches, 1980 (Diss. Münster). GPetersmann, Cornelius G. und der Papyrus von Qasr Ibrim, in ANRW II 30,3.

2. Asinius G.: *Agrippina (1). – 3. Trebonianus G., Kaiser 251/4.

Ganymedes, Sohn des Königs Tros, der schönste aller Menschen, den Zeus entführte und zu seinem Mundschenken machte. Diese Erzählung

Homers wurde später ausgeschmückt: Zeus raubte in Gestalt eines Adlers den G. vom Berg Ida, weil er den schönen Epheben liebte. Das bekannteste Bild ist eine antike Marmorgruppe im Vatikan nach einer Bronzegruppe des *Leochares: Der Adler hat den Jüngling mit den Fängen, ohne ihm weh zu tun, gefaßt und schwingt sich mit ihm in die Luft. Älter (5. Jh. v. Chr.) ist die Terrakottagruppe in Olympia (Zeus selbst entführt G.). *Spelunca.
HSichtermann, G., 1953. GKempter, G., Studien zur Typologie, Ikonographie und Ikonologie, 1980.

Gastfreundschaft: *Wirtshäuser.

Gaugamela, Sieg *Alexanders d. Gr. über Dareios 331 v. Chr.

Ge: *Gaia.

Geiserich, König der *Vandalen 428-477, plünderte im J. 455 die Stadt Rom. – HWQuast, G., 1987.

Gela, Stadt an der Südküste Siziliens, Anf. d. 7. Jh. als rhodisch-kretische Kolonie gegründet. Größte Machtausdehnung unter dem Tyrannen Hippokrates 498/91 v. Chr. und seinem Nachfolger *Gelon, der jedoch die Residenz nach Syrakus verlegte. Aischylos ist in G. gestorben und begraben. Teile der im oberen Teil aus ungebrannten Lehmziegeln bestehenden Stadtmauer des 4. Jh. sind erhalten. Reiche Vasenfunde.
PGriffo-LvMatt, G., Schicksal einer gr. Stadt Siziliens, 1964.

Gellius, Aulus, ließ etwa 175 n. Chr. ein Werk *Attische Nächte* in 20 Büchern erscheinen, in denen er in bunter Reihe allerlei interessante Fragen aus der Literatur, Altertumskunde und andern Wissenschaften in geschickter Aufmachung behandelte, mit sicherem Gefühl dafür, was einen gebildeten Leserkreis zu unterhalten vermochte. Den Titel wählte er in Erinnerung an ein Studienjahr in Athen, wo er den *Herodes Atticus bewundern gelernt hatte. Seine Auszüge haben uns viel von der verlorenen Lit. der Zeit vor Cicero bewahrt, für die sich die damalige archaistische Mode (*Fronto) eifrig interessierte.
T: Hosius, 1903, Nachdr. 1981-91 (Tb). PKMarshall, 1989 (Oxf. Cl.). Ü: FWeiß, 1875/76 (Nachdr. 1992). HBerthold, 1988 (Insel TB). TÜ: GBernardi Perini, Torino 1992. – LHolford-Strevens, A.G., Chapel Hill 1989.

Gelon, Tyrann der sizil. Stadt Gela 491-483 v. Chr., wurde von der Aristokratenpartei nach Syrakus gerufen, von wo aus er 485 bis 478 auch über Ostsizilien herrschte. Sein Sieg über die Karthager bei *Himera 480 hatte für den gr. Westen kaum geringere Bedeutung als die gleichzeitige Schlacht bei Salamis für das Mutterland; wie dort die Perser, wurden hier die Phönizier entscheidend zurückgeschlagen. In Griechenland zeigte er sich als reicher Fürst: 488 siegten seine Rennpferde in Olympia, er stiftete ein Weihgeschenk nach Delphi. Seine Politik führte der Bruder *Hieron I. als Nachfolger fort.

Gemmen, Edel- und Halbedelsteine mit eingeschnittenen Bildern. Die Steinschneidekunst war im Orient uralt und wurde von den Griechen meisterhaft geübt. G. im engern Sinne sind die vertieft geschnittenen Steine, besonders an Siegelringen. In hellenistischer Zeit kam das Verfahren auf, erhabene Reliefbilder in mehrfarbigen Sardonyx zu schneiden, so daß die obere milchweiße Schicht die Figuren trug, welche sich von der dunkleren untern Schicht abhoben. Diese Stücke heißen Kameen; das schönste ist die *Gemma Augustea* in Wien, auf der Augustus als Weltherrscher neben Roma thront.
AFurtwängler, Die antiken G., 1900 (3 Bde., Nachdr. 1964-5). GMARichter, The Engraved Gems of the Greeks, Etruscans and Romans, 1968-71 (2 Bde). PZazoff, Die antiken G., 1983 (Handb. d. Altertumswiss.). Antike G. in deutschen Sammlungen, 1968ff. EZwierlein-Diehl, Die antiken G. des kunsthist. Museums in Wien, 1973-91. WRMegow, Kameen von Augustus bis Alexander Severus, 1987.

Gemoniae Scalae, eine Treppe am Abhang des Capitols nahe beim *Carcer, auf der man die hingerichteten Verbrecher eine Zeitlang liegen ließ. Nachher wurden sie an einem Haken in den Tiber geschleppt.

Genava (Genf), die nördl. Grenzstadt der Allobroger gegen Helvetien, 443-470 Sitz der burgundischen Könige. Der Name bedeutet Mündung (des Genfersees in die Rhone).
*Helvetier. – Caesars Sperrmauer bei G. gegen die Helvetier 58 v. Chr.: Blondel, in Genava 23, 1945.

Genéleos, Bildhauer, der ein bei den Ausgrabungen auf *Samos gefundenes Weihgeschenk, eine Gruppe von 6 Marmorfiguren aus der Mitte des 6. Jh. v. Chr., signiert hat. – Fuchs (*Plastik) Abb. 161. 340/1. 367.

Genius, röm. Gott einer jeden individuellen Existenz. Durch das Hinzutreten seines eigenen G. erhielt der Mensch das Leben, der G. begleitete ihn in seinem ganzen Dasein. Das Fest des G. war der Geburtstag; das Ehebett hieß *lectus genialis*. Sich einen vergnügten Tag gönnen, nannte man «seinem Genius eine Freude machen». Das Hausgesinde schwor beim G. des Hausherrn, ebenso der Angehörige des röm. Reiches beim G. des Kaisers *(G. Augusti)*, dem man bei jeder Mahlzeit eine Weinspende darbrachte. Frauen stand statt des männlichen G. eine eigene *Iuno* zur Seite. Doch auch jeder Ort hatte seinen *G. loci*. Der G. erschien in Schlangengestalt. Auf historischen Reliefs (Cancelleria-Reliefs im Vatikan) wird der *G. populi Romani* als Jüngling mit Füllhorn, der *G. senatus* als bärtiger Mann dargestellt. Mit der röm. Vorstellung vermengte sich in der Spätzeit der gr. Glaube an den persönlichen *Dämon eines Menschen.
HKunckel, Der röm. G., 1974.

Geographie. Die Resultate der Entdeckungsfahrten der Phönizier wurden den Griechen früh bekannt, und durch Kolonisation und eigene Reisen erweiterte sich im 8. und 7. Jh. ihr Weltbild sehr schnell. *Anaximandros zeichnete um 550 die 1. Weltkarte, von der wir bei den Griechen wissen. Wenig später teilte man die Erde in Zonen ein. Das

Interesse galt immer mehr der Ethnographie als der Topographie. Wir besitzen die ältesten zusammenhängenden geogr. Nachrichten im Geschichtswerk *Herodots. Dem praktischen Gebrauch dienten Küstenbeschreibungen, sog. *Períploi.* Einen gewaltigen Aufschwung nahm die G. durch Alexanders d. Gr. Perserzug; man wußte jetzt sogar von China. Die Lehre von der Kugelgestalt der Erde hatte sich vom 5. Jh. an (*Eleaten) durchgesetzt. *Eudoxos hatte die mathematische G. gefördert; in Alexandreia vollendeten *Eratosthenes (der das Wort G., d. h. «Zeichnung einer Erdkarte», erstmals verwendet hat) und *Hipparchos die Entwicklung. *Krates von Mallos baute den ersten Globus (150 v. Chr). Die Römer fügten zum Überkommenen nur Einzelheiten hinzu. Sehr bedeutend wurde die Reichskarte *Agrippas (12 v. Chr.): Unter ihrem Einfluß steht noch die Peutingersche Tafel, die einzige in einer Kopie des 13. Jh. erhaltene antike Karte. Sie gibt den Stand des 4. Jh. n. Chr. wieder; als bloße Wegekarte legt sie keinen Wert auf Proportionen, sondern verzerrt das Kartenbild zu einem langen Streifen (Buchrolle, 680 x 35 cm). Reiches geogr. Material enthält die *Naturkunde* des *Plinius. Etwas älter (45 n. Chr.) ist die *Weltbeschreibung* *Melas, die älteste, die wir vollständig besitzen. Das abschließende Standardwerk entstand um 200 n. Chr.: Die *geographiké hyphégesis* des Klaudios *Ptolemaios (gr.). Daneben gab es immer Einzeldarstellungen, darunter den aufsehenerregenden Bericht des *Pytheas von Massalia über seine Nordlandfahrt (etwa 325 v. Chr.); am bekanntesten ist die *Germania* des *Tacitus. Auch die *Periplus-Literatur starb nie aus (*Avienus); *Itineraria* (Streckenverzeichnisse) und *Perihegeseis* (Reiseführer) wurden praktisch viel gebraucht. Die *Perihegese Griechenlands* von *Pausanias (ca. 170 n. Chr.) nennt man nicht zu Unrecht den antiken Baedeker. *Dionysios (5.6). – *Afrika. *Hanno. *Strabon. *Peregrinatio Aetheriae.

T: Müller, Geographi Gr. minores, Paris 1855/61. Riese, Geogr. Lat. minores, 1878. – KMiller, Itineraria Romana, 1916 (zur Peutingerschen Tafel). ALevi-MLevi, Itineraria picta, 1967. Berger, Gesch. d. wissenschaftl. Erdkunde der Griechen, 1903 (Nachdr. 1966). JOThomson, History of ancient geography, Cambridge 1948. MNinck, Die Entdekkung Europas durch die Griechen, Basel 1945. OADilke, Greek and Roman maps, Ithaca 1985.

Geometrie, wörtlich Land-Vermessung, wurde von den Griechen zur reinen Wissenschaft erhoben (*Mathematik), während die Römer mehr die praktische Anwendung durch die Feldmesser *(*Gromatici)* in den Vordergrund rückten.

WRKnorr, The ancient tradition of geometric problems, Boston 1986.

Geometrische Epoche heißt in der Kunstgeschichte die Zeit von etwa 900 bis 700 v. Chr., benannt nach den g. Mustern der *Vasen, die die Hauptfundmasse aus dieser Zeit ausmachen. Voran geht ihr die sog. Proto-g. Periode (11.-10. Jh.), in der der später charakteristische *Mäander noch fehlt. *Kerameikos.

BSchweitzer, Die g. Kunst Griechenlands, 1969. JNColdstream, Geometric Greece, London 1977. VDesborough, Protogeometric Pottery, 1952;

ders., The Greek Dark Ages, 1972. WDHeilmeyer, Frühgr. Kunst, Kunst und Siedlung im g. Griechenland, 1982. Archaeologia Homerica, 1967ff.

Geomoren, Grundbesitzer. In Samos und Syrakus standen sie als Adel über dem Volk. In Athen: *Eupatriden.

Gerasa, Stadt im Jordangebiet, von der bedeutende Reste aus röm. Zeit (2. Jh. n. Chr.) erhalten sind, u.a. Artemistempel, Zeustempel, Triumphbogen, Theater, Thermen, Nymphäum sowie Reste christlicher Kirchen des 4.-6. Jh.
Fouilles de Jérash, Paris 1981ff. IBrowning, Jerash and the Decapolis, London 1982.

Gergovia, Stadt der Gallier im Gebiet der Arverner, in der sich *Vercingetorix im J. 52 v. Chr. siegreich gegen die Belagerung durch Caesar behauptete.
T: Caesar, Bell. Gall. 7, 34-53. – ANoché, G., Leiden 1974.

Germanen. Während der großen keltischen Wanderung gerieten im 4. Jh. v. Chr. auch die in Nordwesteuropa und Südskandinavien beheimateten G. in Bewegung. Der erste Zusammenstoß mit der gr.-röm. Welt war der *Kimberneinfall. Die Geschichtsschreiber (*Poseidonios) unterschieden sie damals noch nicht von Kelten und Skythen. Um 60 v. Chr. hatten sie den Rhein im Süden und Westen schon überschritten, als ihnen Caesar entgegentrat. Dieser gibt in seinem *Gallischen Krieg* (6, 21-28) die erste genauere Beschreibung der G. und führt an, was sie von den Kelten unterscheide. Die Römerherrschaft in Gallien (*Limes) zwang die G., in ihren damaligen Wohnsitzen am Rhein zu bleiben. Der Versuch Roms, die rechtsrheinischen G. zu unterwerfen, blieb nach guten Anfängen (*Drusus, † 9 v. Chr.) infolge der Katastrophe des *Varus (9 n. Chr.) stecken. *Germanicus (14-16 n. Chr.) zog gegen die G. nur, um das Ansehen Roms wiederherzustellen; die Absicht dauernder Okkupation bestand nicht mehr. Nur das von Kelten bewohnte rechtsrheinische *Decumatland im Süden wurde unter Domitian gesichert. Bald danach schrieb *Tacitus seine Monographie *Germania*, die weitaus die meisten und besten Nachrichten über die G. enthält, aber mit der Tendenz, den Römern das Bild eines einfachen Naturvolkes vorzuhalten. G. dienten zahlreich in den kaiserlichen Heeren, wodurch sie röm. Bürger wurden. Seit 200 n. Chr. drangen die G., jetzt in großen Stammesbünden vereint (Sachsen, *Franken, Thüringer, *Alemannen, *Marcomannen, *Vandalen, *Goten), gegen das erschütterte Reich vor, bis im 4./5. Jh. Westrom und die nördl. Provinzen Ostroms in ihrer Hand waren (Alemannen im Decumatland und Helvetien, Franken in Gallien, Burgunden im Rhonetal, Sueben in Spanien, Westgoten in Südgallien und Spanien, Ostgoten in Italien [*Theoderich], Vandalen in Afrika). Die Feldherrn Iustinians gewannen dem oströmischen Kaiser die Gebiete der besiegten Vandalen (534) und Ostgoten (552) auf kurze Zeit zurück; in Italien setzten sich 568 die Langobarden fest.
G.-Darstellungen sind zahlreich (Traians- und Marcussäule). Als typisch galten die Hosen und der kurze Mantel. Die literarischen Berichte werden durch Inschriften und Bodenfunde ergänzt. – T: Riese, Das rhein.

Germanien in der antiken Lit., 1892. Ders.: D. r. G. in den antiken Inschriften, 1914. Kunze, Die G. in der antiken Lit., 1920/1. Ü: Woyte, Antike Quellen zur Gesch. der G., 1912/3 (2 Bde). – LSchmidt, Gesch. der deutschen Stämme bis z. Ausgang der Völkerwanderung, 1934/41 (Nachdr.; Bd. 3 Neubearb. 1969-70). EdNorden, Die g. Urgeschichte in Tacitus' Germania, 1923. Ders., Altgermanien, 1934. Miltner, G. Köpfe der Antike, 1938. BKrüger (Hg.), Die G., Geschichte und Kultur der germanischen Stämme in Mitteleuropa, 1987-88. AFranke, Rom und die G., 1986.

Germania Romana. Die Römer haben die ihrem Imperium eingegliederten Teile des germanischen Siedlungsgebiets mit ihrer Kultur geprägt. Mittelpunkte bildeten die Städte (*Augusta 3, *Cambodunum, *Ubier, *Treverer, *Vindelici), die Legionslager (*Mogontiacum, *Novaesium, *Vetera, *Vindonissa) und Limeskastelle, auf dem Lande die Gutshöfe (Villae). Die Integrationskraft Roms war so stark, daß spätestens seit der Verleihung des Bürgerrechts unter Caracalla die Bewohner dieser Länder sich selbst als Römer fühlten.
FBömer-LVoit (Hg.), G. R., 1960-70 (Beihefte z. Gymnasium 1.5.7). Die Römer an Rhein und Donau, 1976-77. ChMTernes, Römisches Deutschland, 1986 (Reclam). JvElbe, Die Römer in Deutschland, 1984. PhFiltzinger, Die Römer in Baden-Württemberg, 1986. GArnold, Die Römer in Franken, 1986. HGHorn, Die Römer in Nordrhein-Westfalen, 1987. HCüppers, Die Römer in Rheinland-Pfalz, 1990. HJKellner, Die Römer in Bayern, 1971.

Germanicus, Iulius Caesar, Sohn des älteren Drusus und der jüngeren Antonia, 15 v. Chr. bis 19 n. Chr., verheiratet mit der älteren Agrippina, Vater Caligulas. Tiberius adoptierte ihn 4 n. Chr. Berühmt wurde er durch seine 3 Feldzüge in Germanien 14-16 n. Chr. Er nahm 15 Thusnelda, die Gattin des Arminius, gefangen und bestattete die Gefallenen der Varusschlacht. Auf dem Rückwege von der Ems an den Rhein wurde die zu Lande über die Bohlenwege marschierende Heeresgruppe unter Caecina in schwere Kämpfe verwickelt, die der Küste entlang ziehende Abteilung verlor durch Sturmflut ihren Train, nur die eingeschifften Truppen mit G. kamen heil an. 16 verlud er alle 8 Legionen auf 1000 Schiffe und besiegte Arminius bei Idistaviso an der Weser, ohne ihn entscheidend zu schlagen. Auf der Rückfahrt wurde die Flotte durch Stürme zerstreut. Tiberius berief darauf G. zum Triumph nach Rom; die Prestigesiege ohne entsprechendes Kriegsziel (*Germanen) hatten zuviel gekostet, als daß der Kaiser länger zusehen wollte. Doch das Volk jubelte seinem Liebling G. zu. 17 ging G. in den Orient, wo er sich mit Piso, dem Legaten Syriens, verfeindete. 19 erkrankte er tödlich und starb in der Überzeugung, Piso habe ihn vergiftet (*Agrippina 2). Tacitus (ann. 2,83) zählt die außerordentlichen Ehrungen für den Toten auf; der Senatsbeschluß darüber wurde auf Inschriften im ganzen Reich bekannt gemacht. Über die bekannten röm. Inschriftenfragmente hinaus sind 1947 (sog. Tabula Hebana) und 1984 (sog. Tabula Siarensis) größere Teile des Textes entdeckt worden. Von den dichterischen Werken des

G. ist außer gr. und lat. *Epigrammen* ein astronomisches *Lehrgedicht* (nach *Aratos) erhalten.
T *(Aratea):* DBGain, London 1976. *Tab. Heb.:* Oliver-Palmer, in American Journ. of Philol. 75, 1954, 227-232. *Tab. Siar.:* WDLebek, Welttrauer um G., in Antike und Abendland 36, 1990, 93-102. K *(Aratea):* GMaurach, G. und sein Arat, 1978. – Knoke, Die Kriegszüge des G. in Deutschland, 1922. DTimpe, Der Triumph des G., 1970. BGallotta, G., Roma 1987. – Bildnis: Kopenhagen, Ny Carlsberg Glyptothek (fälschlich als Büste des jüngeren Drusus bekannt). VPoulsen, Claudische Prinzen, 1960.

Geryones: *Herakles.

Geschichtsschreibung. Wie die Wissenschaften, so hat auch die gr. G. ihren Ursprung bei den Ioniern. Die Berührung mit vielen fremden Kulturen weckte das Interesse für Bräuche, Länder und Herkunft der Völker. Die bunten Ergebnisse der *historíe* (Forschung) wurden in *lógoi* (Geschichten) aufgezeichnet von den sogenannten *Logographen. Durch das gewaltige Erlebnis der Perserkriege erwuchs in *Herodot der 1. Geschichtsschreiber. Um den Kern seines Werks, den Heldenkampf der Griechen, legt sich noch eine Fülle von novellenhaften *Logoi* in der Art seiner Vorgänger. Der 1. Historiker in unserm Sinne, der mit unparteiischem, streng der Wahrheit verpflichtetem Geist das Geschehen und seine rationalen Ursachen zu erfassen sucht, ist der Athener *Thukydides. Ihm strebte *Xenophon nach. Doch die Größe des Thukydides blieb unerreichbar, und die G. suchte neue Wege. *Ion von Chios begründete mit seinen *Epidemien* die historische Memoirenschriftstellerei. Die *Persergeschichte* des *Ktesias war romanhaft. *Ephoros und *Theopompos wendeten in ihren Darstellungen die Künste der Rhetorik an, der letztere erstrebte eine psychologische Vertiefung. Die eingeflochtenen Reden, welche man den handelnden Personen in den Mund legte, wurden zu rhetorischen Prunkstücken. Von den Historikern Alexanders d. Gr. (*Kallisthenes) war nur *Ptolemaios zuverlässig. Ein großartiges Buch muß die gr. Kulturgeschichte des *Dikaiarchos gewesen sein. Die Alexandriner, fleißig im Zusammentragen von Einzelheiten und Anekdoten und fruchtbar in den Hilfsdisziplinen (Chronologie), haben es zu keinem Geschichtswerk gebracht, das uns erhalten geblieben wäre. Erst das welthistorische Ereignis der Siege Roms über Karthago und die gr. Staaten fand in *Polybios wieder einen Historiker von überragender Bedeutung. Ihn setzte der Stoiker *Poseidonios fort. Die Erweiterung des Gesichtskreises im röm. Imperium brachte im 1. Jh. v. Chr. die ersten Weltgeschichten: *Diodoros, *Nikolaos.
Inzwischen hatte sich auch in Rom die G. entwickelt, ziemlich spät wie überhaupt jede literarische Tätigkeit: Die frühen Römer drängten unmittelbar zum politischen Handeln. Als erster Römer schrieb Fabius Pictor zur Zeit des 2. Pun. Krieges röm. Geschichte. Er und seine Nachfolger (*Alimentus, *Acilius), schrieben gr., während gleichzeitig das lat. Geschichtsepos (*Naevius, *Ennius) entstand. Epoche machten *Catos *Origines,* die 1. Geschichte in lat. Sprache. Er begann mit den Gründungs- und Frühgeschichten Roms und italischer Städte (B. 1-3), dann folgte

chronologisch die Geschichte vom 1. Punischen Krieg an (B. 4-7). Die lat. schreibenden Annalisten (*Quadrigarius, *Valerius Antias) folgten dem Chronikstil der amtlichen Jahresberichte (**Annales*). Coelius *Antipater begründete die lat. historische Monographie. Sempronius *Asellio und *Sisenna (1. Jh. v. Chr.) schrieben Zeitgeschichte. Einen Gipfel erreichte die Kunst der röm. G. von der Mitte des 1. Jh. v. Chr. an, als *Caesar die Berichte über seine Feldzüge schrieb und *Sallust in seinen Monographien einen eigenen ausdrucksvollen Stil prägte, während sich Cornelius *Nepos und andere dem gr. Vorbild der Universalgeschichte zuwandten. Wie weit die röm. G. in augusteischer Zeit über der gr. steht, zeigt der Vergleich der *Altröm. Geschichte* des Griechen *Dionysios v. Halikarnassos mit dem Werk des T. *Livius. Dieses blieb für immer die maßgebende Darstellung der Geschichte der röm. Republik. Für den praktischen Gebrauch stellte man später Auszüge aus dem Riesenwerk her. Aus dem 1. Jh. der Kaiserzeit sind uns *Velleius Paterculus und die rhetorische Alexandergeschichte des *Curtius erhalten. Die Werke der senatorischen Historiker wurden ihrer oppositionellen Haltung wegen von den Kaisern bis Domitian unterdrückt, so daß wir keines kennen. Erst am Ende des Jh. steht wieder ein großer Meister, *Tacitus, der Psychologe und Dramatiker. Ihm gegenüber fallen die Kaiserbiographien *Suetons stark ab; noch viel tiefer stehen im 4. Jh. die Kaiserbiographien der *Historia *Augusta* und des Aurelius *Victor. Der Senator Tacitus schreibt die Geschichte der Herrschaft der Stadt Rom, die Biographen schreiben die Geschichte der einzelnen Kaiser, während in dem Weltreich längst die Provinzen zu bestimmenden Faktoren geworden waren. Unter diesem Gesichtspunkt kommt *Iosephus, dem Juden, der um 70 n. Chr. die Geschichte seines Volkes gr. darstellte, eine besondere Bedeutung zu.

Die Führung ging im 2. Jh. wieder an die gr. G. über. *Plutarch stellte Biographien von Griechen und Römern nebeneinander, *Arrian nutzte gute Quellen für seinen Alexanderzug, *Appian und Cassius *Dion schrieben röm. Geschichte. Im 4. Jh. erstand dem Tacitus ein nicht unwürdiger Fortsetzer in dem lat. schreibenden Griechen *Ammianus. Gleichzeitig befriedigten die dürftigen Abrisse des *Iustinus, *Eutropius und Rufius *Festus den Wunsch des großen Publikums nach schnell anzueignendem, oberflächlichem Wissen. Mit *Cassiodor, dessen Gotengeschichte wir im Auszug des *Iordanes besitzen, und *Gregor v. Tours, dem Historiker der Franken, kamen die Germanen der Völkerwanderung zu Worte. Bei den Griechen leiteten *Zosimos und *Prokopios zur G. der Byzantiner über. – Die christliche Kirche dehnte seit Constantin d. Gr. ihre geistige Herrschaft auch auf die G. aus. Mit *Eusebios trat ein sehr beachtlicher Kirchenhistoriker auf. Seine *Kirchengeschichte* fand schwächere Fortsetzer in *Theodoretos, *Sozomenos und *Sokrates; seine Aufstellung der Geschichtsdaten von Abraham an gab den Grundstock zur *Chronik* des *Hieronymus. Mit ausgesprochener Tendenz schrieb *Orosius seine Weltgeschichte *Gegen die Heiden*. Er wollte beweisen, daß es früher noch schlimmere Kriege gegeben habe als zur Zeit der Christen. In ähnlicher Richtung zielte das geistig unendlich höher stehende geschichtsphilosophische Werk *Augustins. Den größten Publikumserfolg trug auch in der christl. G. ein kurzer Abriß davon, die *Chronica* des *Sulpicius Severus.

T unter den Autoren. Frg.-Sammlungen: FJacoby, Die Frg. der gr. Historiker, 1923ff. Peter, Historicorum Romanorum reliquiae, 1906/14 (Tb, Nachdr. 1993); kürzer: ders., Hist. Rom. Frg. (Tb). – KvFritz, Die gr. G., 1967. OLendle, Einführung in die gr. G., 1992. DFlach, Einführung in die röm. G., 2. A. 1992.

Giganten, Söhne der Erdgöttin Gaia, wilde Riesen, die auf dem Felde von Phlegra (meist lokalisiert in dem vulkanischen Land bei Cumae nahe am Vesuv) gegen die Götter kämpften *(Gigantomachie)* und von ihnen niedergeschmettert wurden. Dieser Kampf wurde in Lit. und Bildkunst oft dargestellt (Nordfries am Schatzhaus der *Siphnier in Delphi. Altar von *Pergamon. *Galater).
FVian, La guerre des géants, 1952; ders., Répertoire des gigantomachies, 1951.

Glabrio: *Acilius.

Gladiatoren (Schwertfechter) traten vor dem röm. Publikum, das diese blutigen Schauspiele fanatisch liebte, im *Amphitheater auf zum Kampf auf Leben und Tod. Die Waffen waren nicht nur Schwerter, sondern es gab vielerlei Spezialisten, z. B. *Retiarii* (mit Fangnetz, Dreizack und Dolch), **Samniten, Thraker* (mit kleinem Rundschild), *Murmillonen* (in gallischer Tracht: Lendenschurz, sechseckiger länglicher Schild), *Wagenkämpfer*. *Capua.
Mosaik in der Villa Borghese, Rom. *Spiele II 3b. Friedländer S. 466ff. – DNardoni, I g. romani, Roma 1989. ChLandes, (Hg.), Les gladiateurs (Ausstellung), Lattes 1987. ThWiedemann, Emperors and G., London 1993.

Glanum, Stadt der Salluvier in der Gallia Narbonensis. Neben die einheimische Siedlung bei einem Heiligtum des Gottes Glan und der Matres trat eine Kolonie von Griechen aus Massalia und nach Errichtung der Provincia Narbonensis eine röm. Stadt. Ausgedehnte Reste von Wohnhäusern aus hellenistischer und röm. Zeit, Theater, Ehrenbogen, gut erhaltenes Mausoleum der Julier. Nach der Zerstörung des Ortes um 270 n. Chr. wurde die Wohnsiedlung in das nahegelegene Gebiet des heutigen Saint-Rémy-de-Provence verlagert.
HRolland, Fouilles de G., 1946-58; ders., Le mausolée de G., 1969. FSalviat, G. et les antiques, Paris 1990.

Glaukos. – 1. Ein Meergott beim boiotischen Hafen Anthedon. – 2. Anführer der Lykier im Troianischen Krieg, tauschte mit dem Gastfreund Diomedes, der auf Seite der Griechen gegen ihn stand, seine goldene Rüstung gegen dessen eherne. – 3. Sohn des Sisyphos, wurde in Korinth von seinen eigenen menschenfressenden Stuten zerrissen. – 4. G. von Chios erfand nach dem Bericht Herodots (1, 25) im 6. Jh. v. Chr. das Schweißen des Eisens. Als Zeugnis seiner Kunst wurde in Delphi ein Gestell für einen Mischkrug gezeigt, ein Weihgeschenk des Lyderkönigs Alyattes.

Glykera, Hetärenname; am berühmtesten G., die Geliebte *Menanders.

Glykon, athenischer Bildhauer, der den sog. *Herakles Farnese* (Neapel) signiert hat. Die Statue ist einem Werk des *Lysippos nachgebildet.

Gnipho, M. Antonius, röm. Grammatiker im 1. Jh. v. Chr. Er war in Gallien geboren; in Rom war er Hauslehrer des jungen Caesar (3). Später hatte er dort sein eigenes Haus, wo er lat. und gr. Sprache und Rhetorik lehrte. Auch der Redner Cicero war noch im Jahre 66 sein Hörer (Suetonius *de gramm.* 7).

Gnomen, Weisheitssprüche, Sentenzen, wie sie unter andern den *Sieben Weisen zugeschrieben wurden. In poetischer Form (elegisch oder episch): *Solon, *Phokylides, *Theognis. Seit alexandrin. Zeit wurden alte G. oft gefälscht; so ging z. B. unter dem Namen des *Pythagoras ein Gedicht *Goldene Worte* um.

Gnōsis, eine mystische religiöse Bewegung, die im 1./2. Jh. n. Chr. auch das Christentum, besonders in Aegypten, zu überfluten begann, von den Kirchenvätern energisch bekämpft. Ziel der Gnostiker war die Erlösung des im Menschen ursprünglich vorhandenen, aber durch Absinken in die materielle Welt verschütteten Göttlichen, und zwar durch Erkenntnis *(gnosis)* der göttlichen Geheimnisse, nicht durch den Glauben *(pistis)*. Diesen Weg übernahm die G. von der Hermetik (*Hermes 7), während sie sonst aus den älteren Philosophien Einzelnes borgte. Mit ihm ist der Gedanke verbunden, daß Erkenntnis Macht über den erkannten Gegenstand gibt, daß also das Göttliche den Wünschen des vollkommenen Gnostikers gefügig wird. Bekannte Gnostiker: Simon der Magier, Saturninus (zur Zeit Hadrians), Basileides, Valentinus (um 140, bekämpft von *Tertullian), *Hermogenes (2). Eine Sammlung koptischer G.-Texte ist 1945 durch den Handschriftenfund von Nag Hammadi bekannt geworden.
HLeisegang, Die G., 1985 (Kröner). HJonas, G. und spätantiker Geist, 4. A. 1988-93. KRudolph, Die G., Wesen und Geschichte einer spätantiken Religion, 3. A. 1990. – Ü: WFoerster, MKrause u. a., 1979-80.

Gordianus, M. Antonius, vornehmer und reicher Senator, wurde 238 n. Chr. mit 80 Jahren wider Willen zum Kaiser ausgerufen. Sein gleichnamiger Sohn fiel nach 20 Tagen im Kampf gegen die numidischen Legionen, worauf sich der Vater erhängte. Auf Verlangen der Praetorianer ernannte der Senat den 13jährigen Enkel G. III. zum Kaiser. Er regierte 238-244 und bekämpfte erfolgreich die Goten an der Donau und die Perser. – Portraits (Münzen): Herrscherbild.

Gordion, alte Hauptstadt von Phrygien. Zur Dynastie des sagenhaften Gründers Gordios gehörte auch der reiche König *Midas der gr. Sage. Das Königsgeschlecht erlosch im 6. Jh. v. Chr. Drei große Grabhügel bargen in hölzernen Kammern die Herrscher der Bronzezeit. Alexander d. Gr. setzte 333 von G. aus seinen Feldzug fort.
Neue amerik. Ausgrabungen unter Leitung von RSYoung 1950-73: G. Excavation, Final Reports, Philadelphia 1982ff.

Gordischer Knoten: *Alexander d. Gr.

Gorgias aus Leontinoi (Sizilien), ca. 483-375 v. Chr., der Hauptvertreter der sophistischen Rhetorik. 427 kam er erstmals als Gesandter nach Athen, wo er später oft auftrat. Auch in Olympia und Delphi glänzte er als Prunkredner. Er brachte so die von *Teisias begründete sizilische *Rhetorik ins Mutterland und wurde der Schöpfer der Kunstprosa, die durch melodischen Wortfall den Ohren schmeichelte. Einander entsprechende Sätzchen hatten die gleiche Silbenzahl *(Isókola)*; Reim und Assonanz am Ende *(Homoiotéleuton)*, der antiken Poesie immer fremd, schmückten seit G. die Prosarede. Mit Antithesen, auffälligen Metaphern (z. B. «Lebende Gräber» statt «Geier») und paradoxen Formulierungen (z. B. im Theater sei der Täuschende gerechter als der nicht Täuschende und der Getäuschte klüger als der nicht Getäuschte) haschte er nach Effekten. Er wollte nicht Sophist, nur noch Rhetor heißen. Erhalten sind Frg. aus einem philosophischen Werk *Über das Nicht-Sein* und unter den Reden 2 längere Paradestücke mit sehr charakteristischen Themen: *Lob der *Helena* (Beweis ihrer Unschuld) und *Verteidigungsrede für *Palamedes*. Platon, dem die oberflächliche Art des G. zuwider war, nannte nach ihm einen seiner Dialoge; die darin ausgesprochene Lehre «Unrecht leiden ist besser als Unrecht tun» mochte manchen Athener wie ein gorgianisches Paradoxon anmuten, das nun Platon mit ganz ungorgianischem, tief sittlichem Ernst vertrat.
TÜ: Vorsokr. – TÜK: ThBuchheim, 1989. *Lob der Helena:* DM MacDowell, Bristol 1982. – WNestle, Vom Mythos zum Logos, 1940. RVitali, G., retorica e filosofia, Urbino 1971.

Gorgo. Von den Gorgonen-Ungeheuern, den 3 Töchtern des Phorkys, war allein Medusa sterblich. Ihre Haare waren Schlangen, ihr Blick versteinerte jeden, den er traf. *Perseus schnitt ihr das Haupt ab, das nun als *Gorgóneion* von Athene in der Ägis geführt wurde. Es diente oft als abwehrendes Schildzeichen. Die gr. Kunst seit dem 5 Jh. v. Chr. (anders die archaische z. B. auf *Kerkyra) stellte sogar dieses Schreckbild schön dar.
JFloren, Studien zur Typologie des Gorgoneion, 1977. JPVernant, Tod in den Augen, 1988.

Gortyn, südkretische Stadt, deren Gesetze (Mitte 5. Jh., die ältesten gehen auf das 7./6. Jh. zurück) inschriftlich erhalten sind. G. wurde Hauptstadt der röm. Provinz, angeblich Bischofssitz des Titus, an den der Brief des Apostels Paulus gerichtet ist.
TÜK: Kohler-Ziebarth, Das Stadtrecht von G., 1912. RFWillets, The law code of G., 1967 (Kadmos Suppl. 1).

Goten, das größte der ostgermanischen Völker. Aus der Urheimat in Südschweden (?) waren sie an die Weichselmündung, von dort weiter in die Ukraine gezogen, von wo aus sie im 3. Jh. n. Chr. immer wieder ins röm. Reich einfielen. Den Westgoten überließ Constantinus 332 als Verbündeten Roms das Land nördl. der Donau; um 350 wurden sie von Ulfilas zum arianischen Christentum bekehrt. 376 überschritten sie die Donau (*Valens). Sie durchzogen die Balkanhalbinsel, Italien (Alarich eroberte 410 Rom) und gründeten schließlich in Spanien und Gallien

südl. der Loire ein Westgotenreich. Dort entstand ihr Gesetzbuch in lat. Sprache nach röm. Muster, die *Lex Visigothorum* (T: Zeumer, 1902). 711 erlagen sie den Arabern. Ihr damals versteckter, 1858 wiedergefundener Königsschatz mit den Votivkronen befindet sich im archäol. Museum von Madrid. – Die in Rußland gebliebenen Ostgoten wurden um 360/70 von den anstürmenden Hunnen überrannt. Ihr König Ermanarich fiel, und sie leisteten den Siegern Heerfolge nach Westen. Nach dem Tode Attilas wurden sie frei, und ihr großer König *Theoderich (471-526) gründete 489 das Ostgotenreich in Italien. Unter ihm blühte die röm. Kultur noch einmal auf (*Cassiodorus, *Boethius, *Ennodius). Die verfallenden Bauten Roms wurden renoviert. Seine Nachfolger Vitigis, Totila, Teia lagen in steten Kriegen mit Ostrom, bis 552 der iustinianische Feldherr Narses die G. in Italien vernichtete.
Quellen: *Iordanes, *Prokopios. – LSchmidt, Ostgermanen, 1941 (Nachdr. 1969). HWolfram, Die G., 3. A. 1990. PJHeather, Goths and Romans, Oxford 1991.

Gracchus, Zweig des plebeischen Geschlechts der Sempronii. – 1. Ti. Sempronius G., cos. 215 und 213 v. Chr., fiel 212 durch einen Hinterhalt im Kampf gegen Hannibals Bruder Mago. – 2. Ti. Sempronius G., cos. 177 und 163 v. Chr., Censor 169, heiratete nach dem Tode des älteren Scipio Africanus dessen Tochter *Cornelia (1). Seine Söhne waren die 2 berühmten Volkstribunen. Seine Tochter Sempronia heiratete den P. *Scipio Aemilianus (3), in dessen feingebildeter, vom Gedanken der Humanität erfüllter Umgebung auch die Brüder nach dem Tod des Vaters heranwuchsen: – 3. Ti. Sempronius G. sah in Etrurien die verödeten Ländereien, welche die senatorischen Großgrundbesitzer durch Sklaven schlecht bewirtschafteten, andrerseits die Not der Kleinbauern und des Proletariats, durch die auch die röm. Wehrkraft geschwächt wurde. Er trat darum für die Reform der Agrargesetze ein, die bisher niemand gegen den Widerstand der Senatoren (Optimaten) einzuleiten gewagt hatte. Als Volkstribun erneuerte er 133 das *Licinische Gesetz*, nach dem vom Staatsland niemand mehr als 500 *iugera* besitzen sollte. Für 2 Söhne gab es einen Zuschlag von je 250 *iugera*, das Maximum waren 1000 *iugera* (252 Hektar). Der Rest sollte an kleinbäuerliche Siedler verteilt werden. Als der Senat dagegen den Volkstribunen Octavius vorschickte, ließ G. diesen vom Volk absetzen und sich, seinen Bruder Gaius und seinen Schwiegervater Appius Claudius als Drei-Männer-Kommission für die Ackerverteilung wählen. Das an Rom fallende Erbe des Königs Attalos von *Pergamon beantragte er an das Volk zu verteilen. Für das nächste Jahr wollte er sich gesetzwidrig wiederwählen lassen. Da griffen die Senatoren zur Gewalt. Unter der Losung, G. strebe nach der Tyrannis, stürmten sie, vom Pontifex Scipio Nasica Serapio geführt, aufs Capitol und erschlugen G. mit 300 seiner Anhänger. – 4. C. Sempronius G., noch begabter und energischer als sein 9 Jahre älterer Bruder, wurde 126 als Quaestor nach Sardinien geschickt. Dort ließ man ihn, ohne einen Nachfolger zu schicken, bis er 124 eigenmächtig nach Rom zurückkam und sich 123 und 122 zum Volkstribunen wählen ließ. Das Volk gewann er durch ein Gesetz, wonach Getreide zu billigem Preis monatlich verteilt wurde. Die Macht des Senats beschränkte er

durch Übertragung der Geschworenengerichte an die Ritter. Dann ergänzte er das Agrargesetz des Bruders und sorgte für die Anlage von Kolonien, besonders in Afrika (Karthago). Schließlich beantragte er, den *Bundesgenossen das röm. Bürgerrecht zu geben. Der Senat schickte den Volkstribunen M. Livius Drusus vor, der G. mit noch populäreren Gesetzen überbot. Er wurde daher 121 nicht wiedergewählt. Nun wurde die Aufhebung seiner Gesetze beantragt; der Consul L. Opimius rief die Optimaten zu den Waffen. G. verteidigte sich mit den Seinen auf dem Aventin, mußte fliehen und ließ sich von seinem Sklaven töten. Seine Anhänger wurden zu Tausenden hingemordet.
Biogr. der 2 G.: *Plutarch. JCarcopino, Autour des Gracques, 1928. DStockton, The Gracchi, Oxford 1979. FTaeger, Ti. G., 1928. AHBernstein, Ti. Sempronius G., Ithaca 1978.

Gradivus: *Mars.

Grammatik. Die antike G. ist hervorgegangen einerseits aus der Erklärung der Dichter, besonders Homers, und der damit verbundenen Frage nach den Kriterien des richtigen Gebrauchs der Wörter, andrerseits aus dem Problem, ob die Wörter die Wirklichkeit der Dinge abbilden oder willkürlich gesetzt seien (*Etymologie). Schon der Sophist *Protagoras suchte die Sprache logischen Normen zu unterwerfen. Die Stoiker betrachteten die Wörter zwar als durch menschliche Vernunft gesetzt; aber, da diese Vernunft dem in der Natur waltenden Logos entspreche, seien sie doch zugleich Abbilder des Wesens der Dinge. Nur habe die Sprachgewohnheit das zuweilen verdunkelt (Wir sagen «das Kind», obschon es sich um ein Wesen männlichen oder weiblichen Geschlechts handelt.) Unregelmäßigkeit (Anomalie) ist daher anzuerkennen; die Wissenschaft hat die sprachlichen Tatsachen zu beobachten, nicht die Sprache nach irgendwelchen Normen zu ändern. *Krates von Mallos, das Haupt der Schule von Pergamon, stritt von diesem Standpunkt aus gegen die Schule von Alexandreia, wo man postulierte, daß in der Sprache, weil sie nach logischen Prinzipien gesetzt sei, die Analogie herrschen müsse. Die noch heute gebräuchliche Systematik der Wortarten und der Flexion mit ihrer Terminologie ist von den Stoikern geschaffen worden. Der Schüler des Alexandriners Aristarchos, *Dionysios Thrax, ist der erste, von dem wir ein Lehrbuch der G. besitzen. Von *Apollonios Dyskolos ist eine Schrift über Syntax erhalten. Sein Sohn *Herodianos war der letzte große gr. Grammatiker.
Die röm. G. beginnt mit dem Aufenthalt des Krates von Mallos in Rom im J. 169 v. Chr. Sie folgt daher der pergamenischen, nicht wie die genannten Griechen der alexandrinischen Richtung. Der Dichter *Accius wollte im 2. Jh. v. Chr. die Rechtschreibung reformieren, und *Lucilius behandelte Probleme der G. in seinen Satiren. Aelius *Stilo, der Lehrer Varros, war der erste Systematiker. Doch erst *Varro, der die G. im 1. Buch seiner *Disciplinae* darstellte, gab das gültige Muster für die Späteren. Das Varronische Schema der lat. Flexionsklassen baute im 1. Jh. n. Chr. *Remmius Palaemon aus. Neben der systematischen G. wurden einzelne Gebiete wie Metrik, Orthographie, Sprachreinheit (Kampf gegen fehlerhafte Formen) in Spezialwerken behandelt. Erst zu Beginn

des 4. Jh. n. Chr. faßte Marius Plotius Sacerdos alle Einzelgebiete zusammen in seinen 3 Büchern *Artes grammaticae.* In dieselbe Zeit gehört *Charisius; er gibt Systematik in der traditionellen Form, die ihr Material aus verlorenen älteren Grammatikern, namentlich Iulius Romanus und Cominianus schöpft. Charisius seinerseits ist wieder ausgebeutet in dem späteren Werk des Diomedes, ein gutes Beispiel dafür, wie die Produktion der G. jener Zeit meist auf dem Ausschreiben von Vorgängern beruht. Größere Originalität kommt *Donatus zu (Mitte 4. Jh.). Zu seiner G., die bis ins Mittelalter verdientes Ansehen genossen hat, haben *Servius und andere K. geschrieben. Das abschließende größte Sammelwerk des *Priscianus entstand Anf. 6. Jh. in Konstantinopel, wo auf gr. Boden das Latein als Hof- und Verwaltungssprache gelehrt wurde. Nur im Westen brauchte man hingegen Bücher, die vor den Fehlern des *Vulgärlateins warnten, entweder in Form einer Wortliste mit Gegenüberstellung von richtig und falsch *(Appendix *Probi)* oder in methodischer Besprechung der Fehler (*Ars* des Consentius). – Die Übernahme der gr. Terminologie durch die Römer geschah in mechanischer Weise, die einen Mangel an Verständnis verrät. Z. B. nannten die Stoiker den Wenfall *aitiatiké ptosis*, weil zwischen Verb und Objekt ein Verhältnis von Ursache *(aition)* und Wirkung *(aitiatón)* obwalte. Die Römer leiteten das Wort fälschlich von *aitiasthai* (anklagen) ab und übersetzten *casus accusativus* (Anklagefall!).

Zur Aufgabe des Grammatikers gehörte immer auch Wort- und Textauslegung. Bei den Griechen erreichte dieser Zweig der G. seine Vollendung vom 3. Jh. v. Chr. an bei den Alexandrinern *Zenodotos, *Aristophanes (2), *Aristarchos, *Didymos. Gr. Gelehrte wirkten in dieser Richtung auch in Rom: *Alexander (6) Polyhistor, *Tyrannion, *Hyginus (1). Der Ertrag dieser Arbeiten sammelte sich einerseits in K. zu den Texten (*Scholien), andrerseits in Lexika (*Hesychios, *Pollux, *Suidas). Unter den Römern bemühte sich schon Stilo um Erklärungen von Wörtern aus Plautus, den Zwölf Tafeln, dem Salierlied. Varros Bücher *de lingua Latina* geben der Wortdeutung weiten Raum. Auch in Rom entstanden Text-K., z. B. *Asconius zu Ciceros Reden, *Porphyrio zu Horaz, *Donatus zu Terenz, *Servius zu Vergil, und anonyme Scholien, daneben Lexika (Verrius Flaccus [*Festus]) und nicht durchgehend alphabetisch geordnete Sammlungen von Worterklärungen (*Nonius). Am Ausgang des Altertums entstehen eigentliche Wörterbücher, die sog. *Glossaria*, in denen lat. Vokabeln durch Synonyme erklärt werden, dann auch Übersetzungsglossare (lat.-gr., gr.-lat., lat.-angelsächsisch, lat.-althochdeutsch).

Eine höhere Form der Texterklärung, die ihrerseits schon literarische Ansprüche erhob, war die Behandlung ausgewählter Probleme aus den Schriftstellern. Sie wurde gern in den Rahmen eines Symposions gekleidet: Gr. *Athenaios (2); lat. *Gellius, *Macrobius. Mit der Texterklärung hing auch die Herstellung des echten Textes in Ausgaben zusammen, eine Wissenschaft, in welcher die alexandrinischen Grammatiker Meister waren. Ihre Technik führte Valerius *Probus im 1. Jh. n. Chr. in Rom ein.

Die G. galt im Altertum als die erste Stufe der Schulbildung, beginnend mit Lesen und Schreiben. Als höhere Stilschule folgte auf sie das Studium der *Rhetorik.

T: Gr.: Sammlung gr. und lat. Grammatiker, 1974ff. (bisher nur gr.) und unter den Autoren. Lat.: Funaioli, Grammaticae Rom. Frg. 1907 (Tb, Nachdr. 1969). Mazzarino, Grammaticae Rom. Frg. aetatis Caesareae, 1955. Keil, Grammatici Lat., 1855-78. – Kurzbiogr. der ersten röm. Grammatiker: *Suetonius, *de grammaticis* (T: Brugnoli, 1960, Tb, Nachdr. 1972). – Steinthal, Gesch. der Sprachwissenschaft bei den Gr. u. Röm., 1890. MPohlenz, Kleine Schriften 1, 1965, 39-86 (Stoa). Dahlmann, Varro u. die hellenistische Sprachtheorie, 1932. Barwick, Remmius Palaemon u. die röm. ars grammatica, 1922.

Granikos, Ort des Siegs *Alexanders d. Gr. über die Perser 334 v. Chr.

Gratianus, Flavius, Sohn des Valentinianus I., 359-383, Kaiser seit 375. Er war von *Ausonius erzogen; unter dem Einfluß des Bischofs *Ambrosius förderte er die christliche Kirche.

Grattius schrieb zu Anfang des 1. Jh. n. Chr. ein Lehrgedicht *Über die Jagd*, von dem die ersten 541 Verse erhalten sind.
TÜK: CFormicola, Bologna 1988. K: Enk, 1918.

Grazien: *Charites.

Gregorios. – 1. G. Thaumaturgos (der Wundertäter), ca. 213-272, Schüler des *Origenes, wurde Bischof von Neocaesarea. Wir haben von ihm eine *Dankrede an Origenes* und kleinere Schriften.
T: PKoetschau, 1894. TÜ: HCrouzel, 1969 (S.chrét.). Ü: KV.
2. G. von Nazianz, ca. 329-390, studierte mit Basileios in Athen, wurde 355 getauft, 381 Patriarch von Konstantinopel. Bald zog er sich nach Nazianz zurück, um in asketischem Leben eine reiche schriftstellerische Tätigkeit zu üben: 44 *Reden*, 244 *Briefe*, Gedichte (*Über sein Leben*. Sehr viel gelesen die Lebensregeln in Vierzeilern).
T: Migne gr. 35/8. TÜ: *Reden:* JBernardi, 1978-92 (S.chrét.). *Briefe:* PGallay, 1964-7 (Budé; nur T in Gr. chr. Schr., 1969). *Der leidende Christus* (Tragödie, Autorschaft fraglich): ATuilier, 1969 (S. chrét.). *Gedichte* (TK): Verschiedene Verf. in Studien zur Gesch. u. Kultur des Altertums N.F., Reihe 2: Forschungen zu G.v.N., Bd. 6ff, Paderborn 1988ff. TÜK: *5 theol. Reden:* JBarbel, 1963. *Gegen die Putzsucht der Frauen:* AKnecht, 1972. *Über sein Leben:* ChJungck, 1974. Ü: KV. Ausw. (franz.): Gallay, Paris 1959. *Briefe:* MWittig, 1981 (BGL). – PGallay, G.v.N., 1964 (dtv). RRRuether, G. of N., Rhetor and Philosopher, 1969.
3. G. von Nyssa, Bruder des Basileios, war Rhetor. Doch sein Bruder machte ihn 371 zum Bischof von Nyssa. Sein vielseitiger und klarer Geist spricht sich in vielen Schriften aus: *25 Briefe, Reden, Predigten, theologische Abhandlungen, 1 Dialog*.
T: Migne gr. 44/6. Neuausg.: WJaeger u. a., Berlin u. Leiden, 1921ff. TÜ einzelner Werke in S.chrét., 1966ff. *Rede auf den Hl. Stephan:* OLendle, 1968. *Briefe:* PMaraval, 1990 (S.chrét.). ÜK einzelner Werke in BGL, 1971ff. *Drei Tage zwischen Tod und Auferstehung:* RDrobner, Leiden 1982. Ü: KV. HUBalthasar, Der versiegelte Quell (Auslegung des Hohen

Liedes), 3. A. 1984; ders., Présence et pensée, 1942. – WVölker, G.v.N. als Mystiker, 1955. MBvStritzky, Zum Problem der Erkenntnis bei G.v.N., 1977.

4. Gregorius der Große, Papst 590-604, zuvor päpstlicher Apokrisiar (Gesandter) am byzantinischen Hofe. Er verfocht energisch den Vorrang des röm. Bischofs gegenüber Ansprüchen des Patriarchen von Konstantinopel. Er wünschte eine christliche an Stelle der antiken weltlichen Bildung zu setzen. Im Jahre 596 sandte er die ersten Missionare nach Britannien. Historisch wichtig sind die in der päpstlichen Kanzlei gesammelten *Briefe*, die einen Einblick in die kirchliche Verwaltung geben. Die *Pastoralregel* und die *Moralischen Betrachtungen zu Hiob* zeigen G. als Seelsorger. Im Mittelalter viel gelesen wurden die 4 B. *Dialoge*, volkstümliche Wundergeschichten, im 2. B. das Leben des hl. *Benedictus. Zur Bibel: *Predigten über Ezechiel, K zum Hohenlied* und *1. B. der Könige.*

Verschiedene Hg. im Corp. Chr. (T), 1963ff., und S.chrét. (TÜ). Ü: *Pastoralregel:* GKubis, Graz 1986. *Ezech.:* GBürke, 1983. *Hohes Lied:* KSFrank, 1987. Ausw.: KV. – JRichards, G. d. Gr., sein Leben – seine Zeit, 1983. JModesto, G. d. Gr., Nachfolger Petri und Universalprimat, 1989 (Diss. München).

5. G., Bischof von Tours, 538-594, befreundet mit allen bedeutenden Männern Galliens. Er schrieb eine *Geschichte der Franken* (zehn Bücher, vom fünften an zeitgenöss. Memoiren) und zahlreiche kirchliche Schriften (Legenden gallischer Heiliger und Bekenner u. a.). Für die Geschichte der frühen Merowinger ist er die Hauptquelle. Seine Sprache zeigt den Übergang des Vulgärlateins in die romanischen Volkssprachen.

T: Arndt-Krusch-Bonnet, 1884/85 (Neuausg. von *Hist. Franc.*, 1937-51). – TÜ *(Franc.):* WGiesebrecht-RBuchner, 7./8. A. 1990. Kleinere Werke: Ü (engl.): McDermott, 1949. *Vitae patrum:* EJames, Liverpool 1986. – MWeidemann, Kulturgeschichte der Merowingerzeit, 1982. MHeinzelmann, G. v. T., 1994.

Gromatici, die röm. Feldmesser, auch *agrimensores* genannt. G. hießen sie nach ihrem Vermessungsinstrument, der *groma* (ein auf einer Stange horizontal angebrachtes Winkelkreuz, an dessen Armen je ein Lot hing). Nach Vermessung des Bodens teilten die G. diesen in Quadrate (*Centurien) ein, deren Seitenlänge 2400 Fuß (ca. 710 m) betrug. Auf gleiche Weise, rechtwinklig nach zwei Hauptkoordinaten (*Cardo* und *decumanus*) ausgerichtet, legten die Römer ihre *Lager und ihre Städte an. In Centurien wurde das Staatsland an die Siedler verteilt (Veteranenversorgung in der Kaiserzeit). Zum Fachwissen der G. gehörte Mathematik und vor allem das sehr genau ausgebaute röm. Grundrecht. Die Fachschriftsteller, deren ältester *Frontinus (um 100 n. Chr.) ist, sind überliefert in einer Sammlung.

TÜ: Thulin, *Corpus Agrimensorum*, 1913 (Tb). Lachmann, 1848/52. Frontinus, *De agri mensura* (TK): PResina Sola, 1983 (Diss. Granada 1977). – OAWDilke, The Roman Land Surveyors, 1971. FTHinrichs, Die Geschichte der gromatischen Institutionen, 1974. OBehrends-LCapogrossi-Colognesi (Hg.), Die röm. Feldmeßkunst, 1992. – Atlas des centuriations Romaines de Tunisie, Paris 1954. – Beschreibung der ersten, 1912 in Pompei gefundenen *groma:* Nowotny, in Germania 7, 1923, S. 22ff. – FCastagnoli, Le ricerche sui resti della centuriazione, 1958.

Großgriechenland *(Magna Graecia)* nannte man die seit Ende des 8. Jh. v. Chr. in Süditalien entstandenen gr. Kolonien. Die wichtigsten: *Tarentum, *Metapontum, *Sybaris (*Thurioi), *Kroton, *Lokroi, *Rhegion, *Elea, Poseidonia (*Paestum), *Neapolis, Kyme (*Cumae). Strabon rechnet auch Sizilien zu G. Im Hinterland der gr. Städte bewahrten die italischen Stämme ihre Art. Von der hohen Kultur in den Kolonien zeugen namhafte Philosophen (*Eleaten, *Pythagoras, *Archytas, *Alkmaion), herrliche Tempel (*Paestum) und die ca. 430-300 besonders in *Apulien blühende Vasenmalerei. *Phlyaken. Die Römer nahmen nach schweren Kämpfen mit Tarent (*Pyrrhus) am Ende des zweiten Punischen Krieges (gegen 200 v. Chr.) die letzten Städte im Süden in Besitz.
ECiaceri, Storia della Magna Grecia (3 Bde), 1924/32. JBérard, La colonisation grecque de l'Italie mérid. et de la Sicile dans l'antiquité, 1957. Dunbabin, The western Greeks, 1948. ELanglotz-MHirmer, Die Kunst der Westgriechen, 1963. GPugliese Carratelli, Megale Hellas, storia e civiltà della Magna Grecia, 2. A. Milano 1986; ders., Magna Grecia, arte e artigianato, Milano 1990. KLomas, Rome and the western Greeks 350 BC-AD 200, London 1993. RKoldewey-OPuchstein, Die gr. Tempel in Unteritalien und Sizilien, 1899 (2 Bde). ADTrendall, Frühitaliotische Vasen (Bilder gr. Vasen 12), 1938; ders., The Red-figured Vases of Lucania, Campania and Sicily, 1967 (Suppl. 1, 1970).

Gryllos, Sohn *Xenophons, fiel 362 v. Chr. bei Mantineia im Reiterkampf.

Gyges wurde ca. 685 v. Chr. König von Lydien, nachdem er Kandaules, den letzten König vom Stamm des Herakles, getötet hatte. Herodot (1,7ff.) erzählt die novellenhafte Geschichte, wie Kandaules den Freund G. zum Zeugen der Schönheit seiner Gattin machte, indem er ihn im Schlafgemach versteckte. Die Frau, entehrt dadurch, daß ein anderer als der Gatte sie gesehen hatte, zwang G., den Kandaules zu ermorden und sich mit ihr zu vermählen. Sprichwörtlich war der Reichtum des G. Platon (*Staat* 359 D) erzählt, der Hirte G. habe in einem unterirdischen Grab einen Ring gefunden, der, wenn man ihn drehte, den Träger unsichtbar machte. Mit seiner Hilfe habe er sich die Königsherrschaft angeeignet.
Frg. eines hellenistischen G.-Dramas: Lesky in Zschr. Hermes 81, 1953. – RPichler, Die G.-geschichte in der gr. Literatur und ihre neuzeitliche Rezeption, 1986 (Diss. München).

Gylippos, Kommandant des Korps, das die Spartaner 414 v. Chr. Syrakus zu Hilfe sandten. Er nahm die Kapitulation der athenischen Feldherrn *Demosthenes (1) und *Nikias entgegen, vermochte sie aber nicht vor der Hinrichtung durch die Syrakusaner zu schützen. 404 wurde er verbannt, weil er sich beim Transport an der in Athen gemachten Beute vergriffen hatte.

Gymnasion, die Stätte der sportlichen Übungen. Der Name gehört zum gr. Wort *gymnós* (nackt): Man turnte nackt. Zu einem G. gehören offene und gedeckte Laufbahnen, die *Palaistra für den Ringkampf (als ein von Säulenhallen umgebener Hof angelegt mit umliegenden Räumen für Übung, Einölen des Körpers, Gespräche mit Philosophen und Rhetoren usw.) sowie kalte und warme Bäder. Eine Beschreibung gibt *Vitruv (5, 11); erhaltene Reste aus hellenistischer Zeit in Olympia, Priene, Milet, Pergamon u. a. Selbst kleine Städte scheuten keine Kosten, um ein möglichst schönes G. zu besitzen. Seit etwa 400 v. Chr., als Krieg und Sport Sache von Söldnern und Berufsathleten wurde, trat die körperliche Ertüchtigung hinter der Geistesbildung der Epheben im G. zurück. In Rom wurde das G. nicht heimisch; an seiner Stelle waren die Thermen der allgemeine Versammlungsort. *Spiele II 2.

JDelorme, G., Paris 1960. WZschietzschmann, Wettkampf- und Übungsstätten in Griechenland II: Palästra-G., 1961.

H

Hades erhielt, als die drei Söhne des Kronos (Zeus, Poseidon und H.) sich die Welt teilten, die Unterwelt, wo er mit seiner Gemahlin Persephone (*Demeter) über die Schatten der Toten herrscht, mitleidlos und unbezwinglich, Menschen und Göttern verhaßt. Man errichtete ihm keine Tempel; nur in Elis gab es einen, und *Pausanias (3) erwähnt als Seltsamkeit, daß die Eleer allein von allen Menschen den H. verehren. Den Namen deutete man als «der Unsichtbare»: H. besitzt eine Tarnkappe. Das Tor seines Hauses steht den Eintretenden offen, aber niemand kann zurück. Seit dem 5. Jh. (noch nicht bei Homer) setzte man H. mit Pluton gleich, dem Herrn des in der Erdtiefe liegenden Reichtums an Metallen und fruchtspendenden Kräften, in später Zeit auch mit *Sarapis. Der Name H. wird im klassischen Griechisch nur für den Herrscher, nie für die *Unterwelt selbst gebraucht. – Lat.: Orcus, Dis, *Veiovis. Orcus als wolfsgestaltiger Todesdämon: KMeuli, in Gesammelte Schr. 2, 1975, 1078-80.

Hadrianus, P. Aelius, 76-138 n. Chr., aus der Stadt Italica (Spanien), wurde als Waise von seinem Verwandten Traian erzogen, heiratete dessen Großnichte Sabina. Obgleich Traian dem andersgearteten H. nicht geneigt war, adoptierte er ihn widerwillig, durch seine letzte schwere Krankheit gebrochen, auf Drängen der Kaiserin Plotina. 117 trat H. die Regierung an. Er war Kosmopolit und Romantiker. Jahrelang bereiste er alle Provinzen, inspizierte die Legionen in ihren Lagern, verbesserte die wirtschaftliche Lage der Untertanen durch eine Steuerreform und baute, indem er planmäßig den Ritterstand für die Reichsverwaltung heranzog, einen ausgezeichneten Beamtenapparat auf, an dessen Spitze ein geheimer Staatsrat (*consilium*) in Rom stand. Daneben ging er mit seinem Gefolge (*Balbilla) eifrig allen Sehenswürdigkeiten und Altertümern nach. Vor allem hielt er als Griechenfreund sich gern in *Athen auf und schmückte es reich mit Bauten (H.-Stadt, Olympieion, H.-Stoa); er ließ sich auch in die eleusinischen Mysterien einweihen. In Ägypten starb ihm sein Liebling *Antinoos. H. verzichtete auf die Eroberungspolitik Traians im Osten und sicherte die bestehenden Grenzen (Verstärkung des *Limes in Germanien und Britannien). Den einzigen schweren Krieg hatte er gegen die Juden zu führen, die sich 132 erhoben hatten; sie waren 135 niedergeworfen. In Rom baute er das *Pantheon, den Tempel der Venus und Roma auf der *Velia, eine Tiberbrücke (pons *Aelius) und das Mausoleum Hadriani (Engelsburg). Eine ausgedehnte prächtige Villenanlage unterhalb von *Tibur ist noch in ihren Resten bewundernswert. Kurz vor seinem Tode adoptierte H. den Nachfolger Antoninus. – *Ierusalem. *Edictum, *Florus.
Antike Biogr. in Historia *Augusta: TK: HWBenario, 1980. FGregorovius, Glanz u. Untergang Roms, Gemälde d. röm.-hellenistischen Welt zur Zeit d. Kaisers H., 1932. SPerowne, H., 1986. MYourcenar, Ich zähmte die Wölfin, 12. A. 1989 (biogr. Roman, dtv). HKähler, Die Villa des H. in

Tivoli, Berlin 1949. MDeFranceschini, Villa Adriana, Roma 1991. – FGraham-REmbleton, H.'s Wall, Newcastle upon Tyne 1990. – Portrait: MWegner, H., 1956 (Herrscherbild 2,3).

Haedui, führender Volksstamm in Mittelgallien, Hauptstadt *Bibracte, seit 12 v. Chr. Augustodunum (Autun).

Hagesandros, rhodischer Bildhauer: *Laokoon.

Haimon, Sohn Kreons, Bräutigam der *Antigone.

Haimos, das Balkangebirge in Nordthrakien.

Halikarnassos (Bodrum), dorische Kolonie, von Troizen an der Südwestküste Kleinasiens gegründet, wichtiges Handelszentrum. Neben den gr. Zuwanderern lebten viele Einheimische aus dem Hinterland *Karien. Unter persischer Oberhoheit kämpfte die Königin *Artemisia von H. in der Flotte des Xerxes und zeichnete sich in der Schlacht bei Salamis aus. Gegen ihren Nachfolger Lygdamis erhoben sich die Bürger, zuerst ohne Erfolg. Auch *Herodotos mußte fliehen, kehrte 454 zur Vertreibung des Tyrannen zurück, wanderte aber der Parteikämpfe wegen bald danach für immer aus. Die größte Blüte erreichte H. als Residenz des Königs *Mausollos († 353 v. Chr.); seine Witwe Artemisia II. vollendete sein Grabmal, das Mausoleum, das herrlichste Bauwerk der Stadt.
GEBean, Turkey beyond the Maeander, 1971. The Maussolleion at H., Reports of the Danish archaeol. Expedition, Copenhagen 1981-91.

Halkyone, Gattin des *Keyx.

Haltern, Römerlager aus augusteischer Zeit an der Lippe (antiker Name unbekannt).
SvSchnurbein, Die röm. Militäranlagen bei H., 1981.

Halys, größter Fluß Kleinasiens an der Grenze zwischen Lydien und Persien.

Hamilcar, Name mehrerer karthagischer Feldherren. H. Barkas (Blitz) übernahm gegen Ende des 1. Punischen Kriegs 247 v. Chr. das Flottenkommando, setzte sich dann auf Sizilien fest und hielt bis zum Schluß den Berg Eryx besetzt. Nach dem röm. Sieg bei den Aegatischen Inseln leitete er 241 die Friedensverhandlungen, warf dann 241-238 den Söldneraufstand in Afrika nieder und ging 237 nach Spanien, wo er ein neues karthagisches Kolonialreich gründete, das bis Valencia reichte und die an Rom verlorenen Gebiete ersetzte. 229 fiel er im Kampfe. Sein Schwiegersohn *Hasdrubal und sein Sohn Hannibal setzten sein Werk fort. – Biogr.: *Nepos.

Handel. Das Mittelmeer war seit ältesten Zeiten der wichtigste H.sweg. Als Ende des 2. Jahrtausends v. Chr. die Seemacht *Kretas sank, traten die Phönizier im Handelsverkehr an die erste Stelle. Ihre Schiffe fuhren von den Levantehäfen (*Tyros) und Aegypten über Kypros nach den gr. Inseln und weiter ins westl. Mittelmeer. Überall gründeten sie Niederlas-

sungen. Den H. mit Spanien und über die Meerenge von Gibraltar hinaus mit *Britannien, woher das zur Herstellung der Bronze nötige Zinn kam, beherrschten sie vollständig. Im 8./7. Jh. begannen die Griechen die Phönizier zu überflügeln. Die *Etrusker entwickelten einen lebhaften Verkehr mit Griechenland, indem sie gr. Keramik importierten (Anstoß zu eigener etrusk. Industrie) und Bronze und das Eisen der Insel Elba exportierten. Doch nach dem Niedergang *Euboias (7. Jh.), das diese Verbindungen pflegte, vermochten sich die Phönizier im Westen, gestützt auf die Tochterstadt Karthago, gegen Griechen und Etrusker zu behaupten. Die zahlreichen gr. Kolonien in Sizilien und Süditalien hatten sich in schweren, wechselvollen Kriegen gegen die Karthager zu wehren. Mit der Anlage von *Massilia an der Rhonemündung durchbrachen aber die Griechen das karthagische Monopol: Man fand rhoneaufwärts über Gallien den Weg nach Britannien (Zinn) und ins Innere Europas (Bernstein von der Ostseeküste). Im östl. Mittelmeer setzten sich im 7. Jh. die Ionier durch, deren Städte an der Küste Kleinasiens Endpunkte der Karawanenstraßen aus dem Orient waren. Selbst in Aegypten gründeten sie eine Kolonie (*Naukratis). Am wichtigsten aber wurden die Kolonien am Bosporus (*Byzanz) und den Küsten des Schwarzen Meeres, besonders im Norden (Krim). Die dortigen Skythen lieferten Getreide und Salzfische und waren gute Abnehmer für gr. Wein, Öl, Keramik, Waffen und Kunstgegenstände. Einen Wendepunkt der antiken H.sgeschichte stellt das Jahr 146 v. Chr. dar, in dem die Römer Karthago und den ehedem wichtigsten gr. Umschlagplatz Korinth zerstörten. Schon 168 hatten sie in *Delos einen Freihafen errichtet und waren nun unbestrittene Herren des Welthandels. *Indien.
Für den Adel galt schon zu Homers Zeit der H. als nicht standesgemäß. Den röm. Senatoren war er sogar durch Gesetz *(Lex Claudia* von 218 v. Chr.) verboten. Der Großhandel war die Domäne der röm. Ritter, die auch das Bankgewerbe betrieben. Im Kreditwesen spielte die wichtigste Rolle die von den Griechen übernommene Form des Seedarlehens: Der Schiffsherr kaufte die Warenladung mit geliehenem Kapital ein, verkaufte sie in Übersee, kaufte dort neue Fracht ein und setzte diese nach der Heimfahrt wieder mit Gewinn ab. Der Zins für sechs Monate (im Winter ruhte die Schiffahrt) betrug 20-30 Prozent; doch war das Risiko (Schiffbruch, *Seeräuber) nicht klein. Der Kleinhandel blieb als verachtet den kleinen Leuten, Freigelassenen und Syrern, überlassen.
Quellen-T: FMeijer-OvanNijf, Trade, transport and society in the ancient world, 1992. – GKopcke, H., 1990 (Archaeologia Homerica M 4). Hasebroek, Staat u. H. im alten Griechenland, 1928; ders., Gr. Wirtschafts- u. Gesellschaftsgesch. im Altertum bis zur Perserzeit, 1931. MPCharlesworth, Traderoutes and commerce of the Roman empire, 1924 (Nachdr. 1970). RJHopper, Trade and industry in classical Greece, 1978. LCasson, Ancient trade and society, 1984. JRougé, L'organisation du commerce maritime sous l'Empire romain, Paris 1966. Navires et commerces de la méditerranée antique (Festschr. JRougé, in Cahiers d'Histoire 33), Lyon 1988. S. auch Lit.-verzeichnis Wirtschaftsgeschichte, o. S. XV.

Hannibal, Sohn des *Hamilkar Barkas, begleitete den Vater, der ihn zum fanatischen Römerhaß erzog, 237 v. Chr. nach Spanien und wurde 221

nach dem Tode Hasdrubals vom Heer zum Oberbefehlshaber ausgerufen. Er eröffnete den Krieg gegen Rom 219 mit der Einnahme von *Sagunt. Nach einem raschen Zug über Pyrenäen und Alpen stand er 218 in Oberitalien und zwang so die Römer, die gegen Afrika bereitgestellten Kräfte defensiv einzusetzen. In schnellem Siegeslauf (*Ticinus, *Trebia, *Trasumenus, *Cannae) stieß er nach Unteritalien vor unter Vernichtung der röm. Heere. Campanien mit der Hauptstadt Capua ging zu ihm über, später auch Syrakus. Makedonien schloß mit Karthago ein Bündnis. Trotzdem erfüllte sich H.s Hoffnung, daß alle italischen Bundesgenossen abfallen und Rom ein Friedensangebot machen werde, nicht. Es gelang auch nicht, den röm. Feldherrn *Fabius Cunctator zu einer weitern Schlacht zu zwingen, in der dem H., dessen Truppen zum Angriff auf Rom selbst zu schwach waren, seine bewährte Meisterschaft in offener Schlacht hätte den Sieg bringen können. Als Marcellus 215 vor Nola ihn zurückschlug, trat die Wende ein. H. war in die Defensive gedrängt, Makedonien wurde durch einen von Rom angezettelten Krieg in Griechenland gebunden. In Spanien siegte der junge Cornelius *Scipio (2). Das Heer, welches H.s Bruder Hasdrubal ihm von Spanien her zuführen wollte, vernichteten die Römer am Metaurus (207). Damit war die Lage aussichtslos. 203 mußte H. nach Afrika zurückkehren, um die Stadt gegen das gelandete Römerheer Scipios zu verteidigen. 202 erlitt er bei *Zama zum erstenmal eine Niederlage. Nach dem Frieden leitete er den Neuaufbau des karthagischen Staates, mußte fliehen und kam 195 als politischer und militärischer Berater zu *Antiochos d. Gr. Als dieser im Krieg gegen Rom unterlag, entging er der Auslieferung durch Flucht zum König Prusias von Bithynien. Nachdem dort T. Quinctius *Flamininus als Gesandter Roms 183 die Auslieferung forderte, tötete sich H. mit Gift. – Als Heerführer verband H. Tatkraft und Berechnung zu sicheren Schlägen. Sein Spionage- und Nachrichtendienst arbeitete glänzend. Mit unerschöpflicher Erfindungsgabe fand H. immer wieder neue, den Gegner überraschende Wege, jede Chance zu nutzen. In der Schlacht siegte seine Taktik der geschickten Kombination aller Waffen. Nicht minder groß war H. als Staatsmann von weitschauendem Blick.
Biogr.: *Nepos. – JSeibert, H., 1993; ders., Forschungen zu H., 1993. KChrist, H., 1974 (WdF).

Hanno, Karthager. – 1. Seefahrer. Er unternahm um 510 (?) v. Chr. einen Versuch, *Afrika zu umschiffen. Dabei erreichte er über die Säulen des Herakles (Gibraltar) hinaus einen Punkt an der Westküste von Guinea auf ca. 10 Grad nördl. Breite. Der Expeditionsbericht ist in gr. Ü. erhalten.
T: TÜK: JGDemerliac-JMeirat, H. et l'empire punique, Paris 1983. Ü (engl.): JRamin, Oxford 1976. – OSeel, Antike Entdeckerfahrten, 1961.
2. H. d. Große, Hannibals politischer Gegner, das Haupt der Aristokratenpartei in Karthago.

Harmodios und Aristogeiton: *Tyrannenmörder.

Harpalos, Jugendfreund Alexanders d. Gr., den dieser zum Schatzmeister ernannte. Während Alexanders Abwesenheit in Indien praßte er in

Babylon und verschwendete Unsummen an die berühmtesten *Hetären, die er aus Athen kommen ließ. Als Alexander 324 plötzlich zurückkehrte, floh H. nach Athen mit 30 Schiffen, 6000 Söldnern und 5000 Talenten aus der Staatskasse. Er betrat die Stadt als Privatmann und bestach mit seinem Gelde die Beamten, so daß man ihn, als Alexander und der Vizekönig von Makedonien, Antipatros, die Auslieferung verlangten, entkommen ließ. Von den beschlagnahmten Geldern waren schließlich nur noch 350 Talente vorhanden. Es kam darüber zu einem Skandalprozeß, in dem auch *Demosthenes kompromittiert war. H. wurde in Kreta ermordet.
EBadian, in Journal of Hellenic Studies 81, 1961, 16-43. SJaschinski, Alexander und Griechenland unter dem Eindruck der Flucht des H., 1981 (Diss. Düsseldorf).

Harpyien (die Räuberinnen), vogelgestaltige Mädchen (ähnlich den *Sirenen), die als Dämonen Menschen entführten. Sie quälten den König Phineus, indem sie einen Teil seiner Speisen raubten, den Rest besudelten. Auf dem Argonautenzug kamen die Boreassöhne Kalais und Zetes vorüber und vertrieben ihm die Unholdinnen.
H.-Monument von *Xanthos (Kleinasien) aus dem Anfang des 5. Jh. v. Chr. im Brit. Mus.; Vasenbilder (chalkidische Phineusschale in Würzburg [*Chalkis]).

Haruspices: *Mantik.

Hasdrubal, Name führender Karthager. – 1. Schwiegersohn des *Hamilkar Barkas und 228-21 v. Chr. dessen Nachfolger in Spanien. Er gründete die Stadt Carthago nova und dehnte die karthagische Herrschaft bis zum Ebro aus, der in einem Vertrag mit Rom 226 vereinbarten Interessengrenze. Nach seinem Tod durch Meuchelmord übernahm Hannibal das Kommando. – 2. Hannibals Bruder, der 218 zur Sicherung Spaniens zurückblieb. Nach wechselvollen Kämpfen mit dem von zwei Scipionen, dem Vater und dem Onkel des späteren Siegers von Zama, geführten röm. Expeditionsheer vernichtete er dieses 211. Der erst 24jährige Sohn des gefallenen Scipio führte die röm. Waffen bald danach zum Sieg. H. ging nach Italien, um sich mit Hannibal zu vereinigen, wurde am Metaurus 207 völlig geschlagen und fiel.

Haus. Während die Paläste im alten Kreta eine Vielfalt von Räumen und Höfen zu einem Komplex vereinigten, brachten die einwandernden Griechen das sog. Megaronhaus mit, das einen großen Raum mit dem Herd als Mittelpunkt aufwies. Eine Eingangshalle konnte vorgebaut sein, unter dem Giebeldach ein Obergeschoß *(Hyperóon)*. In klassischer Zeit legte man einen Innenhof an, von dem aus die Räume zugänglich waren. Der Eingang bildete einen Winkel, so daß man nicht sofort ins Innere sah. Im sog. Pastashaus trennte eine Stützenhalle den Hof von den Hauptwohnräumen dahinter. In hellenistischer Zeit umgaben vornehmere Häuser den Hof mit einem *Peristyl, Fußböden wurden mit Mosaiken geschmückt. – Für Rom ist typisch das Atriumhaus. Den Hauptraum bildete die gedeckte Halle des Atriums. Sie empfing ihr Licht durch eine Dachöffnung über der Mitte; durch diese fiel der Regen

ins *Impluvium* in der Mitte des Bodens. Wer von der Straße ins Atrium trat, dessen Blick fiel auf das gerade gegenüber liegende Tablinum, den Hauptempfangsraum, und in den in gleicher Achse dahinter liegenden Garten. Für die weiter entwickelten Haustypen der Kaiserzeit bietet Pompeii die besten Beispiele.
EBrödner, Wohnen in der Antike, 1988.

Hebe, die Göttin der Jugendschönheit, Tochter des Zeus und der Hera. Sie schenkte den Göttern Nektar ein. Als Herakles in den Olymp aufgenommen wurde, erhielt er H. zur Gemahlin.

Hebros (Maritza), Hauptfluß Thrakiens.

Hegesias. – 1. H. Peisithanatos (der zum Selbstmord überredende), kyrenaischer Philosoph um 300 v. Chr. Er lehrte, daß die Empfindungslosigkeit nach dem Tode das Beste sei. – 2. H. von Magnesia, Rhetor und Geschichtsschreiber im 4./3. Jh. v. Chr., bekannt als Vertreter des schwulstigen Stils des *Asianismus.

Hegesippus. Unter diesem wohl aus Iosephus entstellten Namen geht die lat. Bearbeitung des *Jüdischen Kriegs* des *Iosephus.
T: Ussani, 1932-60 (Corp. Vindob. 66).

Hekabe (lat. *Hecuba*), die Gemahlin des Troerkönigs Priamos, Mutter von *Hektor, *Paris, *Polyxena. *Euripides zeigt sie in den *Troerinnen* in hoffnungsloser Trauer als Beute der siegreichen Griechen. In der Tragödie *H.* stellte er sie dar, wie sie nach Troias Fall von den Griechen als Sklavin mitgeführt wurde: In Thrakien traf sie den König Polymestor, dem ihr jüngster Sohn Polydoros zur Obhut anvertraut worden war. Er aber hatte ihn aus Gier nach seinen Schätzen ermordet. Sie lockte Polymestor in ihr Zelt, wo sie mit den Troerinnen die Kinder des Königs tötete, ihn selbst blendete. Nach der Sage wurde sie in einen Hund verwandelt; am Hellespont zeigte man ihr Grab auf dem Vorgebirge *Kynossema* (Hundsgrab).
Ü: *Euripides. FWerfel, *Die Troerinnen.*

Hekale: *Epyllion.

Hekataios von Milet, der bedeutendste *Logograph. Um 500 v. Chr. äußerte er in einer Beratung seine Bedenken gegen den Aufstand der Ionier und wies als weitgereister Mann auf die Machtquellen der Perser hin. Seine Hauptwerke waren die *Genealogien* (sagenhafte Stammbäume von Adelsgeschlechtern) und eine *Weltreise*, aus der Herodot viel wertvolles Material schöpfte.
T: Jacoby I (*Geschichtsschreibung). GNenci, Florenz 1954.

Hekate, karische Göttin. Ein in Hesiods *Theogonie* (411-452) eingeschobener alter Hymnos feiert sie als allmächtige Helferin. Sie war Titanin, Tochter des Perses. Als Göttin allen Spuks und Zaubers war sie sehr populär, oft identifiziert mit *Artemis, *Persephone (als chthonische Göttin), Enodia (der Göttin der Dreiwege) und der Mondgöttin. Sie trug

Fackeln, heulende Hunde kündeten ihr nächtliches Nahen. Man opferte ihr Hunde, und an den Dreiwegen setzte man Speisen aus, Totenmahle für die ruhelosen Geister.
ThKraus, H., 1960.

Hekatombe, ein Opfer von 100 Rindern.

Hekatompedon (100-Fuß) hieß einer der alten Tempel auf der *Akropolis von Athen. Der Name wurde später auf den Parthenon bzw. einen Teil von ihm übertragen.

Hekaton, Stoiker zur Zeit Ciceros, der ihn in seinem Werk *Über die Pflichten* öfter anführt.
HGomoll, Der stoische Philosoph H., 1933.

Hektor, der Hauptheld der Troer in Homers *Ilias*, Sohn des Priamos und der Hekabe, Gatte der Andromache, Vater des Astyanax. Sehr berühmt ist die Szene des Abschieds von Gattin und Söhnchen vor der Schlacht (6. Buch). Zeus verlieh ihm Sieg, so daß er Feuer in die gr. Schiffe werfen konnte. H.s Tod: *Achilleus.

Helena. – 1. Tochter des Zeus und der Leda, Schwester der Dioskuren und der Klytaimestra, Gemahlin des Menelaos, die schönste Frau. Eine Sage ließ sie aus einem Ei geboren werden. Ihre Entführung durch Paris (*Eris) wurde Anlaß des Troischen Krieges. Nach Troias Fall kehrte sie mit Menelaos nach Sparta zurück. Außer dieser homerischen gibt es eine attische Sage: Theseus habe sie geraubt und die Dioskuren hätten sie später befreit. Späteren Dichtern war sie das Urbild des schönen, treulosen und verführerischen Weibes, das viel Unheil verschuldet. Doch der Dichter Stesichoros soll, zur Strafe für den Tadel H.s erblindet, einen Widerruf *(Palinodia)* gedichtet und danach das Augenlicht wiedererlangt haben. In dem Gedicht stand, H. sei nach Aegypten versetzt worden und Paris habe nur ein Phantom nach Troia entführt. Diese Version von der ägyptischen H. benutzte Euripides in der Tragödie *H.*; sonst stellt dieser Dichter sie in ein ungünstiges Licht. Eine *Lobrede H.s* schrieb *Gorgias. In der Kunst wurde die schöne Frau sehr oft dargestellt: *Zeuxis. – H. im Volksglauben: *Dioskuren. Ein uralter Kult der H., besonders in der Gegend von Sparta, wo ihr eine Platane heilig war, läßt H. als eine Vegetationsgöttin der vorgr. Einwohner erkennen; die Raubsage rückt damit in die Nähe des Raubs der Persephone (*Demeter).
HHomeyer, Die spartanische H. und der Trojanische Krieg, 1977. JLindsay, Helen of Troy, London 1974. LLClader, Helen, Leiden 1976.
2. Die Mutter des Kaisers Constantinus. Als fromme Christin unternahm sie 330 eine Pilgerfahrt nach Jerusalem, die in der spektakulären Auffindung des Kreuzes Christi gipfelte.
JWDrijvers, H. Augusta, the mother of Constantine, Leiden 1992. WSteidle, Die Leichenrede des Ambrosius für Kaiser Theodosius und die H.-Legende, in Ausgew. Aufsätze, Amsterdam 1987, 441-459.

Heliaia, das athenische Volksgericht, mit zunehmender Beschränkung der Gerichtsbarkeit des Areopags allmählich zuständig für die meisten Kriminal- und alle Zivilsachen. Es bestand aus 6000 Geschworenen *(Heliasten)*. Aus jeder der 10 *Phylen wurden je 500 Richter und 100 Ersatzmänner ausgelost. Um auch den Ärmsten die Übernahme des Amts zu gestatten, führte Perikles ein Taggeld *(Heliastensold)* von 1 Obolos ein. In den Gerichtshöfen urteilten je 200 bis 500 Richter, vor denen der Ankläger und der Angeklagte nacheinander zu Worte kamen. In geheimer Abstimmung wurde zuerst über die Schuldfrage entschieden. Der Verurteilte hatte selbst das Strafmaß zu beantragen, worüber eine 2. Abstimmung stattfand. Berufung gegen diese Urteile gab es nicht. Zu Gericht zu sitzen wurde für viele Athener eine wahre Sucht, die *Aristophanes in den *Wespen* geißelte. Andererseits waren die Laienrichter immer geneigt, dem ihre Stimme zu geben, der ihnen durch Schmeichelei oder Redegewandtheit Eindruck machte oder ihr Mitleid zu rühren verstand.
OSchulthess, Das attische Volksgericht (Rektoratsrede), Bern 1921. Lipsius, Das attische Recht, 1915. Hommel, H., 1927.

Helikon, Gebirge in Boiotien, den Musen heilig (*Hippukrene).
Wilamowitz, Der Berg der Musen, Reden u. Vortr. 1, 1925.

Heliodoros aus Emesa schrieb im 3. Jh. n. Chr. den meistgelesenen antiken Roman *Aithiopikā* in 10 Büchern.
T: AColonna, Rom 1938. TÜ (franz.): Rattenbury-Lumb-Maillon, 2. A. 1960 (Budé). Ü: RReymer, 1990 (dtv).

Heliopolis (Baalbek), Stadt am Libanon, seit augusteischer Zeit dem Gebiet der Kolonie *Berytos zugehörig, neben Palmyra die imposanteste Ruinenstadt des Orients. Das Hauptgebäude ist der riesige, im 3. Jh. n. Chr. vollendete Tempel des Stadtgottes Baal-Helios, der als Iuppiter verehrt wurde. Besonders gut erhalten der sog. Bacchustempel und ein Rundtempel.
ThWiegand, Baalbek, 1921-5. NJidejian, Baalbek – H., City of the sun, Beirut 1975. FRagette, Baalbek, 1994.

Helios (lat. *Sol*) der Sonnengott, Sohn des Hyperion (Homer gibt ihm Hyperion als Beinamen), Bruder der Selene und Eos. Auf der Insel Thrinakia weideten seine Rinder. Die nachhomerischen Dichter ließen ihn vom Ostmeer durch den Himmel zum Westmeer fahren mit Wagen und Rossen (*Phaëthon). Der allsehende H. wurde bei Eiden als Zeuge angerufen. Die Himmelskörper waren den alten Griechen keine Götter des Kultus; nur auf Rhodos (*Chares) gab es einen wichtigen Sonnenkult ungr. Ursprungs. Erst die Philosophie des 5. Jh. rief eine wirkliche kosmische Religion hervor. H. verschmolz mit Apollon. Dagegen war im Orient der Sonnen- und Himmelsgott Baal der höchste Gott. Mit dem Überwuchern der orientalischen Religionen wurde auch in der röm. Welt der Sonnengott *Sol Invictus* mächtig, der manche Züge von dem persischen Lichtgott *Mithras entlehnte und oft mit ihm identifiziert wurde (*Elagabal, *Aurelianus).

Hellanikos von Mytilene sammelte zur Zeit des Peloponnes. Krieges die gr. Sagengeschichte und ordnete sie nach Geschlechtern und Landschaften. Ihm fehlte der historische Wahrheitssinn des Herodot und Thukydides; der letztere tadelt seine Ungenauigkeit.
T: FJacoby I Nr. 4 und III BC Nr. 323a (*Geschichtsschreibung).

Hellen, Sohn *Deukalions, der mythische Stammvater der Hellenen, wie sich alle Griechen nennen. Seine Söhne Aiolos, Doros und Xuthos (Vater des Ion) waren die Ahnherren der gr. Stämme der Äolier, Dorier und Ionier.

Hellenismus, ein von Droysen geprägter Ausdruck für die Zeit von Alexander d. Gr. bis Christi Geburt. (Droysen schloß auch noch den Synkretismus der Kaiserzeit mit ein.) Alexander hatte den Völkern des Ostens die gr. Kultur gebracht, zu deren Trägern weiterhin die Monarchien der *Diadochen wurden. So verlor das Griechentum seinen nationalen Charakter. Die Vielfalt der *Dialekte wurde durch eine einheitliche gr. Weltsprache *(Koiné)* ersetzt. Die Philosophie lehrte das Weltbürgertum des gebildeten Menschen: *Diogenes (2) schuf das Schlagwort *Kosmopolit*. Die fremden Götter des Orients wurden mit den Namen der alten gr. genannt, bewahrten aber ihre ungr. Wesenszüge (*Synkretismus). Kunst und Wissenschaft, die im klassischen Athen Sache des Volkes gewesen waren, gediehen nun an den Höfen reicher Fürsten, besonders in *Alexandreia und *Pergamon (*Bibliothek, *Museion, *Kallimachos). Auch die Technik erlebte einen beispiellosen Aufschwung. Überall in den Diadochenreichen mit nichtgr. Bevölkerung siegte der gr. Geist. Werke gr. Plastik und Inschriften in gr. Sprache finden sich im ganzen Orient; in den gr. angelegten Städten (*Dura-Europos, *Heliopolis) entwickelte sich eine sehr eigenartige Mischkultur. Die gr. Kultur, welche Rom übernahm, war die des H.; erst die Zeit der ausgehenden Republik und des Augustus fand den Zugang zur gr. Klassik. *Architektur. *Malerei. *Plastik.
Quellen: Ü: MMAustin, The hellenistic world from Alexander to the Roman conquest, Cambridge 1981. T (Dichterfrg.): HLloyd-Jones, Supplementum Hellenisticum, 1983. – JGDroysen, Geschichte des H., 1836. HJGehrke, Geschichte des H., 1990. FWWalbank, Die hellenistische Welt, 3. A. 1989. HBengtson, Die hellenistische Weltkultur, 1988. UvWilamowitz, Hellenistische Dichtung, 1924. KZiegler, Das hellenistische Epos, 2. A. 1966. MRostovtzeff, Gesellschafts- und Wirtschaftsgeschichte der hellenistischen Welt, 1955-56 (3 Bde). WWTarn, Die Kultur der hellenistischen Welt, 1966. CSchneider, Kulturgesch. des H., 1967-69. *Alexandria. HHSchmitt-EVogt (Hg.), Kleines Lexikon des H., 2. A. 1993.

Helles pontos, die Meerenge zwischen dem Ägäischen und dem Marmarameer, so genannt, weil nach der Sage Helle, die Schwester des *Phrixos, dort ertrunken war.

Heloten, die von den Spartiaten unterworfenen Ureinwohner von Lakonien. Sie waren Leibeigene des Staates *Sparta und mußten die Hälfte vom Ertrag des von ihnen bebauten Landes dem Herrn abliefern, dem sie zugeteilt waren. Im Heer dienten sie als Leichtbewaffnete und auf der Flotte. Ihr Los war elend, und mehrmals trieb sie die Verzweiflung zu Aufständen.

Helvetier, keltisches Volk, das im 2. Jh. v. Chr. in Süddeutschland wohnte. Der mächtigste Stamm waren die Tiguriner. Als um 113 v. Chr. die *Kimbern mit römischer Beute beladen donauaufwärts bei ihnen durchzogen, wurde auch in ihnen die Raublust wach. So zogen die Tiguriner, geführt von dem jungen Divico, ebenfalls nach Gallien und schlugen 107 das Heer des Consuls L. Cassius Longinus an der mittleren Garonne (C. F. Meyers bekanntes Gedicht *Das Joch am Leman* lokalisiert die Schlacht nicht historisch richtig). Die Römer kapitulierten nach dem Tod des Consuls und wurden unter dem Joch durchgeschickt. Während die Kimbern und Teutonen nach Italien einbrachen, sicherten die Tiguriner rückwärts die Pässe der Julischen Alpen und entgingen so der Vernichtung. Sie siedelten sich darauf im schweizerischen Mittelland an. Noch waren sie hier nicht recht heimisch geworden, als 58 das ganze Volk den Entschluß faßte, nach Gallien auszuwandern. Dort trat ihnen Iulius Caesar entgegen. Nach ergebnislosen Verhandlungen mit Divico schlug er sie bei *Bibracte und zwang die durch schwerste Verluste Geschwächten zur Rückkehr. Auch nach der Niederlage blieben die Tiguriner der führende Stamm der H.; ihre Stadt **Aventicum* war die Hauptstadt. Die älteste röm. Kolonie auf helvetischem Boden (aber rechtlich exterritorial) war die *Colonia Iulia Equestris*, mit einheimischem Namen **Noviodunum* (Nyon). Im Norden waren die wichtigsten Orte **Vindonissa, Aquae* (Baden) und **Turicum*. Verwaltungsmäßig angeschlossen war das Gebiet der Rauriker am Rhein mit dem Hauptort **Augusta Raurica*. (Dagegen gehörte das Wallis *[*Octodurus]*, Tessin und Graubünden *[*Raetia]* nicht zum H.-land.) Die besten Zeiten hatten die H., als unter den flavischen Kaisern die Nordgrenze vom Rhein nach der Donau-Main-Linie vorverlegt wurde und um 100 n. Chr. die Legionen abzogen. 259/60 brachen die *Alemannen ein und hausten fürchterlich. Die Rheingrenze wurde unter Diocletian stabilisiert, und in ganz Helvetien entstanden befestigte Plätze und Garnisonen. Nach einer langen Zeit wiederholter Alemanneneinfälle mußte man im 5. Jh. das Land endgültig im Norden den Alemannen, im Süden und Westen den Burgunden überlassen.
Quellen (TÜ): Howald-Meyer, Röm. Schweiz, Zürich 1941. EMeyer, Die Schweiz im Altertum, 2. A. 1984. WDrack-RFellmann, Die Römer in der Schweiz, 1988; dies., Die Schweiz zur Römerzeit, 1991. Laufende Berichte über Ausgrabungen: Anzeiger f. schweiz. Altertumskunde; seit 1939 Zeitschr. f. schweiz. Archaeologie. Jahrbuch d. Schweiz. Ges. f. Urgeschichte.

Hephaistion. – 1. Reitergeneral Alexanders d. Gr. und dessen bester Freund. Er starb 324 v. Chr. und wurde durch ein königliches Begräbnis und Vergottung geehrt.
Berve (*Diadochen).
2. Alexandrinischer Metriker, 2. Jh. n. Chr., unsere Hauptquelle für die Kenntnis der antiken Verslehre.
T: MConsbruch, 1906 (Tb). ÜK: JMvanOphuijsen, Leiden 1987.

Hephaistos (lat. **Vulcanus*), der Gott des Feuers, der Schmiede und Handwerker. Er hinkte an beiden Beinen; die Ursache gibt Homer in zwei Sagen verschieden an. Nach der ersten (*Ilias* 1, 590ff.) schleuderte ihn sein Vater Zeus auf die Insel Lemnos hinab, weil er der Mutter Hera gegen ihn beistehen wollte. Nach der andern (*Ilias* 18, 394ff.) warf ihn, weil er lahm geboren wurde, Hera selbst aus dem Olymp. Doch nahmen sich die Nereiden *Thetis und Eurynome seiner an. H. war ein kleinasiat. Gott und wurde besonders an der Stätte eines früh erloschenen Erdfeuers in Lemnos verehrt. Später dachte man sich seine Werkstatt unter Vulkanen (z. B. Aetna). Dort schuf er herrliche Waffen, Schmuck und andere Kunstwerke für Götter und Helden (Waffen des *Achilleus), sogar goldene Mädchen zu seiner Bedienung. Der Künstler so schöner Dinge bekam auch die schönste Göttin, Charis oder *Aphrodite, zur Frau, trotz seiner Mißgestalt. In Athen ehrten ihn die Handwerker neben Athene als ihren Schutzpatron; den beiden gehört der fälschlich Theseion genannte besterhaltene Tempel Athens, dessen Kultbild *Alkamenes geschaffen hat.

Hera, Schwester und Gemahlin des Zeus, die alte Landesgöttin von *Argos. Sie war vor allem Ehegattin und Schützerin der Ehe. Das Bild der eifersüchtigen Ehefrau, das schon das homerische Epos in für spätere Zeiten gültiger Weise ausmalte, spiegelt die Verhältnisse der gr. Ritterzeit, wo der Mann frei mit Nebenfrauen umging. Vor der Hochzeit opferte man der *H. Teleía* und dem *Zeus Téleios;* die Hochzeitsbräuche insgesamt waren ihr heilig. Dem Brautbad entsprechend reinigte man auch das Kultbild der H., wie an mehreren Stätten überliefert wird, alle Jahre durch ein Bad. Der H. heilig waren die Kuh, das vornehmste Opfertier, und der Pfau. Der größte H.-tempel *(Heraion)* lag auf Samos; auch in Olympia gehörte ihr der älteste Tempel. Im *Heraion* von Argos (amerikan. Ausgrabungen) stand die *chryselephantine H.-statue des Polykleitos; die Priesterin, nach der das Jahr hieß, fuhr am Fest in einem mit Kühen bespannten Wagen zum Heiligtum (*Kleobis). Die Römer identifizierten H. mit ihrer *Iuno.
Bildliche Darstellungen: Zeus und H. auf Metope vom H.-Tempel (E) in Selinus. Ob der früharchaische Kopf in Olympia, in dem man das Kultbild des H.-Tempels vermutet hat, sowie die sog. H. Borghese (Kopenhagen, nach Original des 5. Jh.) tatsächlich H. darstellen, ist nicht sicher. *Antonia (2). Bekannte Heiligtümer: *Argos. *Samos. *Kroton. *Silarismündung.
WPötscher, H., 1987. PhESlater, The glory of H., Princeton 1992. – Götterbild: ESimon (*Religion).

Herakleia, Name mehrerer gr. Städte, u. a.: 1. H. am Latmos bei Milet mit gut erhaltener hellenistischer Befestigung.
FKrischen, Die Befestigungen von H. a. L., 1922 (Milet 3,2).
2. H. Minoa in Sizilien, Kolonie von Selinus.
Ausgrabungen: EdeMiro, L'antiquarium e la zona archeologica di Eraclea Minoa, 1965 (Führer).
3. H. am Pontos, Kolonie von Megara, Stützpunkt des Schwarzmeerhandels. Durch die Höhlen der nahegelegenen Acheron-Schlucht soll Herakles (12. Abenteuer) in die Unterwelt abgestiegen sein.

SMBurstein, Outpost of Hellenism, the emergence of H. and the Black Sea, 1976 (Diss. Berkeley).
4. H. am Fluß Siris in Süditalien, Tochterstadt von Tarent. Hier errang Pyrrhos im J. 280 seinen ersten Sieg über die Römer.
DAdamesteanu, La Basilicata antica, Cava dei Tirreni 1974.

Herakleides. – 1. H. Pontikos kam von Herakleia am Pontos nach Athen, um Platon zu hören. Er war auch Schüler von Speusippos und Aristoteles und stand den Pythagoreern nahe. Seine fesselnd geschriebenen philosophischen Dialoge nahmen sich noch Cicero und der junge Plutarch zum Vorbild der Darstellung.
TK (Frg.): Wehrli, 1969 (Schule des Aristoteles 7). – HBGottschalk, H. of Pontus, Oxford 1981.
2. H. Kritikos verfaßte ein kleines Handbuch für Touristen, wahrscheinlich gegen Ende des 3. Jh. n. Chr.
TK: FPfister, Die Reisebilder des H., Sitzungsber. Wien 277, 2, 1951.
3. H. von Tarent, Arzt im 1. Jh. v. Chr., ging von der Lehre des *Herophilos zur Schule der Empiriker über. Er schrieb *Gegen die Pulslehre des Herophilos,* mehrere in der Folgezeit vielbenutzte pharmazeutische Werke, ein *Symposion* über Diätfragen, das für *Athenaios Vorbild und auf weite Strecken Quelle der *Deipnosophistaí* geworden ist, therapeutische Schriften über innere und äußere Krankheiten und K. zu allen hippokratischen Schriften. Aus seinem Werk *Über die empirische Schule* stellte Galenos einen Auszug in 5 Büchern her.
T (Frg.): Deichgräber, Die gr. Empirikerschule, 1930. – HESigerist, Die großen Ärzte, 4. A. 1959.

Herakleitos von Ephesos, Philosoph zu Ende des 6. Jh. v. Chr., aus königlichem Geschlecht. Sein Werk war, soweit wir aus den Frg. urteilen können, aphorismatisch in Sätzen von knappster und höchst eigenwilliger Prägung, so daß ihn schon das Altertum «den Dunklen» nannte. Platon umschrieb H.s Lehre kurz: «Alles fließt.» – H. selbst hatte den Kreislauf des ewigen Werdens, in dem das Leben des einen des andern Tod bedeutet, unter dem Bilde veranschaulicht: «Den in dieselben Flüsse Steigenden strömt immer anderes Wasser zu.» Das ewiglebende Weltfeuer, in welchem der *Lógos* als Einheit des Entgegengesetzten wirkt, schlägt um in den vielfältigen sichtbaren Kosmos, und dieser verwandelt sich wiederum zurück in das Feuer. Innerhalb der in Gegensätze zerfallenen Welt herrscht Kampf der Dinge miteinander «Der Krieg ist der Vater aller Dinge.» H. war als Ethiker Individualist und Aristokrat. Glauben an Autoritäten wie Homer, Hesiod, Pythagoras lehnte er ebenso schroff ab wie die Gleichmacherei der Volksmasse, die keinen wertvollen Mann unter sich dulden will. Er wirkte tief auf die späteren Zeiten: Die Sophisten machten sich seinen Subjektivismus zu eigen; vor allem aber nahm die *Stoa viele von H.s Gedanken auf (Weltfeuer = Weltvernunft, Logos; den Grundsatz: Gemäß der Natur handeln).
TÜ: Vorsokr. I. BSnell, 1989 (Tusc.). TÜK: MConche, 2. A. Paris 1987. ThMRobinson, Toronto 1987. – Gigon, Ursprung der gr. Philosophie, 1945. HFränkel, Dichtung und Philosophie des frühen Griechentums,

1969. PDMoser, Heraklits Kampf ums Recht, 1993. – Bildnis: Schefold (Statue im Museum von Iraklion, Kreta).

Herakles (lat. *Hercules*), Sohn des Zeus und der Alkmene, der Gattin des *Amphitryon. Hera haßte den Sohn der Nebenbuhlerin und sandte zwei Schlangen gegen ihn aus. Doch der Säugling, schon in diesem Alter sehr stark, erwürgte die beiden Untiere (sehr hübsche Schilderung bei *Theokrit 24). Erwachsen mußte H. seinem Vetter Eurystheus, dem König von Mykenai, dienen, der ihm 12 Arbeiten auftrug: 1. Kampf mit dem Löwen von Nemea. H. erschlug ihn mit der Keule und trug fortan das Fell als Gewand. 2. Tötung der Hydra von Lerna, einer Wasserschlange mit 9 Köpfen. Schlug man einen ab, so wuchsen deren zwei nach. 3. Einfangen der windschnellen Hirschkuh von Keryneia. 4. Fangen des wilden Ebers vom *Erymanthosgebirge. 5. Verscheuchen der menschenfressenden Vögel am Sumpf von *Stymphalos. 6. Reinigung des Stalles des Königs Augeias in Elis. Der Mist mußte aller an einem Tage weggeschafft werden. 7. Fangen des feuerschnaubenden Stiers auf Kreta. 8. Die menschenfressenden Rosse des Thrakerkönigs Diomedes nach Mykenai zu bringen. 9. Den Gürtel der Amazonenkönigin herbeizuschaffen. 10. Raub der Rinder des dreileibigen Riesen Geryones, der auf einer Insel am Westrand der Welt wohnte. Unterwegs bestand H. viele Kämpfe, z. B. mit *Antaios, *Buseiris, *Cacus. 11. Herbeiholen der goldenen Äpfel der Hesperiden aus dem Göttergarten am Westrand der Welt. *Atlas half H. dazu. 12. Den Kerberos aus der Unterwelt heraufzuholen. Außer diesem Kreis der 12 Arbeiten *(Dodekáthlos)* werden unzählige H.-abenteuer erzählt. Er mußte ein Jahr in Weiberkleidung spinnen und Magddienst tun bei der Königin Omphale, befreite *Prometheus und *Alkestis, zerstörte Troia (*Laomedon) und fuhr mit den Argonauten (*Hylas). In Theben war er mit *Megara verheiratet, erschlug aber in einem von Hera gesandten Wahnsinnsanfall Frau und Kinder (Tragödien des *Euripides und des *Seneca). Im Zweikampf mit *Acheloos errang er Deianeira zur Gattin. Als der Kentaur Nessos dieser zu nahe trat, erschoß ihn H. mit einem seiner im giftigen Blute der Hydra getränkten Pfeile. Der sterbende Nessos riet Deianeira trügerisch, das Blut aus der Wunde zu sammeln; es sei ein Zaubermittel, einst die Liebe ihres Gatten zurückzugewinnen. Als nun H. nach der Eroberung von Oichalia die schöne Iole mitbrachte, sandte Deianeira ihm ein mit dem Blut bestrichenes Hemd. Kaum hatte H. es angezogen, da fraß es sich brennend in die Haut ein. Um seine unsäglichen Qualen zu beenden, ließ er auf dem Berg Oita einen Scheiterhaufen errichten und sich verbrennen. Für diesen letzten Dienst schenkte er *Philoktetes seinen Bogen (Tragödien: Sophokles, *Trachinierinnen*. Seneca, *Hercules Oetaeus*). Nach dem Tode wurde H. in den Olymp aufgenommen und mit *Hebe vermählt. – Die alte Zeit kennt noch keinen festen Zyklus der H.-taten. In der bildenden Kunst ist der erste nachweisbare Zyklus derjenige vom Zeustempel in *Olympia aus dem 5. Jh. Es ist der später allgemein übliche, oben beschriebene *Dodekathlos*. Von den Nachkommen des H., den Herakleiden, leiteten die Könige der *Dorier, der Makedonen (Alexander d. Gr.) und der Lyder ihren Stammbaum her. H. wurde als Nothelfer viel verehrt; zahlreiche Städte hießen nach ihm *Herakleia*.

Auch in Rom hatte er einen sehr alten Altar *(Ara Maxima)*. Ein sehr wichtiger Gott wurde er bei den romanisierten Kelten und Germanen, die in H. ihre einheimischen Götter (die Germanen Donar) anbeteten. In Satyrspiel und Komödie war H. der typische Vielfraß, strotzend von physischer Kraft. Dagegen erhoben ihn die Philosophen zum Urbild des Menschen, der durch Arbeit und Ausdauer den Sinn des Lebens erfüllt und sich dadurch die Göttlichkeit verdient (*Prodikos.*Kyniker).
Statuen und Bilder (Vasen) sind sehr zahlreich (*Lysippos, *Skopas). H. trägt meist Löwenfell und Keule als Attribute. – Säulen des H.: *Abile. – Wilamowitz, Glaube der Hellenen II 19ff. (*Religion). PDevambez-RFlacelière, Héraclès, 1966. GKGalinsky, The H. Theme, 1972. FBrommer, H., 1953-84. KSchefold, Die Urkönige: Perseus, Bellerophon, H. und Theseus in der klassischen und hellenistischen Kunst, 1988.

Herculáneum, campanische Kleinstadt am Vesuv, wurde mit Pompeii 79 n. Chr. verschüttet. Doch während über Pompeii nur Bimsstein und Asche fielen, wälzte sich über H. ein gewaltiger Schlammstrom, begrub die Stadt bis 30 m tief und erhärtete nachher zu Tuff. So konnten in Pompeii die Überlebenden viele Kostbarkeiten bergen, H. dagegen blieb unzugänglich und birgt viel vollständigere Funde; doch stellen sich auch der Ausgrabung größere Schwierigkeiten entgegen. In einer *Villa suburbana* (Casa dei Papiri) entdeckte man eine ganze Bibliothek von 1860 Papyrusrollen; sie enthält hauptsächlich Schriften des epikureischen Philosophen *Philodemos.
AMaiuri, Ercolano, 1959 (Itinerari dei musei 53); ders., Ercolano, I nuovi scavi (1927-58), 1958ff. Horn, H. (in Antike 14, 1938, 355ff.). VCatalano, Storia di E., 1953. EKusch, H., 1960. A. und MdeVos, Pompei, Ercolano, Stabie. Roma 1982 (Führer). ThKraus-LvMatt, Pompei und H., 1973. – MGigante, Die herkulanesischen Papyri heute, Neapel 1982.

Hercynia silva, Waldgebirge in Mitteldeutschland.

Herennius. Einem H. ist ein Lehrbuch der Rhetorik gewidmet, etwa 85 v. Chr. von einem Unbekannten verfaßt. Es ist unter den Werken Ciceros überliefert.
T: Marx, 1923 (Nachdr. 1964, Tb). TÜK: GCalboli, 1969. TÜ: ThNüßlein, 1994 (Tusc.). Caplan (Loeb L.). GAchard, 1989 (Budé).

Hermagoras, gr. Rhetor, 2. Jh. v. Chr., stellte das für die *Rhetorik maßgebende System der vier Fragestellungen (gr. *staseis*, lat. *status*) auf, nach denen der Gerichtsredner einen Fall zu behandeln habe: 1. ob es sei (Tatfrage), 2. was es sei (Definition), 3. wie es sei (Qualifikation), 4. ob die Prozeßform berechtigt sei (Formfrage).
T: DMatthes, 1962 (Tb). – Ders., H. von Temnos, in Lustrum 3, 1958 (1959), S. 58-214. LCalboli Montefusco, La dottrina degli status nella retorica greca e romana, 1986.

Hermaphroditos, zweigeschlechtiges, mannweibliches göttliches Wesen. Seit Ende des 4. Jh. v. Chr. wurden H. in Athen verehrt; sie kamen aus dem Orient (Kypros). Eine junge Sage machte H. zum Sohn des Hermes und der Aphrodite, mit dem sich die Quellnymphe Salmacis aus

Liebe zu einem einzigen Körper verbunden habe (Ovid, *Metamorphosen* 4, 285-388).
Skulptur: Schlafender H. im Thermenmuseum (Rom) nach späthellenistischem Original. – Fuchs (*Plastik) Abb. 358. – Delcourt, Hermaphrodite, 1958.

Hermarchos von Mytilene, Schüler *Epikurs und sein Nachfolger in der Leitung der Schule.
TÜK: FLongo Auricchio, Ermarco, Napoli 1988.

Hermas. Ein sehr verbreitetes, auch ins Lat. übersetztes christliches Erbauungsbuch aus dem 2. Jh., der *Hirte des H.*, berichtet die Deutungen der Visionen, die Gebote und Gleichnisse, die ein Engel in Hirtengestalt dem H. offenbarte.
T: MWhittaker, 1967 (Gr. chr. Schr.). TÜ (franz.): Joly, 1968 (S.chrét.). ÜK: Dibelius (Lietzmanns Handbuch zum NT, Erg.-bd. 4, 1923). NBrox, 1991.

Hermen. In den dem Gott *Hermes heiligen Steinhaufen, die als Wegmarkierungen dienten, pflegte in der Mitte ein Pfeiler zu stehen, der den Gott symbolisierte. Man stattete ihn aus, indem man einen Bildniskopf daraufsetzte und am Stock das Fruchtbarkeitszeichen des *Phallos anbrachte. Da Hermes Schützer der Wege war, stellte man auch in den Städten an den Straßen und vor den Hauseingängen Steinpfeiler mit Hermesbüsten auf. *Alkamenes. Sie wurden hochheilig gehalten; ihre Verstümmelung in Athen in der Nacht vor der Ausfahrt der Flotte nach Sizilien (415 v. Chr.) erregte das Volk ungeheuer. In einem großen Staatsprozeß wurden viele Todes- und Verbannungsurteile gefällt (*Alkibiades); die wirklich Schuldigen sind nie bekanntgeworden. Es gab auch H.-Pfeiler mit Köpfen anderer Gottheiten, insbesondere von Fruchtbarkeitsgöttern. Bei den Römern kamen H. mit *Portraitköpfen in Gebrauch. Dabei stellte man auch zwei Köpfe in Doppel-H. zusammen; die Hinterköpfe gingen ineinander über, so daß beidseitig ein Gesicht stand. So vereinigte man z. B. Sokrates und Seneca, Herodot und Thukydides.
RLullies, Die Typen der gr. H., 1931. HWrede, Die antike Herme, 1986.

Hermes (röm. *Mercurius), arkadischer Gott, der in den Steinhaufen verehrt wurde, die in Griechenland zahlreich als Markierungen an den Wegen lagen. Er war: – 1. Gott der Herden. Die gr. Kunst stellte ihn oft mit einem Widder auf den Schultern dar. Der Hirtengott *Pan galt als sein Sohn. – 2. Da die Hirten auch mit List ihre Herden zu mehren suchten, war H. Gott des Betrugs und Patron der Diebe. Er selber stahl dem Apollon seine Rinderherde. Durch seine Schlauheit erfand H., der Gott des glücklichen Gelingens, das Feuerreiben, die Leier und die Syrinx. Den Rednern war er der Gott der klugen Überredungskunst. Was einem ein glücklicher Zufall bescherte, nannte man eine H.-Gabe *(Hérmaion)*. – 3. Die Steinhaufen des H. (*Hermen) dienten den Wanderern als Wegweiser. Die Reisenden standen unter seinem Schutz, er hütete die Wege. So wurde H. Gott des Handels und selbst Bote der Götter mit Flügelschuhen und Reisehut. – 4. Die Steinhaufen waren

meist Grabhügel. H. trat so in Beziehung zu den Toten. Der chthonische H. war der Mittler zwischen Ober- und Unterwelt, er geleitete die Seelen der Verstorbenen ins Totenreich. – 5. Der Stab, den H. trug, war urspr. ein Zauberstab, der Reichtum schenkt. Mit ihm schläferte H. die Menschen ein und sandte Träume. Seit dem 6. Jh. v. Chr. wurde dieser Stab zum Heroldsstab *(Kerýkeion, lat. caduceus)*, stilisiert in der verschlungenen Form einer 8, aus der dann zwei sich windende Schlangen wurden. – 6. In ältester Zeit wurde H. als bärtiger Mann dargestellt, später dachte man sich den flinken Boten jugendlich. H. wurde Schutzgott der Jugend in den Palästren und Gymnasien. – 7. Unter Einfluß der Angleichung an den ägyptischen *Thot wurde der Zauberer H. in nachchristl. Zeit in gnostischen Spekulationen (*Gnosis) zum Weltgeist *(Nus, Logos)*. Die philosophisch-religiöse, okkulte Lehre dieses *H. Trismégistos* (der dreimal Größte) ist überliefert in den sog. hermetischen Schriften.
TÜ (engl.): WScott, Hermetica (4 Bde), 1925-36. TÜK: ADNock-AJFestugière, Corpus Hermeticum, 1945-54 (Budé). – AJFestugière, La révélation d'Hermès Trismégiste, Paris 1950-54.
Der Mythos machte H. zum Sohn des Zeus und der Maia, die ihn auf dem arkadischen Berg Kyllene gebar. Die ersten Spitzbübereien des Neugeborenen (Rinderdiebstahl; Erfindung der Leier, die er dem bestohlenen Apoll zur Aussöhnung schenkte) schildert sehr humorvoll der homerische **Hymnos auf H.*
Statuen: H. Ludovisi im Thermenmuseum (Rom) nach einem Original des 5. Jh. v. Chr., H. des *Praxiteles in Olympia. Bronzestatue aus Herculaneum in Neapel in Anlehnung an Lysipp: Der eilige Götterbote hat sich einen Augenblick zur Rast gesetzt. *Hermen. *Alkamenes. – HHerter, H., in Rhein. Museum 119, 1976, 193-241. PZanker, Wandel der H.-gestalt in der att. Vasenmalerei, 1965. Simon (*Religion). – KKerényi, H., der Seelenführer, 1944.

Hermesianax, alexandrinischer Elegiendichter um 300 v. Chr.
T (Frg.): Diehl II (*Lyrik).

Hermione. In der Tragödie **Andromache* stellt Euripides H., die herzlos stolze Tochter des durch den Sieg über Troia reich gewordenen Parvenü Menelaos und der Helena, in eine Intrigenhandlung hinein.

Hermogenes. – 1. Hellenistischer Architekt, auf den sich Vitruv öfter beruft. Sein Hauptwerk ist der ionische Tempel der Artemis Leukophryene in *Magnesia (1), den er in der Form des Pseudodipteros baute, die nach Vitruv von ihm erfunden sein soll: Von den 2 Säulenreihen des Dipteros (*Architektur) ließ er die innere fort, so daß ein breiter Umgang entstand.
WHoepfner, H. und die hochhellenistische Architektur, 1990 (Kolloquium Berlin 1988).
2. H. v. Tarsos schrieb gegen Ende des 2. Jh. n. Chr. im Anschluß an *Hermagoras seine Werke, die zu den meistbenutzten Schulbüchern des *Rhetorikunterrichts wurden.

T: HRabe, 1913 (Tb). Ü (engl.): CWWooten, 1987. – MPatillon, La théorie du discours chez H., Paris 1988.
3. Gnostiker (*Gnosis) um 180 n. Chr. in Karthago. Er lehrte die Praeexistenz der Materie und leugnete, daß Gott die Welt aus dem Nichts geschaffen habe. Erhalten ist eine Kampfschrift des *Tertullianus *Gegen H.*
T: JHWaszink, 1956. Ü (engl.): Waszink, 1956 (ACW 24).

Hero und **Leandros**, Hauptgestalten eines Kleinepos des spätgr. Dichters Musaios (Ende 5. Jh. n. Chr.?). L., ein Jüngling aus Abydos am Hellespont, liebte die Aphroditepriesterin H. in der Stadt Sestos am gegenüberliegenden Ufer. Er schwamm jede Nacht zu ihr; ein von H. aufgestelltes Lämpchen wies ihm den Weg. Doch einst löschte der Sturm das Licht und L. ertrank; H. stürzte sich vom Turm. Die Liebesgeschichte geht auf einen hellenistischen Dichter zurück und geht vom 3. Jh. v. Chr. an in Literatur und Kunst ein. Ovid, *Heroides* 17/8.
T: HLivrea-Eleuteri, 1982 (Tb). TÜK: KKost, 1971. TÜ: HFärber, 1961 (Tusc.). Ü: Chr. v. Stolberg, 1959 (Goldmann TB).

Herodas von Kos dichtete um 250 v. Chr. *Mimiamben*, d. h. in Hinkiamben geschriebene naturalistische Alltagsszenen in Dialogform (*Mimos) zur Rezitation. 1891 wurden einige Stücke in einem Papyros entdeckt. Sie geben einen frischen, überaus lebendigen Einblick in das Leben der kleinen Leute.
T: ICunningham, 1987 (Tb). TÜ: Crusius-Herzog, 1926. WHeadlam, 1922 (Nachdr. 1966, mit K).

Herodes. – 1. H. der Große, Sohn des von Rom zum Procurator von Iudaea eingesetzten Antipatros, machte sich 37 v. Chr. unter dem Schutz des Antonius zum König der Juden (*Ierusalem).
Steward Perowne, H. d. Gr., Stuttgart 1957. GPrause, H. d. Gr., die Korrektur einer Legende, 1992 (dtv).
2. Sein Nachfolger H. Antipas herrschte 4 v. Chr. bis 39 n. Chr. Dann verbannte ihn Caligula nach Lyon, um seinen Günstling H. Iulius Agrippa I. zum König einzusetzen.
DRSchwartz, Agrippa I, the last king of Judaea, 1990.
3. Der Sohn des letzteren, Iulius Agrippa II., der den Namen H. nicht mehr führte, befand sich als Römerfreund mit seiner Schwester *Berenike (4) im Gefolge des Titus während dessen Krieg gegen die Juden.
Steward Perowne, Herodier, Römer und Juden, 1958.
4. T. Claudius H. Atticus, 101-178 n. Chr., sehr reicher Athener, hochberühmt als *attizistischer Redner und Sophist, cos. 143, befreundet mit dem Kaiser Marcus Aurelius. Seinen Reichtum verwendete er, die gr. Städte mit Bauten zu schmücken (*Odeion und Erneuerung des panathenäischen Stadions in Athen. Nymphaeum in Olympia).
HLemp, H.A., Bauherr und Mäzen, 1980 (dtv). WAmeling, H.A., 1982-83 (Diss. Köln). – Portrait: Schefold.

Herodianos. – 1. Aelius H., Sohn des *Apollonios Dyskolos, wie dieser ein berühmter Grammatiker. Hauptwerk: Die dem Kaiser Marcus Aurelius gewidmete *Allgemeine Prosodie* (Betonungslehre), aus der wir Aus-

züge besitzen. Erhalten ist ein Büchlein über unregelmäßige Wörter. Ein attizistisches Lexikon *Philetairos* geht fälschlich unter seinem Namen.
T: Lehrs, 1848. Lentz, 1867-70. *Philetairos:* ADain, 1954.
2. Gr. Geschichtsschreiber gegen Mitte 3. Jh. n. Chr., schrieb acht Bücher über die Zeit von 180-238 n. Chr.
T: Stavenhagen, 1922 (Tb). TÜ: Whittaker, 1969-70 (Loeb L.). Ü: OS. AStahr, 1858. ECEchols, 1961 (engl.).

Herodotos von *Halikarnassos, ca. 484-425 v. Chr., «der Vater der Geschichtsschreibung». Parteikämpfe, in denen der mit H. verwandte Epiker *Panyassis umkam, trieben H. nach Samos. Auf sehr ausgedehnten Reisen sammelte er mit echt ionischer Wißbegier (Das karische Halikarnass hatte sich in Kultur und Sprache den ionischen Nachbarn geöffnet) historisches und ethnographisches Material. Er sah Ekbatana in Persien, in Aegypten kam er bis Elephantine, im Norden bis zu den Skythen des Schwarzen Meeres, in Afrika bis Kyrene. Um 445 war er, sicher nicht das einzige Mal, in Athen, dem Zentrum der Bildung. Mit Perikles und Sophokles verband ihn nähere Freundschaft. Indem er manche Anregungen von Epos, Tragödie, Sophistik und Naturwissenschaft empfing, schrieb er in ionischer Sprache seine *Historíes Apódexis* (Darlegung der Erkundung) und übertraf damit seine Vorgänger, die sog. *Logographen. Der Gesamtaspekt, unter den er sein Werk stellte, ist die Auseinandersetzung zwischen Asien und Europa, ein Urzwist, der seinen dramatischen Höhepunkt in den Perserkriegen fand. In einer bunten Folge novellenhafter Episoden und mit aller Lebendigkeit ionischer Erzählerkunst vereinigte er unter dieser Idee die Geschichte der Lyder, Perser, Babylonier, Aegypter, Skythen, Libyer und Griechen. Die so eingeführten Völker ließ er vom fünften Buch an (ion. Aufstand) in den welthistorischen Freiheitskampf eintreten. Im historischen Geschehen erlebt er das Wirken der Götter und das tragische Schicksal des seine Maße überschreitenden Menschen. Besonders charakteristisch ist seine Anschauung vom Neid der Gottheit. Wenn er auch von den *Logographen manches Stoffliche übernahm (*Hekataios), das Streben nach historischer Wahrheit erhebt ihn über sie und macht ihn zum ersten wirklichen Geschichtsschreiber. Wo er nicht Selbstgesehenes berichten konnte, sondern auf Gewährsmänner angewiesen war, ist er freilich öfters Irrtümern erlegen. Das Werk, aus dem er in Athen vorlas, hatte gewaltigen Erfolg. Es wird berichtet, er habe von den Athenern einen Staatspreis von 10 Talenten erhalten. H. ließ sich in Thurioi, der von Perikles gegründeten Kolonie in Unteritalien, nieder und verbrachte dort seine spätern Jahre. Er starb, bevor er die letzte Hand an das Werk gelegt hatte. Die alexandrinischen Bibliothekare teilten es in neun Bücher ein, welche man im 2. Jh. n. Chr. mit den Namen der neun Musen benannte.
T: KHude, 1927 (Oxf. Cl.). HBRosèn, 1987-94 (Tb). TÜ: JFeix, 4. A. 1988 (Tusc.). PhELegrand, 1937-54 (Budé). Ü: AHorneffer, 1971 (Kröner). WMarg, 1973-83 (AW). WSontheimer (Reclam). K: *B. 1-4:* WWHow-JWells, Oxford 1989. *B.2:* ABLloyd, Leiden 1975-88. – MPohlenz, H., der erste Geschichtsschreiber des Abendlandes, 3. A. 1973. HErbse, Studien zum Verständnis H.s, 1992. WMarg, H., eine Auswahl aus der neueren

Forschung, 3. A. 1982 (WdF). DMüller, Topographischer Bildkommentar, 1987.

Heron v. Alexandreia leitete im 1. Jh. n. Chr. (?) eine Schule für Mechaniker und Feldmesser. Seine großen physikalischen Entdeckungen (wir können nicht im einzelnen feststellen, was von ihm selbst und was von Vorgängern stammt) bilden die Grundlage der modernen Technik (Thermometer, Dampfmaschine, Theodolith, Druckwerke, Automaten, Geschützbau u. a. m.).
TÜ: Schmidt-Nix-Schöne-Heiberg, 1895-1914 (Nachdr. 1976, Tb). TÜK *(Metrica):* EMBruins, Leiden 1964. Ü *(Geschützbau):* Diels-Schramm, Abh. d. preuß. Akad., Berlin 1918. – Diels, Antike Technik, 1924.

Herondas: *Herodas.

Herophilos v. Chalkedon, Arzt und Anatom in Alexandreia um 300 v. Chr., studierte die Nerven und begründete in richtiger Erkenntnis der Funktion des Herzens die Lehre von der Bedeutung des Pulses für die Diagnose. Vortreffliche Spezialuntersuchungen über Gehirn und Auge. *Medizin 3.
TÜ: HvonStaden, H., the art of medecine in early Alexandria, Cambridge 1989.

Herostratos: *Ephesos.

Hesiodos, epischer Dichter von Askra in Boiotien, ca. 700 v. Chr. Sein Vater war aus dem äolischen Kyme dahin gezogen und lebte als armer Bauer auf karger Scholle. Beim Weiden der Schafe hatte H. von den Musen des Berges Helikon die Dichterweihe empfangen, wie er selbst am Anfang der *Theogonie* berichtet. – Von Homer hat H. die epische Sprache und das Versmaß. Aber während jener unter den fortschrittlichen Ioniern Kleinasiens das glanzvolle höfische Leben der Ritterzeit spiegelt, ist H. der Dichter des Bauerntums im Mutterlande, wo das Leben in harter und redlicher Mühe erarbeitet werden mußte. Die Götter bei H. haben ein ganz anderes Wesen als die Homers; nicht die heiteren Olympier, sondern erhabene, strenge und segnende Mächte, deren Walten der Mensch mit ehrfürchtiger Scheu spürt. In düsterem Pessimismus sieht H. die Weltentwicklung in der Abfolge von fünf Zeitaltern: Das erste das goldene, das fünfte, die Gegenwart, das eiserne, voll endloser Sorge und Plage. Die Mächtigen üben rohe Gewalt (Fabel von Habicht und Nachtigall), die Gerechtigkeit wandert weinend durch die Städte und klagt vor Zeus, der den Redlichen Gedeihen, den Bösen Plagen sendet. – Die *Theogonie* besingt Weltentstehung und Ursprung der Götter. In den *Werken und Tagen* wendet sich H. mit sittlicher Belehrung an seinen Bruder Perses, der ihn durch Bestechung der Richter um das väterliche Erbteil betrogen hatte. Er zeigt den Segen ehrlicher Arbeit und gibt Anweisungen für den Landbau. Am Schluß stehen die *Tage,* ein Bauernkalender. Der *Schild des Herakles* gehört zu den unechten, H. zugeschriebenen Stücken. Nur Bruchstücke haben wir von den *Eoiai,* einem Katalog der Stammütter, aus deren Vermählung mit einem Gott die gr. Adelsgeschlechter entsprossen waren. Die Legende machte

Homer und H. zu Zeitgenossen und wußte von einem *Sängerwettstreit* in Chalkis, in dem H. gesiegt habe. Die überlieferte Erzählung von diesem Agon stammt aus dem *Museion* des *Alkidamas.
T: ARzach, 1913 (Nachdr. 1992, Tb). FSolmsen-RMerkelbach-MLWest, 3. A. 1990 (Oxf. Cl.). TÜ: PMazon, 1951 (Budé). TK: *Theogonie:* MLWest, Oxford 1966. *Werke u. T.:* UvWilamowitz, 1928. MLWest, Oxford 1978. *Schild:* CFRusso, 1965. RMerkelbach-MLWest, Frg. Hesiodea, 1967. JSchwartz, Pseudo-Hesiodeia, 1960. K *(Werke u. T.):* WJVerdenius, Leiden 1985. TÜ: AvSchirnding, 1991 (Tusc.). Ü: Thassilo v. Scheffer-EGSchmidt, 1985. WMarg, *Theog., Erga, Frauenkataloge,* 1970 (AW). – Entretiens sur l'antiquité class. 7, 1961. EdSchwartz, Charakterköpfe I, 1919. EHeitsch, H., 1966 (WdF). MLWest, The Hesiodic Catalogue of women, Oxford 1985. – Bildnis: Schefold.

Hesione, Tochter des *Laomedon.

Hesperiden, die Töchter des Atlas, hüteten im Göttergarten am Westrand der Welt die goldenen Äpfel, welche *Herakles holen mußte. Vasenbild des *Meidiasmalers. *Dreifigurenrelief.

Hestia (lat. *Vesta*), die Göttin des Herdfeuers. Der Herd war seit Urzeiten Mittelpunkt und Kultplatz des Hauses und der Familie; an ihn pflegte sich z. B. ein Schutzflehender zu setzen. Von jeder Mahlzeit opferten Griechen und Römer zuerst etwas am Herde. Bei einem Opfer riefen Griechen zuerst H. an; in Rom wurde Ianus an erster, V. an letzter Stelle angerufen. Ein gr. Sprichwort: «Fang bei H. an»! (d. h. am richtigen Ende). Auch der Staat hatte seinen Staatsherd, von dem sich die Tochterstädte das heilige Feuer für ihre Staatsherde holten. – In Rom war V. ausschließlich Staatsgöttin, es gab keinen häuslichen V.-kult wie bei den Griechen den der H. (Die Stelle am Hausherd nahmen die Laren ein). Im Rundtempel *(Aedes)* der V. auf dem *Forum Romanum*, dem ältesten Heiligtum Roms (die erhaltenen Reste stammen von einer Restaurierung unter Septimius Severus), befand sich der Herd mit dem ewigen Feuer, aber kein Götterbild. Die vornehmen, jungfräulichen Priesterinnen, die sechs *Vestalinnen*, hatten neben dem Tempel ihre Amtswohnung *(Atrium Vestae)* auf der *Velia. Die Pflichten der Vestalinnen waren nach ältesten Kultgesetzen geordnet: Das Feuer mußte am Jahresanfang (1. März) durch Reiben von zwei Hölzern gewonnen werden und durfte nie verlöschen. Die Vestalinnen durften nur Quell-, kein Leitungswasser verwenden. Ein Verurteilter, dem eine Vestalin begegnete, war frei. Übertrat eine Vestalin das Gebot der Jungfräulichkeit, so wurde sie lebendig begraben. Die Mädchen wurden im Alter von 6-10 Jahren durch den Pontifex maximus in Dienst genommen und blieben 30 Jahre lang verpflichtet.
FMünzer, Die röm. Vestalinnen bis zur Kaiserzeit, in Philologus 92, 1937. ABrelich, Vesta, 1949. HHommel, in ANRW I,2 (1972), 397-420. WPötscher, in Athlon, Festschr. F.R. Adrados, Madrid 1987, 741-762.

Hesychios, Verfasser eines gr. Lexikons (vielleicht 5. Jh. n. Chr.), das seltenere und spezielle Ausdrücke erklärt. Ein beträchtlicher Teil des Materials geht indirekt auf *Didymos zurück.
T: KLatte, 1953-66 (A-O, Rest bei MSchmidt, 1858-68).

Hetären (gr. *hetairai*, Freundinnen). Die gr. Ehefrau lebte zurückgezogen im Hause und ohne Bildung. Selbständig ihren Unterhalt verdienen konnte eine Frau als H., indem sie Männern gegen Bezahlung zur Verfügung stand. H. waren meist in den unterhaltenden Künsten (Flötenspiel, Tanz) ausgebildet, aber zuweilen auch imstande, geistvolle Gespräche über Literatur, Kunst und Philosophie zu führen. Hier fanden die Männer die Anregung, die ihnen in der Familie fehlte. Am Verkehr mit H. nahm die Gesellschaft keinen Anstoß. Beim *Symposion waren meist einige Flötenspielerinnen dabei. Schon Sappho klagt, daß ihr Bruder in die Netze der berühmten H. Doricha (*Rhodopis) geraten war, welche, wie zu allen Zeiten einzelne H., durch ihr Gewerbe sehr reich wurde. *Aspasia. *Glykera. *Phryne. *Lais. *Thais. Ein beliebtes Thema der leichten Lit. waren H.-Gespräche (*Lukian) und fingierte H.-Briefe (*Alkiphron, *Aristainetos). Auf Vasenbildern sind H. häufig dargestellt.
IPeschel, Die H. bei Symposion und Komos in der attisch rotfigurigen Vasenmalerei, 1987. MMHenry, Menander's Courtesans, 1985.

Hetairoi, bei Homer die Freunde und Gefolgsmannen des Königs. Im Königreich der *Makedonen unterschied man «H. des Königs», d. h. dessen nähere Ratgeber und Begleiter, und H. im militärischen Sinne, denn H. nannte man die gesamte im Heere zu Pferd dienende makedonische Ritterschaft. Zusammen mit den zu Fuß in der Phalanx dienenden Makedonen, den *Pezhetairoi*, bildeten sie die Heeresversammlung, die politische Vertretung des Volkes gegenüber dem König.

Hethiter, Volk in Ostkleinasien. Anfang des 2. Jahrtausends eingewandert, bildeten sie eine Herrenschicht indogermanischer Sprache über den Ureinwohnern. Ihr Reich war mächtig etwa 1650-1530 und 1430-1200. Erst durch die Entdeckung des Tontafel-Archivs in ihrer Hauptstadt Chattuschasch (Boghazköy) ist ihre Rolle in der Frühgeschichte des Orients klarer geworden, vor allem ihr Verhältnis zu Aegypten. Dagegen wissen wir noch zu wenig über ihre Beziehungen zur ägäischen Kultur (*Kreta. *Kumarbi-Mythos). Die bis in röm. Zeit in Kleinasien häufigen unabhängigen Tempelterritorien gehen offenbar auf die H. zurück. Die 1834 entdeckten Ruinen von Boghazköy sind erst 1906-12 in größerem Umfang ausgegraben worden. Ihre Sprache schrieben die H. auf den Inschriften in der akkadischen Keilschrift, die als Silbenschrift die Laute nur unvollkommen wiedergibt.
KBittel, Boğazköy-Hattuşa, Ergebnisse der Ausgrabungen, 1952ff.; ders., Hattuscha, Hauptstadt der H., 1991. JLehmann, Die H., 1978 (dtv). ORGurney, Die H., 2. A. 1980. FCornelius, Geschichte der H., 4. A. 1990. EPRossner, Die hethitischen Felsreliefs, 1988 (Führer). – Sprache: JFriedrich, Hethitisches Elementarbuch, 2./3. A. 1967-74. JFriedrich-AKammenhuber, Hethitisches Wörterbuch, 2. A. 1975ff. HGGüterbock-HAHoffner, The Hittite Dictionary of the Oriental Inst. of the Univ. of Chicago, 1980ff.

Hiatus, der Zusammenstoß zweier Vokale am Wortende und am Anfang des folgenden Wortes, wurde in Dichtung und Kunstprosa (*Rhetorik) vermieden.

Hiberus, der Ebro, Hauptfluß Nordspaniens (*Hasdrubal).

Hierapolis (Pamukkale), Stadt in Phrygien mit altem Kult der *Kybele, bekannt durch Calcium-Thermalquellen, Geburtsort des *Epiktetos. Italienische Ausgrabungen: Apollontempel, röm. Theater, Nekropole.
VSanfo, H. di Frigia 1957-87, Milano 1988. STürkoğlu, Pamukkale (Führer).

Hierokles. – 1. Stoiker, 2. Jh. n. Chr.
T: *Ethische Elementarlehre:* vArnim-Schubart, 1906. – KPraechter, H. der Stoiker, 1901.
2. Neuplatoniker, 5. Jh. n. Chr., schrieb einen K. zu den *Goldenen Worten* des *Pythagoras.
T: FWKöhler, 1974 (Tb). ÜK: Ders., 1983. – IHadot, Le problème du néoplatonisme alexandrin, H. et Simplicius, Paris 1978. NAujoulat, Le néoplatonisme alexandrin, H., Leiden 1986.

Hieromnemones, die Verwaltungsbeamten von Tempeln, welche über den Schatz und die Finanzen zu wachen, die Feste zu organisieren hatten.

Hieron. – 1. Tyrann von Gela und 478-467/6 v. Chr. Nachfolger seines Bruders *Gelon als Tyrann von Syrakus, ein machtvoller Fürst. Er besiegte die Etrusker 474 bei Kyme (*Cumae). Landeinwärts von Katane (Catania), dessen Einwohner ausgetrieben wurden, gründete H. die Kolonie *Aitne; Aischylos dichtete dafür das Festspiel. Die Chorlyriker *Simonides, *Bakchylides und *Pindar weilten an H.s Hofe und verherrlichten seine Siege im Pferderennen in Olympia. – 2. Syrakusanischer Offizier, zeichnete sich im Kriege des *Pyrrhos gegen die Karthager aus, wurde 269 v. Chr. Stratege von Syrakus und warf 265 durch den Sieg am Longanos die *Mamertiner nieder. Als König H. II. suchte er im 1. Punischen Krieg zuerst mit den Karthagern gemeinsam die Römer aus Messana zu verdrängen, ging aber dann zu Rom über. In 23jähriger Friedenszeit machte er sein Land zur Kornkammer der Mittelmeerwelt. Auch im 2. Punischen Krieg blieb er ein treuer Bundesgenosse Roms. Nach seinem Tode 215 fiel Syrakus ab, mußte aber bitter dafür büßen (*Marcellus 1). Berühmt war H.s riesiges Prachtschiff *Syrakosía* mit einem Raumgehalt von 4200 Tonnen.
Schenk v. Stauffenberg, König H. II., 1933. HBerve, König H. II., Abh. Akad. München, 1959.

Hieronymos von Kardia, der Geschichtsschreiber der ersten *Diadochen, Freund des Eumenes v. Kardia und später des Antigonos Monophthalmos und des Antigonos Gonatas. Sein Werk ist leider verloren.
T (Frg.): Jacoby II Nr. 154 (*Geschichtsschreibung). JHornblower, H. of Cardia, Oxford 1981.

Hieronymus, ca. 345-420 n. Chr., der gelehrte Kirchenvater, berühmt als Verfasser der in der Kirche geltenden lat. Bibel-Ü. *(*Vulgata)*. H. stammte aus Stridon in Dalmatien, studierte in Rom bei *Donatus. In Trier wandte er sich der christlichen Askese zu und lebte 375-8 als Ein-

siedler in der Wüste von Chalkis bei Antiocheia, kehrte dann als Priester zurück und unternahm in Rom sein Ü.s-Werk nach den Urtexten des Alten und Neuen Testaments auf Anregung des Papstes Damasus. In der Hoffnung, dessen Nachfolger zu werden, enttäuscht, zog er sich wieder in den Orient zurück, wo Paula, eine der von ihm zur Askese bekehrten Damen des röm. Hochadels, 389 bei Bethlehem ein Mönchs- und drei Nonnenklöster gründete. Hier lebte H. ganz seiner wissenschaftlichen Schriftstellerei (Bibel-Ü. und *Kommentare, dogmatische Streitschriften, Predigten* u. a.). Für die Geschichtswissenschaft ist sehr wichtig seine *Chronik von Abraham an*, eine Ü. der *Chronik* des *Eusebios, erweitert durch die Daten der röm. Geschichte und fortgeführt bis 378 n. Chr.
T: Teile in Corp. Chr., 1959ff. *Ü des Origenes* in Gr. chr. Schr., 1925ff. *Briefe:* IHilberg, 1910-18 (Corp. Vindob.). Chron.: RHelm, 1956. Rest in Migne 22-30. TÜ: Teile in S.chrét., 1977ff. *Briefe:* JLabourt, 1949-63 (Budé). *De viris illustribus* (erste Gesch. der chr. Lit.): ACeresa-Gastaldo, Firenze 1988. ÜK: *Chron.:* MDonalson, Ann Arbor 1991. Ü (Ausw.): KV. – Grützmacher, H., 1901-08. FCavallera, S.-Jérôme, sa vie et son oeuvre, I, 1922. PAntin, Recueil sur S.-Jérôme, 1968. JSteinmann, H., 1961. MTestard, S.-Jérôme, l'apôtre savant et pauvre du patriciat romain, 1969. JNDKelly, Jerome, his life, writings and controversies, London 1975. SRebenich, H. und sein Kreis, 1992 (Historia E. Schr. 72).

Hilarius von Poitiers, Bischof, † 367, eifrigster Vorkämpfer des athanasianischen orthodoxen Glaubens gegen die damals von Kaiser Constantius geförderte, in Gallien herrschende Lehre des *Arius. Hauptwerk: *Über die Dreifaltigkeit. Drei Hymnen.*
T: *Antiarian. Schr.:* AFeder, 1916 (Corp. Vindob.). *Zu den Psalmen:* AZingerle, 1891 (Corp. Vindob.). *Dreifaltigkeit:* PSmulders, 1979f. (Corp. Chr.). Rest Migne 9-10. TÜ in S.chrét.: *Die Mysterien:* JPBrisson, 1967. *Zu Matth.:* JDoignon, 1978f. *Gegen Constantius:* ARocher, 1987. *K zu Psalm 118:* MMilhau, 1988. Ü (Ausw.): KV. – PGaltier, S.-Hilaire, 1960. Hilaire et son temps, Actes du colloque, 1969. JDoignon, Hilaire de Poitiers avant l'exil, 1971. GMNewlands, H. of Poitiers, 1978.

Himera, Stadt an der Nordküste Siziliens, 648 v. Chr. von Zankle (*Messana) aus gegründet. Hier wurden 480 v. Chr. die Karthager entscheidend geschlagen (*Gelon). Nach dem Sieg errichtete man einen dorischen Tempel, dessen Wasserspeier in Form von Löwenköpfen sich jetzt im Museum von Palermo befinden. 408 v. Chr. wurde die Stadt von den Karthagern völlig zerstört.
AAdriani u. a., H., 1970ff. MMeier-Welcker, H. und die Geschichte des gr. Sizilien, 1980.

Himerios aus Prusa in Bithynien, Sophist und Redner in Athen, Lehrer Gregors von Nazianz und des Basileios, wurde von Kaiser Iulianus 362 an den Hof nach Antiocheia berufen. Erhalten sind ein Teil seiner Reden, in denen er im Übermaß poetische Wendungen und Entlehnungen aus Dichtern braucht.
T: AColonna, Rom 1951. – GCuffari, I riferimenti poetici di Imerio, Palermo 1983.

Hipparchos. – 1. Sohn des Peisistratos: *Tyrannenmörder. – 2. H. aus Nikaia, ca. 190-120 v. Chr., Astronom und Mathematiker, führte die Kreiseinteilung in 360 Grade ein und begründete die Trigonometrie bei den Griechen. Erhalten ist sein Kommentar zu *Aratos und *Eudoxos.
TÜ: Manitius, 1894 (Tb). DRDicks, The geographical Frg., 1960 (engl., mit K.).

Hippias. – 1. Sohn des Peisistratos : *Tyrannenmörder. – 2. H. von Elis, gefeierter Sophist zur Zeit des Sokrates. In der Mathematik gebührt ihm die Ehre, die erste geometrisch definierte Kurve erfunden zu haben. Er vertrat die Meinung, ein Sophist müsse alles wissen und alles können: Was er bei seinem Auftreten in Olympia am Leibe trug, hatte er alles selbst gefertigt, und er beantwortete beliebige Fragen des Publikums aus allen Wissensgebieten. Seine Methode der Gedächtniskunst setzte ihn instand, 50 Wörter nach einmaligem Hören in der richtigen Reihenfolge wieder herzusagen. H. rühmte sich, die höchsten Honorare als Lehrer zu verdienen. Platon hat zwei Dialoge nach ihm benannt und verspottet seine Eitelkeit.
TÜ: Vorsokr. II. – APatzer, Der Sophist H. als Philosophiehistoriker, 1986. WNestle, Vom Mythos zum Logos, 1940.

Hippo, Name zweier nordafrikanischer Städte, in der Kaiserzeit röm. Coloniae: – 1. H. diárrhytus («die durchströmte», weil ein Binnensee durch die Stadt ins Meer abfloß) in Africa proconsularis. – 2. H. regius an der Küste von Numidia, die Bischofsstadt des Augustinus. Reste profaner und chr. Bauten.
Said Dahmani, H.R., Alger 1973.

Hippodameia: *Pelops.

Hippodamos von Milet, Städtebaumeister des 5. Jh. v. Chr. Nach ihm wird das sog. hippodamische System gr. Stadtanlagen benannt, das durch parallele und sich rechtwinklig kreuzende regelmäßige Straßenzüge gekennzeichnet ist. Es wird seit dem 5. (Wiederaufbau von *Milet) und vor allem 4. Jh. und im Hellenismus für Neugründungen allgemein üblich (*Rhodos. *Magnesia. *Priene. *Alexandreia). H. hat es wohl nicht erfunden, sondern theoretisch erläutert und weiterentwickelt und in *Peiraieus und *Thurioi auch praktisch verwirklicht.
AvGerkan, Gr. Städteanlagen, 1924. PBenvenuti Falciai, Ippodamo di Mileto, Firenze 1982. WHoepfner-ELSchwandner, Haus und Stadt im klass. Griechenland, 1986. EJOwens, The city in the Greek and Roman world, London 1991.

Hippokrates. – 1. H. von Kos, 459 bis Mitte 4. Jh. v. Chr., der größte Arzt der Antike. Unter seinem Namen sind im Corpus Hippocraticum an die 60 recht verschiedene Schriften aus den Ärzteschulen von *Kos und *Knidos vereinigt. Als klassische Werke der Medizin wurden sie von Spätern viel kommentiert. Das Wesen der hippokratischen Lehre: *Medizin 2.
ELittré, Paris 1839-61 (Nachdr. 1961-62). Neuausg. im CMG 1927ff. (neuere Bde. mit Ü). TÜ: RJoly-Jouanna, 1967ff. (Budé). PPotter (Loeb

L.). Ü: RKapferer, 1933-40. Ausw.: WCapelle, 2. A. 1984 (AW). HDiller 1994 (Reclam). TÜK: *Eid:* KDeichgräber, 4. A. 1983. *Über die heilige Krankheit:* HGrensemann, 1968. ÜK: *Über die alte Heilkunst:* AJFestugière, 1948 (frz.). K (Ausw.): IMLonie, 1981. – MPohlenz, H. und die Begründung der wissensch. Medizin, 1938; ders., Kleine Schriften 2, 1965, 149-209. WMüri, Arzt und Patient bei H., in Gr. Studien, 1976, 45-99. WJäger, Paideia 2, 1959, 11-58. KDeichgräber, Die Epidemien und das Corpus Hippocraticum, 1971. ChLichtenthaeler, La médecine hippocratique, 1948-63; ders., Der Eid des H., Ursprung und Bedeutung, 1984. JJouanna, H., Paris 1982.

2. H. von Chios, Pythagoreer, verfaßte gegen Ende des 5. Jh. v. Chr. das älteste gr. *Lehrbuch der Geometrie*, von dem Aristoteles und seine Kommentatoren Nachricht geben. Mit seinen «Möndchen» konstruierte H. erstmals zu einer krummlinig begrenzten Figur eine flächengleiche gradlinig begrenzte (Teillösung der Quadratur des Kreises): Commentaria in Aristot. gr. 9 (*Simplikios zu Aristot. Phys. 185a 16) p. 55-69.

Hippolytos. – 1. Sohn des *Theseus und der Amazone Antiope. Als Jäger ehrte er die jungfräuliche Artemis und kümmerte sich nicht um Aphrodite. Doch die Göttin ließ sich nicht ungestraft mißachten. Phaidra, die Stiefmutter, verzehrte sich in sündiger Liebe zu H. und suchte ihn zu verführen. H. wies sie entrüstet ab. Da erhängte sie sich und hinterließ einen Brief, in dem sie H. bei Theseus verleumdete, er habe ihrer Ehre nachgestellt. Theseus bat seinen Vater Poseidon, den Frevler zu strafen. Der Gott ließ die Rosse des H. scheuen, und der Jüngling wurde unter den Trümmern seines Wagens zu Tode geschleift. Tragödien: Euripides, *H.*, Seneca, *Phaedra*. – Häufig auf Sarkophagreliefs (Phaedrasarkophag in Agrigent).

2. Schüler des *Irenaeus. Im Streit mit dem röm. Bischof Kallistos wurde er zum Gegenbischof aufgestellt, 235 nach Sardinien verbannt. Er starb, mit der Kirche ausgesöhnt. Hauptwerke (gr.): *Widerlegung aller Häresien* (*Elenchos*, auch *Philosophoumena* genannt) und *Apostolische Überlieferung* (Kirchenordnung, Echtheit umstritten).

Häresien: T: MMarcovich, 1986. Ü (engl.): Legge, London 1921. *Apost. Überl.:* TÜ (franz.): BBotte, Paris 1968 (S. chrét. 11). Ü: KV. HElfers, Die Kirchenordnung H.s, 1938. *Daniel-K:* MLefèvre, 1947 (S.chrét. 14). – KKoschorke, H.s Ketzerbekämpfung und Polemik gegen die Gnostiker, 1979. JFrickel, Das Dunkel um H., 1988. BBotte, La tradition apostolique, essai de reconstitution, 5. A. 1989. – Statue in der Vatikan. Bibliothek.

Hipponax von Ephesos floh 542 v. Chr. vor der Perserherrschaft nach Klazomenai. Als Bettelpoet schrieb er Spottgedichte in dem von ihm erfundenen Versmaß des Hinkiambos und der Sprechweise des niederen Volkes.

T: (Frg.): MLWest, Iambi et elegi 1, 1989. HDegani, 1991 (Tb). TÜ: BSnell-ZFranyó, Frühgr. Lyriker 2, 1972. TK: OMasson, Paris 1962.

Hippukrene, den Musen heilige Quelle auf dem *Helikon, entstanden durch den Hufschlag des *Pegasos.

A. **Hirtius**, vertrauter Freund Caesars, dessen *Gallischen Krieg* er durch Hinzufügen eines 8. Buches abschloß. Auch mit Cicero war er befreundet. Als Consul 43 v. Chr. siegte er bei Mutina über M. *Antonius, fiel aber in der Schlacht.
OSeel, H., 1935.

Hispania (gr. *Ibería*), Spanien. Schon Ende des 2. Jahrtausends v. Chr. stand das an Metallen (Silber) reiche Land in regem Handelsverkehr mit den Phöniziern. Als Handelszentrum blühte *Tartessos am Baetis (Guadalquivir) und der Hafen *Gades. Im Westen saßen Ligurer, im Süden und Osten Iberer, die sich über die Pyrenäen bis zur Garonne und Rhone ausbreiteten. Im 5./4. Jh. verdrängten einwandernde Kelten die Ligurer und nahmen den Westen und das Tafelland in der Mitte der Halbinsel in Besitz. Die Iberer behaupteten ihr altes Gebiet und drangen schließlich auch ins keltische vor: Die im vorher keltischen Hochland wohnenden Iberer hießen deshalb Keltiberer. Andere Hauptstämme: die wilden Asturer und Cantabrer im Gebirge des Nordwestens, die kulturell fortgeschrittensten Turdetaner in der Gegend um Tartessos. Dem Gebiet des Südwestens, **Lusitania* (Portugal) gab der Stamm der Lusitaner den Namen. Die Iberer zeichneten sich aus durch Stolz, fanatische Freiheitsliebe, die auch die Einigung der Stämme untereinander unmöglich machte, Todesverachtung und Treue. 237-218 v. Chr. eroberten die Karthager (*Hamilkar, *Hasdrubal, *Hannibal) die ganze Ost- und Südküste und das Hochland bis zum Tajo; die Keltiberer nördl. des Stromes blieben frei. Mit Rom wurde 226 die Interessengrenze am Ebro festgelegt. Als Hannibal durch Eroberung Sagunts und Überschreiten des Ebro den Krieg gegen Rom eröffnet hatte, begann 218 ein röm. Expeditionsheer, H. zu erobern. Nach einem Rückschlag 211 (Tod der 2 Scipionen) schloß P. Scipio 206 das Unternehmen ab: H. wurde in 2 proconsularische Provinzen eingeteilt, *H. citerior* im Norden (Hauptstadt Carthago Nova), *H. ulterior* im Süden (Hauptstadt Corduba). 195-179 unterwarfen *Cato (1) und Ti. *Gracchus (2) die Keltiberer. Doch diese erhoben sich 154 zu einem großen Aufstand, den erst *Scipio (3) durch die Zerstörung *Numantias niederwarf. Unterstützt wurden die Keltiberer von den Lusitanern, deren Führer *Viriathus die Römer, nachdem sie viele Niederlagen erlitten hatten, 139 ermorden ließen. *Sertorius rief beide Stämme wieder zur Freiheit auf und behauptete sich von 83 bis zu seiner Ermordung 72 gegen die röm. Heere. Asturer und Cantabrer unterwarf erst Augustus (25-19). Dieser führte eine Neueinteilung in 3 Provinzen ein: *H. citerior* oder *Tarraconensis* (Hauptstadt *Tarraco), *H. ulterior* oder *Baetica* (Hauptstadt *Corduba), *Lusitania* (Hauptstadt *Augusta Emerita). In den folgenden 200 Friedensjahren wurde das Land romanisiert. Doch entstammten die berühmten Männer aus H. nicht der einheimischen Bevölkerung, sondern den röm. Kolonien: Die beiden *Seneca, *Lucanus, *Mela, *Columella, *Silius, *Martialis, *Quintilianus; die Kaiser *Traian, *Hadrian, *Theodosius. Seit dem 4. Jh. blühte die christl. Lit. in H.: *Prudentius, *Iuvencus (*Epos), *Orosius, *Priscillianus, zuletzt *Isidor und *Martinus von Braga. 406 brachen die *Vandalen und Sueben ein. Ihnen folgten 415 die West-*Goten, deren Herrschaft bis zum Arabereinfall im J. 711 bestand.

Menendez Pidal, España Romana, Madrid 1936. ASchulten. Iberische Landeskunde, 1955-57. Fontes H. antiquae, 1922-40 (5 Bde). LACurchin, Roman Spain, conquest and assimilation, London 1991. AMontenegro Duque, España romana, Madrid 1986. Dt. Archäol. Inst. Berlin (Hg.), H. antiqua, Denkmäler der Römerzeit, 1993.

Histiaios, Tyrann von Milet, machte 514 den Skythenfeldzug des Perserkönigs Dareios mit, bewahrte die Donaubrücke vor der Zerstörung und rettete damit den König, der sich mit seinem Heer zurückziehen mußte. Als Lohn bat er sich die thrakische Stadt Myrkinos aus. Doch als er diese befestigte, erregte er Verdacht und wurde unter ehrenvollem Vorwand an den Hof gerufen. Da veranlaßte er *Aristagoras, den Aufstand der Ionier auszulösen. Vom König zur Beschwichtigung der Aufständischen ausgesandt, entwich er; doch die Ionier weigerten sich, ihn zu ihrem Führer zu machen. 493 wurde er von dem persischen Satrapen Artaphernes hingerichtet.

Histria, milesische Kolonie an der Schwarzmeerküste südl. des südlichsten Mündungsarms der Donau *(Istros).*
Rumänische Ausgrabungen: PAlexandrescu-WSchuller (Hg.), 1990.

Homeros, der erste gr. Dichter. – I. Über seine Person gibt es keine sichere Nachricht. Wir wissen nicht, ob der große Dichter wirklich H. geheißen hat; schon im Altertum versuchte man, H. als redenden Namen zu erklären. Nach *Ephoros bedeutete er «blind»; daraus entwickelte sich die Vorstellung von dem blinden Sänger. Um die Ehre seiner Geburt stritten sich viele Orte, deren 7 man in einem Merkvers vereinte: Smyrna, Chios, Kolophon, Ithake, Pylos, Argos, Athenai. Der Lokalpatriotismus anderer Städte erhob aber den gleichen Anspruch und brachte den eigenen Namen auf Kosten eines der genannten in den Vers hinein, so daß dieser in vielen Varianten umlief. Die Homeranalytiker (unter III) der Neuzeit leugneten schließlich H.s geschichtliche Existenz. Als wahrscheinlichste Heimat dürfen Smyrna oder Chios gelten; er hat im 8. Jh. v. Chr. gelebt. Ganz legendenhaft ist das hübsche unter dem Namen des Herodotos gehende ionische *Volksbuch vom Leben H.s.* Es schildert sehr lebendig das Dasein des wandernden Rhapsoden (*Rätsel). Zum Zeitgenossen des *Hesiodos macht ihn die Erzählung vom Wettkampf der beiden Dichter, die ihre Form durch *Alkidamas empfangen hat.
T: Wilamowitz-Moellendorff, *Vitae Homeri et Hesiodi,* 1916. TWAllen, H.i opera 5, 1946 (Oxf. Cl.). Ü: Schadewaldt, Legende von H., 1959. – Wilamowitz, H. der fahrende Dichter, Reden u. Vortr. I, 1925. – Die vielen H.-Büsten sind Ideal-*Portraits, die uns zwar nicht das wirkliche Bild H.s. vermitteln, aber uns zeigen, wie man ihn sich im Altertum vorgestellt hat. Die meisten stammen aus hellenistischer Zeit. Boehringer, H.-Bildnisse, 1938/9. Schefold, in Antike 16, 1940. *Archelaos (3).

II. Das homerische *Epos: – 1. Die *Ilias,* das Heldenlied vom Kampf um Troia. Nicht die ganzen 10 Kriegsjahre bis zur Eroberung werden erzählt, sondern der dichterisch fruchtbarste Moment ausgewählt und das Geschehen unter der leitenden Idee «Der Zorn des Achilleus» zusammengefaßt. Nachdem Achilleus sich um der Briseis willen mit dem Oberfeldherrn Agamemnon entzweit hat und sich grollend des Kampfes enthält, dringen die Troer unter Hektors Führung kämpfend ins gr. Schiffslager vor. In höchster Not läßt sich Achilleus erweichen, seinen Freund Patroklos kämpfen zu lassen, der von Hektors Hand fällt. Nun rächt Achilleus den Freund, und mit Hektors Tod ist auch das kommende Schicksal Troias entschieden. Die Herausgabe des Leichnams an Hektors Vater Priamos gibt den versöhnlichen Ausklang. Zahlreiche Episoden unterbrechen und beleben den Gang dieser Handlung; die einzelnen Helden werden in wechselnder Folge bei der Bewährung ihrer Tapferkeit gezeigt *(Aristíen)*. – 2. Die *Odyssee*, die Heimkehr des Odysseus. Auch hier werden nicht die 20 Jahre, die Odysseus fern von seiner Heimat durchkämpfte, chronologisch erzählt. Nachdem kurz die Lage des Odysseus, den die Nymphe Kalypso auf ihrer Insel zurückhält, angegeben ist, versetzen uns die Bücher 1-4 nach Ithaka, wo Penelope treu des Gatten harrt, sich der frechen Freier mit Mühe erwehrend, während der Sohn Telemachos zum Manne reift und die Kraft zum ersten selbständigen Handeln findet: Er unternimmt eine Reise, um nach dem Vater zu forschen. Im 5. Buch verläßt Odysseus Kalypso und landet schiffbrüchig bei den Phaiaken. 6-12 berichten seine Begegnung mit der lieblichen Königstochter Nausikaa und die freundliche Aufnahme beim König Alkinoos. Hier holt der Dichter in einer Rahmenerzählung die Irrfahrtengeschichte nach: Odysseus erzählt dem König seine Erlebnisse. 13-24 enthalten die Ankunft des Odysseus in Ithaka, das Wiederfinden der Getreuen und die Ermordung der Freier.

III. Die homerische Frage. Die Rhapsoden, meist selbst Dichter, trugen noch manches andere außer *Ilias* und *Odyssee* unter dem berühmten Namen H. vor. So kam es, daß schließlich die meisten *Epen des Kyklos und die sog. *homerischen *Hymnen* H. zugeschrieben wurden. Die antike H.-Kritik richtete sich zuerst gegen die Götter des Epos, die einer versittlichten Religionsauffassung nicht mehr gemäß waren (*Xenophanes. *Platon). Sehr bald aber achtete man auch auf Stilunterschiede. Herodot sprach die *Kyprien* und die *Epigonoi* H. ab, und im 4. Jh. galten nur noch *Ilias* und *Odyssee* als echt. Xenon und Hellanikos, die *Chorizonten* (Trenner), leugneten sogar die Identität des Verfassers dieser zwei Gedichte, drangen aber gegen den Widerspruch des gelehrten Aristarchos (2) nicht durch. H. war den Griechen das Buch der Bücher; an Festen trugen Rhapsoden öffentlich daraus vor (in Athen seit Solon und Peisistratos). Die alexandrinischen Philologen (*Zenodotos, *Aristophanes, *Aristarchos), welche den Widersprüchen in den Epen nachspürten, strichen aus dem damals geläufigen Text viele Verse als unechte Zusätze (Interpolationen) weg. Wir lesen heute diesen gereinigten H.-text. Auf dieselben Gelehrten geht die Einteilung in 24 Bücher zurück. Sie schrieben wissenschaftliche Kommentare, die uns stark verkürzt in den *Scholien erhalten sind (*Eustathios).
In der Neuzeit eröffnete 1795 Fr. A. Wolf mit seinen *Prolegomena ad Homerum* die wissenschaftliche Diskussion um H. Einen unbeachteten Vorgänger hatte er im Abbé d'Aubignac. Wolf erklärte die Widersprüche in den Epen damit, daß diese erst unter *Peisistratos von einem Redak-

tor zusammengestellt worden seien aus Einzelgesängen, welche in der älteren Zeit, der die Schrift noch unbekannt gewesen sei, jahrhundertelang mündlich als selbständige Werke verschiedener Dichter überliefert worden seien. So hatte er die Anregung für die H.-Analyse gegeben, in der sich 4 Hauptrichtungen unterscheiden lassen: – 1. Die von Karl Lachmann (1847) begründete Liedertheorie. Er versuchte, Einzellieder herauszuschneiden. – 2. Interpolationstheorie. Ihre Verfechter treten, wie die antike Wissenschaft, für die Einheit der Gedichte ein (Unitarier). Nur einzelne Verse und Verspartien sind eingeschoben. – 3. Erweiterungshypothese, begründet von Gottfried Hermann (1831). Um einen alten Kern herum haben sich nach und nach weitere Stücke angeschlossen oder sich in ihn eingeschoben. Aus der ionisch-äolischen Mischsprache suchte man eine äolische Urilias auszusondern. Das mißlang: die Mischsprache war schon bei der Entstehung des Epos die traditionelle Sprache solcher Dichtung. Auch die Unterscheidung verschiedener Kulturschichten (z. B. Schild aus Leder oder Metall, Waffen aus Bronze oder Eisen) führte nicht auf ein Urgedicht. – 4. Kompilationstheorie, begründet von Kirchhoff (1859). Mehrere kleinere selbständige Epen wurden von einem Dichter unter einem einigenden Gesichtspunkt zusammengefaßt. Die Odyssee besteht demnach aus 3 Gedichten, der *Telemachie*, einem *Nostos* (Irrfahrtengedicht) und einem Epos von den *Taten des heimgekehrten Odysseus* auf Ithaka. – Der Streit ist noch nicht entschieden. Die Scheidung älterer und jüngerer Schichten bleibt in vielen Fällen problematisch. Fest steht, daß es eine Zeit der Heldenlieder gegeben hat, in welcher Sprache, Vers und ein Vorrat festgeprägter Ausdrucksformen geschaffen wurde. Die Studien von Milman Parry über mündlich tradierte slawische Volksepik haben dazu beigetragen, von der Frühphase der «oral composition» eine genauere Vorstellung zu gewinnen. Mit diesen überkommenen Mitteln hat der Dichter gebaut, und wir dürfen seine Schöpferkraft nicht zu gering veranschlagen. Die *Odyssee* ist sicher jünger als die *Ilias*.

T: *Ilias:* DBMonro-TWAllen, 3. A. 1920 (Oxf. Cl.). *Odyssee:* Pvon der Mühll, 3. A. 1984 (Tb). HvanThiel, 1991. K: *Ilias:* Ameis-Hentze-Cauer, Nachdr. 1964. GSKirk-BHainsworth-RJanko-MWEdwards-NRichardson, Cambridge 1985-93. *Odyssee:* AHeubeck-MFernandez Galiano-JRusso u.a., Oxford 1988-92. TÜ: HRupé-AWeiher, 10. A. 1994 (Tusc.). Ü: JHVoß, 1781-93 (oft neu). RASchroeder (*Odyssee:* 1923. *Ilias:* 1943). ThvScheffer, 1952-55. WSchadewaldt, (*Ilias*, 3. A. 1988. *Odyssee*, 1966, AW). *Hymnen. – GFinsler-ETièche, H., 1924 (Tb). Wilamowitz, Das homerische Epos (Vortrag), 1927. WSchadewaldt, Von Homers Welt und Werk, 1959. ALesky, H., 1967. JLatacz, H., der erste Dichter des Abendlandes, 2. A. 1989; ders. (Hg.), Zweihundert Jahre H.-Forschung, 1991 (Colloquia Raurica 2). AHeubeck, Die homerische Frage, 1988. Spezieller: Cauer, Grundfragen der H.-Kritik, 3. A. 1921-23 (Nachdr. 1971). Wilamowitz, Ilias und H., 1916 (Nachdr. 1966); ders., Heimkehr des Odysseus, 1927. ESchwartz, Die Odyssee, 1924. Meuli, Odyssee und Argonautika, 1921. WSchadewaldt, Iliasstudien, 1938 (Nachdr. 1987). VonderMühll, Die Dichter der Odyssee, 1940; ders., Kritisches Hypomnema zur Ilias, 1952. KReinhardt, Die Ilias und ihr Dichter, 1961. RMerkelbach, Unters. zur Od., 2. A. 1969. UHölscher, Die Odyssee,

Epos zwischen Märchen und Roman, 3. A. 1990. JLatacz (Hg.), H., 1979-1991 (WdF 463.643). – Sprache: PChantraine, Grammaire homérique, 2 Bde, 1958 (3. A.) u. 1953. – Realien: JBWace-Stubbings, A Companion to H., 1962. Archaeologia Homerica, 1967ff. – *Megara (1).

Honorius, Sohn des *Theodosius, Kaiser des Westreichs 395-423. Die Regierungsgeschäfte führte bis 408 *Stilicho. Die West-*Goten plünderten unter seiner Regierung 410 Rom und nahmen dann Spanien in Besitz.

Hopliten, schwerbewaffnete gr. Infanteristen: *Militär. Eine guterhaltene H.-Rüstung mit Panzer und Helm ist in Argos gefunden worden.
VDHanson (Hg.), Hoplites, the classical Greek battle experience, London 1991.

Horai, die Jahreszeiten als Göttinnen; bei Hesiod die drei segenspendenden Töchter des Zeus und der Themis: Eunomia, Dike, Eirene.

Horatii, altröm. Patriziergeschlecht, schon im 5. Jh. v. Chr. erloschen. – 1. Horatier und Curiatier. Nach altröm. Sage wurde der Streit, ob Rom oder *Alba Longa die Vorherrschaft haben solle, durch einen Zweikampf von 2 Drillingspaaren, den röm. H. und den albanischen C., entschieden. 2 Römer fielen, der letzte siegte über die 3 verwundeten Gegner. Als er in Rom einzog, begegnete ihm die Schwester, die mit einem der C. verlobt gewesen war, und brach, als sie den Bruder mit dem erbeuteten Mantel des Toten erblickte, in Klagen aus. Da durchbohrte sie der Sieger mit dem Schwert unter den Worten «So soll jede Römerin sterben, die um einen Feind weint.» Die Volksversammlung erließ ihm die Strafe des Schwestermordes. – *Livius 1, 24/6.
2. Horatius Cocles, Held der altröm. Geschichte. Der Etruskerkönig Porsena hätte Rom beinahe erstürmt, wenn nicht H. C. als einziger vor der Tiberbrücke so lange standgehalten hätte, bis diese hinter ihm abgebrochen war. Dann stürzte er sich mit voller Rüstung in den Fluß und schwamm glücklich ans röm. Ufer, wie *Livius (2, 10) erzählt; nach dem Bericht des *Polybios (6, 55) kam er ums Leben.

Q. **Horatius** Flaccus, der bedeutendste röm. Lyriker, wurde am 8. Dez. 65 v. Chr. in Venusia (Apulien) geboren. Der Vater, ein Freigelassener, ließ dem Sohn eine sorgfältige, über seinen Stand hinausgehende Bildung angedeihen. Nach dem Besuch der Schulen in Rom (*Orbilius) ging H. zum Studium nach Athen, wurde in jugendlicher Begeisterung Tribun in der republikanischen Armee des Brutus, entrann bei Philippi (42) dem Tode, verlor durch die Ackerverteilungen an Octavians Veteranen auch sein väterliches Gütchen und mußte froh sein, sich in Rom in eine Schreiberstelle als *scriba quaestorius* einzukaufen. In bitterer Stimmung schrieb er damals seine ersten Gedichte, *Iamben* (später gewöhnlich **Epoden* genannt) nach Art des *Archilochos, darunter scharfe Angriffe auf Personen. Als der 5 Jahre ältere und schon anerkannte Dichter Vergil in der 4. *Ecloge* das Kommen eines neuen goldenen Zeitalters verkündete, antwortete H. mit einem Gedicht über die hoffnungslose Selbstzerfleischung Roms und empfahl, auf fernsten Inseln das Glück zu suchen (*Epode* 16). Vergil wurde auf H. aufmerksam und führte ihn bei *Maecenas ein. Dieser nahm ihn, nachdem er ihn 9 Monate nach der ersten Begegnung hatte warten lassen, in seinen Freundeskreis auf (38). Das war der Beginn einer tiefen und treuen Freundschaft. Maecenas schenkte H. ein Landgütchen in den Sabinerbergen, wo er in freier Muße seiner Dichtung leben konnte; er hat das Glück, das er hier in der schönen Natur genoß, oft gepriesen. Die Reste der Villa im Tal der Digentia sind ausgegraben (Lugli, La villa d' Orazio, 1930). – Zur selben Zeit, als H. mit den *Iamben* eine gr. Dichtungsgattung neu in die röm. Lit. einführte, schrieb er seine 2 Bücher **Satiren* unter dem Titel *Sermones* (Plaudereien). Hier schloß er sich dem Vorbild des *Lucilius an und sprach in Hexametern über allerlei menschliche Torheiten und Schwächen, ergötzliche Begebenheiten und literarische Probleme. In gleicher äußerer Form und mit ähnlichem Themenkreis, wobei zuweilen Persönliches in der Suche nach harmonischer, auf Vernunft begründeter Weisheit der Lebensführung noch stärker hervortrat, gab er 20 v. Chr. ein Buch *Briefe* heraus. Diesem folgte 13 das zweite mit 3 Literaturbriefen, deren letzter unter dem Titel *ars poetica* (Dichtkunst) berühmt geworden ist. Die hier ausgesprochenen Anschauungen über Wesen und Aufgabe der Dichtung (z. B. 361: *ut pictura poesis* [Wie ein Gemälde ist die Dichtung]. *Lehrgedicht) wirkten tief nach; geradezu grundlegend wurden sie für die französische Klassik. – In der Zeit zwischen *Satiren* und *Briefen*, 30-23 v. Chr., schrieb H. die ersten 3 Bücher der *Oden*, zu denen er in seinen letzten Lebensjahren ein 4. hinzufügte. Hatten die röm. Dichter bisher ihre Vorbilder in der hellenistischen Dichtung gesucht, so wandte H., wie schon in den *Iamben*, sich der gr. Klassik zu und führte jetzt das äolische Lied des *Alkaios und der *Sappho in Rom ein. Er schuf damit keine Gedichte aus unmittelbarem Gefühl und Erlebnis heraus im Sinne unserer modernen Lyrik, sondern aus klar überlegendem, den Ausdruck bis ins einzelne durchformenden Verstande geborene Kunstwerke. Die Themen waren zum Teil konventionell: Hetärenliebe, Freundschaft und Freuden der Geselligkeit, Götterhymnen, Lebensweisheit, Tod. Den Höhepunkt bilden die Staatsgedichte am Anfang des 3. Buches, die sog. *Römeroden*, die reinste dichterische Verwirklichung der augusteischen Reformideen: Wiedergeburt des röm. Volkes durch sittliche Erneuerung zur alten Römertugend. Im 4. Buch fand er zum Preis der Siege des Tiberius und Drusus in Raetien pindarische Töne. – Die Gedanken der horazischen Dichtung gewannen Geltung in der höchsten Gesellschaft Roms, und der Herrscher Augustus, mit H. freundschaftlich verbunden, empfing von ihr tiefe Anregungen. Zur großen Saecularfeier 17 v. Chr. erhielt H. den ehrenvollen Auftrag, das Festlied *(Carmen saeculare)* zu dichten. Doch schlug H. das glänzende Angebot des Augustus, der ihn in der Vertrauensstellung eines Sekretärs an sich zu binden wünschte, aus, um sich frei der Dichtung und der Freundschaft mit Maecenas zu widmen. Diesen überlebte er nur um 2 Monate; er starb am 27. Nov. 8 v. Chr.

T: DRShackleton Bailey, 1991 (Tb). TÜ: HFärber-WSchöne, 11. A. 1993 (Tusc.). OSchönberger, 1991. BKytzler u.a. (Reclam). Ü: *Oden und Epoden:* RASchroeder, 1935 (Ges. Werke Bd. 5. Versuch einer Nachschöpfung der horazischen Formkunst). TK: AKießling-RHeinze, mit Nachträgen von EBurck, 1961. TÜK *(Sat. 2):* FMuecke, Westminster 1993. K: *Oden:* PSyndikus, 2. A. 1989-90. RGMNisbet-MHubbard, 1978-89 *(B. 1-2). Briefe, Ars:* COBrink, 1963-82. – WWili, H., Basel 1965. EFraenkel, H., 6. A. 1984. ELefèvre, H., Dichter im augusteischen Rom, 1993. KBüchner, Studien z. röm. Lit. 3, 1962. CBecker, Das Spätwerk des H., 1962. VPöschl, Horazische Lyrik, 2. A. 1991. EDoblhofer, H. in der Forschung nach 1957, 1992. RReitzenstein, Aufsätze zu H., 1963. FKlingner, Röm. Geisteswelt, 5. A. 1979; ders., Studien zur gr. und röm. Lit., 1964, 305-518. GPasquali, Orazio lirico, 1920 (Nachdr. 1964). HOppermann, Wege zu H., 1972 (WdF). ANRW II 31,3 (1981). – H.-Biogr. des *Suetonius: TK: ARostagni, Venosa 1991.

Horos, ägypt. Sonnengott in Gestalt des Falken, Sohn der *Isis, auch als das göttliche Kind Harpokrates erscheinend, von den Griechen als Apollon gedeutet.

Q. **Hortensius** Hortalus, cos. 69 v. Chr., der berühmteste Redner Roms vor dem Aufstieg des um 8 Jahre jüngeren *Cicero; er verteidigte Verres gegen dessen Anklage. H. huldigte dem Stil des *Asianismus. Bis zu seinem Tode 50 v. Chr. blieb er der geschätzteste Anwalt neben Cicero, der seinem Andenken 46/5 eine leider verlorene Schrift *H., Hinführung zum Studium der Philosophie*, gewidmet hat (*Augustinus).
Reden (T): Malcovati. – Cicero,*H.* (Frg.): TÜK: LStraume-Zimmermann, 1977.

Hunnen, asiatisches Volk, das um die Mitte des 1. Jh. v. Chr. aus seinen Sitzen an der Nordgrenze Chinas nach Westen wanderte. Die H. eroberten um 360/70 das Gebiet der Ostgoten am Don und fielen Mitte 5. Jh. unter *Attila ins röm. Reich ein. Attilas Macht zerfiel bald nach seinem Tode. Doch blieben andere Turkvölker und slavische Stämme, auf die man den Namen der H. übertrug, eine dauernde Gefahr.
FAltheim, Geschichte der H., 2. A. 1969-75 (5 Bde.). OJMaenchen-Helfen, Die Welt der H., 1978.

Hyakinthos, vorgr. Gott, der das Sterben und Wiederaufleben der Natur im heißen Sommer verkörperte. Sein Fest, die *Hyakinthia*, feierten die Dorier besonders in Amyklai (Peloponnes) weiter, aber zu Ehren Apollons. Nach der Sage war H. der Liebling Apollons, der ihn durch einen unglücklichen Diskoswurf tötete. Aus dem Blute entsproß die Blume H. (*Ovid, *Metamorphosen* 10, 162-219).

Hybris. Schon bei Homer findet sich der Glaube, daß H., eine frevelnde Überschreitung des dem Menschen gesetzten Maßes, durch Leiden gerächt werde. Die Zeit vor und nach den Perserkriegen, die so viele stolze Tyrannen unglücklich enden sah, faßte den Begriff der H. noch allgemeiner: Auch ohne eigentliche Freveltat liegt schon in dem Hochgefühl eines Menschen, der ein großes Glück fest zu besitzen glaubt, eine H., welche die **Nemesis* der Gottheit auf sich zieht. «Auf ein Glück teilen die Unsterblichen den Menschen zwiefaches Leiden zu.» (Pindar, *Pyth.* 3, 81). Herodot und Sophokles sprechen von einem Kreislauf des Menschenschicksals, der nicht den gleichen immer glücklich bleiben lasse,

und Herodot gibt Beispiele dafür: Polykrates, Kroisos. Auch Aischylos lehrte, daß der H. die *Ate folge, aber wandte sich in seinem Alterswerk *(Agamemnon 750)* gegen die allgemeine alte Ansicht, daß aus jedem Glück Weh entstehe: Nur aus der bösen Tat zeugt H. immerfort neue H.; doch ein gerechtes Haus blüht in guten Kindern.
NREFisher, H., Warminster 1992.

Hygieia, Göttin der Gesundheit (Personifikation) im Gefolge des Asklepios. – Hymnos auf H.: *Ariphron.

Hyginus. – 1. C. Iulius H., gelehrter Freigelassener des Kaisers Augustus, Bibliothekar der Palatinischen Bibliothek. – 2. *Gromatiker (*Lager). – 3. Verfasser eines lat. *Handbuches der Mythologie* im 2. Jh. n. Chr. nach gr. Vorlage.
T: PKMarshall, 1993 (Tb). – Brock, H.s Fabeln in d. deutschen Lit., 1913.
4. Verfasser eines astronomischen Werkes mit Sternsagen in Nachfolge von *Aratos. Eher identisch mit H.1 als mit H.3. – T: GViré, 1992 (Tb). TÜ: ALe Boeuffle, 1983 (Budé).

Hylas, Liebling des Herakles. Auf der *Argonautenfahrt entführten ihn die Nymphen; Herakles blieb auf der Suche nach ihm zurück und schied so aus der Zahl der Argonauten aus. Theokritos stellt die Geschichte im 13. *Idyll* dar.

Hyllos, Sohn des Herakles, Ahnherr einer Phyle der *Dorier.

Hymenaios, Gott der Eheschließung, auch das Hochzeitslied selbst, in dem der Refrain *«Hymen, o Hymenaie»* gesungen wurde. Bekannteste H.-lieder: *Catullus 61-62.
EContiades-Tsitsoni, H. und Epithalamion, 1990.

Hymettos, Berg südöstlich von Athen, berühmt durch seinen blaugrauen Marmor und den dort gewonnenen Honig.

Hymnos, Lied zum Preise eines Gottes. Die wirklich im Kult gesungenen H. waren in lyrischen Versen abgefaßt. Schon sehr früh aber gab es eine H.-Literatur in Hexametern. Die älteste solche Sammlung geht unter dem Namen Homers. Die umfangreichsten Stücke daraus sind der *H. auf Apollon* und der von herrlichem Schelmenhumor erfüllte *H. auf Hermes.* In den 6 H. des *Kallimachos bildet die äußere Form der alten homerischen H. einen reizvollen Gegensatz zu der in modern-alexandrinischer Weise auf feinberechnete Wirkungen ausgehenden und mit Zügen entlegener Mythen geschmückten Erzählung. Aus später Zeit stammen die orphischen H. (*Orphik). – Sehr viele lyrische Dichter haben auch Götter-H. geschrieben. Wirkliche Kultlieder sind mehrere inschriftlich bei den Heiligtümern gefunden worden (*Sophokles), in Delphi sogar mit Noten für den Gesang. *Ariphron. *Isyllos. *Mesomedes. – Der berühmteste röm. H., ein echtes Kultlied, ist das *Carmen saeculare* des *Horatius.

Homerische H.: T: TWAllen, 1946 (Oxf. Cl.). TÜ: AWeiher, 6. A. 1989 (Tusc.). Ü: RBorchardt, Altionische Götterlieder (Ges. Werke Bd. 5, 1958). Thassilo v. Scheffer, 1948. – Delphische H.: T: Diehl II (*Lyrik).

Hypatia, Tochter des Mathematikers und Astronomen Theon in Alexandreia, † 415 n. Chr., Mathematikerin und neuplatonische Philosophin, Lehrerin des *Synesios. Als berühmteste Vertreterin der heidnischen Wissenschaft wurde sie von dem verhetzten christlichen Pöbel ermordet.
ChLacombrade, in Reallexikon f. Antike und Christentum 16, 956-967.

Hyperboreer, ein glückseliges Volk, das sich die Griechen als im hohen Norden wohnend dachten. Der delphische Apollon weilte in den Wintermonaten dort.
VKWendt, Das Geheimnis der H., 1984. HMWerhahn, in Reallexikon f. Antike und Christentum 16, 968-986.

Hypereides, athenischer Redner, 390-322 v. Chr., Schüler von Platon und Isokrates. Er war ein Führer der makedonenfeindlichen Partei und wurde deswegen von Antipatros grausam hingerichtet. 7 Reden wurden seit 1847 in Papyri entdeckt; doch fehlt seine berühmteste, in der er die Hetäre Phryne verteidigte. Er soll am Ende seine Klientin vorgeführt und ihren Busen entblößt haben, worauf die Richter es nicht übers Herz brachten, die göttlich schöne Frau zum Tode zu verurteilen.
T: CJensen, 1917 (Nachdr. 1963, Tb). TÜ (franz.): Colin, 1946 (Budé). Burtt, Minor attic orators II (Loeb L.). Ü: WSTeuffel, 1882 (OS). – JEngels, Studien zur politischen Biographie des H., 1989 (Diss. Köln). – Bildnis: Schefold.

Hyperion, Beiname des *Helios, bei Hesiod Vater des Helios.

Hypnos, der Gott des Schlafes, und *Thánatos*, der Gott des Todes, waren Zwillingskinder der Nacht. In der Kunst sind sie meist als geflügelte Jünglinge dargestellt. *Sarpedon.

Hypokaust, in der Kaiserzeit sehr verbreitete Art der Heizung. Die Wärme wurde von der Feuerstelle, die von außerhalb des Baues geschürt wurde, unter den auf Pfeilern ruhenden Fußboden des zu wärmenden Zimmers geleitet. Die Abzüge liefen durch Hohlziegel in den Wänden. In Italien heizte man so vor allem Bäder, in den Villen im Norden auch die Wohnräume.
GFusch, Über H.-Heizungen, Diss. T.H. Hannover 1910. EBrödner, Untersuchungen an den Heizungsanlagen der röm. Thermen in Nordafrika (Germania 36, 1958, 103-113). FKretzschmer, Saalburgjahrbuch 12, 1953 (experimenteller Betrieb einer Rekonstruktion). DKrencker-Krüger, Die Trierer Kaiserthermen, 1929.

Hypothesis, literarhistorisch-ästhetische Einleitung, wie sie die alexandrinischen Gelehrten (*Aristophanes 2) vor die von ihnen herausgegebenen Dramen setzten. Außer der Inhaltsangabe enthielt sie die für uns sehr wertvollen Angaben über Zeit und Umstände der Erstaufführung

(*Didaskalien). In verstümmelter und durch Zusätze entstellter Form stehen die H. noch in unseren Ausgaben; ähnlich auch in denen der röm. Komiker Plautus und Terenz (Inhaltsangaben in Versen, sog. *argumenta*).

Hypsipyle, Tochter des Königs Thoas von *Lemnos. Die lemnischen Frauen hatten durch Unterlassung der Opfer den Zorn der Aphrodite auf sich gezogen: Ihre Männer, die im fernen Thrakien Krieg führten, nahmen sich dort andere Weiber. Da beschlossen sie, die Zurückgekehrten zu ermorden. Einzig H. rettete heimlich den alten Vater, sonst blieb kein männliches Wesen auf der Insel am Leben. H. wurde Königin der Fraueninsel. Als aber später die *Argonauten erschienen, nahmen die vereinsamten Lemnierinnen sie freudig auf, und nach ihrem Abschied wuchs ein neues Geschlecht heran. Auch H. gebar dem Iason einen Sohn (Schilderung der Episode bei *Apollonios v. Rhodos). Bald nachher wurde sie, da man die Rettung ihres Vaters erfuhr, vertrieben, kam nach Nemea und wurde dort Wärterin des Königssöhnchens Opheltes. Als die *Sieben Helden gegen Theben vorüberkamen, zeigte H. den Durstigen eine Quelle. Doch unterdessen tötete eine Schlange das im Grase liegende Kind. Die Sieben nannten es *Archémoros* (Vorgänger im Tod, weil Amphiaraos den Tod als Vorzeichen ihres eigenen Untergangs deutete) und stifteten zu seinen Ehren die Nemeischen Spiele.
Von dem Drama *H.* des Euripides besitzen wir nur kleine Bruchstücke.

Hystaspes, Beschützer des *Zarathustra, Magier. Ammianus hält ihn für identisch mit dem Vater von *Dareios I. Unter dem Namen des H. ging in der Kaiserzeit ein *apokryphes Buch, aus dem Lactantius (inst. 7, 18, 2) eine Weissagung über das Weltgericht zitiert.

I

Iakchos, ekstatischer Gott der eleusinischen Mysterien, Sohn von Zeus und Demeter, Bräutigam der Kore. Der Name kommt von dem Jubelruf *(iaché)* der Teilnehmer am Festzug. Man setzte I. dem Bakchos = Dionysos gleich.

Iamblichos. – 1. I. von Chalkis in Syrien, neuplatonischer Philosoph Anfang 4. Jh. n. Chr. Er vereinigte die gesamte heidnische Theologie, Philosophie und Wissenschaft in einem System, in dem auch primitiver Aberglauben, Mantik, Astrologie, Zauberei und Dämonenglauben ihren Platz hatten; er verrichtete selbst Wunder. Erhalten sind mehrere Bücher *Pythagoreische Lehren* und eine Schrift *Über die ägyptischen Mysterien.* Seine Wirkung auf die Folgezeit (Kaiser Iulianus) bis über das Mittelalter hinaus war gewaltig.
T: Pistelli-Festa-deFalco, 1888-1922 (Nachdr. 1975, Tb). *Leben des Pythagoras:* T: LDeubner, 1937 (Nachdr. 1975, Tb). TÜ: MvAlbrecht, 1963 (AW). TÜK: JDillon, Atlanta 1991. *Proteptikos (Hinführung zur Philosophie):* TÜ: EDesPlaces, 1989 (Budé). Ü: OSchönberger, 1984. *Myst.:* T: GParthey, 1857 (Nachdr. 1987). Ü: ThHopfner, 1922. *K zu Platon* (Frg.): TÜK: Dillon, Leiden 1973. – HJBlumenthal-EGClarke (Hg.), The divine I., Bristol 1993. BNasemann, Theurgie und Philosophie in I.s De mysteriis, 1991.
2. Syrischer Schriftsteller, schrieb Ende 2. Jh. n. Chr. einen gr. Abenteuerroman *Babyloniaka* in mindestens 16 B., dessen Umriß uns durch den Auszug des Photios (Bibl. cod. 94) kenntlich wird.
T (Frg.): EHabrich, 1960 (Tb).

Iambos. – 1. *Versbau. – 2. Schmähgedicht (*Archilochos).

Ianiculum, Hügel Roms jenseits des Tiber, mit der Stadt durch den *pons *sublicius* verbunden.

Ianus, röm. Gott der Tordurchgänge *(iani)*, des Anfangs und Endes (*Hestia). Hauptfest war das *Agonium* am 9. Jan. Auf dem 1-As-Geldstück war das Bild des I., ein Kopf mit 2 Gesichtern (im Profil nach links und rechts) geprägt. Am Forum stand das alte, angeblich von König Numa erbaute I.-Tor, das nur in Friedenszeiten geschlossen werden durfte. Vor Augustus war das nur einmal (237 v. Chr.) der Fall gewesen, unter Augustus 3mal.

Iason: *Argonauten.

Iavolenus Priscus, Octavius, röm. Jurist, cos. ca. 90 n. Chr.
OHiltbrunner, Prisce iubes, in Savigny-Zschr., Roman.Abt. 96, 1979, 31-42.

Iberer, Bevölkerung Spaniens: *Hispania.

Ibykos aus Rhegion (Süditalien) trat in den Städten Großgriechenlands und Siziliens als Sänger auf. Um 540 v. Chr. ging er an den Hof des Polykrates nach Samos. Dort wandte er sich von der Art des *Stesichoros mehr dem äolischen Liede zu und schrieb dorische Chorlieder, meist zum Preise schöner Knaben. Die Alexandriner teilten seine Gedichte in 7 Bücher ein; wir besitzen sehr wenig davon. Die Entdeckung seiner Ermordung durch Kraniche ist eine späthellenistische Novelle.
T: Diehl (*Lyrik). DLPage, Poetae melici Graeci, 1962. TÜ: BSnell-ZFranyó, Frühgr. Lyriker 4, 1976. Loeb L. (Lyra Graeca 3).

L. **Icilius**, Volkstribun 456/5 v. Chr., setzte durch, daß die Tribunen das Recht erhielten, den Senat zu berufen, und die Plebeier auf dem Aventin angesiedelt wurden. *Verginia.

Ida, Gebirge: – 1. bei Troia, Schauplatz des Raubs des *Ganymedes und des Parisurteils (*Eris), Hauptsitz des Kultes der *Kybele (idäische Mutter). – 2. auf Kreta, wo Zeus erzogen wurde.

Idas und **Lynkeus**, Söhne des Aphareus. I. und Apollon warben beide um die Liebe Marpessas; I. entführte sie. Zwischen den Liebhabern entspann sich ein Kampf, den Zeus schlichtete; Marpessa wählte den I. – I. und L. nahmen am *Argonautenzug und der *Kalydonischen Jagd teil. Sie fielen im Kampf mit den Dioskuren (*Leukippiden).

Ideenlehre, die Lehre Platons, daß im wahren Sein ewige und unveränderliche Urbilder *(idéai)* existieren, von denen die Dinge der Erscheinungswelt nur Schattenbilder sind. Die reinste der Ideen ist die Idee des Guten. Aristoteles gab die I. auf, doch erweckten sie die Neuplatoniker wieder.
TÜK: HGGadamer, Plato: Texte zur I., 1978. – Gronau, Platos I. im Wandel der Zeiten, 1929. Natorp, P.s I., 1921.

Iden: *Idus.

Idomeneus, Enkel des Minos, Anführer der Kreter vor Troia.

Idus, im röm. Kalender der 13. (im März, Mai, Juli, Okt. der 15.) Tag des Monats, als Vollmondtag dem Iuppiter heilig.

Idyllen, kleine Gedichtchen verschiedenen Inhalts. Die Bezeichnung *eidýllia* wurde zuerst der Sammlung der bukolischen Gedichte des *Theokritos beigelegt. Das Wort ist abgeleitet von gr. *eidos*, was «Stilart, Tonart» bedeuten kann. *Eidyllia* wären demnach Gedichtchen in verschiedenen individuellen Tönen; danach würde dann auch das einzelne Gedicht der Sammlung als *eidyllion* bezeichnet. Andere antike Erklärungen sind weniger annehmbar. Der Titel stammt kaum von Theokrit selbst. Doch ist es seine Hirtenpoesie, an die man bei dem Wort zuerst denkt; daher verbindet sich heute mit Idyll die Vorstellung der ländlichen Ruhe, die in dem Wort an sich nicht lag.

Ierusalem. Als Alexander d. Gr. die Perser bei Issos besiegt hatte (333 v. Chr.), nahmen die Juden von I. (gr. *Hierosolyma*) freiwillig seine Herrschaft an. In der Diadochenzeit gehörte die Stadt zuerst den *Ptolemäern, ging aber 198 endgültig an die *Seleukiden verloren. Diese, besonders Antiochos IV. (175-164), suchten die Juden zu hellenisieren, was das Volk zu fanatischem Widerstand reizte. Unter Führung der Makkabäer errangen sie 142 die Unabhängigkeit. 63 griff Pompeius in einen Thronstreit ein und unterstellte den von ihm anerkannten Fürsten dem Statthalter von Syrien. Unter *Herodes, der 40 in Rom zum König der Juden ernannt wurde und 37 I. eroberte, wurde die Stadt befestigt und mit Prachtbauten geschmückt (Königspalast, Umbau des Tempels). 66 n. Chr. verboten die *Zeloten* (Eiferer) alle fremden, d. h. röm. Opfer. Es kam zum Bürgerkrieg mit der gemäßigten Partei und nach Niedermetzelung der röm. Cohorte in I. zum Krieg mit Rom. Vespasian übergab nach seiner Ernennung zum Kaiser das Kommando seinem Sohn Titus. Vom April bis Sept. 70 wurde die Stadt schrittweise gegen die mit verzweifeltem Mut kämpfenden Juden erobert und vollständig zerstört (Bericht bei *Iosephus). Auch damit aber war die nationale Leidenschaft der Juden nicht gebrochen. Als Hadrian die Beschneidung verbot und an der Stelle I.s eine röm. Kolonie anlegen wollte, flammte 132/5 wieder ein Aufstand auf. Nach dessen Niederwerfung baute Hadrian die röm. Colonie Aelia Capitolina, deren Betreten den Juden bei Todesstrafe verboten war. Seit dem 3. Jh. wurde I. immer mehr zum Ziel christlicher Wallfahrer (*Peregrinatio Aetheriae); Kaiser Constantinus und seine Mutter *Helena, später besonders Iustinianus, bauten christl. Kirchen. 638 ergriffen die Araber von I. Besitz.

Igeler Säule, Grabmal aus der 1. H. des 3. Jh. n. Chr. an der Straße südwestl. von Trier. Die Reliefs an dem 23 m hohen Pfeiler zeigen teils mythologische Szenen, teils Bilder aus dem Alltagsleben. Auf der Spitze entführt ein Adler den Ganymedes.
JMersch, Das Denkmal von I., Luxemburg 1985.

Ignatius, Bischof von Antiocheia, starb als Märtyrer unter Kaiser Traian. Von ihm sind 7 *Briefe* erhalten.
TÜ (franz.): Camelot, 1969 (S.chrét. 10). ÜK: WRSchoedel, 1990.

Iguvium (Gubbio), alte Stadt in Umbrien. Hier wurde 1444 das Hauptdenkmal der umbrischen Sprache entdeckt, 7 Bronze-Tafeln mit Kultvorschriften.
T: AProsdocimi, Le tavole Iguvine, Firenze 1984. TÜ: IDevoto, *Tabulae Iguvinae*, Rom 1962. TÜK: JVPoultney, The bronze tables of I., 1959. WABorgeaud, Fasti umbrici, études sur le vocabulaire et le ritual des tables eugubines, Ottawa 1982. Vetter (*Dialekte). – SStoddart-CMalone, Territory, time and state, the archaeol. development of the Gubbio Basin, Cambridge 1994.

Ikarios. – 1. Athener, nach dem der attische Demos *Ikaria* hieß. Zum Dank für gastliche Aufnahme hatte ihm Dionysos die Weinrebe geschenkt. Doch als er umherzog, um die Gabe des Gottes zu verbreiten, erschlugen ihn die berauschten Bauern. Seine Tochter Erigone fand, geleitet von dem treuen Hunde Maira, den Toten und erhängte sich aus Gram. Zu Sühnung führten die Athener das Schaukelfest *(Aióra)* ein, bei dem an Bäumen aufgehängte Bildwerke geschaukelt wurden. – 2. Vater der *Penelope.

Ikaros: *Daidalos.

Iktinos, Architekt, der mit *Kallikrates den Parthenon auf der *Akropolis erbaute und einen Entwurf für das Telesterion von *Eleusis erstellte. Ob er auch der Architekt des Apollontempels von *Phigaleia ist, wie *Pausanias berichtet, ist bezweifelt worden.
RCarpenter, Die Erbauer des Parthenon, 1970.

Ilerda, Stadt in Hispania (Lerida), wo Caesar 49 v. Chr. das pompeianische Heer zur Kapitulation zwang.
FLara Peinado, Lerida romana, Lerida 1973.

Ilia: *Rhea Silvia.

Ilias: *Homeros II.

Ilion (*neutr.*, bei Homer meist Ilios *[fem.]*): *Troia.

Ilione, älteste Tochter des *Priamos, Gattin des Thrakers Polymestor. Priamos vertraute ihr seinen jüngsten Sohn Polydoros an, den sie für ihr eigen Kind ausgab, während sie ihren wirklichen Sohn von Polymestor als Polydoros erscheinen ließ. Von den siegreichen Griechen bestochen, wollte Polymestor den Polydoros ermorden und tötete so das eigene Kind. Auf den Rat des Polydoros brachte I. darauf den Gatten um. Eine andere Version der Sage: *Hekabe.

Illyrier, ein Volk indogermanischer Sprache, das sich im 2. Jahrtausend v. Chr. in Mitteleuropa von der Lausitz bis in den Nordwesten der Balkanhalbinsel ausbreitete. Die durch diese illyrische Wanderung vor 1000 v. Chr. verdrängten Völker waren die *Dorier, die nach Griechenland, und die *Italiker, die nach Italien einwanderten, beide vermengt mit Volkssplittern der vorwärtstreibenden I.: Der eine der 3 dorischen Stämme, die Hylleer, waren I., ebenso in Italien die Iapyger und Messapier an der Adriaküste im Süden. Als Kern der I. galten den Griechen und Römern die Stämme im Bergland östl. der Adria. Die I. an der Küste von *Dalmatien waren gefürchtete *Seeräuber. 230-228 besiegten die Römer die Königin Teuta (1. Illyr. Krieg). Der letzte König, Genthios, hatte sich 169 Perseus von Makedonien angeschlossen, wurde 168 bei Skodra geschlagen und lebte fortan in *Iguvium als Gefangener. Nach der endgültigen Befriedung (9 n. Chr.) wurde Illyrien romanisiert (Provinzen Dalmatien und Pannonien). Die I. wurden Kerntruppen des röm. Heeres, und aus diesen stiegen mehrere Kaiser empor, darunter der große *Diocletian. Reste der illyr. Sprache in messapischen Inschriften. Einzelne Spuren leben fort im Albanischen.
HFrommer, Die I., 1988. AStipčević, The Illyrians, Park Ridge 1977. JWilkes, The Illyrians, London 1992. – HKrahe, Die Sprache der I., 1955.

Imperium, die unumschränkte Gewalt des röm. Befehlshabers. Da innerhalb der Stadt Rom die Befugnisse beschränkt waren, zeigte sich das

I. vor allem im Felde. Es kam den Consuln und, ihnen im Range nachgeordnet, den Praetoren zu, ebenso den Beamten mit consularischer oder praetorischer Gewalt (z. B. Provinzstatthaltern), als *summum i.* dem *Dictator. Kraft des I.s hoben sie Soldaten aus, führten den Krieg, schlossen Staatsverträge (schon bald wurde hierzu das Einverständnis von Senat und Volk erforderlich), verfügten über die Beute, prägten in den Provinzen Münzen und sprachen Recht (gegen Todesurteile konnten röm. Bürger **Provocatio* erheben). Den Titel *Imperator* erhielt der Feldherr erst, wenn ihn nach einem Siege die Soldaten dazu ausriefen. Dann konnte er sich um den *Triumph bewerben. Da aber mit dem Überschreiten der Stadtgrenze das I. erlosch, durfte der *Imperator* die Stadt nicht vor dem Tage des Triumphs betreten. Seit Caesar (45 v. Chr.) wurde *Imperator* erblicher Titel der Kaiser, denen die oberste Leitung der Heere und das Recht des Triumphs als wesentlicher Teil der kaiserlichen Macht vorbehalten blieb. – I. hieß auch der Bereich, innerhalb dessen der Beamte seine Macht ausübte; daher *I. Romanum* = das röm. Weltreich.

AHeuss, Zum I. des röm. Oberbeamten, in Zschr. der Savigny-Stiftung 64, 1944. AGiovannini, Consulare I., 1983. FMillar, The Emperor in the Roman world, London 1994. JBéranger, Recherches sur l'aspect idéologique du principat, 1953. RCombès, Imperator, 1966.

Inachos. – 1. Fluß von Argos. – 2. Ältester König von Argos, Vater der *Io. Von *Sophokles besitzen wir zwei Bruchstücke eines I.-dramas, das wahrscheinlich ein Satyrspiel war. Zeus weilt unerkannt in Gestalt eines Mohren als Gast bei I., und Zeus selbst (nicht wie in der geläufigen Sage Hera) verwandelt Io in eine Kuh.

Indien. Frühe Handelsbeziehungen mit I. wickelten sich über das Perserreich als Vermittler ab. Genauere Kunde verschaffte der Feldzug Alexanders d. Gr. (325 v. Chr.); doch hatte er den Indus zuerst noch für den Nil gehalten. In den östlichsten der Gebiete, die Alexander mit gr. Siedlern besetzt hatte, entwickelte sich in der röm. Kaiserzeit eine gr.-indische Mischkultur (Gandhara-Kunst). Um 117 v. Chr. entdeckte der ägypt. Seefahrer Hippalos die Möglichkeit der direkten Fahrt mit Hilfe der Monsunwinde; die niedergehende Wirtschaft des Ptolemäerreichs erhielt damit einen kräftigen Auftrieb. Aber zugleich ergab sich für Rom die Notwendigkeit, die neue Schlüsselstellung des Welthandels in Ägypten zu beherrschen. Die Römer trieben in der Kaiserzeit über Aegypten einen intensiven Seehandel mit I. Für Drogen und Edelsteine flossen gewaltige Gelder dorthin.

KKarttunen, India in early Greek Literature, Helsinki 1989. WWTarn, The Greeks in Baktria and India, 1951. AKNarain, The Indo-Greeks, 1957. MHallade-HHinz, I.-Gandhara, 1968. – Handel: Quellen: Ü: RCMajumdar, The classical accounts of I., Calcutta 1981. TÜK: LCasson, The Periplus maris Erythraei, Princeton 1989. – ADihle, Der Seeweg nach I., in Antike und Orient, Gesammelte Aufsätze, 1984. ANRW II; 9,2, 546-580.

Di **Indigetes**, eine Klasse altröm. Götter. Die eigentliche Bedeutung des Wortes war schon den Römern des 1. Jh. v. Chr. nicht mehr klar; sie versuchten verschiedene Deutungen. Daß die *Di i.* die einheimischen Götter im Gegensatz zu den neuen aus der Fremde (Griechenland) eingeführten *Di novensiles* gewesen seien, ist eine moderne Hypothese, deren Gültigkeit mit Recht bestritten wird. Nach einer neueren Deutung von Vetter (Idg. Forschungen 62, 1955) wären die *Di novensides* (sic!) ‹Neunsitzer›, die Totengötter jener 9 Tage, welche ein Haus nach dem Todesfall unrein bleibt, die *i.* die Geister, denen Opfergaben von Staats wegen ins Grab hineingegeben werden. Von der Bezeichnung der *Di i.* abgeleitet ist das Wort *indigetare* «Die Götter (nicht nur die *Di i.!*) anrufen». *Indigitamenta* hießen die Gebetsformeln mit Anrufung mehrerer Gottheiten. Um Erfolg zu haben, mußte man den Gott mit dem richtigen Namen nennen. Man fügte deshalb vorsichtig hinzu: «Sei es ein Gott oder eine Göttin oder sei es, daß er mit irgendeinem andern Namen genannt werden muß.»

Indogermanen nennt die Sprachwissenschaft seit dem 19. Jh. die Gruppe von Menschen, welche die Urform jener untereinander verwandten Sprachen redeten, als deren östlichste Vertreter die alten Inder, als westlichste die Germanen galten. (Die keltischen Iren gehören mit dazu; außerhalb des Deutschen spricht man korrekter von Indoeuropäern). Ihre Urheimat nimmt man heute meist in Südrußland an. Aus den Gemeinsamkeiten der uns bekannten indogermanischen Einzelsprachen lassen sich eine Anzahl von Wortsinnträgern (Wurzeln), Wortbildungselementen, einfachen Satz- und Versbautypen rekonstruieren; vor allem ergibt sich ein gemeinsames System der Konjugation und Deklination und der Wortarten. Die angenommene ursprüngliche Einheit gliederte sich zuerst in zwei Hauptgruppen, die Satem- und die Centumsprachen: Der erste Laut des Wortes für 100 ist im Indoiranischen und Baltoslavischen ein S-Laut, im Griechischen *(he-katon)*, Lateinischen *(centum)*, Keltischen und Germanischen ein Guttural. Es vollzogen sich dann immer weitere Abspaltungen, z. B. aus der keltisch-italischen Gruppe das Italische, aus diesem das Latein (*Dialekte), aus dem Lat. das Französische, neben den Schwestersprachen auf jeder Stufe. Die ältesten uns durch Texte bekannten idg. Sprachen sind das Hethitische, das mykenische Griechisch und das Altindische (Sanskrit) der Veda-Gedichte. Europa ist heute fast ganz von Trägern indogermanischer Sprachen bewohnt. Eine Ausnahme sind Finnen, Esten und Ungarn (ugrofinnische Sprachgruppe), die Basken (Vertreter der im Mittelmeerraum vor der Einwanderung der I. gesprochenen Sprachen) und die Balkan-Türken.

HHirt, Indogermanische Grammatik, 1927ff. WPorzig, Die Gliederung des idg. Sprachgebiets, 1954. HKrahe, Idg. Sprachwissenschaft, 1959; ders. Einleitung in das vergleichende Sprachstudium, 1970. JPMallory, In search of the Indo-Europeans, London 1989. WMeid, Archäologie und Sprachwissenschaft, Kritisches zu neueren Hypothesen, 1989 (Innsbrucker Beitr. z. Sprachwiss. 43). RDrews, The coming of the Greeks, Princeton 1988. – JPokorny, Idg. Wörterbuch, 1959-69.

Ino. Athamas, der König von Orchomenos, hatte aus erster Ehe mit Nephele zwei Kinder, *Phrixos und Helle, von der zweiten Gemahlin, der Kadmostochter Ino, die Söhne Learchos und Melikertes. Ino suchte die

Stiefkinder zu verderben, indem sie ein Orakel fälschte, das deren Opferung befahl. Doch sie retteten sich auf dem Widder mit dem goldenen Vlies, der sie übers Meer entführte. Athamas wurde rasend, tötete den Learchos und verfolgte Ino. Diese stürzte sich mit Melikertes ins Meer; beide wurden in Meergottheiten verwandelt. Als Leukothea steht Ino den Schiffern in Seenot bei. Die attischen Tragiker gestalteten die Sage vielfach um.

Inschriften (gr. *epigraphaí*, lat. *inscriptiones*) wurden in Stein gemeißelt (die Buchstaben zur besseren Sichtbarkeit mit roter Farbe nachgezogen), in Metall graviert, auf Holztafeln (*Album) oder Wände gemalt. Eine besondere Gattung sind die Graffiti, I., die bei Gelegenheit schnell eingeritzt wurden, etwa wenn Fremde an Sehenswürdigkeiten ihre Namen verewigten oder Gassenbuben von *Pompei die Wände bekritzelten. Nicht mit den I., sondern mit den Papyri werden die Ostraka (Tonscherben als Papierersatz) behandelt. Am häufigsten sind Stein-I., Metall seiner Kostbarkeit wegen selten, Holz ganz verschwunden, Farbe nur in Pompeii erhalten. Ihr Inhalt ist sehr mannigfaltig: Grabschriften, Weihungen an Götter, Ehren-I., Gesetze und Staatsurkunden, Kalender *(*Fasti)*, Diplome, Verfluchungen (*Zauberei), Reklamen usw. Unser Bild des antiken Lebens und der Geschichte, das aus den rein literarischen Quellen sehr einseitig bleiben muß, wird durch die I. unendlich bereichert.
Berühmte I.: *Ankyra. *Forum-I. *Fibula. *Satricum. *Bantia. *Iguvium. *Gortyn. *Epidauros. *Hymnen. *Dareios. *Sassaniden. – T: Gesammelt sind die lat. I. im *Corpus Inscriptionum Latinarum* (CIL), die gr. in den *Inscriptiones Graecae* (IG). Für Italien neueste Spezialsammlungen: *Inscriptiones Italiae. Monumenta epigraphica christiana.* Für Kleinasien: Tituli Asiae minoris (TAM). Außer diesen großen Werken gibt es handliche Auswahlen, z. B. lat: Dessau. Diehl (christl. I.). Bücheler, *Carmina epigraphica.* – gr.: Dittenberger, *Sylloge.* Schwyzer, *Dialectorum gr. exempla epigraphica.* WPeek, Gr. Vers.-I. Bd. I, 1955. – TÜ: GPfohl, Gr. I., 2. A. 1980 (Tusc). WPeek, Gr. Grabgedichte, 1960. HGeist, Pompeianische Wand-I., 1960 (Tusc.); ders., Röm. Grab-I., 1969 (Tusc.). LSchumacher u.a., Röm. I., 1988 (Reclam). TK: GWalser, Röm. I.-Kunst, 1988. Ü: KBrodersen-WGünther-HHSchmitt (Hg.), Historische gr. I. in Ü. 1992ff. HFreis, Historische I. zur röm. Kaiserzeit, 1984. – GKlaffenbach, Gr. Epigraphik, 2. A. 1966. GPfohl, I. der Griechen, 1972. EMeyer, Einführung in die lat. Epigraphik, 3. A. 1991.

Insubrer, keltischer Stamm in Norditalien *(Gallia Transpadana)*, Hauptstadt *Mediolanum (Mailand), seit 194 v. Chr. endgültig unter röm. Herrschaft.

Io, Tochter des Königs *Inachos von Argos. Zeus liebte sie, doch die eifersüchtige Hera verwandelte sie in eine Kuh und ließ sie von dem hundertäugigen Wächter Argos bewachen. Hermes tötete diesen auf des Zeus Gebot; aber Hera sandte eine Bremse, die mit ihrem Stachel Io jagte. Wahnsinnig durchirrte sie die Länder, ging über den Bosporus

(Kuhfurt) nach Asien und fand endlich in Aegypten Ruhe. Dort gebar sie dem Zeus den Epaphos.
Aischylos verwendet die Sage in den *Hiketiden* und läßt im *Prometheus* Io auf ihrer Irrfahrt zu dem gefesselten Titanen kommen, der ihr ihre weiteren Schicksale voraussagt.
Bildl. Darstellung: Io mit Argos und Hermes auf pompeianischen Wandgemälden, die vielleicht auf ein Gemälde des *Nikias (2) zurückgehen.

Iohannes. – 1. Der Apostel: *Patmos. – 2. *Chrysostomos. – 3.*Cassianus. – 4. *Stobaios. – 5. I. Lydos schrieb wahrscheinlich um 554 n. Chr. in Konstantinopel ein Buch *Peri archon* (Über die Ämter), eine wichtige Quelle für unsere Kenntnis von der byzantinischen Beamten-Hierarchie im Staat Iustinians.
T: RWünsch, 1903 (Tb, Nachdr. 1967). TÜK: ACBandy, Philadelphia 1983. – MMaas, John L. and the Roman Past, London 1992.
6. I. Philoponos, Philosoph und Theologe in Alexandreia zu Anfang des 6. Jh., der erste chr. Kommentator des Aristoteles. In 18 Büchern *Gegen Proklos* bestritt er die neuplatonische Lehre von der Unvergänglichkeit der Welt.
T: Comm. in Aristotelem gr. 13-17, 1897-1909. TK *(De aeternitate mundi):* ChrWildberg, John Ph.s Criticism of Aristotle's Theory of Ether, 1988. ÜK (Ausw.): WBoehm, 1967. – RSorabji, Ph. and the rejection of Aristotelian science, Ithaca, 1987.

Iokaste: *Oidipus.

Iolaos, Sohn des *Iphikles, Waffengefährte und Wagenlenker des Herakles. Nach dessen Tod schützte er seine Kinder.

Iole, Tochter des Königs Eurytos von Oichalia (*Herakles).

Ion. – 1. Sohn des Xuthos (nach Euripides des Apollon) und der Athenerin Kreusa, Stammvater der Ionier.
Tragödie des *Euripides: MImhof, Eur. Ion, eine literar. Studie, 1966.
2. I. v. Chios, ca. 490-422 v. Chr., ein sehr vielseitiger Schriftsteller. Er versuchte sich in allen Gattungen der Dichtung (außer dem Epos), am erfolgreichsten als Tragiker. In Prosa schrieb er *Geschichte, Philosophie* und vor allem die *Epidemíai* (Aufenthalte, Memoiren), in denen er allerlei erzählte, was ihm auf seinen Reisen begegnet war. Wir besitzen nur Weniges davon durch Zitate späterer Schriftsteller, gerade genug, um zu erkennen, mit wie feiner Charakterisierungskunst er die berühmten Männer Athens zu zeichnen verstand. So zeigte er Sophokles als geistvoll frohen Gesellschafter beim Symposion in Chios.
T: ALeurini, Amsterdam 1992. FJacoby (*Geschichtsschreibung) III B Nr. 392. Ü (Sophoklesepisode): Bruns, Das literarische Porträt der Griechen, 1896, 50ff. HStrasburger, Aus den Anfängen der gr. Memoirenkunst, in Studien z. alten Geschichte 3, 1990, 341-351.

Ionien. Die Ionier gehörten zu den ersten gr. Einwanderern. Nach der dorischen Wanderung blieben ihnen im Westen nur Attika und Euboia; die übrigen Ionier waren auf die Inseln und an die Mitte der kleinasiat.

Westküste gezogen. Die Verwandtschaft zeigte sich in der Sprache (der attische Dialekt steht dem im engern Sinne ionischen nahe) und dem in Athen, auf den Inseln und in den Ionierstädten Kleinasiens in gleicher Weise gefeierten Apaturienfest. Politisch hatten sich die 12 ion. Städte Asiens zu dem *Panionion* genannten Bunde vereinigt: Chios, Erythrai, Teos, Kolophon, Ephesos, Samos, Priene, Miletos, Phokaia, Klazomenai, Lebedos, Myus; später trat das urspr. äolische Smyrna bei. Das jährliche Bundesfest *(Panionia)* begingen sie bei dem *Panionion* genannten Poseidonaltar am Mykalegebirge (1957 ausgegraben). Infolge ihrer Lage am Ende der Handelswege aus dem Osten gelangten die Städte früh zu großem Wohlstand. Die Berührung mit den alten Kulturen des Orients weckte den ionischen Geist. Hier erblühte zuerst die Dichtung (Homer, Archilochos, *Elegie, *Lyrik) und die Prosaliteratur (Novelle, *Geschichtsschreibung, *Philosophie). Auch in Plastik, Architektur und Malerei zeigte sich die künstlerische Begabung, die beschwingte Leichtigkeit und Grazie, der raschbewegliche Sinn der Ionier. Sie waren die fortschrittlichsten aller Griechen. Doch zeigten sich bei ihnen auch am frühsten die Gefahren des gr. Individualismus: Ihre Demokratien wurden durch Parteikämpfe geschwächt, und Tyrannen rissen die Herrschaft an sich. Kroisos gliederte I. seinem Reiche ein, das dann an die Perser überging. Im Ionischen Aufstand 500-494 v. Chr. spielte I. zum letztenmal eine eigene weltpolitische Rolle. Später blühten die Städte wieder auf, bedeutende Künstler gingen aus ihnen hervor (*Apelles, *Parrhasios. Artemistempel von * Ephesos. *Asianismus).
HBerve, Gestaltende Kräfte der Antike, 1966. – GKleiner u. a., Panionion und Melie, 1967.

Ionisch. – 1. Sprache der Ionier. Der i. *Dialekt wurde auch von nichtionischen Griechen verwendet als Literatursprache für jene Gattungen, in denen Ionier die ersten führenden Werke geschaffen hatten: Naturphilosophie, Medizin, Geschichtsschreibung. – 2. I. Ordnung: *Architektur.

Iordanes verfaßte 551 n. Chr. 2 *Chroniken* der Geschichte der *Römer* und der *Geten,* diese ein Auszug aus der Gotengeschichte *Cassiodors (I. verwechselte die Namen Geten und Goten).
T: ThMommsen, 1882. *Getica:* T: FGiunta-AGrillone, Roma 1991. Ü: Martens, 1913.

Iosephus, Flavius, jüdischer Geschichtsschreiber, geboren 37/8 n. Chr. Zu Beginn des Jüdischen Krieges (66) wurde er gefangengenommen, erreichte seine Freilassung und machte die Eroberung Ierusalems im Lager des Titus mit. Er schrieb in gr. Sprache: 7 Bücher *Über den Jüdischen Krieg.* 20 Bücher *alte Geschichte der Juden* (Von der Weltschöpfung bis Nero). Eine *Selbstbiographie.* Eine Schrift gegen den Antisemiten *Apion.*
T: BNiese, 1887-95 (Nachdr. 1955). TÜ: Loeb L. (10 Bde.). Ü: HClementz, 1900-01 (oft nachgedruckt). Einzelne Schr.: *Jüd. Krieg:* TÜK: OMichel-OBauernfeind, 1963-82. TÜ: APelletier, 1975-82 (Budé). *Autobiogr.:* TÜ: APelletier, 2. A. 1983 (Budé). Ü: EBin Gorion, 1987. – WWe-

ber, I. und Vespasian, 1921. TRajak, I., 1994. KSKrieger, Geschichtsschreibung als Apologetik, 1994. – *Hegesippus.

Iovianus, Flavius Claudius, wurde 363 n. Chr., nach dem Tode des *Iulianus, zum Kaiser gewählt, erkaufte den Rückzug durch einen schimpflichen Frieden mit den Persern und hob als Christ alle gegen die Kirche gerichteten Erlasse Iulians auf. † 364.

Iphigeneia, die Tochter *Agamemnons, die dieser in Aulis der Artemis opfern mußte. Doch die Göttin ließ während des Opfers eine Hirschkuh I.s Stelle einnehmen und entrückte die Jungfrau als Priesterin in ihr Heiligtum bei den Taurern (*Tauroi). I.s Bruder Orestes wurde nach der Tötung der Mutter von den Erinyen verfolgt. Da verhieß ihm Apollon Rettung, wenn er das Bild der Artemis von den Taurern nach Attika bringe. I. aber mußte die Fremden der Artemis opfern, und beinahe hätten Orest und sein Begleiter Pylades dieses Schicksal erlitten. Doch die Geschwister erkannten sich und flohen mit dem Götterbild in die Heimat. *Brauron.
2 Tragödien des Euripides: *I. in Aulis* (*Agamemnon). Ü: FrSchiller. *I. bei den Taurern*. Aischylos hat im *Agamemnon* die Opferung in Aulis besungen (Chorlied). Bildl. Darstellungen: Opferung der I.: *Timanthes. I. bei den Taurern: *Timomachos.

Iphikles, Zwillingsbruder des Herakles (*Amphitryon).

Iphikrates, Sohn eines Schusters aus Athen, erfolgreicher Söldnergeneral. Er verlieh der thrakischen Waffengattung der Peltasten (Leichtbewaffnete mit kleinem Lederschild, Hut, Schwert und mehreren Wurfspeeren) erhöhte Stoßkraft, indem er das Schwert durch einen langen Degen ersetzte und ihnen zu den Wurfspeeren einen langen Handspieß gab. So konnten seine Peltasten es sogar mit *Hopliten aufnehmen; 390 v. Chr. vernichtete er eine ganze *Mora* (Abteilung) der Spartaner. † kurz vor 352. – Biogr.: *Nepos.

Ipsos, phrygische Stadt. Hier endete 301 v. Chr. die erste Periode der *Diadochenkriege: Antigonos und sein Sohn Demetrios Poliorketes erlagen der Koalition der übrigen Diadochen.

Irenaeus (gr. *Eirenaios*), Kirchenvater aus Kleinasien, 178-202 Bischof in Lyon. Hauptwerk: *Entlarvung und Widerlegung der falschen Gnosis* (gegen ketzerische Lehren), nur in lat. Ü. (das Griechische bruchstückweise) erhalten.
TÜ: S.chrét., 1952-82. Ü (Ausw.): HUvBalthasar, Gott im Fleisch und Blut, 1943. KV. – ABenoit, S.-Irenée, 1960.

Iris (der Regenbogen), die Götterbotin, in der Kunst als geflügelte Jungfrau dargestellt.

Ironie (gr. *eironeía*, die Haltung des Menschen, der sich als geringer hinstellt, als er wirklich ist). Sokratische I.: Sokrates trat nicht wie die Sophisten als Lehrer auf, sondern ging von der Überzeugung aus, daß er nichts wisse. Er ließ den Gesprächspartner sein Wissen darlegen, das vor seiner Kritik sich dann als eitel herausstellte. Diese Überlegenheit des voraussetzungslosen Nichtwissens über den Wahn des eingebildeten Wissens äußerte sich in zweifelnden Bemerkungen und in einer Führung des Gesprächsganges, die den Gegner in die Aporie (Verlegenheit) bringen und beschämen mußte. Doch lag S. jeder boshafte Spott fern; sein menschliches Nichtwissen empfand er fromm als Gegensatz des göttlichen Allwissens, sein Wahrheitssuchen als Gottesdienst.

Isaios aus Chalkis (Euboia), attischer Redner, † ca. 350 v. Chr. Als Fremder konnte er selbst nicht öffentlich auftreten. Er schrieb die Reden auf Bestellung (*Logograph 2) und hatte sich auf Erbschaftsprozesse spezialisiert. Von 64 *Reden* sind 10 vollständig, 2 in größeren Bruchstücken erhalten.
T: ThTalheim, 1903 (Tb). TÜ: PRoussel, 1960 (Budé). ESForster (Loeb L.). K: WWyse, 1907. Ü: OS. Münscher, Zeitschr. f. vgl. Rechtswissenschaft 37, 1919.

Isidoros von Milet: *Anthemios (2).

Isidorus, Bischof von Sevilla 600-636, der letzte große wissenschaftliche Schriftsteller der Antike. An der Schwelle des Mittelalters stehend, vermittelte er diesem eine Auswahl des antiken Bildungsgutes. Am bekanntesten wurden die 20 Bücher *Etymologien* oder *Origines*, in denen er in Form von Worterklärungen sein Wissen enzyklopädisch ausbreitet.
T: *Origines:* WMLindsay, 1911 (Oxf. Cl.). *De natura:* JFontaine, 1960. *De ecclesiasticis officiis* (Kirchenämter): ChMLawson, 1989 (Corp. Chr.). Rest: Migne lat. 83. TÜ (*Origines*, teilweise): Verschiedene Hg. in Auteurs latins du Moyen-Âge, Paris 1981ff. Ü (Geschichtliche Werke): AHeine, 1986. – JFontaine, Isidore de Séville et la culture classique dans l' Espagne, 2. A. 1983.

Isis, Hauptgöttin Aegyptens, Spenderin von Fruchtbarkeit und Segen aller Art, Gattin des Osiris und Mutter des Horos. Ihr Kult verbreitete sich im Hellenismus. Besonders im röm. Reich zur Kaiserzeit hatte sie viele inbrünstige Verehrer. Die Aegypter stellten sie mit einem Kuhhaupt dar, zwischen den Hörnern trug sie die Mondscheibe. Griechen und Römer gaben ihr ganz menschliche Gestalt. Die Priester trugen ein langes, weißes Leinengewand und in der Hand eine Klapper, das *Sistrum*.
*Plutarch, *I. und Osiris* (TÜK: ThHopfner, 1940-1 [Nachdr. 1967]). Peek, Der I.-hymnus von Andros, 1930. TK (Inschr.): MTotti, Ausgewählte Texte der I.- und Serapis-Religion, 1985. LVidman, Sylloge inscr. religionis Isiacae et Sarapiacae, 1969. – Cumont, Oriental. Religionen im röm. Heidentum, 6. A. 1972. RMerkelbach, I.-feste in gr.-röm. Zeit, 1963. LVidman, I. und Sarapis bei den Griechen und Römern, 1970. FSolmsen, I. among the Greeks and Romans, Cambridge Mass. 1979. JEingartner, I. und ihre Dienerinnen in der Kunst der röm. Kaiserzeit, Leiden 1991.

Ismene, Schwester der *Antigone.

Isokrates, athenischer Redner, 436-338 v. Chr. Er war Schüler der angesehensten Rhetoren und Sophisten: Teisias, Gorgias, Prodikos. Da er sich den Anforderungen eines öffentlichen Redners nicht gewachsen fühlte, schrieb er kurze Zeit Gerichtsreden, wandte sich dann aber ganz der Lehrtätigkeit zu. Seine Rednerschule erlangte bald Weltruf und machte ihn zum reichen Manne. I. hielt daran fest, daß die Rhetorik die wahre Bildung vermittle. Das Erkennen der Wahrheit im Sinne platonischer Philosophie hielt er für unerreichbar und sprach solchem Streben den praktischen Wert ab. So standen Rhetorik und Sokratische Schulen in scharfem Gegensatz. Platon läßt im Phaidros den Sokrates große Hoffnungen auf den jungen Mann I. setzen. Als dieses Kompliment geschrieben wurde, stand I. schon auf der Höhe seines Erfolgs. Weniger versöhnlich war Aristoteles. Er gründete 335 seine philosophische Schule bewußt im Gegensatz zu dem Bildungsideal des I. In seinen spätern Jahren trat I. mit politischen Schriften hervor. Wenn Demosthenes als athenischer Patriot handelte, so fühlte I. panhellenisch. Sein tiefer Schmerz war die politische Zersplitterung der gr. Kleinstaaten, die Griechenland von den Persern abhängig machte. So sah er schließlich in Philipp v. Makedonien den Retter, der die Griechen einigen und siegreich gegen den persischen Erbfeind führen sollte. I. starb bald nach der Schlacht bei Chaironeia. Wir besitzen je 7 *Schul-*, *Gerichts-* und *politische Reden* und 9 (nur zum Teil echte) *Briefe*. I. wollte in erster Linie Formkünstler sein: Schönheit des Stils und Wohllaut (er vermeidet den Hiat) galten ihm mehr als Gedankentiefe. Er wirkte nachhaltig auf die Politiker (*Timotheos 1), Redner (*Isaios, *Aischines, *Lykurgos, *Hypereides) und Historiker (*Ephoros, *Theopompos).
T: Benseler-Blass, 1878-79 (Tb). TK: RFlacelière, 1961. TÜ: Mathieu-Brémond, 1928-62 (Budé). MMarzi, Torino 1991. Ü: OS. Loeb L. ChrLey-Hutton, 1993 (*Reden 1-8*, BGL). *Panegyrikos:* ÜK: MEdwards, Greek orators 3, Chicago 1990. EBuchner, Der Paneg. des I., 1958 (Historia E. Schr. 2). – PCloché, I. et son temps, 1963. ChEucken, I., seine Positionen in der Auseinandersetzung mit den zeitgenössischen Philosophen, 1983. JLombard, I., rhétorique et éducation, Paris 1990. FSeck (Hg.), I., 1976 (WdF).

Issos, Küstenstadt *Kilikiens, wo Alexander d. Gr. 333 v. Chr. den Dareios besiegte.

Isthmos, die Landenge von *Korinth. Der Verkehr von Mittelgriechenland nach der Peloponnes führte über diesen einzigen Landweg, der durch eine Quermauer befestigt war. Für den Schiffsverkehr zwischen Osten und Westen war der I. ein Hindernis. Man mußte umladen oder die Schiffe über den *Diolkos* (Schleifbahn) von einem Meer ins andere ziehen. Immerhin zog man dies der langen und gefährlichen Fahrt um die Peloponnes herum vor. Schon im 6. Jh. v. Chr. trug sich *Periandros mit dem Gedanken eines Kanalbaus. Erst Kaiser Nero nahm den Durchstich wirklich in Angriff und tat selbst den ersten Spatenstich; sein Sturz verhinderte die Vollendung des Baus. Der moderne Kanal von 1893 (Länge 6,3 km) folgt der neronischen Baulinie. – Amerikanische Ausgrabungen seit 1952 haben die Stätte der Isthmischen *Spiele freigelegt

(Tempel des Poseidon, Stadion, Theater). Der Tempel, im 5. Jh. v. Chr. anstelle eines älteren Baus des 7. Jh. errichtet und im 4. Jh. v. Chr. nach einem Brand restauriert, stand bis ins 6. Jh. n. Chr., als er als Baumaterial für eine Festung benutzt wurde.
OBroneer, Isthmia, Excavations by the Univ. of Chicago, Princeton 1971ff. ERGebhard, The Theater at Isthmia, 1973. MLeGlay, Villes, temples et sanctuaires dans l'orient romain, Paris 1986, S. 64-78.

Istros (lat. *Ister*), die Donau.

Isyllos von Epidauros, Verfasser von 5 Gedichten (Ende 4. Jh. v. Chr.) auf einer Inschrift beim Asklepiosheiligtum von Epidauros.
T: Diehl II (*Lyrik). Wilamowitz, I. v. E., 1886.

Italica, die älteste Stadtgründung der Römer in Spanien (*Baetica) am Fluß Baetis. Die ersten Bewohner waren Invalide aus Scipios um 205 v. Chr. beendetem Spanienfeldzug. Zur Zeit Caesars war I. ein *municipium*; unter Hadrian wurde es *colonia*. I. ist die Heimat der Kaiser Traian und Hadrian. Bedeutende Ausgrabungsstätte; der Traianstempel wurde 1980-83 freigelegt.
MWegner, in Gymnasium 61, 1954, 427ff. AGarcía y Bellido, Colonia Aelia Augusta I., Madrid 1960. Excavaciones arqueológicas en España 121, Madrid 1982. PLeon, Traianeum de I., Sevilla 1988.

Italiker. Etwa um 1000 v. Chr. wanderten die Italiker in 2 Gruppen, der oskisch-umbrischen und der latino-faliskischen, in die Apenninhalbinsel ein. Beide waren durch Sprache und Sitten verschieden. Die Latiner verbrannten die Toten, die andern begruben sie. Mit den I. kamen Volkssplitter der *Illyrier nach Italien. Die Osker (Hauptstämme Sabiner und Samniten) saßen im Süden, ihr Zentrum war das Hinterland von Campanien. Die *Umbrer siedelten in den Bergen um den Oberlauf des Tiber, stark zurückgedrängt durch die *Etrusker. Ein weit kleineres Siedlungsgebiet kam der andern Gruppe zu: Latium, und den Faliskern ein Flecken in Südetrurien. Im Nordwesten Italiens blieb die alte Bevölkerung der Ligurer. Die süditalischen Küsten bis hinauf nach Campanien waren mit gr. Kolonien besetzt. In der Poebene ließen sich um 400 v. Chr. Kelten nieder. – Im 6. Jh. waren die Etrusker die Vormacht Italiens. Nach deren Niedergang wuchs langsam Roms Macht heran: In den 3 Samniterkriegen und dem Tarentinischen Krieg wurde ganz Süditalien unterworfen. Der 1. Punische Krieg erweiterte die röm. Herrschaft schon über Italien hinaus. Nach dem 2. Pun. Krieg wurde auch Norditalien endgültig römisch. Nachdem 88 v. Chr. die I. das latinische Bürgerrecht erlangt hatten, trat Italien als Einheit und Mittelpunkt des röm. Weltreichs auf. Das Latein, die Sprache Roms, hatte im 1. Jh. v. Chr. alle alten italischen Sprachen verdrängt; nur das Gr. hielt sich noch länger in den gr. Kolonien des Südens. Erst durch die Neuordnung des Reichs unter *Diocletian (300 n. Chr.) verlor Italien seinen Vorrang.
AvHofmann, Das Land Italien u. seine Geschichte, 1921. PDucati und RParibeni, Storia d'Italia illustrata I & II, 1938/9. GDevoto, Altitalien (in Historia Mundi 3), 1954. FvDuhn, Italische Gräberkunde, 1924-39. RPittioni, Italien, urgeschichtliche Kulturen, 1962 (Sonderdruck aus Realen-

cyclopädie Suppl. 9). HRudolph, Stadt und Staat im alten Italien, 1935. D. und FRRidgway, Italy before the Romans, London 1979. SMoscati, Gli Italici: L'arte, Milano 1983. EGreco u.a., Italien, Archäol. Führer, 1991.

Ithaka, die Heimatinsel des Odysseus. Es ist kaum noch umstritten, daß Homers *Ithắke* das heutige Ithaki ist. Dörpfeld hatte es im heutigen Leukas gesucht (vgl. die Wanderung eines geogr. Namens: *Apulia).
Dörpfeld, Alt-I., 1927.

Ithome, Berg (Vurkano) in *Messenien, im 1. Messen. Krieg nach jahrelangen Kämpfen von den Spartanern erobert. An diesem strategischen Punkte legte Epameinondas 370 v. Chr. die Stadt Messene an, eine uneinnehmbare Festung gegen Sparta. Besterhaltene Stadtmauer Griechenlands.
EMeyer, Art. Messene in Pauly-Wissowa, Realencyclopädie (s.o. S. XI), Suppl. 15 (1978) 136-155.

Itys: *Aëdon.

Iuba, Könige von Numidien. – 1. I., Feind Caesars, vernichtete 49 v. Chr. 2 caesarische Legionen unter Curio. 46 schlug Caesar ihn und die Pompeianer bei Thapsus, I. tötete sich. – 2. Sein Sohn, Iuba II., wurde von Caesar nach Rom gebracht. Dort aufgewachsen, empfing er durch die Gunst des Augustus die Königsherrschaft über Mauretanien. Er entfaltete eine umfangreiche Schriftstellerei, besonders über Völkerkunde und Geographie.
T: Jacoby III A Nr. 275 (*Geschichtsschreibung).

Iuden. – 1. In Palästina: *Ierusalem. *Herodes. *Iosephus. – 2. Außerhalb Palästinas gab es früh jüd. Niederlassungen in Aegypten. Unter den Ptolemaiern bildeten die I. in Alexandreia eine starke eigene Gemeinde, die gr. sprach (*Bibel). Im röm. Weltreich waren sie um Christi Geburt überall verbreitet, ihre religiöse Sonderstellung staatlich anerkannt. In Rom zahlreiche Inschriften von I. und jüdische Katakomben. Waren die Orientalen an sich verachtet, so zogen sich die I., seitdem sie der von den Seleukiden betriebenen Zwangshellenisierung und deren Schlagwort der Philanthropie widerstanden hatten, von Seiten der Heiden den Vorwurf des Menschenhasses zu.
Quellen-T: MStern (Hg.), Greek and Latin authors on Jews and Judaism, Leiden 1974-84. – JJuster, Les juifs dans l'empire romain, Paris 1914. AMomigliano, Die J. in der Alten Welt, 1988. EJBickerman, The Jews in Greek age, Cambridge Mass. 1988. JMayer, Geschichte des Judentums im Altertum, 2. A. 1989. JLieu u.a., The Jews among Pagans and Christians, London 1992.

Iugurtha, König von Numidien, tapfer, schlau, ehrgeizig. Den als Bastard von der Regierung Ausgeschlossenen adoptierte Micipsa und hinterließ ihm das Reich gemeinsam mit seinen zwei eigenen Söhnen. I. ermordete den einen sofort, der andere fand Unterstützung beim röm. Senat, wurde aber trotzdem von I. bekriegt und getötet. Im Krieg mit Rom wußte er sich durch Bestechung der röm. Nobilität von 111-105 v.

Chr. zu behaupten, schickte sogar ein röm. Heer unters Joch, bis endlich der Volksmann Marius dieser Schmach ein Ende machte. I. wurde im Triumph des Marius aufgeführt und dann im Tullianum (*Carcer) umgebracht. – *Sallust, *Jugurthin. Krieg.*

Iulia. – 1. Tochter *Caesars, Gattin des Pompeius, † 54 v. Chr. – 2. Einzige Tochter Octavians (= *Augustus) und Scribonias, verheiratet mit Marcellus, dann mit Agrippa, zuletzt mit Tiberius. Ihr sittenloser Lebenswandel erregte 2 v. Chr. einen offenen Skandal; tief verletzt verbannte Augustus die Ehebrecherin. Sie starb 14 n. Chr., kurz nach dem Regierungsantritt des Tiberius, in tiefstem Elend.
3. Tochter Agrippas und der älteren I. (2). Auch diese Enkelin mußte Augustus aus ähnlichen Gründen wie die Tochter verbannen (8 n. Chr.). In den Skandal scheint der Dichter *Ovid mit verwickelt gewesen zu sein, der gleichzeitig verbannt wurde. Sie starb 28 n. Chr. – 4. I. Domna, Syrerin, Gemahlin des *Septimius Severus, Mutter Caracallas. Portrait: Büste im Louvre, Paris. – 5. I. Maesa, Schwester der I. Domna, betrieb die Erhebung ihres Enkels *Elagabalus zum Kaiser und führte für ihn die Regierung. Portrait (Münzen): Herrscherbild. – 6. I. Mamaea, Tante des Elagabalus, rettete bei dessen Sturz 222 n. Chr. die Herrschaft für ihren Sohn *Alexander (9) Severus. Portrait: Kopf in Ostia. Herrscherbild.
Zu 4. bis 6.: Kornemann, Große Frauen des Altertums, 1952.

Iulianus, Flavius Claudius, mit dem Beinamen Apostata (der Abtrünnige), Sohn des Constantius, des Bruders Constantins d. Gr., 331-363. Der christlich erzogene junge Mann begeisterte sich für die Lehre des heidnischen Neuplatonismus. 355 ernannte ihn Constantius, der Sohn Constantins, zum Caesar und Nachfolger. I. ging nach Gallien und festigte durch seine Siege gegen Franken und Alemannen (Straßburg 357) die Rheingrenze. 360 riefen ihn die Soldaten zum Augustus aus. Da Constantius 361 starb, kam es darob nicht zum Bürgerkrieg. I. ordnete als Alleinherrscher allgemeine Glaubensfreiheit und Wiederherstellung der Göttertempel an. Den Christen, die er verächtlich "Galiläer" nannte, verbot er, Unterricht in Grammatik und Rhetorik zu erteilen; andere Einschränkungen folgten. 363 zog er gegen die Perser und gelangte siegreich bis vor die Mauern der feindlichen Hauptstadt Ktesiphon. Da I. ein Friedensangebot ablehnte, litt das Heer bald unter Verpflegungsmangel. Bei einem Gefecht wurde I., wahrscheinlich durch den Speer eines unzufriedenen Soldaten aus den eigenen Reihen, tödlich verwundet. Wir besitzen von ihm gr. *Reden, Briefe* und *Epigramme.*
TÜ: Wright, 1913-23 (Loeb L.). JBidez-GRochefort-ChrLacombrade, 1932-64 (Budé). BKWeis, 1973 (*Briefe*, Tusc.). *Anthologie 1 *(Epigr.)*. CPrato, Milano 1987 *(An die Göttermutter)*; ders., Lecce 1988 *(Gegen die Kyniker)*. EMasarachia, Roma 1990 *(Gegen die Galiläer)*. Ü: Asmus, 1908 *(Reden)*. Eggers, 1941 (Frg. gegen d. Christen). – JBidez, Kaiser I. der Abtrünnige, 1956. KLatte, Kleine Schriften, 1968, 124-39. GWBowersock, J. the Apostate, London 1978. PAthanassiadi, J., 2. A. London 1992. RKlein, J. Apostata, 1978 (WdF).

Iulianus, Salvius, Jurist, cos. 148, redigierte unter Hadrian den Text des *Edictum perpetuum.

Iulianus, Bischof von Aeclanum bei Benevent, Anhänger des *Pelagius, 418 aus seinem Bistum vertrieben, † ca. 454. Als literarischer Verfechter des Pelagianismus griff er *Augustinus an, der sich in Gegenschriften mit ihm auseinandersetzte. Außer den Zitaten bei Augustinus werden ihm heute zugeschrieben: *K zu Amos, Oseas und Ioel*, zu *Hiob* und zu den *Psalmen*, wofür er den *Psalmen-K* des *Theodoros von Mopsuestia übersetzte.
T: LDeConinck, 1977 (Corp. Chr.). – ABruckner, I. v. Ae., 1897. GBouwman, Des I. v. Ae. K. zu den Proph., Rom 1958.

Iulius Valerius verfaßte zu Beginn des 4. Jh. n. Chr. 3 Bücher *Taten Alexanders d. Gr.*, eine lat. Bearbeitung des gr. Alexanderromans von Pseudo-*Kallisthenes. I. V. ist neben der im 10. Jh. ebenfalls nach dem gr. Text entstandenen Ü. des Archipresbyters Leo eine Hauptquelle der mittelalterlichen Alexanderdichtung.
T: MRosellini, 1993. – DRomano, Giulio Valerio, Palermo 1974.

Iulus (= *Ascanius*), Sohn des *Aeneas, sagenhafter Ahnherr des julischen Geschlechts, dem Caesar und die ersten röm. Kaiser angehörten.

Iunius, altröm. Patriziergeschlecht, starb 509 v. Chr. aus. Später vornehmes plebeisches Geschlecht. *Brutus.

Iuno, altitalische Göttin, nach der der Monat Juni heißt. Als Frauengöttin war sie das Gegenstück zum männlichen *Genius, die Lebenskraft in allen weiblichen Funktionen. Als *I. Lucina* stand sie den Frauen bei der Niederkunft bei. Die ersten Tage des Monats waren I. heilig; am 7. Juli feierten die Frauen das I.-Fest der *Nonae caprotinae.* Bei den Etruskern war sie unter dem Namen *Uni* Stadtgöttin, z.B. in Veii (*Evocatio). Das etruskische Königsgeschlecht der *Tarquinii errichtete auf dem *Capitol den Tempel für die Götterdreiheit Iuppiter, I., Minerva. Hier wurde I. der gr. Hera gleichgesetzt und damit zur Gemahlin Iuppiters. Nach der Überführung aus dem zerstörten Veii wurde ihr als *I. Regina* ein Tempel auf dem Aventin geweiht, ein weiterer beim Circus Flaminius im J. 179, den Metellus Macedonicus (2) 146 zusammen mit dem Bau seines Iuppitertempels restaurierte. Auf der *arx* (nord-westl. des Capitols) stand der Tempel der *I. Moneta*, die Münzstätte Roms (daher «Moneten» = Geld). Für das Fest des Tempels auf dem Aventin dichtete *Livius (1) Andronicus ein Chorlied, das von 27 Jungfrauen gesungen wurde, das erste Zeugnis von Kult-Dichtung in Rom. *Antonia 2.

Iuppiter, der älteste und höchste Gott der Römer, aus vorgeschichtlicher Zeit ererbt, wie die sprachliche Gleichung der erschließbaren altitalischen Wortform *Diou-pater* (Vater *Dious*; der Genitiv *Diovis* ist belegt) mit gr. *Zeus* und altindisch *Dyauh* ergibt. Mit derselben Wurzel hängt das lat. Wort *dies* (Tag) zusammen. I. ist der Gott des Himmels-

lichtes (der Gestirne und des Blitzes), daher waren ihm die *Iden (Vollmondzeit) heilig. Von den Etruskern übernommen wurde die Verbindung I.s mit Iuno und Minerva zu einer Dreiheit, welcher die letzten röm. Könige den capitolinischen Tempel bauten (*Tarquinius [1]). In dessen Mitte stand *I. Optimus Maximus* (der Beste und Größte), der oberste Staatsgott Roms. Der sakrale Mittelpunkt des Bundes der alten Städte Latiums war der Tempel des *I. Latiaris* auf dem *Albanerberg. Zu beiden konnte der siegreiche Imperator im *Triumph hinaufziehen. Der überragenden Bedeutung I.s entspricht die große Zahl seiner Sondernamen: Die wichtigsten röm. Tempel waren außer dem Capitol die des *I. Stator* und des *I. Victor*. Man setzte I. dem gr. Zeus gleich, wodurch später auch fremde, als Erscheinungsformen des Zeus empfundene Götter in Rom eindrangen: I. *Sabazios, I. *Ammon, I. *Dolichenus.
CKoch, Der röm. I., 1937 (Nachdr. 1968).

Iustinianus bestieg als Neffe des *Iustinus 527 den oström. Thron, regierte bis 565. Er stammte von einfachen Bauern. Seine Gattin *Theodora rettete ihm die Kaiserwürde, als er beim Nika-Aufstand 532 alles verloren gab, indem sie ihn energisch von der Flucht abhielt. Eitelkeit und Mißtrauen (z. B. gegen *Belisar) trüben das Bild seines Charakters. Unter ihm wurde die Reichseinheit vorübergehend nochmals hergestellt; seine Feldherrn Belisar und Narses eroberten den Westen. Auch die Kirche wurde geeint durch Unterdrückung aller nicht-orthodoxen Lehren. Gerade hierbei wirkte sich die Geltungssucht I's, der selbst mit seiner theologischen Gelehrsamkeit in die dogmatischen Streitfragen eingriff, unglücklich aus. Die beim Aufstand 532 niedergebrannte Sophienkirche und viele andere öffentlichen Gebäude der Hauptstadt wurden in prunkvoller Gestalt neu gebaut (*Anthemios). Die Reichsverwaltung wurde reorganisiert. Das dauerndste Verdienst I's bleibt die Kodifizierung des röm. *Rechts im *Corpus iuris*, mit der er ein Kollegium von Juristen unter Leitung des Tribonianus beauftragte. 529 erschien der *Codex Iustinianus* (2. Ausg. 534), eine Sammlung der geltenden kaiserlichen Gesetze. 533 folgten die *Digesten (Pandekten)*, Auszüge aus den Werken der klassischen röm. Juristen. Die *Institutionen* wurden als kürzere Einführung in das Rechtsstudium vorangestellt. Später fügte man die Erlasse I's aus den Jahren 535-565 als Sammlung der *Novellen* (d. h. neuen Gesetze) hinzu. Durch dieses gewaltige Werk lebt der röm. Geist im europäischen Recht bis in die jüngste Zeit fort. Das Bild des Kaisers wurde durch den schmähsüchtigen Historiker *Prokopios boshaft verzerrt. Eine gerechte Würdigung I's, der zu den größten und gebildetsten Männern seiner Zeit gerechnet werden muß, bringt erst die neueste Forschung.
Corpus iuris mit *Novellen:* T: Mommsen-Krüger-Schöll, 1954-59 (3 Bde). Ü: Otto-Schilling-Sintenis, 1831/39. GHärtel-FMKaufmann, 1991 (*Codex*, Ausw., Reclam). TÜ (Ausw.): EScharr, De Romanorum iure, 1962 (AW). PBirks, Ithaca 1987 *(Inst.)*. – Ostrogorsky, Geschichte des byzantin. Staates, 3. A. 1963. WSchubart, I. und Theodora, 1943. RBrowning, I. und Theodora, 1981. BRubin, Das Zeitalter I's 1, 1960. JWBarker, I. and the later Roman Empire, 1966. – Mosaikbild in *Ravenna, San Vitale. KPWesche, On the person of Christ, the christology of emperor I., Crestwood 1991.

Iustinus. – 1. Verfasser eines Auszugs aus dem verlorenen Geschichtswerk des Pompeius Trogus: *Philippica,* eine nach Völkern geordnete Weltgeschichte von den alten Assyrern bis Augustus, in deren Mittelpunkt das makedonische Reich steht.
T: Seel, 2. A. 1985 (Tb). TÜ: OSeel, Pompeius Trogus, 1972 (AW).
2. I. der Märtyrer, verfaßte im 2. Jh. 2 *Apologien* und einen *Dialog mit dem Juden Tryphon* zur Verteidigung des Christentums.
Apol.: TÜK: AWartelle, Paris 1987. *Dial.:* T: Archambault, Paris 1909. TK (1-9): JCMvanWinden, Leiden 1971. Ü: GVisonà, Torino 1988. – KV. – RJoly, Christianisme et philosophie, Bruxelles 1973. EFOsborn, Justin martyr, 1973.
3. Oström. Kaiser 518-527. Er war 450 in einer thrakisch-illyrischen Bauernfamilie geboren und vom gemeinen Soldaten zum Gardekommandanten aufgestiegen. Ihm selbst fehlte jede Bildung, doch ließ er seinen Neffen und Nachfolger *Iustinianus sorgfältig unterrichten.
AVasiliev, I. the first, 1950.
4. Iustinus II., Kaiser 565-578, Neffe und Nachfolger des Iustinianus. Unter ihm ging das durch den Sieg über die Ostgoten für das röm. Reich zurückgewonnene Italien endgültig an die Langobarden verloren. Iustinians Hofdichter *Corippus verherrlichte I. nach seinem Regierungsantritt in 4 Büchern eines panegyrischen Epos.
TÜ (span.): ARamírez de Verger, Sevilla 1985.

Iuvavum (Salzburg), Stadt im Nordwesten von *Noricum. Der Name ist keltisch, wahrscheinlich abgeleitet von einem alten Namen der Salzach. Hier zweigte von dem wichtigsten Verkehrsweg am Nordfuß der Alpen (Straße Augsburg-Wels) die Südverbindung über die Radstädter Tauern ab. Das röm.-christliche I. verfiel gegen Ende des 6. Jh. in den Stürmen der Völkerwanderung; doch wurde die Ruinenstätte zu Beginn des 8. Jh. durch die Klostergründung Ruperts neu besiedelt.

Iuvenalis, D. Iunius, zur Zeit Domitians Deklamator, dichtete unter Traian und Hadrian 16 *Satiren*, in denen er die Verkehrtheiten und Laster der Menschen bloßstellte. Seine Art ist rhetorisch-pathetisch. Während Horaz in seinen **Satiren* mit überlegener Ironie spricht, eifert bei I. der Sittenrichter, der in grauenerregender Realistik des Abscheulichen sich nicht genug tun kann.
T: WVClausen, 2. A. Oxford 1992. TÜ: UKnoche, 1950/51. PdeLabriolle, 1983 (Budé). JAdamietz, 1993 (Tusc.). K: LFriedländer, 1895 (Nachdr. 1967). NRudd, Oxford 1991. ECourtney, London 1980. – GHighet, I. the satirist, 1954. JAdamietz, Untersuchungen zu J., 1972.

Iuvencus, spanischer Priester um 330, der erste christl. Epiker, schrieb 4 Bücher *Evangelien* in vergilischem Stil und Vers.
T: Huemer 1891 (Corp. Vindob.). Ü: Knappitsch, 1910/12. – MFlieger, Interpretationen zum Bibeldichter I., 1993.

Ixion, König der *Lapithen. Zeus entsühnte ihn von einem Mord, machte ihn unsterblich und nahm ihn als Tischgenossen der Götter auf. Doch der Undankbare wollte sich an Hera vergreifen. Zeus täuschte ihn durch das Trugbild Nephele, mit der er den Kentauros zeugte. Der Frevler wurde zur Strafe auf ein feuriges Rad geflochten und muß in der Unterwelt ewig büßen.

K

Kabeiroi, alte vorgriechische Gottheiten, die auf mehreren Inseln des nördl. Agäischen Meeres und in den umliegenden Gebieten verehrt wurden. Ihr Hauptkult waren die Mysterien der «Großen Götter» von *Samothrake, die in hellenistischer Zeit sehr berühmt wurden. Das Hauptfest fand am 20.-22. Juli (Hundsstern) statt. Auch Theben hatte einen Kabeirentempel *(Kabeírion)*. Hier wurden die eigentümlichen K.-Vasen gefunden, die mit Kultszenen und karikaturhaften Darstellungen aus dem Mythos bemalt sind, und zwar trotz der Entstehungszeit im 5./4. Jh. v. Chr. in der älteren, schwarzfigurigen Technik.
Nilsson I 671ff. (*Religion). BHemberg, Die K., Uppsala 1950. Deutsches Archäol. Institut, Das K.-Heiligtum bei Theben, 1940ff. SGCole, Theoi megaloi, the cult of the Great Gods at Samothrake, Leiden 1984.

Kadmos, der Ahnherr der Thebaner, Sohn des Phoinix, zog von Phönizien aus, um seine von Zeus geraubte Schwester *Europa zu suchen. Einem Orakel folgend, gründete er in Boiotien die Burg *Kadmeia*. Athena befahl ihm, die Zähne des erlegten Drachen zu säen, aus denen bewaffnete Männer aufwuchsen, die *Sparten*. Sie kämpften gegeneinander, bis nur noch 5 überlebten. Von diesen behauptete der Adel der Stadt Theben abzustammen. K. brachte aus Phönizien die *Schrift mit. Er erhielt Harmonia, die Tochter des Ares und der Aphrodite, zur Gattin. Zum Hochzeitsfest erschienen alle Götter; unter ihren Hochzeitsgaben war das berühmte Halsband (*Sieben gegen Theben). Dichter (Pindar, *Pyth.* 3) und Maler liebten es, diese Feier darzustellen. Kinder des K.: *Ino, *Semele, Agaue *(*Bakchai)*, Autonoë und Polydoros, Vater des *Labdakos.
FVian, Les origines de Thèbes, 1963. RBEdwards, K. the Phoenician, Amsterdam 1979.

Kaineus, ein Lapithe. Im Kampf der Kentauren und *Lapithen begruben ihn die Gegner, da er unverwundbar war, unter einem Haufen Fichtenstämme. Nach hellenistischer Sage war er ein Mädchen Kainis gewesen. Poseidon gewährte ihr als Lohn für ihre Liebe den Wunsch, in einen Mann verwandelt zu werden. – Ovid, Metamorphosen 12, 459-531.

Kaisarion *(Caesarion)*, der wahrscheinlich 47 v. Chr. geborene Sohn *Kleopatras von Caesar, wurde 30 auf Befehl des Octavian getötet.

Kalais und **Zetes,** Windgötter, Söhne des *Boreas und der Oreithyia. Sie nahmen an der Argonautenfahrt teil: *Phineus.

Kalamis, wahrscheinlich boiotischer Bildhauer an der Schwelle der hochklassischen Kunst, um 460 v. Chr. Seine Werke kennen wir nur aus der Literatur. – POrlandini, Calamide, 1950.

Kalchas, Sohn des Thestor, der Vogelschauer und Seher der Griechen im Troianischen Krieg. Er vollzog das Opfer der *Iphigeneia in Aulis.

Kalendae, der 1. Tag des Monats und Zinstermin im röm. Kalender (nicht im gr.; daher bedeutete *ad Kalendas Graecas* «auf die gr. K.» soviel wie «auf Nimmermannstag»).

Kalender: *Zeitrechnung.

Kallias, Name von Angehörigen einer der reichsten Familien Athens, in der das Amt des *Daduchen* (Fackelträgers) der eleusinischen Mysterien erblich war. Sie huldigten dem vornehmen Rennsport, und ihr Stall siegte oft an den Olympischen und Pythischen Spielen; mit dem Namen K. wechselte in der Familie der Name *Hipponikos* (Pferdesieger). – 1. Schwager des Kimon. Er hatte bei Marathon mitgekämpft und schloß 448 v. Chr. als athenischer Gesandter den Frieden mit dem Perserkönig Artaxerxes. – 2. Sohn des Hipponikos. Seine Mutter war nach Scheidung ihrer 1. Ehe mit Perikles verheiratet, seine Schwester Hipparete mit Alkibiades. Er lebte verschwenderisch und war der Gönner aller Sophisten, die stets in seinem Hause gastliche Aufnahme fanden. Platon läßt den Dialog *Protagoras*, Xenophon sein *Symposion* im Haus des K. sich abspielen. Im Alter war ihm der größte Teil seines Reichtums zerronnen.

Kallikrates, Architekt, der die Langen Mauern (*Athen) und, zusammen mit *Iktinos, den Parthenon erbaute. Auch mit dem Bau des Athene-Nike-Tempels auf der *Akropolis wurde er 448 beauftragt, doch kam dieser erst zwei Jahrzehnte später in Abänderung des ursprünglichen Planes zur Ausführung.
IMShear, K., in Hesperia 32, 1963, 375-424.

Kallimachos. – 1. Bildhauer des ausgehenden 5. Jh. v. Chr., der für die formale Perfektion seiner Werke berühmt war. Auf ihn glaubt man ein in Kopien erhaltenes Relief tanzender Mänaden zurückführen zu können. Nach *Vitruv war er auch der Schöpfer des *korinthischen Kapitells. – Fuchs (*Plastik) Abb. 609/14.
2. K. aus Kyrene, etwa 310-240 v. Chr., der Führer der alexandrinischen Dichtung. Er ging als Lehrer der Grammatik nach Alexandreia, wo unter Ptolemaios I. das Zentrum der hellenistischen Bildung erstand (*Bibliothek und **Museion*). Bald trat er in enge Beziehungen zu dem kunstfreundlichen Herrscherhause. Ohne selbst die mit dem Amt des Prinzenerziehers verbundene Stelle des Vorstehers der Bibliothek auf die Dauer zu übernehmen, übte K. einen bestimmenden Einfluß aus auf den Geist des Hofes, zumal unter dem 2. Ptolemaier und seiner kunstsinnigen Schwestergattin Arsinoë. Die Kunst des K. und seiner Schüler war für einen kleinen Kreis, die auserlesene Gesellschaft am Hofe bestimmt. Wenige, aber reine und feine Verse wollte er schreiben; «ein großes Buch ist ein großes Übel». K. war mehr Sammler als Gelehrter. Sein wissenschaftl. Hauptwerk waren die *Pinakes*, ein Verzeichnis aller gr. Schriftsteller und ihrer Werke. Sämtliche Prosaschriften des K. sind uns verloren. Von seinen Dichtungen kennen wir

**Hymnen* und *Epigramme*, doch gerade von den berühmtesten Werken, den *Aitia* (Ursprungssagen, 4 Bücher in elegischer Form) und dem *Epyllion *Hekale*, nur Bruchstücke. Einiges ist in der Nachbildung röm. Dichter kenntlich: *Catull übertrug die *Locke der *Berenike*, ein Alterswerk; Ovid ahmte das Schmähgedicht *Ibis* nach und verwendete Sagen aus den *Aitia* in seinen Gedichten.
T: RPfeiffer, Oxford 1949-53 (Nachdr. 1985). TÜ: EHowald-EStaiger, 1955 (AW). Trypanis, 1958 (Loeb L.). TK: *Hekale:* ASHollis, Oxford 1990. *5. Hymn. (Bad der Pallas):* AWBulloch, Cambridge 1985. *6. Hymn. (An Demeter):* NHopkinson, Cambridge 1984. K: *4. Hymn. (auf Delos):* WHMineur, Leiden 1984 (Mnemosyne Suppl. 83). TÜK *(Epigr.):* LCoco Manduria u.a., 1988. – EHowald, Der Dichter K. v. Kyrene, 1943. Lesky, Gesch. d. gr. Lit., 1971, 787-807. MPohlenz, Kleine Schriften 2, 1965, 44-67. ADSSkiadas, K., 1975 (WdF). RBlum, K. und die Literaturverzeichnung bei den Griechen, Frankfurt 1977 (=Archiv f. Gesch. des Buchwesens 18).

Kallinos aus Ephesos, der älteste gr. Elegiker, Anf. 7. Jh. v. Chr. In dem einzigen erhaltenen Gedicht ruft er zum Kampf für die Vaterstadt auf.
T: MLWest, Iambi et elegi gr. 2, 1992. TÜ: BSnell-ZFranyó, Frühgr. Lyriker 1, 1971. *Lyrik. – JLatacz, Kampfparänese, Kampfdarstellung und Kampfwirklichkeit in der Ilias, bei K. und Tyrtaios, 1977.

Kalliope, die Muse der epischen und elegischen Dichtung.

Kallisthenes, Neffe des Aristoteles, hatte sich als Verfasser einer gr. Geschichte der Zeit von 386 v. Chr. an einen Namen gemacht und begleitete Alexander d. Gr. auf seinem Perserzug als Historiker. In seinen *Taten Alexanders* steigerte er das Wirken des Königs ins Göttlich-Wunderbare. Aber als er, der gerne durch unpassende Offenheit am Hofe die Freiheit des Philosophen demonstrierte, die Proskynesis (fußfällige Verehrung nach Persersitte) verweigerte und in Verdacht kam, ein Komplott der Pagen angestiftet zu haben, ließ ihn Alexander verhaften und 327 v. Chr. hinrichten. Unter dem Namen K. geht ein wohl erst im 3. Jh. n. Chr. entstandener *Alexanderroman*, der sehr bald zum Volksbuch wurde, übersetzt ins Lat. (Iulius Valerius) und andere Sprachen.
Kall.: T: Jacoby II (*Geschichtsschreibung), Nr. 124. – Berve (*Diadochen). – Pseudo-Kall.: T (gr.): Kroll, Historia Alexandri Magni I, 1926. TÜ: HvThiel, 1973. Ü: Ausfeld, 1907. – RMerkelbach, Die Quellen des gr. Alexanderromans, 1954.

Kallisto, arkadische Nymphe im Gefolge der Artemis. Sie wurde von Zeus schwanger; die jungfräuliche Artemis verwandelte sie zur Strafe in eine Bärin. Sie gebar Arkas, den Ahnherrn der Arkadier. Zeus versetzte sie unter die Sterne (Großer Bär). In der Sage steckt die Erinnerung daran, daß man in alter Zeit die Göttin Artemis in Tiergestalt sich vorstellte.

Kallistratos, athenischer Redner und Politiker. Er trat 391 v. Chr. als Ankläger hervor und erreichte, daß die Volksversammlung *Andokides (1) und dessen Mitgesandte wegen ihrer Friedensverhandlungen mit Sparta zum Tode verurteilte. Als aber die Macht Thebens wuchs, trat er selber für ein Bündnis mit Sparta ein. Um 366 verlor Athen infolge dieser Politik die Stadt Oropos an die Thebaner. Nur dank seiner Beredsamkeit, welche auch den jungen Demosthenes sehr beeindruckt haben soll, vermochte sich K. vor der Anklage des Verrats zu retten. 361 wurde er endgültig gestürzt. Er entzog sich dem Todesurteil durch Flucht nach Makedonien und Thasos. Nach einigen Jahren wagte er die Rückkehr nach Athen; man verhaftete ihn und vollstreckte das Urteil.

Kalpe, der Felsen von Gibraltar: *Abile.

Kalydon, aitolische Stadt am Eingang des Golfs von Korinth. Sage von der Kalydonischen Jagd: *Meleagros. Ausgegraben ist der Tempelbezirk (Artemis Laphria, Apollon, Dionysos) und ein Heroon. – EDyggve, Das Laphrion, 1948. Dyggve-Poulsen-Rhomaios, Das Heroon von K., 1934.

Kalypso, Nymphe, die auf der Sageninsel Ogygia den schiffbrüchigen Odysseus liebte, aber ihn auf Gebot des Zeus entlassen mußte; eine der schönsten Gestalten homerischer Dichtung.

Kambyses. – 1. Vater des Kyros, des Begründers des Perserreichs. – 2. Sohn des Kyros, Großkönig 529-522 v. Chr. Er unterwarf Aegypten (Sieg bei Pelusion über den Pharao Psammetich 525). Als K. im Zorn den heiligen Apisstier erstach, brach ein Aufstand aus, den er grausam unterdrückte. Inzwischen war in Persien ein Magier aufgetreten, der sich für Smerdis ausgab, den Bruder des K., welchen dieser vor dem Zug nach Aegypten heimlich hatte töten lassen. Der falsche Smerdis wurde als König anerkannt. K. eilte zurück, starb aber unterwegs an einem Unfall. Nachfolger wurde Dareios I.

Kamiros, Stadt auf *Rhodos. Ausgrabungen hellenistischer Wohnhäuser.

Kandaules: *Gyges.

Kanephoren, Korbträgerinnen, die im Festzug (z. B. an den *Panathenäen) auf dem Haupte die Körbe mit den Opfergeräten und Gaben trugen. Die hohe Ehre wurde nur jungfräulichen Töchtern aus edelstem Geschlecht zuteil.

Kanon («Rohrstab»). Der K. wurde von den Baumeistern gebraucht, um Geradheit und Ebenheit der Mauern zu prüfen. Für genaueste Messungen nahm man einen Maßstab aus Stein. In der gr. Ethik war der K. ein Bild für die exakte Richtschnur, nach der die Richtigkeit des Handelns zu prüfen ist. K. kam so zu der Bedeutung des nachzuahmenden Vorbildes. Insbesondere bezeichneten die Attizisten die Klassiker der Literatur als kanonisch. Man stellte feste Zahlen der vorbildlichen Autoren für die einzelnen Gattungen auf, z. B. 3 Tragiker (Aischylos, Sophokles, Euripides), 9 Lyriker (Alkman, Stesichoros, Ibykos, Simonides, Bakchylides, Pindar, Alkaios, Sappho, Anakreon), 10 attische Redner (Antiphon, Andokides, Lysias, Isokrates, Aischines, Isaios, Demosthenes, Hypereides, Lykurgos, Deinarchos). Diese Autoren wurden an der Schule gelesen. Ein solches Auswahlverfahren erklärt es, daß uns etwa von den vielen

Tragikern nur drei und von ihnen nur die ausgewählten Stücke überliefert sind. – Ähnlich schufen die Christen den biblischen K., d. h. die Bibel als Sammlung derjenigen Schriften, deren Autorität anerkannt ist, unter Ausschluß der unkanonischen *Apokrypha. Daneben war K. ein Begriff des Kirchenrechts: *Kánones* sind die Satzungen, welche die Kirchendisziplin in allgemein verbindlicher Form regeln. Eine ältere Sammlung *(Canones apostolorum)* wurde den Aposteln zugeschrieben. Später erließen die Konzilien jeweils eine Reihe von *Kanones*. Eine dritte christliche Anwendung des Wortes ist die Bezeichnung K. für den regelmäßig wiederholten, festen Teil der Liturgie *(Canon missae)*, im Gegensatz zu den täglich wechselnden Gebeten. Dieser Gebrauch ist seit Gregor d. Gr. belegt, aber jedenfalls um einiges älter. – Im staatlichen Recht der Spätantike ist K. am geläufigsten als Bezeichnung für den unabänderlich festgesetzten Steuersatz, wie ihn vor allem Bauern und Pächter von ihrer Ernte abzuliefern hatten. Dieser K. wurde unterschieden von den wechselnden zusätzlichen Abgaben. – In der Kunst: *Polykleitos.
HOppel, K., 1937 (Philologus Suppl. 30, 4). LWenger, Canon, 1942 (Sitzungsber. Akad. Wien. 220, 2).

Kapaneus: *Sieben gegen Theben.

Kappadokien, kleinasiat. Land, das östl. des *Halys an die Schwarzmeerküste stößt, im Süden an das Taurosgebirge; in der Frühgeschichte das Kernland der *Hethiter. Im Perserreich bildete es eine Satrapie (*Datames), im 3./1. Jh. v. Chr. unabhängig. Das Küstengebiet mit der Hauptstadt Amisos wurde zum Königreich Pontos (*Mithridates). Seit 17 n. Chr. war K. röm. Provinz. Erst in byzantinischer Zeit entstanden die christlichen Höhlenkirchen.
RTeja, Die röm. Provinz K. in der Prinzipatszeit, in ANRW II,7.

Karien, Land der Karer in Südwestkleinasien. Die Küste war gr. kolonisiert; wichtigste Griechenstädte: *Milet, *Halikarnass, *Knidos. Während der persischen Herrschaft nahmen die Karer gr. Kultur an (König *Mausolos). Religion : *Labraunda. Die Ureinwohner galten als stumpfsinnig; Karer waren die am geringsten geschätzten Sklaven.
L. u. JRobert, La Carie (Bd. 2, 1954). GEBean, Turkey beyond the Maeander, 1971. ÜÖnen, Caria, Istanbul 1989.

Karneades von Kyrene, 214-129 v. Chr., Schulleiter in Athen und Begründer der jüngern *Akademie. Er bekämpfte die dogmatische Erkenntnistheorie der Stoa und baute eine Wahrscheinlichkeitslehre auf. Ausgehend von der Tatsache der Sinnestäuschungen schloß er, daß wir uns jedes absoluten Urteils enthalten müssen. Gegen die stoische Lehre vom vorbestimmten Schicksal trat er für die Willensfreiheit ein. Er war ein glänzender Redner. Besondern Eindruck machte es, wenn er zwei Vorträge, zuerst für, dann gegen eine Sache hielt. 156/5 kam er mit dem Stoiker Diogenes v. Babylon und dem Peripatetiker Kritolaos als athenischer Gesandter nach Rom. Seine Vorlesungen übten eine solche Anziehungskraft auf die röm. Jugend aus, daß der alte Cato, der Griechengegner, für schleunige Verabschiedung dieser Philosophengesandtschaft sorgte. Doch zu spät; die gr. Philosophie hatte durch dieses Auftreten

des K. in Rom Fuß gefaßt. K. schrieb nichts; seine Lehre ist nur durch seine Schüler bekannt.
TK (Frg.): BWiśniewski, 1970. – Portrait: Schefold.

Karneen *(Kárneia)*, das Hauptfest Spartas, zu Ehren des Apollon im Monat *Karneios* (August/Sept.) gefeiert.

Karthago, Kolonie der phönizischen Stadt Tyros, in Nordafrika zur Sicherung der Handelsschiffahrt nach *Hispanien angelegt. Das Gründungsdatum berechnete *Timaios auf 814 v. Chr.; nach der Sage (*Vergil, *Aeneis* 1) war *Dido die Gründerin. K. besaß große sichere Häfen. Etwas landeinwärts erhob sich der steile Burghügel Byrsa. Um 600 beherrschte K. den Handel im westl. Mittelmeer völlig. Mit den Etruskern, deren Handelsflotte an zweiter Stelle kam, wurden Verträge geschlossen (Erster Handelsvertrag mit Rom wohl schon im 6. Jh.). Die Küsten Siziliens, Sardiniens und Korsikas waren in der Hand der Karthager (= Punier). Auf Sizilien kam es seit 480 (Niederlage bei Himera) zu schweren Kämpfen mit den erstarkten Griechenstädten (*Hieron I., *Dionysios, *Agathokles), in deren Verlauf die Punier den Berg Eryx im Westen zum Stützpunkt ihrer Macht ausbauten. Als Rom im Krieg gegen Pyrrhos und Tarent sich in Unteritalien festsetzte, kam es zum Entscheidungskampf mit K. Dieses verlor im 1. *Punischen Krieg (264-241) die Inseln, im 2. (218-201) seine militärisch-politische Stellung als Weltmacht. Nach dem 3. Krieg (149-146) wurde K. völlig eingeebnet und mit einem Fluch belegt, daß niemand es wiederaufbauen dürfe. Doch schon 122 führte C. Gracchus eine röm. Kolonie dahin, der freilich nach seinem Sturz das Kolonialrecht entzogen wurde. 44 v. Chr. erneuerte Caesar die Gründung. In der Kaiserzeit wurde K. wieder die blühendste Stadt Africas, früh ein wichtiger Bischofssitz (*Cyprianus). Der Abstieg begann 439 mit der Eroberung durch die Vandalen. – Reste kaiserzeitlicher Bauten, insbesondere der größten Kirche Nordafrikas (sog. Damous el-Karita).
WHuß, Geschichte der Karthager, 1985 (Handbuch d. Altertumswiss.); ders., K., 1992 (WdF). G. und CCharles-Picard, K., 1983 (Reclam). SMoscati, Italia punica, 2. A. Milano 1986.

Karyatiden, Mädchen von Karyai (Dorf bei Sparta). Sie tanzten am Artemisfest mit korbähnlichem Kopfputz. In der Architektur verwendete man Mädchenfiguren statt Säulen; sie trugen auf dem Kopfe das Kapitell und hießen dieser Ähnlichkeit wegen K. (*Erechtheion). Männliche Trägerfiguren nannte man **Telamones.*

Kassandra, Tochter des *Priamos. Apollon liebte sie und verlieh ihr die Sehergabe. Doch da sie seine Liebe nicht erwiderte, wandelte er das Geschenk zum Fluch: Sie sollte stets die Wahrheit vorhersehen, aber mit ihren Prophezeiungen nie Glauben finden. Nach dem Fall Troias, den sie vergeblich vorausgesagt hatte, fiel sie als Beute an *Agamemnon und wurde in Mykene mit ihm ermordet (erschütternde Szene im *Agamemnon* des Aischylos, wo K. den Mord visionär vorauserlebt). *Aias (2).

Kassandros, Sohn des Antipatros, *Diadochenherrscher in Makedonien, das er bis zu seinem Tode 298 v. Chr. in wechselvollen Kämpfen be-

hauptete, zuerst gegen Polyperchon, den ihm der Vater als Nachfolger in der Reichsverweserschaft vorgezogen hatte, dann besonders gegen Antigonos und Demetrios Poliorketes. Er ließ Alexanders d. Gr. Mutter Olympias hinrichten und 310 auch Alexanders Witwe Roxane mit ihrem Sohn umbringen. Weiter lebt bis heute die von ihm gegründete, mit dem Namen seiner Gemahlin benannte Stadt Thessalonike (Saloniki).
MFortina, Cassandro, re di Macedonia, 1965. KBurazelos, Das hellenistische Mazedonien und die Ägäis, 1982.

Kassiopeia, Mutter der Andromeda (*Perseus).

Kastalia, die heilige Quelle in Delphi am Fuße der Phaidriadenfelsen. Den spätern Dichtern war sie der Quell der Musen.

Kastor und Polydeukes (lat. *Pollux*): *Dioskuren.

Katakomben. *Catacumbae* hieß im späten Altertum die Gegend an der *via Appia* vor den Toren Roms. Da dort die unterirdischen Begräbnisstätten der Christen liegen, nannte man in neuerer Zeit diese und alle derartigen Grabanlagen K. In die Wände der weit ausgedehnten Gänge sind neben- und übereinander die Nischen eingelassen, in denen die Verstorbenen beigesetzt wurden. Ähnlich angelegt sind die heidnischen *Columbaria*, «Taubenschläge», in denen man Aschenurnen aufstellte. Wegen der hohen Bodenpreise in der Kaiserzeit war dies die bevorzugte Bestattungsart für die ärmeren Leute bis zum allgemeinen Aufkommen der Körperbestattung im 2. Jh. (*Tod). Inschriften und *Malereien an den Wänden der K. sind wichtige Zeugnisse des frühen Christentums.
LHertling-EKirschbaum, Die röm. K. und ihre Märtyrer, 2. A. 1955. HAStützer, Die Kunst der röm. K., 1983. JFink, Die röm. K., 1978; ders., Bildfrömmigkeit und Bekenntnis, 1978.

Katharsis. In der *Poetik* (6. Kap. 1449 *b)* definiert Aristoteles die Tragödie und sagt, daß sie durch *éleos* (Jammer) und *phóbos* (Schauder) die Reinigung *(káthars*is) von solchen Leidenschaften bewirke. Die Bedeutung dieser Worte ist viel umstritten. Durch *eleos* läßt sich der Zuschauer wider alle Vernunft selbst hineinreißen in das fremde Leid; *phobos* bedeutet das ebenso irrationale Abgestoßenwerden. Die K. ist also die Befreiung der Seele von den Affekten, womit ihr der Weg bereitet wird zum allein wertvollen, von klarer Vernunft geleiteten Leben.
Dirlmeier, K., Hermes 75, 1940, S. 81ff. Flashar, ebda. 84, 1956, S. 12ff. Pohlenz, Kleine Schriften 2, 1965, 562-87. WSchadewaldt, Hellas und Hesperien 1, 1960, 194-236. MLuserke (Hg.), Die Aristotelische K., Dokumente ihrer Deutung im 19. und 20. Jh., 1991.

Kaukasus. Das höchste Gebirge, von dem die Griechen Kunde hatten, hat ihre Phantasie stark beschäftigt: An seinem Fuß wohnten die *Amazonen und lag das Land *Aia, Zeus hatte im K. den Typhoeus niedergekämpft, Prometheus, den Aischylos noch an einen Fels des sagenhaften Nordgebirges *Rhipaion gefesselt sein läßt, erlitt nach jüngerer Sage seine Strafe im K. Die Kolonisation des Schwarzen Meeres und der Handel mit Kolchis brachten genauere Vorstellungen. Am steilen Südwestfuß des K. lag die milesische Kolonie Dioskurias. Die wilden K.-Völker waren geschickte Metallarbeiter und Weber, fertigten Bildteppiche, bei der Goldwäscherei verwendeten sie zottige Schaffelle (Goldenes Vlies der Argonautensage?). Das Land lieferte Schiffsholz und Pech, Honig und Wachs. Herodot weiß bereits, daß der K. von West nach Ost sich zum Kaspischen Meer erstreckt. Die Römer gelangten im Feldzug des Pompeius gegen Mithridates an den Südfuß des K. Dennoch nehmen röm. Geographen des 1. Jh. n. Chr. (Mela, Plinius 1) noch einen Verlauf des K. von Süden nach Norden an und lassen ihn dort mit dem Rhipaion zusammenstoßen.

Kebes von Theben, einer der treuesten Schüler des Sokrates. Unter seinem Namen ist ein Büchlein *Pinax* (das Gemälde) überliefert, ein moralphilosophischer Dialog, eingekleidet als Erklärung eines allegorischen Bildes, wohl aus dem 1. Jh. n. Chr.
TÜK: JFitzgerald-LMWhite, Chico Calif., 1983. Ü: Krauß, 1890.

Kekrops, nach der Sage der 1. König Attikas, Gründer Athens und Stifter der Gesetze des gesitteten gesellschaftlichen Lebens, von Gestalt halb Schlange, halb Mensch. Als Schiedsrichter urteilte er im Streit *Athenes und Poseidons um das Land Attika. Seinen Töchtern Aglauros, Pandrosos und Herse vertraute Athene einen Kasten an, in dem das Kind Erichthonios versteckt war. Die neugierigen Mädchen öffneten ihn trotz dem Verbot, wurden wahnsinnig und stürzten sich vom Felsen der Akropolis hinab. Aglauros hatte ihr Heiligtum am Abhang der Burg. Sie und die zwei Schwestern waren segenspendende Taugöttinnen.
Euripides *Ion* 260ff. Kallimachos *Hekale* frg. 260, 19ff. Apollodoros 3, 14.

Kelten (*Gallien), Volk indogermanischer Sprache, Träger der sog. La-Tène-Kultur. Seit Ende 6. Jh. v. Chr. begannen sie von Mitteleuropa aus zu wandern, eroberten im Westen Gallien und Britannien, fielen in Italien ein (*Brennus), in dessen Norden sie seßhaft wurden, aber auch in Griechenland (*Brennus 2) und Kleinasien (*Galater). Als Söldner dienten sie in den Heeren der *Diadochen. Zahlreiche Darstellungen von K. in der hellenistischen Kunst: *Galater.
v. Bienkowski, Die Darstellung der Gallier in der hellenist. Kunst, 1908. Beschreibung von Art und Sitten: *Caesar, *Gall. Krieg* 6, 11ff. *Strabon 4, 4. *Diodoros 5, 25-31. – *Gallien. GHerm, Die K., 1990. HDRankin, Celts and the classical world, London 1987. KSpindler, Die frühen K. (Reclam). HDannheimer-RGebhard, Das keltische Jahrtausend, 1993 (Ausstellung).

Keltiberer, Volk im Hochland Spaniens: *Hispania.

Kentauren, Fabelwesen aus menschlichem Oberkörper und Roßleib, heimisch in Thessalien. Sie waren von naturhafter Wildheit (Nessos [*Herakles]), die im Kampfe mit den *Lapithen furchtbar losbrach. Mildes Wesen zeigten der weise *Cheiron und *Pholos. In der Kunst waren K.-bilder sehr beliebt. Die klassischen Künstler lösten das Problem, Menschen- und Pferdekörper harmonisch ineinander übergehen zu lassen, vollkommen. Auch K.-frauen stellte man dar, seitdem *Zeuxis eine K.-familie gemalt hatte.

Kephalos. Die Göttin Eos liebte K. und entführte ihn. Nach einer anderen Sage war K. Gatte der Erechtheustochter Prokris in Athen. Er ging 8 Jahre in die Fremde. Um die Treue der jungen Frau zu erproben, kehrte er unter Verkleidung zurück, und es gelang ihm, Prokris mit Geschenken zu verführen. Nun gab sich K. zornig zu erkennen, doch versöhnten sie sich wieder. K. liebte die Jagd. Prokris, von Eifersucht geplagt, schlich ihm nach. Als K. im Busch ein Geräusch hörte, warf er den Speer nach dem vermeintlichen Wild und tötete sie. – *Ovid, *Met.* 7, 672ff.

Kephisódotos, athenischer Bildhauer Anfang 4. Jh. v. Chr., Vater des *Praxiteles. Hauptwerk: *Eirene. – *Peiraieus.

Kephisós hießen mehrere gr. Flüsse. – 1. in Boiotien; entspringt am Parnass, mündet in den Kopais-See. – 2. bei Athen; entspringt am Pentelikon, mündet in die Bucht von Phaleron. – 3. in Argos.

Kerameikos, Stadtteil *Athens im Nordwesten der Agora, wo, wie der Name (Töpferviertel) besagt, die att. *Vasen hergestellt wurden. Seit dem Ende der mykenischen Epoche lag hier der Hauptfriedhof Athens. In *geometrischer Zeit standen große Vasen (sog. *Dipylonvasen) auf den Gräbern, im 6. Jh. rundplastische *Kuroi und reliefgeschmückte schlanke *Stelen. Viele von ihnen wurden als Baumaterial für die nach den Perserkriegen eilig erbaute Stadtmauer verwendet. An den Straßen außerhalb dieser Mauer reihten sich die schönen Familiengrabmäler des 4. Jh. und die Staatsgräber.
K., Ergebnisse der Ausgrabungen, 1939ff. UKnigge, Der K. von Athen, 1988.

Kerberos, der Hund, der das Tor des *Hades hütet. Die Kommenden wedelt er an, läßt aber niemanden wieder heraus. Man stellte sich ihn oft 3köpfig und mit Schlangenschwänzen vor. *Herakles holte ihn gewaltsam an die Oberwelt herauf.

Kerkidas v. Megalopolis, kynischer Philosoph, Politiker, Feldherr und Gesetzgeber im 3. Jh. v. Chr. Er dichtete *Meliamben*, d. h. Gedichte *(mélē)* in lyrischen Versen, in denen er gegen den Luxus und verderbte Sitten auftrat, thematisch dem **Iambos* (2) zugehörig. Reste davon sind 1911 in einem Papyros (Oxyrhynchos 1082) gefunden worden.
T: *Lyrik. Loeb L. (mit Theophrast). TÜK: ELivrea, Studi Cercidei, 1986.

Kerkyra (auch *Kórkyra)*, die Insel Korfu, eine Kolonie von Eretria, früh von Korinth annektiert. Ein Streit K.s mit Korinth gab 433 Anlaß zum *Peloponnes. Krieg. Das wichtigste Ergebnis der Ausgrabungen auf K. ist der Westgiebel des dorischen Artemistempels aus dem frühen 6. Jh. v. Chr., in dessen Mitte sich eine riesige Gorgo, flankiert von 2 Panthern, befindet. Berühmt ist auch der früharchaische Löwe.

GRodenwaldt, K., archaische Bauten und Bildwerke, 1939-40. KGallas, Korfu, 1986.

Kertscher Vasen, die attischen Vasen des 4. Jh. v. Chr., benannt nach dem Hauptfundort auf der Krim (Südrußland).
KSchefold, K. V. (Bilder gr. Vasen 3), 1930 (Nachdr. 1970). HMetzger, Les représentations dans la céramique attique du IVe siècle, 1951.

Keyx und **Halkyone**. K., der König von Trachis, war auf dem Meere umgekommen, und seine Gattin H. klagte um ihn ohne Ende. Die mitleidigen Götter verwandelten sie beide in Eisvögel *(Halkyónes)*. Zu deren Brutzeit soll die See ruhig und schönes Wetter sein; sprichwörtlich: «Halkyonische Tage». – *Ovid, *Met.* 11, 410ff.

Kilikien, südöstliches Küstenland Kleinasiens. *Seeräuber. Der wichtige Paß der kilikischen Pforte war das Einfallstor nach Syrien. Alexander d. Gr. hatte ihn bereits überschritten, als er zur Schlacht bei Issos 333 v. Chr. nochmals umkehrte. 194 n. Chr. fand dort die Entscheidungsschlacht zwischen Septimius Severus und Pescennius Niger statt. Wichtige Städte: *Tarsos, Mallos, *Soloi.
FHild-HHellenkemper, K. und Isaurien, 1990.

Kimbern, germanischer Volksstamm. Aus ihrer Heimat auf der kimbrischen Chersones (Schleswig-Holstein) brachen sie zusammen mit Teutonen und Ambronen nach Süden auf und schlugen 113 v. Chr. den röm. Consul Papirius Carbo bei Noreia. Darauf zogen sie nach Gallien, wo sie 109 dem M. Iunius Silanus nahe der italischen Grenze eine neue Niederlage beibrachten. Die sich ihnen anschließenden helvetischen Tiguriner vernichteten 107 L. Cassius Longinus mit seinem Heer. Die größte Katastrophe aber, die Rom seit Cannae betroffen hatte, war 105 die Niederlage des Servilius *Caepio bei Arausio. Nach einem Streifzug nach Spanien teilten sich die Germanen zum Einfall nach Italien in 2 Heerhaufen: Die Teutonen fielen von Westen ein, die Kimbern von Noricum her. Die Römer, von ungeheurem Schrecken erfaßt, hatten den siegreichen C. Marius zum Consul wiedergewählt. Diesem gelang es, 102 die Teutonen bei Aquae Sextiae zu vernichten. Unterdessen waren die Kimbern in die Poebene eingefallen. Das gegen sie stehende Heer des Q. Lutatius Catulus vereinigte sich mit den Truppen des Marius, und 101 wurden auch die Kimbern auf den Raudischen Feldern bei Vercellae aufgerieben.
LSchmidt, Westgermanen I, 1938. BMelin, Die Heimat der C., 1960.

Kimmerier, ein thrakisches (?) Volk, das im 8. Jh. v. Chr. aus seinen Wohnsitzen an der Nordküste des Schwarzen Meeres (kimmerischer *Bosporus) durch die Skythen verdrängt wurde, über die Kaukasuspässe nach Kleinasien einfiel, 652 Sardes eroberte und dann die gr. Städte an der Westküste angriff. Der Lyderkönig Alyattes vertrieb sie ca. 600 v. Chr. – Die mythischen K. bei Homer sind als Volk des hohen Nordens geschildert, am Rande des Okeanos, wo ewige Nacht herrscht. Die Grie-

chen benannten deshalb die *Kimbern, als sie diese später kennenlernten, mit dem alten Namen der K.
AKKristensen, Who were the Cimmerians? Kopenhagen 1988.

Kimon. – 1. Sohn des Miltiades, ca. 510-449 v. Chr. Nach dem frühen Tode des Vaters zahlte er die 50 Talente, zu denen diesen die Athener verurteilt hatten. Mit dem ererbten Reichtum war er freigebig und wurde durch Rechtlichkeit und Leutseligkeit sehr beliebt. Nach der Schlacht bei Salamis, in der er selbst mitgekämpft hatte, leitete er mit Aristeides die Politik Athens. Als Feldherr krönte er seine Erfolge mit dem entscheidenden Doppelsieg am Eurymedon über Flotte und Landheer der Perser (468?). In der Politik zeigte er weniger Geschick. Als Mann von vornehmstem Adel war er konservativ und Spartanerfreund. 462 setzte er die Entsendung eines Hilfskorps für die vom Helotenaufstand bedrängten Spartaner durch, wurde aber von diesen nach Hause geschickt. Für diesen Schimpf verbannten ihn die Athener. 457 wurde er zurückgerufen und 450 wieder als Stratege mit einer Expedition gegen Kypros betraut. Dort starb er vor Kition; die Athener errangen kurz danach den glänzenden Sieg beim kyprischen Salamis.
Biogr.: *Plutarch. * Nepos. – HBengtson, Gr. Staatsmänner des 4. und 5. Jh.s, 1983.
2. Bedeutender *Münzstempelschneider in Syrakus, Ende 5. Jh. v. Chr.
HJJonkees, The Kimonian Dekadrachms, 1941.

Kinyras, nach der Sage der erste König von Kypros, zeugte, von ihr getäuscht, mit seiner eigenen Tochter Myrrha den *Adonis. – *Ovid, *Met.* 10, 298ff.

Kirke, Tochter des Helios, Schwester des *Aietes, lebte als Zauberin auf der Insel Aiaia. Die Gefährten des Odysseus verwandelte sie in Schweine. Odysseus selbst war mit Hilfe eines von Hermes erhaltenen Krauts gefeit und erzwang auch die Rückverwandlung seiner Leute (Homer, *Odyssee* 10). Schon Hesiod dachte sich K. in Mittelitalien wohnend. Sie gebar dem Odysseus die Söhne Agrios und *Latinos. Am Vorgebirge Circei bei Tarracina wurde sie als Göttin verehrt.
AKottaridou, K. und Medeia, 1991 (Diss. Köln).

Kithairon, Grenzgebirge zwischen Attika und Boiotien.

Kithára *(Kítharis)*, die Leier, das Musikinstrument Apollons, in älterer Zeit mit 7, später mit 11 Saiten, die mit dem Plektron geschlagen wurden. Sie löst im 7. Jh. v. Chr. die 4saitige Phorminx der homerischen Zeit ab (*Terpandros). Der Sänger, der sein Lied mit der K. begleitete, hieß Kitharodos (lat. *citharoedus*), im Unterschied vom reinen Instrumentalvirtuosen, dem Kitharistes.
Huchzermeyer, Aulos u. K. in der gr. Musik, 1931. *Musik.

Klaros, Orakel des Apollon nahe bei *Kolophon. Französ. Ausgrabungen.
LRobert, Les fouilles de C., Paris 1954. MLeGlay, Villes, temples et sanctuaires dans l'orient romain, Paris 1986, S. 201-208.

Klazomenai, ionische Stadt an der Südküste des Golfs von Smyrna, bekannt durch ihre Tonwaren (Vasen, klazomenische *Sarkophage des 6./5. Jh. v. Chr.). Heimat des *Anaxagoras.
GEBean, Die Ägäische Türkei, 1969.

Kleanthes von Assos in der Troas, 333-231 v. Chr., der Nachfolger *Zenons als Leiter der Stoa. Sein *Hymnos auf Zeus* preist den Gott als allmächtiges Naturgesetz nach der Lehre der stoischen Philosophie, als Weltseele und Weltvernunft.
T: Wilamowitz, Hellenist. Dichtung II, 1924. Ü: ders., Reden u. Vortr. I, 1925, S. 306ff. TK: ATWatanabe, Ann Arbor 1990. – Pohlenz, Kleine Schriften 1, 1965, 87-93. GVerbeke, K. v. A., Brüssel 1949 (flämisch).

Klearchos. – 1. Spartanischer Gouverneur in Byzanz; nach seiner Absetzung Söldnerführer im Dienst des jüngern Kyros (*Xenophons *Anabasis*). 401 v. Chr. wurde er von den Persern durch Verrat gefangen und getötet. – 2. K. v. Soloi, Schüler des Aristoteles.
TK: Wehrli, 1969 (Schule des Aristoteles 3).

Kleidung. – 1. der Griechen: a) Männer: Hauptbekleidungsstück war der *Chitón*, ein Hemd, in älterer Zeit glatt fallend, seit dem Vordringen der ionischen Mode im 6. Jh. mit schönen Falten. Darüber trug man auf der Straße ein wollenes Umlegetuch, das *Himation* (oder, etwas kleiner, die *Chlaina*). Den Mantel, die *Chlamýs*, trugen Reisende und Soldaten. – b) Frauen: Das Frauengewand war der *Peplos*, ein Tuch, das umgeschlagen und über den Schultern zusammengeheftet wurde. Auch der *Chiton* mit Gürtel wurde von Frauen getragen. Hetären trugen blumige Gewänder *(ánthina)* oder koische aus einem sehr feinen, durchscheinenden Gewebe, das auf der Insel Kos hergestellt wurde. – 2. der Römer: Dem gr. *Chiton* entsprach in Rom die *Tunica*. Bei Senatoren war sie mit einem breiten *(latus clavus)*, bei Rittern mit einem schmalen Purpurstreifen *(angustus clavus)* verziert. Darüber trugen röm. Bürger bei öffentlichem Auftreten die *Toga*, das Nationalkleid. Sie war bei freigebornen Knaben und *curulischen Beamten mit einem Purpursaum besetzt *(Toga praetexta)*. An Stelle der unbequemen Toga kam im 1. Jh. v. Chr. das dem gr. *Himation* entsprechende *Pallium* auf. Bei feierlichen Anlässen durfte aber ein Römer nur in der Toga erscheinen, so z. B. beim Auftreten als Redner; im *Pallium* deklamierten nur die gr. Rhetoren. Als Mantel schützte die *Paenula* bei schlechtem Wetter. – Römische Matronen gürteten die Brust mit einer Binde, *Fascia*, und trugen über der *Tunica* die lange *Stola* als Oberkleid. – 3. Einen Hut trug man im Altertum selten; für die Reise kannte man den *Pétasos* mit einem Rand. Daneben gab es den *Pilos*, eine Filzkappe ohne Rand, den manche Handwerker und Seeleute trugen. In Rom wurde dieser *Pilleus* freigelassenen Sklaven als Zeichen der Freiheit aufgesetzt.
MBieber, Gr. K., 1928. GLosfeld, Essai sur le costume grec, Paris 1991. APotthoff, Lateinische K.sbezeichnungen, 1992.

Kleisthenes. – 1. Tyrann von Sikyon, ca. 600-565 v. Chr. An den Olympischen Spielen lud er nach seinem Sieg öffentlich die Edelsten der Griechen an seinen Hof, weil er seine einzige Tochter Agariste dem Be-

sten vermählen wolle. Aus der Schar der Freier aus allen gr. Fürstenhäusern, die Herodot (6, 126f.) aufzählt, fiel die Wahl auf Megakles aus dem verbannten athenischen Geschlecht der *Alkmeoniden. – 2. Der aus dieser Ehe hervorgegangene Sohn wurde nicht, wie üblich, nach dem Großvater väterlicherseits Alkmeon, sondern nach der mütterlichen Linie K. genannt. Er stand nach seinem Vater an der Spitze des während der Herrschaft des Peisistratos verbannten Geschlechts. Nach dem Sturz der Peisistratossöhne kehrte er 510 nach Athen zurück und gewann das Volk durch demokratische Verfassungsreformen. Sein politischer Gegner Isagoras suchte mit Hilfe des Spartanerkönigs Kleomenes die Neuerungen aufzuheben, scheiterte aber am Widerstand des Volkes. K. setzte den Rat der 500 ein und nahm Neubürger auf. Die alten 4 Phylen ersetzte er durch 15 neue Phylen, die keine Geschlechterverbände mehr waren. Die kleinsten Einheiten der Bürgerschaft bildeten die Demen (100, später 174). *Perikles war Sohn einer Nichte, *Alkibiades Sohn einer Enkelin des K.
RDCromey, The Alcmeonid inheritance in K.' reforms, 1974. MOstwald, Nomos and the beginnings of the Athenian democracy, Oxford 1969.

Kleitos, Freund Alexanders d. Gr., Reitergeneral. Der König, dem er am Granikos das Leben gerettet hatte, tötete ihn im Jähzorn; wieder zu sich gekommen, bereute er die Tat in maßlosem Schmerz.
Berve (*Diadochen).

Kleobis und **Biton** zogen, als einst die als Zugtiere üblichen Kühe fehlten, den Wagen ihrer Mutter Kydippe, der Herapriesterin von Argos, selbst 45 Stadien weit zum Tempel. Diese bat die Göttin, ihnen dafür zu schenken, was das Beste für die Menschen sei. Die Göttin erfüllte es, indem sie die beiden nach dem Opfer entschlafen und sterben ließ. Die Argeier weihten die Statuen der beiden Brüder nach Delphi. Solon erzählte die Geschichte dem Kroisos (*Herodot I, 31); eine ähnliche pessimistische Lebensauffassung kehrt bei gr. Dichtern und Weisen oft wieder (*Silenos). Die Statuen, um 600 v. Chr. entstandene Werke des Polymedes aus Marmor, stehen heute im Museum von Delphi.

Kleobulos von *Lindos, einer der *Sieben Weisen.

Kleomedes, Astronom, schrieb Ende 2. Jh. n. Chr. eine *Allgemeine Himmelskunde* in 2 Büchern.
T: RBTodd, 1990 (Tb). Ü: Czwalina, 1927 (Ostwalds Klassiker 220).

Kleomenes. – I. Spartanische Könige: – 1. K., Sohn des Anaxandridas, vertrieb 510 v. Chr. Hippias aus Athen (*Kleisthenes). In den folgenden Jahren unterstützte er die Gegner der Demokratie, aber ohne Erfolg. 491 mußte er aus Sparta fliehen. Er starb 489 bald nach seiner Rückkehr.
– GLCawkwell, Cleomenes, in Mnemosyne ser. 4, 46 (1993), 506-527.
– 2. Sohn des Leonidas, König 235-219. Nach siegreichen Kämpfen gegen Aratos, den Feldherrn des Achäischen Bundes, führte er durch einen Staatsstreich in Sparta die Reformen durch, welche vor ihm *Agis begonnen hatte. Er stürzte die Ephoren und verteilte das Land, das im Besitz von nur etwa 100 Adelsfamilien war, an alle Bürger unter dem Schlag-

wort der Wiederherstellung der lykurgischen Verfassung. Im Heer führte er die makedonische Lanze ein. 226 siegte er erneut über Arat, doch dieser rief Antigonos von Makedonien zu Hilfe. K. wurde 222 bei Sellasia entscheidend geschlagen und floh nach Aegypten, wo er sich 219 den Tod gab. – Biogr.: *Plutarch.
II. Name mehrerer neu-att. Bildhauer im 1. Jh. v. und n. Chr.

Kleon, athenischer Politiker im Peloponnes. Krieg. Er trat zuerst als Ankläger des *Anaxagoras und *Perikles an die Öffentlichkeit. Nach dem Tod des Perikles spielte der in der Beeinflussung der breiten Volksmasse gewandte Gerbermeister K. bald die erste Rolle. Er forderte rücksichtslose Schärfe der Kriegführung und kritisierte alle Maßnahmen, bis ihn das Volk, obschon er sich als militärischer Laie sträubte, zum Strategen wählte. Tatsächlich fiel darauf die von *Demosthenes lange belagerte Insel Sphakteria in weniger als 20 Tagen. Nun erhöhte K. die Steuern der Bundesgenossen und setzte alle Mittel für den Krieg ein, erfuhr aber schwere Rückschläge. 422 erlitt er durch Brasidas eine Niederlage bei Amphipolis und fiel. In der Verurteilung seiner unheilvollen, volksverführerischen Politik gehen der Historiker Thukydides und der Komiker Aristophanes *(Acharner, Ritter)*, beides Vertreter der konservativen Richtung, einig. Durch sie ist K. zum Typus des Demagogen gestempelt. HLind, Der Gerber K. in den Rittern des Aristophanes, 1990 (Diss. Erlangen).

Kleopatra. – 1. Gattin des *Phineus. – 2. Name von Frauen des makedonischen Königshauses. Durch die Heirat des Ptolemaios V. mit K., der Tochter von Antiochos d. Gr. (194 v. Chr.), kam der Name ins ägyptische Königsgeschlecht. – Die letzte und bekannteste Ptolemäerin K. (69-30 v. Chr.) erbte 51 gemeinsam mit ihrem Bruder Ptolemaios den Thron des Vaters Ptolemaios Auletes. Die kluge und energische Regentin wurde von den Ministern Potheinos und Achillas vertrieben. Als *Caesar nach dem Tode des Pompeius (48) in Alexandreia erschien, gewann K. seine Liebe und ließ sich von ihm wieder in ihre Rechte einsetzen. Durch die feindliche Bevölkerung und die Truppen des Königs geriet Caesar in eine höchst bedrängte Lage. Endlich befreite ihn ein Entsatzheer; K.'s Bruder ertrank bei den Kämpfen im Nil. Jetzt war K. faktisch allein Herrscherin. Ein anderer jüngerer Bruder stand ihr nur als Schattenkönig zur Seite. Bald nach Caesars Abreise gebar sie ihm den Sohn Kaisarion. Etwas später reiste sie nach Rom und wohnte in den Gärten Caesars. Nach seiner Ermordung eilte sie nach Aegypten und enthielt sich der Parteinahme. 41 lud *Antonius sie vor, um von ihr Rechenschaft zu fordern. Auch ihn fesselten ihre Reize, und er führte mit ihr in Alexandreia ein Genußleben ohnegleichen. In der Schlacht bei Actium entkam K. mit 60 Schiffen. Während Octavian (*Augustus) vor Alexandreia stand, beging Antonius auf eine falsche Nachricht vom Tode K.s Selbstmord. K. selber tötete sich, als sie beim Sieger keine Gnade fand, durch Gift (Schlangenbiß?). Ihre und des Antonius Kinder, K. Selene (die spätere Gemahlin des Königs Iuba [2]) und Alexandros Helios, wurden großmütig von Octavians Schwester Octavia erzogen.

EKornemann, Große Frauen des Altertums, 1952. HVolkmann, K., 1953. Benoist-Méchin, K., 1966. HWTarn-MPCharlesworth, Octavian, Antonius und K., 1967. JBrambach, K. und ihre Zeit, 1991. – Portrait im Museum von Cherchel (Libyca 2, 1954).

Kleophonmaler, att. rotfig. Vasenmaler der Hochklassik um 440/30. Bekanntestes Werk: Abschied eines Kriegers, in München.
Buschor (*Vasen) S. 220. FFelten, Thanatos- und K., 1971.

Kleophrades-Maler, bedeutender att. rotfig. Vasenmaler des beginnenden 5. Jh. v. Chr., benannt nach dem signierenden Töpfer. Besonders eindrucksvoll ist seine Darstellung von Troias Ende auf einer Hydria in Neapel (sog. Vivenzio-Vase).
JDBeazley, Der K. (Bilder gr. Vasen 6), 1933. AGreifenhagen, Neue Frg. des K.'s, 1972. EKunze-Götte, Der K. unter den Malern schwarzfiguriger Amphoren, Mainz 1992. – Spitzamphora mit Dionysos, Satyrn und Mänaden in München: RLullies, Die Spitzamphora des K.s, 1957 (Opus nobile 5).

Klio (gr. *Kleio*), *Muse des Epos und der Geschichtsschreibung.

Klitias, att. schwarzfig. Vasenmaler. Er bemalte um 560 v. Chr einen von dem Töpfer Ergotimos hergestellten großen Krater (Mischkrug), der nach dem Entdecker auch Françoisvase genannt wird (Florenz, Archäol. Mus.). Das Gefäß umziehen sechs Bildfriese, größtenteils mit Darstellungen aus dem Mythos.
AMinto, Il vaso François, Florenz 1960.

Klotho, die Spinnerin, eine der 3 *Moiren.

Klytaimestra, Gattin *Agamemnons. Sie wurde von Aigisthos verführt. Die beiden ermordeten Agamemnon bei der Rückkehr von Troia, wurden aber später von dem Sohn *Orestes erschlagen. Die Sage wird bei Homer nur gestreift, von den attischen Tragikern (*Aischylos, *Orestie*) oft behandelt. K. ist die große, kraftvoll entschlossene Verbrecherin. (Die Namensform *Klytaimnestra* begegnet erst in spätgr. Zeit.)

Knidos, dorische Hafenstadt auf einer Halbinsel Südwestkleinasiens gegenüber Kos. Wie dieses hatte K. eine bekannte Ärzteschule. *Ktesias. Hauptsehenswürdigkeit von K. war die **Aphrodite Eúploia* des *Praxiteles. Seeschlacht bei K.: *Konon.
GEBean, Turkey beyond the Maeander, 1971. HGrensemann, Knidische Medizin, 1975-1987.

Knossos (antike Schreibung Knosos), Stadt auf *Kreta nahe Heraklion. Mit der Ausgrabung des Königspalastes durch Arthur Evans (seit 1900) begann die neuere Epoche der Erforschung der minoischen Zeit. Die bald nach dem J. 2000 v. Chr. angelegte Palastanlage (*Haus) wurde bis um 1400 mehrmals zerstört und wieder aufgebaut, zuletzt nicht mehr von minoisch-kretischen, sondern mykenisch-gr. Herrschern bewohnt. Von diesen zeugen die Schrifttafeln in Linear B-*Schrift, deren Entziffe-

rung 1952 gelungen ist (*Pylos). Die ältere Linear A-Schrift harrt noch der Entschlüsselung.
AEvans, The palace of Minos at Knossos, 1921-36 (Nachdr. 1964). AMichailidou, K., Athen 1989 (Führer). RCastleden, The Knossos Labyrinth, London 1989. JChadwick, Corpus of Mycenaean inscriptions from K., Cambridge 1987-1994.

Kodros, sagenhafter König von Athen. Nach einer späteren Sage hatte das Orakel von Delphi verkündet, die Spartaner würden Athen erobern, wenn sie den König nicht töteten. K. habe sich darauf verkleidet in ihr Lager geschlichen, habe einen Streit angefangen und sei erschlagen worden. Nach seinem Tode herrschte sein Sohn Medon (Königsgeschlecht der Medontiden); andere berichten, es sei das Königtum abgeschafft worden.

Köln: *Ubier.

Koine (die allgemeine), die gr. Welt-Verkehrssprache der hellenistischen Zeit: *Dialekte 1. In ihr ist das Neue Testament geschrieben.
Blass-Debrunner, Neutestamentliche Grammatik, 14. A. 1976. LRadermacher, Koine (Sitzungsber. Akad. Wien, phil.-hist. Kl.), 1947.

Kokytos (Jammerstrom), Fluß in der Unterwelt (*Acheron).

Kolchis, Land am östl. Südufer des Schwarzen Meeres, Ziel der Argonautenfahrt. *Aia.
OLortkipánije, Das alte K. und seine Beziehungen zur gr. Welt vom 6. zum 4. Jh. v. Chr., 1985.

Kolonien. Die Griechen pflegten, wenn die Verhältnisse der Heimatstadt oder der Anreiz günstiger Möglichkeiten in der Fremde es nahelegten, in Gruppen auszuwandern, die am Orte der neuen Niederlassung *(apoikía)* ein eigenes, von der Mutterstadt unabhängiges Staatswesen bildeten. Es blieben persönliche Bindungen und Handelsbeziehungen zur Mutterstadt bestehen. Auch die Verehrung der gleichen Götter schuf ein Band zwischen Mutterstadt und K. und zwischen den K. gleicher Herkunft. Wenn Athen Kerkyra gegen dessen Mutterstadt Korinth unterstützte, galt das als Einmischung in innere Angelegenheiten Korinths (*Peloponnesischer Krieg). Im 8.-6. Jh. beherrschte *Miletos durch seine K. den Handel vom Schwarzen Meer bis nach Ägypten. Nach Italien und Sizilien gingen besonders von Chalkis und von Korinth zahlreiche K. aus. Seit Alexander d. Gr. wurden K. vorwiegend zu militärischen Zwecken und zur Hellenisierung fremder Untertanenvölker von den Königen gegründet.
Anders als die der gr. K. war die Stellung der röm. *Coloniae*. Sie entstanden auf erobertem Staatsland, welches einer Gruppe siedlungswilliger Bürger zur Bebauung angewiesen wurde. Die Siedler blieben Bürger der Mutterstadt; die K. war keine politisch selbständige Gemeinde. Die K. wurden anfangs nur in Italien gegründet, wo die stete Verbindung mit Rom möglich blieb. Überseeische K. (zuerst Carteia in Spanien, 171 v. Chr.) stattete man mit dem geringeren latinischen Bürgerrecht aus.

Erst Caesar legte außeritalische K. röm. Rechtes an. Seit dem 1. Jh. v. Chr. waren die Kolonisten meist ausgediente Soldaten, die bei ihrer Entlassung auf diese Art versorgt wurden.

JBérard, L'expansion et la colonisation grecques jusqu'aux guerres médiques, 1960. JBoardman, K. und Handel der Griechen, 1981. NEhrhardt, Milet und seine K., 1983. ELepore, Colonie greche dell'occidente antico, Roma 1989. – Vittinghoff, Röm. Kolonisation und Bürgerrechtspolitik unter Caesar und Augustus, Abh. Akad. Mainz 1951. ETSalmon, Roman Colonization under the Republic, 1969.

Kolonós Hippios, Hügel etwa 2 km nördl. von Athen, wo ein Poseidontempel und das Grab des *Oidipus lagen. Sophokles, der am K. geboren war, schildert den Ort in der Tragödie *Oidipus auf dem K.*

Kolophón, ionische Stadt, zwischen Smyrna und Ephesos, blühend im 7. Jh. v. Chr. (Dichter *Mimnermos). *Klaros.

GEBean, Die ägäische Türkei, 1969.

Kolotes. – 1. Bildhauer, Schüler des Pheidias. – 2. Philosoph, Schüler des Epikur. – WCrönert, K. und Menedemos, 1906 (Nachdr. 1964).

Kommagene, das Land im Nordosten Syriens zwischen dem Taurosgebirge und der Stadt Samosata am Euphrat. K. war die Heimat des Kultes von Iuppiter *Dolichenus, reich durch Fruchtbarkeit des Bodens und Eisenverhüttung. Seine Herrscherdynastie, die Orontiden, die sich auf gr. und persische Ahnen zurückführte, hatte, als die syrischen Seleukiden an Macht verloren, um 170 v. Chr. den Königstitel angenommen. Mit wechselndem Glück behaupteten sie sich unter den Römern. *Antiochos I., der sich die Beinamen Römerfreund und Griechenfreund zulegte, wurde von Pompeius begünstigt. Antonius (3) ließ die Residenz Samosata belagern, um Kontributionen zu erpressen, mußte aber mit einem Bruchteil der geforderten Summe sich abfinden. 18-38 wurde K. zur Provinz Syria geschlagen. Doch gab Caligula seinem Jugendfreund Antiochos IV. das Königreich zurück. Vespasian gliederte es 72 endgültig in die Provinz Syria ein.

FKDörner, K., 1971. JDuchesne-Guillemin, Iran und Griechenland in der K., 1984. – Königsinschriften: *Antiochos (II.).

Komödie. – 1. Die gr. K. ist nach Aristoteles ausgegangen von den Umzügen *(kómoi)*, an denen man das Fruchtbarkeitssymbol des *Phallos herumtrug, Phalloslieder sang und die Zuschauer mit Spottversen angriff. Bei den D o r i e r n waren schon seit alten Zeiten mimische Possenspiele üblich, die in Sizilien literarisch fortgebildet wurden (*Epicharmos, *Sophron). In Unteritalien war im 4./3. Jh. die unliterarische *Phlyakenposse beliebt; die Schauspieler trugen, wie die Vasenbilder zeigen, einen großen ledernen Phallos und (durch Polsterung des Kostüms) einen Dickbauch und einen riesigen Hintern. – Dieses altüberlieferte Kostüm übernahm die altattische K., die, wie die Tragödie an der Kultfeier der städtischen Dionysien, sich am Dionysosfest der Lenäen entwickelte. Später als für die Tragödie wurde auch für die Komödie der staatliche Wettkampf an den städtischen Dionysien eingeführt (486 v. Chr.). An den Lenäen war die K. noch bis etwa 442 nicht staatlich. Speziell attisch war die häufige Verkleidung des Chors in Tiergestalten *(Wespen, Vögel)* und andere nichtmenschliche Wesen *(Wolken)*. Das Kernstück der K. ist die P a r a b a s e , der Aufmarsch des komischen Chors mit Versen voller Angriffe. Sie folgt in der Regel auf eine Streitszene *(Agón)*, in welcher der Gesang des Chors und die Gegenrede eines Schauspielers so abwechseln, daß die Stücke des Chors einander im Umfang entsprechen, ebenfalls die Antworten des Sprechers *(Epirrhémata)*. Typisch sind auch Reihen von Szenen, in denen der Held verschiedene auftretende Personen nacheinander abfertigt. – Der große Vertreter der a l t e n K. ist *Aristophanes. Er schrieb 427 sein erstes Stück. Seine Vorgänger (*Kratinos) und Zeitgenossen (*Eupolis) sind uns nur aus geringen Frg. kenntlich. Bei Aristophanes hat die K. bereits einiges vom Aufbau der Tragödie entlehnt. Der Chor zieht mit einer *Parodos (2) ein; die Parabase folgt erst nach dem 1. *Epeisodion. In ihr wendet sich der Chor direkt ans Publikum, indem er mitten im Stück aus der Handlung heraustritt und die Maske abnimmt. Vor allem hier äußerte der Dichter mit scharfem Witz seine Kritik an aktuellen Zuständen und griff hervorragende Persönlichkeiten wie *Kleon schonungslos mit Namen an. – Seit 400 gab die K. die aktuellen Anspielungen allmählich auf. Der anstößige Phallos wurde zuerst aufgebunden und verschwand schließlich ganz und mit ihm die dazugehörigen derben Zoten. Der Chor verlor seine Bedeutung; die Chorlieder wurden zu beliebigen musikalischen Einlagen ohne Zusammenhang mit dem Stück. In den Texten steht an Stelle des Liedes nur noch die Regiebemerkung: «Chor.» Die Themen waren jetzt politisch unverfängliche Mythenparodien oder Hetären- und Parasitenleben. Hauptvertreter dieser m i t t l e r e n K. ist *Alexis. – Um 320 begründete *Menandros die Gattung der n e u e n K. Neben ihm sind als Dichter zu nennen *Diphilos, *Philemon, *Apollodoros. Die Stoffe wurden dem Leben des athenischen Bürgertums entnommen. Typische Gestalten wie der strenge sparsame Vater, der lebenslustige Sohn, der schlaue Sklave, der ewig hungrige Parasit, das schöne, tugendsame, aber zuweilen vergewaltigte Bürgermädchen, die liebenswürdige Hetäre usw. wurden in eine Handlung verwickelt, die damit endete, daß die Liebenden oder Getrennten sich fanden. Das Motiv der überraschenden Wiedererkennung *(Anagnorismós)* entstammt wie manche andern Züge dieses bürgerlichen Spiels der euripideischen Tragödie.

2. Auf italischem Boden gewachsen waren die *Atellane und, bei den unteritalischen Griechen, der *Mimus. Diese wurden erst im 1. Jh. v. Chr. literarisch; vorher herrschte die gr. neue K. in Rom, die man in Ü. und freien Nachbildungen an den Festtagen (*ludi:* *Spiele II 3b) vor dem Volk aufführte. Man nannte sie *Fabula palliata* (*pallium*: das gr. Kleid). Die *Fabula togata* (*toga:* das röm. Nationalkleid), welche statt der Athener Römer auf die Bühne stellte, setzte sich nicht durch. Die erste Aufführung in Rom fand 240 v. Chr. statt. Die großen Palliatendichter sind *Plautus und *Terentius, von denen Terenz dem gr. Vorbild am treusten folgt. An ihn hat Molière angeknüpft, so daß die gr. neue K. in der Neuzeit fortlebt. Einen Chor hatte die röm. K. nicht; die Zwischenakte füllte das Spiel eines Flötenbläsers. Dagegen machte Plautus durch

Einlage zahlreicher Arien *(cantica)* die K. zum Singspiel. *Dioskurides (3).
TÜ: unter den Autoren. Frg. (T): Kaibel, Comicorum Graec. Frg. I, 1899 (dorische K.). Kock, Comicorum Attic. Frg. (3 Bde), 1880/8. RKassel-CAustin, Poetae comici graeci, 1983ff. TÜ: Edmonds, The Frg. of attic comedy, 1957-61. Lat.: T: ORibbeck, Scaenicae Rom. Poësis Frg. II, Comic., 1898 (Tb). Ü (Ausw.): CBardt, Röm. K. (3 Bde), 1909/13. – AKörte, Die gr. K., 1914. HHerter, Vom dionys. Tanz zum kom. Spiel, 1947. FMCornford, The origin of Attic comedy, 1914 (Nachdr. Ann Arbor 1993). MPohlenz, Kleine Schriften 2, 1965, 497-510. FHSandbach, The comic theatre of Greece and Rome, London 1977. HJNewiger (Hg.), Aristophanes und die alte K., 1975 (WdF). HGNesselrath, Die attische mittlere K., 1990. GEDuckworth, The nature of Roman comedy, 1952. ELefèvre, Die röm. K., 1973 (WdF). – TBLWebster, Monuments illustrating Old and Middle Comedy, 2. A. 1969; ders., M. i. New Comedy, 2. A. 1969. Trendall – Webster, Illustrations of Greek Drama, 1971.

Komos, nächtlicher Umzug angeheiterter froher Zecher, die zur Musik der Flötenspielerinnen durch die Stadt zogen. Die Sitte war seit dem 6. Jh. v. Chr. in Griechenland verbreitet, nur in Sparta polizeilich verboten. Das Wort Komödie ist sehr wahrscheinlich von K. abgeleitet. Zahlreiche Vasenbilder, z. B. Würzburger Schale des *Brygosmalers. – Arias-Shefton-Hirmer (*Vasen) Taf. 138.

Konon. – 1. Sohn des Timotheos, berühmter athenischer Admiral, seit 413 v. Chr. Stratege, Nachfolger des Alkibiades in der Leitung der Flotte 407, entkam aus der Niederlage von Aigospotamoi 405 als einziger Führer mit 8 Schiffen nach Kypros. Dort erhielt er das Kommando über die ganze persische Flotte und siegte mit ihr 394 bei Knidos entscheidend über die Spartaner. 393 baute er die Mauern Athens wieder auf. † 392 auf Kypros. *Euagoras. – Biogr.: *Nepos.
2. K. von Samos, Astronom in Alexandreia: *Berenike (3).

Konstantinopel: *Byzantion.

Kontorniaten, Medaillen, die alte Münzen nachahmten und im 5. Jh. n. Chr. als glückbringende Neujahrsgeschenke verteilt wurden. Sie dienten den heidnischen Senatsaristokraten als Propagandamittel für ein Ideal nicht-christlicher röm. Tradition.
AAlföldi-EAlföldi-Rosenbaum, Die Kontorniat-Medaillons, 2. A. 1976-90.

Kore (Mädchen), Persephone als Tochter *Demeters. – In der Kunstgeschichte: Bezeichnung für Mädchenstatue: *Plastik. – GMARichter, Korai, 1968 (Nachdr. 1987).

Korenhalle: *Erechtheion.

Korfu: *Kerkyra.

Korinna aus Tanagra, boiotische Dichterin. Ob sie zur Zeit Pindars (um 500 v. Chr.) oder erst um 200 v. Chr. gelebt hat, ist zweifelhaft. Ihre Lyrik erzählt im schlichten boiotischen Dialekt Lokalsagen.

T: DLPage, Poetae melici Graeci, 1962. TÜ: BSnell-ZFranyó, Frühgr. Lyriker 3, 1976. DLPage, Corinna, 1954. – KLatte, Kleine Schriften, 1968, 499-507 (Frühdatierung).

Korinthisches Erz *(aes Corinthium)*, Geräte und Statuetten aus einer besonderen Art Bronze, die in Korinth hergestellt wurde. Nach dessen Zerstörung kamen 146 zahlreiche Stücke nach Rom, aber zugleich ging das Geheimnis der Legierung verloren. Man fabelte später, sie sei während des Brandes der Stadt durch zufälliges Verschmelzen mit Gold und Silber entstanden. Röm. Kunstkenner zahlten für echte *Corinthia* hohe Preise; von Imitationen unterschieden sie sie an der Farbe und sogar am Geruch.

Korinthisches Kapitell. Das k. K. kommt seit dem ausgehenden 5. Jh. v. Chr. als prunkvollere Variante des ionischen in Gebrauch. Nach Vitruv hat es *Kallimachos (1) erfunden; für uns ist es zuerst im Apollontempel von *Phigaleia faßbar und findet sich dann in voll ausgebildeter, klassischer Form im 4. Jh. im Rundbau von *Epidauros. Zwei Reihen von je 8 *Akanthosblättern umgeben den korbartigen Kern *(kálathos)*; aus ihnen wachsen Blüten und Stengel empor, die sich zu Spiralen und Voluten einrollen. Das k. K. wird vor allem in der röm. Architektur häufig verwendet und öfter auch mit dem ionischen zum Kompositkapitell verbunden.
W-DHeilmeyer, Korinthische Normalkapitelle, 1970. HBauer, K. K.e des 4. und 3. Jh.s v. Chr., 1973. UWGans, Korinthisierende K.e der röm. Kaiserzeit, 1992. *Architektur.

Korinthos, dorische Handelsstadt am *Isthmos mit den Häfen Lechaion am Korinthischen, Kenchreai und Schoinus am Saronischen Golf. Der Name ist vorgr.; Spuren der Besiedlung reichen in die Steinzeit zurück. Um 2000 zerstört, blieb K. in mykenischer Zeit ohne Bedeutung. Die Neugründung fällt ins 9. Jh. Im 8./7. Jh. blühte der Handel auf. K.s *Vasenfabrikation war führend bis zum Aufkommen Athens. Es wurden wichtige Kolonien angelegt: *Kerkyra, *Syrakus, *Leukas, *Ambrakia, *Poteidaia. Unter der Tyrannis des *Kypselos (ca. 620-590) und seines Sohnes *Periandros (ca. 590-550) stand K. mächtig da. 583 wurden die Isthmischen Spiele gestiftet. Sie fanden beim Tempel des Poseidon Isthmios statt. Schärfster Handelskonkurrent war *Aigina, zu dessen Vernichtung K. Athen unterstützte. Doch zeigte sich seit 460, daß jetzt im attischen Seereich ein weit gefährlicherer Rivale erwachsen war. K. trieb daher zum Peloponnes. Krieg, in dessen Anfang Athen imstande war, K.s Handel völlig zu blockieren. In den zwei folgenden Jh. blieb K. die reiche Seestadt, seit 338 einige Zeit Hauptstadt Griechenlands. Im 2. Jh. aber verarmte K. und wurde das Zentrum romfeindlicher Umtriebe im Achäischen Bund (*Achäer). Nach der Kriegserklärung und der verlorenen Schlacht von Leukopetra auf dem Isthmos zerstörte der cos. Mummius 146 die Stadt; die Stätte wurde verflucht. Caesar ordnete 44 v. Chr. die Neugründung der *Colonia Laus Iulia Corinthus* an. Die italischen Ansiedler waren meist Freigelassene, und auch später behielt K. einen ungriechischen Zug (Gladiatorenspiele im 1. Jh. n. Chr., als die Grie-

chen diese noch ablehnten). K. war Sitz des Statthalters. Paulus gründete 44 eine bedeutende Christengemeinde. Mit Ausnahme der noch aufrecht stehenden Säulen des Apollontempels aus dem 6. Jh. v. Chr. stammen die von den amerikanischen Ausgrabungen freigelegten Reste fast ausschließlich aus röm. Zeit (u. a. Marktplatz, Brunnenhäuser, Prunkstraße zum Hafen Lechaion, Theater).
American School of Athens, Corinth, Results of Excavations, 1929ff. NPapahatzis, Das antike K., Athen 1983 (Führer). RhCarpenter, K., 1960. HPayne, Necrocorinthia, 1931. FJde Waele, Les antiquités de la Grèce: Corinthe et St. Paul, 1961. MLeGlay, Villes, temples et sanctuaires dans l'orient romain, Paris 1986.

Koronis, Tochter des *Phlegyas, war die Geliebte des Apollon; doch während sie dessen Kind *Asklepios unter dem Herzen trug, betrog sie ihn mit einem Sterblichen. Der damals noch weiße Rabe berichtete dem Gotte von der Untreue. K. erlitt den Tod durch den Pfeil der Artemis; der Unheilsbote aber hat seither schwarze Federn. Den Asklepios rettete Apollon aus dem Leibe der toten Mutter und ließ ihn von *Cheiron erziehen.
Hesiod *Eoiai* frg. 122/3 Rzach (= 59/60 Merkelbach-West). Homer *Hymn*. 16. Pindar *Pyth*. 3, 5ff.

Korykische Grotte, eine ob ihrer Naturschönheit gepriesene Höhle am Parnass, wo Pan mit den korykischen Nymphen wohnte. Die Höhle liegt auf fast 1400 m Höhe, ca. 3 Stunden von Delphi (*Pausanias 10, 32, 2-7). Berichte über Ausgrabung: L'antre Corycien, in Bulletin de correspondance hellénique, Suppl. 7-9, 1981-84. – Eine 2. berühmte K. G. liegt bei der Stadt Korykos in Kilikien (*Strabon 14, 5, 5). Moderne Beschreibung: Keil-Wilhelm, Monumenta Asiae minoris antiqua 3, 1931, S. 214-19. JWagner, Südtürkei, 1991.

Koryphaios, Chorführer: *Chor.

Kos, Insel der Dodekanes, bekannt durch die koischen Gewänder (*Kleidung 1) und die Ärzteschule des *Hippokrates beim dortigen Asklepiostempel. Stimmungssvolle Schilderung der Landschaft in *Theokrits *Thalysia*. *Asklepios. Die Ausgrabungen haben die Reste des Heiligtums und der 366 v. Chr. gegründeten Stadt freigelegt. An deren Stelle lag schon in mykenischer Zeit eine bedeutende Siedlung. Doch als die einwandernden Dorier von ihr Besitz ergriffen hatten, wurde der alte Platz vom 10. bis zum 8. Jh. zur Nekropole.
RHerzog, K., Ergebnisse der deutschen Ausgrabungen I, 1932. SMSherwin-White, Ancient Cos, 1978 (Hypomnemata 51). RKabus-Preisshofen, Die hellenistische Plastik der Insel Kos, 1989.

Kosmoi, die jährlich aus den regierungsfähigen Familien gewählten obersten Behörden der kretischen Städte, meist 10 Männer, an deren Spitze der Protokosmos stand. Sie sind durch Inschriften vom 5. Jh. v. Chr. bis ins 3. Jh. n. Chr. bezeugt.

Kothurn (gr. *Kóthornos*), ein hoher, weicher, geschlossener Schaftstiefel. Er galt als bequeme Luxuskleidung; ihn trug der Gott Dionysos. Aischylos führte den K. für den tragischen Schauspieler ein mit einer Sohle, welche die Gestalt größer erscheinen ließ. Seit dem 2. Jh. wurde diese Sohle aus Holz und immer dicker angefertigt, so daß in der Kaiserzeit die Schauspieler wie auf Stelzen standen.

Kottabos: *Spiele II 1.

Kotys oder Kotyto, thrakische Göttin, deren orgiastischer Kult besonders in Korinth Eingang fand.

Krankenhäuser: *Xenodocheion.

Krantor von Soloi, Philosoph der älteren *Akademie, ca. 340-275 v. Chr., Lehrer des *Arkesilaos. Cicero schätzte sein Trostbüchlein *Vom Leid* hoch.
HThJohann, Trauer und Trost, 1968.

Krateros, General Alexanders d. Gr. Bei dessen Tod war er Strategos von Makedonien. Er fiel 321 gegen Eumenes.
Berve (*Diadochen).

Krates. – 1. Attischer Komödiendichter, Vorläufer des Aristophanes. – 2. K. aus Theben, gegen Ende des 4. Jh. v. Chr., kynischer Philosoph, Schüler des Diogenes und Lehrer Zenons, des Gründers der Stoa. Er machte sich frei von der Sklaverei des Mammon, indem er sein ansehnliches Vermögen den Mitbürgern schenkte und das Leben eines Wanderpredigers führte. In allen Häusern war der freundliche Mann gern gesehen, der durch Zuspruch und den Zauber seines Wesens Leidende tröstete, Streitende versöhnte. Die vornehme Hipparchia folgte ihm, in freiem Entschluß die Schranken bürgerlicher Konvention brechend, als Gattin auf seinen Wegen. K. schrieb auch Gedichte, von denen wir Frg. besitzen.
T: *Lyrik. Portrait: Schefold. EdSchwartz, Charakterköpfe II, 1919.
3. K. von Mallos, 1. Hälfte 2. Jh. v. Chr., der größte Gelehrte der Schule von Pergamon, Gegner *Aristarchs (2). Während dieser die Analogie für das herrschende Prinzip des Sprachbaus erklärte, behauptete K. im Anschluß an die Sprachlehre der *Stoa, daß die Anomalie das Grundprinzip sei (*Grammatik). Da K. um 169 als Gesandter nach Rom kam, dort ein Bein brach und bis zur Genesung Vorträge hielt, beschäftigte diese Streitfrage auch die röm. Philologen bis in die augusteische Zeit hinein (*Varro, *Caesars Schrift *de analógia*). In der Schriftstellererklärung widmete sich K. vor allem der allegorischen Deutung Homers. *Geographie.
HJMette, Parateresis, Unters. zur Sprachtheorie des K., 1952.

Kratínos, der größte Komödiendichter Athens vor Aristophanes, mit dessen ersten Stücken seine Alterswerke konkurrierten. Aristophanes hatte ihn als durch den Trunk heruntergekommenen Alten verspottet. Da brachte er in seiner *Pytine* (Die Flasche) sich selbst auf die Bühne:

Die *Komödie*, seine rechtmäßige Ehefrau, verklagt ihn, daß er sie vernachlässige und sich zuviel mit der Buhlerin *Trunkenheit* abgebe. Doch er verteidigt mit feuriger Rede die teure gerettete Flasche. Das Stück siegte 423 v. Chr. über die *Wolken* des Aristophanes.
T: RKassel-CAustin, Poetae comici graeci 4, 1983, 112-337.

Kratylos, herakliteischer Philosoph, Zeitgenosse Platons, der nach ihm den Dialog *K., Über die Richtigkeit der Wörter* genannt hat. *Etymologie.

Kreon: – 1. *Antigone. – 2. *Medeia.

Kresilas von Kydonia, Erzgießer in der 2. Hälfte des 5. Jh. v. Chr. Seine Statue des Perikles stand in Athen auf der Akropolis. Vom Kopf sind Kopien erhalten (*Portrait). Auch von einer *Amazonenstatue des K. in Ephesos läßt sich eine Vorstellung gewinnen.
VPoulsen, Die Amazone des K., 1957 (Opus nobile 1).

Kreta. Die Kreter waren wenig geachtet. Allgemein bekannt war der vom Apostel Paulus (*Titus* 1, 12) zitierte Spruch des *Epimenides: «Die Kreter sind alleweil Lügner.» Sie galten als gute Bogenschützen. Während der Blüte der gr. Kultur stand K. als dorisches Randgebiet abseits. Ein ganz anderes Bild aber zeigt das 2. Jahrtausend v. Chr. Damals war K. führend im Kreise der *ägäischen Kultur*, der die gr. Inseln und das Festland umfaßte und in seinen Ausstrahlungen nach Norden weit ins Innere Europas reichte. Genauer unterscheidet man *minoische Kultur* (nach dem kret. König *Minos) auf K., *kykladische* auf den Inseln der Ägäis, *helladische* auf dem Festland. Die frühe Epoche beginnt mit dem Ende der Steinzeit (ca. 2700 v. Chr.), die mittlere um 2000, die späte reicht von ca. 1600 bis 1200 (Ende der Bronzezeit). Zuerst bekannt wurde die spät-helladische = *mykenische Kultur* durch die Ausgrabungen Schliemanns in Troia und Mykene. Um 1900 veröffentlichte Evans seine Entdeckung des minoischen Palastes von Knossos; weitere Palastanlagen fand man in Phaistos, Hagia Triada, Mallia und andern kret. Städten.
Die Träger der minoischen Kultur waren ein Mittelmeervolk, das in frohem Genuß eines großen Reichtums lebte. Über die Vorstufen wissen wir nichts. Wir treffen ihre Kunst und ihren staunenswerten Luxus voll entwickelt zur Zeit der älteren Palastbauten um 2000 und der spätern um 1600. Diese Paläste waren unbefestigt, die Räume aneinandergebaut ohne einheitlichen Gesichtspunkt, so daß Anbauten den Komplex ohne Schwierigkeit erweitern konnten. Den andersgearteten Griechen erschienen diese unübersichtlichen Anlagen später als Labyrinthe. Die Wände schmückten nach dem Wiederaufbau der um 1700 zerstörten Paläste Freskomalereien, Menschen und Tiere in Landschaften; besonders fällt die Freude an Blumen auf. Reich ist auch die Malerei auf Gefäßen. Die Plastik bedeutet dagegen wenig; kleine Figürchen wiegen vor (Elfenbeinschnitzerei, getriebene Reliefarbeit auf 2 Goldbechern von Vaphio). Die Frau spielte eine höchst wichtige und aktive Rolle im öffentlichen Leben. In der Religion wurde die große Muttergottheit verehrt. Wichtiges religiöses Symbol ist die auch über Kleinasien verbreitete göttliche Doppelaxt (*Labraunda). Nachgewiesen sind ferner

Stierkult (Minotaurossage) und eine Schlangengöttin. *Schrift. Die in Griechenland einwandernden Indogermanen übernahmen die Errungenschaften der hoch überlegenen alten Kultur und oft mit den Sachen auch die Wörter dafür (z. B. Badewanne, gr. *asáminthos*, der typische Wortausgang *-inthos* auch im kret. Labyrinth und Ortsnamen wie Korinth). Dagegen bewahrten sie viele eigenen Züge: Die Paläste der Herrscher von *Mykene und *Tiryns sind starke Festen; die Bauweise, eine große Halle *(Mégaron)* mit dem Herd als Mittelpunkt des Ganzen, hatten sie aus dem Norden mitgebracht. Ältestes Megaronhaus in Troia vor der Mitte des 3. Jahrtausends. Weitere Eigenheiten: *Mykenai.
Seit 1650 scheinen Naturkatastrophen (Erd- und Seebeben) dem die See beherrschenden Kreterreiche den Untergang bereitet zu haben. Nur Knossos hält sich noch bis etwa 1450; aber es ist jetzt Sitz neuer Herren, mykenisch-gr. Fürsten (Schrifttafeln in Linear B mit gr. Sprache). Um 1200 fiel auch die mykenische Kultur des Festlands den aus Norden nachrückenden Stämmen zum Opfer. Die Erinnerung an die glanzvolle mykenische Zeit bewahren die Gedichte Homers. Im 11. Jh. erreichten die Dorier K. und ergriffen von der Insel Besitz.
Die ägäische Kultur bricht jäh ab. Die Geschichte der folgenden Jh. liegt im Dunkel. Die gr. Kunst, zu deren ältesten Zeugen die Vasen vom Dipylonfriedhof bei Athen mit ihren *geometrischen Ornamenten gehören (10. Jh.), bedeutet einen neuen Anfang. Auch die spätere Malerei ist von der minoischen nicht beeinflußt. Trotzdem darf die Nachwirkung (z. B. in der Religion) nicht gering veranschlagt werden; doch lassen sich noch viele Fragen beim heutigen Stand der Forschung nicht eindeutig beantworten. – *Gortyn.
ODickinson, The Aegean Bronze Age, Cambridge, 1994. FSchachermeyr, Die ägäische Frühzeit, Forschungsberichte, in Sitzungsberichte Akad. Wien, 1976ff.; ders., Gr. Frühgeschichte, 1984 (ebda. Nr. 425). NPlaton, La civilisation égéenne, Paris 1981 (2 Bde.). PFaure, Das Leben im Reich des Minos, 1976 (Reclam). RCastleden, Minoans, London 1992. JWGraham, The palaces of Crete, Princeton 1986. RAHiggins, Minoan and Mycenaean art, 2. A. New York 1986; ders., The archaeology of Minoan Crete, London 1973. – Bilder: SMarinatos, K., Thera und das mykenische Hellas, 4. A. 1986.

Kritias, athenischer Aristokrat, Vetter von Platons Mutter. Er trat hervor als Politiker, Philosoph und Dichter. Wie Alkibiades, dessen Parteigänger er war, hatte er zum Kreis des Sokrates gehört. Die Demokratie haßte er tief und wurde 404 v. Chr. das Haupt der *Dreißig Tyrannen. 403 fiel er tapfer kämpfend in Munichia.
TÜ: Vorsokr. 88. Eleg. Frg.: T: MLWest, Iambi et elegi 2, 1992. – WNestle, Vom Mythos zum Logos, 1940.

Kritios, bedeutender Plastiker des *Strengen Stils, der mit Nesiotes 477 v. Chr. die Gruppe der *Tyrannenmörder schuf. Vor 480 ist der im Perserschutt auf der Akropolis gefundene sog. K.-knabe entstanden, der ihm oder seiner Werkstatt aus stilistischen Gründen zugewiesen wird. Mit der klaren Unterscheidung von Stand- und Spielbein durchbricht er die archaische Form des *Kuros. – Fuchs (*Plastik) Abb. 34/35.

Kritolaos lenkte die im bloßen Rhetorikunterricht verkümmerte peripatetische Schule des Aristoteles wieder der Philosophie zu. 155 v. Chr. war er in Rom: *Karneades.
T (Frg.): Wehrli, Schule des Aristoteles 10, 1969.

Kriton, Freund des Sokrates. Platon hat ihm in den Dialogen *K.* und *Phaidon*, die die letzten Stunden des Meisters beschreiben, ein Denkmal gesetzt.

Kroisos, letzter König von Lydien, bestieg 560 den Thron. Er eroberte die ionischen und äolischen Städte Kleinasiens und herrschte nach Osten bis zum *Halys. Der griechenfreundliche, sehr reiche Fürst stiftete an die gr. Orakel, besonders nach Delphi, kostbare Geschenke. Herodot (1, 6ff) erzählt seine Geschichte, unter anderm die (unhistorische) Novelle vom Besuch des weisen *Solon, der dem K. die Lehre gab, der Reichste sei nicht ohne weiteres der Glücklichste, und man dürfe niemand vor dem Tode glücklich nennen. 547 wurde die Hauptstadt Sardes von *Kyros erobert, K. aber angeblich begnadigt und unter die Begleiter des Perserkönigs aufgenommen.

Kronos, der Sohn des Himmelsgottes Uranos. Dieser barg seine und der *Gaia Kinder im Schoße der Mutter und ließ sie nicht ans Tageslicht kommen. Da schnitt der Sohn K. auf den Rat der Gaia dem Uranos das Zeugungsglied ab und warf es ins Meer. K. wurde nun selbst Weltherrscher, und damit niemand ihn stürze, verschlang er die Kinder, die ihm Rheia gebar. Doch diese versteckte den Zeus und gab K. einen Stein zu verschlucken. Jetzt ergriff Zeus die Herrschaft, indem er K. und sein Geschlecht, die Titanen, besiegte. In der Sage von K. lebten Züge aus altorientalischen Göttermythen fort: *Kumarbi. Die Zeit des K. war das *goldene Zeitalter* (*Saturnus).

Kroton, Stadt in Unteritalien, in der *Pythagoras wirkte. In der Nähe das Heiligtum der Hera Lacinia, von dem noch eine Säule aufrecht steht. *Zeuxis. *Sybaris.
MGiangiulio, Ricerche su Crotone arcaica, Pisa 1989.

Ktesias, Arzt aus Knidos, lebte um 400 v. Chr. 17 Jahre am Hofe des Perserkönigs Artaxerxes (2). Er schrieb eine *Persische Geschichte* in 23 Büchern, nicht mit der Wahrheitstreue des Historikers, sondern als unterhaltenden *Roman. Er war der erste Nichtathener, von dem wir wissen, daß er sich für eine Geschichtsdarstellung des attischen Dialekts bedient hat.
Es sind nur Auszüge des *Photios und ein Papyrosfrg. erhalten. T: Jacoby III C Nr. 688 (*Geschichtsschreibung). TÜ (franz.): RHenry, 1947. Ü: LAlbertus, 1836. – FWKönig, Die Persika des K. von Knidos, 1972.

Ktesibios, Mechaniker in Alexandreia, 3. Jh. v. Chr., erfand unter anderm die Feuerspritze (beschrieben von *Heron).

Kumarbi, Gott eines vorderasiatischen Mythos der Churriter, der uns durch hethitische Texte des 14.-13. Jh. v. Chr. bekannt geworden ist. Die

Herrschaft des Himmels geht von Alalu über an Anu, von diesem an K. Im Kampf beißt K. das Zeugungsglied des Anu ab und verschlingt es. A. weissagt ihm, er sei geschwängert mit drei Göttern, die ihn stürzen werden. K. speit den einen Samen aus. Er gebiert den Wettergott Teschub und den Flußgott des Tigris, während aus dem vom ausgespieenen Samen getroffenen Berg der Held Suwaliya geboren wird. Der Wettergott Teschub erringt die Herrschaft. Die Götterfolge bietet auffallende Parallelen zum gr. Mythos, wie ihn Hesiod bezeugt. Anu entspricht Uranos, K. dem Kronos, der Wettergott dem Zeus.
HOtten, Mythen vom Gotte K., 1950. ALesky, Gr. Mythos und Vorderer Orient (in Saeculum 6, 35-52).

Kunaxa, Ort ca. 90 km nördl. von Babylon, wo Artaxerxes (2) über den jüngeren Kyros siegte (*Xenophon).

Kureten, Jünglinge, die nach kretischer Sage um das Zeuskind einen lärmenden Waffentanz aufführten, damit *Kronos das Geschrei des Säuglings nicht vernehme.

Kuros, Jüngling. Speziell werden in der Kunstgeschichte als *Kuroi* bezeichnet die Statuen nackter Jünglinge, die in der Blütezeit der gr. archaischen Kunst (7./6. Jh. v. Chr.) gerne als Votivgaben geweiht wurden oder als Grabstatuen dienten. Sie stellen meist nicht einen Gott dar, sondern den weihenden Menschen bzw. den Toten, dessen Grab sie bezeichnen (*Portrait). Sie stehen frontal und aufrecht mit herabhängenden Armen; der linke Fuß ist vorgesetzt. *Ptoion. *Kritios.
EBuschor, Frühgr. Jünglinge, 1950. CKarusos, Aristodikos, 1961. GMARichter, Kouroi, archaic greek youths, 2. A. 1960 (Nachdr. 1987).

Kybele, phrygische Göttin, als *Große Mutter* (gr. *Megále Méter*, lat. *Magna Mater*) auf den Bergen verehrt, hethitisch Kubaba, mit der kretischen Zeusmutter Rheia gleichgesetzt. Von den kleinasiatischen Städten verbreitete sich der Kult dieser Fruchtbarkeitsgöttin über die Welt. Man feierte sie mit ekstatischen Tänzen zur verwirrenden Musik der Handpauken *(Tympanon)*, Klappern und berekynthischen Hörner. Zu ihrem Gefolge gehören Löwen und Korybanten (rasende Tänzer gleich den *Kureten). Auch der *Attiskult knüpfte an K. an; in Ephesos erscheint die Vegetationsgöttin als *Artemis. In Rom wurde der K.-Kult 204 v. Chr. von Staats wegen eingeführt. Eine Gesandtschaft holte die Göttin, d. h. den heiligen Meteorstein, in dem sie in der Stadt *Pessinús verehrt wurde, nach Rom. Ihr Fest, die *ludi Megalenses*, feierte man vom 4. bis 10. April.
MJVermaseren, Cybele and Attis, the myth and the cult, London 1977; ders., Corpus cultus Cybelae Attidisque, Leiden 1982-89. FNaumann, Die Ikonographie der K. in der phrygischen und der gr. Kunst, 1983.

Kydippe: *Akontios.

Kykladen, der Kreis *(kyklos)* der Inseln um *Delos, im Gegensatz zu den vereinzelt außerhalb dieses Kreises liegenden Sporaden.
WEkschmitt, Kunst und Kultur der K., 1986.

Kyklopen (Rundaugen), ein Volk ungeschlachter Riesen, von denen in Homers *Odyssee* (9. Buch) besonders *Polyphemos geschildert wird. Später galten sie als Schmiede des Hephaistos und Erbauer der Kyklopischen Mauern von *Tiryns und *Mykene; denn diese über 10 m hohen, bis 8 m dicken Mauern aus gewaltigen, grob behauenen, aber geschickt aufeinandergepaßten Blöcken schienen übermenschliche Kräfte gebaut zu haben.

Kyklos (epischer): *Epos.

Kyknos. – 1. Sohn des Poseidon, von Achilles vor Troia getötet. – 2. Sohn des Ares. Wie Herakles ihn besiegte, erzählt das *Hesiod zugeschriebene Kleinepos *Aspís (Schild)*.

Kylon, athenischer *Eupatride, siegte 640 v. Chr. in Olympia und versuchte dann, sich zum Tyrannen von Athen zu machen, was aber mißlang. Er selbst entkam, seine Anhänger aber wurden vom Altar der *Semnai* (Erinyen) weggerissen und erschlagen. Durch diesen kylonischen Frevel lud der Archon Megakles einen Fluch auf sein Geschlecht, die Alkmeoniden; alle mußten ins Exil gehen.

Kyniker, die von dem *Antisthenes-Schüler Diogenes begründete Philosophensekte. Die K. lehrten die Bedürfnislosigkeit und die Verachtung der materiellen Zivilisation und aller Vorurteile, zu denen auch die Schamhaftigkeit gegenüber natürlichen Dingen gehörte. Sie führten ein Bettelleben und hielten als Gassenprediger ihre Vorträge an das Volk. *Krates. *Kerkidas. *Menippos. *Dion von Prusa.
T: LPaquet, Les cyniques grecs, Ottawa 1988. – Dudley, A history of cynicism, 1938. MBillerbeck (Hg.), Die K. in der modernen Forschung, Amsterdam 1991.

Kynoskephalaí, Gebirgszug in Thessalien, wo T. *Flamininus 197 v. Chr. Philipp V. von Makedonien besiegte. *Pelopidas.

Kynthos, der Berg auf *Delos.

Kypria, ein verlorenes *Epos des epischen Kyklos, das die Ereignisse vor Homers *Ilias* behandelte.
Freie dichterische Rekonstruktion (deutsch): Thassilo v. Scheffer, 1934.

Kypros. Die seit ältester Zeit bewohnte Insel (Griechen seit ca. 1200 v. Chr.) war Vermittlerin des gr. Handels mit dem Orient. Sie stand zeitweise unter der Herrschaft der Aegypter (seit 1500), der Assyrer (seit 715), der Perser (540-333), der Ptolemaier (294-58), dann der Römer. Hauptgöttin war Aphrodite, die von der Insel den Beinamen *Kypris* führt. K. war der Hauptproduzent von Kupfer im Altertum. Städte: Paphos, Amathús, Idalion, Kition (wichtigste phönizische Niederlassung), *Salamis. Höchste Blüte unter König *Euagoras (411-374 v. Chr.) und seinem Sohn *Nikokles. Das auf K. gesprochene Griechisch war dem arkadischen Dialekt verwandt und wurde bis in die hellenistische Zeit auf den Inschriften mit einer altertümlichen Silbenschrift wiedergegeben.

Reiche Antikenfunde: Sammlung Cesnola im Fine Arts Museum, Boston. The Swedish Cyprus Expedition, 1934-62 (Erinnerungen des Expeditionsleiters: EGjerstad, Ages and days in Cyprus, Göteborg 1980). SCasson, Ancient Cyprus, 1937. NRobertson, The archaeology of Cyprus, recent developments, 1975. DMorris, The art of ancient Cyprus, Oxford 1985. LKnatz, Zypern, 1990 (Führer). HGPfeiffer, Zypern, 1989 (Führer). – OMasson, Les inscriptions chypriotes syllabiques, 1962 (TK).

Kypselos, Tyrann von *Korinth 620-590 (?) v. Chr. Die Sage berichtet, er sei in einem Kasten *(Kypséle)* ausgesetzt und wunderbar errettet worden. Die Lade weihte er in den Heratempel von Olympia. *Pausanias (5, 17, 2ff.) sah sie dort und beschreibt ihren reichen archaischen Figurenschmuck.

Kyrene, Hauptstadt der Kyrenaika (Nordafrika). Gründungssage: K., eine schöne, starke Hirtin, bezwang im Kampf einen Löwen. Apollon, der ihr bewundernd zugesehen hatte, entführte sie nach Libyen und machte sie zur Königin. Ihr beider Sohn war *Aristaios. – Die ältesten Ansiedler kamen in mykenischer Zeit aus Griechenland. Um 630 wurde eine Kolonie von *Thera ausgesandt. Unter dem Königsgeschlecht der Battiaden steigerte sich der Reichtum K.s durch Handel mit den Produkten Innerafrikas und Ausfuhr des nur hier wachsenden hochgeschätzten Allheilmittels *Silphion* (die Pflanze ist im späten Altertum ausgerottet worden). Der Sokratesschüler *Aristippos begründete die Philosophenschule der Kyrenaiker. In hellenistischer Zeit schloß sich K. an Alexandreia an (*Berenike 3); die Dichtergelehrten *Kallimachos und *Eratosthenes waren Kyrenäer. 117 n. Chr. zerstörte ein blutiger Aufstand der Juden den Wohlstand K.s für immer. – Bedeutende, teilweise wiederaufgerichtete Ruinen; u. a. Apollotempel, Zeustempel, ein Caesareum genannter Platz, Agora, Nekropole (italienische Ausgrabungen). Unter den Einzelfunden sind zu nennen eine *Aphroditestatue (Rom, Thermenmuseum) und ein Zeuskopf.
Horn, in Antike 19, 1943, 163ff. Chamoux, Cyrène sous la monarchie des Battiades, 1953. ALaronde, Cyrène et la Libye hellénistique, Paris 1988. RGGoodchild, K. und Apollonia, 1971. Paribeni, Catalogo delle sculture di Cirene, 1959. Amerikan. Ausgrabung des Demetertempels: DWhite (Hg.), The extramural sanctuary of Demeter and Persephone, Univ. of Philadelphia 1984ff.

Kyrillos. – 1. Patriarch von Alexandreia 412-444, bekämpfte *Nestorios und erreichte auf dem Konzil in Ephesos dessen Verurteilung wegen der Lehre, daß Maria nur Christusgebärerin, nicht Gottesgebärerin heißen dürfe, da sie den Sohn nur in seiner menschlichen Natur geboren habe. Er schrieb allegorische Bibelerklärungen, viele dogmatische Streitschriften, eine Apologie in 30 Büchern als Antwort auf die 3 Bücher des Kaisers *Iulianus *Gegen die Christen*, Briefe und Predigten.
T: Migne gr. 68-77. TÜ: Verschiedene Hg. in S. chrét., 1964ff. Ü (Ausw.): OBardenhewer, 1984 (KV). – WJMalley, Hellenism and christianity, Roma 1978.

2. Bischof von Jerusalem 348-386, wegen seines Widerstandes gegen die Lehre des •Arius dreimal verbannt. Wir kennen von ihm 24 katechetische Predigten aus der Nachschrift eines Zuhörers.
T: Migne gr. 33. TÜ: APiédagnel, 1988 (S. chrét.). Ü: GRöwekamp, 1992.
3. K. von Skythopolis, Mönch in Palästina, † 558, schrieb Mönchsbiographien.
T: EdSchwartz, K. v. S., 1939. Ü: AMFestugière, Les moines d'Orient 3, 1962-3. RMPrice, Kalamazoo Mich. 1991.

Kyros. – 1. Der ältere K., Begründer des persischen Großreiches. Er besiegte den Mederkönig Astyages, dann •Kroisos, und eroberte •Babylon. † 529 v. Chr., Grab in Pasargadai. •Xenophon machte ihn zum Helden seines Erziehungsromans *Kyru Paideia.*
Champdor, Cyrus, Paris 1952. GIsrael, Cyrus le Grand, Paris 1987.
2. Der jüngere K., Satrap von Westkleinasien, zog mit einer Armee, unter der sich eine starke gr. Söldnertruppe befand, gegen seinen Bruder Artaxerxes (2), um ihn zu entthronen. Er fiel 401 bei •Kunaxa. – •Xenophon, *Anabasis.*

Kyzikos, reiche Handelsstadt am Marmarameer, Kolonie von Milet.
ESchwertheim (Hg.), Mysische Studien, 1990.

L

Labarum: *Feldzeichen.

Labdakos, Großvater des *Oidipus.

Labeo, M. Antistius, der berühmteste Jurist der augusteischen Zeit, ein überzeugter Republikaner, während sein Rivale Ateius *Capito bei Hofe beliebter war. Aus Opposition lehnte L. sogar das von Augustus angebotene Konsulat ab. Von ihm ging die Schule der *Proculianer* aus (*Proculus).

Labeo, Cornelius, Neuplatoniker im 2./3. Jh. n. Chr. Seine heidnische Theologie wurde von *Arnobius angegriffen.
TÜ: PMastandrea, Un neoplatonico latino, Leiden 1979.

D. **Laberius**, 106-43 v. Chr, röm. Ritter, bekannt als Dichter von *Mimen. Caesar zwang 46 den Greis, selbst in einem Mimus aufzutreten, wodurch er als Schauspieler ehrlos wurde. Caesar schenkte ihm freilich sogleich nach dem Spiel den Ritterstand wieder, obschon L. sich im Prolog bitter beklagt und im Stück Ausfälle gegen den Diktator gewagt hatte; aber den Sieg im Wettstreit sprach das Publikum dem Konkurrenten *Publilius zu.
T: Ribbeck (*Komödie).

T. **Labienus**, Caesars tüchtigster Unterfeldherr im Gallischen Krieg. 49 verfeindete er sich mit ihm und kämpfte nun mit wildem Haß auf seiten des Pompeius, bis er 45 bei Munda fiel.
WBBlake, Military and political career of T.L., Ann Arbor 1970 (Diss. Washington).

Labraunda, Ort nördl. von Mylasa in Karien mit einem berühmten Heiligtum des Zeus Labraundos. Die Doppelaxt *(labrys)* ist das Zeichen des höchsten Gottes der alten kleinasiatisch-kretischen Religion. Dieser Gott wurde bei der Hellenisierung mit Zeus gleichgesetzt. Der Tempel von L. wurde im 4. Jh. v. Chr. durch Mausolos sehr begünstigt und bestand noch in der Kaiserzeit.
L., Swedish excavations and researches, Lund 1955-72. AWestholm, L., Lund 1963. GEBean, Turkey beyond the Maeander, 1971.

Labyrinth, das nach der Sage von Daidalos erbaute Haus, aus dessen Irrgängen niemand herausfand. Man dachte dabei an die Palastanlagen des minoischen Kreta, in denen die Räume ohne zentralen Plan unübersichtlich aneinander gereiht waren. Im alten Kreta ist eine Göttin «Herrin des L.s» bezeugt. Vielleicht hängt der Name mit der Doppelaxt *Labrys* zusammen, einem in Kreta und Kleinasien verbreiteten Kultsymbol.

Lachesis, eine der drei *Moiren.

Lactantius, L. Cae(ci)lius Firmianus, «der christliche Cicero». Aus Afrika gebürtig, schrieb er seit 305 in Nikomedeia sein Hauptwerk *Divinae Institutiones* (Unterweisung in der Religion) in 7 Büchern. Im Alter weilte er in Gallien als Erzieher von Constantins d. Gr. Sohn Crispus. L. schreibt für ein gebildetes Publikum und besitzt umfassende Kenntnisse der lat. Literatur. Neben dem Vorbild Cicero beruft er sich in der Ethik auch auf Seneca u. a.
T: Brandt, 1890-97 (Corp. Vindob. 19. 27). TÜ: Verschiedene Hg. in S.chrét.; 1973ff. *Vom Zorn Gottes:* Kraft-Wlosok, 2. A. 1971. *Vom Tod der Christenverfolger:* JLCreed, Oxford 1984. K: Gedicht vom Vogel *Phoenix:* MCSharp, Oxford 1986. Ü: KV. *Inst.:* McDonald, 1964 (engl.). – MPerrin, L'homme antique et chrétien, Paris 1981.

Lade, Inselchen vor Milet, heute im angeschwemmten Festland, wo 494 v. Chr. die aufständischen Ionier in einer Seeschlacht den Persern erlagen.

C. **Laelius**. – 1. Freund des ältern *Scipio Africanus (2), mit dem er als Flottenkommandant 209 v. Chr. Carthago Nova eroberte. Er begleitete ihn fortan stets und trat durch Scipios Gunst in die röm. Nobilität ein (cos. 190). – 2. Freund des jüngern Scipio Africanus (3), mit dem Beinamen *Sapiens* (der Weise, wegen seiner Verbindung mit dem Philosophen Panaitios), cos. 140 v. Chr. Von der Sprache seiner Reden rühmt Cicero die Reinheit, Anmut und Schlichtheit. Er soll auch *Terenz beim Dichten geholfen haben. Nach ihm nannte Cicero seinen Dialog *L., Über die Freundschaft.*
T der Redenfrg.: Malcovati.

Laërtes, Vater des *Odysseus.

Lager *(castra).* Ein röm. Heer nächtigte nie ohne ein festes L. mit Wall und Graben. Das war eine röm. Eigentümlichkeit, bei keinem andern Volk üblich. Ein L. wie das von Homer in der *Ilias* geschilderte bauten die Griechen in historischer Zeit nicht mehr. Hannibal quartierte seine Soldaten in Städten ein, z. B. Capua. Das L. wurde, wenn irgend möglich, quadratisch angelegt mit rechtwinkeligem Straßennetz. Hauptachsen waren die *via principalis* und die *via praetoria,* an deren einem Ende das Haupttor, die *porta praetoria,* lag. Das diesem gegenüberliegende Tor hieß *porta decumana;* die Tore an den Enden der *via principalis* waren die *portae principales.* Die Plätze waren den Truppenteilen nach einem ganz festen Schema zugeteilt. In der Mitte lagen das *Praetorium* (Hauptquartier) des Feldherrn, das Fahnenheiligtum, das *Forum* mit Rednerbühne und Richtplatz *(tribunal)* und das *Quaestorium* (Verwaltungsgebäude des *Quaestors). In den festen L. der Kaiserzeit war die Wohnung des Kommandanten *(praetorium)* von den Diensträumen der Kommandatur *(principia)* getrennt. Es gab Marschlager, die auch nach anstrengenden Märschen und schweren Kämpfen durch Schanzarbeit der Legionäre eingerichtet wurden, und Standlager *(castra stativa)* für längern Aufenthalt (Winterlager *[castra hiberna],* Garnisonen in den Grenzgebieten zur Kaiserzeit). In diesen dauernden L.n errichtete man Steinbauten. Sehr viele Städte gehen von solchen L.n aus (*Vindonissa);

vor den Toren entstand eine zivile Siedlung *(Canabae)* der Händler, die hier Schutz und guten Absatz ihrer Marketenderwaren fanden. Das besterhaltene L. ist das von *Lambaesis in Algerien. *Novaesium. – Hyginus, *de munitionibus castrorum* (Werk eines *Gromatikers über den L.-Plan, 3. Jh. n. Chr.): TÜ: Domaszewski, 1887. – WFischer, Das röm. L., 1914. RFellmann, Die Principia des Legionslagers Vindonissa und das Zentralgebäude der röm. L. und Kastelle, 1958.

Laios, Vater des *Oidipus.

Laís, Name zweier berühmter *Hetären in Korinth.

Laistrygonen, Fabelvolk in Homers *Odyssee*, im Lande, wo die Nächte so kurz sind, daß der abends heimkehrende Hirte den morgens ausziehenden grüßt (kurze Sommernächte des Nordens?).

Lakedaimon, Stadt- und Staatsgebiet von *Sparta.

Lakonische Vasen, die Vasenproduktion aus Sparta. Ihre Blütezeit liegt im 6. Jh. v. Chr. Bedeutendstes Werk: Arkesilasschale in Paris.
CMStibbe, Lakonische Vasenmaler des 6. Jh. v. Chr., 1972.

Lamachos, athenischer Stratege zur Zeit des Perikles und im Peloponnes. Krieg, fiel 414 vor Syrakus. Aristophanes brachte ihn als einen draufgängerischen Eisenfresser auf die Bühne.

Lambaesis, röm. Standlager in Numidien am Nordhang des Mons Aurasius (Djebel Aurès). L. beherrschte die Hauptstraßen nach Süden in die Nordsahara und von Osten nach Westen (Mauretania). Kaiser Hadrian inspizierte 128 n. Chr. die dort liegende 3. Legion und lobte die Truppe in einer Ansprache, von der längere Stücke in einer Inschrift in L. gefunden worden sind. L. ist das am besten erhaltene röm. Lager (Militärbauten innerhalb des an den 4 Ecken durch Türme befestigten Lagerwalles, Amphitheater und Zivilstadt außerhalb).
RCagnat, L'armée romaine d'Afrique, 1913.

Lamia. – 1. Ein Gespenst des gr. Volksglaubens, das Kinder raubte und als Vampyr den Menschen das Blut aussaugte, etymologisch (die Gefräßige) und sachlich den röm. *Lemures* verwandt. L. war auch ein bezeichnender Name von *Hetären. – 2. Hauptstadt von *Malis. Im Lamischen Krieg schlossen die Griechen, die sich nach Alexanders d. Gr. Tod erhoben hatten, den Antipatros über den Winter 323/2 v. Chr. in L. ein.

Lampadedromien, Fackelstafettenläufe (*Spiele II 2).

Landwirtschaft. Griechen und Römer waren in älterer Zeit Ackerbau treibende Bauernvölker. Nach der gr. Sage schenkte Demeter ihrem Liebling *Triptolemos das erste Saatkorn. Der altitalische Saatengott war *Saturnus.
Bei den Griechen stieß der Ackerbau in dem gebirgigen Lande auf Schwierigkeiten, weshalb sie früh zu Seefahrern wurden. In Attika

führte Solon eine Entschuldung der schwer leidenden Bauern durch, doch blieb Athen später für Getreide ganz auf Import aus Südrußland (Skythen) und Sizilien angewiesen. Attika produzierte selbst Olivenöl, Wein und Honig für die Ausfuhr. Gr. Gebirgsgegenden wie Arkadien waren das Land der Schaf- und Ziegenherden. Die besten Pferde züchtete man in Thessalien; berühmt waren auch die Gestüte Elis, Epidauros, Boiotien und Kyrene. Das im 6. Jh. v. Chr. aus Persien eingeführte Huhn war bald sehr verbreitet.
Die Italiker waren noch bis ins 2. Jh. v. Chr. Bauern. Eine Nachwirkung zeigt sich darin, daß der Erwerb aus Grundbesitz noch in der Kaiserzeit als der einzige für Senatoren anständige galt. Diese hatten die Güter der in den ständigen Kriegen Roms verarmten Bauern aufgekauft und bewirtschafteten sie extensiv durch Verwalter *(vilici)* und Sklaven, besonders solche, die als Strafe zur Landarbeit bestimmt waren. Auf diesen großen Gütern *(Latifundien)* wurde, soweit die reichen Herren das Land nicht in Parks und Jagdreviere verwandelten, Viehzucht getrieben; der Ackerbau verfiel ganz. Typisch ist ein Ausspruch des *Cato (1). Als er gefragt wurde, was am einträglichsten sei, antwortete er: «Gut weiden.» Auf die Frage, was in 2. Linie komme: «Einigermaßen gut weiden», und in 3. Linie: «Schlecht weiden.» Als Viertes: «Pflügen.» Auf Zinsen leihen aber sei ungefähr gleichviel, wie wenn man als Räuber einen totschlage. Agrarreformen, wie sie besonders die *Gracchen versuchten, scheiterten am energischen Widerstand der großgrundbesitzenden Senatoren. Auch Rom wurde so in der Getreideversorgung ganz von überseeischen Zufuhren abhängig, zuerst aus Sizilien, später aus Aegypten und Nordafrika. Aegypten unterstand deshalb nie dem Senat, sondern dem Kaiser direkt, der in dieser Kornkammer eine wichtige Stütze seiner persönlichen Macht besaß. Das ungemein fruchtbare Nordafrika ist erst an der Schwelle des Mittelalters Wüste geworden, eine Folge des jahrhundertelangen Raubbaus an den Wäldern, der auch in Italien und Griechenland einst grünende Landschaften zu kahlen Einöden werden ließ; daher die Ruinen einst blühender Römerstädte mitten im Wüstensand.
L. war ein Thema der *Lehrdichtung. Als erster und Vorbild der Späteren gab *Hesiodos in den *Werken und Tagen* den Bauernregeln dichterische Form. In Rom behandelten *Vergils *Georgica* den Stoff. Prosaische Lehrbücher der L. (im Großbetrieb) schrieben *Cato (1), *Varro (3), *Columella, *Palladius (die beiden letzten auch je 1 Buch in Versen).
RSallares, The ecology of the ancient Greek world, Ithaca 1991. SIsager-JESkydsgaard, Ancient Greek agriculture, London 1992. Schnebel, Die L. im hellenistischen Aegypten, 1925. KDWhite, Roman Farming, 1972. BWFrier, Landlords and tenants in imperial Rome, Princeton 1980. JNRobert, La vie à la campagne dans l'antiquité romaine, Paris 1985. DFlach, Röm. Agrargeschichte, 1990.

Lange Mauern: *Athen. *Kallikrates.

Langobarden, Germanenvolk skandinavischer Herkunft, seit dem 1. Jh. v. Chr. im Elbeland. In der Völkerwanderung kamen sie schließlich 568 unter König Alboin aus Pannonien nach Italien, das sie nach

und nach fast ganz eroberten. Sie nahmen röm. Kultur und Sprache an. Ihr Reich dauerte bis zur Unterwerfung durch Karl d. Gr. (774). Gegen Ende des 8. Jh. schrieb der Benediktinermönch Paulus Diaconus die *Geschichte der L.*.
T: LBethmann-GWaitz, 1878 (Monumenta Germaniae historica). Ü: OAbel 1986. AHeine, 2. A. 1992. – WMenghin, Die L., 1985. KPChrestu, Byzanz und die L., 1991 (Diss. München).

Lanuvium, Latinerstadt an der *Via Appia* am Fuß der Albanerberge, mit einem uralten Kult der Iuno Seispes (später gedeutet als Iuno Sospita) Mater Regina. Die heilige Schlange mußte von einem jungfräulichen Mädchen gefüttert werden (Properz 4, 8).
PChiarucci, L., Roma 1983.

Laodikeia, Name mehrerer Städte. Die bedeutendste war die von Seleukos (1) gegründete und nach seiner Mutter Laodike benannte Hafenstadt in Syrien.

Laokoon, troianischer Priester, den zwei aus dem Meere auftauchende Schlangen mitsamt seinen Söhnen töteten. Die Sage kam schon im kyklischen *Epos *Ilions Zerstörung* vor; Sophokles hat eine Tragödie *L.* geschrieben. Uns ist sie in klassischer Form durch *Vergil *(Aeneis* 2, 40ff.) überliefert. Die berühmte Marmorgruppe der rhodischen Künstler Hagesandros, Athanadoros und Polydoros wurde 1506 in Rom gefunden (jetzt im Vatikan). Ihre zuvor als gesichert angesehene Datierung ins 1. Jh. v. Chr. ist durch den Neufund bei Sperlonga 1957 (*Spelunca) ins Wanken geraten und schwankt jetzt zwischen dem 2. Jh. v. und dem 1. Jh. n. Chr.: Eine der Statuengruppen trägt die Signatur derselben Künstler, jedoch mit anderen Vatersnamen, als man zuvor erschlossen hatte. Der Fund gab den Anlaß dazu, den 1506 verschollenen, erst 1905 wiederentdeckten Arm des L. als echt zu erweisen und die Statue, von den späteren Ergänzungen befreit, in der ursprünglichen Gestalt wiederherzustellen.
GELessing, L., 1766. HSichtermann, L., 1964. FMagi, Il ripristino del Laocoonte, 1960 (Atti pontif. Accad. di archeol. 3, Memorie 9, 1). GDaltrop, Die L.-gruppe im Vatikan, 1982.

Laomedon, König von Troia, Vater des Priamos. Apollon und Poseidon, von Zeus zu einem Jahr Dienst bei einem Sterblichen verurteilt, bauten dem L. die Mauern Troias. Als dieser ihnen den Lohn vorenthielt, sandte Poseidon ein Meerungeheuer, dem L. seine Tochter Hesione opfern mußte. Doch Herakles rettete sie um den Preis der Rosse, die Zeus für den Raub des Ganymedes geschenkt hatte. Als L. auch ihm den Lohn nicht gab, zerstörte Herakles die Stadt; Hesione wurde dem Telamon, dem Gefährten des Herakles, vermählt.

Lapis niger: *Foruminschrift.

Lapithen, nordthessalisches Volk, das nur noch in der Sage fortlebte als ein Geschlecht riesiger, edler Helden. Auf sie führte der Adel, vor allem in Thessalien, seine Stammbäume zurück. An der Hochzeit des L. *Pei-

rithoos waren die Kentauren zu Gast und suchten in der Trunkenheit die anwesenden Frauen der L. zu rauben. Darüber kam es zu einem furchtbaren Kampf (*Kaineus), in dem die L. schließlich die Oberhand gewannen.
Diese Kentauromachie war ein beliebtes Thema der Dichtung (*Ovid *Met.* 12, 210ff.) und der bildenden Kunst (*Klitiaskrater, Westgiebel des Zeustempels in Olympia, Südmetopen des Parthenon, Fries des sog. Theseion (*Hephaistos) und des Tempels von *Phigaleia).

Larentalia, röm. Fest: *Acca Larentina, *Lares.

Lares. Der Lar war der Gott des röm. Hauses; unter seinem Schutz standen die Hausbewohner *(Lar familiaris)*. Die Bilder der L. wurden in einem kapellenartigen Schrein *(aedicula)* aufgestellt, an Festtagen bekränzt und mit einfachen Opfergaben geehrt. An den Kreuzwegen *(compita)* und Gemarkungen standen Heiligtümer der *L. compitales*. Hauptfeste: Larentalia am 23. Dez. (*Acca Larentina) und *Compitalia* (Datum nicht fest). *Penaten.

Laris(s)a. – 1. Hauptstadt *Thessaliens. – 2. L. Kremasté, auf steiler Anhöhe gelegene Stadt der Nordachäer nahe dem Meeresarm, der das Othrysgebirge von Euboia trennt, ein strategisch wichtiger Platz an der Küstenstraße von Makedonien nach Mittelgriechenland. – 3. Alte Stadt an einem Berghang vor der Mündungsebene des Flusses Hermos, 40 km nördl. von Smyrna in Kleinasien. Die schwedisch-deutschen Ausgrabungen (seit 1902) haben gezeigt, daß der Platz schon in der Steinzeit besiedelt war. Erst im 8. Jh. v. Chr. beginnt der gr. Einfluß. Das 7. Jh. ist charakterisiert durch eine eigenartige Keramik, in der sich gr. und orientalischer Stil mischen. Die Aioler, welche die Stadt besiedelt hatten, legten im 6. Jh. eine Akropolis an mit Palästen des Stadtherrschers, Tempel und Altar, umgeben von einer aus polygonalen Steinen errichteten Mauer. Der Figurenschmuck der Gebäude (Friese, Giebelskulpturen, Akrotere) war nicht aus Stein, sondern in *Terrakotta hergestellt. Sie zeigen zunehmenden Einfluß der ionischen Kunst. Die Reste finden sich im Schutt, den die Athener hinterließen, als sie um 424 v. Chr. L. eroberten und ihrem Seebund eingliederten. Etwa 12 Jahre später fiel die Stadt infolge der Niederlagen Athens im Peloponnesischen Krieg wieder an die Perser und erlebte unter ihnen und unter Alexander d. Gr. einen neuen Aufschwung. Im 3. Jh. v. Chr. wurde L. von den einwandernden Kelten (Galater) zerstört.
L. am Hermos, die Ergebnisse der Ausgrabungen, Berlin u. Stockholm, 1940-42.

Latifundia: *Landwirtschaft.

Latiner, einer der Hauptstämme der *Italiker. Sie siedelten südöstl. des untern Tiber in der Küstenebene (Städte: Rom, Ostia, Lavinium, Ardea, Antium, Astura, Circei, Tarracina), in den Albanerbergen östl. davon (Alba Longa, Aricia, Bovillae, Tusculum, Gabii, Tibur, Praeneste, Lanuvium, Velitrae) und einem kleinen Stück nördl. des Tiber (Ianiculum). Die Gemeinden schlossen sich früh zu einem Städtebund zusammen;

Vorort war Alba Longa. Im 6. Jh. v. Chr. wurde es von Lavinium abgelöst. Der Albanerberg blieb der sakrale Mittelpunkt Latiums. Spätere röm. Geschichtsschreibung berichtete, der König Tullus Hostilius habe Alba Longa zerstört und Rom habe dessen Führerrolle übernommen. Diese Fiktion ließ die Vorherrschaft Roms viel älter erscheinen, als sie es historisch ist. Der Sturz der Tarquinier in Rom scheint entgegen der röm. Sage mit der Eroberung der Stadt durch *Porsena in Zusammenhang zu stehen. Der Latinerbund und die campanische Griechenstadt Cumae unterstützten die Tarquinier. Doch siegte das Reiterheer der röm. Patrizier 496 v. Chr. am See Regillus über die L. Darauf wurden durch den von Sp. Cassius abgeschlossenen Vertrag L. und Herniker zu Verbündeten Roms. Sie fielen ab, als die Gallier 387 Rom eroberten, wurden aber einzeln nach und nach wieder unterworfen. Dabei wurde das Gebiet von Latium nach Süden stark erweitert. Gegen die wachsende Bedrohung vereinten sich die L. untereinander und mit den Campanern, Volskern, Aurunkern und Sidicinern zu einem letzten Versuch, ihre Freiheit zu retten. Die Schlacht am Vesuv (?) 340 entschied den Sieg Roms. 338 wurde der L.-Bund aufgelöst. Rom schloß mit den einzelnen Gemeinden Sonderverträge, die verschieden günstig lauteten und die Einheit der L. zersplitterten. In der Folgezeit unterschied man rechtlich röm. Vollbürger, latinische Bürger *(nominis Latini)* und *Bundesgenossen (die übrigen, schlechter als die L. gestellten Italiker; im *Bundesgenossenkrieg erhielten diese ebenfalls das latinische Bürgerrecht).
RLefèvre (Hg.), Il Lazio nell'antichità romana, Roma 1982.

Latinus, König von Latium in Vergils Aeneis. *Kirke.

Latomien (lat. *lautumiae)*, Steinbrüche. In der Geschichte bekannt wurden die L. von Syrakus, die als Staatsgefängnis dienten. Allseitig bis 40 m hohe senkrechte Steinwände machten jede Flucht unmöglich. In ihnen schmachteten nach dem unglücklichen Ausgang der Sizilischen Expedition 413 v. Chr. 7000 gefangene Athener. Sie litten eng gepfercht tags unter der sich in den tiefen Felslöchern fangenden Gluthitze, nachts unter empfindlicher Kälte. Dazu kamen Durst und Hunger (Tagesration: 1/4 l Wasser, 1/2 l Korn) und die verpestete Luft, so daß sie massenweise starben. – Thukydides 7, 86/7.

Latona: *Leto.

Laudatio, Leichenrede, mit der in Rom gestorbene Männer und Frauen aus Adelsfamilien durch den nächsten Angehörigen öffentlich auf dem Forum gerühmt wurden. *Ahnenbilder. Inhaltsangabe der ältesten uns näher kenntlichen L. (aus dem Jahre 221 v. Chr.) bei Plinius (1) 7, 139. *Agrippa.
FVollmer, Jahrb. f. class. Philologie, Suppl. 18, 1892. WKierdorf, L. funebris, 1980. Eine inschriftlich erhaltene L. vom Ende des 1. Jh. v. Chr. *(L. Turiae):* TÜK: EWistrand, Lund 1976. DFlach, 1991.

Laúreion (Laurion), der bergige Südosten Attikas: *Bergbau.

Lauriacum (Lorch bei Enns in Oberösterreich), röm. Auxiliarkastell, seit Ende 2. Jh. n. Chr. Legionslager und westlich davon zivile Stadt. In der Nähe liegt die Wallfahrtsstätte des 304 hingerichteten Märtyrers Florianus. Im 5. Jh. war L. Bischofssitz. Die Bischofskirche (Laurentius-Basilika) mit Hypokaustheizung stand bis zum Awarensturm um 700. Eine karolingische und eine gotische Kirche am alten Platz setzten die Tradition bis in die Gegenwart fort.
Ausgrabungen seit 1951 wieder aufgenommen. – HKneifel, L., Führer durch die Abteilung Römerzeit, 1984. Forschungen in L., 1953ff.

Lausus, Sohn des *Mezentius in Vergils *Aeneis*. Der Dichter besingt im 10. Buch seine Heldentat: L. deckt den verwundeten Vater gegen den Angriff des Aeneas und wird dabei von diesem getötet.

Lavinium (Laurentum), Stadt der Laurenter, nach der Sage von Aeneas gegründet an der Stelle, wo ihm nach seiner glücklichen Landung in Italien nahe der Tibermündung eine weiße Sau mit 30 Ferkeln erschien (Vergil, *Aeneis* 8, 81-85), wie es ihm als Zeichen vorhergesagt war (*Aeneis* 3, 389-393). Nach anderer Version flüchtete die Sau vor der Opferung bis zum Ort, wo 30 Jahre später Alba longa gegründet wurde. Die röm. Oberbeamten hatten vor Antritt ihres Amtes in L. den von Aeneas aus Troia mitgebrachten Staats-*Penaten ein Opfer darzubringen.
FCastagnioli, L., 1972-75; ders. in Encyclopaedia Vergiliana 3, 149-53. MGrant, The visible past, New York 1990, 149-153. – Zum Sauprodigium: BGrassmann-Fischer, Die Prodigien in Vergils Aeneis, 1966, 54-63.

Lectisternium, Bewirtung der Götter an Festtagen im röm. Kult. Nach gr. Sitte richtete man neben dem Tisch mit den Speisen ein Bett *(lectus)* mit Polstern *(pulvinar)* her, auf dem die Götterbilder, bekränzt wie Menschen beim Gastmahl, lagen. 399 fand das 1. L. statt, an dem 3 Götterpaare 8 Tage lang gespeist wurden: Apollo, Latona, Hercules, Diana, Mercurius, Neptunus. 217 waren die gr. 12 Götter die Gäste. Einzelne Götter erhielten das L. in ihrem Tempel. Seit 196 war für die L. eine eigene Behörde da, die *Tresviri *epulones*.

Leda, Tochter des Thestios, Gattin des Königs Tyndareos von Sparta. Zeus vermählte sich mit ihr, indem er die Gestalt eines Schwans annahm, und L. gebar ihm zwei Eier, aus denen *Helena und die *Dioskuren Kastor und Polydeukes hervorgingen. Die Sage wurde in vielen Varianten erzählt, z. B. daß nur Polydeukes Sohn des Zeus, Kastor aber Sohn des Tyndareos und darum sterblich gewesen sei. Auch *Klytaimestra war eine Tochter von L. und Tyndareos. – Statuengruppe des *Timotheos (3).

Lefkandi auf *Euboia, Ausgrabungsort einer frühen Siedlung (Xeropolis) aus dem 11.-8. Jh. v. Chr. Ein Fürstengrab aus dem 10. Jh. enthielt die in einer Amphore geborgene Asche des Toten, der in der aus Homer bekannten Weise bestattet wurde; mit den Beigaben wurden auch vier geopferte Pferde bestattet (vgl. *Ilias* 23, 163ff.). Den für diese Zeit ungewöhnlichen Reichtum der Stadt und frühe Handelsbeziehungen mit

dem Orient, Ägypten und Kypros bezeugen die Importwaren. Nach dem Untergang der Stadt gegen 700 (Krieg um das Lelantische Feld) ging die Führungsrolle auf Euboia an *Eretria über.
MRPopham-ETouloupa-LHSackett, L. I, the Iron age, Oxford 1980. PBlome, Die dunklen Jahrhunderte – aufgehellt, in JLatacz (Hg.), 200 Jahre Homer-Forschung, 1991, 45-60.

Legion: *Militär 2.

Lehrgedicht (didaktisches Gedicht). Neben dem heute allein anerkannten ästhetischen Zweck der Dichtung galt im ganzen Altertum die praktische Nützlichkeit als gleichberechtigt (Horaz, *ars poet.* 333: «Die Dichter wollen entweder nützen oder erfreuen.»). Der Ursprung dieser Ansicht liegt in ältester, schriftloser Zeit, da die Versform als Gedächtnisstütze der mündlichen Überlieferung diente. Der Vers des L. ist der älteste, nämlich der daktylische Hexameter, wie ihn auch das Epos verwendet. Der erste didaktische Epiker war *Hesiodos (Ursprung der Götter, Landbau). Ihm folgten die gr. Philosophen, die ihre Lehren und Systeme in L. veröffentlichten, welche wir nur bruchstückweise besitzen (*Xenophanes, *Parmenides, *Empedokles; vgl. *Gnomen). Das berühmteste L. der hellenistischen Zeit waren die *Himmelserscheinungen* des *Aratos. Er stellte darin nach dem Vorbild Hesiods Wetterregeln, *Astronomie und Meteorologie dar. Daneben gab es und entstanden weiter gr. L. über alle möglichen Wissensgebiete: Medizin und Arzneilehre (*Nikandros), Geographie (*Skymnos, später *Dionysios), Grammatik (*Herakleides Pontikós), Jagd und Fischerei (*Oppianos), sogar epische Kochbücher fehlten nicht.
Die röm. Lit. übernahm schon in ihren ersten Anfängen das hellenistische L. *Ennius übertrug unter anderm ein Kochbuch. Das älteste erhaltene röm. Epos ist das philosophische L. des Epikureers *Lucretius. Auf dem Gipfel der Kunst steht *Vergils L. über den Landbau (spätere Behandlung dieses Themas: *Landwirtschaft). *Ovid gab seinen L. den Ton und die Versform der Elegie; er schrieb ein *Lehrbuch der Liebe, Rezepte für Schönheitscremen* und erklärte in den *Fasti* den röm Kalender. *Grattius. Nach mehreren lat. Ü. Arats (Cicero, *Germanicus) schuf *Manilius das röm. L. der Astronomie und Astrologie. Aus dem 3. Jh. n. Chr. sind zu nennen *Serenus Sammonicus (Medizin) und *Terentianus Maurus (Grammatik). Bald wurden auch die Lehren des Christentums in Verse gebracht: *Commodianus. Die Gattung des L. blieb bis über das Mittelalter hinaus lebendig.
MLausberg, Epos und L., in Würzburger Jahrb. f. die Altertumswiss. NF 16, 1990, 173-203.

Leiturgia (Leistung für das Volk, d. h. den Staat), im besondern die Verpflichtung der reichen Bürger zur *Choregia, Gymnasiarchia, Trierarchia* usw. Der Trierarch war in Kriegszeiten verpflichtet, ein Kriegsschiff auszurüsten, zu bemannen und zu kommandieren. Später taten sich auch mehrere zu diesem Zweck zusammen. Jährliche Leistungen waren die Ausstattung eines Chors, d. h. einer Tragödien- oder Komödienaufführung. Der Gymnasiarch hatte 1 Jahr lang für den Betrieb eines Gymnasions aufzukommen. Suchte jemand, weil sein Vermögen geringer sei, die Leistung auf den Nächstpflichtigen abzuwälzen, so konnte ihm dieser Vermögenstausch anbieten; er übernahm das angeblich kleinere Vermögen des ersteren und trat ihm dafür das seine ab, von dem jener behauptet hatte, es sei das größere. – In Athen waren nach der Solonischen Verfassung die *Pentakosiomedimnen* (Bürger der 1. Steuerklasse) mit L. belastet und gewannen, indem sie diese patriotische Ehrenpflicht großzügig erfüllten, Ansehen und Einfluß beim Volke. Zur Blütezeit der gr. Städte wurden L. freiwillig in solchem Maße geleistet, daß sie oft weniger den wirklichen Bedürfnissen der Gemeinde als dem Ehrgeiz der Stifter dienten. In hellenistischer Zeit dagegen wurden die L. drückend, so daß z. B. in Aegypten manche wohlhabenden Bürger aus Stadt- und Dorfgemeinden flohen, während viele sich ruinierten. In der röm. Kaiserzeit mußten die Reichen durch Gesetze gezwungen werden, das Amt eines Stadtrats anzutreten, das mit einer L.-Verpflichtung verbunden war. – Seit dem 2. Jh. v. Chr. wird das Wort L. auch für kultische Dienste in Tempeln und bei Mysterien verwendet, nicht nur für die von Priestern verrichteten, sondern auch für Dienste von Musikanten, Opferschlächtern, *Kanephoren u. ä. Dagegen bezeichnet die gr. Bibel-Ü *(Septuaginta)* mit L. speziell die offizielle Kulthandlung des Priesters im Tempel. Als ein christlicher Klerus entstand, wurde der Begriff in dieser Bedeutung übernommen für die in der fest geregelten Form vom Priester vollzogene Feier der Eucharistie. Im Lat. entspricht hierfür das Wort *officium.* Die vorgeschriebenen Gebete blieben auch in Rom bis ins 4. Jh. griechisch. *Sacramentarium.

Lekythos, Salbölfläschchen mit engem Hals. Besonders schön sind die attischen weißgrundigen L. des 5. Jh. v. Chr.: Der rote Ton ist weiß überzogen und darauf die Figuren in feinen Linien gemalt. Die L., aus denen man das Öl zur Salbung von Verstorbenen entnahm, wurden diesen ins Grab mitgegeben, wo sie sich bis in unsere Zeit erhalten haben.
Buschor, Att. L. der Parthenonzeit, Münchner Jb. 1925; ders., Grab eines att. Mädchens, 1939. Beazley, Attic White L., London 1938. DCKurtz, Athenian white L., Oxford 1975.

Lemnos, Insel vor der troischen Küste, wo am Berg Mosychlos in alter Zeit ein Erdfeuer brannte, das Anlaß zum Kult des *Hephaistos gab (Stadt: Hephaistia). Mythos: *Hypsipyle. Athene Lemnia: *Pheidias.

Lemuren, röm. Totengeister, denen am 9., 11. und 13. Mai das Fest *Lemuria* gefeiert wurde. Um Mitternacht des letzten Tages warf der Hausvater schwarze Bohnen zur Türe hinaus und forderte die Gespenster auf, das Haus zu verlassen.

Lenaeen (gr. *Lénaia*), ein ionisch-attisches Dionysosfest, das in Athen im Monat *Gamelión* (Jan./Febr.) mit Aufführungen von Komödien und später auch Tragödien gefeiert wurde.

Lentia (Linz), röm. Kastell an der Donaugrenze von Noricum. Die erste Erdbefestigung aus dem Anfang des 1. Jh. n. Chr. wurde im 2. Jh. durch einen Steinbau ersetzt. Reste seit 1954 ausgegraben.

EMRuprechtsberger, Römerzeit in Linz, 1982; ders., Ausgrabungen im antiken L., 1992.

Lentulus, patrizischer Zweig der Gens Cornelia. – P. Cornelius L. Sura war Quaestor Sullas 81 v. Chr., Praetor 75, cos. 71. Die Censoren stießen ihn 70 wegen Unsittlichkeit aus dem Senat. Um wieder hochzukommen, schloß er sich *Catilina an, bestärkt durch einen Spruch der sibyllinischen Bücher, die einen 3. großen Cornelier nach Sulla und Cinna prophezeiten. 63 war L. wieder Praetor und leitete nach Catilinas Flucht die Verschwörung in Rom. Er wurde am 5. Dez. 63 im *Carcer* hingerichtet.

Lenus, keltischer Gott, mit Ares-Mars gleichgesetzt. In Augusta *Treverorum (Trier) war ihm ein Tempelbezirk geweiht. Eine im Moselland gefundene Votivinschrift an L. für Rettung aus Krankheit ist in gr. und lat. Versen abgefaßt (CIL XIII 7661 = Dessau 4569).
EGose, Der Tempelbezirk des L.-Mars in Trier, 1955.

Leo der Große, röm. Papst 440-461, setzte die führende Stellung Roms in der Kirche und gegenüber dem Staat durch, allerdings im Orient ohne dauernden Erfolg. In der Frage der zwei Naturen Christi (Gott-Mensch) nahm er Einfluß auf die Concilien von Ephesos (431), indem er *Cassianus mit der Widerlegung des Nestorios beauftragte, und Chalkedon (451) durch sein Schreiben an den Patriarchen Flavianus von Konstantinopel *(Tomus Flaviani)*; daraufhin verurteilte das Concil die von Eutyches vertretene Lehre der *Monophysiten. Den Hunnenkönig Attila bewog er, von der Eroberung Roms abzustehen. L. ist der erste Papst, dessen *Predigten* wir besitzen; außerdem sind seine *Briefe* erhalten. Die Sprache der lat. Liturgie hat er in den Formen der Kunstprosa geprägt. Einige von ihm geschaffene Formeln sind, soweit die Kirche sich noch des Lateins bedient, in Gebrauch geblieben.
T: Migne lat. 54/6. *Predigten:* AChavasse, 1973 (Corp. Chr.). – Ü: KV. TÜ (Ausw.): Haacke-Breme, 1939. *Predigten* (franz.): RDolle 1957-73 (S.chrét. 22. 49. 74. 200). K *(Tomus Flaviani):* HArens, Die christologische Sprache Leos, 1982.

Leochares, gr. Bildhauer, wirkte ca. 360-320 v. Chr. Berühmt war sein *Ganymedes. Auch am *Mausoleion von Halikarnass arbeitete er mit; in Olympia standen von ihm *chryselephantine Statuen der Familie Philipps v. Makedonien. Vielleicht hat er auch das Original des Apoll vom Belvedere (Vatikan) geschaffen.

Leon, oström. Kaiser 457-474 n. Chr.

Leonidas. – 1. König von Sparta, verteidigte 480 v. Chr. den Paß der Thermopylen gegen das Perserheer des Xerxes. Nach zweitägigem Angriff gelang den Persern die Umgehung (*Ephialtes). L. entließ die Bundesgenossen und blieb mit 300 Spartiaten und 700 Thespiern zurück, um dem erhaltenen Befehl gemäß die Stellung so lange zu halten, bis die gr. Flotte bei Artemision mit der persischen in den Kampf eingetre-

ten war. Die Verteidiger fielen bis zum letzten Mann und wurden von den Griechen (*Simonides) als Nationalhelden geehrt.
EBradford, L., Held der Thermopylen, 1984.
2. König von Sparta 252-236 v. Chr.: *Agis (3). – 3. L. von Tarent dichtete um 280 v. Chr. Epigramme, gerne unter der Fiktion, daß einfache Leutchen am Lebensabend ihr Handwerkszeug einem Gotte weihen.
T: *Anthologie (1) und Papyri. TÜ: (engl.): EBevan, Oxford 1931. – Körte-Händel, Hellenist. Dichtung, 1960 (mit Ü). MGigante, L'edera di L., Napoli 1971.

Leontinoi (Lentini), um 729 v. Chr. von Naxos (2) gegründete Kolonie auf Sizilien, nördl. von Syrakus. Im Peloponnesischen Krieg ging der Rhetor *Gorgias als Gesandter von L. nach Athen.
Ausgrabungen: SCiancio, L.-Lentini, Roma 1967.

Leotychidas, Spartanerkönig, Sieger von *Mykale 479 v. Chr.

Lepcis Magna (auch Leptis M.), von den Phöniziern gegründete Stadt an der afrikan. Küste (Tripolis), seit Traian röm. Kolonie. Die vornehmste Familie der Stadt waren die Septimii Severi. Der Septimius Severus, der 193 n. Chr. röm. Kaiser wurde, schmückte seine Vaterstadt mit großen Bauten. Heute sehr eindrucksvolle Ruinen (Italien. Ausgrabungen), u. a. Theater, Thermen, *Forum, *Basilica, *Macellum, Bogen des Septimius Severus (Reliefs im Museum von Tripolis).
Bianchi Bandinelli-Vergara Caffarelli-Caputo, L. M., 1964. GCaputo, Il teatro augusteo di L.M., Roma 1987. MFloriani Squarciapino, L.M., 1966; dies., Sculture del Foro severiano di L.M., Roma 1974.

Lepidus, M. Aemilius. – 1. Cos. 187 und 175 v. Chr., Censor 179, Erbauer der *Via *Aemilia* und der **Basilica Aemilia* in Rom. – 2. Cos. 78 v. Chr., suchte nach Sullas Tod dessen Verfassung umzustürzen. Er wurde von Catulus und Pompeius vor Rom besiegt und starb 77 auf der Flucht. – 3. Dessen Sohn kam als Anhänger Caesars 46 v. Chr. zum Consulat. Im Nov. 43 schloß er mit M. Antonius und Octavian das 2. Triumvirat. Er wurde von beiden Partnern bald kaltgestellt, indem man ihn 42 mit dem Consulat und der Provinz Africa abfand. 36 setzte ihn Octavian als Triumvir ab und internierte ihn in Circei, wo er 13 v. Chr. starb.
RDWeigel, L., the tarnished triumvir, London 1992. – 4. Sein Sohn verschwor sich 31 v. Chr. gegen Octavian. Maecenas ließ ihn verhaften und hinrichten.

Lesbia: *Clodia (*Catullus).

Lesbos, große äolische Insel vor der kleinasiatischen Küste, berühmt durch *Alkaios und *Sappho. Städte: *Mytilene, Methymna, Eresos.

Lesche, in gr. Städten die Stadthalle, wo man sich zu Unterhaltungen, Besprechungen und Ratsversammlungen zusammenfand. *Polygnotos.

Lethe, der Strom des Vergessens in der Unterwelt. Aus ihm trinken die Seelen beim Eintritt, um die Erinnerung an die irdischen Erlebnisse zu verlieren.

Leto (lat. *Latona*), Mutter von Apollon und Artemis. Hera, die Gattin des Zeus, verfolgte die Nebenbuhlerin mit Eifersucht und ließ sie nirgends ihre Kinder gebären. Endlich fand L. auf der bis zu dieser Zeit schwimmenden Insel *Delos eine Zuflucht. Homerischer **Hymnos auf Apollon*. *Kallimachos, *Apollonhymnos*. – Boiotische Sage: *Niobe. *Tityos.

Leukas, Insel vor der akarnanischen Westküste Griechenlands, Kolonie von Korinth. Berühmt war an der Südspitze der Leukadische Felsen, von dem unglücklich Liebende ins Meer sprangen, um von ihrer Qual erlöst zu werden. Als erste soll nach einer Legende *Sappho den Sprung getan haben.

Leukippiden, Hilaeira und Phoibe, die Töchter des Leukippos, die Gattinnen der Dioskuren Kastor und Polydeukes. Die Aphareussöhne *Idas und Lynkeus warfen den Dioskuren vor, daß sie die L. dem Vater ohne Brautgaben geraubt hätten. Darauf stahlen diese jenen ihre Rinder und schenkten sie Leukippos. Darob kam es zum Kampf auf Leben und Tod (*Dioskuren). Nach einer jüngern Sage entspann sich der Kampf, weil die L. zuerst mit den Aphariden verlobt waren, aber von den Dioskuren entführt wurden. Die Raubszene erscheint öfter auf Vasenbildern (*Meidiasmaler).
Theokrit 22, 137ff. Ovid *Fasti 5*, 699-720.

Leukippos, Begründer der *Atomenlehre, Vorgänger des Philosophen Demokritos, von dessen Lehre sich die seine kaum mehr sondern läßt.
TÜ: Vorsokr. II.

Leukothea: *Ino.

Leuktra, eine Ebene in Boiotien, wo 371 v. Chr. Epameinondas die bis dahin unbesiegten Spartaner schlug.

Libanios von Antiocheia, 314-393 n. Chr., der größte Vertreter der unter Kaiser *Iulianus noch einmal siegreichen gr.-heidnischen Rhetorik. Seine Schule in Konstantinopel verlegte L. bald nach Nikomedeia und 354 nach Antiocheia. Zu seinen Schülern zählten Johannes *Chrysostomos, *Basileios, *Gregor von Nazianz, die er zu seinem Schmerz Christen werden sah. Er hinterließ ein sehr umfangreiches, in den folgenden Jh. und von den Byzantinern viel gelesenes Werk: *Reden, Schulübungen*, 1605 *Briefe*, eine *Biographie des Demosthenes*.
T: RFoerster-ERichtsteig, 1903-27 (Tb, Nachdr. 1963). TÜ: *Briefe:* GFatouros-TKrischer, 1980 (Tusc.). *Autobiogr., Briefe* (teilw.): JMartin, 1978-88 (Budé). AFNorman, 1992 (Loeb L.). BSchouler, L., discours moraux, 1973. TK: *Lobrede auf Antiocheia:* GFatouros, 1991. Ü (Ausw.): Reiske 1791. PWolf (Autobiogr. Schriften), 1967 (AW). – AJFestugière, Antioche païenne et chrétienne: L., Chrysostome et les moines de Syrie, 1959. GFatouros, L., 1983 (WdF).

Liber und **Libera**, Götterpaar der ältesten italischen Religion (vgl. pälignisch *loufir* und venetisch *Louzera*). Als (nach den röm. Geschichtsschreibern 493 v. Chr., in Wirklichkeit erst später) der Tempel der 3 Götter Ceres, Liber und Libera auf dem Aventin eingeweiht wurde, übernahm man die gr. Kultformen der mit ihnen gleichgesetzten gr. Gottheiten Demeter, Dionysos und Kore aus Kyme. Fest: *Liberalia* am 17. März. – ABruhl, L. pater, 1953.

Libitina, röm. Göttin der Leichenbestattung. Ihr Heiligtum war das Geschäftslokal der Begräbnisunternehmer *(libitinarii)*, ein Gewerbe, das fast nur Freigelassene und Sklaven ausübten.

Liburner, illyrischer Stamm in Dalmatien, bekannt durch seine schnellen, wendigen Seeräuberschiffe, nach deren Typ (2 Ruderreihen) seit Caesars Zeit die meisten röm. Kriegsschiffe gebaut wurden (*Liburnae* oder *Liburnicae*).

Libye, gr. Name für *Afrika, später auf einen Teil Nordafrikas beschränkt.

Licinius, Name des bedeutendsten plebeischen Geschlechts in Rom, etruskischer Herkunft. Hauptzweige: *Crassus. *Lucullus. *Calvus. *Macer. – 1. C. L. Stolo, Vorkämpfer der Plebs gegen die Patrizier, setzte 376-367 v. Chr. als Volkstribun 3 Gesetze durch: a) Ein Ackergesetz, nach dem niemand über 500 *iugera* Land besitzen durfte. Die Erneuerung dieser *Lex Licinia* war das Programm der *Gracchen. b) Ein Beamtengesetz, daß je einer der 2 Consuln Plebeier sein sollte. c) Ein Schuldentilgungsgesetz. – 368 ernannte erstmals ein Dictator einen Plebeier zum Magister equitum. 366 wurde Stolos Mitkämpfer L. Sextius zum ersten plebeischen Consul gewählt. 361 war er selbst Consul. Doch 357 stürzten die Patrizier den gehaßten Gegner, indem er wegen Umgehung seines eigenen Gesetzes verurteilt wurde: Er besaß nämlich mit seinem Sohn, den er zu diesem Zwecke aus dem Familienverband entlassen hatte, 1000 *iugera* Boden. – 2. *Mucianus. – 3. *Sura. – 4. Kaiser: Valerius Licinianus L., bis 324 n. Chr. Augustus des Ostens neben *Constantinus d. Gr. – *Valerianus. *Gallienus.

Lictoren, Amtsdiener, die den hohen röm. Beamten die *Fasces* vorantrugen. Die *Fasces*, ein Rutenbündel mit einem Richtbeil (die Doppelaxt war bei den kleinasiatischen Völkern das Symbol des höchsten Gottes gewesen und von daher durch die Etrusker nach Rom gekommen), waren das Zeichen der Amtsgewalt, mit Schlägen zu strafen und hinzurichten. Im röm. Stadtbereich, wo die Blutgerichtsbarkeit dem Volke zustand, fehlte das Beil. Die Zahl der L. richtete sich nach dem Range des Beamten (Consul 12, Praetor 6.) Die L. waren meist Freigelassene, nie Sklaven. – Bildl. Darstellung auf der *Ara Pacis.

Ligurer, Urbevölkerung Westeuropas (Spanien, Süd- und Westfrankreich, Südschweiz, Italien, Corsica). Die in diesen Gebieten häufigen Ortsnamen auf -asco und -asca sind ligurisch. In historischer Zeit waren die L. auf die Riviera und deren gebirgiges Hinterland und die Südtäler

der westlichen Alpen bis ins Veltlin beschränkt. Hauptort: Genua. Die vorindogermanischen L. hatten sich mit einem indogermanischen Stamm vermischt. Die Sprache der sog. *lepontischen Inschriften* im Tessin ist keltisch mit ligurischem Einschlag. Die L. waren zähe, kleingewachsene Bergler. Ihr karges Land ließ nur mit Holz einen Ausfuhrhandel zu. Die offizielle Unterwerfung der Bergtäler erfolgte erst unter Augustus. Schon vorher aber dienten L. als Söldner (Schleuderer) bei den röm. Hilfstruppen.
Quellen: Fontes Ligurum et Liguriae antiquae, Genova 1976. Lepont. Inschr. (TÜ): Howald-Meyer, Röm. Schweiz, 1941, S. 153ff. – FTinè Bertocchi, Roma e i Liguri, Genova 1986.

Limes, der Querweg, der die Grenze zwischen zwei Grundstücken bildete; in der Kaiserzeit Bezeichnung der Reichsgrenze. Wo nicht Flüsse die Grenze bildeten, legten die Römer möglichst gradlinig verlaufende Schneisenbahnen an, die eine rasche Verbindung zwischen den Truppenstandorten auf kürzestem Wege ermöglichten. In Abständen, wie sie der optische Signaldienst erforderte, wurden Wachttürme angelegt. Erst seit *Hadrian wurde die Grenzstraße zur Grenzsperre, indem sie mit Palisadenwällen und Gräben, in gefährdeten Gegenden sogar durch Steinmauern befestigt wurde. Um die am L. liegenden Castelle, wo die Bewachungstruppe *(Praesidium)* lag, entwickelten sich Dörfer. Der germanische L. zweigte südl. von Bonn vom Rhein ab, ging über den Taunus an den Main, von dort nach Süden durch Württemberg und dann nach Osten, bis er bei Regensburg die Donau erreichte. *Saalburg. Die Ergebnisse der archäologischen Erforschung des L. werden publiziert in vielbändigen Werken: Fabricius, Der obergerm.-raetische L., Berlin 1894-1937. Der röm. L. in Österreich, seit 1900. Kurz zusammenfassend: WSchleiermacher, Der röm. L. in Deutschland, 1961. ChRWhittaker, Les frontières de l'empire romain, Paris 1989. ZVisy, Der pannonische L. in Ungarn, 1988. Der röm. L. in Bayern (Ausstellung München), 1992. DDivine, The north-west Frontier of Rome, 1969. *Britannia. AvDomaszewski, Die Anlage der Limeskastelle, 1908.

Lindos, Stadt auf *Rhodos. Eine mächtige Freitreppe führt zu den Propyläen und dem (heute teilweise wiederaufgerichteten) Athenetempel (4. Jh. v. Chr.) auf der Akropolis hoch über dem Meer hinauf. Die Geschichte des Tempels von mythischer Zeit bis 99 v. Chr. berichtet eine berühmte Inschrift, die Tempelchronik von L.
Dänische Ausgrabungen 1902-1914 und 1952: Blinkenberg-Kinch-Dyggve, L., Fouilles et recherches, 1931-1960. HKähler, L., Zürich 1971.

Linos, ein Gesang zur Kithara. Wegen des Anklangs an den Trauerruf *ailinon* faßte man später den L. als Trauerlied auf. Die Sage schuf die Personifikation des Sängers L., des Sohnes des Apollon: Er war Musiklehrer des Herakles und wurde, als er den ungeschickten Schüler strafte, von diesem erschlagen. – Vasenbilder (Schale in München. Skyphos des *Pistoxenosmalers).

Liparische Inseln: *Äolische Inseln.

Livia. – 1. L. Drusilla, Gattin des Kaisers Augustus, 58 v. Chr. bis 29 n. Chr. Sie war mit Ti. Claudius Nero verheiratet, als Octavian sie kennenlernte. Um sie heiraten zu können, veranlaßte er den Gatten zur Scheidung und ließ die Auguren ein Gutachten aussprechen, wonach die Schwangerschaft L.s kein Hindernis für die sofortige neue Heirat bilde. Die neue Ehe blieb zum Leid des Herrschers kinderlos, so daß schließlich L.s Sohn aus 1. Ehe, Tiberius, Nachfolger des Kaisers wurde. Augustus hatte auf das Urteil seiner klugen und energischen Frau immer sehr großes Gewicht gelegt und machte sie testamentarisch zur Mitregentin des Tiberius, indem er ihr den Namen *Iulia Augusta* verlieh. Aus Anlaß des Todes ihres zweiten Sohnes *Drusus (3) widmete ihr ein Dichter, dessen Name nicht bekannt ist, ein Trostgedicht.

Consolatio: TK: HSchoonhoven, Groningen 1992. TÜ: HRupprecht, 1982. – Bildnis: Kopf in Kopenhagen. WHGroß, Iulia Augusta, Grundlegung einer Livia-Ikonographie, 1962. – EKornemann, Große Frauen des Altertums, 1952.

2. Livia Iulia, genannt Livilla, Tochter des älteren Drusus und der jüngeren Antonia. Seian verführte sie zum Ehebruch und Giftmord an ihrem Gatten Drusus, dem Sohn des Kaisers Tiberius. Sie wurde 31 n. Chr. zum Tode verurteilt.

Livius. – 1. L. Andronicus, wahrscheinlich aus Tarent, Freigelassener eines Livius, wurde mit seiner Ü. der *Odyssee* der erste Dichter Roms. 240 v. Chr. führte er die erste Ü. einer gr. Tragödie und einer Komödie auf. 207 verfaßte er das Festlied für einen Jungfrauenchor.

T (Frg.): ATraglia, Poeti latini arcaici, Torino 1986. SMariotti, L.A. e la tradizione artistica, Urbino 1986.

2. M. L. *Drusus (1. 2). – 3. M. L. *Salinator. – 4. Titus L., 59 v. Chr. – 17 n. Chr., aus Patavium (Padua), der große Historiker der röm. Republik. In 142 Büchern behandelte er die Zeit von der Gründung Roms bis zum Tod des Drusus 9 v. Chr. Hier brach das Werk ab, da L. starb. Er benutzte die zu seiner Zeit vorliegenden gr. (*Polybios) und röm. Geschichtswerke, stellte aber die Rücksicht auf die künstlerische Komposition über die strenge wissenschaftliche Kritik. Seine klare, flüssige Sprache und eine geschickte, fesselnde Darstellungsweise erhoben ihn weit über alle Vorgänger. Doch war der gewaltige Umfang des Werks seiner Verbreitung hinderlich; man fing sofort an, Auszüge für den praktischen Gebrauch herzustellen. Wir besitzen im Original nur noch 35 Bücher und sind für den Rest auf die dürftigen Inhaltsangaben *(Periochae)* und Schriftsteller wie *Obsequens, *Eutropius und *Orosius angewiesen, die L. benutzten. Gruppen zu 10 und 5 Büchern (*Dekaden* und *Pentaden*) bildeten inhaltliche Einheiten. Erhalten sind die 1. Dekade (1-10), die 3. (21-30: Krieg mit Hannibal), die 4. und die Hälfte der 5. (31-45: bis zum Ende des Makedonenreiches 167 v. Chr.). Ein Frg. des 91. Buchs handelt vom *Sertoriuskrieg, ein von Seneca (1) überliefertes Stück aus dem 120. vom Tod Ciceros.

T: *B. 1-5:* RMOgilvie, 1974 (Oxf. Cl.). *6-10:* RSConway-CFWalters, 1914 (Oxf. Cl.). *21-45:* ADorey-PGWalsh-JBriscoe, 1971-91 (Tb). *Frg., Periochae, Epitome:* PJal, 1979-84 (Budé). TK: WWeissenborn-HJMüller (Nachdr. 1965-8). K: RMOgilvie *(1-5),* 1965. JBriscoe *(31-37),* Oxford

1973-82. TÜK *(37)*: PGWalsh, Warminster 1992. TÜ: vollst. in Loeb L., noch unvollst. in Tusc., 1988ff., Budé, 1947ff., Reclam *(1-5)*. Ü: KHeusinger-OGüthling, 2. A. 1925-28. WSontheimer *(B. 21-30,* Reclam). – PGWalsh, Livy, 1961. EBurck, Das Geschichtswerk des T.L., 1992; ders. Wege zu L., 1967 (WdF). ELefèvre, L., Werk und Rezeption (Festschr. EBurck), 1983. ANRW II, 30, 2, 1982.

Logographen. – 1. Seit 1845 übliche Bezeichnung für die Vorläufer der *Geschichtsschreibung in Ionien. Sie beschrieben die in der Zeit des aufblühenden Handelsverkehrs im 7./6. Jh. bekannt werdenden fremden Länder und Völker (Geographie, Volkskunde und Geschichte zugleich). Ihr bedeutendster Vertreter war *Hekataios v. Milet. Der Begriff L. war an sich ein weiterer, er bedeutete schlechthin Prosaschriftsteller. Die von den Rhapsoden vorgetragenen Epen wurden in Ionien im 7. Jh. durch die neue Gattung der Prosaerzählungen allmählich verdrängt. – 2. In Athen nannte man später L. speziell Rechtsanwälte, die nicht selbst vor Gericht als Redner auftraten, sondern für ihre Klienten die Reden *(logoi)* schrieben, die diese dann vor Gericht vortrugen. Da nur attische Vollbürger für einen andern sprechen durften, konnten Metöken wie *Lysias allein auf solche Weise den Anwaltsberuf ausüben.

Lokrer, Stamm in Mittelgriechenland. Mythischer Stammesheros aller L. war *Aias (2). Sie wohnten in zwei durch Doris und Phokis getrennten Küstensäumen: – 1. Ost-L., die *epiknemidischen* oder nach der Hauptstadt Opus auch *opuntischen L.* genannt, wohnten gegenüber Euboia. Die Thermopylen bildeten ihre Nordwestgrenze. – 2. West-L. oder *ozolische L.* am Golf von Korinth, westl. von Delphi. Hauptstadt Amphissa. L. siedelten auch in dem zwischen Achaiern und Aitolern strittigen Naupaktos. – 3. *Lokroi epizephyrioi*, Kolonie der West-L. in Unteritalien. *Zaleukos. Bei den Ausgrabungen wurden zahlreiche Votivtäfelchen aus Terrakotta mit kunst- und religionsgeschichtlich bedeutsamen Reliefs (1. H. 5. Jh. v. Chr.) gefunden.
JMFossey, The ancient topography of Opountian Lokris, Amsterdam 1990. – LLerat, Les Locriens de l'Ouest, 1952. *Epizephyr.*: LvMatt-UZanotti-Bianco, Großgriechenland, 1961 (ill.). MBarra Bagnasco u.a., Locri Epizefiri, Firenze 1977-92. HPrückner, Die lokrischen Tonreliefs, 1968.

Longinus, Cassius, Neuplatoniker und Rhetor, 3. Jh. n. Chr., lehrte in Athen und zuletzt am Hofe der Königin *Zenobia in Palmyra. Nach deren Besiegung 273 ließ Aurelianus ihn als ihren Hauptratgeber hinrichten. L. wurde fälschlich zugeschrieben die gehaltvolle stilkritische Abhandlung *Über das Erhabene*, in Wirklichkeit ein Werk aus der 1. Hälfte des 1. Jh. n. Chr.
T: IVahlen, 1910 (Nachdr. 1967, Tb). DARussel, 1968 (Oxf. Cl.). TK: Russel, 1964. TÜK: CMMazzucchi, Milano 1992. TÜ: RBrandt, 1966 (Nachdr. 1983). OSchönberger (Reclam). – HDBlume, Untersuchungen zu Sprache und Stil der Schrift Peri Hypsous, 1963 (Diss. Göttingen). WBühler, Beiträge zur Erklärung der Schrift vom Erhabenen, 1964.

Longos, Verfasser des Hirtenromans *Daphnis und Chloë*, Ende 2. Jh. n. Chr.

T: WDReeve, 3. A. 1994 (Tb). TÜ: OSchönberger, 1989 (Reclam). JRVieillefond, 1987 (Budé). Ü: FJacobs, 1832, neu 1990 (AW, dtv). – RMerkelbach, Die Hirten des Dionysos, 1988.

Lotophagen, Märchenvolk in Homers *Odyssee.* Man dachte sie sich später als in der Gegend von Libyen wohnend.

Lucanien, der westl. Teil Süditaliens, nördl. der Halbinsel der *Bruttii,* an den Golf von Tarent und das Tyrrhenische Meer grenzend, wo aber die gr. Kolonien den Großteil der Küste einnahmen. In der Kaiserzeit war L. in der Hand weniger Großgrundbesitzer, die in dem entvölkerten Land Viehzucht trieben.
Magaldi, L. romana, Roma 1947. APontrandolfo Greco, I Lucani, Milano 1982. – Vasen: *Großgriechenland.

Lucanus, M. Annaeus, 39-65 n. Chr., röm. Dichter aus Corduba, Neffe *Senecas (2). Sein Epos *Pharsalia* besingt den Bürgerkrieg zwischen Caesar und Pompeius mit rhetorischem Pathos und einer große und eindrucksvolle Effekte suchenden Darstellungsweise. Der selbst dichtende Kaiser Nero berief L. an den Hof. Da jeder der beiden auf seinen Künstlerruhm eitel war, haßten sie sich bald tödlich. Wenn L. die Vorkämpfer der republikanischen Freiheit, Pompeius und Cato, pries und das finstere Schicksal anklagte, welches mit Caesar der Tyrannei den Sieg bestimmte, war dies als Angriff auf den Kaiser gemünzt. Im Begründer der Monarchie, Caesar, enthüllte L. die Folgen der Vereinigung aller Macht in der Hand des einen Herrschers: Zerstörung der sittlichen Werte. Ohne Freiheit bleibt edles Handeln ohne Sinn und Wirkung, obsiegen Heuchelei oder zynische Gewalt. Sogar die Götter, die nicht wie üblicherweise im Epos als mythologische Gestalten handelnd auftreten, sondern als unberechenbare, hintergründige Schicksalsmächte walten, sind in die Verderbnis der Welt einbezogen; gegen sie bewährt sich der edle Mensch Cato, indem er den Untergang der würdelosen Anbetung des Erfolgs vorzieht: «Die siegende Sache gefiel den Göttern, die besiegte dem Cato.» Als ein Hauptschuldiger der Verschwörung des *Piso (4) wurde L. zum Selbstmord gezwungen. Nach einer tendenziösen Biographie soll er versucht haben, sich durch Denunziation sogar der eigenen Mutter zu retten. Das unvollendete Epos bricht im 10. Buch ab. Im 1. Buch (Vs. 33-66) ist ein schmeichlerisches Lob Neros stehen geblieben.
T: AEHousman, Oxford 1926. DRShackleton Bailey, 1988 (Tb). TÜ: GLuck, 1985. JBompaire *(1-5),* 1993 und ABourgery-MPochont *(6-10),* 1948 (Budé). Ü: Hölderlin (Buch 1, 1-590), Stuttg. Ausg. Bd. 5. K: *B.2:* EFantham, Cambridge 1992. *B. 3:* VHunnink, Amsterdam 1992 (Diss. Nijmegen). – WDLebek, L.s Pharsalia, 1976. WRutz, Studien zur Kompositionskunst und zur epischen Technik L.s, 1989; ders., L., 1970 (WdF). JMasters, Poetry and civil war, Cambridge 1992. ANRW II 32, 2 (1985). Entretiens sur l'antiquité class. 15, 1970.

Lucifer. – 1. gr. *Phosphóros,* der Morgenstern. – 2. Bischof von Calaris (Sardinien), ein sehr streitbarer Verfechter der athanasianischen Lehre. Aus der Verbannung griff er den arianischen Kaiser *Constantius mit bei-

spielloser Schärfe an. † 370. Seine Sprache zeigt manche Eigenheiten des *Vulgärlateins.
T: Hartel, 1886 (Corp. Vindob.). CFDierks, 1978 (Corp. Chr.).

Lucilius. – 1.C.L. aus Suessa Aurunca (Campanien), 180(?)-102/1 v. Chr., röm. Satirendichter. Er gehörte zum engsten Kreise des jüngern Scipio (3), den er vor Numantia begleitete. Von dort zurückgekehrt, begann er um 131 seine 30 Bücher *Satiren zu veröffentlichen, voll aktueller Polemik und freimütigen Witzes, in ungehobelten Versen hingeworfen. Horaz nahm ihn zum Vorbild der eigenen Satirendichtung, und noch zu Quintilians Zeit schätzte man ihn hoch. Später ging das Werk verloren, doch hat die eigenwillige, kühne Sprache die Grammatiker interessiert, so daß diese viele Frg. überliefert haben.
TK: FMarx, 1904/5. TÜ: FCharpin, 1978-91 (Budé). TÜK: WKrenkel, 1970. Ü: OWeinreich, Röm. Satiren (AW). – IMariotti, Studi Luciliani, Firenze 1960. JChristes, Der frühe L., 1971.
2. L. Iunior, jüngerer Freund Senecas (2), dem dieser die *Naturwiss. Untersuchungen*, die Sammlung der *Briefe über Ethik* und die Schrift *Über die Vorsehung* widmete.

Lucina, die röm. Geburtsgöttin, als eine Erscheinungsform der Frauengöttin Iuno verehrt im Hain der *Iuno L.* Am 1. März feierte man ihr die *Matronalia.* Die Dichter setzten sie der gr. *Artemis *Eileithyia* gleich *(Diana L.).*

Lucretia, die Gattin des Tarquinius Collatinus. Als Tarquinius Superbus Ardea belagerte, gingen seine Söhne mit ihrem Vetter Collatinus eine Wette um die Tugend ihrer Frauen ein. Sie ritten zusammen heim und trafen die Frauen der Prinzen beim fröhlichen Gelage, L. aber beim Spinnen. Sextus Tarquinius, der ältere der Königssöhne, entbrannte in Liebe zu L. und kam wenige Tage später als Gast ins Haus. Bei Nacht zwang er sie mit Gewalt, ihm zu Willen zu sein. Doch die Entehrte ließ am folgenden Tage den Vater und den Gatten mit ihren Freunden Iunius *Brutus und P. Valerius rufen, entdeckte ihnen die Schmach und stieß sich den Dolch ins Herz. An ihrer Leiche riefen die Männer das Volk zur Rache auf, und die Könige wurden vertrieben. Brutus und Collatinus wurden nach der Sage die ersten Consuln der Republik. – *Livius 1, 57-60.
IDonaldson, The rapes of L., a myth and its transformations, Oxford 1982.

T. **Lucretius Carus**, ca. 98-55 v. Chr., widmete C. *Memmius ein episches Lehrgedicht *Das Wesen des Weltalls (de rerum natura)*, in dem er die materialistische Lehre *Epikurs darstellte mit dem Ziel, die Menschheit zu erlösen von der Angst vor den Göttern und vor dem Tode. Trotz der Nüchternheit des Stoffes und dem Ringen mit der noch ungefügen lat. Sprache seiner Zeit bricht immer wieder, besonders im hymnischen Preis des hohen Meisters Epikur, die Gewalt eines wahrhaft großen Dichters hervor. In packenden Bildern (z. B. Schilderung der Pest am Schluß des 6. Buches) bewährt sich seine Gestaltungskraft. *Venus. L. starb im Wahnsinn, angeblich infolge eines Liebestranks, von eigener

Hand. Das unvollendete Werk kam in die Hände des Redners Cicero, wurde aber vielleicht erst aus dessen Nachlaß, etwa 42 v. Chr., veröffentlicht.
T: JMartin, 1969 (Nachdr. 1992, Tb). TÜ: HDiels, 1993 (Tusc.). KBüchner (Reclam). TÜK: CBailey, Oxford 1947. *B.1:* PMBrown, Bristol 1988. TK: CGiussani, Torino 1896-98. *Buch 3:* RHeinze, 1897 (Nachdr.). EJKenney, 1971. – DWest, The imagery and poetry of L., 1969. MGale, Myth and poetry in L., Cambridge 1994. JSchmidt, Lukrez, der Kepos und die Stoiker, 1990. Entretiens sur l'antiquité classique 24, 1978. CJClassen (Hg.), Probleme der Lukrezforschung, 1986.

Lucriner See: *Baiae.

Lucullus, L. Licinius, 87-85 v. Chr. Quaestor und Proquaestor Sullas im 1. Mithridatischen Krieg, einer der wenigen persönlich anständigen Sullaner. Als cos. 74 trat er den 3. Krieg gegen Mithridates an und führte ihn unter vorsichtiger Schonung der Kräfte und mit reicher Beute glücklich. 71/0 sanierte er in Asien die durch den Zinswucher der röm. Ritter hoffnungslos verschuldeten Gemeinden, indem er den Zinsfuß von 48% auf 12% senkte und Zinsrückstände, die 100% des Kapitals überstiegen, erließ. Dadurch machte er sich den Finanzleuten in Rom verhaßt und mußte 67, bevor er die Früchte seiner Siege hatte ernten können, das Kommando an Pompeius abtreten. Er zog sich von der Politik zurück und lebte bis 56 als der nach Crassus reichste Mann Roms in seinen prächtigen Villen; unter anderen legte er den Park auf dem Monte Pincio an. Er besaß eine große gr. Bibliothek und eine Kunstsammlung. Der akademische Philosoph *Antiochos und der Dichter *Archias zählten zu seinem engsten Kreise. Cicero widmete ihm ein Buch *Academica*. Sprichwörtlich war sein Tafelluxus, und sein bleibendstes Verdienst ist, daß er für seine Obstgärten die Kirsche aus der pontischen Stadt Kerasús nach Europa einführte.
Biogr.: *Plutarch. – AKeaveney, L., London 1992.

Ludovisischer Thron, 1887 in Rom gefundenes Marmorrelief (jetzt im Thermenmuseum), ein bedeutendes Werk des *Strengen Stils um 460 v. Chr., wahrscheinlich in Großgriechenland geschaffen. Dargestellt ist vermutlich die Geburt der Aphrodite. Das Gegenstück, den sog. Bostoner Thron, haben manche als Fälschung verdächtigt.
ESimon, Die Geburt der Aphrodite, 1959.

Lugdunum (Lyon), keltische Stadt am Zusammenfluß von Rhodanus (Rhone) und Arar (Saône). Munatius *Plancus gründete dort 43 v. Chr. eine röm. Kolonie, die als einziger Ort außer Rom das Recht erhielt, Reichsmünzen zu schlagen. Erhaltene Ruinen: Aquaedukte, Theater, Odeon, Forum, Tempel.
AAudin, Lyon, miroir de Rome dans les Gaules, Paris 1965. AChampdor, Lyon cité romaine, 1990.

Lukianos, Syrer aus Samosata, ca. 120 bis nach 180 n. Chr. Er durchreiste als gr. Sophist und Wanderredner das röm. Weltreich, wo ihm besonders in Gallien aus seinen Vorträgen reiche Einnahmen flossen. Im Alter

war er Kanzleichef des Statthalters von Aegypten. L. war der witzigste und geistreichste Kritiker, ein glänzender Stilist. Sein eigenstes Gebiet war die menippeische *Satire, in der er die Hohlheit der Philosophen, die Verkehrtheit des Aberglaubens und der damals vielbestaunten Wundermänner und die mit trügerischem Schein verhüllten Schwächen der Menschen bloßstellte.
T: CJacobitz, 1836-41. MDMacleod, 1972-87 (Oxf. Cl.). TK (Ausw.): JSommerbrodt, 1878-1908. HLLevy, Oklahoma 1977. TÜ: Loeb L. Ausw.: KMras, 1954 (Tusc.). JBompaire (1-10), 1993 (Budé). OSeel (Reclam). MDMacleod, Warminster 1991. Ü: ChrMWieland, 1788/9 (Nachdr. 1971). – JSchwartz, Biographie de Lucien de S., 1965. JBompaire, Lucien écrivain, 1958. JHall, L.s Satire, New York 1981. *Menippos.

Lukillios, gr. Dichter von Epigrammen zur Zeit Neros, Meister des Spotts und der Parodie und nach dieser Seite wegweisend für *Martialis. – TÜ: Beckby (*Anthologie 1).

Luna, Mondgöttin, gr. *Selene.

Lupercal, die Höhle am Palatin, in der nach der Sage Romulus und Remus von der Wölfin unter einem Feigenbaum *(ficus ruminalis)*, gesäugt worden waren. Von hier begann der Umlauf der *Luperci* am Feste der *Lupercalia*: *Faunus. Augustus baute die Grotte zur Gedenkstätte an den Ursprung Roms aus.

Lupercalia, Fest des *Faunus am 15. Februar.

Lusitania, röm. Provinz auf dem Gebiet des heutigen Portugal. Im Zug der Eroberung von *Hispania nach dem Hannibalkrieg drangen die Römer im 2. Jh. v. Chr. in den Westen Spaniens vor. Stärksten Widerstand setzte ihnen *Viriathus von 147-139 entgegen; 80-72 führte der von Sulla vertriebene Römer *Sertorius den Freiheitskampf an. Beide starben unbesiegt durch Meuchelmord. Erst 27 v. Chr. wurde L. kaiserliche Provinz. Im Bergwerk von Vipascum wurde Kupfer und Silber gewonnen; die inschr. erhaltene Bergwerksordnung (CDomergue, La mine antique d'Aljustrel, Paris 1983) ist eines der wichtigsten Dokumente für den röm. *Bergbau.
JAlarcão, Roman Portugal, Warminster 1988 (3 Bde.).

Lyaios, Beiname des *Dionysos.

Lydien, die Flußebene des Hermos in der Mitte der Westküste Kleinasiens und das südl. Gebiet bis zum *Maiandros. Hauptstadt: Sardes. Die alten Lyder sprachen eine dem Hethitischen verwandte Sprache. Seit dem 7. Jh. v. Chr. drang von den gr. Küstenstädten her die gr. Kultur vor. Unter den Königen von *Gyges bis *Kroisos entfaltete sich das Lyderreich, anfangs im Kampf gegen die *Kimmerier, bis an den *Halys. 546 wurde es eine Satrapie der Perser. Der Reichtum L.s aus dem goldführenden Flusse Paktolos (*Midas) und dem Orienthandel war sprichwörtlich. Die Lyder galten den Griechen als weichlich.

GEBean, Die ägäische Türkei, 1969. CTalamo, La Lidia arcaica, Bologna 1979.

Lydos, att. schwarzfig. Vasenmaler um die Mitte des 6. Jh. v. Chr.

Lygdamus, wohl Pseudonym eines röm. Dichters (1. Jh. n. Chr) von 6 Liebeselegien, die mit den Gedichten Tibulls (Buch 3) überliefert sind.
TK: HTränkle, Appendix Tibulliana, 1990, 27-36. 55-171. *Tibullus.

Lykeion, der heilige Bezirk des *Apollon Lykeios* im Nordosten Athens, wo *Aristoteles die peripatetische Schule gründete.

Lykien, südwestkleinasiatisches Gebirgsland. Die Lykier waren ein von Kreta eingewandertes Mittelmeervolk, das seine eigenartige Kultur (Felsengräber) und die durch Inschriften bezeugte, dem Hethitischen verwandte Sprache bis in die Zeit Alexanders des Großen bewahrte. *Xanthos.
GEBean, Lycian Turkey, London 1978. FKolb-BKupke, L., 1992. RJacobek (Hg.), Götter, Heroen, Herrscher in L., 1990 (Ausstellung Schloß Schallaburg). J. und HWagner, Die türkische Südküste, 1977-78.

Lykomedes, König von Skyros: *Achilleus.

Lykon, Peripatetiker, Nachfolger des *Straton in der Leitung des *Lykeion von 269-225 v. Chr. Unter ihm wirkte die Schule in die Breite, dagegen erlahmte die wissenschaftliche Forschung, wie sie die Vorgänger (*Theophrastos) getrieben hatten.
TK (Frg.): Wehrli, 1968 (Schule des Aristoteles 6).

Lykophron von Chalkis verfaßte bald nach 197 v. Chr. die *Alexandra*, eine Rätseldichtung, in der er die troische Seherin Kassandra (= Alexandra) in absichtlich dunkler Rede prophezeien läßt. Die Datierung ergibt sich daraus, daß die Weissagung mit dem Sieg der Troer (= Römer) über die Griechen (= Makedonen) schließt (*Flamininus). Der Verfasser kann daher nicht der Tragiker L. von Chalkis sein, der Anf. 3. Jh. v. Chr. in Alexandreia wirkte.
T: LMascialino, 1964 (Tb). TÜK: CvHolzinger, 1895. Scheer, 2. A. 1958. MFusillo-AHurst-GPaduano, Milano 1991.

Lykos, ein böser König von Theben: *Amphion.

Lykosura, Ort in Arkadien mit Heiligtum der chthonischen Gottheit Déspoina (Kultgruppe des *Damophon). – PKavvadias, Fouilles de L. 1893.

Lykurgos. – 1. Thrakerkönig, der dem *Dionysos feindlich entgegentrat. Der Gott strafte ihn mit Wahnsinn, so daß L. im Glauben, die verhaßten Weinreben umzuhauen, den eigenen Sohn erschlug. *Aischylos behandelte die Sage in einer verlorenen Tetralogie.
Deichgräber, Die Lykurgie des Aischylos, Nachr. Gesellsch. d. Wissenschaften Göttingen, 1939.

2. Der Gesetzgeber *Spartas. L. ist wohl ein Heros, den man erst später zum menschlichen Begründer der Verfassung machte. Er soll diese ca. 820 v. Chr. nach kretischen Vorbildern geschaffen haben. L. hatte einen Tempel und einen Kult. – Biogr.: *Plutarch.
3. Athenischer Redner und Politiker, ca. 390-324 v. Chr., Schüler Platons und des Isokrates, patriotischer Mitkämpfer des Demosthenes. Der vornehme, ob seiner Rechtlichkeit bekannte Mann verwaltete 338-327 die Finanzen Athens. Er ließ das steinerne Dionysostheater am Südhang der Akropolis bauen und ein Staatsexemplar der Werke der großen Tragiker herstellen. Wir besitzen von ihm eine politische *Anklagerede gegen Leokrates.*
T: NCConomis, 1970 (Tb). TÜ: FDurrbach 1956 (Budé). Burtt, Minor attic orators II (Loeb L.). Ü: Holzer, 1882 (OS). OGüthling, 1928.

Lynkeus. – 1. *Danaiden. – 2. Bruder des *Idas.

Lyrik hieß im engeren Sinne nur das zur *Lyra, *Kithara* oder *Phorminx* vorgetragene Lied. Nicht zur L. rechnete man also *Iambos, *Elegie und *Epigramm. Man unterschied die von einem einzelnen gesungene monodische L. und die *Chor-L. Die Dorier pflegten vor allem das Chorlied. Das monodische, subjektive Gefühle aussprechende Lied fand seine höchste Vollendung bei den Aiolern auf Lesbos (*Alkaios. *Sappho). Den Ioniern war der Iambos eigen (*Archilochos); doch liebten auch sie es, in froher Gesellschaft beim Symposion jeder ein Lied zur Lyra oder zur Flöte zu singen (*Skolia). Der große ionische Lyriker ist *Anakreon. Die musikalische Begleitung war verhältnismäßig einfach. Reste von Notenaufzeichnungen sind nur ganz vereinzelt erhalten (*Hymnen). Trotzdem können wir die Wirkung eines gr. Liedes einigermaßen nachempfinden, da sie wesentlich auf dem Versrhythmus beruhte. Vor den nichtlyrischen Gedichten zeichnete sich die L. durch die kunstvolle Mannigfaltigkeit der wechselnden Versmaße aus. Das monodische Lied *(melos)* blühte vor allem in der adligen Gesellschaft des 7./6. Jh. Es wurde dann Gemeingut der gebildeten Griechen; die Jugend wurde im Lyraspiel unterrichtet, und die Männer wußten die Verse der Dichter vorzutragen. Aber die schöpferische Zeit der Melos-Dichtung war vorbei. Das klassische Athen sprach sich im Chor des Dramas, im Dithyrambos und im Epigramm aus. Neben der literarischen L. gab es seit alter Zeit bekannte Volkslieder. Hellenistische L.: Des *Mädchens Klage.
Die röm. L. erreichte, nachdem seit der Wende 2./1. Jh. v. Chr. Nachdichtungen gr. Muster vorangegangen waren, ihren ersten Höhepunkt mit *Catull, der neben Iamben, Elegien und Epigrammen auch lyrische Lieder dichtete. Es ist bezeichnend, daß dies so spät (um 60 v. Chr.) und durch einen Dichter gallischen Blutes geschah. Dem Römer lag das unmittelbare Aussprechen inneren Empfindens in lyrischer Form nicht. In augusteischer Zeit stellte sich *Horaz in seiner Odendichtung bewußt die Aufgabe, das äolische Melos in Rom einzuführen. Den unmittelbaren Ausbruch echten Gefühls und starker Leidenschaft im Sinne moderner L. meidet er; was er erstrebt, ist die vollendete Form, in der die Gefühle durch den klaren Kunstverstand geläutert erscheinen.

T (Frg. der gr. L.): EDiehl, Anthologia Lyrica (2 Bde), 2. A. 1936/42, Bd. 1 teilw. in 3. A., 1949ff. (Tb). Ausw.: DLPage, Poetae melici graeci, 1962; ders., Lyrica gr. selecta, 1968 (Oxf. Cl.); ders., Supplementum lyricis gr., Oxford 1974. TK: DEGerber, Euterpe, 1970. DACampbell, Greek Lyric Poetry, 1967. TÜ: HRüdiger, Gr. Lyriker, 2. A. 1968. BSnell-ZFranyó, Frühgr. L., 1971-76. TÜK: WEisenhut, Antike L., 1970. KBüchner, Die röm. L., 1983 (Reclam). Ü: EGeibel, Klassisches Liederbuch, 1936. WMarg, 1964 (Reclam). CFischer, Antike L., 1964. EStaiger, Gr. L., 1961. HRüdiger, Lat. Gedichte, 1972 (Tusc.). – Bethe, Gr. L., 1920. HFränkel, Dichtung u. Philos. des frühen Griechentums, 1962 (mit Ü). CMBowra, Greek lyric poetry, 2. A. 1961.

Lysandros, spartanischer Flottenkommandant, dessen Siege bei Notion 407 v. Chr. und Aigospotamoi 405 den Peloponnes. Krieg entschieden. 405 blockierte er Athen und setzte nach der Kapitulation 404 die Regierung der *Dreißig Tyrannen ein. Als großer Diplomat hatte er sich überall Beziehungen geschaffen, auf die gestützt der erste Mann Griechenlands in Sparta König zu werden hoffte. Doch das Mißtrauen der spartanischen Behörden untergrub seine Stellung; die von ihm in den gr. Städten eingesetzten Oligarchenregierungen hatten nicht Bestand. 395 fiel er in Boiotien. – Biogr.: *Plutarch, *Nepos.
JFBommelaer, Lysandre de Sparte, Paris 1981.

Lysias, athenischer Redner, ca. 445-380 v. Chr. Sein Vater, ein Schildfabrikant, hatte ihm ein großes Vermögen hinterlassen, das ihm von den *30 Tyrannen genommen wurde. 403 nach der Rückkehr der Demokraten wurde L. Rechtsanwalt. Er hielt nur eine einzige Rede selbst vor Gericht in eigener Sache *gegen Eratosthenes*, denjenigen unter den Dreißig, der die Schuld am Raub seines Vermögens und an der Ermordung seines Bruders hatte. Für andere konnte L., da er nicht Bürger, sondern Metöke war, nicht auftreten, doch schrieb er die Gerichtsreden auf Bestellung (*Logograph 2). Die klare Schlichtheit seiner Sprache und die Kunst der Charakterisierung waren unübertrefflich. Später galt er den strengsten Attizisten als der Meister des reinen attischen Stils. Von seinen 233 Reden sind 34 erhalten.
T: KHude, 1912 (Oxf. Cl.). TÜ: MBizos-LGernet, 1989 (Budé). K: RRauchenstein-KFuhr, 1963. TK: CCarey, Cambridge 1989 (Ausw.). MHillgruber, 1988 *(10. Rede)*. Ü: FBaur, 1884. Ausw.: UTreu, 1983 (Reclam). MEdwards, Greek orators I, Chicago 1985. – KJDover, L. and the Corpus Lysiacum, 1968. SFeraboli, Lisia avvocato, Padova 1980. – Bildnis: Schefold.

Lysikratesdenkmal. Das L. stand an der östlich unter der Akropolis vorbeiführenden «Dreifußstraße» in Athen in einer ganzen Reihe ähnlicher Bauten, die im 4. Jh. v. Chr. errichtet wurden zum Zwecke, einen Dreifuß öffentlich auszustellen, welchen der Erbauer als Siegespreis erhalten hatte. Die reiche Lysikrates hatte, wie die Inschrift lehrt, im J. 335/34 als Chorege einen Knabenchor ausgestattet, der mit einem von Lysiades verfaßten und einstudierten Dithyrambos an den Dionysien siegte. Das L. besteht aus einem hohen quadratischen Sockel, auf dem ein

Rundtempelchen steht. Der Fries zeigt die Bestrafung von Seeräubern durch Dionysos und seine Satyrn. Die Kuppel des Tempelchens krönt ein großes dreiarmiges *Akroterion, das den längst verschollenen Dreifuß trug.

Lysimachos, *Diadoche, 361-281 v. Chr., seit 305 König. Er hatte Alexander d. Gr. als Leibwächter begleitet. 323 erhielt er Thrakien zugewiesen, dessen aufständische Völkerschaften er in jahrelangem Kampfe bezwang. Sein Hauptverbündeter war *Kassandros, dessen Schwester *Nikaia seine erste Gattin war. Beim Sieg der Verbündeten über Antigonos bei Ipsos 301 führte L. die thrakisch-makedonischen Truppen. 287 vertrieb er mit *Pyrrhos den *Demetrios Poliorketes aus Makedonien, zwang dann auch Pyrrhos zu weichen und beherrschte 283 ein Reich, das Makedonien, den Nordbalkan bis zur Donau und Kleinasien bis zum Taurus umfaßte. Da stürzte ihn eine Intrige ins Unglück. Die ehrgeizige Arsinoë, die Tochter des Ptolemaios (1), welche L. 298 geheiratet hatte, verleumdete den Stiefsohn Agathokles beim Vater und brachte es fertig, ihm den Befehl zur Tötung des tüchtigen und beliebten Thronfolgers abzuringen. Nun fielen die nächsten und treuesten Anhänger von L. ab; *Seleukos wurde ins Land gerufen. Im Kampf mit ihm verlor L. bei Kurupedion Reich und Leben.
HSLund, L., London 1992. Berve (*Diadochen).

Lysippos von Sikyon, der größte Bronze-Plastiker zur Zeit Alexanders d. Gr.; der König ließ sich angeblich nur von ihm und dem Maler Apelles porträtieren. Die Gestalten des L. waren schlanker als die des Polykleitos; er bildete die Proportionen ganz anders. Die 3. Dimension der Tiefe trat bei L. gleichberechtigt neben Höhe und Breite, welche die älteren Künstler allein gekannt hatten (z. B. vorgestreckter Arm des *Apoxyómenos*). Er tat den Ausspruch, die Alten hätten die Menschen gebildet, wie sie seien, er, wie sie erschienen. Er war sehr produktiv. Von den Göttern stellte er Zeus und Herakles oft dar (Kolossalstatuen in Tarent), aber auch eine reine Allegorie wie den *Kairós* (den günstigen Augenblick; Reliefkopien erhalten). Von seinen Athletenstatuen war die berühmteste der **Apoxyómenos*, von dem sich eine Kopie im Vatikan befindet. Kopien seiner Werke glaubt man außerdem zu erkennen im *Herakles* Farnese (*Glykon), einem bogenspannenden **Eros* und der **Aphrodite* von Capua (Neapel). Der marmorne *Agías* in Delphi ist wahrscheinlich eine Werkstattarbeit. *Hermes.
PMoreno, Vita e arte di Lisippo, Milano 1987. JChamay-JLMaier (Hg.), L. et son influence, Genève 1987.

M

Macellum, der Lebensmittelmarkt röm. Städte, meist ein von Säulenhallen umgebener Hof mit Rund- oder Polygonalbau in der Mitte. Gut erhalten in Pompeii, Puteoli und Lepcis Magna.
CdeRuyt, M., marché alimentaire des Romains, Louvain 1983.

Macer. – 1. C. Licinius M. trat seit 85 v. Chr. als demokratischer Politiker gegen die Verfassung Sullas auf, indem er seinen Vorfahren, den *Liciniern, nacheiferte, die 300 Jahre früher Vorkämpfer der Plebs gewesen waren. Deren Verdienste stellte er in einem Geschichtswerk heraus, das die älteste Zeit Roms annalistisch behandelte. Livius hat es als Quelle benutzt. 66 wurde M. vor dem Praetor Cicero wegen Erpressungen verurteilt und gab sich den Tod. Vom Werk sind wenige Frg. erhalten.
T: Peter (*Geschichtsschreibung). Eine «Volksrede des M.» verfaßte *Sallust in den *Historien.*
2. Aemilius M. aus Verona, † 16 v. Chr. Ovid erwähnt ihn als Verfasser von 3 Lehrgedichten, außerdem einen andern M. als Epiker.
JPNéraudau, Ae.M., in ANRW II, 30,3, 1708–1731.

Machaon, Sohn des Asklepios, Arzt in Homers *Ilias* (11, 514: «Ein Arzt ist so viel wert wie viele andere Männer zusammen.»).

Macrinus, M. Opellius, Praetorianerpraefekt unter *Caracalla. Als erster aus dem Ritterstand wurde er 217 n. Chr. nach Caracallas Ermordung zum Kaiser ausgerufen. Seine Sparmaßnahmen machten ihn bei den Soldaten unbeliebt. Sie erhoben 218 Elagabal zum Kaiser. M. wurde geschlagen und nach seiner Flucht getötet.
PCavuoto, M., Napoli 1983. – Portrait (Münzen): Herrscherbild.

Macrobius, Theodosius, wahrscheinlich der *Praefectus praetorio* von Italien 430 n. Chr., gelehrter Schriftsteller. Wir besitzen von ihm einen Kommentar zu *Scipios Traum* (dem Schlußstück von Ciceros *Staat*) und 7 Bücher *Saturnalia*, wo er im Rahmen eines Gesprächs, zu dem sich einige Altertumsfreunde am Saturnalienfest zusammengefunden haben, ein buntes Allerlei von röm. Antiquitäten vorträgt (z. B über Vergil, Witze berühmter Römer, Jahreseinteilung). M. idealisiert in der Gesprächsrunde den Kreis der am Heidentum festhaltenden Senatoren zu Ende des 4. Jh. (*Symmachus).
T: JWillis, 1970 (Tb). TÜ (franz.): HBornecque-FRichard, Paris 1937. Ü: PVaughan Davies, New York 1969. *Somnium Scipionis:* TÜK: MRegali, Pisa 1983–90. – ACameron, in Journal of Roman Studies 56, 1966, 25–38. JFlamant, M. et le néo-platonisme latin, Leiden 1977.

Maecenas, C. Cilnius, röm. Ritter aus altem etruskischem Adel von Arretium, der Freund und Berater des Kaisers *Augustus. Mit großem diplomatischem Geschick führte er mehrmals die heiklen Unterhandlungen

mit M. Antonius und übernahm während der Abwesenheit des Kaisers die Regierung in Rom. Vor allem aber sammelte er um sich die großen Dichter und förderte sie in ihrem Schaffen. Unter seiner Anteilnahme entstanden die klassischen Werke von *Vergil, *Horaz, *Properz. Der Name M. wurde so schon im Altertum sprichwörtlich (*Martial 8, 55, 5: «Gebt uns Maecenaten, dann wird es auch Vergile geben.»). Seinem sicheren literarischen Urteil entsprachen indessen seine eigenen dilettierenden Versuche nicht; er schrieb einen preziösen Stil von auffälliger Manier. M. starb 8 v. Chr., kurz vor seinem nächsten Freunde Horaz. Zwei Elegien auf den Tod des M. (Verfasser unbekannt) sind in der sog. Appendix Vergiliana überliefert.
Eleg. in M.: TK: HSchoonhoven, Groningen 1980. TÜ: HRupprecht, 1982. – JM André, Mécène, 1967.

Des **Mädchens Klage**, ein von Grenfell auf einem Papyros aufgefundenes Lied, in dem ein verlassenes Mädchen vor der Tür des treulosen Geliebten leidenschaftlich um Einlaß fleht (Motiv des *Paraklausíthyron mit verkehrten Rollen). Verfasser unbekannt. Es ist ein Stück Kleinkunst, ein «Chanson».
T: Diehl II (*Lyrik). Ü: Körte-Händel, Hellenistische Dichtung, 1960, S. 304ff.

Sp. **Maelius**: *Ahala.

Mänaden: *Bakchai.

C. **Maenius**, cos. 338 v. Chr., besiegte *Antium. Mit den Schnäbeln der ausgelieferten Schiffe wurde die Rednerbühne des röm. Forums geschmückt; sie hieß seither *rostra.* Als Censor 318 baute M. über den Kaufläden am Forum Balkone für die Zuschauer bei Gladiatorenspielen und ähnlichen Veranstaltungen. Danach hießen in der röm. Architektur Balkone auch an Privathäusern und die Ränge des Amphitheaters *Maeniana.*
ABoëthius, Maeniana, in Eranos 43, 1945, 89–110.

Mäonisch, lydisch. Maionia war der Name eines Teils von *Lydien. *Der mäonische Sänger* ist Umschreibung für Homer, dessen Vaterstadt Smyrna mäonisch war.

Magdalensberg: *Noricum.

Magister. – 1. *M. equitum,* der oberste Gehilfe des *Dictators. – 2. Seit dem 3./4. Jh. n. Chr. Titel hoher Beamter des kaiserlichen Hofes, z. B. *m. ab epistulis:* Chef der Hofkanzlei. *m. a rationibus:* Finanzminister. *m. officiorum:* Chef der Hofverwaltung. Eine besondere Bedeutung erhielt das von Constantinus geschaffene Amt eines *m. militum* (General). Seit dem Ende des 4. Jh. übten in dieser Stellung die Heerführer der in röm. Dienste tretenden Barbarenvölker (*Stilicho, *Ricimer, Aspar unter den Kaisern Marcianus und Leon, u. a.), die als Nichtrömer selbst den Kaiserthron nicht besteigen konnten, oft die tatsächliche Macht im Staate aus.

Magistratus: *Ämterlaufbahn.

Magna Mater: *Kybele.

Magnesia, Städte in Kleinasien. – 1. M. am Maiandros, gegründet von Kolonisten aus der thessalischen Landschaft M., geriet unter lydische, dann persische Herrschaft. 460 setzte König Artaxerxes den aus Athen verbannten Themistokles zum Stadtherrn ein. Um 400 wurde die alte Stadt verlassen und in der Nähe in hellenistischer Art (*Hippodamos) neu angelegt. M. ist eine der ältesten gr. Ausgrabungsstätten (franz. Grabungen 1842/3, deutsche 1891–93). Den Tempel der Artemis Leukophryene erbaute *Hermogenes (2). Teile des Amazonenfrieses in den Museen von Paris (Louvre), Berlin und Istanbul.

KHumann-Kohte-Watzinger, M. am Mäander, 1904. GEBean, Die ägäische Türkei, 1969. ADavesne, La frise du temple d'Artemis à M., Paris 1982.

2. M. am Berg Sipylos, Ort des röm. Sieges über Antiochos d. Gr. 190 v. Chr.

Mago, Name eines vornehmen karthagischen Geschlechts. – 1. Bruder Hannibals, brachte die Siegesmeldung von Cannae nach Karthago, kämpfte 215–206 in Spanien, landete 205 in Genua. 203 wurde er zurückgerufen und starb auf der Rückfahrt an seiner Verwundung. – 2. Verfasser eines nach der Zerstörung Karthagos (146 v. Chr.) auf Senatsbeschluß ins Lat., später ins Gr. übersetzten Buches über Landwirtschaft.

Magulen nennt man hügelartige Siedlungsplätze aus der Jungsteinzeit in Thessalien.

Maia, eine Nymphe, Tochter des Atlas, mit der sich Zeus auf dem Berg Kyllene vermählte; sie wurde Mutter des Gottes *Hermes.

Maiandros (lat. *Maeander*), Fluß in *Lydien. Im Unterlauf fließt er fast ohne Gefälle durch eine Ebene, in vielen Krümmungen und oft sich wieder rückwärts wendend; daher der Name des Mäander-Ornaments, das insbesondere in der *geometrischen *Vasenmalerei eine bedeutende Rolle spielt:

Maiorianus, Kaiser Westroms 461 n. Chr. *Ricimer, der ihm zum Thron verholfen hatte, beseitigte ihn nach einem unglücklichen Krieg gegen den Vandalenkönig Geiserich.

Seine *Gesetze:* T: Mommsen-Meyer, Leges Novellae ad Theodosianum pertinentes, 1905.

Maiotis, das Asowsche Meer.

Makedonen, ein Volk nördl. von Thessalien. Über einer Bevölkerung illyrisch-thrakischen Stammes stand eine dünne gr. Oberschicht, der Adel des Landes. Kulturell blieben die M. hinter den Griechen von Hellas zurück; sie bewahrten manche homerische Bräuche bis in historische Zeit. Über die älteste Geschichte der M. wissen wir wenig. Erst in den Perserkriegen treten sie hervor. Ihr König Amyntas mußte die persische Oberhoheit anerkennen. Damals wurde der ritterliche Adel in Kameradschaften *(Hetairíai)* organisiert; später traten die freien Bauern als Fußtruppen *(Pezhetairen)* zum Heerbann hinzu. Die Heeresversammlung vertrat politisch das Volk: Obgleich die Krone erblich war, bedurfte der König ihrer Anerkennung, und sie übte die oberste Gerichtsbarkeit. Seit dem 5. Jh. suchten die M. kulturell Anschluß an Hellas. Der mächtige Herrscher *Archelaos 413–399 zog unter andern den Dichter Euripides an seinen Hof. Nach seinem Tode sank das Land durch blutige Thronwirren zur politischen Ohnmacht hinab, bis Philippos II. (359–336) die M. zum Siege führte. Nachdem er sich in Besitz Thessaliens und der gold- und silberreichen Küste Thrakiens gesetzt hatte, wurde er durch die Schlacht bei Chaironeia Herr Griechenlands. Sein Sohn *Alexandros d. Gr. schuf das makedonische Weltreich. Die Kultur dieses Reiches aber war nicht makedonisch, sondern hellenisch. Die M. selbst brachten es so wenig zu eigenen kulturellen Leistungen, daß nicht einmal von ihrer Sprache eine Aufzeichnung existiert; wir kennen sie nur aus den Namen und einzelnen Wörtern, welche gr. Gelehrte überliefert haben. Alexandros hatte bewußt den Mittelpunkt des Reiches außerhalb Makedoniens gelegt. Seine Generäle aber, die ihm nach seinem Tode als *Diadochen folgten, waren M., die in ihrer Heimat das Kernland sahen. Um seinen Besitz wurde heftig gestritten, bis 280/79 die Keltenzüge es verheerten. Danach stabilisierte sich unter *Antigonos Gonatas und seinen Nachfolgern wieder ein dauerhaftes Königtum, das sich hielt bis zum Eingreifen Roms gegen *Philippos V. und seinen Nachfolger *Perseus. 148 v. Chr. machte *Metellus (2) Makedonien endgültig zur röm. Provinz.

NGHammond-WWalbank, A history of Macedonia, Oxford 1972–88. NGHammond, The Macedonian State, Oxford 1989. MErrington, Geschichte Makedoniens, 1986.

Makron, att. rotfig. Vasenmaler des beginnenden 5. Jh. v. Chr. Er bemalte vor allem Schalen des Töpfers Hieron.

Malerei. Während wir die gr. Plastik aus zahlreichen Originalen und Kopien kennen, ist von der großen M. fast nichts übriggeblieben. Erst seit 1977 kennen wir durch die Entdeckung der Königsgräber von *Aigai die große Kunst des 4. Jh. v. Chr. in Originalen. Von einem berühmten Gemälde kannte man zuvor, in die andere Technik des Mosaiks übertragen, eine Kopie: Das *Alexandermosaik* (*Alexander 4). Auf Holzbrettchen und auf Leinwand sind nur die Mumienportraits aus Aegypten (1.–4. Jh. n. Chr.) erhalten. Sie wurden meist bei Lebzeiten gemalt; nach dem Tode kopierte sie entweder der Maler auf die Mumienbinde oder man nahm das Bild aus dem Rahmen und fügte es ent-

sprechend beschnitten an der Stelle des Kopfes der Mumie ein. Die Meisterstücke geben die individuellen Züge sehr lebendig wieder. *Enkaustische M. Wand-M. kennen wir hauptsächlich aus 5 Bereichen: 1. aus der vorgr. Kultur *Kretas. 2. Die gr. Fresken der Gräber von *Paestum. 3. Die unter gr. Einfluß stehende M. der etruskischen Gräber. 4. Die Wand-M. röm. Häuser in Rom (Haus der Livia und Odysseelandschaften vom Esquilin) und besonders in *Pompeii und Herculaneum. Neben Darstellungen von Szenen aus Sage, Dichtung und Kult (Mysterienvilla) finden sich Landschaften und Dekorations-M. Auch die berühmte **Aldobrandinische Hochzeit* ist ein Stück aus einem Wandfries. 5. Die Bemalung der chr. Katakomben. – Zahlreich sind die Mosaiken. Erst aus dem spätern Altertum stammen die Miniaturen der Buchillustrationen, wie sie in Handschriften von Homers *Ilias* (*Buch), *Terenz und *Dioskurides kopiert sind. Weitaus das meiste Material aber liefert die handwerkliche Kunst der *Vasen-M.
Welch große Bedeutung der M. im Altertum zukam, ermessen wir aus dem Ruhm, den ihr die Literatur spendet. Ihre Blütezeit lag später als die der Plastik. Was für diese die Zeit des Perikles, war für die M. die Zeit Philipps II. und Alexanders d. Gr. (4. Jh. v. Chr.). Beide Künste wirkten auch vereint, da ja die antiken Statuen bemalt wurden (Praxiteles sagte, er schätze von seinen Werken diejenigen am höchsten, welche *Nikias bemalt habe.) Andrerseits übten die Bildhauer in Reliefs die Flächenkunst. Die klassische gr. M. begann nach den Perserkriegen mit *Polygnotos, *Mikon und *Panainos. Ihre Bilder wirkten noch flächenhaft. Von der Art der Zeichnung gibt das auf Marmor gemalte Bild der *Knöchelspielerinnen* aus Herculaneum (eine Kopie des Atheners Alexandros) eine Vorstellung. Der erste Maler, der Tiefenwirkung durch Schatten erzielte, war *Apollodoros; ihm folgten *Zeuxis, *Parrhasios, *Timanthes. Im 4. Jh. trat die Sikyonische Malerschule hervor mit den großen Meistern *Apelles, *Melanthios, *Pausias. Zur selben Zeit wirkten *Aristeides, *Euphranor, *Philoxenos, *Nikias, *Protogenes, Theon, *Aëtion. Die spätere hellenistische M. entwickelte das Genrebild, die Karikatur und, im Zeichen der entstehenden Großstädte, die Landschafts-M. Als letzten Großen führt Plinius (1) *Timomachos an, den er einen Zeitgenossen Caesars nennt.

HBrunn, Geschichte der gr. Künstler, 1889 (Nachdr. 1968). Pfuhl, M. und Zeichnung der Griechen, 1923 (3Bde; Nachdr. 1969). WKraiker, Die M. der Griechen, 1959. MRobertson, Gr. M., Genève 1959. PMoreno, Pittura greca da Polignoto ad Apelle, Milano 1987. Monumenti della pittura antica scoperti in Italia, 1936ff. ARumpf, M. und Zeichnung, 1953. RLing, Roman painting, Cambridge 1991. MPallottino, La peinture étrusque, 1952. KParlasca, Mumienportraits und verwandte Denkmäler, 1966. JEBerger, L'œil et l'éternité, portraits romains d'Egypte, Paris 1977. *Pompeii. FWirth, Röm. Wandm. vom Untergang Pompeiis bis ans Ende des 3. Jh., 1934 (Nachdr. 1968). JWilpert, Die M. der Katakomben Roms, 1903.

Malis, die Landschaft im Tal des Flusses Spercheios, der in den Malischen Golf mündet, zwischen Thessalien und Mittelgriechenland (Straße durch den Thermopylenpaß). Alte Hauptstadt war Trachís, später *Lamia.

Mamertiner, campanische Söldner des Tyrannen Agathokles von Syrakus. Nach dessen Tod 289 v. Chr. überfielen sie die Stadt Messana, erschlugen die Bürger und gründeten einen Räuberstaat, der die Meerenge beherrschte. Im Kampf zwischen Rom, Hieron von Syrakus und Karthago traten sie 263 auf seiten Roms als Bundesgenossen. Ihr Name kommt vom Kriegsgott *Mamers* = *Mars.

Mamurra aus Formiae, Offizier und Günstling Caesars, protzte mit seinem zusammengeraubten Reichtum in widerlichster Weise. 55 v. Chr. griff ihn *Catull mit Schmähgedichten an, durch die er und sein Gönner für ewig gebrandmarkt wurden.

Mancinus, C. Hostilius, cos. 137 v. Chr., wurde mit seinem Heer vor Numantia umzingelt und kapitulierte gegen freien Abzug. Doch der Senat anerkannte den Vertrag nicht. M., der ihn geschlossen hatte, nahm vor dem Senat die persönliche Haftung auf sich. Er wurde ausgeliefert, indem man ihn im bloßen Hemde vor die Mauern Numantias stellte. Da die Numantiner ihn nicht annahmen, kehrte er nach Rom zurück.

Mancipatio, ein formaler Akt des röm. Rechts, der vor allem angewandt wurde beim Kauf solcher Gegenstände, bei denen die gültige Übertragung der Gewalt *(*manus)* auf einen andern an die Einhaltung bestimmter Formen gebunden war (sog. *res mancipi*, z. B. Sklaven, Häuser, Grundstücke, Großvieh). Der Käufer eines Sklaven (*mancipium* bedeutete in der Umgangssprache geradezu Sklave) ergriff diesen mit der Hand (*manu capere*, wonach der ganze Vorgang m. heißt) und sprach zu dem Veräußerer in Gegenwart von 5 Zeugen und einem Waaghalter *(libripens)* die Worte: «Ich erkläre, daß dieser Mann nach röm. Recht mein ist, und er soll von mir gekauft sein mit diesem Erz und der Bronzewaage.» Das Kupfer wurde als Kaufpreis gewogen, und der Verkäufer verpflichtete sich durch die Annahme zugleich, dem Erwerber den rechtmäßigen Kauf jederzeit zu bezeugen. In historischer Zeit, als man gemünztes Geld von festem Gewicht hatte, genügte es, symbolisch mit einem Kupferstück an die Waage zu schlagen und es dem Veräußerer zu überreichen. Neben der m. gab es nur noch eine andere Form der Veräußerung von *res mancipi*, die sog. *in iure cessio* (Zurücktreten vom Eigentumsanspruch im Prozeß). Hierbei fand vor dem Praetor ein Scheinprozeß statt, indem der Erwerber sein Eigentum behauptete, der Veräußerer dieser Behauptung nicht widersprach, und der Richter durch Urteil das Eigentum dem unbestrittenen Forderer zuerkannte. Gegenstände, die nicht zur Kategorie der *res mancipi* gehörten, konnten formlos durch Übergabe das Eigentum wechseln; theoretisch durfte auf sie auch die *in iure cessio*, nicht aber die m. angewendet werden. Die Form der *m.* diente hingegen auch zur Entlassung eines Sohnes aus der väterlichen Hausgewalt. In diesem Falle sprach man von *emancipatio*. Auf Grund des uralten Rechtes, wonach ein Vater sein Kind in die Sklaverei verkaufen durfte, fand ein Scheinkauf statt. Der Vater knüpfte an den Verkauf die Bedingung, daß der verkaufte Sohn sofort freigelassen werde. Nach dem Gesetz fiel der freigelassene Sohn jedoch wieder in die Gewalt des Vaters zurück, so daß die Zeremonie dreimal wiederholt werden mußte. Denn wenn ein Vater den Sohn zum drittenmal verkaufte, erloschen seine Rechte für immer. Der Sohn war jetzt Person eigenen Rechtes.

Manen (die Guten) nannten die Römer die Seelen der Verstorbenen. Die Buchstaben D M auf röm. Grabsteinen bedeuten *Dis Manibus* (den Totengöttern).
WFOtto, Die M., 1958.

Manetho, ägypt. Priester, schrieb unter Ptolemaios II. (285–247 v. Chr.) ein gr. Werk über Geschichte und Religion der Aegypter. Es ist nur in Frg. erhalten.
TÜ (engl.): WGWaddell (Loeb L.), 1941.

Manichäismus, die Lehre des Mani, eines persischen Propheten, ca. 216–276 n. Chr. In seiner Religion verband er jüdisch-christl. und buddhistische mit altiranischen Lehren (*Zarathustra): Licht (das Gute) und Finsternis (das Böse) liegen in ewigem Kampfe. Die Welt ist entstanden, indem das Böse das Gute überwältigt und verschlungen hat. In der Materie ist das Licht gefangen. Der M. drang bis nach Spanien und China. Er war nie eine Massenbewegung, nur unter den Gebildeten gewann die rationalistische Lehre Anhang. Es gab keine festen Kultstätten; die «Auserwählten» zogen als Missionare von Ort zu Ort. 296 verbot Diocletian die Sekte im röm. Reich. Von kirchlicher Seite erstand in Augustinus, der selbst in seiner Jugend Manichäer gewesen war, der Überwinder der in ihrem radikalen Pessimismus gefährlichen Lehre. Mitte des 5. Jh. war sie im Abendland fast verschwunden.
Quellen: Ü: ABöhlig-JPAsmussen, 1980 (Gnosis Bd. 3). – FCumont, Recherches sur le manichéisme, 1908ff. HChPuech, Le manichéisme, son fondateur, sa doctrine, Paris 1949. FDecret, Aspects du manichéisme dans l'Afrique romaine, 1970; ders., L'Afrique manichéenne, Paris 1978. RMerkelbach, Mani und sein Religionssystem, 1986. SNLieu, Manichaeism in the later Roman empire and medieval China, 2. A. 1992.

Manilius. – 1. Manius M., cos. 149 v. Chr., führte das röm. Heer nach Afrika und leitete die letzte Belagerung Karthagos ein. Als einen der bedeutenden altröm. Juristen führt ihn Cicero im *Staat* ein. – 2. C. M., ein käuflicher Volkstribun, brachte 66 v. Chr. das Gesetz über den Oberbefehl des Pompeius gegen Mithridates ein, für das auch Cicero eintrat.
Cicero, *Rede über das Manilische Gesetz.*
3. Verfasser eines epischen Lehrgedichts über Astronomie und Astrologie in 5 Büchern, ca. 9–22 n. Chr.
T: AEHousman, London 1903-1930. GPGoold, 1985 (Tb). TÜ: WFels (Reclam). TÜK *(B.1-3)*: DLiuzzi, Lecce 1988–91. – WHübner, Die Eigenschaften der Tierkreiszeichen in der Antike, 1982.

Manlius, röm. Patriziergeschlecht. – 1. Marcus M. Capitolinus, cos. 392 v. Chr. Die Sage berichtet, er habe während des Galliersturms das Capitolium, auf dem auch sein Haus lag, besetzt gehalten. Als die Feinde nachts hinaufkletterten, wurde M. durch das Schnattern der Gänse geweckt und stieß den ersten, der die Höhe erklomm, in die Tiefe. 385 trat er für die verschuldeten Plebeier gegen die patrizischen Gläubiger ein. Er gewann Anhänger und wurde darum angeklagt, nach der Königsherrschaft zu trachten. 384 wurde er verurteilt und vom Tarpeischen Felsen hinabgestürzt. Fortan durfte kein Patrizier mehr auf dem Capitol wohnen und kein Manlier den Vornamen Marcus führen. – 2. T. M. Imperiosus Torquatus. Der Vater ließ ihn wie einen Sklaven auf dem Lande bei schwerer Bauernarbeit aufwachsen. Der Volkstribun M. Pomponius wollte diesen 362 v. Chr. darob zur Verantwortung ziehen. Da kam der Sohn nach Rom, bedrohte den Tribunen mit dem Dolche und zwang ihm den Eid ab, er werde die Klage zurückziehen. Im folgenden Jahre erlegte M. als Legionstribun im Zweikampf angesichts der beiden Heere einen riesigen Gallier und erhielt von der erbeuteten Halskette *(torques)* den Beinamen. Er war 3mal cos. (347, 344, 340). 340 führte er mit *Decius das Heer gegen die Latiner. Er verbot jeden Zweikampf, doch sein Sohn ließ sich in einen solchen ein und kam als Sieger ins Lager zurück. Da ließ ihn der Vater des Ungehorsams wegen hinrichten. Seither waren die *imperia Manliana* um ihrer Härte willen sprichwörtlich. – 3. T. M. Torquatus, cos. 235 (Triumph über Sardinien) und 224 v. Chr., Censor 231. Er beantragte 216 im Senat, den Loskauf der Gefangenen von Cannae abzulehnen. – 4. Cn. M. Vulso, cos. 189 v. Chr., triumphierte über die Galater Kleinasiens. – 5. L. M. Torquatus, cos. 65 v. Chr., unterstützte Cicero im Kampf gegen die Catilinarier und während der Verbannung. – 6. Sein gleichnamiger Sohn wird von Cicero als achtenswerter, begabter junger Mann und Epikureer geschildert. Wohl ihm gilt das schöne *Hochzeitslied* *Catulls (61). Im Bürgerkrieg kämpfte er bis zuletzt gegen Caesar und gab sich nach der Schlacht von Thapsus den Tod. – 7. A. M. Torquatus, Pompeianer, 52 v. Chr. Gerichtsvorsitzender im Prozeß des *Milo, mit Cicero befreundet. – 8. C. M., ein sullanischer Centurio, warb Freischaren für Catilina und fiel mit ihm 62 v. Chr. bei Pistoria.

Mantik, die Kunst der Weissagung. Sie kam zu den Griechen aus dem Orient. Orakel wurden teils an festen Stätten von den Priestern erteilt. Das größte Ansehen genossen *Delphoi und *Dodona in Griechenland, Klaros und Didyma in Kleinasien. Andrerseits gab es einzelne Seher, die auf Fragen Bescheid erteilten. In alter Zeit waren sie oft zugleich Wunderärzte, die wie *Epimenides und *Melampus die Krankheit durch Sühneriten bannten oder wie *Kalchas und *Teiresias ihre Ursachen erkannten. Die gedeuteten Zeichen waren vor allem krankhafte Veränderungen der Eingeweide von Opfertieren, Vogelflug und Träume (*Artemidoros). Mancherorts (*Epidauros) legten sich die Ratsuchenden im Tempel schlafen, damit ihnen der Gott einen wahren Traum sende. Die Sehergabe verlieh vor allem Apollon. Sie war oft, aber durchaus nicht immer, eine dem Wahnsinn ähnliche Ekstase (*Kassandra). Schon früh wurden Zweifel gegen die M. laut, und seit der sophistischen Aufklärung (5. Jh. v. Chr.) gerieten Orakel und Seher

in Mißkredit. Immerhin hielten sie sich noch lange und bekamen in den wundersüchtigen Jh. der Kaiserzeit neuen Auftrieb.
*Plutarch, *Das Schwinden der Orakel;* ders., *Über die Orakel der Pythia* (TK: RFlacelière, 1962). – TÜ: JPSavignac, Les oracles de Delphes, Paris 1989. – PAmandry, La mantique apollinienne à Delphes, Paris 1950. HWParke, The oracles of Apollo in Asia Minor, London 1985.
Eine ganz andere Bedeutung als bei den Griechen kam der M. in Rom zu. Wie der Verkehr mit den Göttern überhaupt, so war auch die Erforschung ihres Willens eine wichtige Aufgabe des Staates. Die röm. M. war etruskischer Herkunft. Zu der Eingeweideschau *(haruspicina)* und Vogelschau *(auspicium)* trat noch die Beobachtung des Blitzes *(disciplina fulguralis)* hinzu. Die **Prodigia* wurden genau beachtet. In Notzeiten befragte man die *Sibyllinischen Bücher. Für die Auspicien ernannte der Staat die Auguren. Dieses Priesteramt war immer sehr angesehen. Kein gültiger Volksbeschluß war möglich bei ungünstigen Auspicien. Der in den Krieg ziehende Feldherr mußte zuvor günstige Vorzeichen einholen. – Manches rettete sich aus der Antike ins Mittelalter hinüber, z. B. die *Sortes Vergilianae.* Man steckte eine Nadel in einen Vergilcodex (oder die Bibel); der angestochene Vers galt als Wahrsagung. Ein Buch von Wahrsagesprüchen, die eine Antwort auf Fragen aus dem Alltagsleben erteilen, ist uns erhalten in den sog. *Sortes Sangallenses.*
*Cicero, *Über die Weissagung (de divinatione).* Leberschau: LBvanderMeer, The Bronze Liver of Piacenza, Amsterdam 1987. *Sort. Sangall.:* T: ADold, Sitzungsber. Akad. Wien Bd. 225, 1948. K: RMeister, ebda., 1951. – Stemplinger, Prophezeiungen der Alten (Tusc.). KLatte, Kleine Schriften, 1968, 152–95.

Mantineia, Hauptstadt von Ostarkadien, bekannt durch zwei Schlachten: – 1. 418 v. Chr. siegte der Spartanerkönig Agis über die verbündeten Argiver, Athener und Eleier. 362 v. Chr. besiegte Epameinondas Spartaner und Athener. – 223 v. Chr. wurde M. von *Antigonos (3) und dem Achäischen Bund zerstört, die Einwohner wurden versklavt. An der Stätte wurde eine neue Stadt Antigoneia gegründet, der 125 n. Chr. Hadrian wieder den Namen M. verlieh. – Französische Ausgrabungen: Stadtmauer, Theater, Fund der *Musenbasis (*Praxiteles).

Manus, die Rechtsgewalt des röm. Hausherrn *(pater familias)* über Ehefrau (*Ehe), Kinder, Sklaven und bestimmte Sachen *(res mancipi).* Ein Kind konnte von familienrechtlichen Bindungen gelöst werden durch *emancipatio* (*mancipatio); ein Sklave wurde freigelassen durch *manumissio* (meist mittels **vindicatio* oder im Testament des Freilassers: *Freigelassene).

Marathon, attischer Demos im Norden der Ostküste. Sage: Kampf des *Theseus mit dem Stier von M. Bei M. siegte *Miltiades über die von Datis und Artaphernes geführten Perser 490 v. Chr. Der Läufer, der mit der Siegesbotschaft die lange Strecke nach Athen eilte, brach am Ziel tot zusammen. Die Fundamente des antiken M. sind 1926 entdeckt wor-

den. Auf dem Schlachtfeld erhebt sich der Hügel (sog. *Sorós*) des Massengrabs der gefallenen Athener. – Im Meer an der Küste bei M. wurde 1925 eine bronzene Knabenstatue aus dem 4. Jh. v. Chr. gefunden (Fuchs [*Plastik] Abb. 106).
Schlachtbericht bei *Herodot 6, 107ff. historisch zuverlässig. NGLHammond, Studies in Greek History, 1973, 170–250.

Marbod (Maroboduus), König der *Marcomannen.

Marcellus. – I. Plebeischer Zweig des röm. Geschlechts der Claudier. – 1. Marcus Claudius M., cos. 222, 215, 214, 210, 208 v. Chr. Im ersten Consulat triumphierte er über die Insubrer, deren Führer Viridumarus er mit eigener Hand getötet und so die *Spolia opima* gewonnen hatte. Nach der Schlacht bei Cannae führte Fabius Cunctator, «der Schild Roms», den Kampf zunächst defensiv. Es war M., «das Schwert Roms», der zuerst wieder Hannibal bei Nola mit Erfolg offensiv begegnete. 212 eroberte M. das abgefallene Syrakus (*Archimedes), plünderte die Stadt und brachte ihre Kunstschätze und reiche Beute nach Italien. 207 fiel er bei Venusia durch einen Hinterhalt Hannibals. – Biogr.: *Plutarch.
2. Marcus Claudius M., cos. 51 v. Chr., Gegner Caesars, zog sich nach der Schlacht von Pharsalos in freiwilliges Exil auf die Insel Mytilene zurück. Caesar begnadigte ihn, was *Cicero zu einer bewundernden Dankrede *(Pro Marcello)* veranlaßte. – WVoigt, M.C.M. in der Korrespondenz Ciceros, Diss. Köln 1972.
3. Marcus Claudius M., Sohn Octavias, der Schwester des Augustus, geboren 43 v. Chr. Der Kaiser ersah ihn zum Nachfolger und vermählte ihm seine Tochter Iulia. Doch M. starb 23 v. Chr., allgemein tief betrauert. Seinem Andenken widmete Augustus das M.-Theater in Rom.
II. M. Empiricus, hoher kaiserlicher Beamter aus Gallien um 400 n. Chr., schrieb ein *Rezeptbuch* (über 2500 Mittel). Er schöpfte aus *Scribonius Largus und andern; auch der krasseste Aberglaube der Volksmedizin macht sich breit.
TÜ: MNiedermann – JKollesch-Nickel, 1968 (CML).

Marcianus, oström. Kaiser 450–457 n. Chr. Seit M. wurden die Kaiser vom Patriarchen von Konstantinopel feierlich gekrönt. Die 451 auf dem Konzil von Chalkedon verurteilten *Monophysiten zwang er mit militärischer Gewalt zur Ruhe. Seine Regierung galt als eine der besten. T seiner Gesetze: *Maiorianus.

Marcomannen, ein Germanenstamm. Sie treten in der Geschichte erstmals auf im Heer des *Ariovist, den Caesar 58 v. Chr. im Elsaß schlug. Damals wohnten sie am Main, wo sie der ältere Drusus 9 v. Chr. bedrängte. Sie wanderten 8 v. Chr. in das von den Boiern verlassene Gebiet von Böhmen ein. König Marobod gründete dort ein mächtiges Reich, wie es noch kein germanischer Fürst vor ihm besessen hatte. Viele Völker, darunter Lugier, Semnonen und *Langobarden, schlossen sich ihm an; sein Heer zählte 70 000 Fußsoldaten und 4000 Reiter. Kaiser Augustus schickte 6 n. Chr. Tiberius mit 12 Legionen gegen ihn. Vom Aufmarsch zeugt ein 1985 entdecktes Legionslager bei Marktbreit am Main. Kurz bevor sich die Heere trafen, brach im Rücken der Pannonische Aufstand los. Tiberius mußte umkehren. Marobod aber verzichtete auf die Ausnutzung der Lage und schloß Frieden. Auch als *Arminius ihm nach der Schlacht im Teutoburger Walde 9 n. Chr. das Haupt des Varus sandte und ihn zum Mitkämpfen aufforderte, blieb er neutral und schickte das Haupt des Römerfeldherrn nach Rom zur Bestattung. Jetzt fielen große Stämme von ihm zu Arminius ab. 17 kam es zwischen den beiden Germanenfürsten zu einer unentschiedenen Schlacht. Tiberius, der eine Einigung Germaniens unter Marobod, wie sie die Folge eines Siegs über Arminius hätte sein müssen, nicht wünschte, schlug Marobods Gesuch um römische Hilfe ab. Er förderte sogar innere Unruhen im M.-reich, so daß Marobod 19 n. Chr. fliehen mußte und sich unter den Schutz des Kaisers stellte. Er lebte noch 18 Jahre in Ravenna interniert. Die Nachfolger blieben römerfreundlich. Erst Domitian schickte 89, weil ihn die M. im Dakerkrieg nicht unterstützt hatten, eine Expedition gegen sie, holte sich aber Niederlagen. Die Donau trennte jetzt die M. von der Provinz Pannonien. Unter Marcus Aurelius wurden sie durch die Wanderung der nordgermanischen Völker gegen das geschwächte röm. Reich gedrängt und überschritten die Grenzen. 166–172 und 177–180 erwehrte sich Rom in den schweren und wechselvollen M.-kriegen der Gefahr. Das Reliefband der nach dem Sieg in Rom aufgestellten, 30 m hohen Marcussäule stellt den Krieg in Bildern dar. Zwei Jh. später ist der Name der M. untergegangen.

GLangmann, Die M.-kriege 166/67 bis 180, 1981. Caprino-Colini-Gatti u. a., La colonna di Marco Aurelio, 1955. GBecatti, Colonna di Marco Aurelio, 1957.

Marcus Aurelius Antoninus, röm. Kaiser 161–180 n. Chr., stammte aus altem plebeischem Geschlecht, geb. 121. Sein Geburtsname war M. Annius Verus. Hadrian veranlaßte den adoptierten Nachfolger Pius, seinerseits M. A. und *Verus zu adoptieren. Pius hatte nur dem M. A. den Titel *Caesar* (Kronprinz) verliehen, doch ernannte dieser bei seinem Regierungsantritt sogleich Verus zum Mitregenten. M. A. war ein stoischer Philosoph auf dem Throne. Seine Neigung galt der Bildung und den Wissenschaften; die Regierung, die ihn zu fast ununterbrochenen Kriegen zwang, führte er als entsagungsvolle Pflicht. Nachdem Verus gegen die Parther gekämpft hatte, stand M. A. in schwerstem Ringen mit *Marcomannen, Quaden und Iazygen an der Donau. Die Humanität des milden Herrschers war für das Reich ein Segen, doch fehlte ihm die starke Hand. Sehr unheilvoll war es, daß M. A. das Prinzip des Adoptivkaisertums aufgab und die Krone dem leiblichen Sohn, dem entarteten *Commodus, hinterließ. Seine Gattin war *Faustina. *Avidius. Während der Mühen und Geschäfte im Feldlager schrieb M. A. 12 Bücher Selbstbetrachtungen *(An sich)*.

T: JDalfen, 1987 (Tb). TÜ: WTheiler, 1951 (AW). RNickel, 1990 (Tusc.). TÜK: ASLFarquharson, Oxford 1968. Ü: WCapelle, 1973 (Kröner). AMauersberger, 1949 (Dieterich). AWittstock (Reclam). – Portrait: Schefold. Herrscherbild. Reiterstatue auf dem Capitol: ERKnauer, Das Reiterstandbild des Kaisers M. A., 1968 (Reclam). 1939 gefundene Goldbüste in *Aventicum. – Farquharson, M. A., Oxford 1961. ABirley, M. A., Kaiser und Philosoph, 1987. PGrimal, Marc Aurèle, Paris 1991. – Marcussäule: *Marcomannen.

Mardonios, Perserfeldherr, Schwiegersohn des Dareios I. Seine erste Expedition nach Thrakien 492 v. Chr. endete unglücklich: Die Flotte scheiterte am Athos. M. leitete 480 den Zug des Xerxes und blieb nach der Schlacht von Salamis mit dem Landheer in Griechenland. Doch 479 wurde er bei Plataiai geschlagen und fiel.

Margites, Titelheld eines Homer zugeschriebenen parodischen Epos: «Viele Dinge verstand er, doch schlecht verstand er sie alle.»
T (Frg.): Allen, Homeri opera 5, 1946 (Oxf. Cl.). MLWest, Iambi et elegi 2, 1992. – Langerbeck, M., 1958 (Harvard Studies 63).

C. **Marius**, röm. Heerführer, 156–86 v. Chr., 7mal Consul (107, 104–100, 86), verheiratet mit Iulia, der Schwester von Caesars Vater. Er stammte von einfachen Bauern bei Arpinum, zeichnete sich 134 vor Numantia als Soldat aus und wurde 107 vom Volk, das der Mißwirtschaft der Optimaten überdrüssig war, mit dem Oberbefehl gegen *Iugurtha betraut. Unter der siegreichen Führung des M. erwarb sich hier auch Sulla, sein späterer Feind, den ersten militärischen Ruhm. 105 vernichteten *Kimbern und Teutonen das Heer des *Caepio. In der Not wurde der bewährte Kriegsmann M. wieder zum cos. gewählt. Er reorganisierte das röm. Heer (*Militär) und rettete Italien durch seine Siege bei *Aquae Sextiae (102) und Vercellae (101). Nach dem Triumph zeigte es sich, daß der große Krieger ein recht ungeschickter Politiker war. Er hatte am Ende des 6. Consulats beide Parteien, Senatsaristokratie und Volk, gegen sich und verlor jeden Einfluß (*Saturninus). Im *Bundesgenossenkrieg büßte M. an Macht und Ansehen ebensoviel ein als Sulla gewann. Trotzdem ließ M. 88, als der cos. Sulla in den Krieg gegen Mithridates ziehen wollte, durch einen von dem aufrührerischen Tribunen Sulpicius zustande gebrachten Volksbeschluß sich den Oberbefehl übertragen. Sulla trat das Kommando nicht ab, rückte in Rom ein und ächtete M. mit seinen Anhängern. Auf abenteuerlicher Flucht entkam M. nach Afrika. Kaum war Sulla in den Orient abgegangen, trat der eine der neuen Consuln des Jahres 87, *Cinna, für M. ein. Er kehrte nach Rom zurück, und seine Sklavenhorden nahmen an den Gegnern blutige Rache. 86 trat er sein 7. Consulat an; es war ihm durch eine Prophezeiung, an die er stets fest geglaubt hatte, vorausgesagt. Doch schon am 13. Jan. starb er an einer Rippenfellentzündung. M. blieb stets eine rauhe Soldatennatur ohne Bildung. Sein leidenschaftlicher Ehrgeiz führte ihn über das hinaus, was ihm von Natur gegeben war, und ließ den Retter Roms zum Schrecken der Bürger werden.
Biogr. : *Plutarch. – Schur, Das Zeitalter des M. und Sulla (Klio Beiheft 46), 1942. JvanOoteghem, C. M., 1964.
2. *Victorinus. – 3. *Victorius.

Markion von Sinope am Pontos lehrte seit 144 n. Chr., daß der strafende Gott des Alten Testaments und der Erlösergott des Neuen, der dieser Welt «fremde» Gott, zwei gegensätzliche Prinzipien seien. Seine Irrlehre fand viele Anhänger und wurde von der katholischen Kirche heftig bekämpft.
*Tertullian, 5 Bücher *Gegen M.* (TÜ: EEvans, 1972). – AvHarnack, M., 2. A. 1924 (Nachdr. 1960).

Maro: *Vergilius .

Mars (altlat. *Mavors*, oskisch *Mamers*), der italische Kriegsgott, nach dem der Monat März *(Martius)* heißt, der Anfangsmonat des altröm. Jahres. In Rom verehrte man in ältester Zeit neben Iuppiter die Kriegsgötter M. und *Quirinus. Priesterschaft: *Salier. Auf dem Marsfeld *(Campus *Martius)* sammelte sich das Volk zur Heeresversammlung um den Altar des M. Hier wurde alle 5 Jahre die Gemeinde durch das *Lustrum* entsühnt mit dem Opfer der **Suovetaurilia*. In der *Regia* (Amtshaus des Pontifex Maximus) befanden sich die heiligen Lanzen und Schilde des M. *(*ancilia)*. Der älteste M.-tempel stand vor der Stadt an der *via Appia*; M. hatte dort den Beinamen *Gradivus*. Augustus weihte dem *M. *Ultor* einen Tempel. Dem M. heilig waren Wolf und Specht. Alte Feste: *Equirria* (Weihung der Rosse): 27. Febr., 14. März. *Agonium Martiale:* 17. März. *Tubilustrium* (Hörnerweihe): 23. März. *Equus October* (Oktoberroß): 15. Okt. *Armilustrium* (Waffenweihe): 19. Okt. M. wurde dem gr. *Ares gleichgesetzt und von den Künstlern in Gestalt des gr. Gottes dargestellt. Die Kelten pflegten nach ihrer Romanisierung ihre kriegerischen Stammesgötter mit M. zu identifizieren, wobei der alte keltische Name als Beiname des M. erscheint, z. B. der M. Caturix der Helvetier, M. *Lenus der Treverer.
UWScholz, Studien zum altitalischen und altröm. M.-kult und M.-mythos, 1970.

Marser, tapferes sabellisches Bergvolk um den Fucinersee. Im *Bundesgenossenkrieg machten sie den Römern schwer zu schaffen. Sie galten als Zauberer. Ihren Namen leiteten sie vom Gott *Mars her.
CLetta, I Marsi e il Fucino nell'antichità, 1973.

Marsyas, ein Dämon, der in der phrygischen Stadt Kelainaí verehrt wurde. Die gr. Sage: Athene hatte die Flöte erfunden. Aber als sie bemerkte, wie das Flötenblasen ihr Gesicht entstellte, warf sie sie weg. M. fand sie und wurde ein so geschickter Flötenspieler, daß er prahlend den die Kithara spielenden Apollon zum Wettstreit aufforderte. Der Sieger sollte mit dem Besiegten nach Gutdünken verfahren dürfen. M. unterlag, und Apollon ließ ihm bei lebendigem Leibe die Haut abziehen. Das Blut des M. verwandelte sich in den Fluß M. – Auf der Akropolis von Athen stand eine Statuengruppe des *Myron: M. in *silenhafter Gestalt hebt die von Athene weggeworfene Flöte auf. – Wettstreit: *Musenbasis von Mantineia. – Eine hellenistische Gruppe, von der Kopien erhalten sind, zeigt den zur Schindung aufgehängten M., zu dessen Füßen ein Skythe das Messer schleift (Fuchs [*Plastik] Abb. 413). – Die be-

rühmte, M. genannte Statue auf dem röm. Forum beim Richtersitz des Praetors war ein *Silen, der auf der linken Schulter einen Weinschlauch trug und den rechten Arm hochhielt.
WHofmann, M. und Apoll, 1973. AWeis, The hanging M. and its copies, Roma 1992.

Martialis, M. Valerius, ca. 40–102 n. Chr., *Epigrammendichter aus Bilbilis in Spanien. Er lebte in Rom als *Client vieler reicher Herren. Seine letzten Jahre konnte er in der Heimat verbringen, wo ihm eine Gönnerin ein Landgut geschenkt hatte. In einer Sammlung von 15 Büchern zeigt er sich als Meister des Spottepigramms. Mit kürzesten Worten versteht er geistreich und witzig messerscharfe Pointen zu formen. So entzückte er seine für den glänzenden Schliff des Ausdrucks wie für den skandalösen Inhalt gleicherweise empfänglichen Leser. M. wurde das Vorbild der Epigrammatiker in der Weltliteratur.
T: DRShackleton Bailey, 1990 (Tb). WMLindsay, 1902 (Oxf. Cl.). TK: LFriedländer, 1886 (Nachdr.). *B.1:* MCitroni, Firenze 1975. *B.11:* NMKay, London 1985. TÜK *(B.1):* PHowell, London 1980. TÜ: HJIzaac, 2. A. 1961 (Budé). Ü: HRüdiger, 1939. RHelm, 1957 (AW). Ausw.: HCSchnur (Reclam). – NHolzberg, M., 1988. JPSullivan, M. the unexpected classic, Cambridge 1992.

Martianus Capella verfaßte Ende 4. Jh. n. Chr. unter dem Titel *Hochzeit des Mercur und der Philologie* eine Enzyklopädie der freien Künste (Grammatik, Dialektik, Rhetorik, Geometrie, Arithmetik, Astrologie, Musik), die im Mittelalter viel benutzt wurde. Am Hochzeitsfest läßt er die Wissenschaften auftreten und ihre Gaben vorführen. Die Darstellung, in Prosa mit Verseinlagen, ist in einem ganz abstrusen Stil geschrieben.
T: JWillis, 1983 (Tb). K *(B.1):* DShanzer, Berkeley 1986. TÜK *(B.2):* LLenaz, Padova 1975. TÜK *(B.6):* GGasparotto, Verona 1983. TÜK *(B.9):* LCristante, Padova 1987. – FLemoine, M. C., 1972. WHStahl-RJohnson, M.C. and the seven Liberal arts, New York, 1971–77 (Bd. 2 = Ü).

Martinus.– 1. Bischof von Tours 372–397. M. war als Sohn eines Offiziers in der pannonischen Stadt Savaria (Steinamanger) geboren. Die Legende berichtet, er habe als Soldat seinen Mantel zerschnitten, um einem Bettler die Hälfte zu schenken. Im 20. Lebensjahre erlangte er seine Entlassung aus dem Militärdienst, schloß sich *Hilarius an und wirkte eifrig mit, in Gallien das Klosterleben einzuführen. Als Bischof versuchte er umsonst, ein Blutvergießen bei der Verurteilung des *Priscillianus zu verhüten. Bald nach seinem Tode wurde er zum Hauptheiligen Galliens. Die erste Biographie schrieb sein Schüler *Sulpicius Severus, eine spätere *Gregor von Tours. In Versen beschrieben sein Leben Paulinus von Petricordia (Périgueux) und *Venantius Fortunatus.
S. Martin et son temps, 1961 (Studia Anselmiana 46).
2. Bischof von Bracara (Braga) in Nordportugal, † 579, schrieb mehrere moralische Abhandlungen. In den Schriften *Vom Zorn* und *Leitsätze zum rechten Leben* lehnt er sich eng an Seneca an.

T: CWBarlow, 1950 (Papers and monographs of the American Academy in Rome 12). TÜK (*De correctione rusticorum* «Zurechtweisung bäurischen Aberglaubens»): MNaldini, Firenze 1991.

Campus Martius, die Ebene zwischen Tiber und Pincius, Quirinal und Capitol, der Platz, wo sich das röm. Volk zu den *comitia centuriata*, der alten Heeresversammlung, einfand; Exerzier- und Sportfeld. Seit dem Ausgang der Republik wurde es allmählich überbaut.

Masada, ein aus der Wüste westl. vom Toten Meer aufragender Felshügel, von *Herodes (1) als uneinnehmbare Festung ausgebaut. Zu Beginn des Aufstandes gegen Rom im J. 66 n. Chr. wurde die röm. Garnison überwältigt; am Ende des Krieges im J. 73 sammelten sich hier die letzten Widerstandskämpfer. Nach langer Belagerung erstürmten die Römer den Felsen über eine riesige mit Hilfe jüdischer Gefangener aufgeschüttete Rampe, fanden aber außer zwei Frauen keine Überlebenden vor. Die 960 Belagerten hatten sich selbst getötet.
T bei *Iosephus. – YYadin, M., New York 1966 (Ausgrabungen 1963–65).

Maske (gr. *prosopeion*, lat. *persona*). Das Tragen von M. gehört zu den ältesten religiös-magischen Bräuchen. Da das gr. Theater aus dem Kult des Dionysos hervorgegangen war, traten die tragischen und komischen Schauspieler immer in M. auf, die gewöhnlich aus stuckierter Leinwand hergestellt waren, seit *Aischylos polychrom bemalt. Die M. ermöglichte es, daß ein Schauspieler mehrere Nebenrollen übernahm und daß Frauenrollen dargestellt wurden, obwohl Frauen vom Theater ausgeschlossen waren. Wechsel des Gesichtsausdrucks wurde in besonderen Fällen durch asymmetrisch gestaltete M. erzielt, indem der Schauspieler zuerst den Zuschauern die eine, später die andere Seite zuwandte. *Thamyris. – In Rom spielte man im 1. Jh. v. Chr. sicher mit M. Nach einer in verschiedenen widersprüchlichen Versionen vorliegenden Theorie der röm. Grammatiker soll aber die M. in Komödie und Tragödie erst nach der Mitte des 2. Jh. v. Chr. auf der röm. Bühne eingeführt sein, so daß also die Komödien des Plautus und Terenz zu Lebzeiten dieser Dichter ohne M. gespielt worden wären. Doch gab es schon von Naevius ein Stück mit dem Titel *Personata* (Die Maskenkomödie). Sicher ist, daß in der *Atellana die feststehenden Typen in ihrer konventionellen M. auftraten. Die illustrierten Terenzhandschriften zeigen die Darsteller maskiert, doch war das im 5. Jh. n. Chr., als die Vorlagen der Bilder entstanden, bereits eine historische Reminiszenz. Ende 4. Jh. hatte der immer ohne M. gespielte *Mimos dem klass. Theater den Rang abgelaufen. Dieses hatte zunächst ebenfalls die M. abgelegt, war aber kurze Zeit darauf ganz von der Bühne verdrängt worden.
MBieber, Denkmäler zum Theaterwesen, 1920. KMeuli, Gesammelte Schr. 1, 1975. DWiles, The masks of Menander, Cambridge 1991. – Nachbildungen von Theater-M. in *Terrakotta und Bronze (*Peiraieus). Mosaiken, Wandgemälde aus Pompeii.

Maße: siehe Anhang S. 653.

Massilia (gr. *Massalía*), Marseille. M. wurde 600 v. Chr. von Phokaia aus gegründet, einer ionischen Stadt Kleinasiens. Es entwickelte sich zum Hauptstützpunkt des gr. *Handels im Westen. Der Konkurrenzkampf mit Karthago führte zu freundschaftlichen Beziehungen mit Rom; vor dem 2. Punischen Krieg kam es zu einem richtigen Bündnis. Im Bürgerkrieg zwischen Caesar und Pompeius wurde M. 49 v. Chr. von Caesar belagert und mußte nach langem Widerstand kapitulieren. Der Sieger zerstörte M. nicht und beließ ihm den Titel einer freien verbündeten Stadt; doch spielte es seither keine selbständige politische Rolle mehr.
MClerc, M., 1927–29 (Nachdr. 1971). PScolardi, Marseille la grecque, Marseille 1975. MClavel, Marseille grecque, Marseille 1977. FVillard, La céramique grecque de Marseille (6e – 4e s.), 1960.

Massinissa, König von *Numidien, ca. 249–148 v. Chr. Er kämpfte 212–206 mit seinen Reitern auf karthagischer Seite in Spanien, trat dann zu den Römern über und blieb mit Scipio durch eine dauernde Freundschaft verbunden. Scipio verhalf ihm nach der röm. Landung in Africa 203 zur Wiedereroberung des numidischen Reichs, das *Syphax, der König von Westnumidien, ganz annektiert hatte (*Sophoniba). Die Schlacht bei *Zama entschieden die Reiter des M., indem sie den Karthagern in den Rücken fielen. M. wurde zum Begründer eines mächtigen Einheitsstaates. Einen Konflikt zwischen ihm und Karthago nahm Rom zum Vorwand des 3. Punischen Krieges. M. starb noch vor der Zerstörung Karthagos. – GCamps, M., 1960 (Libyca 8).

Mater Matuta, altitalische Göttin des morgendlichen Lichtes, Geburts- und Frauengöttin. Später setzte man sie der gr. *Leukothéa* (*Ino) gleich; dadurch wurde sie in Verbindung mit *Portunus* Schiffahrtsgöttin. Ihr feierten am 11. Juni die Matronen das Fest der *Matralia*. Berühmtester Tempel in *Satricum.

Mathematik. Als ihren ersten Mathematiker wie Naturwissenschafter überhaupt betrachteten die Griechen *Thales. Zur wirklichen Wissenschaft wurde die M. durch *Pythagoras und seine Schüler (*Archytas). In der 2. Hälfte des 5. Jh. gehörte sie zum Jugendunterricht, den die *Sophisten erteilten. Damals entstand das 1. Lehrbuch des *Hippokrates von Chios. Allgemeinstes Interesse der Gebildeten fanden 3 Probleme: Dreiteilung des Winkels, Quadratur des Kreises und das sog. delische Problem (Verdopplung des Würfels. *Delos). Den wichtigsten Schritt zur Lösung der beiden ersten bedeutete die Kurve des *Hippias (2). Platon schätzte den pädagogischen Wert der M. sehr hoch; sein Schüler *Eudoxos war ihr bedeutendster Vertreter vor *Eukleides. Mit diesem, dem Verfasser des bekannten Lehrbuchs, begann der Ruhm der alexandrinischen Schule, aus der im 3. Jh. v. Chr. der geniale *Archimedes und *Apollonios von Perge, der Vollender der Lehre von den Kegelschnitten, hervorgingen. Noch im 3. Jh. n. Chr. trat dort der Arithmetiker *Diophantos hervor. Die Römer haben in der M. wissenschaftlich nichts geleistet. Sie beschränkten sich auf die praktische Anwendung (*Gromatici). Erst *Boethius übersetzte im 5. Jh. n. Chr. den

Eukleides und andere Hauptwerke ins Lat. (Erhalten ist nur die *Arithmetik*, nach *Nikomachos.)
TÜ (Ausw., engl.): Thomas, Greek mathem. works (Loeb L.). – Th. Heath, History of Greek Mathematics, 1921. OBecker, Das math. Denken der Antike, 2. A. 1966; ders., Zur Geschichte der gr. M., 1965 (WdF). ChMugler, Dictionnaire historique de la terminologie géometrique des Grecs, 1958–59. FLasserre, La naissance des mathématiques à l'époque de Platon, Fribourg 1990. *Naturwissenschaften.

Mauretanien, Westnordafrika. Könige: Bocchus I., Schwiegervater *Iugurthas. Bocchus II., 50–33 v. Chr. *Iuba II., 25 v. Chr.–23 n.Chr. Caligula ließ den letzten König, Ptolemaios, einen Enkel des Antonius und der Kleopatra, in Rom ermorden. Nach langen Kämpfen wurde darauf M. unterworfen und von Claudius in 2 Provinzen eingeteilt: *M. Tingitana* (Marokko) und *M. Caesariensis* (Westalgerien).
JCarcopino, Le Maroc antique, 1943. Meunié, Cités anciennes de Maurétanie, 1961.

Maurikios, Kaiser 582–602, stellte in schweren Kämpfen, besonders gegen die Perser, die erschütterte Macht des oström. Reiches wieder her, wurde aber bei einer Palastrevolution ermordet. Er verfaßte ein Lehrbuch des Militärwesens (Zuschreibung nicht gesichert).
T: JScheffer, Uppsala 1664. HMihăescu, Scriptores byz. 6, Bukarest 1970. – MWhitley, The emperor Maurice and his historian Theophylact Simocatta, Oxford 1988. PGoubert, Byzance avant l'islam, 1951–55.

Mausolos (Maussollos), persischer Satrap von Karien in der Stellung eines praktisch unabhängigen Königs, 377–353 v. Chr. In der Mitte der von ihm nach einem einheitlichen Plan erneuerten Hauptstadt *Halikarnassos stand sein Grabmal, das berühmte *Mausoleion*. Es wurde erst nach dem Tode der Königin Artemisia, der Witwe des M. (351), vollendet. Auf einem großen rechteckigen Unterbau stand ein ebenfalls rechteckiger Säulenbau mit 36 Säulen, über dem sich eine Stufenpyramide erhob, gekrönt von einem Viergespann. Als Baumeister werden *Pytheos und *Satyros genannt, den Bildschmuck schufen die 4 größten gr. Bildhauer der Zeit, und zwar jeder je eine Seite des Monuments: *Skopas (Osten), *Brýaxis (Norden), *Leocháres (Westen), *Timotheos (Süden). Das Werk zählte zu den 7 Weltwundern, und *Mausoleum* wurde der Name für alle ähnlichen Grabmonumente (M. des Augustus und des *Hadrianus). Reste der Skulpturen im Brit. Museum.
The Maussolleion at Halikarnassos, Reports of the Danish archeol. expedition to Bodrum, 1981ff. SHornblower, M., Oxford 1982. FKrischen, Weltwunder der Baukunst, 1956. EBuschor, M. und Alexander, 1950.

Maxentius, Sohn des *Maximianus, verlor gegen *Constantinus am 28. Okt. 312 an der Mulvischen Brücke bei Rom Schlacht und Leben. Die von ihm begonnene große Basilika am Forum wurde von Constantinus (1) vollendet. Sie überträgt den Wölbungsbau röm. Thermen auf den Typ der *Basilica. *Piazza Armerina.
JJRasch, Das M.-Mausoleum an der Via Appia in Rom, 1984.

Maximianus. – 1. Mitregent *Diocletians, mit Beinamen *Herculius*. Er war Illyrier niederer Herkunft, ungebildet, aber ein guter Soldat. Der Einsicht Diocletians ordnete er sich stets unter und ließ sich, wenn auch ungern, bewegen, 305 n. Chr. mit ihm gemeinsam abzudanken. Doch nahm er Ende 306, nachdem sein Sohn *Maxentius sich in Rom zum Kaiser erhoben hatte, als *bis Augustus* (zweimal-Kaiser) seinen Herrscherrang wieder ein. Nach einem Zerwürfnis mit Maxentius ging er zu seinem Schwiegersohn Constantinus, wurde wieder Privatmann, legte aber 309 zum 3. Male den Purpur an. Constantin setzte ihn deshalb gefangen, worauf sich M. erhängte. – 2. Elegiendichter des 6. Jh. n. Chr.
T: Poetae lat. minores V, 1883 (Tb). TK: RWebster, 1900. K: FSpaltenstein, 1983 (Diss. Lausanne). Ü: LRLind, in GZerbi, Gerontocomia, Philadelphia 1988.

Maximinus. – 1. C. Iulius Verus M. Thrax, aus dem Soldatenstand emporgestiegen, wurde 235 n. Chr. von den germanischen Legionen zum Kaiser ausgerufen, siegte über Germanen (Wiederherstellung des Limes), Daker und Sarmaten. Er betrat Rom nicht und suchte nicht um Anerkennung beim Senat nach. Seiner Härte und Strenge wegen wurde er 238 ermordet. – Portrait: Büste im Kapitolin. Mus., Rom. Herrscherbild.
2. C. Valerius M. Daia, Schwestersohn des Kaisers Galerius, regierte 305–13 neben Licinius über das Ostreich, setzte die Christenverfolgung des Galerius fort. *Constantinus.

Maximus von Tyros, gr. Sophist und Platoniker Ende 2. Jh. n. Chr. Von seinen populärphilosophischen Vorträgen sind 41 erhalten.
T: WTrapp, 1994 (Tb). Ü: Damm, Berlin 1764.

Maximus, Bischof von Turin, † zwischen 408 und 423. Seine volksnahen Predigten, in der Überlieferung mit unechten Stücken durchsetzt, wirkten als Muster für die Predigtliteratur der folgenden Jh.
T: AMutzenbecher, 1962 (Corp. Chr.). Ü: BRamsay, New York 1989 (ACW 50).

Maximus Confessor, 580–662, wichtigster Verteidiger der christlichen Orthodoxie im 7. Jh.
T: Corp. Chr. Ser. gr. 7.10.18.22.23, 1980ff. Ü: *Mystagogie:* JStead, 1982. *Disputatio cum Pyrrho:* GBausenhart, 1992. Ausw.: HUvBalthasar, Kosmische Liturgie, 1961.

Medeia, Tochter des Königs Aietes, verhalf dem *Argonauten Iason durch ihre Zauberkünste zum goldenen Vlies. Als seine Gattin kam sie mit ihm nach Griechenland. Am Hofe des Pelias in Iolkos führte sie die Verjüngung eines alten Widders vor, den sie in Stücke schnitt und mit Zauberkräutern aufkochte. So gewann sie die Peliastöchter dafür, ihren Vater zu töten, um ihn auf die gleiche Weise zu verjüngen; doch diesmal ließ sie den Zauber nicht gelingen. Iason und M. flohen nach Korinth. Dort wurde Iason der Barbarin überdrüssig und wünschte, die Tochter des Königs Kreon, Glauke (oder Kreusa), zu heiraten. Die ver-

stoßene M. rächte sich furchtbar. Der Braut übersandte sie ein Gewand, aus dem Flammen hervorbrachen, so daß der König und Glauke verbrannten. Iason aber strafte sie, indem sie ihre beiden eigenen Kinder, Iasons Nachkommen, tötete. Dann entfloh sie auf einem Drachenwagen nach Athen zu König Aigeus.
Die korinthische M.-sage ist in dieser, von *Euripides in seiner berühmten Tragödie *M.* gestalteten Form in die Weltliteratur eingegangen. Ein M.-drama besitzen wir auch von *Seneca, während die in augusteischer Zeit berühmte *M.* des *Ovid verloren ist. – Bildliche Darstellungen auf Vasen, *Dreifigurenrelief, Sarkophagen und in der Malerei (*Timomachos). – ESimon, Die Typen der M.darstellung in der antiken Kunst, in Gymnasium 61, 1954, 203ff. MSchmidt, Der Basler M.sarkophag, Tübingen o.J. (Monumenta Artis antiquae 3). AKottaridou, Kirke und M., 1991 (Diss. Köln).

Meder, Volk im westiranischen Hochland, deren Reich in dem der Perser unter *Kyros aufging. Die Griechen nannten die Perser gewöhnlich M. (Perserkriege = *Medikā*).

Mediolanum (Milano, Mailand), ursprünglich Stadt der keltischen *Insubrer, seit 194 v. Chr. römisch. Hauptblüte im 4. Jh. n. Chr., als M. zeitweilige kaiserliche Residenz und Bischofsstadt des *Ambrosius war. Für das *Atrium der um 400 erbauten Kirche S. Lorenzo verwendete man 16 Säulen eines Baus aus dem 2. Jh. n. Chr.
MMirabella Roberti, Milano romana. Milano 1984.

Medizin. – I. Griechische M.: 1. Schon die Gedichte Homers bezeugen chirurgische und anatomische Kenntnisse im Hinblick auf Kriegsverwundungen. Die Kunst der Ärzte *Machaon und Podaleirios und des heilkundigen Kentauren Cheiron war hoch geachtet. Uralt ist auch die Priester-M., die in den *Asklepiostempeln (*Epidauros) weiter gepflegt wurde. Mehrere vorsokratische Philosophen haben anatomische (Anaxagoras) und physiologische Studien getrieben, einige als Ärzte praktiziert (Alkmaion).
2. Die gr. M. erscheint zuerst als Wissenschaft im 5. Jh. v. Chr. bei den Ioniern, wo die ältesten der Abhandlungen entstanden, die in der Sammlung unter dem Namen des *Hippokrates vereint sind. Es war von Anfang an Laien-M.: Man glaubte nicht mehr, daß die Krankheiten von den Göttern kommen (Schriften *Über die heilige Krankheit* [Epilepsie]. *Über die alte Heilkunst*). Beeinflußt von der ionischen Naturphilosophie schuf man eine ärztliche Technik. Die Ärzte der Schulen von Kos und Knidos verzichteten auf theoretische Spekulationen über die Natur des Menschen ebenso wie auf die rituellen Praktiken und die im Volk überlieferten erprobten Mittel. Ihre Aufgabe sahen sie im klinischen Studium des einzelnen kranken Menschen. Mit unvergleichlich scharfer Beobachtungsgabe verzeichneten sie alle Symptome und stellten die Fälle zu Krankengeschichten zusammen. Mit einem von jedem Schematismus freien kritischen Sinn deuteten sie diese Symptome und individuellen Zustände, indem sie ebenso die speziellen Voraussetzungen des Individuums wie die generellen Verhältnisse von Ort, Jahres-

zeit, Klima (Schrift *Über Winde, Wasser und Ortslage*) und Häufigkeit (*Epidemien*) berücksichtigten. Diese Beobachtungen führten den Arzt zu einer Prognose über den Ausgang der Krankheit, nicht, wie bei den Alexandrinern und bis heute, zu einer Diagnose. Ein System der Krankheiten, das die charakteristischen Symptome zum Zwecke der Diagnose zusammenordnet, ist der hippokratischen M., zumindest in Kos, fremd. Ihre Pathologie beschränkt sich auf allgemeine Begriffe über die Entwicklung der Krankheit (*apepsía* [Roheit der Säfte], *pepsis* [Reifung], *krisis.* Dabei baut sie auf der an den Philosophen *Empedokles anknüpfenden Säftelehre auf: Gesundheit beruht auf richtiger Mischung von Blut, Galle, schwarzer Galle und Schleim im menschl. Körper) und Beobachtungen über den Verlauf gewisser akuter Krankheiten. Die Therapeutik ist geleitet von der Idee, daß die *natura medicatrix* (die heilende Natur) den Kranken heilt. Aufgabe des Arztes ist es, diesen Prozeß zu fördern: Er beschränkt sich darauf, die Entwicklung der Krankheiten zu beobachten, um den Augenblick zu erkennen, in dem ein Eingreifen nötig wird. Die Behandlung vermeidet also heftige und grobe Eingriffe; sie ist vorwiegend diätetisch; Arzneien kommen erst in zweiter Linie. Die Chirurgie hatte vor allem in der Praxis der Militär- und Sportärzte (Brüche, Verrenkungen) eine beachtliche Höhe erreicht. Man trepanierte den Schädel, wagte aber nur ausnahmsweise Operationen in den Eingeweiden. Die hippokratische Anatomie beruht zumeist auf Sektionen an Tieren und zufälligen Beobachtungen, wenn etwa eine Verletzung innere Organe bloßlegte. Unter den Nachfolgern des Hippokrates sind zu nennen seine Söhne Thessalos und Drakon, sein Schwiegersohn Polybos; im 4. Jh. Philistion von Lokroi (Sizilische Schule), Chrysippos v. Knidos, *Diokles v. Karystos und sein Schüler *Praxagoras von Kos.

3. Seit 300 v. Chr. wurde Alexandreia die wichtigste Stätte medizinischer Forschung und blieb es bis zur Araberzeit (7. Jh. n. Chr.). Die naturwissenschaftl. Studien der Schule des Aristoteles und Theophrastos führten in der M. zur Pflege der Spezial- und Randgebiete: *Herophilos und *Erasistratos erzielten große Fortschritte in der Anatomie (Sektionen [und Vivisektionen?] am Menschen) und in der Physiologie. Insbesondere aber stellte man nach dem Vorgang der Schule von Knidos eine spezielle Pathologie auf, eine Klassifizierung der Krankheiten im Hinblick auf die Diagnose. Diese alexandrin. Pathologie, wie sie uns am besten durch Celsus und Asklepiades v. Bithynien (zitiert bei Soranos, Galenos u. a.) bekannt ist, stellte von nun an die allgemeine Grundlage der M. dar, die von den Gegensätzen der verschiedenen Ärzteschulen unangetastet bis über das Altertum hinaus erhalten blieb.

Schulen: Im Lichte der neuen Entdeckungen bemühten sich die Ärzte, das funktionelle Zusammenwirken der Organe im Gesamt des menschl. Körpers und die verborgenen Krankheitsursachen zu erfassen, indem sie ein vollständiges und abgerundetes System auf wissenschaftlicher und logischer Grundlage aufbauten. Dies war die Tendenz der dogmatischen oder logischen Schule. Im Gegensatz zu ihr erklärte die empirische Schule, beeinflußt von der Philosophie der *Skeptiker, theoretische Spekulationen und wissenschaftl. Untersuchungen über die Natur des Menschen und verborgene Ursachen für zwecklos. Sie behauptete, mit einigen allgemeinen Prinzipien auszukommen. (Der *Dreifuß*: *téresis* [Beobachtung], *historía* [vom Kranken oder seiner Umgebung erhaltene Auskünfte], *apó tu homoíu metábasis* [induktiver Schluß aus analogen Fällen]). Ihr an sich gesehen grober Empirismus war fruchtbar insofern, als er den zu ausschließlich spekulativen Zug der andern Richtungen korrigierte. Den Empirikern wird der große Aufschwung der Pharmakologie (Arzneimittellehre) und Toxikologie (Giftlehre) verdankt, die in den letzten beiden Jh. v. Chr. große Mode wurden. Die hier erreichten Kenntnisse sind bei *Dioskurides und Galenos überliefert. Die Auseinandersetzung zwischen diesen beiden Schulen hielt das medizinische Denken dauernd in Bewegung. Hand in Hand damit ging die Entwicklung der M.-geschichte (*Menon), die Sammlung und Ausgabe der hippokratischen Schriften im Corpus Hippocraticum, die Entstehung von Kommentaren und Streitschriften.

4. Im 1. Jh. v. Chr. faßte die gr. M. in Rom endgültig Fuß. Die damals verbreitete mechanistisch-atomistische Lehre (vgl. *Lucretius) wurde in die Physiologie und Pathologie eingeführt und gab der theoretischen Diskussion einen neuen Antrieb. Der Neuerer war *Asklepiades v. Bithynien. Von ihm und seinem Schüler Themison ging die methodische Schule aus. In ihrer extremsten Form (Thessalos) stellt sie den Versuch dar, die M. zurückzuführen auf eine vereinfachende Einteilung der Krankheiten nach allgemeinen Kennzeichen (Zusammenziehung, Erschlaffung), auf Grund derer man ganz schematisch Gegensätzliches mit Gegensätzlichem kurierte. Thessalos behauptete, 6 Monate genügten, den Beruf des Arztes zu erlernen. Im 1. Jh. n. Chr. entwickelte die von der Philosophie der Stoa beeinflußte pneumatische Schule (Begründer: *Athenaios von Attalia. Weitere Vertreter: *Archigenes, *Aretaios) unter anderm die Pulslehre und die Chirurgie. Das Gegenüber der neuen und alten Schulen führte die bedeutendsten Ärzte zu einer vermittelnden, auswählenden Stellungnahme (Eklektizismus), so *Soranos und *Rufus von Ephesos.

5. Die ganze Epoche fand ihre Vollendung in *Galenos. Ein durchdringender und systematischer Geist, unermüdlicher Schriftsteller, der alle Gebiete der M. in zahlreichen Werken behandelt hat, versuchte er eine Synthese der verschiedenen Richtungen. Gebildet in der anatomischen und physiologischen Schule von Alexandreia, trieb er mit Tiersektionen und Experimenten selbständige Studien in Anatomie, Physiologie und speziell pathologischer Anatomie. Indem er auf das große Vorbild Hippokrates zurückging, nahm er zu allen Schulsystemen kritisch Stellung; wir kennen sie großenteils durch ihn. Er behielt von ihnen bei, was er billigte, war also in diesem Sinne Eklektiker. Andrerseits wollte er wie die Dogmatiker ein lückenlos zusammenhängendes System aufbauen, eine erschöpfende logische Erklärung der Natur, der Krankheit und der ärztlichen Kunst. Die *aristotelische Dialektik mit dem Begriff der Entelechie gibt dem Lehrgebäude den innern Zusammenhang und liefert Erklärungen, wo die Kenntnisse fehlen. So begreift sich das ungeheure Ansehen des Galenischen Werkes, welches das ganze Mittelalter beherrschte, zuerst in lat. Ü., seit dem 11. Jh. in

lat. Ü. aus dem Arabischen, seit der Renaissance in den gr. Originalen. Es bedurfte der umstürzenden Entdeckungen von Paracelsus, Vesalius und Harvey, um seine Autorität zu brechen.
Das Werk Galens ist die letzte schöpferische Leistung der alexandrin. M. Die med. Lit. der folgenden Jh. zählt nur Auszüge und Zusammenstellungen wie *Oreibasios und *Aëtios. Einzig genannt zu werden verdienen Alexandros v. Tralles und *Paulus v. Aigina, die einerseits zur arabischen, andrerseits zur byzantinischen M. hinführten. Immerhin blieb durch die nicht abreißende Verbindung mit der klassischen gr. M. das wissenschaftlich-medizinische Denken erhalten, während in Rom die M. zur Kenntnis einiger praktischer Regeln und Handgriffe hinabsank.
II. Römische M.: In älterer Zeit gab es in Rom nur die Volks-M. mit allerlei Hausmitteln (z. B. zerstampfter Kohl) und Aberglauben. Einiges darüber lehrt *Cato (1) in seinem Büchlein *Landwirtschaft*, derselbe Cato, der den gr. Ärzten mit tiefem Mißtrauen begegnete. Die M. der Römer hat nichts Originelles geschaffen; weder hat sie eine eigene Theorie aufgestellt noch eine Entdeckung gemacht. Sie stand ganz im Banne der Griechen. Charakteristisch ist nur die Auswahl, in der sich die Römer die gr. M. aneigneten, nach rein praktischen Gesichtspunkten und mit einer gewissen Vorliebe für den vereinfachenden Schematismus der Methodiker.
Außerhalb der eigentlichen Fachlit. überliefert die *Naturkunde* des Plinius manches Medizinische. Die lat. med. Lit. zerfällt in: – 1. Übersetzungen. Unter ihnen ragt der vortreffliche *Celsus (1. Jh. n. Chr.) hervor. In späterer Zeit ist *Caelius Aurelianus wichtig; anonym sind die spätlat. Ü. des Dioskurides, Galenus, Oribasius, Alexander v. Tralles und hippokratischer Schriften. – 2. Praktische Handbücher, aus gr. Quellen zusammengestellt. So schrieb *Scribonius Largus seine Rezeptsammlung, die *Marcellus Empiricus im 5. Jh. übernahm und erweiterte. Gleichfalls in die Pharmazeutik gehört das Lehrgedicht des *Serenus Sammonicus. Man verfaßte Kräuterbücher (Pseudo-Apuleius, 4./5. Jh.). Am interessantesten sind im 5. Jh. die Werke des *Theodorus Priscianus und *Cassius Felix, Handbücher der speziellen Pathologie und Therapeutik, deren Disposition noch etwas von alexandrinischer Art bewahrt. Die Einzelkapitel enthalten nur eine summarische Krankheitsbeschreibung, genau so viel, als für eine Diagnose ausreichen mag, und rein praktische Anweisungen für die Behandlung, oft in Gestalt einer Rezeptliste. Jede theoretische Erörterung fehlt. Es sind die letzten lat. Werke von etwelchem Wert; doch unverkennbar zeigen auch sie, wie der röm. Arzt sich lediglich um die unmittelbar am Krankenbett anwendbaren Dinge kümmert. Diese Einstellung siegte völlig in den vielen Traktaten des 5. bis 8. Jh. (*Dynamidia, Pseudo-Soranea, Aurelius-Esculapius* u. a.). Sie sind von rein mittelalterlichem Geist und leiten hinüber zur Kloster-M. und der Schule von Salerno; wissenschaftlich bleiben sie gänzlich unfruchtbar.
T: In den Sammlungen *Corpus medicorum Graecorum* und *Corpus medicorum Latinorum*, abgekürzt CMG und CML (Tb). Unter den Autoren. – TÜ (Ausw.): WMüri, Der Arzt im Altertum, 5. A. 1986 (Tusc.). – Über Ärzteschulen: *Celsus I, *Einleitung*. *Galenos, *Über die Schulen,*

für Anfänger. Über die beste Schule an Thrasybulos. *Plinius, *Naturkunde.* KDeichgräber, Die gr. Empirikerschule, 1930 (Nachdr. 1965). – KSudhoff, Kurzes Handbuch d. Gesch. d. M., 1922. MNeuburger, Gesch. d. M., 1906–11. PDiepgen, Gesch. d. M. Bd. 1, 1949. HESigerist, Anfänge der M., 1963. JSchumacher, Antike M., die naturphilosophischen Grundlagen, 2. A 1963. GLorenz, Antike Krankenbehandlung in hist.-vergleichender Sicht, 1990. ERist, Histoire critique de la médecine dans l'antiquité, 1966. AKrug, Heilkunst und Heilkult, M. in der Antike, 1985. LEdelstein, Ancient medicine, New York 1967. HDiller, Kleine Schriften zur antiken M., 1973. HFlashar, Antike M., 1971 (WdF). GPenso, La médecine romaine, Paris 1984. JAndré, Etre médecin à Rome, Paris 1987. ANRW II, 37, 1–4 (1993).

Medusa: *Gorgo.

Megale(n)sia, röm. Fest der Magna Mater: *Spiele.

Megalopolis (gr. Megále polis), um 368 v. Chr. durch *Synoikismós gegründete Stadt im westlichen Arkadien. Von dem Gebäude, in dem die Versammlungen des Arkadischen Bundes stattfanden, sind Reste freigelegt worden. Teilweise erhalten ist auch das Theater, nach *Pausanias das größte von Griechenland. Aus M. stammt der Historiker Polybios.
EAGardner u. a., Excavations at M., 1892. EFiechter, Das Theater von M., 1931.

Megara. – 1. Hauptstadt der Landschaft Megarís zwischen Korinth und Attika. Der Sokratesschüler *Eukleides von M. begründete die Philosophenschule der Megariker. Wie die *Eleaten anerkannten sie nur das Eine als das Gute, leugneten die Bewegung und lehnten die Sinneseindrücke als täuschend ab. *Stilpon.
ÜK: RMuller, Les Mégariques, Paris 1985; ders., Introduction à la pensée des Mégariques, Paris 1988. KDöring, Die Megariker, 1972. – ELHighbarger, The history and civilisation of ancient M., 1965. RPLegon, M., the political history of a Greek city-state, Ithaca 1981.
Fälschlich nach M. benannt wird eine wichtige Gattung hellenistischer Reliefkeramik, die sog. *Megarischen Becher.* Eine Sonderform sind die in Böotien entstandenen sog. *Homerischen Becher* mit Darstellungen aus Epos und Tragödie. – UHausmann, Hellenistische Reliefbecher aus attischen und böotischen Werkstätten, 1959.
2. Kolonie von M. (1), ca. 728 v. Chr. in Sizilien an Stelle der früheren Stadt Hybla gegründet.
GVallet-FVillard-PAuberson, M. Hyblaea, 1964–83.
3. In der thebanischen Sage Tochter des Königs Kreon von Theben, Gemahlin des *Herakles. In der Tragödie (*Herakles* des Euripides, *Hercules furens* des Seneca) rettet der nach seinen vielen Taten aus der Unterwelt heimkehrende Herakles seine Familie aus der Bedrängnis, die sie während seiner langen Abwesenheit erduldet hatte. Doch sendet ihm, da er über die menschlichen Gegner gesiegt hat, seine göttliche Feindin Hera einen Wahnsinnsanfall: Er ermordet seine eigenen Kinder und deren Mutter M.

Megaron: *Haus. *Kreta (Abs. 2).

Megäre *(Mégaira)*, eine der *Erinyen.

Meidias, Töpfer, in dessen att. Werkstatt Ende des 5. Jh. v. Chr. der sog. M.-maler arbeitete, der Hauptvertreter des «reichen Stils» der rotfigurigen *Vasenmalerei. Hauptwerk: Hydria mit *Leukippiden und *Hesperiden in London.
LBurn, The M.-painter, Oxford 1987.

Mela. – 1. L. Annaeus M., Bruder des Philosophen *Seneca und Vater des *Lucanus. – 2. Pomponius M. aus Tingentera in Spanien schrieb um 43 n. Chr. einen *Abriß der Geographie*, das älteste erhaltene röm. Werk dieser Art.
TK: PParroni, Roma 1984. TÜ: ASilberman, 1988 (Budé). KBrodersen, 1994.

Melampus, gr. Seher aus dem Kreise des Dionysos, auf den sich das Prophetengeschlecht der Melampodiden zurückführte. *Proitos.

Melanippe, Tochter des Aiolos, gebar dem Poseidon die Zwillinge Aiolos und Boiotos. Die Kinder wurden ausgesetzt. Euripides stellte das dramatische Wiederfinden M.s. und ihrer Söhne in zwei Tragödien dar (*Die kluge M.* und *Die gefesselte M.*).

Melanippides von Melos, Dithyrambendichter und moderner Musiker in Athen, ca. 450–400 v. Chr.

Melanthios. – 1. Bei Homer: Der untreue Ziegenhirt des Odysseus. – 2. Maler des 4. Jh. v. Chr., Studiengenosse des Apelles.

Meleagros. – 1. Sohn des Aitolerkönigs Oineus und der Althaia, Hauptheld in der Sage von der Kalydonischen Jagd. Bei seiner Geburt hatten die Moiren geweissagt, er werde so lange leben, bis das eben im Feuer liegende Scheit verbrannt sei. Althaia zog es sofort heraus und verwarte es. Später schickte Artemis einen Eber, der die Fluren Kalydons verwüstete. M. machte mit vielen gr. Helden Jagd, erlegte das Tier und schenkte die Haut der Jägerin *Atalante, in die er sich verliebt hatte. Darob kam es zum Streit, und M. erschlug im Kampf zwei Brüder seiner Mutter. Als diese das hörte, warf sie das Scheit ins Feuer, und M. sank plötzlich tot zusammen.
Die Sage wird in dieser letzten Gestalt bei Ovid, *Met.* 8, 267ff. erzählt. Weitere Sagenformen: Homer, *Ilias* 9, 528. Bakchylides 5 (Der Schatten M.s berichtet dem Herakles in der Unterwelt die Geschichte und verlobt ihm die Schwester Deianeira). SMHonea, The myth of M., Ann Arbor 1991. – Die Kalydonische Jagd wird häufig auf Vasen und Sarkophagen dargestellt. Statue des M.: *Skopas. – GDaltrop, Die Kalydonische Jagd in der Antike, 1966. KFittschen, Meleager-Sarkophag, 1975.
2. M. v. Gadara sammelte nach 100 v. Chr. einen *Kranz* von Epigrammen, darunter auch eigenen, den Grundstock der gr. **Anthologie* (1).
LLCox, A critical study of the love poetry of M., Ann Arbor 1989.

Meletos, athenischer Dichter, der Ankläger des *Sokrates.

Melikertes, Sohn der *Ino: *Palaemon.

Melissos von Samos, Feldherr 442/40 v. Chr. im Krieg gegen Athen, eleatischer Philosoph, verteidigte die Lehre des *Parmenides.
TÜ: Vorsokr. I.

Meliton, Bischof von Sardes, † vor 190. Von seinen Schriften sind durch einen Papyros eine Osterpredigt, sonst nur Frg. erhalten.
T: SGHall, Oxford 1979. TÜ: OPerler, 1966 (S. chrét.).

Melos (neugr. *Milo*), die westlichste Insel der Kykladen. Im 7. Jh. v. Chr. wurden hier die Melischen Amphoren, eine besondere Vasengattung, hergestellt, im 5. Jh. die Melischen Tonreliefs, die meist Darstellungen aus dem Mythos zeigen. Aus hellenistischer Zeit stammt die bekannte Marmorstatue der Venus von M. in Paris (Louvre), ebenso der Poseidon von M. im Nationalmuseum von Athen. – In die Geschichte eingegangen ist das kleine Inselchen durch die heldenmütige Verteidigung seiner Neutralität gegen den übermächtigen Imperialismus des Athenischen Seebundes. Mit Blockade und Hunger zwang *Alkibiades 416 v. Chr. M. zu kapitulieren. Alle Männer wurden getötet, Kinder und Frauen als Sklaven verkauft. In der Wiedergabe der vor dem Kampf geführten Verhandlungen hat *Thukydides (5, 85ff.) in klassischer Form den Gegensatz von Machtprinzip und Recht gestaltet.
CRenfrew, An island polity, the archaeology of exploitation in M., Cambridge 1982. – DPapastamos, Melische Amphoren, Münster 1970. P. Jacobsthal, Die melischen Reliefs, 1931. APasquier, La Vénus de Milo, Paris 1985. JSchäfer, Der Poseidon von M., in Antike Plastik 8, 1968, 55ff.

Melpomene, die Muse der Tragödie.

C. **Memmius**, Praetor 58 v. Chr. Das Consulat entging ihm, da seine Wahlkorruption aufgedeckt wurde. Mit Lucullus und Pompeius war er verfeindet, weil er ihre Gattinnen verführt hatte. *Lucretius widmete ihm sein Lehrgedicht, und *Catullus ging in seinem Gefolge nach Bithynien mit, schmähte ihn dann aber des kargen Lohnes wegen heftig.

Memnon. – 1. Sohn der *Eos, König der Aithioper, erlag als letzter Beschützer Troias dem Achilleus. Seine Heldentaten und seinen Tod behandelte das kyklische *Epos *Aithiopís*. Die sog. M.-Kolosse, zwei Sitzfiguren aus Sandstein von 20 m Höhe, die der Pharao Amenophis III. bei Theben errichtet hatte, wurden erst während der Römerherrschaft in Aegypten zur vielbesuchten Sehenswürdigkeit. Der eine Koloß, im oberen Teil durch ein Erdbeben 27 v. Chr. beschädigt, tönte bei Sonnenaufgang; das verstand man als Gruß M.s an seine Mutter. Zahlreiche Besucher verewigten sich durch Inschriften auf der Statue (*Balbilla). Um 200 n. Chr. wurde der Koloß repariert und blieb seither stumm.

Wiedemann, Die M.-Kolosse, 1917.
2. M. von Rhodos, General, zuletzt in persischen Diensten. Als er 333 v. Chr. an der kleinasiatischen Westküste gegen Alexander d. Gr. operierte, erkrankte er plötzlich und starb. Dareios verlor so seinen fähigsten Heerführer.
Berve, Das Alexanderreich II, 1926.

Men tyrannos, phrygischer Gott, der im hellenistischen Griechenland und Rom vor allem von Sklaven und einfachem Volk verehrt wurde.

Menandros, der größte Dichter der *neuen Komödie* in Athen, ca. 342–292 v. Chr. Er hatte *Theophrast gehört und war mit dessen Schüler *Demetrios Phalereus gut befreundet. Seine Vaterstadt liebte er so, daß er die glänzendsten Angebote der Könige von Alexandreia und Makedonien ausschlug. Beim Schwimmen ertrank er im Peiraieus. 108 Stükke kannte man von ihm, doch siegte er nur 8mal; oft zog ihm das Publikum Philemon vor. Um so größer war sein Nachruhm im ganzen Altertum. In Rom dichteten *Plautus und *Terenz menandrische Stücke nach. Lange war M. nur durch diese Nachbildungen und einzelne in Spruchsammlungen eingegangene Verse bekannt, bis seit 1905 umfangreiche Papyrosfunde uns wenigstens 1 Stück, *Das Schiedsgericht*, zu 2/3 wiederschenkten, von mehreren andern längere Partien. Erst 1959 ist ein vollständiges Stück bekannt geworden, der *Dýskolos* (Der Grantige). Die hohe Kunst M.s liegt nicht in der stofflichen Erfindung (die Liebesgeschichte mit Wiedererkennungsszene ist fast stereotyp), sondern in der feinen Zeichnung der Charaktere, dem überlegenen Humor, der menschliche Schwächen versteht und verzeiht, und der lebendigen attischen Sprache. Unter den komischen Fehlhaltungen ist meist ein Gutes im Menschen verborgen, das der Dichter aus der Fessel erlöst im befreienden Lachen seines Spiels. Das sagt sein berühmtester Vers «Welch eine Freude ist der Mensch, wenn er Mensch ist.» Ein reines Charakterstück ohne Intrige und Wiedererkennung ist der 316 aufgeführte *Dyskolos*: Aus der Erfahrung, daß die Menschen schlecht sind, hat ein Athener die radikale Konsequenz gezogen. Er lebt mit seiner Tochter auf dem Lande und meidet jede menschliche Berührung. Gegen die Annäherung eines jungen, in die Tochter verliebten Mannes wehrt er sich scharf und schlägt es rundweg ab, einer Opfergesellschaft einen Topf zu leihen, wie er auch von niemand das Geringste annehmen will. Als er aber in eine Zisterne fällt und von Helfern herausgezogen werden muß, bricht seine ganze Lebenshaltung zusammen. Sein Sohn ringt ihm jetzt die Zustimmung zur Heirat der Tochter ab. Im *Schiedsgericht* ist es die kluge Hetäre Habrotonon, welche die sich liebenden, aber durch seltsame Verkettung der Umstände in Konflikt geratenen Ehegatten zusammenführt, nachdem der junge Mann Charisios sich schon selber zu der die gesellschaftliche Konvention überwindenden Einsicht durchgerungen hat, daß der Fehltritt eines Mannes nicht leichter zu werten sei als der einer Frau. Der Titel weist auf die Streitszene um das Findelkind, das am Schluß als Kind der beiden Ehegatten erkannt wird. In der *Frau von Samos* führt die Überzeugung, sein

Adoptivsohn habe ihm die Frau verführt, den sonst besonnenen Demeas an den Rand des Tragischen. Mit der Aufklärung des Irrtums findet er seine Überlegenheit wieder und wandelt sich vom zornigen Verfolger zum opfermütigen Beschützer der Frau und geschickten Lenker des verwirrten Sohnes. *Der Schild* zeigt einen habgierigen Alten, der seine junge Verwandte, nachdem ihr der Schild ihres Bruders als Zeichen von dessen Tod überbracht worden ist, zur Heirat zwingen will, um sich das Vermögen anzueignen. Dieser Geizhals erfährt keine seelische Rettung; die Rückkehr des Totgeglaubten vernichtet ihn. Titelheld in *Der Verhaßte* ist ein Offizier, dem sich das geliebte Mädchen deshalb verweigert, weil sie glauben muß, ihr Bruder sei von seiner Hand gefallen. Die Aufklärung des Irrtums bringt dem treuen Liebhaber und dem gegen ihre Liebe ankämpfenden Mädchen das Glück. Bei den übrigen Stücken reichen die Frg. nicht aus, um mehr als Einzelszenen erkennbar werden zu lassen.
T (Ausw.): FHSandbach, 2. A. 1990 (Oxf.Cl.). K: AWGomme-FHSandbach, 1973. – Vor 1959 bekannte Frg.: T: AKörte-AThierfelder, 1957 (Tb). SJaekel, Sententiae, 1964 (Tb). Ü: Goldschmidt (AW). *Schiedsgericht:* TÜK: Wilamowitz, 1925 (Nachdr. 1958). Ü: AKörte (Reclam). – Neuere Stücke: *Dyskolos:* TÜ: MTreu, 1960 (Tusc.). WKraus, 1960 (ders., K: Sitz.ber. Wien, 1960). JMette, 2. A. 1961. *Sikyonios:* T: RKassel, 1965. *Aspis (Schild)* und *Samia*: TK : CAustin, 1969-70. *Samia:* TÜ: JMJacques, 1970 (Budé). HOffermann (Reclam). TÜK: DMBain, Warminster 1983. K: HDBlume, 1974. *Schild:* Ü: KGaiser, 1971. *Misoumenos (Der Verhaßte):* TÜK: FSisti, Genova 1985. Ausw.: TK: CAustin, Comicorum graec. frg. in papyris reperta, 1973. – TBLWebster, Studies in M., 1960. Entretiens sur l'antiquité class. 16, 1969. – Bildnis: Relief M.s mit seiner Geliebten *Glykera. Mosaik in *Mytilene; Büsten: Schefold. – Szenenbilder in *Mytilene und Ephesos (Strocka, in Gymnasium 80, 1973, 373–78). *Dioskurides (3).

Menedemos von Eretria, Begründer der eretrischen Philosophenschule ca. 350–278 v. Chr. In Megara wurde er Schüler *Stilpons. Später war er für seine Heimat politisch tätig und erwirkte ihr von Antigonos Gonatas Freiheiten. Doch wurde er im Alter von der antimakedonischen Partei verbannt. – Portrait: Schefold.

Menelaos, Sohn des Atreus und Bruder *Agamemnons, Gatte der *Helena. Im Troischen Krieg läßt ihn Homers *Ilias* besonders im Zweikampf mit Paris, dem Entführer Helenas, hervortreten (3. Buch) und in der Aristie des 17. Buchs: Er entreißt den Troern den Leichnam des Patroklos. Bei der Heimreise kam er auf langen Irrfahrten bis nach Aegypten (*Helena). Die *Odyssee* schildert Telemachs Besuch in Sparta bei dem heimgekehrten M., der eben sein Kind Hermione dem Neoptolemos vermählt. Euripides stellte den König der feindlichen Spartaner mit Vorliebe als verächtlichen Feigling hin. – Von einer Statue, die M., den Leichnam des Patroklos tragend, darstellt, sind mehrere Kopien bekannt, vor allem in Rom der sog. *Pasquino*.
BSchweitzer, Das Original der sog. Pasquino-Gruppe, 1936.

Menenius Lanatus Agrippa, cos. 503 v. Chr., brachte die Plebeier, welche im Ständekampf 494 aus Rom weggezogen waren, wieder zur Einigung mit den Patriziern, indem er die Fabel erzählte, wie sich die übrigen Körperteile mit dem Magen gestritten und von ihm losgesagt hätten, aber dann selbst elendiglich abgemagert wären. Die Anekdote ist legendär. – Livius 2, 32.
DPeil, Der Streit der Glieder mit dem Magen, Studien zur Überlieferungs- und Deutungsgesch., 1985.

Menippos von Gadara, kynischer Popularphilosoph, 4./3. Jh. v. Chr. In Geschichten mit phantastischer Einkleidung beleuchtete er mit Spott und Witz die Nichtigkeit der äußeren Dinge. *Varro schrieb nach seinem Vorbild *Menippeische Satiren*, und Horaz benutzte Züge aus M.; wir kennen seine Art am besten durch *Lukianos.
RHelm, Lukian und M., 1906. FLestringant (Hg.), Études sur la satyre Ménippée, Genève 1987. JCRelihan, Ancient Menippean Satire, London 1993.

Menon. – 1. Thessalischer Söldnerführer, nahm mit 1000 Hopliten und 500 Peltasten am Zug des jüngern *Kyros (401 v. Chr.) teil.
*Xenophon, *Anabasis*. *Platon läßt ihn im Dialog *M.* auftreten.
2. Schüler des Aristoteles, verfaßte in dessen Auftrag eine Übersicht der Lehren der gr. Ärzte. Von dem medizingeschichtlich wichtigen Werk ist ein Auszug durch einen Papyros erhalten.
T: Diels, Suppl. Aristotelicum III 1 (1893). Ü (engl.): Jones, The medical writings of Anonymus Londinensis, 1947.
3. M.-maler: *Psiax.

Mentor. – 1. Freund des Odysseus auf Ithaka. Athene gab in M.s Gestalt dem Telemachos Ratschläge. – 2. Der bei den Römern berühmteste gr. Künstler für Silbergefäße mit getriebenem Reliefschmuck. «Echte» M.-becher erzielten phantastische Preise.

Mercurius, der röm. Gott des Handels, dessen Name an *merx* (Ware) und *mercari* (Handel treiben) anklingt, aber wohl eher aus dem Etruskischen hergeleitet ist, wurde früh mit dem gr. Gott Hermes gleichgesetzt. *Horatius, *Ode* 1,10. Besondere Bedeutung hatte später M. bei Galliern und Germanen, die ihre Hauptgötter (die Germanen Wodan) röm. als M. interpretierten.
BCombet-Farnoux, Mercure romain, Paris 1980; ders. in ANRW II, 1,17 (1981) 457–501. FBenoit, Mars et Mercure, nouvelles recherches sur l'interprétation gauloise des divinités romaines, 1959.

Meriones, Held in der *Ilias*, Gefährte des Kreters Idomeneus.

Mesomedes aus Kreta, Hymnendichter und Komponist, 2. Jh. n. Chr. Drei von seinen 12 *Hymnen* sind mit Musikzeichen überliefert, bis zur Entdeckung der Inschrift mit den *delphischen Hymnen* das einzige Beispiel antiker Tonkunst, freilich erst aus der Spätzeit.

T: Jan, Musici scriptores Gr., 1895 und Suppl. 1899 (Tb). EHeitsch, Die gr. Dichterfrg. der röm. Kaiserzeit I, 1963. EPöhlmann, Denkmäler altgr. Musik, 1970.

Messalina, Valeria, die 3. Gattin des Kaisers Claudius, Mutter von Octavia und Britannicus, eine Frau von unüberbietbarer Sittenlosigkeit. Sie trieb es so weit, 48 n. Chr. offen mit ihrem Liebhaber Silius Hochzeit zu feiern. Der Freigelassene Narcissus konnte darauf Claudius, der um den Thron bangte, dazu bewegen, sie töten zu lassen. – *Tacitus, *Annalen* 11. *Iuvenal, 6. *Satire.* – FMazzei, M., Macht und Intrige, 1985.

Messalla, Zweig des Patriziergeschlechtes der Valerii. – 1. M'. Valerius Maximus M., cos. 263 v. Chr., verteidigte im 1. Punischen Krieg Messana und brachte Hieron II. zum Anschluß an Rom. *Uhr. – 2. Marcus Valerius M. Corvinus, 64 v. Chr. bis 13 n. Chr., kämpfte bei Philippi als Republikaner, ging aber dann zu Octavian über, der den hochangesehenen Mann sehr schätzte und mit ihm zusammen 31 das Consulat bekleidete. M. beantragte 2 v. Chr. für Augustus den Titel *Pater patriae* (Vater des Vaterlandes). Er war ein bekannter Redner und sammelte um sich einen Kreis von Dichtern, unter denen *Tibullus hervorragt. Außer den Frg. der Reden haben sich geringe Reste von historischen Memoiren erhalten. Ein anonymes *Lobgedicht auf M.* ist zusammen mit dem Werk des *Tibull überliefert.
T: Malcovati (Reden). Peter (*Geschichtsschreibung). HTränkle, Appendix Tibulliana, 1990, 12–21, darin TK *(Lobgedicht)*: S. 36–43. 172–254.

Messana (Messina auf Sizilien) hieß zuerst Zankle und wurde umbenannt nach den Messeniern, die aus ihrer von den Spartanern unterjochten Heimat hierher flüchteten. Nach dem Scheitern des ionischen Aufstands 494 v. Chr. kamen auch Samier und Milesier nach M. und bildeten mit den älteren messenischen Einwohnern eine dorisch-ionische Mischbevölkerung. *Mamertiner. *Punische Kriege.
GVallet, Rhégion et Zankle, 1958. SGreco, Messina primitiva; Messina antica, Messina 1986–1991.

Messenien, Landschaft in der Südwestpeloponnes. Die Spartaner eroberten das fruchtbare Gebiet im 1. Messenischen Krieg ca. 736 bis 720 v. Chr. Der legendäre Held dieses 1. Freiheitskampfes M.s war Aristodemos, der Verteidiger der Festung *Ithome. Der harte Druck der Spartanerherrschaft führte ca. 640–612 zum 2. Messenischen Krieg. Der Vorkämpfer *Aristomenes brachte die Spartaner in schwere Bedrängnis. Dann aber ermannten sie sich, von den Kampfliedern des *Tyrtaios angefeuert, und bemächtigten sich nach langer Belagerung der Bergfeste Hira. Viele Messenier wanderten nach Rhegion und *Messana aus; die andern trieb der Haß gegen die Unterdrücker noch mehrfach zu erfolglosen Aufständen, bis ihnen *Epameinondas 369 die Selbständigkeit wiedergab. Die Heldentaten der alten messen. Freiheitskämpfer waren von vielen Sagen umwoben, die im 3. Jh. Myron von Priene romanhaft erzählte; *Rhianos besang sie in einem Epos.

FKiechle, Messenische Studien, 1959. EMeyer in Pauly-Wissowa, Realencyclopädie (s.o.S. XI), Suppl. 15 (1978) 155–289.

Metapontion, westliche Nachbarstadt von Tarent. Mehr als der Lage am Meer verdankte M. seinen Reichtum dem landwirtschaftlichen Ertrag des Hinterlandes. In M. fanden die um 500 aus Kroton vertriebenen Pythagoreer Zuflucht. Aus dem 6. Jh. stammen die in Resten erhaltenen Tempel der Hera (sog. Tavole Palatine) und des Apollon Lykeios.
DAdamesteanu u.a., Metaponto, 1980ff.

Metaurus, Fluß in Mittelitalien, mündet bei Fano in die Adria. Am M. wurde 207 v. Chr. nahe bei Sena Gallica *Hasdrubal mit seinem Punierheer vernichtet.
ACrespi, La prima battaglia del Metauro, Trento 1988.

Metella: *Caecilia (2).

Metellus, Beiname im vornehmsten Zweig der plebeischen *Gens Caecilia*. – 1. Q. Caecilius M., cos. 206 v. Chr., ließ den Dichter Naevius, dessen Spottvers auf seine Consulwahl ihn gereizt hatte, ins Gefängnis werfen. – 2. Q. Caecilius M. Macedonicus besiegte 148 v. Chr. als Praetor den makedonischen Praetendenten Andriskos. Als cos. 143 kämpfte er in Spanien. Als Censor hielt er 131 eine *Rede gegen die Ehescheu*. Kaiser Augustus ließ sie im Senat verlesen, als er seine Ehegesetze begründete. *Gellius (1, 6) überliefert daraus 2 Frg. Neben seinem politischen Rivalen Scipio war M. der größte Römer seiner Zeit. Er gab der Familie für über ein Jh. den alten Glanz zurück.
OHiltbrunner, Die Tempel der Porticus Metelli und ihr Stifter, in Boreas 5, 1982, 88–100.
3. Q. Caecilius M. Numidicus, cos. 109 v. Chr., der Vorgänger des Marius im Krieg gegen *Iugurtha, gegen den er entscheidende Siege erfocht. 102 v. Chr. war er Censor. Im J. 100 ging er in die Verbannung, weil er als einziger Senator den Eid auf das Ackergesetz des Mariusanhängers *Saturninus verweigerte. Er genoß den Ruf unbeirrbarer Rechtlichkeit. – 4. Sein Sohn Q. Caecilius M. erhielt wegen seiner aufopfernden Bemühungen für die Rückberufung des Vaters aus dem Exil den Beinamen Pius («der die Sohnespflicht treu erfüllende»). Er war Sullas wertvollster Helfer und Freund. Sulla heiratete seine Kusine Metella, um sich mit der vornehmen Familie auch verwandtschaftlich zu verbinden (88 v. Chr.).
JvanOoteghem, Les Caecilii M. de la république, 1967.

Methodiker, Ärzteschule: *Medizin I 4.

Metöken (gr. *métoikoi*, Mitbewohner) nannte man in Athen die in der Stadt dauernd ansässigen Fremden. Sie hatten kein Wahlrecht und konnten keine Ämter bekleiden; vor Gericht mußte für sie ein Vollbürger als *Prostates* Bürgschaft leisten; doch unterstanden sie dem athenischen Recht. Sie zahlten eine besondere M.-steuer und waren auch zum Militärdienst verpflichtet. Im gewöhnlichen Leben standen die M. kaum schlechter da als die Bürger. Sie trieben vor allem Handel und Gewerbe, doch waren ihnen andere Berufe nicht verwehrt; z. B. waren *Lysias, *Isaios, *Deinarchos Rechtsanwälte (*Logographen). Ähnlich lagen die Verhältnisse in andern gr. Städten. In Rom: **Peregrini.*

Meton verbesserte 433/32 v. Chr. in Athen den Kalender (19jähriger Schalt-Zyklus) und stellte eine öffentliche Sonnenuhr auf.

Metopen, die Platten zwischen den Triglyphen des dorischen Frieses (*Architektur), meist mit Reliefs geschmückt.
HKähler, Das gr. M.-bild, 1949.

Metrodoros v. Lampsakos. – 1. Anaxagorasschüler, erklärte Homer allegorisch. – 2. Freund und begeisterter Anhänger *Epikurs, 330–277 v. Chr. – Portrait: Schefold.

Mett(i)us Fufetius, Anführer des Heeres von Alba Longa. Der röm. König Tullus Hostilius strafte ihn für einen versuchten Verrat, indem er ihn von zwei Pferdegespannen in Stücke reißen ließ (*Livius 1, 27/8).

Mezentius, verhaßter Tyrann der Etruskerstadt Agylla (= *Caere), in Vergils *Aeneis* «der Verächter der Götter».

Midas, König von Phrygien. Dionysos stellte ihm einen Wunsch frei. M. wünschte, daß alles, was er berühre, zu Gold werde. Nun konnte er aber weder essen noch trinken, da sich die Dinge in seinem Munde zu Gold verwandelten. Der Gott erlöste ihn von der unheilvollen Gabe durch ein Bad im Fluß Paktolos, der seitdem Gold führt. – M. traf einst Apollon und Pan bei einem musikalischen Wettstreit und erklärte den Spruch, der Apollon den Preis zuerkannte, für ungerecht. Da ließ ihm Apollon Eselsohren wachsen. M. versteckte die Schande sorgfältig. Aber sein Friseur entdeckte das Geheimnis und litt bittere Qual, daß er es nicht ausplaudern durfte. Um sein Herz zu erleichtern, grub er eine Grube, flüsterte hinein «M. hat Eselsohren» und schüttete sie wieder zu. Da wuchs an der Stelle Schilf, dessen Rauschen, wenn es vom Winde bewegt wurde, die geflüsterten Worte niedergab. – *Ovid, *Met.* 11, 85–193.
2. Der Name des mythischen Ahnherrn lebte in der Herrscherdynastie der Phryger fort. Der bekannteste historische König M. regierte in *Gordion 738 bis zum Untergang seines Reiches durch die Kimmerier (695). Er stiftete einen Thron als Weihgeschenk nach Delphi. Berühmt war sein angeblich von Homer verfaßtes Grabepigramm, das man im Gr. mit jeder beliebigen Zeile beginnen kann:
Hier auf dem Grabe des Midas sitz' ich, von Erz eine Jungfrau,
Sitze, solange das Wasser rinnt und grünen die Bäume,
Strömen die ewigen Flüsse, gewaltig woget die Meerflut,
Aufgeht leuchtend der Mond und wieder die strahlende Sonne.
Zeugin unzähliger Tränen, auf diesem Hügel verweilend,
Künde ich allen Wandrern, daß Midas hier liegt begraben.

Mikon, athen. Maler des 5. Jh. v. Chr., Zeitgenosse *Polygnots. Werke: *Amazonenschlacht* in der Stoa Poikile. Theseus im Theseion. *Argonauten* im Anakeion (Dioskurentempel).

Miletos, ionische Stadt gegenüber der Mündung des *Maiandros in Kleinasien, seit dem 8. Jh. v. Chr. die erste Handelsstadt. Außer den Produkten des Orients exportierte M. eigene Industrieerzeugnisse (Wollweberei). Der Seehandel vom Schwarzen Meer bis Aegypten stützte sich auf viele (nach *Plinius, *Naturkunde* 5, 112 über 90) Kolonien, welche die volkreiche Stadt aussandte (Abydos und andre am Hellespont, fast alle gr. Städte am Schwarzen Meer, Naukratis im Nildelta). Um 600 erlebte M. unter dem Tyrannen *Thrasybulos seine höchste Blüte. *Thales begründete die Naturwissenschaft, später *Hekataios die Geschichtsschreibung; beide traten auch politisch hervor. *Histiaios. *Aristagoras. 494 brannten die Perser nach dem ionischen Aufstand M. nieder. Nach dem Sieg von Mykale 479 begann der Wiederaufbau als Stadtanlage mit rechtwinkligen Straßenzügen, die vorbildlich wurde (*Hippodamos). In hellenistischer und röm. Zeit entstanden große Prachtbauten (Tor des Südmarktes, im Pergamonmuseum Berlin), während die wirtschaftliche Bedeutung M.s wegen Versandung des Hafens ständig zurückging. In der üppigen Handelsstadt kamen die *Milesischen Geschichten* auf, erotische Novellen, die um 100 v. Chr. ein nicht weiter bekannter Aristeides durch eine Rahmenerzählung verband. Wir kennen diese auch in Rom beliebte Lit. durch die Einlagen solcher *Milesiakâ* bei *Petronius (Sat. 111: *Die Matrone von Ephesos*) und *Apuleius (in den *Metamorphosen*).
Milesiaka: LPepe, Sermo milesius, Napoli 1987.
Deutsche Ausgrabungen unter Leitung von ThWiegand 1899–1906 haben die hellenist.-röm. Stadt freigelegt (u. a. *Buleuterion, mehrere *Agorai, großes Theater, Thermen, Nymphäum). Die neuen Grabungen 1938 und seit 1955 gelten vor allem dem archaischen M. *Didyma. – Hauptwerk: M., Ergebnisse der Ausgrabungen, 1899ff. GKleiner, Die Ruinen von M., 1968; ders., Alt-M., 1965, und Das röm. M., 1970 (Sitz.ber. Frankfurt). JKleine, Führer durch die Ruinen von M., Didyma, Priene, 1980. MLeGlay, Villes, temples et sanctuaires dans l'orient romain, Paris 1986, 179–200. GEBean, Die ägäische Türkei, 1969. CWatzinger, Theodor Wiegand, 1944.

Militär. – 1. Griechen: In ältester Zeit (vor 1000 v. Chr.) gaben der Schlacht ihr Gepräge die Zweikämpfe der adeligen Einzelkämpfer auf dem Streitwagen oder zu Fuß mit dem mannshohen schweren Turmschild aus mehreren Lagen von Rindshäuten, 1 oder 2 Speeren und dem großen Bronzeschwert. Doch schon Homers *Ilias* vermengt mit diesem Zustand den jüngern, in dem die Massen des leichtbewaffneten Volksheeres in der Schlacht mehr hervortraten, während zugleich für die schwerbewaffneten Hopliten der leichter bewegliche Rundschild aufkam. Da dieser nicht mehr den ganzen Mann deckte, wurden Helm, Panzer und Beinschienen nötig. Die Waffen waren jetzt eisern. Der aufblühende Wohlstand der gr. Städte brachte es mit sich, daß immer mehr

Bürger sich die teure schwere Hoplitenrüstung leisten konnten. Man rückte jetzt in geschlossener, meist etwa 8 Mann tiefer Linie *(Phalanx)* vor, so daß die Gegner frontal und überall gleichzeitig aufeinanderstießen. Diese Taktik blieb bis zur Zeit des Epameinondas (371 v. Chr.) bestehen.
Das Bürgeraufgebot der Hopliten bildete den Kern des Heeres. Athen stellte bei Plataiai (479 v. Chr.) ihrer 8000, zu Beginn des Peloponnes. Krieges (431) 13000 ins Feld. Sie waren in *Taxeis* (Abteilungen) zu ca. 1000 Mann eingeteilt, die mit den *Phylen* (der politischen Einteilung der Bürger) übereinstimmten und von *Strategen*, später *Taxiarchen* befehligt wurden. Die Unterabteilungen zu ca. 300 Mann hießen *Lochoi* und wurden von *Lochagoi* geführt. In Sparta war die oberste Einheit der *Lochos*, im 4. Jh. die *Mora* (ca. 620 Mann). Die Leichtbewaffneten in Athen rekrutierten sich aus ärmeren Bürgern, größtenteils aber aus fremden Söldnern. Noch bei Marathon (490) hatten die Athener keine Bogenschützen. Schleuderer warb man meist aus Rhodos an. Seit dem Peloponnes. Krieg spielten die *Peltasten* (*Iphikrates) eine wichtige Rolle. Als Reiter, deren Zahl unter Perikles auf 1000 Mann gebracht wurde, dienten nur die Reichen, die ein Reitpferd halten konnten. Jedem der 2 *Hipparchen* (Reiterführer) unterstanden 5 *Phylen*, die von *Phylarchen* befehligt wurden.
Themistokles schuf die athenische Flotte und errang mit ihr den Sieg von Salamis (480). Der Normaltyp des Kriegsschiffs war die *Triere* mit 3 Reihen von Ruderern. Ausrüstung und Bemannung oblag den reichsten Bürgern als *Leiturgia. Im Kampf rammte man das feindliche Schiff mit dem zu diesem Zwecke unter dem Bug angebrachten Sporn oder man fuhr ganz nahe seitlich vorbei, indem man rasch die eigenen Ruder einzog und so die des Gegners abknickte. Die Seesoldaten *(Epibátai)* suchten auf das feindl. Schiff hinüberzuspringen und es im Handgemenge zu erbeuten.
Eine grundlegende Änderung der Kampfweise brachte *Epameinondas mit seiner »schiefen Schlachtordnung«: Der linke Flügel wurde stärker gemacht und trug den Angriff vor, während der schwächere rechte defensiv blieb. Philipp II. von Makedonien übernahm diese Taktik. Auf ihr beruhte die Überlegenheit der makedonischen Phalanx. Deren Hauptwaffe war der ca. 6 m lange Spieß *(Sarisse)*, den die ersten 5 Glieder beim Vorrücken fällten. Das kurze Schwert eignete sich nur zum Stich. Eine Spezialität blieben Alexanders des Gr. Reiterschlachten. Mit den denkwürdigen Belagerungen von Perinthos und Byzantion (341/0) durch Philipp II. begann die Entwicklung der Artillerie. Um 400 waren die Torsionsgeschütze erfunden worden. Gegenüber dem Prinzip der Armbrust bedeuteten sie einen gewaltigen Fortschritt: Sehnenbündel wurden durch Drehung gespannt und so eine viel größere Spannkraft erzielt. Verschossen wurden große Pfeile, auch Brandpfeile, und Steinkugeln. In der Feldschlacht konnten diese Maschinen, da die Aufstellung und Bedienung viel Zeit brauchte, nicht eingesetzt werden. Bei Belagerungen verwendete man außer den Geschützen vor allem Widder (d. h. Rammen zum Breschenlegen: ein mit Widderköpfen geschmückter Rammbock ist als Weihgeschenk in Olympia gefunden

worden), gedeckte Gänge zur Annäherung, unterirdische Minengänge, Türme zur Überhöhung der Mauern, gegen die man sie oft auf eigens gebauten Dämmen (*Tyros) heranrollte, und Flammenwerfer.

2. Römer: Der militärische Geist unterschied die Römer grundsätzlich von den Griechen. Diese waren entweder Bürger, die im Notfall sich bewaffneten, oder abenteuernde Söldner. In Rom aber war Bürger und Soldat ein und dasselbe. Die in Centurien abstimmende politische Volksversammlung war nichts anderes als das in militärischer Ordnung aufmarschierte Heer. Eingeteilt wurde nach dem *Census* (Vermögensklasse): Die Reichen hatten als Reiter zu dienen. Auch bei den Römern lag die Hauptstärke in der Infanterie. Deren oberste Einheiten waren die *Legionen* von 4200 Mann. In historischer Zeit gliederte sich die Legion nach Altersklassen in 3 Treffen (je 1200 *hastati* und *principes*, 600 *triarii)* und 1200 Leichtbewaffnete *(velites)*. Jedes der 3 Treffen hatte 10 *Manipel* zu 120 (bei den Triariern 60) Mann; das *Manipulum* setzte sich aus 2 Centurien zusammen. Anders hießen die Abteilungen der Bundesgenossen, welche die gleiche Zahl Fußsoldaten, die doppelte an Reitern zu stellen hatten: Der Legion entsprach die *Ala*, gegliedert in *Cohorten*. Seit dem 2. Punischen Krieg teilte man auch die Legion in 10 *Cohorten* ein, die sich aus je 1 *Manipel* aller 3 Treffen zusammensetzten. Das Oberkommando *(imperium)* führten die Consuln. Nur in besonderen Krisenzeiten wurde es in einer Hand vereinigt (*Dictator). Legionskommandanten waren die Kriegstribunen *(tribuni militum)*, 6 pro Legion, denen bei den Bundesgenossen die *Praefecti sociorum* entsprachen. Manipel und Centurien wurden von Unteroffizieren *(centuriones)* geführt. Die Disziplin war sehr streng. Das Imperium bedeutete die absolute Gewalt des Feldherrn über Leben und Tod seiner Untergebenen (z. B. *Manlius 2). Gegenüber ganzen Abteilungen konnte Dezimierung, d. h. Hinrichtung jedes 10. Manns nach dem Lose, verhängt werden. Für Verdienste gab es Auszeichnungen wie die *Hasta pura* (Lanze ohne Spitze), Armringe *(armillae)*, Halsketten *(torques)*, **Phalerae*, den Bürgerkranz *(corona civica)* aus Eichenlaub für die Rettung eines röm. Bürgers, den Mauerkranz *(corona muralis)* für die Ersteigung der feindl. Stadtmauer. Der Lohn des siegreichen Imperators war der *Triumph.

Anders als die gr.-makedonische Phalanx wurden die Manipel der Legion schachbrettartig mit Zwischenräumen und Abständen aufgestellt, so daß immer ein Manipel des hintern Treffens hinter dem freien Raum zwischen den 2 vordern Manipeln stand. Die 2 Hauptwaffen des Legionars waren das **Pilum* (Wurfspeer) und das zu Hieb und Stich gleich geeignete Schwert. Während des Anlaufens gegen den Feind wurde eine Pilensalve abgeschossen, dann folgte der Einbruch in die feindl. Reihen und der Nahkampf durch Schwertfechten. Als Spezialität des röm. Militärwesens fiel den andern Völkern der Grundsatz auf, nie ohne den Bau eines *Lagers zu nächtigen.

M a r i u s führte um 105 v. Chr. eine Reform durch. Die bisher vom Dienst in der Legion ausgeschlossenen minderbemittelten Bürger *(proletarii)* wurden als Freiwillige eingestellt: nach 16 bis 20 Dienstjahren hatten sie als Veteranen Anspruch auf Versorgung mit einem Land-

gütchen. Für diese Leute wurde der Krieg zum Beruf; sie waren in erster Linie ihrem Feldherrn persönlich ergeben. Die Legion wurde jetzt zum Infanterieregiment; Marius gab ihr den Adler als *Feldzeichen. Die Cohorte aus 3 Manipeln war anstatt der Manipel die wichtigste taktische Einheit. Alle Unterschiede der 3 Treffen verschwanden; der Sollbestand der Centurien war einheitlich 100 Mann (Manipel 200, Cohorte 600, Legion 6000). Doch ging z. B. Caesar nicht über 4200 Mann in einer Legion hinaus. Leichtbewaffnete und Reiterei waren nichtröm. Hilfstruppen. Die bisherigen Bundesgenossen, die 88 v. Chr. das Bürgerrecht erhalten hatten, wurden jetzt Legionäre.
Die Kaiserzeit brachte die weitere Entwicklung zum stehenden Heere, das über die Provinzen verteilt in Garnisonen lag. Da die Italiker zum Dienst nicht mehr verpflichtet waren, wurden immer mehr Provinzialen aufgenommen, die durch den Dienst in der Legion das röm. Bürgerrecht erlangten.
Eine Flotte baute Rom erstmals im 1. Punischen Krieg (*Duilius). Sie war 260 mit der neuen Technik der Enterhaken siegreich. Neben den Dreiruderern verwendete man seit dem 1. Jh. v. Chr. besonders den leichten schnellen Typ der *Liburnica*. Im übrigen haben die Römer im Seewesen wie in der Belagerungstechnik alles Wesentliche von den Griechen übernommen.
Antike Militärschriftsteller: Die gr. *Sophisten lehrten auch die Feldherrnkunst. Die älteste erhaltene theoretische Schrift ist die *Xenophons über die *Kavallerie*. Wenig jünger ist *Aineias Taktikós. Der wichtigste lat. Autor ist *Vegetius. – Kromayer-Veith, Heerwesen und Kriegführung der Griechen und Römer, 1928. JKAnderson, Military theory and practice in the age of Xenophon, 1971. PDucrey, Guerre et guerriers dans la Grèce antique, Paris 1985. VDHanson, The western way of war, Infantry battle in classical Greece, New York 1989. AMSnodgrass, Wehr und Waffen im antiken Griechenland, 1984. EBirley, The Roman army, Amsterdam 1988. GRWatson, The Roman soldier, Bath 1969. YLeBohec, Die röm. Armee von Augustus bis zu Konstantin d. Gr., 1993. MJunkelmann, Die Legionen des Augustus, der röm. Soldat im archäol. Experiment, 1986; ders., Die Reiter Roms, 1990–92 (3 Bde.). WLRodgers, Greek and Roman naval warfare, 1937 (Nachdr. 1970). JMorrison-JCoates, Die athenische Triere, 1990. EWMarsden, Greek and Roman Artillery, 1969–71.

Milo. – 1. T. Annius M. aus Lanuvium, Volkstribun 57 v. Chr. *Clodius terrorisierte damals Rom mit geworbenen Gladiatorenbanden. Um den Senat, wo die Rückberufung Ciceros aus dem Exil betrieben wurde, gegen diese Angriffe zu sichern, warb M. ebenfalls Banden an. Es fanden regelrechte Straßenschlachten statt. Nachdem Clodius die Wahl M.s zum Consul 52 verhindert hatte, trafen sich die beiden auf der *via Appia* zwischen Bovillae und Aricia. Zwischen dem bewaffneten Gefolge kam es zum Streit, Clodius wurde erschlagen. Trotz der Verteidigung durch Cicero wurde M. deswegen verurteilt und ging in die Verbannung nach Massilia. – FDupont, l'affaire de M., Paris 1987. – 2. Venus von M.: *Melos.

Milon von Kroton, der berühmteste Athlet des Altertums, siegte erstmals in Olympia 540 v. Chr. als Knabe und dann noch weitere 5 Male, oft auch an den andern panhellenischen Spielen.

Miltiades, Sohn des Kimon aus dem athenischen Adelsgeschlecht der Philaiden, wurde von den Peisistratossöhnen in die von seinem gleichnamigen Onkel begründeten attischen Besitzungen auf der thrakischen Chersones entsandt. 514 mußte er sich dem Perserkönig Dareios unterwerfen; doch als dieser mit seinem Heer bei den Skythen in Not kam, riet er, die Donaubrücke abzubrechen und den König dem Untergang preiszugeben. Dazu kam es nicht, weil *Histiaios überzeugend gegen den Plan sprach. Später eroberte M. die Insel Lemnos für Athen. Im Ionischen Aufstand mußte er vor den Persern fliehen. 490 wählten die Athener den mit den militärischen Mitteln des Feindes wohlvertrauten M. zum Strategen. Aus einer gutgewählten Stellung am Berg Agrieliki führte er sie gegen die angreifenden Perser zum Sieg bei *Marathon. Als er aber danach eine offensive Aktion mit der Flotte unternahm, kehrte er ohne Erfolg schwerverwundet heim, und die enttäuschten Bürger verurteilten ihn zu den Kosten dieses Unternehmens. M. starb, und sein Sohn *Kimon zahlte die Buße (50 Talente). Sein Helm kam als Weihgeschenk in den Zeustempel nach Olympia, wo er bei den Ausgrabungen 1953 aufgefunden worden ist.
Biogr.: *Nepos. – HBerve, M., 1937. HBengtson, Gr. Staatsmänner des 4. und 5. Jh. v. Chr., 1983.

Mimiamben: *Herodas.

Mimnermos, elegischer Dichter vor 600 v. Chr. in Kolophon oder Smyrna. Seine Elegien trugen den Namen der Geliebten *Nanno*; er galt den hellenistischen Dichtern als Begründer der von ihnen gepflegten erotischen Elegie.
T: MLWest, Iambi et elegi 2, 1992. TÜ: BSnell-ZFranyó, Frühgr. Lyriker 1, 1971. TK: AAllen, 1993. *Lyrik.

Mimos, volkstümliche Darstellung von Szenen aus dem Leben, in Monologen oder Dialogen. Zur Literatur erhob sie erst der Sizilier *Sophron um 430 v. Chr. Auch *Theokrit hat, freilich in veredelter Form, mimische Stücke (**Adonisfest. Die Zauberinnen*). Aus dem 2. Jh. v. Chr.: *Des *Mädchens Klage.* Eine Sonderart des literarischen M. sind die Mimiamben (*Herodas). – Nach dem Absterben der klassischen Tragödie und Komödie beherrschte der M. die Bühne. Man spielte, im Gegensatz zu jenen vornehmeren Gattungen, ohne *Maske. Nur im M. wurden die weiblichen Rollen von Frauen dargestellt. Auch in Rom war der M. sehr beliebt. Zu Caesars Zeiten wirkten die Dichter *Laberius und *Publilius Syrus. Die Schauspieler und Schauspielerinnen des M. (*mimi* und *mimae*) waren gesellschaftlich verachtet; in der Skandalchronik der Höfe spielen sie eine große Rolle. *Pantomimos.
T (Frg.): AOlivieri, Frammenti della commedia greca e del mimo, 1946–7. MBonaria, Romani mimi, 1965. – Reich, Der M., 1903. HWiemken, Der gr. M., 1972.

Mine, Gewicht (436 g) und Münze (ca. 100 Fr.)

Minerva wurde mit Iuppiter und Iuno auf dem Capitol in Rom verehrt. Bei den Sabinern war M. gewappnete Stadtgöttin. Von da kam der Kult zu den Etruskern und nach Rom, wo die ältere Götterdreiheit Iuppiter, Mars, Quirinus zu Ende des 6. Jh. v. Chr. von der neuen abgelöst wurde. Als Stadtherrin wurde M. mit der gr. *Athene gleichgesetzt und so auch zur Göttin der Künste, Handwerke und Wissenschaften. Ein Tempel der M. stand auf dem Aventin. M. Medica, Schutzgöttin der Ärzte, hatte einen Tempel auf dem Esquilin. Hauptfest waren die *Quinquatrus* (19.–23. März), die Feiertage der Lehrer, Ärzte, Künstler und Handwerker.

Minos, sagenhafter König von Kreta. Seiner vielgerühmten Gerechtigkeit wegen, die er als Gesetzgeber und Herrscher bewiesen hatte, amtet er in der Unterwelt als Totenrichter. M. und sein Bruder *Rhadamanthys waren Söhne des Zeus und der Europa. Von den Kindern des M. spielen Androgeos, Ariadne und Phaidra in der Sage eine Rolle. – Die nachhomerische Dichtung, besonders die attische Tragödie, stempelte M. zum bösen König. Seine Gattin Pasiphaë war in unnatürlicher Liebe zu einem Stier entbrannt und hatte ein Ungeheuer, halb Stier, halb Mensch, geboren, den Minotauros. Der Künstler *Daidalos hatte diesen im Labyrinth eingeschlossen. Als Androgeos in Attika getötet worden war, unternahm M. einen Rachekrieg und auferlegte den Athenern ein jährliches Blutopfer von 7 Jünglingen und 7 Mädchen, die dem Minotauros zum Fraße überliefert wurden. Erst *Theseus setzte dem ein Ende, indem er das Untier erschlug. In einem andern Krieg eroberte M. Megara (*Skylla). Zuletzt fuhr er mit einer Kriegsflotte gegen Sizilien, um die Auslieferung des entflohenen Daidalos zu fordern. Der König Kokalos nahm M. scheinbar freundlich auf, tötete ihn aber im Bade durch heißes Wasser. – Zweifellos liegt den M.-sagen ein historischer Kern, die Erinnerung an ein mächtiges Königtum auf Kreta, zugrunde. M. ist ein Mensch, nicht wie Rhadamanthys ursprünglich ein Gott gewesen.

Minucius. – 1. M. Minucius Thermus wurde als Praetor 81 v. Chr von Sulla nach Asien gesandt. Unter ihm leistete damals *Caesar (3) seinen ersten Kriegsdienst und zeichnete sich bei der Belagerung von Mytilene aus. – 2. Q. Minucius Thermus war 51 v. Chr. Propraetor der Provinz Asia, während Cicero die Nachbarprovinz Cicilia verwaltete. – 3. M. Minucius Felix schrieb im 3. Jh. einen lat. Dialog *Octavius*, mit dem er gebildete Heiden für das Christentum zu gewinnen suchte. Vor allem Cicero und Seneca haben auf Form und Inhalt eingewirkt, von chr. Seite die Argumentationen von Tertullians Apologeticum.
T: BKytzler, 1992 (Tb). TÜ: JBeaujeu, 1964 (mit K, Budé). BKytzler, 1993 (Reclam). K: GQuispel, 1949. – CBecker, Der Octavius des M. F., 1967 (Sitz.ber. München).

Minyer, ein in mykenischer Zeit mächtiger Volksstamm in Orchomenos, das später zu Boiotien gehörte. Man nannte sie als Hauptteilnehmer am *Argonautenzug. Ein Kuppelgrab in *Orchomenos galt den Griechen als Schatzhaus des Königs Minyas. Die archäologischen Funde zeugen von einer alten vormykenischen Kultur im 3./2. Jahrtausend. Von den Königstöchtern, den Minyaden, erzählte man, sie hätten beim Einzug des Dionysos nicht mit den andern Frauen als **Bakchai* schwärmen wollen, sondern seien beim Wollespinnen und Weben sitzengeblieben. Der Gott strafte sie dafür mit Wahnsinn und verwandelte sie zuletzt in Nachtvögel.

Misenum, Vorgebirge am Golf von *Puteoli, benannt nach dem Grab des Misenus, des Trompeters des Aeneas. Dort lag die Villa, in der Kaiser Tiberius starb. Seit Augustus war bei M. der Kriegshafen der kaiserlichen Westflotte. Gut erhalten eine riesige Wasserzisterne.
AMaiuri, I campi flegrei, 1963.

Mithras, altiranischer Lichtgott, Hüter des Rechts und der Verträge, als der unbesiegte *(invictus)* in der röm. Kaiserzeit besonders von den Soldaten des Heeres verehrt. Bei den Brüdern der M.-Gemeinde gab es 7 aufsteigende Grade der Weihe *(Corax, Nymphus, Miles, Leo, Persa, Heliodromus, Pater)*. Der Kultraum *(Mithraeum)* war eine Höhle, an deren Rückwand der Altar stand. Das Altarbild stellte meist M. bei der Tötung eines Stieres dar (gut erhaltenes Relief von Osterburken, Museum Karlsruhe). Vieles war dem Christentum ähnlich. Es gab Taufe und Abendmahl, Ankündigung der Geburt durch einen Stern und Anbetung der Hirten, Glaube an die Unsterblichkeit der Seele, Auferstehung, Jüngstes Gericht, die Gebote der Reinheit, Keuschheit und Enthaltsamkeit. Auch M. war der Mittler zwischen Menschen und dem unsichtbaren Gott, der Erlöser. – Das Christentum begann etwa seit 250 den Kampf gegen M. Man gewann die M.-gläubigen, indem man das Weihnachtsfest einführte und es auf den Geburtstag des M., den 25. Dezember, ansetzte. Die Kirche siegte durch ihre hierarchische Organisation, die den M.-brüdern fehlte, und durch ihre Intoleranz: Sie verwendete zwar einzelne aufgenommene Bausteine, blieb aber im Plan des Gesamtbaus sich gleich und schloß alle fremden Religionen streng aus. M. dagegen verband sich mit den alten heidnischen Göttern, z. B. dem spätröm. Sonnengott *Sol invictus*, in den Provinzen mit thrakischen, germanischen und gallischen Göttern. Um 400 war M. in Europa fast verschwunden. Umgekehrt konnte im Perserreich das Christentum nicht gegen M. aufkommen. Reste von Mithraeen finden sich überall, wo röm. Heere lagen. In Rom ein altes Mithraeum in der Kirche von S. Clemente.
FCumont, Die Mysterien des M., 1923 (Nachdr. 1981); ders., Die orient. Religionen im röm. Heidentum, 1931 (9. A. 1989). Vermaseren, Corpus monumentorum et inscriptionum religionis Mithriacae 1956–60; ders., M., 1965; Mithriaca, 1971–82. RMerkelbach, M., 1984. MClauss, Cultores Mithrae, 1992. DUlansey, The origins of the Mithraic Mysteries, New York 1989.

Mithridates (die authentische Namensform auf Inschriften und Münzen ist *Mithradates*, Geschenk des *Mithras). – 1. Name der Könige von

Pontos an der Südküste des Schwarzen Meeres. Die Familie war von höchstem persischen Adel. In den *Diadochenkämpfen begründete M. I. sein Reich. Am mächtigsten wurde M. VI. Eupator, 132–63 v. Chr. 112 bestieg er den Thron. Der König des bosporanischen Reiches auf der Krim rief ihn um Hilfe gegen die Skythen an und hinterließ ihm 107 bei seinem Tode das durch Fruchtbarkeit und Handel reiche Südrußland. Auch *Kolchis wurde unterworfen. Dann begann M. Kleinasien zu erobern. Dabei mußte er mit Rom zusammenstoßen. M. nutzte die allgemeine Unzufriedenheit der Provinzialen mit der Ausbeutung durch die röm. Wucherer und die Bestechlichkeit der röm. Senatoren geschickt aus und vermied zunächst den offenen Krieg. Den Rücken deckte er sich durch ein Bündnis mit Tigranes von Armenien. Die Geldgier des röm. Kommissars M'. *Aquilius provozierte jedoch 89 den Kampf. Aquilius wurde geschlagen und gefangen; die meisten Städte begrüßten M. als Befreier. In Ephesos gab er den Befehl, an einem bestimmten Tage alle Römer und Italiker in Kleinasien zu töten. 80 000 fielen dem Blutbad zum Opfer. Auch Griechenland jubelte M. zu. 87 erschien Sulla und nahm Athen nach langer Belagerung (87/6) ein. 86 schlug er das pontische Heer bei Chaironeia. Noch beherrschte M. die See und schickte eine 2. Armee von 80 000 Mann nach Griechenland. Auch diese wurde bei Orchomenos geschlagen, und allgemein begann der Abfall. So kam 85 ein Friede zwischen Sulla und M. zustande. M. gab alle Eroberungen heraus. Er kehrte in seine Stammländer zurück, um dort den Aufruhr niederzuwerfen, und rüstete gegen den aufständischen Bosporos. 83 fiel der röm. Statthalter Murena in Pontos ein (2. Mithridatischer Krieg). M. schlug ihn 82 am Halys und eroberte Kappadokien zurück; Sulla befahl Murena, sich an den Frieden mit M. zu halten. M. stärkte sich durch Rüstungen und ein Bündnis mit *Sertorius. Als 74 Nikomedes von Bithynien starb und sein Reich den Römern vermachte, fand der als Erbe übergangene Sohn bei M. Hilfe (3. Mithridatischer Krieg). Der Consul Cotta wurde vernichtend geschlagen. Doch sein Kollege *Lucullus operierte erfolgreich und zwang M. schließlich, zu Tigranes nach Armenien zu fliehen (71). 69 kehrte M. zurück und siegte 67 bei Zela. 66 wurde die Fortsetzung des Krieges Pompeius übertragen. M. konnte sich aus einer schweren Niederlage nach dem Bosporos retten. Von dort plante er mit den Skythen, die Völker bis zur Donau mitreißend, von Norden nach Italien einzufallen. Die Härte, mit der er die Mittel für den Krieg eintrieb, führte zur Empörung. Sein Sohn Pharnakes wurde zum König gekrönt, und M. gab sich den Tod; Pompeius anerkannte Pharnakes als Herrscher von Bosporos. M. war ein außergewöhnlich kluger und energischer Despot, ein sehr gefährlicher Feind Roms gewesen.

ThReinach, M. (deutsch von Goetz, 1895). BCMacGing, the foreign policy of M. VI Eupator, Leiden 1986. AMBadi', D'Alexandre à M., 5: M. Eupator ou la révolte d'Asie, Paris 1991.

2. Könige der *Parther. – 3. Könige von Kommagene. M. I. Kallínikos (Anf. 1. Jh. v. Chr.) erhielt durch seinen Sohn *Antiochos (II) ein Tempelgrab *(Hierothésion)* in Arsameia.

WHoepfner, Das Hierothesion des Königs M., 1983.

Mnesikles, der Architekt der *Propyläen auf der *Akropolis.
JA Bundgaard, M., a Greek architect at work, Kopenhagen 1957. CTiberi, Mnesicle, l'architetto dei Propilei, 1964.

Moesien, röm. Provinz an der unteren Donau, seit Domitian (85 n. Chr.) geteilt in *M. superior* (Serbien) und *M. inferior* (Nordbulgarien, Rumänien). Das Gebiet wurde im 1. Jh. v. Chr. von Makedonien aus unterworfen, aber die Barbaren waren noch keineswegs romanisiert, als *Ovid in Tomi an der Schwarzmeerküste M.s als Verbannter lebte. Erst 44 n. Chr. erhielt M. eine eigene röm. Verwaltung. Beim Einbruch der Goten gab man im 3. Jh. das Land nördl. der Donau auf. In der Völkerwanderung durchstreiften M. die verschiedensten Völker, bis sich im 7. Jh. Bulgaren und Slawen endgültig festsetzten.
AMócsy, Pannonia and Upper M., London 1974. RFHoddinott, Bulgaria in antiquity, London 1975. VVelkov (Hg.), Geschichte und Kultur Thrakiens und M.s, Amsterdam 1988.

Mogontíacum (Mainz), röm. Legionslager, in augusteischer Zeit errichtet an der Stelle einer keltischen Siedlung mit diesem Namen. Im 1. Jh. lagen hier zwei Legionen und das Hauptquartier von Germania superior. Sie meuterten 70 n. Chr. und erhoben sich 88 wieder gegen Domitian. Die Zivilsiedlung wurde erst unter Diocletian zum Municipium erhoben, während das Lager aufgelöst wurde.
DBaatz, M., 1962 (Limesforschungen 4). KVDecker-WSelzer, M., in ANRW II, 5,1 (1977) 457–559.

Moiren, Schicksalsgöttinnen. Gr. *Moira* heißt Anteil, Lebenslos. Homer spricht von einer M., der sich selbst die Götter fügen müssen. Hesiod und die Spätern kennen 3 M.: *Klotho*, die Spinnerin des Lebensfadens, *Lachesis*, die das Los zuteilt, und *Atropos*, die Unabwendbare, die den Lebensfaden abschneidet. In Rom entsprachen den gr. M. die 3 *Parcae* (Parzen) oder *Fatae*. *Fatum.

Molon, Apollonios, v. Alabanda, berühmter Rhetor in Rhodos. 81 v. Chr. kam er nach Rom. Cicero hörte ihn damals und suchte ihn später in Rhodos auf, ebenso Caesar.

Molosser, der führende illyrische Stamm in *Epeiros. In ihrem Gebiet lag *Dodona. Berühmt war die Zucht ihrer Hirtenhunde. Die Verfassung der M. war monarchisch. Jedoch standen neben dem König, der die Führung im Kriege behielt, zwei Oberbeamte des Volkes, die den Titel *Prostátes* führten, und die Volksversammlung.

Moneta: *Iuno.

Monophysiten, Anhänger der 451 auf dem Konzil von Chalkedon verurteilten Lehre, daß Christus nur eine, die göttliche Natur zukomme, nicht auch eine menschliche. In Syrien und Ägypten blieben die M. stark und beschworen durch ihre Opposition gegen die gr. und röm. Orthodoxie schwere politische Krisen herauf. Ein Einigungsdekret

(Henotikón) Kaiser Zenons scheiterte 482 am Widerstand beider Parteien. Zenons Nachfolger Anastasios war monophysitisch gesinnt. Iustinianus bemühte sich zeitlebens umsonst, die Spannungen auszugleichen. Der Kampf dauerte im byzantinischen Reich fort.
WHCFrend, The rise of the monophysite movement, London 1972.

Montanus gründete um die Mitte des 2. Jh. eine christliche Sekte in Phrygien. M. trat als Inkarnation des Heiligen Geistes auf; er und seine Hauptanhängerinnen Maximilla und Priscilla gaben in Ekstasen Prophezeiungen. Die Montanisten fasteten zweimal in der Woche und verdammten die Zweitehe. Frauen konnten das Priester- und Bischofsamt erlangen. Um 200 zählte der Montanismus auch im Westen viele Anhänger. In Afrika trat *Tertullianus zu ihm über, aus dessen späten Schriften der sektiererische Rigorismus deutlich wird. Noch um 400 gab es in Phrygien einen montanistischen Patriarchen von Pepuza und einen organisierten Klerus.
PdeLabriolle, La crise Montaniste, 1913. AStrobel, Das heilige Land der Montanisten, 1980.

Monumentum Ancyranum: *Ankyra.

Morpheus, hellenistischer Traumgott, Sohn des Hypnos, der den Schlafenden in vielen Gestalten *(morphaí)* erscheint.

Mosaik (lat. *musivum opus*, erst im 4. Jh. n. Chr.; die ältere Zeit umschrieb den Begriff verschieden), die Technik, auf Fußböden und Wandflächen Bilder und Ornamente herzustellen aus eingelegten kleinen Steinchen in verschiedenen Farben. In älterer Zeit nahm man natürliche Kiesel, für die kunstvolleren M. seit dem 3. Jh. v. Chr. Würfel von ca. 1/2 cm Seitenlänge aus farbigen Steinsorten oder Glas. Die ersten gr. M. wurden am Ende des 5. Jh. geschaffen (*Olynthos). Einen größeren Aufschwung nahm die Kunst zur Zeit Alexanders d. Gr., doch galten die M. noch als Luxus (*Pella). Allgemeingut wurden M.-böden in der Kaiserzeit. Eine neue Blüte brach in der chr. Kunst an (*Aquileia, *Ravenna. *Apsis). In der dauerhaften M.-technik ist manches erhalten, was uns eine Vorstellung von der verlorenen antiken Malerei gibt: Alexanderschlacht in Pompeii (*Alexander d. Gr.); *Dioskurides (3). Zahlreiche Stücke von Provinzhandwerkern finden sich auch in Schweizer Museen (Funde in Aventicum, Orbe, Münsingen und anderswo), in Deutschland und Österreich.
HPL'Orange-PJNordhagen, M., 1960. Mosaici antichi in Italia, 1967ff. WOakeshott, Die M. von Rom, 1969. GPugliese Carratelli (Hg.), Pompei, pitture e mosaici, 1990ff. VvGonzenbach, Die röm. M. der Schweiz, 1961. KParlasca, Die röm. M. in Deutschland, 1959 (Nachdr. 1970). HStern, Recueil général des mosaïques de la Gaule, 1957–91. WJobst, Antike M.-Kunst in Österreich, 1985; ders., Röm. M. aus Ephesos, 1977ff. KSchmelzeisen, Röm. M. der Africa Proconsularis, 1992. LBudde, Antike M. in Kilikien, 1969–72. – *Piazza Armerina. *Ubier.

Moschos aus Syrakus, bukolischer Dichter des 2. Jh. v. Chr. Hauptwerk: *Der Raub der Europe* (ein *Epyllion). *Bion.

TÜK: WBühler, 1960 (Hermes Einzelschriften 13). TK: MCampbell, Hildesheim 1991.

Mosella, die Mosel, poetisch beschrieben von *Ausonius.

Mucianus, C. Licinius, war 68/9 n. Chr. Statthalter von Syrien. Als sich die Truppen gegen Vitellius erhoben, bot M. dem *Vespasianus die Herrschaft an und wurde sein mächtigster Helfer.

Mucius: *Scaevola.

Münzen. – 1. Als Zahlungsmittel im Handelsverkehr: In ältester Zeit zahlte man mit Tauschware, besonders Vieh (Lat. *pecunia,* Geld, ist von *pecus,* Vieh, abgeleitet). Dann kamen Edelmetalle auf, in Stücken von bestimmtem Gewicht ausgeformt, in Kreta schon im 2. Jahrtausend v. Chr. Die runde Form der M. war noch lange nicht selbstverständlich. Altes Geld in Spießform (gr. *obelós* = Bratspieß; *obolós* = kleinste gr. Münzeinheit) weihte *Pheidon im 7. Jh. v. Chr. bei Einführung des neuen Rundgeldes in den Heratempel von Argos, wo es die Ausgrabungen wieder zutage gefördert haben. In Rom hatte man im 3. Jh. die ersten Münzen, Kupferbarren im Gewicht von 1 röm. Pfund; Silber prägten die Römer seit 269 für das fortgeschrittene Campanien, für den eigenen Gebrauch nicht vor dem Ende des Kriegs gegen Hannibal (*Denarius). Man wog beim Zahlen das Geld zu; lat. bedeutet dasselbe Wort *pendere* wägen und zahlen. Die Gewichtsbezeichnungen sind auch Münznamen. Gold münzten die Griechen erst seit hellenistischer Zeit nach dem Vorbild der Fürsten des goldreichen Kleinasien. Das geläufige Goldstück war der *Dareikós* mit dem Bild des Perserkönigs Dareios. Die Römer prägten Gold erstmals 209 v. Chr., in großem Ausmaß aber erst, seitdem *Caesar aus den Tempeln Galliens ungeheure Mengen davon nach Rom gebracht hatte. Später trugen die Goldstücke jeweils das Bild des regierenden Kaisers. Die Not des Staates führte besonders seit dem 2. Jh. n. Chr. zu fortschreitender Münzverschlechterung; im 3. Jh. kam es zu einer schweren Inflation.
2. Als Geschichtsquellen: M. wurden oft zum Gedenken an historische Ereignisse geprägt (Siege, Regierungsantritt der Kaiser usw.). Die Münzinschriften geben an, im wievielten Regierungsjahr des Kaisers sie geprägt sind. So sind sie sehr wertvolle Hilfsmittel der Chronologie. Münzbilder ergänzen das Bildmaterial, das die Statuen bieten; oft lassen sich Kaiserportraits durch Münzbilder bestimmen. Gerne benutzten die röm. Regierungen die M. zur ideologischen Propaganda (Aufschriften wie «Freiheit», «Eintracht», «Sicherheit», Disziplin»).
3. Münzbilder: Die Städte pflegten die Stadtgottheit und ein Symbol auf die M. zu setzen, z. B. Athen die Göttin Athene, auf die Rückseite die heilige Eule. Der röm. As trug das Bild des Ianus, auf der Rückseite ein *rostrum* (Schiffsbug mit Rammsporn), Silber-M. oft die Dioskuren, rückseitig ein Zwei- oder Viergespann. Seit hellenistischer Zeit trat an Stelle des Gottes das Portrait des vergotteten Monarchen. Viele antike Münzbilder sind sehr schön; besonders in Sizilien (Syrakusische Tetradrachmen) wirkten große Künstler, die z. T. durch Signaturen namentlich bekannt sind (*Euainetos. *Kimon).

Großaufnahmen: LMLanckorónski, Mythen und M., 1958. KLange, Herrscherköpfe, 1938; ders., Götter Griechenlands, 1948; ders., Schönes Geld aus 2 Jahrtausenden, 1958. PRFranke-MHirmer, Die gr. M., 2. A. 1972. JPCKent-MHirmer, Roman coins, New York 1978. GKJenkins-HKüthmann, M. der Griechen, 1972. CHSutherland, M. der Römer, 1974. – Wissenschaftlich: Einführend: KChrist, Antike Numismatik, 1972. Nachschlagewerke: BVHead, Historia nummorum, 1911 (Nachdr. 1967). Sylloge nummorum graecorum, 1931ff. (Museumsbestände einzelner Länder, Deutschland 1957ff.). EBoehringer, Die M. von Syrakus, 1929. OMörkholm, Early hellenistic coinage, Cambridge 1991. JMJones, A Dictionary of ancient Greek coins, London 1986. – EASydenham, The coinage of the Roman republic, London 1952. MHCrawford, Coinage and money under the Roman republic, London 1985. HMattingly-EASydenham, The Roman Imperial coinage, London 1923ff. HVSutherland, The Roman Imperial coinage, London 1984. RACarson, Coins of the Roman Empire, London 1990. PLStrack, Untersuchungen zur röm. Reichsprägung des 2. Jh., 1931–37. JMJones, A Dictionary of ancient Roman coins, London 1990. – Geschichte im Bild: MGrant, Roman history from coins, 1958. PRFranke, Röm. Kaiserporträts im Münzbild, 1961. KPfister, Die Frauen der Caesaren, 1951. – WGiesecke, Antikes Geldwesen, 1938.

Mulvius pons, Tiberbrücke am Beginn der Via Flaminia in Rom, seit 109 v. Chr. aus Stein anstelle einer älteren Holzkonstruktion. Über den P.M. zog *Constantinus 312 in Rom ein.

Mumienbinde, Agramer. Die A. M. trägt einen noch nicht mit völliger Sicherheit gedeuteten *etruskischen Text.
KOlzscha, Interpretation der A. M., 1939. T: Pallottino, Testimonia linguae Etruscae, 1954. AJPfiffig, Studien zu den A. M., 1963.

Mumienportrait: *Malerei.

L. **Mummius** eroberte als cos. 146 v. Chr. *Korinth und ließ es auf Befehl des Senats zerstören. Eine Menge Kunstschätze wurde nach Italien abtransportiert.

Munda, spanische Stadt bei Corduba. Caesar beendete 45 v. Chr. durch seinen Sieg bei M. den Bürgerkrieg.

Mundus hieß in Rom eine runde Grube, die als Eingang zur Unterwelt den unterirdischen Göttern heilig war. Nur an 3 Tagen im Jahr (24. Aug., 5. Okt., 8. Nov.) wurde der M. geöffnet und den *Manen ein Opfer dargebracht. An diesen Tagen unternahm man keine Sache von Bedeutung, sie galten als unheilvoll. Ähnliche Stellen waren die «Gräber» der *Acca Larentina und des Romulus, das *Tarentum* (*Saecularfeier), der *Lacus *Curtius*.

Municipium, städtische Gemeinde außerhalb Roms mit röm. Bürgerrecht und örtlicher Selbstverwaltung.
Rudolph, Stadt und Staat im röm. Italien, 1935.

Munychia (authentisch ist die Namensform Munichia), der die Halbinsel des *Peiraieus beherrschende Hügel, an dessen Fuß der östlichste Hafen Athens lag.

Musa, Antonius, Arzt, heilte 23 v. Chr. den Kaiser Augustus durch eine Kaltwasserkur.

Musaios. – 1. Schüler des Orpheus, der attische Heros der Dichter. TÜ der ihm zugeschriebenen Frg.: Vorsokr. I. Bildnis: Schefold. – 2. *Hero.

Museion, Weihestätte der Musen, nannte man gr. Schulen. In Athen war z. B. ein Musenheiligtum der Mittelpunkt der Schulen Platons (Akademie) und des Aristoteles (Peripatos). Das berühmteste M. aber gründete Ptolemaios I. in Alexandreia. Sein Beirat Demetrios v. Phaleron kannte als Theophrastschüler das Vorbild des Peripatos in Athen. Es entstand ein großes wissenschaftliches Forschungsinstitut, mit einer *Bibliothek und allen technischen Mitteln versehen, in dem gegen 100 Gelehrte ihren Studien lebten. Die Herrscher nahmen an ihrer Tätigkeit lebhaften Anteil und sorgten großzügig für alles zum Leben und Forschen Notwendige. Der Leiter des M. war jeweils Prinzenerzieher, während die Mitglieder sonst von jeder Lehrverpflichtung befreit waren. Bis 146 v. Chr. (Flucht der Gelehrten vor einer politischen Verfolgung unter Ptolemaios Physkon) war das M. in allen Wissenschaften (*Alexandreia) durchaus führend. Erst das 4. Jh. n. Chr. brachte die endgültige Auflösung.

Musen, göttliche Nymphen, denen Gesang, Musik, Tanz, Dichtung und Wissenschaft (d. h. alle nicht handwerklichen Künste) zukamen, Töchter des Zeus. Sie weilten in Pierien oder auf dem *Helikon und sangen beim Mahle der Götter im Olymp. Ihre Zahl stand in ältester Zeit nicht fest; ursprünglich waren es 2 oder 3 wie die Chariten und Horen, dann aber 9. Hesiod, der von ihnen die Dichterweihe empfing, gab ihnen zuerst die Namen: *Kleio* (lat. *Clio*), *Eutérpe, Thaléia (Thalia), Melpoméne, Terpsichóre, Erató, Polyhymnia (Polýmnia), Uranía, Kalliópe*. Bestimmte Gebiete wiesen ihnen die Griechen erst in späterer Zeit zu (s. unter den einzelnen Namen); als erste verband man nach dem Erfolg des Lehrgedichts des *Aratos *Urania* mit der Astronomie. Die 10. Muse nannte man bewundernd die Dichterin *Sappho.
M.-darstellungen in der Kunst sind sehr zahlreich. Reliefs von Mantineia, 4. Jh. v. Chr. (M. beim Wettstreit des *Marsyas mit Apollon. *Praxiteles). *Archelaos. – MWegner, Die M.-Sarkophage, 1966. WFOtto, Die M., 1955.

Musik nahm im Leben der Griechen seit ältester Zeit eine wesentliche Stelle ein. Sie gehörte, anders als bei den Römern republikanischer Zeit, zu den Künsten, die ein freier Mann schon im Knabenalter gelernt hatte. Homer läßt den Helden Achilleus seinen Gesang selbst mit der Phorminx begleiten. Seitdem die Pythagoreer die Zusammenhänge zwischen Tonhöhe und rationalen Zahlenverhältnissen erkannt hatten,

maßen auch die Philosophen, vor allem Platon, der M. einen hohen Wert bei. Ihre Wirkungen auf die Seele, verschieden je nach dem Ethos der Tonarten, wurden sehr genau studiert. Über die antike M.-theorie sind wir durch die Fachschriftsteller (z. B. *Aristoxenos, Claudius *Ptolemaeus) eingehend unterrichtet. Trotzdem wissen wir nicht, wie antike M. wirklich geklungen hat (nicht nur Halbtöne, sondern noch kleinere Intervalle; kein Kontrapunkt). Auch die wenigen Fragmente von Noten (Delphische *Hymnen, *Mesomedes, Papyrusfrg. eines Liedes aus Euripides' *Orestes* u. a.) lehren darüber nichts. Antike Elemente leben nach im Gregorianischen Kirchengesang. Hauptinstrumente waren: 1. *Lyra, *Kithara, Phorminx,* Instrumente mit gleichlangen Saiten von verschiedener Spannung und Stärke (*Hermes [*Hymnos]. *Apollon 6). 2. *Aulós,* ein oboeähnliches Blasinstrument, gewöhnlich mit zwei Rohren. Mit diesem Instrument wurden die M.partien in Tragödie und Komödie begleitet. *Marsyas. 3. Aus der **Syrinx* (Pansflöte) entwikkelte der alexandrinische Mechaniker Ktesibios die Orgel, bei welcher die Luft durch Wasser ausgepreßt wurde. 4. Weder die Signaltrompeten der Soldaten noch die Pauken und Tamburine orientalischer Kultübungen dienten zu wirklich musikalischem Gebrauch.
Quellen: Ü: ABarker, Greek musical writings, Cambridge 1984–90. Aristides Quintilianus: T: RPWinnington-Ingram, 1963 (Tb), ÜK: ThJMathiesen, New Haven 1983. – MWegner, Das Musikleben der Griechen, 1949. ThGeorgiades, M. u. Rhythmus bei den Griechen, 1958. HKoller, M. und Dichtung im alten Griechenland, 1963. AJNeubecker, Altgr. M., 1994. MLWest, Ancient Greek M., Oxford 1992. GWille, Musica Romana, 1967; ders., Einführung in das röm. Musikleben, 1977. HBesseler-HSchneider (Hg.), M.geschichte in Bildern 2 und 4/5, 1963–4.

C. **Musonius** Rufus, röm. Ritter, 2. Hälfte des 1. Jh. n. Chr., damals der bekannteste stoische Philosoph Roms, Lehrer von Epiktet. Auszüge aus seinen Diatriben gibt *Stobaios.
T (Frg.): OHense, 1905 (Nachdr. 1990, Tb). TÜ: WCapelle-RNickel, 1994 (Tusc., mit Epiktet). – ACGeytenbeek, M.R. and Greek diatribe, Assen 1963.

Mutina (Modena) in der Poebene am Fuß des Apennin, etruskische Stadt, seit 183 v. Chr. röm. Kolonie. Ihrer Lage an der Hauptstraße wegen wurde sie oft Schauplatz von Kämpfen. 44/3 v. Chr. belagerte Antonius den in M. eingeschlossenen D. Brutus, bis er dem republikanischen Entsatzheer unter Hirtius und Pansa nach zwei Schlachten weichen mußte.
PGolinelli, Storia illustrata di Modena 1, dalla preistoria al medioevo, Milano 1990.

Mykale, Vorgebirge Kleinasiens gegenüber Samos, wo 479 v. Chr. die persische Flotte von den Griechen geschlagen wurde.

Mykenai, uralte vorgr. Stadt im innersten Winkel der Argolis, der Sage nach von *Perseus gegründet, Königsburg des *Pelops, *Atreus und *Agamemnon. Die Ausgrabungen (deutsche durch Schliemann seit 1874,

britische und griechische in neuerer Zeit) haben Spuren der Besiedlung schon im 3. Jahrtausend erwiesen. Am Westhang des Burgfelsens fand Schliemann die Schachtgräber der Könige aus dem 16. Jh. v. Chr. unversehrt mit reichen Goldschätzen (Schmuck, Totenmasken, Gerät und Waffen). 1951 sind außerhalb der Burgmauer 25 neue Schachtgräber mit ähnlichem Inhalt entdeckt worden. Sie zeigen die große Bedeutung der kretischen Kultur in dieser Zeit; neben Import aus *Kreta finden sich einheimische Werke nach dem fremden Vorbild. In die Blütezeit M.s (1400–1250 v. Chr.) gehören die Palastanlage auf der Burg, der *kyklopische Mauerring mit dem Löwentor (genannt nach dem Relief über dem Türsturz) und die 9 Kuppelgräber *(Tholoi)*, unter denen das sog. Schatzhaus des Atreus das bedeutendste ist. Die Kuppel dieses Rundbaus (Durchm. 14,5 m, Höhe 13,2 m), ohne Bindemittel nur durch den Druck der Steine gehalten, wurde erst übertroffen durch die andersartigen Kuppelbauten der röm. *Architektur (*Baiae. *Pantheon: sog. echtes Gewölbe). Schrifttafeln in Linear B-*Schrift haben erst die Grabungen nach 1950 in größerer Zahl erbracht. Diese Grabungen haben auch Privathäuser aufgedeckt (das Haus eines Wein- und Ölhändlers; das «Haus der Sphingen»). Nach der Zerstörung der Macht Kretas trat M. um 1400 dessen Erbe an (kretisch-mykenische Kultur). Bald nach 1200 wurde es zerstört. Erst im 7. Jh. entwickelte sich wieder ein Städtchen, dessen Bürger in den Perserkriegen 480/79 mitkämpften. Kurz danach zerstörten die Bürger des aufstrebenden Argos die Rivalin gründlich. Im späten Altertum (*Pausanias [3]) war M. eine von Touristen vielbesuchte Ruinenstätte.
Gr.-britische Ausgrabungen 1959–69: WTaylour-EFrench-KWardle, Well built M., Warminster 1980ff. – RMatton, Mycènes et l'Argolis antique, Paris 1966. WTaylour, the Mycenaens, 2. A. London 1982. GMylonas, M., a guide, 4. A. 1973. JChadwick, Die mykenische Welt (Reclam). *Kreta.

Mylai, Halbinsel und Stadt an der Nordküste Siziliens, bekannt durch die Seesiege des *Duilius über die Karthager (260 v. Chr.) und des M. *Agrippa über S. Pompeius (36 v. Chr.).

Mylasa (Milas), Stadt in Karien, in deren Nähe ein berühmter Tempel eines als Zeus Osogo verehrten alteinheimischen Gottes lag. Verehrt wurde neben ihm der Zeus der Nachbarstadt *Labraunda. König *Mausolos verlegte um 360 v. Chr. seinen Regierungssitz von M. nach Halikarnassos. In der Römerzeit war M. eine freie Stadt, wurde aber im Bürgerkrieg 40 v. Chr. von *Labienus verwüstet.

Myrmidonen, bei Homer die Gefolgsmannen des Achilleus aus Phthia in Thessalien.

Myron aus Eleutherai (attisch-boiotische Grenzstadt), Bronzegießer um 450 v. Chr. In Kopien kennen wir: Gruppe von *Athene und *Marsyas*, *Diskoswerfer* und vielleicht einen *Perseus mit dem Haupt der getöteten Medusa*. In der Lit. hochberühmt, für uns verschollen, war eine *Jungkuh*, deren Naturwahrheit oft gepriesen wird. M.s Vorzüge lagen in der lebendigen Bewegtheit der Körper.
PEArias, Mirone, 1940. GDaltrop, Athena des M., 1983.

Myrrha: *Kinyras.

Myrtilos, Wagenlenker des Oinomaos: *Pelops.

Mys, ein Toreut (Bildner von getriebenen Erzarbeiten). Am Schild der ehernen Athene Promachos des Pheidias auf der Akropolis schuf er den Reliefschmuck, den Kampf der Lapithen und Kentauren, nach Zeichnungen des Parrhasios.

Mysien, Landschaft Nordwestkleinasiens, Schauplatz der *Telephos- Sage. Seit 280 v. Chr. war M. das Kernland des Königreichs *Pergamon.
ESchwertheim (Hg.), Mysische Studien, 1990.

Mysterien, Geheimkulte, die den Gläubigen Reinigung von den Sünden und ein glückliches Leben im Jenseits zusicherten. Über die Kulthandlung *(Drómena)* waren die Eingeweihten *(Mystai)* zu heiligem Schweigen verpflichtet, so daß wir davon, obwohl viele Tausende aus allen Volksschichten daran teilnahmen, so gut wie nichts wissen. Die wichtigsten M. der klassischen Zeit waren: – 1. Die der *Demeter (mit Kore und Iakchos-Dionysos) in Eleusis. – 2. Die der *Kabeiren in Samothrake. – 3. Die der *Orphiker, an keinen bestimmten Ort gebunden. – In hellenistischer Zeit verbreiteten sich zahlreiche aus dem Orient eingedrungene M.-religionen (*Kybele, *Isis, *Mithras), zu denen in gewissem Sinne auch das Christentum gehörte. Sie fanden besonders in Rom Eingang. 186 v. Chr. unterdrückte der Senat mit blutiger Strenge die *Bacchanalia, was aber die spätere Verbreitung der M. nicht hemmte.
Quellen: MMeyer, The ancient mysteries, 1987. RReitzenstein, Die hellenistischen M.-religionen, 1927 (Nachdr. 1982). CSchneider, Die antiken M. in ihrer Einheit und Vielfalt, 1979. WBurkert, Antike M., 1994. MGiebel, Das Geheimnis der M., 1990. DLauenstein, Die M. von Eleusis, 1987.

Mytilene, Hauptstadt der Insel Lesbos, 428 v. Chr. von den Athenern für ihren Abfall vom Seebund schwer gestraft (*Thukydides 3, 2ff). 1961–63 wurde ein Haus des 3. Jh. n. Chr. ausgegraben, dessen Mosaikfußböden Szenen aus Komödien des *Menandros zeigen.
SCharitonidis-LKahil-RGinouvès, Les mosaïques de la maison de Ménandre à Mytilène, 1970.

N

Nabatäer: *Petra.

Nabis, Tyrann von Sparta 207–192 v. Chr., versuchte das von *Philopoimen geschlagene Lakedaimon wieder aufzurichten, indem er Heloten ins Bürgerrecht aufnahm und durch eine soziale Reform die unteren Schichten für sich gewann. Sein Streben, außenpolitisch Macht zu erlangen, löste Kriege gegen Rom und die Achäer aus. Die Aitoler ließen ihn 192 ermorden; Sparta verlor seine Selbständigkeit.
JGTexier, N., Paris 1975.

Cn. **Naevius** aus Campanien, der erste wirkliche Dichter in Rom. Er schrieb seit 235 v. Chr. *Komödien* und *Tragödien* nach gr. Muster, begründete die nationalröm. Tragödie (*Praetexta) mit den Stücken *Romulus* und *Clastidium* (Sieg des *Marcellus über Viridumarus 222) und besang den 1. *Punischen Krieg* in einem Epos im altröm. Versmaß des *Saturniers. Wegen seiner Angriffe auf die röm. Aristokratie ließ ihn *Metellus (1) einkerkern. Um 201 v. Chr. starb er in der Verbannung in Utica. Sein großes Verdienst ist es, erstmals dem Nationalgefühl der Römer Ausdruck verliehen zu haben, indem er Stoffe der röm. Geschichte behandelte.
T: Marmorale, Florenz 1950. TÜ (engl.): Remains of old Latin II (Loeb L.). *Bellum Punicum:* T: WMorel-KBüchner-JBlänsdorf, Frg. poetarum Latinorum, 1994 (Tb). – WRichter, Das Epos des N., 1960.

Nag Hammadi, das antike Chenoboskion, Fundort von 13 koptischen Papyrus-Codices mit Texten der *Gnosis.

Naiaden, Wassernymphen (*Nymphen).

Namatianus, Claudius Rutilius, röm. Stadtpraefekt 414 n. Chr., verfaßte 417 in elegischer Form eine Beschreibung seiner Rückreise in die gallische Heimat (2 Bücher; vom 2. nur der Anfang erhalten).
T: Woestijne, Antwerpen 1936. TÜ: EDoblhofer, 1972. K: Ders., 1977.

Namengebung. Bei den Griechen erhielten die Kinder am 7. oder 10., in Rom die Mädchen am 8., die Knaben am 9. Tage nach der Geburt ihren Namen. Die gr. Namen waren meist in der altererbten indogermanischen Weise zusammengesetzte Wörter aus 2 Teilen, z. B. *Peri-kles* (der großen Ruhm hat), *Theo-doros* (Gottesgeschenk); der Rennsport treibende Adel liebte Namen mit *hippos* (Roß): *Philippos* (Pferdeliebhaber). Aristophanes (*Wolken* 60) läßt den Bauern, der eine adlige Frau geheiratet hat, klagen, wie er sich mit ihr um den Namen des Sohnes gestritten habe. Sie wünschte *Xanthippos* (der fuchsfarbige Rosse hat), er *Pheidonides* (Sohn sparsamer Väter). Schließlich einigte man sich auf *Pheidippides* (Sohn des Rossesparers!). Daneben gab es auch nichtzusammengesetzte einfache Namen, von denen ein Großteil als Spitznamen (Kosenamen) aus ursprünglich zweigliedrigen verkürzt ist (vgl. Friedrich - Fritz), z. B. *Kleon* (aus *Kleobulos* oder ähnlichem Namen). Aber Namen wie *Simon* (zu *simós*, stumpfnasig), *Platon* (zu *platys*, breitschultrig) waren von jeher einstämmig. Zur Unterscheidung konnte man den Vatersnamen hinzusetzen, gewöhnlich im Genetiv, bei Homer mit den Ableitungssilben *-ides (-iades)* oder *-ion, -ios* (*Atreides* = Sohn des Atreus).

Ganz anders war das röm. Namensystem. Es hatte die indogermanische Einnamigkeit aufgegeben. Die Vermutung von W. Schulze, es sei dabei etruskischer Einfluß im Spiel gewesen, gilt als widerlegt (H. Rix, s. u.). Der Römer hatte grundsätzlich 2 Namen: Vornamen *(praenomen)* und Geschlechtsnamen *(nomen gentile)*, zu denen als 3. der Beinamen *(cognomen)* treten konnte, der ursprünglich ein individuelles Charakteristikum bedeutete, sich aber auf die Nachkommen des 1. Trägers vererbte und den von ihm abstammenden Zweig des Geschlechts bezeichnete. In diesem Falle konnte ein neues individuelles Cognomen hinzugefügt werden, z. B.: *Lucius* (Praenomen) *Cornelius* (Gentilnomen) *Scipio* (erbliches Cognomen) *Barbatus* (der Bärtige, individuelles Cognomen). Abkürzungen der Vornamen s. oben S. IX. Sehr bezeichnend für die Nüchternheit der Römer ist es, daß sie ihren Kindern oft Nummern als Vornamen gaben: *Tertia* (Tochter Nr. 3), *Quintus* (Sohn Nr. 5), *Sextus* (Nr. 6), *Decimus* (Nr. 10). Zur Unterscheidung fügte man in Urkunden nach dem Gentilnomen, also vor den Cognomina, noch das Praenomen des Vaters im Genitiv bei mit dem Zusatz *f.* (= *filius*, Sohn des ...) und die Angabe der Tribus, in welcher der Namensträger amtlich geführt wurde. Mit dem röm. Recht ist auch das röm. System von Vor- und Geschlechtsnamen von allen Völkern abendländischer Kultur übernommen worden. Seit dem 2./3. Jh. n. Chr. übernahm man nach östlichem Vorbild auch im lat. Sprachbereich die Sitte, neben dem offiziellen mehrgliedrigen Namen noch einen einfachen Rufnamen (*supernomen* oder *signum*) zu führen. Es konnte z. B. ein Spitzname oder Kosename sein; besonders romanisierte Nichtrömer pflegten so ihren alten Namen neben dem mehrgliedrigen römischen zu bewahren (z. B. *M. Plotius Paulus, qui et Zosimus*).

FBechtel, Die histor. Personennamen des Gr., 1917. BDoer, Die röm. N., 1937. WSchulze, Zur Geschichte lat. Eigennamen, 1933 (Nachdr. 1966). HRix, Das etruskische Cognomen, 1963. IKajanto, The latin cognomina, 1965; ders., Supernomina, 1966. L'onomastique latine (Colloques internat. du CNRS), Paris 1977. Solmsen-Fränkel, Indogermanische Eigennamen als Spiegel der Kulturgeschichte, 1922.

Narbo (Narbonne), Stadt in Südgallien (Verbindung vom Rhonetal nach Spanien) am Flusse Atax, nach 118 v. Chr. röm. Kolonie und Hauptstadt der *Provincia Narbonensis* (Provence).

MGayraud, Narbonne antique, Paris 1981. ALFRivet, Gallia Narbonensis, London 1988.

Narkissos (lat. *Narcissus*). – 1. Der schöne Sohn des Flußgottes Kephisos, verschmähte alle, die sich in ihn verliebten, und wurde dafür gestraft: Als er sich über eine Quelle beugte, sah er im Wasserspiegel sein eigenes Bild, wurde von Liebe dazu ergriffen und verzehrte sich in unstillbarer Sehnsucht. Er wurde in die Blume Narzisse verwandelt (*Ovid, *Met.* 3, 339–510). Pompeianische Wandgemälde. – 2. Narcissus, allmächtiger Freigelassener des Kaisers Claudius.

Narses, armenischer Eunuch, bekleidete unter *Iustinian höchste Hofämter und militärische Kommandos (551/4 n. Chr. Sieg über die letzten Goten in Italien). Er starb bald nach seiner Absetzung 567 in Rom.

Naturwissenschaften. Der Anfang der N. liegt bei den ionischen Naturphilosophen, die sich mit den Problemen der Weltentstehung und den Prinzipien der Naturvorgänge befaßten (Thales). Die meisten vorsokratischen Denker trieben Naturforschung; der Buchtitel *Perí phýseos* (Über die Natur) kehrt fast bei allen wieder. Sokrates wandte sich von der kosmologischen Forschung ab. Aber die sokratischen Schulen, vor allem die des Aristoteles und Theophrastos, kehrten zu den N. in einem neuen Sinne zurück: Sie sammelten und verwerteten ein gewaltiges Beobachtungsmaterial von Naturtatsachen. Alle Zweige wurden dann auch im Museion von Alexandreia gepflegt: *Mathematik, *Astronomie, *Geographie, Botanik und Zoologie, *Medizin, Physik und angewandte Technik. Die Römer waren keine wissenschaftlichen Forscher. Doch sammelte Plinius in seiner *Naturkunde* das zu seiner Zeit erreichte Wissen; das verdienstvolle Buch blieb bis in die Neuzeit anerkannt. Andere röm. Schriftsteller griffen interessante Einzelheiten heraus, z. B. Seneca in den *naturales quaestiones* (naturwissenschaftliche Probleme).
Heiberg, Gesch. der Mathematik und N. im Altertum, 1925. ONeugebauer, The exact sciences in antiquity, 2. A., Providence 1957. ARey, La science dans l'antiquité (5 Bde), Paris 1930–48. GSarton, A history of science, Bd. 1–2, 1953–59. KvFritz, Grundprobleme der Gesch. der antiken Wissenschaft, 1971. AStückelberger, Einführung in die antiken N., 1988. – Ü (Ausw.): MRCohen – IEDrabkin, A source book in greek science, 1959.

Naukratis (Kom Gicif), milesische Handelskolonie im Nildelta seit dem 7. Jh. v. Chr., vom Pharao Amasis um 560 mit einem Monopol für den gr. Handel ausgestattet. N. blieb auch nach der Gründung Alexandreias ein wichtiger Platz. Reiche Vasenfunde.
Ausgrabungen: WDECoulson, N., preliminary report, Malibu 1981.

Naukydes, Bildhauer um 400 v. Chr. in der Nachfolge des Polyklet. Ihm wird die in Kopien erhaltene Statue eines antretenden Diskoswerfers zugewiesen.
DArnold, Die Polykletnachfolge, 1969.

Naumachia, Seeschlacht. Um den Reiz der Gladiatorenspiele zu steigern, verlegte man sie aufs Wasser. Caesar ließ 46 v. Chr. bei seinem Triumph einen künstlichen See auf dem Marsfeld graben und 1000 Bewaffnete und 2000 Ruderer als Tyrer und Aegypter eine Seeschlacht aufführen. Der See, den Augustus für seine N. jenseits des Tiber anlegte, war 530 m lang und 350 m breit. Nero führte in einem hölzernen Amphitheater, in das Wasser eingelassen werden konnte, Land- und Seekämpfe abwechselnd vor. Titus tat dasselbe in seinem gleichfalls dafür eingerichteten steinernen *Amphitheater, dem sog. Colosseum.

Naupaktos, Haupthafen der West-*Lokrer. N. beherrschte die Einfahrt in den Golf von Korinth.

Nauplios, Held der Sage von Argos, Sohn der Amymone und des Poseidon, Vater des Palamedes, Gründer-Heros der Stadt Nauplia. Als die Griechen Palamedes vor Troia gesteinigt hatten, sann er auf Rache. Er täuschte die zu Schiff heimkehrenden Sieger durch falsche Feuersignale auf dem euboiischen Vorgebirge Kaphareus, so daß die meisten an den Klippen strandeten und umkamen.

Nausikaa, Tochter des Phaiakenkönigs Alkinoos, die anmutigste Jungfrauengestalt in Homers *Odyssee* (Buch 6ff.).

Naxos. – 1. Die größte Insel der Kykladen, sehr fruchtbar. Berühmt war der Wein: Der Rebengott Dionysos und seine Gemahlin Ariadne waren die Hauptgötter der Insel. Sie war schon im vorgr. 2. Jahrtausend besiedelt. Im 7. Jh. v. Chr. lag N. im Krieg mit der Nachbarinsel Paros; *Archilochos fiel dabei als parischer Söldner. Auf Delos wurde eine Kolossalstatue des Apollon geweiht und im 6. Jh. die Halle der Naxier errichtet. Unter dem Tyrannen Lygdamis (bis 524), der mit Peisistratos und Polykrates befreundet war, endete die Blütezeit. Die Perser brandschatzten N. 490; die 480 zur Heeresfolge gezwungenen Naxier gingen aber zu den Griechen über. – 2. Die älteste gr. Kolonie auf Sizilien, um 735 von Chalkidiern und Naxiern gegründet, 403 von Dionysios (1) zerstört. Am Berg oberhalb N. entstand die neue Stadt *Tauromenion. Ausgrabungen.

Neapolis (Neapel), auch Parthenope genannt, als gr. Kolonie von Kyme (*Cumae) etwa um 600 v. Chr. gegründet. Seit 326 mit Rom verbündet, bewahrte es dennoch sein Griechentum. Da der Weltverkehr durch den nahen Hafen Puteoli ging und das Getriebe des Vergnügungspublikums sich im Badeort Baiae konzentrierte, blieb N. eine stille, geistig kultivierte Stadt. Sie war der Lieblingsaufenthalt Vergils, dessen Grab vor ihren Toren liegt.
JHd'Arms, Romans in the Bay of Naples, 1970. MNapoli, Napoli greco-romana, 1959. VGleijeses, La storia di Napoli, Napoli 1974, 1–90.

Nearchos, ca. 369–314 v. Chr., Admiral Alexanders d. Gr. Er fuhr mit der Flotte vom Indus bis zur Euphratmündung und sollte eine Expedition nach Arabien führen, als der König starb. In den Diadochenkämpfen trat er nicht hervor. Seine wertvollen Beobachtungen veröffentlichte er in einem *Fahrtbericht*, den *Arrian in seiner *Indiké* benutzt hat.
T: Jacoby II Nr. 133 (*Geschichtsschreibung). Ü (Ausw.): OSeel, Antike Entdeckerfahrten, 1961. – Berve (*Diadochen).

Negauer Helme, 23 nach dem Fundort in der Steiermark genannte, 1811 entdeckte röm. Bronzehelme, 3 für Reiter, 20 für Fußsoldaten der

Hilfstruppen. Sie stammen wahrscheinlich aus der Zeit des Pannonischen Aufstandes 6–9 n. Chr. Die eingeritzten Inschriften in einheimischer Schrift geben vermutlich die Namen der Träger und deren Truppeneinteilung wieder. Der Name *Harigasti* auf einem der Reiterhelme ist vielleicht das älteste Schriftdenkmal in germanischer Sprache; doch läßt sich der Text auch als rhätisch deuten.
REgger, Die Inschrift des Harigasthelmes, Anzeiger d. österr. Akad., Phil.-hist. Kl., 1959, 79–91.

Nekropole, Gräberstadt. Besonders die *Etrusker legten für ihre Toten große Anlagen mit reich ausgeschmückten Kammern an. *Malerei.

Nékyia, das 11. Buch der *Odyssee*, das die Fahrt ins Totenreich erzählt. *Unterwelt.

Neleus, König von *Pylos, Sohn der *Tyro, Vater *Nestors.

Nemausus (Nîmes), alte keltische Siedlung im unteren Rhonetal beim Heiligtum der gleichnamigen Quellgottheit; seit Augustus röm. Kolonie. Es sind ansehnliche Bauten erhalten, darunter Teile der Stadtmauer, ein Amphitheater, ein Saalbau mit Tonnengewölbe im Quellbezirk und vor allem die sog. «Maison carrée», das besterhaltene Beispiel für den röm. Tempel (*Architektur). Der großartige «Pont du Gard» ist Teil des Aquädukts, der die Stadt mit Wasser versorgte.
RGrand-ChLacour, N.-Nîmes, Nîmes 1984. HAliquot, Nîmes, Usès, le pont du Gard, Guide historique, Avignon 1972.

Nemea, Stadt an der Hauptstraße von Arkadien nach dem Isthmos von Korinth. Im Tal von N. wurden zu Ehren des Zeus panhellenische *Spiele, die *Némea*, abgehalten. Sie knüpften an die Sage von *Hypsipyle und Opheltes, dem Sohn der Stadtheroine N. an. Eine andere Ortssage erzählt vom nemeischen Löwen (*Herakles). Von dem dorischen Zeustempel des 4. Jh. v. Chr., dessen Dach schon zur Zeit des Pausanias im 2. Jh. n. Chr. eingefallen war, stehen noch 3 Säulen aufrecht.
BHHill, The Temple of Zeus at N., Princeton 1966.

Nemesianus, M. Aurelius Olympius, Dichter des 3./4. Jh. n. Chr. aus Karthago, schrieb *Bukolika* und ein Lehrgedicht *Über die Jagd*.
TK: HJWilliams, Leiden 1986. TÜ: Loeb L. (Minor lat. Poets).

Nemesios, Bischof von Emesa, christlicher Neuplatoniker, schrieb um 400 in gr. Sprache *Über die Natur des Menschen*.
T: MMorani, 1987 (Tb). Ü: EOrth, 1925. ÜK: WTelfer, Cyril of Jerusalem and N. of E., 1955. – WJaeger, N. v. E., 1914. AKallis, Der Mensch im Kosmos, 1978 (Diss. Münster).

Nemesis (das Zuteilen [des gebührenden Urteils]). Bei Homer ist *n.* noch nicht Eigenname; es bedeutet das «Verargen» von etwas Unrechtem durch die öffentliche Meinung. Die Göttin N. teilte die verdiente Strafe zu für Missetat und Überheblichkeit im Glück. In dieser Eigenschaft verband sie sich mit *Adrásteia* (der Unentrinnbaren). Alte Kulte der N. gab es in *Rhamnús und Smyrna. Statue: *Agorakritos.

Nemisee *(lacus Nemorensis)*, Kratersee in den Albanerbergen, kleiner als der benachbarte *Albanersee. Wie dieser wurde er schon von den alten Latinern reguliert. Das Wasser fließt durch einen 1,6 km langen Stollen ab. Auf dem Seegrund lagen zwei Prunkschiffe (Länge 64 und 72 m) aus der Zeit Caligulas. Sie waren damals am Ufer befestigt gewesen, nicht zum Fahren bestimmt, sondern als schwimmende Paläste und Bäder. Die Schiffe sind 1930/31 durch Absenkung des Sees geborgen worden, aber im Krieg 1944 verbrannt.
GUcelli, Le navi di Nemi, Rom 1940. LDevoti, Campagna romana speculum Dianae, Il lago della selva Aricina, oggi di Nemi, Frascati 1987.

Neoptolemos, auch *Pyrrhos* (Rothaar) genannt, der Sohn des *Achilleus und der Deidameia. Nach dem Tode Achills holte ihn Odysseus von Skyros nach Troia. N. war bei den Helden, die sich in das hölzerne Pferd einschließen ließen und durch diese List nach Troia hineingelangten. Er wütete furchtbar in der eroberten Stadt: Den greisen König *Priamos erschlug er am Altar und brachte dessen Tochter *Polyxena am Grabe des Achilleus als Menschenopfer dar. Aus der Kriegsbeute fiel ihm *Andromache zu, mit der er den Molossos zeugte, den Ahnherrn der Könige von Epeiros. Dann heiratete er Hermione, die Tochter des Menelaos, wurde aber von deren früherem Bräutigam Orestes in Delphi ermordet. Als edlen Jüngling zeichnet ihn Sophokles im **Philoktetes.*

Neoteriker (gr. *neóteroi*, die Neueren) nannte sich um die Mitte des 1. Jh. v. Chr. ein Dichterkreis in Rom, der dem hellenistisch-*alexandrinischen Stil (*Euphorion) huldigte. Anreger war der Grieche *Parthenios, das genialste Mitglied *Catullus. Weitere N.: *Cato (3), *Cinna, *Gallus, *Calvus.

Nepos, Cornelius, röm. Geschichtsschreiber, ca. 100–25 v. Chr., aus dem transpadanischen Gallien. Er war befreundet mit Cicero, Atticus und Catullus, der ihm sein Gedichtbuch widmete. Er schrieb unter anderem einen *chronologischen Abriß der Weltgeschichte* und eine Biographiensammlung *Berühmte Männer*, aus der uns das Leben des Atticus und des alten Cato erhalten sind. Eine unter dem Namen des Aemilius Probus überlieferte Sammlung von Biographien nichtröm. Feldherrn haben die Philologen der Neuzeit mit Sicherheit als einen Teil des Werkes von N. erkannt. N. war kein Gelehrter, sondern schrieb zur Unterhaltung eines weiteren Leserkreises. Sachlich sind ihm manche Irrtümer unterlaufen; doch das Ziel einer leicht faßlichen Darstellung hat er erreicht. Er wurde trotz seiner Mängel viel gelesen.
T: PKMarshall, 3. A. 1991 (Tb). TÜ: HFärber, 1952 (Tusc.). PKrafft, 1994 (Reclam). Ü: GWirth, 1992. ÜK (Ausw.): NHorsfall, Oxford 1989.

Neptunus, altröm. Gott des Wassers in Flüssen und Seen und, nach Gleichsetzung mit dem gr. *Poseidon, auch des Meeres. Das Fest der *Neptunalia* wurde am 23. Juli fröhlich in Laubhütten gefeiert.

L. **Neratius** Priscus, röm. Jurist und Freund des Kaisers Traianus, der einige Zeit schwankte, ob er N. oder Hadrianus zum Nachfolger ernennen solle.

Nereiden, Töchter des Meergreises N e r e u s . 50 an der Zahl und alle von schöner Gestalt, erscheinen sie als niedere Meeresgöttinnen. Einzeln treten unter ihnen nur *Thetis, die sich dem Sterblichen Peleus vermählte, und *Galateia hervor. Der schöne Mädchenreigen war ein sehr beliebtes Thema der Künstler; oft stellte man die N. auf Seeungetümen reitend dar.
ARumpf, Die Meerwesen auf den antiken Sarkophagreliefs, 1939. WAP-Childs-PDemargue, Le monument des Néréides, Paris 1989 (Fouilles de *Xanthos 8, 1–2).

Nero, im Geschlecht der *Claudier (5) erblicher Beiname. – N., Kaiser 54–68 n. Chr., wurde 37 in Antium geboren. Er war der Sohn der jüngern *Agrippina und des Cn. Domitius Ahenobarbus. Nach der Heirat mit dem Kaiser Claudius setzte Agrippina die Adoption ihres Sohnes durch. So erhielt L. Domitius Ahenobarbus den Namen Nero Claudius Drusus Germanicus Caesar. Er heiratete Octavia, die Tochter des Claudius, und wurde nach dessen Tod 54 von den Praetorianern zum Kaiser ausgerufen. Der Praetorianerpraefekt Burrus und der Erzieher *Seneca übten einen starken und guten Einfluß auf den jungen Herrscher aus. So waren die ersten Jahre der Regierung segensreich; bei der großen Kunstliebe Neros erhoffte man ein neues augusteisches Zeitalter. Doch er entartete. 55 ließ er Britannicus, den leiblichen Sohn des Claudius, vergiften. Als ihm die herrschsüchtige Mutter unbequem wurde, ließ er sie 59 ermorden. Auch Burrus starb 62 durch Gift. Octavia verstieß er und ließ sie töten, um die sittenlose Poppaea Sabina zu heiraten. Als 64 ein Riesenbrand 6 Tage lang wütete und fast 3/4 von Rom einäscherte, genoß N. auf dem Dach seines Palastes das Schauspiel und besang dazu den Untergang Troias. Den Verdacht, er selbst habe den Brand legen lassen, lenkte er auf die Christen ab und richtete sie in großer Zahl hin («Lebende Fackeln» in seinen Gärten). Auf der Brandstätte baute er sein *Goldenes Haus*, einen Palast von riesigen Ausmaßen und unerhörtem Luxus. Das Geld für die rasenden Verschwendungen und Ausschweifungen wurde durch Konfiskationen reicher Vermögen und Münzverschlechterung beschafft. Mehrere Verschwörungen entstanden; in die größte, die des *Piso (4), waren auch Seneca und *Lucanus verwickelt, und beide wurden 65 zum Selbstmord gezwungen. Der eitle Kaiser trat selbst als Rennfahrer im Zirkus, als Schauspieler und Sänger auf und unternahm 66 eine Konzerttournee nach Griechenland. An den Grenzen hatten unterdessen tüchtige Generale wie *Corbulo in Armenien, Suetonius Paulinus in Britannien, erfolgreich gekämpft. Endlich erhoben sich die Heere in den Provinzen gegen das schändliche Treiben des Hofes. In Gallien rief man Vindex, in Spanien Galba zum Kaiser aus. Von Praetorianern und Senat verlassen, entschloß sich N. mit dem Wort: «Welch ein Künstler stirbt in mir!» zum Tode, um nicht den Häschern in die Hände zu fallen. Mit ihm starb das iulisch-claudische Kaiserhaus aus.

•Tacitus, *Annalen* 13ff. •Sueton. Portrait: Kopf im Thermenmuseum, Rom. – GWalter, N., 1956. MTGriffin, N., the end of a dynasty, London 1984. VRudich, Political dissidence under N., London 1993. ABoëthius, The golden house of N., Ann Arbor 1960.

Nerva, M. Cocceius, Kaiser 96–98 n. Chr., aus altem plebeischem Geschlecht, geboren 30 n. Chr. Er war schon zweimal Consul gewesen (71 und 90), als er die Regierung antrat. Mild und umsichtig tilgte er die Spuren der Schreckensherrschaft Domitians und stellte die Rechte des Senats wieder her. Er errichtete eine staatliche Stiftung zur Erziehung von freigeborenen Kindern wenig begüterter Eltern. Seiner Schwäche bewußt, adoptierte er den energischen Traian und machte ihn 97 zum Mitregenten.
Portrait: Büste im Thermenmuseum, Rom. Herrscherbild. – AGarzetti, N., 1950.

Nervier, Stamm der Belgae, nach Strabon und Tacitus germanischer Herkunft. Sie siedelten zwischen Sabis (Sambre) und Scaldis (Schelde) bis ans Meer. Caesar, der 57 und 54/53 v. Chr. sehr schwere Kämpfe mit ihnen zu bestehen hatte, nennt die N. das kriegerischste Volk in Gallien.

Nessos, ein Kentaur: •Herakles.

Nestor, König von •Pylos. Herakles hatte ihm 11 Brüder erschlagen, so daß er allein von den Söhnen des Neleus am Leben blieb. Als Greis nahm N. am Troianischen Krieg teil, und wenn ihm auch die Kraft der Jugend, von der er gern erzählte, geschwunden war, so standen doch sein weiser Rat, seine Rechtlichkeit und seine sprichwörtliche Beredsamkeit bei den Griechen in hohem Ansehen.

Nestorbecher. Homer beschreibt in der *Ilias* (11, 632–7) ein großes Gefäß, an dessen 4 Henkeln je 2 goldene Tauben angebracht sind und in dem der breiige «Mischtrank» für Nestor und seinen Gast zubereitet wird. Schliemann hat im 4. Schachtgrab von Mykene einen goldenen Trinkbecher gefunden, der Henkel und Tauben aufweist, und ihn als N. angesprochen, was schon der unterschiedlichen Größe wegen nicht richtig sein kann. Die Berühmtheit des homerischen N. schon im 8. Jh. v. Chr. zeigt die Inschrift auf einem spätgeometrischen Napf von Ischia, dem zum Scherz noch größere Vorzüge als dem N. zugeschrieben werden.
Wace-Stubbings, A Companion to Homer, 1962, 536. GBruns, in Archaeologia Homerica, Q 25. RHampe, in Gymnasium 63, 1956, 36f. (vgl. Heubeck, ebd. 71, 1964, 64f.). WSchadewaldt, Von Homers Welt und Werk, 3. A. 1959, S. 413-416 und 488.

Nestorios, 428–431 Patriarch von Konstantinopel, wurde auf Betreiben des Kyrillos von Alexandreia zum Ketzer erklärt. Die Sekte der Nestorianer bestand im Orient noch jahrhundertelang. Unter Kaiser Zenon verfolgt, wanderte eine Gruppe aus Edessa nach Persien aus und bildete dort um 480 in Nisibis ein Zentrum gr. Wissenschaft, aus dem

berühmte Ärzte hervorgingen. Als chr. Kirche im Perserreich anerkannt, sandten die Nestorianer ihre Missionare bis nach China.
MJugie, N. et la controverse nestorienne, 1912. LIScipioni, N. e il concilio di Efeso, Milano 1974.

Neuplatonismus, die letzte bedeutende philosophische Schule der Antike. Begründet in Alexandreia von Ammonios Sakkas (Anfang 3. Jh. n. Chr.), erreichte der N. seine Höhe mit *Plotinos und *Porphyrios. Nach ihnen waren die Mystiker *Iamblichos und der Systematiker *Proklos führend. Ausgehend von Platons *Ideenlehre nahm der N. alle anderen philosophischen Systeme in sich auf (Kommentare zu Aristoteles, pythagor. Mystik). Sein Ziel war, über die Stufe des rationalen Erkennens hinaus durch Ekstase zur innern Schau der Gottheit zu gelangen, zum Eingehen in das Eine, den Urgrund allen Seins. Im N. sammelten sich die geistigen Kräfte des Heidentums zum Kampf gegen das Christentum. Die Christen beantworteten die scharfsinnigen Angriffe mit blutiger Gewalt (*Hypatia). Schließlich verbot Iustinian 529 n. Chr. die Vorlesungen an der Schule in Athen.
TÜK: HDörrie, Der Platonismus in der Antike 1–3, 1987–93. – WTheiler, Vorbereitung des N., 2. A. 1964. CZintzen, Die Philosophie des N., 1977 (WdF). LGWesterink, Texts and Studies in N. and Byzantine literature, Amsterdam 1980.

Virius **Nicomachus** Flavianus, im 4. Jh. die führende Persönlichkeit im Kreise der am Heidentum festhaltenden traditionsstolzen Senatoren Roms. *Symmachus *(Briefe 2, 1–91)* stand in regem Briefverkehr mit ihm, *Macrobius führte ihn in seine *Saturnalia* als gelehrten Dialogteilnehmer ein. Als N. das Scheitern des gegen die Christianisierungspolitik des Kaisers Theodosius gerichteten Aufstands des Eugenius voraussah, gab er sich 394 noch vor der Entscheidungsschlacht den Tod. Sein Sohn N. setzte die Bemühungen des Vaters um die Erhaltung der klassischen lateinischen Literatur fort; in den Handschriften von B. 6–8 des Livius steht der Vermerk (Subscriptio): «Den Text des Livius habe ich, N. Flavianus, Senator und Stadtpraefekt, revidiert».

Nikaia, Stadt in *Bithynien, von *Lysimachos nach dem Namen seiner ersten Gemahlin benannt. Hier fand 325 n. Chr. das berühmte Konzil statt, das die Lehre des *Arius verdammte.
AMSchneider-WKarnapp, Die Stadtmauer von Iznik, 1938.

Nikandros aus Kolophon, alexandrin. Dichter, 3./2. Jh. v. Chr. Von ihm sind zwei epische Lehrgedichte erhalten: *Theriakā* (Mittel gegen Bisse von Schlangen, Spinnen, Skorpionen usw.). *Alexiphármaka* (Mittel gegen getrunkene Gifte).
TÜ (engl.): Gow-Scholfield, Cambridge 1953 (mit K).

Nike (lat. *Victoria*), die Siegesgöttin, Personifikation des abstrakten Begriffs Sieg. Homer kennt sie noch nicht. Sehr oft wurde sie von Künstlern dargestellt: Man brauchte N.-statuen als Weihgeschenke nach einem Sieg. Meist hatte sie Flügel und schwebte, als Götterbotin den Sieg bringend, vom Himmel herab. Auch der Stadtgottheit war das sieghafte Wesen eigen: So verehrte man in Athen Athene als N. Ihr ionisches Tempelchen, 427–424 v. Chr. erbaut (*Kallikrates), liegt auf der *Akropolis auf einer vorgeschobenen Bastion neben den Propyläen. Die ca. 408 entstandenen Reliefs der Balustrade zeigen mehrere Niken beim Siegesfest. Die Athene des *Pheidias im Parthenon trug eine N. auf ihrer Hand. *Paionios. Ein bedeutendes hochhellenistisches Original ist die N. von Samothrake (Paris, Louvre), die wahrscheinlich von einem Künstler aus *Rhodos um 190 gearbeitet wurde.

Nikias. – 1. Reicher Athener, Führer der konservativen Partei im Peloponnes. Krieg. Er brachte 421 v. Chr. nach dem Scheitern der radikalen Kriegspolitik Kleons den sog. N.-frieden mit Sparta zustande. 415 warnte N. eindringlich vor der sizilischen Expedition, für die Alkibiades das Volk gewonnen hatte. Man faßte darauf den unglücklichen Beschluß, die Expedition zwar durchzuführen, aber N. dem Alkibiades als Mitfeldherrn beizugeben. In Erfüllung seiner Pflicht, nicht ohne mit seiner ängstlichen Unentschlossenheit am schlimmen Ende mitschuldig zu werden, fand N. 413 den Tod (*Gylippos). Er war in der Politik und als Stratege bedacht, nur das sicher Erreichbare zu unternehmen und kein Wagnis einzugehen. So vermochte er nie das Volk zu begeistern und versagte als militärischer Führer im kritischen Augenblick. Zu seiner Vorsicht gehörte auch der Hang zur Mantik und zum Aberglauben. – Biogr.: *Plutarch.
2. Athenischer Maler in der 2. H. des 4. Jh. v. Chr. Er erstrebte plastische Wirkungen und verwendete die *enkaustische Technik. Seine *Andromeda* (*Perseus) und seine **Io* sind vielleicht in Nachbildungen auf pompeianischen Wandgemälden kenntlich.
BNeutsch, Der Maler N. v. Athen, 1940.

Nikokles, Tyrann von Kypros, Sohn des *Euagoras. Nach seinem Regierungsantritt 374 v. Chr. schrieb *Isokrates an ihn eine Mahnrede über die Pflichten eines Fürsten, ferner eine Rede des N. an seine Untertanen und ein *Lob des Euagoras* als des idealen Herrschers.

Nikolaos v. Damaskos, gr. Historiker. Er war Erzieher der Kinder von Antonius und Kleopatra, wirkte dann für den Judenkönig Herodes öfter sehr geschickt als Gesandter in Rom. Von seinen 2 Hauptwerken, einer *Weltgeschichte* und einer *Biographie des Augustus*, besitzen wir Auszüge und Fragmente.
T: Jacoby II Nr.90 (*Geschichtsschreibung). ÜK *(Augustus)*: BScardigli, Firenze 1983.

Nikomachos. – 1. Sohn des *Aristoteles *(Nikomachische Ethik)*. – 2. N. v. Gerasa, alexandrin. Mathematiker und Neupythagoreer, 2. Jh n. Chr., schrieb eine *Arithmetik*, die *Boëthius als Vorlage für seine Behandlung der Arithmetik diente.
T: Hoche, 1866. Ü (engl.): Ooge-Robbins-Karpinski, 1926.

Nikomedeia, die von Nikomedes I. um 264 v. Chr. gegründete Hauptstadt von *Bithynia. *Diocletianus baute sie nach 284 n. Chr. zu seiner Kaiserresidenz aus.

Nikomedes, Name mehrerer Könige von *Bithynien.

Nikosthenes, att. Töpfer Ende 6. Jh. v. Chr. Er bevorzugte in seiner umfangreichen Produktion eine für ihn charakteristische schlanke Form der Amphora mit breiten Bandhenkeln, die sog. «nikosthenische Amphora».

Die **Nilquelle** suchte man im Altertum teils in Westafrika, teils im Süden, wo man hinter der Äquatorialzone wieder eine bewohnbare Zone vermutete, ja sogar in Indien, weil in den dortigen Flüssen ebenfalls Krokodile vorkamen. Die Ursache der Nilschwelle, nach der schon Thales geforscht hatte, erkannte Aristoteles richtig in den Sommerregen der aithiopischen Berge. Nero schickte eine Forschungsexpedition nilaufwärts, die aber nicht bis ins Quellgebiet vordrang.

Ninos (*Roman): *Assyrien.

Niobe, Tochter des Tantalos, Gemahlin des Königs *Amphion von Theben, rühmte sich gegenüber Leto, daß sie 7 Söhne und 7 Töchter habe, Leto aber nur 2 Kinder, Apollon und Artemis. Da erschossen Apollon und Artemis alle Kinder N.s mit ihren göttlichen Pfeilen. Die tieftrauernde Mutter wurde in Stein verwandelt. Ein Felsgebilde am Berge Sipylos in Kleinasien sah man als die weinende N. an.
Die schon Homer bekannte Sage wurde von Dichtern, Malern und Bildhauern oft behandelt. Aus der Tragödie *N.* des Aischylos, in der N. bis zum 3. Akt in stummer Trauer dasaß, ist 1932 ein Monologstück auf einem Papyros entdeckt worden. *Ovid, *Met.* 6, 146–312. Die Statuengruppe der *Niobiden* (Kinder der N.) in Florenz (Uffizien) ist nach einem gr. Original des 2./1. Jh. v. Chr. kopiert. Im Thermenmuseum Rom befindet sich ein Original des 5. Jh. *(Sterbende Niobide).* In Kopien erhaltener Fries des Pheidias vom Thron des Zeus von Olympia: JFink, Der Thron des Zeus von Olympia, 1967. Vasen (*Niobidenmaler). Sarkophagreliefs. – RMCook, N. and her Children, Cambridge 1964. – KKerényi, Werke Bd. 4.

Niobidenmaler, bedeutender att. Vasenmaler um 460 v.Chr., benannt nach seinem Hauptwerk, einem Krater in Paris (Louvre). In der Verwendung von Geländelinien zeigt sich der Einfluß der großen Malerei des *Polygnotos (1).
TBLWebster, Der N. (Bilder gr. Vasen 8), 1935.

Nisos. – 1. Vater der *Skylla (2). – 2. N. und sein jüngerer Freund Euryalos, die schönsten Jünglingsgestalten in Vergils *Aeneis.* Der Dichter zeigt sie im 5. Buch (294ff.) beim sportlichen Wettlauf. Im 9. Buch läßt er sie einen nächtlichen Botschaftergang unternehmen. Unterwegs richten sie im feindlichen Lager ein Blutbad an. Von einem Reitertrupp werden sie im Zwielicht entdeckt. N. entkommt, kehrt aber zurück, um den Freund freizukämpfen; beide fallen.

Nobiles, Adlige, hießen in Rom die höchsten senatorischen Familien, d. h. Consuln und deren Nachkommen. Sie hatten das Recht der *Ah-

nenbilder und wachten eifersüchtig darüber, daß kein *homo novus* (Emporkömmling aus nicht senatorischem Stande) zum Consulat aufstieg; nur ungewöhnlich Tüchtige (Marius, Cicero) vermochten diese Schranke zu überwinden.
FMünzer, Röm. Adelsparteien und Adelsfamilien, 1920. MGelzer, Die Nobilität der röm. Republik, 1912; 2. A. 1983 (mit: Die Nobilität der Kaiserzeit).

Nola, altes Städtchen Campaniens, hielt 216 v. Chr., als Campanien zu Hannibal abfiel, treu zu Rom (*Marcellus). In N. starb der Kaiser Augustus. In christlicher Zeit : *Paulinus Nolanus.

Nomenclator. Vornehme Römer mit einem großen Bekanntenkreis hatten einen Sklaven *(n.)* neben sich, der ihnen die Namen, deren sie sich nicht selbst erinnerten, ins Ohr flüsterte.

Nonen, der 5. (im März, Mai, Juli, Okt. der 7.) Tag des Monats im röm. Kalender, der Iuno heilig.

Nonius Marcellus, lat. Grammatiker aus Afrika, 4. Jh. n. Chr. Sein *Abriß der Gelehrsamkeit* ist eine Fundgrube von Zitaten aus der alten röm. Literatur.
T: Lindsay, 1903 (Tb).

Nonnos aus Panopolis (Aegypten), gr. epischer Dichter des 5. Jh. n. Chr. Er bildete den Versbau des Hexameters zu äußerster Feinheit aus; sein Stil fand viele Nachahmer. In seinem Hauptwerk, den *Dionysiakâ*, besingt er in 48 Büchern die Geschichte des Gottes Dionysos, besonders seinen Zug nach Indien. Neben dieser literarischen Wiedererwekkung des heidnischen Mythos steht, mit der für die Zeit charakteristischen Doppelgesichtigkeit, die *Metabolé*, eine Versifizierung des Johannesevangeliums.
T: RKeydell, 1959. TÜ. FVian u.a., 1976ff. (Budé). Rouse (Loeb L.). Ü: Thassilo v. Scheffer, 1929–33 (Neuausg. 1955). EEbener, 1985 (mit *Joh.*).

Noricum, das Land des keltischen Stammes der Taurisker oder Noriker in den Alpen östl. von Inn und Eisack. Das norische Eisen war seine wichtigste Ausfuhrware. Es trat ins Licht der röm. Geschichte, als 113 v. Chr. die *Kimbern mit einem Sieg über ein röm. Heer bei der Hauptstadt Noreia den Alpenübergang erzwangen. Zusammen mit *Raetia wurde 15 v. Chr. auch das angrenzende Königreich N. unter röm. Herrschaft gebracht. Unter Kaiser Claudius begann die Romanisierung der Provinz N. Die Hauptorte *Aguntum, Celeia (Cilli), *Iuvavum, *Teurnia erhielten die Rechtsstellung von Municipien. Die alte Hauptstadt Noreia (obschon noch keine den Namen bezeugende Inschrift gefunden worden ist, ist sie wahrscheinlich identisch mit der Stadt, die jetzt auf dem Magdalensberg bei Klagenfurt ausgegraben wird) verlor ihren Rang; als Sitz der Provinzverwaltung, wurde Virunum (im Zollfeld) gegründet. Später kamen als Städte Ovilava (Wels) und *Lauriacum hinzu.

Das Christentum faßte im 4. Jh. Fuß (*Eugippius). Im 5./6. Jh. ging N. an Baiuwaren und Slaven verloren. Um 490 wurde die röm. Bevölkerung vom Südufer der Donau nach Italien ausgesiedelt; das Ende der Römerherrschaft in Zentral-N. folgte bald danach.
GAlföldy, N., London 1954. FErtl, Topographia Norici 1, 2. A. 1971. GDobesch, Die Kelten in Österreich nach den ältesten Berichten der Antike, 1980. GPiccottini, Die Römer in Kärnten, 1989; ders., Führer durch die Ausgrabungen auf dem Magdalensberg, 1990. PPleyel, Das römische Österreich, ein Führer zu Fundstätten und Museen, 1987. AObermayr, Kelten und Römer am Magdalensberg, 1971. Laufende Grabungsberichte in Ztschr. Carinthia.

Novaesium (Neuß bei Düsseldorf), röm. Legionslager an der Mündung der Erft auf dem westl. Rheinufer. Hier ging im Bataveraufstand 69/70 n. Chr. die 16. Legion nach einer Meuterei zum Feind über. Das Lager wurde durch die 6. Legion wieder aufgebaut, die aber Anfang 2. Jh. nach Vetera (Xanten) verlegt wurde. Eine Stadt bestand an Stelle des Lagers weiter. Unter den ausgegrabenen Bauten ist besonders das Lazarett *(valetudinarium)* bemerkenswert.
N., Bonner Jahrbücher 111/112, 1904. N. 1–5, 1966–72 (Limesforschungen 6ff.). HvPetrikovits, N., das röm. Neuß, Köln 1957.

Novatianus, Führer der röm. Christengemeinde während der Verfolgung durch *Decius (250). Als später Cornelius zum röm. Bischof ordiniert wurde, stellte ein Teil der Gemeinde N. zum Gegenbischof auf. Die Sekte der Novatianer hielt sich noch bis ins 7. Jh. Wir kennen *dogmatische* und *ethische Schriften* N.s, überliefert unter den Namen *Tertullians und *Cyprians, und 2 Briefe an Cyprian in dessen Briefsammlung.
T: GFDiercks, 1972 (Corp. Chr. 4). TÜK (*De trinitate*): HWeyer, 1962.

Noviodunum, keltischer Name mehrerer Städte in Gallien. – 1. Caesar hatte im J. 52 v. Chr. in N., einem Oppidum der bis dahin romtreuen Haeduer, die von den gallischen Stämmen gestellten Geiseln interniert. Nachdem die Aufständischen alle anwesenden Römer umgebracht hatten, brannten sie die Stadt nieder (Caes., *Bell. Gall.* 7,55). Lokalisierung beim heutigen Nevers zweifelhaft.
JBCharrier u.a., Histoire de Nevers 1, Roanne 1984, 29–45.
2. In N. am Genfersee siedelte Caesar nach dem Gallischen Krieg eine Veteranenkolonie (Colonia Iulia Equestris) auf dem Gebiet der Helvetier an zum Schutz des Verkehrs von Oberitalien über den Gr. St. Bernhard nach Gallien.
Neuere Ausgrabungen von 1978–82: JMorel-SAmstad, N. 2, Lausanne 1990 (Cahiers d'archéol. romande 49). – PBonnard, La ville romaine de Nyon, 1989. La ville et le musée romains, 1989 (Archeol. Führer der Schweiz 25).

Noviomagus, keltischer Ortsname. – 1. N. Treverorum (Neumagen an der Mosel). Hier wurden, in einer konstantinischen Festungsanlage vermauert, zahlreiche Grabreliefs des 2./3. Jh. n. Chr. gefunden (jetzt im Museum von Trier). Ihre lebendigen Darstellungen aus dem Alltagsle-

ben gehören zu den bedeutendsten Zeugnissen römischer Provinzialkunst.
WvMassow, Die Grabmäler von Neumagen, 1932.
2. N. Batavorum (Nijmegen). – MPMDaniels, N., Nijmegen 1955.

Novius, ein *Atellanendichter Anfang 1. Jh. v. Chr.

Numa Pompilius, der 2. König Roms, dem die ältesten sakralen Gesetze zugeschrieben werden. Er war ein Sabiner aus Cures, den das röm. Volk zum Herrscher wählte. Die röm. Schriftsteller zeichnen N. als friedliebenden Philosophenkönig; man machte ihn zum Schüler des Pythagoras. Dem Bild sind manche Züge eines Halbgottes beigemischt (*Egeria). – Biogr.: *Plutarch. *Livius 1, 18–21.

Numantia, Stadt der *Keltiberer auf der Hochebene von Altkastilien. Als 154 v. Chr. der Freiheitskampf des Volkes gegen Rom entbrannte, wurde N. zu dessen Mittelpunkt. Nach einer Unterbrechung von 151 bis 143 begann der Krieg von neuem. Schließlich trotzte nur noch N. den Feinden. Von Q. Pompeius 141/40 um den Friedensvertrag, den er ihnen in militärisch bedrängter Lage hatte zugestehen müssen, nachträglich betrogen, zwangen die Numantiner 137 den cos. *Mancinus zur Kapitulation. Erst Roms größter Feldherr, Scipio (3), führte 134/3 den Kampf mit Erfolg, nachdem er N. mit einer 9 km langen Einschließungsmauer umgeben hatte, an der die verzweifelten Durchbruchsversuche der Eingeschlossenen zerschellten. Der Hunger trieb sie schließlich zum Kannibalismus; die Schwächsten wurden geschlachtet und verzehrt. Am letzten Tag vor der Kapitulation gaben sich die meisten den Tod, nur wenige lieferten sich dem Sieger aus und wurden als Sklaven verkauft. Die Stadt ließ Scipio verbrennen. Der Krieg hatte auch Rom schwerste Verluste gebracht. Seit der Zeit des Augustus erhob sich eine unbedeutende röm. Kleinstadt an der Stelle N.s.
ASchulten, N., Die Ergebnisse der Ausgrabungen 1905–1912 (4 Bde), 1914–31. Ders., Geschichte von N., 1933. MVRomero Carnicero, N. 1, 1986 (Excavaciones arqueologicas en España 146).

Numen, in röm. Religiosität der in seiner Wirkung fühlbare Götterwille, die göttliche Macht, gleichgültig, ob diese von einem persönlich gedachten Gott oder einer anonymen Kraft ausging. Seit augusteischer Zeit bezeichnete N. das göttliche Wesen selbst; da Augustus zu Lebzeiten in Rom keinen Kult seiner Person zuließ, verehrte man sein N.
WPötscher, N. und n. Augusti, in ANRW II, 16, 1 (1978), 355–392.

Numenios aus Apameia, platonisch-pythagoreischer Philosoph, 2. Jh. n. Chr. Von seinen Werken sind nur Frg. erhalten.
TÜ: EdesPlaces, 1973 (Budé).

Numidia, das Gebiet von Tunis und Ostalgerien, bewohnt von nomadisierenden Berberstämmen, deren einheimischen Namen die Römer mit *Numidae*, die Griechen mit dem ähnlich lautenden gr. Wort *Nomádes* wiedergaben. Die Numider stellten den Hauptteil des karthagischen

Heeres, sie waren besonders tüchtige Reiter. 203 v. Chr. vereinigte *Massinissa nach dem Sieg über Syphax beide numidischen Königreiche in seiner Hand und machte die Bewohner seßhaft. Die Krönung seines Lebenswerkes durch den Besitz Karthagos vereitelten die Römer, die darin für sie liegende Gefahr erkennend, indem sie die Stadt 146 zerstörten. *Iugurtha nahm Massinissas nationale Politik wieder auf und wurde damit zum Feind Roms. Seine von Rom als Könige weiterhin anerkannten Nachfolger fügten sich mehr oder weniger den röm. Interessen, bis im Bürgerkrieg König *Iuba als Verbündeter des Pompeius wieder die Zeit eines großen freien Nationalstaates für gekommen hielt. Caesar aber teilte nach dem Sieg bei Thapsus 46 v. Chr. N. auf. Der Westen kam zu Mauretania, der Osten zur Provinz Africa nova. Noch bis gegen Ende des 1. Jh. n. Chr. waren gelegentlich Aufstände zu bekämpfen. Dann blühte das von Natur gesegnete Land zu großem Reichtum empor und wurde literarisch und kulturell im röm. Reiche führend bis zur Eroberung durch die *Vandalen (429–439).
HWRitter, Rom und N., Untersuchungen zur rechtlichen Stellung abhängiger Könige, 1987.

Nuraghen, Wohntürme der Sippenhäupter der Hirtenstämme auf *Sardinien.

Nux (Klage des Nußbaums), unter dem Namen Ovids überlieferte Elegie eines anonymen Dichters der Kaiserzeit.
TÜK: RMPulbrook, Kildare 1985.

Nymphaeum (Weihestätte der Nymphen) hießen in der röm Kaiserzeit prunkvolle Brunnenhäuser, meist bestehend aus großen Fassaden mit grottenähnlichen Nischen, aus deren Wänden die Wasserstrahlen hervortraten und in einem davorliegenden Bassin sich sammelten. Das größte N. Roms war das ca. 200 n. Chr. von Septimius Severus gebaute *Septizonium.*
NNeuerburg, L'architettura delle fontane e dei ninfei nell'Italia antica, Napoli 1965. WLetzner, Röm. Brunnen und N., 1990.

Nymphen, Göttinnen der freien Natur. Homer nennt sie Töchter des Zeus; sonst gelten oft Flußgötter als ihre Väter. Als schöne junge Mädchen tanzten sie in Chören. In ihnen nahmen die lebendigen Naturkräfte Gestalt an, vor allem das Wasser. Als Quell-N. hießen sie *Naiaden.* Doch wohnten N. auch auf Berghöhen *(Oreaden)* und in Wäldern (Baum-N.: *Dryaden* und *Hamadryaden*).

Nysa, Amme des Gottes *Dionysos. N. hieß auch der mythische Ort, wo er erzogen wurde und den ersten Weinstock pflanzte.

Nyx, die Nacht, als kosmische Gottheit bei Hesiod Tochter des Chaos *Orphik.

O

Obolos, kleinste gr. Münzeinheit (0,73 g Silber). *Münzen.

Obsequens, Iulius, Verfasser einer aus *Livius exzerpierten Sammlung der *Prodigien aus den Jahren 190–12 v. Chr., schrieb im 4. Jh. n. Chr. – T: Roßbach, Livi periochae, 1910 (Tb).

Octavia. – 1. Die ältere O., Halbschwester des Kaisers Augustus. – 2. Die jüngere O., Schwester des Kaisers Augustus. Aus erster Ehe mit C. Claudius Marcellus war sie die Mutter des früh verstorbenen *Marcellus (3). Aus politischen Gründen heiratete sie nach dem Tod des ersten Gatten 40 v. Chr. M. *Antonius (3), dem sie zwei Töchter, die ältere und die jüngere *Antonia, gebar. Die edle Frau suchte den Bürgerkrieg zwischen Antonius und ihrem Bruder so lange wie möglich zu verhindern und opferte sich für diese Aufgabe auf. Nach dem Untergang des Antonius lebte sie zurückgezogen und widmete sich der Erziehung ihrer Kinder und der Stiefkinder von Antonius. † 11 v. Chr.
Portrait: HBartels, Studien zum Frauenporträt der augusteischen Zeit, o. J.
3. Tochter des Kaisers Claudius, 53 n. Chr. mit Nero verheiratet. Dieser verbannte sie 62 unter dem falschen Vorwand des Ehebruchs, um Poppaea zu heiraten. Die Empörung des Volks zwang ihn, sie zurückzurufen; doch ließ er sie bald danach töten. Unter den Tragödien *Senecas ist auch eine *Praetexta *O.* überliefert, die dieses tragische Schicksal zum Gegenstand hat. Seneca, der in dem Stück als Person auftritt, ist nicht der Verfasser.
T: OZwierlein, Senecae trag., 1986 (Oxf. Cl.). TK: LYWhitman, 1978.

Octavianus, inoffizieller Beiname des spätern Kaisers *Augustus seit seiner Adoption durch Caesar bis 27 v. Chr.

Octavius, altes röm. Geschlecht mit einem senatorischen Zweig und einem ritterlichen. Aus dem Ritterstand stieg C. O., der Vater des Kaisers Augustus, in den Senat auf.

Octodurus (Martigny), Hauptort der keltischen Bergvölker des Wallis. Caesar legte 57 v. Chr. die 12. Legion dorthin, um die Paßstraße des Großen St. Bernhard offen zu halten. Das Winterlager wurde angegriffen, und die Römer zogen unter schweren Verlusten ab (Caesar, Gall. Krieg 3, 1–6). Unter Augustus gelang die Eroberung des Wallis, das sehr rasch die röm. Kultur annahm. Claudius baute die Paßstraße aus und verlieh O. das latinische Bürgerrecht mit dem offiziellen Ortsnamen *Forum Claudii Vallensium*. Hier bildete sich im 4. Jh. die erste Christengemeinde der Schweiz, deren Bischof Theodorus mit Namen bekannt ist. Unter den röm. Bauresten sind zu nennen ein Amphitheater, das Forum mit einer Basilica, Wohnblöcke *(insulae)*. *Helvetier.

Odeion, überdecktes Theatergebäude für musikalische Aufführungen. In Athen: O. des Perikles östlich des Dionysostheaters, westlich davon das gut erhaltene O. des *Herodes Atticus (nach 160 n. Chr. erbaut), auf der Agora O. des Agrippa (15 v. Chr). Ältestes erhaltenes O. in Italien: Pompeii.

Odoaker, germanischer König in Italien 476–493. Sein Vater, der Skirenkönig Ediko, war in der Schlacht gegen die Ostgoten gefallen. O. kam flüchtig nach Italien, wurde Offizier der kaiserlichen Leibwache und setzte 476 den letzten Westkaiser Romulus Augustulus ab. Er selbst trat nur als König des Germanenheeres auf und anerkannte die Oberhoheit des Kaisers in Konstantinopel. Dieser ließ den Ostgoten *Theoderich gegen O. ziehen. Im Felde besiegt, hielt sich O. 3 Jahre in Ravenna (*Rabenschlacht* der germanischen Sage). Dann kam es zu einem Vertrag; doch nach seinem Einzug erschlug Theoderich den O. eigenhändig beim Gastmahl unter dem Vorwand der Blutrache.

Odysseus, der listenreiche Held der *Odyssee* (*Homeros).

Ogygia. – 1. Insel der *Kalypso. – 2. Beiname Thebens und Boiotiens, nach Ogygos, der dort in Urzeiten König gewesen und durch eine Sintflut umgekommen war.

Oidipus, Held der thebanischen Sage, die vor allem durch die attischen Tragiker bekannt ist (Sophokles: *König O., O. auf dem Kolonós, Antigone.* Von der ältern Trilogie des Aischylos ist nur das Schlußstück *Sieben gegen Theben* erhalten). Laios, den König von Theben, hatte das delphische Orakel gewarnt, er solle keinen Sohn zeugen; er werde sonst durch dessen Hand umkommen. Als ihm trotzdem Iokaste einen Sohn gebar, setzte man diesen mit durchstochenen Füßen am Berg Kithairon aus. Dort fanden ihn Hirten und nannten ihn O. (Schwellfuß). Sie brachten ihn zu König Polybos nach Korinth, der ihn als eigenes Kind erzog. Als O. später Zweifel an seiner Herkunft aufstiegen, wandte er sich an das Orakel. Der delphische Gott entließ ihn mit dem Spruch, er werde den Vater töten und die Mutter heiraten. Um das Entsetzliche zu vermeiden, kehrte O. nicht nach Korinth zurück. An einem Dreiweg in Phokis begegnete er dem Laios, der nach Delphi fuhr. Um das Ausweichen kam es zum Streit, und O. erschlug den König, ohne ihn zu kennen. Vor Theben löste er das Rätsel der *Sphinx und befreite die Stadt von dem Untier. Zum Lohn erhielt er die Königswürde und die Hand der Königin. So heiratete er unwissentlich die eigene Mutter Iokaste und bekam von ihr die Söhne Eteokles und Polyneikes, die Töchter Antigone und Ismene. Das durch die schuldvolle Ehe befleckte Land wurde von Pest heimgesucht. Als man in Delphi nach einem Heilmittel fragte, befahl das Orakel, den Mörder des Laios zu strafen. Der Seher Teiresias enthüllte die Wahrheit, und die Nachforschungen des O. bestätigten sie. Iokaste erhängte sich, und O. stach sich vor Verzweiflung die Augen aus. Die Söhne verstießen den Vater. Da fluchte ihnen O., daß sie im Streit um die Herrschaft sich gegenseitig töten sollten (**Sieben gegen Theben*). Dann wanderte er, von Antigone begleitet,

als Bettler umher und fand zuletzt am *Kolonos in Attika ein friedliches Ende.
Dirlmeier, Der Mythos v. König O., 1948.

Oineus (Weinmann), König von Kalydon in Aitolien, Vater von *Meleagros und *Deianeira.

Oinomaos, König von Pisa in Elis (*Pelops).

Oinone: *Paris.

Oinophyta, Ort in Boiotien, wo 457 v. Chr. die Athener über die Boioter siegten.

Oita, mittelgr. Gebirge südl. des Spercheiostales, berühmt durch den Flammentod des Herakles.

Okeanós, der nach alter gr. Vorstellung die Erdscheibe rings umfließende göttliche Strom. Hesiod nennt ihn den ersten Titanen, den Sohn der Gaia (Erde) und des Uranos (Himmel). Den Gott O. dachte man sich als ehrwürdigen Greis, den Vater aller Gewässer.

Oknos (der Zauderer) saß nach der gr. Sage in der Unterwelt und war zur Strafe für seinen Mangel an Entschlußkraft dazu verurteilt, ein Seil zu flechten, dessen Ende immer von seinem Esel wieder aufgefressen wurde. *Polygnotos (1) hatte O. auf seinem Unterweltsgemälde dargestellt (Pausanias 10, 29, 2). Das Thema blieb in der Kunst beliebt. Literarisch: Properz 4, 3, 21f.

Olbe-Diokaisareia, Doppelstadt im kilikischen Taurosgebirge, ca. 20 km nördl. der Küstenstadt Seleukeia (Silifke). In D. (heute Uzuncaburç) stehen noch 24 Säulen des Tempels des Zeus Olbios, Mittelpunkt eines von Priesterfürsten regierten Staates, der seine Selbständigkeit bis 72 n. Chr. bewahrte. Im 1. Jh. n. Chr. wurde der Tychetempel gebaut, von dem 5 Granitsäulen mit korinthischen Kapitellen stehen. Andere Reste: Stadttor, Grabturm eines Priesters, röm. Theater, Aquaeduct.
JWagner, Südtürkei, 1991 (Artemis Reiseführer).

Olbia, Name mehrerer gr. Städte, am bedeutendsten die Kolonie von Milet an der nördl. Schwarzmeerküste im Mündungsgebiet von Bug und Dniepr. Sie lebte vom Handel mit den Skythen.
Baureste: MGrant, The visible past, New York 1990, 26–31. 225.

Oltos, att. Vasenmaler des ausgehenden 6. Jh. v. Chr., der überwiegend Schalen in rotfiguriger Technik bemalte. Hauptwerk: Schale in Tarquinia mit Götterversammlung.
ABruhn, O., 1943. JHarnecker, O., 1992 (Diss. Münster).

Olympia, heiliger Bezirk im Alpheiostal in *Elis an dem in den Alpheios fließenden Kladeos. Den Mittelpunkt bildete die A l t i s, der Hain des Zeus. In dem großen, 470–456 erbauten dorischen Tempel thronte der

Zeus des *Pheidias, das berühmteste Götterbild der Antike. Im nördl. Teil stand der ältere Heratempel (um 600), dessen Holzsäulen nach und nach durch Steinsäulen ersetzt wurden. Rings um die Altis reihten sich die Anlagen für die Olympischen Spiele, das Stadion, das *Gymnasion mit Palästra und Badeanlagen, das Leonidaion (Herberge für Ehrengäste), die Schatzhäuser, in denen die Staaten ihre Weihgeschenke verwahrten. Eine gewaltige Zahl herrlichster Kunstwerke sammelte sich im Lauf der Zeiten in O. an. Als nach 394 n. Chr. die Spiele aufgehört hatten, verfiel das Heiligtum. Die Werkstatt des *Pheidias wurde in eine Kirche umgebaut. Im 6. Jh. stürzten die Säulen der Tempel durch Erdbeben um; ein Erdrutsch und die Überschwemmungen des Kladeos deckten die Trümmer mit einer hohen Sandschicht. 1874–1881 brachten deutsche Ausgrabungen sie wieder ans Licht. Von den gefundenen Kunstwerken sind die bedeutendsten: Der *Hermes* des *Praxiteles. Die *Nike* des *Paionios. Ein archaischer Kopf (Kultbild der *Hera?). Die *Giebelskulpturen* (*Pelops. *Lapithen) und *Metopen* (*Herakles) des Zeustempels. Die Grabungen wurden von 1928–1943 und seit 1952 fortgesetzt.
Die Wettkämpfe (*Spiele) fanden alle 4 Jahre statt. Seit 776 v. Chr. wurden Siegerlisten aufgezeichnet und nach den Olympiaden die Jahre datiert; doch war das Fest viel älter. Zum Wettlauf traten allmählich andere Sportarten hinzu. Es wurden eingeführt: 720 Dauerlauf. 708 Ringkampf und Fünfkampf (*Pentathlon*). 688 Boxen. 680 Wagenrennen der Viergespanne. 648 Pankration und Reiten. 520 Wettlauf in schwerer Hoplitenrüstung. Während der Zeit, in der man zu den Spielen reiste, herrschte Gottesfriede. Als Wettkämpfer waren nur freigeborene Griechen zugelassen, später auch Römer. Der Sieger wurde mit einem Zweig vom heiligen Ölbaum geehrt. Er durfte eine Statue in O. aufstellen, und in der Vaterstadt erwarteten ihn hohe Auszeichnungen.
Grabungsberichte: ECurtius-FAdler, O., 1887–97 (Nachdr. 1966). E. Kunze-AMallwitz u.a., Bericht über die Ausgrabungen in O., 1937ff. Olympische Forschungen, 1944ff. – AMallwitz-HVHerrmann, Die Funde aus O., Ergebnisse hundertjähriger Ausgrabungstätigkeit, Athen 1980. EBuschor-RHamann, Die Skulpturen des Zeustempels zu O., 1924. HVHerrmann, Die O.-Skulpturen, 1987 (WdF). – Kurz: MAndronikos, O., Athen 1989 (Führer). – HBengtson, Die olympischen Spiele in der Antike, 3. A. 1984.

Olympias. – 1. Mutter Alexanders d. Gr., Tochter des Königs Neoptolemos von Epeiros. Als Philipp v. Makedonien 337 v. Chr. eine zweite Ehe mit einer Makedonierin schloß, ging Alexander mit O. in ihre Heimat zu den Molossern. Bald danach wurde Philipp ermordet. Da sich während Alexanders Perserzug die herrschsüchtige O. mit dem Reichsverweser Antipatros nicht vertrug, ging sie wieder nach Epeiros. Als aber in den Diadochenkriegen 317 Alexanders Halbbruder, der schwachsinnige Philippos Arrhidaios, und seine Gemahlin Eurydike in Makedonien als Herrscher anerkannt wurden, zog O. mit einem Heer gegen sie, nahm sie gefangen und richtete sie und viele vornehme Makedonen grausam hin. Da zog Kassandros heran, belagerte O. in Pydna

und ließ sie nach der Ergreifung von der Heeresversammlung zum Tode verurteilen (316).
Berve (*Diadochen). Kornemann, Große Frauen, 1952.
2. Fromme Witwe aus dem Senatsadel von Konstantinopel, Helferin des Iohannes *Chrysostomos, der an sie seine Briefe aus dem Exil (406–7) richtete.
TÜ (*Briefe an O.* und *Vita*): AMalingrey, 1968 (S. chrét.).

Olympiodoros, Neuplatoniker, schrieb im 6. Jh. n. Chr. Kommentare zu Platon und Aristoteles.
T: ABusse-Stüve, Commentaria in Aristot. graeca XII 1–2, 1900–2. Platon-K: Zu *Phaidon:* WNorvin, 1913 (Tb). Zu *Alkibiades I:* LGWesterink, Amsterdam 1956. Zu *Gorgias:* LGWesterink, 1970 (Tb).

Olympos, häufiger gr. Bergname, vor allem für den höchsten Berg Griechenlands (2918 m) in Thessalien, den Sitz der olympischen Götter. Schon im homerischen Epos beginnt die Vorstellung des O. vom wirklichen Berg zu der eines idealen Raumes im Himmel sich zu wandeln (*Religion).
WMatheson, Auf den Götterbergen Griechenlands (Parnaß und O.), Basel 1936. MKurz, Le mont O., Neuchâtel 1923 (geogr.).

Olynthos, Hauptstadt der Chalkidike, 348 v. Chr. von Philipp v. Makedonien dem Erdboden gleichgemacht. 352–348 hielt *Demosthenes seine *Olynthischen Reden*, um die Athener zur Hilfe für O. zu bewegen. Bei den Ausgrabungen sind sehr schöne Mosaiken aus dem frühen 4. Jh gefunden worden. Da das Gelände seit 348 unbebaut blieb, tritt uns in O. das gr. Stadtbild der spätklass. Zeit entgegen; alle andern Ausgrabungen (*Milet, *Priene, *Pergamon) zeigten vor allem hellenistische Stadtanlagen.
Robinson, Excavations at O., Baltimore 1929–52 (14 Bde); ders., Die Ausgrabungen in O., in Antike 11, 1935.

Omphale: *Herakles.

Omphalós, ein halbovaler Steinhöcker, der an vorgr. Opferstätten zu stehen pflegte. Die vorgr. Verehrung der Erdmächte kannte keine Brandopfer und keine hierfür bestimmten Altäre; es wurden das Blut der Opfertiere, Trank- und Speiseopfer dargebracht wie bei den Grabspenden für die Toten. Der berühmteste O. stand an der Orakelstätte des Apollon in Delphi. Apollon hatte hier einen vorgr. Kult und ein Orakel der Erdgöttin abgelöst. Aber der O. hieß weiterhin *O. ges* (O. der Erde); nur wurde diese Bezeichnung in historischer Zeit umgedeutet zum «Nabel», d. h. Mittelpunkt, «der Erde», (geographisch). Vor dem Tempel war eine Nachbildung des im Allerheiligsten den Besuchern nicht zugänglichen Steines aufgestellt, die bei den Ausgrabungen gefunden worden ist. Dagegen hat sich die Identifikation eines andern im Tempelraum gefundenen Steines mit dem echten O. als Irrtum erwiesen.
HVHerrmann, O., 1959 (Orbis antiquus 13).

Onasandros schrieb ca. 50 n. Chr. eine theoretische Abhandlung über *Strategie*.
T: Korzenszky, Budapest 1935. Oldfather, London 1923. Ü: Loeb L.

Onatas, Bronzeplastiker von Aigina, 1. H. des 5. Jh. v. Chr.
JDörig, O. of Aegina, Leiden 1977.

Onesimos, att. rotfig. Vasenmaler Anf. des 5. Jh. v. Chr., wahrscheinlich identisch mit dem sog. Panaitiosmaler. *Theseus.

Opfer. Menschenopfer waren bei den Griechen in ältester Zeit noch üblich. Achilleus schlachtet bei Homer 12 Gefangene am Grab des Patroklos. Der Sinn war, dem verstorbenen Diener ins Jenseits mitzugeben. Solche Totenopfer liebten die Etrusker (Ursprung der Gladiatorenspiele). Häufiger war das Sühneopfer: Ein Mensch oder Tier *(Pharmakós)* nahm den Fluch und die Schuld des Stammes auf sich und sühnte sie durch seinen Tod. Themistokles wurde noch 480 v. Chr. vor der Schlacht bei Salamis vom Volk gezwungen, 3 Perser zu opfern. Gleichen Sinn hatte die *Devotio* (Selbstverfluchung) der röm. Feldherrn (*Decius) und der Opfertod des *Curtius. – Tiere von Sühnopfern wurden als fluchbeladen beseitigt. Viel häufiger aber war das Speiseopfer, bei dem ein Anteil (Schenkelstück, Eingeweide) dem Gotte verbrannt, das übrige gebraten und von den Opfernden verzehrt wurde. Für die einzelnen Götter waren bestimmte Tiere (Tierart, Geschlecht, Farbe usw.) vorgeschrieben. *Suovetaurilia. *Hekatombe. Nur fehlerfreie Tiere, die noch nicht zu einem Dienst (z. B. als Zugtiere) verwendet worden waren, galten als dem Gott wohlgefällig. Auch mußte der Schein gewahrt bleiben, daß sie freiwillig zum Altar gingen; sie durften nicht hingetragen oder mit Schlägen getrieben werden. Flucht des Tieres war ein sehr böses Vorzeichen. – Bei manchen Anlässen brachte man nur unblutige O.: Kuchen, Feldfrüchte und Trank (Wein, Honig, Öl, Milch, Wasser). Besonders im Totenkult am Grabe waren Trankopfer ohne Wein *(Nephalia)* üblich. Sehr verbreitet war der Brauch, eine abgeschnittene Locke zu weihen (z. B. bei Erreichen der Volljährigkeit, Hochzeit). Man schenkte damit dem Gott einen Teil von sich als Symbol dafür, daß man ganz seinem Schutz befohlen war.
PStengel, Opferbräuche der Griechen, 1910 (Nachdr. 1972); ders. Gr. Kultusaltertümer, 1920. SEitrem, O.-ritus und Voropfer, 1915. KMeuli, Gr. O.-bräuche, in Gesammelte Schr. 2, 1975, 907–1021. MDetienne, La cuisine du sacrifice en pays grec, Paris 1979. WBurkert, Homo necans, 1972; ders., Wilder Ursprung, O.-ritual und Mythos bei den Griechen, 1990.

Oplontis, in Torre Annunziata seit 1964 ausgegrabene Villa, die mit *Pompeii im J. 79 verschüttet worden war. Sie hatte wahrscheinlich der Kaiserin Poppaea, Gemahlin Neros, gehört. Außer den Statuen des Gartens sind bes. die Wandmalereien aus dem 1. Jh. bedeutend.
BAndreae-HKyrieleis (Hg.), Neue Forschungen in Pompeji, 1975. The villa of O., 1988 (Führer).

Opheltes: *Hypsipyle.

L. **Opimius**: *Gracchus (4).

Oppianos, 2 Verfasser epischer Lehrgedichte: – 1. O. aus Kilikien, schrieb 177–180 n. Chr. über *Fischerei* in 5 Büchern, Marcus Aurelius gewidmet. – 2. Ein Syrer aus Apameia widmete Kaiser Caracalla ein *Jagdgedicht*, das mit dem Fischereigedicht zusammen unter dem Namen O. überliefert ist.
TÜ (engl.): Mair, 1928 (Loeb L.).

Optimaten (die Besten, Aristokraten) nannten sich die regierenden Kreise Roms, d. h. die Senatoren, die im Ständekampf den Verfechtern der Volksrechte, den popularen Politikern, entgegentraten. Cicero erweiterte den Begriff etwas: für ihn waren O. die konservativen, die Senatsrepublik stützenden Kräfte, zu denen auch Nichtsenatoren gehören konnten, *Populares* die Umstürzler (Gracchen, Catilina, Clodius, Caesar).

Orakel: *Mantik.

L. **Orbilius** Pupillus, der durch seinen Schüler Horaz als *plagosus* (reichliche Prügel verabfolgend) bekannte Schulmeister, ein gelehrter, aber armer Mann aus dem Ritterstande (114–14 v. Chr.).

Orchestra, der Tanzplatz des Chors im *Theater.

Orchomenos hießen mehrere Städte, die wichtigste die der alten *Minyer am Nordufer des Kopaissees in Boiotien.
Ausgrabungen: Bulle-Kunze, O., 1907–34 (3 Bde).

Orcus. – 1. = *Hades (Gott). – 2. = *Unterwelt (Ort).

Oreaden: Berg-*Nymphen.

Oreibasios v. Pergamon, Leibarzt und vertrauter Freund des Kaisers Iulianus. In dessen Auftrag sammelte er ca. 360 n. Chr. die nützlichsten Stellen aus den Werken der großen Ärzte in 70 Büchern. Wir besitzen davon knapp die Hälfte und damit sehr vieles von der hellenistischen medizin. Lit. (*Medizin I 3–5), was sonst verloren wäre. Aus dem *Sammelwerk* machte O. selbst handliche Auszüge für den Sohn Eustathios *(Synopsis)*. Für den Freund Eunapios stellte er einfache Hausmittel zusammen *(Euporista)*. O. wurde von Spätern viel benutzt und ins Lat. und Arabische übersetzt.
T: JRaeder, CMG, 1926–33. Ü (franz.): Bussemaker-Daremberg-Molinier, Paris 1851–76.

Oreithyia: *Boreas.

Orestes, der Sohn *Agamemnons. Ihm oblag die Blutrache an Aigisthos und der Mutter Klytaimestra, den Mördern des Vaters; er war also zum

Muttermord gezwungen. Für Homer *(Odyssee)* bleibt diese Tat noch unproblematisch. *Aischylos gestaltete in der Orestie den sittlichen Konflikt mit erschütternder Wucht. O. wird nach der Tat als Wahnsinniger von den Erinyen gehetzt, bis er schließlich in Athen vom Gerichtshof durch Stichentscheid der Göttin Athene freigesprochen wird. Nach anderer Version erfolgte die Erlösung durch das Heimholen des Artemisbildes von den Taurern (*Iphigeneia). Euripides zeigt im *O.* den Helden als von Gewissensqual zerrütteten Kranken. O. heiratete später *Hermione und herrschte lange als König. – *Pylades. *Elektra.
KvFritz, Die O.sage, in: Antike und moderne Tragödie, 1962.

Orgetorix, der mächtigste Häuptling der *Helvetier, veranlaßte sie zur Auswanderung 58 v. Chr., starb aber vor dem Auszug.

Orgia, heilige Kulthandlung, speziell in den *Mysterien.

Origenes. – 1. Neuplatoniker, Mitschüler Plotins, zu dem er in Gegensatz trat. – KOWeber, O. der Neuplatoniker, 1962.
2. O. aus Alexandreia, Kirchenschriftsteller, ca. 184–253 n. Chr. Er war ein sehr produktiver Autor; der reiche Gönner Ambrosios hatte ihm ein ganzes Büro von Stenographen und Schreibern zur Verfügung gestellt, denen er seine Werke diktierte: Die berühmte *Bibelausgabe der *Hexapla*, zahlreiche *Kommentare* zu den Büchern des Alten und Neuen Testaments, *apologetische* und *dogmatische Schriften*. Daneben wirkte er als erfolgreicher Prediger und bildete in seiner Schule eine Generation christlicher Gelehrter und Lehrer heran. Von größter Wichtigkeit wurde es, daß O. die weltliche gr. Philosophie seiner Theologie dienstbar machte, indem er die Bibel allegorisch deutete. Er unterschied einen dreifachen Schriftsinn, den wörtlichen, den moralischen und den pneumatischen (d.h. geistlich-mystischen). Die neuplatonische Philosophie war auch der Boden, auf dem er den Kampf gegen *Celsus führte. Er wurde der eigentliche Begründer der wissenschaftlichen christlichen Theologie. Seine Schrift über die Grundlehren *(Peri archon)* war das erste Handbuch der chr. Dogmatik. Schon zu Lebzeiten geriet er mit dem Bischof von Alexandreia in Konflikt und entfaltete seine spätere Haupttätigkeit in *Caesarea (2). Im 4. Jh., nachdem in der Glaubensformel von *Nikaia die origenistische Theologie der orientalischen Kirche der abendländischen unterlegen war, erklärte man einen Teil der Werke des O. für ketzerisch. Wir besitzen daher nur etwa 1/3 des Gesamten, z. T. in lat. Ü. (*Rufinus u. a). Mehrere Schriften sind 1941 durch einen Papyrosfund in Aegypten wiederentdeckt worden.
T: Gr. Chr. Schr. 1899ff. *Hexapla:* FField, 1871–5 (Nachdr. 1964). TÜ (franz.): Verschiedene Hg. in S. chrét., 1966ff. Einzelne Werke: *Peri archon:* TÜ (aus lat. T des Rufinus): HGörgemanns-HKarpp, 3. A. 1992. Interpretation: LLies, 1992. *K zum Römerbrief* (lat. T des Rufinus): T: CPHammond Bammel, 1990ff. (noch unvollst., Rest in Migne gr. 14). TÜ: ThHeither, 1990–92. *K zum Matth.-Evang.:* Ü: HJVogt, 1983–93 (BGL). *Predigten zum Lucas-Evang.:* TÜ: HJSieben, 1991–92. *Predigten zu Jeremias:* Ü: ESchadel, 1980 (BGL). *Zu Genesis und Exodus:* Ü:

REHeine, Washington 1982. *Schrift gegen *Celsus* (3): Ü: PKoetschau, 1986. – Ausw.: TÜ: Fontes Christiani, Freiburg 1992ff: Ü: KV. UvBalthasar, Geist und Feuer, 1991. – JDaniélou, O., 1948. HCrouzel, Origène, Paris 1985. BNeuschäfer, O. als Philologe, 1987 (Diss. Bern).

Orion, riesenhafter Jäger aus Boiotien. In Chios liebte er Merope, die Gattin oder Tochter des Oinopion, und wurde von diesem zur Strafe geblendet. Als O. nach Lemnos kam, gab ihm Hephaistos seinen Diener Kedalion als Begleiter mit. Der geleitete ihn zu Helios, welcher ihn wieder sehend machte. Tod des O.: Homer erzählt, Eos habe O. als ihren Geliebten entführt; Zeus jedoch, der dies nicht billigte, habe Artemis befohlen, O. zu erschießen. Nach andern Sagen erschoß Artemis den O., weil er ihr oder einer ihrer Gefährtinnen Gewalt antun wollte, oder weil der unmäßige Jäger durch sein Prahlen, er werde alle Tiere erlegen, ihren Zorn gereizt hatte. Der Jäger O. wurde als Sternbild an den Himmel versetzt. Aus dem Umstand; daß dieses untergeht, wenn der Skorpion aufgeht, entwickelte sich eine weitere Sagenversion, nach der O. durch den Stich eines Skorpions getötet wurde.

Oropos, Ort an der Grenze zwischen Attika und Boiotien. In der Nähe liegt das berühmte Heiligtum des *Amphiaraos bei einer Heilquelle. Die Ausgrabungen haben Reste des Tempels, des Altars, des Theaters und der Halle für den Tempelschlaf der Besucher (*Epidauros) freigelegt.
EFiechter, Das Theater in O., 1930. BChrPetrakos, Ho Oropos kai to hieron tou Amphiaraou (neugr.), Athen 1968.

Orosius, Paulus, Priester aus Lusitanien, schrieb nach 414 n. Chr. auf persönlichen Wunsch *Augustins ein Geschichtswerk *Gegen die Heiden* (Über dessen Tendenz: *Geschichtsschreibung).
T: CZangemeister, 1882 (Corp. Vindob. 5). TÜ: MPArnaud-Lindet, 1990–91 (Budé). Ü: ALippold, 1985–86 (AW). – HWGoetz, Die Geschichtstheologie des O., 1980.

Orpheus, der älteste gr. Sänger, lebte vor der Zeit des Troianischen Krieges. Als seine Eltern werden meist Oiagros und die Muse Kalliope genannt; seine Heimat war Thrakien. O. nahm an der *Argonautenfahrt teil. Apollon verlieh ihm die Leier, mit deren Klängen er die ganze Natur bezauberte: Wilde Tiere lauschten besänftigt seinen Tönen, sogar Bäume und Felsen wurden von ihrer Zaubermacht bewegt. Als seine Gattin Eurydike an einem Schlangenbiß gestorben war, stieg O. in die Unterwelt hinab, und seine Musik rührte selbst die Schatten. Persephone gab ihm Eurydike wieder. Doch beim Aufstieg schaute er sich gegen das Verbot nach ihr um, ob sie wirklich folge; da wurde sie ihm wieder genommen (*Dreifigurenrelief nach Original des 5. Jh. v. Chr. im Museum Neapel). Nun verschmähte O. alle Frauenliebe; zur Strafe rissen ihn die thrakischen Bakchantinnen in Stücke. Sein Haupt trug die Meeresströmung nach Lesbos hinüber (Blüte der äolischen Dichtkunst). – Auf einem hochklassischen Krater des sog. O.-Malers in Berlin lauschen Thraker verzückt dem Leierspiel des O. Darstellung des O. unter den Tieren häufig auf Mosaiken.

WHSchuchhardt, Das O. relief, 1966 (Reclam). – RBöhme, O., 1970. CSegal, O., 1989.

Orphik. An die Gestalt des Sängers, Sehers und Zauberers *Orpheus knüpfte sich die O., eine religiöse Bewegung, die im 6. Jh. Griechenland und Unteritalien eroberte. Es war eine dionysisch-mystische Erlösungsreligion, die ein von den homerischen Göttern ungestilltes seelisches Bedürfnis erfüllte. Der orphische Mythos: Am Anfang schuf *Chronos* (die Zeit) das *Weltei*, aus dem der Gott *Phanes* entsprang. Dieser, ein zweigeschlechtiges Wesen, gebar *Nyx* (die Nacht) und zeugte mit ihr *Gaia* (Erde), *Uranos* (Himmel) und *Kronos*. Der Kronossohn Zeus eignete sich die Weltherrschaft an, indem er *Phanes* verschluckte und sich so das Prinzip des Weltalls einverleibte. Mit seiner Tochter *Persephone-Demeter* zeugte Zeus den *Dionysos-Zagreus*, der von den *Titanen* zerrissen und verschlungen wurde. Da vernichtete Zeus diese mit dem Feuer seines Blitzes. Aus ihrer Asche aber entstand das Menschengeschlecht, gemischt aus der bösen Natur der Titanen und der göttlich-guten des Dionysoskindes, das sie sich einverleibt hatten. Athene hatte das Herz des Zerrissenen gerettet, und Zeus aß es. Dann zeugte er den *Dionysos-Lyseus*, den Erlöser. – Die göttliche Seele des Menschen ist im Leib *(soma)* gefangen wie in einem Grabe *(sema)* und strebt dem Jenseits zu. Das Dionysische will vom bösen Titanischen gereinigt werden. Darum wandert die Seele, um die Schuld zu sühnen, durch viele Körper. Die Läuterung geschieht durch gerechten Lebenswandel und Enthaltung vom Genuß jeder Nahrung, die von beseelten Geschöpfen stammt (Fleisch, Eier). Hier vereinigt sich orphische mit pythagoreischer Lehre. Den Frommen erwartet ein seliges Jenseits, den Frevler aber das Urteil des Totenrichters und der Sumpf des Tartaros.

Die orphische Lehre wirkte sehr tief auf *Pythagoras. Es gab keine festen Kultstätten oder Orpheustempel; so verbreitete sie sich um so ungehinderter und blieb bis ins späte Altertum mächtig. Goldplättchen mit Texten orphischer Jenseitslehren, wie sie besonders in Unteritalien den Toten auf den Weg ihrer Seelen mitgegeben wurden, sind wichtige alte Zeugnisse (seit dem 4. Jh. v. Chr.). Alles, was sonst an orphischer Lit. überliefert ist, stammt erst aus dem 2.–5. Jh. n. Chr. Wichtig sind vor allem die *Hymnen*, weniger bedeutend die *Argonautiká*.

T: MLWest, Oxford 1983. *Hymnen:* WQuandt, 3. A. 1962. *Argonaut.:* TÜ: FVian, 1987 (Budé). Sammlung der älteren Zeugnisse: OKern, Orphicorum Frg., 1922 (Nachdr. 1963). Ü *(Hymnen):* Plaßmann, 1928. – Kern, Orpheus, 1920. WKCGuthrie, Orpheus and Greek Religion, 1952. LMoulinier, Orphée et l'orphisme à l'époque classique, 1955. GZuntz, Persephone, 1971. PhBorgeaud (Hg.), Orphisme et Orphée (Festschr. JRudhardt), Genève 1991.

Ortygia (Wachtelinsel), alter Name von *Delos.

Osiris, ägypt. Totengott, Gemahl der *Isis. *Sarapis.

Osker, Stamm der *Italiker. In oskischer Sprache sind ca. 250 Inschriften bekannt (*Bantia, *Abella).
ECampanile, Lingua e cultura degli Osci, Pisa 1985.

Ossa, Berg südl. des Olympos (*Aloaden).

Ostia, die Hafenstadt Roms an der Tibermündung, schon in republikanischer Zeit bedeutend. Nachdem Kaiser Claudius eine große neue Hafenanlage gebaut hatte, wurde O. zur Großstadt. Als aber Constantinus um 330 den Hof nach Konstantinopel verlegte, war O. zum Absterben verurteilt. Es verödete langsam. Die Ausgrabungen (seit 1908) zeigen ein Stadtbild, das dem antiken Rom eher entspricht als die ländliche Villenstadt Pompeii: O. hat große, bis 5-stöckige Mietskasernen *(insulae)*, Speicher und Magazine, aber auch ein Theater, mehrere Thermen, Tempel, zahlreiche Mithrasheiligtümer, eine Synagoge (erbaut über den Fundamenten einer früheren aus dem 1. Jh. n. Chr., der ältesten, die man kennt) und eine christliche Basilica. Durch neuere Ausgrabungen sind die Molen des Claudiushafens freigelegt und neue chr. Zeugnisse aus dem Ende des 4. Jh. entdeckt worden (Christuskopf aus intarsiertem Marmor in einem Ende 4. Jh. unfertig eingestürzten Bau, Mosaiken mit versteckten chr. Symbolen in den Thermen). In der Nähe eine große Nekropole (Isola Sacra).
HSchaal, O., der Welthafen Roms, 1957. RMeiggs, Roman O., Oxford 1972 (Nachdr. 1985). Scavi di O., 1953ff. RChevallier, Ostie antique, Paris 1986. GHermansen, O., Aspects of Roman city life, Edmonton 1982. Führer: CPavolini, O., Roma 1983. – GCalza, La necropoli del porto di Roma nell'Isola sacra, 1940.

Ostraka, Topfscherben, wurden im Altertum oft als Ersatz des teuren Papyros verwendet, um darauf zu schreiben. Die vielen auf diesem billigsten Material erhaltenen Texte betreffen meist Dinge des täglichen Lebens (Rechnungen, Notizen; vgl. *Ostrakismos). Selten sind literarische Texte, etwa als Übungen, von Schülerhand geschrieben. 1937 hat Medea Norsa ein schönes Gedicht der *Sappho auf einem Ostrakon entdeckt. Ähnlich soll *Kleanthes als armer Student das Philosophie-Kolleg auf Rindsschulterblätter nachgeschrieben haben.
Spezialwerk: UWilcken, Gr. O., 2 Bde, 1899.

Ostrakismós (Scherbengericht), um 507 v. Chr. von *Kleisthenes bei der demokratischen Reform der athenischen Verfassung eingeführt, zuletzt 417/6 angewandt. Das athenische Volk konnte in geheimer Abstimmung einen Bürger verbannen. Als Stimmzettel diente eine Scherbe von Tongeschirr, die jeder von Hause mitbrachte. Sie wurde mit dem eingeritzten Namen des zu Verbannenden in die Urne eingelegt. Erforderlich waren mindestens 6000 Stimmen. Nach der Schuld des Betroffenen wurde nicht gefragt; es genügte, daß er dem Volke nicht gefiel. Der O. war kein Strafurteil, sondern eine administrative Maßnahme. Dem Verbannten blieb daher Ehre und Vermögen unangetastet; wenn er nach 10 Jahren zurückkehrte oder vorher vom Volk zurückberufen wurde, konnte er alle bürgerlichen Ämter wieder be-

kleiden. Am bekanntesten sind die O. des *Aristeides und des *Themistokles. An die 1000 Scherben von solchen Abstimmungen sind bei Ausgrabungen gefunden worden.
JCarcopino, L'Ostracisme Athénien, Paris 1935.

Otho, M. Salvius, 32–69 n. Chr., röm. Kaiser vom 15. Jan. bis 16. April 69. Er gehörte zu den schändlichen Freunden Neros. Als er 58 einem röm. Ritter die Gattin, Poppaea Sabina, entführte und sie heiratete, gefiel die schöne Frau Nero so sehr, daß er sie für sich beanspruchte und sich O.s entledigte, indem er ihn als Statthalter nach Lusitanien schickte. 68 schloß O. sich Galba an. In der Hoffnung, als Nachfolger adoptiert zu werden, getäuscht, gewann er durch Versprechungen die Garde und ließ sich zum Kaiser ausrufen. Doch erlagen seine Truppen bei Bedriacum denen des Vitellius. Um eine Fortsetzung des Bürgerkrieges zu verhüten, gab sich O. den Tod. – Biogr.: *Sueton. *Plutarch.

Otos: *Aloaden.

Ovatio, der kleine *Triumph. Wenn die Bedeutung des geführten Krieges für einen Triumph zu gering war, bewilligte der Senat dem siegreichen Feldherrn nur die O. Er zog dann nicht im Wagen, sondern reitend oder zu Fuß zum Capitol und trug einen Myrten- statt eines Lorbeerkranzes.

P. Ovidius Naso, 43 v. Chr. bis ca. 18 n. Chr., neben den älteren Vergil und Horaz der größte Dichter der augusteischen Zeit. Er war vor allem ein vollendeter Virtuose der Form. Oft tritt bei ihm eine geschickte und effektvolle Inszenierung und eine raffinierte Feinheit der psychologischen Schilderung an die Stelle klassischer Erhabenheit. Er verstand es, seinen Lesern zu gefallen; sie moralisch zu bilden, lag ihm ferne, obwohl die *Lehrgedichte einen großen Teil seines Werks ausmachen und seine Sentenzen, aus dem Zusammenhang gelöst, als moralische Sprüche bis heute in allen Schulbüchern stehen. Was er zeigen und auch lehren wollte, war *cultus*, die Eleganz der urbanen Lebensform und Feinheit der Empfindungen. – O. stammte aus einer alten Ritterfamilie in Sulmo. Er begründete etwa 18jährig seinen Dichterruhm mit Liebeselegien *(Amores)* und fingierten *Liebesbriefen von Heroinen* der Sage (z. B. Penelope an Odysseus). Dann folgte die *Ars amandi* (Lehrbuch der Liebe) und als Gegenstück die *Remedia amoris* (Heilmittel gegen Liebe). Zwischen die Lehren der Verführungskunst sind Sagen als Beispiele eingeflochten. Zu den galanten Lehrbüchern gehört noch ein kurzes Gedicht *Rezepte zur Gesichtspflege* in 100 Versen. Die 1. A. der *Amores* in 5 Büchern ersetzte O. durch eine zweite (erhaltene) in 3 Büchern; die 1. Sammlung der *Briefe von Heroinen* erweiterte er durch Briefpaare (Werbung des Mannes, Antwort der Dame). Nicht für die Sammlung bestimmt war der einzelne *Brief der Sappho*. Wenn die erotischen Dichtungen schlecht zu den Ehegesetzen des Kaisers Augustus paßten, so durfte O. auf dessen Beifall hoffen, als er nun in den **Fasti* die röm. Sagen schilderte, welche den Festbräuchen des Kalenderjahres zugrunde lagen. Das bedeutendste, nicht mehr in elegischer, sondern in epischer Form gehaltene Werk, die *Metamorphosen* (Verwandlungssagen), war fast vollendet, die *Fasti* zur Hälfte fertig, als den Dichter ein vernichtender Schlag traf: Augustus verbannte ihn 8 n. Chr. aus der Weltstadt, die O.s Lebenselement war, in das eisige Barbarennest *Tomis am Schwarzen Meer. Die genauen Gründe sind unbekannt; vermutlich war O. in den Skandal der Iulia (3) als Mitwisser verwickelt. Verzweifelt warf er das Manuskript der *Metamorphosen* ins Feuer; das Buch erhielt sich indessen in Abschriften. In den trostlosen 10 Jahren bis zu seinem Tode schickte O. immer wieder Klageelegien nach Rom *(Tristia, Ex Ponto)*, doch Augustus und sein Nachfolger blieben unerbittlich. Ein Schmähgedicht *Ibis* und ein unvollendetes Lehrgedicht *Über Fischerei (Halieutica)* aus dieser letzten Zeit sind dichterisch unbedeutend. Die O. zugeschriebene Elegie *Der Nußbaum (Nux)* ist unecht. Verloren ist eine sehr berühmte Tragödie, von der Quintilian urteilt: «O.s *Medea* beweist, was dieser Dichter hätte leisten können, wenn er sein Genie hätte zügeln wollen, statt seinen Neigungen nachzugeben.»

Gesamtwerk: TÜ: GPGoold, 1977–89 (Loeb L.). – *Amores:* TK: JLMcKeown, Leeds 1987ff. TÜ: WMarg-RHarder, 7. A. 1992 (Tusc). *Heroinenbriefe:* TÜ: GPGoold, 1986 (Loeb L.). WGerlach, 1952 (Tusc.). TÜK: GRosati, Milano 1989. ABarchiesi, Firenze 1992 *(1–3)*. *Brief der Sappho:* TK: HDörrie, 1974 (Zetemata 58). *Ars, Remedia:* T: EJKenney, 1961 (Oxf. Cl.). TÜ: NHolzberg, 3. A. 1992 (Tusc.). MvAlbrecht, 1992 (*Ars*, Reclam). K: *Ars 1:* ASHollis, Oxford 1989. *Rem.:* PPinotti, Bologna 1988. *Medicamina faciei (Gesichtspflege):* T: EJKenney, 1961 (Oxf. Cl.). TÜ: GRosati, *I cosmetici delle donne,* Venezia 1985. *Fasti:* T: EMAlton-Wormell-Courtney, 3. A. 1988 (Tb). TÜ: RSchilling, 1992–93 (Budé). TÜK: FBömer, 1957–58. *Metamorphoses:* T: WSAnderson, 5.–6. A. 1991–93 (Tb). TÜ: ERösch, 13. A. 1994 (Tusc.). MvAlbrecht, 1994 (Reclam). Ü: HBreitenbach, 1989 (Reclam, dtv). K: FBömer, 1969–86. *Tristia:* TÜK: GLuck, 1967–77. TÜ (mit *ex Ponto*): WWillige, 2. A. 1990 (Tusc.). K *(1,1–4)*: SPosch, Innsbruck 1983. *Ex Ponto:* T: JARichmond, 1990 (Tb). TÜ: JAndré, 1977 (Budé). *Ibis:* TK: ALaPenna, Firenze 1957. TÜ: JAndré, 1963 (Budé). *Halieutica:* JARichmond, London 1962. TÜK: FCapponi, Leiden 1972. – EMartini, Einleitung zu O., 1933 (Nachdr. 1970). SDöpp, Werke Ovids, 1992. HFränkel, O., ein Dichter zwischen zwei Welten, 1970. LPWilkinson, O. recalled, Cambridge 1955. EZinn-MvAlbrecht, O., 2. A. 1982 (WdF). FMunari, O. im Mittelalter, 1960. WStroh, O. im Urteil der Nachwelt, 1969. MGiebel, O. mit Selbstzeugnissen und Bilddokumenten dargestellt, 1991. – Hypothese zur Verbannung: ChKorten, O., Augustus und der Kult der Vestalinnen, 1992. – Zu einzelnen Werken: BMGauly, Liebeserfahrungen *(Amores)*, 1990. BSpoth, O.s *Heroides* als Elegien, 1992. BOtis, O. as an epic poet, 2. A. Cambridge 1970. AVideau-Delibes, Les Tristes d'O. et l'élégie romaine, Paris 1991.

Oxyrhynchos, Stadt in Mittelägypten, im 4. Jh. auch Zentrum des chr. Mönchtums, heute die berühmteste Fundstätte von Papyri, meist aus röm. Zeit. Außer zahlreichen Stücken bekannter Autoren kamen auch

Reste eines gr. Geschichtswerkes zutage, das den Thukydides fortsetzte. Der Verfasser dieser *Hellenika von O.* ist unbekannt; er schrieb Anf. 4. Jh. v. Chr. als Zeitgenosse der Ereignisse.
Hellenika: T: MChambers, 1993 (Tb). TÜK: PRMcKechnie-SJKern, Warminster 1988. – Alle Funde in O. werden gesammelt in der 1898 von Grenfell und Hunt begründeten Reihe der *O.-Papyri* (bis 1992 60 Bde). – MMacLennan, O., an economic and social study, 1968.

P

Pachomius gründete um 320 n. Chr. in Tabennisi (Aegypten) das erste Kloster (vor ihm waren die Mönche alle Einsiedler gewesen) und verfaßte eine Klosterregel von militärischer Strenge in koptischer Sprache. *Hieronymus hat sie nach einer gr. Vorlage ins Lat. übersetzt.
T: LTLefort, Louvain 1956 (Corpus script. christ. orient. 159). *Briefe:* HQuecke, 1975. ABoon, Pachomiana latina, Louvain 1932. Ü: AVeilleux, Kalamazoo Mich. 1980–82 (Cistercian studies series 45.47). – PhRousseau, P., the making of a community in fourth-century Egypt, Berkeley 1985.

M. **Pacuvius**, ein Osker aus Brundisium, 220–130 v. Chr., Neffe des *Ennius, war ein bedeutender tragischer Dichter in Rom.
Aus den Bruchstücken von 12 Tragödien nach gr. Vorbildern und einer Praetexta *Paulus* hat Ribbeck (Die röm. Tragödie, 1875) Rekonstruktionen versucht. TÜK: Gd'Anna, Rom 1967. – MValsa, Die lat. Tragödie und M. P., 1963.

Padus, der Po, teilte die nordital. Ebene in die südl. *Gallia cispadana* und die nördl. *Gallia transpadana.* Die Küste im Mündungsgebiet ist durch Anschwemmung gewachsen, und der Flußlauf hat sich gegenüber dem Altertum dort stark verändert. Plinius (1) nennt 7 Mündungsarme. Der südlichste war der Kanal, durch welchen Augustus Ravenna an den Polauf angeschlossen hatte. Als nächste folgte nördl. davon eine alte natürliche Hauptmündung, an der einst die Hafenstadt *Spina gelegen hatte; diese lag im 1. Jh. schon 18 km von der Meeresküste entfernt an einer sumpfigen Lagune. *Eridanos.

Paestum, lat. Name der gr. Kolonie *Poseidonia* am Golf von Salerno. In der späteren Kaiserzeit wanderte die Bevölkerung der Malaria wegen ab. Heute stehen noch die Stadtmauer und 3 dorische Tempel, der ältere Heratempel (sog. Basilica) aus dem 6. Jh., der spätarchaische Athenatempel (sog. Cerestempel) und der jüngere Heratempel aus der Mitte des 5. Jh. (sog. Poseidontempel). Die richtigen Benennungen konnten durch Funde von Votivgaben und Inschriften festgestellt werden. In der Nähe von P. befand sich ein weiteres berühmtes Heiligtum der Hera am Fluß *Silaris. In der Nekropole sind mit Fresken bemalte Gräber gefunden worden; das bedeutendste (Taucher auf der Deckplatte, ein Symposion mit Musik auf den Seitenwänden) wird auf ca. 480 bis 470 v. Chr. datiert.
FKrauss, P., 3. A. 1976; ders., Die Tempel von P., 1: Der Athenatempel, 1959 (Nachdr. 1978). Sestieri, P. (Führer), 1963. MNapoli, La tomba del tuffatore, 1970. – Ausgrabungen: EGreco, Poseidonia-P. 1–3, Rome 1980–87. JGriffiths Pedley, P., Greeks and Romans in Southern Italy, London 1990.

Paian, ein Chorlied zu Ehren Apollons. Dieser trug als Nothelfer und Heilgott (*Paieon* in den Linear B-Texten mykenischer Zeit, vgl. den Arzt Paieon in Homers *Ilias*) den Beinamen P. und wurde im Lied mit dem Refrain *ié Paián* angerufen. Besonders vor der Schlacht und nach dem Sieg stimmte man den P. an. Später brauchte man das Wort auch für Chor-*Hymnen auf andere Götter, sogar Dionysos, dessen Lied (Dithyrambos) ursprünglich vom P. streng unterschieden worden war. Selbst Hymnen auf Menschen (z. B. *Lysandros) nannte man P.
LDeubner, P., in Neue Jahrbücher 22, 1919, S. 385ff.

Paionios von Mende, der Bildhauer der um 420 v. Chr. von Messeniern und Naupaktiern in Olympia aufgestellten *Nikestatue. Sie stand auf einem 9 m hohen Pfeiler und schien frei in der Luft herabzuschweben. Die Illusion wird erzielt durch riesige Flügel, einen hinter der Gestalt im Winde sich nach oben bauschenden Mantel und einen unter ihr durchfliegenden Adler; der Block, auf dem die Statue ruht, wird durch den Pfeiler verdeckt.
Fuchs (*Plastik) Abb. 218.

Paktolos, Fluß in *Lydien, der durch die Hauptstadt Sardes floß, reichlich Gold führend (*Midas).

Palaemon. – 1. Meergott, Retter der Schiffe aus Sturmesnot, gleichgesetzt mit Melikertes, dem Sohn der zur Meergöttin Leukothea verwandelten *Ino. In älterer Zeit hatte P. keinen festen Kultort. Nach der Neugründung von Korinth als röm. Kolonie erhielt er bei den Häfen auf dem *Isthmos einen Tempel, der 1956–58 ausgegraben worden ist. – 2. *Remmius P.

Palaistra, Ringplatz, wo sich die Jugend zu den sportlichen Übungen, aber auch zum Gespräch mit ihren Lehrern einfand. Oft war der Bau der P. ein Teil des *Gymnasions.

Palamedes, Sohn des *Nauplios und der Klymene. Homer erwähnt ihn noch nicht, doch später erzählte man von ihm als dem Helden, der im Troianischen Krieg seine Weisheit immer zum Guten anwendete, während sein Feind Odysseus auch zum Bösen schlau war. P. hatte ihn entlarvt, als er durch gespielten Wahnsinn sich der Teilnahme am Krieg entziehen wollte. Dafür rächte sich Odysseus, indem er Gold und einen gefälschten Brief des Priamos im Zelt des P. versteckte und ihn dann des Hochverrats anklagte. Die gr. Heeresversammlung steinigte darauf P. Er galt als großer Erfinder; unter anderm schrieb man ihm zu: Die Buchstabenschrift, Brett- und Würfelspiel, Maß- und Zahlensystem, Kriegstaktik. *Gorgias verfaßte eine **Apologie des P.*

Palatium, der Hügel Roms, auf dem die älteste, nach der Sage von Romulus gegründete Stadt stand. Seit Augustus (sog. Haus der Livia mit Wandgemälden) erhoben sich dort die Kaiserpaläste, deren Ruinen das ganze, heute unbewohnte Gelände bedecken (Palast des Tiberius im nordwestlichen Teil, südöstlich der große flavische Palast, von Septi-

mius Severus erweitert). Von *P.* stammen die deutschen Wörter Palast und Pfalz.
GLugli, Mons Palatinus, 1960 (Quellen-T); ders., Foro Romano, Palatino 1957 (Führer). GCarettoni, Das Haus des Augustus auf dem P., 1983. HFinsen, La résidence de Domitien sur le Palatin, Kopenhagen 1969.

Pales, altröm. Gottheit, der am 21. April das Fest der *Parilia* gefeiert wurde. Es war eine Reinigungsfeier für die Hirten und ihre Herden, die man bei einem frohen Schmaus beschloß. Ein Brauch dabei war, durch das Feuer eines brennenden Strohhaufens hindurchzuspringen. Die *Parilien* galten auch als Gründungsfest Roms *(natalis urbis Romae).*
FGraf, Röm. Aitia und ihre Riten, in Museum Helveticum 49, 1992, 13–25.

Palimpsest (gr. *pálin* = wieder, *psestós* = geschabt). Um das teure Pergament nochmals verwenden zu können, wusch man oft die frühere Schrift ab oder schabte sie mit einem Radiermesser weg. Für uns aber ist der alte, noch in schwer lesbaren Spuren feststellbare Text oft viel wichtiger als die darübergeschriebenen neuen (meist bekannte biblische oder kirchliche Texte). So sind z. B. die *Institutionen* des *Gaius, die Werke *Frontos, *Ciceros *Staat* (fragmentarisch), Stücke aus dem *Phaëthon* des Euripides (Ü. von Goethe) nur durch P. erhalten. Die beste Plautushandschrift ist ein P. Die ersten Entdecker zu Anfang des 19. Jh. (besonders Angelo Mai) machten die Schrift durch Chemikalien lesbar, die das Pergament so zerstörten, daß heute die unsicheren Lesungen kaum mehr nachgeprüft werden können. Jetzt erzielt die P.-Forschung viel bessere Resultate durch Infrarot- und Ultraviolett-Photographie.

Palinodie, Widerruf: *Helena.

Palinurus, der Steuermann des Aeneas, der vor der Küste Italiens ins Meer stürzte (Vergil, *Aen.* 5, 833ff.). Nach ihm heißt das gefürchtete Kap P. südl. von Elea (Velia).

Palladion, Bild der Schutzgottheit einer Stadt, deren Schicksal von seiner Bewahrung abhing. Schon in kretisch-mykenischer Zeit bestand der Glaube an solche P. Die Troiasage berichtete, daß Odysseus und Diomedes sich nach Troia eingeschlichen und das P. geraubt hätten. Die Römer behaupteten, Aeneas habe es mitgenommen: Es stand in Rom im unbetretbaren Allerheiligsten der Vesta. Vasenbilder vom P.-raub geben das P. als sehr altertümliches, kleines Schnitzbild wieder.

Palladius. – 1. Lat. Schriftsteller des 4. Jh. n. Chr., schrieb 15 Bücher über *Landwirtschaft*, das letzte in Versen.
T: RHRodgers, 1975 (Tb). TÜK *(B.1–2):* RMartin 1976 (Budé). Ü: ThMay, 1612.
2. Bischof von Helenopolis seit ca. 400, schrieb die *Historia Lausiaca* (Lebensbilder asketischer Heiliger) und eine Biographie seines Lehrers Iohannes *Chrysostomos in Dialogform.

Hist. L.: T: Butler, 1898/1904 (Nachdr.). TÜ: JLaager, 1987. Ü: KV. *Chrysost.:* Coleman-Norton, 1928. TÜ: RTMeyer, New York 1985 (ACW). AMMalingrey, 1988 (S.chrét.).

Pallas. – 1. Beiname der *Athene. – 2. Jünglingsgestalt in Vergils *Aeneis*, Sohn des Euandros. – 3. Freigelassener, der es als Finanzminister des Kaisers Claudius zu fabelhaftem Reichtum brachte.

Palliata: *Komödie 2.

Palmyra, wichtige Karawanenstadt in der syrischen Wüste, glänzende Hauptstadt im 3. Jh. n. Chr. (*Zenobia). Die Ruinen des antiken P. sind sehr gut erhalten: Ein riesiger Tempel des Sonnengottes (Grundriß ein Quadrat von 205/210 m Seitenlänge). Hauptstraße mit beidseitigen Säulenhallen; von 375 Säulen stehen noch 150, jede neuneinhalb m hoch.
ThWiegand, P., 1932. Champdor, P. (franz.), 1934 (Nachdr. 1953). KMichalowski, P., Warszawa 1960–84 (polnische Ausgrabungen). PCollart-Vicari-Fellmann-Dunant, Le Sanctuaire de Baalshamîn à P., 1969ff. IBrowning, P., London 1979. JStarcky-MGawlikowski, P., Paris 1985. HStierlin, Städte in der Wüste: Petra, P. und Hatra, 1987.

Pamphylien, die Südküste Kleinasiens zwischen Lykien im Westen und Kilikien im Osten, mit den gr. Kolonien *Perge, *Aspendos, *Side. Um die Mitte des 2. Jh. v. Chr. gründete Attalos von Pergamon die Stadt *Attaleia (heute Antalya).
GEBean, Turkeys southern shore, 1968. JWagner, P., antikes Leben an der türkischen Riviera, 1992. HBrandt, Gesellschaft und Wirtschaft P.s und Pisidiens im Altertum, 1992.

Pan, alter Gott der Hirten und des Kleinviehs im arkadischen Bergland, Sohn des Hermes. Er hatte Ziegenfüße. In älterer Zeit, da man sich die Götter noch oft in Tier-, nicht in Menschengestalt dachte, stellte man ihn auch mit einem Ziegenkopf dar, von dem später noch Hörner und Bocksbart am menschlichen Antlitz übrigblieben. P. liebte die Hirtenflöte, und mit der Lüsternheit des Bockes stellte er den schönen Nymphen nach. In der Mittagsstille, wenn in der Sommerhitze Mensch und Tier schlafen, pflegte er durch plötzliche unerwartete Laute *panischen Schrecken* einzujagen. In der Nacht vor der Schlacht bei Marathon erschreckte er so die Perser; man baute ihm daher in Athen am Abhang der Akropolis ein Heiligtum. Das gr. Wort *pan* bedeutet «all»; die Mystiker machten daher P. zu einem Allgott. Plutarch (*Vom Ausbleiben der Orakel* 17) erzählt, wie man auf einem Schiff plötzlich von den Paxoi-Inseln (südl. Korfu) her eine Stimme vernommen habe, die den Namen des Steuermanns rief und ihm die Botschaft auftrug: «Der große P. ist tot.» Als er dies am befohlenen Orte zum Lande hin gerufen habe, sei von dort ein gewaltiges Stöhnen gehört worden. Das habe sich zur Zeit des Kaisers Tiberius begeben. Die Römer setzten P. dem italischen Faunus gleich.
RHerbig, P., der gr. Bocksgott, 1949. PBorgeaud, The cult of P. in ancient Greece, Chicago 1988.

Panainos, Maler, schmückte um 450 v. Chr. mit *Polygnotos die *Stoa Poikile* in Athen mit Wandgemälden aus *(Schlacht bei Marathon)*. Sein Onkel *Pheidias ließ den Zeus von Olympia durch ihn bemalen.

Panaitios v. Rhodos, ca. 185–109 (?) v. Chr., Schulhaupt der *Stoa in Athen seit 129. Er verbrachte einige Jahre in Rom und gewann die führenden Persönlichkeiten des Kreises um Scipio (3) für seine Philosophie. Auch in Rhodos, wo er die meiste Zeit lebte, suchten ihn viele vornehme Römer auf. Er leugnete das Fortleben der Seele nach dem Tode und die stoische Lehre vom Untergang der Welt und ihrer Erneuerung nach Ablauf einer Weltperiode. Das Hauptgewicht legte er auf die praktische Ethik, die wir gut kennen, weil *Cicero in seinem Alterswerk *Die Pflichten* sich eng an das gleichnamige Buch des P. anlehnt.
T (Frg.): Mvan Straaten, 1962. Ü (Ausw.): MPohlenz, Stoa und Stoiker, 1950 (AW). – Wilamowitz, P., Reden u. Vortr. II, 1926, S. 190ff. Pohlenz, Gestalten aus Hellas, 1950, S. 588ff.; ders., Antikes Führertum 1934 (Tb). LLabowsky, Ethik des P., Diss. München 1934. GIbscher, Der Begriff des Sittlichen, Diss. München 1934. APuhle, Persona, zur Ethik des P., 1987.

Panaitios-Maler: *Onesimos.

Panamara, Berg in Karien mit einem berühmten Heiligtum eines einheimischen Himmelsgottes, der als Zeus Panamaros mit der Gemahlin Hera verehrt wurde. Die nahe Stadt Stratonikeia (heute Eski Hissar) stellte sich unter seinen Schutz und sorgte für den Kult. Mit der Ehre des Priesteramts übernahmen die Priester die Verpflichtung, auf ihre Kosten an den drei großen Festen alle Besucher freizuhalten und zu beschenken.
JHanslik-Andrée, in Pauly-Wissowa, Realencyclopädie 18, 3 (1949) 450–55.

Panathenäen, das jährliche Hauptfest Athens zu Ehren der Göttin Athene. Die ‹großen P.› wurden alle 4 Jahre Anfang August mit sportlichen Wettkämpfen der Jugend, musischen Agonen und einer Prozession gefeiert. Diese überbrachte der Göttin im Erechtheion einen von den vornehmen Mädchen gewobenen und bestickten *Peplos* (*Kleidung) und andere Geschenke. Der Festzug und Athene beim Empfang der Gaben sind auf dem Parthenonfries dargestellt. Zahlreich erhalten sind die Amphoren, die als Kampfpreise verliehen wurden. Sie sind auch nach dem Ende der sonstigen schwarzfigurigen *Vasenmalerei in schwarzfiguriger Technik mit einer bewaffneten Athene bemalt.
LDeubner, Attische Feste, 1932. GvBrauchitsch, Die Panathenäischen Preisamphoren, 1910. HKotsidu, Die musischen Agone der P., 1991.

Pandaros, lykischer Bogenschütze in Homers *Ilias* (4, 105ff.). Durch seinen Pfeilschuß auf Menelaos brach er den Waffenstillstand zwischen Griechen und Troern.

Pandekten = Digesten: *Iustinianus.

Pandion hießen zwei sagenhafte Könige von Athen.

Pandora, das erste Weib, von Hephaistos auf Befehl des Zeus erschaffen, um die bis dahin glücklichen Menschen für den Feuerraub des *Prometheus zu strafen. Die Götter statteten sie mit allen Reizen aus (daher der Name *P.*, Allbegabte) und schickten sie dem Epimetheus als Gattin auf die Erde. Sie brachte ein Tonfaß mit, in das die Götter alle Leiden eingesperrt hatten. In echt weiblicher Neugier öffnete sie den Deckel, Unglück und Plagen entwichen und verbreiteten sich über die ganze Welt; nur die Hoffnung blieb zurück.
*Hesiod, *Werke* 53–105. Zur negativen Wertung der Frau: *Semonides. – Panofsky, P's box, New York 1956. OLendle, Die P.sage bei Hesiod, 1957.

Pandrosos, Tochter des *Kekrops.

Panegyrikos, Festrede, gehalten vor einer Festversammlung (gr. *Panégyris*). Vollständig erhaltene gr. P. aus der klassischen Zeit sind der *P.* und der *Panathenaikos* des *Isokrates. Aus der röm. Kaiserzeit besitzen wir eine ganze Sammlung von 12 *Panegyrici*, Lobreden auf die Kaiser. Das älteste Stück ist die Rede, mit der *Plinius (2) Traian für das verliehene Consulat dankte (100 n. Chr.).
T: RABMynors, 1964 (Oxf. Cl.). TÜ: Galletier 1949–55 (Budé).

Panionion: *Ionien.

Panmaler, ein anonymer Vasenmaler, benannt nach einem Vasenbild des Gottes Pan, rotfigurig, um 460 v. Chr. (*Aktaion). – Beazley, Der P. (Bilder gr. Vasen 4), 1931. ABFollmann, Der P., 1968.

Pannonien, das Land zwischen Ostalpen, Donau und Save, nach wiederholten Kriegen (seit 35 v. Chr.) zusammen mit Illyrien 9 n. Chr. endgültig unterworfen und zur kaiserlichen Provinz gemacht. Im nördl. Teil von *Pannonia superior* lagen zur Verteidigung der Donau die Stützpunkte *Vindobona (Wien) und *Carnuntum, im Südosten von *P. inferior* *Sirmium, das im 3. Jh. kaiserliche Residenzstadt wurde. Ende 4. Jh. wurde P. von den Barbaren überflutet.
AAlföldi, Der Untergang der Römerherrschaft in P., 2 Bde, 1924/26. AMócsy, P., 1962 (Sonderdruck aus Realencycl. Suppl. 9). JFitz, Das Jahrhundert der Pannonier (193–284), Budapest 1982. ZVisy, Der pannonische Limes in Ungarn, 1988. KStrobel, Die Donaukriege Domitians, 1989. BThomas, Röm. Villen in P., 1964.

Panormos (Palermo), karthagische Stadt auf Sizilien, wurde 254 v. Chr. von den Römern erobert. Augustus erhob die wichtige Hafenstadt zur Kolonie.
VdiGiovanni, Palermo restaurato, Palermo 1989.

Pansa, C. Vibius, Anhänger Caesars, der ihn zum cos. 43 v. Chr. bestimmte. Als solcher führte er mit *Hirtius die Truppen des Senats gegen Antonius und wurde bei *Mutina tödlich verwundet.

Pantheon (Tempel aller Götter), das besterhaltene antike Bauwerk Roms. Es stammt aus der Zeit des Kaisers Hadrian (ca. 125 n. Chr.), wel-

cher diesen Bau an die Stelle des zweimal niedergebrannten Tempels des M. Agrippa aus dem Jahre 27 v. Chr. setzte. An dem schön proportionierten Rundbau ist vor allem die halbkugelförmige Kuppel bewundernswert. Ihr Durchmesser, der Höhe des ganzen Raumes gleich, beträgt 43 m, der der Lichtöffnung in der Mitte 9 m.
KdeFineLicht, The Rotunda in Rome, Kopenhagen 1968.

Pantomimus, Schauspieler, der einen dramatischen Stoff ohne Worte, nur durch Tanz und Gesten darstellte. P. hieß auch die Darbietung selbst. Zur großen Mode wurde er mit prunkvoller revuehafter Ausstattung und berauschender Musik in der Kaiserzeit, nachdem unter Augustus die Tänzer Pylades den tragischen, Bathyllus den komischen P. in Rom berühmt gemacht hatten. Das Volk liebte die P. begeistert, während die Regierung öfter gegen zu unanständige Darbietungen einschritt; Iustinian verbot sie endgültig.
Friedländer, Sittengeschichte S. 526ff. VRotolo, Il pantomimo, Palermo 1957.

Panyassis v. Halikarnass, um 460 v. Chr. von dem Tyrannen Lygdamis getötet, Onkel *Herodots, schrieb ein Epos *Herakleia*, von dem nur wenige Verse erhalten sind.
TK: VJMatthews, Leiden 1974.

Paphos, Name benachbarter Städte im Südwesten von *Kypros. Alt-P., die Stadt des mythischen Königs *Kinyras, war berühmt durch den Tempel der Aphrodite, der Herrin *(Vanassa)* der Insel. Neu-P. ist eine hellenistische Gründung des letzten Königs Nikokles II., der 306 v. Chr. durch Demetrios Poliorketes seine Herrschaft verlor. Im J. 1983 wurde hier ein Dionysos-Mosaik aus dem 4. Jh. n. Chr. entdeckt, Zeugnis orphisch-neuplatonischer Glaubenswelt.
WADaszewski, Dionysos der Erlöser, 1985.

Papinianus, Aemilius, einer der größten Juristen, ca. 146–212 n. Chr., Freund und Kanzleichef des Kaisers Septimius Severus, seit 203 Praetorianerpraefekt. Caracalla ließ ihn hinrichten, weil P. die Ermordung Getas mißbilligte. P. wird in den *Digesten* (*Iustinian) oft zitiert.

Papirius, altröm. Geschlecht. – 1. *Carbo. – 2. L. P. Cursor, röm. Führer in den Samniterkriegen. Er war fünfmal cos. (zuerst 326 v. Chr.) und zweimal Dictator und feierte beide Male einen Triumph über die Samniter. Seine gefürchtete Strenge bekam angeblich der Magister equitum *Fabius (2) zu spüren (*Livius 8, 30ff., historisch zweifelhaft). – 3. Sein gleichnamiger Sohn, cos. 293 und 272, triumphierte 293 über die Samniter, 272 über Tarent.

Pappos von Alexandreia, gr. Mathematiker zu Beginn des 4. Jh. n. Chr. Er schrieb eine *Weltgeographie* nach *Ptolemaios (II.), die nur in armenischer Bearbeitung überliefert ist, einen K. zum *Almagest* (erhalten zu Buch 5 und 6) und zu kleineren Schriften des Ptolemaios, einen K. zum 10. Buch der *Elemente* des *Eukleides (in arabischer Ü überliefert) und ein Sammelbuch *(Synagoge)* von 8 mathematischen Abhandlungen (Die erste und der Anfang der zweiten sind verloren).

Synagoge: T: FHultsch, 1876–78 (mit lat. Ü und K, Nachdr. 1965). TÜK *(Synagoge B. 7):* AJones, New York 1985. Ü (franz.): PVerEecke, 1933 (Neudr. Paris 1959). *Almagest-K:* T: ARome, Rom 1931 (Studi e testi 54). *Weltgeogr.:* Ü (franz.): ASoukry, 1881.

Papyros, Nilschilf, aus dem vor allem das antike Papier hergestellt wurde. Die P.-pflanze ist heute in Unterægypten, dem antiken Produktionszentrum, ausgestorben; in Sizilien wächst sie noch in den Flüssen Anapos und Kyane bei Syrakus. Das Mark der P.-stengel schnitt man in Streifen, legte diese nebeneinander, quer darüber eine zweite Lage. Beide Lagen wurden durch den austretenden klebrigen Saft gebunden, gepreßt, getrocknet und geglättet. Es gab alle Sorten vom feinsten Schreib- bis zum groben Packpapier. Die Fabrikation wurde nur in Aegypten betrieben und war Staatsmonopol. Während sonst die Feuchtigkeit des Klimas die Schriftstücke auf P. hat zugrunde gehen lassen (außer im verschütteten *Herculaneum), haben sie sich in Aegypten erhalten, auf Abfallhaufen im Wüstensand und in Gräbern (aus Makulatur wurde Karton hergestellt, den man zu Mumiensärgen verwendete). Es begegnen Texte in allen Sprachen Aegyptens vom 2. Jahrtausend v. Chr. an, bis seit dem 8. Jh. n. Chr. das Lumpenpapier den P. verdrängte. In der päpstlichen Kanzlei in Rom wurde P. noch bis Ende 11. Jh. verwendet. Die Hauptmasse der gr. und lat. Papyri sind Urkunden und Briefe, die uns einen hochinteressanten Blick ins wirkliche Leben des Altertums tun lassen. Doch finden sich auch Buchrollen mit literarischen Texten, durch die uns viele verlorene Autoren und Werke wiedergeschenkt worden sind: *Aristoteles, *Staat der Athener.* *Bakchylides. *Herodas. *Hypereides. *Menandros. *Timotheos (der älteste große lit. P.). *Origenes. *Hellenika* von *Oxyrhynchos. Auch da, wo bereits bekannte Texte in den P. erschienen sind, haben sie die Wissenschaft gefördert: Sie lehren, daß damals die Texte nicht wesentlich anders lauteten als in der heutigen Überlieferung. Die Vorstellung, daß die Abschreiber zahllose Fehler gemacht hätten, die man durch gelehrte Vermutungen (Konjekturen) beseitigen müsse, ist so auf ihr berechtigtes Ausmaß reduziert worden.

Wissenschaftl. Hauptwerke: Mitteis-Wilcken, Grundzüge u. Chrestomathie der P.-Kunde, 1912 (4 Bde). Schubart, Einführung in die P.-Kunde, 1918. Preisendanz, P.-funde und P.- forschung, 1933. NLewis, P. in classical antiquity, Oxford-Bruxelles 1974–89. RSeider, Paläographie der gr. und lat. P.i, 1967ff. EGTurner, Greek manuscripts of the ancient world, 1971. HARupprecht, Kleine Einführung in die P. kunde, 1994. Cavenaile, Corpus Pap. Latinarum, 1958. Bibliographie: RAPack, The Greek and Latin literary texts, 2. A. 1965. – Populär: Wessely, Aus d. Welt der P., 1914. Preisigke, Antikes Leben nach den ägypt. P., 1916. Winter, Life and letters in the P., 1933. TÜ (Auswahl): JHengstl, Gr. P., 1978 (Tusc.). Loeb L. (P.: Documents 1–2; Poetry). Ü (Briefe): Schubart, Ein Jahrtausend am Nil, 1923. – *Buch.

Parabase, die zentrale Chorpartie in der Alten *Komödie (1).

Paraklausithyron heißt ein Lied, das der ausgesperrte Liebhaber um Einlaß flehend vor der Türe der Geliebten singt. Angeredet wird die Geliebte oder die Tür selbst. Beispiele gr.: *Anthologie (1) 5, 23 und 189. lat.: *Propertius 1, 16, 17–44; *Horatius *carm.* 3, 10; *Ovid, *amores* 1, 6. Als Arie im Singspiel: *Plautus, *Curculio* 147–155. Eine Umkehrung des Motivs: Des *Mädchens Klage.

Parentalia, die röm. Seelengedenktage für die Verstorbenen, Vorfahren und Angehörigen, 13. – 21. Februar. Man brachte den *Divi parentum* an den Gräbern Opfergaben dar, Blumen und Speisen. *Ovid beschreibt die Bräuche am Schlußtag der *Feralia* (*Fasti* 2, 533–570). *Ausonius widmete unter dem Titel *P.* seinen Toten einen Gedichtzyklus zum Gedächtnis (S. 28–47 Peiper).
GRadke, P., in Festschr. WPötscher, 1993 (Grazer Beitr., Suppl. 15) 184–86.

Parilia (ältere Wortform *Palilia*), Fest der *Pales.

Paris, auch Alexandros genannt, Sohn des Priamos. Weil seine Mutter Hekabe geträumt hatte, er werde Unheil über Troia bringen, wurde er ausgesetzt. Er wuchs am Berg Ida als Hirte heran und vermählte sich mit der Nymphe *Oinone*. Als die 3 Göttinnen Hera, Athene und Aphrodite ihn im Streit um den Apfel der *Eris zum Richter anriefen, sprach P. Aphrodite den Preis zu, weil sie ihm die schönste Frau als Lohn versprach. Er entführte darauf Helena aus Sparta und gab so den Anlaß zum Troianischen Krieg. Homer schildert ihn in der *Ilias* als Weichling. Im Zweikampf mit Menelaos (*Ilias* 3, 15ff.) rettete ihn Aphrodite, indem sie ihn entrückte. P. tötete den Achilleus durch einen hinterlistigen Pfeilschuß, wurde aber bald selbst durch einen Pfeil Philoktets tödlich verletzt. Die verschmähte Oinone, die das Mittel besaß, P. zu heilen, verweigerte dem Treulosen ihre Hilfe. Doch als er gestorben war, erfaßte sie die Reue, und sie gab sich den Tod. In der bildenden Kunst war das P.-urteil mit der Gruppe der 3 schönen Göttinnen ein beliebtes Thema. – KReinhardt, P.-urteil, 1938. CClairmont, Das P.-Urteil in der antiken Kunst, 1951.

Parmenides aus Elea, Schüler des Xenophanes, der Hauptrepräsentant der *eleatischen Philosophie zu Beginn des 5. Jh. v. Chr. In dem Lehrgedicht *Die Natur* stellte er seine streng monistische Lehre dar: Es gibt nur e i n wahres Sein, aber kein Nichtsein. Das Sein ist nie der Wahrnehmung, sondern allein dem Denken zugänglich, denn Denken und Sein ist dasselbe. Dieses Sein ist ungeboren und unvergänglich, kontinuierlich (unteilbar), unwandelbar und unbeweglich, allseitig vollendet wie eine wohlgerundete Kugel. (Extremer Gegensatz zu *Heraklits «Alles fließt».) Im 2. Teil des Gedichts stellte P. die Meinungen der Menschen dar, d. h. die Scheinwelt (*dóxa*), die statt der einen Wahrheit (*alétheia*) von dem Grundirrtum ausgeht, daß es 2 gegensätzliche Prinzipien gebe. Platon benannte nach P. einen Dialog, in dem Sokrates mit Zenon und P. über die Ideenlehre spricht (TÜK: REAllen, Minneapolis 1982).
TÜ: Vorsokr.; KRiezler, 1970. EHeitsch, 2. A. 1991 (Tusc.). HvSteuben (Reclam). TÜK: PAubenque, Etudes sur P., Paris 1987. – KReinhardt, P.,

3. A. 1977. KDeichgräber, P.' Auffahrt zur Göttin des Rechts, Abh. Akad. Mainz, Jahrg. 1958, Wiesbaden 1959; ders., Das Ganze-Eine des P., ebda. 1983, 7. HFränkel, Wege und Formen frühgr. Denkens, 1968. JMansfeld, Die Offenbarung des P. und die menschliche Welt, Assen 1964. JJantzen, P. zum Verhältnis von Sprache und Wirklichkeit, 1975.

Parmenion, bewährter Feldherr Philipps von Makedonien und Alexanders d. Gr. In den Schlachten leitete der umsichtige, erfahrene P. jeweils den defensiven linken Flügel, während der ungestüme Alexander mit der Reiterei auf dem rechten vorstürmte. Diese Verschiedenheit der Charaktere spiegelt sich in einer Anekdote: Als Dareios dem Alexander Frieden und die Hälfte seines Reiches anbot, sagte P.: «Ich nähme an, wenn ich Alexander wäre.» Alexander aber antwortete: «Ich auch, wenn ich P. wäre.» Nach der Hinrichtung des Philotas, des Sohnes des P., ließ Alexander 330 v. Chr. auch ihn ermorden, um einer Rache vorzubeugen.
HBerve, Das Alexanderreich II, Prosopographie, 1926.

Parnassos, mittelgr. Gebirge nördl. von Delphi, in röm. Dichtung (nicht in der älteren gr.) Sitz Apollons und der Musen.
Matheson (*Olympos).

Die **Parodos**. – 1. Der seitliche Eingang, durch den im Theater der Chor auf die Bühne einzog. – 2. Das Einzugslied des *Chors.

Paros, Kykladeninsel, berühmt durch ihren Marmor, Heimat des *Archilochos, der hier als Heros verehrt wurde. Eine auf einer Marmortafel von P. stehende Inschrift *(marmor Parium)* enthält gr. Geschichtsdaten von Kekrops, dem 1. König Athens an, alle bezogen auf das Jahr 264 v. Chr., die Abfassungszeit des Textes. Die Tafel diente Schulzwecken. Einen großen Raum nimmt das Kulturgeschichtliche ein, z. B. Lebensdaten von Dichtern und Musikern. Die Chronik ist für uns eines der wichtigsten Geschichtsdokumente.
T: Jacoby II n. 239 (*Geschichtsschreibung). – JCarson-JClark, P., Athen 1977. ELanzillotta, P. dall'età arcaica all'età ellenistica, Roma 1987.

Parrhasios aus Ephesos, Maler in Athen, Rivale des *Zeuxis, Ende des 5. Jh. v. Chr. Mit ungeheurem Selbstbewußtsein rühmte er sich, die Grenzen der Kunst erreicht zu haben. Gern übte er seinen kecken ionischen Witz und wußte gut und leicht zu leben. Man lobte an seinen Bildern die plastische Wirkung der Umrisse und den sprechenden Ausdruck psychischer Zustände. *Mys.
KGschwantler, Zeuxis und P., ein Beitrag zur antiken Künstlerbiographie, 1975 (Diss. Graz).

Parthenios aus Nikaia, gr. Elegiendichter, kam 73 v. Chr. als Gefangener nach Rom und gab dort den Anstoß zur Entwicklung der röm. Elegiendichtung. Erhalten ist außer kleinen Frg. nur ein Auszug aus einer Prosasammlung von *Liebesgeschichten*, die er als Stoffe für seinen Gönner, den Elegiker Cornelius *Gallus, zusammengetragen hatte.
TÜ: WPlankl, Wien 1947. Loeb L. (engl.). Ü: OS. JStern, New York 1992.

Parthenon: *Akropolis.

Parthenopaios: *Atalante. *Sieben gegen Theben.

Parthenope: = Neapolis.

Parther, ein sakisches Reitervolk, das um 250 v. Chr. aus dem Raum östl. des Kaspischen Meeres nach Süden vorstieß und sich unter Arsakes I. von der *Seleukidenherrschaft freimachte. Das Königsgeschlecht der Arsakiden herrschte bis 224 n. Chr., dem Beginn der *Sassanidendynastie. Um 150 v. Chr. eroberten die P. das persische Stammland, und der Arsakide Mithridates I. nahm den Titel «König der Könige» an, nachdem er die Seleukiden aus Mesopotamien verdrängt und seine Macht im Osten bis zum Indus ausgedehnt hatte. Mit Rom kamen die Parther zuerst in den Mithridatischen Kriegen in Berührung. Pompeius überließ ihnen als Preis für ihre Haltung gegen Mithridates und Tigranes das Land bis zum Euphrat. 53 v. Chr. vernichteten sie *Crassus und sein Heer bei Carrhae. Seither plante Rom einen Rachezug. Caesar wurde mitten in den Vorbereitungen dazu ermordet; Antonius erlitt 36 v. Chr. erneut schmachvolle Rückschläge. Augustus erreichte durch Verhandlungen 20 v. Chr. die Rückgabe der verlorenen Feldzeichen und der Gefangenen. In der Kaiserzeit fanden dauernd wechselvolle Kämpfe statt. Am erfolgreichsten war Traianus, der 116 die Hauptstadt Ktesiphon eroberte. Gegen den Hellenismus der Seleukiden, dessen Linie die P. zunächst fortführten, setzte um 10 n. Chr. eine altpersisch-nationale Reaktion ein, ohne daß sich freilich ihre Träger dem gewaltigen Austauschprozeß zwischen östlicher und griechischer Kultur entziehen konnten. Griechisch war die Amtssprache; am Hof wurden gr. Tragödien aufgeführt. Erst unter Vologaeses (51–80) erscheint auf den Münzen neben dem Gr. die Pahlavi-Sprache. *Dura.
KSchippmann, Grundzüge der parthischen Geschichte, 1980.

Parzen: *Moirai.

Pasiphaë, Gattin des *Minos.

Pasiteles, unteritalischer Bildhauer, der im 1. Jh. v. Chr. in Rom wirkte und von Varro hochgeschätzt wurde. Wir können ihm kein erhaltenes Werk sicher zuweisen; auch seine 5 Bücher über *berühmte Kunstwerke in aller Welt* sind verloren. *Stephanos.
MBorda, La scuola di P., Bari 1953.

Patavium (Padova, Padua), Stadt in Venetien, nach der Sage von dem Troianer Antenor gegründet, Geburtsort des Historikers Livius und des *Thrasea. In der Kaiserzeit war die Stadt für ihre Sittenstrenge berühmt. Mosaikfunde aus Privathäusern.
CGasparotto, Padova romana, 1951.

Patmos, Insel in der Gruppe der Sporaden, der kleinasiat. Küste auf der Höhe von Milet vorgelagert. Die Stadt P. lag auf dem Hügel über dem Hafen und der Landenge, welche die Insel in 2 Teile gliedert. Durch

Abholzung wasserarm geworden, galt P. in der röm. Kaiserzeit als Verbannungsort. Der Verfasser der biblischen *Apokalypse* gibt (1, 9) als seinen Aufenthalt P. an. Schon die frühen Christen glaubten demnach, daß der Apostel und Evangelist Johannes hier zur Zeit Domitians als Verbannter gelebt habe. Wahrscheinlich aus dem 5. Jh. stammt der angeblich von dem Iohannesschüler Prochoros aufgezeichnete legendäre Bericht über die Reisen und Wundertaten des Iohannes, der in Übereinstimmung mit der Tradition bei den Kirchenvätern Iohannes mit P. verbindet. In den alten anonymen Iohannesakten (Ende 2. Jh., legendär) ist vom Wirken und dem Tod des Iohannes in Ephesos, aber nicht von P. die Rede.
T: *Prochoros:* ThZahn, Acta Ioannis, 1880. Musikides in Ztschr. Nea Sion, Jerusalem 1947–48. *Acta anonyma.:* RALipsius-MBonnet, Acta apostolorum apocrypha II 1, 1898, 151–216. Ü: *Prochoros* (Paraphrase): RALipsius, Die apokryphen Apostelgesch. 1, 1883, 366–397. *Acta anon.:* EHennecke, Neutestamentliche Apokryphen, 2. A. 1924. – BStolz-FWeiss, Johannes auf P., 1971.

Patricius, Magonus Sucatus, der Missionar der Iren, ca. 385–461 n. Chr. In Britannien geboren, sprach er neben dem Latein seine keltische Heimatsprache. Mit 16 Jahren wurde er als Sklave in das noch heidnische Irland verschleppt. Von dort entkam er nach Gallien und erhielt in Autissiodurum (Auxerre) seine theologische Bildung. 432 kehrte er nach Irland zurück und wirkte dort bis zu seinem Tode. Erhalten sind von P. 2 *Briefe.*
T: LBieler, Dublin 1952. Ü (engl.): ders., 1953 (ACW 17). TÜ: RPCHanson, 1978 (S. chrét.). K: LBieler, in Classica et Mediaevalia 12, 1951. – LBieler, St. Patrick and the coming of Christianity, Dublin 1967.

Patroklos, Sohn des Menoitios, der Freund des Achilleus in Homers *Ilias.* Eine sehr schöne Schale des *Sosiasmalers zeigt Achill, wie er den verwundeten P. verbindet. *Menelaos.
RvScheliha, P., Basel 1943. Sosiasschale: Buschor S. 154 (*Vasen).

Patronus, Schirmherr eines *Clienten. Im weitern Sinne hieß später überhaupt der Verteidiger vor Gericht P. Provinzen und Städte suchten sich einen einflußreichen Senator oder Ritter in Rom zum P. zu gewinnen, der ständig für ihre Belange eintrat.
AWallace-Hadrill, Patronage in ancient society, London 1990.

Paulinus Nolanus, 353–431 n. Chr., aus Burdigala (Bordeaux), war der Lieblingsschüler des *Ausonius. Mitten in einer glänzenden staatlichen Laufbahn wurde er Christ, entsagte allen weltlichen Ehren und verschenkte seine Güter. Vergeblich suchte Ausonius ihn zurückzuhalten. Seit 409 war P. Bischof in der campanischen Kleinstadt Nola. P. ist neben Prudentius der größte Dichter des christl. lat. Altertums. Wir besitzen von ihm viele *Gedichte* und eine Sammlung *Briefe* in Prosa. Das Grab des chr. Bekenners Felix in der Nekropole nördl. von N. (heute Cimitile) war ein Wallfahrtsort, den um 370 auch Papst Damasus aufsuchte. P. verschönte ihn mit neuen Bauten (dreischiffige Basilika, Pil-

gerherbergen, Wasserleitung u. a.), die er in seinen literarischen Werken ausführlich beschrieben hat. Da er mit sehr vielen Persönlichkeiten seiner Zeit Briefe wechselte (z. B. Augustinus, der seine Priester als Pilger nach N. schickte), wurde die Wallfahrt zum hl. Felix weltbekannt. Die archäol. Erforschung der Bauten ist seit 1988 wieder aufgenommen.
T: WHartel, Corp. Vindob. 29/30, 1894. Ü (Ausw.): Goldschmidt, P., churches at Nola (Diss. Leiden), Amsterdam 1940. *Briefe:* PGWalsh 1967ff. (ACW). – WErdt, Christentum und heidnisch-antike Bildung bei P.v.N., 1976 (*Brief 16*, ÜK). JTLienhard, P. of N. and early western monasticism, 1977. KKohlwes, Christliche Dichtung und stilistische Form bei P.v.N., 1979 (Diss. Bonn). – Archäol. Vorbericht: TLehmann, Lo sviluppo del complesso archeologico a Cimitile/Nola, in Boreas 13, 1990, 75–93; ders., Eine spätantike Inschriftensammlung, in Zeitschr. f. Papyrologie und Epigraphik 91, 1992, 243–81 (Bauinschriften).

Paulinus von Pella, Enkel des Ausonius, schrieb als 83jähriger in ungelenken Versen 459 n. Chr. ein *Dankgebet* (Rückblick auf sein Leben). Es gewährt einen Einblick in die Wirren der Völkerwanderungszeit, in der alte Familien plötzlich arm wurden.
T: WBrandes, 1888 (Corp. Vindob. 16). TÜ. Loeb L. (mit Ausonius). CMoussy, 1974 (S. chrét. 209). – JVogt, Der Lebensbericht des P.v.P., in Studien zur antiken Sozialgeschichte, Festschr. Fr. Vittinghoff, Köln-Wien 1980, 527–572.

Paulus. – 1. Zweig des Patriziergeschlechts der Aemilii. – L. Aemilius P., cos. 219 und 216 v. Chr., warnte seinen draufgängerischen Collegen Varro vergeblich davor, bei *Cannae Hannibal eine Schlacht zu liefern und fiel im Kampfe. – Sein Sohn, L. Aemilius P., cos. 182 und 168 v. Chr., erhielt nach seinem Sieg über König *Perseus bei Pydna den Beinamen *Macedonicus*. Von seinem Reiterdenkmal in Delphoi ist der Fries mit der Darstellung der Schlacht erhalten; ein älteres Reiterschlachtdenkmal wurde für diesen Zweck umgestaltet. Nach seinem Tode 160 wurden an den Leichenspielen die *Adelphoe* des *Terentius aufgeführt. Sein Sohn war *Scipio Africanus der Jüngere (3). – Biographie des Macedonicus: *Plutarch. – WAReiter, Aemilius P., conqueror of Greece, London 1987. HKähler, Der Fries vom Reiterdenkmal des Aemilius P. in Delphi, 1965.
2. Der Apostel P. stammte aus Tarsos. Die Judengemeinden außerhalb Palästinas waren äußerlich hellenisiert; die Muttersprache des P. war gr., nicht hebräisch. Diese Herkunft ließ ihn zum berufensten Verkünder des Christentums an die gr.-röm. Welt werden. Mit seinen *Briefen* begründete er die christl. Literatur. In der lebendigen gr. Umgangssprache (*Koine), die in seinem Munde zum Ausdruck tiefsten Gehaltes fähig wurde, wandte er sich an alle, während die Literatursprache der damaligen Rhetorik in künstlichem *Attizismus erstarrte. Die Tatsache, daß P. zur Verhandlung seines Prozesses bis zu seiner Hinrichtung im Rom des Kaisers Nero lebte, bot im 4. Jh. n. Chr. die Grundlage zu einem fingierten *Briefwechsel* zwischen P. und dem Philosophen *Seneca (2).

T: *Bibel. *Senecabriefe:* TÜ: Barlow, American Academy in Rome 1938 (engl.). Vouaux, Les actes de P. et ses lettres apocryphes, Paris 1913 (franz.). CSchmidt-WSchubart, Acta Pauli, 1936. – EdSchwartz, Charakterköpfe II, 1910.
3. Iulius P., berühmter Jurist Anfang 3. Jh. n. Chr., Praefectus Praetorio zusammen mit *Ulpianus. – 4. P. Silentiarios, Hofbeamter Iustinians (6. Jh. n. Chr.), Epigrammendichter der gr. *Anthologie (1). – TÜK: GViansino, Torino 1963. – 5. P. Diaconus, der Geschichtsschreiber der *Langobarden (Ende 8. Jh. n. Chr.). *Festus. – HRogan, P.D., laudator temporis acti, 1993 (Diss. Graz). – 6. P. von Aigina, Arzt in Alexandreia, 7. Jh. n. Chr., stand bei den Arabern als Chirurg und Geburtshelfer in höchstem Ansehen. Er schrieb ein *Handbuch der Medizin* in 7 Büchern.
T: JLHeiberg, CMG (*Medizin), 1921/4. Ü: Berendes, 1914.

Pausanias. – 1. Nach dem Tode des *Leonidas übernahm 480 v. Chr. in Sparta P. für dessen unmündigen Sohn die Herrschaft. Er führte die Griechen beim Sieg von Plataiai und ließ auf die zur Erinnerung daran nach Delphi geweihte Schlangensäule die stolze Inschrift setzen: «Ich, der Oberführer der Griechen, P., habe dem Phoibos dieses Denkmal geweiht, nachdem ich das Perserheer vernichtet hatte.» Die Ruhmredigkeit erregte solchen Anstoß, daß die Spartaner die Inschrift tilgen ließen und statt ihrer die Namen der 31 am Siege beteiligten Griechenstaaten setzten. Vollends unerträglich wurde der Hochmut und die Herrschsucht des P., als er die gr. Flotte vor Byzanz befehligte. Er regierte wie ein persischer Despot und verhandelte mit dem Hof des Xerxes, um sich zum Herrn ganz Griechenlands zu machen. Die Unzufriedenen sammelten sich im Athenischen Seebund (*Aristeides). Sparta berief schließlich P. ab, zu spät, um die spartanische Vormachtstellung noch zu retten. Durch einen Boten, den P. an die Perser schickte, wurde er des Hochverrats überführt. Bei der Verhaftung entkam er in den Tempel der Athene Chalkioikos. Da man in diesem Asyl nicht Hand an ihn legen durfte, ließen ihn die Ephoren einmauern und verhungern. Den Sterbenden trug man hinaus, damit der Tote den Tempel nicht entweihe (467 v. Chr.). – Biogr.: *Nepos.
HBengtson, Gr. Staatsmänner des 4. und 5. Jh. v. Chr., 1983.
2. Sein Enkel, König von Sparta 408–394 v. Chr., vertrat nach dem Fall Athens eine gemäßigte Politik im Gegensatz zu *Lysandros. Nach dem Sturz der *30 Tyrannen gestattete P., um den für sein Königtum bedrohlichen Einfluß Lysanders zu schwächen, den Athenern die Wiederherstellung der Demokratie. 395 wurde er angeklagt, weil er, nachdem Lysander in einem unglücklichen Gefecht gegen die Boioter gefallen war, Boiotien kampflos geräumt hatte. Er starb in der Verbannung. – 3. Verfasser einer *Perihégesis* (Reisehandbuch) Griechenlands in 10 Büchern, Mitte 2. Jh. n. Chr. Dieser «antike Baedeker» ist vor allem für die Kunstgeschichte, aber auch für die Religionswissenschaft und Landeskunde eine sehr wichtige Quelle.
T: MHRocha-Pereira, 2. A. 1989–90 (Tb). TK: HHitzig-HBlümner, 1896–1910. ÜK: EMeyer-FEckstein, 1986–89 (AW). – JHeer, La person-

nalité de P., Paris 1979. ChHabicht, P. und seine Beschreibung Griechenlands, 1985.

Pausias, Maler des 4. Jh. v. Chr. aus Sikyon, entwickelte die *enkaustischen Farben zu höchster Leuchtkraft. In der Kunst seiner Blumenbilder wetteiferte er mit seiner Geliebten, der Kranzflechterin Glykera. Sein Meisterstück war ein schwarzer Stier, in Vorderansicht ohne Glanzlichter gemalt; trotzdem trat die körperliche Tiefe in der Verkürzung plastisch heraus.

Pax, der Frieden: *Eirene. *Ara pacis.

Peculium, im röm. Recht das Sondergut, über das ein unter väterlicher Gewalt stehender Sohn oder Sklave selbständig verfügen konnte. So durfte ein Sklave sich Ersparnisse anlegen, um sich damit freizukaufen, ja er durfte sogar seinerseits Sklaven haben, die als Stellvertreter seinen Dienst versahen.

Pegasos, das geflügelte Wunderroß des *Bellerophon. Durch seinen Hufschlag entstand der Musenquell *Hippukrene: Daher die (nicht antike, sondern moderne) Vorstellung von P. als dem Dichterroß. *Perseus 1. NYalouris, P., ein Mythos in der Kunst, 1987.

Peiraieús (lat. *Piraeus*), der Haupthafen Athens. Die Halbinsel ca. 6 km südwestlich der Stadt bot auf der Westseite die große Bucht des P., auf der Ostseite die Nebenhäfen Zea und *Munychia. Themistokles erkannte die Vorzüge des Ortes und begann 493 v. Chr. mit dem Ausbau. Nach den Perserkriegen entstand der Handelshafen, eine moderne Stadtanlage mit rechtwinkligen Straßenzügen nach den Plänen des *Hippodamos von Milet. Mit der Stadt wurde der Hafen durch die *Langen Mauern* verbunden. Bei der Eroberung durch Sulla 86 v. Chr wurde der P. niedergebrannt und verwüstet; der Hafen erholte sich im Altertum nie mehr von diesem Schlag. 1959 sind im P. mehrere Statuen entdeckt worden: Bronzen: Ein archaischer *Kuros aus dem 6. Jh. v. Chr., eine 2,3 m hohe Athenestatue mit Helm (von zwei ebenfalls gefundenen Schilden gehörte wohl einer zu der Statue), eine Mädchenstatue (vielleicht eine Muse) und eine Artemis, beide aus dem 4. Jh., eine Theatermaske (vielleicht zu der Muse gehörig). In Marmor: Eine Göttin, 2 Hermen. Man hat vermutet, daß die Statuen bei der Eroberung des P. durch Sulla von athenischen Patrioten versteckt worden waren, um ihren Abtransport nach Rom zu vereiteln; nach anderen Erwägungen wäre dagegen die Athene mit der des *Kephisodot identisch, die Pausanias noch im 2. Jh. n. Chr. im Heiligtum des Zeus Soter gesehen hat.
WJudeich, Topographie von Athen, 1932. RGarland, The Piraeus, Ithaca 1987. MParaskevaïdis, Ein wiederentdeckter Kunstraub der Antike?, Berlin 1966 (populär). KSchefold, Die Athene des Piräus, in Antike Kunst 14, 1971, 37ff.

Peirithoos, König der *Lapithen, Sohn des Ixion (oder des Zeus) und der Dia. P. ging nach Attika, um den als Helden gerühmten Theseus kennenzulernen. Die beiden schlossen unzertrennliche Freundschaft. Als P. Hochzeit mit Hippodameia feierte, kam es zu dem großen Streit der *Lapithen und Kentauren. Später verabredeten Theseus und P., daß jeder eine Zeustochter zur Gattin erringen wolle. Sie raubten zuerst Helena für Theseus. Dann wünschte der vermessene P., für sich Persephone zu entführen. Theseus war durch sein Versprechen gebunden und begleitete P. in die Unterwelt; doch sie wurden erwischt und an einen Felsen sitzend gefesselt. Als Herakles dort hinkam, konnte er Theseus losbitten, aber P. als Hauptschuldiger mußte ewig büßen. *Dreifigurenrelief.

Peisandros. – 1. P. von Rhodos dichtete im 6. Jh. v. Chr. das erste *Herakles-Epos*, von dem nur wenige Frg. erhalten sind. – 2. Reaktionär-oligarchischer Politiker in Athen, setzte 411 v. Chr. eine Verfassungsänderung (Rat der 400) durch, mußte aber nach kurzer Zeit zu den Spartanern fliehen.

Peisistratos, ein Athener von altem Adel, zeichnete sich im Krieg gegen Megara (ca. 565 v. Chr.) aus und benutzte sein Ansehen, um sich zum Alleinherrscher zu machen. Dabei stützte er sich in den auch nach Solons Gesetzgebung fortdauernden Kämpfen der 3 Parteien, *Diakrier* (arme Gebirgsbewohner und untere Klassen der Stadt), *Pediaier* (Bewohner der Ebene) und *Paraler* (Küstenanwohner) auf die erste, extrem demokratische Gruppe. Zweimal wurde er vertrieben, kehrte aber zurück und hinterließ 528 die Tyrannis seinen Söhnen Hipparchos und Hippias (*Tyrannenmörder). Unter seinem milden und großzügigen Regiment wurde der Grund gelegt zu der großen kulturellen Blüte Athens. Er ließ die Solonische Verfassung bestehen, wußte die sozialen Spannungen durch wirtschaftliche Hebung des Volkswohls auszugleichen und schuf durch seine außenpolitischen Beziehungen zu allen großen Tyrannenhöfen die Voraussetzungen eines einträglichen Handelsverkehrs. P. und seine Söhne schmückten die Stadt mit großen Bauten: Athenetempel auf der *Akropolis, die erste Wasserleitung *(Enneakrunos)*, Straßen. Die Kunst blühte: Bildhauer schufen die reif-*archaischen Statuen, deren Reste bei den Ausgrabungen auf der Akropolis gefunden worden sind. Die *Vasenmalerei wurde führend in ganz Griechenland. Zahlreiche Dichter und Gelehrte lebten am Hofe. P. stiftete das große Panathenäenfest mit Rezitationen homerischer Gesänge (angebliche Peisistratische Redaktion der Epen Homers: *Homeros III) und die Dionysien, an denen 534 Thespis als erster Schauspieler auftrat: Die attische Tragödie verdankt P. ihre Anfänge.

JASmith, Athens under the tyrants, Bristol 1989.

Peitho, gr. Göttin der Überredung, im Gefolge Aphrodites.

Pelagius, britischer Mönch, trat in Rom, Karthago und Palästina auf. Er legte einseitig alles Gewicht auf das sittliche Handeln und gewann für das von ihm vorgelebte und gepredigte Ideal christlicher Lebensführung viele Anhänger. Von der Voraussetzung der Willensfreiheit ausge-

hend, leugnete er die Erbsünde; der Mensch sei befähigt, durch seine guten Werke heilig zu werden; die göttliche Gnade trete nur helfend, nicht notwendig, hinzu. Hieronymus und Augustinus bekämpften die Lehre. Sie wurde 416 als ketzerisch verurteilt und durch kaiserlichen Erlaß verboten. Augustins für die Kirche grundlegende Gnadenlehre hat ihre volle Ausprägung erst durch die Auseinandersetzung mit P. erfahren. Doch hat auch der pelagianische Standpunkt noch lange nachgewirkt. Erhalten sind von P. *Kommentare zu den Paulusbriefen* und ein *Brief an Demetrias;* dazu kommen eine Reihe pelagianischer Briefe und Traktate, deren Autor nicht sicher bezeugt ist. *Iulianus von Aeclanum.
T: Migne lat. 30 und Suppl. 1. Ü *(K zum Römerbrief):* ThdeBruyn, Oxford 1993. – BRRees, P., a reluctant heretic, Woodbridge 1988; ders., The letters of P. and his followers, Woodbridge 1991 (Ü). – Augustins antipelagian. Schr.: Ü: JANourant-WJCollinge, Washington 1992. – AGuzzo, Agostino contro P., Torino 1958. OWermelinger, Rom und P., 1975.

Pelasger, die alte, vorgriechische Bevölkerung Griechenlands.

Peleus, Sohn des Aiakos, Vater des *Achilleus. Der Tötung seines Bruders wegen mußte er fliehen. Eurytion, der König von Phthia in Thessalien, entsühnte ihn und gab ihm seine Tochter Antigone zur Frau. Auf der Jagd aber tötete ihn P. unabsichtlich und floh nach Iolkos. Dort entsühnte ihn der König Akastos wieder. Doch dessen Gattin wollte ihn zum Ehebruch verführen. Abgewiesen, verleumdete sie ihn bei ihrem Mann und bei Antigone. Diese erhängte sich, Akastos aber versteckte dem P., als er am Berg Pelion eingeschlafen war, das Jagdmesser, so daß er bei einem Überfall der Kentauren in höchste Gefahr kam; *Cheiron rettete ihn. Dann gewann P. die Nereide *Thetis zur Frau, nachdem er sie in einem schweren Ringkampf besiegt hatte: Das Meermädchen suchte sich ihm durch Verwandlung in immer neue Gestalten zu entziehen (häufig auf Vasen dargestellt). Beim Hochzeitsfest waren alle Götter zugegen. Doch bald nach der Geburt des Achilleus verließ Thetis den sterblichen Gatten.

Pelias, König von Iolkos: *Argonauten. *Medeia.

Pella, Hauptstadt von Makedonien, seitdem König *Archelaos den Regierungssitz von *Aigai nahe ans Meer verlegte (heute bei Gianitsa, ca. 30 km von der Küste entfernt). Nach dem Ende der Dynastie 168 v. Chr. wurde Thessalonike Sitz der Verwaltung. In P. wurde Alexander d. Gr. geboren. Neueste Grabungen seit 1984 gelten dem zwischen 350 und 300 erbauten Königspalast, dem größten Gebäudekomplex Griechenlands. Bedeutende *Mosaiken aus dem ausgehenden 4. und beginnenden 3. Jh. (Jagd, Dionysos). Mit dem Namen Gnosis hat der älteste bekannte Mosaikkünstler ein Werk signiert.
PhMPetsas, P., Alexander the Great's capital, Thessaloniki 1978.

Pelopidas, edler Thebaner, floh nach der Besetzung Thebens durch die Spartaner (382 v. Chr.) nach Athen. Von dort aus vertrieb er mit seinen

Genossen 379 durch einen kühnen Handstreich die fremde Besatzung, wurde mit dem älteren Freunde *Epameinondas zum Führer der boiotischen Politik und siegte 371 bei Leuktra entscheidend über Sparta. 364 fiel er siegend bei Kynoskephalai in Thessalien, als er die dortigen Städte gegen den Tyrannen Alexandros von Pherai schützte. – Biogr.: *Plutarch. *Nepos.

Peloponnesischer Krieg, 431–404 v. Chr., der Entscheidungskampf zwischen dem athenischen Seereich und Sparta, das mit den Staaten der Peloponnes verbündet war, zugleich zwischen Demokratie (Athen) und Aristokratie. Innerer Grund war das beiderseitige Streben nach der Vorherrschaft in Griechenland. Äußerer Anlaß wurde die Hilfe, welche die Athener Kérkyra (Korfu) im Konflikt mit seiner Mutterstadt Korinth gewährten. *Poteidaia. Der Peloponnesische Bund machte auf seiner Versammlung in Sparta Korinths Sache zu der seinigen. – 1. Phase: Archidamischer Krieg. Der Spartanerkönig Archidamos fiel jährlich in Attika ein. *Perikles verhielt sich zu Lande, wo der Gegner weit stärker war, defensiv und zog die Bevölkerung zwischen die Langen Mauern zurück, verheerte aber mit der überlegenen Flotte die Küsten und schnitt die Zufuhren ab. Die ausbrechende Pest schwächte Athen (Tod des Perikles). 425 gelang es den Athenern unter Demosthenes (1) und *Kleon, Pylos in Messenien zu besetzen und 120 Spartiaten auf dem vorgelagerten Inselchen Sphakteria zur Kapitulation zu zwingen. 424 hatten wieder die Spartaner Erfolge: Brasidas setzte sich in der Chalkidike, Athens wichtigstem Kolonialbesitz, fest und nahm Amphipolis. Nachdem dort Kleon und Brasidas gefallen waren, war der Weg für den Friedensschluß frei, den *Nikias 421 vermittelte. – 2. Phase: Frieden in Griechenland 421–413. Infolge des beiderseitigen Argwohns wurde ein Teil der Friedensbestimmungen nicht durchgeführt. Die Kämpfe in den Interessengebieten begannen aufs neue: Sparta siegte 418 bei Mantineia über den von Athen geförderten Argivischen Bund. Athen unter Führung des *Alkibiades annektierte 416 die Insel *Melos und entsandte 415 eine große Expedition nach Sizilien. Für das große Ziel der Beherrschung des gr. Westens wurden alle Kräfte des Staates aufs äußerste angespannt. Die Katastrophe des Unternehmens, mit verursacht dadurch, daß auf den Rat des bei seinen spartanischen Gastfreunden Zuflucht suchenden *Alkibiades Sparta zugunsten von Syrakus eingriff, schwächte Athen entscheidend (413). – 3. Phase: Dekeleischer Krieg. 413 erneuerte Sparta den Krieg in Griechenland durch Besetzung von Dekeleia in Attika, welches damit unter ständiger Einwirkung des Feindes stand. Zugleich nahm unter dem Eindruck der spartanischen Flotte und des persischen Goldes der Abfall der Untertanen ein bedrohliches Ausmaß an (*Chios). Die athenische Volksversammlung, durch die Ereignisse geistig verwirrt und infolge des Fehlens starker politischer Persönlichkeiten ein Spielball der Demagogen, erwies sich als unfähig zu jeder einheitlichen, zielbewußten Politik. Man stürzte 411 die demokratische Verfassung und stellte sie 410 wieder her. Alkibiades wurde 410 zurückberufen und 407 wieder verbannt. Die Admirale in der letzten siegreichen Schlacht bei den *Argi-

nusen (406) wurden hingerichtet. Mit dem Sieg bei Aigospotamoi am Hellespont schnitt 405 der spartanische Feldherr *Lysandros Athen von der Getreidezufuhr aus dem Schwarzen Meer ab, belagerte die Stadt und zwang sie 404 zur Kapitulation. Athen verlor alle Besitzungen, die Flotte bis auf 12 Schiffe; die Mauern wurden geschleift und die Oligarchenregierung der *30 Tyrannen eingesetzt. – Durch den Krieg war ganz Griechenland, auch das siegreiche Sparta, gewaltig geschwächt. Der Perserkönig spielte jetzt mit seinem Geld eine ausschlaggebende und verhängnisvolle Rolle in allen gr. Staaten. Wenige Jahrzehnte später fielen sie der aufsteigenden Großmacht Makedonien (Philipp II.) zu.
DKegan, The fall of the Athenian Empire, Ithaca 1987.

Peloponnesos (Insel des *Pelops. Korrekt ist «die P.», doch hat sich «der P.» eingebürgert), Griechenland südl. des Isthmos von Korinth, eingeteilt in Achaia (Nordküste), Elis (Westküste), Messenien (Südwest), Lakedaimon (Südost), Argolis (Nordost), Arkadien (Binnenland). Politisch führten die Dorier unter Sparta (sog. Peloponnesischer Bund).
APhilippson, Die gr. Landschaften, Bd. 3, 1959. ThMünster, P. für Kenner, 1980. HPSiebenhaar, P., 4. A. 1991.

Pelops, Sohn des *Tantalos. Sein Vater hatte ihn, um die Götter freventlich zu versuchen, geschlachtet und ihnen zum Mahle vorgesetzt. Doch nur Demeter, in ihrer Trauer um die Tochter Persephone auf nichts achtend, aß ein Schulterstück. Als die Götter P. wieder lebendig machten, fügten sie ihm eine Schulter aus Elfenbein ein. Erwachsen kam P. nach Elis, wo König Oinomaos seine Tochter Hippodameia nur dem Freier geben wollte, der ihn im Wagenrennen besiegte. Er gab den Bewerbern einen Vorsprung; holte er sie aber mit seinen windschnellen Pferden ein, so erstach er sie mit seiner Lanze. Schon waren ihrer 13 umgekommen. P. bestach den Wagenlenker des Oinomaos, Myrtilos, und dieser setzte am Rennwagen des Königs wächserne Stifte statt der eisernen in die Naben ein. So verlor der Wagen in voller Fahrt das Rad, und der König wurde zu Tode geschleift. Als P. mit der Braut heimfuhr, nahm er Myrtilos mit. Doch unterwegs warf er ihn ins Meer, um den Zeugen des Verrats zu beseitigen. Der Ertrinkende verfluchte das ganze Geschlecht des P. Dieser Fluch erwahrte sich an den Söhnen Atreus und *Thyestes und deren Nachkommen. – Eine andere Sagenform (Pindar, 1. *olymp. Ode*) wußte von dem Betrug nichts. Poseidon liebte P. und schenkte ihm ein Gespann von Wunderrossen, mit denen er Hippodameia entführte. – Die Vorbereitung der Wettfahrt des Oinomaos und P., auf die man die Wagenrennen der Olympischen Spiele zurückführte, ist im Ostgiebel des Zeustempels von *Olympia dargestellt.

Peltasten (von gr. *pelte*, leichter Schild), Leichtinfanteristen: *Iphikrates.

Penaten (lat. *penates* zu *penus*, Innerstes, Vorratsraum, Vorrat des Hauses), die Hausgötter der Römer. Man verehrte sie im Privathause zusammen mit dem *Lar. Während der Lar zum Haus als Ort gehörte, waren

die P. die von den Vätern ererbten Schutzgötter, die über den Wohlstand der Angehörigen des Geschlechts wachten. Daher konnten die Sklaven nur zum Lar beten, der in die Fremde ziehende Haussohn aber nahm Abschied vom Lar und von den P. – Als Aeneas aus dem zerstörten Troia floh, nahm er die P. mit und brachte sie nach *Lavinium. Dort opferten die röm. Beamten den P. als Staatsgöttern. In Rom selbst wurde der Kult der Staats-P. im Heiligtum der Vesta gepflegt.
ADubourdieu, Les origines et le développement du culte des P. à Rome, Paris 1989.

Peneios. – 1. Größter Fluß Thessaliens, bricht zwischen Olympos und Ossa durch das *Tempetal zum Meere durch. – 2. Hauptfluß von *Elis.

Penelope, die Gemahlin des Odysseus, ist durch Homers *Odyssee* zum Musterbild der treuen und sittsamen Frau geworden. Während der 20jährigen Abwesenheit des Gatten hielt sie sich die vielen werbenden Freier fern durch eine List: Sie versprach, sich für einen von ihnen zu entscheiden, sobald sie dem Schwiegervater Laërtes das Leichengewand gewebt habe. Bei Nacht aber löste sie immer heimlich alles auf, was sie tags gewoben hatte. – Nicht homerisch ist die Sage, wie der Vater Ikarios, nachdem er P. dem Odysseus zur Frau gegeben hatte, den Schwiegersohn veranlassen wollte, sich in Lakedaimon anzusiedeln. Als Odysseus dennoch abreiste, eilte er den beiden nach. Da stellte Odysseus es P. frei, mit ihm zu gehen oder zum Vater zurückzukehren. P. verhüllte schamhaft ihr Haupt. Ikarios verstand, daß sie damit ihre Liebe zum Gatten bekannte, und ließ sie ziehen.
Außerhomer. Sage: Pausanias (3) 3, 20, 10. MMMactoux, P., légende et mythe, Paris 1975.

Pentameter: *Versbau.

Pentekontaëtie, der Zeitraum von rund 50 Jahren vom Ende der Perserkriege (479 v. Chr.) bis zum Ausbruch des Peloponnesischen Krieges, d. h. die Zeit der größten politischen Macht und kulturellen Höhe Athens. *Thukydides (1, 89–118) hat einen zusammenfassenden Überblick gegeben, den schon die antiken Erklärer als *P.* bezeichnet haben.

Pentelikon, Berg im Nordosten Attikas mit großen Marmorbrüchen. Noch heute liegen dort die Trümmer einer für den Parthenon bestimmten Säulentrommel, die eines Fabrikationsfehlers wegen nicht abgeliefert werden konnte.

Penthesileia, Königin der *Amazonen. Das kyklische *Epos *Aithiopís* schilderte ihre Heerfahrt gegen die Griechen im Troianischen Krieg. Nachdem sie manchen Helden erlegt hatte, fiel sie im Zweikampf von der Hand des Achilleus. Die hellenistischen Dichter fügten das Motiv hinzu, daß Achilleus der Sterbenden den Helm abnahm, ihre Schönheit sah und sich in P. verliebte; doch konnte er ihr Leben nicht mehr retten.

Penthesileia-Maler, bedeutender anonymer att. Vasenmaler um 460 v. Chr., genannt nach dem bekannten Bild einer rotfigurigen Münchner Schale: Achill gibt Penthesileia den Todesstoß. Eine Schale des P. mit den Dioskuren und Theseusabenteuern unter den Funden von *Spina. *Tityos.
Buschor (*Vasen) S. 191. Diepolder, Der P.-M. (Bilder gr. Vasen 10), 1936 (Nachdr. 1976). Alfieri-Arias, *Spina.

Pentheus, König von Theben: *Bakchai.

Peplos. – 1. *Kleidung der Frauen. – 2. Ein fälschlich Aristoteles zugeschriebenes mytholog. Werk, aus dem 63 Grabepigramme auf Sagenhelden erhalten sind. – T: Diehl II (*Lyrik).

Perdikkas. – 1. Der erste König von Makedonien (7. Jh. v. Chr.). – 2. Makedon. König ca. 440–413 v. Chr. Im Peloponnes. Krieg unterstützte er während der Kämpfe auf der Chalkidike bald die Athener, bald die Spartaner und suchte durch diese schwankende Politik möglichst viel für sich herauszuschlagen. – 3. Bedeutender General Alexanders d. Gr., dem dieser vor seinem Tode den Siegelring übergab. Als Reichsverweser trat P. für die Erhaltung des Weltreichs ein, während Ptolemaios die Aufteilung in selbständige Diadochenstaaten betrieb. Schließlich sah sich P. einer Koalition gegenüber. Beim Angriff auf Ptolemaios in Aegypten erlitt er Mißerfolge und wurde von den eigenen Offizieren ermordet (321 v. Chr.). – HBerve (*Diadochen).

Peregrinatio Aetheriae (oder *Egeriae*), ein Bericht von einer Pilgerreise von Gallien ins Heilige Land, die eine fromme Frau zu Beginn des 5. Jh. unternahm. Er ist gleich interessant durch seinen Inhalt (Zustände in Palästina, Leben der dortigen Mönche, Liturgie in Jerusalem) und seine Sprache (*Vulgärlatein). Da in der 1884 in Arezzo entdeckten Handschrift Anfang und Schluß fehlen, sind der Titel und der Name der Verfasserin zweifelhaft; in mittelalterlichen Zitaten wird sie Etheria oder Egeria genannt. Letztere Form darf als sehr wahrscheinlich gelten.
T: OPrinz, 1960. Franceschini-Weber, *Itinerarium Egeriae*, 1958 (Corp. Chr.). K: ELöfstedt, 1911 (Nachdr. 1970). TÜ: Pétré-Vretska, 1958. PMaraval, 1982 (S. chrét.). ÜK: JWilkinson, 1982. – Bludau, Die Pilgerreise der Aetheria, 1927.

Peregrini hießen im röm. Recht die Ausländer, d. h. jeder Freie, der nicht röm. Bürger war (vgl. *Metöken). Sie waren von der röm. Rechtsgemeinschaft ausgeschlossen; z. B. gab es zwischen röm. Bürgern und P. keine gültige Ehe; ein P. konnte weder ein nach röm. Recht gültiges Testament errichten noch von einem röm. Bürger erben. Doch konnte durch Staatsvertrag eine fremde Gemeinde *conubium* (Eherecht) und *commercium* (Recht, Handel zu treiben) erhalten. Prozesse mit P. wurden in Rom vom *Praetor peregrinus* nicht nach bürgerlichem röm. Recht, sondern nach dem sog. *ius gentium* (nicht Völkerrecht, sondern röm. Fremdenrecht) entschieden. In den Provinzen unterstanden die P. der unbeschränkten Befehlsgewalt der röm. Statthalter. Als *Caracalla

212 n. Chr. allen Untertanen das röm. Bürgerrecht verlieh, verlor der Unterschied an Bedeutung.

Peregrinus Proteus, ein schwärmerischer Phantast des 2. Jh. n. Chr. aus Parion an der Propontis. In Palästina kam er als christlicher Prediger ins Gefängnis. Später durchzog er, nachdem er sein Vermögen der Vaterstadt geschenkt hatte, als kynischer Wanderphilosoph und Prophet die Welt. 165 bestieg er in Olympia vor der zu den Spielen versammelten Menge den Scheiterhaufen und verbrannte sich, um nach Art des kynischen Helden Herakles zu sterben. Lukianos zeichnet ihn als einen Scharlatan.
*Lukian, *Der Tod des P.* (TK: Schwartz, *Lucien: Philopseudes et De morte Peregrini*, 1951).

Pergament: *Buch.

Pergamon, bedeutendste Stadt *Mysiens. Ihre Glanzzeit begann 283 v. Chr., als Philhetairos, der Sohn des Attalos, das pergamenische Königreich der Attaliden gründete. Der große Kriegsschatz, den *Lysimachos ihm anvertraut hatte, machte ihn nach dessen unglücklichem Ende zu einem der reichsten Fürsten. Seine Nachfolger Eumenes I. (263–241), Attalos I. (241–197), der den Königstitel annahm, Eumenes II. (197–159) und Attalos II. (159–138) schmückten die Stadt mit prunkvollen Bauten. Attalos III. (138–133) setzte Rom zum Erben ein (*Aristonikos). P.s Geschichte war von da an die der röm. Provinz Asia. – Seit 1878 wurde P. ausgegraben, nachdem Carl Humann die Reliefplatten des großen Zeusaltars in einer byzantinischen Mauer entdeckt hatte. Der Altar war von Eumenes II. zur Verherrlichung der pergamenischen Siege über die gefährlichen *Galater 180–160 errichtet worden. Aus den vielen Trümmern wurde er im P.-Museum in Berlin wieder aufgebaut. Der große Fries mit dem Kampf der Götter und Giganten (Symbol für den Sieg der Griechen über die Galater) ist eine der herrlichsten Schöpfungen großer hellenistischer Kunst. *Telephos. Die Ausgrabungen förderten eine Residenzstadt kunstsinniger Fürsten der Diadochenzeit zutage. Sie steigt in Terrassen an einem beherrschenden Hügel empor. Oberstadt (Altar, Athenetempel, Bibliothek [*Buch], Königspaläste, Kasernen und Zeughäuser, Traianeum [für den Kaiserkult Traians und Hadrians, deren Porträtstatuen hier gefunden wurden], Theater) und Mittelstadt (Demetertempel, Heratempel, 3 große Gymnasien, Stadtbrunnen) sind fast ganz gr. geblieben; die röm Bauten dehnten sich vor allem in der Ebene (Unterstadt) aus. Von hier führte eine von Säulenarkaden flankierte, über 18 m breite Straße 820 m weit zum Asklepieion (*Asklepios), das P. im 2. Jh. n. Chr. einen großen Aufschwung als Kurort brachte: Die radioaktive Heilquelle diente zu Trink- und Badekuren. Der Arzt *Galenos stammte von hier. P. hatte 5 Theater. Eine 40 km lange Hochdruckleitung führte das Wasser bis in die höchsten Stadtteile.
Wissenschaftl. Hauptwerk: Altertümer von P., 1885ff. (bisher 15 Bde). Pergamenische Forschungen, 1968ff. – HKähler, Der große Fries von P., 1949. ASchober, Die Kunst von P., 1951. ESchmidt, Der große Altar zu P., 1961. WRadt, P., Geschichte und Bauten, Funde und Erforschung

einer antiken Metropole, 1988. Schuchhardt-Wiegand, Der Entdecker von P.: C. Humann, 1930. – Kürzer: WRadt, P., archaeological guide, Istanbul 1978. VBayraktar, P., Istanbul 1989. – Geschichte: EVHansen, The Attalids of P., Ithaca 1947. REAllen, The Attalid Kingdom, Oxford 1983. HJSchalles, Untersuchungen zur Kulturpolitik der pergamenischen Herrscher im 3. Jh. v. Chr., 1985.

Perge, Stadt in *Pamphylien, frühe Christengemeinde. Gut erhalten: Stadtmauer, Tore, Theater, Stadion, Nymphaeen, Agora, Kolonnadenstraße, Thermen. Der berühmte Artemistempel vor der Stadt, dessen Beraubung durch Verres Cicero (Verr. 2, 1, 54) anprangerte, ist noch nicht wieder entdeckt.
JWagner, Die türkische Südküste, 1977–78, 163–78; ders., Südtürkei, 1991 (Artemis Reiseführer).

Periandros, Nachfolger seines Vaters *Kypselos als Tyrann von Korinth (ca. 590–550 v. Chr.), eine der größten gr. Herrschergestalten. Er regierte streng gegen den Adel, förderte aber Bauernstand und Handwerk (Blüte der korinthischen Keramik und Metallarbeiten). Durch Gesetze strafte er Müßiggang und Luxus. Am Hofe fanden Künstler freundliche Aufnahme, so der Sänger *Arion. Die Bedeutung der Isthmischen Spiele geht wohl auf P. zurück. Eine starke Handelsflotte konnte sich auf die korinthischen Kolonien und P.s freundschaftliche Beziehungen zu andern Tyrannenhöfen (Thrasybulos v. Milet) stützen. Das abgefallene Kerkyra wurde wieder unter Korinths Herrschaft gezwungen. Man zählte P. zu den *Sieben Weisen.
Portrait: Schefold.

Perikles, der bekannteste Staatsmann Athens, † 429 v. Chr. Er stammte aus vornehmem Geschlecht, mütterlicherseits von den *Alkmeoniden. 472 war er Chorege, als Aischylos seine *Perser* aufführte. Die Gegnerschaft zu *Kimon machte den nach Geburt und Charakter aristokratischen P. zum Führer der demokratischen Partei. Mit Ephialtes brachte er 462 in der Volksversammlung Gesetzesanträge durch, welche die Macht der Aristokratie beschränkten: Dem Areopag wurde das Aufsichtsrecht und der größte Teil der Strafgerichtsbarkeit genommen und dem Rat der 500, den Geschworenengerichten *(*Heliaia)* und der Volksversammlung übertragen. Damit auch armen Bürgern die Staatsämter offenstanden, wurde der Richtersold von einem Obolos (später 2) eingeführt, bald auch die Besoldung der andern Ämter, sogar ein Festgeld für die Zuschauer bei den staatlichen Theateraufführungen. Nachdem Ephialtes von den Gegnern 461 ermordet war, war es P., der diese innere Umgestaltung des Staates verwirklichte. Außenpolitisch war das Verhältnis mit Sparta, dem sich Korinth, Aigina und Theben zur Seite stellten, gespannt. Der Sieg von Oinophyta (457) entschied für Athen. Aigina, das durch seine Lage die athenische Seeherrschaft seit alters am gefährlichsten bedrohte, ergab sich, lieferte die Flotte aus und wurde tributpflichtig. Korinth legte man durch die Gewinnung von *Naupaktos lahm. Athen aber machte P. uneinnehmbar, indem er die *Langen Mauern* anlegte. 454 beschloß die Bundesversammlung des

Athenischen Seebundes, die Bundeskasse von Delos nach Athen zu verbringen. Damit war die Umwandlung des Bundes in ein athenisches Imperium eingeleitet. Die noch weitergehende Absicht des P., nach dem endgültigen Abschluß der Perserkriege durch den Kalliasfrieden (448) alle Griechen zur Zusammenarbeit zu einigen, indem er einen Nationalkongreß nach Athen berief, scheiterte freilich an der entschiedenen Weigerung Spartas. Dieses schürte im Gegenteil einen Aufstand in Boiotien, wo die Athener 447 bei Koroneia besiegt wurden, und auf Euboia. Doch schloß P. 445 einen 30jährigen Frieden mit Sparta. Die Kolonien *Thurioi (444) und *Amphipolis (437) wurden gegründet. Samos, das innerhalb des Bundes die stärkste eigene Flotte besaß, wurde nach einem Aufstand 441/39 unterworfen. In dieser Glanzzeit entstanden die großen Bauten der *Akropolis. Athen war der Sammelpunkt aller Künstler, Dichter und Wissenschaftler; mit vielen von ihnen (*Pheidias, *Sophokles, *Herodot, *Anaxagoras) verband P. eine engere Freundschaft. Dies war die Stelle, wo die konservativen Gegner P. treffen konnten. 432 brachte Diopeithes einen Volksbeschluß zur Annahme, daß des Staatsverbrechens schuldig sei, wer nicht an die Götter glaube oder Lehren über die Himmelserscheinungen verbreite. Das Gesetz war auf Anaxagoras gemünzt, den P. vor der Verurteilung nur dadurch retten konnte, daß er ihn fliehen ließ. Dann klagte Hermippos die Frau des P., *Aspasia, wegen *Asebeia und Kuppelei an. P. selbst hatte 451/50 das Gesetz durchgebracht, daß beide Eltern Athener sein mußten, wenn ihre Kinder als athenische Bürger anerkannt werden sollten. Somit war seine Ehe mit der Milesierin nicht voll legitim. Er erreichte als ihr Verteidiger mit Mühe den Freispruch. Auch der Prozeß gegen *Pheidias sollte P. treffen.

Außenpolitisch verdüsterten die Anfänge des *Peloponnes. Krieges die Jahre nach 433. P. hielt sich zurück und verstand es durch seine Diplomatie, die Schuld am Friedensbruch den Feinden zuzuschieben. Zugleich aber bereitete er alles für den Krieg vor. Sein Plan war, das Flachland der fünffachen Übermacht der Peloponnesier preiszugeben, die Athener hinter den Langen Mauern in Sicherheit zu bringen und den Feind durch Blockade der Meere zu bezwingen. Da brach im 2. Kriegsjahr (430) unter den zusammengedrängten Massen die Pest aus. Der nicht vorauszusehende Schlag erschütterte die Stellung des P. Er wurde wegen Unterschlagung von Staatsgeldern verurteilt und abgesetzt. Bald bereute das Volk den Beschluß und wählte ihn wieder. Doch die Seuche ergriff auch ihn: Er starb, nachdem er vorher zwei Söhne durch die Krankheit verloren hatte.

Seine Wirkung auf die Menschen schilderte *Eupolis mit den Worten: «Die Göttin der Überredung saß auf seinen Lippen; so bezauberte er die Zuhörer und ließ allein von allen Rednern den Stachel in ihnen zurück.»

Ein historisches Gesamtbild des Perikleischen Zeitalters hat *Thukydides gegeben (*Pentekontaëtie). Biogr.: *Plutarch. – Portrait: *Kresilas. – FSchachermeyr, P., 1969; ders., Geistesgeschichte der perikleischen Zeit, 1971. CWWeber, P., das goldene Zeitalter von Athen, 1985. DKagan, P. of Athens and the birth of Democracy, London 1991. GWirth, P.

und seine Zeit, 1979 (WdF). MPohlenz, Gestalten aus Hellas, 1950, S. 166ff. HBengtson, Gr. Staatsmänner, 1983. ChSchubert, P., 1994.

Perioiken (Umwohner) nannte man in Sparta Staatsangehörige minderen Rechtes, die zwar eigene Gemeindeverwaltung hatten und Heeresfolge leisteten, aber kein Stimmrecht besaßen und von der Regierung ausgeschlossen waren. Sie nahmen eine Mittelstellung ein zwischen Spartiaten (Vollbürgern) und Heloten (Unfreien).

Peripatos (Wandelhalle), die Philosophenschule des *Aristoteles, benannt nach der Halle des *Lykeion, wo der Unterricht stattfand. Der erste Schulleiter nach Aristoteles, *Theophrastos, hatte die Gebäude durch besondere Gunst seines Schülers *Demetrios Phalereus, des damaligen Gouverneurs von Athen, erwerben können und hinterließ sie testamentarisch der Schule. In der 1. Generation der Peripatetiker ragten neben Theophrast *Eudemos, *Aristoxenos und *Dikaiarchos hervor. Von der *Akademie unterschied sich der P. durch intensive Pflege der Einzelwissenschaften. Dabei vertrat Theophrast mehr den *bios theoretikós*, Dikaiarch den *bios praktikós:* Der Gegensatz von Theorie und Praxis im heutigen Sinne geht auf diese Spaltung des P. zurück. Konsequent gab Theophrasts Nachfolger *Straton die Metaphysik auf und löste die Fachwissenschaft von der allgemeinen Bindung an die Philosophie. Er schuf eine physikalische Lehre des reinen Stoffs unter Verzicht auf den aristotelischen Begriff der Form. Das hatte zur Folge, daß die besten Schüler als Spezialisten ihren eigenen Weg gingen: Der Anatom *Erasistratos und der Astronom *Hipparchos ließen sich in Alexandreia nieder. Als ca. 270 v. Chr. Lykon die Schulleitung antrat, begann «der Totenschlaf der aristotelischen Philosophie». Peripatetiker nannten sich jetzt eine Menge Schriftsteller, großteils ohne wirkliche Zugehörigkeit zur Schule des Lykeion, die vor allem populäre pseudohistorische Biographien der klassischen Dichter und großen Männer schrieben, wobei sie in den von der Komödie aufgebrachten Klatschgeschichten schwelgten. Ihre Spuren zeigen sich leider noch in den uns erhaltenen Dichterbiographien. Auch der persönlich bedeutende *Kritólaos, der 155 zur Zeit seiner Gesandtschaftsreise nach Rom ein alter Mann war, vermochte der Schule ihren alten Rang nicht zurückzuerobern. Eine Neubelebung brachte um 80 v. Chr. der Fund von Theophrasts Bibliothek in Skepsis (*Apellikon). Der Schulleiter Andrónikos veröffentlichte jetzt seine maßgebende Textausgabe des Aristoteles und leitete damit eine letzte Epoche des P. ein, die ihre Hauptaufgabe sah in der Auslegung der aristotelischen Schriften durch Kommentare. Unter Marcus Aurelius erhielt neben den andern Philosophenschulen auch der P. einen staatlichen Lehrstuhl in Athen. Im 4. Jh. ging die Schule im Neuplatonismus auf.
FWehrli, Die Schule des Aristoteles (Frg., K.), 2. A. 1967–69.

Periplus, Beschreibung von Schiffsrouten. *Skylax. Im 1. Jh. n. Chr. wurde der *P. maris Erythraei* verfaßt für den Seeweg des Handels mit Indien.
TÜK: LCasson, The P. m. E., Princeton 1989.

Peristyl (gr. *perí*, ringsum und *stylos*, Säule). Nach gr. Vorbild pflegten die Römer bei ihren Villen auf der von der Straße abgewandten Seite einen Hof, das *Peristylium*, anzubauen, der rings von einer Säulenhalle umrahmt war. Wir kennen die Bauart am besten aus Pompeii. Hellenistische P.häuser auf *Delos und in Pergamon.

M. **Perperna**, aus etruskischem Geschlecht: – 1. Consul 130 v. Chr., besiegte den Kronprätendenten Aristonikos von Pergamon, † 129. Sein Vater wurde 126 aus Rom ausgewiesen, weil er sich zu Unrecht das röm. Bürgerrecht angemaßt habe. Damit wurde auch das Consulat des Sohnes als das eines *Peregrinus zu einem staatsrechtlichen Unikum. – 2. Der Enkel des cos. 130 war als Anhänger des Marius 82 Praetor auf Sizilien. Er überließ die Provinz kampflos dem Pompeius. Später kämpfte er an der Seite des *Sertorius und verschuldete eine Reihe von Niederlagen, da er, dünkelhaft stolz und unfähig zugleich, weder zu gehorchen noch zu befehlen verstand. Er ermordete 72 Sertorius durch Verrat, wurde nachher von Pompeius geschlagen, gefangengenommen und getötet.

Persaios, Schüler Zenons, bekannter Stoiker, ca. 307–243 v. Chr. Seit 276 war er der einflußreiche Ratgeber des makedonischen Königs *Antigonos Gonatas, an dessen Hof er auch mit dem Dichter *Aratos von Soloi zusammentraf.

Persephone (röm. *Proserpina*), Unterweltsgöttin, Tochter der *Demeter, Gemahlin des *Hades.
Raub der P.: Dichtung: *Claudianus. Bild: Wandgemälde des 4. Jh. v. Chr. in einem der Königsgräber von *Aigai (Vergina).

Persepolis, (altpers. *Pārsa*), die Sommerresidenz und Schatzkammer der Perserkönige, erbaut von Dareios I. (seit ca. 515 v. Chr.). Alexander d. Gr. brannte 332 den Palast nieder. In der Nähe liegen drei Gräber der Könige von Artaxerxes II. bis zum Ende der Dynastie. – Amerikanische Ausgrabungen seit 1931.
ESchmidt, P., 1953–7. HLuschey, Die Erforschung von P., 1970. DNWilber, P., 2. A. 1989. FKrefter, P., Rekonstruktionen, 1971. GWalser, P., die Königspfalz des Darius, 1980. LTrümpelmann, P., 1988 (Ausstellung München).

Perser, Volk im iranischen Bergland östl. des Tigris, von indogermanischer, dem Altindischen nächstverwandter Sprache, Feueranbeter (*Zarathustra). Sie waren gefürchtete Reiter und Bogenschützen. Um die Mitte des 6. Jh. v. Chr. erhoben sie sich unter *Kyros gegen die *Meder, eroberten Kleinasien, Babylonien, und unter *Kambyses, dem Nachfolger des Kyros, Aegypten. Unter den A c h a i m e n i d e n (Dareios I. 521–485, Xerxes 485–465, Artaxerxes I. 464–425, Dareios II. 424–404, Artaxerxes II. 404–359, Artaxerxes III. 359–337, Dareios III. 336–330) fand die Auseinandersetzung mit Europa statt, eingeleitet durch die mißlungenen Züge des Dareios I. gegen Skythen und Griechen (*Perserkriege). Bewundernswertes leisteten die P. vor allem im Verwaltungs- und Verkehrswesen: Reichsstraßen und Staatspost mit

ständigem Kurierdienst (dt. «Pferd» kommt durch Vermittlung von spätlat. *paraveredus* «Postpferd» aus dem Persischen), Fackeltelegraph, Goldwährung (die königliche Goldmünze, der *Dareikós*, war auch in Griechenland im Kurs). Auch den Gartenbau lernte Europa von ihnen: Lustgärten (*Parádeisos*, davon unser Wort *Paradies*), Blumenzucht, Edelobst (*Persicum*, «Persischer Apfel» = Pfirsich). Das Riesenreich war in 20 Statthalterschaften (Satrapien) eingeteilt. – Die Satrapen regierten ziemlich selbständig und erregten bei zunehmender Schwäche der Zentralgewalt oft Aufstände. Alexander d. Gr. war der letzte, der nach seinem Sieg über Dareios das ganze Reich unter einem Szepter vereinigt hielt. Nach seinem Tode fiel das eigentliche Persien an *Seleukos; dann machten sich die *Parther unabhängig. Unter den Sassaniden entstand 225 n. Chr. wieder ein persischer Staat.
Neben den Werken der gr. Historiker besitzen wir authentische Geschichtsquellen in den Inschriften der P.-Könige, in Keilschrift eingemeißelt an den Felsen von Behistun (Bagistana). – Schaeder, Das altpersische Weltreich, 1941. AKOlmstead, History of the Persian Empire, 1959. JLHuot-WGLukonin, Persien, 1965–7 (Archaeologia mundi 2). EEHerzfeld, Iran in the ancient East, London 1941; ders., Iranische Denkmäler, Berlin 1932–83. Amir M Badi', Les Grecs et les barbares, Lausanne 1963–84. GWalser (Hg.), Beiträge zur Achämenidengeschichte, 1972 (Historia E. schr. 18).

Perserkriege (gr. *Medikâ*). Unter Dareios I. begannen die Perser, bereits Herren von Asien einschließlich der gr. Städte an der kleinasiat. Küste, nach Europa überzugreifen. Daß Athen die Ionier während ihres Aufstandes (500–494 v. Chr.; *Aristagoras) unterstützt hatte, reizte den Großkönig schwer. Eine erste Flotte scheiterte 492 am Berg Athos. 490 zielte eine zweite Flottenunternehmung direkt nach Mittelgriechenland. Eretria auf Euboia wurde erobert. Aber dann schlugen die Athener die Perser bei *Marathon. Der Nachfolger Xerxes konzentrierte nun alle Machtmittel seines Landes zu einem entscheidenden Vorstoß. Ein gewaltiges Heer überquerte 480 den Hellespont auf einer Schiffsbrücke. Die Athoshalbinsel ließ Xerxes durchstechen, um die Umschiffung zu vermeiden. Der Spartanerkönig *Leonidas, der an den Thermopylen den Paß nach Mittelgriechenland sperrte, fiel mit seiner Truppe, während gleichzeitig bei *Artemision ein erstes Flottentreffen stattfand. Das von den Einwohnern geräumte Athen wurde mitsamt den Tempeln restlos zerstört. In der Meerenge bei der Insel *Salamis errang die auf Betreiben des Themistokles erbaute athenische Flotte einen glänzenden Sieg gegen die persische Übermacht (480). Xerxes fuhr sofort ab; das unter *Mardonios zurückgebliebene Landheer erlag den vereinten Griechen 479 bei Plataiai. Damit war das Abendland vor der Herrschaft des Orients gerettet. Noch im gleichen Jahr ging die gr. Flotte zum Angriff über und siegte bei Mykale. Der Attische Seebund errang unter *Kimon weitere Siege, die 448 zur Beendigung der P. mit dem Frieden des *Kallias führten.
Die Schwäche der Griechen nach dem Peloponnesischen Bruderkrieg vermochten die Perserkönige, da ihre eigene Macht innerlich morsch

zu werden begann, nicht mehr zu einer großen militärischen Offensive auszunutzen. Aber das persische Gold bestimmte weithin die Politik der Griechen. Im *Antalkidasfrieden (387) erzielten die Perser so einen diplomatischen Erfolg: Das Ostgriechentum fiel endgültig unter ihre Herrschaft. Bald danach nahm Philipp von Makedonien, der Einiger der Griechen, den nie verstummten Kampfruf nach einem Rachezug gegen den persischen Erbfeind (*Isokrates) auf, und sein Sohn Alexander führte den Plan aus.
Geschichtsschreiber der P.: *Herodotos. Drama von der Niederlage des Xerxes: *Aischylos, *Perser*. – CHignett, Xerxes' invasion of Greece, 1963. HBengtson, Griechen und Perser, 1965 (Fischer Weltgesch. 5). ARBurn, Persia and the Greeks, the defense of the West 546–478 B.C., Stanford 1984.

Perseus. – 1. Held der gr. Sage. Dem König Akrisios von Argos verkündete das Orakel, sein Enkel werde ihn töten. Damit ihm kein Enkel erstehe, sperrte er seine schöne Tochter D a n a ë in eine eherne Kammer ein. Doch Zeus liebte sie und besuchte sie in Gestalt eines Goldregens, der durch das Dach fiel. Danae gebar ihm den P. Als Akrisios nach einiger Zeit die Stimme des Knaben hörte, setzte er Danae und P. in einen Kasten und übergab diesen dem Meer (*Simonides, *Klage der Danae*). Die Wellen spülten ihn an den Strand der Insel Seriphos. Dort verliebte sich König Polydektes in Danae. Doch der inzwischen herangewachsene P. stand seinen Heiratsplänen im Wege. Er schickte ihn deshalb aus, das Haupt der *Gorgo M e d u s a zu holen. Mit Hilfe der Götter bestand P. das gefahrvolle Abenteuer. Die Gorgonen schliefen gerade. Da ihr Anblick jeden versteinerte, betrachtete P. die Medusa nur durch das Spiegelbild in seinem ehernen Schilde und hieb ihr mit dem von Hermes erhaltenen sichelförmigen Schwert den Kopf ab. Aus ihrem Rumpfe entsprang *Pegasos. Als P. auf der Heimkehr nach Aethiopien kam, erblickte er dort am Gestade A n d r o m e d a , die Tochter des Königs Kepheus und der Kassiopeia. Sie war einem Meerungeheuer als Beute preisgegeben. P. versprach, sie zu retten, wenn er sie zum Weibe erhalte, und besiegte das Ungetüm. Er kam mit Andromeda nach Seriphos und zeigte dort Polydektes das verlangte Gorgonenhaupt: Dieser wurde sofort versteinert. Dann schenkte er es Athene, die seither das *Gorgóneion* in ihrer *Ägis führt. Bei Spielen traf er unglücklicherweise mit einem geworfenen Diskos seinen Großvater Akrisios, so daß dieser starb. P. erbte sein Reich und gründete die Stadt *Mykenai.
Bilder aus der P.-Sage waren in der Kunst sehr beliebt. Die Enthauptungsszene und die Flucht des von den beiden Schwestern der Medusa verfolgten P. sind häufig auf archaischen Vasen dargestellt. Ein Gemälde des *Nikias ist vermutlich das Vorbild für mehrere pompeianische Wandgemälde gewesen, auf denen P. nach der Erlegung des Ungeheuers Andromeda hilft, vom Felsen herabzusteigen. – KSchauenburg, P. in der Kunst des Altertums, 1960. KSchefold, Die Urkönige: P., Bellerophon, Herakles und Theseus in der klassischen und hellenistischen Kunst, 1988.

2. König von Makedonien 179–168 v. Chr., Sohn *Philipps V. Wie sein Vater trachtete er danach, sich vom Druck der im Osten sich ausbreitenden röm. Vormacht freizumachen. Er warb erfolgreich um die Sympathien der Griechen, stärkte sein Reich im Innern und heiratete die syrische Prinzessin Laodike, um sich von dort Hilfe zu sichern. Rom entschloß sich, ihn zu vernichten, und es gelang zunächst, durch Gesandtschaften an die Griechen und die hellenistischen Fürsten, unter denen Eumenes von Pergamon entschiedener Feind des P. war, den König diplomatisch zu isolieren. Als Rom 171 den Krieg eröffnete, stand P. allein und wurde nach anfänglichen Erfolgen von L. Aemilius *Paulus bei Pydna 168 entscheidend geschlagen. Paulus führte ihn im Triumph auf. Nach zwei Jahren starb er in Gefangenschaft. – Portrait: GNeumann, in Jahrbuch des dt. archäol. Inst. 82, 1967.

Aules **Persius** Flaccus, 34–62 n. Chr., röm. Dichter aus Volterra in Etrurien. Er war eifriger Schüler des Stoikers Cornutus, der nach dem Tode des jungen Mannes zusammen mit dem Dichter Caesius Bassus dessen 6 **Satiren* herausgab. Ihnen fehlt, was die *Satiren* des Lucilius und Horaz auszeichnet, die unmittelbare Lebensnähe: P. predigt in geschraubter und mit Absicht dunkler Sprache eine Moral, die er sich nur aus Büchern angelesen hat.
T: WVClausen, 2. A. 1992 (Oxf. Cl.). TÜ: OSeel, 1950 (Tusc.). TÜK: WKissel, 1990. K: RAHarvey, Leiden 1981. – CSDessen, Iunctura callidus acri, 1968.

Pertinax, P. Helvius, röm. Kaiser vom 1. Jan. bis 28. März 193 n. Chr. Er hatte sich unter Marcus Aurelius im Heeresdienst vielfach bewährt und war trotz niederer Herkunft zum Consulat gelangt. Nach der Ermordung des Commodus wurde er zum Kaiser ausgerufen und suchte die Zustände der besten Zeit der Antoninen wiederherzustellen. Eine kleine Gruppe von Praetorianern, mit der wiedereingeführten Disziplin unzufrieden, drang in den Palast ein und ermordete ihn. Allgemein betrauerte man ihn, und Septimius Severus hatte als Rächer des P. die Sympathien auf seiner Seite.

Perusia (Perugia), etruskische Stadt. 41/40 v. Chr. zwang Octavianus die in P. eingeschlossenen aufrührerischen Anhänger des Antonius durch Hunger zur Ergebung. Die Stadt wurde verbrannt. Für immer verband sich mit dem Namen P. die Erinnerung an die grausamste Tat des sonst so milden Herrschers, des spätern *Augustus. – Fundort einer wichtigen etruskischen Inschrift *(Cippus Perusinus).*

Pervigilium Veneris (Nachtfeier der Venus), ein anonymes Gedicht in 93 trochäischen Langversen, eine der köstlichsten Blüten später röm. Dichtung, vermutlich aus dem 2. Jh. n. Chr.
T: DRShackleton Bailey, Anthologia latina, 1982 (Tb), 139–144. TÜ: CClementi, London 1936. RSchilling, 1944 (Budé). TÜK: LCatlow, Bruxelles 1980. Ü: KBüchner, Die röm. Lyrik, 1976, 314 – 324. GABürger, 1773.

C. **Pescennius** Niger, 193–194 n. Chr. Gegenkaiser des *Septimius Severus im Orient.

Pessinús, phrygische (später galatische) Stadt, Heimat des *Kybelekults. Ausgrabungen der Univ. Gent 1967–73: Dissertationes archaeol. Gandenses 22,1 AB, Brugge 1984.

Petra, Hauptstadt der Nabatäer auf der Sinai-Halbinsel, zur Ptolemaierzeit hellenisiert. Seit ca. 100 v. Chr. residierten hier die Könige eines selbständigen Staates. 106 n. Chr. machte Traian die Halbinsel zur röm. Provinz *Arabia Petraea*. Die Stadt verdankte ihren großen Reichtum dem Orienthandel. Als im 3. Jh. der Hauptverkehrsstrom statt durch das Rote Meer durch Persischen Golf und Euphrat gelenkt wurde, verlor P. an Bedeutung in dem Maße, als das am letzteren Weg liegende *Palmyra aufblühte. Seit dem Ende des Altertums ist P. verlassen. Daher sind die Ruinen sehr gut erhalten; besonders berühmt sind die Prunkfassaden der Felsengräber.
Rostovtzeff, Caravan cities, 1932. AKammerer, P. et la Nabatène, 1929–30 (2 Bde). MLindner (Hg.), P. und das Königreich der Nabatäer, 1989; ders., Die Könige von P., 1968. HStierlin, Städte in der Wüste: P., Palmyra und Hatra, 1987. RGKhouri, P., London 1986 (Führer). RAStucky (Hg.), P. und die Weihrauchstraße, 1993 (Ausstellung Zürich). ANRW II, 8 (1977) 520 ff.

Petronius. – 1. *Äthiopien. – 2. T. P., der *arbiter elegantiae* (Schiedsrichter in Dingen des feinen Geschmacks) am Hofe Neros, 66 n. Chr. durch den Einfluß des neidischen Höflings *Tigellinus gestürzt. Er gab sich selbst den Tod und übersandte dem Kaiser eine Schrift, in der er dessen geheimste Schändlichkeiten beschrieben hatte (Tacitus, *Annalen*, 16, 18f.). Wir besitzen umfangreiche Bruchstücke aus des P. Roman **Satiren*, eine Fülle höchst realistischer Zeit- und Sittenbilder. Wie in Homers *Odyssee* der Held durch den Zorn des Poseidon viele Irrfahrten erduldet, so wird Encolpios, der Romanheld des P., vom Zorn des *Priapos verfolgt und mit seinen anrüchigen Kumpanen in zahllose Abenteuer verwickelt; dem Charakter des Gottes Priapos entsprechend spielt eine derbe Erotik eine große Rolle. P. ist ein genialer Meister der Charakterisierungskunst. Glänzend ist im *Gastmahl des Trimalchio*, dem Hauptstück, der protzende ungebildete Parvenü der Kleinstadt mit seinen Freunden gezeichnet. Auch der Ton ihrer Sprache ist gut getroffen: Das Stück bietet für die Sprachwissenschaft eine der Hauptquellen des *Vulgärlateins.
T: FBuecheler-Heraeus, 8. A. 1963. KMüller, 4. A. 1993 (Tb). TÜ: KMüller-WEhlers, 1983 (Tusc.). AErnout, 1950 (Budé). OSchönberger, 1992. Ü: OWeinreich, Röm. Satiren (AW). HCSchnur, 1968 (Reclam).

Petrus, der Apostel, ist nach außerbiblischer Tradition nach Rom gekommen und dort ca. 64–67 n. Chr. gekreuzigt worden. Um 160 wurde über seinem Grab im Vatican ein einfaches Tropaion (Denkmal) errichtet. Ca. 330 begann Constantinus an der Stelle den Bau einer Basilica. Die neuesten Ausgrabungen haben das Grab und Reste des

Tropaions unter der Peterskirche festgestellt. Ein Grab des P. wurde seit der Mitte des 3. Jh. auch in den Katakomben von San Sebastiano an der via Appia verehrt; vermutlich war das Haupt des P. während der Christenverfolgung damals dort verborgen worden. Wahrscheinlich noch im 2. Jh. ist in Kreisen der *Gnosis die älteste gr. Fassung der legendären Petrusgeschichte entstanden, von der nur der Schluß *(Martyrium Petri)* erhalten ist. Es wird hier u. a. erzählt, P. sei, als er aus Rom fliehen wollte, vor dem Tor dem Herrn begegnet, der ihm auf die Frage «Herr, wohin des Weges *(quo vadis)*?» geantwortet habe: «Ich gehe nach Rom, um zum zweitenmal gekreuzigt zu werden.» Ambrosius hat diese Geschichte in eine Predigt *(contra Auxentium 13)* eingeflochten. Vollständiger ist eine spätlat. Bearbeitung *(Actus Petri cum Simone)*. Sie berichtet von einem Wettstreit mit Wundern, welchen P. mit dem Magier Simon vor dem Kaiser Nero ausgetragen habe. Simon führte zuletzt einen Flug in den Himmel vor, stürzte aber auf das Gebet des P. ab. Die Legende ist auch in frühmittelalterlicher Kunst mehrfach dargestellt worden (Karolingische Fresken der Klosterkirche von Müstair in Graubünden).
EKirschbaum, Die Gräber der Apostelfürsten, 1974. AvGerkan und ThKlauser in Jahrbuch f. Antike und Christentum 5, 1962, 23–42. JFink, Das P.-grab in Rom, 1988. – T: Lipsius, 1891 (Acta apostolorum apocrypha 1).

Peutingersche Tafel: *Geographie.

Pezhetairoi: *Hetairoi.

Pfünz (Vetonianis), Limeskastell über dem südl. Steilhang des Altmühltals. Reste: Sperrmauer mit Tor, Wachtturm, Bad. Restaurierung im Gange.
WEKeller, Die Römer am Limes, 1987.

Phaedrus, gr. Freigelassener des Kaisers Augustus, schrieb 5 Bücher lat. Fabeln in Versform. Den Stoff nahm er von *Aisopos, fügte aber später auch Fabeln eigener Erfindung hinzu.
T: AGuaglianone, 1969. TÜ: ABrenot, 1969 (Budé). BEPerry, 1965 (Loeb L.). HRupprecht, 1992. FFRückert-OSchönberger (Relam).

Phaëthon (der Strahlende), Sohn des Sonnengottes Helios. Sein Vater hatte ihm die Erfüllung eines Wunsches zugesagt. Ph. bat sich aus, einmal den Sonnenwagen lenken zu dürfen. Umsonst riet Helios ab. Als die ungestümen Pferde merkten, daß eine leichtere Hand die Zügel führte, stürmten sie aus der Bahn und kamen der Erde zu nahe, so daß ein gewaltiger Brand entstand. Zeus mußte Ph. durch seinen Blitz vom Wagen herabschleudern, um größeres Unheil zu verhüten.
Die bekanntesten Darstellungen der Sage geben *Ovid (*Met.* 1, 50 – 2, 400) und *Nonnos (*Dionysiaka* 38, 90ff.). Ein *Palimpsest hat ein Stück aus der *Ph.*-Tragödie des *Euripides bewahrt.

Phaiaken, friedliches und glückliches Märchenvolk in Homers *Odyssee* (6. Buch ff.). König *Alkinoos. *Nausikaa.

Phaidon, vornehmer Jüngling aus Elis, kam angeblich kriegsgefangen in Athen als Sklave zum Verkauf. Sokrates veranlaßte einen seiner Schüler, ihn freizukaufen. Historisch sicher ist, daß Ph. zu den treuesten Anhängern des Sokrates gehörte und nach dem Tode des Meisters in Elis eine sokratische Schule gründete. *Platon widmete ihm den Dialog *Ph.*

Phaidra: *Hippolytos.

Phaidros. – 1. Ein Sokrates nahestehender, wohlhabender und gebildeter Athener, nach dem *Platon einen seiner Dialoge betitelt hat. – 2. Epikureer, ca. 70 v. Chr. als Leiter der Schule in Athen. Cicero nennt ihn öfter mit Hochschätzung.

Phainarete soll die Mutter des *Sokrates geheißen haben (Redender Name: "die die Tugend zur Erscheinung bringt").

Phainías von Eresos, Schüler des Aristoteles, Landsmann und Freund des *Theophrastos. – TK: Wehrli, Schule des Aristoteles 9, 1969.

Phaistos, Stadt und Herrscherpalast im minoischen *Kreta, an der Südküste gelegen und reich durch den Handel mit Ägypten. Nach mehrfacher Zerstörung wurde der um 1400 v. Chr. niedergebrannte Palast endgültig verlassen.
Italienische Ausgrabungen seit 1900. – DLevi, Festòs e la civiltà minoica, Roma 1976ff.

Phalanx, geschlossene Schlachtlinie: *Militär.

Phalaris, Tyrann von *Akrágas, 570–554 v. Chr. Er galt als Muster eines grausamen Gewaltherrschers. Seine Feinde ließ er in einem ehernen Stier zu Tode rösten. *Lukian versuchte im 2. Jh. n. Chr. als rhetorisch-sophistisches Kunststück eine Ehrenrettung des Ph. Im gleichen Geiste entstand im 4./5. Jh. n. Chr. eine Sammlung von 148 **Briefen des Ph.*
T: Wagner, London 1883. Die *Ph.-Briefe* sind in der Wissenschaft berühmt geworden durch die epochemachende Schrift, in der Richard Bentley 1699 ihre Unechtheit nachwies (Ü: WRibbeck, 1857).

Phalerae, urspr. Metallbeschläge an Helm und Pferdegeschirr, seit ca. 200 v. Chr. runde Metallplatten, mit getriebener Reliefarbeit verziert, welche bewährte Soldaten als Orden auf der Brust trugen (meist 9).
FMatz, Die Lauersforter Ph., 1932.

Phaleron, die von Athen aus nächste Meeresbucht mit flachem Strand, die Reede von Athen bis zum Ausbau des *Peiraieus-Hafens in den Perserkriegen.

Phallos, Nachbildung des männlichen Geschlechtsgliedes, welche im antiken Kult als Fruchtbarkeitssymbol eine ungemein große Rolle spielte. Aus den Prozessionen der Ph.-träger ging der Chor der *Komödie hervor. Die *Hermen waren in älterer Zeit stets phallisch. *Satyrn und

vor allem *Priapos trugen Ph. von riesiger Größe. Der Ph. diente auch zur Abwehr von Unheil und wurde als Schutz vor bösem Blick, Neid und Behexung verwendet.
EMonick, Die Wurzeln der Männlichkeit, 1990.

Phanes, mystischer Urgott der *Orphik.

Phanokles, alexandrin. Elegiendichter (3. Jh. v. Chr.). Aus seinem Elegienkranz *Liebesgötter oder schöne Knaben* ist ein Stück erhalten, das den Tod des Orpheus schildert.
T: Diehl II (*Lyrik). Ü: FrSchlegel, Ges. Werke IV 52.

Phaon, schöner Fährmann, legendärer Geliebter der *Sappho.

Pharnakes, Sohn des Mithridates, König des kimmerischen *Bosporos 63–47 v. Chr. Beim Versuch, das väterliche Reich in Kleinasien wiederzuerobern, wurde er von Caesar bei Zela besiegt (47). Caesar schickte nach Rom die berühmte Siegesmeldung: *Veni, vidi, vici* (Ich kam, sah, siegte).

Pharos, Insel vor der Hafeneinfahrt von Alexandreia, mit der Stadt durch einen Damm verbunden. An der Ostspitze stand der berühmte Signalturm Ph., um 280 v. Chr. von dem Architekten Sostratos aus Knidos erbaut; er wurde zu den 7 Weltwundern gerechnet. Ein zeitgenössisches Epigramm des Poseidippos, das auf Papyros erhalten ist, feiert das Bauwerk als Wegweiser der Schiffe bei Tag und Nacht. Im Mittelalter fiel der Turm Erdbeben zum Opfer. Da sich die Küste gesenkt hat, liegen die Hafendämme von Ph. heute unter Wasser. Der Ortsname ist schon im Altertum zur allgemeinen Bezeichnung für Leuchttürme geworden (vgl. franz. *le phare*).
HTiersch, Ph., 1909.

Pharsalos, Hauptstadt der thessalischen Landschaft Phthiotis. 48 v. Chr. errang hier Caesar den entscheidenden Sieg über Pompeius und die Senatsarmee.
Schlachtbericht von Caesar selbst (*Bürgerkrieg* 3, 82ff.). Kromayer, Antike Schlachtfelder II, 1907; ders., Schlachtenatlas.

Phasis, Hauptfluß des Landes Kolchis südl. des Kaukasus und eine gr. Handelskolonie gleichen Namens an der Mündung des Flusses ins Schwarze Meer.

Pheidias, der berühmteste Plastiker des Altertums. Er war Athener und mit *Perikles befreundet. An den perikleischen Bauten auf der Akropolis wirkte er als künstlerischer Leiter mit. Er und seine Mitarbeiter schufen Metopen, Fries und Giebelfiguren des Parthenon. Sein athenisches Hauptwerk war das Kultbild, die *chryselephantine Statue der Athene Parthénos. Die Göttin stand übergroß mit Schild und Lanze aufrecht da. Auf der rechten, von einer Säule gestützten Hand trug sie eine *Nike, zur Linken unter dem Schild kroch die heilige Schlange. Das Werk war 438 v. Chr. vollendet. Es ist nur in stark verkleinerten Abbildungen bekannt. *Amazonen. Angeblich wurde Ph. darauf wegen Unterschlagung von Gold oder Elfenbein angeklagt und verbannt. Er ging nach Elis, wo er seine zweite berühmte Goldelfenbeinstatue, das Kultbild des * Zeus in Olympia, schuf. Der Gott saß auf einem reich mit Figuren verzierten Thron. *Niobe. Auch dieses Bild war über 12 m hoch; Münzbilder vermitteln von ihm eine Vorstellung. Bei den Ausgrabungen konnte die Werkstatt des Ph. identifiziert werden, die im 5. Jh. n. Chr. in eine Kirche umgebaut wurde. Ein Tonkännchen trägt die Inschrift «Ich gehöre dem Ph.». Nach anderer Version soll der Prozeß in Athen erst im J. 432 stattgefunden haben. Daß der verurteilte Ph. dort im Gefängnis gestorben sei, ist vermutlich Legende. – Andere berühmte Werke: Die Bronzestatue der Athene, die im Freien auf der *Akropolis stand, in späterer Zeit Athene Prómachos (Vorkämpferin) genannt. Auf der Fahrt nach Athen sah man schon vom Meer aus Speerspitze und Helmbusch des Bildes. In Olympia stand die *Aphrodite Urania (aus Goldelfenbein). Die Athene Lemnia, von Athenern aus Lemnos gestiftet, im Altertum für ihre Schönheit berühmt. Wahrscheinlich ist sie in Kopien in Bologna (Kopf) und Dresden (2 Torsen) erhalten. Von in Kopien erhaltenen Statuen glaubt man Ph. außerdem zuweisen zu können den Kasseler Apoll, eine Statue des *Anakreon (*Portrait) und eine *Amazone.

EBuschor, Ph. der Mensch, 1948. ELanglotz, Ph.-probleme, 1948. BSchweitzer, Ph. und der Parthenonmeister, Jahrb. d. Deutschen Archäol. Inst. 55, 1940, 170ff. CBlümel, Phidiasische Reliefs und Parthenonfries, 1957. FBrommer, Athena Parthenos, 1957 (Opus nobile 2). NLeipen, Athena Parthenos, a reconstruction, Toronto 1971. JLiegle, Der Zeus des Ph., 1952. JFink, Der Thron des Zeus in Olympia, 1967. Die Werkstatt des Ph. in Olympia 1 (Olympische Foschungen 5), 1964; 2 (WSchiering, Werkstattfunde), 1991.

Pheidon, König von Argos im 7. Jh. v. Chr. Er dehnte seine Herrschaft über die ganze Nordpeloponnes aus; auch Olympia unterstand ihm. Nach dem Muster Aiginas führte er das gemünzte Rundgeld ein. Pheidonisches Maß und Gewicht galten in der Peloponnes bis in die hellenistische Zeit.

Pherekrates, athenischer Komödiendichter, wenig älter als *Aristophanes. Von seinen Werken sind nur geringe Bruchstücke erhalten (*Komödie).

Pherekydes. – 1. Ph. v. Syros, der älteste gr. Prosaschriftsteller im 6. Jh. v. Chr. In seiner Schrift *Heptámychos* mischte er mythische und physikalische Weltentstehungslehren.

TÜ: Vorsokr. I n. 7. HSSchibli, Ph. of Syros, Oxford 1990.

2. Ph. v. Athen schrieb zu Anfang des 5. Jh. *Genealogien* (Abstammungssagen).

T: Jacoby I (*Geschichtsschreibung). – AUhl, Ph., Diss. München 1963.

Phigaleia, die südwestlichste Stadt Arkadiens. Beim nahen Dorf Bassai liegt ein um 420 v. Chr. vermutlich von dem Parthenonbaumeister *Ik-

tinos erbauter, gut erhaltener Apollontempel, dessen Fries mit Darstellungen des Kampfes der Kentauren und *Lapithen und einer Amazonenschlacht Anfang 19. Jh. vom Brit. Museum angekauft wurde.
FACooper, The temple of Apollo at Bassai, New York 1978. ChHofkes-Brukker, Der Bassai-Fries in der urspr. geplanten Anordnung, mit AMallwitz, Zur Architektur des Apollontempels in Bassai-Ph., 1975.

Philaeni. Karthager und Kyrenäer waren übereingekommen, einen alten Grenzstreit beizulegen: Von beiden Städten sollten gleichzeitig Gesandte aufbrechen und ihr Treffpunkt die Grenze bilden (ein verbreitetes Sagenmotiv). Die karthagischen Brüder Ph. waren viel schneller. Aber die Kyrenäer behaupteten, sie seien zu früh abgegangen. Man einigte sich schließlich, dort solle die Grenze sein, wo die Ph. oder, wenn diese nicht wollten, die Kyrenäer sich lebendig begraben ließen. Die Ph. opferten sich für ihr Vaterland, und ihre riesigen Grabhügel in der Südostecke der großen Syrte, die sog. *Arae Philaenorum*, bildeten seither die Völkergrenze. – *Sallust, *Iug.* 79. *Mela (2) 1, 38.

Philemon. – 1. Ph. und Baukis, zwei arme fromme Leutchen. Als Zeus und Hermes auf die Erde niederstiegen, um die Menschen zu prüfen, fanden sie nirgends Obdach. Nur Ph. und B. nahmen sie gastfreundlich auf und teilten in rührender Weise mit ihnen das Wenige, was sie hatten. Zum Lohne dafür wurden sie gerettet, während eine Sintflut die hartherzigen Menschen verschlang (*Ovid, *Met.* 8, 611ff.). – 2. Der neben Menandros bedeutendste Dichter der *neuen *Komödie* in Athen. Er starb um 264/3 v. Chr. fast 100 Jahre alt. Wir kennen von ihm 3 Stükke in der Nachdichtung des *Plautus: *Der Kaufmann (Mercator),* der *Schatz (Trinummus)* und *Das Gespenst (Mostellaria).*
ELefèvre, Plautus und Ph., 1995.

Philippi (gr. *Phílippoi*), von Philipp II. 357 v. Chr. gegründete Stadt in Makedonien, wo 42 v. Chr. die Caesarmörder Brutus und Cassius in einer Doppelschlacht vernichtet wurden. In Ph. gründete Paulus die erste chr. Gemeinde auf europäischem Boden. Reste röm. und chr. Bauten.
Kromayer, Antike Schlachtfelder IV, 1924/31. Französ. Ausgrabungen: Bulletin de correspondance hellénique, Suppl. 2, 1975. PCollart, Philippes, ville de Macédoine, Paris 1937. PLemerle, Philippes et la Macédoine orientale à l'époque chrét. et byz., Paris 1945. MLeGlay, Villes, temples et sanctuaires dans l'orient romain, Paris 1986, 28–37.

Philippos. – I. Könige von Makedonien: – 1. Ph. II., 359–336 v. Chr. Unter seinem Vater Amyntas war die Macht der Makedonen tief gesunken. Ph. verbrachte die Jugendjahre 368/5 als Geisel in Theben. Als er 359, zunächst als Vormund des legitimen Thronfolgers, eines Sohnes seines älteren Bruders, die Regierung antrat, bewies er sofort seine Größe als Politiker wie als Feldherr. Er machte das Heer schlagkräftig (in Theben hatte er die neuesten militärischen Errungenschaften seiner Zeit kennengelernt) und setzte sich teils mit den Waffen, teils mit Diplomatie und Geschenken gegen die übrigen Thronprätendenten durch. Dann siegte er über die Nachbarvölker (Paionen und Illyrier) und eroberte Thrakien und Thessalien. 348 fiel die Stadt *Olynthos und

damit die Chalkidike in seine Hand. Mit Athen wurde trotz der Opposition des *Demosthenes wieder Frieden geschlossen. Der Rat der Amphiktionen des Tempels von Delphi bat Ph., die Phoker, welche den Tempel geplündert hatten, zu strafen. Mit der Erfüllung dieser Bitte schuf sich der König eine feste Machtstellung in Mittelgriechenland. Nun wandte er sich zunächst wieder nach Thrakien. Dort führte 340 die Belagerung des mit Athen verbündeten Byzanz zum entscheidenden Bruch: Das Erscheinen der athenischen Flotte zwang Ph., abzuziehen. Es gelang Demosthenes, Theben auf Athens Seite zu bringen, während andrerseits wieder die Amphiktionen Ph.s Hilfe gegen *Amphissa herbeiriefen. Überraschend stand Ph. in *Elateia in Mittelgriechenland. Bei *Chaironeia fiel 338 die Entscheidung zugunsten Ph.s, der mit maßvoller Schonung der Besiegten jetzt die Einheit Griechenlands unter seiner Führung verwirklichte. Mitten in den Vorbereitungen zum Krieg gegen Persien fiel er durch Mörderhand. Seinen realpolitischen Sinn kennzeichnet der Ausspruch: «Auch die steilste Festung kann erobert werden, wenn nur ein mit Gold beladener Esel hinaufsteigen kann.» *Chryselephantine Statuen von sich und seiner Familie hatte er in einem Rundtempelchen *(Philippeion)* in Olympia aufstellen lassen (*Leochares). Sein Königsgrab: *Aigai.
GWirth, Ph. II., 1985. HBengtson, Ph. und Alexander d. Gr., 1985. NGHammond, Ph. of Macedon, London 1994. MBHatzopoulos-LDLoukopoulos (Hg.), Ph. de Macédoine, Paris-Fribourg 1981–82. – Bild: Elfenbeinkopf aus seinem Grab in *Aigai, im Museum von Thessaloniki. Abb. bei Hatzopoulos (s.o.) S. 215.
2. Ph. V., 221–179 v. Chr. Die Rivalität der gr. Staaten (*Achäischer und *Aitolischer Bund, Königreich *Pergamon, Rhodos), die Einfälle der Illyrier und die Übergriffe Roms, gegen das er sich 215 mit Hannibal verbündete, zwangen ihn zu ständigen Kriegen. 197 brachte ihm T. Quinctius *Flamininus bei Kynoskephalai eine entscheidende Niederlage bei. Doch erhielt er einen ziemlich günstigen Frieden: Griechenland wurde frei, Makedonien blieb, allerdings unter Verlust seiner Großmachtstellung, erhalten. Im Krieg gegen Antiochos d. Gr. unterstützte Ph. die Römer. Dennoch aber suchten diese mißtrauisch, sein Reich zu beschneiden, wo sie nur konnten. So rüstete er und suchte die Kraft des Landes durch Maßnahmen im Innern zu heben. Zwischen seinen Söhnen, von denen Demetrios romfreundlich, *Perseus erbitterter Feind Roms war, kam es zu einem tragischen Konflikt. Perseus verleumdete den Bruder und Rivalen und vermochte seine Tötung durchzusetzen. Als sich die Beschuldigungen als falsch erwiesen, wurde Ph. von Gewissensqualen gepeinigt und starb bald danach.
FWWalbank, Ph. V, Cambridge 1940.
II. Ph. aus Thessalonike, Epigrammendichter der gr. *Anthologie (1), lebte um 40 n. Chr. in Rom. Er sammelte nach dem Vorbild des *Meleagros (2) einen *Kranz* von Epigrammen neuerer Dichter.
TÜK: ASFGow-DLPage, The Garland of Ph., 1968.

Philippus. – 1. Beiname des altrömischen Geschlechts der Marcii: – L. Marcius Ph., cos. 91 v. Chr., Censor 86, ein hervorragender Senatspoliti-

ker und Redner. Cicero hebt seinen treffenden scharfen Witz hervor, Horaz (epist. 1, 7) seine Herablassung zum Mann aus dem Volke.
T der Frg.: Malcovati.
2. M. Iulius Ph. Arabs, röm. Kaiser 244–249 n. Chr., gebürtiger Araber. Unter seiner schwachen, von mehreren Gegenkaisern bestrittenen Herrschaft wurde das 1000. Jahr seit der Gründung Roms gefeiert. – Portrait: Herrscherbild 3,3.

Philitas (oder Philetas) von Kos, alexandrin. Dichter, vor allem Elegiker, und Gelehrter um 300 v. Chr., Erzieher des Kronprinzen Ptolemaios II. und Lehrer Theokrits.
T der Frg.: Diehl II (*Lyrik). Kuchenmüller, Diss. Berlin 1928.

Philodemos, gr. Dichter und epikureischer Philosoph aus Gadara (Syrien) im 1. Jh. v. Chr. Er lebte bei seinem Gönner *Piso (2) und leitete mit Siron die Philosophenschule von Neapel, wo auch der junge Vergil und Horaz mit ihm in Berührung kamen. Wir kennen seine Lehre, weil die in der Villa Pisos in *Herculaneum gefundene *Bibliothek seine Schriften enthält. Ph.s Epigramme zählen zu den besten der hellenistischen Literatur.
T: *Epigr.:* *Anthologie (1). – *Rhetorik, Musik, Oekonomie, Über den Zorn, Über die Laster, Vom Freimut, Der gute König nach Homer:* 1884–1914 (Tb). *Gegen d. Sophisten:* Sbordone, Neapel 1947. TÜ: *Über die Gedichte:* ChJensen, 1923. *Über Induktionsschlüsse:* DeLacy, Philadelphia 1941 (engl.). *Über die Götter:* Diels, Abh. Akad. Berlin, 1915–16 (Nachdr. 1970). TK: KGaiser, Ph.s *Academica*, die Berichte über Platon und die Alte Akademie, 1988. TÜK in den Reihen: Ricerche sui papiri ercolanesi, Napoli 1969–88 und La scuola di Epicuro, Napoli 1978ff. (bis 1991 12 Bde.). – MGigante, Ricerche Filodemee, 1983; ders. La bibliothèque de Ph. et l'épicurisme romain, Paris 1987.

Philogelos *(Der Lachfreund)*, eine gr. Witz-Sammlung aus frühbyzantinischer Zeit, Auszug aus älteren Sammlungen.
TÜK: AThierfelder, 1968 (Tusc.). ÜK: BBarry, Amsterdam 1983.

Philoktetes. Als Herakles den Flammentod erlitt, schenkte er seinen nie fehlenden Bogen dem Ph. Auf der Fahrt nach Troia biß den Ph. eine Schlange, und des Gestanks der Wunde wegen setzten ihn die Griechen auf der öden Insel Lemnos aus. Er fristete kümmerlich sein Dasein, indem er mit seinen Pfeilen Vögel schoß. Da erhielten die Griechen ein Orakel, Troia könne ohne den Bogen Ph.s nicht erobert werden. Der listige Odysseus und der edle Jüngling *Neoptolemos gingen als Gesandte ab. Der Einsiedler faßte zu Neoptolemos Vertrauen, so daß er ihm vor einem nahenden Krankheitsanfall den Bogen zu hüten anvertraute. Jetzt trat Odysseus auf und hieß den Neoptolemos mit dem erlisteten Bogen eilends sich davonmachen. Doch das menschliche Gefühl siegte in dem Jüngling; er eilte zurück und gab Ph. den Bogen wieder. Erst die Erscheinung des Gottes Herakles bewog schließlich Ph., nach Troia mitzugehen. Er wurde geheilt und tötete mit seinem Pfeil den Paris.

*Sophokles hat die Sage in der Tragödie *Ph.* gestaltet. Die Ph.-Tragödien von Aischylos und Euripides sind verloren. Die beste bildliche Darstellung in Reliefarbeit auf einem 1920 in Hoby (Dänemark) gefundenen Silberbecher.

Philolaos, ein Pythagoreer in Kroton oder Tarent im 5. Jh. v. Chr. Die Lehren der pythagoreischen Philosophie waren bisher streng gehütet und nur innerhalb der Schule weitergegeben worden. Ph. war der erste, der darüber ein Buch veröffentlichte, von dem später behauptet wurde, Platon habe es gekauft und für seinen *Timaios* ausgewertet. Die Frg., deren Echtheit umstritten ist, handeln von Zahlenlehre und Kosmologie.
T: Vorsokr. I. K: CAHuffman, Cambridge 1993. – WBurkert, Weisheit und Wissenschaft, 1962.

Philomele: *Aëdon.

Philon. – 1. Ph. von Eleusis, Architekt, baute im 4. Jh. v. Chr. das Schiffszeughaus *(Skeuothéke)* im Peiraieus und die Vorhalle des Mysterienhauses in *Eleusis. – 2. Ph. von Byzanz, Techniker in Alexandreia im 3./2. Jh. v. Chr. Mehrere seiner mechanischen Erfindungen hat *Heron überliefert. Er behandelte Probleme der Mechanik in 9 Büchern *(mechaniké sýntaxis)*, von denen nur das 4. im Originaltext erhalten ist (über Geschützbau). Das 5. kennen wir in arabischer Ü. (pneumatische Apparate), das 7. und 8. in einem Auszug, (Festungsanlagen, deren Verteidigung und Belagerung).
TÜ: Diels-Schramm, Abh. Akad. Berlin 1918–19. *Pneumatiká:* TK: FDPrager, 1974. – YGarlan, Recherches de poliorcétique grecque, Paris 1974.
3. Ph. von Byzanz (der jüngere) verfaßte ein Büchlein über die *Sieben Weltwunder, wahrscheinlich im 5. Jh. n. Chr.
TÜ: KBrodersen, Ph. Byzantios und andere Texte, 1992.
4. Leiter der *Akademie, kam 88 v. Chr. nach Rom, wo Cicero von seiner Philosophie starke Anregungen empfing. Ph. stand zwischen der skeptischen Richtung seiner Vorgänger und dem wieder mehr dogmatischen Denken seines Schülers *Antiochos (III). – WBurkert, in Gymnasium 72, 1965, 175–203.
5. Ph. von Alexandreia, der größte jüdische Philosoph griechischer Sprache. 40 n. Chr. weilte er in Rom als Gesandter der alexandrin. Judenschaft zum Kaiser Caligula. Er selbst stand auf der Höhe der gr. Bildung; Hebräisch konnte er, wie die meisten Juden Alexandreias, nicht. In seinen Werken behandelte er Religion und Gesetz der Juden, indem er von der gr. Philosophie ausging und mit deren Hilfe die heiligen Schriften auslegte. Das hebräische Talmud-Judentum brachte später dem Geist des gräzisierten Judentums der Diaspora den Untergang. Doch ging das zu Ph.s Zeit entstehende Christentum in manchem von den hellenisierten Judengemeinden aus, und die Anschauungen Ph.s (z. B. sein Begriff des göttlichen, die Welt durchdringenden *Logos*, an dem alle Dinge teilhaben; die Allegorie als Mittel der Exegese) lebten in den theologischen Systemen der Kirchenväter (*Origenes, *Ambrosius) fort.

T: LCohn-PWendland-SReiter-HLeisegang, 1896–1930. Ü: LCohn-IHeinemann-MAdler-WTheiler, 1909–1964. TÜ: RArnaldez-CMondésert-JPouilloux u. a., Paris 1961ff. Colson-Whitaker, 1929ff. (10 Bde., 2 Suppl., Loeb L.). – IHeinemann, Ph.s gr. und jüdische Bildung, 1932. MPohlenz, Kleine Schriften 1, 1965, 305–83. HAWolfson, Ph., 1947–8. SSandmehl, Ph. of A., Oxford 1979. ERGoodenough, Introduction to Ph., New Haven 1940 (Nachdr. 1986). DTRunia, Ph. in early christian literature, Assen 1993.

Philopoimen aus Megalopolis, Feldherr des *Achäischen Bundes, 253–183 v. Chr. Er trat zuerst hervor bei der Befreiung seiner Vaterstadt, die der Spartanerkönig *Kleomenes 222 überfallen hatte, ging dann für 10 Jahre als Söldnerführer nach Kreta und wurde nach dem Tode des *Aratos von den Achäern zum Strategen berufen. Ph. machte den Bund zur Vormacht auf der Peloponnes. Sparta wurde von ihm mehrmals besiegt und verlor zuletzt seine Selbständigkeit. Bei einem Reiterunternehmen wurde der 70jährige von aufständischen Messeniern gefangen und zum Tod durch den Giftbecher verurteilt.
Biographie: *Plutarch. – RMErrington, Ph., 1969.

Philosophie. Hauptepochen: – 1. Vorsokratiker: Die Ph. begann bei den Ioniern in Kleinasien. Die Frage, von der sie ausgingen, war die Erklärung der Naturphänomene und die Entstehung der Welt aus einem Urstoff. Der Titel *peri phýseos* (Über die Natur) ist für die Werke dieser Naturphilosophen (ca. 600–450 v. Chr.) charakteristisch. Ältere Naturphilosophen: *Thales, *Anaximandros, *Anaximenes. Auch ethische Probleme wurden angefaßt, besonders von *Herakleitos, *Pythagoras und *Xenophanes. Die beiden letztern wanderten nach Unteritalien aus und brachten die Philosophie dorthin. Die Pythagoreer (*Archytas) waren in ihrer Lehre stark von der *Orphik beeinflußt; ihr Philosophenbund hatte religiösen Charakter. Ähnlich traten religiöse Elemente bei dem Sizilier *Empedokles zutage. Dagegen ging von Xenophanes der monistische Rationalismus der *Eleaten (*Parmenides) aus. In Abdera an der thrakischen Küste erreichte die Naturphilosophie ihre höchste Vollendung mit *Demokritos (*Atomenlehre). *Anaxagoras und *Diogenes von Apollonia wirkten im Athen des Perikles. – Hier trafen sie mit einer ganz andern Richtung zusammen, den *Sophisten (seit ca. 450 v. Chr.). Deren Ziel war nicht mehr Erkenntnis der kosmischen Naturvorgänge, sondern die Bildung des Menschen in allen Fertigkeiten, die er brauchte, um andern geistig und praktisch überlegen zu sein: *Protagoras, *Gorgias, *Prodikos,*Hippias, *Thrasymachos.
TÜ: Diels-Kranz, Vorsokratiker (3 Bde), 12./3. A., 1967–8. JMansfeld, Vorsokratiker (Reclam). Ü: Grünwald, 1949 (AW). – OGigon, Der Ursprung der gr. Philosophie, Basel 1945. WNestle, Vom Mythos zum Logos, 1941.
2. Sokratiker: Den Gefahren des äußerlichen Scheinwissens und der Aushöhlung der sittlichen Grundlagen durch die Sophistik trat *Sokrates (466–399 v. Chr.) entgegen. Sein Richtziel des *Guten* gab der Ph., die im Nihilismus und Relativismus den Boden unter den Füßen verloren hatte, wieder einen sichern Halt. Von seiner großen Persönlichkeit

gingen die Philosophenschulen der Folgezeit aus. Sein Schüler *Platon gründete die *Akademie, von der sich nach seinem Tode (347) der *Peripatos (*Aristoteles, *Theophrastos) abzweigte. Von dem Sokratesschüler *Antisthenes hingen die *Kyniker (*Diogenes von Sinope) ab, von Eukleides die Megariker, von *Aristippos die Kyrenaiker.
Ü: WNestle, Sokratiker, 1922. – JGeffcken, Gesch. der gr. Lit. II, 1934.
3. Nachsokratiker: Gegen 300 v. Chr. entstanden in Athen neben den sokratischen Schulen der Akademiker und Peripatetiker zwei neue, die sie bald an Bedeutung übertrafen. *Zenon begründete die *Stoa (*Kleanthes, *Persaios, *Chrysippos, *Panaitios, *Poseidonios, *Seneca, *Musonius, *Epiktet, *Marcus Aurelius), *Epikuros die Schule der Epikureer *Im Garten*. Etwas älter waren die von der Stoa bekämpften *Skeptiker (*Pyrrhon). Das allgemeine Ziel, das die meisten philosophischen Lehren der hellenistischen Zeit anstrebten, war das innere Glück des Menschen *(eudaimonía)*. – Mit dem 2. Jh. v. Chr. begann der Eklektizismus, d. h. das Auswählen zusagender Einzelheiten aus den verschiedenen Lehren, wobei man die geschlossene Einheitlichkeit des Systems preisgab: *Philon, *Plutarch, *Favorinus; besonders die Römer waren Eklektiker: *Cicero, *Seneca, *Apuleius, *Boëthius. Im 2. Jh. n. Chr. blühte die sog. neue Sophistik, die freilich mehr rhetorisch als philosophisch war und an geistiger Bedeutung der alten nicht entfernt gleichkam. Am Ende des Altertums steht der Neuplatonismus, in dem schließlich die älteren philosophischen Lehren verschmolzen. Als diese letzte heidnische Philosophenschule 529 geschlossen wurde, hatte das Christentum das geistige Erbe der antiken Philosophie in sich aufgenommen (Marius *Victorinus, *Augustinus, Boëthius) und pflegte es weiter.
TÜK: AALong-DNSedley, The hellenistic philosophers, Cambridge 1987-89. Ü: WNestle, Nachsokratiker (2 Bde), 1923. MErler-HFlashar u. a., Die hellenistische Ph., 1994 (2 Bde).
Gesamtdarstellungen: Zeller, Die Ph. der Griechen (6 Bde), 1920/3. Überweg-Praechter, Grundriß, 1926. Windelband, Gesch. d. abendländischen Ph. im Altertum, 1923. Kranz, Die gr. Ph., 1939. Stenzel, Metaphysik des Altertums, 1931. Gigon, Grundprobleme der antiken Philosophie, 1959; ders., Studien zur antiken Ph., 1972. WKCGuthrie, A history of Greek Ph., Cambridge 1962–90. GMaurach, Geschichte der röm. Ph., 1989.

Philostratos, Name von 4 Sophisten aus einer Familie von Lemnos. Der bedeutendste unter ihnen kam in den ersten Jahren des 3. Jh. n. Chr. nach Rom und gehörte zum engsten Kreise um die Kaiserin Iulia Domna. Auf deren Anregung schrieb er *Das Leben des Wundermannes *Apollonios von Tyana*. Übrige Hauptwerke: *Heroikos* (Über das Wirken der homerischen Helden als fortlebende göttliche Geister), *Bilder* (fiktive Beschreibung der Gemälde einer Galerie), *Sophistenbiographien*, rhetorische *Liebesbriefe*. – Sein Enkel schrieb ebenfalls *Bilder*.
T: KLKayser, Zürich 1844–53. TÜ: Conybeare-Wright u. a., 1912–50 (Loeb L.). Einzelne Werke: *Leben des Apollonius:* TÜ: VMumprecht,

1983. *Heroikos:* T: LDeLannoy, 1977 (Tb). *Sophistenbiogr.:* Ü: GFBrusich, Palermo 1987. K (Ausw.): SRothe, 1989. *Bilder:* TÜ: OSchönberger, 1968 (Tusc.). *Liebesbriefe:* Ü: PHansmann, 1989 (Insel TB). – GAnderson, Ph., Biography and Belles Lettres in the third century A.D., London 1985.

Philotas, Name mehrerer Offiziere Alexanders des Gr. – Ph., Sohn des *Parmenion, Reiterführer, wurde 330 v. Chr. wegen einer Verschwörung gegen den König hingerichtet.

Philoxenos. – 1. Ph. von Kythera, Dithyrambendichter, 435–380 v. Chr. Er war neben *Timotheos der Hauptvertreter der im Gegensatz zur klassischen Zeit «modernen» Musik. Weil er die Tragödien des dichtenden Tyrannen Dionysios von Syrakus freimütig kritisierte, ließ ihn dieser in die *Latomien werfen. – 2. Ph. von Leukas schrieb in hellenistischer Zeit ein Gedicht *Das Gastmahl.*
T: 1. Diehl, Anthologia lyrica II. – 2. Diehl I (*Lyrik).
3. Ph. von Eretria, Maler des 4. Jh. v. Chr., schuf für den Diadochen Kassandros ein Bild: *Schlacht Alexanders mit Dareios.* Ob das bekannte Alexandermosaik aus dem Hause des Faun in Pompeii dieses Bild des Ph. zur Vorlage genommen hat, ist nicht gewiß.
Fuhrmann, Ph. v. E., 1931. *Alexandros 4 *b.*
4. Ph. aus Alexandreia, gr. Grammatiker, der im 1. Jh. v. Chr. in Rom lehrte. Er schrieb u. a. über die Sprache der Römer, die er als gr. Dialekt behandelte. In der Schrift *Über einsilbige Verba* postulierte er einsilbige verbale Grundelemente *(Protótypa)*, aus denen er die Wörter der wirklichen Sprache herleitete.
T: ChrTheodoridis, 1976.

Philumenos verfaßte in der 2. Hälfte des 2. Jh. n. Chr. ein Handbuch der ärztlichen Therapie. Erhalten ist die Schrift *Hilfe beim Biß giftiger Tiere,* für die ihm *Archigenes als Quelle gedient hat.
T: Wellmann, CMG (*Medizin), 1908. Viele Frg. bei *Oreibasios.

Phineus, König von Salmydessos. Von ihm gingen zwei Sagen: – 1. *Harpyien (Epische Version, bei *Apollonios Rhodios). – 2. Tragische Version: Ph. hatte von seiner ersten Frau, der Boreastochter Kleopatra, zwei Söhne. Er heiratete zum zweiten Male und duldete, daß die Stiefmutter die Kinder mit Haß verfolgte und ihnen die Augen ausstach. Als die Boreassöhne Kalais und Zetes auf der Argonautenfahrt vorüberzogen, befreiten sie die armen Neffen aus ihrem Felsenverlies und blendeten Ph. zur Strafe.

Phintias, att. rotfig. Vasenmaler des ausgehenden 6. Jh. v. Chr.

Phlegon von Tralles, Freigelassener des Kaisers Hadrian, schrieb 16 Bücher *Über Olympiasieger.* Erhalten ist nur eine Schrift *Über Leute mit langem Leben und seltsamen Eigenschaften.*
T: AGiannini, Paradoxographorum gr. reliquiae, 1966.

Phlegra: *Giganten.

Phlegyas, Stammvater der Phlegyer, eines mythischen Volkes in Thessalien und Boiotien. Sein Sohn war *Ixion, seine Tochter *Koronis. Die Phlegyer unternahmen einen Raubzug gegen den Apollontempel von Delphi und brannten ihn nieder. Dafür muß Ph. als Gottesfrevler in der Unterwelt ewig büßen.

Phlyaken, Schauspieler einer im 4. Jh. v. Chr. in Unteritalien heimischen Art von derber dorischer Volksposse. Sie trugen ein gepolstertes Kostüm mit Dickbauch und großem Hintern. In grotesker Maske spielten sie Parodien und Mythentravestien. Der einzige bedeutende Ph.dichter war Rhinton.
Wir kennen nur sehr wenige Bruchstücke (T: Kaibel, Comic. Graec. Frg., 1899). Dagegen werden Ph.-szenen oft auf unteritalischen Vasen dargestellt (ADTrendall, Phlyax vases, London 1967).

Phönizier (gr. *Phoínikes* = Purpurhändler, von gr. *phoinós*, rot; sie selbst nannten sich Sidonier und ihr Land Kanaan), semitisches Volk in Syrien, seit dem ausgehenden 2. Jahrtausend v. Chr. das wichtigste Handelsvolk des Mittelmeeres (*Handel). Ihre Hauptstädte: *Sidon, Byblos, *Tyros und die Kolonie *Karthago. Den Griechen galten sie als Erfinder der Schrift, der Maße und Gewichte, der Metallbearbeitung, des Glases, der Baumwolle und des Purpurs. Damit ist ihre Rolle überschätzt worden, denn diese Errungenschaften sind mit Ausnahme des Purpurs bei den Nachbarvölkern im vordern Orient schon viel älter. Doch haben die Ph. eine wichtige Vermittlerrolle gespielt: *Schrift; der Stadtname Byblos ist = gr. *biblos* (Buch). Durch *Alexandros d. Gr. (Eroberung von Tyros 332 v. Chr.) wurden die Ph. in die hellenistische Welt eingegliedert (*Syrien).
SMoscati (Hg.), Die Ph., 1988. UGehrig-HGNiemeyer (Hg.), Die Ph. im Zeitalter Homers, 1990. MEAubet, The Ph. and the West: Politics, Colonies and Trade, Cambridge 1993. AParrot-MHChéhab-SMoscati, Die Ph., 1977 (Kunst). ELipinski (Hg.), Dictionnaire de la civilisation phénicienne et punique, Turnhout 1993.

Phoibe. – 1. Tochter der Erdgöttin Gaia. Sie überließ Apollon das Delphische Orakel als Geschenk, und dieser nahm von ihr den Namen *Phoibos* an. – 2. Eine der *Leukippiden.

Phoibos (der Lichte), Beiname Apollons (*Phoibe).

Phoinix. – 1. Sagenhafter Vogel, von dem man berichtete, daß er sich nach einem Leben von 500 Jahren selbst verbrenne und aus der Asche neu erstehe. Ein Gedicht *Über den Ph.* wird mit den Werken des *Lactantius überliefert. – Van den Broek, The Myth of the Ph. according to the classical and early chr. traditions, 1972.
2. Der *Phönizier. – 3. Vater oder Bruder des *Kadmos. – 4. Der greise Erzieher des Achilleus. Sein Vater Amyntor liebte eine Nebenfrau. Da stiftete ihn seine Mutter an, die junge Nebenbuhlerin zu verführen, um so das Verhältnis zwischen dieser und Amyntor zu stören. Amyntor verfluchte den Sohn, daß er nie Kinder haben solle (So Homer; nach anderer Version blendete ihn Amyntor, doch Cheiron gab ihm das Augen-

licht wieder). Ph. floh zu Peleus und wurde der treue Berater von dessen Sohn Achill. Als solcher vermag er in Homers *Ilias* (9. Buch) durch seine Rede den grollenden Helden zum ersten Nachgeben zu bewegen. – 5. Ph. von Kolophon dichtete im 3. Jh. v. Chr. Bettelliedchen nach der Art des *Hipponax.
T: Diehl, Anthologia Lyrica I (*Lyrik).

Phokíon, 402–318 v. Chr., Feldherr der Athener, Platonschüler und angesehener politischer Gegner des Demosthenes, dem er als Redner oft mit Erfolg entgegentrat: Er sprach kurz, aber mit sicherem Blick für die Realitäten, und war als Ehrenmann bekannt. Als der Aufstand nach Alexanders des Gr. Tod gescheitert war, fiel Ph. die undankbare Aufgabe zu, die Regierung in Athen während der makedonischen Besetzung zu führen. In den Wirren nach dem Tod des Antipatros wurde er deswegen hingerichtet. – Biographie: *Plutarch. *Nepos.
LATritle, Ph. the good, London 1988.

Phokis, die gr. Landschaft um Delphi und den Berg Parnass. Die Thebaner beschuldigten 356 v. Chr. die Phoker, sie hätten dem delphischen Gott geweihtes Land bebaut. Die Amphiktionie erklärte den heiligen Krieg. Die Phoker finanzierten ihre Verteidigung, indem sie die Weihgeschenke aus Delphi raubten und das Gold münzten. Sie unterlagen 346 dem zu Hilfe gerufenen Philipp von Makedonien. Der Amphiktionenrat beschloß die Zerstörung aller Städte in Ph. Die Phoker durften weder Waffen noch Pferde besitzen und sollten eine Kriegsentschädigung von 10 000 Talenten in Raten leisten. Ph. war auch in der Diadochenzeit öfter Kriegsschauplatz und bei Beginn der Römerherrschaft (146 v. Chr.) völlig verarmt.

Phokylides aus Milet dichtete im 6. Jh. v. Chr. *Lehrsprüche*, die er alle mit den Worten einleitete: «Auch das (ist ein Spruch) des Ph.: ...» – Im 1./2. Jh. n. Chr. entstand ein gnomisches Gedicht unter seinem Namen.
T: Diehl, Anthologia Lyrica I (*Lyrik). TÜ: BSnell-ZFranyó, Frühgr. Lyriker 1, 1971. Pseudo-Ph.: PDerron, 1987 (Budé).

Pholos, ein *Kentaur, der den Herakles in seiner Höhle bewirtete. Im Rausch entbrannte ein Kampf mit den Kentauren. Als Ph. einem von Herakles Getroffenen den Pfeil aus der Wunde zog, verletzte er sich selbst an der vergifteten Spitze und starb.

Phorkys, Meergott, Vater mancher Ungeheuer.

Phormion, berühmter athenischer Admiral zur Zeit des Perikles, zuerst 440 v. Chr. im Krieg gegen Samos. 429 errang er bei Naupaktos, obschon der Feind zuerst eine doppelte Übermacht, dann fast viermal so viele Schiffe ins Gefecht führte, zwei glänzende Seesiege, starb aber bald nach der Heimkehr.

Photios, Patriarch von Konstantinopel 857–867 und 877–886, mächtiger Kirchenfürst, 3 mal verbannt, starb 891 im Exil. Ph. war der gelehrteste Mann seines Jahrhunderts. Ihm und seinen Schülern (*Arethas) ver-

danken wir, daß nach langer Vergessenheit die antike gr. Literatur wieder gepflegt und das noch Vorhandene gerettet wurde. Hauptwerke: Die *Bibliothek*, in der er 279 heute meist verlorene Werke besprach unter Ausschluß der Dichter. Das *Lexikon* zur Lektüre der gr. Klassiker und der Bibel. *Briefe*.
T: Migne gr. 101–104. *Briefe:* T: BLourdas, 1983–84 (Tb). Ü (Ausw.): DSWhite, Patriarch Ph., Brookline Mass. 1981. *Amphilochia:* T: LGWesterink, 1986–87 (Tb). *Bibliothek:* TÜ: RHenry, 1959–91 (Budé). *Lexikon:* Ein vollständiger T wurde erst 1959 im makedonischen Zavorda-Kloster entdeckt; Ausgabe (erst bis D): ChrTheodoridis, 1982. Früher: SANaber, 1864–65 (Nachdr. 1965). – THägg, Ph. als Vermittler antiker Literatur, Stockholm 1975. JSchamp, Ph. historien des lettres: La bibliothèque et ses notices, Paris 1987.

Phradmon, Plastiker des 5. Jh. v. Chr.: *Amazonen.

Phrixos und **Helle**, die Kinder des Athamas, retteten sich vor der Stiefmutter *Ino, indem sie auf dem goldenen Widder nach Kolchis flogen. Zwischen Europa und Asien stürzte die Schwester H. ins Meer, das seither **Helles Pontos* (Meer der H.) hieß. Ph. opferte in Kolchis den Widder und hängte das goldene Vlies an einem Baume auf (*Argonauten).

Phrygien. Die Phryger waren wahrscheinlich ein thrakisches Volk, das um 1200 v. Chr. herum von Europa nach Kleinasien hinüberzog, dem *Hethiterreich den Untergang bereitete und im Norden ein weites Gebiet besiedelte. Ihre größte Macht entfalteten sie unter König *Midas im 8. Jh., dessen Reich 695 unter dem Ansturm der *Kimmerier zusammenbrach. Alte Hauptstadt war *Gordion. Die phrygische Sprache ist aus einer Anzahl von Inschriften bekannt. Sie ist indogermanisch und unterscheidet sich stark von den alten kleinasiatischen Sprachen (T: OHaas, Die phryg. Sprachdenkmäler, 1966). Die Griechen waren von ihnen besonders in der Religion (*Semele, *Kybele, *Sabazios) und in der Musik (Flöte, Phrygische Tonart) beeinflußt. In späterer Zeit war Ph., nachdem das nordöstl. Gebiet an die Galater verloren war, auf das Hinterland des Hellespont beschränkt.
CHEHaspels, The Highlands of Phrygia, 1971 (2 Bde).

Phryne aus Thespiai, die bekannteste *Hetäre im Athen des 4. Jh. v. Chr. Sie diente *Praxiteles als Modell für seine Aphroditestatuen. Eine große Anzahl von Anekdoten knüpfte sich an ihre Person (*Hypereides).

Phrynichos. – 1. Der bedeutendste attische Tragiker vor Aischylos, mit dem er noch bis ca. 470 v. Chr. wetteiferte. In seiner *Eroberung von Milet* und in den *Phoinissen* (dem Vorbild der Perser des *Aischylos) dramatisierte er zeitgeschichtliche Stoffe. Das erstere Stück erschütterte die Athener so, daß sie in Tränen ausbrachen; es wurde deshalb verboten und Ph. zu 1000 Drachmen Strafe verurteilt. – 2. Attischer Komiker, Konkurrent des Aristophanes. Sein *Monótropos (Der Einzelgänger)*, die erste Charakterkomödie, wurde 414 v. Chr. aufgeführt. – 3. Verfasser eines *attizistischen *Lexikons* um 180 n. Chr.
T: EFischer, 1974.

Phthiotis, die Gegend um Pharsalos in Thessalien, wo man die homerische Phthia, die Heimat Achills, lokalisierte.

Phyle. – 1. Attisches Kastell an der boiotischen Grenze. – 2. Die Stämme der Dorier und Ionier waren in Phylen (Geschlechterverbände) eingeteilt. So gab es in Athen 4 Ph., bis *Kleisthenes ca. 508 diese althergebrachte aristokratische Stammesordnung durch eine Einteilung der Staatsbürger in 10 Ph. nach ihrem Wohnort ersetzte. Die Bürgerlisten wurden nach Ph. geführt. In den Rat der 500 wählte jede Ph. 50 Mitglieder; im Vorsitz *(Prytanie)* wechselten die Ph. in fester Reihenfolge ab. Auch die Richter und übrigen Beamten wurden nach Ph. gewählt.
KLatte, Kleine Schriften, 1968, 435–54. NFJones, Tribal organisation in Dorian Greece, Ann Arbor 1977 (Diss. Berkeley). SDLambert, The Ionian Ph. and Phratry in archaic and classical Athens, Diss. Oxford 1986.

Phyllis, thrakische Königstochter. Demophon, der Sohn des Theseus, versprach ihr, als er auf er Rückkehr von Troia nach Athen in Thrakien weilte, die Ehe. Da er aber aus Athen lange nicht zurückkehrte, starb Ph. vor Kummer. – *Ovid, *Heroinenbriefe 2.*

Physiologus (Der Naturkundige), ein im 2. – 4. Jh. n. Chr. entstandenes, im Mittelalter in mehreren Fassungen und Ü. in viele Sprachen sehr verbreitetes Volksbuch, das merkwürdige Eigenschaften von einzelnen Tieren, Pflanzen und Steinen in christlicher Weise symbolisch ausdeutet (z. B. der Pelikan, der sich die Brust aufreißt, um mit seinem Herzblut die Jungen zu nähren, der Vogel *Phoinix [1], das Einhorn).
T (gr.): Sbordone, 1936. DOffermanns, 1966. lat.: Carmody, Berkeley 1941. Ü: OSeel, 6. A. 1992. – EPeters, Der gr. Ph. und seine oriental. Ü., 1898.

Piazza Armerina. Bei diesem Ort in Sizilien wurde seit 1950 eine große spätantike Villa mit prachtvollen Mosaiken ausgegraben. Sie stellen Jagdszenen, Circusszenen, Meereswesen, Orpheus, Polyphem, Giganten, Herculestaten und -apotheose u. a. dar. Genauere Datierung und Eigentümer der Villa (Kaiser Maxentius?) sind in der Forschung umstritten.
GVGentili, La villa Erculia di P.A.: I mosaici figurati, 1959; ders., La villa imperiale di P.A., 4. A. 1960 (Führer). GDaltrop, Die Jagdmosaiken der römischen Villa bei P. A., 1969. HKähler, Die Villa des Maxentius bei P. A., 1973. RJWilson, P.A., London 1983.

Picenum, das Hinterland der Adriaküste südl. von Ancona. Die Ureinwohner und verschiedene zugewanderte Völker, vor allem illyrische Stämme, standen unter etruskischer Herrschaft, als von Süden die sabinischen *Picentes* (*Picus) eindrangen. Ca. 268 v. Chr. ergriffen die Römer, nachdem sie die von Norden andrängenden Gallier besiegt hatten, von P. Besitz. In der Hafenstadt *Ancona siedelten seit dem 4. Jh. v. Chr. gr. Kolonisten aus Syrakus.

Picus (Specht), sagenhafter italischer König, Sohn des Saturnus, Vater des Faunus; ursprünglich ein tiergestaltiger Gott aus dem Kreise des Mars, dem der Vogel Specht heilig war. Von P. leitete sich der Stamm der Picenter (*Picenum) her.

Pierien, Landschaft in Makedonien, die als Sitz der *Musen galt.

Pontius **Pilatus**, Praefekt von Iudaea 26–36 n. Chr. Außer den Evangelien berichten über ihn die Historiker Iosephus und Tacitus. 1961 wurde erstmals eine Inschrift mit seinem Namen in *Caesarea (2) gefunden. HVolkmann, in Gymnasium 75, 1968, 124–35. RPMärtin, P.P., 1989.

Pilum, der Wurfspeer der röm. Legionäre, ca. 2 m lang.

Pinarii und **Potitii**, zwei altitalische Geschlechter, denen bis 312 v. Chr. der Kult des Hercules (*Herakles) an der *Ara Maxima* (nordwestl. vom Circus Maximus) oblag.

Pindaros aus Theben, ca. 518–446 v. Chr., der größte gr. *Chorlyriker. Von seinen Chorliedern zu Götterfesten, aber auch für Menschen (Preis-, Trauer- und Siegeslieder) sind uns mit Ausnahme der Siegeslieder nur Bruchstücke erhalten. Die Siegeslieder *(Epiníkia)* wurden von den Preisträgern an den panhellenischen Nationalspielen beim Meister bestellt und zu ihren Ehren von Chören aufgeführt. In 4 Büchern sind sie nach den 4 Hauptfesten geordnet: *Olympien, Pythien, Nemeen, Isthmien.* Das Dichten solcher Lieder war eine lernbare, schwere Kunst; sie sind streng nach Strophe, Gegenstrophe und Abgesang (*Epodos) gebaut in sehr mannigfaltigen, aber fest geregelten Rhythmen. (Klopstock konnte in Pindar nur deswegen das Vorbild seiner «freien Rhythmen» sehen, weil man damals die Gesetze dieser schwierigen Metrik noch nicht durchschaut hatte.) Jedes Lied war eine neue musikalische und rhythmische Komposition. Vor seinen Konkurrenten *Simonides und *Bakchylides zeichnet sich P. durch Erhabenheit sowohl der Form wie des Gehalts aus. Seine Sprache (nicht P.s boiotische Muttersprache, sondern die dorische Kunstsprache der Chorlyrik) ist keineswegs glatt und leichtverständlich; man mußte sich das Verstehen erarbeiten. P. preist die adeligen Tugenden seiner Sieger, die aus den gr. Aristokratengeschlechtern stammten. Mit tiefem sittlichen Ernst spricht er als Wahrer altüberlieferter Werte. Höhepunkte seiner gestaltenden Kraft sind die Mythenerzählungen im Mittelteil der Lieder. Auch zu den Höfen der Tyrannen in Sizilien und Kyrene stand P. in Beziehung; seine Lieder für *Hieron von Syrakus zählen zu den schönsten. Der Demokratie, wie sie sich damals in Athen entwickelte, war er abgeneigt. Doch versagte er den Athenern das Lob nach ihren Heldentaten in den Perserkriegen nicht, obwohl gerade Theben, P.s Heimat, sich vom Kampf gegen die Perser ferngehalten hatte. Von der Nachwelt wurde P. hoch verehrt; große Dichter wie Horaz empfanden seine Kunst als unnachahmlich.
T: BSnell-HMaehler, 1987–89 (Tb). MBowra, 1947 (Oxf. Cl.). TÜ: DBremer, 1992 (Tusc.). EDönt, 1986 (Reclam). Ü.-Versuche: FHölderlin (Stuttg. Ausg. Bd. 5). K: *Ol.:* MFernandez-Galiano, 1956. *Isthm.:* EThum-

mer, 1968–9 (mit T). *Pyth.:* OSchroeder, 1922; RWBBurton, 1962. Ausw.: WJVerdenius, Leiden 1987–88. *Paian 4.5:* NRHope, Diss. Oxford 1986. *Threnoi:* MCannatà Fera, Roma 1990. – UvWilamowitz, P., 1922; ders., Reden und Vortr. I, 1925, S. 119ff. WSchadewaldt, Der Aufbau des pindarischen Epinikion, 2. A. 1966. JHFinley, P. and Aeschylus, 1955. CMBowra, P., 1964. WCalder-JStern, P. und Bakchylides, 1970 (WdF). Entretiens sur l'antiquité classique 31, 1985. – Bildnis: Schefold.

Piraeus: *Peiraieus.

Pisa, Landschaft um Olympia in *Elis.

Pisae (Pisa), Stadt der *Ligurer in Oberitalien.

Piso, Beiname eines Zweiges des Geschlechts der Calpurnier. – 1. L. Calpurnius P., cos. 133 v. Chr., empfing als erster den Beinamen *Frugi* (Ehrenmann). 123/2 trat er als entschiedener Gegner des C. Gracchus hervor. Er schrieb ein Geschichtswerk *Annales* in 7 Büchern von den Anfängen Roms bis in seine Zeit.
T der Frg.: Peter (*Geschichtsschreibung). – KLatte, Kleine Schriften, 1968, 837–47.
2. L. Calpurnius P. Caesoninus, cos. 58 v. Chr., Schwiegervater Caesars. Er befürwortete Ciceros Verbannung; dafür überhäufte ihn der Redner nach der Rückkehr in einer gehässigen Rede mit Schmähungen. Im Bürgerkrieg suchte er bis 43 zwischen den extremen Parteien immer wieder zu vermitteln. Als Censor stieß er 50 *Sallust aus dem Senat aus. Er war Gönner des Epikureers *Philodemos. – 3. Cn. Calpurnius P., cos. 7 v. Chr. Als Statthalter von Syrien geriet er 18 n. Chr. in Streit mit dem Prinzen *Germanicus, dessen Erlasse ihm die geordnete Verwaltung der Provinz in seinem Sinne durchkreuzten. Als Germanicus tödlich erkrankte, wähnte er sich von P. vergiftet. Die Witwe Agrippina (2), mit P.s Frau Plancina verfeindet, schürte den Haß, und P. wurde vor dem Senat angeklagt. Er gab sich 20 den Tod. – 4. C. Calpurnius P. wurde von Caligula, der ihm seine Gattin Orestilla entführt hatte, verbannt. Unter Claudius und Nero führte er in Rom als Erbe eines alten Reichtums und höchsten Adels, um seiner persönlichen Vorzüge willen ein Liebling des Volkes, ein großes Haus. Nero wurde gegen ihn mißtrauisch und eifersüchtig. Das veranlaßte P., an die Spitze einer Verschwörung zu treten, die 65 n. Chr. im letzten Augenblick verraten wurde. P. gab sich den Tod, und unzählige, darunter *Lucanus und *Seneca, fanden als seine Anhänger den Untergang.
Lobgedicht eines unbekannten Dichters, der P. um seine Gunst bittet *(Laus Pisonis):* TÜK: ASeel, Diss. Erlangen 1969. Calpurnius Siculus, ed. JAmat, Paris 1991 (Budé), 70ff.
5. L. Calpurnius P. Frugi Licinianus, 38–69 n. Chr., wurde von Kaiser Galba als Nachfolger adoptiert, aber bei der Machtergreifung Othos ermordet.

Pistóxenos-Maler, att. rotfig. Vasenmaler um 470 v. Chr., benannt nach dem signierenden Töpfer. Hauptwerk: Skyphos in Schwerin, auf dem

der junge Herakles von seiner alten Amme zum Musikunterricht bei *Linos begleitet wird.
HDiepolder, Der P., 1954. Buschor S. 170f. (*Vasen).

Pittakos von Mytilene auf Lesbos wurde in den Parteikämpfen zwischen Volk und Aristokraten, die mit der Ermordung des Tyrannen Melanchros 612 v. Chr. ausgebrochen waren, zum Vertrauensmann und Mittler *(*Aisymnētes)* gewählt. Der Aristokrat *Alkaios befehdete ihn in seinen Gedichten heftig und ging in die Fremde. Als er zurückkehrte, vergab ihm P. mit dem Wort, Verzeihung sei besser als Rache. Nach 10 Jahren legte P., nachdem der Staat geordnet war, sein Herrscheramt freiwillig nieder. Er wurde zu den 7 Weisen gezählt. – Portrait: Schefold.

Placidia, Aelia Galla, Tochter des Kaisers Theodosius I., ca. 388–450. Sie geriet nach der Plünderung Roms durch Alarich als Geisel in die Hände der Goten, deren König Athaulf sie 414 zu seiner Gemahlin machte. Nach Athaulfs Tod 415 wurde P. von dessen Nachfolgern als Gefangene behandelt und gegen Anerkennung des spanischen Gotenstaates und Getreidelieferung dem röm. General Constantius übergeben. Ihr Bruder, Kaiser Honorius, gab sie Constantius zur Ehe. 421 wieder Witwe geworden, floh sie nach Konstantinopel. Theodosius II. setzte ihren 419 geborenen Sohn an Stelle des 423 gestorbenen Honorius als Valentinianus III. zum Augustus des Westens ein. P. führte für das Kind die Regierung, welche infolge der Rivalität der Generale Bonifatius, Felix und Aëtius zum Bürgerkrieg und dem Verlust Afrikas an die Vandalen führte. In der Residenz *Ravenna baute P. die Kirche des Evangelisten Iohannes und die mit einem Mausoleum verbundene Kreuzkirche.
HBenrath, Die Kaiserin G.P., 1937 (Romanbiogr.). Kornemann, Große Frauen des Altertums, 1952. GBovini, Il cosidetto mausoleo di Galla P. in Ravenna, 1950. VASirago, G.P., 1961. SIOost, G.P., 1968. PhCaffin, G.P., la dernière impératrice de Rome, Paris 1977.

Cn. **Plancius**, Aedil 54 v. Chr., wurde wegen *Ambitus angeklagt und von *Cicero in einer erhaltenen Rede erfolgreich verteidigt.

Plancus, L. Munatius, aus Tibur, diente unter Caesar als Legat und wurde von ihm zum Statthalter von Gallien für 44/3 v. Chr. bestimmt. Damals gründete er die Kolonien *Lugdunum (Lyon) und *Augusta Raurica (Augst, bei Basel). Dann schloß er sich Antonius an, verriet diesen aber 32 und ging zu Octavian über, für den er 27 im Senat den Titel *Augustus* beantragte. Sein pompöses Grabmal, ein Mausoleum bei Gaëta, ist gut erhalten.
Briefwechsel mit Cicero: TÜ: GWalser, 1957. – FStähelin, M. P., Baseler Biographien, 1900. RFellmann, Das Grab des L. M. P. bei Gaeta, 1957.

Plastik. Während die Werke der großen antiken Maler verloren sind, besitzen wir die der gr. Plastiker zum Teil im Original, andere in sehr zahlreichen Kopien. Bei weitem überwiegen die Stücke, die wir nicht einem der aus der Kunstgeschichte mit Namen bekannten Künstler zuweisen können. Verloren sind die Schnitzbilder aus Holz und die *chryselephantinen Statuen, erhalten Plastiken aus Ton (*Terrakotta), aus Stein, besonders Marmor, und, in geringerer Zahl, aus Bronze gegossene, ferner kleine Elfenbeinfigürchen und getriebene Reliefarbeit an Silbergeschirr. Außer den freistehenden Statuen sind die *Architekturplastik (Giebel, *Metopen, Friese) sowie *Stelen und Weihreliefs für unsere Kenntnis der gr. P. von besonderer Bedeutung. – Die kretisch-mykenische Kunst des 2. Jahrtausends kannte nur Kleinplastik. Unabhängig von ihr entstand die P. der Griechen. Aus dem 9./8. Jh. (*geometrische Epoche) kennen wir nur kleine Figuren aus Ton und Erz. Im 7. Jh. finden sich die ersten lebens- und überlebensgroßen Bilder in Rundplastik und Relief. Bis ins 6. Jh. waren die Dorier in der Peloponnes und auf Kreta, die Ionier auf den Inseln führend, seit dem 6. Jh. Athen (*archaische Epoche). Die attische P. dieser Zeit kennen wir besser als die Kunsthistoriker im Altertum; diese konnten davon nichts mehr sehen, weil nach der Zerstörung durch die Perser 480 v. Chr. alles in der Schuttmasse unter den neuen Bauten der Akropolis lag, wo es die Ausgrabungen wieder zutage gefördert haben. Von *Antenor ist hier das erste gr. Original gefunden worden, das mit Sicherheit einem der aus der Literatur mit Namen bekannten großen Meister gehört. *Endoios. Die Großzahl der Werke sind nackte Jünglinge *(*Kuroi)* und Gewandstatuen von Mädchen *(Koren)*. Gegen 500 v. Chr. sind auch die älteren Aegineten (*Aigina) entstanden. – Die Hauptleistung der ersten Zeit nach den Perserkriegen (*Strenger Stil) sind die Skulpturen des Zeustempels von *Olympia (ca. 470–456). In der 2. Hälfte des 5. Jh., der Zeit des Perikles, steht die gr. P. auf ihrem klassischen Höhepunkt. Neben den Athenern *Pheidias, *Myron und *Alkamenes steht *Polykleitos von Argos und, in weitem Abstand, der Ionier *Paionios. Die hervorragendsten Künstler des 4. Jh. sind *Praxiteles und sein Vater *Kephisodotos, der Parier *Skopas, *Leochares und gegen 330 *Lysippos von Sikyon. Die Werke des frühen Hellenismus zeigen eine harte, schlichte Formensprache (*Eutychides. *Chairestratos. *Polyeuktos). Nach der Mitte des 3. Jh. beginnt der wirkungsvolle, pathetische Stil des hohen Hellenismus, den man das «antike Barock» genannt hat (*Satyr. *Galater. *Nike von Samothrake. Großer Fries des Altars von *Pergamon). Um 150 v. Chr. setzt eine klassizistische Reaktion ein.

Im 1. Jh. v. Chr. wird Rom zum Sammelpunkt der gr. Kunst (*Pasiteles). Eine nicht unbedeutende P. hatten in Italien selbst schon seit archaischer Zeit die Etrusker entwickelt mit *Terrakotten (Apollo von *Veii) und Bronzeguß (Capitolinische Wölfin, *Chimaira). Eigene Leistungen der röm. P., die auf dem besonderen Wirklichkeitssinn der Römer beruhen, sind die historischen Reliefs (Darstellungen von staatspolitisch bedeutsamen Ereignissen und Akten, z. B. Opfern, auf Denkmälern wie *Triumphbogen und Ehrensäulen) und die röm. Ausprägung der *Portraitkunst. In der Stilentwicklung vom 1. Jh. v. Chr bis zur Spätantike wechseln mehr klassizistische Epochen (bes. unter Augustus, Traian/Hadrian, Caracalla, Gallienus, Constantin) mit stärker von «barocken» Tendenzen beherrschten Zeiten ab (bes. spätrepublikanisch, flavisch, spätantoninisch-severisch). Neben der Kunst der offiziellen stadtröm.

Denkmäler stehen die Volkskunst und die provinzialröm. Kunst (*Noviomagus). – Auf den Realismus der spätrepublikanischen Bildniskunst folgt die Klassik der augusteischen Zeit, die ihren Ausdruck in den Reliefs der *Ara Pacis findet. Den malerischen Stil der flavischen Zeit zeigen am besten die Reliefs des Titusbogens. Höhepunkte des an Denkmälern der P. reichen 2. Jh. sind die wirklichkeitsnahen Schilderungen der Dakerkriege auf der *Traianssäule und die ausdrucksstarken Reliefs der Ehrensäule für Marc Aurel (*Marcomannen). Im 3. Jh. entstehen neben eindrucksvollen Portraits (*Caracalla, *Decius) vor allem bedeutende *Sarkophagreliefs (ludovisischer Schlachtensarkophag im Thermenmuseum, Rom). Seit dem 4. Jh. verhärten sich die Formen (Dezennalienbasis, Constantinsbogen, im 5. Jh. Kaiserkoloß von Barletta). Die wichtigsten Zeugnisse der P. sind jetzt die christlichen *Sarkophage, deren Blütezeit in *Ravenna bis ins 6. Jh. reicht.

EBuschor, Die P. der Griechen, 1958. GLippold, Gr. P., 1950. RLullies – MHirmer, Gr. P., 4. A. 1979. WFuchs-MHirmer, Die Skulptur der Griechen, 4. A. 1993. WHSchuchhardt, Epochen der gr. P., 1959. GRodenwaldt, Das Relief bei den Griechen, 1923. HDiepolder, Die attischen Grabreliefs des 5. und 4. Jh. v. Chr., 1931. UHausmann, Gr. Weihreliefs, 1960. RThomas, Gr. Bronzestatuetten, 1992. EHomann-Wedekind, Die Anfänge der gr. Großplastik, 1950. WFuchs-JFloren, Gr. P. 1: Geometr. und archaische P., 1987 (Handb. d. Altertumswiss.). JBoardman, Gr. P.: Die archaische Zeit, 1981; ders., Gr. P. der klassischen Zeit, 1987. MBieber, The Sculpture of the Hellenistic Age, 2. A. 1961. Blümel, Gr. Bildhauer an der Arbeit, 4. A. 1953. – DEStrong, Roman imperial sculpture, 1961. GHamberg, Studies in Roman Imperial Art, 1945. VPoulsen, Röm. Bildwerke, 1964. – AWLawrence, Greek and Roman sculpture, London 1972.

Plataiai, alte Stadt in Boiotien, nach Attika hin gelegen. Die Platäer schlossen sich, um sich gegen Theben zu behaupten, an Athen an. Seither war P. ein ständiges Streitobjekt. 479 v. Chr. errangen die Griechen bei den Ruinen der Stadt (sie war von den Persern auf Anstiften der Thebaner zerstört worden) ihren großen Sieg über den Perserfeldherrn Mardonios. 427 im Peloponnesischen Krieg und 374 während ihrer Vormachtstellung zerstörten die Thebaner P. zum 2. und 3. Male.

MAmit, Great and small poleis, Bruxelles 1973. LPrandi, Platea, momenti e problemi della storia di una polis, Padova 1988.

Platon, 428/7–347 v. Chr., der Philosoph, dessen Lehre grundlegend für die ganze Philosophie des Abendlandes wurde. Im Mittelalter stand sein Schüler Aristoteles in höchster Geltung; die Wiederentdeckung P.s in der Renaissance gab ihm selbst die zentrale Stellung zurück, die er im antiken Geistesleben stets eingenommen hatte. – P. war Sohn des Ariston, Neffe des *Kritias, gehörte also zum höchsten Adel Athens. In seiner Jugend dichtete er Tragödien. Die Begegnung mit *Sokrates (ca. 408) gab seinem Leben die entscheidende Wendung. P. entsagte der Dichtung. Durch seine Geburt wäre er zur politischen Laufbahn berufen gewesen. Doch sein von Sokrates geschärfter Sinn für Gerechtigkeit zeigte ihm, daß es unmöglich war, im Staat, dessen Mängel unter den *Dreißig Tyrannen und im Prozeß des Sokrates sichtbar wurden, sein Ideal zu verwirklichen. Nach dem erschütternden Erlebnis des Todes des Sokrates (399) begann P. philosophische Lehrgespräche zu schreiben: Es entstand die neue Literaturform des platonischen Dialogs. In der ersten Zeit nach 399 lebte P. in Megara. Bis ca. 388 weilte er in Unteritalien bei dem Pythagoreer *Archytas und in Syrakus am Hofe des Tyrannen Dionysios I. Hier kam es zu einem Konflikt. Nach der (im einzelnen zweifelhaften) Überlieferung ließ Dionysios P. auf das Schiff des spartanischen Gesandten bringen, der ihn in Aigina als Sklaven verkaufte; ein Freund kaufte ihn frei. Doch in *Dion, dem Schwager des Dionysios, fand P. einen begeisterten Schüler, dessen hohe Stellung ihn hoffen ließ, sein Staatsideal sich verwirklichen zu sehen. Noch zweimal reiste P. später nach Sizilien, wo Dion ihn Dionysios II. als Berater empfohlen hatte. Aber auch dieser Tyrann entäuschte ihn; Dion fand im Kampf um die Macht den Tod. Ca. 387 gründete P., von der ersten sizilischen Reise nach Athen zurückgekehrt, die *Akademie, an der er bis zu seinem Tode lehrte. – Während die zeitliche Stellung der Werke untereinander einigermaßen durch innere Indizien geklärt ist, kennen wir kein Erscheinungsjahr. Vor allem wissen wir nicht, wann P.s erste philosophische Schrift erschienen ist; es spricht manches dafür, daß dies erst mehrere Jahre nach dem Tode des Sokrates geschah.

Wichtigste Schriften: – 1. die frühen Dialoge, in denen P. noch unmittelbar unter dem Eindruck des Sokrates steht: *Apologie* (Verteidigungsrede des Sokrates vor den Richtern). **Kriton* (Sokrates lehnt die angebotene Flucht aus dem Gefängnis ab; er will die Gesetze achten). *Ion* (Abfertigung eines Rhapsoden und Homererklärers). Der kleinere **Hippias* (Ethische Problematik des Trugs und Unrechttuns). Einzeluntersuchungen über die Haupttugenden: *Laches* (Tapferkeit), *Charmides* (Besonnenheit), *Euthyphron* (Frömmigkeit), *Lysis* (Schönheit des Leibes und der Seele). Im **Protagoras*, dem ersten Dialog von größerem Umfange, setzt sich P. mit der Erziehung der *Sophisten auseinander (Ist Tugend lehrbar? Es gibt nur e i n e Tugend; diese ist ein Wissen). – 2. Die Dialoge nach der ersten sizilischen Reise: **Gorgias* (Abrechnung mit der Rhetorik und ihrem Anspruch, zum Staatsmann zu schulen: Ziel der Erziehung darf nicht das Trugbild der Macht sein, sondern die eine Wahrheit der sittlichen Norm: Gerechtigkeit). *Menexenos* (Heiter-ernste Parodie: *Aspasia gibt dem Sokrates eine Staatsrede auf die gefallenen Helden ein). **Menon* (Lehre der Anamnesis [s. unten]). *Euthydemos* (Die philosophische Methode der logisch beweisenden Unterredung [Dialektik] im Gegensatz zu der mit Trugschlüssen fechtenden Disputiertechnik [Eristik]). **Kratylos* (Die Sprache). **Symposion* (Das Gastmahl: Eros als Liebe, die nach der Idee des Guten strebt). **Phaidon* (Sokrates spricht in seinen letzten Stunden über die Unsterblichkeit der Seele). *Der Staat*, das zentrale Werk P.s (Der Idealstaat ist das vergrößernde Spiegelbild der vollkommen gerechten Seele. Das Elend der Verkommenheit des gegenwärtigen politischen Lebens wird nicht eher enden, als bis die Philosophen Könige werden oder die Könige beginnen, echt und wahrhaft zu philosophieren).

**Phaidros* (Aufstieg der Seele zur Ideenschau, erzieherische Liebe, wahre Redekunst). – 3. Alterswerke: *Parmenides, Theaitetos, Sophistes, Politikos* (Wissen und Methode). *Philebos* (Lust). *Timaios* (Weltschöpfung). **Kritias* (*Atlantis). *Die Gesetze,* P.s umfangreichstes Werk, in dem er als Unterredner nicht mehr Sokrates, sondern einen Fremdling aus Athen auftreten läßt. Verglichen mit der idealen Konstruktion im *Staat* will P. in den *Gesetzen* einen als geschichtliche Wirklichkeit möglichen zweitbesten Staat. – 4. Von den überlieferten *Briefen* P.s sind der 6. und 7. sicher echt; besonders der 7. ist von hoher Bedeutung für das Bild von P.s Leben und innerer Entwicklung. – 5. Außer den Prosawerken besitzen wir *Epigramme* P.s, von denen einige wohl echt sind (*Anthologie).

P. soll, ehe er zu Sokrates kam, Schüler des Herakliteers *Kratylos gewesen sein; die Lehre des *Herakleitos von der fortwährenden Verwandlung der Dinge war ihm vertraut. Wenn aber Sokrates die Tugend als Wissen des Guten bestimmte, so setzte er voraus, daß dieses Gute unveränderlich ewig existiere (Ansatz des *Parmenides). P. verband beide Lehren, indem er eine veränderliche Sinnenwelt und auf einer höheren, über die sinnliche Wahrnehmung erhabenen Stufe eine Welt ewiger Urbilder *(Ideen)* annahm. Diese *Ideenlehre ist das Kernstück der Philosophie P.s. Die Seele, die durch den Körper wandern muß (*Pythagoras), hat doch Anteil an der Ideenwelt: Der Vorgang des Lernens beruht auf einer Erinnerung *(Anâmnesis)* an das, was sie vor ihrem Eingehen in den Leib dort geschaut hat. Eine Sehnsucht *(Eros)* treibt sie dazu, der einen umfassenden Idee des Guten zuzustreben. Ein geschlossenes philosophisches System hat P. in seinen Werken nicht geben wollen. Die Methode seiner Beweisführung ist streng logisch dialektisch. Die wichtigsten Punkte seiner Lehre veranschaulicht er bildhaft durch eine mythische Erzählung; in diesen Mythen wirkt vor allem die erhabene Gestalterkraft des Dichters P.

T: JBurnet, 1903–15 (Oxf. Cl.). TÜ: Soury, Diès u. a. (15 Bde, Budé). GEigler (Hg.), 2. A. 1990. Einzelne Werke: *Kriton:* RHarder, 1934. In Tusc.: *Briefe:* WNeumann-JKerschensteiner, 1967. *Ion:* HFlashar, 1963. *Phaidon:* FDirlmeier, 1959. *Phaidros:* WBuchwald, 1964. *Symposion:* FBoll-WBuchwald, 1989. In Reclam: *Apologie:* MFuhrmann. *Charmides, Parmenides, Theaitetos:* EMartens. *Euthyphron:* OLeggewie. *Ion:* HFlashar. *Laches:* JKerschensteiner. *Protagoras:* HWKrautz. *Sophistes:* HMeinhardt. Hervorzuhebende K: *Gorgias:* ERDodds, 1959. *Hippias minor:* JJantzen, 1989. *Hippias maior:* PWoodruff, London 1982. *Menon:* RMerkelbach, 1988. *Parmenides:* ASpeiser, 1937. CCMeinwald, New York 1991. *Phaidon:* CJRowe, Cambridge 1993. *Phaidros:* EHeitsch, 1993. *Philebos:* DDavidson, New York 1990. *Protagoras:* WNestle-HHofmann, 8. A. 1978. *Symposion:* RGBury, Warminster 1973. *Sophistes:* LMdeRijk, Amsterdam 1986. *Theaitetos:* JMCooper, New York 1990. DBostock, Oxford 1988. *Timaios:* AETaylor, 1928. *Apologie:* SRSlings, Leiden 1994. Ü: FSchleiermacher, 1804–10. OApelt (Meiners Philos. Bibl.). Ausw.: RRufener, 1960–91 (AW). WNestle, 1973 (Kröner). *Staat:* AHorneffer, 1982 (Kröner). – UvWilamowitz, P. (2 Bde), 1919. CRitter, P. (2 Bde), 1909/23. JStenzel, P. der Erzieher, 1928. Friedländer,

P. (3 Bde) 3. A. 1964–75. WJaeger, Paideia II und III, 1944/47. AETaylor, P., the man and his work, 7. A. London 1960. JHRandall, P., dramatist of the life of reason, 1970. – Bildnis: Schefold (*Silanion).

Plautus, T. Maccius, ein Umbrer aus Sarsina, der urwüchsigste lat. Komödiendichter. Seine Stücke fallen in die Zeit von den letzten Jahren des Hannibalkrieges bis 184 v. Chr. Von den 130 ihm zugeschriebenen Komödien sonderte *Varro (3) 21 als unbezweifelt echt aus; diese sind uns überliefert. P. nahm Stücke der gr. *neuen *Komödie* als Vorlagen, sprang aber mit ihnen viel freier um als später *Terentius. Unter seiner Hand verloren sie die attische Dezenz und gewannen dafür an Lebendigkeit. P. hat einen frischen Sinn für Situationskomik und volkstümlichen Witz. Trotz dem für die Römer fremden, athenischen Stoff und Schauplatz war seine *Fabula palliata* (*Komödie 2) populär. Durch Einlage von Arien *(Cantica)* verwandelte er das attische Sprechdrama in ein Singspiel. Wo ihm eine gr. Vorlage nicht genug bot, arbeitete er Szenen von mehreren Stücken ineinander (Kontamination) und fügte Erweiterungen aus eigener Erfindung hinzu. Durch den Papyrusfund einer kurzen Partie aus dem *Dis exapatón (Der Doppelschwindler)* des *Menandros ist der direkte Vergleich des P. mit einer seiner Vorlagen möglich geworden. Die Szene bei P. (*Bacchides* 494ff.) zeigt vergröbernde Erweiterung in Richtung zur Clownerie.
Bekannteste Stücke: **Amphitryon*. *Aulularia* (Topfkomödie: Ein Geizhals hütet einen Topf voll Gold, den ihm der schlaue Sklave des Liebhabers seiner Tochter entwendet). *Captivi* (Die Gefangenen, ein Rührstück ohne Frauenrolle). *Mostellaria* (Gespensterkomödie: Während der Sohn im Hause ein Gelage feiert, kommt plötzlich der Vater aus der Fremde heim. Der schlaue Sklave hält ihn vom Eintreten ab, indem er ihm vormacht, das Haus sei verhext). *Menaechmi* (Die Zwillingsbrüder, eine Verwechslungskomödie). *Miles gloriosus* (Der Prahlhans: Einem prahlerischen und sehr von seiner Unwiderstehlichkeit überzeugten Hauptmann wird sein Mädchen abgelistet). *Pseudolus* (Der Schwindler, Glanzrolle eines listigen Sklaven). *Rudens* (Das Tau: Ein Schiffbruch leitet die Wiedererkennung von Vater und Tochter ein). *Trinummus* (Das Dreigroschenstück: Ein treuer Freund des Vaters rettet für den verschwenderischen Sohn einen verborgenen Schatz).
T: WMLindsay, 1904–5 (Oxf. Cl.). TÜ: AErnout, 1932–40 (Budé). *Amph., Aul., Men., Miles:* Reclam. TK: Lorenz, Brix, Niemeyer u. a., 1876ff. (Tb). *Amph.:* WBSedgwick, Manchester 1960. *Asinaria:* FBertini, Genova 1968. *Aul.:* WStockert, 1983. *Bacchides:* JBarsky, Warminster 1986. *Capt.:* WMLindsay, Oxford 1921. *Casina:* WTMacCary-MMWillcock, Cambridge 1976. *Epidicus:* GEDuckworth, Princeton 1940. *Men.:* ASGratwick, Cambridge 1993. *Mercator:* PJEnk, Leiden 1932. *Miles:* MHammond-AMMack-WMoskalew, Cambridge Mass. 1963. *Most.:* JCollart, Paris 1970. *Persa:* EWoytek, 1982 (Sitzungsber. Akad. Wien 385). *Poenulus:* GMaurach, 1988. *Pseud.:* MMWillcock, Bristol 1987. *Rudens:* FMarx, 1928 (Nachdr. 1959). *Stichus:* HPetersmann, 1973. *Truculentus:* PJEnk, Leiden 1953. *Vidularia:* RCalderan, Palermo 1982. – Ü: LGurlitt, 1920–22. WBinder, in WLudwig, Antike Komödien

2/3, 1966. Ausw.: CBardt, Röm. Komödien, 1903–11. AThierfelder, 1964ff. (Reclam). – FLeo, Plautin. Forschungen, 1912 (Nachdr. 1966). EFraenkel, Elementi Plautini in P., 1960. ELefèvre, Die röm. Komödie, 1973 (WdF); ders. mit EStärk-GVogt-Spira, P. barbarus, 1991.

Plebs. Neben den alten Geschlechtern der Patrizier stand in Rom die P., deren Angehörige zwar ebenfalls röm. Vollbürger, aber geringeren Ranges, waren (*Clienten, Handwerker, Kleinbauern). Der Unterschied zwischen Patriziern und Plebeiern hatte früh seine soziale und wirtschaftliche Bedeutung verloren und war rein politisch. Staatsämter und Priestertümer waren den Patriziern vorbehalten. Der älteste Staat war ein Staat der patrizischen Geschlechter, die auch allein, geschlechterweise, die Kriege führten (z. B. die 300 *Fabier). Die militärischen Bedürfnisse erzwangen es, da das Patrizierheer zu schwach war, daß zu nicht genau bestimmbarer Zeit der Plebs Anteil am Staate und dessen Verteidigung gegeben wurde in der *Centurienverfassung, die man später dem König Servius Tullius zuschrieb. Die Interessen der P. vertraten die *Tribunen, zuerst 4, später 10. Um 450 wurden die Patrizier gezwungen, die Gesetze, deren Handhabung bisher nur in ihren Händen gelegen hatte, zu veröffentlichen *(*Zwölf Tafeln)*. Kurz danach fiel das Eheverbot zwischen Patriziern und Plebeiern. Durch das Gesetz des *Licinius (1) erhielten die Plebeier Zutritt zum Consulat. Die Tribunen waren unverletzlich (sakrosankt) und konnten alle Verfügungen der Beamten durch ihr Veto aufheben, ausgenommen während des Krieges im Felde. Ihre Forderungen setzte die P. durch eine Art Streik durch, indem sie drohte, aus dem Gemeinwesen auszutreten und einen eigenen Staat zu gründen *(secessio plebis)*. Seit etwa 300 v. Chr. waren diese inneren Spannungen zur Ruhe gekommen. Die reichen plebeischen Geschlechter bildeten zusammen mit den Patriziern die regierende im Senat vertretene *Nobilität; sie besaßen praktisch die gleichen Rechte. Verschlossen blieben ihnen fast nur noch bestimmte alte Priesterämter und curulische Magistraturen. Seit 287 hatten die von der Plebeierversammlung gefaßten Beschlüsse *(plebis scita)* für den Gesamtstaat Gesetzeskraft (*Volksversammlung).
UvLübtow, Das röm. Volk, 1955. JCRichard, Les origines de la plèbe romaine, Roma 1978. REMitchell, Patricians and plebeians, the origin of the Roman state, Ithaca 1990.

Pleiaden, eine Gruppe von 7 Töchtern des Atlas (Alkyone, Merope, Kelaino, Elektra, Sterope, Taygete, *Maia). Sie wurden von *Orion verfolgt. Da verwandelte Zeus sie in einen Taubenschwarm und versetzte sie und Orion als Sternbilder an den Himmel. *Pleias* (Siebengestirn) konnte man danach Vereinigungen von 7 Personen nennen, so speziell die 7 alexandrinischen Tragiker, deren bedeutendster *Alexandros Aitolos war.

Pleisthenes, nach geläufigster Sage Sohn des Atreus: *Thyestes. Doch war der Platz des P., eines Mannes, von dem der Mythos keine eigenen denkwürdigen Taten berichtet, in der Geschlechterfolge der Tantaliden nicht fest. Nach Hesiod und Aischylos ist P. Vater von Agamemnon und Menelaos, die bei Homer Atreussöhne heißen.

C. **Plinius** Secundus. – 1. Der ältere P. aus Comum (Como), 23–79 n. Chr., bewährte sich 47–52 n. Chr. beim Heer in Germanien, später als kaiserlicher Procurator in Spanien, Gallien und Afrika und genoß das besondere Vertrauen Vespasians. Neben seiner Amtstätigkeit war er ein sehr fruchtbarer Schriftsteller. Bei seiner ganzen umfangreichen Lektüre fertigte er stets Auszüge an. Erhalten ist nur die *Naturalis historia* (Naturkunde), ein großes Sammelwerk in 37 Büchern, in denen mit vielem Fleiß ein gewaltiges Material systematisch zusammengestellt ist, ohne daß P. das übernommene Gut mit selbständiger wissenschaftlicher Kritik geprüft hätte. Über das im engern Sinn Naturwissenschaftliche hinaus enthält das Werk vor allem wichtige kultur- und kunstgeschichtliche Abschnitte. Bei Behandlung des Themas Mensch sucht er auch moralische Aspekte; so handelt das 7. Buch vom Glück und seiner Seltenheit und Unbeständigkeit im Menschenleben. Als Flottenkommandant von Misenum fand P. beim Vesuvausbruch, der Pompeii verschüttete, den Tod, nachdem er sich im Drange, zu retten und das Naturereignis zu erforschen, in die Gefahrenzone begeben hatte.
T: LIan-CMayhoff, 1892–97 (Nachdr. 1967–70, Tb). TÜ: vollständig Loeb L.; fast vollst.: Budé, 1947ff. RKönig u. a. 1973ff. (Tusc.). Ü: HKülb, 1840–77 (OS). – RKönig-GWinkler, P. der Ältere, 1979. RFrench-FGreenaway (Hg.), Science in the early Roman Empire, 1986. MBeagon, Roman nature, the thought of P. the elder, Oxford 1992.
2. C. P. Caecilius S., der jüngere P. aus Comum, 61 bis ca. 113 n. Chr., hieß ursprünglich Caecilius, wurde aber von dem älteren P., seinem Onkel, adoptiert und nahm so dessen Namen an. Er war 100 cos., etwa 112 Statthalter in Bithynien. Wir besitzen von ihm eine Dankrede an Traian für die Verleihung des Consulats *(*Panegyricus)* und eine Sammlung *Briefe*, die er selbst als literarische Essays veröffentlichte. Sie lassen uns interessante und abwechslungsreiche Blicke in das Leben seiner Zeit tun. Am bekanntesten sind die Beschreibungen vom Vesuvausbruch und dem Tode seines Onkels (6, 16. 6, 20) und aus dem Briefwechsel, den er als Statthalter mit dem Kaiser führte, die Anfrage, wie mit den Christen zu verfahren sei (10, 96f.).
T: MSchuster-RHanslik, 1958 (Nachdr. 1992, Tb). TÜ: MDurry, 1947 (Budé). *Briefe:* T: RABMynors, 1963 (Oxf. Cl.). K: ANSherwin-White, 1966 (Nachdr. 1985). TÜ: HKasten, 1984 (Tusc.). ALambert, 1969 (AW). *B. 1–6:* HPhilips, 1987ff. (Reclam). *B. 10:* MGiebel, 1985 (Reclam). *Paneg.:* TÜ: WKühn, 1985. TK: MDurry, Paris 1938. – HPBütler, Die geistige Welt des jüngeren P., 1970.

Plotinos, 204–270 n. Chr., aus Aegypten, der größte Denker des *Neuplatonismus. Bis 242 war er Schüler des Ammonios (2), ging im Gefolge des Kaisers Gordianus III. nach Mesopotamien und, als dieser ermordet worden war, 244 nach Rom. Von einem zahlreichen Schülerkreis wurde der Meister P. hoch verehrt; auch beim Kaiser Gallienus und seiner Gemahlin Salonina genoß er hohes Ansehen. Platons

Lehre von der Idee des Guten bildete er weiter, indem er die Ideen aus dem Ur-Einen, das zugleich das Gute und Gott genannt wird, erzeugt werden ließ. Aus dem ruhenden Sein tritt, wie der Keim aus dem ruhenden Samen, der tätige Geist *(Nus)* heraus, der auch die Ideen in sich enthält. Aus ihm geht die Seele hervor, welche die Materie, den Gegenpol des Guten, formt. Das philosophische Denken ist der Weg, auf dem die Seele zum Ureinen zurückkehrt, indem sie in der Schau aus sich heraustritt (Ekstase).
P.s Werk wurde von seinem Schüler *Porphyrios in 6 *Enneaden* (Gruppen von je 9 Abhandlungen) geordnet und mit einer Biographie des Meisters herausgegeben.
T: PHenry-HRSchwyzer, 1951–73; dies., 1964–82 (Oxf. Cl). TÜ: RHarder-WTheiler-RBeutler, 1956–70. AHArmstrong, 1966–88 (Loeb L.). Ü (Ausw.): RHarder (Reclam). K zu einzelnen *Enneaden: 2,9:* DRoloff, 1970. *3,5:* PHadot, Paris 1990. *3,7:* WBeierwaltes, 1967. *3,8:* DRoloff, 1970. 3,9: PAMeijer, Amsterdam 1992. *5,1:* MJAtkinson, Oxford 1983. *5,3:* WBeierwaltes, 1991. *5,5.5.8:* DRoloff, 1970. *6,7:* PHadot, Paris 1988. GSiegmann, 1990. *6,8:* GLeroux, Paris 1990. – MWundt, P., 1919. Theiler, P. und die antike Philosophie, in Museum Helveticum 1, 1944. EBréhier, La philosophie de P., 2. A. 1961. KHVolkmann-Schluck, P. als Interpret der Ontologie Platons, 1966. JMRist, P., 1967. AGraeser, P. and the Stoics, 1972. TASzlezák, Platon und Aristoteles in der Nuslehre P.s, 1979. DJO'Meara, P., an introduction to the Enneads, Oxford 1993. LPGerson, P., London 1994. Entretiens sur l'antiquité class. 5, 1960.

Plutarchos aus Chaironeia, ca. 46 bis nach 120 n. Chr., der geistig bedeutendste Grieche seiner Zeit, platonischer Philosoph, Apollonpriester in Delphi, Ehrenbürger von Athen. Mit vielen führenden Römern kam er auf Gesandtschaftsreisen nach Rom und in Griechenland zusammen und blieb mit ihnen befreundet. Die Kaiser Traian und Hadrian betrauten ihn mit hohen Ämtern in der Verwaltung der Provinz Achaia. Aus P.s Schriften spricht eine die ganze gr. Wissenschaft umfassende Bildung und eine abgeklärte Weisheit. Der größere Teil seines umfänglichen schriftstellerischen Werkes ist erhalten: – 1. Die *Parallelbiographien*, Lebensbeschreibungen berühmter Männer, in denen immer ein Grieche neben einen ähnlichen Römer gestellt wird. – 2. Die *Ethika* (lat. *Moralia*), philosophische Abhandlungen, in denen meist Fragen der praktischen Ethik, aber auch solche der Religion, Pädagogik, Naturwissenschaften und Literatur zur Sprache kommen.
Biogr.: T: KZiegler, 2. A. 1964–80 (Tb). TÜ: Loeb L. RFlacelière u. a., 1957–83 (Budé). Ausw.: FGeisser, 1994 (Tusc.). Ü: KZiegler-WWuhrmann, 1954–65 (AW). *Ethika:* T: Verschiedene Hg. 1925ff. (unvollst., Tb). TÜ: Loeb L. RFlacelière u. a. 1987ff. Ü (Ausw.): OApelt, 1925–27. BSnell, 1948 (AW). KZiegler, 1952 (AW). – Hervorzuhebende K: *Biogr.: Themistokles:* FJFrost, Princeton 1980. *Perikles:* PhAStadter, Chapelhill 1989. *Kimon:* ABlamire, London 1989. *Eth.:* In *Corpus P.i moralium,* Napoli 1988ff. (Reihe). *Isis und Osiris:* ThHopfner, Prag 1940–41. *Über Orakel der Pythia:* SSchröder 1990 (Diss. Köln). FLasserre, Plutarque, De la musique, 1954. – Wilamowitz, P. als Biograph (Reden u. Vortr. II

S. 247ff., 1926). Pohlenz, Gestalten aus Hellas, 1950 S. 671ff. KZiegler, P., 2. A. 1964 (Sonderdruck aus Realencyclopädie). DBabut, P. et le stoïcisme, 1969. CPJonas, P. and Rome, 1971. DARussel, P., 1972. PhAStadter (Hg.), P. and the historical tradition, London 1992.

Pluton: *Hades.

Plutos, der Gott des Reichtums. Nach der bei Homer und Hesiod erzählten Sage vermählte sich Demeter auf dem dreimal gepflügten Brachfeld mit dem Sterblichen Iasion und gebar ihm den P. Der Reichtum ist der Getreidevorrat. Im eleusinischen Mythos galt P. als Sohn der Ge, blieb aber im Kreise der Demeter, meist als Knabe dargestellt; so auch in der Statue der *Eirene. Eine andere, allegorische Vorstellung liegt der Komödie *P.* des Aristophanes zugrunde: P. ist der blinde Alte, der seine Gaben wahllos verschenkt. Als er sehend gemacht wird und nun nach Verdienst zuteilt, ändert sich die ganze Weltordnung.

Pnyx, der Volksversammlungsplatz im Westen Athens. Die Bürger saßen ursprünglich, ähnlich wie im Theater, auf dem Abhang des Hügels; an Stelle der Theaterbühne stand die Rednerbühne (gr. *bema*). 404/3 v. Chr. wurde die Sitzrichtung umgedreht: Die Rednerbühne wurde auf die Höhe des Hangs verlegt und für die Versammlung ein Halbrund aufgeschüttet, das durch Stützmauern gehalten wurde. Die heute erhaltenen Reste stammen von einem Umbau im 4. Jh. v. Chr.

Podaleirios, Bruder *Machaons, wie dieser ein Arzt.

Pola, Hafenstadt in Istrien, nach Kallimachos gegründet von den Kolchern, welche Iason und Medeia vergeblich verfolgt hatten und nicht in die Heimat zurückzukehren wagten. Nach 42 v. Chr. gründete dort Octavian eine röm. Kolonie. Gut erhaltene Reste: Amphitheater, 2 Theater, Stadttore, Sergierbogen, Tempel der Roma und des Augustus. SMlakar, Das antike Pula, 1968. GTraversari, L'arco dei Sergi, 1971.

Polemon. – 1. P. der Perieget aus Ilion verfaßte im 2. Jh. v. Chr. *Reisehandbücher*, z. B. 4 Bücher über die Akropolis von Athen. Vieles aus P. ist in das Werk des *Pausanias übergegangen. – 2. P. der Sophist von Laodikeia, berühmter Prunkredner unter Kaiser Hadrian, der ihn 131 n. Chr. mit dem Auftrag ehrte, die Einweihungsrede für das Olympieion in Athen zu halten. Erhalten sind von ihm 2 *Deklamationen*.
T: Hinck, 1873 (Tb). – Portrait: Schefold. – Stegemann, P., 1942.

Asinius **Pollio**, 76 v. Chr. bis 5 n. Chr., cos. 40, verdienter Politiker und General unter Caesar und Antonius. Unter Augustus zog er sich ganz ins Privatleben zurück. Er trug als erster seine Werke vor der Herausgabe einem Kreis geladener Gäste vor; seitdem wurden diese «Rezitationen» in Rom üblich. Die Literatur seiner Zeit verfolgte er mit kritischem Urteil. Er gründete die erste öffentliche *Bibliothek Roms und besaß eine hervorragende Kunstsammlung. *Vergil widmete ihm die bekannte 4. *Ecloge*, *Horaz die 1. *Ode* des 2. Buches.

Frg.: Peter (*Geschichtsschreibung). Reden: Malcovati. – JAndré, La vie et l'oeuvre d'A. P., 1949. BHaller, A.P., Diss. Münster 1967. GZecchini, ANRW II 30,2 (1982), 1265–96.

Pollux (gr. *Polydeúkes*). – 1. *Dioskuren. – 2. Iulius P. aus Naukratis (Aegypten), seit 178 n. Chr. staatlicher Professor der Sophistik in Athen, von *Lukian verspottet. Von ihm ist ein *Onomastikon*, d. h. ein nach sachlichen Gesichtspunkten geordnetes Lexikon, in 10 Büchern erhalten.
T: Bethe, 1900–37 (Tb).

Polyainos. – 1. Schüler und Freund Epikurs.
TÜK (Frg.): ATepedino Guerra, La scuola di Epicuro 11, Napoli 1991.
2. Gr. Rhetor, widmete 162 n. Chr. den Kaisern Marcus Aurelius und Verus 8 Bücher *Kriegslisten*, ein oberflächliches Machwerk.
T: Wölfflin-Melber, 1887. Ü: Blume-Hase, 1834 (OS).

Polybios aus Megalopolis, ca. 201 – nach 120 v. Chr., der Sohn von *Philopoimens nächstem Freunde Lykortas, spielte früh eine politische Rolle im Achäischen Bunde. 166–150 wurde er mit 1000 vornehmen Achaiern als Geisel in Rom festgehalten. In dieser Zeit wurde er zum Bewunderer Roms und schloß enge Freundschaft mit dem jüngeren Scipio (3). Er begleitete diesen auch später auf seinen Zügen, sah die Zerstörung von Karthago, Korinth und Numantia und erwarb sich durch seine Fürsprache große Verdienste um die Schonung gr. Städte. Diese setzten ihm dafür Ehreninschriften und Denkmäler; am bekanntesten ist die Reliefstele von Kleitor in Arkadien (Schefold S. 147). In einem *Geschichtswerk* von 40 Büchern stellte P. nach einer die Jahre 264–221 umfassenden Einleitung (Buch 1 und 2) die Zeitgeschichte bis 144 dar mit dem Ziel, die weltgeschichtliche Bedeutung des röm. Aufstiegs zur Weltmacht aufzuzeigen. Die Berufung Roms, die unterworfenen Völker zu deren eigenem Nutzen zu beherrschen, ging für ihn notwendig hervor aus der Vortrefflichkeit der röm. Staatsverfassung, in der er Monarchie, Aristokratie und Demokratie gemischt fand. In diesem Geschichtswerk spricht nicht ein Literat, sondern ein praktischer Politiker und Stratege mit unbestechlichem Blick für die Wahrheit und die Hintergründe des Geschehens. Das macht P. zum größten gr. Historiker nach Thukydides. Erhalten sind die ersten 5 1/2 Bücher und Auszüge aus den übrigen.
T: Dindorf-Büttner-Wobst, 1889–1904 (Nachdr. 1985–93, Tb). K: FWWalbank, 1957ff. TÜ: PPédech – JdeFoucault u. a., 1961ff. (Budé, unvollst.). Paton, 1922–27 (Loeb L.). Ü: HDrexler, 1978–79 (AW). – GALehmann, Unters. zur hist. Glaubwürdigkeit des P., Diss. Münster 1967. KEPetzold, Studien zur Methode des P., 1969. KStiewe-NHolzberg, P., 1982 (WdF). Entretiens sur l'antiquité class. 20, 1974. FWWalbank, P., 1972.

Polydoros: *Hekabe. *Ilione.

Polyeuktos (der Name ist an der einzigen Stelle bei Pseudo-Plutarch vielleicht falsch überliefert) schuf die *Demosthenesstatue, welche 280

v. Chr. auf dem Markt in Athen aufgestellt wurde. Von ihr sind mehrere Kopien erhalten. *Portrait. – Fuchs (*Plastik) Abb. 117.

Polygnotos. – 1. P. von Thasos, 2. Viertel des 5. Jh. v. Chr., der erste Klassiker der großen gr. Malerei. Aristoteles rühmte das Ethos seiner Gestalten, d. h. die über das Augenblicklich-Zufällige erhabene, ideale und allgemeingültige Wesenhaftigkeit. Seine bekanntesten Bilder waren die Wandgemälde in der *Lesche der Knidier in Delphi: *Troia am Morgen nach der Zerstörung* und *Die Unterwelt*. Eine Zerstörung Troias hatte er auch in der *Stoa Poikile zu Athen gemalt. Die Athener schenkten ihm das Ehrenbürgerrecht. Für die Malerei war P. ebenso bedeutend wie Pheidias für die Plastik. – LWeickert, P. (Abh. Akad. Berlin 1947, H. 8).
2. Name von att. Vasenmalern; der bekannteste wirkte ca. 445–430 v. Chr.

Polyhymnia *(Polymnia)*, die *Muse des Tanzes und der Lyrik.

Polykleitos von Argos, neben Pheidias der berühmteste Plastiker des Altertums. Sein Schaffen läßt sich von 450 bis gegen 410 v. Chr verfolgen. Von der Goldelfenbeinstatue der *Hera* von Argos gewinnen wir keine genaue Vorstellung; dagegen sind der Speerträger *(Doryphóros)*, der **Diadúmenos* und die **Amazone* in guten Kopien erhalten. Sein künstlerisches Ideal hat er am deutlichsten im *Doryphoros* verwirklicht (beste Kopie aus Pompeii in Neapel). Das Verhältnis von angespannten und entspannten Gliedern ist am ganzen Körper sorgfältig aufeinander abgestimmt. Auch in einer theoretischen Schrift mit dem Titel **Kanon* legte er seine Vorstellung von der harmonisch durchgebildeten menschlichen Gestalt dar; alle Teile des Körpers sollen zueinander und zum Ganzen in ausgewogenen Proportionen stehen. Leider sind von der Schrift nur spärliche Fragmente erhalten.
T (Frg.): Vorsokr. – PEArias, Policleto, 1964. ThLorenz, P., 1972; ders., P., Doryphoros, 1966 (Reclam). HvSteuben, Der Kanon des P., 1973. HBeck (Hg.), P., der Bildhauer der gr. Klassik, 1990 (Ausstellung Frankfurt). PCBol (Hg.), P. – Forschungen, 1993.

Polykrates von *Samos herrschte als Tyrann ca. 537–522 v. Chr. Seine Flotte brachte ihm, vor allem durch Seeraub, großen Reichtum ein. An seinem glänzenden Hofe wurde Wissenschaft und Kunst gepflegt (die Dichter *Anakreon und *Ibykos). Zahlreiche Bauten entstanden: Wasserleitung, Befestigung von Stadt und Hafen, Heratempel. An der von *Herodot 3, 39ff. erzählten Novelle vom Ring des P. ist historisch das Bündnis mit dem Aegypterkönig Amasis. Später unterstützte P. den Perserkönig Kambyses gegen Aegypten. Doch sein Feind, der persische Satrap Oroites, lockte ihn in eine Falle und ließ ihn grausam kreuzigen.

Polyneikes: *Sieben gegen Theben.

Polyphemos, der *Kyklop, mit dem Odysseus (Homer, *Odyssee* 9, 105ff) ein gefahrvolles Abenteuer bestand: P. fraß mehrere Griechen auf, bis er schließlich mit Wein trunken gemacht und dann mit einem glühenden Pfahl geblendet wurde. Euripides dramatisierte die Geschichte in dem *Satyrspiel *Kyklops* (Ü: Wilamowitz, Gr. Tragödien III, 1926). Auf Vasen wird sie seit dem 7. Jh. v. Chr. häufig dargestellt. *Spelunca. – BFellmann, Die antiken Darstellungen des Polyphemabenteuers, 1972. *Galateia.

Polyxena, Tochter des *Priamos. Eine nachhomerische Sage berichtete, Achilleus habe sie geliebt und um sie geworben. Als er zur Besprechung mit den Troern zusammenkam, überfielen ihn diese aus dem Hinterhalt und ermordeten ihn. Nach der Eroberung Troias verlangte der Geist des Achilleus, daß ihm P. am Grabe als Totenopfer geschlachtet werde. Neoptolemos vollzog das Opfer, wobei die Standhaftigkeit P.s das Griechenheer zu Tränen rührte (Euripides, *Hekabe*. Seneca, *Die Troerinnen*).

Pomerium, die Stadtgrenze Roms im religions- und staatsrechtlichen Sinne. Es umfaßte ursprünglich nur den Palatin, wurde aber später mehrmals erweitert.

Pomerius aus Mauretanien leitete um 500 eine christliche Rhetorenschule in Arelate (Arles); hier gab er die in Afrika untergehende augustinische Tradition an seinen Schüler *Caesarius weiter. Erhalten ist sein Werk *Das kontemplative Leben*.
T: Migne lat. 59. Ü (engl.): Suelzer, 1947 (ACW 4).

Pomona, röm. Göttin des Obstes.

Pompeii, Landstadt in Campanien, 63 n. Chr. durch ein Erdbeben schwer betroffen, 79 mit *Herculaneum vom Vesuv verschüttet, seit 1806 systematisch ausgegraben. In P. lernte man erstmals eine röm. Kleinstadt mit stärkerem gr.-hellenistischem Einschlag kennen. Die Architektur der pompeianischen Villen (*Peristylbau) unterscheidet sich stark von den Großstadthäusern Ostias. Sehr zahlreiche Funde von Hausgerät (wenig Kostbarkeiten, da diese gleich nach der Katastrophe durch Grabungen geborgen wurden) vermitteln ein lebendiges Bild antiken Alltagslebens. Die *Inschriften, besonders die Kritzeleien (Graffiti), geben eine ungeschminkte wahre Vorstellung vom Geist der kleinen Leute: Sie schwärmen für Gladiatoren und Mädchen, schreiben Wahlparolen und Reklamen an usw. Einzigartig sind die Wandmalereien in den Zimmern; eine sonst fast verlorene Kunst ist hier wieder auferstanden. Man unterscheidet 4 Stile: 1. Stil (sog. Inkrustationsstil, ca. 200–80 v. Chr.): Nachahmung von Quadermauern in Stuck und Malerei. – 2. Stil (Architekturstil, ca. 80–20 v. Chr.): illusionistisch; gemalte Scheinarchitekturen, Wanddurchblicke, großfigurige Friese (Mysterienvilla. *Boscoreale). – 3. Stil (ornamentaler Stil, ca. 20 v. Chr. – 60 n. Chr.): klassizistisch, flächig-dekorativ; feine Ornamentik, Einzelbilder in der Mitte der Wände. – 4. Stil (Phantasiestil, 63–79 n. Chr.): barock; phantastisch-irreale Architekturgebilde.
FCoarelli (Hg.), P., 1990 (archäol. Führer). REtienne, P., das Leben in einer antiken Stadt, 4. A. 1991 (Reclam). MDellaCorte, Case ed abitanti di

P., 1965. HGeist, Pompeian. Wandinschriften, 1960 (Tusc.). EPernice, Die hellenist. Kunst in P. (Bd. 4–7), 1925–41. P., Leben und Kunst in den Vesuvstädten (Ausstellungskatalog), Recklinghausen 1973. HEschebach, Die städtebauliche Entwicklung des antiken P., 1970. WJongman, The economy and society of P., Amsterdam 1988. MGigante, Civiltà delle forme letterarie nell'antica P., Napoli 1979. – HGBeyen, Die pompeian. Wanddekoration vom 2. bis zum 4.Stil, 1938–60. KSchefold, Pompeian. Malerei, 1952; ders., Die Wände P.s, 1957; ders., Vergessenes P., 1962. GCerulli Irelli, Pompeianische Wandmalerei, 1990. GPugliese Carratelli (Hg), P., pitture e mosaici, Roma 1990–91 (Enciclopedia dell'arte antica). – *Herculaneum.

Pompeius, Name eines plebeischen Geschlechts, aus dem zuerst ein Q. P. 141 v. Chr. das Consulat erlangte. Er führte als cos. den spanischen Krieg fort und schloß mit Numantia einen Friedensvertrag. Obschon die Numantiner bereits größere Leistungen gemäß den Vereinbarungen erbracht hatten, leugnete P. bei Übergabe des Kommandos an seinen Nachfolger das Bestehen eines Vertrags. Bei Verhandlung des numantinischen Protestes im Senat wurden die von P. in Überschreitung seiner Kompetenz getroffenen Abmachungen nicht anerkannt, doch vertraten viele Senatoren die Ansicht, P. sei persönlich den Numantinern haftbar und müsse ihnen ausgeliefert werden. Nur indem P. den ganzen Einfluß seiner Freunde in Bewegung setzte, entging er dem Schicksal, das wenig später *Mancinus in ähnlicher Lage auf sich nahm. Cicero stellte in seiner Ethik (*off.* 3, 109) P. als den schlauen und unehrenhaften Politiker dem ehrlichen, aber unglücklichen M. gegenüber. – 2. Cn. P , 106 bis 48 v. Chr., begann seine militärische Laufbahn im Bundesgenossenkrieg unter seinem Vater Cn. P. Strabo, dem cos. 89. Als Anhänger Sullas kämpfte er erfolgreich gegen die Marianer, empfing vom Heer und Sulla den erblichen Beinamen *Magnus* (der Große) und feierte 79, obwohl er offiziell kein Amt bekleidete, den Triumph. Nach Sullas Tod vertrat er weiter die Sache der Optimaten und kämpfte gegen *Lepidus und *Sertorius. Er vernichtete dessen Mörder *Perperna und triumphierte 71 über Spanien. Mit Crassus zusammen erzwang er das Consulat für 70. Durch das Gesetz des Gabinius erhielt P. 67 unumschränkte Vollmachten zum Krieg gegen die Seeräuber. Auf Antrag des *Manilius wurde er danach mit der Beendigung des *Mithridatischen Krieges beauftragt. Bis 62 ordnete er die röm. Herrschaft im Orient (Besuch des Tempels in Ierusalem) und feierte 61 einen glänzenden Triumph. Die großen Erfolge und die Machtstellung des P. erweckten aber Mißtrauen. Als er 61 sein Heer entließ und so die Waffen aus der Hand gab, verweigerte der Senat die Genehmigung seiner Verfügungen in Asien und die Versorgung der Veteranen seines Heeres. Da schloß P. mit Caesar und Crassus das sog. erste Triumvirat (60). Caesar ließ als cos. 59 die für P. nötigen Gesetze durch das Volk genehmigen. P. heiratete Caesars Tochter Iulia. 56 wurde das Triumvirat in Luca erneuert und P. zum cos. des Jahres 55 bestimmt. Während sich Caesar in Gallien die Grundlagen seiner Macht schuf, schwand der Einfluß und das Ansehen des P. in Rom zusehends. Er war ein tüchtiger General,

aber ein schwacher Politiker. Nach dem Tode Iulias und des Crassus spitzte sich der Gegensatz zwischen den beiden Mächtigen immer schärfer zu. P. hatte sich schon seit der Rückberufung Ciceros aus der Verbannung (57) wieder mit den Optimaten des Senats ausgesöhnt; jetzt wurde er gegen die Umtriebe des *Clodius zum cos. ohne Collegen ernannt (52). 49 brach der Bürgerkrieg zwischen *Caesar und P. aus, in dem P. als Führer der Senatspartei auftrat. Er mußte Rom aufgeben, floh nach der Schlacht von Pharsalos (48) nach Aegypten und wurde dort durch die Minister des Königs Ptolemaios arglistig bei der Landung ermordet.
Biogr.: *Plutarch. MGelzer, P., 3. A., 1975. RSeager, Pompey, Oxford 1979. ChrMeier, Res publica amissa, 1966. KRaaflaub, Dignitatis contentio, 1974. PGreenhalgh, Pompey, London 1980–81. *Caesar. – Portrait: Kopf in Kopenhagen.
3. Die Söhne des P. (2) setzten den Krieg fort. Der ältere, Cn. P. Magnus, wurde 45 in der Schlacht bei Munda gefangen und getötet. Dem jüngern, Sextus P., gelang es, nach Caesars Tod mit einer mächtigen Flotte die See zu beherrschen, sich auf Sizilien festzusetzen und Rom die Getreidezufuhr zu sperren. 36 wurde er bei Mylae von Agrippa vernichtend geschlagen und 35 auf der Flucht nach Milet ermordet.
MHadas, Sextus P., 1930 (Nachdr. 1966).
4. P. Trogus: *Iustinus.

Pomponius. – 1. *Atellanendichter aus Bononia, 1. Jh. v. Chr. – 2. Sextus P., Jurist des 2. Jh. n. Chr. Von ihm haben wir neben zahlreichen Gesetzesinterpretationen einen Abriß der röm. Rechtsgeschichte (*Digesten* 1, 2, 2). – 3. *Atticus. – 4. *Mela. – 5. *Porphyrio.

Pontifex, Mitglied der obersten Kultusbehörde Roms. Der etymologisch aus *pons* (Brücke) und dem Stamm des Verbs *facere* (herstellen) zusammengesetzte Name bezeichnet nicht einen "Brückenbauer" im konkreten Sinn. *Pons* (altindisch *panthāh* bedeutet urspr. den ein Hindernis überwindenden Weg. Das Hindernis, das der P. zu überbrücken hatte, war die Grenze zwischen Menschenwelt und Götterwelt. Er war zuständig für den Verkehr des Staatswesens mit den Göttern. Die *Pontifices* waren daher nicht Priester bestimmter Götter (wie z. B. *Flamen), sie übten vielmehr die Aufsicht über die Priesterschaften (z. B. die Vestalinnen: *Hestia) und überwachten die Handhabung der religiösen Gesetze und Vorschriften *(ius divinum)* überhaupt (*Religion). Sie vollzogen die Obliegenheiten des Kults, die nicht den Sonderpriestern zugewiesen waren. Ihre Sache war unter anderem der Kalender, in dem sie die variablen Festtage ansetzten. Caesar führte seine Kalenderreform als Ober-P. *(P. maximus)* durch. Mit der von ihnen geführten Jahresrechnung war die Aufzeichnung der für den Staat wichtigen Ereignisse verbunden (*Album, *Annales). Auch die Prozeßformeln des Rechts wurden bis 280 v. Chr. (*Coruncanius) einzig von den P. verwahrt. Die Zahl der P. betrug in ältester Zeit wahrscheinlich 3, wurde aber mehrmals erhöht, von Caesar auf 16. An ihrer Spitze stand der *P. maximus*, dessen Amtslokal die *Regia* war, das alte Haus der Könige

am Forum. Im Gegensatz zu den Magistraten behielten die P. ihr Amt lebenslänglich.
GJSzemler, in Realencyclopädie der class. Altertumswiss., Suppl. 15 (1978) 331–396.

Gavius **Pontius** besiegte die Römer bei den *Caudinischen Pässen im 1. Samniterkrieg (321 v. Chr.).

Pontos. – 1. *P. Euxeinos* (gastfreundliches Meer) hieß das Schwarze Meer, an dessen Küsten überall blühende gr. Kolonien lagen, die Großzahl von *Milet gegründet. – 2. Der an der Schwarzmeerküste gelegene Teil *Kappadokiens, das kleinasiatische Reich des *Mithridates.
ChMDanoff, P. E., 1962 (Sonderdruck aus Realencycl. Suppl. 9). – EMeyer, Geschichte des Königreiches P., 1879. EOlshausen, in Realencyclopädie der class. Altertumswiss., Suppl. 15 (1978) 396–442. JWagner, Untersuchungen zur historischen Geographie von P., 1984.

Poppaea Sabina, Enkelin des Consuls von 9 n. Chr., «eine Frau, begabt mit allem außer einem ehrenhaften Sinn» (*Tacitus, *Annalen* 13, 45). Ihre Reize stellte sie in den Dienst ihres Ehrgeizes. Aus ihrer ersten Ehe mit einem röm. Ritter ließ sie sich entführen durch *Otho, der damals in der Gunst des Kaisers Nero obenan stand. Bald aber gewann sie Nero selbst. Otho wurde als Statthalter nach Spanien entfernt, und P. ruhte nicht, bis Nero nach Ermordung seiner Mutter und seiner Gemahlin sie 62 n. Chr. zu seiner rechtmäßigen Ehefrau machte. Sie starb 65 durch einen Fußtritt, den Nero der Schwangeren im Zorn versetzt hatte, und wurde von Nero maßlos betrauert.

Porcia, die Tochter des jüngern *Cato (2), dessen stoisch republikanische Weltanschauung sie teilte. Sie war zuerst mit *Bibulus, dem Widersacher Caesars, dann mit dem berühmten Caesarmörder M. Brutus verheiratet.

Poros (indisch *Paurava*), mächtigster König Indiens, den Alexander d. Gr. 326 v. Chr. am Hydaspes nach tapferem Widerstand besiegte. Auf Alexanders Frage, wie er behandelt zu werden wünsche, antwortete P.: «Königlich.» Alexander beließ und erweiterte ihm sein Reich und gewann in dem ritterlichen Manne einen aufrichtigen Freund.
Berve (*Diadochen). BBreloer, Alexanders Bund mit P., 1941.

Porphyrio, Pomponius, verfaßte im 3. Jh. n. Chr. den bekanntesten antiken *Kommentar* zu *Horatius.
T: Holder, 1894 (Nachdr. 1967).

Porphyrios aus Tyros, 234–304 n. Chr., Schüler *Plotins, der bedeutendste Schriftsteller des *Neuplatonismus. Sein Hauptverdienst ist die Herausgabe der Werke Plotins, die er in 6 *Enneaden* ordnete. Er schrieb auch eine *Biographie* des Meisters, viele *Kommentare* zu Platon und Aristoteles und eine kritische Schrift *Gegen die Christen* (15 Bücher), welche die Kirche nur durch gewaltsame Vernichtung wirksam bekämpfen konnte. Dagegen ist der Großteil der übrigen Werke erhalten. T: ANauck u. Mommert (nicht das Gesamtwerk), 1886–1907 (Tb). Frg.: ASmith, 1993 (Tb). ABusse (*Eisagoge* [Einführung zu Aristoteles]), 1895. Harnack, (*Gegen die Christen*), Abh. Akad. Berlin 1916 und Sitzungsber. Akad. Berlin 1921. ELamberz (*Hinführung zum Intellegiblen*), 1975. *Vita Plotini:* PHenry-Schwyzer, 1964 (Oxf. Cl.). *K zu Platons Parmenides:* PHadot, P. et Victorinus, 1968. TÜ: *Zur Harmonielehre des Ptolemaios:* IDüring, Göteborg 1932. *Leben des Pythagoras:* EdesPlaces, Paris 1982. *Die Nymphengrotte der Odyssee:* YLeLay-GLardreau, Lagrasse 1989. *Homerfragen:* RRSchlunk, New York u. a., 1993. TÜK: *Leben Plotins:* LBrisson, Paris 1982–92. *An Marcella:* WPötscher, 1969. Ü: *Für Enthaltsamkeit von Fleischspeisen:* Baltzer, 1879. – P.-biogr. des Eunapios (mit Ausw. aus Werken): ARSodano, Vangelo di un pagano, Milano 1993. – JBidez, Vie de P., 1913 (Nachdr. 1964). WTheiler, P. und Augustin, 1933. HDörrie, P's *Symmikta Zetemata* (K. zu den Frg.), 1959. Entretiens sur l'antiquité class. 12, 1966.

Porsena, Etruskerkönig von Clusium (Chiusi). Nach der sagenhaften röm. Tradition belagerte er 507 v. Chr. Rom, um die vertriebenen Könige zurückzuführen. Die Beispiele des Heldenmuts von *Horatius Cocles, Mucius *Scaevola und *Cloelia machten ihm solchen Eindruck, daß er zu maßvollen Bedingungen Frieden schloß (Livius 2,9ff.). Nach anderer, historisch wohl richtigerer Überlieferung eroberte er Rom. *Latiner.

Portlandvase, eine Vase aus blauem Glas mit einem weißen Überzug, der so ausgeschliffen ist, daß die weißen Figuren auf blauem Grund stehen. Das Werk stammt aus dem Anfang der Kaiserzeit. Heute im Brit. Museum. Die Darstellung ist nicht sicher gedeutet.
ESimon, Die P., Mainz 1957. DELHaynes, The P., London 1964. KHHunger, Das Geheimnis der P., 1988.

Portrait. Das P. im Sinne einer künstlerisch geformten Wiedergabe individueller Züge ist in der gr. Kunst erst spät entstanden. Die *Kuroi und *Stelen der archaischen Zeit meinen zwar einen bestimmten Menschen, aber seine Identität wird durch eine Inschrift bezeichnet, nicht durch p.hafte Darstellung im Bild, das vielmehr eine allgemeine Verkörperung des blühenden Jünglings beabsichtigt. Die nach den Perserkriegen entstandene Gruppe der *Tyrannenmörder stellt zwar Personen der att. Geschichte dar, aber ihre Züge sind, von der Altersangabe abgesehen, nicht persönlich gestaltet; gerade dadurch werden sie als heroisierte, dem mythischen Bereich angeglichene Menschen von überpersönlicher Bedeutung gekennzeichnet. Der Zug zum Allgemeinen und Typischen bleibt im gr. P. auch später immer mehr oder weniger stark bestehen. Das erste uns bekannte P., das deutlich individuell gekennzeichnet ist, ist das des *Themistokles (um 470, röm. Hermenkopie aus Ostia). In der Hochklassik tritt das Individuelle wieder stärker zurück (*Perikles des *Kresilas). Neben den Bildnissen von Staatsmännern kommen im 5. Jh. auch Dichter-P.s auf; man charakterisiert sie so, wie man sie sich nach der Überlieferung und nach ihren Werken vorstellt: *Homer als blinden Sänger, *Anakreon als trunkenen Dichter. Die Blüte des individuell gestalteten gr. P.s beginnt jedoch erst in der Spätklassik des 4. Jh. und erstreckt sich über den ganzen Hellenismus. Sie bleibt im wesentlichen auf hervorragende Persönlichkeiten wie Staatsmänner, hellenistische Herrscher und vor allem bedeutende literarische Persönlichkeiten beschränkt; in den att. Grabreliefs des 4. Jh. wird in der Regel weiterhin der verstorbene Privatmensch durch eine allgemein gehaltene Darstellung in die heroische Sphäre gehoben. Die eigentlichen P.s sind uns zum größten Teil nur in röm. Kopien erhalten, die, röm. Auffassung entsprechend, oft nur den Kopf herausgreifen (*Hermen). Im gr. P. wird dagegen die Persönlichkeit immer in der ganzen Gestalt, nicht nur in den Gesichtszügen charakterisiert. So drückt sich bei der Demosthenesstatue des *Polyeukt die Sorge des Redners um die politische Lage nicht nur im Gesicht, sondern auch in der Körperhaltung mit den ineinandergelegten Händen aus. – In Rom besteht von der Sitte der *Ahnenbilder her ein anderes Verhältnis zum Antlitz des einzelnen Menschen, auch der Privatperson. Im 1. Jh. v. Chr. entsteht hieraus, unter dem Einfluß gr. Formelemente, eine eigenständige röm. Ausprägung der P.kunst. Hier steht die realistische Wiedergabe der einmaligen Gesichtszüge einer Person im Vordergrund, auch wenn dann in den Kaiserbildnissen wieder idealisierende Tendenzen mitwirken; der Kaiser läßt sich so darstellen, wie er von seinen Untertanen gesehen werden möchte. Im Unterschied zur gr. P.statue ist der individuelle Ausdruck ganz auf das Gesicht konzentriert, sei es, daß nur der Kopf dargestellt wird, sei es, daß er auf eine oft mehr routinemäßig gearbeitete Toga- oder Panzerstatue oder einen idealisierten Körper gr. Herkunft (Kaiser Claudius als Iuppiter) aufgesetzt wird. Bis in die Spätantike entstehen bedeutende Herrscher- und Privat-P.s. *Plastik. *Sarkophage. Mumien-P.: *Malerei. *Münzen.

GMARichter, The Portraits of the Greeks, 1965 (Suppl. 1972). AHekler-HvHeintze, Bildnisse berühmter Griechen, 3. A. 1962. EBuschor, Das P., 1960; ders., Das hellenistische Bildnis, 2. A. 1971. KSchefold, Die Bildnisse der antiken Dichter, Redner und Denker, 1943; ders., Gr. Dichterbildnisse, 1965. KFittschen (Hg.), Gr. P.s, 1988. DMetzler, P. und Gesellschaft, 1971. BSchweitzer, Die Bildniskunst der röm. Republik, 1938. HHekler, Die Bildniskunst der Griechen und Römer, 1912. RWest, Röm. P.plastik, 1933-41. HvHeintze, Röm. P.plastik aus 7 Jh., 1961. MWegner (Hg.), Das röm. Herrscherbild, 1939ff. Delbrück, Spätantike Kaiserportraits, 1933. L'Orange, Studien zum spätantiken P., 1933. BMFelletti Mai, Iconografia Romana Imperiale da Severo Alessandro a M. Aurelio Carino, Roma 1958. RCalza, Iconografia Romana Imperiale da Carausio a Giuliano, Roma 1972. HGNiemeyer, Studien zur statuarischen Darstellung der röm. Kaiser, 1968.

Poseidippos. – 1. Der bedeutendste Dichter der neuen *Komödie nach Menandros, 316 bis ca. 250 v. Chr. – Bildnis: Schefold.

2. Dichter von Epigrammen in der *Anthologie (1), lebte im 3. Jh. v. Chr. – EFernandez-Galiano, P. de Pela, Madrid 1987. *Pharos.

Poseidon (älteste Namensform in der mykenischen Inschrift von Asine in der Argolis und in *Pylos: *Poseidāvon*), der gr. Gott des Meeres und der Gewässer. Die Etymologie, welche den Namen als «Gatte *(posis)* der Erde *(da)*» erklärt, ist unsicher, doch erzählt ein Mythos von seiner Vereinigung mit Demeter. P. ist einer der ältesten Götter und wurde schon vor der Einwanderung der Dorier auf der Peloponnes, in Attika und in Boiotien verehrt. In Nestors *Pylos stand sein Kult höher als der des Zeus. In diesen in der Frühzeit von Ioniern besiedelten Gebieten war P. der Gott der Rosse (nicht bei Homer!); in ältesten Mythen hat er oft selbst Roßgestalt. Von den ihm zu Ehren gefeierten Wagenrennen waren die Isthmien in Korinth am bekanntesten. In Athen zeigte man im Erechtheion die Spuren des Wettstreits von P. und *Athene: Der Dreizack, den P. auf den Boden stieß (urspr. ein Blitz), hatte ein Mal hinterlassen. P. war auch der Erderschütterer, der die Erdbeben sandte; daher die Beinamen *Enosíchthon* und *Gaiéochos* (der unter der Erde Fahrende?) bei Homer. Erst die seefahrenden Ionier machten P. zum Meergott. Sie verehrten ihn besonders als Schirmherrn der Fischerei. Ihm zu Ehren feierte man die Panionien. P. war Gemahl der *Amphitrite; alle Meerwesen (*Nereiden, *Tritonen) bildeten sein Gefolge. Mit einem Dreizack wühlte er die Wogen auf (die dreizackige Gabel wurde beim Thunfischfang gebraucht). Seiner alten Würde gemäß war er Bruder des Zeus. Der röm. *Neptunus ist ihm gleichgesetzt worden.
Statuen: Westgiebel des Parthenon (Streit mit Athene, Oberkörper erhalten). Bronzestatue des 5. Jh., bei *Artemision aus dem Meer geborgen, in Athen. P. von *Melos (2. Jh. v. Chr.), in Athen. – Nilsson I S. 444ff. (*Religion). FSchachermeyr, P. und die Entstehung des gr. Götterglaubens, Bern 1950.

Poseidonia: *Paestum.

Poseidonios aus Apameia (Syrien), ca. 135–51 v. Chr., Schüler des *Panaitios, der einflußreichste stoische Philosoph des Späthellenismus. Er kam mehrmals nach Rom. Sonst lebte er auf Rhodos, wo ihn vornehme Römer besuchten wie Pompeius und Cicero, auf dessen philosophisches Denken er stark gewirkt hat. P. lehrte die Einheit des lebendigen Kosmos, in dem alles Seiende nicht nur nach physikalischen Gesetzen sich bewegt, sondern durch Ähnlichkeit und Sympathie verbunden ist (Glaube an Wunder). Auch als Mathematiker, Geograph und Astronom war er bedeutend. Als Geschichtsschreiber (Zeitgeschichte als Fortsetzung des *Polybios bis in die Sullanische Zeit) verdanken wir ihm die erste eingehende Behandlung der Kelten und Germanen anläßlich des Kimbernsiegs des Marius; er machte zwischen den beiden Völkern noch keinen Unterschied. Den Lauf der Geschichte und Kulturentwicklung sah P. als fortschreitende Entartung aus einem ursprünglichen Zustand der Gottnähe und Reinheit. Das Mehr an technischer Zivilisation ist begleitet von einem Rückschritt der Sittlichkeit. Diese Sicht wirkte stark auf Dichter und Historiker der Folgezeit: Dekadenztheorie bei *Sallustius, Idealisierung der Urmenschheit und der primitiven Völker in der Dichtung und in der *Germania* des Tacitus. Von seinen Werken sind nur Bruchstücke erhalten.

TK: LEdelstein-IGKidd, Cambridge 1972-88. WTheiler, 1982. FJacoby II Nr. 87 (*Geschichtsschreibung). Ü (Ausw.): Nestle, Nachsokratiker 2, 1923. MPohlenz, Stoa und Stoiker, 1950 (AW). – IHeinemann, P'., metaphysische Schriften 1921/8. KReinhardt, P., 1921; ders. Kosmos und Sympathie, 1926 (beide Nachdr. 1972); ders, P. v. A., 1954 (Sonderdruck aus Realencyclopädie). JMalitz, Die Historien des P., 1983. MPohlenz, Gestalten aus Hellas, 1950, S. 610ff.; ders., Kleine Schriften, 1965, 140–304. – Bildnis: Büste in Neapel (Schefold).

Possidius, Bischof von Calama in Nordafrika, schrieb aufgrund persönlicher Bekanntschaft die erste Biographie des *Augustinus. – TÜ: AARBastiaensen, Vite dei Santi 3, Milano 1975.

Post. Die staatliche Post (angaréion) ist zuerst von den Persern eingerichtet worden zur Beförderung von amtlichen Briefen und von Personen, die im Auftrag des Königs reisten. Entlang den Straßen befanden sich Stationen für den Pferdewechsel, die von den Anwohnern unterhalten werden mußten. Das System übernahmen die Ptolemäerkönige in Aegypten und entwickelten es zur Schnellpost. Unter den Papyri (Preisigke, Klio 7, S. 241ff.) ist das Journal eines Posthalters in Mittelägypten (um 255 v. Chr.) erhalten. Täglich passierten bei seiner Poststelle je 2 fahrplanmäßige Eilkurse in beiden Richtungen. Unter Augustus richtete man nach diesem Vorbild die Staatspost *(cursus publicus)* auch im röm. Reich ein. Privatpersonen durften sie nur mit persönlicher Sondererlaubnis des Kaisers benutzen. Im Jahre 112 n. Chr. entschuldigte sich z. B. der bithynische Statthalter *Plinius (2) in einem erhaltenen Briefe (10, 120) bei Kaiser Traian ausdrücklich, daß er in einem dringenden Fall seiner Ehefrau einen Erlaubnisschein ausgestellt habe, ohne vorher in Rom anzufragen. Für die Einwohner der Stationsorte war die Pflicht, Zug- und Reittiere zu stellen, eine drückende Last; die Leistung wurde durch strenge Gesetze erzwungen. Die einschlägigen Bestimmungen im 4. Jh. n Chr. enthält der *Codex *Theodosianus* (8,5). Für Italien hatte Kaiser Nerva den Zwang, Wagen und Tiere zu stellen, abgeschafft (Gedenkmünze bei Grant, Taf. 18,3 [*Münzen]). Hudemann, Gesch. des röm. P.-wesens während d. Kaiserzeit, 1878 (Nachdr. 1966). EJHolmberg, Zur Geschichte des Cursus publicus, Diss. Uppsala 1933. PStoffel, Über die Staatspost, 1994 (mit TÜK aus dem Cod. Theod.).

Poteidaia, korinthische Kolonie auf der Chalkidike, Mitglied des Athenischen Seebundes. 432 v. Ch. fiel die Stadt, nachdem der Konflikt zwischen Korinth und Athen ausgebrochen war, von Athen ab, wurde belagert und 429 erobert. 356 verkaufte *Philippos II. die Einwohner als Sklaven. Doch 316 besiedelte Kassandros die Stadt wieder unter dem neuen Namen Kassandreia. – JAAlexander, Potidaea, 1963.

Praefectus («Vorgesetzter»), Titel von Männern, die im Auftrag eines Magistraten, später vor allem des Kaisers, als dessen Vertreter ein bestimmtes Ressort der Zivilverwaltung leiteten oder ein militärisches Kommando führten. Die wichtigsten Praefekturen waren:

P. Aegypti , der Statthalter von Aegypten, das als Provinz eine Ausnahmestellung hatte: Es unterstand allein dem Kaiser, ohne dessen besondere Erlaubnis kein Senator das Land betreten durfte. Ein röm. Ritter führte, nur dem Kaiser selbst verantwortlich, die Regierung. Erster *P.A.* war Cornelius *Gallus (1).

P. annonae, der kaiserliche Beauftragte für die Getreideversorgung Roms. Später gab es *P.a.* auch für Konstantinopel, Alexandreia und Africa.

P. castrorum, der Platzkommandant eines röm. Lagers.

P. classis, Admiral einer Flotte. Unter Vespasian und Titus war der ältere *Plinius *P. c.* in Misenum.

P. iure dicendo, Vertreter des Praetors in der Rechtsprechung. Röm. Bürger hatten ihre Prozesse grundsätzlich vor dem Stadtpraetor in Rom zu führen. Für die Bürger in den weit von Rom entfernten Niederlassungen, in die der Praetor nicht hinreisen durfte, ernannte er einen *P. i. d.,* welcher an seiner Stelle die höhere Gerichtsbarkeit ausübte. Erst seit caesarischer Zeit erhielten die Landstädte mit den umliegenden Bezirken eine selbständige Gemeindeordnung mit zuständigen Gerichtsbehörden, die den *P. i. d.* überflüssig machten.

P. praetorio : *Praetorium.

P. urbi, der Stadtpraefekt von Rom. Das Amt war die älteste aller Praefekturen und wurde nicht wie die kaiserlichen mit röm. Rittern, sondern mit einem Senator besetzt, seit Augustus nur mit gewesenen Consuln. Wenn beide Consuln von Rom abwesend waren, übernahm der *P. u.* die Befugnisse des obersten Magistrats in der Stadt. Nachdem 367 v. Chr. das Amt des Stadtpraetors geschaffen war, lag die Vertretung der Consuln bei diesem. Nur für die *feriae Latinae,* zu deren Feier am Albanerberg alle Magistrate, auch die Praetoren, Rom verließen, mußte noch alljährlich ein *P.u.* bestellt werden. Augustus griff auf die altrepublikanische Institution zurück und ernannte, wenn er von Rom fern war, einen *P.u.* zu seinem Vertreter. Seit Tiberius übertrugen die Kaiser ständig, auch wenn sie selbst in Rom residierten, die Verwaltung der Stadt einem *P.u.* Als Konstantinopel zur Hauptstadt erhoben wurde, erhielt es ebenfalls einen *P.u.*

P. vehiculorum, der Chef der kaiserlichen Staatspost (seit Hadrian).

P. vigilum, der Kommandant der **Vigiles,* der röm. Feuerwehrtruppe. *Praefecti* waren die höheren Offiziere der nicht aus röm. Bürgern rekrutierten Auxiliartruppen des Heeres. Vom *P. cohortis* stieg man zum obersten Rang eines *P. alae* auf. – *P. sociorum* in der Zeit vor Marius: *Militär 2., Abs. 1 (S. 362).

AStein, Die P. in der röm. Kaiserzeit, 1950. REBennett, The prefects of Roman Egypt, Ann Arbor 1971. HPavis d'Escurac, La préfecture de l'annone, Rome 1976.

Praeneste (Palestrina), alte Stadt in Latium mit einem Kult der *Fortuna Primigenia. Der gewaltige Bau ihres Heiligtums, der sich in 6 übereinanderliegenden Terrassen den Berghang hinaufzieht, geht wahrscheinlich auf Sulla zurück, der die Stadt im Bundesgenossenkrieg 82 v. Chr. zerstört hatte. In dem heute in der obersten Tempelterrasse untergebrachten Museum ein Großmosaik mit ägyptischen Landschaftsszenen. *Fibel.

PRomanelli, Palestrina, 1967. GGullini, I mosaici di Palestrina, Rom 1956. GIacopi, Il santuario della Fortuna P. (Führer), 1963. Fasolo-Gullini, Il santuario d. F P. 1953 (2 Bde).

Praetexta. Die Toga p., d. h. die (mit einem Purpurstreifen) besetzte Toga (*Kleidung), war die Amtstracht der *curulischen Beamten und der Priester in Rom. Auch die freigeborenen Knaben trugen sie. – *Fabula p.* nannte man daher im Gegensatz zu den nach gr. Mustern übertragenen Tragödien solche, in denen national-röm. Stoffe dargestellt waren und röm. Helden in der *Toga p.* auftraten. Dichter: *Naevius, *Ennius, *Pacuvius, *Accius. Einzige erhaltene *Fabula p.:* *Octavia (3).

Praetextatus, P. Vettius Agorius, Stadtpraefekt von Rom 365-367 n. Chr., starb als Praefectus praetorio 384. Er gehörte mit *Symmachus, *Nicomachus und *Macrobius zu den Verteidigern der altrömischen, heidnischen Tradition. In sein Haus verlegt Macrobius das Gespräch des ersten Tages der *Saturnalia*. Die Grabinschriften, die er für sich und seine Gattin dichtete, sind erhalten.
ThWJNicolaas, P., Diss. Amsterdam 1940. JWytzes, Der letzte Kampf des Heidentums in Rom, Leiden 1977, 133–148.

Praetor (der, welcher [dem Heere] vorangeht), in erster Zeit der röm. Republik die 2 obersten Staatsbeamten, die später Consuln hießen. Seit 367 v. Chr. waren die P. richterliche Beamte, die im Range den Consuln folgten. Der *P. urbanus* war zuständig für Rechtsfälle zwischen Bürgern, der *P. *peregrinus* (seit 242 v. Chr.) für solche, in denen eine oder beide Parteien Nichtbürger waren. *Edictum. Die P. konnten auch an Stelle eines Consuls mit militär. Kommando betraut werden. Seitdem der Senat über Provinzen gebot, wurden diese von gewesenen Consuln oder gewesenen P. verwaltet. Das erforderte, daß die Zahl der P. nach und nach von 2 bis auf 18 stieg. Ein P. hatte 6 *Lictoren.
Wieacker, Der P., in Antike 20, 1944, S. 40ff. TCBrennan, The praetorship in thc Roman republic down to 81 B.C., Ann Arbor 1990 (Diss. Harvard).

Praetorium, das Feldherrnzelt in der Mitte des röm. Lagers, in den festen Lagerstädten der Kaiserzeit der Wohnpalast des Oberkommandierenden (*Lager). Speziell aber hieß, seitdem der Kaiser oberster Kriegsherr war, P. das kaiserliche Hauptquartier mit der Leibgarde. Augustus organisierte 2 v. Chr. diese Garde der *milites Praetoriani* in 9 Praetorianercohorten unter *2 Praefecti praetorio*. Nur 3 Cohorten lagen in Rom, die übrigen in den Städten Italiens. 23 n. Chr. vereinigte sie Seianus in Rom; sie erhielten eine feste Kaserne vor dem viminalischen Tor, deren Reste noch heute stehen. Der Dienst in der Garde bot viele Vorteile und war anfangs nur röm. Bürgern aus Italien vorbehalten. Septimius Severus setzte sie neu aus bewährten Soldaten aus allen Legionen zusammen. Constantin d. Gr. hob sie 312 n. Chr. auf. Sehr oft griffen die Praetorianer bei Thronwechseln ein und setzten die Wahl des Kaisers durch, der ihre Gunst mit Geschenken gewann. Der *Praefectus praetorio* war der höchste Beamte ritterlichen Standes die rechte Hand des

Kaisers und oft der mächtigste Mann am Hofe (z. B. *Seianus). Im Laufe des 2. Jh. fielen ihm außer den militärischen Befugnissen auch solche des obersten Richters in Vertretung des Kaisers zu. Eine Anzahl großer Juristen bekleidete das Amt: Papinianus, Paulus, Ulpianus. Mit der Neuordnung des Reichs unter Diocletian und Constantin d. Gr. verloren die *Praefecti praetorio* ihre militärischen Befugnisse und wurden Chefs der Zivilverwaltung, jetzt als oberste Beamten senatorischen Standes.
REgger, Das P. als Amtssitz und Quartier, 1966 (Sitzungsber. Wien).

Pratinas von Phleius führte ca. 520 v. Chr. das *Satyrspiel in Athen ein und dichtete auch Tragödien. Von ihm ist ein Frg. erhalten, in dem ein Satyrchor einen andern Chor seiner Flötenmusik wegen angreift, in sehr schnellen, aufgeregten Rhythmen.
T: Diehl, Anthologia Lyrica II, 1942. – TÜ: BSnell-ZFranyó, Frühgr. Lyriker 4, 1976. MPohlenz, Kleine Schriften 2, 1965, 473–96.

Praxagoras von Kos, Arzt der dogmatischen Schule (*Medizin I, 2), 4. Jh. v. Chr. Er brachte die Lehre auf, daß die Arterien im Normalzustand nicht Blut, sondern Lebensluft *(Pneuma)* führten. *Erasistratos übernahm diese Theorie. *Herophilos war sein Schüler.
TÜ (Frg., engl.) : FSteckerl, Leiden 1958.

Praxilla, Dichterin des 5. Jh.v.Chr. aus Sikyon. In erhaltenen drei Versen einer *Adonisklage* läßt sie den ins Totenreich Eingehenden das Liebste aufzählen, was er droben zurückgelassen habe. Nach Sonne, Mond und Sternen nennt er gleich reife Feigen, Äpfel und Birnen. Sprichwörtlich hieß es von da an: «Dümmer als der Adonis der P.»
T: Diehl, Anthologia Lyrica II, 1942, 160. TÜ: BSnell-ZFranyó, Frühgr. Lyriker 4, 1976.

Praxiphanes von Mytilene, 4./3. Jh. v. Chr., war Schüler des Aristoteles und Theophrastos, Lehrer von Aratos (2) und Kallimachos. Er schrieb Erklärungen zu Homer, Hesiodos, Sophokles, Thukydides und Platon; als Grammatiker trat er für den klaren, sprachlich den klassischen Normen entsprechenden Ausdruck ein.
TK: Wehrli, Schule des Aristoteles 9, 1969.

Praxiteles, Sohn des Bildhauers *Kephisodotos in Athen, berühmter Plastiker. Wie Pheidias den Geist des 5. Jh. vollendet zum Ausdruck brachte, so ist P. der vollkommenste Repräsentant des 4. Jh. v. Chr. Nicht mehr die alte Frömmigkeit gibt seinen Gestalten Würde; was sie zu Göttern macht, ist die ins Göttliche gesteigerte Schönheit des menschlichen Leibes. Sein berühmtestes Werk war die *Aphrodite von Knidos*, die uns in zahlreichen Kopien (eine gute im Vatikan) erhalten ist. In ihr hat P. um 340 erstmals die Göttin so gebildet, wie die späteren Zeiten Aphrodite sahen. Sie legt eben ihr Gewand aus der Hand, um ins Bad zu steigen. *Phryne. – In Kopien kennen wir auch den *Apollon Sauroktónos.* Dagegen sind die im Altertum berühmten *Erosstatuen in unserem Kopienbestand nicht sicher zu identifizieren – Ob der in Olympia gefundene *Hermes* mit dem Dionysosknaben auf dem Arm tatsächlich ein Original des P. ist, ist umstritten. Das Werk zeigt Eigentümlichkeiten in der technischen Ausführung, die nicht recht zu unserer sonstigen Kenntnis von der Arbeitsweise gr. Künstler des 4. Jh. v. Chr. zu passen scheinen. Man hat deshalb vermutet, daß die Statue in röm. Zeit überarbeitet wurde oder überhaupt nur eine röm. Kopie oder einem gleichnamigen Künstler des 2. Jh. v. Chr. zuzuweisen ist. – Frühwerke des P. geben wahrscheinlich die *Aphrodite von Arles* (Paris, Louvre) und ein *einschenkender Satyr* wieder. Von der Beliebtheit, die ein *ausruhender Satyr*, vielleicht Werk eines Schülers, im Altertum genoß, zeugen zahlreiche erhaltene Kopien. – Eine Werkstattarbeit ist die *Musenbasis von *Mantineia, auf der einst eine von der Hand des P. geschaffene Kultgruppe mit Leto, Apollon und Artemis stand. – *Enkaustische Malerei.

GERizzo, Prassitele, 1932. GRodenwaldt, Theoi rheia zoontes, Berlin 1943. ChrBlinkenberg, Knidia, Kopenhagen 1933. ThKraus, Die Aphrodite von Knidos, 1957. CBlümel, Hermes eines P., 1949. PGercke, Satyrn des P., 1968. – ACorso, Prassitele, fonti epigrafiche e letterarie, Roma 1988-91.

Priamos, Sohn des Laomedon, der letzte, unglückliche König Troias, Vater von 50 Söhnen und 50 Töchtern, darunter *Hektor, Paris, Kassandra, Polyxena. In Homers *Ilias* ist er als der milde alte Herrscher gezeichnet; er vermag im 24. Buch den Achilleus zu rühren, so daß er ihm den Leichnam Hektors gegen reiche Geschenke herausgibt. Das kyklische Epos *Troias Zerstörung* erzählte, wie ihn bei der Eroberung der Stadt Neoptolemos freventlich am Altar getötet habe. *Vergil, Aeneis 2, 507ff. Vasen (*Troia). Lösung Hektors: Skyphos des *Brygosmalers, in Wien: Buschor (*Vasen) S. 169.

Priapos, ein Fruchtbarkeitsgott aus Nordost-Kleinasien, besonders der Stadt Lampsakos. Die älteste gr. Religion kannte ihn noch nicht. Später galt er als Hüter der Gärten und Weinberge. Kenntlich war er an dem Fruchtbarkeitssymbol des *Phallos. Man stellte sein einfaches holzgeschnitztes Bild oft als eine Art Vogelscheuche in die Pflanzungen. – *Priapeia* nannte man derb erotische Gedichtchen, wie sie zur Natur des P. paßten.

Eine Sammlung von 86 lat. *Priapeen* ist überliefert: T: Buecheler-Heraeus, Petronius, 1922. TÜK: WHParker, London 1988. ChrGoldberg, 1992. Ausw.: BKytzler, 1978 (AW). – Coulon, La poésie priapique, Paris 1932. VBuchheit, Studien zum Corpus Priapeorum, 1962.

Priene, alte, ursprünglich karische Stadt am *Maiandros, von den Persern zerstört, nach 350 v. Chr. neugegründet. Die Ausgrabungen 1885-1898 haben eine hellenistische Kleinstadt (ca. 5000 Einwohner) erstehen lassen, in Terrassen am Berghang aufgebaut, mit dem von *Pytheos erbauten, von Alexander dem Großen 334 geweihten Athenetempel, *Buleuterion, Theater, 2 *Gymnasien und Privathäusern.

ThWiegand-Schrader, P., 1904. MSchede, Die Ruinen v. P., 1964. JKleine, Führer durch die Ruinen von Milet, Didyma, P., 1980. JRaeder,

P., Funde aus einer gr. Stadt, 1983. AvGerkan, Das *Theater von P., 1921. GEBean, Die ägäische Türkei, 1969. – HBottermann, Wer baute das neue P.?, in Hermes 122, 1994, 162–187.

Princeps (der den ersten Rang einnimmt). – 1. In der röm. Republik war der *P. senatus* der würdigste unter den gewesenen Censoren, der im Senat als erster um seine Meinung gefragt wurde (nicht der Präsident; die Sitzung wurde von den Consuln geleitet). – 2. Der hervorragendste Mann des Staates hieß *P. civitatis.* Der Titel, wie ihn z. B. Scipio und Pompeius erhielten, war ohne staatsrechtliche Bedeutung. Eine solche bekam er erst, als ihn der Senat 27 v. Chr. dem Augustus offiziell zuerkannte. Von da an war *P.* der Titel der röm. Kaiser, bis bei der Begründung der absoluten Monarchie durch Diocletianus **Dominus* offizieller Bestandteil der Kaisertitulatur wurde. Doch nannte man den Kaiser auch weiterhin meist *P.* Die Macht des P. beruhte aber nicht auf dem Principat, sondern auf der dauernden tribunizischen Gewalt und dem proconsularischen Imperium mit dem Oberbefehl über das Heer. 3. *P. iuventutis* hießen die Söhne der Kaiser vom Anlegen der Männertoga (ca. 14. Altersjahr) bis zum Eintritt in den Senat.

Priscianus. – 1. *Theodorus P. – 2. P. aus Caesarea in Mauretanien, der letzte große lat. Grammatiker, verarbeitete um 500 n. Chr. in Konstantinopel die Resultate seiner Vorgänger in einer umfangreichen *Institutio* (Lehrgang) von 18 Büchern. Da er viele Beispiele aus Werken zitiert, die heute verloren sind, ist er auch als Quelle für die röm. Lit. wichtig. P. betätigte sich auch als Dichter mit einem *Lob des Kaisers Anastasius* und einer *Periegesis* (Erdbeschreibung) nach dem gr. Lehrgedicht des *Dionysios (5).
T: Keil, Grammatici Latini II und III, 1855/59 (Tb). *Laus Anastasii:* TÜK: AChauvot, 1986. *Perieg.*: T: PvandeWoestijne, Brügge 1953.

Priscillianus wurde 384 in Trier vom Kaiser (dem Usurpator Maximus) zum Tode verurteilt, weil er in seiner Heimat Spanien eine kirchliche Irrlehre verbreitet hatte. Erhalten sind in überarbeiteter Fassung *Canones* zu den Paulusbriefen; von einem Verfasser aus seinem Kreise 11 *Traktate* aus einer Würzburger Handschrift.
T: Schepss, 1889 (Corp. Vindob. 18). – Alès, P. et l'Espagne chrét., Paris 1936. HChadwick, P. of Avila, Oxford 1976. BVollmann, Studien zu P., 1964.

Probus. – 1. M. Aurelius P., Kaiser 276–282 n. Chr., sicherte in erfolgreichen Kämpfen die Reichsgrenzen gegen die Germanen, indem er selbst viele ihrer Stammesgenossen in die Grenzarmeen einreihte. Bei einem Militäraufstand wurde er ermordet. *Weinbau. Porträt: Herrscherbild 3,3. – 2. M. Valerius P. aus Berytos, röm. Grammatiker Ende 1. Jh. n. Chr. Seine textkritischen Ausgaben der Werke von Lucretius, Vergilius und Horatius waren grundlegend. Von den ihm später zugeschriebenen Schriften ist die sog. *Appendix Probi*, eine Zusammenstellung von Wörtern in der vulgären und der richtigen Form, für die Erforschung des Vulgärlateins eine wichtige Quelle.
T(*Appendix*): Baehrens, 1922.

Proconsul (*pro consule* = an Consuls Statt), Statthalter der senatorischen Provinzen. Als solche wurden gewesene Consuln oder Praetoren durchs Los bestimmt. Die kaiserlichen Provinzen wurden entsprechend von Legaten des Kaisers *pro praetore* verwaltet.

Proculus, röm. Jurist, Mitte 1. Jh. n. Chr., setzte die Schule des *Labeo fort, deren Anhänger nach ihm Proculianer hießen.
VScarano Ussani, Empiria e dogmi, la scuola proculiana fra Nerva e Adriano, Torino 1989.

Procurator, «Geschäftsbevollmächtigter». Im röm. Privathaushalt war der P. ein das besondere Vertrauen genießender Sklave oder Freigelassener. Er war befugt, den untergebenen Sklaven Weisungen zu erteilen und im Rahmen seines Auftrags Haushalt und Geldangelegenheiten zu ordnen. Die P. im Staat der Kaiserzeit waren meist ritterlichen Standes. Vorwiegend waren sie damit beauftragt, die Belange der kaiserlichen Finanzverwaltung *(Fiscus)* wahrzunehmen. Auch zur Regierung kleinerer kaiserlicher Provinzen wurden P. eingesetzt.
P. im Staatsrecht; HGPflaum, Les procurateurs équestres, 1950; ders., Les carrières procuratoriennes équestres, 1960–61, mit Suppl. 1982. *Ritter.

Prodigien, erschreckende widernatürliche Wunderzeichen aller Art wie Mißgeburten, Sonnenfinsternisse usw. wurden als Warnungen von seiten der Götter im röm. Staatskult aufmerksam verfolgt und durch offizielle Sühneriten der göttliche Zorn besänftigt. *Mantik.
RBloch, Les prodiges dans l'antiquité class., 1963.

Prodikos von Keos, *Sophist der 2. Hälfte des 5. Jh. v. Chr. In seinen *Horen* erzählte er die Fabel von Herakles am Scheidewege, wo Tugend und Lust ihn zur Nachfolge aufforderten: Herakles aber wählte den mühevollen Weg der Tugend.
TÜ: Vorsokr. – WNestle, Vom Mythos zum Logos, 1940.

Proitos, König von Tiryns, stritt mit seinem Zwillingsbruder Akrisios um die Herrschaft über Argos und teilte schließlich mit ihm das Reich. Seine Frau war Stheneboia: *Bellerophon. Seine 3 Töchter, die Proitiden, wurden von bakchischer Raserei ergriffen, weil sie die Weihen des Dionysos verachtet hatten. Der Seher *Melampus erbot sich, sie zu heilen, forderte aber zum Lohn die Hälfte vom Reich des P. Als dieser ablehnte, verschlimmerte sich das Leiden und ergriff auch die übrigen Frauen. Melampus verlangte jetzt ⅔ des Reichs für sich und seinen Bruder und erhielt es. Dann verfolgte er die Proitiden durch die Berge. Die älteste starb bei der gehetzten Flucht, die andern heilte er an einer Quelle, die seitdem die Eigenschaft hatte, daß jedem, der von ihr trank, der Wein verhaßt wurde. Eine andere Sage führte die Krankheit der Proitiden auf den Zorn der Hera zurück.
Apollodoros, *Bibliotheke* 2, 2, 2.

Proklos, neuplatonischer Philosoph aus Konstantinopel, 412–485 n. Chr. Unter ihm blühte die heidnische Philosophie in Athen zum letztenmal. Er schrieb *Kommentare* zu Platon, Aristoteles, Eukleides und Ni-

komachos, zu Homer, Hesiod und den orphischen Schriften, dazu theologische, naturwissenschaftliche und astronomische Lehrschriften. Auch dichtete er Hymnen in homerischer Sprache und Epigramme. Sein Weltbild war von der Zahl 3 bestimmt: Das Ur-Eine, die *Henaden* (absolute Einheiten) und der *Nus* (Weltgeist); dreierlei Seelen: göttliche, dämonische, menschliche.
T: *Opera:* VCousin, Paris 1820–27 und 1864. Einzelne Werke: Platonkommentare: *Alkibiades I:* T: LGWesterink, 1954. TÜ: PhSegonds, 1986 (Budé). *Kratylos:* T: GPasquali, 1908. TÜ: FRomano, Catania 1989. *Parmenides:* T: RKlibansky, 1953 (Plato lat. 3). Ü: GRMorrow-JMDillon, Princeton 1987. *Staat:* T: WKroll, 1899-1901. ÜK: AJFestugière, 1966. *Timaios:* T: EDiehl, 1903–06 (Nachdr. 1965). ÜK: AJFestugière, 1970. *K zu Eukleides I:* T: GFriedlein, 1873 (Nachdr. 1967). Ü: PVerEecke, 1948 (Nachdr. 1959). GRMorrow, Princeton 1992. *Elemente der Theologie* (Metaphysik): TÜK: ERDodds, 1963 (2.A. 1992). *Platonische Theologie:* TÜ: HDSaffrey-LGWesterink, 1968-88 (Budé). *Über die Vorsehung:* TÜ: DIsaac, 1977–82 (Budé). Ü: MErler, 1980. *Über die Existenz des Bösen:* Ü: MErler, 1978. *Über astronomische Theorien:* T: CManitius, 1909 (Nachdr. 1975, Tb). *Opuscula:* T: HBoese, 1960. *Hymnen:* T: EVogt, 1957. – Eine Biographie widmete ihm sein Nachfolger in der Schulleitung, Marinos: T: JFBoissonade, 1814. Ü: KSGuthrie, Grand Rapids 1986 (mit Proklos, *Hymnen*). – WBeierwaltes, P., Grundzüge seiner Metaphysik, 2.A. 1979. ThGelzer, Die Epigramme des P., in Museum Helveticum 23, 1966, 1–36.

Prokne: *Aëdon.

Prokopios. – 1. P. von Caesarea in Palästina, Sekretär *Belisars, der Historiker der Zeit Kaiser Iustinians (527–565 n. Chr.). In seinem Werk *Über die Bauten* Iustinians schmeichelte er dem Herrscher maßlos, den er insgeheim in den *Anékdota* (d. h. noch nicht herausgegebene Geheimgeschichte) ebenso gehässig schmähte.
T: JHaury, 1905–13 (Nachdr. 1962–64, Tb). TÜ: HBDewing-GDowney, 1914–40 (Loeb L.). OVeh, 1971–81 (Tusc.). Ü: *Vandalen- und Gotenkrieg:* DCoste-AHeine, 1985. ÜK: *Anekdota:* PMaraval, Paris 1990. – BRubin, P. 1954 (Sonderdruck aus Realencyclopädie). JASEvans, P., 1972. ACameron, P. and the 6th century, Berkeley 1985. HGBeck, Kaiserin Theodora und P., der Historiker und sein Opfer, 1986.
2. P. von Gaza, christlicher Rhetor im 5.–6. Jh., Haupt der Schule von Gaza. Außer einer *Lobrede auf Kaiser Anastasios* und *Briefen* hat er u. a. die kunstvolle *Beschreibung einer Gemäldegalerie* hinterlassen. Auch stellte er *Katenenkommentare* zum Alten Testament zusammen.
Lobrede: TÜK: AChauvot, 1986 (mit Priscianus). *Briefe* und *Declamationen:* T: AGarzya-RJLoennertz, 1963. *Gemälde:* TÜ: PFriedländer, 1939. *K zu Eccl.:* T: ALeanza, 1978 (Corp. Chr. gr. 4).

Prokris: *Kephalos .

Prokrustes, auch *Damastes* oder *Polypemon* genannt, ein Wegelagerer, der die Vorbeikommenden auf ein zu großes Bett legte und sie solange mit dem Hammer bearbeitete, bis er sie auf die passende Länge ausgestreckt hatte. *Theseus tötete ihn, indem er ihm selbst dieses Schicksal bereitete.

Prometheus (Vorbedacht), ein Titane, Sohn des Iapetos, im gr. Mythos der Freund der Menschen und Gegner des Zeus. Beim Opfer in Mekone suchte P. den Zeus zu betrügen, indem er die guten Fleischstücke in den Magen, die Knochen in die Fetthaut hüllte. Zeus wählte absichtlich den schlechteren Teil und entzog daraufhin zur Strafe den Menschen das Feuer. P. aber stahl es und brachte es ihnen. Jetzt strafte Zeus die Menschen durch *Pandora, P. dagegen wurde an eine Säule gefesselt, und ein Adler fraß täglich von seiner immer wieder nachwachsenden Leber. Von dieser Qual erlöste ihn nach langem Herakles, der den Adler abschoß (Hesiod, *Theogonie* 507ff.). Nach anderer Version hat P. die Menschen wie ein Töpfer aus Ton geschaffen als Ebenbilder der Götter. Der P.-Trilogie des *Aischylos zugeschrieben wird die Tragödie *Der gefesselte P.* (Echtheit zweifelhaft): P. hat außer dem Feuer den Menschen die Kultur überhaupt gebracht und trotzt, an einen Felsen des Nordgebirges (*Rhipaion) geschmiedet, dem Gewaltherrscher Zeus mit unbeugsamem freien Sinn. In Athen verehrten die Handwerker P. und Hephaistos als ihre Patrone. Am Fest der *Prométheia* wurde mit einem Fackellauf das Feuer von draußen in die Stadt getragen. – Vasenbild: *Lakonische Schale, im Vatikan. – JDuchemin, Prométhée, histoire du mythe, Paris 1974. HPEdmundson, Aspects of the P.-myth in ancient Greek literature and art, Ann Arbor 1978.

Propemptikon, Geleitgedicht für einen auf Reisen gehenden Freund, z. B. Horaz, *Ode* 1, 3 (für Vergil).

S. **Propertius**, ein Umbrer, wahrscheinlich aus Asisium (Assisi), ca. 47–15 v. Chr. Er gab von 28-15 seine 4 Bücher *Elegien* heraus, die ihn als Dichter berühmt machten und ihm Eingang in den Kreis um Maecenas verschafften; Horaz allerdings nahm seinen Anspruch, der röm. *Kallimachos zu sein, nicht für voll. Hauptthema der ersten 3 Bücher ist die Liebe zu *Cynthia* (ihr wirklicher Name war *Hostia*). Im 4. Buch schuf er nationale Elegien, in denen er röm. Stiftungssagen behandelte. Schlußgedicht: *Cornelia (4).
T: EABarber, 1960 (Oxf. Cl.). PFedeli, 1984 (Tb). TK: Butler-Barber, 1933. *B.3:* PFedeli, Bari 1985. TÜ: RHelm, 1965. GPGoold, Cambridge 1990. BMojsisch u. a., 1994 (Reclam). Ü: v. Knebel (Mitarbeit Goethes), 1798. K zu 1–2: PJEnk, 1946-63. – MHubbard, P., London 1974. HPStahl, P., Love and war, Berkeley 1985. WEisenhut (Hg.), P., 1975 (WdF).

Propraetor hieß ein gewesener Praetor, wenn er ein Heereskommando oder eine Provinzialverwaltung *pro praetore* (an Praetors Statt) führte. *Proconsul.

Propyläen. Ein *Própylon* oder *Propýlaia* genannter Torbau bildete den Eingang zu gr. Heiligtümern, später auch zu Profanbauten wie der Agora. Der architektonisch bedeutsamste Bau sind die von *Mnesikles 437–432 v. Chr. errichteten P. auf der *Akropolis von Athen.
WBDinsmoor, The Propylaia to the Athenian Akropolis, Princeton 1980ff. JdeWaele, The Propylaia of the Akropolis, the project of Mnesikles, Amsterdam 1990.

Proserpina. 249 v. Chr. befahlen die sibyllinischen Sprüche den Römern, dem *Dis Pater* und der *P.* eine *Saecularfeier zu halten. Die beiden Gottheiten, den gr. Pluton (*Hades) und *Persephone gleich, waren vorher der röm. Religion fremd. Ihr Kult blieb auf die Saecularspiele beschränkt.

Proskriptionen, Ausschreibungen der Namen von Geächteten. Sulla führte sie 82 v. Chr. ein zur Vernichtung seiner politischen Gegner. Wer auf der Liste stand, durfte von jedermann getötet werden. Die Güter wurden versteigert, ein Teil fiel den Denunzianten als Prämie zu. Es gab bei diesem Ausnahmezustand kein Gerichtsverfahren und keine Appellation. Im Jahre 43 v. Chr. proskribierten auch Antonius und Octavian ihre Feinde (Tod Ciceros).
FHinard, Les proscriptions de la Rome républicaine, Paris 1985.

Protagoras von Abdera, ca. 485–416 v. Chr., *Sophist, mit Perikles befreundet, lehrte in Athen. Er mußte angeblich vor einer Anklage wegen *Asebeia fliehen und kam unterwegs nach Sizilien durch Schiffbruch ums Leben. Seine zwei erkenntniskritischen Hauptsätze lauten: «Von den Göttern weiß ich nichts, weder daß sie sind, noch daß sie nicht sind» und «Der Mensch ist das Maß aller Dinge». Platon setzte sich mit ihm in den Dialogen *P.* und *Theaitet* auseinander.
TÜ: Vorsokr. Neues Frg. (TÜK): FAdorno, P. nel IV secolo D.C. da Platone a Didimo cieco, in Accad. Toscana La Colombaria, Studi 83, Firenze 1986, 9–60. – WNestle, Vom Mythos zum Logos, 1940. MEmsbach, Sophistik als Aufklärung, 1980.

Protesilaos war im Troianischen Krieg der erste Grieche, der die feindliche Küste betrat und dabei fiel. Seine junge Witwe Laodameia war untröstlich, so daß P. einen Tag aus der Unterwelt entlassen wurde, um bei ihr zu weilen. Sie folgte ihm darauf in den Tod.

Proteus. – 1. Meergreis. Menelaos rang mit ihm auf der ägyptischen Insel Pharos, wo P. unter seinen Robben ruhte, und zwang ihn, ihm Weissagungen über die Heimkehr zu geben. Während des Kampfes verwandelte sich P. in Löwe, Schlange, Panther, Eber, Wasser und Baum (Homer, *Odyssee* 4, 364ff.). – 2. *Peregrinus P.

Protogenes, Maler auf Rhodos zur Zeit Alexanders d. Gr. Eine Künstleranekdote erzählt, er habe arm und verkannt gelebt. Da habe ihn der weltbekannte *Apelles besucht und dann das Gerücht verbreiten lassen, er wolle einige Bilder des P. für 50 Talente erwerben, um sie nachher noch teurer zu verkaufen, indem er sie als seine eigenen Meisterwerke ausgebe. So habe er P. endlich zur gebührenden Wertschätzung beim Publikum verholfen. Am Bild des rhodischen Heros Ialysos als Jäger soll P. 7 Jahre gearbeitet haben.

Provincia, der Tätigkeitsbereich des röm. Beamten. Als Rom außeritalische Besitzungen erwarb, wurden diese P. genannt als der Bereich, innerhalb dessen die röm. Militärbehörde (*Proconsul) die militärische, administrative und richterliche Gewalt ausübte. Da die Statthalter jährlich wechselten, plünderten sie meist ihre Untertanen aus (*Verres. *Repetundenprozeß) und suchten sich für die zur Amtsbewerbung in Rom aufgewendeten Gelder schadlos zu halten. Seit Augustus (27 v. Chr.) unterschied man kaiserliche und senatorische P. Die allgemeine Verleihung des Bürgerrechts durch Caracalla 212 n. Chr. stellte die Provinzialen schließlich den Italikern gleich. Reihenfolge der Erwerbung der wichtigsten P.: Sicilia 242 v. Chr. Sardinia und Corsica 238. Hispania citerior und ulterior 206. Illyricum 167. Afrika, Achaia und Macedonia 146. Asia 133. Gallia Narbonensis 120. Cilicia 103. Bithynia et Pontus 74. Creta 67. Syria 64. Gallia Lugdunensis, Belgica, Aquitania 58-50. Aegyptus 30. Galatia 25. Moesia, Pannonia, Noricum, Raetia 15 v. Chr. – 10 n. Chr. Cappadocia 17. Mauretania 40. Britannia 43 Arabia 105. Armenia und Mesopotamia vorübergehend 104 bis 117.

Provocatio. Gegen ein Todesurteil der Consuln oder Praetoren stand den röm. Bürgern gemäß einer *Lex Valeria* die *P. ad populum* (Berufung an das Volk) zu. Das Gesetz wurde dem ersten berühmten Valerier, *Publicola, zugeschrieben, wird aber wohl dem Consul des J. 300 v. Chr. verdankt, der es nach Livius (10,9) erneuert haben soll. Zum Zeichen dessen, daß hier ihre Blutgerichtsbarkeit aufhöre, fehlte in den Fasces der Beamten das Beil innerhalb des Stadtbezirkes von Rom. In der Kaiserzeit entschied als oberste Instanz für röm. Bürger der Kaiser.

Proxenos. Die gr. Städte übertrugen die Wahrung der Interessen ihrer Bürger in einer fremden Stadt einem dort wohnenden P., der als ansässiger Bürger vor Gericht auftreten konnte. In dessen Haus stiegen die Gesandten ab, die etwa in diese Stadt geschickt wurden. Er vermittelte den Verkehr zwischen den Behörden beider Städte. Später wurde das Amt oft als Ehrentitel verliehen. – ChMarek, Die Proxenie, 1984.

Prudentius, Aurelius P. Clemens, aus Spanien, der bekannteste christliche Dichter des Altertums. 405 n. Chr. gab er seine Gedichte gesammelt heraus: *Cathemerinon* (*Die Stunden des Tages*, 12 Hymnen), *Peristephanon* (14 Märtyrergeschichten in lyrischen Versen), *Apotheosis* (Über die Göttlichkeit Christi), *Hamartigenia* (Ursprung der Sünde), *Psychomachia* (*Kampf* der Tugenden und Laster *um die Seele*, Vorbild für das allegorische Epos des Mittelalters), Gegen **Symmachus*. Die lyrischen Formen des Horaz variiert er mit neuen Verskombinationen; im Ausdruck ist vor allem Vergil sein Vorbild.
T: JBergmann, 1926 (Corp. Vindob. 61). MCunningham, 1966 (Corp. Chr.). TÜ: MLavarenne, 1955–61 (Budé). *Symmachus*: Ü: CManitius, 1905. *Psychom.*: TÜ: UEngelmann, 1959. *Hymnen:* Ü (Ausw.): FWolters, 1922. – Zu *Perist.*: AMPalmer, P. on the martyrs, Oxford 1989. RHenke, Studien zum Romanushymnus, 1983. MRoberts, Poetry and the cult of the martyrs, Ann Arbor 1993. Zu *Apoth.*: CFabian, Dogma und Dichtung, 1987 (Diss. München). Zu *Psychom.*: ChGnilka, Studien zur Psychomachie, 1963.

Prusias, König von *Bithynien ca. 230–182 v. Chr. (*Hannibal).

Prytanen, Vorsitzende. Sie bildeten in Athen einen 50er-Ausschuß des Rates, der aus derjenigen Phyle genommen wurde, die für den laufenden Monat den Vorsitz führte. Ihre Sitzungen hielten sie im *Prytaneion*. Verdiente Mitbürger (z. B. Olympiasieger) belohnte man damit, daß sie lebenslänglich im *Prytaneion* auf Staatskosten speisen durften.
StGMiller, The prytaneion, its function and architectural form, Berkeley 1978.

Psiax, wahrscheinlich identisch mit dem Menonmaler, Meister aus der Übergangszeit von der schwarz- zur rotfig. attischen Vasenmalerei, Ende des 6. Jh. v. Chr.

Psyche, die Seele, stellten sich die Griechen als Vogel oder Schmetterling vor. Als Mädchen mit Vogel- oder Schmetterlingsflügeln wurde sie von Eros geliebt und gepeinigt.
In dem schönen Märchen des *Apuleius hat P. harte Prüfungen und Leiden zu erdulden, bis sie dauernd mit ihrem Gemahl Eros vereint wird. – Eros küßt P. (Statuengruppe im Capitolin. Museum, Rom) – Totenseele: *Tod. *Unterwelt. *Manen.

Ptoion, Gebirge in Boiotien mit Orakelheiligtum des Apollon Ptoieus. Bei den Ausgrabungen sind zahlreiche archaische *Kuroi gefunden worden.
JDucat, Les Kouroi du Ptoion, 1971.

Ptolemaios. – I. Könige von A e g y p t e n : – 1. P., Sohn des Lagos, makedonischer General unter Alexander d. Gr., war nach dessen Tode der entschiedenste Verfechter der Aufteilung des Reichs. Er ließ sich die Satrapie Aegypten übertragen, deren periphere Lage für die ungestörte Bildung eines Sonderstaates am günstigsten war. 298 v. Chr. gewann er Kyrene hinzu, 294 Kypros. Vor allen andern *Diadochen zeichnete er sich durch seine zielsichere Politik aus. Wenn er in Kämpfe verwickelt wurde, so verlor er nie die ursprüngliche Linie aus dem Auge; seine Diplomatie blieb erfolgreich. Die Residenz Alexandreia wurde unter ihm der geistige Mittelpunkt der hellenistischen Welt. P. schrieb im Alter eine *Geschichte Alexanders d. Gr.*, die einzige historisch zuverlässige. *Arrianus hat sie als Quelle für seine *Anabasis* benutzt, so daß dadurch der Inhalt kenntlich ist. Die Einführung des *Sarapiskultes machte Alexandreia auch zu einem religiösen Zentrum. 306 nahm P. den Königstitel an und erhielt den Beinamen *Soter* (Retter). Er starb 283, nachdem er schon 285 die Herrschaft seinem Sohne P. aus 2. Ehe mit *Berenike (1) abgetreten hatte.
Kornemann, Die Alexandergeschichte des Königs P., 1935 (Tb). HBerve, Das Alexanderreich II, München 1926. JSeibert, Unters. zur Gesch. P.' I., 1969. WMEllis, Ptolemy of Egypt, London 1993.
2. P. II. heiratete nach der Sitte der ägyptischen Pharaonen und der Perserkönige seine Schwester *Arsinoë und erhielt den Beinamen *Philádelphos* (der Schwesterliebende). Seine Regierung 285 – 246 festigte Aegyptens Stellung als erste See- und Finanzmacht des Ostmittelmeers. Doch machte sich Kyrene unter des P. Halbbruder Magas selbständig; ein Eingreifen in Griechenland (Chremonideischer Krieg) endete mit

Mißerfolg. Dichtung und Wissenschaft erlebten in *Alexandreia unter P. ihre höchste Blüte. – 3. P. III., 246–221, verehrt als *Theos Euergétes* (der wohltätige Gott). Durch Heirat mit *Berenike (3) gewann er Kyrene zurück. Ein Feldzug gegen das Seleukidenreich führte ihn über den Euphrat hinaus. – 4. P. IV., 221–205, mit dem Beinamen *Philopâtor* (der Vaterliebende; seine Mutter Berenike hatte er ermorden lassen), siegte 217 bei Raphia über Antiochos d. Gr. von Syrien. – 5. P. V. Epiphanes (der leibhaft erschienene Gott), 204–180, bestieg als 5jähriger Knabe den Thron. Unter ihm kam das Ptolemäerreich in nähere Berührung mit Rom. Obschon er an *Antiochos (3) die Besitzungen in Kleinasien, Südsyrien und Palästina verloren hatte, mußte er in dessen Krieg mit Rom neutral bleiben und verlor auch allen Einfluß in Griechenland. – 6. Bereits 168 entschied Rom den Thronstreit zwischen P. VI. *Philométor* und dessen jüngerem Bruder P. VIII. *Physkon* und wies den Syrer Antiochos (4), der die Schwäche Aegyptens für sich nutzen wollte, brüsk zurück. Der fortdauernde Bruderzwist ließ diese Abhängigkeit vollständig werden. Der wissenschaftliche Ruhm Alexandreias sank (*Museion). – Unter den unfähigen Nachkommen wurde das Reich geteilt. Kypros wurde 58 v. Chr. von Rom eingezogen. In Aegypten selbst fristete 80–51 P. XII. *Neos Dionysos* (der neue Dionysos, auch *Auletés*, der Flötenspieler, genannt) ein Schattendasein; er schuldete den röm. Finanzleuten (*Rabirius) ungeheure Summen. Seine Tochter *Kleopatra, die Aegypten wieder zu weltpolitischer Bedeutung verhalf, war die letzte Ptolemäerin auf dem alexandrinischen Throne († 30 v. Chr.).

ABouché-Leclercq, Histoire des Lagides, Paris 1903-07 (4 Bde). TCSkeat, The reigns of the Ptolemies, 2.A. 1969. WOtto-HBengtson, Zur Geschichte des Niederganges des Ptolemäerreiches, 1938. (Abh. Akad. München, N.F.17). HKyrieleis, Bildnisse der Ptolemäer, 1975. – *Aegypten.

II. Klaudios P. (lat. *Claudius Ptolemaeus*), Mathematiker, Astronom und Physiker, ca. 100-178 n. Chr. in Alexandreia. Als letzter großer Naturwissenschafter der Antike vereinigte er in seinen Werken die Ergebnisse der älteren Forschung. Durch ihn wurde das bereits überwundene geozentrische Weltsystem (Sonne und andere Gestirne drehen sich um die im Mittelpunkt ruhende Erde) wieder herrschend. Hauptwerke: Die *Megále Syntaxis* (Großes systematisches Handbuch), aus der das Mittelalter auf dem Umweg über die arabische Ü. *(Almagest)* Trigonometrie und Astronomie lernte. *Geographie*, eine Anleitung zur Zeichnung einer Karte. Sie enthält ca. 8000 Ortsbestimmungen (geogr. Breite und Länge nach dem Meridian der Kanarischen Inseln), aus denen wir seine Weltkarte rekonstruieren können. *Tetrábiblos* (Astrologie).

T: JLHeiberg-Boll-Boer-Lammert 1898–1952. Einzelne Werke: *Syntaxis-Almagest:* Ü: KManitius-ONeugebauer, 1963. GJToomer, London 1984. PKunitzsch, Der Almagest, die Syntaxis mathematica in arab.-lat. Überlieferung, 1974; ders. Der Sternkatalog des Almagest, die arab.-mittelalterliche Tradition 1986–91. – *Geogr.:* T: FANobbe 1843–45 (Nachdr. 1966). Ü: HvMzik, 1938. Karte: Tübinger Atlas des vord.

Orients BS 1,1. *Tetrabiblos:* TÜ: SFeraboli, Le previsioni astrologiche, Milano 1985. Loeb L. ÜK (*B.1*): GBezza, Milano 1990. *Harmonielehre:* T: IDüring, Göteborg 1930 (Nachdr. 1982). – LChTaub, Ptolemy's Universe, 1993.

Publicola, P. Valerius, nahm an der Vertreibung der Könige teil und war viermal Consul, erstmals im ersten Jahr der röm. Republik. † 503. Seine Biographie (*Plutarch) ist sagenhaft. *Satricum.

Publilius Syrus, ein freigelassener syrischer Sklave, erntete zu Caesars Zeit großen Erfolg als röm. *Mimendichter. Einzelne Verse sind als alphabetisch geordnete *Spruchsammlung* überliefert. Sie bieten praktische Lebensweisheit in treffend pointierten Aphorismen. *Laberius.
T: WMeyer, 1880. TÜ: HBeckby, 1969 (Tusc.).

Punische Kriege, die 3 Kriege zwischen Rom und *Karthago. Als Rom nach dem Krieg mit Pyrrhos Unteritalien (Tarent) in Besitz nahm, fühlte das bisher verbündete Karthago seine Herrschaft auf Sizilien bedroht. Der 1. P. K. (264–241) entzündete sich am Streit um *Messana, wo die Mamertiner zuerst eine karthagische Besatzung aufgenommen, diese aber dann mit Roms Hilfe vertrieben hatten. Es war vor allem ein Seekrieg. Die Römer bauten ihre ersten Kriegsflotten und errangen trotz manchen Rückschlägen eine Reihe von Siegen (*Mylai 260, Eknomos 256, *ägatische Inseln 241). Sie verwendeten die den Karthagern unbekannten Enterbrücken, welche der röm. Infanterie ermöglichten, die feindlichen Schiffe im Handgemenge zu nehmen. 256 suchten sie den Krieg durch einen Überfall auf Karthago selbst zu beendigen. Der Consul *Regulus landete überraschend in Afrika, verwüstete das Land, fand aber die Stadt abwehrbereit. Zur Belagerung war das Heer zu klein, Rückkehr und Nachschub war durch die karthagische Flotte abgeschnitten. So wurden die röm. Truppen durch den spartanischen Söldnergeneral Xanthippos vernichtet. Von da an blieb der Krieg auf Sizilien beschränkt, wo sich die Karthager unter *Hamilkar auf dem Berg Eryx hielten. Beide Parteien waren schließlich so geschwächt, daß Karthago einen Frieden zu mäßigen Bedingungen erhielt: Abtretung Siziliens und Kriegsentschädigung. Nach dem Friedensschluß eignete sich Rom noch Sardinien und Korsika an.
Der 2. P. K. brach in Spanien aus, wo sich Karthago ein Kolonialgebiet eroberte, das die Verluste zu ersetzen vermochte. Rom sicherte sich gegen diese Expansion durch ein Bündnis mit *Saguntum und den Ebrovertrag (Festsetzung des Ebro als Interessengrenze) mit Hasdrubal. *Hannibals Angriff auf Sagunt 219 provozierte den Krieg. Seine Siege in Italien (Ticinus und Trebia 218, Trasumenus 217, Cannae 216) brachten Rom in allerhöchste Gefahr. Doch konnte Hannibal mit seinen Kräften nicht an eine Belagerung der Stadt denken. Durch die röm. Ermüdungsstrategie wurde er so lange hingehalten, bis Scipio (2) in Spanien ein Heer im Kampf gegen die dort stehenden Karthager herangebildet hatte, mit dem er Hannibal entgegenzutreten wagen durfte. Scipio landete 204 in Afrika, zwang dadurch Hannibal, Italien zu verlassen, und schlug ihn 202 (*Zama).

Der Friede von 201 vernichtete die Großmachtstellung Karthagos. Die Außenpolitik blieb auf Grenzstreitigkeiten mit dem Numiderkönig *Massinissa, Roms Schützling, beschränkt. Karthago verlegte sich auf Agrarwirtschaft. Der Ertrag des fruchtbaren Bodens wurde durch intensive Bewirtschaftung gesteigert, und die hervorragende Qualität der Produkte eroberte die Märkte. Die röm. Senatoren und Großgrundbesitzer sahen mit Unwillen die Konkurrenz; bisher hatten sie aus ihren Gütern in Italien den Bedarf von Westeuropa an Wein und Öl geliefert. *Cato (1) wies im Senat, als er von einer Gesandtschaftsreise heimkehrte, ein Bündel herrlichster Feigen vor zum Beweis für seine Forderung, Karthago müsse zerstört werden. 149 brach Rom den 3. P. K. vom Zaun. Karthago fiel nach heldenhaftem Endkampf; die Einwohner wurden großenteils getötet, der Rest versklavt. Das Land der neuen Provinz Africa kam in die Hand der röm. Grundbesitzer, die die Wirtschaft auf Monokultur umstellten: Africa produzierte billiges Getreide, während der höhere Erträge abwerfende Wein- und Ölbau Italien vorbehalten blieb.
NBagnall, The Punic wars, London 1990.

Puteoli an der Nordküste des Golfs von Neapel, um 531 v. Chr. als Hafenstadt von Cumae von Griechen aus Samos unter dem Namen Dikaiarcheia gegründet, war seit dem 1. Jh. v. Chr. der wichtigste Hafen Italiens, über den der Hauptverkehr zwischen Rom und Übersee ging. Bedeutende Reste, insbesondere das **macellum* und 2 Amphitheater.
GPicone, Da Posilippo a Cuma, scienza, mito, storia e archeologia sui Campi Flegrei, Napoli 1981. RGiamminelli, Il centro antico di Pozzuoli, Napoli 1987.

Pydna, Hafenstadt in Pierien (Makedonien), bekannt durch den Sieg des Aemilius Paulus über *Perseus 168 v. Chr.

Pygmalion, König von Kypros, verliebte sich nach der Sage in eine von ihm geschaffene Mädchenstatue. Aphrodite erhörte sein Gebet und verwandelte sie in ein lebendiges Mädchen. *Ovid, *Met.* 10, 243ff.

Pylades, der treue Begleiter des *Orestes. Die beiden waren als unzertrennliches Freundespaar sprichwörtlich.

Pylos, bei Homer der Herrschaftssitz des *Nestor. Schon im Altertum war umstritten, welcher der 3 in historischer Zeit P. genannten Orte im Westen der Peloponnes der homerische sei. – 1. P. in Messenien (Bucht von Navarino). Zur Zeit des Peloponnesischen Krieges war dieses P. ein unbewohntes Felsenkap, das die Athener 425 v. Chr. besetzten. Sie zwangen die auf der vorgelagerten Insel Sphakteria abgeschnittenen Spartiaten zur Kapitulation (*Demosthenes [1], *Kleon). 409 mußten sie selber den Stützpunkt räumen. Auf einem Hügel nordöstlich der Bucht (Epano Englianos) ist seit 1939 und 1952 ein mykenischer Palast des 13. Jh. v. Chr. ausgegraben worden, der jetzt meist als der des Nestor angesehen wird. Fresken schmückten seine Wände. Als ein Brand ihn um 1200 zerstörte, wurden die mit Linear-*Schrift beschriebenen Tonta-

feln des Archivs gebrannt und sind als wichtigstes Zeugnis der gr. Sprache vorhomerischer Zeit erhalten geblieben.
CBlegen-MRawson-MLang, The Palace of Nestor at P. 1966–73. Kürzer dieselben, A Guide to the Palace of Nestor, 1962. ChAMpaltas, P., Athen 1987 (Führer in gr. Spr.). StHiller, Studien zur Geographie des Reiches um P., 1972 (Sitzungsber. Akad. Wien 278,5). – ELBennet-JPOliver, The P. Tablets transcribed 1, 1973.
2. P. in Elis. – JEColeman, Excavations at P. in Elis, Princeton 1986.
3. Dorf in Triphylien, wo schon 1907 Reste eines allerdings viel bescheideneren mykenischen Palastes und 3 Kuppelgräber gefunden wurden.

Pyramus und **Thisbe**, ein Liebespaar in Babylon. Sie konnten sich nur durch eine Mauerritze in der Wand ihrer aneinanderstoßenden Häuser sprechen und vereinbarten, sich am Grabe des Ninos zu treffen. Th. mußte aber vor einer Löwin fliehen und ließ ihren Schleier zurück. Als nun P. erschien und den zerfetzten Schleier sah, hielt er Th. für tot und erstach sich. Th. fand ihn sterbend und folgte ihm in den Tod. – *Ovid, *Metamorphosen* 4, 55ff. Wandbild aus Pompei. – FSchmitt von Mühlenfeld, P. und T., Rezeptionstypen eines ovidischen Stoffes, 1973.

Pyrgi, Hafen der Etruskerstadt *Caere, mit sehr alten Tempeln einer Göttin (gr. *Leukothea*, etr. *Uni*, punisch *Astarte*). Die 1964 gefundenen Goldtafeln mit einer punischen und zwei etruskischen Weihinschriften des etruskischen Herrschers von Caere an die Göttin sind Zeugnisse der politischen und wirtschaftlichen Verbindung der Etrusker mit Karthago im 6. Jh. v. Chr.
FRSerra Ridgway, Etruscans, Greeks, Carthaginians, in Greek colonists and native populations, Oxford 1990 (Festschr. ADTrendall) 511–530. AMorandi, Die Goldbleche von P., in Alte Welt 22, 1991, 119–126.

Pyriphlegethon oder Phlegethon, Feuerstrom in der *Unterwelt.

Pyrrhon von Elis, Schüler des *Anaxarchos, † ca. 271 v. Chr., begründete die Philosophenschule der *Skeptiker. Er schrieb selbst nichts.

Pyrrhos. – 1. = *Neoptolemos. – 2. König von Epeiros, 306–302 und 297–272 v. Chr, ein genialer Feldherr. Ihn trieb der ruhelose, unstete Ehrgeiz der *Diadochen, die Weltherrschaft Alexanders d. Gr. wieder aufzurichten. Bald nach seiner Thronbesteigung vertrieben, kehrte er 297 mit Hilfe seines Schwiegervaters Ptolemaios I. zurück. Nach dem Tode der ersten Frau heiratete er Lanassa, die Tochter des *Agathokles, die ihm Kerkyra einbrachte. 288 besetzte er Makedonien, verlor es aber wieder durch eine Meuterei seiner Truppen. Tarent rief ihn gegen Rom zu Hilfe. Freudig ergriff er die Gelegenheit, ein großes Reich im Westen zu erobern. Mit seinem Heere setzte er auch die den Römern noch unbekannten Schlachtelefanten ein. Aber die beiden Siege bei Herakleia (280) und Ausculum (279) kosteten so viel Blut, daß P. ausgerufen haben soll: «Noch ein solcher Sieg, und ich bin verloren!»

Das Angebot karthagischer Hilfe ermutigte die Römer, die Bedingungen des P. abzulehnen (*Appius 2). P. wandte sich gegen den neuen Feind und nahm den Karthagern fast ganz Sizilien ab. Doch an seinen maßlosen Forderungen scheiterte der Friedensschluß mit Karthago, und kaum war P. 276 wieder nach Unteritalien gegangen, fielen die Sizilier ab. Die Römer besiegten ihn bei *Beneventum (275). Jetzt kehrte er nach Griechenland zurück. 272 fiel er in einem Straßenkampf in Argos.

Biogr.: *Plutarch. – PLévêque, P., Paris 1957. JBabelon, Le roi P. (in Centennial publ. of the American Numismatic Soc., 1958, S. 53–71). PGaruphalias, P., London 1979.

Pythagoras. – 1. P. aus Samos, Philosoph und Mathematiker des 6. Jh. v. Chr. Er wanderte 532 aus nach *Kroton in Unteritalien, wo er die Gemeinde der Pythagoreer stiftete. Seine Lehre gründete auf der Musik. Er entdeckte ihre mathematischen Grundlagen (Proportion von Tonhöhe und Saitenlänge, Akustik) und übertrug sie auf das Weltgebäude: Die Himmelskörper drehen sich umeinander und ertönen dabei in der Sphärenharmonie. In der Mathematik entdeckte P. die Quadratzahl (Satz des P.) und die Irrationalzahl. Die Zahl galt den Pythagoreern als das wahre und göttliche Wesen der Dinge; sie war Gegenstand und Ausdruck ihrer mystischen Spekulationen. Mit der *Orphik teilen sie die Seelenwanderungslehre, das Verbot, Fleisch beseelter Wesen oder Bohnen zu essen, das Gebot der Reinheit des Leibes und der Seele. Vom erreichten Grad sittlicher Reinheit hängt es ab, ob die Seele bei der Wiedergeburt in ein besseres Wesen eingeht oder in ein entsprechendes Tier. Das Wort des Meisters, besiegelt mit *autòs épha* (er selbst hat es gesprochen), galt als höchstes Gebot. Die Gemeinde, der auch Frauen angehörten, zog sich durch ihre Absonderung und ihre aristokratischen Grundsätze Haß zu. Um 500 wurde angeblich das Haus, in dem die Pythagoreer zum Gottesdienst versammelt waren, angezündet. Die meisten kamen in den Flammen um. Einzelne Pythagoreer gab es noch bis zum Anfang des 4. Jh. v. Chr.: *Philolaos, *Archytas, der Arzt *Alkmaion, *Damon und Phintias. Die Lehre gewann großen Einfluß auf die Ethik (*Empedokles) und die Fachwissenschaften (Mathematik und Musiktheorie). Platons Jenseitsvorstellungen (Seelenwanderung und Unterweltsstrafen) und seine Zahlenmystik gehen auf P. zurück. Im 1. Jh. v. Chr. bemächtigte sich der Neupythagoreismus des durch die Legende verklärten Bildes des Meisters. Noch die Neuplatoniker Porphyrios und Iamblichos schrieben P.- Biographien. Die unter dem Namen P. überlieferten Werke, z. B. die von *Hierokles (2) kommentierten *Goldenen Worte* (*Gnomen), gehören alle nachchristlicher Zeit an.

TÜ: Vorsokr. Pythagoreer: AMaddalena, I Pitagorici, 1954. MTimpanaro Cardini, 1958–64. HThesleff, The Pythagorean writings of the Hellenistic Period, 1965. *Briefe:* TÜK: AStädele, 1980. *Goldene Worte:* T: EDiehl, Anthologia lyrica I, 1936. K: ICThom, Leiden 1995. – Biogr.: *Diogenes Laertios (TK: Delatte, 1922). *Iamblichos (1). – KvFritz, Pythagorean politics, New York 1940. Raven, Pythagoreans and Eleatics,

Cambridge 1948. EFrank, Plato und die sog. Pythagoreer, 1923. WBurkert, Weisheit und Wissenschaft, 1962. CJdeVogel, P. and early Pythagoreanism, 1966. BLvanderWaerden, Die Pythagoreer, 1979.
2. P. von Rhegion, Plastiker (Erzgießer) des frühen 5. Jh. v. Chr.

Pytheas von Massalia unternahm ca. 325 v. Chr. eine Entdeckungsreise der Küste Spaniens und Galliens entlang bis zu den Shetland- und Orkneyinseln und gab die erste Beschreibung des europäischen Nordens. Sein Bericht *Über den Okeanos* wurde im Altertum zu Unrecht vielfach angezweifelt. Das Buch ist nicht erhalten.
Zeugnisse über P.: T: HJMette, P. v. M., 1952. Ü: DStichtenoth, 1959. – RGüngerich, Die Küstenbeschreibung in der gr. Literatur, 1950. MNinck, Die Entdeckung Europas durch die Griechen, Basel 1945. ChFHawkes, P.: Europe and the Greek explorers, Oxford 1977.

Pytheos, Architekt im 4. Jh. v. Chr., baute den Athenetempel von *Priene, den Zeustempel von *Labraunda, und arbeitete am *Mausoleum von Halikarnass mit.

Pytho, Ort des faulenden Gesteins (?), der ältere Name von *Delphoi. Man erklärte ihn entweder von gr. *pythésthai* (erfragen, vgl. den Namen Pythia der orakelgebenden Priesterin) oder von *pýthein* (faulen lassen), weil die von Apollon getötete Pythonschlange dort verwest sei.

Q

Quaden, ein germanischer (suebischer) Stamm, Verbündete der *Marcomannen. Neben deren böhmischem Reich siedelten sie in Mähren und teilten ihr geschichtliches Schicksal (Herrschaft des Q.-königs Vannius über beide Völker nach dem Sturz des Marbod 19 n. Chr., *Marcomannenkriege). In der Völkerwanderung zog ein Teil der Q. mit den Vandalen nach Spanien und errichtete dort ein suebisches Königreich.

Quadriga (klassisch lat. *quadrigae* aus *quadri-iugae* [*equae*], 4 ins Joch *[iugum]* geschirrte Pferde; gr. *téthrippon*), das Viergespann und der klassische, von 4 Pferden gezogene Rennwagen, wie er z. B. in Olympia und im röm. Circus gefahren wurde. Mit einem weißen Viergespann fuhr in Rom Caesar als Triumphator; später war dies wie die übrigen Triumphabzeichen ein Vorrecht des Kaisers. Die Q. diente auch als Krönung von Baudenkmälern, zuerst beim *Mausoleum in Halikarnass, dann besonders auf *Triumphbogen.

Quadrigarius, Quintus Claudius, röm. Historiker, 1. Hälfte 1. Jh. v. Chr., schrieb eine Geschichte Roms von 390 v. Chr. bis in seine Gegenwart. Livius benutzte ihn als Quelle.
T (Frg.): Peter (*Geschichtsschreibung).

Quaestor (Untersucher), röm. Beamter, ursprünglich Untersuchungsrichter, in histor. Zeit Finanzbeamter. Die Quaestur war die erste Stufe der Ämterlaufbahn. Mit ihr erhielten die Söhne der senatorischen Familien (**Nobiles*) den Sitz im Senat. Q. amteten in den städtischen Verwaltungen; auch jedem Feldherrn und Statthalter war ein Q. als Kriegskommissar beigegeben.
KLatte, Kleine Schriften, 1968, 359ff.

Querolus (Der Jammerfritz), eine lat. Komödie in Prosa aus dem 4. Jh. n. Chr. Der Verfasser ist unbekannt. Das Handlungsschema (ein in einem Tonkrug versteckter Schatz wechselt in abenteuerlicher Weise die Besitzer) begegnet zuerst in den Frg. der Komödie *Hydria* des *Menandros. Im Mittelalter galt der Q. als ein Stück des *Plautus, zusammen mit einer vermutlich zur selben Zeit entstandenen, heute verlorenen Komödie *Geta*. Beide regten zu altfranzösischen Nachdichtungen an.
T: GRanstrand, Göteborg 1951. TÜ: WEmrich, 1965. CJacquemard-Le Saos, 1994 (Budé). – KGaiser, Menanders Hydria, eine hellenistische Komödie und ihr Weg ins lat. Mittelalter, 1977.

Quintilianus, M. Fabius, aus Calagurris (Spanien), ca. 35-96 n. Chr., der erste staatlich besoldete Lehrer der Rhetorik in Rom. Sein Ruhm als Professor trug ihm den Titel eines Consulars ein. Er erhob Cicero und seinen Stil der wohlausgewogenen, harmonisch gebauten Satzperioden wieder zum Ideal des röm. Redners, im Widerspruch zu der Mode der kurzen, abgehackten und pointierten Sätze. Im Alter schrieb Q. einen *Lehrgang der Beredsamkeit* in 12 Büchern. Über das reine Fachwissen hinaus will er den ganzen Menschen bilden. Das 10. Buch enthält eine kurze gr.-röm. Literaturgeschichte. – Die unter Q.s Namen überlieferten *Declamationes* gestatten einen Einblick in den damaligen Schulbetrieb. Man nahm einen phantastischen, möglichst absonderlichen Rechtsfall an und ein ebenso phantastisches Gesetz, nach dem er zu beurteilen wäre. Die Schüler wetteiferten dann, für oder gegen zu plädieren. An diesen lebensfremden Schemen übte man Scharfsinn und formale Sprachkunst in völligem Leerlauf des Geistes (*Seneca 1). Q. selbst lehnte diese Methode ab. Die eine Sammlung von 19 ausgeführten Declamationen ist sicher unecht. Die andere mit 145 Themen, deren Ausführung nur skizziert ist, hat vielleicht ein Hörer nach seinen Notizen publiziert.

Institutio: T: LRadermacher, 1907-35 (Nachdr. 1971, Tb). MWinterbottom, 1970 (Oxf.Cl.). TÜ: HRahn, 1988. JCousin, 1975-80 (Budé). TK: GLSpalding-Zumpt, 1798-1829. *B.1:* FHColson, Cambridge 1924. *B.3:* JAdamietz, 1966. *B.10:* WPeterson, Oxford 1903. *B.12:* RGAustin, Oxford 1953. – *Decl.:* T: DRShackleton Bailey, 1989 (Tb). TK: MWinterbottom, Berlin 1984. Unechte: T: LHåkanson, 1982 (Tb). Ü: LASussman, 1987. – GKennedy, Q., New York 1969. OSeel, Q. oder die Kunst des Redens und Schweigens, 1987 (dtv).

Quintus Smyrnaeus verfaßte im 4. Jh. n. Chr. ein gr. Epos *Fortsetzung Homers* in 14 Büchern, eine sehr trockene und poesielose Versifizierung der an die *Ilias* anschließenden Sagen.

T: FVian, 1963-69. TÜ (engl.): Way (Loeb L.). K (*B.12*): MCampbell, Leiden 1981. Ü: OS.

Quirinus. Neben dem gemeinsamen obersten Gott Iuppiter verehrten im frühen Rom die latinischen Siedler auf dem Palatin ihren Gott Mars, die sabinischen auf dem Quirinal den Q. Den Kult vollzogen die drei obersten Priester (*Flamines maiores*): *Flamen Dialis* (des Iuppiter), *Flamen Martialis* und *Flamen Quirinalis*. Auch die Kriegs-Priesterschaft der **Salii* war geteilt in die palatinischen Salier des Mars und die agonensischen oder collinischen des Q. Die Kulte bestanden fort, auch nachdem die etruskische Königsdynastie der Tarquinii der Einheit Roms durch die Verehrung der Dreiheit *Iuppiter, Iuno, Minerva* auf dem Capitol ein Zeichen gesetzt hatte. Das Fest der *Quirinalia* (am 17. Februar) verlor an Bedeutung. Später erklärte man Q. für den vergötterten Stadtgründer Romulus. Der niedergebrannte Q.-tempel wurde von Augustus wiederhergestellt.

DPorte, Romulus-Q., in ANRW II 17, 1 (1981) 300-42.

Quiriten, amtliche Bezeichnung der röm. Bürger. Nach der röm. Überlieferung waren die Q. die Sabiner aus der Stadt *Cures*, die unter Titus Tatius den Quirinal besiedelten. Die Gesamtbürgerschaft sei daher *Qui-*

rites Romani, Q. und Römer, genannt worden. In historischer Zeit bedeutete das Wort Bürger, Zivilist, im Gegensatz zu den Soldaten der Legionen. Als 47 v. Chr. Caesars Veteranen kriegsmüde waren und sich weigerten, nach Africa zu folgen, redete Caesar sie statt des gewohnten *Commilitones* (Kameraden!) an : «Q. » Mit dem einzigen Wort erklärte er sie so für entlassen. Das wirkte derart, daß die Meuterer nun ihrerseits Caesar mit Bitten anhielten, er möge sie doch in den Feldzug mitnehmen.

R

C. **Rabirius** wurde 63 v. Chr. eines 37 Jahre früher angeblich begangenen Staatsverbrechens angeklagt nach uraltem, längst außer Gebrauch gekommenen Verfahren *(perduellio)* und vom Consul Cicero mit Erfolg verteidigt. Es handelte sich um einen rein politischen Prozeß, mit dem Caesar und seine Anhänger die Optimaten des Senats treffen wollten. – Sein Adoptivsohn C.R. Postumus geriet als Bankier durch Riesenkredite an König *Ptolemaios Auletes an den Rand des Bankrotts. Cicero verteidigte auch ihn in einem mit diesen Geschäften zusammenhängenden Prozeß.

Raetia, das Gebiet vom obern Rheintal bis zum Piavetal, wurde 15 v. Chr. zusammen mit dem nördlichen Alpenvorland bis zur Donau (*Vindeliker) von Drusus und Tiberius in erbitterten Kämpfen unterworfen. Dann wurden beide Gebiete mit dem Wallis zu einer röm. Provinz zusammengefaßt, die Claudius mit dem Gebiet der Vindeliker vereinigte. Im 4. Jh. ging R. II (nördlich des Bodensees) an die Germanen verloren. In das Alpengebiet von R. I drangen sie nur langsam vor; die romanisierten Raeter behaupten ihre aus dem Latein sich fortsetzende Sprache bis heute.
T: LVoit, R. Latina, Quellenlesebuch, 1959. – *Helvetier. *Vindeliker. RHeuberger, R. im Altertum und Frühmittelalter, 1932 (Nachdr. 1972). FSchön, Der Beginn der röm. Herrschaft in R., 1986. BOverbeck, R. zur Prinzipatszeit, 1977, in ANRW II 5,2. GWalser, Die röm. Straßen und Meilensteine in R., 1983.

Rätsel waren eine der beliebtesten Unterhaltungen beim *Symposion und von jeher im gr. Volke als Wettstreit des Geistes geübt, nach gr. Muster auch bei den Römern. Der greise Homer soll aus Gram gestorben sein, weil er ein R. nicht lösen konnte. Die Fischerjungen hatten ihm auf die Frage, was sie auf See gefangen hätten, geantwortet: «Was wir fingen, das ließen wir draußen; was wir nicht fingen, das bringen wir mit.» (Sie hatten sich gelaust.) *Sphinx. – Es gab auch eine Dichtung, die ihren Sinn hinter R.-worten erraten ließ *(griphos):* Am ältesten die Verse des delphischen Orakels; in hellenistischer Zeit ein ganzes Epos *Alexandra* des *Lykophron. – Etwas anderer Art sind die Zahlen-R. *(Isópsepha)* der Kaiserzeit: Da die gr. Buchstaben zugleich Zahlzeichen waren, konnte man die Buchstaben eines Wortes oder Satzes addieren. Folgendes wurde über Kaiser Nero herumgeboten: *Neron* ergibt die gleiche Summe wie der gr. Satz: «Er hat die eigene Mutter ermordet», nämlich 1005. – Auf eine antike Verrätselungsmethode geht die Sitte zurück, Abkürzungswörter aus der Zusammenfügung der Anfangsbuchstaben zu bilden: Die Christen wählten als ihr Geheimsymbol den Fisch, weil die Anfangsbuchstaben von gr. *Iesus Christos theu (h)yios soter* (Iesus Chr., Gottes Sohn, Retter) das gr. Wort *Ichthys* (= Fisch) er-

gaben. In spätantiken Gedichten ergeben oft die Anfangsbuchstaben der Einleitungsverse den Namen des Verfassers *(Akrostichis)*.
ROhlert, R. und R.-spiele der alten Griechen, 1912.

Raudii Campi, das Schlachtfeld bei Vercellae, wo Marius 101 v. Chr. die *Kimbern vernichtete.

Raurici, keltischer Stamm am Rhein bei Basel, mit den *Helvetiern von Caesar besiegt. Hauptort: *Augusta Raurica.
ThBurckhardt-Biedermann, Die Kolonie Augusta Raurica, ihre Verfassung und ihr Territorium, Basel 1910. RFellmann, Basel in röm. Zeit, 1955.

Ravenna, in der Kaiserzeit der Hafen der Adriaflotte. Augustus ließ durch einen Kanal einen Mündungsarm des Po nach R. leiten. Der Küstensaum wuchs durch Anschwemmungen von der See her, so daß die Stadt nicht mehr am Meere lag. Seit 404 n. Chr. war R. kaiserliche Residenz (*Placidia); hier hielt der Ostgotenkönig *Theoderich seinen Hof (Belagerung *Odoakers). Bauten: Grabmal des Theoderich, Palastkirche, später S. Apollinare Nuovo genannt, Baptisterium der Arianer. Aus der Zeit der byzantinischen Statthalter (seit 540) stammen die berühmten Mosaikbilder Iustinians und der Kaiserin Theodora in der Kirche San Vitale und die Kirche S. Apollinare in Classe. Die Kirchenbauten, Mosaiken und *Sarkophage sowie der Bischofsthron des Maximianus (546-556) gehören zu den bedeutendsten spätantiken Kunstdenkmälern.
FWDeichmann, R., Hauptstadt des spätantiken Abendlandes, 1969-89. GSusini, Storia di R. 1, Venezia 1990. LvMatt- GBovini, R., 1979.

Recht. – 1. Wie den Griechen die politische Einheit fehlte, so war auch das in den einzelnen Stadtstaaten geltende R. verschieden. Eine Systematik und Rechtswissenschaft im strengen Sinne entwickelten sie nicht. Das geltende R. führte man auf bestimmte Gesetzgeber (Minos, Rhadamanthys, Lykurgos, Drakon, Solon, Charondas, Zaleukos, die 7 Weisen) zurück. Neue Gesetze wurden von der Volksversammlung angenommen oder von den Regierungen erlassen. Am besten kennen wir das R. in Athen (*Heliaia) durch die Gerichtsreden der großen attischen Redner und das von *Gortyn durch eine Inschrift. Die Vielzahl autonomer Staaten führte zu reicher Ausbildung des zwischenstaatlichen R. (*Rhodos).
JHLipsius, Das attische R., 1905-15. EWolf, Gr. Rechtsdenken, 1950-70. EBernecker, Zur gr. R.-geschichte 1968 (WdF). JWJones, The law and legal theory of the Greeks, 1956. AArnaldi, Diritto greco antico, Milano 1982. RSealey, The justice of the Greeks, Ann Arbor 1994. – T: Staatsverträge des Altertums (Bd 2, HBengtson, 1962; 3, HHSchmitt, 1969).
2. Die Römer sind die wirklichen Begründer der Rechtswissenschaft. In ältesten Zeiten war die Kenntnis der Gesetze wie die des Prozeßverfahrens den patrizischen Priestern vorbehalten. Durch die **12 Tafeln* wurden ca. 450 v. Chr. die Gesetze veröffentlicht, die Prozeßformeln

erst 312 v. Chr. durch Flavius (*Appius 2). Ti. *Coruncanius, Pontifex maximus 254 v. Chr., wurde der erste öffentliche Rechtslehrer. Außer dem Gewohnheitsrecht, dem als *mos maiorum* (Vätersitte) hoher Wert beigemessen wurde, und den Beschlüssen der Volksversammlung (*leges rogatae* und *plebis scita*) und des Senats (*Senatus consulta*, abgekürzt SC) war das **Edictum* der Praetoren eine Hauptquelle des Rechts. Im Gegensatz zu den vom Volk ausgehenden Gesetzen ging das Edictum vom einzelnen Amtsträger aus (sog. *ius honorarium*), wurde also mit dessen Wechsel jährlich neu begründet, bis Hadrian den Text verbindlich festlegte *(*Edictum perpetuum)*. Streng wurde unterschieden zwischen dem *ius civile*, das nur für röm. Bürger und solche, denen es durch Staatsvertrag verliehen war, galt, und dem *ius gentium*, das auf **Peregrini* (Nichtbürger) angewendet wurde. Seit dem 2. Jh. v. Chr. entstand eine umfangreiche juristische Literatur (Auslegung, Rechtsbescheide, Abhandlungen über bestimmte Gebiete des Rechts). Die Verfasser gehörten in republikanischer Zeit der regierenden Nobilität an: S. *Aelius Catus, *Cato (1), *Manilius (1), *Rutilius Rufus, *Scaevola, Servius *Sulpicius Rufus, *Alfenus Varus. Um die Mitte des 2. Jh. v. Chr. entbrannte der Streit zwischen dem alten streng formalen Recht und einer modernen Richtung, welche verlangte, daß der Richter nach Billigkeit *(aequitas)* entscheiden solle. In dem Musterprozeß eines Curius um ein unter irrigen Voraussetzungen errichtetes Testament traten 93 v. Chr. der Jurist *Scaevola (4) für eine Entscheidung nach dem Buchstaben, der Redner *Crassus (1) für Rücksicht auf den Willen des Testators ein. Die einstimmige Entscheidung der **Centumviri* für Crassus besiegelte die Anerkennung des Billigkeitsprinzips. Vor dem Gericht waren die Parteien meist nicht durch einen Juristen vertreten: Zum Anwalt (*patronus*) suchte man einen möglichst gut rhetorisch geschulten Redner zu gewinnen. Um aber nicht durch Unkenntnis der Rechtsvorschriften Schaden zu erleiden, holte man das Gutachten *(responsum)* eines anerkannten Rechtsgelehrten *(iuris consultus)* ein, das dieser, unter Voraussetzung des vor dem Richter zu beweisenden Tatbestandes, über die Rechtslage abgab. Augustus begann damit, ausgewählten Juristen das Vorrecht zu verleihen, daß ihre *responsa* so gelten sollten, als ob er selber dahinter stände *(ius respondendi ex auctoritate principis)*. Das hatte zur Folge, daß der Richter, obwohl formell frei, sich in der Praxis an diese Gutachten hielt. Hadrian beschränkte die Entscheidungsfreiheit des Richters auf den Fall, daß widersprechende Gutachten vorlägen. Die *responsa*-Sammlungen berühmter Juristen wirkten als Muster fort. Sie waren wie die Gesetze eine Quelle geltenden R. s. Als weitere R.s-quelle kamen die Verfügungen der Kaiser hinzu. Die als Richter amtierenden Beamten umgaben sich mit einem Kreis von Beratern (*consilium*), zu dem vorzugsweise Juristen herangezogen wurden. Spätestens seit Hadrian war die Anwesenheit eines Fachjuristen im Beirat vorgeschrieben. Im *consilium* des obersten Richters, des Kaisers, übten besonders seit Traian und Hadrian Juristen einen die höchsten Entscheidungen mitbestimmenden Einfluß. Zu Beginn der Kaiserzeit traten 2 R.s-Schulen hervor, die Sabinianer, die an Ateius *Capito anknüpften und Masurius *Sabinus, *Cassius, *Iavolenus, *Iulianus sich zuzählten, und die *Proculianer, die von *Labeo ausgingen und außer Proculus zu ihren Zierden *Neratius Priscus und *Celsus rechneten. Der Gegensatz der beiden Schulen verlor sich im 2./3. Jh. n. Chr., der Zeit der großen klassischen Juristen *Pomponius, *Gaius, *Papinianus, *Paulus (3), *Ulpianus. Die Schriften der 5 angesehensten klassischen Juristen wurden durch das Zitiergesetz von 426 n. Chr. für rechtsverbindlich erklärt. Der Unterricht in der Rechtskunde ging in republikanischer Zeit so vor sich, daß die Schüler sich einem anerkannten Juristen anschlossen, ihm bei seinen Geschäften zuhörten und von ihm im Gespräch eingeführt wurden. Die Ausbildung blieb auch in der Kaiserzeit noch lange privat. Doch wurde für höhere Ämter der Staatsverwaltung mehr und mehr die juristische, nicht bloß rhetorische Bildung gefordert. Um 460 führte Kaiser Leon im Ostreich eine juristische Zulassungsprüfung für den Anwaltsstand ein. Im Westreich blieb es beim alten, so daß hier weiterhin rhetorisch geübte Anwälte neben Fachjuristen als Gutachtern und Beratern standen. Die berühmtesten Studienorte waren im Osten Berytos, im Westen Rom; später trat Konstantinopel neben sie. Erst 425 wurden staatlich besoldete Professuren der Rechtswissenschaft eingerichtet. *Theodosius II. unternahm es, die kaiserlichen Gesetzeserlasse *(Constitutiones)* seit Constantin d. Gr. zu sammeln. Das Ergebnis, in dem sich der Gesamtplan allerdings nur zum Teil verwirklichte, war der *Codex Theodosianus* (438 n. Chr.). Die endgültige große Sammlung des röm. Rechts im *Corpus iuris* erfolgte erst unter *Iustinianus (529). Schon vorher hatten die auf röm. Boden sich ansiedelnden Germanen begonnen, sich eigene Gesetzbücher zu schaffen nach röm. Muster und indem sie manche röm. Rechtssätze übernahmen: *Lex Visigothorum* (Westgoten), *Edictum Theoderici* (Ostgoten unter Theoderich d. Gr), *Lex Burgundionum*, *Lex Salica* (Franken). Das röm. R. wurde Vorbild aller späteren Nationalrechte der Völker europäischer Kultur.

T: CGBruns, Fontes iuris Rom., 7.A. 1909-12. Fontes iuris Rom. anteiustiniani, 2.A. ed. SRiccobono u. a., Firenze 1941-43. OLenel, Palingenesia iuris civilis, 1889; ders., Edictum perpetuum, 3.A. 1927. *Gaius. *Theodosius (2). *Iustinianus. TK: DFlach, Die Gesetze der frühen röm. Republik, 1994. – ThMommsen, Röm. Staatsr., 1887; ders., Röm. Strafr., 1899. MKaser, Röm. Privatr., 2.A. 1971-75; ders., Röm. Zivilprozessr., 1966. FSchulz, Geschichte der röm. Rechtswissenschaft, 1961. WKunkel, Röm. Rechtsgeschichte, 12.A. 1990; ders., Herkunft und soziale Stellung der röm. Juristen, 1967. MBretone, Geschichte des röm. R., 1992. LWenger, Die Quellen des röm. R., 1953.

Redner. – 1. 10 attische R.: *Kanon. – 2. *Rhetorik.

Regillus lacus, kleiner See bei Tusculum, wo die Römer 496 v. Chr. über die Latiner siegten.

Regulus. – 1. M. Atilius R., cos. 267 und 256 v. Chr., führte im 1. *Punischen Krieg die röm. Landungstruppen nach Africa, nachdem er einen Seesieg bei Eknomos errungen hatte. Doch war er außerstande, Karthago zu nehmen. Er wurde bei Tunes besiegt und gefangen. Nach einer späteren patriotischen Legende schickten ihn die auf Sizilien geschlagenen Karthager 251 nach Rom, um gegen Freilassung der gefangenen Römer einen Frieden zu erwirken. Doch ohne an sich selbst zu denken, sprach R. im Senat mannhaft gegen die Annahme des Angebotes. Er kehrte nach Karthago zurück, wohl wissend, daß seiner dort ein grausamer Martertod wartete (Horaz, *Ode* 3, 5). – 2. M. Aquilius R., röm. Senator, ein berüchtigter Denunziant unter Nero und Domitian, von *Martialis umschmeichelt, bitter getadelt von *Plinius (2).

Religion. – 1. Griechen: Die Götterwelt, die uns im ältesten Werk der gr. Literatur, dem Epos Homers, entgegentritt, ist als *homerische R.* bis gegen das Ende des Altertums anerkannt geblieben. Sie ist bereits das Ergebnis einer langen vorhistorischen Entwicklung. Von ihren Göttern ist allein der Himmelsgott Zeus sicher urindogermanisch. Die meisten Götter aber haben die einwandernden Griechen als Landesgötter der vorgr. Bevölkerung angetroffen und übernommen. Auf dem Festland fanden sie Poseidon, Hera (in Argos) und Hermes vor. Sehr stark war der Einfluß der überlegenen alten Kultur Kretas: Athene ist kretische Schildgöttin gewesen. Viele Götter kamen aus Kleinasien, vor allem Apollon, Aphrodite aus Kypros, Ares aus Thrakien. – Von der sehr vielfältigen urgr. R. ist die R. Homers nur ein Ausschnitt, nämlich die R. der ritterlichen Herrenschicht. In ihr erscheinen die Götter in menschlicher Gestalt, während sie sich der Volksglaube noch oft in Tiergestalt vorstellte. Die Göttersagen erhielten ihre feste, für spätere Zeiten gültige Prägung. Wie die Könige auf ihren Burgen, lebten die Götter im Olymp ein glücklich-heiteres Leben. Das einseitige Bild Homers ergänzt Hesiod, indem er die Götter der Bauern hinzutreten läßt, vor allem die Erdgöttinnen Ge und Demeter. – Die homerischen Götter rührten nicht an die Seele des Menschen. Dem Drang, in gläubiger Hingabe an den Gott Erlösung zu finden, entsprachen sie nicht. Doch lebte diese Sehnsucht auch im gr. Volke, und als der ekstatisch-rauschhafte Kult des Dionysos von Thrakien her eindrang, feierte er einen beispiellosen Siegeszug. Es gelang schließlich, den jede Ordnung durchbrechenden Sturm zu bändigen, indem man Dionysos in den öffentlichen Kult aufnahm: Apollon räumte ihm einen Platz in Delphi ein. Eine wirkliche R. des Jenseitsglaubens mit der Gewähr eines glücklichen Fortlebens der Seele nach dem Tode entwickelte sich aus den alten Mysterien der *Demeter in Eleusis. Noch einmal überflutete eine Welle mystischen Erlösungsglaubens Griechenland im 6. Jh. v. Chr., die *Orphik. – Früh setzte die Kritik des Denkens gegenüber der homerischen R. ein. Xenophanes und Herakleitos, später Euripides, tadelten als Ethiker die unsittlichen Handlungen der Götter in den Sagen. Pindar, Aischylos, Platon bildeten als fromme Lehrer die religiösen Vorstellungen um in einer Weise, daß die aus primitiven Anfängen hervorgewachsene R. sich siegreich auch als Glaube der aufgeklärten Zeit behauptete. Zugleich begannen schon seit dem 5. Jh. und in steigendem Maße im Hellenismus viele weitere fremde Kulte einzudringen und sich mit den alten zu vermengen (**Synkretismus*). In der an jähen Schicksalswechseln reichen Zeit des Hellenismus nahm die Glücksgöttin *Tyche den ersten Platz ein.

2. Römer: Die älteste röm. R. ist die eines Bauernvolkes. Charakteristisch sind die vielen Sondergötter für alle vorkommenden Spezialfälle. Wenn z. B. die Arvalbrüder einen Baum aus dem heiligen Hain entfernten, wurden angerufen *Deferunda* für das Herunterholen, *Commolenda* für das Zersägen, *Coinquenda* für das Hacken, *Adolenda* für das Anzünden des Holzes. Italische Stämme hatten ihre Stammesgötter, oft in Tiergestalt (Faunus = Wolf, Picus = Specht). Sehr früh stand die röm. Staats.-R. unter etruskischem Einfluß; in dem von dort Überkommenen steckte wiederum mittelbar viel Griechisches. Ins Ende der Etruskerzeit (gegen 500) gehört vor allem die capitolinische Dreiheit *Iuppiter Iuno Minerva*. In älterer Zeit verehrte in Rom die latinische Volksgruppe den Mars, die sabinische den Quirinus, neben dem allen gemeinsamen Iuppiter. Früh wurden auch direkt gr. Kulte aus den Griechenstädten Campaniens eingeführt, zuerst Apollon aus Cumae, später *Ceres (Demeter), Liber (Dionysos) und Libera (Kore). So stimmen in historischer Zeit die röm. Götter mit den gr. im Wesen weitgehend überein. Gr. Künstler schufen die Statuen in den röm. Tempeln. – Eine Eigenart der röm. R. blieb indes stets ihre offizielle Rolle im Staatsleben. Die Priester waren vom Staat bestellt. Keine Staatshandlung konnte in gültiger Form erfolgen ohne die vorgeschriebenen religiösen Zeremonien (*Mantik). Das Verhältnis zu den Göttern war als *commercium* (Handel) gedacht: Die Götter haben ihren tabuierten Machtbereich; doch kann der Mensch sie zu Konzessionen bewegen, wenn er sie durch Opfer entschädigt und die sakralen Rechtsformen bei dem Geschäft einhält. Nur so darf z. B. die den Göttern gehörende Wildnis als Kulturland in Menschenbesitz übergeführt werden; der Priester muß den Siedlern den Weg bahnen und heißt deshalb *Pontifex* (pons im urspr. Sinn = der ein Hindernis überschreitende Weg). Erweist der Römer den Göttern als übergeordneten Mächten die schuldigen Ehren und beobachtet die gesetzten Grenzen, so gewähren die Götter Frieden (*pax deorum*) und Schutz aufgrund des bestehenden Treueverhältnisses (*fides*), in genauer Analogie zum Verhalten der Römer, wenn sie ihrerseits als übergeordnete Macht (mit dem Anspruch der *maiestas populi Romani*) anderen Völkern gegenübertreten. – Mit der Ausdehnung des Weltreichs begann auch in Rom der Synkretismus. Nachdem der Staat mit der offiziellen Einholung der Magna Mater (*Kybele) von Pessinus 204 einen orgiastischen Kult aufgenommen hatte, fanden die Mysterienreligionen Eingang trotz anfänglichen Verboten: Zuerst die *Bacchanalia (186 v. Chr. unterdrückt), dann die orientalischen R. von *Isis, Christus, * Sabazios, *Mithras u. a.

RMuth, Einführung in die gr. und röm. R., 1988. MPNilsson, Geschichte der gr. R. 1, 3. A. 1967; 2, 2. A. 1961. OKern, Die R. der Griechen, 1926-38. WBurkert, Gr. R. der archaischen und klassischen Epoche, 1977; ders., Die orientalisierende Epoche in der gr. R., 1984. WNestle, Gr. Religiosität, 1930-34. WFOtto, Die Götter Griechenlands, 1947. Wilamowitz, Der Glaube der Hellenen, 1931/32. ESimon, Die Götter der Griechen, 1969 (bildl. Darst.). WJaeger, Die Theologie der frühen gr. Denker,

1953. – Wissowa, R. und Kultus der Römer, 1912 (Nachdr. 1971). KLatte, Röm. R.sgeschichte, 1967. GRadke, Die Götter Altitaliens, 1965. GDumézil, La religion romaine archaïque, 1966. RMuth, Vom Wesen röm. "religio", in ANRW II 16, 1 (1978) 290-354. PThrams, Christianisierung des Römerreichs und heidnischer Widerstand, 1992. – Mythologie: Preller-Robert, Gr. M., 1894. Roscher (s.o. S. XI). – *Feste. *Opfer. *Mantik.

Remmius Palaemon, Freigelassener aus Vicetia (Vicenza), verfaßte im 1. Jh. n. Chr. die erste umfangreiche röm. *Grammatik. Er baute die Einteilung der Declinationen und Conjugationen, wie sie Varro gegeben hatte, weiter aus und trennte dabei die Darstellung des Pronomens von der des Nomens, welches er nach den verschiedenen Formen des Genetiv sing. in 4 Klassen einteilte (nicht wie Varro nach dem Nominativ). Aus späterer Verbindung mit dem Schema Varros ergaben sich die heute üblichen 5 Declinationen. Sueton schildert R.P. als höchst eitlen und lasterhaften Menschen.
KBarwick, R.P. und die röm. ars grammatica, 1922.

Repetundenprozeß. Gegen röm. Beamte, die sich in den Provinzen widerrechtlich bereichert hatten, war eine Rückforderung möglich durch die *actio repetundarum (pecuniarum)*. 149 v. Chr. wurde dafür durch die *Lex Calpurnia* ein ständiger Gerichtshof eingesetzt. Die Gesetzesbestimmungen wurden mehrfach erneuert und geändert. Zuerst war nur einfache Rückerstattung vorgesehen. Die inschriftlich erhaltene *Lex Acilia* aus dem J. 123 oder 122 v. Chr. führte in senatorenfeindlicher Absicht die Erstattung des doppelten Betrags als Strafe ein; der Volkstribun *Acilius (3) hatte sie gewiß auf Betreiben seines Amtskollegen C. Gracchus durchgesetzt. Caesar erließ in seinem Consulat 59 v. Chr. ein sehr strenges Repetundengesetz, das fortan gültig blieb. Das in ihm verhängte Strafmaß ist nicht überliefert. Dennoch waren die schwersten Erpressungen von seiten der Statthalter die Regel, die Richter gegenüber den angeklagten Standesgenossen selten zur Strenge geneigt. *Verres. Das besserte sich erst in der Kaiserzeit.
Balsdon, The history of the extortion court at Rome 123-70 B. C., 1938. Pontenet de Fontette, Leges repetundarum, Paris 1954. WEder, Das vorsullanische R.-verfahren, Diss. München 1969.

Rhadamanthys, Sohn des Zeus und der Europa, Bruder des *Minos, nach der Sage ein gerechter König und weiser Gesetzgeber von Kreta. Er herrscht weiter als Totenrichter im Elysion. R. ist eine vorgr. Gottheit gewesen.

Rhamnús, Ort in Attika mit Heiligtum der *Nemesis. Der um 430 erbaute Tempel blieb unvollendet, wie die erhaltenen unkannelierten Säulenreste zeigen. Das Kultbild schuf *Agorakritos. *Chairestratos.
MMMiles, A reconstruction of the temple of Nemesis at Rh., Athen 1989 (Diss. Princeton).

Rhapsoden trugen, von Ort zu Ort wandernd, an den gr. Festversammlungen die Gedichte Homers und der alten Epiker vor, fügten diesen gelegentlich Verse zu und dichteten auch eigene Werke. Der Stab *(rhâbdos)* war ihnen, wie den Königen das Szepter, ein Wahrzeichen höherer Würde. In der *Odyssee* singt noch der Sänger *(Aoidós)* am Hofe das Heldenlied; der Übergang zu der rezitativen Vortragsweise des R. geschah eben in Homers Zeit. Schon ein Jh. später begann sich die gr. Prosaliteratur zu entfalten. Der R.-vortrag blieb als Einleitung der Feiern, aus deren Mittelpunkt ihn die Festreden verdrängt hatten, bis in nachchristl. Zeit üblich.

Rhea. – 1. *Kybele. – 2. R. Silvia oder Ilia, die Stammutter der Römer. Der Gott Mars zeugte mit ihr Romulus und Remus. Zur Strafe dafür, daß sie als Vestalin das Gebot der Jungfräulichkeit verletzt hatte, ließ sie König Amulius in den Tiber werfen. Doch der Flußgott nahm sie als seine Gemahlin auf. Der Sage hatte *Ennius im 1. Buch der *Annalen* die gültige Gestalt gegeben.

Rhegium, südital. Stadt (Reggio Calabria) an der Meerenge von Messina, ca. 717 von Chalkis aus gegründet. Später zogen vertriebene Messenier zu, so daß die Bevölkerung vorwiegend dorisch war. Heimat des *Ibykos. Seit 270 v. Chr. mit Rom verbündet, bewahrte R. sein Griechentum bis in die Kaiserzeit.
GVallet, Rhégion et Zancle, 1958. PLarizza, Rh. Chalcidense, Roma 1905 (Nachdr. 1987).

Rhenus, der Rhein, wurde, nachdem Caesar den von Osten her vordringenden Germanen erfolgreich entgegengetreten war (zweimaliger Rheinübergang, Brückenschlag), die Grenze des romanisierten Galliens. Doch wurden im Laufe des 1. Jh. n. Chr. weitere Germanenstämme (z. B. *Ubier) auf dem Westufer angesiedelt und damit ins röm. Imperium aufgenommen. Am Oberrhein schloß der Limes seit Domitian die sog. *agri *decumates* (Baden-Württemberg) ein, so daß der Fluß beidseitig röm. war. Flußauf- und abwärts war der Handelsverkehr gering; um so reger ging er über den Fluß hin- und herüber.
HvPetrikovits, Das röm. Rheinland, 1960. Römer am Rhein, Köln 1967 (Ausstellungskatalog). ODoppelfeld-HHeld, Der Rhein und die Römer, 1970. WSchönhofen, Auf den Spuren der Römer im Rheinland, 2.A. 1987 (DJH-Wegweiser).

Rhesos, Thrakerkönig, der den Troern zu Hilfe zog, aber während der Nachtruhe von Diomedes und Odysseus überfallen wurde. Diese töteten ihn und seine Mannen und entführten seine weißen Pferde. *Homer, *Ilias* 10 (Dolonie). Pseudo-*Euripides, R. (TÜ: DEbener, 1966).

Rhetorik. Der Beredsamkeit kam im Altertum höchste Bedeutung zu als dem Mittel für den Politiker, die Volksmenge zu gewinnen, und als der Waffe vor Gericht, wo jeder selbst zu reden hatte, da es Rechtsanwälte im heutigen Sinne nicht gab. Deshalb suchte man eine lehrbare Theorie dieser Kunst zu schaffen. Zu Beginn des 5. Jh. v. Chr. verfaßten auf Sizilien Korax und Teisias das erste Lehrbuch der R. *Gorgias von Leontinoi brachte 427 die neue Technik nach Athen, wo sie alsbald große Triumphe feierte. Er definierte die R. als *Peithus demiurgós* (Handwerksmeisterin, die Überredung schafft). Gegen die einseitige Entwicklung der technischen Redefertigkeit wandte sich Platon, indem er verlangte, daß die Rede Wahrheit enthalte, d. h., daß der Redner philosophisch gebildet sei. Zunächst drang diese Forderung nicht durch. *Isokrates, der anerkannteste Lehrer der R. in Athen, hielt an der formal-äußerlichen Rednerschulung fest. Ein Bild davon gibt die fälschlich unter den Werken des Aristoteles überlieferte *R. an Alexandros.* In Nachfolge Platons schrieb dagegen *Aristoteles seine R. in 3 Büchern. Das Werk verdrängte die praktisch-technischen Lehrbücher nicht. Es war zwar imstande, die R. zum Pflichtfach des Philosophen, aber nicht, die Philosophie zum Pflichtfach des Rhetors zu machen. Doch stand seither die Einteilung in die 3 Redegattungen, Volksrede, Gerichtsrede und Lobrede, fest. Des Aristoteles Nachfolger *Theophrast behandelte die Stillehre und unterschied den erhabenen, mittleren und niederen Stil. Aus ihm schöpft die zu Unrecht *Demetrios von Phaleron zugeschriebene Schrift *Über den Stil.* In der Folgezeit waren Pergamon und Rhodos (*Molon) die Hauptpflegestätten der R. Der Streit zwischen Asianismus und *Attizismus ging zugunsten des letztern aus. Um 200 v. Chr. brachte *Hermagoras die Schul-R. in das starre System seiner Statuslehre. Wie hochentwickelt nach so langer Pflege das Stilgefühl war, erkennen wir an den Werken des *Dionysios von Halikarnassos (unter Augustus) und des unbekannten Autors der Schrift *Über das Erhabene* (Pseudo-*Longinos), beides Muster feinsinnigen ästhetischen Urteils.

Um die Mitte des 2. Jh. v. Chr. fand die R. auch in Rom Eingang. Die beiden Gracchen, in Rhodos gebildet, nennt Cicero, der sie als Politiker verabscheute, glänzende Redner. *Cicero selbst schrieb viele theoretische Werke über R. Kaum älter ist die unter Ciceros Namen überlieferte *R. an Herennius*, das Werk eines unbekannten Autors. Mit Überzeugung trat Cicero wieder für das Ideal der allseitigen Bildung des Redners ein: Der Redner ist ein rechter Mann, geschickt im Reden (*vir bonus dicendi peritus*). Ihm folgte *Quintilian in seinem *Lehrbuch* (95 n. Chr.), während er in einer verlorenen Schrift nach den *Gründen für die Entartung der Redekunst* fragte. Auch *Tacitus beklagte im *Dialogus* den Verfall der Beredsamkeit. War dieser Niedergang der Praxis eine Folge davon, daß mit dem Ende der Republik das freie politische Wirken des Redners aufgehört hatte, so wurde nichtsdestoweniger die Theorie in der Schule eifrig weiter gepflegt. Zwei Richtungen befehdeten sich im Rom des 1. Jh. n. Chr., die eine ausgehend von Apollodoros v. Pergamon, dem Lehrer des Augustus, der die R. auf einem System strenger Gesetze aufbaute, die andere von Theodoros von Gadara, dem Lehrer des Tiberius, der eine freiere Anwendung der Regeln nach dem Gesichtspunkt der Zweckmäßigkeit forderte. Das abschließende, für die Spätzeit dauernd maßgebende Lehrgebäude der R. stellte um 170 n. Chr. Hermogenes auf; seine Werke sind mit vielen anderen der auf ihn folgenden Zeit erhalten.

Die rhetorische Kunstprosa ist leicht an zwei äußern Formmerkmalen kenntlich: 1. Vermeidung des *Hiatus. 2. Satzschlüsse in rhythmischen

Kadenzen (Klauseln), wobei nur ganz bestimmte Versfüße (z. B. Creticus – Trochäus) gestattet waren. Auf die Literatur der hellenistischen und der Kaiserzeit hat die R. oft ungünstig gewirkt. Wie man es sagte, war wichtiger, als was man sagte. Dem Streben nach wohlklingender Form der Sätze und effektvoller Komposition der Erzählung opferten z. B. die Geschichtsschreiber bedenkenlos die Wahrheit. Das Publikum labte sich an stilistischen Kunststücklein. Auch die Dichter deklamierten mit übersteigertem Pathos (*Lucanus) oder in gesuchten Wendungen, die durch Abweichen vom natürlichen Ausdruck auffällig wirken sollten (*Persius). Gezüchtet wurde die leere Phrasenhaftigkeit in den Schulübungen der *Declamationen* (*Quintilianus, *Seneca 1): Die Schüler hatten zu gestellten Themen Reden zu halten, indem sie den Gegenstand in einer möglichst überraschend neuartigen Weise beleuchteten. Durch die Sitte, in der Rolle irgendeiner historischen oder fiktiven Person so zu reden oder zu schreiben, wie diese es getan haben könnte, bildete sich eine Kunst der Charakterisierung aus. Wir verdanken ihr die Unzahl von *Briefsammlungen* (*Briefe), in denen der Rhetor seine Sache oft so gut gemacht hat, daß wir über die Echtheit der einzelnen Briefe nicht mehr immer sicher entscheiden können.

T: Radermacher, Artium scriptores, Sitzungsber. Akad. Wien 1951 (Frg. der voraristotel. Rh.). Spengel, Rhetores Gr., 1894ff. (Tb). Neuausgabe: Rabe (noch unvollst.). Halm, Rhetores Lat. minores, 1863 (Tb). – RVolkmann, R. der Griechen und Römer, 1885 (Auszug 1901). WKroll, 1937 (= Realencyclopädie Suppl. VII). GKennedy, A History of Rh., Princeton 1963-83 (3 Bde.). ENorden, Antike Kunstprosa (2 Bde), 1915 (Nachdr. 1993). Ernesti, Lexicon Technologiae, Gr. 1795; Lat. 1797. HLausberg, Handbuch der lit. Rh., (2 Bde), 3. A. 1990. ADLeeman, Orationis ratio, 1963. JMartin, Antike R., 1974. WEisenhut, Einführung in die antike Rh. und ihre Geschichte, 5. A. 1994. MFuhrmann, Die antike Rh., 3.A. 1990. FQuadlbauer, Die genera dicendi, in Wiener Studien 71, 1958, 55-111. LPernot, La rh. de l'éloge, Paris 1993 (2 Bde.).

Rhianós von Bene, kretischer Epiker und Epigrammatiker des 3. Jh. v. Chr.: *Aristomenes. *Messenien.

T (Frg.): JUPowell, Collectanea Alexandrina, 1925 (Nachdr. 1970), 9-21.

Rhipaion oros (Riphaei montes), das Nordgebirge. Die alten gr. Astronomen und Geographen stellten sich die Erde als eine im Norden hoch, im Süden tief liegende Scheibe vor. Am Nordrand wölbte sich das unübersteigbare R.-Gebirge auf, hinter dem die Sonne unsichtbar ihren nächtlichen Lauf von West nach Ost zurücklegte. Alkman stellte es sich bewaldet vor, Spätere als in Eis starrend. Bereits Herodot überging die Kunde vom R. als unglaubhaft mit Schweigen. Doch suchte man in der Folgezeit noch oft, die verschiedensten nördlichen Gebirge in Europa und Asien mit den *Rhipaia* zu identifizieren.

Rhodanus, die Rhone, seit der Gründung Massilias (ca. 600 v. Chr.) wichtiger Handelsweg, auf dem man über Gallien mit Britannien (Zinn) und den Ostseeländern (Bernstein) verkehrte.

Rhodope, Gebirge in Thrakien.

Rhodopis, mit Geburtsnamen Doricha, aus Thrakien, um 600 v. Chr berühmte Hetäre in Naukratis (Aegypten). Charaxos, der Bruder Sapphos, kaufte sie frei; die Liebschaft bereitete der Schwester großen Kummer (Sappho 24 Diehl). Vom Zehnten ihrer reichen Einnahmen weihte R. ein seltsames Denkmal, mehrere eiserne Spieße, nach Delphi (Herodot 2, 134/5).

Rhodos, die große Insel vor der Südwestküste Kleinasiens, war in historischer Zeit von Doriern bewohnt, die sich in 3 Phylen gliederten, nach denen die Hauptstädte *Lindos, *Kamiros und Ialysos hießen. Das fruchtbare, wald- und wasserreiche R. unterhielt früh Handelsbeziehungen mit Aegypten. Von den gr. Söldnern Psammetichs, die am obern Nil in *Abusimbel ihre Namen auf den Ramseskoloß schrieben, kamen viele aus R.: *Amasis weihte einen Leinenpanzer nach Lindos. Der Tyrann Kleobulos von Lindos, Zeitgenosse Solons, wurde zu den 7 Weisen gezählt. Der vornehmste der rhodischen Aristokraten, Diagoras, ließ sich nach seinem Sieg in Olympia 464 von Pindar das Siegeslied dichten (*7. olymp. Ode*, Erzählung rhodischer Sagen). Auch seine 3 Söhne wurden Olympiasieger. R. gehörte damals zum Attischen Seebund, machte sich aber gegen Ende des Peloponnesischen Krieges selbständig: 407 schlossen sich die Bewohner zur Neugründung der gemeinsamen Hauptstadt Rhodos zusammen. Für die bauliche Anlage nahm man sich den *Peiraieus zum Muster. Der Seehandel von R. nahm seither einen noch größeren Umfang an. Den Rhodiern kommt ein entscheidender Anteil zu an der Entwicklung des Seerechts. Politisch suchte R. seine Neutralität im Interesse des Handels wo immer möglich zu wahren, ungeachtet dessen, daß Rhodier in fremden Kriegsdiensten aller Länder, daher auch öfter gegeneinander fechtend, sich hervortaten (z. B. *Memnon 2). 305/4 behauptete R. seine Freiheit gegen die denkwürdige Belagerung durch *Demetrios Poliorketes. Nach dem Sieg stellte man die Kolossalstatue des Helios von dem einheimischen Künstler *Chares auf. Auch sonst war die rhodische Kunst bedeutend: *Protogenes. **Nike von Samothrake*. *Farnesischer Stier* (*Amphion). **Laokoon*. Philosophen wie *Panaitios und *Poseidonios und die rhodische Rhetorenschule (*Molon) machten R. zum vielbesuchten Studienort, wo auch manche Römer (Ti. Gracchus, Pompeius, Cicero, Caesar, Kaiser Tiberius) sich ausbildeten. Die rhodische Diplomatie hatte es verstanden, sich mit der aufsteigenden Großmacht Rom gut zu stellen. Die durch ihre Wendigkeit unübertroffenen Kriegsschiffe von R. leisteten den Römern manchen Dienst. Trotzdem bekam R., weil es im Krieg zwischen Rom und Perseus hatte vermitteln wollen, die Ungnade der Sieger zu spüren. *Cato (1) vermochte in einer Senatsrede *Für die Rhodier* eine Kriegserklärung abzuwenden. Rom richtete den Freihafen Delos als Konkurrenz ein (166 v. Chr.), wodurch die Hafenzölle von R. schlagartig von 1 Million Drachmen auf 150 000 sanken. Immerhin dauerte der Wohlstand auf der Insel während der Römerherrschaft fort. Bis 1306 gehörte R. zum byzantinischen Reich. –

Rhodische Vasen wird nach einem der Fundorte eine Gruppe ostionischer, mit Tierfriesen geschmückter Vasen des 7./6. Jh. v. Chr. genannt. HvanGelder, Gesch. der alten Rhodier, 1900. ChKarousos, Rh., 1973. RMBerthold, Rh. in the hellenistic age, Ithaca 1984. HHSchmitt, Rom und Rh., München 1972. RSpeich, Rh., 1987 (Führer). – WSchiering, Werkstätten orientalisierender Keramik auf Rh., Berlin 1957.

Rhoikos, bedeutender Architekt und Bronzeplastiker des 6. Jh. v. Chr. auf *Samos, wo er mit *Theodoros (1) den großen Heratempel baute. Zusammen mit Theodoros soll er auch den Bronzehohlguß erfunden haben.

Riace, Fundort von 2 gr. Bronzestatuen überlebensgroßer nackter Kämpfer aus dem 5. Jh. v. Chr., die beim Schiffstransport aus Griechenland vor der kalabrischen Küste untergegangen waren. Heute im Museum von Reggio Calabria.
GFoti-FNicosia, I bronzi di R., 1981.

Ricimer, «der Kaisermacher», Sohn eines Suebenkönigs, setzte als **Magister militum* (Oberkommandant des Heeres) 456 n. Chr. Avitus, den Kaiser des Westreichs, ab und erhob Maiorianus auf den Thron. 461 ließ er diesen enthaupten und setzte nacheinander Libius Severus, Anthemius und Olybrius ein. Er starb 472, kurz nachdem er Rom mit seinen Truppen erstürmt hatte.

Ritter, die zum Heeresdienst zu Pferde Verpflichteten. Die reicheren Bürger, die den Unterhalt eines Pferdes leisten konnten, bildeten eine gehobene soziale Klasse zwischen dem einfachen Volk und der Geburtsaristokratie. – 1. In Griechenland: In Athen bildeten sie nach der Solonischen Verfassung die 2. Bürgerklasse. Im Zuge der Demokratisierung wurde sie abgeschafft; in den Perserkriegen verfügte weder Sparta noch Athen über eine Reiterei. Bald danach führte man sie in Athen wieder ein, erst 424 auch in Sparta. Zur Zeit Xenophons gab es 10 attische Reiterphylen zu je 100 Reitern, geführt von 10 Phylarchen unter dem Oberbefehl von 2 Hipparchen. – 2. Rom: Die *equites Romani* waren urspr. eingeteilt in 3 Tribus *(Ramnes, Tities, Luceres)* und in 18 Centurien. Später bildeten sie den 2. Stand nach den Senatoren, in den ein Freigeborener eintrat, wenn er mindestens 400 000 Sesterzen Vermögen besaß. Standesabzeichen waren der *clavus angustus* (schmaler Purpurstreifen an der Tunica vom Hals bis zum Gürtel) und der goldene Fingerring. – In der spätern Republik leisteten die R. normalerweise keinen Heeresdienst mehr. Sie waren, da den Senatoren Handelsgeschäfte untersagt waren, zu einem Geldadel von Geschäftsleuten, Bankiers und Großunternehmern geworden. Besonders traten sie als Steuerpächter in den Provinzen auf: Der Staat vergab das Recht, die Steuern einzuziehen, für eine feste Summe. Er konnte so von Anfang an einen sichern Betrag ins Budget einsetzen; das Risiko trug der Pächter oder die Pachtgesellschaft. Doch wurden die R. bei diesen Geschäften schwerreich. In der Kaiserzeit nahmen sie die höchsten Stellen im kaiserlichen Verwaltungsdienst ein (*Praefectus. *Procurator).

GRBugh, The horsemen of Athens, Princeton 1988. – AStein, Der röm. R.stand, 1927 (Nachdr. 1963). CNicolet, L'ordre équestre à l'époque républicaine, 1966. SDemougin, L'ordre équestre sous les Julio-Claudiens, Paris 1988; ders., Prosopographie des chevaliers romains, Paris 1992.

Robigo, röm. Gottheit des Getreiderostes, zu deren Abwehr und Versöhnung man am 25. April die *Robigalia* feierte.

Roma. Der Name der Stadt Rom hängt mit dem etruskischen Wort *rumon* (alter Name des Tiber nach dem Aeneis-K. des *Servius, 8, 63) zusammen, bedeutet also vermutlich Stromstadt. Das Gründungsdatum wurde von den röm. Historikern sehr verschieden berechnet. Schließlich setzte sich der Ansatz *Varros auf 753 v. Chr. durch. Die ältesten Spuren menschlicher Besiedlung reichen jedoch nach den neuesten Forschungen bis ins 15. Jh. hinauf. Die im 10. Jh. einwandernden Latiner siedelten zuerst auf dem *Palatin; wenig jünger war die sabinische Stadt auf dem Quirinal (*Quirinus). Etwa 700 bis 480 dauerte die etruskische Herrschaft. Unter ihr erfolgte die Zusammenfassung der Gemeinden zu der in 4 Regionen geteilten Stadt. Sie schloß in ihre Grenze (**Pomerium*) auch das Capitolium und das jetzt durch die Anlage der *Cloaca maxima entsumpfte Forum ein. Die *Etrusker gaben dem politischen und sakralen Wesen Roms für immer ihr Gepräge. Eine Brandschicht auf dem Palatin aus der Zeit um 500, auf die man bei den Ausgrabungen gestoßen ist, hat man mit der Eroberung durch Porsena in Verbindung gesetzt. 387 verheerten noch einmal die Gallier Rom. Doch der geschichtliche Aufstieg wurde dadurch nur vorübergehend unterbrochen. Bald entstand als starke Befestigung die sog. *Servianische Mauer* (dem König Servius Tullius zugeschrieben). Das Stadtbild gestalteten später die Bauten, welche Caesar begann und Augustus in großem Stile ausführte, völlig um. Der Kaiser konnte sich rühmen, er habe eine aus luftgetrockneten Lehmziegeln gebaute Stadt übernommen (auch Backsteine verwendete man erst seit Caesars Zeit) und hinterlasse eine Stadt aus Marmor. Wiederum von einschneidender Wirkung war der Großbrand, durch den *Nero Platz für sein *Goldenes Haus* gewann. Schon 80 n. Chr. verheerte aufs neue ein Brand die Stadt, die mit den vielstöckigen, immer noch großenteils aus Holz konstruierten Mietshäusern ständig von solchen Katastrophen bedroht war. Neros Luxusbauten wurden abgerissen; einen Teil ihres Platzes nahm das neue Amphitheater (sog. Kolosseum) ein. *Aurelianus. Der letzte Kaiser, unter dem große Profanbauten in Rom angelegt wurden, war *Constantin d. Gr. (Triumphbogen. Die von *Maxentius begonnene und von ihm vollendete *Basilica* am Forum, das größte gedeckte Bauwerk des Altertums). Mit der Errichtung großer christlicher *Basiliken (Lateran, Alte Peterskirche) leitete er zugleich eine neue Epoche der Bautätigkeit in R. ein. Aber die Verlegung des Regierungssitzes nach Konstantinopel 330 n. Chr. bedeutete für Rom den Anfang des Niedergangs. In den Stürmen der Völkerwanderung ging vieles durch Krieg zugrunde, noch mehr aber durch langsamen Verfall. Die verarmten und wenigen Einwohner (die frühere Großstadt hatte um 700 n. Chr. noch ihrer 30 000) waren außerstande, die Gebäude zu unterhalten. Die mittelalterlichen Namen *Campo vaccino* (Kuhfeld) für das Forum und *Monte caprino* (Geißenberg) für das Capitol reden eine deutliche Sprache.

Nach den großen Freilegungs- und Wiederherstellungsarbeiten der letzten Jahrzehnte ist alle frühere Lit. veraltet. – HJordan-Hülsen, Topographie der Stadt Rom im Altertum, 1878-1907. GLugli, I monumenti antichi di Roma e suburbio, 1931-40; ders., Roma antica, 1946; ders., Fontes ad topographiam veteris urbis Romae pertinentes (literar. Zeugnisse), 1952ff. Platner-Ashby, Topographical Dictionary of ancient Rome, London 1929. FCoarelli, Rom, 4.A. 1989. ChNeumeister, Das antike Rom, ein literarischer Stadtführer, 1991. LCurtius-ANawrath, Das antike Rom, Wien 1970 (ill.) ENash, Bildlexikon zur Topographie des antiken Rom, 1961-62 (2 Bde). OFRobinson, Ancient Rome, city planning and administration, London 1992. RBloch, Les origines de Rome, 1959. EGjerstad, Early Rome 1953ff. FWDeichmann, Frühchristliche Kirchen in Rom, 1948. GPicard, Rom, 1969.

Die Verehrung der *Dea Roma* als Gottheit der Hauptstadt kam in augusteischer Zeit im gr. Orient auf. Kaiser Hadrian stiftete 121 n. Chr. den Tempel von Venus (der Stammutter der Caesaren) und R. auf der Velia in Rom. Bis zum Ende der Kaiserzeit blieb die *R. aeterna* das Symbol römischer Größe.

T: *Lobrede auf R.*: *Aristeides (4). Melinno, *Hymnus auf R.* bei Stobaios (Anth. 3, 7, 12): EDiehl, Anthol.lyrica 2 (1942) 6, 209f. – RMellor, The goddess R., in ANRW II 17, 2 (1981) 950-1030. ChGnilka, Das Templum Romae und die Statuengruppe bei Prudentius c. Symm. 1, 215–237, in Boreas 17, 1994, 65–88.

Roman. Die Kunst der Prosaerzählung entwickelte sich im 6. Jh. v. Chr bei den ionischen Griechen Kleinasiens (*Logographen). Älter als der R. ist die Novelle, von der das Geschichtswerk *Herodots die schönsten Beispiele enthält. Noch im 2. Jh. v. Chr. blühte die Novellistik in *Milet *(Milesische Geschichten)*. R.-hafte größere Werke gibt es seit dem 4. Jh.: **Xenophons Erziehung* des Kyros. *Ktesias. Gewaltig regten dann die Züge Alexanders d. Gr. und die Wunder des Orients die Phantasie an *(Alexander-R.)*. Der älteste R. im engeren Sinne (Liebes- und Abenteuer-R.; später trat als dritter Hauptzug oft das *Bukolische hinzu) ist der *Ninos-R.* aus dem 2./1. Jh. v. Chr. (*Assyrien). Wir kennen von ihm nur Bruchstücke (TÜ: Wilcken, in Hermes 28, 1893). – Die berühmtesten R.-Schriftsteller der Folgezeit sind *Chariton (1./2. Jh. n. Chr.), *Xenophon (2), *Longos, *Heliodoros, *Achilleus Tatios, die letzteren alle im 2.-4. Jh. n. Chr. Überall wird ein Liebespaar getrennt und findet sich nach einer langen Reihe seltsamster Abenteuer wieder. Charaktere und Milieu zu zeichnen ist kaum versucht. Im 3. Jh. ist der chr. Clemensroman entstanden (*Clemens 1); er weist dieselben typischen Handlungselemente auf. Hoch über dieser Unterhaltungsliteratur stehen die beiden bekannten lat. R.: Die *Satiren* des *Petronius und die *Metamorphosen* des *Apuleius. Nach diesen Meisterwerken findet

sich auch in der lat. Lit. das Volksbuch: der *Troia-R.* von *Dares und Dictys, die *Geschichte des *Apollonios von Tyros.*
TÜ (franz.): Grimal, Romans grecs et latins, 1958. – ERohde, Der gr. R., 1914. EdSchwartz, 5 Vorträge über den gr. R., 1943. NHolzberg, Der antike R., 1986. KKerényi, Der antike R., 1971. OWeinreich, Der gr. Liebesroman, 1962. RMerkelbach, R. und Mysterium in der Antike, 1962. BEPerry, The ancient Romances, 1967. PGWalsh, The Roman Novel, 1970.

Romanos der Melode, Diakon in Konstantinopel, dichtete im 6. Jh. kunstvoll aufgebaute kirchliche Hymnen (sog. *Kontakia*) in Versen, die nicht den Regeln antiker Metrik, sondern dem Wortakzent folgen. Er ist der berühmteste byzantinische Kirchendichter.
T: PMaas-CATrypanis, 1963ff. TÜ: JGrosdidier de Matons, 1964ff. (S.chrét.). – Ders., R. le mélode et les origines de la poésie religieuse à Byzance, Paris 1977.

Romulus und **Remus**, Zwillingssöhne des Mars und der Ilia (= *Rhea Silvia), wurden im Tiber ausgesetzt und von einer Wölfin gesäugt. Um eine Stadt zu gründen, holten sie Auspicien ein (*Mantik), Romulus auf dem Palatin, Remus auf dem Aventin. Dem Romulus zeigte sich die doppelte Zahl von Vögeln, und er gründete darauf die älteste Stadt Rom auf dem Palatin. Als Remus höhnend die gezogene Mauerlinie übersprang, erschlug ihn Romulus. In dem Asyl der Stadt sammelten sich Männer; durch eine List wurden die Frauen der Sabiner – man hatte sie zu einem Schauspiel eingeladen – geraubt. So war der Bestand der jungen Gemeinde gesichert. Den Krieg mit den Sabinern legten die Frauen durch ihre Bitten bei, und Romulus regierte mit dem Sabinerkönig Titus Tatius gemeinsam bis zu dessen Tode, dann wieder allein. Rom erhielt die erste staatliche und militärische Ordnung. Während einer Heeresmusterung wurde Romulus in den Himmel entrückt und zum Gott *Quirinus erhoben.
Die Sage (*Livius 1, 3ff., *Plutarch, *Romulus*) hat zum Teil erst im 2. Jh. v. Chr. durch *Ennius die traditionelle Fassung erhalten. – Säugende Wölfin: Relief von *Aventicum. Die Zwillinge unter der bekannten capitolinischen Wölfin, einer etruskischen Bronzeplastik des 5. Jh. v. Chr., sind moderne Zutat.

Roscius. – 1. Q.R. Gallus, berühmter röm. Schauspieler, von Sulla in den Ritterstand erhoben, † 63 v. Chr. – 2. S.R. aus Améria, einer umbrischen Kleinstadt, wurde von Cicero 80 v. Chr. gegen die Anklage des Vatermordes mit Erfolg verteidigt.

Rostra, die Rednerbühne des röm. Forums. *Maenius. Caesar verlegte die R. von ihrem alten Platz am Comitium an die nordwestliche Schmalseite des Forum.

Roxane, Gemahlin *Alexanders d. Gr. (*Kassandros).

Rubico, Grenzfluß Italiens gegen Gallia Cisalpina, nördl. von Ariminum. *Caesar überschritt ihn 49 v. Chr.

Rufinus, Tyrannius, Studiengenosse des Kirchenvaters Hieronymus, bedeutend als Übersetzer der Werke des *Origenes, für den er eine *Verteidigungsschrift* verfaßte, der *Kirchengeschichte* des *Eusebios und anderer Werke von gr. Kirchenschriftstellern.
T: in Berliner Kirchenväterausg. des *Origenes, *Eusebios und Adamantius. MSimonetti, 1961 (Corp. Chr.). Übriges: Migne lat. 21. gr. 12. 14. 17. Corp. Vindob. 46. 86. *Historia monachorum*: ESchulz-Flügel, 1990.

Rufus. – 1. *Musonius. – 2. R. v. Ephesos, Ende 1. Jh. n. Chr., neben Soranus der bedeutendste nachchristliche Arzt vor Galenos. Ausgehend von der Tradition der dogmatischen Schule (*Medizin I 3) war er ein selbständiger Forscher, dem wichtige Entdeckungen glückten. Von seinen vielen Werken (z. B. *Über die Bezeichnungen für die Körperteile des Menschen, Pulslehre, Hippokrateskommentare*) ist ein Teil vollständig erhalten (z. B. *Über Nieren- und Blasenleiden*), andere bruchstückweise durch Zitate von Späteren. Das Werk *Über Gelenkkrankheiten* ist in einer spätlat. Bearbeitung des 6. Jh. bekannt (*de podagra*). R. genoß auch bei den arabischen und persischen Ärzten hohes Ansehen; die in ihren Texten liegende Überlieferung harrt noch der Erschließung.
T: Daremberg-Ruelle, 1879 (Nachdr. 1963). *De podagra:* HMörland, Oslo 1933. TÜ: *Über die Gelbsucht:* MUllmann, 1983. TÜK: *Die Fragen des Arztes an den Kranken:* HGärtner, 1962 (T: 1970, Tb) – JIlberg, R. v. E., ein gr. Arzt in traianischer Zeit (Abh. sächs. Akad. 41, 1), 1930.

Rusticus, L. Arulenus, stoischer Philosoph, als Vertreter der Opposition im Senat unter Domitian hingerichtet.

Rutilius. – 1. P.R. Rufus, ca. 154-75 v. Chr., angesehener Senator, Redner, Jurist und Geschichtsschreiber, Militärtribun 134 vor Numantia, Legat 109 im Iugurthin. Krieg, cos. 105. Er war ein Stoiker und unbestechlicher Ehrenmann. Als Legat seines Freundes, des Juristen Scaevola (4), in der Statthalterschaft über Asien trat er dem Wucher der Steuerpächter aus dem Ritterstande so energisch entgegen, daß diese ihn aus Rache nach seiner Rückkehr wegen Erpressungen anklagten. Der aus Rittern bestehende Gerichtshof verurteilte ihn, obwohl seine Makellosigkeit allgemein bekannt war (92). R. wählte als Exil Asien, wo er die angeblichen Erpressungen begangen haben sollte, und wurde von den Provinzbewohnern mit höchsten Ehren empfangen. Cicero besuchte ihn 78 in Smyrna. – 2. R. *Namatianus.

S

Saalburg, nach den röm. Resten rekonstruiertes Limeskastell im Taunus nördl. von Homburg, zugleich Museum. Bauten: Umfassungsmauer, *Praetorium, Quaestorium (Verwaltungsbau), Horreum (Vorratslager), Mithraeum (*Mithras), Bad, Heiligtümer der *Kybele und des *Dolichenus.
HSchönberger, Die S., Führer, 1964.

Sabazios, phrygischer Gott, der als Heilbringer besonders seit dem 2. Jh. n. Chr. im röm. Reich verehrt wurde, mit Iuppiter gleichgesetzt. Man weihte ihm bronzene Hände in segnender Gebärde (Ring- und kleiner Finger eingeschlagen, die 3 andern gestreckt); solche sind auch in der Schweiz (Aventicum u. a.) gefunden worden.
Corpus cultus Iovis S., Leiden 1983-89.

Sabina. – 1. *Poppaea S. – 2. Vibia S., Gemahlin *Hadrians. Die Ehe war unglücklich. Das Verhältnis der Kaiserin zum Praetorianerpraefekten Septicius Clarus führte zu dessen Absetzung; nur schwer entschloß sich Hadrian, S. nicht zu verstoßen. Sie starb 136 an einer Vergiftung.
Porträt: Herrscherbild 2,3.

Sabiner, Bewohner des Berglandes nordwestl. Rom bis zum Gran Sasso, in Sprache und Volkstum den Samniten nächst verwandt. Wichtigste Städte: Cures, Amiternum, Reate, Nomentum, Nursia. Sie waren an der frühsten Entwicklung Roms beteiligt: Nach der Sage raubten sich die Römer Sabinerinnen zur Ehe (*Livius 1, 9ff.). Ihr König Titus *Tatius verbündete sich mit Romulus. Historisch sicher ist die sabinische Siedlung auf dem Quirinal (*Quiriten, *Quirinus) und die Zuwanderung patrizischer Geschlechter von den Sabinern (*Numa. *Claudius). 290 v. Chr. von M'. Curius Dentatus besiegt, wurden die S. 268 röm. Bürger ohne Stimmrecht, 241 Vollbürger.
EPeruzzi, I romani di Pesaro e i S. di Roma, Firenze 1990.

Masurius **Sabinus**, Jurist zur Zeit der Kaiser Tiberius bis Nero, Schüler des *Capito, 1. Schulhaupt der Sabinianer. Als erster aus dem Ritterstande erhielt er das Privileg, autoritative Gesetzesinterpretationen zu geben *(ius respondendi ex auctoritate principis)* und schrieb unter anderm 3 Bücher *Zivilrecht*, die später von den größten klassischen Juristen kommentiert wurden.
AAstolfi, I libri tres iuris civilis di S., Padova 1983.

Sabratha, Stadt der afrikanischen Tripolis. Das Punische hielt sich in S. bis in die Zeit des Augustus. Im 2. Jh. n. Chr. wurde die Stadt eine blühende röm. Kolonie. Die Ruinen sind sehr gut erhalten. *Theater. *Lepcis Magna.

KKenyon-JWard-Perkins, Excavations at S. 1948-51, London 1986. KDMatthews, Cities in the sand: Leptis Magna and S., Philadelphia 1957. – EKirsten, Nordafrikanische Stadtbilder, 1966.

Sacra via, die heilige Straße in Rom, führte vom Titusbogen (*Velia) zum Vestatempel auf das Forum hinab.

Sacramentarium, Formelbuch der lat. christlichen Liturgie (*Leiturgia). In der 2. Hälfte des 4. Jh. ging man zuerst in Mailand und Rom von der gr. zur lat. Sprache der Liturgie über. Die älteste Handschrift eines S., das sog. *S. Leonianum* (nach Papst *Leo I.), stammt aus dem 6. Jh., doch gehen viele der in die Sammlung aufgenommenen Texte auf die Frühzeit der lat. Liturgie zurück.
T: LCMohlberg, *S. Veronense* [= *Leonianum*], Rom 1955/56; ders., *S. Gelasianum*, Rom 1960. HLietzmann, Das S. Gregorianum nach dem Aachener Urexemplar (Karls d. Gr.), Münster 1921. – KGamber, S.-typen, 1958.

Saecularfeier. In Rom fand jeweilen nach Ablauf eines Zeitalters ein Sühnungsfest statt mit nächtlichem Opfer am *Tarentum* auf dem Marsfeld. Augustus beging die S. im Jahre 17 v. Chr. als 3tägiges Fest mit anschließenden Spielen. Die Inschrift mit dem Festprogramm ist erhalten, ebenso das von *Horaz gedichtete Festlied. Die letzten frühern S. waren 149 (oder 146) und 249 v. Chr. abgehalten worden. *Proserpina. Auch die S. des Septimius Severus (204 n. Chr.) ist durch eine große Inschrift bekannt.
BPighi, De ludis saec. populi Romani, 1941 (Nachdr. 1965), dazu neue Frg. der augusteischen S.: Moretti, in Atti Pontif. Accad. Rom. archeol., Rendiconti 1982/3-1983/4, S. 366.370.

Säulen. – 1. *Architektur. – 2. S. des Herakles: *Abile. – 3. Marcussäule: *Marcomannen. – 4. Traianssäule: *Traianus. – 5. *Stoa (1).

Saguntum, ostspanische Stadt zwischen Ebro und Pyrenäen. Rom verbündete sich mit S., um sich einen Stützpunkt gegen die karthagische Expansion zu schaffen. Hannibal leitete deshalb den 2. Punischen Krieg mit der Belagerung und Zerstörung S.s ein (219 v. Chr.). Die Römer eroberten S. um 212 zurück. In der Kaiserzeit war die Stadt ein ansehnliches röm. *Municipium.
RAzuar (Hg.), Gúia de los monumentos rom. y del castillo de S., Valencia 1987.

Salamis. – 1. Insel vor der attisch-megarischen Küste. Ihr Besitz war für die freie Schiffahrt Athens notwendig. In einer erhaltenen *Elegie* forderte Solon die Athener auf, S. zu erobern, was auch geschah. 480 v. Chr. erstritten die Griechen in der Meerenge bei S. den glorreichen Seesieg über die Perser (*Perserkriege. *Themistokles). – NGLHammond, Studies in Greek History, 1973, 251-310.
2. Griechenstadt auf *Kypros, an der Ostküste, bekannt durch den Sieg der athen. Flotte (*Kimon) über die Perser 449 v. Chr. und den des *Demetrios (2) über Ptolemaios I. 306 v. Chr. S. galt als Gründung des

aus Homers *Ilias* bekannten Helden Teukros, der auswanderte, nachdem ihn der Vater Telamon, König von S. (1), verstoßen hatte, weil er den Tod des Bruders Aias nicht gerächt habe. Ausgrabungen brachten Königsgräber des 8.-7. Jh. v. Chr. ans Licht. Im 5.-4. Jh. war S. die Residenz des Königs *Euagoras. Nach dem Erdbeben von 342 n. Chr. baute Kaiser Constantius S. unter dem Namen Constantia wieder auf. *Epiphanios. – Ausgrabungen seit 1952: Gymnasium, Theater, Nekropole; Skulpturfunde.
VKarageorghis, S. in Cyprus, 1969. Salamine de Chypre, Fouilles, 1969ff. (bis 1987 13 Bde.).

Via **Salaria**, die Salzstraße, so genannt wegen des Handelsverkehrs mit Salz in alter Zeit, führte von Rom ins Gebiet der Sabiner nach Reate (Rieti).

Salier, patrizische Priesterschaft des röm. Kriegsgottes. Die 12 palatinischen S. waren Priester des *Mars, die 12 collinischen oder agonensischen Priester des *Quirinus. Diese Teilung geht zurück auf die Zeit, bevor sich die Siedler auf dem Palatin mit denen auf dem Quirinal zur Stadt Rom zusammenschlossen. Sie zogen an ihren Festen, besonders den *Quinquatrus* am 19. März und dem *Armilustrium* am 19. Okt. mit den heiligen Lanzen und Schilden *(*ancilia)* in altröm. Kriegstracht durch die Stadt, führten einen Kriegstanz auf und sangen ihr Lied, dessen hochaltertümliche Sprache niemand mehr verstand. Es wurden darin einzelne Götter angerufen. Augustus wurde durch die Aufnahme seines Namens in das Lied geehrt, und nach ihm fügte man jeweils die Namen der nach ihrem Tode vergöttlichten Kaiser ein.
T: Maurenbrecher, Jahrb. f. Philol., Suppl. 21, 1894. WMorel-KBüchner-JBlänsdorf, Frg. Poet. lat., 1994 (Tb).

Salinator, M. Livius, siegte als cos. 219 v. Chr. mit Aemilius Paulus über die Illyrier, wurde aber nach dem Triumph wegen angeblicher Beuteunterschlagung verurteilt. Er zog sich verbittert lange Zeit zurück. 207 besiegte er im 2. Consulat Hasdrubal am Metaurus. 204 war er Censor und machte sich in diesem Amte durch neue Steuern und Streit mit dem Kollegen sehr unbeliebt.

C. **Sallustius** Crispus, 86-34 v. Chr., aus Amiternum, röm. Geschichtsschreiber. 52 war er Volkstribun und hetzte als Parteigänger des ermordeten *Clodius gegen Milo und dessen Verteidiger Cicero. Als Politiker der Volkspartei und Anhänger Caesars wurde er 50 aus dem Senat ausgestoßen. Im Bürgerkrieg kämpfte er auf Caesars Seite ohne Glück, erhielt aber 48 die Quaestur und damit die Wiederaufnahme in den Senat. 47 hätten ihn die meuternden Legionen in Campanien beinahe erschlagen. 46 machte ihn Caesar zum Praetor und Statthalter der neuen Provinz Africa. Hier bereicherte sich S. ungeheuer; er legte nach seiner Rückkehr den berühmten Luxuspark *Horti Sallustiani* auf dem Pincio an. Ein *Repetundenprozess gegen ihn wurde durch Caesar niedergeschlagen. Die Ermordung Caesars bereitete seiner politischen Laufbahn ein Ende. Er widmete sich für den Rest seines Lebens der Geschichtsschreibung. Werke: *2 Briefe an Caesar* über die Neuordnung des Staates (Echtheit umstritten). 2 Monographien: *Die Catilinarische Verschwörung* und *Der Iugurthinische Krieg.* Eine Zeitgeschichte der Jahre 78-67 *(Historiae),* nur bruchstückweise erhalten. S. ist ein glänzender Schriftsteller mit einem eigenartigen, altertümelnden Stil, aber als Feind der Nobilität tendenziös und unzuverlässig als Geschichtsquelle. Als erster röm. Historiker suchte er nach allgemeinen Gesetzen der politischen Moral und maß Geschichte an sittlichen Normen; Ziel seiner Darstellung sind nicht die Tatsachen als solche, sondern er will an Musterbeispielen das Wirken ethischer Prinzipien demonstrieren, vor allem, daß Habsucht und Luxus Ursachen der Dekadenz seien. Damit wirkte er tief nach in der Geschichtsschreibung (*Tacitus) wie in der Dichtung (*Horatius).

Gesamtwerk: TÜ: WEisenhut-JLindauer, 2.A. 1994 (Tusc.). *Cat., Iug.*: T: AKurfess, 1991 (Tb). TÜ: KBüchner (Reclam). Ü: ALambert, 1991 (dtv). *Cat.:* TK: JHellegouarc'h, 1972. K: KVretska, 1976. *Jug.:* K: EKöstermann, 1971. GMPaul, Liverpool 1984. *Briefe:* T: Kurfess, 1962 (Tb). TÜ: KBüchner (Reclam). TÜK: KVretska (mit *Invectivae*), 1961. *Hist.:* TK: BMaurenbrecher, 1893 (Nachdr. 1967, Tb). TÜ (Ausw.): OLeggewie (Reclam). ÜK: PMcGushin, Oxford 1992-93. – Eine späte Fälschung sind die 2 gegenseitigen *Schmähreden (Invectivae)* S.'s und Ciceros: T: Kurfess, 1962 (Tb). TÜK: Vretska (mit *Briefen*). – WSteidle, S.'s hist. Monographien 1958. KBüchner, S., 2. A. 1982. RSyme, S., 1964. VPöschl, S., 1970 (WdF). KLatte, S., 1935 (Nachdr. 1973). CBecker, S., in ANRW I 3 (1973, 720-54.)

Salona, wichtige Küstenstadt der Illyrier in Dalmatien; die Hauptstadt der röm. Provinz. In der Nähe baute sich Diocletian einen riesigen Palast, wo er nach seinem Rücktritt 305 n. Chr. seine letzten Jahre verlebte. Der Bau umfaßt ein Rechteck von 180 x 215 m, in das später die Stadt Split hineingebaut wurde. Das Mausoleum und der Tempel dienen heute als Kirchen.

J. u. TMarasović, Der Palast des Diokletian, 1969. Antička S., Split 1991 (in kroat. Spr.).

Salus (Rettung, Wohlfahrt) erhielt in Rom 302 v. Chr. nach den Samniterkriegen als Göttin einen Tempel. Einen Altar der *S. populi Romani* stiftete Augustus im J. 10 v. Chr.

MAMarwood, The Roman cult of S., Oxford 1988.

Salutius (oder **Salustius**) Saturninius Secundus, Freund des Kaisers *Iulianus, der ihn zum *Praefectus praetorio Orientis* ernannte und ihm die Reden 4 und 8 widmete. Die Namensform S. schwankt in der Überlieferung. Salustios heißt auch der Verfasser einer gegen die Christen gerichteten Einführung in die neuplatonische Lehre, der die Herausgeber den Titel *Über Götter und Welt* gegeben haben. Sie könnte in der Absicht geschrieben sein, Iulians Religionspolitik zu unterstützen. Die Identität des Staatsmannes mit dem Verfasser bleibt zweifelhaft.

TÜK: ADNock, Cambridge 1926. TÜ: GRochefort, 1960 (Budé).

Salvianus, christl. Schriftsteller des 5. Jh., schrieb *Vom Regiment Gottes* (über die Verkommenheit des Zeitalters) und *An die Kirche* (Mahnung, seine Habe der Kirche zu übereignen).
T: Pauly, 1883 (Corp. Vindob. 8). Ü: Helf, 1887 (KV). *An die Kirche:* NBrox, 1983 (KV). – JBadewien, Geschichtstheologie und Sozialkritik im Werk S.s, 1980.

Samniten, kriegerisches Volk oskischer Sprache, das sich von seinen Wohnsitzen in den Abruzzen weit über Mittel- und Süditalien ausbreitete. Hauptstädte: Bovianum, *Beneventum. Ende des 5. Jh. v. Chr eroberten sie Campanien, wo bisher die Etrusker neben den gr. Städten geherrscht hatten. 424 fiel Capua, 420 Cumae, bald danach Pompeii u. a. Zum ersten schweren Krieg mit Rom kam es, als die Römer nach Campanien übergriffen (327-306). Die Römer erlitten 321 eine schmachvolle Niederlage an den *Caudinischen Pässen. Von 314 an wandte sich das Glück. Aber der Friede war nur kurz. 299 bis 291 folgte ein neuer Krieg, und während der Kämpfe mit *Pyrrhos standen die S. wieder gegen Rom. Nach diesen Kriegen war die Bevölkerungszahl stark gesunken und das Gebiet von Samnium verödet: Weidewirtschaft trat an die Stelle des Ackerbaus. Ein dichtes Netz von röm. Kolonien sicherte die Herrschaft. Zum letztenmal erhoben sich die S. im Bundesgenossenkrieg 90 v. Chr., als sie an die Spitze der um das röm. Bürgerrecht kämpfenden Italiker traten. Sulla stellte die Ordnung Italiens durch planmäßige Ausrottung der S. her; die Niederlage an der Porta Collina (82) besiegelte ihr Schicksal. Als, während der Senat eine Rede Sullas anhörte, Schreie aus einem benachbarten Gebäude herüberdrangen, beruhigte der Redner die erschrockenen Senatoren: «Setzen wir die Verhandlung fort. Es ist nur eine kleine Zahl Aufrührer, die auf meinen Befehl gerichtet werden.» Es waren 6000 S., die sich auf Zusicherung ihres Lebens ergeben hatten und jetzt hingemetzelt wurden. – S. hieß weiterhin eine Gattung von Gladiatoren, die mit den typischen samnitischen Waffen fochten: der Schild oben gerade, unten spitz zulaufend, Panzerung des linken Beins, Helm mit Federbusch, Sichelschwert.
ETSalmon, Samnium and the S., 1967. ChSaulnier, L'armée et la guerre chez les peuples Samnites, Paris 1983.

Samos, fruchtbare ionische Insel vor der kleinasiatischen Küste, bekannt durch Waldreichtum und Weinbau. Schon im 8./7. Jh. wurde reger Seehandel getrieben. Die Kolonie Amorgos (*Semonides) wurde gegründet. Höchste Blüte unter *Polykrates (ca. 540-521); damals wanderte Pythagoras aus. Der Architekt Eupalinos bohrte für die Wasserleitung einen von Herodot beschriebenen und noch heute erhaltenen 1 km langen Tunnel durch den Berg. 441/39 wurde S., das im Attischen Seebund die freieste Stellung bewahrt hatte, von den Athenern unter Perikles bekriegt und mußte 1200 Talente Kriegskosten zahlen. Mit dem Pergamenischen Reich kam S. 132 v. Chr. an Rom. – Die Landesgöttin *Hera hatte in der Ebene im Südteil der Insel einen großen Tempel, dessen verschiedene Baustadien die Ausgrabungen aufgedeckt haben. Die älteren, für die Geschichte des Tempelbaus wichtigen

Holzbauten des 8. u. 7. Jh. v. Chr. ersetzten um 570 die Architekten Rhoikos und Theodoros durch einen riesigen ionischen Dipteros (*Architektur), der zum Vorbild für die Tempel in *Ephesos und *Didyma wurde. Nach einem Brand wurde unter Polykrates der Wiederaufbau begonnen, jedoch nie ganz vollendet. Bedeutende Skulpturfunde. *Geneleos.
DGShipley, A history of S. 800-188 B.C., Oxford 1987. – OReuther, Der Heratempel von S., der Bau seit der Zeit des Polykrates, Berlin 1957. – EBuschor, Altsamische Standbilder, 1934-61 (5 Bde). HWalter, Das gr. Heiligtum dargestellt am Heraion von S., 1990. RTölle, Die antike Stadt S., 1969. S., hg. vom Deutschen Archäol. Inst., 1961ff.

Samothrake, Insel vor der thrakischen Küste, bergig (bis 1600 m hoch) und unfruchtbar, nach antiken Nachrichten von Samos, nach den Funden eher von Äolien aus kolonisiert. Was der armen Insel vor allem im Hellenismus und in der Kaiserzeit, besonders durch die Gunst Hadrians, zu einem ansehnlichen Range verhalf, war der Mysterienkult der *Kabeiren. Das Heiligtum lag in einer Schlucht an der Nordküste (Ausgrabungen); das Kultbild hatte *Skopas geschaffen. Im Kult wurde noch lange Zeit die thrakische Sprache verwendet. *Nike.
KLehmann, S., Excavations, 1959-81; ders., S., a guide to the excavations and the museum, 4.A. New York 1975.

Semo **Sancus**, altitalischer Schwurgott (zum lat. Wort *sancire*, feierlich bekräftigen; davon auch *sanctus*, heilig). Der Schwurgott war eine spezielle Erscheinungsform des *Iuppiter. Man rief ihn auch unter dem Namen *Dius Fidius* an. Bei den Umbrern in Iguvium hieß er *Fisovios Sancios* oder *Iupater Sancios*. Sein röm. Haupttempel lag auf dem Quirinal. Das Dach hatte eine Öffnung, da man den Schwurgott nur unter freiem Himmel anrief. Man verwahrte im Tempel radförmige Scheiben, die Symbole des festen Bündnisses.

Sapor: *Sassaniden.

Sappho (die Form *Psappho* ist aus Verwechslung eines alten Schriftzeichens für S mit gr. ψ [= Ps] entstanden) in Mytilene auf Lesbos um 600 v. Chr., die größte gr. Lyrikerin, die man bewundernd die 10. Muse nannte. Sie schrieb in äolischem Dialekt. Ihre Dichtung ist mehr als die irgendeines antiken Dichters Ausdruck unmittelbar aus dem bewegten Herzen strömenden Gefühls, Sprache einer reichen Seele, die alle Töne kennt, vom frohen Scherz bis zum tiefsten Weh, dem stillen Frieden bis zum Sturm glühender Leidenschaft. Von ihrem Leben wissen wir nur, daß sie während der politischen Wirren (*Pittakos) nach Sizilien floh, dann aber nach Mytilene zurückkehrte und einen Kreis junger Mädchen um sich vereinte, um sie bis zu ihrer Verheiratung zu unterweisen. Von der innigen Freundschaft mit ihnen sprechen viele Gedichte. Ihr Bruder war Charaxos: *Rhodopis. Sie war verheiratet und nennt in den Gedichten eine Tochter Kleïs. Alle übrigen Geschichten über S. sind Legende: Ihr Zeitgenosse Alkaios, den sie natürlich kannte, soll um ihre Hand angehalten haben, aber von ihr abgewiesen worden sein

(Vasenbild). Sie habe sich in den schönen Fährmann Phaon unglücklich verliebt und durch einen Sprung vom Leukadischen Felsen (*Leukas) den Tod gefunden (*Ovid, *Heroinenbriefe*). – Die Gedichte S.s machten in der alexandrin. Bibliothek 9 Bücher aus. Das erste umfaßte die, welche in der nach S. benannten, sehr melodischen sapphischen Strophe geschrieben waren. Nur ein einziges Gedicht besitzen wir vollständig, weil der Rhetor Dionysios von Halikarnass es als Stilmuster zitiert hat. Von einem zweiten, das Catull übertragen, aber mit einer eigenen Strophe beendet hat, fehlt nur der Schluß. Die meisten Bruchstücke sind aus Papyri bekannt geworden.
T: ELobel-DPage, Poetarum Lesbiorum Frg., 1955. EMVoigt, S. et Alcaeus, 1971. – TÜ: MTreu, 8.A. 1991 (Tusc.). BSnell-ZFranyó, Frühgr. Lyriker 3, 1976. DACampbell, Greek Lyric 1, 1990 (Loeb L.). EStaiger, 1957. – HRüdiger, S., Ihr Ruf und Ruhm bei der Nachwelt, 1933. WSchadewaldt, S., 1950. DLPage, S. and Alcaeus, 1955. HSaake, Zur Kunst S.s, 1971; ders., S.studien, 1972. – Bildnis: Schefold. HvHeintze, Das Bildnis der S., 1966.

Sarapis *(Serapis),* der Reichsgott der Ptolemaierkönige. Ptolemaios I. hatte ihn wohl in Babylon kennengelernt. Zu wirklicher Bedeutung verhalf erst er selbst ihm, indem er ihm den Haupttempel, das *Serapeion*, in Alexandreia stiftete. Die künstliche Einführung des neuen Kults wurde durch eine Legende geheiligt: Der Gott sei Ptolemaios im Traum erschienen und habe gefordert, daß sein Standbild von Sinope am Pontos nach Alexandreia geholt werde (*Tacitus, *Hist.* 4, 83/4). Während die Aegypter in S. Osiris und Apis sahen, mischten sich für Griechen und Römer in S. die Wesenszüge von Zeus und Hades; er galt auch als Heilgott. Sein Bild trug einen Scheffel auf dem Haupte (*Bryaxis). Die Christen verfolgten den S.-kult mit fanatischem Haß und zerstörten das Serapeion 391 n. Chr.
TK: MTotti, Ausgewählte Texte der Isis- und S.-religion, 1985. – E. Kornemann, Aus der Geburtsstunde eines Gottes (in Gestalten und Reiche, 1943). Stambaugh, S. under the early Ptolemies, 1972. Vidman (*Isis). WHornbostel, S., Leiden 1973. – Bildnisse: VTran Tam Tinh, S. debout, Leiden 1983.

Sardanapallos, Typus des orientalischen, weichlich-wollüstigen Königs. Seine sprichwörtliche Grabschrift: *Assyrien.

Sardes (gr. *Sardeis*), die uralte reiche Königsstadt der *Lydier (Kroisos) im Hermostale, in der Perserzeit die Residenz der Satrapen. Von dem Artemistempel aus hellenistischer Zeit stehen noch 2 ionische Säulen aufrecht.
Sardis, Publications of the American Soc. for the Excavation of S., 1910-25. GMAHanfmann, S. from prehistoric to Roman times, Results of the archeol. exploration 1958-1975, Cambridge Mass. 1983. GYugrum, A guide to the excavations of S., 1973.

Sardinia. Die Insel S. war in vorhistorischer Zeit von einem nichtindogermanischen Volke besiedelt, das mit der Urbevölkerung Spaniens und Nordafrikas viel gemeinsam hatte. Von seiner Kultur zeugen vor allem die Nuraghen, Tausende von gewaltigen Steintürmen (unterer Durchmesser 10-36 m, Höhe 12 bis 20 m, Mauerdicke 4-7 m) aus ohne Mörtel aufeinandergefügten Blöcken, im Innern ein Gemach, bis 7 m hoch, oft ein zweites darüber, und eine Wendeltreppe zur obern Plattform. Sehr eigenartig sind die kleinen Bronzefiguren von Kriegern als Reste ihrer Kunst. Das Kupfer für die Bronzelegierung gewannen die Sarden selbst auf ihrer Insel. Gegen 500 v. Chr. machten sich die Karthager zu Herren S.s. Nach dem 1. Punischen Krieg annektierten es die Römer, hatten jedoch mit den kriegerischen Bewohnern noch lange zu schaffen. Hauptstadt Caralis (spätlat. Calaris, heute Cagliari).

MSchmidt di Friedberg, S., auf den Spuren antiker Völker, 1988. FBarreca, La Sardegna fenicia e punica, Sassari 1974 (Nachdr. 1988). PMeloni, La Sardegna romana, Sassari 1975. GLilliu, Origini della civiltà in Sardegna, Torino 1985. SFBondi, Storia dei Sardi, Milano 1988. SAngiolillo, L'arte della Sardegna romana, Milano 1987.

Sarkophag (eigentl. «Fleischverzehrer»). Die in Ägypten und im Orient beheimatete Sitte, den Körper des Toten in monumental gestalteten, in Grabkammern aufgestellten S. zu bestatten, findet sich in Griechenland zuerst in der kretischen Kultur (bemalter Kalkstein-S. von Hagia Triada). Später begegnen mit Malerei oder Reliefs geschmückte S. nur selten und bleiben im wesentlichen auf den östlichen Raum beschränkt (*Klazomenai. *Sidon). Vielmehr bildete in der Regel eine über der Erde stehende *Stele das Zeichen des darunterliegenden Grabes. Dagegen entwickeln die Etrusker vor allem im 4. und 3. Jh. v. Chr. eine reich entfaltete S.kunst. Auf dem Deckel der reliefverzierten S. aus Stein oder Ton sind die Toten liegend dargestellt. – In Rom kennen wir einfache Stein-S. aus dem Familiengrab der Scipionen, doch herrschte im übrigen in Rom bis in traianische Zeit die Sitte der Feuerbestattung (*Tod). Mit ihrer Ablösung durch die Körperbestattung seit dem 2. Jh. n. Chr. beginnt die große Blütezeit der antiken S.kunst. Die Hauptzentren der Produktion sind Rom, Attika und Kleinasien, von wo die S. durch Export im röm. Imperium verbreitet wurden. Während die in Rom gearbeiteten S. auf Vorderansicht berechnet sind, sind die gr. S. auf allen 4 Seiten gleichmäßig mit Reliefschmuck versehen. Die Reliefs zeigen Szenen und Gestalten (Eroten, Musen, Meereswesen) des Mythos, Schlacht- und Jagdbilder u. a. und haben inhaltlich meist einen symbolischen Bezug zu Tod und Jenseits. Die Hauptpersonen tragen oft die *Portraitzüge der Verstorbenen. Die Christen übernehmen seit der Mitte des 3. Jh. die Form des reliefgeschmückten S. und entwickeln dafür christliche Bildmotive. Nachdem in Rom die S.produktion am Anfang des 5. Jh. aufgehört hatte, erlebte die chr. S.kunst in *Ravenna im 5./6. Jh. noch einmal eine vom Osten beeinflußte neue Blüte.

AWiegartz, Kleinasiatische Säulens., 1965. AGiuliano, Il commercio dei sarcofagi attici, 1962. SFerrari, Il commercio dei sarcofagi asiatici, 1966. IHitzl, Die gr. S. der archaischen und klassischen Zeit, Jousered 1991. FCumont, Recherches sur le symbolisme funéraire des Romains, Paris 1942. BAndreae, Studien zur röm. Grabkunst, 1963. GKoch-HSichtermann, Röm. S., 1982 (Handb. d. Altertumswiss.). GKoch, S. der röm. Kaiserzeit, 1993. ThKlauser, Frühchristliche S. in Bild und Wort, 1966. HBrandenburg u. a., Repertorium christlich-antiker S., 1967ff. GBovini, Sarcofagi paleocristiani di Ravenna, 1954. MLawrence, The sarcophagi of Ravenna, 1945 (Nachdr. 1970).

Sarmaten, Reitervölker in der Ukraine, von denen einzelne (z. B. die Iazygen) in den Ostkarpathen bis an die Donau vordrangen und sich in den Marcomannenkriegen und den Zügen der Völkerwanderung den Germanen anschlossen. Andere brachen im Osten öfter in Armenien ein.
TSulimirski, The Sarmatians, London 1970.

Sarpedon, Sohn des Zeus, kämpft in Homers *Ilias* als Führer der Lykier und einer der größten Helden gegen die Griechen. Zeus vermag das Schicksal, welches S. den Tod im Kampf mit Patroklos bestimmt, nicht zu ändern, läßt aber den Toten durch Hypnos und Thanatos in die Heimat zur Bestattung bringen (*Ilias* 16, 419ff. Vasenbilder).

Sassaniden, die Herrscher des mittelpersischen Reiches nach dem Sturz der Parther, 224 n. Chr. (*Arsakiden) bis 651 n. Chr. Die bedeutendsten waren Sapor I. (241-272), der den röm. Kaiser Valerian gefangennahm und bis nach Kleinasien vordrang (diese Taten verewigte er in einer wiederentdeckten dreisprachigen Inschrift bei Persepolis), und Sapor II. der Große (310-379), gegen den Kaiser Iulianus fiel.
EKettenhofen, Die röm.-persischen Kriege des 3. Jh. n. Chr. nach der Inschrift Šahpurs I., 1982.

Satire *(sătura)* heißt in der röm. Literatur ein Gedicht oder Prosastück in lockerer Gesprächsform ohne streng durchgehaltene Linie. Die Herkunft des Wortes war schon in der Antike unklar. Man brachte es fälschlich in Verbindung mit den gr. *Satyrn. Bis heute vertreten wird die Anknüpfung an *satura lanx*, eine mit verschiedensten Früchten gefüllte Schüssel, woraus sich nicht ganz ungezwungen der bildliche Sinn «Vermischte Gedichte» ergäbe. Vielleicht liegt ein etrusk. Wort *satr* «sprechen» zugrunde, die S. wäre also einfach die Literaturform des freien Gesprächs (Snell, Studi Italiani 17, 1940, 215). Der moderne Wortsinn des Spottgedichts lag nicht in dem Namen, als ihn Ennius erstmals für eines seiner Werke brauchte. (Spottdichtung heißt in antiker Terminologie Iambos.) Der wirkliche Begründer der S. als Literaturgattung war *Lucilius. Es war sein persönliches Temperament, nicht der Charakter der Gattung, daß er das Zeitgeschehen mit kritisch-witzigen Versen verfolgte. Verständlicherweise war diesem sprühenden Geist eine weit stärkere Nachwirkung beschieden als den S. des Ennius. *Horaz folgte seinem Vorbild im Versmaß (Hexameter), im lockern Aufbau, gleichsam im Plauderton die Gedanken aneinanderreihend, wie sie dem Dichter gerade einfallen, und in der Absicht, «lächelnd die Wahrheit zu sagen». Die Spätern, *Persius und *Iuvenal, verfielen in einen sittenrichterlichen Ton; der Humor fehlte ihnen. – Neben dieser lucilischen Vers-S. führte *Varro die gr. Diatriben des Kynikers *Menippos,

humorvolle Gassenpredigten und Erzählungen, die mit der ernsten erzieherischen Absicht den Scherz verbanden, als Gattung mit dem Namen *Saturae Menippeae* in Rom ein. Hier handelt es sich um die Vermischung von Prosa und Verseinlagen. S. dieser Art sind die *Apocolocyntosis* Senecas (*Apotheose) und, allerdings an Umfang weit über das Maß einer S. hinausgehend, der Roman *Satiricon* des *Petronius.
Ü (Sammlung): OWeinreich, Das darf doch nicht wahr sein, 1983 (AW). – UKnoche, Die röm. Satire, 4.A. 1982. JAdamietz. Die röm. S., 1986. MCoffey, Roman S., Bristol 1989. NRudd, Themes in Roman S., London 1986. DKorzeniewski, Die röm. S., 1970 (WdF). GASeeck, Die röm. S. und der Begriff des Satirischen, in Antike und Abendland 37, 1991, 1-21.

Satrap, Provinzstatthalter im alten Perserreich.

Satricum, Stadt der *Volsci nahe bei Antium, zu Beginn des 4. Jh. v. Chr. von den Latinern zerstört. Verschont blieb nur die altehrwürdige Tempelanlage der **Mater Matuta* aus dem 6. Jh. Die an der Tempelfassade angebrachten Terrakotta-Antefixe (im Museum Villa Giulia in Rom) sind frühe Zeugnisse altitalischer Kunst. Bei den niederländischen Ausgrabungen wurde 1977 auf einem für die Fundamente wiederverwendeten Stein die neben der *Foruminschrift älteste lateinische Inschrift gefunden, eine Weihung an Mars durch die Kriegsgefährten eines *Poplios Valesios*, der vielleicht identisch ist mit dem berühmten ersten röm. Consul *Publicola.
T: CMStibbe u. a., Lapis Satricanus, Den Haag 1980. JBremmer, in Zschr. für Papyrologie und Epigraphik 47, 1982, 133-147. – PChiarucci (Hg.), Area sacra di S. fra scavo e restituzione, Roma 1985 (Ausstellung Albano). RRKnoop, Antefixa Satricana, Assen 1987.

Saturnalia, Fest des *Saturnus.

Saturnier, das älteste Versmaß der Römer, dessen sich Livius Andronicus für seine *Odyssee-Ü.* und Naevius für sein Epos *Punischer Krieg* bedienten. Dann setzte sich mit Ennius der gr. Hexameter durch. Die *Odyssee* des Livius wurde in Hexameter umgearbeitet. Die Grabinschriften auf den Sarkophagen der Scipionen sind bis gegen 150 v. Chr. in S., nachher in Hexametern abgefaßt. Der Vers gliedert sich in 2 charakteristische Hälften, z. B. *Malúm dabúnt Metéllí / Náevió poétáe* (um 206 v. Chr.).
TCole, The Saturnian verse, in Yale class. Studies 21, 1969, 1-73.

Saturninus, L. Apuleius, suchte als Volkstribun 103 und 100 v. Chr. im Auftrag des Consuls *Marius die Gesetze für die Landverteilung an dessen Veteranen, Koloniegründungen und verbilligte Abgabe von Getreide durchzusetzen gegen den Widerspruch des Senats. Marius verstand so schlecht, die Politik zu lenken, daß er sich schließlich gezwungen sah, selbst dem Senat bei der Unterdrückung des S. zu helfen. Für 99 wiedergewählt, wurde S. beim Amtsantritt in der Curie erschlagen.

Saturnus, altröm. Gott, dessen Name als Gott der Saaten gedeutet wurde. Ein uralter Altar des S. lag am Abhang des Capitols, wo ihm 497 v. Chr. ein Tempel errichtet wurde, in dessen Podium der Staatsschatz aufbewahrt war *(*aerarium)*. Man verehrte S. dort im Bilde des gr. Kronos. Die Sage machte ihn zum alten König Italiens, das *Saturnia* geheißen habe. Unter ihm habe, wie unter Kronos, ein goldenes Zeitalter geherrscht. – Das S.-fest, die *Saturnalia*, waren das populärste Fest des ganzen Jahres. Offizieller Tag war der 17. Dez., doch feierte man noch 7 Tage in froher Karnevalsstimmung weiter. Während der Saturnalien herrschte Gleichheit zwischen Herren und Sklaven; diese genossen Narrenfreiheit, speisten mit jenen am gleichen Tische, und oft bediente sogar der Herr den Sklaven. Man schenkte sich allerhand Kleinigkeiten, besonders Kerzen und Tonpuppen *(sigillaria)*. Reiche Leute verteilten auch recht ansehnliche Trinkgelder. Für das Schmausen und Zechen erloste man einen Saturnalienkönig, dem die Gäste zu gehorchen hatten. *Macrobius hat das Symposion am S.-fest als lit. Rahmenform benutzt. Im röm. Nordafrika wurde der einheimische Gott Ammon als S. verehrt.

BHKrause, Iuppiter O.M.S., ein Beitrag zur ikonographischen Darstellung S.s, 1984. MLeglay Saturne africain, 1961-66. Saturnalia: FGraf, Röm. Aitia und ihre Riten, in Museum Helveticum 49, 1992, 14-21.

Satyr. Die Satyrn waren spaßhaft mutwillige und lüsterne Wesen im Gefolge des Dionysos. Sie hatten Menschengestalt, aber Pferdeohren, Pferdeschwanz und Pferdehufe. Ältere S. pflegt man *Silene zu nennen; Silen gilt auch als Vater der S.

Zahllos sind S.-darstellungen auf Vasen, von den Plastiken am bekanntesten der schlafende S. in der Münchner Glyptothek (sog. *Barberinischer Faun*), ein bedeutendes hellenistisches Original (Fuchs [*Plastik] Abb. 354). *Praxiteles.

Satyros, – 1. Architekt des 4. Jh. v. Chr., der mit Pytheos das *Mausoleum von Halikarnass erbaute. – 2. *Peripatetischer Literarhistoriker, Ende 3. Jh. v. Chr., dessen *Euripidesbiographie* in Form eines Dialogs auf einem Oxyrhynchos-Papyros erhalten ist.

T: Arnim, Suppl. Euripideum, 1913. TÜK: DArrighetti, 1964.

Satyrspiel. Im athenischen Theater folgte auf eine tragische Trilogie jeweils als Abschluß ein 4., heiteres Stück, das S., so genannt nach dem Chor, der aus *Satyrn bestand. Als erster Meister des S. galt *Pratinas; auf Vasenbildern erscheinen S.-szenen etwa seit 520 v. Chr. Das S. *Kyklops* des Euripides ist erhalten: Silen und seine Söhne, die Satyrn, sind mit Odysseus vom Kyklopen *Polyphemos gefangen. Odysseus will dem Kyklopen den glühenden Pfahl ins Auge bohren, und die Satyrn sollen mit anfassen. Da haben sie plötzlich die faulsten Ausreden und wollen gar einen unfehlbaren Zauberspruch wissen, daß der Pfahl dem gefährlichen Ungeheuer von selber ins Auge fahre. – Durch Papyrosfunde besitzen wir von Sophokles den größten Teil des S.s *Die Spürhunde*, zwei Stücke mit 40 und 78 Versen aus dem *Inachos*, von Aischylos ein längeres Stück aus den *Netzfischern* und wenige Frg. aus den *Isthmiastaí* (Die Satyrn kommen zu den Isthmischen Festspielen). Euripides ging dazu über, an Stelle des S.s ein anderes heiteres Stück ohne Satyrchor zu geben (z. B. *Alkestis*).

FBrommer, S.e, Bilder gr. Vasen, 2. A. 1959. TBLWebster, Monuments illustrating tragedy and satyrplay, 1967. DFSutton, The Greek S.play, 1980. BSeidensticker (Hg.), S., 1989 (WdF).

Scaevola. – 1. C. Mucius, Held der röm. Frühgeschichte. Er unternahm einen Mordversuch gegen den König *Porsena, wurde dabei ergriffen und ließ, um dem König seinen Mut zu zeigen, seine rechte Hand im brennenden Opferfeuer rösten. Daher erhielt er den Beinamen S. (Linkshand). Porsena ließ ihn frei und gab, als ihm Mucius erklärte, außer ihm bedrohten 300 Mitverschworene sein Leben, die Belagerung Roms auf. *Livius 2, 12.

2. P. Mucius S., Praetor 136 v. Chr., cos. 133, Pontifex Maximus 130-116, hochangesehener Jurist. Als Consul widersetzte er sich entschieden der Gewaltanwendung gegen Ti. Gracchus, schloß sich aber, nachdem der Mord geschehen war, dem Standpunkt des Senats an. Als Pontifex ersetzte er die Jahrtafeln, auf denen bisher die wichtigsten Ereignisse verzeichnet und ausgestellt worden waren, durch *Annalen in Buchform (*annales maximi*). Er verfaßte ein 10bändiges juristisches Werk; mehrere seiner Rechtsbescheide sind überliefert. – 3. Q. Mucius S. der A u g u r, ca. 170-87 v. Chr., Schwiegersohn von Laelius, dem Freunde des Scipio Africanus. Als Praetor verwaltete er 120 die Provinz Asien und verteidigte sich nach seiner Rückkehr mit Erfolg gegen die Anklage seines persönlichen Feindes T. Albucius. 117 war er Consul. Als einziger Consular wagte es 88 der alte Mann, im Senat freimütig gegen Sulla zu sprechen, als dieser die Ächtung des Marius forderte. Auch er galt als erster Jurist seiner Zeit und erteilte Rechtsbescheide. Cicero war seit 90 sein Schüler und führte später den verehrten Lehrer als Unterredner in seinen Dialogen *Staat*, *Laelius* und *Vom Redner* ein. – 4. Q. Mucius S. der P o n t i f e x, 140-82 v. Chr., Sohn des S. (2), cos. 95. Er verwaltete 94 Asien mit vorbildlicher Rechtlichkeit. Dem Haß der darob erbosten Steuerpächter fiel sein Freund und Legat *Rutilius Rufus zum Opfer. 89 wurde er Pontifex Maximus, 82 ermordeten ihn die Marianer. Von den großen Juristen der Familie war er der bedeutendste. Seine systematische Behandlung des *Zivilrechts* in 18 Büchern blieb das grundlegende Werk. In der Praxis hielt er möglichst streng am Wortlaut des Gesetzes fest und wollte nicht zu weit auf Billigkeitserwägungen eingehen. Wie sein Freund Crassus (1) als der rechtskundigste Redner, so galt S. als der beredteste Jurist. Zu seinen Schülern gehörte nach dem Tode des Augurn S. auch Cicero. – OBehrends, Die Wissenschaftslehre im Zivilrecht des Q. M. S. Pontifex, 1976 (Nachrichten Akad. Göttingen). – 5. Q. Mucius S., Volkstribun 54 v. Chr, war ebenfalls Augur. Von seinen Gelegenheitsgedichtchen sind einige Verse erhalten.

WMorel-KBüchner-JBlänsdorf, Frg. Poet. Lat., 1994 (Tb).

Scaurus, M. Aemilius. – 1. Cos. 115 v. Chr., Censor 109. Er stammte aus verarmter patrizischer Familie und brachte es durch seine Tüchtigkeit zum **Princeps Senatus.* Im Iugurthinischen Krieg ließ er sich wie andere Optimaten von Iugurtha bestechen, wahrte aber geschickt den Schein eines Ehrenmannes. – 2. Sein Sohn gab als Aedil 58 v. Chr. Spiele von verschwenderischer Pracht und suchte dann als Statthalter von Sardinien (55) sein durchgebrachtes Vermögen wieder hereinzubringen. Cicero verteidigte ihn 54 erfolgreich gegen die Erpressungsklage, konnte ihn aber in einem zweiten Prozeß wegen Wahlbestechung bei der Consulatsbewerbung nicht retten.

Scherbengericht: *Ostrakismos.

Scheria, die Insel der *Phaiaken in Homers *Odyssee*.

Scholien, erläuternde Anmerkungen zu den Schriftstellern. Während in unsern Schultexten die Erläuterungen am untern Rande stehen, verwendete man im Altertum vor allem die seitlichen, aber auch die obern und untern Ränder, so daß der in schönerer Schrift geschriebene Text von den kleiner und mit mehr Abkürzungen geschriebenen S. eingerahmt ist. Die S. enthalten viel wertvolles Gut aus den Kommentaren der Philologen, das allerdings in den nachfolgenden, wissenschaftlich nicht mehr schöpferischen Zeiten oft kläglich verwässert wurde. Die ältesten S. tauchen im 1. Jh. v. Chr. auf, die jüngsten stammen von Byzantinern des 14./15. Jh.

Schrift. Die ältesten Schriftzeugnisse auf *Kreta beginnen zu Anfang des 2. Jahrtausends v. Chr. Damals besaßen die Träger der minoischen Kultur eine Bilderschrift, die sie später zu einer Linearschrift (System A) weiterentwickelten. Die Dokumente dieser Linear A sind über die ganze Insel verbreitet. Die Sprache der minoischen Kreter ist noch nicht bekannt. Tontafeln mit einem jüngern Schrifttyp, Linear B, finden sich auf Kreta nur in *Knossos; hingegen ist ein ganzes Archiv von Tafeln mit Linear B im sog. «Palast des Nestor» in *Pylos entdeckt worden, dazu einige Stücke in Mykene. Einzelne Gefäßinschriften waren schon früher aus Orchomenos, Theben, Asine, Eleusis und Malthi bekannt. Die Entzifferung ist 1952 dem engl. Architekten Ventris gelungen. Überraschend ergab sich, daß die mit Linear B geschriebene Sprache griechisch war, daß also auch in Knossos ca. 1450-1250 bereits eingewanderte gr. Herren saßen. Die Pylos-Tafeln enthalten Inventarlisten. Die Schrift ist eine Silbenschrift. Jedes Zeichen bedeutet eine Lautgruppe Konsonant + Vokal. Die Bezeichnung konsonantischen Auslauts ist unbequem. Dennoch hielt sich auf der Insel Kypros eine Silbenschrift, die wahrscheinlich im 11. Jh. arkadische Kolonisten dorthin gebracht hatten, bis in hellenistische Zeit. – Im 9.-8. Jh. wurde die phönizische Buchstabenschrift bekannt (*Kadmos). Sie bot so große Vorteile, daß sie sich sofort durchsetzte. Für ihre Bedürfnisse veränderten die Griechen den Lautwert mancher Zeichen (z. B. wählten sie für die fehlenden Vokalzeichen einfach semitische Konsonantenzeichen, die das Gr. nicht brauchte); andere erfanden sie neu hinzu. Die ältesten in Buchstabenschrift erhaltenen Inschriften stammen aus dem 8./7. Jh. Da die Aufnahme zu verschiedenen Zeiten erfolgt war, weichen die Alpha-

bete der einzelnen gr. Stämme beträchtlich voneinander ab. Man unterscheidet 3 Hauptgruppen: 1. Das archaische Alphabet der dorischen Inseln Thera, Melos und Kreta. 2. Die östlichen Alphabete in 2 Untergruppen: *a)* ionisch; *b)* attisch-aiginetisch. 3. Die westlichen Alphabete (Peloponnes, Boiotien, Euboia, Thessalien). Unter dem Archon Eukleides 403 v. Chr. wurde in Athen die ionische S. offiziell eingeführt und die Gesetze in dieser neu herausgegeben. Sie setzte sich in ganz Griechenland durch. Es sind die bis heute gebräuchlichen großen gr. Buchstaben. Im Laufe der Zeit machte diese S. als *Buch-S. und als kursive S. für den täglichen Gebrauch manche Veränderungen durch. Die Kleinbuchstaben (Minuskel) gibt es erst seit dem 9. Jh. n. Chr.
Wie alle europäischen Alphabete ist auch das lat. aus dem gr. abgeleitet. Die Kolonisten von *Chalkis brachten es zu den Etruskern, durch deren Vermittlung die Römer auch manche anderen gr. Kulturgüter empfingen. Da die etruskische Sprache z. B. den Laut g nicht kannte, hatte das gr. Γ bei ihnen in der Form *C* den Lautwert *k*. Die Römer, die in ihrer Sprache den Laut *g* hatten, kamen bei der Übernahme in Verlegenheit. Sie verwendeten das Zeichen *C* zunächst für *k* und *g*, schrieben also CAIVS für Gaius. Dann versah man zur Unterscheidung das C mit einem Strich und erhielt so das neue Zeichen G. Die alte Schreibart hat sich in der Abkürzung C. = Gaius erhalten.

HJensen, Die S. in Vergangenheit und Gegenwart, 2. A. 1958. Gelb, Von der Keilschrift zum Alphabet, 1959. JTHooker, Linear B, an introduction, Bristol 1980. MVentris-JChadwick, Documents in Mycenaean Greek, 2. A. 1974. JBest, Ancient scripts from Crete and Cyprus, Leiden 1988. LHJeffery, The local scripts of archaic Greece, 1960. AHeubeck, Aus der Welt der frühgr. Lineartafeln, 1966. GPfohl, Das Alphabet, 1968 (WdF). – Zur Schriftkultur: EAHavelock, The literate revolution in Greece and its cultural consequences, Princeton 1982. MDetienne, Les savoirs de l'écriture en Grèce ancienne, Lille 1988. RMerkelbach, Welche Folgen hatte der Gebrauch der Schr.?, 1986.

Scipio, Beiname des berühmtesten Zweiges im Patriziergeschlecht der *Cornelii.* Im Familiengrab an der *via Appia* sind die Sarkophage mehrerer Scipionen mit den Inschriften (*Saturnier) gefunden worden. – FCoarelli, Il sepolcro degli Scipioni, Roma 1988. – 1. P. Cornelius S., cos. 218 v. Chr., wurde von Hannibal am Ticinus besiegt. 211 fiel er im Kampf gegen Hasdrubal in Spanien. – 2. P. Cornelius S. Africanus der Ältere, der Sohn des vorigen, focht am Ticinus und bei Cannae mit und übernahm trotz seinen erst 24 Jahren als Proconsul 211 das Kommando des gefallenen Vaters in Spanien. Während es in Italien nicht zu wagen war, Hannibal in offener Schlacht zu begegnen, hatte hier S. die Möglichkeit, im Kriege gegen Hasdrubal ein Heer in der neuen beweglichen Taktik zu schulen, mit dem er schließlich Hannibal selbst entgegentreten durfte. 204 landete er in Afrika und zwang durch einen Sieg auf den Großen Feldern die Karthager, Hannibal zurückzurufen. Diesem brachte er 202 in der Schlacht von *Zama die erste Niederlage bei, die den 2. Punischen Krieg entschied. S. triumphierte und erhielt den Beinamen *Africanus.* 190 begleitete er seinen Bruder L.

Cornelius S. Asiaticus im Feldzug gegen Antiochos. Nach der Rückkehr klagten die Gegner sie an, Beute unterschlagen zu haben. S. trat vor das Volk, zerriß seine Rechnungsbücher und sprach: «Quiriten, heute jährt sich der Tag, da ich Hannibal besiegt habe. Daß wir nicht undankbar gegen die Götter seien, folgt mir auf das Capitol, ihnen zu danken.» Da ließ das Volk den Ankläger stehen und schloß sich S. an. Dann zog S. sich auf sein Gut bei Liternum zurück, wo er 183 starb. Kein Römer vor ihm hatte eine solche persönliche Autorität und Macht besessen; mit seinem langen außerordentlichen Imperium war die Verfassung durchbrochen worden. Doch er brauchte diese Stellung nur zum Wohle des Staates.
HHScullard, S. Africanus, soldier and politician, 1970.
3. P. Cornelius S. Aemilianus, der jüngere Africanus, war ein Sohn des Pydnasiegers L. Aemilius Paulus, aber vom ältesten Sohne des S. (2) adoptiert worden. Er kämpfte bei Pydna und zeichnete sich weiter so aus, daß er 147 durch einen Ausnahmebeschluß zum Consul gewählt wurde, um Karthago zu erobern. Die Stadt wurde 146 zerstört. 134 wurde S. zum zweitenmal Consul, um den langwierigen Krieg gegen Numantia zu beenden, das er 133 zur Ergebung zwang. Er bekämpfte in Rom die Gesetze des erschlagenen Ti. Gracchus. 129 wurde er, erst 56jährig, in seinem Hause tot aufgefunden; man behauptete, er sei ermordet worden. Von den bildungsfreundlichen Scipionen trug er am meisten zum Sieg der gr. Kultur in Rom bei. Mit seinem Lehrer, dem großen Historiker *Polybios, verband ihn eine dauernde Freundschaft. Ein Kreis der fortschrittlichsten Männer sammelte sich um ihn zur Pflege des Ideals menschlicher Bildung. Ihm gehörten unter andern der Stoiker *Panaitios, der jüngere *Laelius und *Lucilius an; auch der Dichter *Terentius stand ihm nahe. Das schöne Bild, das Polybios von S. gezeichnet hat (32, 8-16), blieb für die Nachwelt maßgebend. Cicero hat an die Tradition angeknüpft; sein Ideal der *humanitas*, das durch ihn zu einer der geistigen Grundlagen des Abendlandes wurde, hat er im Bilde des Scipionenkreises gezeichnet.
Frg. der Reden: Malcovati. – AEAstin, S. Aemilianus, 1967.
4. P. Cornelius S. Nasica Córculum, Censor 159 v. Chr., ließ alle ohne staatliche Erlaubnis aufgestellten Ehrenstatuen vom Forum entfernen und stellte die erste öffentliche Wasseruhr in Rom auf. Als später das erste ständige Theater als Steinbau errichtet werden sollte, erhob S. Einspruch, weil durch diese Neuerung die Sitten geschädigt würden, und setzte einen Senatsbeschluß durch, wonach der begonnene Bau wieder abgerissen werden mußte. S. bekämpfte Catos Forderung, Karthago müsse zerstört werden, mit dem Hinweis, daß der Verfall des röm. Staates dann beginnen werde, wenn Rom vor niemand mehr Furcht zu haben brauche. – 5. P. Cornelius S. Nasica Serapio führte 133 v. Chr. den Senat zur Ermordung des Ti. Gracchus.

Scribonia heiratete 40 v. Chr. in dritter Ehe Octavianus, den spätern Kaiser Augustus, und gebar ihm 39 die Tochter Iulia. Gleich danach verstieß er sie. Sie überlebte die Tochter, deren Exil sie 2 v. Chr. bis 14 n. Chr. freiwillig teilte.

Scribonius, Name eines plebeischen Geschlechts. – 1. C.S. Curio, cos. 76 v. Chr., war in seiner Jugend Anhänger Sullas gewesen. In dessen Feldzug gegen Mithridates hatte er die Akropolis von Athen zur Kapitulation gebracht. 75-74 drang er in erfolgreichem Feldzug an die untere Donau vor. Später machte er als Todfeind Caesars von sich reden, dem er in einer Schmähschrift alle möglichen Laster anhängte. Als Redner hatte er, da ihn sein Gedächtnis stets im Stiche ließ, wenig Erfolg. † 53 v. Chr. – 2. Sein Sohn gleichen Namens war ebenfalls Caesars Feind. Dieser suchte ihn 59 durch den vorgeschobenen Lockspitzel Vettius zu einem Attentat auf Pompeius zu verführen. Doch der Plan, den jungen Mann so um seinen guten Ruf zu bringen, scheiterte. Als S. 50 Volkstribun war, gewann Caesar den Gegner um sehr hohen Preis für sich. S. war in diesem entscheidenden Jahr vor dem Bürgerkrieg der geschickteste Verfechter von Caesars Interessen in Rom. 49 schickte dieser ihn mit 3 Legionen nach Sizilien und Afrika. Dort geriet er in eine Falle und fiel in heldenhaftem Kampf gegen die Übermacht des Königs Iuba. – 3. L.S. Libo, Pompeianer und Schwiegervater des Sextus Pompeius, schloß sich 36 v. Chr. an M. Antonius an. Er war der Bruder *Scribonias. – 4. M.S. Libo Drusus wurde 16 n. Chr. verurteilt, weil er sich mit Astrologie und Schadenzauber gegen den Kaiser Tiberius vergangen hatte. Er tötete sich, noch bevor der Senat den Spruch gefällt hatte. – 5. S. Largus, empirischer Arzt, Mitte 1. Jh. n. Chr., widmete seinem Gönner, dem als Minister des Kaisers Claudius mächtigen Freigelassenen Callistus, eine Rezeptsammlung, die später (*Marcellus II.) viel benutzt wurde.
T: SSconocchia, 1983 (Tb). Ü: Schonack, 1913.

Sedulius, christl.-lat. Dichter, verfaßte ca. 425-450 ein Epos *carmen paschale* (Ostergedicht) in 5 Büchern über Christi Wundertaten, das er dann auch in einer Prosafassung herausgab.
T: JHuemer, 1885 (Nachdr. 1967, Corp. Vindob. 10). Ü des Hymnus *A solis ortus cardine*: WBulst, Hymni lat. antiquissimi, 1956, 71-73. – CPE-Springer, The gospel as epic in late antiquity, Leiden 1988.

Seefahrt. Die in den Mittelmeerraum einwandernden Griechen und Römer lernten die S. von den alten Anwohnern. Sie galt als gefährlich; während der stürmischen Zeit vom 11. Nov. bis 10. März ruhte sie. Man folgte meist den Küsten, doch gab es auch Hochseetransporte, z. B. für die Getreidelieferungen von Alexandreia nach Italien. *Periplus.
OHöckmann, Antike S., 1985. FJMeijer A history of Seafaring in the classical world, London 1986.

Seeräuber war in homerischer Zeit ein zwar gefährlicher, aber im übrigen durchaus ehrenhafter Beruf. Über See kommende Fremde werden im Epos ohne Umstände gefragt, ob sie Kaufleute oder S. seien. Recht gilt nur für die Gemeinde und endet jeweils an ihren Grenzen. In Staatsverträgen wurde daher oft *Asylie* vereinbart, d. h. daß Bürger des einen Staates auf dem Gebiet des anderen vor Berauben *(sylan)* geschützt waren. Außerhalb blieb man schutzlos, denn S. war ein normaler Erwerbszweig. So erklärte die Königin Teuta von Illyrien den sich beschwerenden röm. Gesandten 230 v. Chr., daß sie ihre Untertanen nicht davon abhalten könne. *Polykrates. Sicherheit gab es nur in den Zeiten, da eine starke Flotte die See beherrschte: Um 1500 (Seereich der minoischen Kreter), im 5. Jh. (Attischer Seebund), 270-150 (Rhodos) und nach 67 v. Chr. (Rom). In älterer Zeit waren die Phönizier, dann die Tyrrhener (im Westen Etrusker), in der Adria die Illyrier (*Liburner) gefürchtet. Besonders schlimm wurden die Zustände, als Rom nach der Vernichtung Karthagos und Schwächung der Rhodier es versäumte, selbst eine Seepolizei einzurichten, und im Mithridatischen Krieg die S. als Verbündete des Königs von diesem gefördert wurden. In Kilikien und Kreta verfügten sie über ausgezeichnete Schlupfwinkel. Erst Pompeius machte 67 im Seeräuberkrieg der Plage ein Ende. In der Kaiserzeit sorgten die Flotten von Ravenna und Misenum für Ordnung. In der Literatur war das Motiv der Entführung durch S. beliebt in der neuen *Komödie, den Declamationen der *Rhetoren und im spätgr. *Roman.

HAOrmerod, Piracy in the ancient world, 1924 (Nachdr. 1978).

Segesta (gr. *Egesta*), alte Stadt der Elymer im Innern Westsiziliens. Sie lag stets im Streit mit den dorischen Griechen, besonders mit Selinus, und erbat 416 v. Chr. die Hilfe Athens. Den athenischen Gesandten spiegelte man, indem man sie mit geborgtem Gold- und Silbergeschirr bewirtete, größten Reichtum vor, so daß diese die bekannte sizilische Expedition befürworteten. Vom tatsächlichen Wohlstand S.s zeugen die geprägten Münzen und der guterhaltene dorische Tempel, der um jene Zeit im Bau war und nach dem unglücklichen Ausgang des Krieges nicht vollendet wurde. Auf dem Stadtberg steht noch heute ein hellenistisches Theater. Das Stadtgebiet ist seit dem Ausgang des Altertums unbewohnt. *Acestes.

DMertens, Der Tempel von S. und die dorische Tempelbaukunst des gr. Westens in klassischer Zeit, 1984.

Seianus, L. Aelius, Günstling des Kaisers Tiberius. Mit seinem Vater, dem Ritter L. Seius Strabo, zusammen, dann allein, bekleidete er das Amt des *Praefectus Praetorio* (Kommandant der von ihm in einem Lager vor dem viminalischen Tor vereinigten Garde). Als Tiberius sich nach Capri zurückzog, übte S. in Rom die Regierung aus. Sein Ehrgeiz strebte nach dem Throne. Er stiftete Livilla (*Livia 2) an, ihren Gatten Drusus, den Sohn des Kaisers, mit Gift zu ermorden, und wünschte sie zu heiraten, was Tiberius verweigerte. 31 n. Chr. ließ ihn der Kaiser, durch Antonia gewarnt, plötzlich verhaften und am gleichen Tage hinrichten. – *Tacitus, *Annalen* 4-6.

DHennig, L.Aelius S., 1975.

Seisachtheia, Schuldenerlaß durch Staatsgesetz: *Solon.

Selene (lat. *Luna*), die Mondgöttin. Wie überhaupt die Verehrung der Himmelskörper als Götter erst spät aus dem Orient nach Griechenland kam, hat auch S. keinen alten Kult. Dagegen wurde sie im Hellenismus mit Artemis (Diana) und Hekate gleichgestellt; eine große Rolle spielte sie vor allem in den Sprüchen der Zauberinnen. *Endymion.

Seleukos. – 1. General Alexanders d. Gr., wurde nach dessen Tode zunächst Führer der makedonischen Reiter. 321 v. Chr. erhielt er die Statthalterschaft von Babylonien. Von Antigonos vertrieben, kehrte er mit Hilfe des Ptolemaios 312 zurück, freudig begrüßt von der Bevölkerung. Seit 305 führte er den Königstitel. Bis 306 hatte er den ganzen Orient bis Indien zurückerobert und schloß mit dem indischen König Sandrakottos (=Candragupta), dem Begründer der Maurya-Dynastie, Freundschaft. Die 500 Elephanten, die ihm dieser schenkte, gaben ihm die militärische Überlegenheit in der Schlacht bei Ipsos (301) gegen Antigonos. Von dessen Reich fiel ihm Syrien zu, wo er die neue Hauptstadt Antiocheia am Orontes gründete, dazu den Hafen Seleukeia, ferner Apameia, *Laodikeia, Beroia (Aleppo) und andere Städte. 281 wurde er, als er nach dem Sieg über Lysimachos eilte, seine alte Heimat Makedonien wiederzusehen, von dem Abenteurer Ptolemaios Keraunos ermordet. Mit ihm starb der letzte Gefährte Alexanders d. Gr. Sein Sohn und seit 293 Mitregent *Antiochos führte die Herrschaft der Seleukiden-Dynastie fort. Das bald in Weichlichkeit und Lastern entartende Geschlecht, in dem die Namen S. und Antiochos abwechseln, regierte bis zur Begründung der röm. Herrschaft in Syrien durch Pompeius (64 v. Chr.). Die Länder östlich des Euphrat hatte schon S. II Kallinikos (247-226) an die *Parther verloren. Geschichtlich von größter Tragweite war die Ausbreitung der hellenistischen Kultur, die sich im ganzen Seleukidenreiche mit der altorientalischen mischte, wobei das Gr. vorwog.

Bouché-Leclerq, Histoire des Séleucides, Paris 1913/14. JDGrainger, S. Nikator, London 1990. Bikerman, Institutions des Séleucides, 1938. RFleischer, Studien zur seleukidischen Kunst 1: Herrscherbildnisse, 1991.

2. S. von Babylon, alexandrinischer Astronom um 200 v. Chr., bewies das heliozentrische System *Aristarchs (1) und fand die richtige Erklärung der Ursache von Ebbe und Flut.

Selinus, die westlichste Griechenstadt Siziliens, Mitte 7. Jh. vom hybläischen Megara aus gegründet. 409 v. Chr. wurde S. von den Karthagern zerstört und geplündert und blieb ihnen tributpflichtig. Im 1. Punischen Krieg gaben die Karthager die Stadt auf und siedelten die Bewohner um; seither war S. nur noch ein Dorf. Ihren Reichtum entfaltete die Stadt im 6./5. Jh. in vielen Tempelbauten. Die bedeutendsten sind der archaische Tempel C auf der Akropolis und der klassische Hera-Tempel (E) östlich der Stadt. Ihre Säulen sind z.T. wieder aufgerichtet worden. Die Reliefs der Metopen (im Museum von Palermo) zählen zum Schönsten, was an gr. Kunst auf Sizilien erhalten ist. Nicht vollendet wurde der große Tempel G, an dem von ca. 520 bis um 480 gebaut wurde. Im Westen Nekropole und Heiligtum der Demeter Malophóros. Wie einige Jahre vorher in der rivalisierenden Nachbarstadt *Segesta, so hörte 409 in S. die Bautätigkeit mit einem Schlage auf.

VBarone-SElia, Selinunte, Palermo 1979. Metopen: IBovio Marconi, Museo nazionale archeol. di Palermo, 1969 (Führer). Langlotz (*Großgriechenland).

Sella curulis: *Curulische Ämter.

Semele, thrakisch-phrygische Erdgöttin (der Name gehört zu slavisch *zemlja*, Erde), in der Sage Mutter des *Dionysos.

Semiramis, Königin: *Assyrien. *Babylon.

Semonides wanderte Ende 7. Jh. v. Chr. von Samos aus und gründete eine Kolonie auf der Insel Amorgos. Von seinen *Iamben* besitzen wir zwei längere Stücke: 1. Eine pessimistische Betrachtung über die Aussichtslosigkeit menschlichen Tuns. 2. Einen *Weiberspiegel*, in dem Frauentypen abgeleitet werden von Tieren und Elementen: Schwein, Fuchs, Hund (Lästermaul), Erde (plump und faul), Meer (launisch), Esel, Wiesel (geil und diebisch), Pferd (stolz), Affe (häßlich), Biene (fleißig und als einzige seltene Ausnahme lobenswert).
T: MLWest, Iambi et elegi 2, 1992. TÜ: BSnell-ZFranyó, Frühgr. Lyriker 2, 1972. TÜK: EPellizer, Roma 1990. Ü: 1. Diels, Der antike Pessimismus, 1921. 2. in Radermacher, Weinen und Lachen, 1947 (Nachdr. 1969). Zu 2.: Marg, Der Charakter in der Sprache der frühgr. Dichtung, 1938. – HFränkel, Dichtung und Philosophie des frühen Griechentums, 1969.

Senat, der Rat der Ältesten in Rom. Er soll schon von Romulus begründet worden sein. Zu Beginn der Republik hatte er 300 Mitglieder, später 600, vorübergehend unter Caesar sogar 900. Der Weg, in den Senat aufgenommen zu werden, war die Bekleidung der Quaestur. Die Censoren entschieden über die Zulassung und stießen Unwürdige aus. Das Mindestalter setzte Sulla auf 30, Augustus später auf 25 Jahre fest. Augustus forderte außerdem den Besitz von mindestens 1 Million Sesterzen. Abzeichen des Senatorenstandes waren der goldene Ring, ein breiter Purpurstreifen *(latus clavus)* auf der Tunica, wo die *Ritter den schmalen Streifen trugen, und Schuhe aus rotem Leder mit speziellem Schnitt. Zu den Patriziern traten schon früh auch plebeische Senatoren hinzu, weshalb die offizielle Anrede lautete: *Patres conscripti* (Väter [d. h. Patrizier] und Beigeschriebene). Die Herrschaft des S. in der Republik beruhte weit mehr auf Gewohnheitsrecht als auf gesetzlichen Befugnissen. Staatsrechtlich waren die Träger des Imperiums, d. h. in der Regel die Consuln, an die Senatsbeschlüsse nicht gebunden. Der S. konnte nicht von sich aus zusammentreten, sondern wurde von den Consuln einberufen. Sie brachten die Vorschläge ein, über die der Senat beriet und abstimmte. Trotzdem war es praktisch so, daß die Consuln in allen wichtigen Fällen den S. befragten und seinen Rat befolgten. Es gelangte höchst selten ein Antrag vor die Volksversammlung, den nicht zuvor der S. genehmigt hatte. Der S. herrschte, die Beamten führten seine Anordnungen aus. So behielt die röm. Politik insbesondere nach außen ihre einheitliche Linie trotz dem jährlichen Wechsel der Beamten. Diese saßen ja selbst vor und nach ihrem Amte im S., und dessen Interessen waren auch die ihren. Da das Volk die Beamten gewohnheitsmäßig fast ausschließlich aus den wenigen Familien der *Nobiles wählte und diese Beamten, obschon auch das nicht gesetzlich festgelegt war, nachher ihren Sitz im S. zu erhalten pflegten, lag schon in der Zusammensetzung des Rates ein konservativer Zug. Man empfand es als tiefe

Schmach, daß Caesar sogar gebürtige Gallier in seinen S. einführte; Augustus stellte die exklusive Tradition wieder her. In der Kaiserzeit gingen mehr und mehr Rechte des S. auf den Princeps über. Seit Diocletian war es nur noch eine Ehre ohne jede staatliche Bedeutung, Senator zu sein. *Curia (2).

PWillems, Le sénat de la république romaine, 1885. AChastagnol, Le sénat romain à l'époque impériale, Paris 1992. RJATalbot, The Senate of Imperial Rome, Princeton 1987.

Seneca. – 1. L. Annaeus S., röm. Ritter aus Corduba (Spanien), schrieb gegen Ende seines Lebens (ca. 37 n. Chr.) für seine Söhne eine Übersicht über die Rhetorik der ersten Kaiserzeit. Er charakterisierte kurz die Persönlichkeiten der bekannten Declamatoren und zitierte vor allem Beispiele aus ihren Reden zu den verschiedenen in der Rhetorenschule üblichen Declamationsthemen (*Quintilian). Das Werk umfaßt 10 Bücher *Controversiae* (fingierte gerichtliche Streitfälle) und 1 Buch *Suasoriae* (Reden, die zu etwas raten oder davon abraten). S. verehrte Cicero als Ideal und stand den Künsteleien der Rhetoren mit gesunder Kritik gegenüber.

T: LHåkanson, 1989 (Tb). TÜ: AZanon Dal Bo, Bologna 1986-88. – LASussman, The elder S., Leiden 1978. JFairweather, S. the Elder, Cambridge 1981.

2. L. Annaeus S. der Philosoph, der bekannteste der drei Söhne des vorigen, kam kurz nach Christi Geburt mit seinem Vater von Corduba nach Rom, wurde Quaestor und damit Senator. Unter Claudius mußte er infolge der Ungnade der Messalina von 41-49 nach Corsica in die Verbannung gehen. Agrippina ließ ihn zurückrufen und machte ihn zum Erzieher ihres Sohnes Nero. Als sein Zögling Kaiser wurde, war S. der einflußreichste Mann Roms. Bald aber entartete Nero zum Schlechten. S. mußte sich seit 62 vom Hofe zurückziehen und gab sich 65, wegen der Verschwörung des Piso (4) verurteilt, den Tod. Sein gefaßtes Sterben schildert Tacitus (*Annalen* 15, 60ff.). – Von den Werken des geistvollen Mannes besitzen wir: 1. Philosophische Schriften über ethische Fragen, die er im Sinne der *Stoa, aber ohne streng dogmatische Bindung an deren Lehre, behandelte: 12 *Dialoge* und 2 gleichartige Einzelschriften *Über die Milde* und *Über die Wohltaten.* 124 *Briefe* an Lucilius. – 2. *Naturwissenschaftliche Untersuchungen.* – 3. Eine *Satire* auf Kaiser Claudius (*Apotheose). – 4. 9 Tragödien: *Der rasende Hercules, Troerinnen, Phoenissen, Medea, Phaedra, Oedipus, Agamemnon, Thyestes, Hercules auf der Oita* (Echtheit bestritten). Eine *Praetexta **Octavia* (unecht). – S. ist in seiner Prosa der Meister eines neuen Stils. Im Widerspruch zur ciceronischen Satzperiode bildet er kurze, eindringliche Sätze und wirkt durch effektvolle Antithesen und geistreiche Formulierung in schlagwortartiger Prägung. Seine Philosophie verfolgt das praktische Ziel, den Menschen über die Schicksalsschläge erhaben zu machen. Der Weise unterscheidet zwischen den belanglosen äußeren Dingen, die das Glück gibt und nimmt, und den unverlierbaren, allein wertvollen Gütern des Innern. Er lebt gemäß der Natur. Niemand hat ein Recht, über das Leben zu klagen, aus dem doch jedem immer der

Ausweg offen steht. In manchen Punkten berührte sich S. mit christlichen Lehren, so daß man ihn in späteren Zeiten mit dem Apostel *Paulus zusammenbrachte und einen *Briefwechsel* der beiden fingierte. Die Fälschung hat wohl am meisten dazu beigetragen, daß auch die übrigen Werke S.s in den Klöstern weiter überliefert worden sind. – Die Tragödien sind hochpathetisch geschrieben und mit der Vorliebe für das Gräßliche, die dem Geschmack der Zeit entsprach.
Gesamtwerk: TÜ: Verschiedene Hg. bei Loeb L. und Budé, Ausw. bei Reclam. – Prosa: TÜ: MRosenbach, Philos. Schriften, 1989-93 (5 Bde.). Ü: OApelt, 1923-24 (Nachdr. 1993, *Dial., Briefe*). *Dialogi:* T: LDReynolds, 1977 (Oxf.Cl.). TÜ: GFink, 1992 (Tusc.). Einzelne Dial.: *De constantia sapientis:* TK: FMinissale, Messina 1977. *Consolatio ad Marciam:* TK: ChFavez, Paris 1928. K: CEManning, Leiden 1981. *De tranquillitate:* TK: MGCavalca Schiroli, Bologna 1981. *De otio:* TÜK: IDionigi, Brescia 1983. *Consolatio ad Polybium:* K: ThKurth, 1994. *De clementia, de beneficiis:* T: CHosius, 1914 (Tb). TK: PFaider, Gent 1928-Brügge 1950 (*clem.*). *Briefe:* T: LDReynolds, 1965 (Oxf.Cl.). *Naturwiss. Unters.:* TÜ: MFABrok, 1995. DVottera, Torino 1989. Ü: OSchönberger, 1990. – Tragödien: T: OZwierlein, 1991 (Oxf.Cl.). TÜ: ThThomann, 1961-69 (AW). Einzelne: TK: *Agamemnon:* RJTarrant, Cambridge 1976. *Hercules furens:* JGFitch, Ithaca 1987. *Medea:* CDNCosta, Oxford 1973. FAhl, Ithaca 1986. *Oedipus:* BWHäuptli, 1983. *Phaedra:* MCoffey-RMayer, Cambridge 1990. *Thyestes:* RJTarrant, Atlanta 1985. *Troades:* EFantham, Princeton 1982. K: *Phoenissae:* ThHirschberg, 1989 (Diss. Bonn). – MTGriffin, S., a philosopher in politics, Oxford 1992. PGrimal, S. ou la conscience de l'empire, Paris 1991. GMaurach, S., Leben und Werk, 1991; ders. S. als Philosoph, 1987 (WdF). NGross, S.s Naturales quaestiones, 1977. MLausberg, Untersuchungen zu S.s Frg. 1970. ELefèvre, S.s Tragödien, 1972 (WdF). ANRW II 36,3 (1989). Entretiens sur l'antiquité classique 39, Genève 1991. – Bildnis: Doppel-*Herme mit Sokrates in Berlin (Schefold).

Sentinum, Stadt in Umbrien, wo 295 die Römer (*Decius Mus [2]) über Gallier und Samniten siegten.
Ausgrabungen: APagnani, S., 1954.

L. Septimius Severus, Kaiser 193-211 n. Chr., war 146 in *Lepcis Magna (Africa) geboren. Er durchlief die Senatorenlaufbahn bis zum Consulat (190). Nach der Ermordung des *Pertinax wurde er, damals Statthalter von Pannonien, in Carnuntum zum Kaiser proklamiert. Italien begrüßte ihn freudig als den Rächer des Pertinax. Gleichzeitig waren auch in Syrien Pescennius Niger, in Britannien Clodius Albinus zu Kaisern ausgerufen worden. S. besiegte sie nacheinander bei Issos (194) und Lyon (197). 197-9 führte er einen Partherkrieg, eroberte Babylon und die Hauptstadt Ktesiphon, zog sich aber nach diesen großen Anfangserfolgen zurück und schloß Frieden. 209-11 leitete er als kranker Mann den Feldzug in Nordbritannien und starb in Eboracum. S. hat das Reich vor der Gefahr der Auflösung in Einzelstaaten bewahrt. Selbst Afrikaner von Geburt und durch die Kaiserin *Iulia Domna, die aus dem Geschlecht der syrischen Sonnenpriester von Emesa stammte, den

Einflüssen des Orients offen, brach er den Vorrang Roms und Italiens gegenüber den Provinzen: Der Senat verlor seine Bedeutung, und der Herrscher stützte sich ganz auf das Heer. Die Leibgarde, bisher nur aus Italikern gebildet, wurde aus Soldaten aller Legionen neu aufgestellt. Das Amt des Praetorianerpraefekten als Chefs der Militär- und Zivilverwaltung und Stellvertreters des Kaisers erhielt unter ihm eine unerhörte Macht. Es war nach der Hinrichtung des Plautianus (205) stets mit zwei größten Juristen besetzt (*Papinianus, *Paulus, *Ulpianus), deren aller Heimat im Orient lag. So war schon durch S. der Zustand der Gleichstellung Italiens und der Provinzen verwirklicht, den 212 sein Sohn und Nachfolger *Caracalla gesetzlich verankerte. Der Glaube des S. an die orientalische Theosophie fand in dem größten von ihm in Rom errichteten Bauwerk Ausdruck, einem *Nymphaeum, das den Namen *Septizonium* erhielt nach den 7 Zonen der Planeten, die hier als Wochentagsgötter in einer Kalenderuhr die Fassade zierten. Von den übrigen Bauten steht noch der nach dem Partherkrieg errichtete *Triumphbogen auf dem Forum am Fuß des Capitols.
JHasebroek, Untersuchungen z. Gesch. des S.S., 1921. ABirley, S.S., New Haven 1988. RBrilliant, The arch of S.S. in the Roman Forum, 1967.

Septizonium: *Septimius Severus (Schluß).

Septuaginta, gr. Ü. des Alten Testaments: *Bibel.

Sequaner, keltischer Stamm in der Franche-Comté, Hauptstadt Vesontio (Besançon) am Fluß Dubis.

Serapion aus Alexandreia, 2. Jh. v. Chr., begründete die Ärzteschule der Empiriker (*Medizin I 3). Galenos hat seine Schriften ausgiebig benutzt.

Serapis: *Sarapis.

Serenos, Mathematiker aus Antinoupolis (Aegypten), schrieb im 3./4. Jh. n. Chr. über *Kegelschnitte*.
T: JLHeiberg, 1896. Ü: Nizze, Progr. Stralsund 1860/1.

Q. **Serenus** Sammonicus schrieb im 3. Jh. n. Chr. ein medizinisches *Lehrgedicht* (63 Rezepte in 1107 lat. Hexametern), voll von volksmedizinischem Aberglauben.
T: FVollmer, CML (*Medizin), 1916. TÜ: RPépin, 1950 (Budé).

Seriphos, kleine, wenig fruchtbare Insel im Agäischen Meer (*Perseus 1). Den Haupterwerb der Einwohner bot ein Eisenbergwerk. In röm. Zeit diente S. als Verbannungsort.

Q. **Sertorius**, 123-72 v. Chr., röm. Ritter aus Nursia, zeichnete sich im Kimbernkrieg aus, rettete 97 in Spanien das röm. Heer und war der populäre Held des röm. Volkes. Sulla verhinderte 88 seine Wahl zum Tribunen, so daß S. sich Marius anschloß. Doch war er einer der gemäßigten Parteigänger und suchte dem Morden der Bürger entgegen-

zuwirken. Die Radikalen schoben ihn daher 82 als Statthalter nach Spanien ab. Dort gewann er rasch die Sympathien der Iberer, mußte aber zunächst vor den Sullanern fliehen. Eine Zeitlang trug er sich mit dem Plan, nach den märchenhaften Inseln der Seligen (Kanarische Inseln) auszuwandern, und ging nach Mauretanien. Von dort riefen ihn die Lusitanier nach Spanien zurück als Führer ihres Freiheitskampfes gegen Rom. 80-72 brachte S. den röm. Heeren Niederlage um Niederlage bei, sowohl in offener Schlacht wie als Meister des Guerillakriegs. *Mithridates und die Seeräuber verbündeten sich mit ihm. Selbst wurde er nie besiegt. Dagegen waren die Offiziere, die aus Rom zu ihm gestoßen waren, unfähig. Einer von diesen, *Perperna, ermordete ihn durch gemeinen Verrat. Damit fiel Pompeius, der seit 76 gegen die Aufständischen kämpfte, ein leichter Sieg zu. S. war der fähigste Politiker und Feldherr der Zeit vor Caesar. Eine tiefe Tragik liegt darin, daß er, der seine Heimat glühend liebte, durch Sulla geächtet und zum Kriege gegen Italien getrieben wurde.
Biogr.: *Plutarch. – ASchulten, S., 1926. PhOSpann, Q.S., citizen, soldier, exile, Ann Arbor 1977. KGRijhoek, Studien zu S., 1992 (Diss. Bonn).

Servilia, Halbschwester des jüngeren Cato, aus erster Ehe Mutter des Caesarmörders M. Brutus, die bedeutendste Frau der röm. Aristokratie zu Caesars Zeit. Mit ihrem Einfluß auf die leitenden Staatsmänner spielte sie politisch eine wichtige Rolle. Caesars Liebe zu ihr (er hatte ihr eine Perle im Wert von eineinhalb Millionen Denaren geschenkt) bot dem röm. Stadtklatsch viel Stoff.

Servilius, Name eines altröm. Patriziergeschlechts: *Ahala, *Caepio. – P.S. Vatia, ein Anhänger Sullas, cos. 79 v. Chr., bekämpfte die Seeräubernester an der Südküste Kleinasiens, wobei er die Provinzen Pamphylien, Kilikien und Isaurien eroberte. Er verdiente sich damit den Triumph und den Beinamen *Isauricus*. Der junge Caesar machte den Feldzug unter ihm mit.

Servius. – 1. S. Tullius, der 6. König von Rom (578-534 v. Chr.?). Er war nach der Sage der Sohn einer Sklavin und eines Herdgottes. Die Königin Tanaquil machte ihn nach dem Tode des Tarquinius Priscus zum König. Ihm schrieb man den Bau der ältesten Stadtmauer zu. Die heute noch in Resten erhaltene Servianische Mauer wurde allerdings erst nach dem Galliersturm von 387 gebaut, doch ist eine ältere Wallanlage aus dem 6. Jh. wahrscheinlich. Auf S.T. führte man ferner die Verfassung zurück, die dem Volk neben den Patriziern politische Rechte gab. Die Bürger wurden in 5 nach dem besteuerbaren Vermögen (*census*) abgestufte Klassen, diese in 193 Centurien gegliedert. In Wirklichkeit war diese Verfassung das Ergebnis einer langen, erst ca. 450 abgeschlossenen Entwicklung. Weiter galt S. als der Gründer des Dianatempels auf dem Aventin. Tragisch ist die Sage vom Tode des Königs. Seine Tochter Tullia heiratete, nachdem sie ihren Gatten und ihre Schwester ermordet hatte, den Schwager Tarquinius Superbus. Diesen stiftete sie an, ihren Vater S. zu töten und die Herrschaft an sich

zu reißen. Nach der Tat fuhr sie durch die Straße, wo der Leichnam des S. lag, und trieb, als der Lenker zögerte, selbst den Wagen über den toten Vater hinweg. Der Ort hieß seitdem *vicus sceleratus* (Straße des Verbrechens). – *Livius 1, 39ff.
2. Grammatiker um 400 n. Chr. Neben kleineren Abhandlungen schrieb er den wichtigsten antiken *Kommentar zu Vergil.*
T: GThilo-HHagen, 1881/7 (Tb). Harvard-Ausg., ed. EKRand u. a. 1946-65 (*Aen.* 1-5).

Sestertius, geläufigste röm. Münze zu 2½ As.

P. **Sestius** unterstützte als Quaestor Cicero bei der Aufdeckung der Catilinarischen Verschwörung und kämpfte als Volkstribun 57 mit Milo gegen Clodius. Deshalb wurde er 56 wegen Gewalttat angeklagt und von Cicero in einer erhaltenden Rede mit Erfolg verteidigt.

Severinus: *Eugippius.

Severus. Kaiser *Septimius S. und seine Nachfolger *Caracalla, *Alexander S. – *Sulpicius S. – Libius S. (*Ricimer).

Sextus Empiricus, gr. Philosoph, Ende 2. Jh. n. Chr., *Skeptiker. Seine Werke sind eine Fundgrube von Zitaten aus den alten gr. Philosophen und Dichtern.
T: *Hypotypóseis* (Grundriß der Pyrrhonischen Lehre), *Gegen die Dogmatiker:* HMutschmann, 1912/4 (Nachdr. 1958-84, Tb). *Adversus mathematicos* (Gegen die Anhänger der nichtphilosophischen Bildung): JMau, 1961 (Tb). TÜ: MBaldassari, Como 1986. Bury, 1933-49 (Loeb L., 4 Bde). Ü (*Grundriß*): MHossenfelder, 1985. TÜK (*Pros mousikous = adv.math.6*): DDavidson Greaves, Lincoln 1986. K (*Hypoth.*, Ausw.): HFlückiger, Bern 1990.

Sibylla, eine Frau, die, von einem Gott begeistert, in der Ekstase prophezeite. Während die Orakel (*Mantik) ihre Sprüche nur auf Anfrage erteilten, kündeten die S. ungefragt die drohende Zukunft. Diese Art Prophetentum ist, wie auch der Name S., orientalischen Ursprungs. Die S. waren zwar sterblich, wurden aber sehr alt; die S. von **Cumae* soll 1000 Jahre gezählt haben. Sie war aus Euboia gekommen und hauste in einer Grotte am Fuße der Burg. Sie bot dem König Tarquinius 9 Bücher *Sibyllinische Sprüche* zum Kauf an. Als dieser den Preis zu hoch fand, verbrannte sie 3 und forderte für den Rest das Doppelte. Tarquinius lehnte nochmals ab. Da verbrannte sie weitere 3 und verdoppelte wieder den Preis. Jetzt kaufte der König. Die Sibyllinischen Bücher wurden in Rom hochheilig gehalten und im Keller des capitolinischen Iuppitertempels aufbewahrt. Ein Priesterkollegium von 2, später 10 und seit Sulla 15 Männern hütete sie streng geheim. Nur in Notzeiten befragte man sie auf Beschluß des Senats. Zahlreiche Götter wurden auf Geheiß der S. Bücher eingeführt: 496 (?) Ceres, Liber und Libera, 433 Apollon, 293 Aesculapius, 204 die Magna Mater (Kybele). Im 2. Punischen Krieg wurden gemäß den S. Sprüchen sogar Menschenopfer dargebracht. 83 v. Chr. gingen die Bücher beim Brande des Iuppitertempels zugrunde.

Man sammelte die Sprüche neu, und ihre staatliche Pflege dauerte fort, bis sie Stilicho kurz nach 400 n. Chr. endgültig vernichtete. – Die erhaltenen 12 *S. Bücher* sind nicht die röm., sondern sind vom 2. Jh. v. Chr. bis zum 2. Jh. n. Chr. entstanden in jüdischen, später christlichen Kreisen, die solche Sprüche, mit der Autorität der S. ausgestattet, in Umlauf brachten, um für ihren Glauben Propaganda zu machen.
TÜ: AKurfeß, 1951 (Tusc.). K (*B.13*): DSPotter, Oxford 1990. – HWParke, Sibyls and sibylline prophecy in classical antiquity, London 1992. RJQuiter, Aeneas und die S., 1984.

Side, Hafenstadt in *Pamphylien, von der ansehnliche Reste aus hellenistischer und röm. Zeit erhalten sind (u. a. Befestigung, Theater, Thermen, Nymphaeum, Aquädukt).
AMMansel, Die Ruinen von S., 1963. JWagner, Südtürkei, 1991.

Sidon, alte Stadt in *Phönizien. Die reliefgeschmückten *Sarkophage des 4. Jh. v. Chr., die in der Nekropole gefunden wurden (jetzt im Museum von Istanbul) zeigen gr. Formensprache (Klagefrauensarkophag, *Alexandersarkophag).
JElayi, S., cité autonome de l'empire perse, Paris 1990.

Sidonius Apollinaris, C. Sollius Modestus, aus Lugdunum (Lyon), ca. 433-483 n. Chr., gehörte dem höchsten Adel Galliens an. Sein Schwiegervater Avitus war 455/6 röm. Kaiser. S. selbst bekleidete die höchsten Ämter (Stadtpräfekt von Rom 468). Um 469/70 wurde er Bischof der Arverner in Clermont. Wir haben von ihm eine Sammlung *Briefe* und ein Buch *Gelegenheitsgedichte*. Der Mode entsprechend schreibt er ein äußerst gekünsteltes Latein mit den ausgesuchtesten Wendungen. Durch ihn erhalten wir einen kulturgeschichtlich sehr wertvollen Einblick in das Leben der gallisch-röm. Gesellschaft seiner Zeit.
T: PMohr, 1895 (Tb). TÜ: ALoyen, 1960-70 (Budé). WBAnderson, 1936-65 (Loeb L.). K: *Ged.14-15:* GRavenna, Bologna 1990. *Ged.22:* NDelhey, 1993. TÜK *(Briefe 1):* HKöhler, 1995. – HRutherford, S.A., l'homme potitique, l'écrivain, l'évêque, 1938.

Sieben gegen **Theben**. Die Sage vom Kriegszug der 7 Helden gegen Theben war Gegenstand eines verlorenen kyklischen *Epos. Wir besitzen als Hauptdarstellungen das Drama *S. g. Th.* des Aischylos, die *Phoinissen* des Euripides und ein Epos *Thebais* des röm. Dichters Statius. – Der unglückliche greise *Oidipus hatte seine beiden Söhne Eteokles und Polyneikes verflucht, sie sollten mit dem Schwerte die Herrschaft teilen. Eteokles riß die Macht an sich. Polyneikes suchte als Flüchtling Hilfe, um mit Waffengewalt in seine Vaterstadt zurückzukehren. Adrastos, der König von Argos, gab ihm seine Tochter zur Frau und bereitete den Kriegszug vor. Als der Seher Amphiáraos, der den unglücklichen Ausgang vorauswußte, mitzuziehen sich weigerte, bestach Polyneikes dessen Gattin Eriphyle mit dem Halsband und dem Peplos der Harmonía, so daß sie Amphiaraos verriet und er mitgehen mußte. Unter Führung des Adrastos beteiligten sich der Aitoler *Tydeus, Kapaneús, Etéoklos, Hippomedon, der Sohn der Atalante Parthenopaios, Amphiaraos und Polyneikes. Unter-

wegs stifteten sie die Nemeischen Spiele (*Hypsipyle). Alle 7 Helden kamen beim Sturm auf Theben um, nur den Führer Adrastos rettete sein Rappe Arion. Der wilde Tydeus schlürfte noch im Sterben das Hirn des getöteten Feindes. Den riesigen Kapaneus schleuderte der Blitz des Zeus hinab, als er auf der Sturmleiter die Mauer erstieg. Dem Amphiaraos öffnete sich die Erde und verschlang ihn mit Rossen und Wagen. Die Brüder Eteokles und Polyneikes erfüllten, im Zweikampf fallend, den Vaterfluch. – 10 Jahre später unternahmen die Söhne der Gefallenen einen neuen Zug, bei dem sie Theben eroberten. Diesen Krieg behandelte ein anderes kyklisches Epos, die *Epígonoi*.
GLArmantrout, The Seven against Thebes in Greek art, Ann Arbor 1990 (Diss. Univ. Michigan).

Sieben Weise. *Thales, *Solon, *Periandros, *Kleobulos, *Chilon, *Bias, *Pittakos galten nach der geläufigsten Meinung (doch wurden auch andere Namen genannt) als die 7 W. und Urheber einer Reihe bekannter Lebensregeln. Man erzählte, Fischer hätten einen goldenen Dreifuß aus dem Meere gezogen, und das Delphische Orakel habe befohlen, ihn dem Weisesten der Griechen zu schenken. Man habe ihn dem Thales überreicht, dieser aber habe ihn an Bias als den Würdigeren weitergegeben, und der Dreifuß sei so bei den Sieben rundumgegangen, bis man ihn schließlich dem Apollon weihte. Eine andere Legende berichtete von einem Gastmahl der 7 W. bei Periandros in Korinth; dieses stellt Plutarch in seinem *Symposion* dar.
TÜ: BSnell, Leben und Meinungen der S.W., 1971 (Tusc.). – Mosaik und Wandgemälde: Schefold.

Sieben Weltwunder. Die gewöhnliche Reihe der S.W. umfaßte: Die hängenden Gärten der Semiramis in Babylon, die ägyptischen Pyramiden von Memphis, den Zeus des *Pheidias in Olympia, den Helioskoloß von Rhodos (*Chares), die Mauer der Stadt Babylon, den Artemistempel von *Ephesos, das Grabmal des *Mausolos in Halikarnass. Andere zählten den Hörneraltar von Delos, den *Pharos, später das Capitolium oder das Colosseum in Rom dazu.
Philon v. Byzanz, Über die S.W. (T: RHercher, Paradoxographi, Paris 1858. TÜ: KBrodersen, Reiseführer zu den S.W., 1992 [Insel TB]). – WEkschmitt, Die S.W., 1984. PAClayton, Die S.W., 1990 (Reclam).

Sikyon, Landschaft und Stadt an der Südküste des Golfs von Korinth. In der wohlhabenden Stadt blühten früh Handwerk und Kunst (Metopen des 6. Jh. v. Chr. von einem sikyonischen Bau in Delphoi). Im 4. Jh. war S. durch seine Plastik (*Lysippos) und Malerei (*Pausias, *Apelles) berühmt. Durch ihren Bürger *Aratos, den Führer des Achäischen Bundes, erlangte die Stadt im 3. Jh. v. Chr. große politische Bedeutung. – Ausgrabungen.
AGriffith, S., Oxford 1982.

Silanion, Bronzeplastiker in Athen zur Zeit Alexanders d. Gr., schuf Heroen- (Theseus) und Dichterstatuen. Nach seiner in der Akademie aufgestellten Platonstatue sind wohl die erhaltenen Platonporträts kopiert.

Silaris (auch Silerus, heute Sele), Fluß in Süditalien. An seiner Mündung in der Nähe von Paestum ist seit 1934 ein Heraheiligtum mit einem gegen 500 erbauten Tempel und einem älteren Bau (Schatzhaus oder Tempel) des 6. Jh. ausgegraben worden. Insbesondere vom sog. Schatzhaus sind zahlreiche Metopen erhalten.
PZancani Montuoro u. UZanotti Bianco, Heraion alla foce del Sele, 1951-4. LvMatt, Großgriechenland, 1961. Langlotz (*Großgriechenland).

Silenos, Begleiter des Dionysos, ein halbtierisches Wesen, den *Satyrn gleich, die oft auch Silene heißen. Wo ein Unterschied gemacht wird, ist S. der ältere, der Vater der Satyrn, und als solcher gegenüber dem Satyrchor ein Einzelwesen. – S. wurde einst gefesselt und vor König *Midas geführt. Dieser befragte den Dämon, was für den Menschen das Beste sei, und erhielt die Antwort, das Beste sei, nicht geboren zu werden, das Zweitbeste aber, so bald wie möglich zu sterben. (Wichtiges Zeugnis für den gr. Pessimismus; vgl. *Kleobis).
S.-darstellungen auf Vasenbildern (Buschor; Pfuhl) sind sehr häufig: Sie spielen gerne mit den Nymphen oder beschäftigen sich mit dem von ihnen hochgeschätzten Weine.

Silius Italicus, Ti. Catius, cos. 68 n. Chr., war neben seiner politischen Tätigkeit ein Kunstfreund. Sein Reichtum gestattete ihm, in seinen Villen Bücher, Statuen und Gemälde zu sammeln. Vergil verehrte er hoch, und er schrieb selbst ein freilich dichterisch nicht durchaus gelungenes Epos über den 2. *Punischen Krieg* in 17 Gesängen. 101 beendete der 76jährige wegen eines unheilbaren Leidens sein Leben durch Nahrungsenthaltung. Aus diesem Anlaß widmete ihm Plinius (2) eine kurze Lebensbeschreibung (*Brief* 3, 7).
T: JDelz, 1987 (Tb). TÜ: HRupprecht, 1991. PMiniconi-GDevallet u. a., 1979-92 (Budé). Duff, 1934 (Loeb L.). K (*B.1-8*): FSpaltenstein, 1987. – EBurck, Historische und epische Tradition bei S.I., 1984.

Silvanus, röm. Gott des Waldes *(silva)* und des Landlebens. Er hatte keinen Staatskult, wurde aber überall auf den Gehöften und Villen verehrt mit ländlichen Opfern, bei denen keine Frau anwesend sein durfte. Die Inschrift «Dem S. geweiht» am Zugang zu einem Männerbad drückte das Zugangsverbot für Frauen aus.
PFDorcey, The cult of S., Leiden 1992.

Silvius, in der röm. Sage der Sohn des Aeneas und der Lavinia. Er folgte dem älteren Halbbruder Ascanius als König von Alba Longa. Die Nachfolger aus seinem Geschlecht führten den Namen weiter.

Simmias. – 1. S. v. Theben, Schüler des Sokrates zusammen mit seinem Freunde Kebes. Platon läßt sie im *Phaidon* auftreten. – 2. S. v. Rhodos, alexandrin. Grammatiker und Dichter um 300 v. Chr. Außer epischen und lyrischen Bruchstücken besitzen wir von ihm einige *Epigramme* und 3 *Figurengedichte:* durch Verse von verschiedener Länge bietet das niedergeschriebene Gedicht im Umriß das Bild einer *Axt*, eines *Flügelpaars* oder eines *Eies*.
T: Diehl, Anthologia lyrica II (*Lyrik).

Simonides aus Iulis auf der Insel Keos, ca. 556-468 v. Chr., neben dem etwas jüngeren Pindar der berühmteste Lyriker seiner Zeit. Gleich diesem dichtete er auf Bestellung Siegeslieder für die Preisträger an den Festspielen, Trauerlieder, Epigramme, Elegien, Dithyramben und Skolia. Er führte ein Wanderleben (sein Ausspruch: «Die Weisen kommen zu den Türen der Reichen»). Unter den Peisistratos-Söhnen und wieder während der Perserkriege wirkte er in Athen (*Timokreon). Seit 476 weilte er am Hofe Hierons I. in Syrakus und starb in Akragas. Von seinem Aufenthalt in Thessalien 514 erzählte man die Legende, er habe in einem Preislied auf Skopas die Dioskuren so sehr gefeiert, daß der Besteller ihm einen Abzug vom Honorar gemacht und ihn angewiesen habe, den übrigen Lohn von den Dioskuren zu fordern. Da sei ein Diener hereingekommen und habe S. gemeldet, zwei Jünglinge ständen vor der Tür und fragten nach ihm. Kaum war er hinausgegangen, stürzte der Saal ein und begrub das ganze Geschlecht der Skopaden unter den Trümmern. – Bekannteste Frg. der Gedichte: Die Klage der mit ihrem Kinde *Perseus auf dem öden Meere treibenden Danae. Preislied auf die bei Thermopylai Gefallenen. Skolion an Skopas (von Platon im *Protagoras* gedeutet). Trauerlied auf die Skopaden. – Was von den vielen ihm zugeschriebenen Epigrammen (z. B. die Grabschrift der Thermopylenkämpfer) mit Recht seinen Namen trägt, läßt sich nicht immer sicher ausmachen.
T: Diehl II (*Lyrik). DLPage, Poetae melici Graeci, 1962. *Eleg.:* MLWest, Iambi et elegi 2, 1992. TÜ: OWerner, 1969 (Tusc.). BSnell-ZFranyó, Frühgr. Lyriker 4, 1976. DACampbell, Greek Lyric 3, 1991 (Loeb L.). – Wilamowitz, Sappho und S., 1913 (Nachdr. 1966).

Simplikios, einer der letzten *neuplatonischen Philosophen, die 529 n. Chr. nach der Schließung der Akademie in Athen ins Perserreich auswanderten. S. kehrte 553 zurück. Er schrieb viele *Kommentare* zu Aristoteles, einen zu Epiktet.
T: Commentaria in Aristot. Graeca VII-XI, 1865ff. Ü: The ancient commentators on Aristotle, Ithaca 1989ff. *Kategorien-K:* IHadot, Leiden 1990ff. *Gegen Philoponos über die Ewigkeit der Welt:* ChWildberg, In Place, void, and eternity, Ithaca 1991. – IHadot (Hg.), S., sa vie, son oeuvre, sa survie, 1987.

Sinis, der *Pityokámpes* (Fichtenbeuger), ein Wegelagerer auf dem Isthmos, der die Wanderer an zwei herabgebeugte Fichten band und diese hochschnellen ließ, so daß die Unglücklichen zerrissen wurden. *Theseus besiegte ihn und ließ ihn dasselbe Schicksal erleiden.

Sinon, in der jüngeren Troiasage (noch nicht bei Homer; am bekanntesten: Vergil *Aeneis* 2, 57ff.) der hinterlistige Grieche, der die Troer überredete, das hölzerne Pferd in die Stadt zu nehmen, in dessen Innern die Feinde versteckt waren.

Sinope, sehr alte Stadt in der Mitte der Südküste des Schwarzen Meers, 183-70 v. Chr. Hauptstadt von Pontos und Residenz des *Mithridates. Die Maler bezogen aus S. den Rötel.

EAkurgal-LBudde, Vorläufiger Bericht über die Ausgrabungen in S., Ankara 1956.

Siphnos. Die reiche Kykladeninsel wurde um 525 v. Chr. von samischen Flüchtlingen verwüstet. Kurz zuvor war in Delphi das Schatzhaus der Siphnier erbaut worden. Von seinem reichen Skulpturenschmuck sind am besten der Ostfries mit Götterversammlung und Kämpfen um Troia und der Nordfries mit Gigantomachie erhalten, eines der bedeutendsten Werke der archaischen Plastik. – Fuchs (*Plastik) Abb. 487-90.

Sirenen (gr. *Seírenes*), dämonische Totenseelen, den *Harpyien ähnlich, als Mädchen mit Vogelleib häufig auf Grabmälern dargestellt. Odysseus besteht bei Homer (*Odyssee* 12, 39ff.) ein Abenteuer mit ihnen: Sie sitzen auf einer Insel und locken die Schiffer mit ihrem Gesang unwiderstehlich an, um ihnen die Lebenskraft auszusaugen. Odysseus läßt sich von den Gefährten, denen er die Ohren verstopft hat, am Mast festbinden und hört so die S., ohne dem verderblichen Rufe folgen zu können.
Ein bekanntes Vasenbild (rotfigurig, im Brit. Museum, abgebildet bei Pfuhl *Malerei) stellt die Szene dar. Eine der drei S. stürzt sich, da ihr Zauber durch den vorüberfahrenden Odysseus gebrochen ist, ins Meer.
KLatte, Die S., Kleine Schriften, 1968, 106-11. EBuschor, Die Musen des Jenseits, 1944. EHofstetter, S. im archaischen und klassischen Griechenland, 1990.

Sirmium (Mitrovitza), Hauptstadt Unter-*Pannoniens.
S., archeol. investigations in Syrmian Pannonia, Beograd 1977ff.

Sisenna, L. Cornelius, † 67 v. Chr. auf Kreta als Legat des Pompeius im Seeräuberkrieg. Er schrieb ein *Geschichtswerk*, das vor allem die Zeit Sullas behandelte.
Kurze Bruchstücke: T: Peter (*Geschichtsschreibung).

Sistrum, die im Kult der *Isis verwendete Klapper.
Sachs, Altägyptische Musikinstrumente, 1921.

Sisyphos, der Erzschelm, bei den Griechen, die einen gelungenen Betrug immer als Sieg der Klugheit durchaus positiv zu werten geneigt waren, ein sehr populärer Sagenheld. Als seine Heimat galt die Stadt Ephyre in Argos, deren Tradition sich später Korinth aneignete. Mit seiner Schlauheit überlistete S. alle, sogar den Tod. Die Sage machte den schlauen Odysseus zu seinem Sohn: S. habe Antikleia, die Tochter des von ihm ertappten Diebs Autolykos, verführt; Autolykos habe sie dann mit Laertes verheiratet. Für seine Frevel wurde S. in der Unterwelt bestraft: Er muß einen Felsblock einen Hang hinaufwälzen, der jedesmal unter dem Gipfel ihm wieder hinunterrollt: die Tücke des Objekts ist stärker als er.

Sitalkes, König der Thraker, Verbündeter Athens zu Beginn des Peloponnesischen Krieges. Er rückte 429 v. Chr. in Makedonien ein; ein Teil des Heeres zog in die Chalkidike. Man fürchtete seinen Angriff auf Nordgriechenland. Doch einigte sich S. rasch mit dem Makedonenkönig Perdikkas und zog sich zurück. Im Entscheidungsjahre 424 (*Brasidas) kam S. ums Leben, ohne in die Kämpfe auf der Chalkidike eingegriffen zu haben.

P. **Sittius** aus Nuceria in Campanien flüchtete nach dem Untergang Catilinas 62 v. Chr. mit den für diesen geworbenen Truppen nach Mauretanien. Dort stand er als erfolgreicher Condottiere im Solde der einheimischen Fürsten. Im Bürgerkrieg leistete er Caesar bei der Vernichtung der Pompeianer wertvollste Dienste und erhielt dafür die Gegend von Cirta als eigenes Fürstentum.

Sizilien (gr. *Sikelía*) wurde seit der Mitte des 8. Jh. v. Chr. von Griechen kolonisiert, die dort schon eine ziemlich gemischte Bevölkerung antrafen: Zu den mit den Libyern Nordafrikas verwandten Sikanern waren die indogermanischen Sikeler gekommen; an den Küsten lagen Handelsplätze der Phönizier. Anfangs überwogen bei den gr. Siedlern die Ionier. Sie wurden aber im 7./6. Jh. von den Doriern weit überflügelt. Das 6. und vor allem das 5. Jh. war die glücklichste Zeit. Die Griechenstädte *Syrakus, *Akragas, *Selinus, *Gela, *Himera, *Leontinoi, *Messana wurden sehr reich. Bedeutende Herrscher wie *Gelon, *Theron, *Hieron behaupteten sich siegreich gegen die Karthager und hielten glänzenden Hof. Die schönsten gr. *Münzen sind im 5. Jh. auf S. geprägt worden. Die Sikeler, welche noch 460-440 unter Duketios einen Freiheitskampf gegen die Griechen geführt hatten, wurden hellenisiert. – Die Rivalität der gr. Städte untereinander gab Anlaß zum Eingreifen A t h e n s im Peloponnesischen Krieg. 415 erschien eine gewaltige Flotte unter *Nikias und Lamachos vor Syrakus und schloß die Stadt ein. Als diese schon reif zur Kapitulation war, schickte Sparta ein Hilfskorps unter *Gylippos. Der Einschließungsring wurde gesprengt, Lamachos fiel. Um die ungeheuren Aufwendungen für die Expedition zu retten, boten die Athener die letzten Kräfte auf und entsandten ein Entsatzheer unter *Demosthenes. Trotzdem kam es zur Katastrophe. Die im Hafen eingeengte Flotte wurde vernichtet. Das Heer, auf dem Rückzug in zwei Gruppen aufgespalten, erlitt in völliger Auflösung grauenhafte Verluste. Die überlebenden Gefangenen wurden in die Steinbrüche (*Latomien) geworfen, die Feldherrn Nikias und Demosthenes hingerichtet. (*Thukydides, 6. u. 7. Buch.) – Der Sieg hatte Syrakus so große Opfer gekostet, daß sogleich Karthago die Schwäche ausnutzte, um sich in Besitz S.s zu setzen. Unter seinem Angriff sank 409-404 der Wohlstand der Griechenstädte für immer zusammen. Einzig Syrakus behauptete seine Selbständigkeit und brachte es unter den Tyrannen *Dionysios, *Agathokles und *Hieron II. wieder zu ansehnlicher Macht. 241 mußte Karthago S. an Rom abtreten. Syrakus blieb unter Hieron autonomer Verbündeter Roms. Als es aber nach dessen Tode abfiel und 212 nach schwerer Belagerung von Marcellus genommen wurde, verlor es seine Freiheit. S. bildete die erste röm.

Provinz und war infolge seiner Fruchtbarkeit die Kornkammer Roms. Sitz des Praetors war Syrakus. Schlimmer als die Räubereien von Statthaltern wie *Verres verwüsteten das Land die Sklavenkriege (136-132 und 104-99 v. Chr.) und die Sklavenbefreiung, die S. Pompeius im Kampf gegen Octavian 43-36 vornahm. Ihre Ursache war der Großgrundbesitz, der die kleinen Bauern verelenden ließ und große Sklavenmassen zur Bewirtschaftung der Güter vereinigte. Noch unter Gallienus (260-68 n. Chr.) brach ein Bauernkrieg aus. 536 wurde S., nachdem es in den Händen von Vandalen und Ostgoten gewesen war, oström. Besitz bis zur Eroberung durch die Sarazenen (827-878).

T über S.: KMeister, Das gr. S., 1969. – EAFreeman, Gesch. S.s (Ü. v. Lupus), 1895/1901 (Nachdr. 1985). BPace, Arte e civiltà della Sicilia antica (4 Bde), 1935-49. Dunbabin, The western Greeks, 1948. MIFinley, Das antike S., 1993 (dtv). LBernabo Brea, Alt Sizilien, 1958. vStauffenberg, Trinakria, S. und Großgriechenland in archaischer und frühklass. Zeit, 1963. RJWilson, Sicily under the Roman Empire, Warminster 1990. RKoldewey-OPuchstein, Die gr. Tempel in Unteritalien und S., 1899. Langlotz (*Großgriechenland). RRoss Holloway, The archeology of ancient Sicily, London 1991. EHorst-JRast, S., 1973. – Bilder: Villard, Sicile grecque (phot. de Miré), 1955. LvonMatt, Das antike S., 1959. Helbig-Gaiser, Tempel S.s (Inselb. 785). – MWegner, S., 1964.

Skamandros, der im Idagebirge entspringende Fluß in der Ebene von Troia.

Skapte Hyle, Ort im thrakisch-makedonischen Grenzgebiet gegenüber der Insel Thasos. Hier lagen reiche Goldbergwerke, seit Mitte 5. Jh v. Chr. in athenischem Besitz. *Thukydides lebte wahrscheinlich dort in der Verbannung.

Skeptiker, die Philosophenschule des *Pyrrhon von Elis und seines Schülers Timon von Phleius. Die Lehre wurde um 40 v. Chr. durch Ainesidemos erneuert. Bekannt ist sie durch die Werke des *Sextus Empiricus. Weder Sinneserkenntnis noch Vernunft führen zu sicherem Wissen. Die absolute Wahrheit ist unbeweisbar. Wir können daher über die Dinge kein gültiges Urteil aussprechen. Indessen gibt es praktisches Handeln auch ohne reine Erkenntnis. Mit *Karneades übernahmen auch die Akademiker die skeptische Haltung.

AGoedeckemeyer, Gesch. des gr. Skeptizismus, 1905 (Nachdr. New York 1987). MDalPra, Lo scetticismo gr., Roma 1989. JBarnes, The toils of Scepticism, Cambridge 1990. ABächli, Untersuchungen zur pyrrhonischen Skepsis, 1990 (Diss. Bern). AJVoelke (Hg.), Le scepticisme antique, Genève 1990. RJHankinson, The Sceptics, London 1994.

Skiron, megarischer Wegelagerer. Auf dem schmalen Felspfad, der steil überm Meere von der Peloponnes nach Athen führte, zwang er die Wanderer, ihm die Füße zu waschen. Dann stürzte er sie mit einem Fußtritt in die Tiefe, wo eine riesige Schildkröte die Leichen fraß. *Theseus schleuderte den Unhold selbst hinab.

Sklaven gab es seit der frühesten Antike bis ins Mittelalter hinein; auch das Christentum trat zwar für milde Behandlung der S., aber nicht für grundsätzliche Abschaffung der Sklaverei ein. In ältester Zeit war der Herr mit seinen wenigen S. zu einer patriarchalischen Hausgemeinschaft verbunden, die zu einem engern Vertrauensverhältnis werden konnte (z. B. *Eumaios in der *Odyssee*). Sklavinnen waren oft Nebenfrauen, und ihre Söhne konnten neben den legitimen Söhnen als Erben und Freie auftreten, während sie später im gr. und röm. Recht als S. und vaterlos galten. S.-arbeiten, die eines Freien unwürdig gewesen wären, gab es nicht. Noch in klassischer Zeit arbeiteten am Bau des *Erechtheion 409 v. Chr. S., Metöken und Bürger nebeneinander, und der Steinmetzmeister erhielt den gleichen Lohn wie seine 5 S. Es wäre falsch, das normale Los des antiken S. für überaus beklagenswert zu halten. Zwar galt er rechtlich als Sache, über die der Eigentümer nach Gutdünken verfügte. Aber willkürlicher Mißbrauch, z. B. grundlose Tötung, wurde in historischer Zeit bestraft, und im Laufe der Zeit verschärften sich die Strafbestimmungen immer mehr. Der mißhandelte S. konnte in einem Tempel Asyl suchen und verlangen, einem andern Herrn verkauft zu werden. Im allgemeinen hatten die Besitzer selbst das größte Interesse, sich durch gute Behandlung der S. vor Verlust zu schützen. Meist waren die S. daher besser daran als die armen freien Taglöhner. Sehr vielsagend ist der Rat Varros (*Landbau* 1, 17, 2), es sei vorteilhafter, ungesunde Gegenden mit freien Taglöhnern zu bewirtschaften als mit S.

Die Hauptquellen der Sklaverei waren Kriegsgefangenschaft, Menschenraub durch Seeräuber, Geburt von unfreien Eltern und Kindesaussetzung (Der Findling war S. dessen, der ihn aufgezogen hatte, solange nicht seine freie Geburt sich herausstellte). In alter Zeit verfiel der Zahlungsunfähige als S. dem Gläubiger. Man verkaufte ihn außer Landes, weil man es nicht ertrug, den einstigen Mitbürger als S. zu sehen. Diese Schuldknechtschaft und die Möglichkeit, sich selbst und die Familienangehörigen zu verkaufen, hob Solon in Athen auf. In Rom bestand sie nach dem Zwölftafelgesetz, wurde aber schon im 4. Jh. beseitigt. Doch mußte im wirtschaftlichen Niedergang der späten Kaiserzeit Constantin d. Gr. wieder gesetzlich gestatten, daß Eltern bei nachgewiesener großer Armut ihre Kinder verkauften.

Die Beschäftigung der S. erfolgte vorzugsweise: – 1. Im Hausdienst. – 2. In der Landwirtschaft. Auf den großen Gütern (Latifundien) waren oft Hunderte von S. eines Besitzers beisammen. – 3. Im Handwerk, besonders wo sich fabrikmäßige Industrien entwickelten wie die Waffenfabriken in Athen während des Peloponnes. Krieges, Töpfereien und Ziegeleien, Tuchindustrie. – 4. Im Bergbau. – 5. Im Handel, und zwar Klein- und Großhandel. – S. hatten oft Vertrauensposten inne (Kassier, Buchhalter, Prokurist, Gutsverwalter). Daraus ergab sich eine Rangordnung: Der übergeordnete *servus ordinarius* war Vorgesetzter der ihm unterstellten S. *(mediastrini)*. Er konnte sogar selber S. besitzen, die als *vicarii* stellvertretend seine Aufgabe erfüllten. Sehr oft nutzte der Herr die Arbeitskraft nicht selbst aus, sondern vermietete die S. *Nikias soll 1000 S. in die Bergwerke vermietet haben. Das war ein gutes Geschäft:

Pro Tag und Kopf ergab sich ein Reingewinn von 1 Obolos, d.h. 60 Drachmen im Jahr. Da ein ungelernter Handlanger ca. 180 Drachmen kostete, war die Anlage in 3 Jahren amortisiert. Für S. mit Spezialausbildung (Ärzte, Lehrer, Stenographen usw.) und für schöne Luxus-S. waren natürlich die Preise sehr viel höher. Beim Verkauf (und bei der Freilassung) erhob vielerorts der Staat eine Umsatzsteuer. Eine besonders bevorzugte Stellung hatten die Staatssklaven, die für öffentliche Dienste eingestellt wurden, z.B. die «Skythen» als Polizeitruppe in Athen. Sie erhielten 3 Obolen Sold täglich und waren in ihrer persönlichen Bewegungsfreiheit kaum beschränkt. Auch den Privat-S. gestattete der Herr, sich Ersparnisse anzulegen *(*Peculium)*, die später zum Freikauf dienen konnten. Die S. der röm. Kaiser, die bei Hofe eine große Rolle spielten und um deren Gunst sich selbst Senatoren bewarben, wurden mehrfache Millionäre.
Zur Strafe konnten ungehorsame S. körperlich gezüchtigt werden, oder man schickte sie zu schwerer Arbeit in die Mühle oder aufs Land, wo es besondere Strafhäuser *(ergastula)* gab. In schweren Fällen steckte man sie in die *Gladiatorenschule. Die Gladiatorenbanden waren nicht ungefährlich. Der Thraker Spartacus, aus einer Gladiatorenschule Capuas ausgebrochen, sammelte 73 v. Chr. ein Heer aus entlaufenen S., hauptsächlich Gladiatoren und Landarbeiter der Latifundien. An dessen Spitze siegte er über die Legionen und konnte erst nach 3 Jahren überwältigt werden (S.-kriege auch auf *Sizilien). Die Todesstrafe an S. vollzog man durch Kreuzigung oder indem man sie im Circus gegen wilde Tiere kämpfen ließ.
Die Römer anerkannten stets, daß nach Naturrecht alle Menschen gleich seien. Die Schlechterstellung des S. bestand nur im bürgerlichen Recht. Er war von Staatsangelegenheiten und Kriegsdienst ausgeschlossen und konnte keine rechtsgültige Ehe eingehen. Im religiösen Recht war er aber den Freien ebenbürtig. S. konnten Vereinsmitglieder sein, besonders in den Begräbnisvereinen der ärmeren Leute. Hier fand das Christentum den günstigsten Nährboden. – Nach der Freilassung erhielt der S. in Rom volles Bürgerrecht. Dies führte zwangsläufig zur Überfremdung des röm. Volkskörpers. Der alte Mittelstand war durch die schweren Kriege fast vernichtet. Dagegen waren die S. vom Kriegsdienst freigeblieben; wenn man sie in Notzeiten nach Cannae und in den Bürgerkriegen zum Heeresdienst heranzog, mußte man sie zu diesem Zweck in Massen freilassen. So kam es, daß die untern Gesellschaftsschichten eine Mischbevölkerung aus allen Ländern bildeten. Augustus mußte, als er das alte Römertum wiederherzustellen suchte, die Freilassungsmöglichkeiten gesetzlich beschränken. *Freigelassene.

Quellen: TÜ: WEck-JHeinrichs, S. und Freigelassene in der röm. Kaiserzeit, 1993. – Einzeluntersuchungen in Reihe “Forschungen zur antiken Sklaverei“, begründet von JVogt-UInstinsky, 1969ff. JVogt, Bibliographie zur antiken Sklaverei, 1971; ders., Sklaverei und Humanität, 2.A. 1972. CWWeber, Sklaverei im Altertum, 1988. ThWiedemann (Hg.), Greek and Roman slavery, Baltimore 1981. JPVernant, Travail et esclavage en Grèce ancienne, Bruxelles 1988. NFisher, Slavery in classical Greece, Boston 1993. JCDumont, Servus, Rome et l’esclavage sous la république, Roma 1987. AWatson, Roman slave law, Baltimore 1987. – WZRubinsohn, Die großen S.-aufstände der Antike, 1993.

Skolia, Lieder, wie sie die Griechen beim Symposion abwechselnd reihum sangen. Ein Skolion war meist ein Vierzeiler in lyrischen Versen, für die ein bestimmter Rhythmus besonders beliebt war. Neben einer Anzahl bekannter S. waren geistreiche Improvisationen geschätzt. In Athen galt vor allem das Preislied auf die *Tyrannenmörder. Eine attische S.-sammlung ist überliefert; auch manche Trinklieder von Dichtern wie *Alkaios sind S.
T: Diehl, Anthologia lyrica II (*Lyrik).

Skopaden, thessal. Adelsgeschlecht in Krannon: *Simonides.

Skopas von Paros, Architekt und einer der berühmtesten Marmorplastiker des 4. Jh. v. Chr., etwas jünger als Praxiteles, älter als Lysippos. An Originalwerken besitzen wir Bruchstücke von den Giebelfiguren des von S. erbauten *Athenetempels* in Tegea (Kalydonische Jagd) und Reliefs aus dem *Amazonenfries des *Mausoleums* von Halikarnass (um 350). Von in röm. Kopien erhaltenen Statuen können ihm vielleicht der sog. *Herakles Lansdowne*, eine *Mänade* (Dresden), ein *Meleager* und ein *Pothos* (Personifikation der Liebessehnsucht) zugeschrieben werden. *Samothrake. S. ist Meister in der Darstellung des Pathos.
AFSteward, S. of Paros, Park Ridge 1977; ders., S. in Malibu: The head of Achilles from Tegea and other sculptures by S. in the Paul Getty Museum, 1982.

Skylax aus Karyanda in Karien, Seefahrer, der ca. 516 v. Chr. im Auftrag des Perserkönigs Dareios eine Entdeckungsfahrt von Indien der persisch-arabischen Küste entlang bis Suez ausführte. Aus seinem Fahrtbericht schöpften *Hekataios und *Herodotos ihre Nachrichten über diese Länder. Unter seinem Namen ist eine *Küstenbeschreibung Europas, Asiens und Afrikas* aus dem 4. Jh. v. Chr. überliefert.
T: Müller, Geographi Graeci minores I, Paris 1882.

Skylla. – 1. S. und Charybdis, die Schrecken der Seefahrer in Homers *Odyssee*. An einer Meerenge lauert auf der einen Seite in einer Felshöhle S. mit ihren 6 langen Hälsen. Auf jedem sitzt ein gräßlicher Kopf mit einem Rachen voll todbringender Zähne. Fährt ein Schiff vorbei, so holt sie mit jedem Kopf einen Mann zum Fraß. Auf Bogenschußweite gegenüber schlürft die Ch. 3 mal täglich das Meerwasser ein und strudelt es laut brüllend hervor (*Odyssee* 12, 73ff.). S. und Ch. sind daher sprichwörtlich für Übel, von denen man dem einen oder dem andern nicht entrinnen kann. – *Spelunca.
2. S., die Tochter des Königs Nisos von Megara, verliebte sich in König *Minos, der ihre Vaterstadt belagerte. Nisos war unsterblich, solange er seine purpurne Locke auf dem Haupte trug. Die verführte S. schnitt ihm, als er schlief, die Locke ab, so daß er starb und die Stadt erobert wurde. Minos aber lohnte der Verräterin die Tat nicht. Zwar hielt er das Versprechen, sie mitzunehmen, aber er band sie außen an sein Schiff und schleifte sie durchs Meer.

Die Sage ist in dem pseudo-vergilischen Kleinepos *Ciris* dichterisch behandelt. – TK: ROAMLyne, Cambridge 1979. TÜ (franz.): AHaury, 1958.

Skymnos v. Chios verfaßte ca. 200 v. Chr. ein geograph. Reisehandbuch, das verloren ist. Fälschlich wurde ihm eine *Küstenbeschreibung*, das Lehrgedicht eines anonymen Autors vom Ende des 2. Jh. v. Chr., zugeschrieben.
T: Müller, Geographi Graeci minores I, Paris 1882.

Skythen, Völkergruppe zwischen Don und Donau, die im 8. Jh. v. Chr. die Kimmerier aus diesen Gebieten verdrängt hatte. Im 2. Jh. v. Chr. erlagen die S. selbst den Sarmaten. Seit dem 7. Jh. legten die Griechen an der Schwarzmeerküste Kolonien an und trieben schwungvollen Handel mit den S., von dem zahlreiche gr. Kunstfunde in Südrußland zeugen. Als Bogenschützen waren die S. gefürchtet. Die Expedition des Dareios (514 v. Chr.) erreichte das Ziel, sie zu unterwerfen, nicht; sie wichen dem Kampf aus und lockten die Perser in die Steppen, bis diese erschöpft den Rückzug antreten mußten. S. dienten in Athen als Stadtpolizei (*Sklaven).
*Herodot, 4. Buch. – Rostovtzeff, Skythien und der Bosporus, 1931. IAHPotratz, Die S. in Südrußland, 1963. GCharrière, Die Kunst der S., 1974. KJSembach (Hg.), Gold der S., 1984 (Ausstellung München). – Skythischer Bogenschütze auf einem Teller des *Epiktetos (1) in London: PEArias (*Vasen) Taf. 98.

Smyrna, bedeutende Stadt der kleinasiatischen Küste, an der äolisch-ionischen Dialektgrenze, aber schon früh ganz ionisch. Homer soll in S. geboren sein; man nannte den Gott des dortigen Flusses Meles als seinen Vater. Um 585 (?) v. Chr. zerstörten die Lyder die Stadt. Unter Antigonos und Lysimachos erstand sie Ende 4. Jh. v. Chr. etwas weiter südlich neu. Die Römer waren S. günstig, so daß es auch im Mithridatischen Krieg auf ihrer Seite blieb. Besonders Kaiser Hadrian tat viel für die Stadt. 178 n. Chr. suchte sie ein furchtbares Erdbeben heim; der Rhetor Aelius Aristeides erwirkte in erhaltenen Reden die Hilfe des Kaisers Marcus Aurelius zum Wiederaufbau.
GEBean, Die ägäische Türkei, 1969. CJCadoux, Ancient S., Oxford 1938. Ausgrabungen: EAkurgal, Alt-S., Ankara 1983.

Sokrates. – 1. S., 469-399 v. Chr., der Begründer einer neuen Epoche in der gr. Philosophie, hat selbst nichts geschrieben. Wir kennen ihn durch die Schriften seiner Schüler, vor allem *Platons und *Xenophons. Diese haben seine Gestalt idealisiert; umgekehrt hat der Komiker *Aristophanes in den *Wolken* eine S.-karikatur auf die Bühne gebracht, die mehr den Typ des Sophisten als den wirklichen S. trifft. S. war nach Platon, dem die Späteren folgten, der Sohn des Bildhauers Sophroniskos und der Hebamme Phainarete aus dem attischen Demos Alopeke. Die redenden Namen und die Berufe passen zu gut auf S., als daß sie für unverdächtig historisch gelten dürften: S. ist der Menschenbildner, der Weise *(sophron),* der in der Ironie sich selbst geringer hinstellt (*-iskos* Wortausgang von Diminutiven); er setzt sich zum

Ziele, die Tugend sichtbar aufzuzeigen *(phainein ten aretén)* und bezeichnet seine Kunst mit einer Metapher als Geburtshilfe *(maieutiké)*. Die Frau des S. soll Xanthippe geheißen haben, doch erzählten einige S.-geschichten von zwei Frauen. Die zweite sei Myrto, eine Tochter des Aristeides gewesen. Die Vaterstadt Athen habe er nie verlassen außer in den Feldzügen, in denen er als tüchtiger Hoplite seine Bürgerpflicht erfüllte. Dies widerspricht wieder der berichteten Armut des S.; die Stellung einer Hoplitenrüstung wurde nur dem Mittelstand zugemutet. Zuverlässig ist dagegen die Überlieferung der Geschichtsschreiber: Ein politisches Amt bekleidete S. nur einmal: 406 war er der einzige der *Prytanen, der sich weigerte, die verfassungswidrige Volksabstimmung vorzunehmen, in welcher die Feldherrn der *Arginusenschlacht zum Tode verurteilt wurden. Dies ist neben seinem Tod das einzige sicher als historisch beglaubigte Ereignis seines Lebens. Seine Schüler machten S. bald zum Mittelpunkt ihrer philosophischen Schriften, in denen sie die Person des Meisters mit dichterischer Freiheit zeichneten. Die aus ihnen gewonnene Biographie bleibt daher ohne Gewähr.

Während die Sophisten als Wanderlehrer sich mit ihren Schulvorträgen an die vornehme Jugend wandten, die ihnen hohe Honorare zahlen konnte, wirkte S. unter seinem Volke, indem er in den Gymnasien und überall, wo er mit ihnen zusammentraf, die Leute durch Fragen ins Gespräch zog. Er hatte nicht Schüler, sondern «Freunde», zu denen der junge Hochadel Athens (*Alkibiades, *Platon) so gut zählte wie der Schuster Simon und viele Ausländer. Der Unterricht der Sophisten vermittelte Spezialkenntnisse in allen Fächern mit dem Zweck, dem Besitzer dieser Kenntnisse Überlegenheit und Macht zu geben. In welcher Richtung sich diese Macht betätigen solle, ließen sie offen. Das Resultat war die Zersetzung der sittlichen Grundlagen des Lebens. Mit ihnen gemeinsam hat S., daß sein Denken nicht mehr wie das der Naturphilosophen der äußeren Welt des Kosmos, sondern dem Menschen galt. S. prägte als erster den Begriff der S e e l e in dem Sinne, wie er uns heute, durch die sokratischen Schulen ins Christentum übergegangen, geläufig ist, als des werthaften, geistigen, innern Teils des Menschen. Ziel der Lebensgestaltung war ihm, daß die Seele gut sei. Wie der Arzt für die Gesundheit des Körpers, wollte S. für die Gesundheit der Seele sorgen. Ziel allen Forschens muß sein, zu wissen, was das G u t e ist. Tugend ist Wissen; keiner fehlt freiwillig. Zur Erkenntnis des einen Guts suchte S. auf induktivem Wege zu gelangen, indem er aus den Einzelfällen das allgemeine Wesen einzelner Tugenden zu bestimmen suchte. Durch seine Methode des Fragens widerlegte er dabei zunächst die falschen Meinungen und Voraussetzungen (*Ironie). Er ging mit Vernunftschlüssen vor; das Gefühl sprach nur als warnende innere Stimme *(Daimonion)* im praktischen Handeln mit (*Dämon). – Durch seinen Tod gab S. den Schülern das große, fruchtbare Beispiel der Bewährung. Anytos und Meletos hatten ihn angeklagt, er verführe die Jugend und anerkenne nicht die Götter des Staates. Der 70jährige S. blieb sich selbst treu: Er schmeichelte den Richtern nicht und lehnte ab, als seine Freunde (*Kriton) ihm die Flucht aus dem Gefängnis er-

möglichten. Er trank den Schierlingsbecher (dies war das staatliche Verfahren der Hinrichtung) und verbrachte die letzten Stunden in philosophischem Gespräch mit den Freunden.
WJäger, Paideia II, 1944. OGigon, S., 1994. EdSchwartz, Charakterköpfe I, 1906. WKCGuthrie, S., 1971. GVlastos, S., Ithaca 1991. APatzer, Der historische S., 1987 (WdF). IFStone, Der Prozess gegen S., 1990. – Bildnis: IScheibler (Hg.), S., 1989 (Ausstellung Glyptothek München).
2. Rechtsanwalt in Konstantinopel, schrieb eine Fortsetzung der *Kirchengeschichte* des Eusebios bis zum Jahr 439 n. Chr.
T: Migne Gr. 67. Hussey, 1893. Ü (engl.): anonym in Bohns Library, 1853.

Sol, Sonnengott: *Helios (Schluß).

Solarium Augusti. Augustus ließ den ersten aus dem besiegten Ägypten nach Rom verbrachten Obelisken auf dem Marsfeld aufstellen als monumentale Sonnenuhr. Mit Sockel und Kugel auf der Spitze fast 30 m hoch warf er den Schatten so, daß dieser an der Herbst-Tagundnachtgleiche, dem Geburtstag des Kaisers, zur Mitte der ca. 150 m entfernten **Ara pacis* wanderte. Zur Wintersonnenwende, dem Tag der angeblichen Zeugung des Kaisers durch den Gott Apollon und Beginn seines Sternzeichens (Steinbock) traf der Schatten den Schnittpunkt mit der durch die *Ara pacis* verlaufenden Äquinoktiallinie in der Mitte des Altars. Der Obelisk wurde 1748 wieder aufgefunden und 1792 ca. 200 m südlich vom urspr. Standort aufgerichtet. Seine Funktion ist erst 1976 wieder erkannt worden.
EBuchner, Die Sonnenuhr des Augustus, 1983.

Solinus, C. Iulius, schrieb im 3. Jh. n. Chr. eine Sammlung *Merkwürdigkeiten*, die er hauptsächlich aus der *Naturkunde* des Plinius auszog.
T: Mommsen, 1895 (Neudruck 1958). Ü (franz.): Agnaut, Paris 1847.

Soloi. – 1. Küstenstadt Kilikiens, Heimat von *Chrysippos, *Philemon, *Aratos (2). Den Einwohnern sagte man ein schlechtes Griechisch nach: Sprachschnitzer heißt gr. *Soloikismós*. – 2. Stadt an der Nordküste von Kypros. – Kanadische Ausgrabungen seit 1964: S., 10 campagnes de fouilles, Sainte Foy 1985-89.

Solon, athenischer Staatsmann und Dichter. Er gehörte zum alten Königsgeschlecht der Medontiden. Auf Handelsreisen war er bis nach Aegypten gekommen. Mit einer *Elegie* feuerte er die Bürger an, Salamis zu erobern. 594 v. Chr. wählte man ihn im Streit zwischen Adel und Volk zum Mittler und beauftragte ihn, *Verfassung* und *Gesetze* auszuarbeiten. S. ersetzte die strengen Gesetze Drakons mit Ausnahme derjenigen über Mord durch mildere und suchte beide Parteien zu befriedigen. Den Armen diente ein Erlaß der Hypothekarschulden *(Seisáchtheia):* Die Pfandsteine *(Horoi)* auf den Äckern, welche eine Haftung nicht nur des Grundstücks, sondern auch der Person des Schuldners in einer Art von Leibeigenschaft gegenüber dem Gläubiger bezeichneten, wurden entfernt. Nicht jedoch brachte die *Seisachtheia* eine Streichung aller Schuldverpflichtungen überhaupt. Zur Reform gehörte auch die

Aufhebung des Gesetzes, nach dem Zahlungsunfähige zu *Sklaven ihrer Gläubiger wurden. Aus diesem Grunde ins Ausland verkaufte Athener wurden zurückgekauft und wurden frei. Die Zinsen wurden gesenkt. Die Reichen aber behielten größere politische Rechte: Die Bürger wurden nach dem Vermögen in 4 Klassen geteilt: 1. *Pentekosiomedimnen* (500-Scheffler), Leute, deren Jahreseinkommen an Getreide, Wein oder Öl mindestens 500 Scheffel betrug. Sie allein konnten die höchsten Staatsämter als Archonten bekleiden. Sie waren zu *Leiturgien verpflichtet. 2. Die *Ritter*, mit 300 Scheffeln Mindesteinkommen. Sie leisteten Kriegsdienst mit einem von ihnen unterhaltenen Pferde. 3. *Zeugiten*, mit 200 Scheffeln. Diese hatten für den Krieg eine Hoplitenrüstung bereitzuhalten. 4. *Theten*, die nur als Leichtbewaffnete und später auf der Flotte dienten. Sie waren zu Ämtern nicht wählbar. Alle Bürger hatten gleiches Stimmrecht in der Volksversammlung. – S. hatte sich in Gedichten gegen Angriffe aus beiden Lagern zu verteidigen. Den Reichen brachte die Schuldentilgung große Verluste. Das Volk wünschte eine radikalere Demokratie. S. ließ sich versprechen, daß seine Gesetze in den nächsten 10 Jahren nicht geändert würden, und ging wieder auf Reisen. Sein Aufenthalt am Hof des *Kroisos ist aber nur Legende. – Der Mann, der 34 Jahre später die Stimmung der Demokraten auszunutzen verstand, um sich zum Tyrannen zu machen, war Peisistratos. Doch dieser ließ S.s Staatsordnung im wesentlichen bestehen. Auch die demokratische Reform des *Kleisthenes brachte keine totale Änderung. Die Gesetze galten weiter bis in die Zeit des Peloponnesischen Krieges, und die Athener hielten das Andenken S.s sehr hoch. In seinen Gedichten wirkte S. als großer Erzieher seiner Mitbürger zu politischer Einsicht und ausgewogener Lebensführung. Man zählte ihn den *Sieben Weisen zu.
T: Diehl I (*Lyrik). MLWest, Iambi et elegi 2, 1992. TÜ: EPreime, 1940 (Tusc.). BSnell-ZFranyó, Frühgr. Lyriker 1, 1971. – Biogr.: *Plutarch. – Verfassung: *Aristoteles, *Staat der Athener*. ERuschenbusch, S., Die Frg. des Solonischen Gesetzeswerkes, 1966. Seisachtheia: NGLHammond, Studies in Greek History, 1973, 104-169. KHönn, S., 1948. Pohlenz, Gestalten aus Hellas, 1950, S. 67ff. POliva, S., Legende und Wirklichkeit, 1988. – Bildnis: Schefold.

Sophienkirche, die Kirche der göttlichen Weisheit (*sophia* = Christus) in Konstantinopel: *Anthemios (2).

Sophilos, att. schwarzfiguriger Vasenmaler Anf. d. 6. Jh. v. Chr. Auf einem von ihm signierten Kesselfragment im Nationalmuseum von Athen begleiten auf ansteigenden Stufen sitzende Zuschauer das Wagenrennen bei den Leichenspielen für Patroklos mit lebhaften Gesten. – Buschor (*Vasen) S. 116.

Sophisten, Weisheitslehrer (von gr. *sophízein*, weise machen), die Träger des modernen Geistes in der 2. Hälfte des 5. Jh. v. Chr., vor allem in Athen. Die Naturphilosophie war damals zu einem gewissen Abschluß gelangt. Gleichzeitig hatte sich in der sizilischen Rhetorik ein ausgezeichnetes Instrument der Propaganda gezeigt. Die S. übernahmen es,

diese Errungenschaften zum praktischen Nutzen für den Menschen auszuwerten. Als Lehrer zogen sie umher und hielten gegen hohes Honorar Kurse und Vorträge, in denen sie ein enzyklopädisches Wissen vermittelten. Vom Grundsatz «Wissen ist Macht» ausgehend, verhießen sie, ihre Schüler im Handeln und Reden für das private Leben und vor allem für die staatliche Karriere tüchtig und jedem andern überlegen zu machen. Die jungen Leute aus den obern Ständen, denen eine solche Bildungsgelegenheit über die Knabenschule hinaus gefehlt hatte, nahmen das neue Ideal begeistert auf. Die S. schrieben und sprachen, gemäß ihrem Standpunkt, daß man alles wissen müsse, über alle Gebiete der Philosophie und Einzelwissenschaften; Gorgias und Hippias hielten über beliebige ihnen gestellte Themata sofort einen Vortrag. Ein besonderes Interesse galt der Sprache und ihrer Handhabung als Instrument der Logik zu zwingender Überredung. Protagoras lehrte, «die schwächere Sache zur stärkern zu machen». Man demonstrierte das, indem man die bisher gültigen moralischen Begriffe umkehrte und z. B. bewies, daß ein Meineid sittlich gut und notwendig sei. Die Orientierung auf den Nutzen des Menschen, und zwar des einzelnen, führte auf ethische Probleme. Protagoras prägte den Satz «Der Mensch ist das Maß aller Dinge». So wurden die S. die Entdecker des Individuums. Der Egoismus fand in ihrer Lehre seine theoretische Rechtfertigung. Der Streit zwischen Natur und Brauch wurde zugunsten der erstern entschieden, d. h., das gesetzte Recht der Gesellschaft konnte immer vom Naturrecht des Stärkeren durchbrochen werden. So endete die Sophistik zwangsläufig im Relativismus und Nihilismus. Ihre Überwindung ist das Verdienst von *Sokrates und Platon. Die von den S. geschaffenen dauernden Werte lebten in den sokratischen Schulen fort.
Bekannteste S.: *Protagoras, *Prodikos, *Hippias, *Antiphon, der Rhetor *Gorgias, *Thrasymachos. Sehr charakteristisch die anonymen *Dissoí lógoi* (Ü: Nestle, Vorsokratiker S. 241ff., 1922). Politiker aus der Schule der S.: *Kritias, *Alkibiades. – TÜ: Vorsokr. II. JPDumont, 1969 (franz.). – WNestle, Vom Mythos zum Logos, 1940. WKCGuthrie, The Sophists, 1971. JdeRomilly, Les grands s. dans l'Athène de Péricles, Paris 1988. MUntersteiner, Les s., Paris 1993.
In anderer Form lebte die Sophistik im 2. Jh. n. Chr. unter Hadrian bis in die Mitte des 3. Jh. und ein letztes Mal unter Kaiser Iulianus auf. Diese 2. Sophistik ging aus der Rhetorik im Gegensatz zur Philosophie und Fachwissenschaft hervor. Eigene Forschung trieben die S. nicht mehr, dagegen schöpften sie aus dem reichen überlieferten Bildungsgut und trugen ihr Sammelwissen in den Rhetorenschulen, in Prunkreden und in einer auf das breite Publikum berechneten Schriftstellerei vor. Die Eleganz der Form verhüllte die Dürftigkeit einer oft sehr oberflächlichen Gelehrsamkeit. Typische Vertreter: *Polemon (2) *Favorinus, Aelius *Aristeides, *Polyainos, *Lukianos, *Aelianus (1) *Athenaios, Philostratos, *Libanios. In der lat. Lit. ist *Apuleius vergleichbar.
GAnderson, The Second Sophistic, London 1993.

Sophokles, Tragödiendichter aus dem Demos Kolonos bei Athen, 496-406 v. Chr. Seine Mitbürger wählten ihn 443 zum Schatzmeister des Attischen Seebundes und 441 zum Strategen mit Perikles im Krieg gegen Samos. Seine Frömmigkeit zeigte sich darin, daß er 420 die Verehrung des Heilgottes Asklepios einführte und ihm einen *Paian* dichtete, von dem Bruchstücke auf einer Inschrift des Asklepieions erhalten sind. Eine reine Gläubigkeit unterschied ihn von der grüblerisch-kritischen Haltung des *Euripides. Die erhabene tragische Wucht des Aischylos erreichte er nicht, doch bezauberte er seine Zuhörer durch die unnachahmliche Harmonie seines Wesens. Ein liebenswürdig heiteres Charakterbild zeichnete *Ion von Chios. S. führte den 3. Schauspieler ein und erhöhte die Zahl der Choreuten auf 15. Er siegte 24mal, zuerst 468. Von seinen 123 Stücken sind nur 7 vollständig erhalten: **Aias* (1), **Elektra, König *Oidipus* (Der König forscht pflichtgetreu nach dem Schuldbefleckten, der dem Lande Unheil bringt, und entdeckt so sein eigenes unbewußtes Verbrechen: Das klassische Muster der tragischen Analysis), **Antigone, Trachinierinnen* (nach dem aus Frauen von *Trachis bestehenden Chor genannt. Die liebende Deianeira schickt *Herakles das Nessoshemd und verschuldet so ungewollt seinen Tod), **Philoktetes, *Oidipus auf Kolonos* (Das friedliche Ende des immer noch zu jähem Zorne fähigen Greises). Dazu kommen 400 Verse aus dem *Satyrspiel *Ichneutai* (Die Spürhunde: die Satyrn suchen die gestohlenen Rinder Apollons, die Hermes in seiner Höhle versteckt hat) und viele Fragmente. S. schlug, anders als Aischylos und Euripides, die Einladungen fremder Fürsten stets aus; eine tiefe Liebe zur Heimat spricht auch aus seinen Chorliedern. Die Niederlage Athens zu erleben, ersparte ihm das gütige Geschick. Die Bürger verehrten den Toten als Heros *Dexion* mit einem jährlichen Opfer.

T: *Tragödien:* HLloyd-Jones-NWilson, 1990 (Oxf. Cl.). *Frg.:* SRadt, Tragicorum gr. Frg. 4, 1977. *Paian:* EDiehl, Anthol. lyr. Suppl., 1942 (Tb), 4 und 57. TÜK: RJebb-ACPearson, 1900-28 (10 Bde.). TÜ: WWillige-KBayer, 2.A. 1985 (Tusc.). ADain-PMazon, 1955-60 (Budé). Ü: FrHölderlin, 1804 (*König Oed., Antig.*, Partien aus *Oed. auf Kol., Aias*, in Gr. Stuttg. Ausg. Bd. 5). EBuschor, 1954-9 (Nachdr.). EStaiger, 1952. HWeinstock, 1957 (Kröner). RWoerner, 1960. K: JCKamerbeek, Leiden 1959-1984. – Einzelne: *Aias:* TÜ: RRauthe (Reclam). TK: WBStanford, London 1963. *Elektra:* Ü: WSchadewaldt (Reclam). *König Oed.:* Ü: KAPfeiff, 1969. WSchadewaldt, 1955. TÜK: JBollack, Lille 1990. *Antigone:* TÜ: NZink (Reclam). Ü: KReinhardt, 1961. K: GMüller, 1967. *Trach.:* Ü: WKraus, 1989 (Reclam). TK: MDavies, Oxford 1991. *Philoktet:* Ü: WKuchenmüller (Reclam). TK: RGUssher, Warminster 1990. *Oed. Col.:* Ü: EBuschor (Reclam). *Ichneutai* (*Satyrspiel): TÜK: EVMaltese, Firenze 1982. *Inachos:* DFSutton, 1979. – KReinhardt, S., 1948. HWeinstock, S., 1948. TBLWebster, Introduction to S., Oxford 1969. CMBowra, Sophoclean Tragedy, Oxford 1965. TvWilamowitz, Die dramat. Technik des S., 1917 (Nachdr. 1969). VEhrenberg, S. und Perikles, 1956. GMKirkwood, A Study of Soph. Drama, 1958. ChSegal, Tragedy and civilization, Cambridge 1981. DFSutton, The lost S., London 1984. HDiller, S., 1986 (WdF). *Tragödie. – Bildnis: Statue im Vatikan (ehem. Lateranmuseum). Schefold. HSichtermann, S., 1959 (Opus nobile 15).

Sophoniba (Sophonisbe), eine schöne Frau aus karthagischem Adel, bestimmte ihren Gatten, den Numiderkönig Syphax, im Krieg gegen Rom treu zu Karthago zu halten. Nach dem röm. Sieg fiel sie 203 v. Chr. als Gefangene in die Hand *Massinissas, der sie liebte und sogleich zu seiner Frau machte. Rom fürchtete ihren Einfluß und forderte ihre Auslieferung. Da tötete sie sich mit dem ihr von Massinissa gereichten Gift. – *Livius 30, 12, 11ff.

Sophron aus Syrakus, Mimendichter Mitte 5. Jh. v. Chr. Seine *Mimen waren dramatische Szenen aus dem sizilischen Leben in einheimischer dorischer Mundart, z. B. *Die Frauen, die die Göttin beschwören*, eine nächtliche Zauberhandlung. *Platon schätzte ihn hoch, und man las ihn bis ins 6. Jh. n. Chr.; doch haben sich nur Frg. erhalten.
T: Kaibel, Comic. Gr. Frg. I, 1899.

Sophroniskos, angeblicher Name des Vaters von *Sokrates.

Soracte, Berg ca. 40 km nördlich von Rom, steil gegen den Westrand des Tibertals abfallend, bekannt durch Horaz, *Ode* 1, 9.

Soranos aus Ephesos, der bedeutendste Arzt der methodischen Schule (*Medizin I 4). Nach Studien in Alexandreia praktizierte er Anfang 2. Jh. n. Chr. in Rom. Im gr. Original sind erhalten 4 Bücher *Gynäkologie* und 1 Buch über *Verbände* (illustriert); aus einer *Geschichte der Medizin* eine *Biographie des *Hippokrates*. Anderes kennen wir in lat. Ü., besonders hat *Caelius Aurelianus S.s Hauptwerk *Über akute und chronische Krankheiten* erhalten.
T: Ilberg, CMG (*Medizin), 1927. *Gynaec.*: TÜK: PBurguière, 1988-90 (Budé). Ü: HLüneburg, 1894.

Sortes: *Mantik.

Sosiasmaler, att. rotfig. Vasenmaler um 500 v. Chr., benannt nach dem signierenden Töpfer. Hauptwerk: Schale in Berlin (*Patroklos).

Sosigenes, der Astronom, der im Auftrag Caesars den Iulianischen Kalender ausarbeitete.

Q. **Sosius** Senecio, cos. 99 und 107 n. Chr., gehörte zu den nächsten Mitarbeitern Traians. Für seine Verdienste im Dakerkrieg erhielt er die Triumphalabzeichen. Der gebildete Mann war einer der besten Freunde *Plutarchs, der ihm mehrere seiner Werke widmete.

Sosos von Pergamon, hellenistischer Mosaikkünstler. Von seinen *Tauben* und dem *Asárotos oikos* («Ungefegter Saal»: Im Mosaik des Fußbodens sind herumliegende Speisereste dargestellt) sind Nachbildungen erhalten.
KParlasca, in Jahrb. d. Deutschen Archäol. Inst. 78, 1963, 256-293.

Sotades von Maroneia, lyrischer Dichter zu Anfang des 3. Jh. v. Chr. Der von ihm erfundene sotadeische Vers galt wegen seines aufgelösten

Rhythmus als weichlich. Für einen frechen unanständigen Vers auf die Geschwisterehe des Königs Ptolemaios Philadelphos büßte S. mit dem Tode.
T: Diehl, Anthologia lyrica II (*Lyrik).

Soter, Retter, Beiname von Göttern, besonders Zeus S., und der als göttlich geehrten hellenistischen Könige.

Sozomenos, Rechtsanwalt in Konstantinopel, schrieb eine *Kirchengeschichte* der Jahre 324-421, in der er die *Kirchengeschichte* des *Sokrates (2) neu bearbeitete.
T: Migne Gr. 67. JBidez, 1960 (Gr. chr. Schr. 50). TÜ (B. 1-2): AJFestugière, 1983 (S.chrét.).

Spanien: *Hispania.

Sparta, Stadt der Lakedaimonier im Eurotastal zwischen den Bergen Parnon und Taygetos. Als gegen Ende des 2. Jahrtausends die Dorier von Norden einbrachen (dorische Wanderung, in der Sage «Rückkehr der Herakleiden»), gründeten sie S. als offenes Feldlager. Als kleine Herrenschicht von wenigen tausend Mann standen sie über den Ureinwohnern, die sie zu Staatssklaven (*Heloten) gemacht hatten. Ebenso wurden später die *Messenier unterworfen. Die weiteren Umwohner, deren Boden nicht verstaatlicht wurde, waren als *Perioiken untertan. Das Leben war von der Verfassung des *Lykurgos bestimmt. Kein Spartiate durfte arbeiten. Jedem war ein Stück Staatsland zugeteilt, das die Heloten bestellten. Handel und Gewerbe betrieben die Perioiken. Die Erziehung der Knaben übernahm der Staat vom 7. Jahre an. Sie war rein militärisch. Die Standhaftigkeit im Ertragen von Schmerz wurde durch Auspeitschungen am Fest der Artemis erprobt. Auch die Männer blieben in Tischgemeinschaften vereinigt; die Familie spielte in Sparta eine sehr geringe Rolle. Gemeinsam aßen die Spartiaten in diesen *Syssitien ihre schwarze Blutsuppe. Jeder hatte vom Ertrag, den ihm die Heloten erarbeiteten, seinen Anteil an den Kosten der Gemeinschaftsverpflegung abzuliefern. Gemeinsam wurden Kriegsübungen und Jagd betrieben. Im Felde bildeten diese Gruppen die Heereseinheiten *(Enomotien)*. Kein Spartaner durfte ohne Urlaub von der Behörde ins Ausland gehen. Bis nach 300 v. Chr. hatte man nur Eisengeld, das im Ausland niemand annahm. So lebte S. in strenger Abgeschlossenheit. – Nur die Spartiaten hatten politische Rechte. Die Volksversammlung *(Apélla)* wählte die *Gerusía* (den Rat von 28 Alten)und die 5 **Ephoren*. Bei diesen lagen alle wichtigen Befugnisse der Verwaltung, Polizei und Gerichtsbarkeit. Apella und Gerusia traten nur zusammen, wenn die Ephoren sie beriefen. Die 2 *Könige*, deren Würde in den beiden Geschlechtern der *Agiaden* und *Eurypontiden* erblich war, waren nur noch eine den Ephoren verantwortliche Exekutive und führten im Kriege das Heer. In dieser eigenartigen Staatsorganisation überwachte stets eine Gewalt die andern. Die Individualität wurde konsequent unterdrückt. Daher hat S. auch keine Künstler aufzuweisen, die sich mit denen der andern Griechen vergleichen ließen, außer den Chorlyrikern

im 7./6. Jh. (*Terpandros, *Alkman, *Tyrtaios). Doch auch hier erlosch bald die Produktivität. *Lakonische Vasen.
Gegen Ende 6. Jh. war S. die Vormacht des Peloponnesischen Bundes, dem außer Argos und Achaia die ganze Peloponnes und Korinth angehörte, und unbestritten der stärkste gr. Staat. In der Politik kreuzten sich zwei Tendenzen: Die Ephoren hielten konservativ an einer Isolation der Peloponnes fest, während einzelne energische Könige auf ganz Hellas überzugreifen versuchten. So mischte sich Kleomenes (1) 510 in Athen ein und suchte nach Vertreibung des Hippias eine Oligarchenregierung einzusetzen. Das scheiterte an der Reform des Kleisthenes und der Weigerung der Konservativen in S., gegen Athen zu Felde zu ziehen. Im Krieg gegen Xerxes sah S. die wirkliche Verteidigungslinie am Isthmos. Der Tod der 300 mit Leonidas bedeutete eine schwere Schwächung der ohnehin geringen Zahl der Spartiaten; um so schwerer hielt es 479, die Ephoren zu bewegen, das Heer über den Isthmos zu senden. Nach dem Sieg von Plataiai sah man in S. den Krieg für beendet an und beantragte, alle befestigten Plätze außerhalb der Peloponnes zu schleifen. Themistokles erreichte den Bau der Mauern Athens nur, indem er S. überlistete. Einzig der Feldherr *Pausanias trieb weiter eine panhellenische Politik. Sein Sturz bedeutete den endgültigen Sieg der von den Ephoren vertretenen Linie. – Der Aufstieg Athens zur ersten Seemacht im 5. Jh. brachte S., das auf dem Lande die militärische Überlegenheit wahrte, in die Zwangslage, für seine Führerstellung in Griechenland zu kämpfen. Doch zögerte man trotz kleineren Gefechten die Entscheidung so lang wie möglich hinaus. Erst der Seehandelsstadt Korinth gelang es 432, S. in den *Peloponnesischen Krieg gegen Athen hineinzuziehen. Mit dem siegreichen Ende des Krieges hatten sich aber auch die politischen Ziele S.s geändert. Die Isolationspolitik war unmöglich geworden. S. mußte das Erbe des athenischen Imperialismus antreten (*Lysandros) und mußte sich, um die Herrschaft zu behaupten, der Hilfe Persiens bedienen. Nun setzte S. allerdings, als es im Bruderkampf der Perserkönige Kyros und Artaxerxes den ersten inoffiziell unterstützte, auf die falsche Karte. Der Sieger Artaxerxes finanzierte S.s Feinde in Griechenland; der Athener Konon vernichtete als persischer Admiral S.s Flotte. Die als Gegenschlag gedachte Expedition des *Agesilaos nach Kleinasien brachte keinen Erfolg. Für die Lage spricht, daß nur 30 Spartiaten den König auf diesem Zug begleiteten. Das Heer bestand aus Bündnern und Neubürgern (freigelassenen Heloten). So dünn war die Herrenschicht S.s geworden. Im Antalkidasfrieden (386) erkaufte S. Persiens Garantie mit großen Konzessionen. Dennoch verlor es die Vormachtstellung an Theben: 371 wurde erstmals bei Leuktra ein spartanisches Heer in offener Schlacht besiegt. Epameinondas befreite die Messenier (Gründung der Stadt Messene) und stiftete den Arkadischen Bund (Gründung der Hauptstadt Megalopolis). Dieser Verlust der wichtigsten Länder machte S. ohnmächtig und arm. Der greise Agesilaos starb in Aegypten als Söldnerführer, ebenso sein Nachfolger Archidamos in Italien: So mußte S. Geld zu verdienen suchen. Lakedaimonier dienten als Reisläufer in allen hellenistischen Heeren. Philipp v. Makedonien verwüstete das

Eurotastal, aber schonte S. Während Alexanders Perserzug warf Antipatros 331 einen Aufstand S.s nieder. Im 3. Jh. gab es nur noch 700 Spartiaten, von denen aber die meisten verarmt waren. Nur 100 Vollberechtigte besaßen das ganze Land. Die alte Zucht war geschwunden. König Areus (310-266) trat ganz wie ein hellenistischer Diadochenkönig auf. Die Revolutionen des *Agis und des *Kleomenes, welche die sozialen Gegensätze beseitigen wollten, scheiterten. Die Niederlage von Sellasia (222) bedeutete das Ende des alten Doppelkönigtums. Der Tyrann *Nabis trieb noch eine selbständige Politik, die aber mit dem Eingreifen Roms 192 aufhörte. In der Römerzeit war S. eine ruhige Provinzstadt, in der sich ein gewisser Wohlstand mit altertümelnder Bewahrung einzelner Bräuche der Vorfahren vereinte. 395 n. Chr. wurde S. von den Goten *Alarichs zerstört. Von der antiken Stadt sind nur geringe Reste erhalten.
HBerve, Gestaltende Kräfte der Antike, 1966. HMichell, S., Cambridge 1952. GLHuxley, Early S., London 1962. AHMJones, S., Oxford 1967. PRoussel, S., Paris 1960. FKiechle, Lakonien und S., 1963. JTHooker, S., 1982 (Reclam). PCartledge, Agesilaos and the crisis of S., London 1987. PCartledge-ASpawforth, Hellenistic and Roman S., London 1989. KChrist, S., 1986 (WdF). StLink, Der Kosmos S., 1994.

Spartacus, Anführer des *Sklavenkrieges 73-71 v. Chr.
JPBrisson, S., 1959. CSalles, S. et la révolte des gladiateurs, Bruxelles 1990.

Sparten (*Spartoí*, gesäte [Männer]): *Kadmos.

Spelunca (‹Grotte›), Örtlichkeit an der ital. Westküste zwischen Terracina und Gaeta, beim heutigen Sperlonga, wo Kaiser Tiberius, als er 26 n. Chr. in einer Naturgrotte tafelte, von herabstürzendem Gestein beinahe erschlagen worden wäre (Tacitus, *ann.* 4, 59). Aus der Grotte sind 1957 mehrere große Statuengruppen geborgen worden. Sie stellen Szenen aus dem troischen Sagenkreis dar («*Odyssee* in Marmor»): Blendung des Polyphem; *Skylla (1), welche aus dem Schiff des Odysseus 6 Gefährten raubt; Raub des Palladion; Odysseus, die Leiche des Achilleus tragend; das Schiff Argo; *Ganymedes, vom Adler des Zeus geraubt. Das Schiffsheck, das wahrscheinlich zur Skyllagruppe gehört, trägt die Signatur der 3 Künstler, die auch den **Laokoon* geschaffen haben. Ein mitgefundenes Epigramm eines Faustinus feiert die Skulpturen und stellt sie über die Dichtung Vergils. Über viele Einzelfragen der Deutung, Rekonstruktion und Datierung der Gruppen ist die Forschung noch im Fluß.
GJacopi, L'antro di Tiberio, 1965 (Führer). HSichtermann, Das veröffentlichte Sperlonga, in Ztschr. Gymnasium 73, 1966, 220ff. GSäflund, The Polyphemus and Scylla Groups at Sperlonga, Stockholm 1972. BConticello-BAndreae, Die Skulpturen von Sperlonga, 1974 (Antike Plastik 14); dies., Skylla und Charybdis, zur Skyllagruppe von Sperlonga, 1987 (Abh. Akad. Mainz).

Spercheios, Fluß, der durch die Ebene von *Malis in den Malischen Golf fließt.

Speusippos aus Athen, Sohn der Schwester *Platons, dessen Nachfolger als Leiter der Akademie von 347 v. Chr. bis zu seinem Tode 339. Neben wenigen Frg. seiner Werke besitzen wir einen sehr makedonenfreundlichen offenen *Brief* an Philipp II.
TK: LTarán, Leiden 1982. *Brief:* TÜK: Bickermann-Sykutris, 1928. Frg.: T: PLang, 1911 (Nachdr. 1964).

Sphakteria: *Pylos (1).

Sphinx, die Würgerin, ein Fabelwesen. Sie saß vor Theben und gab jedem Vorüberkommenden das Rätsel auf: «Zuerst geht es auf 4 Beinen, dann auf 2, zuletzt auf 3.» Wer es nicht löste, den stürzte sie in einen Abgrund. *Oidipus fand die Lösung: Der Mensch als Kleinkind, Mann und Greis mit dem Stabe. Da war der Zauber gebrochen, und die S. stürzte sich selbst zu Tode. In der Kunst wurde die S. als sitzende Löwin mit Oberkörper und Kopf einer Frau dargestellt (z. B. die archaische S. der Naxier in Delphi); der Typus stammt aus dem Orient.
HWalter, Sphingen, in Antike und Abendland 9, 1960, 63ff. LEdmunds, The S. in the Oedipus legend, 1981. JMMoret, Oedipe, la S. et les Thébaines, essai de mythologie iconographique, Rome 1985.

Spiele. – I. Die Kinderspiele waren im Altertum großenteils dieselben wie heute. Verstecken, Fangen, Huckepack usw. sind auf Vasenbildern dargestellt. Man hatte Puppen, Wägelchen, Kreisel, Bälle, Reifen; Brett und Würfelspiele spielte man mit Nüssen oder, wie auch die Erwachsenen, mit Astragalen (s. unten). Lebende Tiere waren beliebt: Wachtel, Hase, Wiesel (das als Mäusefänger die im klassischen Griechenland noch unbekannte Hauskatze ersetzte) und vor allem Hähne, die man zu Hahnenkämpfen abrichtete.
II. Erwachsene: – 1. Unterhaltungsspiele: Schon seit ältester Zeit war das Würfeln sehr verbreitet. Die Astragaloi (Schafsknöchel) konnten beim Wurf auf eine von 4 Seiten fallen, am häufigsten auf die konvexe Breitseite. Der beste Wurf aber war das Stehen auf der glatten Schmalseite. Man wertete die 4 Stellungen mit Punkten und warf gewöhnlich mit 4 Würfeln. Selbst Kaiser Augustus liebte dieses Spiel sehr. – Brettspiele, auf denen mit runden Steinen *(pessoi)* oder Figuren gezogen wurde, waren gleichfalls schon Homer bekannt (Amphora des *Exekias). – Das Morraspiel der Italiener hieß bei den Römern *micare* (zucken). Die beiden Spieler schnellen jeder blitzschnell eine Anzahl Finger der rechten Hand vor, gleichzeitig hat jeder die Summe des Gegners laut zu nennen. – Die Griechen liebten beim Symposion besonders das *Kottabos*spiel. Mit einem aus dem Becher geschleuderten Weinrest war eine hoch auf einem Stabe sitzende Schale zu treffen. – *Rätsel.
2. Sport war in homerischer Zeit noch Sache des Adels, was der kostspielige Pferdesport (Reiten, Wagenrennen) auch immer blieb. Dagegen wurde die Leichtathletik im 6. Jh. v. Chr. Allgemeingut und ein Teil der Erziehung der jungen Männer (Epheben) in Palaistra und *Gymnasion. Sprung, Lauf, Diskoswurf, Speerwurf, Ringen waren die Disziplinen des klassischen *Pentathlon* (Fünfkampf; Darstellungen auf Vasen-

bildern). Zum Boxen umwickelte man die Fäuste mit metallbeschlagenen Riemen (gr. *himántes*, lat. *caestus*). Das Pankration war eine Verbindung von Ringen und Boxen, wobei alle Griffe und Schläge erlaubt waren. – Öffentliche Wettkämpfe fanden an den *Festen statt. So ritten an den *Panathenäen in Athen die vornehmen Epheben im Festzug mit, und es fand außer einem gewöhnlichen Wettlauf noch einer in schwerer Waffenrüstung statt. Fackelläufe *(Lampadedromíai)* waren ein sehr beliebtes Schauspiel. Dagegen wurde das Auftreten an den großen nationalen Festen mehr und mehr Sache der Berufsathleten.

3. Große nationale Festspiele: *a)* Die gr. Nationalfeste fanden in 4jährigen Zyklen in *Olympia und *Delphi (Pythien), in 2jährigen bei *Korinth (Isthmien) und in Nemea statt. Den Höhepunkt erreichten die Wettkämpfe (*Agone*) nach den athletischen Disziplinen im Pferderennen. Reiche Herren setzten ihre Ehre darein, ein Viergespann aus ihrem Rennstall in Olympia laufen zu lassen und damit den Siegeskranz vom heiligen Ölbaum zu erringen. Schilderung eines Rennens bei *Sophokles, *Elektra* 681ff. Zuschauer waren die breiten Volksmassen. Frauen blieben allerdings ausgeschlossen. An der Ehre des Siegers nahmen die heimatlichen Mitbürger Anteil und überhäuften ihn mit Auszeichnungen (Statue, öffentliche Speisung). Die größten Lyriker dichteten für gutes Honorar zu seinen Ehren das Siegeslied (*Pindar). Musische Agone der Sänger fanden besonders an den Isthmien statt, und wer ein großes Publikum wünschte, zeigte sich auch außer dem Rahmen der offiziellen Agone an den Festspielen (z. B. *Peregrinus Proteus). – *b)* In Rom wurden schon in der Königszeit Pferderennen beim Altar des *Consus abgehalten; hier wurde der *Circus Maximus* gebaut (älteste Anlage von Tarquinius Priscus). In der Kaiserzeit waren es vor allem diese *ludi circenses*, die die Leidenschaften der Masse aufwühlten. Die Rennfahrer fuhren entweder für die Partei der Blauen *(Véneti)* oder der Grünen *(Prásini)*. Selbst Kaiser traten als Wagenlenker auf. – Für Bühnenfestspiele gaben die Griechen Süditaliens das Vorbild. An den *ludi Romani* 240 v. Chr. wurde das erste gr. Drama in Rom gespielt. Bald kamen Dichter nach der Stadt, die den Bedarf an lat. Bühnenstücken deckten. Eine Reihe neuer Spieltage wurde eingeführt: *Ludi plebeii, ludi Apollinares, ludi Ceriales, ludi Megalenses, ludi Florales* (173). *Saecularfeier. – Aus *Capua kam die Sitte der *Gladiatorenkämpfe, ursprünglich Menschenopfer am Grabe. Auch in Rom traten Gladiatoren bis 105 v. Chr. nur an Leichenspielen auf, zuerst 264 v. Chr. Ein ständiges Amphitheater für Fechterspiele baute erst Caesar. In unter Wasser gesetzten Amphitheatern wurden in der Kaiserzeit Seeschlachten vorgeführt (*Naumachia). Nicht weniger beliebt waren Kämpfe wilder Tiere (seit 186 v. Chr.) untereinander oder mit Menschen *(bestiarii)*. Gladiatoren und Tierkämpfer waren entweder verurteilte Verbrecher, Kriegsgefangene oder bezahlte Freiwillige. – Nationalspiele in Nachahmung der gr. panhellenischen Feste stifteten Nero (*Neronia*, 60 n. Chr.) und Domitian (*Capitolia*, seit 86 n. Chr.) mit Agonen im Wagenrennen, in Gymnastik und den musischen Künsten.

Deubner, S. und Spielzeug d. Griechen, in Die Antike 6, 1930, 162-77. JJüthner, Die athletischen Leibesübungen der Griechen, 1965-8 (Sitzungsber. Wien). StGMiller, Arete, Greek sports from ancient sources, Berkeley 1991. IWeiler, Der Sport bei den Völkern der Alten Welt, 2.A. 1988. DMatz, Greek and Roman Sport, a Dictionary of athlets and events, Jefferson N.C. 1991.

Spina, Stadt im Podelta bei Ferrara, angeblich von Diomedes gegründet, im 5./4. Jh. v. Chr. Zentrum des gr. Handels mit den Etruskern. Dann wurde S. wegen der Bedrängung durch die Gallier verlassen. Die Ausgrabungen in der trockengelegten Lagune (1922-35 und 1954ff.) haben zwei Nekropolen mit gegen 3000 Gräbern aufgedeckt, in denen als Beigaben besonders rotfigurige attische Keramik des 5. Jh. geborgen wurde.
NAlfieri und PEArias, S., 1958. Aurigemma und Alfieri, Il Museo naz. archeologico di S. in Ferrara, 1957 (Führer). SAurigemma, Scavi di S., 1960-5.

Spolia, die dem erlegten Feinde abgenommene Waffenbeute. Hatte ein röm. Anführer mit eigener Hand den Führer der Feinde getötet, so sprach man von *S. opima*. Diese wurden im Tempel des Iuppiter Feretrius in Rom geweiht, was dreimal in der röm. Geschichte vorkam: 1. als Romulus den König der Caeninenser, 2. als A. Cornelius Cossus 428 v. Chr. den Lars Tolumnius und 3. als M. Claudius *Marcellus 222 v. Chr. den Viridomarus erschlug.

Sport: *Spiele (II 2).

Stabiae, alte oskische Kleinstadt in Campanien, im Bundesgenossenkrieg 89 v. Chr. zerstört, 79 n. Chr. mit *Pompeii verschüttet und zum 3. Male in der Nähe aufgebaut, bekannt als Milchkurort. Durch Ausgrabungen kamen 2 große Villen mit Wandmalereien zu Tage.
Ld'Orsi, Gli scavi archeologici di St., 1965. MStella Pisapia, Mosaici antichi in Italia: S., Roma 1989. PMiniero Forte (Hg.), S., pitture e stucchi delle ville romane, Napoli 1989 (Ausstellung Engelsburg Rom).

Stadion, Rennbahn für den Wettlauf. Die Normallänge dieser Bahn zu 600 Fuß war Maßeinheit, deren absolute Länge je nach den lokalen Fußmaßen verschieden war. Das attisch-röm. S. betrug 178,6 m (*S. Olympicum* genannt, aber nicht mit der Länge der Bahn in Olympia, die 192,28 m betrug, identisch). Die Zuschauer saßen in Olympia auf den ringsum angeschütteten Erdwällen, an anderen Orten (z. B. Delphi, Aphrodisias) später auch auf steinernen Sitzstufen.
WZschietzschmann, Wettkampf- und Übungsstätten in Griechenland 1. Das S., 1960.

Stageiros oder Stageira, Geburtsstadt des Aristoteles auf der Chalkidike. Daher «der Stagirite» = Aristoteles.

Stasimon, Standlied des *Chors in der Tragödie zwischen den Schauspielerszenen.
WKranz, S., 1933.

Stater, Münze. Der attische Gold-S. (= 2 Drachmen) war 8,6 g schwer und wurde durch Philipp und Alexandros von Makedonien zur Hauptvaluta des hellenistischen Welthandels.

Statius, P. Papinius, aus Neapel, röm. Dichter unter Domitian, † ca. 96 n. Chr. Wie sein Vater wirkte er als angesehener Lehrer und trat mit gr. und lat. Gedichten erfolgreich an Wettkämpfen auf. Erhalten sind (lat.) ein Epos *Thebais* (Zug der *Sieben gegen Theben) und eine unvollendete *Achilleis.* Die ausgeführten 2 Bücher schildern die Jugend Achills auf Skyros; das Genrehafte dieser Szenen liegt dem Dichter besser als das große Pathos der Schlachten. Seine Vielseitigkeit zeigt S. in den *Silvae,* einer Sammlung von Gelegenheitsgedichten, durch die wir mitten in das Leben der hohen röm. Gesellschaft eingeführt werden, aber auch viel vom Dichter selbst hören (z. B. *An den Schlaf,* dessen Wohltat ihm seit vielen Nächten versagt bleibt).
Silvae: T: ECourtney, 1990 (Oxf.Cl.). Ü: HWissmüller, 1990. TK: FVollmer, 1898. TÜK*(B.4):* KMColeman, Oxford 1988. K(*B.2*): HJvanDam, Leiden 1984. – *Theb.*: T: DEHill, Leiden 1983. TÜ: RLesueur, 1990-94 (Budé). Ü: ADMelville, Oxford 1992. TÜK (*B.9*): MJDewar, Oxford 1991. TK (*B.10*): RDWilliams, Leiden 1972. – *Achilleis:* T: AMarastoni, 1974 (Tb). TÜ: HRupprecht, 1984. TK: OAWDilke, Cambridge 1954. – DWTCVessey, S. and the Thebaid, 1973. SvMoisy, Untersuchungen zur Erzählweise in S.s Thebais, 1971. AHardie, S. and the Silvae, poets, patrons and epideixis in the graeco-roman world, Liverpool 1983.

Stele (gr.), eine aufgerichtete Steinplatte, meist als Grabstein oder zur öffentlichen Bekanntmachung einer Urkunde, außer der Inschrift oft mit Relief-Bildschmuck. Während die Reliefs der Urkunden-St. meist nur geringe künstlerische Bedeutung haben, gehören die Grabst. zu den bedeutendsten Zeugnissen gr. Plastik. Die schlanken archaischen St. des 6. Jh. v. Chr. geben meist den Verstorbenen in Seitenansicht wieder. Die zweite Blütezeit der att. Grabreliefs reicht vom ausgehenden 5. bis zum Ende des 4. Jh., als ihnen ein Gesetz des *Demetrios (1) von Phaleron gegen den Gräberluxus ein Ende setzte. Sie zeigen meist den Toten im Zusammensein mit einem nahestehenden Überlebenden. *Kerameikos.
KFrJohansen, The Attic Grave-Reliefs, 1951. GMARichter, The Archaic Gravestones of Attica, 1961. HDiepolder, Die attischen Grabreliefs des 5. und 4. Jh. v. Chr., 1931 (Nachdr. 1965).

Stenographie: *Tiro.

Stentor konnte so laut rufen wie 50 andere zusammen. Homer erwähnt ihn einmal (*Ilias* 5, 785); daher war die S.-stimme sprichwörtlich.

Stephanos. – 1. Eklektischer Bildhauer des 1. Jh. v. Chr., Schüler des *Pasiteles. Seine Signatur findet sich auf einer Athletenstatue in der Villa Albani, Rom. – Fuchs (*Plastik) Abb. 144. – 2. S. v. Byzanz verfaßte wahrscheinlich im 5. oder 6. Jh. n. Chr. ein *geographisches Lexikon,* von dem ein Auszug erhalten ist.
T: Meineke, 1849 (Nachdr. 1958).

3. Arzt in Athen, 6. Jh. n. Chr. (?), schrieb Kommentare zu Hippokrates und Galenos.
TÜ in CMG 11, 1, 1983ff. Zu Hippokrates *Aphorismen:* LGWesterink, 1985. *Prognostikon:* HDuffy, 1983.

Stesichoros, Chorlyriker, ca. 640-555 v. Chr., lebte in Himera auf Sizilien. In hohem Alter starb er in Katane. Er behandelte lyrisch die Stoffe des heroischen Epos. Indem er manche überlieferten Züge änderte (*Helena), übte er einen großen Einfluß auf die umgestaltende Fortentwicklung der Sagen. Oft läßt sich eine bei den Tragikern erscheinende Version auf S. zurückführen. Die Sprache des homerischen Epos durchsetzte er mit Formen seines dorischen Dialekts. Neben der Heldensage wählte er volkstümliche Motive: Den Freitod der unglücklich liebenden *Kalyke*, die Tötung eines Liebespaars durch einen Tyrannen *(Rhadine)*. Bei ihm erscheint zuerst der später von den Bukolikern vielbesungene schöne Hirt **Daphnis*.
T (Frg.): Diehl II (*Lyrik). DLPage, Poetae melici Graeci, 1962. TÜ: BSnell-ZFranyó, Frühgr.Lyriker 4, 1976. DACampbell, Greek Lyric 3, 1991 (Loeb L.). TÜK: FDeMartino, Bari 1984.

Stesimbrotos von Thasos unterrichtete in der 2. Hälfte des 5. Jh. v. Chr. in Athen, indem er Homer allegorisch auslegte. In einer Schrift *Über Themistokles, Thukydides und Perikles* kritisierte er herabsetzend die großen Politiker des athenischen Imperialismus.
T (Frg.): Jacoby II n. 107 (*Geschichtsschreibung).

Steuern wurden in den gr. Städten nicht allgemein erhoben. Die Reichen hatten für die *Leiturgia größere Summen aufzubringen; den übrigen Bürgern war normalerweise nicht mehr zugemutet, als ihre Kriegsausrüstung aus eigenen Mitteln zu stellen, soweit sie vermögend waren. Die hohen Staatsausgaben Athens im 5. Jh. v. Chr. wurden weitgehend durch die Erträge der Silberbergwerke von Laureion gedeckt. Dagegen hatte Ägypten von der Pharaonenzeit her ein ausgebautes Steuersystem, das die Ptolemäer weiter entwickelten. Die S. wurden überwiegend in Naturalien eingezogen. Vom Ertrag des Bodens und der gewerblichen Produktion ging ein fester Anteil an den König.
Rom hatte von 167 v. Chr. an seine in Italien lebenden Bürger von jeder direkten S. *(tributum, stipendium)* befreit. Die Provinzen hatten teils eine feste Gesamtsumme aufzubringen, welche von den Pachtgesellschaften *(publicani)* an die Staatskasse bezahlt und auf eigenes Risiko eingetrieben wurde, teils, z. B. in Sizilien, 10% des Ernteertrags abzuliefern. Die röm. Ritter machten als Steuerpächter fette Geschäfte, die Provinzen wurden in den Ruin getrieben. Indirekte Steuern *(vectigalia)* waren die Zölle *(portoria)*, die in den Häfen, an manchen Provinzial- und an den Reichsgrenzen erhoben wurden. Die Zolltarife waren für alle Waren gleich, es gab keine Schutzzölle. Ferner waren 5% des Wertes von Sklaven zu zahlen, wenn sie freigelassen wurden. In der Kaiserzeit kamen hinzu: 5% von größeren Erbschaften, wenn die Erben nicht nächste Verwandte waren, eine Umsatzsteuer von 4% im Sklavenhandel, 1% bei Versteigerungen. Die hauptsächlichsten *vectigalia* aber ka-

men aus den Abgaben für die Nutzung des Bodens, der Bergwerke u.a., welche durch Eroberung Eigentum des röm. Volkes geworden waren. Der spätröm. Staat übernahm viel von der Steuergesetzgebung der Ptolemäer Ägyptens. Öffentlicher Grund wurde in Erbpacht *(emphýteusis)* vergeben. Zu dem festen Abgabesatz (**Kanon*) traten immer wieder Sondersteuern (z.B. zur Thronbesteigung eines neuen Herrschers). Die Einbringung der S. aus der umliegenden Landschaft oblag der Stadt. Die Stadträte *(decuriones)* hafteten dafür mit ihrem eigenen Vermögen. Man nahm zu dem Amt die vermögendsten Einwohner, doch in den schweren Zeiten seit dem 3. Jh. n. Chr. machte diese Verpflichtung sie oft zu Bettlern. Die Übernahme der Ehre des Decurionats und die dauernde Bindung der Nachkommen an das Amt mußte daher durch strengste Gesetze erzwungen werden. Neben den Gesetzessammlungen des Codex Theodosianus und des Iustinianus bieten die Papyri reichstes Quellenmaterial zur Geschichte des Steuerwesens.

Sthenelos, Sohn des Kapaneus, eines der *Sieben gegen Theben, ist in Homers *Ilias* der Freund und Wagenlenker des Diomedes.

Stichomythie heißt im antiken Drama die Dialogform, in der Rede und Gegenrede zweier Schauspieler so wechseln, daß immer jeder je einen ganzen Vers spricht.
WJens, Die S. in der frühen gr. Tragödie, 1955. ERSchwinge, Die Verwendung der S. in den Dramen des Euripides, 1968.

Stilicho, Flavius, Sohn eines Vandalen, stieg unter Kaiser Theodosius († 395 n. Chr.) zu den höchsten Ämtern empor. Nach des Kaisers Tod führte die Feindschaft zwischen Rufinus und S., den mächtigsten Ministern der Kaisersöhne Arcadius und Honorius, zur Reichsteilung. S. regierte für Honorius den Westen unter ständigen Kämpfen mit den Germanen, denen die Grenzprovinzen im Norden zum Opfer fielen. Der Gotenkönig Alarich stand zeitweise in seinem Solde und plünderte, nachdem S. 408 in Ungnade gefallen und hingerichtet worden war, die Stadt Rom. *Claudianus verherrlichte S. in seiner Dichtung.
Mazzarino, Stilicone, Rom 1942. Nischer-Falkenhof, S., Wien 1947.

Stilo, L. Aelius Praeconinus, röm. Ritter aus Lanuvium, der erste röm. Philologe, Anfang 1. Jh. v. Chr., Lehrer Ciceros und Varros. Von 130 dem Plautus zugeschriebenen Komödien hielt er 25 für echt. In gelehrten Schriften erklärte er seltene und nicht mehr gebräuchliche Ausdrükke alter Texte.

Stilpon, megarischer Philosoph, ca. 380-300 v. Chr. Zenon, der Gründer der Stoa, war S.s Schüler. Als Demetrios Poliorketes Megara 306 erobert hatte, wollte er S. für die Plünderung entschädigen und fragte ihn, was ihm Wertvolles abhanden gekommen sei. S., der lehrte, daß einzig geistiger Besitz einen wahren und zugleich unverlierbaren Wert darstelle, gab zur Antwort: «Niemand hat die Bildung aus meinem Hause weggetragen.» Er wandelte damit ein geflügeltes Wort des *Bias ab, der bei der Flucht aus der eroberten Stadt Priene von den schwerbepackten Leidensgenossen gefragt wurde, warum er nichts von seiner Habe mitgenommen habe. Bias antwortete: «Ich trage alles das Meinige mit mir.»

Stoa. – 1. Säulenhalle (lat. *porticus*), in Athen besonders die *Stoa Poikíle* (Bunte Halle, weil sie mit Wandgemälden von *Polygnot, *Mikon und *Panainos geschmückt war). Viel wird die S. vor allem in der hellenistischen *Architektur verwendet. *Agora. – 2. Die Philosophenschule des *Zenon von Kition, wie Platons Akademie nach dem Schullokal genannt, denn Zenon unterrichtete in der *Stoa Poikíle.* Die Schule wurde um 310 v. Chr., ungefähr zu gleicher Zeit wie die der Epikureer, gegründet. Zenons Hauptschüler waren *Kleanthes, *Ariston von Chios, *Persaios. Doch hätte die Lehre nie ihre große Bedeutung erlangt ohne *Chrysippos, den scharfen Dialektiker und ungeheuer produktiven Schriftsteller, der das System der Stoa allseitig ausbaute. Die stoische Sprachlehre entwickelte *Krates von Mallos. – In der mittleren Stoa ragten hervor *Panaitios und *Poseidonios. Beide hatten großen Anteil an dem Erfolg der Stoa in Rom. Cicero übersetzte, wie die der andern Lehren, auch die Fachausdrücke der Stoa ins Lat. Viele Senatoren waren Stoiker. Besonders das Beispiel des stoischen Rigoristen *Cato (2), der als Märtyrer der Republik gestorben war, machte die Stoa zum Bekenntnis der republikanischen Opposition in der ersten Kaiserzeit. Die bekanntesten Stoiker sind im 1. Jh. n. Chr *Seneca (2), im 2. Jh. *Epiktet und der Kaiser *Marcus Aurelius. Dann ging die Stoa im Neuplatonismus auf. – Hauptgegner der Stoa waren die Epikureer. Diese erklärten für primär den Trieb nach Lust, die Stoa dagegen den Selbsterhaltungstrieb. E t h i s c h e Hauptforderung ist, in vernünftiger Übereinstimmung mit der Natur zu leben. Es gibt nur ein Gut, die Tugend, und nur ein Übel, die Schlechtigkeit, alles andere, z. B. der Besitz materieller, äußerer Dinge, ist gleichgültig und vermag die Ruhe des Weisen nicht zu erschüttern. Aus dieser rigorosen Haltung folgten eine Reihe paradoxer Sätze wie: Jeder Tor ist wahnsinnig. Die Tugend ist sich allein genug zum Glück. Alle Verfehlungen sind gleich schwer. Nur der Weise ist frei und König, jeder Tor ist ein Sklave (Ciceros Schrift *Paradoxa der Stoiker*). Der Weise hat auch die freie Entscheidung über sein Leben (stoischer Selbstmord). Die Welt ist erfüllt von der alles durchdringenden vollkommenen Vernunft *(Lógos)* und lebt durch das Feuer. Das Vollkommene, d. h. die Welt und die Gottheit, hat Kugelgestalt. Am Ende einer Weltperiode geht alles durch den Weltbrand *(Ekpýrosis)* unter. Das Schicksal ist vorausbestimmt. Auch die S e e l e ist stofflich, ein Teil des Weltfeuers. Sitz der herrschenden Vernunft *(Hegemonikón)* im Menschen ist das Herz. Das E r k e n n e n vollzieht sich durch eine die Objekte erfassende Vorstellung *(Phantasia kataleptiké)*, wobei die Vernunft dem Inhalt der Wahrnehmung ihre Zustimmung *(Synkatáthesis)* erteilt.

T: v. Arnim, Stoicorum veterum Fragmenta (4 Bde), 1921/4 (Nachdr. 1978, Tb). TÜK (Ausw.): KHülser, Die Frg. zur Dialektik der Stoiker, 1987-88. Ü: WNestle, Die Nachsokratiker II, 1923. MPohlenz, Stoa und Stoiker, 1950 (AW). – PBarth, Die Stoa, 1946. MPohlenz, Die Stoa, 4. A.

1972. JMRist, Stoic Philosophy, 1969. Lat. Stoa: MLColish, The Stoic tradition, Leiden 1985.

Stobaios, Iohannes, genannt nach seiner Heimatstadt Stoboi, schrieb im 5. Jh. n. Chr. für seinen Sohn eine Blütenlese *(Anthologion)* lehrhafter Textstücke aus gr. Dichtern und Prosaikern, nach sachlichen Gesichtspunkten geordnet. Ihm verdanken wir viele Frg. aus sonst verlorenen Werken.
T: Wachsmuth-Hense, 1884-1923 (Nachdr. 1958) Ü: Frölich, Basel 1551.

Strabon von Amaseia am Pontos, Stoiker, 64 v. Chr. bis 19 n. Chr., schrieb ein Geschichtswerk *Fortsetzung des Polybios*, das verloren ist, und eine *Geographie* der damals bekannten Welt (17 Bücher). Obschon er selbst von Armenien bis Etrurien und vom Schwarzen Meer bis Südägypten gereist war, berichtet er wenig aus eigener Anschauung. Doch hat er die beste ihm vorliegende Literatur, darunter *Poseidonios, verwertet.
T: AMeineke, 1851/2 (Nachdr. 1972). WAly, 1968-72 *(B.1-6)*. TÜ: GAujac-FLasserre-RBaladié (B.1-12), 1966-81 (Budé). HLJones, 1917-32 (Loeb L.). Ü: AForbiger, 1856-62. ChGGroskurd, 1831-34 (Nachdr. 1988). – IWeiss, Die Italienbücher des S., 1991 (Diss. Düsseldorf).

Straßen. Ein Fernstraßennetz ist für großräumige Staaten erforderlich, fehlte daher im Bereich der gr. Stadtstaaten. In Rom wurde über die alten Verbindungs-S. in die nähere Umgebung hinaus mit der *Via Appia* 312 v. Chr. erstmals eine S. bis Formiae gebaut, die 307 bis Capua und später bis Brundisium verlängert wurde. In der Kaiserzeit wurde, vor allem durch die S.-bauten unter Augustus und Claudius, das Imperium Romanum von Britannien bis Syrien, Spanien und Nordafrika bis Germanien dem Verkehr erschlossen. Meilensteine geben die Distanzen in röm. Meilen (1,48 km) an, im röm. Gallien auch im einheimischen Maß der Leuga. In der Mitte der Strecke wurde ein S.-Forum angelegt. Mit der Einrichtung des *Cursus publicus* (*Post) kamen *mutationes* zum Pferdewechsel und *mansiones* zur Übernachtung hinzu. Da geographische Entfernungen nicht in Luftlinie gemessen werden konnten, sondern in Wegstrecken, sind antike Landkarten stets S.-karten *(Itineraria)*.
GRadke, Viae publicae Romanae, in Realencyclopädie der class. Altertumswiss., Suppl.13, 1973, 1417-1686. HChSchneider, Altstraßenforschung, 1982. HSchreiber, Auf Römerstraßen durch Europa, 1985. GWinkler, Die röm. S. und Meilensteine in Noricum, 1985. GWalser, Die röm. S. und Meilensteine in Raetien, 1983.

Straton von Lampsakos, der 3. Schulleiter des *Peripatos von 287 bis zu seinem Tode 269 v. Chr. Vorher war er Erzieher des Ptolemaios II. in Alexandreia gewesen. Seine Verdienste liegen in der Physik und Psychophysik. Er widerlegte Platons Beweis der Unsterblichkeit der Seele. S. war der einzige antike Gelehrte, der den Wert des Experiments als Forschungsmittel voll erkannt hat (Entdeckung der Luftelastizität, Spezialabhandlung *Über das Vakuum)*. Seine Theorie des *horror vacui* galt der Naturwissenschaft der Folgezeit als Axiom. *Erasistratos baute auf ihr seine abwegige Pneumalehre auf.

TK (Frg.): Wehrli, Schule des Aristoteles 5, 1969. – HBGottschalk, 1965. MGatzemeier, Die Naturphilosophie des S. v. L., 1970. LRepici, La natura e l'anima, Torino 1988.

Strenger Stil, moderne Bezeichnung für den Stil gr. Kunstwerke der frühen Klassik, der sich seit 500 v. Chr. anbahnt (Ostgiebel von *Aigina, *Brygosmaler) und 480-450 in voller Blüte steht: *Tyrannenmörder, Zeus und *Ganymedes in Olympia, Wagenlenker in Delphoi, *Ludovisischer Thron, Zeustempel von *Olympia, Gott vom Kap *Artemision, in der verlorenen großen Malerei *Polygnotos (1), *Vasen. Charakteristisch sind die Strenge der Formen und der Ernst des Ausdrucks.
VHPoulsen, Der S.S., 1937. BSRidgway, The Severe Style in Greek Sculpture, Princeton 1970. FSchachermeyr, Die frühe Klassik der Griechen, 1966.

Strymon, Grenzstrom zwischen Makedonien und Thrakien.

Stymphalos, Stadt in Arkadien in einem Talkessel, der durch einen unterirdischen Ablauf (neugr. *Katabothra*) entwässert wird. Wenn dieser die Wassermenge nicht aufzunehmen vermag, bildet sich ein See mit stark schwankendem Niveau. Dort bestand *Herakles das Abenteuer mit den stymphalischen Vögeln, die er mit einer Klapper aufscheuchte und abschoß.

Styx, Bach in Arkadien, der in einsamer Gebirgslandschaft über die Wand eines Felszirkus 200 m hoch als Staubbach hinabstürzt. Die unheimliche Gegend gab Anlaß, daß die S. zum Unterweltsfluß wurde. Bei ihr schwören die Götter den furchtbarsten Eid. Das eiskalte Wasser galt als tödlich.

Pons **Sublicius** (Pfahlbrücke), älteste Tiberbrücke Roms.

Subura, eine Hauptstraße Roms, die in der Senke zwischen Esquilin und Quirinal vom esquilinischen Tor zum Argiletum und auf das Forum führte. An ihr wohnten viele Kleinhändler; es herrschte ein lebhafter, lärmender Verkehr.

Sueben, Stamm der Westgermanen, mit dem Caesar in Berührung kam, als sie in der Maingegend wohnten. Später Sammelbegriff für die Semnonen (die spätern *Alemannen; daher «Schwaben»), *Quaden, *Marcomannen und Hermunduren.
SJunghans, S.- Alamannen und Rom, 1986.

C. **Suetonius**. – 1. S. Paullinus, bewährter Feldherr 41 n. Chr. in Mauretanien und 59-61 in Britannien, wo er den gefährlichen Aufstand der Eingeborenen unter der Königin Boudicca niederwarf. – 2. S. Tranquillus, Schriftsteller zu Beginn des 2. Jh. n. Chr., befreundet mit Plinius (2) und Septicius Clarus, dem Praetorianerpraefekten 119-122. Dieser verschaffte ihm die Stelle eines Chefs der kaiserlichen Kanzlei *(ab epistulis)*. Aus den ihm so zugänglichen Archiven sammelte S. Stoff für seine

Biographien der 12 Kaiser von Caesar bis Domitianus. Beim Sturz des Septicius (*Sabina) mußte auch S. aus dem Amte scheiden. Eine weitere Biographiensammlung *Berühmte Männer* behandelte Dichter, Grammatiker, Rhetoren und Philosophen. Aus ihr besitzen wir nur einzelne Stücke (z. B. Terenz, Horaz, Lucanus, Plinius [1]; die Grammatiker). S. schrieb nicht als wissenschaftlicher Historiker, sondern zur Unterhaltung des Publikums. Er legte daher das Hauptgewicht auf Anekdoten und intime Züge; er sieht sozusagen die Majestäten aus der Perspektive des Kammerdieners. Dieses Genre ahmten die Biographen der spätern Kaiser *(Scriptores historiae *Augustae)* nach; bei ihnen artete es in Klatsch aus.

Kaiserbiogr.: T: MIhm, 1907 (ed. minor 1992, Tb). TÜ: OWittstock, 1993. Ü: ALambert 1955 (AW, auch 1983 dtv). MHeinemann, 1986 (Kröner). ÜK: AStahr-FSchön-GWaldherr, 1988. TK: *Caesar*: HEButler, Bristol 1927 (Nachdr. 1982). *Augustus*: JMCarter, Bristol 1982. *Claudius*: JMottershead, Bristol 1986. WKierdorf, 1992 (mit *Nero*). *Galba, Otho, Vitellius*: ChMurison, Bristol 1992. – *Vita Horatii*: TK: ARostagni, Venosa 1991. *Berühmte Männer* und *Frg.*: T: AReifferscheid, 1860. *Gramm. und Rhet.*: T: GBrugnoli, 1960 (Tb). TÜK: MCVacher, 1993 (Budé). – WSteidle, S. und die antike Biographie, 2.A. 1963. AWallace-Hadrill, S., London 1984.

Sufetula (Sbeitla in Tunesien), Ort in der Provinz Africa Proconsularis. Gut erhaltenes Forum mit drei nebeneinanderliegenden Tempeln (wahrscheinlich *Capitolium), mehrere chr. Basiliken.

Kirsten (*Africa). NDuval, Les basiliques de Sbeitla, 1971-73. RBHitchner, Studies in the history and archeology of S., Ann Arbor 1982 (Diss. Univ. Michigan).

Suidas. Das umfangreichste gr. Lexikon, mit ca. 30 000 Artikeln, um 1000 n. Chr. in Byzanz entstanden. Der Verfassername S. beruht auf einer falschen Schreibung bei *Eustathios. In Wirklichkeit heißt das Werk als solches Die *Suda* (wahrscheinlichste Deutung: Das Befestigungs-Bauwerk, das feste Heerlager) und ist anonym.

T: AAdler, 1928-38 (Nachdr. 1984-89). – Titel: Dölger, Sitzungsber. München 1936. Dain, Mélanges Boisacq I, 1937, S. 233.

Sulla, L. Cornelius, 138-78 v. Chr., aus dem alten Patriziergeschlecht der Cornelier, wurde 107 dem Consul Marius als Quaestor im Iugurthinischen Krieg beigegeben. War Marius vom Volk im Kampf gegen die senatorische Nobilität gewählt, so war S. dagegen der typische Vertreter dieser Nobilität. Ihm gelang es, Bocchus, den Schwiegervater Iugurthas, zu dessen Auslieferung zu bewegen und damit den Krieg zu beenden. Im Bundesgenossenkrieg mehrte sich S.s Ruhm auf Kosten des Marius. 88 war S. Consul und wurde verfassungsgemäß durchs Los bestimmt, den Krieg gegen Mithridates zu führen. Da ließ Marius sich durch Volksbeschluß mit der Führung dieses Kriegs beauftragen. S. floh zu seinem Heer nach Campanien, marschierte an dessen Spitze in Rom ein und vertrieb die Marianer. Rasch führte er die nötigsten Maßnahmen zur Sicherung des Senatsregiments durch und zog dann nach

Asien. Während S. Mithridates aus Europa vertrieb, war Marius zurückgekehrt und hatte eine Schreckensherrschaft eingerichtet, die seine Anhänger nach seinem Tode fortführten. S. gewährte daher Mithridates einen erträglichen Frieden und kam 83 nach Italien. In Praeneste und an der Porta Collina vor Rom wurden die Gegner vernichtend geschlagen. Durch die *Proskriptionen wurden 4700 röm. Bürger hingemordet. *Samniten und Etrusker, die seit dem Bundesgenossenkrieg gegen S. gekämpft hatten, wurden ausgerottet. 40 000 Sklaven der Proskribierten stützten als Freigelassene S.s dessen Herrschaft in Rom. Die Ländereien Italiens verteilte er an 120 000 Veteranen seines Heeres. Als Dictator für unbeschränkte Zeit reformierte er die Verfassung so, daß der Senat die Herrschaft erhielt. Die Ämterlaufbahn wurde fest geregelt: Mindestalter für die Quaestur war 30 Jahre, für die Praetur 40; zwischen den Ämtern mußten mindestens 2 Jahre liegen. Der Senat wies den gewesenen Beamten ihre Provinzstatthalterschaften zu. Senatoren saßen, unter Ausschluß der Ritter, in den Gerichten. Die Tribunen, die Vorkämpfer des Volkes, wurden entrechtet: Sie hatten ihre Anträge an die Volksversammlung vorher dem Senat vorzulegen. Ihr Vetorecht wurde beschränkt. Ein gewesener Tribun durfte sich um kein höheres Amt mehr bewerben. Nachdem diese Verfassungsänderung 79 durchgeführt war, legte S. zum allgemeinen Erstaunen seine Macht nieder und ging als Privatmann nach Campanien, wo er im folgenden Jahr starb. – S. war gebildet und besaß eine große gr. Bibliothek (*Apellikon). Er schrieb *Memoiren.* Im Genuß war er zügellos; seine kalte Grausamkeit entsetzte Zeitgenossen und Nachwelt. Er selbst gab sich den Beinamen *Felix* (der Erfolgreiche).

Biogr.: *Plutarch. – JCarcopino, S. ou la monarchie manquée, Paris 1931. HVolkmann, S.s Marsch auf Rom, 1958. HBerve, Gestaltende Kräfte der Antike, 1966. AKeaveney, S., the last republican, London 1986. ThHantos, Res publica constituta, die Verfassung des Dictators S., 1988 (Hermes E.Schr. 50). HBehr, Die Selbstdarstellung S.s, 1993. *Marius.

Sulpicia. – 1. Unter den Werken *Tibulls (4, 7-12) stehen 6 *Elegien* der S., einer Nichte von Tibulls Gönner Messala (2). Die vornehme Römerin spricht darin ihre Liebe aus zu einem Manne, der das Pseudonym Cerinthus trägt. Es sind Verse einer Dilettantin, doch wirken sie durch ihre Echtheit und die Wärme des Gefühls. Voraus gehen 5 Gedichte, in denen ein Dichter (Tibull selbst?) diese Liebe mit feiner Einfühlung besingt.

TK: HTränkle, Appendix Tibulliana, 1990, 43-49. 255-322. *Tibullus.

2. Verfasserin lasziver Gedichte, † 95 n. Chr. Außer einem Frg. ihrer Poesie wissen wir von ihr nur durch Martial. Unter ihrem Namen wird eine Satire in 70 Hexametern schlechtesten Stils überliefert, die kaum vor dem 3. Jh. n. Chr. geschrieben sein können.

T: WSpeyer, Epigrammata Bobiensia, 1963 (Tb), Nr. 37. AGiordano Rampioni, Bologna 1982. TÜ: HFuchs, in Discordia concors (Festschr. E. Bonjour), 1968, 32-47.

Sulpicius. – Altröm. Patriziergeschlecht: *Galba. – 1. Servius S. Rufus, cos. 51 v. Chr., angesehener Redner und Jurist, schrieb den 1. *Kommen-*

tar zum praetorischen *Edictum. – RABauman, Lawyers in Roman transitional politics, 1985. – 2. S. Severus, gallischer Rhetor, zum Christentum bekehrt, schrieb ca. 400 n. Chr. 2 Bücher *Chronica*, deren erstes die alttestamentliche Geschichte, das 2. die antike Geschichte bis Stilicho behandelt. Die übrigen Schriften des S. gelten dem hl. *Martinus (1): Eine *Biographie* des Heiligen, 3 *Briefe* und die *Dialoge.*
T: Halm, 1866 (Corp. Vindob. 1). Ü: *Martinus-Schriften*: PBiehlmeyer, 1914 (KV). TÜK *(Vita M.)*: JFontaine, 1967-9 (S. chrét.). – FGhizzoni, S.S., Roma 1983.

Summanus, röm. Gott des nächtlichen Blitzes, im Kult mit Iuppiter verbunden.

Sunion, Vorgebirge, Südostspitze Attikas, mit einem berühmten Poseidontempel des 5. Jh. v. Chr., von dem heute noch 12 Säulen in weithin leuchtendem weißen Marmor stehen (z.T. wiederaufgerichtet).
ABTataki, S., the temple of Poseidon, Athen 1985.

Suovetaurilia, ein röm. Opfer, bei dem nach altehrwürdigem Brauch ein Schwein *(sus)*, ein Schaf *(ovis)* und ein Stier *(taurus)* geschlachtet wurden. *Ambarvalia. *Mars. Darstellung auf historischen Reliefs (*Plastik. *Ahenobarbus). – UWScholz, in Philologus 117, 1973, 3-28.

Sura, L. Licinius, † bald nach 110 n. Chr., betrieb 97 die Wahl Traians zum Adoptivsohn und Nachfolger Nervas. Er blieb der vertrauteste Freund des Kaisers Traian, begleitete ihn in den Dakerkriegen und erhielt mit *Sosius Senecio die Triumphalauszeichnung. Mit diesem zusammen war er zu Anfang des Jahres 107 zum drittenmal Cos. Auch Hadrian verdankte seinen Aufstieg der Empfehlung durch S.

Susa, erste Hauptstadt des Perserreiches unter Dareios (1). Nach der Eroberung durch Alexander d.Gr. unter Herrschaft der Seleukiden, dann der Parther und Sassaniden. Im 4. Jh. n. Chr. von Sapor II. zerstört. Ausgrabungen.
MJSteve-HGasche, L'acropole de S., Leiden 1971.

Sybaris, Kolonie der Achaier und Troizenier am westl. Golf von Tarent, um 720 v. Chr. gegründet. Durch die günstige Lage in der damals fruchtbaren Küstenebene und durch Handel wurde S. reich. Die Schlemmerei und Verweichlichung der Sybariten wurde sprichwörtlich. 510 zerstörten die Bürger der Nachbarstadt Kroton, damals eifernde Pythagoräer, S., angeblich wegen des sittlichen Ärgernisses. Der Fluß Crathis wurde über die Ruinen geleitet. Eine Neugründung 453-448 erlitt nochmalige Zerstörung. Endlich entstand 444/3 unter athenischer Führung eine neue Kolonie, die den Namen *Thurioi erhielt. Da die Reste von S. unter dem Wasserspiegel liegen, gestalten sich die seit 1969 wieder aufgenommenen Grabungen sehr schwierig.
Tabouis, S., Paris 1958. MGrant, The visible past, London 1992, 15-19.

Sykophanten. In Athen erhielt derjenige, der einen Verbrecher anzeigte, die Hälfte der ausgesprochenen Buße oder des eingezogenen Vermögens. Dies machten sich die S. zunutze, indem sie reiche Bürger mit falschen Denunziationen vor Gericht zogen. Die Geschworenen aus dem Volke waren den Besitzenden nicht günstig, so daß auch der Unschuldige Gefahr lief, verurteilt zu werden. Meist genügte daher die Drohung mit der Anzeige, um hohe Summen als Schweigegeld zu erpressen. Das S.-tum war eine der bedenklichsten Entartungserscheinungen der Demokratie.

Symbolon. Als Erkennungszeichen zwischen zwei Parteien pflegte man einen Gegenstand in zwei Hälften zu brechen; jeder erhielt einen Teil. Später diente es als Beweis, wenn die aneinandergehaltenen Bruchflächen zusammenpaßten. Eine sehr alte Form des schriftlichen Vertrags war die, daß man eine doppelte Ausfertigung auf eine Holztafel schrieb und diese dann in der Mitte auseinanderbrach, so daß jede Partei ein Exemplar bekam. Daher wurde das Wort S. später allgemein im Sinne von «Vertrag», «Urkunde» (christl. «Glaubensbekenntnis») gebraucht, auch als «Ausweismarke» (z. B. der athenischen Richter, der Stimmberechtigten in der Volksversammlung, der Theaterbesucher). Diese Marken waren in der Art von Münzen geprägt (lat. *Tesserae).*
WMüri, S., Jahresbericht des Städt. Gymnasiums Bern 1931 = Gr. Studien, 1976, 1-44.

Symeon, der erste Säulenheilige *(Stylites)*, † 459 n. Chr. Er verbrachte 37 Jahre als Asket in Syrien auf einer Säule, von der aus er predigte und seinen Besuchern Rat erteilte. Über der Säule wurde nach seinem Tode eine Kirche errichtet, die ein vielbesuchter Wallfahrtsort blieb.
HLietzmann, Das Leben des hl. S. Stylites, 1908. Ü: RDoran, The lives of S.Stylites, Kalamazoo 1992 (Cistercian Studies Ser. 112).

Symmachus, Q. Aurelius, ca. 345-402 n. Chr., gefeierter Redner aus dem röm. Hochadel, cos. 391. Er wirkte in den höchsten Staatsämtern als geistiger Vorkämpfer des altröm. heidnischen Glaubens. Mit seinem Hauptgegner, dem Bischof *Ambrosius, war er verwandt. Mit allen bedeutenden Männern stand er im Briefwechsel (*Ausonius). Wir besitzen von ihm *Berichte* an den Kaiser und *Briefe*, Meisterwerke des gezierten rhetorischen Prunkstils. Historisch wichtigste Stücke der Korrespondenz sind die Eingaben in dem lang andauernden Streit um den Altar der Victoria. Gratianus hatte 382 den heidnischen Kulten in Rom alle staatliche Unterstützung entzogen und den Victoria-Altar aus dem Senatssaal entfernen lassen. S. und die heidnischen Senatoren suchten bei Gratian und seinem Nachfolger Theodosius die Rücknahme der Verfügung zu erreichen, indem sie die Kaiser beschworen, die Symbole der stolzen röm. Vergangenheit nicht zu verleugnen. Der Einfluß des Ambrosius verhinderte ein Nachgeben der Regierung. Nur im Jahre 393 kam es unter dem Usurpator Eugenius zu einer kurzfristigen Restitution. 394 besiegelte der Selbstmord des Praetorianerpraefekten Nicomachus Flavianus und der Untergang des Eugenius nach der verlorenen Schlacht am Frigidus (einem Nebenfluß des Isonzo) auch den Verlust jeden politischen Einflusses der heidnischen Kreise. Die fol-

genden Generationen der Symmachi taten viel für die Erhaltung der antiken Literatur, indem sie vorzügliche Handschriften durchkorrigierten oder korrigieren ließen.
T: OSeeck 1883 (Monumenta Germ. Hist., Nachdr. 1984). *Briefe:* TÜK: *B.1-5:* JPCallu, 1972-82 (Budé). *B.4:* AMarcone, Pisa 1987. *B.5:* PRTiberga, Pisa 1992. *B.6:* AMarcone, Pisa 1983. *B.9:* SRoda, Pisa 1981. *B.10, Relationes:* DVera, Pisa 1981. *Reden:* TÜK: APapst, 1989. Streit um den Victoria-Altar: RKlein, 1972. WSteidle, Die dichterische Konzeption des Prudentius und das Gedicht *Contra Symmachum*, in Ausgewählte Aufsätze, Amsterdam 1987, 261-301. – RKlein, S., 2.A. 1986. FPaschoud (Hg.), Symmaque, Paris 1986.

Symplegaden: *Argonauten.

Symposion, das gemeinsame Zechen bei Wein und froher Unterhaltung (z. B. Singen von *Skolia, *Rätselraten). In gebildeter Gesellschaft hielt etwa jeder eine Rede zu einem gemeinsam gestellten Thema. Oft wurden Tänzerinnen, Flötenspielerinnen und *Hetären zur Unterhaltung der Gäste angestellt. Dem S. ging meist ein Essen *(Deipnon)* voraus. Am Ende des S.s beschloß man zuweilen einen **Komos*. Ein *Symposíarchos* leitete den Komment; die Zecher trugen Blumenkränze. – Die gelehrten Gespräche und Reden beim S. wurden durch *Platons *S.* zum beliebten literarischen Motiv: *Xenophon, Plutarch (*Sieben Weise), *Lukian (Karikatur); lat. *Petronius (Parodie), *Macrobius, *Martianus Capella u. a. Über die Bräuche beim S. handeln *Athenaios und Plutarch *(symposiakà problémata).* Zahlreiche Darstellungen auf Vasen.
Plutarch, *Symposiaka:* TÜ: FFuhrmann, 1972ff. (Budé). – FLissarrague, Un flot d'images, une esthétique du banquet grec, Paris 1987. OMurray (Hg.), Sympotica, Oxford 1990. JMartin S., Die Geschichte einer literar. Form, 1931.

Synesios von Kyrene, Schüler der Neuplatonikerin *Hypatia, um seiner Beredsamkeit willen berühmt, vertrat seine Vaterstadt 399-402 als Gesandter in Konstantinopel. Ca. 410 wählte man ihn als den angesehensten Mitbürger zum Bischof; getauft wurde er erst nach der Wahl. Er verband neuplatonische und christliche Anschauungen ohne strengen Dogmatismus. Aus seinen Schriften spricht ein Mensch, der frei und reinen Herzens auf der Höhe der Bildung seiner Zeit stand. Erhalten sind *Reden (Über das Königtum* an Kaiser Arcadius) und *Abhandlungen (Über Träume*, auch ein Rhetorenscherz: *Das Lob der Glatze), Briefe* und *Hymnen.*
TÜ: AGarzya, Milano 1989. *Hymnen:* TÜK: JGruber-HStrohm, 1991. *Dion:* TÜ: KTreu, 1959. – JVogt (Hg.), Begegnung mit S., 1985. DRoques, S. de Cyrène et la Cyrénaïque du Bas-Empire, Paris 1987. BARoos, S. of Cyrene, a study on his personality, Lund 1991.

Synkretismus. Plutarch berichtet, die sehr verschiedenartigen auf Kreta wohnenden Völker wären gegen äußere Feinde stets eins gewesen; darum spreche man vom S. (Zusammenhalten der Kreter). Danach nennt die moderne Religionswissenschaft S. den Verschmelzungsprozeß der nach Wesen und Herkunft grundverschiedenen Religionen in hellenistischer und röm. Zeit. Sein bestimmendes Merkmal ist der Zug zur Überwindung des Polytheismus: Die vielen Götter sind nur die mannigfachen Erscheinungsformen, in denen sich die eine Gottheit zeigt. Wo Griechen und Römer in der Fremde andere Götter fanden, identifizierten sie diese mit ähnlichen aus der eigenen Götterwelt (z. B. *Baal = Zeus, Iuppiter)*. Ein fremder Beiname, meist nach dem Kultort, trat zu dem heimischen Götternamen, unter den die neue Erscheinung subsumiert wurde (z. B. *Iuppiter *Dolichenus)*. Dem wachsenden Erlösungsbedürfnis des spätantiken Menschen entsprachen vor allem die orientalischen Religionen: Mit dem rationalen Denken Europas verband sich die orientalische Hingabe an den Gott; umgekehrt erhielt der phantastische Mythos des Ostens erst vom abendländischen Geiste her die plastische Gestalt. Ein allgemeines Dogma war unmöglich. Es war durchaus üblich, mehreren Gemeinden zugleich anzugehören, offenbarte sich doch überall die eine Wahrheit. Im einzelnen führte die unorganische Mischung zu höchst seltsamen und verwirrenden Kultformen, in die auch die *Astrologie hineinspielte. *Isis. *Helios. *Mithras. *Sabazios.

FCumont, Die oriental. Religionen im röm. Heidentum, 1931. Reitzenstein (*Mysterien). Latte, S. (in Religion in Gesch. u. Gegenwart). GWidengren (in BSpuler, Handbuch der Orientalistik I 8, 2), 1961.

Synoikismos nannte man in Griechenland die Schaffung eines Stadtstaates (Polis) durch Zusammenschluß mehrerer Gemeinden, sei es im Wege der Eingemeindung in einen schon bestehenden Vorort, sei es mit der Neugründung einer Stadt. So soll Theseus die Gemeinden Attikas in Athen vereinigt haben; diese Einigung war in Wirklichkeit ein langdauernder Vorgang gewesen. Für den Neubau einer Stadt beim S. bieten in späterer Zeit *Rhodos und *Megalopolis Beispiele.

Syphax, König von *Numidien bis 203 v. Chr. (*Sophoniba). Er starb in römischer Gefangenschaft.

Syrakus, die wichtigste Stadt *Siziliens, im 8. Jh. v. Chr. von Korinth gegründet. S. blühte rasch auf und legte seinerseits Tochterstädte in Sizilien an (Akrai, Kamarina, Beteiligung in *Himera). 485 kam S. unter die Herrschaft *Gelons vom Geschlecht der Deinomeniden, der seine Residenz von Gela nach S. verlegte. Unter seiner entschlossenen Führung erlangten die Griechen die Übermacht über Sikeler und Karthager (Sieg bei Himera). 478-466 folgte ihm *Hieron I. 465 führte man die Demokratie ein. 415/3 behauptete S. unter der politischen Führung des Hermokrates sich in schwerem Ringen gegen Athen (*Sizilien). Im folgenden Kriege gegen Karthago erhob sich der Feldherr *Dionysios zum Tyrannen (405). Sein minder befähigter Sohn Dionysios II., in Kämpfe mit seinem Verwandten *Dion verwickelt, wurde 343 durch den vom Volk zu Hilfe gerufenen Korinther *Timoleon gestürzt. S. erhielt eine neue demokratische Verfassung und wurde Haupt eines Städtebundes. Doch die Rivalitäten zwischen Aristokraten und Volk dauer-

ten fort, und 317 warf sich der Volksmann *Agathokles zum Tyrannen auf. Sein Tod, bei dem er der Stadt die Freiheit wiedergab, stürzte S. in neue Wirren (*Mamertiner), in denen König *Pyrrhos ohne dauernden Erfolg vermittelte. 269 machte das Heer *Hieron II. zum Feldherrn. Dessen geschickte Politik zwischen Karthagern und Römern, die 263 zum Bündnis mit Rom führte, brachte S. eine neue wirtschaftliche Glanzzeit. Nach seinem Tode fiel S. von Rom ab und wurde 212 von Marcellus erobert und geplündert. Damit hörte die Selbständigkeit auf. S. wurde Sitz des röm. Praetors und eines seiner zwei Quaestoren. – Die schon in vorgr. Zeit besiedelte Altstadt lag auf der Insel Ortygia (Quelle *Arethusa). Im Laufe der Zeit entwickelte sich S. durch Hinzutreten neuer Stadtteile (Achradina, Tycha, Neapolis) zu einer der größten Städte der gr. Welt; in die Befestigung wurde die unbebaute Hochebene Epipolai miteinbezogen. Von den vielen erhaltenen antiken Bauten sind bemerkenswert mehrere dorische Tempel (der Athenatempel dient als Dom), der Altar Hierons II. (22 ½ m breit, 199 m lang), das gr. Theater, im jetzigen Zustand aus der Zeit Hierons d. II., ein röm. Amphitheater. Um ihrer Schönheit willen sind die *Münzen von S. berühmt.
Fabricius, Das antike S., 1932 (Nachdr. 1963). MGuido, S., a handbook to its history and principal monuments, 3. A. 1963. HPDrögemüller, S., 1969 (Gymnasium, Beih. 6). – *Sizilien.

Syria dea, die syrische Göttin Atargatis, deren Kult, dem der *Kybele und *Isis ähnlich, im 1. Jh. v. Chr. in Rom eindrang. Ihre verschnittenen Bettelpriester zogen mit verzückten Tänzen und Selbstverwundungen die schaulustige Menge an. – *Lukian, *Über die Syrische Göttin.* (TÜ: HWAttridge-RAOden, Missoula 1976). *Apuleius, *Metamorphosen* B. 8-9.

Syrien, im weitern Sinne das Küstengebiet zwischen Aegypten und Kleinasien, stand schon im 2. Jahrtausend v. Chr. in kulturellen Beziehungen zur Ägäis. Unter Alexander d. Gr. kam das Gebiet 333 v. Chr. unter hellenische Herrschaft. Das Reich des *Seleukos und seiner Dynastie (Hauptstadt Antiocheia) nahm den Hauptteil S.s ein; der Süden gehörte den Ptolemaiern. Pompeius ergriff 65/4 v. Chr. für Rom von S. Besitz. Als Provinz unter einem Proconsul war S. stets mit mehreren röm. Legionen besetzt, die der ständigen Gefahr von seiten der Parther begegnen sollten. Mit *Iulia Domna kam 193-222 ein syrisches Priestergeschlecht auf den röm. Kaiserthron. Im 4./5. Jh. war S. Zentrum des asketischen Mönchtums (Säulenheilige, Wüstenklöster). 636 erlag die byzantin. Herrschaft dem Islam.
RBurns, Monuments of Syria, New York 1992 (Führer). ANRW II 8, 1977.

Syrinx, Hirtenflöte aus nebeneinandergebundenen Schilfrohrstücken verschiedener Länge. In der hellenistischen Sage war S. eine Nymphe. Pan liebte und verfolgte sie, aber als er sie einholte, wurde sie in Schilfrohr verwandelt. Pan schnitt sich aus dem Rohr die Flöte, auf der er seine Liebeslieder bläst (*Ovid, *Met.* 1, 690ff.).
GHaas, Die S. in der gr. Bildkunst, 1986.

Syrten, 2 Golfe zwischen Karthago und Kyrene: Kleine S. bei Tunesien, Große S. westlich der Kyrenaika. Die seichten Gewässer waren der Stürme wegen gefürchtet.

Syssitien, die gemeinsamen Mahlzeiten der Männer in *Sparta und Kreta; das einheimische Wort in Sparta war *Phiditia.*

T

Tabularium, das röm. Staatsarchiv, 78 v. Chr. an dem zum Forum gewandten Abhang des Kapitols erbaut. Mit seinen Gewölben und seiner durch Bogen und vorgeblendete Halbsäulen gegliederten Fassade bildet es das bedeutendste erhaltene Zeugnis republikanischer *Architektur in Rom.

Tacitus. – 1. Cornelius T., der größte röm. Geschichtsschreiber, ca. 55 bis gegen 120 n. Chr., cos. 97, zwischen 112 und 116 Proconsul von Asien. Unter der Willkürherrschaft Domitians (bis 96) verharrte T. wie alle jene Senatoren, die ihre innere Würde nicht preiszugeben bereit waren, schweigend. Erst unter Nerva begann er seine Werke zu veröffentlichen. Am Anfang stehen die 3 kleineren Schriften: Der *Dialog* über die Ursachen des Verfalls der Beredsamkeit. Das Gespräch endet damit, daß der tiefste Grund im Aufhören der republikanischen Kämpfe liege. Der **Agricola* ist ein Nachruf auf seinen 93 verstorbenen Schwiegervater, der als Feldherr in Britannien Ruhm erworben hatte. Kurz danach schrieb T. die *Germania*. Hier übertrug er das Ziel der moralischen Geschichtsschreibung (*Sallust) auf den Stoff einer Völkerbeschreibung. Die Germanen sind das Beispiel der Freiheit in jener urtümlichen, echten und wahren Einfachheit des Lebens und des Sinnes, die einst das alte Rom groß gemacht hat, ein Gegenbild der Heuchelei und des Luxus, in dem Rom unter der Monarchie bis Domitian verdorben ist. Die Tatsachen, die T. über die Germanen berichtet, sind dieser Tendenz untergeordnet und zuweilen in ihrem Sinne verzeichnet. Nach diesen kleineren Schriften ging er an die große Aufgabe, die Geschichte des Jh. vom Tod des Augustus (14 n. Chr.) bis zum Tod Domitians (96) darzustellen. Er begann mit der 2. Hälfte des Zeitabschnitts (69 n. Chr.). Von diesem Werk, den *Historien*, besitzen wir nur die ersten 4 ½ Bücher (Dreikaiserjahr und Machtergreifung Vespasians, 69/70). Von dem andern, das den Titel *ab excessu divi Augusti* trug, aber gewöhnlich **Annalen* genannt wird, sind die Bücher 1-6 (Tiberius, Jahre 14-37) und 11-16 (Claudius und Nero, Jahre 47-66), die Bücher 5, 6 und 16 jedoch nur teilweise, erhalten. – Auch T. sieht, wie alle antiken Historiker, seine Hauptaufgabe nicht in der Sammlung des Materials, sondern in seiner künstlerischen Gestaltung. Er schreibt als Senator, der die Bedeutung seines Standes, wie sie sich in der Republik hatte entfalten können und jetzt durch den Principat gelähmt war, nie vergißt. Er schreibt deshalb nicht die Geschichte des Weltreichs mit den Provinzen, sondern die Geschichte Roms, des Senats und des Kaiserhauses. Mit tiefem psychologischem Blick in die menschlichen Hintergründe, getragen von der pessimistischen Erkenntnis der unabwendbaren Notwendigkeit eines verhängnisschweren Zustandes, formt er seinen Stoff zu erschütternden Tragödien. In der Sprache hat T. einen eigenen Stil geprägt, indem er die Sätze zu wuchtiger, inhaltsschwerer Kürze zusammendrängt.

Kleinere Schr.: T: WWinterbottom-RMOgilvie, 1975 (Oxf.Cl.). Ü: KBüchner, 3.A. 1985 (Kröner). Einzeln: *Dial.:* T: HHeubner, 1983 (Tb). TÜ: HGugel (Reclam). K: RGüngerich, 1980. *Germ.:* T: AÖnnerfors, 1983 (Tb). TÜ: MFuhrmann (Reclam). JLindauer, 1988 (dtv). TK: RMuch, 3.A. 1967. TÜK: AALund, 1988. Lit.: ENorden, Die germanische Urgeschichte in T. Germania, 4.A. 1959. *Agric.:* T: JDelz, 1983 (Tb). TÜ: AStädele, 1991 (Tusc., mit *Germ.*). RFeger (Reclam). K: HHeubner, 1984. – Hauptwerke: *Ann.:* T: HHeubner, 1994 (Tb). TÜ: EHeller, 2.A. 1992 (Tusc.). Ü: WSontheimer (Reclam). K: EKöstermann, 1963-68. *Hist.:* T: HHeubner, 1978 (Tb). TÜ: JBorst, 5.A. 1984 (Tusc.). HVretska, 1984 (Reclam). PWuilleumier-HLeBonniec, 1987-92 (Budé). Ü: WSontheimer, 1959 (Kröner). K: HHeubner, 1963-82. – RSyme, T., Oxford 1958; ders., Ten studies in T., Oxford 1970. PGrimal, T., Paris 1990. RMellor, T., London 1993. VPöschl, T., 2.A. 1986 (WdF).

2. M. Claudius T., röm. Kaiser 275/6 n. Chr. Er wurde, was zu dieser Zeit eine Ausnahme war, nicht vom Heer, sondern vom Senat als Würdigster aus dessen Mitte gewählt. Nach siegreicher Beendigung eines Gotenkrieges ermordeten ihn die eigenen Soldaten.

Tainaron, südlichste Spitze der Peloponnes, die mittlere der 3 Halbinseln (Kap Matapan). Die Sage verlegte dorthin den Eingang, durch den Herakles in die Unterwelt hinabgestiegen sei.

Talent (gr. *Tálanton*), größte Gewichts- und Münzeinheit, in Athen rund 26,2 kg. Wert 6000 Drachmen.

Talos. – 1. Ein eherner Riese auf Kreta im Dienste des Königs Minos. Wenn ein Fremder kam, sprang T. in ein Feuer, ließ sich zur Rotglut erhitzen und eilte dann, den Ankömmling zu umarmen. Er weidete sich daran, wie die Unseligen im Todeskampf ihr Gesicht verzogen zu dem «Sardanischen Lächeln». T. hatte nur eine Blutader, die am Knöchel verschlossen war. Von Medeia bezaubert, stieß er sich an einem Stein, der Verschluß öffnete sich, und T. starb. – 2. Ein Neffe des *Daidalos und dessen Schüler in Athen. Er erfand Säge, Zirkel und Töpferscheibe. Aus Neid darüber stürzte ihn Daidalos von der Akropolis hinab. T. wurde im Fall in ein Rebhuhn verwandelt; der Mörder floh nach Kreta.

1. Apollonios Rhod. 4, 1638-88. – 2. Ovid, *Met.* 8, 236-259.

Talthybios und Eurybates, die Herolde *Agamemnons.

Tanagra, alte boiotische Stadt östlich von Theben, nahe dem Fluß Asopos, die Heimat der Dichterin *Korinna. Der Boiotische Bund siegte hier 457 v. Chr. über die Athener. Berühmt machten T. die Tonfiguren, die als Grabbeigaben, wie sie überall im Altertum üblich waren, durch die Ausgrabungen seit 1873 in großer Zahl zutage gefördert wurden. Es sind in Formen gepreßte und nachmodellierte Statuetten, 5 bis 30 cm groß, in bemalter *Terrakotta, die schönsten aus dem 4./3. Jh. v. Chr.

Kekulé, Gr. Tonfiguren aus T., 1878; ders. Die antiken Terrakotten (Monumentalwerk), 1880-1911. GKleiner, T.-figuren, 1984. RAHiggins, T. and the figurines, Princeton 1987.

Tanaquil, die Gattin des *Tarquinius Priscus, aus edlem etruskischem Geschlecht. Sie verstand die Deutung der Götterzeichen und verhalf dadurch zuerst Tarquinius, dann *Servius Tullius zur Königswürde.

Tantalos, ein mächtiger König am Berg Sipylos in Kleinasien, Vater von *Pelops und *Niobe. Die Götter machten ihn zu ihrem Tischgenossen. Doch er entwendete Nektar und Ambrosia und plauderte die Gespräche seinen irdischen Freunden aus. Als die Götter bei ihm zu Gaste waren, schlachtete er den eigenen Sohn Pelops und setzte ihn als Speise vor. Für seine Frevel mußte er büßen. Homer erzählt *(Odyssee* 11, 582-592), daß er in der Unterwelt bis zum Kinn in einem See stehe und herrliche Früchte über ihm hingen. Doch wenn T. danach griff, wich der Ast zurück, und wenn er trinken wollte, verschwand das Wasser, so daß er ewig hungern und dürsten mußte. Nach einer anderen Sage umgaben ihn alle Genüsse, aber über ihm schwebte ein Stein, der stets zu fallen drohte.

Tarentum (gr. Taras, it. Taranto), alte Hafenstadt mit blühendem Handel schon in mykenischer Zeit, seit 708 v. Chr. spartanische Kolonie und bald die wichtigste gr. Kolonie Unteritaliens. Im 4. Jh. stand die Stadt unter *Archytas an der Spitze des Bundes der italischen Griechen. Im Krieg mit Rom rief T. 282 v. Chr. *Pyrrhos zu Hilfe. Der Krieg endete 272 mit der Übergabe T.s an Rom. 212-209 hielt sich eine röm. Besatzung auf der Burg von T., während die Stadt in der Hand Hannibals war. Der röm. Aquädukt ist noch heute in Betrieb.
PWuilleumier, T., des origines à la conquête romaine, 1939. GCBrauer, Taras, its history and coinage, New Rochelle 1986. EDeJuliis, T., il museo archeologico, Taranto 1985.

Tarpeia, die Tochter des Spurius Tarpeius, der unter Romulus das Capitol gegen die Sabiner verteidigte. Sie ließ sich aus Begier nach den goldenen Armringen der Feinde zum Verrat verführen. Zum Lohn verlangte sie alles, was die Sabiner am linken Arme trügen. Doch als diese in die Burg eingedrungen waren, warfen sie ihre Schilde, die sie am linken Arm trugen, auf die Verräterin und töteten sie so. In dieser Form wird die Sage erzählt von *Livius 1, 11, 6. Der Name T. hängt zusammen mit dem Tarpeischen Felsen, über den man die Staatsverbrecher vom *Capitol hinunterstürzte. Ob eine Beziehung zu gr. *tropaion* (Siegesdenkmal aus zu einem Haufen zusammengeworfener Waffenbeute) ursprünglich ist, bleibt zweifelhaft.

Tarquinii, Etruskerstadt, seit Ende 4. Jh. v. Chr. von Rom abhängig. Gräber aus dem 7. bis 1. Jh., Blütezeit der Wandmalereien darin von ca. 550-200.
MMoretti, T., 1974. MBonghi Jovino (Hg.) Gli Etruschi di T., Modena 1986. DSabbatucci, Etruskische Grabmalerei in T., 1989.

Tarquinius, Name eines Adelsgeschlechts aus der Etruskerstadt Tarquinii. Ihm entstammen zwei der letzten Könige Roms. Die Fremdherrschaft in Rom ist historisch: *Etrusker. – 1. T. Priscus, der 5. König. Als

er von Tarquinii mit seiner Gattin *Tanaquil nach Rom übersiedelte, raubte ihm auf dem Ianiculum ein Adler die Kappe, trug sie hoch empor und setzte sie ihm wieder aufs Haupt. Tanaquil prophezeite ihm daraus die Königswürde. Als Vormund der Söhne des Ancus Marcius entfernte er diese von der Wahlversammlung und ließ sich selbst zum König wählen. Er siegte über Sabiner und Latiner und baute die Cloaca Maxima, den Circus und den capitolinischen Iuppitertempel. Das Kultbild schuf der aus Veii geholte etruskische Künstler *Vulca. *Sibylle. Nach 38jähriger Herrschaft wurde T. P. von den Söhnen des Ancus erschlagen. – *Livius 1, 34ff.
2. T. Superbus heiratete Tullia, die böse Tochter des Königs Servius Tullius, die ihn zur Ermordung ihres Vaters aufstachelte. Er regierte 25 Jahre tyrannisch. Gabii eroberte er mit Hinterlist. Sein Sohn Sextus T. schändete *Lucretia, worauf das ganze Geschlecht der T. vertrieben wurde (510 v. Chr.). – *Livius 1, 46ff.

Tarracina (Terracina), auch mit volskischem Namen Anxur genannt, Stadt im südlichen Latium, 329 v. Chr. röm. Kolonie. Auf dem Felsen hoch über dem Meer wurde im 1. Jh. v. Chr. ein Tempel des Iuppiter Anxur errichtet, von dem imposante Substruktionen erhalten sind.
SAurigemma u. a., Circeo-T.-Fondi, 2. A. 1966.

Tarraco (Tarragona), Stadt an der Ostküste Spaniens, seit 218 v. Chr. Stützpunkt der Römer, in der Kaiserzeit Hauptstadt der nach ihr benannten Provinz (*Hispania). Erhalten sind u. a. eine Mauer aus riesigen Felsblöcken, ein Amphitheater, das Praetorium, eine Nekropole und ein mächtiger Aquädukt.
ASchulten, T., 2. A. 1949. GAlföldy, in Realencyclopädie Suppl.15 (1978) 570-644. ThHauschild, Arquitectura romana de Tarragona, 1983; ders., Els enterraments del Parc de la Ciutat, Tarragona 1987.

Tarsos, alte, angeblich von Perseus gegründete Hauptstadt *Kilikiens. Zur Perserzeit war das gr. Element der Bevölkerung schwächer als das einheimische. Unter den Seleukiden aber vollzog sich die Hellenisierung. Auch die jüdische Gemeinde, zu der der Apostel Paulus gehörte, war äußerlich griechisch.
Amerik. Ausgrabungen. HGoldman, Excavations at Gözlü-Kule, Tarsus, 1950-63.

Tartaros, das Gefängnis in der Unterwelt, wohin Zeus die besiegten Titanen hinabgeschleudert hatte.

Tartessos, Stadt in Südspanien (*Hispania), im Alten Testament unter dem Namen Tarschisch erwähnt, die Rivalin von Gades, der westlichsten Station des Mittelmeerhandels der Phoenizier. Im 7./6. Jh. regierte dort König Arganthonios, der das sagenhafte Alter von 120 Jahren erreicht haben soll. Etwa um 500 v. Chr. scheinen die Karthager die Konkurrenzstadt vernichtet zu haben.
ASchulten, T., 2. A. 1950. TJúdice Gamito, Social complexity in Southwest Iberia 800-300 B.C., Oxford 1988.

Tatianos der Syrer, christlicher Apologet im 2. Jh., von dem eine *Rede an die Griechen* (d. h. Heiden) erhalten ist. In einer *Evangelienharmonie* stellte er die Parallelberichte der Evangelisten nebeneinander. Weder der syr. Original-T. noch die frühen gr. und lat. Ü. sind erhalten; Rekonstruktion aus arab. und andern späten Bearbeitungen.
T: EdSchwartz, 1888. TÜ: MWhittaker, Oxford 1982. AvHarnack, 1884.

Titus **Tatius**, König der Sabiner, zog nach dem Raub der Sabinerinnen gegen Romulus und eroberte durch den Verrat der *Tarpeia das Capitol. Die Frauen söhnten die Gegner aus, und T. T. wurde Mitregent des Romulus. – *Livius 1, 10-14.

Tauriskos aus Tralles, Bildhauer des 1. Jh. v. Chr.: *Amphion.

Taurobolium, Bluttaufe im Kult der Magna Mater *Kybele und des *Attis. Der die Weihe der Mysterien Empfangende stieg in eine Grube, die mit einem Gitter bedeckt wurde. Darüber wurde ein Stier rituell geschlachtet, so daß sein Blut durch das Gitter auf den Täufling herabfloß. Der so Geweihte galt als aus dem Grabe wiedergeboren zu neuem, ewigem Leben. Vom 2.-4. Jh. n. Chr. bezeugen Inschriften den Vollzug des T. an Angehörigen der höchsten Kreise.
RDuthoy, The T., its evolution and terminology, 1969.

Tauroi, die Bewohner der taurischen *Chersones (Krim).

Tauromenion, Stadt an der Ostküste Siziliens (Taormina), auf einer hohen, zum Meer abfallenden Bergterrasse 396 v. Chr. von den Sikelern gegründet, bald danach von Dionysios I. besetzt und hellenisiert. Aus röm. Zeit hat T. ein gut erhaltenes Theater in herrlicher Lage an der Stelle eines älteren gr. Baus.
MSantangelo, Il teatro di Taormina, 1955. PRizzo, T., storia, topografia monumenti, monete, 1928 (Nachdr. Caltanissetta 1983).

Taygetos, das sich westlich an Sparta vorbeiziehende Gebirge, 2409 m hoch.

Technik. Die T. nahm ihren größten Aufschwung in hellenistischer Zeit durch die Ingenieure und Naturwissenschafter, die aus der Schule von Alexandreia hervorgingen. Sie verfiel zu Beginn des Mittelalters im Abendland gänzlich. Die Araber, die neuen Herren Alexandreias, bewahrten vieles; von ihnen lernte später der Westen das alte Gut wieder kennen. Einzelne Erfindungen und Errungenschaften: *Archimedes *Heron. *Philon (2). – *Aquaeductus. Eupalinos (*Samos). Entwässerungsanlagen: *Fucinersee, *Albanersee. Brücken: *Dareios I., *Perserkriege, *Traianus. Kanäle: *Isthmos, *Athos. Belagerungsmaschinen: *Militär.
HDiels, Antike T., 1924 (Tb). ANeuburger, Die T. des Altertums, 4.A. 1984. FMFeldhaus, Kulturgesch. der T., 1928; ders. Die Maschine im Leben der Völker, 1954; ders., Die T. der Antike und des Mittelalters, 1931. ChSinger-Holmyard u. a., A History of technology 2, Oxford 1956.

JGray Landels, Die T. in der antiken Welt, 1989. HSchneider, Einführung in die antike T.-geschichte, 1992. RJForbes, Studies in ancient technology, 2. A. Leiden 1964-72 (9 Bde). Dictionnaire archéologique des techniques, 1963-4. FKretschmer, Bilddokumente röm. T., 1993.

Tegea, Stadt in Ostarkadien mit einem berühmten Tempel der Athena Aléa, den nach dem Brande von 395 v. Chr. *Skopas, wohl um 350, wiederaufbaute. T. ist die Heimat der Dichterin *Anyte.
Dugas-Berchmans-Clemmensen, Le sanctuaire d'Aléa Athéna à T., Paris 1924. MEVoyatzis, The early sanctuary of Athena Alea at T. and other archaic sanctuaries in Arcadia, Göteborg 1990.

Teiresias, blinder alter Seher in Theben. Er weissagte dem Laios und seinen Nachfolgern (bei Sophokles im *König Oidipus* und in der *Antigone*) und behielt seine Gabe auch in der Unterwelt (Homer, *Odyssee* 11, 90-151. Parodie: Horaz, *Sat.* 2, 5).
LBrisson, Le mythe de T., Leiden 1976.

Teisias aus Syrakus, einer der Begründer der *Rhetorik im 5. Jh. v. Chr., Lehrer des Gorgias.

Teisiphone (Rächerin des Mordes), eine *Erinys.

Telamón, Sohn des Aiakos, Vater des *Aias (1) und des *Teukros, König auf Salamis und Aigina.

Telamonen oder Atlanten (nach *Atlas, der den Himmel trägt) heißen in der Architektur männliche Figuren, die mit erhobenen Armen ein Gebälk stützen (z. B. am Tempel des Zeus Olympios in Akragas). Weibliche Figuren in gleicher Funktion: *Karyatiden.

Telchinen, vorgr. Dämonen, vor allem auf Rhodos heimisch, kunstfertige Schmiede und Hexenmeister, aber neidisch und bösartig. Sie wurden von den neuen gr. Göttern vertrieben oder vernichtet. *Kallimachos bezeichnete im Prolog der *Aitia* seine lit. Gegner als T.

Telegonos, Sohn des Odysseus und der Kirke, Held des kyklischen Epos *Telegonie*. Er zog aus, um den Vater zu suchen. Als er ihm, ohne ihn zu kennen, begegnete, verwundete er ihn tödlich mit einem Rochenstachel.

Telemachos, Sohn des Odysseus und der Penelope. Homer zeigt in der *Odyssee* (1-4) sehr schön das Erwachen des männlichen Selbstgefühls im Jüngling T. Später steht T. dem heimgekehrten Vater im Kampf gegen die Freier zur Seite.

Telephos, Held der berühmten, aber verlorenen Tragödie des Euripides. Die Athenepriesterin Auge hatte dem Herakles den Sohn T. im Tempel von Tegea geboren. Zur Strafe wurden Auge und T. in einem Kasten dem Meere preisgegeben. Teuthras, der König von Mysien, nahm beide auf. Auf dem Zug gegen Troia landeten später die Grie-

chen zuerst in Mysien. T. trat ihnen entgegen und wurde von Achilleus verwundet. Er siechte dahin, und das Orakel verkündete, daß nur der ihn heilen werde, der ihn verletzt habe. Da kam T. als Bettler verkleidet ins Griechenlager, gab sich als Feind des T. aus und bewies, scheinbar wider Willen, in einer glänzenden Rede, daß T. ja nur für das Recht gekämpft habe, wie jeder andere es auch getan hätte. Er wurde erkannt. In der Not packte er Orestes, den kleinen Sohn Agamemnons, flüchtete zum Altar und bedrohte das Kind mit dem Schwerte. So zwang er die Griechen, nachzugeben. T. genas, als man Rost vom Speere Achills, der ihn verletzt hatte, auf die Wunde brachte. – In Pergamon verehrte man T. als Landesheros von Mysien. Seine Geschichte war im kleinen Fries des Zeusaltars dargestellt. Wandgemälde aus Herculaneum in Neapel.
KPStähler, Das Unklassische im T.fries, 1966. CBauchhenß-Thüriedl, Der Mythos von T. in der antiken Bildkunst, 1971.

Teles, kynischer Wanderprediger im 3. Jh. v. Chr., selbst wenig originell; aber seine volkstümlich-philosophischen Moralpredigten sind die ältesten erhaltenen Stücke dieser verbreiteten Literaturgattung.
T (Frg.): OHense, 1909 (Nachdr. 1969). TÜ: ENO'Neil, Missoula 1977. Ausw.: WCapelle-RNickel. 1994 (Tusc., mit Epiktet).

Telesilla, lyrische Dichterin aus Argos, vermutlich um 500 v. Chr. Sie soll nach einer Niederlage der Argiver die Stadt gerettet haben, indem sie kühn an der Spitze der Frauen, die sich auf ihr Geheiß bewaffnet hatten, die Spartaner abwehrte.
T: Diehl II (*Lyrik). Page, Poetae melici graeci, 1962.

Tellus, Erdgöttin: *Gaia.

Telmessos (Fethiye), Stadt an der westl. Küste von *Lykien. – JWagner, Südtürkei, 1991.

Tempe, der Durchbruch des Peneiosflusses zwischen den Bergen Olymp und Ossa, ein ob seiner Naturschönheit im Altertum vielgerühmtes Erosionstal.
Antike Beschreibung bei Aelianus, *Buntes Wissen* 3, 1. TÜ: Reutern, Hellas, 1969 (Tusc.).

Tempel: *Architektur.

Tenedos, Insel vor der troischen Küste, bewohnt von Äoliern.

Tenos, Insel der Kykladen mit berühmten Tempel des Poseidon und der Amphitrite aus dem 3. Jh. v. Chr.
REtienne-JPBraun, T.1: Le sanctuaire de Poseidon et d'Amphitrite, Paris 1986.

Terentia. – 1. *Ciceros erste Gattin, von der er sich 47 v. Chr. nach ca. 30jähriger Ehe schied. Sie soll nachher Ciceros Feind *Sallust und zuletzt den Redner *Messala Corvinus geheiratet haben und 103 Jahre alt geworden sein. – 2. Gattin des *Maecenas, von Horaz *(Ode* 2, 12) als *Li-*

cymnia besungen. Sie soll Augustus verführt haben. Maecenas verstieß sie ihrer Untreue wegen mehrmals, heiratete sie aber dann wieder.

Terentianus Maurus, lat. Grammatiker, schrieb im 3. Jh. n. Chr. unter anderem eine *Verslehre* in Gedichtform. Bei der Behandlung der Versarten wendet er jeweils den gerade besprochenen Vers an.
T: Keil, Grammatici Latini VI, 1874.

Terentius. – 1. * Varro. – 2. P. Terentius Afer, röm. Komödiendichter. Er war ein freigelassener Sklave aus Karthago und gehörte zu dem bildungs- und literaturfreundlichen Kreis um den jüngeren Scipio (3). Seine 6 Stücke wurden 166 bis 160 v. Chr. aufgeführt. In jungen Jahren kam er auf einer Studienreise nach Griechenland ums Leben. T. mied die drastische Komik und den originellen Witz des *Plautus. Er schrieb für ein Publikum von feinem Geschmack und traf den urbanen Ton seines Vorbilds, der attischen Komödie, von allen röm. Komikern am besten. Caesar pries ihn später geradezu als «halben Menander». Die große Masse, an gröbere Kost gewöhnt, brachte dafür zunächst kein Verständnis auf. *Die Schwiegermutter* fiel zweimal durch, bis sie endlich zu Ende gespielt werden konnte. Doch der Theaterdirektor *Ambivius Turpio setzte sich unentwegt für T. ein. Die Stücke sind: *Andria* (Das Mädchen von Andros). *Hautontimorumenos* (Der Selbstquäler). *Eunuchus. Phormio. Adelphoe* (Die Brüder). *Hecyra* (Die Schwiegermutter).
T: WMLindsay-Kauer, 1959 (Oxf. Cl.). TÜ: JMarouzeau, 1942-9 (Budé). *Haut.:* AThierfelder (Reclam). *Ad.:* HRädle (Reclam). TK: *Andr.:* RKauer, 1930. GPShipp, 1960. *Phorm.:* Dziatzko-Hauler, 1913 (Nachdr. 1967). *Ad.:* Dziatzko-Kauer, 1921 (Nachdr. 1964). *Hec.:* TFCarney, 1963. TÜK: *Haut.:* AJBrothers, Warminster 1988. Ü: VvMarnitz, 1960 (Kröner). CBardt, Röm. Komödien, 1909-13 (ohne *Hec.*). Donner, in Antike Komödien, hg. WLudwig, 1971. *Eun.:* AThierfelder, 1961 (Reclam). – GNorwood, The Art of T., 1965. HHaffter, T. und seine künstlerische Eigenart, 1967. SMGoldberg, Understanding T., Princeton 1986. GCupaiuolo, T., teatro e società, Napoli 1991. – Porträt: Schefold. Faksimileausgabe der antiken Illustrationen zu T.: GJachmann, Codices e Vaticanis selecti XVIII, 1929.

Tereus: *Aëdon.

Terminus, röm. Gott des Grenzsteins. Den T.-Göttern wurden am 23. Febr. die *Terminalia*, ein frohes Fest der Grenznachbarn, gefeiert.

Terpandros von Antissa auf Lesbos, berühmter Musiker. Er galt als Erfinder der siebensaitigen Leier. Seine zur Kithara gesungenen (kitharoedischen) Kompositionen hießen Nomoi. In Sparta siegte er an den ersten karneischen Spielen (676/3 v. Chr.) und begründete dort die erste Musikschule. – Die überlieferten Fragmente sind nicht echt.
T: AGostoli, Roma 1990.

Terpsichore, die *Muse der frohen Musik.

Terrakotten, moderne Bezeichnung für Erzeugnisse aus gebranntem Ton, speziell Statuen und Reliefs (*Lokrer 3, *Melos). Sie wurden wie die Marmorwerke bemalt, hatten aber den Vorzug, billiger zu sein. Im ganzen Altertum waren sie verbreitet als Kleinplastik (*Tanagra) und, vor allem bei den Etruskern, auch als lebensgroße Statuen. Von etruskischen Tempeln kennen wir Firstfiguren (*Veii), *Akrotere und Giebelskulpturen (gut erhaltene aus Luni bei La Spezia im Archäol. Museum, Florenz) aus T. Aus T. war auch das von *Vulca geschaffene Kultbild des Iuppiter Capitolinus in Rom.
GBruns, Antike T., 1946. RAHiggins, Greek Terracottas, 1967. ERohde, Griechische T., Tübingen o. J. (Monum. artis antiquae 4). AAndrén, Architectural Terracottas from Etrusco-Italic Temples, 1939/40. PCBol (Hg.), Bildwerke aus T'a aus mykenischer bis röm. Zeit, 1986.

Terra sigillata («gestempelte Tonware»), moderne Bezeichnung für rotfarbiges Geschirr aus hellenistisch-röm. Zeit. Es war reliefartig verziert wie das kostbare Silbergeschirr; man stellte es mit Matrizen her. Die Fabrikation wurde gegen 30 v. Chr. aus dem Osten, woher man das «samische» Geschirr *(vasa Samia)* bezogen hatte, nach Italien eingeführt und zuerst besonders in Arretium betrieben. Aus den Töpferstempeln, die auf den meisten Gefäßen angebracht sind, kennen wir mehrere Fabriken mit gr. Arbeitern. Dann entstanden bedeutende Werkstätten auch in Gallien (besonders La Graufesenque im 1., Lezoux im 1./2., Rheinzabern im 2. Jh. n. Chr.) und anderen Provinzen. Die T. s. war das allgemein gebräuchliche Tafelgeschirr. Es wird bei Ausgrabungen viel gefunden; die Scherben, die sich nach ihrem Stil zeitlich festlegen lassen, bieten ein sehr wichtiges Hilfsmittel, das Alter einer Ausgrabungsschicht zu bestimmen.
HDragendorff, Arretinische Reliefkeramik, 1948; ders., La sigillée, 2.A. Avignon 1984. AStenico, La ceramica arretina, 1960-6. Stanfield-Simpson, Central Gaulish potters, 1958. IHuld-Zetsche, Trierer Reliefsigillata, 1972. FOswald-TDavies Price, Introduction à l'étude de la céramique sigillée, Avignon 1984. JGarbsch, T.s., 1982 (Ausstellung München).

Tertullianus, Q. Septimius Florens, ca. 155 bis nach 220, der erste große Schriftsteller der lat. christl. Kirche, Rechtsanwalt aus Karthago. Ca. 193 wurde er Christ, später schloß er sich der Sekte der Montanisten an. Seine Sprache ist höchst eigenwillig, voll von neuen Wortschöpfungen; er bricht in leidenschaftlich-kämpferischem Ausdruckswillen mit den Traditionen des Stils. Er schrieb zur Verteidigung gegen die Heiden *(Apologeticum)*, dogmatische Werke *(Gegen Marcion, Gegen den Gnostiker Valentinus, Gegen Hermogenes, Über die Seele)* und viele Mahnungen zu strenger Sittenzucht (z. B. *Das Pallium, An seine Frau, Die Schauspiele, Die Buße, Die Ein-Ehe*).
T: Verschiedene Hg. in Corp. Vindob., 1890-1957; Corp. Chr. 1954. TÜ: *Adv. Praxean:* GScarpat, Torino 1985. *De testimonio animae:* CTibiletti, Firenze 1984. *Scorpiace:* GAzzali Bernadelli, Firenze 1990. *De castitate:* HVFriedrich, 1990. *De spectaculis:* KWWeeber, 1988 (Reclam). TÜK: Verschiedene Hg. in S.chrét. *Apol.:* CBecker, 4.A. 1992. *Ad natio-*

nes 1: ASchneider, 1968. *Adv.Praxean, De carne Christi, De resurrectione, Adv. Marc.:* EEvans, 1948-72. *De corona:* JFontaine, Paris 1966. *De idololatria:* JHWaszink-JMCvanWinden, Leiden 1987. *Ad Scapulam:* AQuacquarelli, Roma u. a. 1957. *De oratione:* FDiercks, Bussum 1947 (Diss. Amsterdam). *De pallio:* AGerlo, Wetteren 1940. *De spectaculis:* ECastorina, Firenze 1961. ÜK: *Ad nationes 2:* MHaidenthaller, 1942. TK: *De anima:* JHWaszink, 1947. *Adv. Iud.:* HTränkle, 1964. Ü: KAHKellner, 1882 (ders. in Ausw.: KV, 1912/15). – TDBarnes, T., 2.A. Oxford 1985. RKlein, T. und das röm. Reich, 1968. JCFredouille, T. et la conversion de la culture antique, 1972. Zur Sprache: RBraun, Deus Christianorum, 2.A. Paris 1977.

Tethys, Gemahlin des Okeanos, Urmutter aller Gewässer.

Tetralogie, die Verbindung von 4 inhaltlich zusammengehörigen Dramen in einer Aufführung, nämlich 3 Tragödien *(Trilogie;* einzige ganz erhaltene: die *Orestie* des Aischylos) und 1 *Satyrspiel.

Teukros, Sohn des *Telamon und der kriegsgefangenen Troerin Hesione, Halbbruder des *Aias (1). An dessen Seite kämpfte er in der *Ilias* (vor allem 13, 170ff. und 15, 437ff.) als Bogenschütze. Als er von Troia heimkehrte, jagte ihn Telamon fort, weil er das seinem toten Bruder angetane Unrecht an den Griechen nicht gerächt habe. T. ging nach Kypros und gründete dort die Stadt *Salamis.

Teurnia, Stadt in *Noricum (bei Spittal in Kärnten). Im 5. Jh. wurde der Sitz des Provinzstatthalters aus dem unbefestigten Virunum in das leichter zu verteidigende T. verlegt. Gegen 600 wurde T. in der Völkerwanderung zerstört. Ausgegraben sind Stadtmauer, Thermen, Forum, die dreischiffige christliche Basilika.
REgger, T., 5. A. 1963. FGlaser, Die röm. Stadt T., 1983; ders., T. Metropolis Norici, 1987 (ill. Führer).

Teutoburger Wald, Schauplatz der Varusschlacht 9 n. Chr. (*Arminius). Germanicus bestattete während seines Feldzugs im J. 15 die Gebeine der im J. 9 Gefallenen; im Bericht darüber nennt Tacitus (ann.1, 60) als Ort den *Teutoburgiensis saltus.* Da man dessen Lage nicht kannte, wurde der Name im 17. Jh. irrtümlich auf den heutigen T.W. übertragen. Neueste Grabungen haben die Überreste der Vernichtungsschlacht bei Kalkriese nördl. von Osnabrück gefunden. In dieser Gegend (Barenau) hatte schon Th. Mommsen 1885 den Ort vermutet.
ARost-SWilbers-Rost, Kalkriese, archäol. Zeugnisse zur Varusschlacht, in Das Altertum 40, 1994, 17-28.

Teutonen: *Kimbern.

Thais, berühmte Hetäre aus Athen, soll Alexander d. Gr. zur Verbrennung von Persepolis angereizt haben. Nach Alexanders Tod heiratete sie Ptolemaios (1) und gebar ihm zwei Kinder.

Thaleia, die *Muse der Komödie.

Thales von Milet, der Begründer der ionischen Naturphilosophie, einer der *Sieben Weisen. In Aegypten hatte er mathematische Kenntnisse erworben. Die Voraussage der Sonnenfinsternis vom 28. Mai 585 v. Chr. trug ihm Bewunderung ein. Als das Ursprünglichste nannte er das Wasser und erklärte die Erdbeben daraus, daß die Erde auf dem Wasser schwimme und wie ein Schiff schwanke. Es gab von Th. kein Buch.
Bildnis: Schefold. – Gigon, Ursprung d. gr. Philosophie, 1945. BSnell, Die Nachrichten über die Lehren des Th., in Philologus 96, 1944, 170-82.

Thaletas v. *Gortyn führte im 7. Jh. v. Chr. die kretische Flötenmusik in Sparta ein und bannte die Pest mit einem Paian.

Thalysia, ein Erntedankfest, das einzige schon von Homer *(Ilias* 9, 534) erwähnte Fest. *Theokrit dichtete eine stimmungsvolle Idylle *Th.*

Thamugadi (Timgad), von Traian 100 n. Chr. gegründete Stadt in Numidien. Heute großes, bedeutendes Ruinenfeld, das besonders den quadratischen Grundriß mit regelmäßigen Straßenzügen gut erkennen läßt. Gut erhaltene *Bibliothek.
ChrCourtois, Timgad, 1951. SGermain, Les mosaïques de Timgad, 1969.

Thamyris, mythischer Sänger aus Thrakien. Er forderte die Musen heraus zu einem Wettstreit im Kitharaspiel: Siegte er, so sollte ihm eine der Musen zum Weibe angehören, andernfalls sollte Blindheit die Strafe sein. Th. unterlag und wurde geblendet. Sophokles soll in seiner nicht erhaltenen Tragödie *Th.* selbst die Kithara gespielt haben. Die Theatermaske des Th. trug rechts ein helles Auge, links ein schwarzes, erloschenes; so konnte, indem der Schauspieler den Zuschauern die andere Seite zuwendete, die Erblindung anschaulich gemacht werden.
Bildnis: Schefold. – Lesky, Die Maske des Th., 1951 (Anzeiger d. oesterr. Akad. 88).

Thapsos, Küstenstadt in Tunis, wo Caesar 46 v. Chr. siegte.
Kromayer-Veith, Antike Schlachtfelder III 2, 826ff., IV 652f.

Thargelien, ein attisch-ionisches Vorerntefest, das am 6. und 7. des Monats *Thargelión* (um den 1. Mai) gefeiert wurde. Es sollte Fruchtbarkeit für die kommende Ernte erwirken und andererseits durch Reinigungsbräuche alles Böse abwehren. Man trug deshalb Glücksbrote *(Thárgeloi)* oder allerlei Früchte umher und jagte zwei mißgestaltete Menschen *(Pharmakoí* [*Opfer]), auf die man mit Verwünschungen alles Unheil abgeladen hatte, aus der Stadt hinaus. Der 1. Tag galt als Geburtstag der Artemis, der 2. als der Apollons.

Thasos, Insel vor der thrakischen Küste, im 7. Jh. v. Chr. von Paros kolonisiert; der Dichter *Archilochos war dabei beteiligt. Die Goldbergwerke der Insel und der unterworfenen nahen Küste machten Th. reich. Die Kunst blühte; der Maler *Polygnotos war Thasier. Th. lieferte auch einen Markenwein in versiegelten Fäßchen, dessen Qualität durch ein uns erhaltenes Gesetz mit ausführlichen Bestimmungen ge-

schützt war. Th. gehörte nach kurzer Perserherrschaft (492-479) zum Attischen Seebund, fiel aber mehrmals ab. 340 wurde es von Philipp II. von Makedonien erobert. Die Hauptstadt Th. im Norden der Insel ist von den Franzosen ausgegraben.
Etudes Thasiennes, Paris 1944ff. (bis 1992 14 Bde.). GDaux, Guide de Th., 1967.

Theater. Die Form des antiken Th.s, dessen ansteigende Sitzstufen für die Zuschauer im Halbrund um die *Orchestra*, den Spielplatz des Chors, laufen, ist in Athen gegen Ende des 6. Jh. v. Chr. entstanden. Dem Zuschauerraum frontal gegenüber lag die *Skené*, das Bühnenhaus, aus dem die Schauspieler hervortraten und dessen Rückwand den Hintergrund bildete. Das ständige steinerne Th. am Südosthang der Akropolis wurde erst um 330 v. Chr. gebaut (*Lykurgos). In Rom errichtete, nachdem ein Bau um die Mitte des 2. Jh. am Widerspruch des *Scipio Nasica (4) gescheitert war, Pompeius 55 v. Chr. das erste feste Th. Vorher stellte man nur Holzgerüste auf, die nach der Aufführung abgebrochen wurden. In der Kaiserzeit hatten selbst kleine Provinzstädtchen ihr Th.; ein sehr gut erhaltenes ist in *Augusta Raurica (Baselland) zu sehen. Die Schauspieler hatten ursprünglich zu ebener Erde gespielt. Im Laufe der hellenistischen Zeit wurde die Skene immer höher; die röm. Th. hatten eine hohe, breite Bühne von sehr geringer Tiefe. Auch Kulissen entwickelten sich erst allmählich. Die gebräuchlichsten Th.-Maschinen waren ein Kran als Schwebeeinrichtung, z. B. für fliegende Götter *(deus ex machina)*, und das **Ekkyklema*. Die Sitzstufen der gr. Th. lehnen sich an einen natürlichen Hügelabhang an, die des röm. Th. werden meist von Mauern gestützt, so daß das ganze Th. einen selbständigen, freistehenden Bau bildet. Während die Sitzstufen vielerorts gut erhalten sind, stehen vom Bühnenhaus selten mehr als die Fundamente; der Oberbau ist vortrefflich erhalten in *Sabratha.
EFiechter, Antike gr. Theaterbauten, 1930-50 (9 Bde). Dörpfeld-Reisch, Das gr. Th., 1896 (Nachdr. 1966). Bulle-Wirsing, Szenenbilder zum gr. Th. des 5. Jh. v. Chr., 1950. MBieber, History of the greek and roman th., 2. A. 1961. APickard-Cambridge, The Th. of Dionysos at Athens, 1946; ders., The dramatic festivals of Athens, 2. A. 1968. AvGerkan, Das Th. von Priene, 1921; ders. (*Epidauros). GCaputo, Il teatro di Sabratha, 1959. DdeBernardi Ferrero, Teatri classici in Asia minore, 1966-9. ESimon, Das antike Th., 1972. – HDBlume, Einführung in das antike Th.wesen, 3.A. 1991. RCBeacham, The Roman th. and its audience, Cambridge Mass. 1992.

Thebais, kyklisches *Epos und ein lat. Epos des *Statius, die beide den Zug der *Sieben gegen Theben behandeln.

Theben, die Hauptstadt Boiotiens. Die ältesten Spuren vorindogermanischer Siedler führen bis ins 3. Jahrtausend v. Chr. zurück. Um 2000 wurden sie von den ersten gr. Einwanderern verdrängt, auf die um 1600 weitere folgten. Diese waren die mächtigen Herren, die sich nach *Kadmos nannten und gegen 1400 den prächtigen Palast *(Kadmeia)*

nach kretischem Muster bauten. Wandgemälde, Geräte aus Gold und Edelsteinen, Tonkannen mit Inschriften bezeugen den Reichtum und die kulturelle Höhe dieser Zeit. Zu diesem Geschlecht gehören die Sagen von *Oidipus* und den **Sieben gegen Theben;* die 7 Stadttore der Sage sind unhistorisch. Gegen Ende der mykenischen Zeit wurde die Kadmeia zerstört. Doch blieben, als später die Boioter sich um die Burg herum bei den Quellen *Dirke* und *Ismenos* ansiedelten, die Kadmeer der herrschende Adel, konservativ und dem vornehmen Rennsport huldigend: Ein Thebaner siegte als erster im Wagenrennen in Olympia. Die Gesinnung dieses Adels spricht aus den Gedichten *Pindars. Erst Ende 6. Jh. war die Führerrolle Th.s unter den boiotischen Städten anerkannt. Am längsten blieb Orchomenos unabhängig. Nach dem Sturz der befreundeten Peisistratiden geriet Th. der Grenzstadt *Plataiai wegen in Streit mit Athen, der bis zum Ende der gr. Freiheit fortdauerte. In den Perserkriegen stand Th. auf seiten der Feinde, ebenso im Peloponnes. Krieg. Unter dem großen Helden *Epameinondas wurde Th. 371 (Schlacht bei Leuktra) für 10 Jahre die erste Macht Griechenlands. Bei Chaironeia erlagen Thebaner und Athener gemeinsam Philipp von Makedonien. Einen Aufstand strafte Alexander d. Gr. 335 mit der völligen Zerstörung Th.s; verschont wurden außer den Tempeln nur die Häuser Pindars und des Philosophen *Krates. 316 erlaubte Kassandros den Wiederaufbau. Für seinen Anschluß an Mithridates wurde Th. 87 v. Chr. von Sulla so hart bestraft, daß es von nun an eine wenig bedeutende Kleinstadt blieb.
PCloché, Thèbes de Béotie, 1952. Symeonoglou, Kadmeia 1, 1973.

Themis, die Göttin der ungeschriebenen sittlichen Rechtsordnung, alte Gemahlin des Zeus, bei Hesiod Mutter der drei Horen: *Eunomie, Dike* und *Eirene* (Ordnung, Recht, Friede). Statue: *Chairestratos.

Themíson aus Laodikeia (Syrien) begründete Ende 1. Jh. v. Chr. die methodische Ärzteschule (*Medizin I 4). Er war Schüler des *Asklepiades v. Bithynien. Seine Lehre kennen wir vor allem durch *Soranos.

Themistios, Philosoph, Lehrer, Redner und Politiker in Konstantinopel, 317-388 n. Chr. Die von ihm geleitete, von Kaiser Constantinus begründete Schule machte Konstantinopel zu einem weltberühmten Studienort. 355 ernannte Constantius Th. zum Senator. Unter Theodosius, dessen Sohn Arcadius ihm zur Erziehung anvertraut war, war er Stadtpraefekt. Alle Kaiser wußten seine Rednergabe zu schätzen, die er in vielen Lob- und Gesandtschaftsreden mit diplomatischer Anpassungsfähigkeit in ihren Dienst stellte. Wir besitzen von ihm 34 *Reden* und erläuternde Paraphrasen zu *Aristoteles.* Th. veranlaßte, daß Papyrusrollen der Bibliothek von Konstantinopel in Pergamentcodices abgeschrieben wurden, und rettete so wertvollste alte Literatur.
Reden: T: WDindorf, 1832. GDowney-AFNorman, 1965-74 (Tb). TÜ: *26. Rede:* HKesters, 1959. TÜK: *34. Rede:* HSchneider, 1966. – Commentaria in Aristot. Gr. V, 1899-1903. – BColpi, Die Paideia des Th., 1987. JVanderspoel, Th. and the Imperial court, Ann Arbor 1995.

Themistokles, athenischer Staatsmann, ca. 524-459 v. Chr. 493/2 war er Archon. In den Jahren nach der Schlacht bei Marathon gelang es ihm, seinen Rivalen *Aristeides durch den *Ostrakismós zu verbannen und ein Gesetz durchzubringen, daß die Erträge der Silberbergwerke von Laureion zum Bau einer Flotte verwendet werden sollten. Bisher waren im Krieg lediglich die privaten Reeder mit ihren wenigen Schiffen ausgefahren, wie andere ihr Pferd zum Kriegsdienst mitbrachten. Jetzt wurde der Staat Athen mit 100 Trieren zur ersten Seemacht der Griechen. 480 wurde Th. Stratege, befehligte die athenischen Schiffe bei Artemision und setzte die Räumung Athens durch. Als die Verbündeten mit ihren Schiffen abfahren wollten, teilte er dies Xerxes heimlich mit und forderte ihn auf, die Bucht von Salamis zu sperren. Xerxes vertraute der Botschaft und lieferte die Schlacht, in der den Griechen die Enge der Gewässer zustatten kam. Dann soll Th. den geschlagenen Xerxes durch eine zweite Meldung, daß die Griechen ihm den Rückweg am Hellespont zu verlegen beabsichtigten, zu raschem Abzuge bewogen haben. Nach dem Krieg ließ Th. Athen befestigen. Die Spartaner erhoben Einspruch. Da ging Th. als Gesandter nach Sparta, leugnete alles ab und veranlaßte die Ephoren, Gesandte nach Athen zu schicken, um sich selbst zu überzeugen. Diese Gesandten ließ er so lange festhalten, bis er selbst zurückgekehrt und die Mauer fertiggebaut war. Sein maßloser Stolz und seine Habgier boten den politischen Gegnern Angriffspunkte. Der Dichter *Timokreon überhäufte ihn mit Schmähungen. Ca. 471 wurde Th. durch *Ostrakismos verbannt, dann auf Betreiben Spartas wegen angeblicher Perserfreundschaft zum Tode verurteilt. Er floh von Argos nach Kerkyra und Epeiros und schließlich zum Perserkönig, der ihn freundlich aufnahm und ihm zum Lebensunterhalt *Magnesia und einige andere Städte schenkte. Dort starb er, nach Thukydides an einer Krankheit, nach andern, indem er das in Persien zum Selbstmord gebrauchte vergiftete Stierblut trank.
Biogr.: *Plutarch (K: JFrost, 1980). *Nepos. – Die in Troizen gefundene Inschrift mit dem T. des von Th. 480 durchgesetzten Volksbeschlusses über die Evakuierung der Stadt und den Einsatz der Flotte ist eine anderthalb Jh. später entstandene Fälschung aus der Zeit des Demosthenes. TÜK: LBraccesi, Il problema del decreto di T., 1968. Th. zugeschriebene *Briefe: TK: GCortassa-ECulasso Gastaldi, Padova 1990. – MPohlenz, Gestalten aus Hellas, 1950, 148ff. FSchachermeyr, Die Sieger der Perserkriege, 1974. HBengtson, Gr. Staatsmänner, 1983. – *Portrait: ALinfert, Die Th.-Herme in Ostia, in: Antike Plastik 7 (1967), 87ff.

Theoderich d. Gr., König der Ostgoten aus dem Geschlecht der Amaler, 455-526 n. Chr. In Byzanz erzogen, verband er die Hochschätzung der antiken Kulturwerte mit dem kriegerischen Geist des germanischen Volkskönigs. 487 schickte ihn der oström. Kaiser Zenon, dem Th.s Heerfahrten im Osten zu bedrohlich wurden, gegen *Odoaker und übertrug ihm die Herrschaft in Italien. Nachdem er Odoaker 493 durch Verrat ermordet hatte, schenkte Th. Italien unter seinem starken Königtum eine lange Zeit des Friedens und Aufbaus. Die militärischen Ämter

waren mit Goten, die zivilen mit Römern besetzt. Der Senat hatte wieder größere Befugnisse. Th.s Kanzler war *Cassiodorus. Außenpolitisch schloß er durch Heiraten Bündnisse mit allen mächtigen Germanenfürsten (den Franken unter König Chlodwig, Westgoten, Burgunden und Vandalen). Doch erreichte er die Sicherung seines Reichs über seinen Tod hinaus nicht. Die letzten Jahre war er von Mißtrauen erfüllt, dem mehrere bedeutende Männer zum Opfer fielen (*Boethius). Sein Grabmal steht in seiner Residenzstadt Ravenna. In die germanische Sage ging er als Dietrich von Bern (=Verona, wo er Odoaker besiegt hatte) ein.
WEnsslin, Th. d. Gr., 2. A. 1959. JMoorhead, Th. in Italy, Oxford 1992. RHeidenreich-HJohannes, Das Grabmal Th.s zu Ravenna, 1971.

Theodora, Gemahlin *Iustinians, ehemalige Schauspielerin. Durch ihre Energie rettete sie dem Gatten den Thron und übte entscheidenden Einfluß auf seine Regierung. – Mosaikbild in *Ravenna, San Vitale. Kornemann, Große Frauen des Altertums, 1952. RBrowning, Justinian and Th., 1992. *Iustinianus. *Prokopios.

Theodoretos aus Antiocheia, ca. 393-465 n. Chr., Bischof von Kyrrhos, fruchtbarer Kirchenschriftsteller, als Parteigänger des *Nestorios in dogmatische Kämpfe mit dem Patriarchen von Alexandreia verwickelt. Außer den Schriften in diesem Streit, Bibelauslegungen, Reden und Briefen ist seine *Kirchengeschichte* der Jahre 325-428 wichtig.
T: Migne gr. 80-84. *Kirchengesch.:* LParmentier, 2. A. 1954 (Gr. chr. Schr.). Ü: KV. TÜ: *Briefe, Mönchsgeschichte, Isaias-K., Therapeutik gegen die Krankheit des Heidentums:* in S. chrét. *Eranistés:* GHEttlinger, Oxford 1975.

Theodoros. – 1. Th. von Samos, Architekt, Bronzeplastiker und Goldschmied unter Polykrates, ca. 550-530 v. Chr. Er arbeitete am Heratempel und verfertigte den berühmten Ring des Polykrates. *Rhoikos. – 2. Th. von Byzanz, Rhetoriklehrer in den letzten Jahren des 5. Jh. v. Chr. in Athen, lehrte eine speziell gegliederte Disposition der Reden. – 3. Th. v. Kyrene, Mathematiker, entwickelte die Lehre von den irrationalen Zahlen. Sein Schüler *Platon läßt ihn im Dialog *Theaitetos* auftreten. – 4. Th. v. Kyrene, Philosoph mit dem Beinamen *Atheos* (der Gottlose), Ende 4. bis Anfang 3. Jh. v. Chr., setzte die Lustlehre Aristipps fort. (T: *Diagoras). – 5. Th. von Gadara, Lehrer des spätern Kaisers Tiberius in der *Rhetorik. – 6. Th. Priscianus schrieb um 400 n. Chr. ein lat. medizinisches Werk. Er steht auf dem Standpunkt der Naturheilkunde, d. h. er lehnt die theoretisch-wissenschaftliche Medizin ab und bringt allerlei erprobte natürliche und magische Rezepte.
T: Rose, 1894 (Tb). Ü: Meyer-Steineg, Th. P. und die röm. Medizin, 1909.
7. Th., Bischof von Mopsuestia (Kilikien), † 428, hervorragender Theologe, verfaßte zahlreiche Werke zur Auslegung der Bibel. Auf ihn beriefen sich später die Anhänger des *Nestorios, so daß seine Lehre 553 von der Kirche verurteilt wurde. Daher ist von seinen Schriften nur wenig erhalten.

T: *Paulusbriefe:* HBSwete, Cambridge 1880-82. *Psalmen:* RDevreesse, Vatikan 1939 (Studi e testi 93): teilw. in syr.Ü: LvanRompay, 1982. Ü: *Homélies:* Tonneau-Devreesse, 1949. – RAGreer, Th. of M., 1961.

Theodosios, Mathematiker und Astronom, ca. 200 v. Chr. Die erhaltenen Schriften handeln über *Kugelschnitte* und *Elemente der mathematischen Geographie.*
T: Heiberg und Fecht, Abh. d. Gesellsch. d. Wissenschaften Göttingen N.F. 19, 1927. Ü: ACzwalina, 1931. PVerEecke (franz.), 1927 (Nachdruck Paris 1959).

Theodosius. – 1. Flavius Th. I. aus Spanien, 346-395 n. Chr., wurde 379 von Gratianus zum Augustus erhoben. Er siedelte die ins Reich einbrechenden Goten in Moesien südlich der Donau an. Ein innerlich schwacher, wohl im Jähzorn zu schrecklicher Grausamkeit fähiger, aber sonst leicht beeinflußbarer Mensch, suchte er seinen Halt bei der Kirche. Er anerkannte gesetzlich einzig das orthodoxe Bekenntnis des *Athanasius. 392 verbot er alle heidnischen Opfer. Die Olympischen Spiele wurden geschlossen. Viele Tempel, so auch der des *Sarapis in Alexandreia, wurden zerstört. Als Th. 390 einen Aufruhr in Thessalonike durch ein fürchterliches Blutbad bestraft hatte, verweigerte ihm der Bischof *Ambrosius in Mailand das Betreten der Kirche. Der Kaiser unterwarf sich reuig, bekannte öffentlich seine Sünde und tat Buße. Bei seinem Tode teilte Th. das Reich zwischen seinen Söhnen Arcadius und Honorius (*Stilicho).
Seeck, Geschichte des Untergangs der antiken Welt V, 1913. ALippold, Th. d. Gr. und seine Zeit, 1968. (Nachdr. 1980).
2. Th. II., Enkel von Th. I., 401-450 n. Chr., gelangte 408 als Knabe auf den Thron und blieb sein Leben lang unter der Leitung seiner Schwester Pulcheria und seiner Gemahlin Eudokia. Unter ihm entstand die Gesetzessammlung des *Codex Theodosianus* (*Recht).
T: ThMommsen-PMMeyer, 1904-05 (Nachdr.1954). *B.1-8:* PKrüger, 1923-26. Ü: CPharr, Princeton 1952. – JHarries-IWood (Hg.), London 1993.

Theognis von Megara schrieb vor den Perserkriegen ein elegisches Mahngedicht. Den Kern bilden die Sprüche an den Jüngling *Kyrnos.* In der uns überlieferten Sammlung (1389 Verse) sind viele Spruchgedichte, wie sie der Adel an seinen Symposien vorzutragen pflegte, hinzugetreten; es ist unmöglich, den echten Th. rein auszuscheiden. Th. ist überzeugter Aristokrat, Feind der damals hochkommenden Demokratien und des bloßen Geldadels. Er lehrt die ererbten Werte adliger Tüchtigkeit, allerdings in mehr praktisch-äußerlicher Weise als sein Zeit- und Gesinnungsgenosse Pindar.
T: DYoung, 1971 (Tb). MLWest, Iambi et elegi 1, 1989. TÜ: JCarrière 1948 (Budé). TÜK: AGarzya, 1958. Ü: WBinder, 1920. *Lyrik. – FSHasler, Untersuchungen zu Th., 1959. ThJFigueira-GNagy (Hg.), Th. of Megara, poetry and the polis, Baltimore 1985.

Theoklymenos, Seher in Homers *Odyssee.*

Theokritos aus Syrakus, Anfang 3. Jh. v. Chr., dichtete **bukolische *Idyllen.* Außer seiner Heimat, wo er dem Hof Hierons II. nahestand, hielt er sich auch bei Ptolemaios Philadelphos in Alexandreia und in Kos längere Zeit auf. Seine Gedichte zeichnen sich aus durch die Lebendigkeit auch in den kleinsten Einzelheiten. Mit meisterhafter Feinheit behandelt er das Lokalkolorit und die individuellen Charakterzüge. Je nach der Situation des Gedichts wechselt die Sprache; er verwendet alle gr. Dialekte außer der damaligen Umgangssprache, der attischen Koine. – Bekannteste Gedichte: *Die Syrakuserinnen am *Adonisfest. Die Zauberinnen* (*Zauberei). **Thalysien. Kyklop* (*Galateia). *Der kleine *Herakles. *Daphnis.*
TÜK: ASFGow, 1952. TÜ: FPFritz, 1970 (Tusc.). Ü: EdMörike u. FNotter, 1855 (Neudruck in Mörike, Gr. Lyrik, 1960). EStaiger, 1970 (AW). DEbener, 1973. – Bildnis: Silberteller der Ermitage (Schefold). – EdSchwartz, Charakterköpfe II, 1919. BEffe, Th. und die gr. Bukolik, 1986 (WdF). *Daphnis.

Theon, häufiger Kurzname für alle mit Theo- beginnenden Namen. – 1. Aelius Th. v. Alexandreia, Verfasser eines Schulbuchs für Anfängerübungen der *Rhetorik *(Progymnasmata)*, wahrscheinlich um 100 n. Chr.
T: LSpengel, Rhetores gr. 2, 1854. TÜK: JRButts, Ann Arbor 1987 (Diss. Univ. Claremont). – ILana, I progimnasmati di Elio Teone, storia del testo, Turin 1959.
2. Th. v. Smyrna, Platoniker, schrieb im 2. Jh. n. Chr. eine *Einführung in die Mathematik* zum Zwecke der Vorbereitung auf die Platonlektüre.
T: EHiller, 1878 (Tb). TÜ: JDupuis, Paris 1892 (Nachdr. 1966).
3. Th. v. Alexandreia, Neuplatoniker, 4. Jh. n. Chr., Vater der *Hypatia. Er kommentierte *Aratos, *Eukleides (2) und Claudius *Ptolemaeus.
T: ARome, Comm. de Pappus et de Th. sur l'Almageste, Vatikan 1931-43 (Studi e testi 54.106). JMogenet-ATihon, Le grand comm. de Th. aux Tables faciles de Ptolémée, 1985-91 (Studi e testi 315.340). TÜ (franz.): Halma, 1821.

Theophilos, Bischof von Antiocheia, schrieb kurz nach 180 ein apologetisches Werk in 3 Büchern *An Autólykos.*
TÜ: RMGrant, Oxford 1971. JSender, 1948 (S.chrét.).

Theophrastos von Eresos auf Lesbos, ca. 372-287 v. Chr., Schüler des Aristoteles und nach dessen Tode Leiter des *Peripatos. Er war der einzige, der noch das ganze ungeheure Feld der aristotelischen Philosophie in der gleichen Ausdehnung wie der Meister beherrschte. Dabei beschränkte er sich keineswegs nur auf Wahrung der Tradition, sondern ging auf vielen Gebieten selbständig über Aristoteles hinaus. Viel verdanken ihm die Stoiker, vor allem Poseidonios. Am greifbarsten ist seine Wirkung in der *Rhetorik* und in der *Philosophiegeschichte*, die er durch seine Sammlung der Lehrsätze der Vorsokratiker begründete; ohne ihn wüßten wir von den ionischen Naturphilosophen so gut wie nichts. Th. war ein unermüdlicher Forscher, dessen Blick stets über das auf Grund des eifrig gesammelten Materials Wißbare hinaus neue Probleme erschloß. Als er hochbejahrt starb, klagte er in seinen letzten Worten über die Kürze des Lebens, die den Menschen nicht zur Vollendung des Wissens kommen lasse; er sterbe im Moment, da er erst an der Schwelle der Erkenntnis stehe. So konnte Th. der kommenden autoritätsbedürftigen Zeit nicht geben, was sie verlangte: eine abschließende Antwort. Diesem Zug der Zeit entsprachen *Stoa und *Epikur besser; neben ihnen trat die echte Forschergestalt des Th. in den Hintergrund. Von der großen Zahl seiner Schriften besitzen wir außer zahlreichen Fragmenten nur 2 botanische Werke (Die *Pflanzenkunde* und *Pflanzenphysiologie*) und die *Charaktere*, 30 kurze Bilder von Charaktertypen.

T: FWimmer, 1854-62 (Tb). Ausw.: AGraeser, Die logischen Frg., 1973. WFortenbaugh-DGutas, Psychological, doxographical and scientific writings, New Brunswick 1992. Einzelne Werke: *Metaphys.:* TÜK: MvanRaalte, Leiden 1993 (Mnemosyne Suppl. 125). *Pflanzenkunde:* TÜ: SAmigues, 1988-89 (Budé). AHort, 1916 (Loeb L.). Ü: KSprengel, 1822 (Nachdr. 1971). *Ursachen der Pflanzen:* TÜ: BEinarson, 1976-90 (Loeb L.). *Philosophiegesch.:* HDiels, Doxographi graeci, 1879. *Über das Feuer:* T: AGercke, 1896. TÜK: VCoutant, Assen 1971. *Über Düfte:* TÜK: UEigler-GWöhrle, 1993. *Über Steine:* TÜK: DEEichholz, 1965. *Über die Sinne:* TÜ: GMStratton, 1917 (Nachdr. 1964). *Über Frömmigkeit:* TÜ: WPötscher, 1964. *Charakt.:* T: OImmisch, 1923 (Tb). TK: PSteinmetz, 1960-62. RGUssher, 1960. TÜ: DKlose-Steinmetz, 1970 (Reclam). Ü: HRüdiger, 1938. – Quellen zu Th. (TÜ): WFortenbaugh, Th. of Eresos, sources for his life, writings, thought and influence, Leiden 1992. – GSenn, Die Pflanzenkunde des Th., 1956. GWöhrle, Th.s Methode in seinen botanischen Schriften, Amsterdam 1985. – Bildnis: Schefold.

Theopompos von Chios, neben *Ephoros der berühmteste Vertreter der rhetorischen Geschichtsschreibung, geboren ca. 378 v. Chr. Er war Schüler des Isokrates und glänzte auch als Prunkredner: 352 siegte er bei den Leichenspielen des Mausolos, wo die bekanntesten Rhetoren mit Grabreden wetteiferten. Sein Hauptwerk sind die *Philippiká* (gr. Geschichte der Zeit Philipps v. Makedonien). Th. war von leidenschaftlicher Schmähsucht. Er schob den Politikern grundsätzlich die häßlichsten Motive unter. Im Alter floh er, allgemein verhaßt, zu Ptolemaios, der nur durch einige Freunde, die für Th. eintraten, sich davon abhalten ließ, ihn zu töten.

Vom Werk sind nur Bruchstücke erhalten. T: Jacoby II n. 115 (*Geschichtsschreibung). – GSShrimpton, Th. the historian, Montreal 1991.

Thera (Santorin), vulkanische Insel unter den Kykladen, von Doriern bewohnt, Mutterstadt *Kyrenes. Die antike Stadt Th. ist durch Ausgrabungen freigelegt. Die neuesten Grabungen gelten der durch die Vulkankatastrophe um 1650 v. Chr. untergegangenen vordorischen Besiedlung.

Hiller v. Gaertringen, Th. 1899-1909. SMarinatos, Excavations at Th., 1968-74. ChDoumas, Thera and the Aegean world, Warminster 1979-90 (Kongressakten); ders., Santorin, die Insel und ihre archäol. Schätze, 1992 (Führer).

Theramenes, athenischer Politiker, Vertreter der gemäßigten Aristokratie, gab Athen nach dem antidemokratischen Umsturz 411 v. Chr eine neue Verfassung, die aber kein ganzes Jahr Bestand hatte. 404 gehörte er der Regierung der *Dreißig an, geriet aber mit dem extremen *Kritias in Konflikt, als er dem Blutregiment widersprach. Kritias ließ ihn nach dramatischer Verhandlung (*Xenophon, *Hellenika* 2, 3, 23ff.) verhaften und hinrichten.
GEPesely, Th. and Athenian politics, Diss. Berkeley 1983. WMcCoy (*Thrasybulos).

Thermen, warme Bäder. Selbst kleine Städte besaßen riesige Hallenbauten mit Kalt-, Warm- und Heißwasserbassins *(Frigidarium, Tepidarium, Caldarium)*. Vor Rom steht noch die mächtige Ruine der Caracalla-Th.; noch größer waren die Th. des Diocletian (Gelände des heutigen Hauptbahnhofs und Nationalmuseums). Mehrere Th. in Trier (*Treverer). In der röm. Kaiserzeit waren die Th. der allgemeine Treffpunkt der Leute, wie bei den Griechen das Gymnasion. Besterhaltene Reste einer Th.-anlage in Deutschland in Badenweiler (Schwarzwald), mit natürlicher Thermalquelle, so daß nur der Schwitzraum *(Laconicum* oder *Sudatorium)* eigens beheizt zu werden brauchte.
Beschreibung der baulichen Anlage von Th. : *Vitruvius. – INielsen, Thermae et balnea, Aarhus 1990 (2 Bde.). FKYegul, Baths and Bathing in classical antiquity, Cambridge 1992. WHeinz, Röm. Th., 1990. EBrödner, Die röm. Th. und das antike Badewesen, 2.A.1992. DKrencker, Die Trierer Kaiserth., 1929. JHelm, Das röm. Kurbad zu Badenweiler, 1962.

Thermopylen (Warme Tore), Paß vom *Spercheiostal nach Mittelgriechenland, zwischen Gebirge und Meer. Er war im Altertum durch 3 Tore gesperrt; diese und die heißen Schwefelquellen gaben dem Ort den Namen. Die Th. spielten in der Kriegsgeschichte mehrmals eine wichtige Rolle: 480 v. Chr. Heldentod des *Leonidas im Kampf gegen die Perser. 191 v. Chr. Sieg der Römer über Antiochos d. Gr. – Durch Anschwemmungen erweiterte sich der Küstensaum, so daß heute der Engpaß verschwunden ist.

Thermos, alter Ort in Ätolien mit Apollonheiligtum. Die ausgegrabenen Reste gewähren Einblick in die Anfänge des dorischen Tempelbaus.

Theron, † 472 v. Chr., Tyrann von *Akrágas, das unter seiner Regierung eine der reichsten und schönsten gr. Städte war. 480 siegte er im Bunde mit *Gelon über die Karthager bei Himera. *Pindar weilte an seinem Hofe und widmete ihm die 2. und 3. *Olympische Ode;* auch Simonides verbrachte die letzten Lebensjahre in Akragas.

Thersites (Der Name bedeutet Frechling), in Homers *Ilias* (2, 211ff.) ein in der Volksversammlung gegen Agamemnon hetzender Schreier, auch körperlich häßlich, das verächtliche Gegenbild der adligen Helden. Odysseus bringt ihn mit dem Stocke zum Schweigen.
ERLowry, T., a study in comic shame, New York 1991.

Theseus, der Nationalheld der attischen Sage, Sohn des Königs Aigeus oder des Gottes Poseidon und der *Aithra. Er wurde vom Großvater Pittheus in Troizen erzogen. Zum Jüngling herangewachsen, ging er nach Athen und säuberte unterwegs die Welt von Unholden (*Sinis, *Skiron, *Prokrustes) und Untieren (krommyonische Sau). In Athen wollte Aigeus auf Anstiften der Medeia den Helden vergiften, erkannte ihn aber rechtzeitig am Schwerte als seinen Sohn. Dann rang Th. den wilden Stier von Marathon nieder (*Epyllion *Hekale* des Kallimachos) und opferte ihn. Mit den 14 Jünglingen und Mädchen, die *Minos den Athenern als Blutzoll auferlegt hatte, ließ er sich nach Kreta schicken. Als Minos seine Abstammung von Poseidon anzweifelte, stürzte er sich vom Schiffe, wurde auf dem Meeresgrunde von Amphitrite freundlich in ihrem Palast aufgenommen und kehrte beschenkt zurück. Die Episode wurde von Bakchylides im 17. Dithyrambos *Die Jünglinge* und von dem Vasenmaler *Onesimos auf dem Innenbild einer Schale in Paris (Buschor [*Vasen] S. 159) dargestellt. Der Zyklus der Th.taten ist ein beliebtes Motiv der att. Vasenmalerei und Plastik (Athenerschatzhaus in *Delphoi, *Hephaisteion in Athen). – Auf Kreta gewann Th. die Liebe Ariadnes, der Tochter des Minos. Sie gab ihm einen Fadenknäuel, den er beim Begehen des Labyrinths abrollte. So fand er sich nach der Tötung des Minotauros wieder heraus. Er floh mit Ariadne; auf der Insel Naxos aber ließ er sie zurück. Dionysos machte die Verlassene zu seiner Gemahlin. Als das Schiff sich Athen näherte, vergaß Th., das als Siegeszeichen vereinbarte weiße Segel aufzuziehen. Aigeus, der danach Ausschau hielt, glaubte ihn tot und stürzte sich vor Kummer ins Meer. Th. zog gegen die Amazonen zu Felde und eroberte sich deren Königin Antiope oder Hippolyte zur Gemahlin. Sie schenkte ihm den Sohn *Hippolytos, den er durch die tragische Liebe Phaidras verlor. Ein weiterer Sagenkreis verbindet Th. mit *Peirithoos (Raub der Helena, Hadesfahrt).

*Plutarch, Th. – FBrommer, Th., die Taten des gr. Helden in der antiken Kunst und Literatur, 1982. KSchefold, Die Urkönige: Perseus, Bellerophon, Herakles und Th. in der klassischen und hellenistischen Kunst, 1988. CCalame, Thésée et l'imaginaire athénien, légende et culte en Grèce antique, Lausanne 1990. REEisner, Ariadne in religion and mythe, Diss. Stanford 1972.

Thesmophorien, spätherbstliches Fest der *Demeter.

Thespis aus dem attischen Demos Ikaria, der erste Dichter und Schauspieler von Tragödien, trat 534 v. Chr. am ersten staatlichen Agon an den Dionysien auf.

EdTièche, Th., 1933.

Thessalien, nordostgr. Landschaft. Ihren Mittelpunkt bildet die große Ebene, allseitig von Gebirgen umschlossen: im Norden den perrhaibischen Bergen, im Westen dem Pindos, im Süden der Othrys, im Osten nach dem Meere zu von Olympos und Ossa, zwischen denen der Hauptfluß *Peneios durchbricht (*Tempetal). In dieser Ebene lagen die Hauptstädte Larissa, Krannon, Pherai, *Pharsalos. Im Süden rechnete

man noch *Malís jenseits der Othrys zu Th. im weitern Sinne. Th. war schon in vorgr. Zeit bewohnt und wurde dann das Durchgangsland der einwandernden Griechenstämme. Es ist daher der Schauplatz vieler Sagen und Mythen (der Götterberg *Olympos, Lapithen und *Kentauren, *Achilleus, die *Argonautenfahrt von Iolkos aus, *Herakles). Die Thessaler, die als letzte seßhaft blieben, wanderten von Nordwesten her ein. In historischer Zeit lebten sie unter der Adelsherrschaft einiger Familien (*Aleuaden in Larissa, *Skopaden in Krannon). 369-358 war der Tyrann Alexander von Pherai der mächtigste Mann. 352 besetzte Philipp II. von Makedonien Th.; er wurde zum Tagós (Präsidenten) gewählt, so daß zwischen Makedonien und Th. in der Regierung eine Personalunion entstand. Die makedonische Herrschaft dauerte bis 196 v. Chr., dem Anbruch der Römerzeit.
APhilippson, Die gr. Landschaften, Bd. I 1, 1950.

Thessalonike (Saloniki), 315 v. Chr. von *Kassandros gegründet, die wichtigste Hafenstadt Makedoniens, in chr. Zeit Sitz eines Metropoliten. Die bedeutendsten erhaltenen Bauten stammen aus der Zeit des *Galerius (um 300 n. Chr.): ein Rundbau mit Kuppel, später in eine Georgskirche verwandelt, und ein reliefgeschmückter Triumphbogen. Demetrios-, Acheiropoietos- und Davidskirche gehen auf das 5. Jh. zurück.

Thessalos. – 1. Sohn des *Hippokrates, wie dieser ein bekannter Arzt. – 2. Th. aus Tralleis in Karien, der um die Mitte des 1. Jh. n. Chr. führende Vertreter der methodischen Ärzteschule in Rom (*Medizin I 4). Einzelnes aus seinen Werken kennen wir durch *Galenos, der ihn ablehnte, und *Caelius Aurelianus. – T: HVFriedrich, 1968.

Thetis, die bekannteste der Nereiden. Zeus begehrte sie zur Gemahlin. Als er aber das Orakel hörte, der Sohn der Th. werde stärker sein als der Vater, beschloß er, sie dem Sterblichen *Peleus zu vermählen. Dieser bezwang sie in einem Ringkampf; sie gebar ihm den *Achilleus und kehrte dann wieder ins Meer zurück. In Homers *Ilias* ist die Göttin vor allem liebende und sorgende Mutter des Helden Achill. – Th. bei *Hephaistos auf pompeianischen Wandgemälden.

Theveste (Tebessa in Algerien), Ort in Nordafrika, zeitweilig Legionslager. Unter den erhaltenen Resten ein Ehrenbogen für Caracalla und eine christliche Basilica, Ziel von Wallfahrern. Für deren Unterkunft dienten ein großes und ein kleineres Gebäude (*Xenodocheion) mit Futtertrögen an den Wänden für ihre Reit- und Tragtiere.
SDeRoch, Tebessa, Antique Th., Alger 1952. JChristern, Das frühchristliche Pilgerheiligtum von Tebessa, 1976.

Thoas. – 1. König von Lemnos, Sohn des Dionysos und der Ariadne, Vater der *Hypsipyle. – 2. König der Taurer in der Tragödie *Iphigeneia bei den Taurern* des Euripides.

Thoth, ägypt. Mondgott, Herr der Schrift und helfender Weisheit: *Hermes 7.

Thrakien, das von Makedonien im Westen, dem Balkan im Norden, Ägäischem Meer und Hellespont im Süden und Osten begrenzte Land der Thraker, einem sprachlich den Illyriern nächstverwandten Volke. Die thrakischen Stämme galten als kriegerische, rohe Barbaren; bekannt war ihre Trunksucht. Aus Th. waren der Weingott Dionysos und viele ekstatische Kulte (*Orpheus, *Bendís, *Kotytó) nach Griechenland gekommen; der Kriegsgott Ares war Thraker. Thrakische Rosse und Waffen waren sehr geschätzt. Außer dem Eisen lockte vor allem das Gold der thrakischen Bergwerke. Die Griechen legten schon früh an der Küste Kolonien an (*Byzanz, *Abdera, *Chalkidike). Weder die Perser noch die Athener, die sich im 5. Jh. in der Küstengegend festsetzten, vermochten die Freiheit der einheimischen Stammeskönige zu beeinträchtigen. Stärker griffen die Makedonen Philipp II., Alexander d. Gr. und Lysimachos durch. Aber noch 44 n. Chr. hatten die Thraker einheimische Herrscher. 46 wurde Th. endgültig röm. Provinz mit Sitz des Statthalters in Perinthos.
ChrMDanov, Altth., 1976. IVenedikov-TGerassimov, Thrak. Kunst, 1973. RFHoddinott, The Thracians, London 1981. ZHArchibold, The Greeks in Thrace c.500-270 B.C., Oxford 1983. VVelkov (Hg.), Geschichte und Kultur Th.s und Moesiens, Amsterdam 1988. ANRW II 7, 1, 1980.

Thrasea Paetus, P. Clodius, aus Patavium, cos. 56 n. Chr., von Seneca gefördert, war verheiratet mit der Tochter der *Arria. Th. wurde zum geistigen Mittelpunkt und Vorbild der stoisch gesinnten Opposition gegen das Kaisertum. Im Senat genoß seine Rechtlichkeit und sein freier Mut hohes Ansehen. Eine von Th. verfaßte *Biographie des *Cato* (2) als Helden der Republik und andere demonstrative Akte steigerten Neros Ungnade. 66 zum Tode verurteilt, ließ er sich die Adern öffnen mit den Worten: *Libamus Iovi Liberatori* (Wir bringen das Blut zum Opfer dar für Iuppiter, den Geber der Freiheit). Der erhaltene Teil der *Annales* des Tacitus schließt mit dieser Szene. Der Geist Th.s lebte in den oppositionellen Senatoren der Flavierzeit fort.

Thrasýbulos. – 1. Tyrann von Milet zu Beginn des 6. Jh. v. Chr. Herodot (5, 92) erzählt, Th. habe *Periandros einen versteckten Rat gegeben, wie man eine Gewaltherrschaft behaupten könne: Er habe den Gesandten Perianders an ein Ährenfeld geführt und dort im Vorbeigehen alle Ähren, die höher als der Durchschnitt standen, ausgerissen. – 2. Athenischer Politiker und Vorkämpfer der Demokratie. Er trat zuerst 411 v. Chr. hervor, indem er als Stratege bei der Flotte dafür sorgte, daß diese den oligarchischen Umsturz in Athen nicht anerkannte. 404 mußte er vor der Tyrannis der *Dreißig nach Theben fliehen, kehrte aber mit 70 Gefährten zurück und besetzte das Grenzfort Phyle. Von allen Seiten strömten ihm Mitkämpfer zu, so daß er durch einen Handstreich den Peiraieus besetzte. Schließlich vermittelte der Spartanerkönig Pausanias. Die Demokratie wurde wieder hergestellt. Th. fiel 388 auf einer Flottenexpedition, mit der er den Attischen Seebund zu erneuern versuchte. – Biogr.: *Nepos. – WMcCoy, Theramenes, Th., and the Athenian Moderates, 1976 (Diss. Yale Univ.).

Thrasýmachos aus Chalkedon (Bithynien), Rhetor und Sophist, Ende 5. Jh. v. Chr. Platon bekämpft im 1. Buch des *Staates* seine These: «Gerechtigkeit ist, was dem Stärkeren nützt.»

Threnos, Totenklage, Trauerlied. Von *Threnoi* des *Simonides und *Pindars besitzen wir Bruchstücke, ferner *Th.* in den Dramen der Tragiker.

Thuburbo Maius, Ort in der Provinz *Africa Proconsularis* (Tunesien) mit beachtlichen röm. Resten.
GLFeuille, Th. M., Tunis o. J. Kirsten (*Africa).

Thugga (Dougga in Tunesien), numidischer Ort, von dem bedeutende Reste röm. Bauten des 2. Jh. n. Chr. erhalten sind (Theater, Thermen Forum, mehrere Tempel).
CPoinssot, Les ruines de Dougga, 1958.

Thukydides, ca. 455-396 v. Chr., wurde 424 als Stratege mit einem athenischen Heer nach der Chalkidike geschickt, kam aber zu spät, um Amphipolis vor der Besetzung durch Brasidas zu retten. Er mußte deshalb 20 Jahre in der Verbannung leben. In Thrakien besaß er Goldminen. Über den Verbannungsort sagt Th. selber nichts; spätere Biographen nennen *Skapté Hyle* in Thrakien gegenüber der Insel Thasos. Während des Exils widmete sich Th. der Aufgabe, die Geschichte des Peloponnesischen Krieges zu schreiben. Er hatte mit der Abfassung schon beim Kriegsausbruch 431 begonnen; die Darstellung reicht bis zum Jahr 411. Nach seinem Tode wurde das Werk unvollendet herausgegeben. Man teilte es in 8 Bücher ein. *Xenophon schrieb später eine Fortsetzung. – Th. hatte die sophistische Aufklärung in Athen miterlebt. Er konnte daher den entscheidenden Schritt über die epische Geschichtsschreibung Herodots hinaus tun und als erster Historiker mit dem Ziel schreiben, eine objektive, unparteiische Ermittlung der Wahrheit und eine logische Erfassung und Deutung der innern Zusammenhänge zu geben (pragmatische Geschichtsschreibung) als einen «Besitz für immer», (gr. *ktema eis aeí).* In meisterhaft gestalteten Reden charakterisiert er Personen und Ereignisse (z. B. das Idealbild des athenischen Staates in der *Leichenrede des Perikles* auf die Gefallenen des ersten Kriegsjahres; die Dialektik von Macht gegen Recht im *Melierdialog).*
T: HStuart Jones-JEPowell, 1942 (Oxf. Cl.). TÜ: GPLandmann, 1993 (Tusc.). JdeRomilly u. a., 1953-72 (Budé). Ü: HWeinstock, 1958 (Kröner). AHorneffer-Strasburger, 1957. K: AWGomme-AAndrewes-KDover, Oxford 1966-81. *B.1-3:* SHornblower, Oxford 1991. TK: JClassen-Steup, 1900-22 (Nachdr. 1966-7). – EdSchwartz, Das Geschichtswerk des Th., 2. A. 1929. WSchadewaldt, Die Geschichtsschreibung des Th., 1929. JdeRomilly, Th. et l'impérialisme athénien, 1951; dies., Histoire et raison chez Th., 1956. JHFinley, Th., 2. A. 1947. FEAdcock, Th. and his History, 1963. MPohlenz, Kleine Schriften 2, 1965, 210-313. HPStahl, Th., 1966. SHornblower, Th., Baltimore 1987. WRConnor, Th., Princeton 1987. HErbse, Th.-Interpretationen, 1989. HHerter, Th. 1968 (WdF). OLuschnat, Th., 1971 (Sonderdr. aus Realencycl. Suppl. 12). – Bildnis: Schefold.

Thurioi, 444/3 von Athen an der Stelle des alten *Sybaris nach den Plänen des *Hippodamos gegründete Kolonie mit Siedlern aus allen gr. Stämmen. Hier verbrachte *Herodotos die letzten Jahre seines Lebens.

Thyestes, Sohn des *Pelops und der Hippodameia. Er und sein Bruder Atreus brachten den bevorzugten Stiefbruder Chrysippos um; beide wurden darob vom Vater verflucht. Dann erlangten sie das Königtum von Argos. Doch Th. raubte das goldene Lamm, das Symbol der Herrschaft, für sich und verführte Aërope, die Frau des Atreus. Der Frevel wurde kund, und Th. floh, nahm aber Pleisthenes, den Sohn des Atreus, mit und erzog ihn als den seinen. Als er erwachsen war, sandte ihn Th. zu Atreus. Dieser tötete ihn und erkannte zu spät, daß es sein eigener Sohn gewesen war. Mit dem Versprechen, das Königtum mit ihm zu teilen, lockte nun Atreus den im Elend herumirrenden Th. mit seinen Kindern zu sich. Heimlich schlachtete er die Söhne des Th. und setzte sie beim Versöhnungsmahl dem Vater zur Speise vor. Als der Ahnungslose gegessen hatte, zeigte ihm Atreus höhnend die Überreste. Da stieß Th. mit gräßlicher Verwünschung den Tisch um; die Sonne aber kehrte vor Grausen in ihrem Laufe um. Th. zeugte mit seiner eigenen Tochter Pelopia einen Sohn, Aigisthos, welchen Atreus, da er kurz danach Pelopia heiratete, für seinen eigenen hielt. Den herangewachsenen Aigisthos sandte Atreus aus, Th. zu ermorden. Doch im letzten Augenblick erkannte er Th. als seinen wirklichen Vater, erschlug nun Atreus und setzte Th. auf dessen Thron. Als später der Atreussohn *Agamemnon König geworden war, ermordete Aigisthos auch diesen mit Hilfe der verführten Gattin Klytaimestra. Die Greuel des Pelopidenhauses waren ein von den Tragikern oft behandelter Stoff. Die erhaltenen gr. Dramen stellen nur den letzten Teil des Mythos (Agamemnon und seine Kinder) dar, dagegen verwertet Senecas *Th.* das Motiv der furchtbaren Mahlzeit.

Thymele, urspr. der Altar auf dem Tanzplatz des Chors (Orchestra) im Theater, dann die Orchestra selbst und auch die Bühne.

Thyrsos, ein langer Stab mit einem Knauf aus Efeu- oder Weinlaub, den Dionysos und die *Bakchai trugen.

Thysdrus, Stadt in Africa Byzacena (El Djem, Mitteltunesien), reich durch Olivenanbau. Großes Amphitheater.

Tiber (lat. *Tiberis)*, der Hauptfluß Etruriens. Im Unterlauf zwischen *Ostia und Rom herrschte im Altertum lebhafter Schiffsverkehr; auch oberhalb Roms war der Fluß schiffbar. Im Dezember, Januar und März erlebten die untern Stadtteile Roms, die 6 bis 12 m tiefer lagen als heute, oft Hochwasserkatastrophen. Der Flußgott wurde als Vater *Tiberinus* verehrt.
JLeGall, Le Tibre, 1953; ders., Recherches sur le culte du Tibre, 1953.

Tiberius Claudius Nero, seit seiner Adoption durch Augustus (4 n. Chr.) Ti. Iulius Caesar, röm. Kaiser 14-37 n. Chr. Er war Stiefsohn des Augu-

stus, von Livia in erster Ehe 42 v. Chr. geboren. Als tüchtiger Heerführer bewährte er sich durch Siege über die Vindeliker (15 v. Chr.), Pannonier (12-10 v. Chr. und 6-9 n. Chr.), Germanen (8 v. Chr., 5 n. Chr.). Indessen hatte Augustus eine persönliche Abneigung gegen ihn und stellte ihn bei der Thronfolgeordnung immer an die zweite Stelle. Nach dem Tode Agrippas mußte T. dem Staatswohl seine glückliche Ehe mit Vipsania *Agrippina (1) opfern, um die Witwe Iulia, die berüchtigte Tochter des Augustus, zu heiraten. Erbittert über deren skandalösen Lebenswandel und seine Zurücksetzung zog er sich 5 v. Chr. bis 2 n. Chr. ganz in ein freiwilliges Exil nach Rhodos zurück. Nachdem die Enkel gestorben waren, entschloß sich der Kaiser schweren Herzens, T. im Testament zum Nachfolger zu bestimmen, doch setzte er seine Witwe Livia zur Mitregentin ein. T. war 56 Jahre alt, als er den Thron bestieg. Er regierte mit ernstem Pflichtgefühl und nüchterner Sachlichkeit. Durch planmäßige Ordnung der Verwaltung stieg der Wohlstand der Provinzen, und trotz Steuerermäßigung mehrte sich das Vermögen der Staatskasse. Doch fehlte T. das Geschick des Augustus im Umgang mit Menschen. Seine vorsichtige Art weckte Mißtrauen, und bald schrieb man ihm offen Verbrechen zu wie die Ermordung des *Germanicus, der in Wirklichkeit wohl einer Krankheit erlegen war. Trotz ehrlichem Entgegenkommen verdarb er es mit dem Senat, und in der Auswahl seiner Mitarbeiter hatte er eine unglückliche Hand. Sein Freund *Seianus mißbrauchte sein Vertrauen, ließ 23 Drusus, den Sohn und Nachfolger des Kaisers, ermorden und übte, als T. sich verbittert nach *Capreae zurückzog, von 26 bis zu seinem Sturz 31 ein Schreckensregiment in Rom, für das T. den Haß erntete. 37 starb T. in Misenum. Bald ging das haltlose Gerücht um, er sei ermordet worden.
Hauptquelle für seine Regierung ist *Tacitus *(Annalen)*, der ein düstertragisches Bild malt; anders *Velleius; vgl. *Suetonius. – EKornemann, T., 1960. RSeager, T., 1972. JHThiel, Kaiser T., 1970. BLevick, T. the politician, London 1986. DShotter, T. Caesar, London 1992. MBaar, Das Bild des Kaisers T. bei Tacitus, Sueton und Cassius Dio, 1990. – Portrait: Statue in Madrid (Archaeol. Museum). LPolacco, Il volto di T., 1955. – Grotte des T.: *Spelunca.

Tibullus, Albius, Elegiendichter der augusteischen Zeit, † 19 v. Chr. in jungem Alter. Er gehörte nicht zum Kreise um Maecenas, sondern hatte sich an den Gönner *Messala Corvinus angeschlossen. Doch war er herzlich befreundet mit Horaz, der ihm die *Ode* I, 33 und die *Epistel* I, 4 widmete. Ovid betrauerte ihn nach seinem Hinscheiden in einer Elegie *(Amores* 3, 9). Die Hauptthemen der Gedichte T.s sind das ruhige Glück des Landlebens und die Liebe zu *Delia.* Unter seinem Namen wird eine Anthologie von Dichtern des Messalakreises in 4 Büchern überliefert; Buch 3 und 4 enthalten Gedichte von *Lygdamus, *Sulpicia, ein anonymes *Lob des Messala.*
T: JPPostgate, 1924 (Oxf. Cl.). FWLenz-GCGalinsky, Leiden 1971. GLuck, 1988 (Tb). TÜ: RHelm, 1968. GLuck, 1990 (AW). WWillige, 1966 (Tusc.). TK: KFSmith, 1913 (Nachdr. 1971). *Buch 1:* JAndré, 1965. *Buch 3-4:* HTränkle, Appendix Tibulliana, 1990. K *(1, 1-2):* WWimmel, T.

und Delia, 1976-83. Ü: Binder, 1906. – WWimmel, Der frühe T., 1968. ChNeumeister, T., Einführung, 1986.

Tibur (Tivoli), Stadt in Latium, seit der spätrepublikanischen Zeit ein beliebter Sommeraufenthalt. Viele vornehme Römer besaßen hier eine Villa. Am berühmtesten ist die *Hadrians in der Ebene unterhalb der Stadt. Im Hain bei T. wurde die weissagende Göttin Albunea verehrt. Wasserfälle des *Anio. Bedeutende Reste von Tempelbauten des 2./1. Jh. v. Chr. (sog. Sibyllentempel. Rundtempel. Großes Heiligtum des Hercules Victor).
CCarducci, T., 1940. CFGiuliani-ZMari, T., Roma-Firenze 1966-83 (Forma Italiae, 9.14.31).

Ticinus, der größte Nebenfluß des Po. Er entspringt im Gotthardmassiv und fließt in den *lacus Verbanus* (Langensee). Das Tessin war von den Lepontiern (*Ligurer) bewohnt. Der Flußlauf vom Langensee bis zur Mündung in den Po bildete 218 v. Chr. die vorderste Verteidigungslinie der Römer gegen Hannibal; der Consul Scipio erlitt hier die erste Niederlage in einem Reitergefecht. Kurz vor der Mündung lag die Stadt Ticinum (Pavia), nahe den ältesten festen Brücken über T. und Po. Theoderich d. Gr. machte sie zur nach Ravenna wichtigsten Stadt Italiens.

Tigellinus, Ofonius, seit 62 n. Chr. Gardepraefekt, der durch und durch lasterhafte Hauptanstifter der Ausschweifungen des Kaisers Nero.

Tigranes, König von Armenien ca. 95-55 v. Chr., verbündet mit *Mithridates d. Gr. Lucullus nahm 69 die von ihm gegründete Hauptstadt Tigranokerta ein. 66 unterwarf sich T. dem Pompeius.

Tiguriner, Stamm der *Helvetier.

Timaios. – 1. Ein Dialog *Platons über die Weltschöpfung ist benannt nach dem Pythagoreer T. aus Lokroi in Unteritalien. Unter dem Namen des T. geht eine wohl im 1. Jh. v. Chr. oder n. Chr. gefälschte Schrift *Über die Beschaffenheit von Welt und Seele*.
TÜ: WMarg, Leiden 1972. K: MBaltes, Leiden 1972. – MBaltes, Die Weltentstehung des platonischen T. nach den antiken Interpreten 1, Leiden 1976.
2. T. v. *Tauromenion, ca. 356-260 v. Chr., der Geschichtsschreiber des gr. Westens bis auf die Zeit des Pyrrhos (264 v. Chr.). Sein viel gelesenes, nicht erhaltenes Werk ist besonders von *Diodoros benutzt worden.
T (Frg.): Jacoby III B (*Geschichtsschreibung). – TSBrown, T. of Tauromenion, Berkeley 1958. FWWalbank, T. und die westgr. Sicht der Vergangenheit, 1992. LPearson, The Greek historians of the West, Atlanta 1987.

Timanthes v. Kythnos, Maler der 2. H. des 5. Jh. v. Chr., Zeitgenosse von Parrhasios und Zeuxis. Sein berühmtestes Bild war die *Opferung der Iphigeneia*. Um den übergroßen Schmerz des Vaters Agamemnon auszudrücken, stellte er ihn mit verhülltem Haupte dar. Dieses Motiv findet sich auf erhaltenen Denkmälern, so auf einem Wandgemälde aus

Pompeii (Haus des tragischen Dichters, jetzt Neapel) und einem neuattischen Relief in Florenz.

Timokreon v. Rhodos, Lyriker des 5. Jh. v. Chr., schrieb böse Schmähgedichte auf Themistokles. Der mit Themistokles befreundete *Simonides soll ihm noch zu Lebzeiten die *Grabschrift* gedichtet haben: «Nach vielem Trunk und vielem Fraß ruht hier das Lästermaul T.»
T: Diehl II (*Lyrik). TÜ: BSnell-ZFranyó, Frühgr. Lyriker 4, 1976.

Timoleon aus Korinth ging 343 v. Chr. als Stratege eines korinthischen Hilfskorps, um das die Syrakusaner gebeten hatten, nach Sizilien. Er befreite Syrakus vom Tyrannen Dionysios II. und ganz Sizilien von den Karthagern. 337 trat er nach vollendetem Werk zurück, da er erblindete. Sizilien feierte ihn als seinen Retter. – Biogr.: *Plutarch. *Nepos. – JATalbert, T. and the revival of Greek Sicily, Cambridge 1975.

Timómachos von Byzanz, Maler, dessen *Medeia* und *Aias* Caesar für seinen Tempel der Venus Genetrix in Rom kaufte. Berühmt war insbesondere seine Darstellung des seelischen Konfliktes zwischen Rachegier und Kindesliebe in dem Bild der Medeia. Ein eindrucksvolles Wandgemälde aus Herculaneum (in Neapel), das vielleicht auf T. zurückgeht, kann davon eine Vorstellung vermitteln. Auch von seiner *Iphigeneia in Tauris* glaubt man einen Nachklang in einem pompeianischen Gemälde aus dem Haus des Kitharisten zu erkennen. Diese erhaltenen Bilder weisen stilistisch auf ein Vorbild aus dem Ende des 4./ Anfang des 3. Jh. v. Chr.; man hat u. a. deshalb bezweifelt, ob T. tatsächlich Zeitgenosse Caesars war, wie Plinius (1) angibt.

Timon. – 1. T. v. Athen, berühmter Menschenhasser. Zur Zeit des Perikles lebte er vor den Toren der Stadt, nachdem er seine Mitbürger verflucht hatte. – 2. T. v. Phleius, *skeptischer Philosoph und Dichter, ca. 320-230 v. Chr.
T: HDiels, Poetarum philos. Frg., 1901. TÜK: MdiMarco, Roma 1989. Ü: Nestle, Nachsokratiker, 1923.

Timotheos. – 1. Sohn des großen *Konon. Als athenischer Admiral 375/4 und 365-356 v. Chr. hatte er das Hauptverdienst an der Aufrichtung des 2. Attischen Seebundes. – Biogr.: *Nepos.
2. T. v. Milet, ca. 450-360 v. Chr., der berühmteste Jung-Dithyrambiker (*Chor). Die von ihm im modernen effektvollen Stile gedichteten und komponierten Stücke trug er auch selbst vor. Seine *Perser* besitzen wir durch einen vielleicht noch zu Lebzeiten des T. geschriebenen Papyros, den ältesten aller gr. literarischen Papyri.
TK: Wilamowitz, T., 1903. K: THJanssen, Amsterdam 1984. Ü (engl.): Edmonds, Lyra Graeca III, 1927.
3. Bildhauer der 1. H. des 4. Jh. v. Chr. Er arbeitete mit an den Skulpturen des Asklepiostempels in *Epidauros und des Mausoleums von Halikarnass (*Mausolos). Außerdem kann eine in mehreren Kopien erhaltene Gruppe der Leda mit dem Schwan ihm zugewiesen werden.
BSchlörb, T., 1965.

Tipasa, Küstenstadt in Mauretanien (Algerien) mit ansehnlichen Ruinen von röm. und chr. Bauten.
JBaradez, T., Alger 1952. RTurcan, Trésors monétaires de T. et d'Announa, Paris 1984.

Tiro, M. Tullius, 103-4 v. Chr., Sklave Ciceros, 53 v. Chr. freigelassen. Er war der Sekretär und Vertraute seines Herrn. Die Sammlung der *Briefe* und die Ausgabe der *Reden* wurden von ihm besorgt; nach Ciceros Tod schrieb er dessen *Biographie*. Vor allem aber ist er berühmt durch seine Erfindung der röm. Schnellschrift mit Zeichen für einzelne Wörter und Silben (die sog. *Notae Tironianae)*, eines Vorläufers der modernen Stenographie. Die erste tachygraphische Aufnahme einer Senatsrede, von der wir wissen, bezeugt Plutarch *(Cato minor* 23, 2) für Catos Rede gegen die Catilinarier (63 v. Chr.).
Mentz, Antike Stenographie, 1927 (Tusc.). HBoge, Gr. Tachygraphie und Tironische Noten, 1973.

Tiryns, in der Sage (*Herakles) berühmte Stadt südöstlich von Argos. Sie war seit ältesten Zeiten (3. Jahrtausend) besiedelt. Auf dem Burghügel entstanden nacheinander mehrere Palastanlagen, deren letzte (Ende 13. Jh. v. Chr.) der stärkste Festungsbau der mykenischen Zeit ist, mit Mauern aus riesigen Blöcken (*Kyklopen). Die Säle waren nach mykenischer Art mit Fresken und Ornamenten geschmückt (berühmter *Kyanosfries* mit Einlagen aus blauem Glasfluß). Seit nachmykenischer Zeit verfiel der Palast allmählich; im Megaron, der Haupthalle, wurde ein Heratempel eingebaut. Im 5. Jh. geriet T. unter die Herrschaft von Argos und blieb ein kleines Dorf; seit hellenistischer Zeit ist die Ruinenstätte ganz verlassen.
Ausgrabungen des Deutschen Archaeol. Instituts unter Leitung von Kurt Müller: T., 1912ff. GKaro, Führer durch T., 1934.

Tissaphernes, persischer Satrap in *Sardes, gewann großen Einfluß auf die gr. Politik in den letzten Jahren des Peloponnes. Krieges, tat sich im Dienste des Artaxerxes bei der Niederwerfung des Aufstandes des jüngern *Kyros hervor, wurde aber 395 v. Chr. auf Befehl des Großkönigs hingerichtet.

Titanen, das frühere Göttergeschlecht unter *Kronos, Kinder des Uranós und der Gaia. Sie wurden von Zeus und der neuen Göttergeneration in einer gewaltigen T.-schlacht überwunden und im *Tartaros eingekerkert. *Prometheus.
UvWilamowitz, Kleine Schriften 5, 2, 1937, 157-83. JDörig-OGigon, Der Kampf der Götter und T., 1961.

Tithonós: *Eos.

Titus Flavius Sabinus Vespasianus, 39-81 n. Chr., Sohn und Nachfolger des Kaisers Vespasianus. Als dieser 70 nach Rom ging, um die Herrschaft anzutreten, übertrug er T. die Weiterführung des Kriegs gegen die aufständischen Juden. *Ierusalem wurde zerstört. Der Triumphzug ist auf den Reliefs des *Triumphbogens auf der *Velia dargestellt; der

Bogen selbst wurde erst nach dem Tod des T. (81) errichtet bzw. vollendet. *Plastik. *Berenike (4). Zu Lebzeiten Vespasians war T. Praetorianerpraefekt. 79 trat er die Regierung an und gewann durch Milde und Gerechtigkeit eine allgemeine Beliebtheit. Er weihte das *Amphitheater in Rom (sog. Kolosseum) ein. Nicht weit davon baute er *Thermen*. Nach der Katastrophe von Pompeii beim Vesuvausbruch 79 und dem 3tägigen Brand Roms 80 war er nach Kräften tätig, die Not zu lindern. Tief betrauert starb er schon 81 an einer Fieberkrankheit.
Porträts zahlreich: Statue im Nationalmuseum Neapel. Münzbilder. Herrscherbild 2,1. – Biogr.: *Sueton. – BWJones, The emperor T., London 1984. – MPfanner, Der T.-bogen, 1983.

Tityos, ein erdentsprossener Riese, wollte sich an *Leto vergreifen und wurde von deren Kindern Apollon und Artemis erschossen. Zur Strafe liegt er im Tartaros ausgestreckt, während ständig zwei Geier ihm die Leber zerhacken.
Die Tötung wird oft auf Vasenbildern dargestellt (Schale des *Penthesileiamalers in München: Buschor [*Vasen] S. 202). Auf dem Fries des Pergamonaltars erscheint T. unter den Giganten; Leto stößt ihm eine brennende Fackel ins Gesicht.

Tod. Vor der unheimlichen, in das Leben vernichtend eingreifenden Macht des Todes empfanden auch die Griechen eine Ur-Angst. Sie kommt zum Ausdruck in der Vorstellung von den *Keres*, räuberischen bösen Dämonen, die den Todgeweihten mit gähnendem Rachen umstehen und ihn mit ihren Krallen packen. In der klassischen Zeit milderte man diese Schrecken: *Thánatos*, der Tod, galt als der Bruder des **Hypnos*, des Schlafs. Ganz unantik ist der Tod als Knochenmann mit der Sense. – In der Religion galt der Tod als Befleckung. Darum durfte nichts, was damit zusammenhing, in einen Tempel gebracht werden; man durfte nicht einmal mit Schuhen aus dem Leder gestorbener (nicht geopferter) Tiere ein Heiligtum betreten. Das Haus, in dem jemand gestorben war, und seine Bewohner mußten durch Sühnezeremonien gereinigt werden. – Eine besondere Rolle spielten im Glauben die weiterlebenden Seelen der Toten als wiederkehrende, schädigende Geister. Totenseelen stellte man sich oft in Vogelgestalt vor (vgl. *Sirenen, *Harpyien). An den Gräbern brachte man besondere Trankopfer *(Choai)* dar, um die Seelen zu versöhnen. *Anthesterien. Bei den Römern trat vor allem dieser Glaube an die Totenseelen *(*Manes)* hervor. Für die Bestattung hatten sie die Sondergöttin **Libitína*. – Griechen und Römer kannten sowohl Erd- wie Feuerbestattung. Im homerischen Epos werden die Toten verbrannt (Leichenfeier des Patroklos im 23. Buch der *Ilias)*; doch in Mykene hat man die Leichen unverbrannt und mit goldenen Gesichtsmasken in den Grabkammern gefunden. Unter den alten Italikern gab es verbrennende Stämme (z. B. die Pfahlbauer der Terremare Oberitaliens) und begrabende (z. B. Osker und Umbrer). In Rom mischten sich beide; einzelne Geschlechter wie die Cornelier hielten lange am Brauch des Begrabens fest. In geschichtlicher Zeit war in Griechenland die Erdbestattung, in Rom die Verbrennung die üblichere Form. Im 2. Jh. n. Chr. wird die Verbrennung jedoch wieder durch die

Erdbestattung abgelöst. Für die Christen ist sie die einzige zulässige Form. Bevor man den Toten zur Bestattung hinaustrug, wurde er auf einem Bett im Hause ausgestellt und die Totenklage erhoben. Flötenbläser und Klageweiber wirkten auch beim Leichenzug mit. Der letzte Weg vornehmer Römer war von besonderer Feierlichkeit: *Ahnenbilder, *Laudatio. – Totenreich: *Unterwelt. – Grabmäler: *Kerameikos. *Kuros. *Mausolos. *Nekropole. *Noviomagus. *Sarkophage. *Katakomben.

GELessing, Wie die Alten den Tod gebildet, 1769. EBuschor, Das Grab eines attischen Mädchens, 1939. DCKurtz-JBoardmann, Thanatos, T. und Jenseits bei den Griechen, 1985. EDTVermeule, Aspects of death in early Greek art and poetry, Berkeley 1979. RGarland, The Greek way of death, Ithaca 1985. MHerfort-Koch, T., Totenfürsorge und Jenseitsvorstellungen in der gr. Antike, 1992. JMCToynbee, Death and Burial in the Roman World, 1971. IMorris, Death-ritual and social structure in classical antiquity, Cambridge 1992. – BSchmaltz, Gr. Grabreliefs, 1983. BVierneisel-Schlörb, Klassische Grabdenkmäler und Votivreliefs, 1988. HvHesberg, Röm. Grabbauten, 1992.

Toga: *Kleidung. – *Togata:* *Komödie 2.

Lars **Tolumnius**, Etruskerkönig von Veii, ließ von den Bürgern von Fidenae die röm. Gesandten ermorden. Im daraus folgenden Krieg fiel er 428 v. Chr. durch den röm. Anführer Cossus (*Spolia).

Tomis (auch Tomi), gr. Kolonie an der moesischen Schwarzmeerküste (Constanza), bekannt als Verbannungsort *Ovids. – Großer Mosaikboden des 4. Jh. n. Chr.

IStoian, La città pontica di T., in Dacia 5, 1961, 233-274.

Torquatus: *Manlius.

Trachís, Hauptstadt von *Malís, westl. der Thermopylen.

Tragödie. Die gr. T., eine der größten geistigen Schöpfungen Athens, stand auf ihrer Höhe im 5. Jh. v. Chr. mit den 3 Tragikern *Aischylos, *Sophokles und *Euripides. Das älteste datierbare von den erhaltenen Stücken, die *Perser* des Aischylos (472 v. Chr.), weist schon alle wesentlichen Züge fertig auf. Über die Vorgeschichte der T. spricht *Aristoteles in der *Poetik*. Er läßt die T. ausgehen «von denen, die den Dithyrambos anstimmten», d. h. von den einzelnen Vorsängern, denen der Chor antwortete. Ihr Ursprung liegt in der Peloponnes (*Chor). In Athen bedeutete das erste Auftreten des *Thespis an den von Peisistratos 534 v. Chr. mit einer staatlichen T.-aufführung verschönten *Städtischen Dionysien* (Festtage: 9. bis 13. Elaphebolión = Anfang April) den Beginn der T. Später fanden neben diesen Hauptfestspielen auch am kleinern Dionysosfest der Lenäen Aufführungen statt. Jeder Dichter führte 3 Tragödien und ein *Satyrspiel hintereinander auf (*Tetralogie). Der Stoff wurde aus der Heldensage genommen. Den Versuch, zeitgeschichtliche Stoffe zu behandeln (des *Phrynichos *Phoinissen* und *Eroberung Milets*, des Aischylos *Perser)* lehnte das Publikum ab.

Von der reichen Produktion (Aischylos schrieb 90, Euripides 92, Sophokles 123 Stücke) besitzen wir nur einen geringen Teil, vollständig erhaltene T. nur von den drei Klassikern. Vor und mit Aischylos wirkten *Choirilos, *Pratinas und *Phrynichos. Bekannte Zeitgenossen von Sophokles waren *Ion v. Chios, *Agathon, *Kritias und *Euphorion, der Sohn des Aischylos. Auch in der Familie des Sophokles erbte sich die Kunst auf den Sohn Iophon und den Enkel Sophokles fort. Im 4. Jh. taten sich Astydamas und der Rhetor Theodektes hervor. Von ihnen allen kennen wir nur Fragmente. Das Jahr 405 v. Chr., als kurz nacheinander Euripides und Sophokles starben, bedeutete wirklich das Ende der großen Zeit der T. So empfanden es schon die Zeitgenossen; *Aristophanes gab diesem Gefühl in den *Fröschen* Ausdruck. Weil es keine Dichter mehr gab, deren T. mit denen des 5. Jh. zu vergleichen waren, führte man die Stücke der 3 Klassiker neu auf. Erst jetzt erhielt Athen durch den Staatsmann und Literaturfreund *Lykurgos 336 v. Chr. sein festes steinernes *Theater.

In ihrer voll entwickelten Gestalt, wie sie uns in den **Sieben gegen Theben* des Aischylos 467 v. Chr. erstmals erscheint, beginnt eine T. mit einem einführenden P r o l o g eines Schauspielers. Dann zieht der Chor von der Seite her ein mit einem meist anapästischen (*Versbau) Einzugslied, der P á r o d o s . Es folgen die E p e i s ó d i a (Akte), zwischen denen der Chor seine S t á s i m a singt. Besonders Euripides belebte die Szenen noch mit M o n o d i e n (Arien der Schauspieler) und A m o i b a í a (Wechselgesängen zwischen Chor und Schauspieler oder 2 Schauspielern), vor allem Klageliedern (K o m m o i). Am Schluß singt der abziehende Chor die E x o d o s , das Schlußlied.

Die röm. T. blieb ganz vom gr. Vorbild abhängig, sowohl in der Form wie im Stoff. Nur vereinzelt brachte man röm. Sage oder Geschichte auf die Bühne; diese nationale T. hieß *Fabula *Praetexta.* Die berühmtesten Tragiker der republikan. Zeit: *Naevius, *Ennius, *Pacuvius, *Accius. Von ihren Werken kennen wir nur Bruchstücke. Seit dem 2. Jh. v. Chr. dichteten auch vornehme Dilettanten T.: Der Redner Caesar (2) brachte es zur Anerkennung als Dichter; Augustus versuchte einen *Aias.* In augusteischer Zeit wurden der *Thyestes* des *Varius und die *Medea* *Ovids bewundert. Unter Nero schrieb *Seneca (2) seine T., die einzigen röm., die uns erhalten sind.

TÜ: unter den Autorennamen. Ü (Auswahl): Wilamowitz, Gr. T. 1923, 1926, 1929 (4 Bde). Gr. Tragiker (in älteren Ü) hg. von WHFriedrich, 1958. – Fragmentsammlungen (T): BSnell-RKannicht-StRadt, Tragicorum graecorum Frg., 1977ff. (Euripides noch in der alten Sammlung von ANauck, Nachdr. 1964 mit Suppl. von BSnell). ORibbeck, Scaenicae Romanorum poesis Frg. I (Trag.), 1897 (Tb). Klotz, Scaenicorum Rom. Frg. I, 1953. – Zur Entwicklungsgeschichte: Wilamowitz, Einleitung in die attische T., 1907. WKranz, Stasimon, 1933 (Nachdr. 1988). – Die klassische T.: MPohlenz, Die gr. T., 2. A. 1954. ALesky, Die gr. T., 1984 (Kröner); ders., Die trag. Dichtung der Hellenen, 2.A. 1972. JLatacz, Einführung in die gr. T., 1993. – ORibbeck, Die röm. T. im Zeitalter der Republik, 1875 (Rekonstruktionen). – ADTrendall-TBLWebster, Illustrations of greek drama, 1971.

Traianus, M. Ulpius, 53-117 n. Chr., seit 98 röm. Kaiser. Er stammte aus dem röm. Municipium Italica in Spanien. Sein Vater, einer der ausgezeichnetsten Beamten und Feldherrn Vespasians, war 76/7 Statthalter von Syrien; T. diente unter ihm als Militärtribun. Unter Domitian erlangte T. das Consulat; Nerva machte den tatkräftigen Mann zum Statthalter von *Germania superior* und adoptierte ihn 97 als den geeignetsten Nachfolger. Die Nachricht vom Tode Nervas erreichte T. in Köln. Er sicherte die germanische Grenze durch Ausbau des Limes zwischen Rhein und Donau und die Gründung von röm. Kolonien *(Ulpia Traiana* [** Vetera*], **Noviomagus* [2]). 101/2 und 105/6 führte er schwere Kriege gegen die Daker. Dabei wurde eine 1070 m lange Donaubrücke gebaut, ein Meisterwerk der Ingenieurkunst, und die Straße durch das Eiserne Tor fertiggestellt. Mit seinen Generalen Licinius *Sura und *Sosius Senecio errang T. einen völligen Sieg. Der Dakerkönig Decebalus gab sich den Tod. Der Feldzug ist auf dem 200 m langen Reliefband der 30 m hohen *Traianssäule* dargestellt. In Adamklissi in der Dobrudscha steht das nach dem Sieg errichtete **Tropaion* (Siegesdenkmal). In Moesien wurde an der Grenze der T.- wall aufgeführt. Dann folgte die Erweiterung des Reichs nach Osten. Der Handelsstaat der Nabatäer wurde 106 zur Provinz *Arabia Petraea.* 115 eröffnete T. den *Partherkrieg. Das Tigrisland und Armenien wurden röm. Provinzen. Damit hatte das Imperium die größte Ausdehnung, die es je in seiner Geschichte erreichte. – Im Innern war die Regierung segensreich. T. ließ dem Senat die möglichste Freiheit und gewann das Vertrauen gerade der Besten des Senatoren- und Ritterstandes, die unter Domitian in der Opposition gestanden waren. Sie verliehen ihm offiziell den Titel *Optimus Princeps* (Der beste Kaiser). Das Straßen- und Verkehrswesen wurde großzügig entwickelt, die Stiftung Nervas zur Erziehung von Waisenkindern ausgebaut, Rechtspflege und Provinzverwaltung vortrefflich geordnet. Am aufschlußreichsten ist hierfür die Korrespondenz des T. mit *Plinius (2), damals Statthalter von Bithynien (unter anderm Verbot der systematischen Verfolgung der Christen). Rom erhielt das schönste der Kaiserfora (*Apollodoros [5]), das *Forum Traiani*, mit 2 *Bibliotheken für röm. und gr. Literatur und der großen *Basilica Ulpia.* Vor der Basilica stand die Traianssäule, unter der die Asche des Kaisers beigesetzt wurde. Auch außerhalb Roms entstanden zahlreiche Bauten. Aber nicht nur auf den neuen, sondern auch auf restaurierten Gebäuden prangte überall der Name T.; diese Eitelkeit trug ihm den Spitznamen «Mauer-Unkraut» *(herba parietina)* ein. Auf Betreiben seiner Frau Plotina adoptierte T. den *Hadrianus als Nachfolger. Er erlag 117 einer schweren Krankheit in Selinus (Kilikien). Der als Folge der andauerndern Eroberungskriege drohende finanzielle Ruin konnte nur durch Aufgabe der zuletzt gewonnenen Ostgebiete und Rückkehr zu friedlicher Außenpolitik abgewendet werden.

RParibeni, Optimus princeps, Messina 1926-27. MFell, Optimus princeps? Anspruch und Wirklichkeit der imperialen Programmatik, 1992 (Diss. FU Berlin). – CMAmici, Foro di T.: Basilica Ulpia e biblioteche, Roma 1982. – FALepper-SSFrere, Trajan's column, Gloucester 1988. SSettis (Hg.), La colonna Traiana, Torino 1988. RScheiper, Bildpropaganda der röm. Kaiserzeit unter bes. Berücksichtigung der T.säule, 1982 (Diss. Münster). – Tempel in Pergamon: HStiller, Das Traianeum, 1995 (Altertümer von Pergamon 5,2). Ehrenbogen in Beneventum. Tropaeum T.i: *Tropaion. – HTemporini, Die Frauen am Hofe T.s, 1979. – WHGroß, Bildnisse T.s, 1940 (Herrscherbild 2,2).

Trasumenus Lacus, See westlich von Perugia, rings von Hügeln umgeben, von denen aus Hannibal 217 v. Chr. das Heer des C. Flaminius durch einen sehr geschickt angelegten Überfall vernichtete.
Kromayer, Antike Schlachtfelder III 1 (1912). AAAprea, Trasimeno e strade annibaliche, Cortona 1982.

C. **Trebatius** Testa, röm. Jurist, ca. 84 v. Chr. bis 4 n. Chr. Er hatte sich als junger Mann eng an Cicero angeschlossen, der ihn an Caesar empfahl. Bei diesem stand er im Bürgerkrieg, ohne daß die Freundschaft mit Cicero dadurch getrübt worden wäre. T. war Lehrer des *Labeo. Horaz stellt ihn in der *Satire* 2,1, 4 als den bekanntesten Juristen der Zeit dar.
Md'Orta, La giurisprudenza tra repubblica e principato, Napoli 1990.

Trebia, südlicher Nebenfluß des Po, an dem nahe bei Placentia im Dez. 218 v. Chr. Hannibal seinen ersten großen Sieg in Italien gegen das Heer der Consuln Ti. Sempronius Longus und Scipio errang.
Kromayer, Antike Schlachtfelder III 1 (1912).

C. **Trebonius** unterstützte als Quaestor 60 v. Chr. Cicero gegen P. Clodius und blieb seitdem mit ihm befreundet. Im Gallischen Krieg und Bürgerkrieg war er einer der besten Unterfeldherrn Caesars. Sein größter Ruhm war die Eroberung *Massilias. 45 ernannte ihn Caesar zum Consul, doch nahm T. an der Verschwörung gegen ihn teil. 43 war er Statthalter von Asien und wurde von *Dolabella, dem Statthalter Syriens, grausam ermordet.

Treverer, keltisch-germanisches Mischvolk an der untern Mosel. Ihre Hauptstadt, wahrscheinlich unter Kaiser Claudius zur röm. Kolonie *Augusta Treverorum* (Trier) erhoben, war Sitz des Statthalters von Belgica, seit 287 Sitz des Kaisers im Westen. Im 5. Jh. fiel die mehrmals zerstörte Stadt in die Hände der Franken. Sehr bedeutende röm. Bauwerke sind erhalten: Porta nigra, Dom, Barbarathermen, Kaiserthermen, Palastaula, Amphitheater, Moselbrücke, ferner innerhalb der Stadtmauern ein Tempelbezirk, dessen Kultstätten meist den einheimischen Gottheiten geweiht waren; jenseits der Mosel der Tempelbezirk des *Lenus Mars. Bedeutende Funde: Mosaiken, Deckengemälde eines konstantinischen Prunksaales unter dem Dom. Von der Rolle Triers als Zentrum frühchristlicher Kultur in Gallien zeugen u. a. Dom und Liebfrauenkirche, die auf eine konstantinische Doppelbasilica zurückgehen.
Trierer Grabungen und Forschungen, 1929ff. WReusch, Augusta Treverorum, 9. A. 1974. HHeinen, Trier und das T.-land in röm. Zeit, 2.A. 1988.

Tribonianus leitete die Kommission, die im J. 533 die im Auftrag von Kaiser *Iustinianus gesammelten geltenden Lehren der röm. Juristen *(Digesta)* vorlegte.
THonoré, T., London 1981.

Tribunus. – 1. *T. militum*, Stabsoffizier der Legion. In ältesten Zeiten gab es ihrer nur 3, später je 6 pro Legion. Sie wurden aus dem Ritterstande, seltener dem Senatorenstande, gewählt. – 2. *T. plebei*, die obersten Vertreter der *Plebs gegenüber den Patriziern. Das Amt war im Ständekampf, nach der Überlieferung 494 v. Chr., ertrotzt worden. Sie waren persönlich sakrosankt (unantastbar), gewährten, wenn ein von Unrecht Betroffener sie anrief, ihren Schutz und besaßen das Recht der Intercession, d. h. sie konnten jede Verfügung, selbst die der Consuln und des Senats, für unvollstreckbar erklären mit ihrem *Veto*. Ferner stand ihnen das Coercitionsrecht zu, jeden, der sich ihnen widersetzte, auf der Stelle verhaften, abführen und von der Volksversammlung verurteilen zu lassen, weiter das Rogationsrecht, Versammlungen der Plebs zu berufen und ihnen Beschlüsse zur Abstimmung vorzulegen, für die aber vorher das Gutachten des Senats eingeholt zu werden pflegte. Das Amt war nur Plebeiern, nicht Patriziern zugänglich. *Sulla beschränkte ihre Macht sehr, doch wurden seine Bestimmungen bald aufgehoben. Die Bedeutung des Amts war so groß, daß die Kaiser ihre Stellung mit auf der ihnen verliehenen tribunizischen Gewalt begründeten; wesentlicher war allerdings für sie das dauernde proconsularische Heereskommando.
JBleicken, Das Volkstribunat der klass. Republik, 2. A. 1968. LLobrano, Il potere dei t. della plebe, Milano 1982.

Tribus (Gemeinde). Rom war nach Stadt- und Landbezirken in 35 T. eingeteilt. In dieser Einteilung trat in den *comitia tributa* die Plebeierversammlung zusammen (*Volksversammlung).

Tributum: *Steuern.

Triclinium (aus gr. *tri-* [3] und *kline* [Bett]), die drei um den Eßtisch hufeisenförmig an den Wänden des Speisezimmers aufgestellten Betten. Man nahm im Altertum die Mahlzeiten nicht sitzend, sondern auf Polsterlagern liegend ein. Auf einem Bett lagen bei den Griechen gewöhnlich 2, bei den Römern 3 Personen, so daß bei einem röm. Gastmahl in kleinem Kreise 9 Gäste zugegen waren. Das Wort T. bezeichnete auch das Speisezimmer selbst.

Trier: *Treverer.

Triere, Kriegsschiff mit 3 Reihen von Ruderern (*Militär).

Triglyphen: *Architektur.

Trilogie, 3 zur Aufführung vereinigte Tragödien (*Tetralogie).

Triphiodoros, Epiker aus Ägypten. Erhalten ist von ihm eine *Eroberung Troias* in weniger als 700 Versen. Seine Zeit wird durch einen Pa-

pyros des 3.-4.Jh. mit 12 seiner Verse und den von ihm nachgeahmten Quintus Smyrnaeus (4.Jh.) bestimmt.
T: ELivrea, 1982 (Tb). TÜ: BGerlaud, 1982 (Budé). FJCuartero, Barcelona 1988.

Triptólemos, Heros von Eleusis, dem Demeter die ersten Ähren schenkte. Er säte und erntete das Korn auf dem Rarischen Felde. Die Göttin sandte ihn auf seinem Wagen über die ganze Erde, damit er alle Menschen den Ackerbau lehre.
T. ist häufig auf att. Vasen dargestellt. Großes Weihrelief des 5. Jh. aus Eleusis in Athen, Nationalmuseum (Fuchs[*Plastik] Abb. 603). Sophokles errang seinen ersten Bühnenerfolg mit einer Tragödie *T.*
THayashi, Bedeutung und Wandel des T.-bildes vom 6.-4. Jh.v.Chr., 1992. GSchwarz, T., Ikonographie einer Agrar- und Mysteriengottheit, 1987.

Triton, fischleibiger Meergott, Sohn des Poseidon und der Amphitrite. Seit hellenistischer Zeit nahm man eine Vielzahl von Tritonen an; sie gehörten zu den phantastischen Wesen, mit denen bildende Kunst und Dichtung das Meer zu bevölkern liebten.

Triumph, die Siegesfeier, die der Senat dem röm. Imperator nach einem entscheidenden Sieg über einen rechtmäßigen äußern Feind gewährte, wenn in einer Schlacht mindestens 5000 Feinde gefallen waren. Der Festzug bewegte sich vom Marsfeld durch die *Porta triumphalis* aufs Capitol. Voraus gingen Schaustücke der Beute und Gefangene, dann folgte die *Quadriga des Feldherrn, der in der Tracht des Iuppiter mit Purpurtoga, Lorbeerkranz und einem mit Mennig rotgefärbten Gesicht auf dem Wagen stand, umgeben von seinem Gefolge. Den Schluß bildete das Heer. – Fehlten die Voraussetzungen für einen T., so konnte der Senat dem Imperator die **Ovatio*, eine Art T. 2. Klasse, gewähren. Verweigerte der Senat den T. in Rom, so stand es dem Feldherrn frei, auf dem *Albanerberg zu triumphieren. In der Kaiserzeit blieb der wirkliche T. ein Privileg der Kaiser; die verdientesten Generale erhielten die Triumphalabzeichen.
HSVersnel, Triumphus, Leiden 1970. EKünzl, Der röm. T., 1988.

Triumphbogen. – 1. T. oder Ehrenbogen heißt ein röm. Denkmal, durch das der Geehrte über die gewöhnlichen Menschen hinausgehoben werden soll. Er bleibt in der Kaiserzeit dem Kaiser und seiner Familie sowie verstorbenen Privatpersonen (Sergierbogen in *Pola) vorbehalten. Den Anlaß für die Errichtung eines T. für den Kaiser gab ein Ereignis von besonderer politischer Bedeutung (*Titus. *Septimius Severus. *Constantinus [1]), außerhalb von Rom auch etwa der Bau einer Straße (*Beneventum) oder eines Hafens (*Ancona). Es gibt ein- und dreitorige T. Über dem Durchgang wölbt sich eine Tonne; die darüberliegende *Attika (2) trägt die Inschrift mit dem Anlaß der Errichtung und bildet die Basis für die (nicht mehr erhaltene) Statue des Geehrten, die oft auf einem Viergespann *(*quadriga)* stand. Der Bau selbst ist oft mit Reliefs geschmückt; die Fronten werden durch vorgeblendete Säulen oder Halbsäulen gegliedert.

SdeMaria, Gli archi onorari di Roma e dell'Italia romana, Roma 1988.
2. In der chr. Basilica der Bogen am Ende des Mittelschiffs vor der Apsis.

Triumvirat. Kollegien von 3 Männern *(tres viri)* wurden öfter zur Erledigung bestimmter Geschäfte gewählt, z. B. als Siedlungskommission für die Verteilung von Ackerland und Anlage von Kolonien, Aufsichtsbehörde über die Münzprägung, Priesterschaft für bestimmte Kultbräuche. Speziell bezeichnet man in der Geschichte als 1. T. den Dreibund des Jahres 60 v. Chr. zwischen Caesar, Crassus und Pompeius. Doch waren diese Dreimänner nicht vom Staat gewählt; ihr T. war eine private Abmachung und unterscheidet sich in diesem Punkte grundsätzlich von den sonst T. genannten Kollegien. Dagegen wurde die als 2. T. bekannte Allianz zwischen Octavianus (*Augustus), M. Antonius und Lepidus 43 v. Chr. nachträglich gesetzlich fundiert: Gemäß einem Antrag des Volkstribunen P. Titius waren sie *tres viri rei publicae constituendae* (Dreimänner zur Wiederherstellung der Staatsordnung) mit consularischer Befugnis für 5 Jahre.
PWallmann, Triumviri rei p. constituendae, Untersuchungen zur politischen Propaganda im 2.T. (43-30 v.Chr.), 1989.

Trogus, Pompeius: *Iustinus.

Troia, auch *Ilion* (bei Homer *Ilios)* genannt, uralte Stadt in der Landschaft *Troas* im Nordwesten Kleinasiens, auf dem Ende eines Hügelrückens, der gegen die Ebene der Flüsse Skamandros im Westen und Simois im Norden abfällt. Sie lag weit genug vom Meer ab, um gegen Überfälle von See her geschützt zu sein, aber doch so nahe, daß sie den Handelsweg des Hellespontos nach dem Schwarzen Meer beherrschte. Schliemann entdeckte 1868 das historische T. auf dem Hügel Hissarlik; seine Ausgrabungen, mit denen eine neue Epoche der archäologischen Forschung anbrach, setzte Dörpfeld fort.
Amerikanische Grabungen schlossen sich 1932-38 an. Im ganzen fanden sich 9 Bewohnungsschichten. Die 1. gehört noch in die 1. H. des 3. Jahrtausends; die 6. (15. Jh., um 1300 v. Chr. durch Erdbeben vernichtet), oder die um 1200 v. Chr. zerstörte Schicht 7 a ist wohl das T. Homers. Die 9. Schicht ist das T. der röm. Kaiserzeit. Für die Zerstörung T.s durch die Griechen im Troianischen Krieg errechnete Eratosthenes das Jahr 1184 v. Chr. – Der Kreis der Sagen um T. beginnt mit Dardanos, dem Ahnherrn der troischen Könige. Tros und sein Sohn Ilos werden als Gründer der Stadt T.-Ilion genannt. Sohn des Tros war auch der von Zeus entführte *Ganymedes. Dem Sohne des Ilos, *Laomedon, bauten Apollon und Poseidon die Stadtmauer. Herakles, von ihm betrogen, zerstörte T. Laomedons Sohn *Priamos ist der greise König von T. in Homers *Ilias* (*Homeros II 1). Sein Sohn *Paris raubte die Spartanerin Helena und gab so den Anlaß zum Feldzug der Griechen (*Agamemnon, *Achilleus). Nach 10jähriger Belagerung und vielen Kämpfen mit den Verteidigern (*Hektor, *Memnon, *Penthesileia) fiel T.; *Aeneas rettete die Stadtgötter und die überlebenden Troer nach Italien. Die von Homers *Ilias* nicht behandelten frühern und spätern Schicksale T.s

boten vielen nachhomerischen Epen reichen Stoff. Wir kennen von ihnen nur Bruchstücke und die Inhaltsangaben der Sagen-Handbücher (Mythographen). Eine Bilderchronik der T.-sage gibt die *Tabula Iliaca*, eine Steintafel mit Reliefs und beigeschriebenem Text, die die einzelnen Ereignisse in erzählender Abfolge zeigt. Wir besitzen sie in einer ganzen Anzahl voneinander in Einzelheiten abweichender Exemplare. Untergang von T. auf Vasenbildern des *Kleophradesmalers und des *Brygosmalers. *Polygnotos (1). *Buch.
Tabula Iliaca: Michaelis, Gr. Bilderchroniken, 1873. ASadurska, Les tables iliaques, Warschau 1964. – Ausgrabungen: MBertram (Hg.), Schliemann und T., 1992 (Ausstellung). WDörpfeld, T. und Ilion, 1902. CWBlegen, Troy (Excavations), 1950ff.; ders., Troy and the Trojans, 1966. MWood, Der Krieg um T.: Geschichte der Stadt, ihrer Wiederentdeckung und der neuesten Grabungen, 1985.

Troilos, junger Sohn des Königs Priamos. Achilleus lauerte ihm auf, als er am Brunnen seine Rosse tränkte. T. versuchte zu fliehen, doch Achill holte ihn ein und schlug ihm das Haupt ab. Die Schwester Polyxena, die gleichzeitig am Brunnen Wasser holte, vermochte zu enteilen. Die nicht bei Homer, aber im Epos *Kypria* erzählte Geschichte ist sehr oft auf Vasen dargestellt, z. B. auf dem *Klitiaskrater.

Troizen, Stadt im Osten der Argolis, die Heimat der Sagen von *Theseus und *Hippolytos.

Tropaion, Siegesdenkmal auf einem Schlachtfeld. Ursprünglich war es eine erbeutete volle Rüstung (Panhoplie), die auf einer Stange aufgepflanzt wurde, und um die herum ein Haufen von Waffen lag. – Zur Erinnerung an die Unterwerfung der Alpenvölker durch Augustus wurde 7/6 v. Chr. hoch über dem Meer an der Straße von Italien nach Gallien das monumentale *Tropaeum Alpium* (La Turbie, oberhalb von Monaco) erbaut. – Beim heutigen Adamklissi in der Dobrudscha errichtete *Traianus nach dem Dakerkrieg 109 ein Siegesdenkmal, das *Tropaeum Traiani.*
GCharles-Picard, Les trophées romains, Paris 1957. JFormigé, Le trophée des alpes, 1949 (Gallia, Suppl. 2). NLamboglia, Le trophée d'Auguste à La Turbie, Bordighera 1964. FBFlorescu, Das Siegesdenkmal von Adamklissi, 1965.

Trophonios: *Agamedes.

Tucca, Plotius und L. Varius, die Freunde Vergils, gaben nach dessen Tod die *Aeneis* heraus.

Tullia. – 1. Tochter des Königs *Servius Tullius. – 2. Tochter *Ciceros, 79-45 v. Chr. Ihr Tod ging dem Vater sehr nahe; er wollte ihrem Andenken einen Tempel bauen und suchte Trost in der philosophischen Schriftstellerei.

Tullianum: *Carcer.

Tullius: – 1. *Servius T. – 2. *Cicero.

Tullus Hostilius, der 3. König in der sagenhaften Frühgeschichte Roms, der nach der Friedenszeit des Numa wieder den kriegerischen Geist des Romulus zurückführte. Er zerstörte *Alba longa* und siedelte dessen Einwohner auf dem Caelius in Rom an (*Horatii. *Mettus Fufetius). Er führte die bei der Kriegserklärung vorgeschriebenen Bräuche der **Fetialen* ein und baute den Platz für die Volksversammlung *(Comitium)* und das Rathaus *(Curia Hostilia)*. Als er gemäß den Büchern des Numa den Iuppiter beschwor, aber dabei einen Fehler machte, wurde er vom Blitz getroffen und verbrannte.

Tunica: *Kleidung.

Turicum (Zürich). Schon in vorröm. Zeit war der Platz am Limmatübergang bewohnt. In der röm. Kaiserzeit war die Limmatbrücke durch ein Kastell mit Zollstation (für den über den See von Raetien herkommenden Güterverkehr) auf dem Lindenhof gesichert. Die darum herum gruppierte Siedlung hatte aber kein Stadtrecht.
Röm. Funde: Grabstein eines Zöllners. Mauerreste. – JESchneider-AZürcher-WVGuyan, T., Vitudurum, Iuliomagus: Zürich, Winterthur-Schleitheim, Zürich 1988.

Turm der Winde *(Horológion)*, achteckiger Marmorbau in Athen, von Andrónikos aus Kyrros im 1. Jh. v. Chr. errichtet, das Urbild unserer Wettersäulen. Jede der 8 Seiten zeigt unter dem Gesims eine Relieffigur desjenigen Windgottes, welcher nach der Windrose von dieser Richtung her weht, dazu eine Sonnenuhr. Ein Postament auf dem Dach trug einst (Beschreibung bei Vitruvius 1, 6, 4) einen Triton, der sich als Wetterfahne drehte. Im Innern des Turms befand sich eine Wasseruhr.
JvFreden, Oikia Kyrrhestu, Rom 1983.

Turnus, König der Rutuler, der kühne Gegner des Aeneas in den Kämpfen um Latium (*Vergil, *Aeneis* 7-12).
CRenger, Aeneas und T., 1985 (Diss. Heidelberg).

Turpilius, Sextus, † 103 v. Chr., der bedeutendste röm. Komödiendichter nach Terenz.
T (Frg.): LRychlewska, Wratislava 1962.

Tusculum, alte Latinerstadt am Nordrand der Albanerberge, schon früh als *Municipium mit dem röm. Bürgerrecht ausgestattet. Von T. stammte Cato (1). Seit dem 2. Jh. v. Chr. wurde T. eine Villenstadt der vornehmen Römer; am bekanntesten ist die Villa Ciceros als Schauplatz seiner *Tusculanischen Gespräche*. Von den antiken Bauten sind einige Reste erhalten, u. a. ein kleines Theater.
RdelNero, Guida storica ed archeologica alla città di T., Frascati 1985.

Tyche, die Göttin des eintreffenden Schicksals, des Glücks und unberechenbaren Erfolges. So besingen sie die älteren Dichter, besonders schön Pindar, *Olymp. Ode* 12 (Becker, Antike 1940). Bei Homer kommt sie nicht vor. In der wechselvollen Zeit des Hellenismus wurde T. die Allerweltsgöttin des keiner sittlichen Norm folgenden glücklichen Zufalls, die an Bedeutung im Glauben der damaligen Menschen alle andern Götter weit überflügelte. Bekannt ist Caesars unbedingtes Vertrauen auf seine T., das ihn schließlich die Warnungen verschmähen und in den Untergang gehen ließ. Die Anekdote berichtet, er habe im Bürgerkrieg verkleidet in einem Fischerboot von Dyrrhachium nach Italien fahren wollen, und als der Fährmann im Sturm verzagte, habe er ihm zugerufen: «Fahr zu, du fährst Caesar und Caesars T.!» Sehr zahlreich sind die bildlichen Darstellungen der Göttin, mit Füllhorn, Steuerruder oder Flügeln, auf einer rollenden Kugel stehend. Weltberühmt war die Kolossalstatue der T. als Stadtgöttin von Antiocheia, ein Werk des *Eutychídes. Geläufig war der Segenswunsch *agathé T.* (Mit guter T.). Röm.: *Fortuna.

Wilamowitz, Glaube der Hellenen II S. 298ff. (1932). HStrohm, T., 1944. HHerter, T., in Kleine Schriften, 1975, 76-90.

Tydeus, Sohn des Oineus, ein wilder Krieger, mußte eines Mordes wegen aus seiner Heimat Aitolien fliehen und kam gleichzeitig mit Polyneikes nach Argos. Die beiden stritten sich um das Lager wie ein Eber und ein Löwe. Da der König Adrastos das Orakel erhalten hatte, seine Töchter einem Eber und einem Löwen zu geben, machte er die beiden Helden zu seinen Schwiegersöhnen. T. nahm am Zug der *Sieben gegen Theben teil und ging zuerst als Gesandter in die Stadt. 50 Thebaner legten ihm einen Hinterhalt; er erschlug sie alle bis auf einen, der die Nachricht nach Theben bringen sollte. Sein Tod beim Sturm auf Theben: *Sieben gegen Theben. Sein Sohn ist *Diomedes.

Tyndareos, König von Sparta und Gatte der *Leda, welche *Helena, *Klytaimestra und die *Dioskuren gebar.

Typhon (Typhoeus), ein gewaltiges Ungetüm, Verkörperung des Sturmwinds und der ungebändigten zerstörenden Elementarkräfte, der jüngste Sohn der Gaia, Vater des Kerberos und anderer Untiere. Er hatte 100 Drachenköpfe und Schlangenfüße. Nach dem Sturz der Titanen erhob er sich gegen Zeus in einem furchtbaren Aufruhr der ganzen Natur. In hartem Kampf bezwang ihn Zeus mit dem Blitz und schleuderte den Aetna auf seine Brust. So liegt er jetzt verschüttet unter Sizilien und Campanien; doch regt er sich noch bisweilen. Dann bebt die Erde, und sein Feuerhauch bricht aus dem Aetna hervor. T. wurde schon von Herodot mit dem ägyptischen Götterfeind Set gleichgesetzt.

Tyrann, ein Gewaltherrscher. In der gr. Geschichte gibt es 2 Epochen der Tyrannenherrschaften. – 1. Die ältere Tyrannis Ende 7. und im Laufe des 6. Jh. v. Chr. entstand, als die Adelsherrschaften in den gr. Städten verfielen und in einer großen wirtschaftlichen und sozialen Umwälzung die Masse der freien Bürger und Bauern zu politischen Rechten drängte. Doch war das Volk zu diesem Zeitpunkt noch nicht reif, sich demokratisch selbst zu regieren. Es vertraute sich einem Führer an, der die Masse zu gewinnen verstand. Ihre Feinde besaßen diese T. im Adel, der seine Vorrechte einbüßte; dessen Haß spricht aus den Gedichten

des *Alkaios und *Theognis. Die Bürger aber erlebten gute Zeiten. Durch Verteilung des adligen Großgrundbesitzes erwuchs ein breiter bürgerlich-bäuerlicher Mittelstand. Die verfassungsmäßige Staatsverwaltung bestand meist in der alten Weise fort; der T. begnügte sich mit der obersten Leitung. Allgemein zeigte sich ein kultureller Aufschwung: große Bauten in den Städten, Blüte des Handels und Gewerbes und der Künste. Aber gerade die erreichte Festigung des Bürgertums brachte Ende des 6. Jh. überall das natürliche Ende der überlebten Staatsform: Der Übergang zur Demokratie geschah ohne schwere Kämpfe. Es war eine Ausnahme, daß Hipparchos in Athen ermordet wurde, und zwar durch einen persönlichen Feind aus dem Adel (*Tyrannenmörder). Sonst galt gerade die Tyrannis des Peisistratos in Athen als ein glückliches Zeitalter. Die bekanntesten T. außer Athen: *Kypselos und *Periandros in Korinth, *Polykrates auf Samos, *Kleobulos in Lindos, *Pittakos in Mytilene, *Thrasybulos und *Histiaios in Milet, *Phalaris, *Theron, *Gelon, *Hieron in Sizilien.
2. Die jüngere Tyrannis im 4./3. Jh. v. Chr. entstand aus der Zersetzung der Demokratie am Ende des Peloponnes. Krieges, geistig gefördert durch die Lehre der Sophisten vom Recht des Stärkeren, wonach die geheiligte verfassungsmäßige Gleichheit der Bürger nur eine Erfindung der vielen Schwachen war, um sich vor diesem Naturrecht zu schützen. Dieser Art von Tyrannis gilt die moralische Verurteilung durch Platon *(Staat* 1. Buch; *Gorgias)* und die Definition des Aristoteles als «Alleinherrschaft, die ohne Rechenschaftspflicht über alle Gleichen und Bessern herrscht mit dem Ziel ihres eigenen Vorteils, nicht des Nutzens der Untertanen». Seither bedeutet T. den ungerechten, grausamen Herrscher. Der Tyrannenhaß wurde durch die Philosophie der Stoa allgemein verbreitet und blieb ein beliebtes Thema rhetorischer Deklamationen, selbst als es nach 200 v. Chr. keine T. mehr gab. Wirklich große Herrscher unter diesen T. waren *Dionysios, *Agathokles und *Hieron II. in Syrakus, Iason von Pherai in Thessalien. Einen Sonderfall stellten die philosophischen T. dar, welche die gewaltsam erlangte Macht in sittlicher Weise zum allgemeinen Besten ausübten als Idealherrscher im Sinne Platons: *Dion, *Archytas, Hermeias (der Freund des Aristoteles) und Aristodamos von Megalopolis, den seine Untertanen den Guten nannten. – *Dreißig T.

HBerve, Die Tyrannis bei den Griechen, 1967. KKinzl, Die ältere Tyrannis, 1979 (WdF). JASmith, Athens under the tyrants, Bristol 1989.

Tyrannenmörder. Das Freundespaar Harmodios und Aristogeiton unternahm es 514 v. Chr., die athenischen Tyrannen Hipparchos und Hippias, die Söhne des Peisistratos, zu ermorden. Hippias entkam dem Anschlag. Harmodios wurde sogleich niedergemacht, Aristogeiton hingerichtet. Nachdem 510 auch Hippias vertrieben und zu den Persern geflüchtet war, feierte man die beiden T. für alle Zeiten als Befreier Athens und Nationalhelden. Man besang sie beim Symposion in *Skolia, die mit den feststehenden Worten begannen: «Unterm Myrtenzweig will ich das Schwert tragen wie Harmodios und Aristogeiton ...» Eine Bronzeplastik der beiden von *Antenor wurde auf dem Markt auf-

gestellt. Nach der Zerstörung Athens durch die Perser 480 schufen *Kritios und Nesiotes eine neue Gruppe, von der sich Kopien erhalten haben. Der von *Thukydides (6, 54-59) geführte Nachweis, daß die T. nicht durch ein politisches Motiv, sondern einen privaten Liebeshandel zur Tat veranlaßt worden und die Peisistratiden keineswegs beim Volke verhaßt gewesen seien, vermochte die patriotische Legende nicht mehr ihrer Geltung zu berauben.
MWTaylor, The tyrant slayers, New York 1981. BFehr, Die Tyrannentöter, 1984. – Brunnsåker, The tyrant-slayers, 2.A. 1971.

Tyrannion, angesehener Grammatiklehrer in Amisos, geriet dort 71 v. Chr. in röm. Gefangenschaft. Als Freigelassener setzte er seine Tätigkeit mit großem Erfolg in Rom fort. Er stand Varro, Caesar, Cicero und Atticus persönlich nahe. Sein besonderes Verdienst war es, daß er den Nachlaß des Aristoteles (*Apellikon) aus der Bibliothek Sullas ans Licht zog und dem Schulleiter des Peripatos, Andronikos, zur kritischen Herausgabe übersandte. *Strabon zählte zu seinen Schülern.

Tyro, die schöne Tochter des Salmoneus, Heroine der gr. Sage. Sie liebte den Flußgott Enipeus. In dessen Gestalt nahte sich ihr Poseidon, und T. gebar ihm die Zwillinge Pelias und Neleus. Da sie von ihrer Stiefmutter Sidero gequält wurde, übergab sie die Kinder in einer Wanne dem Fluß; sie wurden von Tieren gesäugt und dann von Hirten aufgezogen. Erwachsen erkannten sie die mißhandelte Mutter T. wieder und töteten die böse Sidero. Von der berühmten Tragödie *T.* des Sophokles sind leider nur Bruchstücke erhalten.

Tyros, uralte Handelsstadt der *Phönizier, auf einer Insel vor der syrischen Küste gelegen, berühmt durch Weberei, Glas- und Metallarbeiten und Purpurfabrikation, Mutterstadt Karthagos. 332 v. Chr. widersetzte sich T. als einzige phönizische Stadt Alexander dem Gr. Dieser ließ einen Damm vom Festland zur Insel hinüberbauen, die Häfen durch seine überlegene Flotte blockieren und vermochte nach 7 Monaten die erbittert verteidigte Stadt zu nehmen. Seither ist T. mit dem Festland verbunden; um den Damm herum entstand ausgedehntes Schwemmland. Auch in der Römerzeit (64 v. Chr. bis zur Einnahme durch die Araber 638 n. Chr.) blieb T. ein blühendes Handelszentrum.
MHChébab, Fouilles de Tyr, Paris 1983-86.

Tyrrhenoi: *Etrusker.

Tyrtaios begeisterte die im 2. Messenischen Krieg (7. Jh. v. Chr.) bedrängten Spartaner mit seinen kraftvollen *Elegien* so sehr, daß sie ihre Feinde besiegten.
T: Diehl I (*Lyrik). MLWest, Iambi et elegi 2, 1992. TÜ: BSnell-ZFranyó, Frühgr. Lyriker 1, 1971. Ü: *Lyrik.

Tzetzes, Iohannes, 1110 bis nach 1180 n. Chr., byzantinischer Grammatiker. Er schrieb *Allegorien zur Ilias und Odyssee*, **Scholien* und *Kommentare* zu vielen gr. Schriftstellern, ferner gelehrte *Briefe*, die er in einem Lehrgedicht von 12 674 Versen, den *Chiliaden*, selbst erläuterte; die *Chiliaden* versah er wiederum mit *Randscholien*. Er ist der typische Vertreter unkritischer Vielwisserei, hat aber doch manches antike Gut bewahrt.

T *(Briefe)*: PALeone, 1972 (Tb).

U

Ubier, Germanenstamm, zu Caesars Zeiten an der Lahn wohnend. 38 v. Chr. siedelte sie Agrippa auf dem westlichen Rheinufer an. Ihre Hauptstadt *Ara Ubiorum* wurde 50 n. Chr. zu Ehren der Kaiserin *Agrippina (3), die dort geboren war, zur *Colonia Agrippinensium* erhoben (Köln). Die U. hielten stets treu zu Rom. Köln: Wichtigste röm. Reste: Teile der Stadtmauer, Praetorium (unter dem Neuen Rathaus), Peristylhaus (am Dom) mit großem Dionysosmosaik, *Capitolium (unter St. Maria im Kapitol), Weidener Grabkammer, Funde schöner Gläser. Auf frühchristliche Kirchen gehen St. Severin, St. Gereon und St. Ursula zurück.
Köln: HSchmitz, Colonia Claudia Ara Agrippinensium, 1956. ODoppelfeld, in Germania Romana, 1960, 11-28; ders., Das Dionysos-Mosaik am Dom zu Köln, 2. A. 1964. PLaBaume, Colonia Agrippinensis, 3. A. 1964. HSignon, Die Römer in Köln, 2.A. 1970. GWolff, Das röm.-germanische Köln, 3.A. 1989 (Führer). Frühchristliches Köln, 1965.

Uhr. Die Aegypter hatten schon früh Sonnenuhren, die Obelisken, deren Schatten die Zeit zeigte. Von ihnen kam die Erfindung zu den Griechen. *Anaximandros soll im 6. Jh. v. Chr. die erste Sonnenuhr in Milet konstruiert haben. Als Stoppuhr dienten vor allem Wasseruhren *(Klépsydrai)*, z.B. zum Messen der den Rednern vor Gericht zugestandenen Zeit. Während in hellenistischer Zeit die meisten gr. Städte öffentliche Sonnenuhren besaßen, waren diese in Rom lange Zeit unbekannt. Eine Nachricht über eine Sonnenuhr vor den Pyrrhoskriegen wird von Plinius (1), der davon berichtet (nat. hist. 7, 213f.), mit Recht angezweifelt. Erst 263 v. Chr. brachte der Consul M'. Valerius Maximus Messala eine aus Katana als Beutestück mit. Natürlich zeigte sie in Rom, dessen geogr. Breite beträchtlich hoher liegt als die Siziliens, nicht genaue Zeit; trotzdem bürgerte sich die Sache ein. *Solarium Augusti. Daß aber die neue Stundenrechnung gar nicht etwa allgemein mit Begeisterung aufgenommen wurde, zeigt ein Parasitenmonolog aus einer Komödie des *Plautus (ca. 200 v. Chr.):

> Den hol der Teufel, der die Stunden ausgedacht
> Und hier die Sonnenuhr zuerst hat aufgestellt
> Und mir den schönen Tag zertrümmert stückchenweis:
> Als ich ein Bub war, gab's nur eine Uhr, den Bauch.
> Die war viel besser als das neue Lumpenzeug,
> Zeigt' überall, wo's etwas gab, die Essenszeit
> Und setzt' nur aus, wo nichts war. Jetzt – wo etwas ist,
> Da ißt man's nicht, wenn's nicht der Sonne erst so paßt.
> Seitdem die Stadt von Uhren voll ist, schleppt das Volk
> Sich siech und dürr vor Hunger kümmerlich dahin.
> (Fragment, zitiert von *Gellius 3, 3, 5.)

Ulpianus, Domitius, röm. Jurist aus Tyros, Assessor *Papinians, als Praetorianerpraefekt und erster Berater des Kaisers Alexander Severus 228 n. Chr. von den unzufriedenen Praetorianern ermordet. Er war ein sehr produktiver Fachschriftsteller; von ihm ist mehr als von irgendeinem andern in die *Digesten* eingegangen. In 81 Büchern zum praetorischen *Edictum und 51 Büchern zum Zivilrecht des Masurius *Sabinus behandelte er das gesamte Recht.
Außer dem Material der *Digesten* (TÜ: *Iustinianus) haben sich Bruchstücke kleinerer Schriften direkt erhalten: Ein Buch *Regulae* in exzerpierender Bearbeitung und Frg. der *Institutionen*, der *Disputationen* und des *K. zum Edikt* (T: Huschke-Seckler-Kübler I; Riccobono-Baviera, Fontes iuris rom. II [*Recht]). – THonoré, U., Oxford 1982.

Ultor (Rächer), Beiname des *Mars. Am 1. August 2 v. Chr. weihte Augustus dem Mars U. einen Prachttempel am Augustusforum zum Dank für die Bestrafung der Caesarmörder. Mit Mars wurde dort Venus, die Stammutter des iulischen Kaiserhauses, verehrt. Von dem unter Kaiser Hadrian restaurierten Bau stehen heute 3 korinthische Säulen.
PZanker, Forum Augustum, Tübingen o.J. (Monumenta artis antiquae 2). MSiebler, Studien zum augusteischen Mars U., 1988.

Umbrien, Bergland im Apennin östlich des Tiber. Die Umbrer, einer der Hauptstämme der *Italiker, hatten ursprünglich ganz Mittel- und Norditalien in Besitz, wurden aber durch Etrusker und Gallier auf ihre späteren Wohnsitze beschränkt. Politisch waren sie in viele kleine Stadtstaaten zersplittert (Ariminum, Iguvium, Asisium, Spoletium, Ameria, Interamna), die sich seit Ende des 4. Jh. v. Chr. an Rom anlehnten. Die Romanisierung vollzog sich rasch; Reste des alten umbrischen Dialekts: *Iguvinische Tafeln* (*Iguvium).
MPCorbucci (Hg.), Antichità dall'Umbria a New York, Milano 1991 (Ausstellung).

Unterwelt, das Totenreich des *Hades in der Finsternis *(Erebos)* unter der Erde, wo die Seelen der Toten als wesenlose Schatten *(Eídola)* in der Gestalt und mit den Beschäftigungen fortexistieren, die sie zuletzt im Leben hatten. Gewässer umgeben die U.: *Acheron, Kokytós *Pyriphlegéthon, die *Styx, der acherusische See und der *Lethestrom, aus dem die Seelen das Vergessen alles dessen, was sie erlebt haben, trinken. Der Totenferge *Charon führt die Schatten hinüber. Am Tor wacht der Hund *Kerberos. Die Totenrichter *Minos, *Rhadamanthys und *Aiakos sprechen den Seelen das Urteil. Die meisten Schatten bleiben ohne alle Empfindung. Die großen Frevler büßen im *Tartaros oder im Sumpfsee ihre Höllenstrafen ab (*Danaiden, *Ixion, *Peirithoos, *Sisyphos, *Tantalos, *Tityos). Im *Elysischen Feld aber führen die Frommen ein ewig glückliches Leben. – An mehreren Stellen, besonders in einsam-schaurigen Gebirgsgegenden (*Styx) oder an vulkanischen Orten (*Avernersee), dachte man sich den Eingang in die U. und erzählte von Helden, die hinabgestiegen seien: *Orpheus, *Herakles, *Peirithoos. Die bekanntesten U.s-fahrten in der Literatur: Homers *Odyssee*, 11. Buch *(Nékyia*; von *Polygnot in seinem berühmten Gemälde der U.

dargestellt). *Aristophanes, *Frösche*. Vergil, *Aeneis*, 6. Buch. Die alten Vorstellungen versittlichend, hat Platon seine U.s-mythen geschaffen am Schluß der Dialoge *Phaidon*, *Gorgias* und *Staat*. Apulische Prachtkratere in München, Karlsruhe und Neapel.

Urania, *Muse der Astronomie.

Uranós (Himmel), der älteste Gott des Weltentstehungsmythos, Gatte der Gaia (Erde) und Vater des *Kronos.

Utica, die älteste Kolonie der Phönizier in Africa, später von der jüngeren Schwesterstadt Karthago überflügelt. Im 3. Punischen Krieg stellte sich U. auf Roms Seite und wurde nach der Zerstörung Karthagos Hauptstadt der Provinz Africa. Im Bürgerkrieg vertrieb *Cato (2) 46 v. Chr. die caesarfreundlichen Einwohner und gab sich zuletzt in U. den Tod. Caesar führte die Vertriebenen zurück. Da er Karthago neu als röm. Kolonie gründete, trat U. wieder an die zweite Stelle der afrikanischen Städte. Heute sind noch beträchtliche Reste der antiken Bauten vorhanden.

ALézine, Carthage, Utique, 1968.

V

Vadimonis lacus, kleiner See in Südetrurien, Schauplatz zweier röm. Siege über Gallier und Etrusker 309 und 283 v. Chr. Das Wasser war schweflig und heilkräftig; die darauf schwimmenden Inseln erregten das Interesse der antiken Forscher. – *Plinius (2), Brief 8, 20.

Valens, Flavius, Kaiser des Ostens 364-378 n. Chr., ernannt von seinem Bruder *Valentinianus. Diesem im Charakter ähnlich, führte er gegen die Parther eine schwankende Politik, bald angreifend, bald ängstlich zurückweichend. 376 baten die Goten, von den Hunnen bedrängt, über die Donau ins Reich übertreten zu dürfen, was ihnen V. erst gewährte. Als sie aber die ihnen vorenthaltene Nahrung mit Gewalt raubten und neue Scharen nach sich zogen, bekriegte er sie und fiel in der Schlacht bei Adrianopel.
OSeeck, Geschichte des Untergangs der antiken Welt V, 1913. EKornemann, Röm. Geschichte II, 1938. WWanke, Die Gotenkriege des V., 1990 (Diss. FU Berlin).

Valentinianus, Flavius. – 1. Röm. Kaiser 364-375 n. Chr., vom Heer zum Nachfolger des Iovianus ausgerufen. Er berief darauf seinen Bruder *Valens zum Mitherrscher und übernahm selbst die westliche Reichshälfte. Zwar war ihm die röm. Bildung nicht fremd, und ihr Exponent, der Rhetor *Ausonius, kam als Sekretär des Kaisers und Erzieher des Kronprinzen zu hohen Ehren. Aber im Grunde blieb V. Barbar. Seine Wesenszüge waren Trägheit und Angst vor jedem Risiko. Er ließ seine Beamten gewähren und wollte die Germanengefahr durch Bauen einer Festungslinie bannen. Bei einem seiner Wutausbrüche erlitt er einen tödlichen Schlaganfall. – 2. V. II., der jüngere Sohn von V. I., kam 375 als Knabe auf den Thron und blieb abhängig, zuerst von seiner Mutter, dann von dem Feldherrn Arbogastes, den ihm Theodosius beigab. Er endete 392 durch Selbstmord. – 3. V. III., Kaiser 425-455 n. Chr., Sohn der Galla *Placidia. Unter seiner ohnmächtigen Regierung ging Afrika an die Vandalen, Britannien an die Sachsen verloren; die Hunnen Attilas verheerten Europa.
OSeeck, Gesch. des Untergangs der antiken Welt V und VI (1913 und 1920. AAlföldi, A conflict of ideas in the late Roman empire, 1952 (Valentinianus I.).

Valerianus, P. Licinius, röm. Kaiser 253-260 n. Chr. Er war, als ihn das Heer zum Augustus ausrief, schon ein alter Mann. Den Sohn *Gallienus ernannte er sogleich zum Mitherrscher, da die Grenzen vom Rhein bis nach Syrien überall bedroht wurden. Er selbst wandte sich gegen die Parther, deren König Sapor I. 255 sogar Antiocheia besetzt hatte. V. fiel in Kriegsgefangenschaft und starb bei den Feinden, während das Reich durch die überall einbrechenden Barbaren und zahlreiche Gegenkaiser in ein Chaos versank. Die Christen hatte V. nach anfänglicher Duldung seit 257 schwer verfolgt (Märtyrertod *Cyprians).

Valerius, altröm. Patriziergeschlecht, das sich von einem Gefährten des Sabinerkönigs Titus Tatius herleitete. *Publicola. *Messala. – *Cato (3). *Probus. – 1. M. V. erhielt den Beinamen *Corvus* (Rabe), weil sich ihm, als er 349 v. Chr. einen Zweikampf mit einem Gallier ausfocht, ein Rabe auf den Helm gesetzt hatte, der den Feind mit Schnabelhieben angriff und so V. zum Sieg verhalf. Er starb fast 100jährig, nachdem er 6 oder mehr Male Consul und zweimal (?) Diktator gewesen war. Seine Geschichte ist von der Sage ausgemalt. – 2. V. Antias schrieb im 1. Jh. v. Chr. eine umfangreiche *annalistische Darstellung der röm. Geschichte von ihren Anfängen bis zum Bürgerkrieg Sullas. Er mischte Historie und phantastische Ausschmückung, besonders um den Glanz des alten Valerischen Geschlechts zu erhöhen. Trotz seiner notorischen Unzuverlässigkeit benutzten ihn Livius und Plutarch als Quelle.
T (Frg.): Peter (*Geschichtsschreibung).
3. V. Maximus widmete dem Kaiser Tiberius ca. 31 n. Chr. eine Anekdotensammlung *Denkwürdige Taten und Aussprüche* in 9 Büchern, angelegt nach sachlichen Rubriken (z. B. Dankbarkeit, Undankbarkeit, Elternliebe, Strenge von Vätern), die er jeweils in röm. und ausländische Geschichten unterteilte. Das Buch war als geschickt und effektvoll gearbeitete Stoffsammlung im Altertum und Mittelalter beliebt.
T: CKempf, 1888 (Nachdr. 1966, Tb). TÜ: RFaranda, Milano 1988. Ausw.: UBlank-Sangmeister, 1991 (Reclam). Ü: Hoffmann, 1828/29 (OS).
4. C. V. Flaccus Setinus Balbus, † kurz vor 92 n. Chr., widmete dem Kaiser Vespasian ein Epos **Argonautica* in 8 Büchern. Der Schluß fehlt; wahrscheinlich starb der Dichter, bevor er das Werk vollendet hatte.
T: WWEhlers 1980 (Tb). TK: PLangen, 1896-7 (Nachdr. 1964). TÜ: JHMozley, 1958 (Loeb L.). K: B.2: HMPoortvliet, Amsterdam 1991. B.7: HStadler, 1993. Ü: Wunderlich, Erfurt 1805.

C. **Valgius Rufus**, cos. 12 v. Chr., Gelehrter und Elegiendichter aus dem Kreise um Maecenas. Horaz widmete ihm die *Ode* 2, 9. Von seiner eigenen Poesie sind nur Frg. erhalten.
T: WMorel-KBüchner-JBlänsdorf, Frg. Poetarum lat., 1994 (Tb).

Vandalen, Germanenvolk, das im 1. Jh. n. Chr. hauptsächlich in Schlesien, im 3. weiter südlich an der Theiß wohnte. In röm. Diensten war um 400 n. Chr. der V. Stilicho der mächtigste Mann des röm. Reiches. In der Völkerwanderung brachen V. und Alanen 406 in Gallien ein und blieben dann in Spanien. 429 führte sie ihr König Geiserich nach Afrika und gründete dort ein mächtiges Reich, wobei er als Arianer furchtbar gegen die Katholiken wütete (*Victor Vitensis). Rom mußte ihn, da es auf die afrikan. Kornlieferungen angewiesen war, anerkennen. Doch 455 plünderte Geiserich die Stadt Rom 14 Tage lang. Nach seinem Tode verfiel die Macht, bis Belisar 533 Afrika für das Ostreich zurückeroberte.

Quelle zu Belisars Rückeroberung: *Prokopios (Ü: AHeine, 1985). – HSchreiber, Die V., 1979. LSchmidt, Gesch. der deutschen Stämme, Gesch. der W. 1942 (Nachdr. 1970). ChCourtois, Les V. en Afrique, 1955.

L. **Varius** Rufus führte Horaz in den Kreis des Maecenas ein und war selbst ein bekannter Dichter. Er schrieb eine Tragödie *Thyestes*, ein Gedicht *Der Tod* und ein *Lobgedicht* auf Augustus. Mit *Tucca gab er nach Vergils Tod dessen *Aeneis* heraus.
T: Ribbeck (*Tragödie). WMorel-KBüchner-JBlänsdorf, Frg. Poetarum lat., 1994 (Tb). – PVCova, Il poeta V., Milano 1989. WWimmel, in ANRW II, 30, 3 (1983) 1562-1621.

Varro, Beiname des angesehensten Zweigs des Geschlechts der Terentii. – 1. C. Terentius V. stieg als erster der Familie 216 v. Chr. zum Consulat auf und erlitt die schwere Niederlage von *Cannae; doch bewahrte ihm der Senat weiterhin das Vertrauen. – 2. P. Terentius V., 82 v. Chr. am Flusse Atax im narbonensischen Gallien geboren, epischer Dichter aus dem Kreise der *Neoteriker. Am bekanntesten wurden seine *Argonautica*, von denen sich wenige Verse erhalten haben.
T: WMorel-KBüchner-JBlänsdorf, Frg. Poetarum lat., 1994 (Tb).
3. M. Terentius V. aus Reate im Sabinerland, 116-27 v. Chr., «der gelehrteste der Römer». Er erforschte die röm. Altertümer und entfaltete eine umfangreiche Schriftstellerei. 39 v. Chr. hatte er schon 490 Bücher geschrieben; eine große Zahl noch unveröffentlichter Werke war bei der Plünderung seiner Villa und Bibliothek durch M. Antonius 43 v. Chr. verlorengegangen. Aus dem altröm. Gefühl der Verpflichtung zum Dienst am Staate hatte V. die Ämterlaufbahn bis zur Praetur durchlaufen und Pompeius auf mehreren Feldzügen begleitet, obschon diese Tätigkeit dem professoralen Gelehrten gar nicht lag. Im Bürgerkrieg 49 v. Chr. wurde er denn auch mit 2 Legionen von Caesar ziemlich kläglich außer Gefecht gesetzt. 47 machte dann Caesar den verdienten Mann zum Reichsbibliothekar. – V.s Hauptwerk waren die *Antiquitates rerum humanarum et divinarum* (Menschen und Götter im alten Rom) in 41 Büchern. Aus diesem Werk schöpfte die augusteische Zeit mit ihrem Streben zur Herstellung der Tradition ihr Wissen um die röm. Vergangenheit; ebenso benutzten es die Kirchenväter (*Augustinus), als sie den altröm. Staat mit dem christlichen Ideal verglichen. Systematische Grundlage war die «dreiteilige Theologie» des *Scaevola (4), eine mythische Götterwelt der Dichter, eine rationale der Philosophen, geleitet von der *anima mundi* (Weltseele), und eine staatliche der offiziellen Kulte. Sehr wichtig waren V.s literarhistorische Forschungen (*Plautus) und ein ikonographisches Werk mit 700 Bildern berühmter Griechen und Römer. Erhalten sind 3 Bücher *über Landwirtschaft*, die er im Alter von 80 Jahren seiner Gemahlin widmete, und Buch 5-10 aus dem Werk *Die lat. Sprache*, das einst 25 Bücher umfaßt hat; sonst nichts als eine Menge kleiner Bruchstücke der anderen Werke.
TÜ: ATraglia, Torino 1974. *Landwirtschaft:* T: GGoetz, 1929 (Tb). TÜ: WDHooper, 1979 (Loeb L.). *B.1-2:* JHeurgon-ChGuiraud, 1978-85 (Bu-

dé). TK: HKeil, 1891. Ü: Grosse, 1788. *Lat. Sprache:* T: GGoetz-FSchoell, 1910 (Nachdr. 1964). TÜ: AGKent, 1938 (Loeb L.). TÜK: *B.5:* JCollart, Paris 1954. *B.6:* PFlobert, 1985 (Budé). *B.8:* HDahlmann, 1966 (Hermes E.Schr.7). *Antiquitates rerum divinarum:* TK: BCardauns, 1976. Eine Sammlung aller Frg. V.s gibt es noch nicht. Am besten sind herausgegeben die interessanten Reste der *Menippeischen *Satiren*, in denen V. witzige Gesellschaftskritik übte: T: RAstbury, 1985 (Tb). TÜK: JPCèbe, Paris-Rome 1972ff. (bis 1994 2/3 des Ganzen). Ü (Ausw.): OWeinreich, Röm. Satiren, 2. A. 1963 (AW). – FDellaCorte, Varrone, il terzo gran lume romano, 1970. JCollart, V., grammairien latin, 1954. Entretiens sur l'antiquité class. 9, 1963.

Varus. – 1. P. Quinctilius V., cos. 13 v. Chr., schlug als Statthalter von Syrien 6-4 v. Chr. einen jüdischen Aufstand nieder. 7 n. Chr. kam er als Statthalter nach Germanien, das durch die Siege des Drusus befriedet schien, und führte die röm. Rechtsprechung und Zivilverwaltung ein. 9 n. Chr. wurde er, weil er seinen germanischen Freunden keinen Verrat zutrauen wollte, auf einem Marsche mit 3 Legionen von *Arminius überfallen und mit seinem Heer im Hinterhalt des *Teutoburger Waldes vernichtet. – 2. *Alfenus V.

Vasen. Gr. Tongefäße in allen Formen werden viel häufiger gefunden als Plastiken; für die sonst fast verlorene Malerei sind die V.-bilder die Hauptquelle unserer Kenntnis. Aus den Scherben lassen sich oft die Gefäße wieder zusammensetzen. Die Gefäßformen sind sehr mannigfaltig; häufigste: **Amphora* (größeres Gefäß mit 2 Henkeln, meist 30 bis 50 cm hoch, aber einzelne über 1 ½ m). *Kratér* (zum Mischen von Wein und Wasser). *Hydría* (Wasserkrug). *Skýphos* (Trinkhumpen). Schale. Kanne. **Lékythos* (Salbölfläschchen). *Pyxís* (Büchse mit Deckel). – Die Töpferei wurde auch in Griechenland seit der Steinzeit geübt. Die im 11. Jh. v. Chr. beginnende gr. Keramik schließt an die Formen der ausgehenden mykenischen Zeit an. Von ihr unterscheidet sie sich durch eine neue Ornamentkunst. Die Vasen werden mit *geometrischen Mustern (Kreise, Linien, Mäander) verziert. Vor allem in Athen (*Dipylon) sind die schönsten Stücke dieses geometr. Stils gefunden worden. Schon im 9. Jh. treten Tier- und Menschenfiguren in stilisierten Reihen auf; im 7. Jh. finden sich bereits mehrfach Bilder von Szenen aus der Sage. Neben der attischen war jetzt die korinthische V.-malerei führend (bis ca. 630 protokorinthisch genannt). Die schwarzen Figuren wurden durch Verwendung von Deckweiß und -rot, zeitweise sogar noch anderer Farben, belebt. Das 6. Jh. ließ die bildhafte Erzählerkunst der schwarzfigurigen Malerei zur Meisterschaft reifen. Häufiger signierten jetzt die Maler und Töpfer ihre Werke mit Namen; die abgebildeten Gestalten erhielten erläuternde Beischriften. *Lakonische V. *Chalkis. *Caere. Seit der Jahrhundertmitte wurde wieder Athen die Hauptstätte der Kunst (*Klitias, *Exekias, *Amasis). Gegen 525 ging man von der schwarzfigurigen zur rotfigurigen Technik über: Hatte man bisher die Figuren auf den gelblichen oder roten Ton schwarz aufgemalt und die Innenzeichnung eingeritzt, so zeichnete man jetzt die Umrisse ein, malte darum herum den Grund schwarz aus, so daß die Figuren rot stehenblieben, und gab dann die Innenzeichnung mit feinen schwarzen Pinselstrichen. Der erste große Künstler der rotfig. Malerei arbeitete für den Töpfer *Andokides. Gegen Ende des 6. Jh. traten die Maler *Euphronios und Euthymides hervor. Die ersten Meister des beginnenden 5. Jh. sind der Kleophrades-Maler, der *Brygosmaler und *Duris. Auf dem Höhepunkt des *Strengen Stils wirkten der *Pan-Maler, der *Niobidenmaler, der *Pistoxenos-Maler und der *Penthesilea-Maler. In der Hochklassik nach 450 entstanden die schönsten weißgrundigen *Lekythen. Ins letzte Viertel des Jh. gehört der «reiche Stil» des *Meidiasmalers mit schon barock anmutenden Ausdrucksformen. Auch im 4. Jh. entstanden noch bedeutende Werke (*Kertscher Vasen. *Apulische Prachtkratere), doch war die Glanzzeit unwiderruflich vorüber. Gegen 300 trat die Figurenmalerei völlig hinter der reinen Ornamentik zurück; man bevorzugte jetzt plastisch verzierte Gefäße vor den bemalten. *Megarische Becher. *Terra sigillata.

Wissenschaftl. Hauptwerke: Corpus Vasorum antiquorum (erfaßt alle bedeutenden V.-sammlungen der Welt; neue Bände erscheinen laufend). AFurtwängler-Hauser-Reichhold, Gr. V.-malerei, 1900-1932 (Nachdr. 1967). EPfuhl (*Malerei). JDBeazley, Attic red-figure Vase-Painters, 2. A. 1963; ders., Attic black-figure Vase-Painters, 1956; ders., Paralipomena, 1970. – Einführend: IScheibler, Gr. Töpferkunst, 1983; ders. Vasen, in Realencyclopädie Suppl.15 (1978) 663-700. PEArias-Shefton-Hirmer, A History of Greek Vasepainting, London 1962. HSichtermann, Die gr. Vase, 1963. EBuschor, Gr. Vasen, 1969. JBoardman, Schwarzfigurige V. aus Athen, 1977; ders., Rotfig. V. aus Athen, die archaische Zeit, 1981; die klassische Zeit, 1991. ADTrendall, Rotfig. V. aus Unteritalien und Sizilien, 1991. – Motive der V.-bilder: FBrommer, Vasenlisten zur gr. Heldensage, 3.A 1973.

Vasio (Vaison-la-Romaine), Stadt in der Gallia Narbonensis. Unter den erhaltenen Resten eine Brücke, ein Theater, Wohnhäuser.

ChGoudineau, Vaison la Romaine, Paris 1984 (Guides archéol. de la France 1).

P. **Vatinius**, ein übel beleumdeter Anhänger Caesars. Dieser gab ihm 47 für wenige Tage das Consulat. Cicero hatte ihn in einer noch erhaltenen Rede angegriffen, mußte ihn aber später auf Verlangen Caesars verteidigen.

Vectigal: *Steuern.

Vegetius. Flavius V. Renatus verfaßte um 400 n. Chr. ein Handbuch der *Militärwissenschaft* (Hauptquelle für das röm. Militärwesen) und ein Lehrbuch der *Veterinärmedizin.*

Epitoma rei militaris: T: CLang, 1885 (Nachdr. 1967, Tb). TÜ: FWille, Aarau 1986. ÜK: FReyniers, Paris 1948. *B.1-2:* DKSilhanek, Ann Arbor 1973. *Mulomedicina:* T: ELommatzsch, 1903 (Tb). Ü: FJLipowsky, 1827.

Veii, die bedeutendste Stadt Südetruriens. Sie stand mit dem ältesten Rom in engen kulturellen Beziehungen. Die langen Kriege Roms mit

der mächtigen Rivalin endeten nach 10jähriger Belagerung mit der Zerstörung V.s 396 v. Chr. Die Belagerer unter *Camillus waren durch einen unterirdischen Gang in die Stadt eingedrungen (*Livius 5, 1-25). Von der alten etruskischen Siedlung sind viele Reste erhalten: Grabkammern mit Wandmalereien, überlebensgroße *Terrakottastatuen (um 500 v. Chr.), die einst den First eines Tempels zierten, darunter der Apoll von V. (heute in Rom, Villa Giulia). *Vulca.
Hubaux, Rome et Veies, 1958. JWard-Perkins, V., the Hist. Topography of the Ancient city, 1961. Ad'Agostino, Veio, 1965 (Führer).

Veiovis (Vediovis), röm. Gott, dessen Wesen nicht klar faßbar ist, seinem Namen nach ein Gegenstück zum guten Iuppiter, ein Gott von Unwetter, Seuchen u.ä. In seinem 192 v. Chr. gestifteten Heiligtum zwischen dem Capitol und der *arx* stand aus Zypressenholz eine Statue als die eines jugendlichen Iuppiter ohne Blitz, mit einer Ziege zur Seite. Das Holzbild, das Plinius (1) noch gesehen hat, wurde im 2. Jh. n. Chr. durch eine überlebensgroße Marmorstatue ersetzt, die 1939 in den Resten des Tempels entdeckt wurde. Nach Gellius trug sie Pfeile in der Hand; sie sieht einem jugendlichen Apollo ähnlich. Der 7. März galt als Festtag des Tempels. Hier befand sich das Asyl des Romulus, wo jeder Verfolgte eine Freistatt fand; doch hatte man den Platz ummauert. Die Iulier verehrten V. als einen Stammgott ihres Geschlechtes und weihten ihm um 100 v. Chr. in Bovillae einen noch erhaltenen Altar. Sonst gab es nur noch einen Tempel auf der Tiberinsel.

Velabrum, Niederung im Nordwesten des Palatins, durch die man vom röm. Forum zum Circus Maximus und zum Tiber ging, ein geschäftiges Marktviertel. Dort standen das Heiligtum der *Acca Larentina und der von Lucullus gebaute Fortunatempel.

Velia. – 1. Die Anhöhe zwischen Kolosseum und röm. Forum, auf der der *Titusbogen steht. Über sie führte die *Sacra via*. Nach dem Forum zu lag an ihr das Haus der Vestalinnen, auf der Höhe selbst stand der Tempel des Iuppiter Stator und seit 121 n. Chr. der von Hadrian erbaute, 136/7 geweihte Riesentempel der Venus und Roma. – 2. Röm. Name der gr. Kolonie *Elea in Unteritalien.

C. **Velleius** Paterculus aus Capua hatte dem spätern Kaiser Tiberius auf seinen Feldzügen in Germanien und Pannonien als Legat gedient und von ihm 15 n. Chr. die Praetur erhalten. Später schrieb er einen *Abriß der Weltgeschichte* in 2 Büchern. Am Schluß schildert er seine eigene Zeit, die Ereignisse unter Augustus und Tiberius bis 30 n. Chr. Seine Ergebenheit für Tiberius läßt ihn die Dinge nicht immer objektiv darstellen.
T: WSWatt, 1988 (Tb). TÜ: MGiebel, 1989 (Reclam). JHellegouarc'h, Paris 1982 (Budé). TK *(B.2, 41-131)*: AJWoodman, Cambridge 1977-83. Ü: FEyssenhardt, 1865 (Nachdr. 1913).

Venantius Honorius Clementianus **Fortunatus**, ca. 530 bis gegen 610, Bischof von Poitiers, schrieb gegen 300 Gelegenheitsgedichte, darunter

Kreuzhymnen, die noch heute in der katholischen Kirche weiterleben, und mehrere Heiligenleben, das des hl. Martin als epische Paraphrase der Martinusschriften des Sulpicius Severus, die andern in Prosa. Antike Stoffe behandelte er nicht, er ist vielmehr der erste bedeutende Dichter des Mittelalters.
T: Poesie: FLeo, 1881. Prosa: BKrusch, 1885; Levison-Krusch, 1919 (alle in Monum. Germ. hist.). TÜ: *Vita Martini:* STamburri, Napoli 1991. *Gedichte 1-4:* MReydellet, 1994 (Budé). Ü: FWolters, Hymnen u. Sequenzen, 1922. – JWGeorge, V.F., a latin poet in Merovingian Gaul, Oxford 1992.

Venetia, Land der Véneter (Nordostitalien). Wichtigste Städte: *Aquileia, Altinum, *Patavium, Atria.
JUntermann, Veneti, in Realencyclopädie, Suppl.15 (1978) 855-898.

Venus, die Göttin des Liebreizes, besaß im ältesten Rom noch keinen Kult, wohl aber in der nahen Latinerstadt Ardea. Die altröm. Bauern ehrten sie als Schirmerin des Gartenbaus; ihr Fest waren die *Vinalia rustica* am 19. August. Sie wurde der gr. *Aphrodite gleichgesetzt. 215 v. Chr. führte man den Kult der sizilischen Göttin vom Berg Eryx *(V. Erucina)* in Rom ein. Sulla hielt sich für einen Schützling der mit der Glücksgöttin identischen *V. Felix;* diese wurde daher Stadtgöttin der sullanischen Kolonie Pompeii. Caesar, dessen iulisches Geschlecht sich von Aeneas, dem Sohne der V., herleitete, errichtete 46 v. Chr. auf seinem Forum der *V. Genetrix* einen Tempel. Augustus setzte die Förderung des Kultes der Ahnfrau der Iulier fort, indem er V. und Mars *Ultor einen Tempel stiftete.
Statuen: *Aphrodite. Eines der schönsten Stücke röm. Literatur ist der Hymnus, mit dem Lucretius am Anfang seines Lehrgedichts V. als weltschöpferische Macht preist. – Schilling, La religion romaine de Vénus, 1954.

Vercingetorix, adliger Arverner, machte sich 52 v. Chr. zum Führer des Freiheitskampfes der Gallier gegen Caesar *(Gallischer Krieg*, 7. Buch). Nachdem er Gergovia erfolgreich verteidigt hatte, wurde er in *Alesia eingeschlossen und, als die Stadt nach etwas über einem Monat kapitulierte, an Caesar ausgeliefert. Er wurde im Triumph in Rom aufgeführt und dann hingerichtet.
JHarmand, V., Paris 1984.

P. **Vergilius** (Virgilius) Maro aus Andes bei Mantua, 70-19 v. Chr., der berühmteste Dichter Roms. 41 v. Chr. wurde sein väterliches Landgut von der Ackerverteilung an Octavians Veteranen betroffen. V. rettete seine Habe durch die Gunst Octavians, der auf seine Gedichte aufmerksam gemacht wurde. Diese Gedichte waren die *Bucolica* (später auch **Eclogen* genannt), Hirtengedichte in Anlehnung an das Vorbild *Theokrits. In die ländliche Stimmung der sentimentalischen Lieder der Hirten mischt sich die Huldigung an die Gönner des Dichters: Octavian, *Alfenus Varus, Cornelius *Gallus, Asinius *Pollio. Dem Pollio widmete er die 4. Ekloge, in der er die Geburt des Weltenheilands prophezeite und ein neues goldenes Zeitalter. Die Christen deuteten das Gedicht als Ankündigung der Geburt Christi; diese Auslegung trug viel zu dem hohen Ansehen V.s durchs Mittelalter hindurch bei. – Nach dem Erscheinen der *Bucolica* (39) trat V. in den Kreis um *Maecenas ein. Diesem widmete er 29 die *Georgica*, ein Lehrgedicht in 4 Büchern über Ackerbau, Baumkultur, Viehzucht und Bienenzucht. Die Liebe zur Erde, der ursprünglichsten Schöpferin allen Lebens, und die Ehrfurcht vor der harten Arbeit des Bauern adeln die Verse des Dichters. Herrliche Bilder und längere Episoden beleben die Darstellung. – Seit 29 arbeitete V. an seinem großen Epos, der *Aeneis*, die im Ahnherrn des Kaisers Augustus zugleich den Ursprung Roms verherrlichte. Ein vorbestimmtes Schicksal *(Fatum)*, das die Götter zur Erfüllung reifen lassen, führt Aeneas nach Italien und legt den Grund des röm. Reiches. Die Treue gegenüber diesem Willen der Götter *(Pietas)* ist die Haupttugend des Helden. Konnte V. so die lebendige Fülle seines Vorbilds Homer nicht erreichen, so überbot er ihn durch die Monumentalität der Gestalten und des Ausdrucks. Wie jener am Anfang aller Kunst, so steht V. in der Neubegründung der augusteischen Welt, die im Besitz der geistigen Werte vieler schöpferischen Jahrhunderte durch Reflexion und Verinnerlichung zu den Anfängen zurückkehrt. V.s Verse sprechen nicht mehr primär-elementares, sondern vergeistigtes Leben aus. – V. starb auf der Rückkehr von einer Griechenlandreise in Brundisium und wurde an seinem Lieblingsaufenthalt in Neapel bestattet. Da die *Aeneis* nicht vollendet war, hatte er die Vernichtung des Werks gewünscht. Doch im Auftrag des Augustus gaben es Varius und Tucca heraus. – Außer den 3 großen Dichtungen legte man V. eine Anzahl kleinerer bei. In der Sammlung *Cataleptón* finden sich einige echte Jugendgedichtchen. Dagegen sind die Kleinepen *Culex* (Die Mücke), *Ciris* (*Skylla 2), **Aetna, Moretum* (Der Kräuterkloß, ein ländliches Idyll) und die Elegie *Copa* (Die Wirtin) sicher nicht vergilisch.

T: RABMynors, 1969 (Oxf.Cl.). MGeymonat, Torino 1973. Kleine Gedichte: WVClausen u. a., Appendix Vergiliana, 1966 (Oxf.Cl.). Antike Biogr.: CHardie, 1966 (Oxf.Cl.). TÜ: M. und JGötte-KBayer, 1987-1994 (Tusc.). TK: JConington-HNettleship, 1881-1898 (Nachdr. 1963). – Einzelne Werke: *Buc.:* TÜ: ThHaecker, 4.A.1953. Ü: HCSchnur (Reclam). TK: JPerret, Paris 1961. RColeman, Cambridge 1977. *Georg.:* TÜ: MErren, 1985. TK: WRichter 1957. RFThomas, Cambridge 1988. RABMynors, Oxford 1990. *Aeneis:* TÜ: JPerret, 1977-80 (Budé). Ü: RASchroeder, 1952 (Ges.Werke Bd.5; Separatausg. 1963). AVezin, 3.A. 1960. EStaiger, 1981 (AW). TK: *B.1-2:* RGAustin, Oxford 1971.1964. *B.3:* RDWilliams, Oxford 1962. *B.4:* ASPease, Cambridge Mass. 1935 (Nachdr. 1967). RGAustin, Oxford 1955. *B.5:* RDWilliams, Oxford 1960. *B.6:* EdNorden, 1915 (Nachdr. 1994). RGAustin, Oxford 1977. *B.7:* KWGransden, Cambridge 1976. *B.7-8:* CJFordice-JDChristie, Oxford 1977. *B.10:* SJHarrison, Oxford 1991, mit Ü). *B.11:* KWGransden, Cambridge 1991. *Culex:* TÜ: MSchmidt, 1959. *Moretum:* K: APerutelli, Pisa 1983. *Ciris:* *Skylla 2. – Lit.: RHeinze, V.s epische Technik, 1915 (Nachdr. 1994). FKlingner, Virgil, 1967. KBüchner, P.V.Maro, 1955 (Sonderdruck aus Realencyclopädie 8A). VPöschl, Die Dichtkunst V.s,

1969. PGrimal, V., 1987. HOppermann, Wege zu V., 1963 (WdF). FDella Corte (Hg.), Enciclopedia Virgiliana, Roma 1984-91. ANRW II 31, 1-2, 1980-81, – Bildnis: Mosaik aus Hadrumetum. Schefold.

Verginia. Die 10 Männer *(devemviri)*, die 451 v. Chr. zur Aufzeichnung der Gesetze (*Zwölf Tafeln) mit unumschränkter Vollmacht eingesetzt worden waren, behielten unter Führung des Appius Claudius im nächsten Jahre ihre Herrschaft und regierten Rom tyrannisch. Appius versuchte, V., die Tochter des Plebeiers L. Verginius, zu verführen. Als dies nicht gelang, ließ er einen seiner Clienten sie vor seinen Richterstuhl führen und behaupten, es sei seine Sklavin. Trotz dem Widerspruch des Bräutigams Icilius und des Vaters sprach er die Jungfrau dem Kläger zu. Als keine Hoffnung mehr war, sie vor der Schande zu retten, erstach sie der Vater. Die empörte Plebs aber stürzte die Decemvirn und ertrotzte die früheren Rechte der Volkstribunen und der *Provocatio zurück. – *Livius 3, 44 ff.

Verona, Stadt der **Cenomani* in der *Gallia Transpadana*, Heimat Catulls. In der Kaiserzeit ging der Verkehr nach den rätisch-norischen Alpenländern über V. Die Stadt besitzt aus röm. Zeit ein ausgezeichnet erhaltenes Amphitheater, ein schönes Theater, 2 Stadttore und eine Brücke.
PMarconi, V. romana, 1937. AZarpellon, V. e l'agro Veronese in età romana, 1954.

C. **Verres**, erpresserischer röm. Statthalter. Er war 80 v. Chr. Legat in Asien, 74 Stadtpraetor, 73-71 Statthalter von Sizilien. Im Namen der ausgeplünderten Sizilier klagte ihn *Cicero *de *repetundis* an. V. ging vor Beendigung des Gerichtsverfahrens ins Exil. Die 2. Verhandlung fand nicht mehr statt. Cicero arbeitete jedoch die für sie vorgesehenen 5 Reden für die Buchausgabe besonders aus. V. behielt trotz der Verurteilung zum Schadenersatz noch so viel von seinem Raub (besonders Kunstwerke, mit denen sich Cicero in der 4. Rede der 2. Verhandlung befaßt), daß ihn Antonius 43 proskribierte, um sich seinen Besitz anzueignen. Der Fall des V. war keineswegs vereinzelt (*Repetundenprozeß); nur Cicero verdankt er es, daß er bekannter geworden ist als andere Blutsauger der Provinzen.

M. **Verrius Flaccus**, röm. Grammatiker und Altertumsforscher unter Kaiser Augustus, schrieb ein Lexikon: *Festus.

Ver sacrum (heiliger Frühling). Nach altem Brauche weihten in Notzeiten die italischen Stämme dem Mars oder Iuppiter alles, was ein Frühling hervorbringen werde. Die in diesem Jahr geborene Jungmannschaft wurde daher, sobald sie herangewachsen war, aus dem Stammesverband ausgestoßen und mußte sich in der Fremde einen Wohnsitz suchen. Infolge dieser Sitte breiteten sich die Italiker erobernd über Italien aus.
JHeurgon, Trois études sur le v.s., 1957.

Versbau (Metrik). Zwischen antikem und modernem V. besteht ein grundsätzlicher Unterschied. Der Rhythmus des deutschen Verses beruht auf dem Wechsel betonter und unbetonter Silben. Der antike Vers hingegen baute auf dem Wechsel langer und kurzer Silben auf; der natürliche Wortakzent spielte dabei zunächst keine Rolle. Im Versschema bezeichnet man die Länge mit –, die Kürze mit ⏑. Schon am Ende des Altertums begann der akzentuierende Vers den quantitierenden zu verdrängen. Der *politische Vers* der Byzantiner und der aus dem Prosarhythmus der *Rhetorik herstammende *Cursus* des lat. Mittelalters sind beide akzentuierend wie unsere Verse. Wie antike Verse wirklich geklungen haben, können wir kaum mehr ahnen.

Am Anfang war der Vers. Erst die Theoretiker der Metrik zerlegten diesen in künstliche Elemente, die sog. Versfüße. Die bekanntesten Verse sind: 1. Der daktylische H e x a m e t e r, von den Griechen schlechthin **Epos* (Vers) genannt, der Vers Homers. Er besteht aus 6 Daktylen (– ⏑⏑). Statt der Doppelkürze kann aber eine Länge eintreten. Damit wird ein unerträglich eintöniges Klappern der Verse vermieden. An bestimmten Stellen (Zäsuren und Diäresen) tritt Wortschluß ein, wodurch der Langvers gegliedert wird (im Schema: |). Für die Zäsuren gibt es folgende Möglichkeiten:

a) — ⏔ — ⏔ — | ⏔ — ⏔ — ⏑⏑ — ⏒ (Zäsur nach dem 5. Halbfuß).

b) — ⏔ — ⏔ — ⏑ | ⏑ — ⏔ — ⏑⏑ — ⏒ Zäsur nach dem 3. *Trochaios* [s. unten]).

c) — ⏔ — | ⏔ — ⏔ — | ⏔ — ⏑⏑ — ⏒ (Zäsur nach dem 3. und 7. Halbfuß oder einem von beiden in Verbindung mit *a* oder *b)*. An gewissen Stellen, z. B. nach dem 4. *Trochaios*, war die Zäsur verpönt. Die Verstechnik wurde von den alexandrinischen Dichtern und zuletzt von *Nonnos aufs äußerste verfeinert.

2. Der iambische T r i m e t e r (bei den älteren Römern *Senar)*, der Sprechvers des Dramas. Sein Normalschema ist:
⏑ — ⏑ — ⏑ | — ⏑ — ⏑ — ⏑ —. Ähnliche, noch weitergehende Variationsmöglichkeiten wie für den Hexameter gelten auch für ihn.
⏕ ⏕ ⏑ ⏕ ⏕ ⏕ ⏑ ⏕ ⏕ ⏕ ⏑ ⏓.
(In der Tragödie weniger Auflösungen; der röm. Senar noch besondern Regeln unterworfen). Diesem Vers gab *Hipponax durch rhythmische Umkehrung des Schlusses eine paradox auffallende Form:
⏑ — ⏑ — ⏑ — ⏑ — ⏑ — — ⏓.
In diesem H i n k i a m b u s *(Choliambos)* dichtete er seine betont vulgären Spottgedichte. – 3. Der G l y k o n e u s, ein Vers, der in der äolischen Lyrik zuerst begegnet. Die äolischen Verse, für die hier nur der G. als Beispiel genannt sei, haben eine feste Zahl Silben, der Glykoneus 8, von denen die ersten in der Quantität frei sind: ⏒⏒ — ⏑⏑ — ⏑⏒. Aus ähnlichen Versen haben *Alkaios und *Sappho feste 4zeilige Strophen gebildet. Sehr mannigfach sind die Verse der Lyriker, oft sehr kunstvolle metrische Gebilde (*Pindar). – In *Elegie und Epigramm war der oben beschriebene Hexameter mit dem P e n t a m e t e r von der Form — ⏔ — ⏔ — | — ⏑⏑ — ⏑⏑⏓
zu einem Doppelvers (D i s t i c h o n) verbunden.

Wichtige V e r s f ü ß e: ∪— ∪— Iambos. — ∪ — ∪ Trochaios (bei den Griechen stets so verdoppelt als ein *Metron.* In der röm. Metrik werden die Elemente ∪– Jambus und —∪ Trochaeus genannt). — — Spondeios. —∪∪ Daktylos. ∪∪— Anapäst. —∪— Kretiker. ∪— — Bakcheios. — — — Molossos. —∪∪— Choriambos. ∪∪— — oder — —∪∪ Ioniker. ∪— —∪— Dochmier.
KRupprecht, Einführung in die gr. Metrik, 3. A. 1950. BSnell, Gr. Metrik, 4.A. 1982. PMaas, Gr. Metrik (in Gercke-Norden, Einleitung I), 1927. CMJSicking, Gr. Verslehre, 1993 (Handb. d. Altertumswiss.). – FCrusius-HRubenbauer, Röm. Metrik, 1967. LNougaret, Traité de métrique lat. classique, 1963. HDrexler, Einführung in die röm. Metrik, 4.A. 1987. OSchröder, Horazens Versmaße für Anfänger erklärt, 1911 (Tb). – Zur Geschichte des Verses: Wilamowitz, Gr. Verskunst, 1921. OSchröder, Grundriß d. gr. Versgeschichte, 1930. HFränkel, Der homerische und der kallimacheische Hexameter (in Wege u. Formen frühgr. Denkens, 1968). – Zu den Chören des gr. Dramas: OSchröder, Cantica (Tb: Aischylos 1916, Sophokles 1923, Euripides 1928, Aristophanes 1930).

Vertumnus (Vortumnus), etruskischer Gott, der 264 v. Chr. aus der eroberten Stadt Volsinii nach Rom überführt wurde. Sein Festtag, die *Vortumnalia,* war der 13. August. Man deutete den etruskischen Namen volksetymologisch mit dem lat. *vertere* (wenden, wechseln) und sah in V. einen Gott der Jahreswende oder des Handels. Man erzählte auch, er habe den über die Ufer tretenden Tiber in sein Bett zurückgewendet und könne sich in alle Gestalten verwandeln.

Verulamium (St. Albans), Ort in Britannien, von dessen röm. Bauten Reste ausgegraben sind.
Wheeler, V., 1936. SFrere, V. Excavations 1, 1973.

Verus, L. Aurelius, Mitregent des *Marcus Aurelius. Er hieß ursprünglich L. Ceionius Commodus, wurde aber 138 n. Chr. auf Verlangen Hadrians von dem spätern Kaiser Antoninus Pius mit M. Aurelius zusammen adoptiert. Marcus ernannte ihn 161 sogleich zum Mitkaiser. V. zog gegen die Parther, überließ aber das Kriegführen seinen tüchtigen Generalen; er selbst feierte in Antiocheia Feste. 169 starb er in Altinum an einer plötzlichen Krankheit.
Portrait: Kopf im Thermenmuseum, Rom. Herrscherbild.

Vespasianus, T. Flavius, röm. Kaiser 69-79 n. Chr. Er wurde 9 n. Chr. im Sabinerland geboren. Sein Vater war Steuereinnehmer in Asien, später Bankier in Aventicum. V.s Bruder war der erste aus der Familie, der Senator wurde. Unter Claudius bewährte sich V. als Legat in den britannischen Feldzügen 43/4. Der Kaiser zeichnete ihn mit den Triumphalornamenten und einem Consulat 51 aus. 66 fiel er bei Nero in Ungnade, weil er beim Gesang des Kaisers eingeschlafen war. Doch der Aufstand der Juden 67 bewog Nero, den fähigen General zu Ehren zu ziehen. 69 rief das Orientheer V. zum Kaiser aus. Die Legionen der Donauländer schlossen sich an und besiegten die Truppen des Vitellius bei Cremona. In Rom ging das Capitol in Flammen auf. Bis zur Ankunft V.s

herrschte *Mucianus, der seine Erhebung auf den Thron veranlaßt hatte, als sein Vertreter. Mitte 70 traf V. in Rom ein. Er stellte durch Sparsamkeit die zerrütteten Staatsfinanzen wieder her und errichtete viele Bauten (Neubau des Capitols, das Flavische *Amphitheater an der Stelle des abgebrochenen Goldenen Hauses Neros). 71 war nach dem Triumph des Titus über die Juden und der Niederwerfung des *Bataveraufstandes der Friede hergestellt: Der *Ianustempel wurde geschlossen und ein Forum mit einem Tempel der Friedensgöttin erbaut. Auch für die Provinzen sorgte V. vortrefflich; Straßen wurden angelegt und mehrere Kolonien gegründet (*Aventicum).
Biogr.: *Sueton. *Tacitus, *Historien*. – Portrait: Kopf in Kopenhagen. Münzen. Herrscherbild 2,1. – HGraf, Kaiser V., 1937. LHomo, V., l'empereur du bon sens, 1949. FLucrezi, Leges super principem, la monarchia costituzionale di V., Napoli 1982.

Vesta: *Hestia.

Vesuvius, Vulkan in Campanien. Er galt trotz den in Campanien häufigen Erdbeben seit dem 8. Jh. v. Chr. als erloschen. An den Hängen des Berges gediehen die prächtigsten Weinreben. Am 24. August 79 n. Chr. erfolgte ein gewaltiger Ausbruch, der die Städte *Pompeii, Herculaneum und *Stabiae vernichtete. Die Katastrophe schildert *Plinius (2) als Augenzeuge (*Briefe* 6, 16 und 20). In der Kriegsgeschichte spielte der Berg, abgesehen von der legendären Latinerschlacht am V. (?) 340 v. Chr., eine Rolle im Sklavenkrieg des Spartacus (73 v. Chr.) und im Endkampf der Ostgoten gegen die Byzantiner 553 n. Chr.
MGigante, Il fungo sul V. secondo Plinio il giovane, Roma 1989.

Vetera, (Xanten am Rhein), röm. Legionslager. Die Bezeichnung *Castra Vetera* bedeutet nicht «altes Lager»; *V.* ist nicht ein lat. Wort, sondern der einheimische vorröm. Ortsname. Die ersten Anlagen entstanden zur Zeit des Augustus. Unter Claudius und Nero errichtete man dauerhafte Steinbauten für 2 Legionen. Im Bataveraufstand wurde das Lager von *Civilis eingeschlossen und Anfang 70 n. Chr. zu schmählicher Kapitulation gezwungen. In der Nähe baute man 71 wieder ein Lager nur noch für 1 Legion. Es wurde wahrscheinlich beim Einfall der Franken aufgegeben. 359 ließ Iulianus den Ort wieder befestigen. Eine halbe Stunde vom Lager entfernt gründete Traianus eine Kolonie, von der am besten ein Amphitheater erhalten ist.
UHeimberg, Die röm. Stadt Colonia Ulpia Traiana, 1986 (Führer). ARieche-HJSchalles, Arbeit, Handwerk und Berufe in der röm. Stadt, 1987. WBöcking, Der Niederrhein in röm. Zeit, Archäol. Ausgrabungen in Xanten, 2.A. 1989.

Victor. – 1. Sextus Aurelius V. verfaßte um 360 n. Chr. eine kurze Geschichte der röm. Kaiser (*Caesares*). Der aus geringem Stande hervorgegangene Afrikaner wurde vom Kaiser Iulianus zum consularischen Statthalter in Pannonien ernannt. 389 war er Stadtpraefekt von Rom. In der Überlieferung sind mit seinem Werk verbunden eine Schrift über die Ursprünge des röm. Volkes (*Origo gentis Romanae*) und 3 andere anonyme hist. Schriften.

T: FPichlmayr, 1911 (Nachdr. 1993, Tb). Ü: AForbiger, 1866. TÜ: PDufraigne, 1975 (Budé). *Origo:* JCRichard, 1983 (Budé). – PLSchmidt, Das Corpus Aurelianum, in Realencyclopädie Suppl.15 (1978) 1583-1676.
2. V., Bischof von Vita in Africa, schrieb 484 eine *Geschichte der* (Katholiken-) *Verfolgung in Africa* durch die arianischen Vandalen unter Geiserich und seinem Nachfolger Hunerich, eine packende und, wenn auch der Verfasser Partei ist, doch im ganzen historisch zuverlässige Schilderung der grauenhaften Ereignisse, deren Zeuge der Verfasser war.
T: MPetschenig, 1881 (Corp. Vindob. 7). Ü: AMally, Wien, 1884. – ChCourtois, V. de Vita et son oeuvre, Paris 1954.

Victoria, Siegesgöttin, der gr. *Nike entsprechend. – THölscher, V. Romana, 1967. JRFears, V., in ANRW II 17,2 (1981) 736-826. – Streit um den Altar der V.: *Symmachus.

Victorinus, C. Marius, aus Africa, berühmter Lehrer der Rhetorik und Philosoph. Ca. 355 trat er in vorgerücktem Alter zum Christentum über. Was Cicero als Übersetzer der Fachausdrücke der älteren gr. Philosophie ins Latein leistete, vollbrachte M. V. für die Begriffssprache des Neuplatonismus. Auf ihn geht wesentlich die Terminologie der lat. Philosophie des Mittelalters zurück. Außer grammatisch-rhetorischen sind theologische Schriften erhalten, die sich vor allem mit der Trinitätslehre befassen: *Briefwechsel mit dem Arianer Candidus* und 4 dem Candidus gewidmete Bücher *Gegen Arius*, Kommentare *zu den Paulusbriefen* und 3 *Prosahymnen.*
Gramm.: T: Keil, Grammatici Lat. 6, 1874. TK: IMariotti, Firenze 1967. K: HDahlmann, 1970 (Abh. Akad. Mainz). Theol.: T: PHenry – PHadot-FGori, 1971-86 (Corp. Vindob. 83). ALocher, 1972-76 (Tb). TÜK: Henry-Hadot, 1960 (S.chrét. 68. 69). *Paulus-K:* FGori, Torino 1981. Ü: PHadot-UBrenke, 1967 (AW). Rest: T: Migne lat. 8. – EBenz, M.V., 1932. PHadot, M. V., 1971; ders., Porphyre et V., 1968. WErdt, M.V. Afer, der erste lat. Pauluskommentator, 1980.

Victorius, Claudius Marius (in der älteren Lit. *Victor;* die einzige Handschrift schwankt zwischen beiden Namensformen), wirkte zur selben Zeit wie Cassianus in Massilia, † zwischen 425 und 450 n. Chr. In seinem Epos *Alethia* (Die Wahrheit) gab er in 4 Büchern, von denen 3 erhalten sind, eine poetische Behandlung der biblischen *Genesis,* eingeleitet von einem Gebet *(Precatio).* Er war Rhetor, nicht Theologe; seine Verse sind weniger durch ihren Inhalt bedeutend als durch die Form, in der er die klassischen Dichter, vor allem Vergil, Lukrez, Ovid, zu übertreffen versuchte.
T: PFHovingh, 1960 (Corp. Chr. 128). Ü (franz.): Hovingh *(Gebet* und 1, 1-170), 1955.

Vienna (Vienne), röm. Kolonie in der Gallia Narbonensis, Hauptstadt der *Allobroger. Gut erhaltener Tempel des Augustus und der Livia, großes Theater.
APelletier, V. antique, Roanne 1982-83. JLancha, Les mosaïques de V., Lyon 1990.

Vigiles, die Feuerwehr von Rom. Bei den engen Gassen mit mehrstökkigen Holzbauten waren Brände in Rom sehr häufig. *Crassus (2) hatte sich sein Riesenvermögen dadurch erwerben können, daß er eine Handwerkertruppe von 500 Sklaven ausbildete; dann kaufte er jeweils die brennenden Häuser billig auf, ließ darauf den Brand löschen, die Wohnungen wiederherrichten und vermietete sie mit großem Gewinn. Die Zustände besserten sich erst, als Augustus 6 n. Chr. 7 Cohorten V. zu je 1000 bis 1200 Mann unter einem Feuerwehrpraefekten einsetzte.

Villa, röm. Landsitz. Entscheidendes Merkmal ist die Lage außerhalb der Stadt. Seit der späteren Republik dienten die Villae der reichen Römer nicht mehr bloß der *Landwirtschaft, sondern stellten luxuriöse Paläste inmitten einer Parkanlage dar, in denen die Herren alles vorfanden, was sie sich zur Erholung von den städtischen Geschäften wünschten. Ausführliche Beschreibungen in den Briefen des *Plinius (2). *Piazza Armerina.
HMielsch, Die röm. V., 1987. FReutti, Die röm. V., 1990 (WdF).

Vindeliker, keltisches Volk zwischen oberer Donau, Inn und Alpen. Tiberius besiegte sie 15 v. Chr. am Bodensee und vereinigte ihr Gebiet mit dem südlich davon liegenden Alpenland zur Provinz *Raetia*. Alte Hauptstädte: Cambodunum (Kempten), Brigantium (Bregenz). Während des Unterwerfungsfeldzuges wurde ein Legionslager am Lech (heute Oberhausen bei Augsburg) angelegt, in dessen Nachbarschaft sich auf der Landspitze zwischen Wertach und Lech eine neue Stadt entwickelte. Diese blieb nach der Verlegung der Legion nach Vindonissa (14-16 n. Chr.) der Verwaltungssitz des Procurators von Raetien, unter dem Namen Augusta Vindelicorum (Augsburg) rasch aufblühend.
HJKellner, Die Römer in Bayern, 1971; ders., Augsburg, Provinzhauptstadt Raetiens, in ANRW II 5,2 (1977) 690-717). GGottlieb, Das röm. Augsburg, 1984.

Vindicatio, altertümliche röm. Rechtsform, mit der ein Herrschaftsrecht gegenüber einem andern Praetendenten geltend gemacht wurde. Der Kläger *(vindex)* berührt in Gegenwart des Beklagten vor dem Richter die in Anspruch genommene Person oder Sache mit einem Stab und spricht die formelle Behauptung aus, daß sie sein sei. Unterläßt der Beklagte die Gegenbehauptung *(contravindicatio)*, so gibt der Richter dem Anspruch sofort statt; andernfalls wird der Prozeß eingeleitet. Der Ritus wurde auch zur Freilassung von Sklaven verwendet, indem der *Vindex* behauptete, der Mann sei frei, und der Herr des Sklaven als «Beklagter» dazu schwieg.

Vindóbona (Wien), röm. Grenzfestung vor dem Hauptlager *Carnuntum in Oberpannonien, seit den flavischen Kaisern Vorposten einer Legion und seit dem 2. Jh. n. Chr. der Donauflotte. Hier (oder in Sirmium?) starb 180 Marcus Aurelius während des Marcomannenkrieges.
ANeumann, V., 1972.

Vindonissa (Windisch bei Brugg), röm. Legionslager, nach der Unterwerfung Raetiens durch Tiberius und Drusus (15 v. Chr.) zur Überwa-

chung des Landes angelegt. Die erste Anlage (Holzbau) wurde 47 n. Chr. durch einen Lagerbau aus Stein ersetzt. Im Westen entwickelte sich vor dem Lager eine Marktstadt. Wichtigste erhaltene Bauten: Thermen. Lagertore. Außerhalb des Lagerwalls: Forum. Amphitheater.
MHartmann, V., Oppidum, Legionslager, Castrum, 1986. *Helvetier.

Vipascum, Bergwerk in *Lusitania.

Vipsanius: *Agrippa.

Virgilius. **Virginia**: *Vergilius. *Verginia.

Viriathus, Held des Freiheitskampfes der Lusitaner 147-139 v. Chr. Der röm. Praetor *Galba (1) hatte viele waffenlose Lusitaner verräterisch niedergemetzelt. V. entrann dem Blutbad und führte von da an einen Guerillakrieg mit glänzenden Erfolgen. Rom verlor zeitweise das jenseitige Hispanien und einen Teil der diesseitigen Provinz und mußte 140 Frieden schließen. 139 erneuerte Q. Caepio den Kampf und ließ V. hinterlistig ermorden.

Virunum, Hauptstadt von *Noricum.
Ausgrabungen: CPraschniker-HKenner, Der Bäderbezirk von V., 1947. GPiccottini, Die kultischen und mythologischen Reliefs des Stadtgebiets von V., 1984.

Vitae patrum, eine gr. Sammlung von denkwürdigen Aussprüchen und Handlungen der Wüstenmönche im 4. Jh. n. Chr. Aus ihr spricht religionspsychologisch höchst interessant das übersteigert extreme Denken dieser Leute. Die alte lat. Ü. (5./7. Jh.) ist für die vulgärlat. Sprachforschung wichtig.
Gr.: TÜ: JCGuy, 1993 (S.chrét.). Ü: LRegnault, Les sentences des pères du désert, Paris 1985. – Lat.: Migne lat. 73.

A. Vitellius, 15-69 n. Chr., cos. 48, wurde im Jan. 69 von den Legionen Germaniens zum Kaiser ausgerufen. Zwei seiner Armeen zogen plündernd durch Helvetien und durch Burgund und das Rhonetal über die Alpen. Sie schlugen die Truppen *Othos bei Bedriacum. Doch hatte sich inzwischen bereits Vespasian im Orient erhoben, und in einer zweiten Schlacht bei Bedriacum wurden die Vitellianer von dem neuen Gegner besiegt. V. selbst wurde nach der Besetzung Roms am 21. Dez. 69 unter Spott durch die Straßen Roms geführt und umgebracht. In seiner Regierungszeit hatte er sich vor allem durch monströse Schlemmerei hervorgetan.
Biogr.: *Sueton. *Tacitus, *Historien*. – BRichter, V., 1992. – Bildnis: Münzen.

Vitruvius (Pollio ist als Beiname nicht sicher), Architekt und Kriegsmaschineningenieur unter Caesar und Augustus, schrieb ca. 25 v. Chr. 10 Bücher *Über *Architektur.*
T: FKrohn, 1912 (Tb). TÜK: CFensterbusch, 5.A.1991. PhFleury-PGros-LCallebat u. a: 1973ff. (Budé, noch unvollst.). TÜ: FGranger, 1931-34

(Loeb L.). Ü: ARode, 1796 (Nachdr. 1987). JPrestel, 1912 (3. A. 1974). K: SFerri, 1960 (Ausw.). – HKnell, V.s Architekturtheorie, 1985. AMackay, V., architect and engeneer, Bristol 1985.

Vogelschau: *Mantik.

Volksversammlung. – I. Bei den Griechen: Schon in den ältesten Zeiten war das Königtum durch die Versammlung der Heergemeinde in gewissen Rechten beschränkt. Die V. *(Agorá)* in dieser Form, wie sie uns im Epos Homers entgegentritt, erhielt sich bis ins 3. Jh. v. Chr. bei den *Makedonen. Auch in Sparta blieben die Befugnisse der V. *(Apella)* relativ gering. In den Staaten dagegen, in denen im 6. Jh. die Demokratie sich durchsetzte, vor allem in Athen, übte die V. *(Ekklesia)* praktisch die Staatsgewalt aus. Sie wählte, soweit nicht das Los entschied, die Beamten, beschloß über Krieg und Frieden und erledigte alle wichtigen Geschäfte der Außen- und Innenpolitik. Auch Staatsprozesse *(Eisangeliai)* wurden vor ihr geführt; sie stimmte über Verbannung durch **Ostrakismós* ab. Die vorgelegten Anträge wurden vom Rat *(Bulé)* vorberaten und redigiert, doch konnte die V. Abänderungen treffen. Jeder Vollbürger war stimmberechtigt und konnte, wenn er über das nötige Rednertalent verfügte, zur V. sprechen. Einberufen und geleitet wurde sie von den jeweiligen Prytanen, an deren Spitze der Vorsteher *(Epistátes)* stand. Sie fand auf der **Pnyx*, dem Markt *(Agorá)* oder sonst einem öffentlichen Platze, z. B. im Theater, statt und begann meist frühmorgens. Das Volk saß. Seit Perikles erhielt jeder Teilnehmer eine Lohnausfallentschädigung, so daß auch die ärmeren Bürger mitmachen konnten. Man stimmte entweder durch einfaches Händemehr ab oder mit Stimmsteinen *(Psephoi)*, die man in die Urnen einlegte.
ChGStarr, The birth of Athenian democracy, Oxford 1990. MHHansen, Die athenische V. im Zeitalter des Demosthenes, 1984; ders., The Athenian ecclesia, Kopenhagen 1983-89 (Aufsatzsamml.).
II. Bei den Römern wurde das politische Geschehen weit mehr vom Senat als von der V. bestimmt. Diese konnte die vom Senat vorberatenen Anträge nur annehmen oder verwerfen, aber nicht abändern. Die Bürger nahmen stehend an der V. teil. Es gab: *a) Contiones*, zu denen die Beamten das Volk beriefen, damit es Erklärungen und Bekanntmachungen entgegennehme. Der Vorsitzende konnte, wenn er wollte, einem Redner das Wort erteilen zur Diskussion. Jedoch faßten die Contionen keine Beschlüsse. – *b) Comitia.* In ihnen trat das Gesamtvolk oder auch nur die *Plebs *(Comitia tributa)* zu Wahlen und Abstimmungen zusammen. Sie wurden von Beamten nach Einholung von Auspizien an einem vom Sakralrecht bestimmten Orte einberufen. Je nach der Ordnung, in der man sich aufstellte und abstimmte, unterschied man: 1. *Comitia curiata* nach *Curien. In ihnen wurde den Beamten durch *lex curiata* das *imperium* übertragen. – 2. *Comitia centuriata* nach *Centurien, für Wahlen, Gesetzesbeschlüsse und Volksgericht. Diese Comitien waren die alte Heeresversammlung. Da der sakralrechtliche Stadtbezirk (**Pomerium)* vom Heer nicht betreten werden durfte, konnten sie nicht auf dem Forum, sondern nur außerhalb der

Stadtgrenze, meist auf dem Marsfeld, stattfinden. In der spätern Republik war das röm. Volk in 193 Centurien eingeteilt nach 5 Vermögensklassen. Für die 1. Klasse war ein Vermögen von mindestens 100 000 As gefordert; sie stellte 18 Rittercenturien und 80 Fußvolkcenturien. Auf die nächsten, weniger bemittelten Klassen kamen je 20 Fußvolkcenturien, auf die 5. Klasse 30, dazu 5 Centurien, deren Angehörige nicht mit der Waffe dienten und in welche die Censoren diejenigen Bürger versetzten, denen sie aus irgend einem Grunde die Qualifikation für eine bessere Klasse absprachen. Jede Centurie verfügte über eine Stimme. Die Abstimmung wurde in der Reihenfolge der Klassen vorgenommen, innerhalb der 1. Klasse die *Centuria praerogativa*, welche als erste abstimmen durfte, durchs Los ermittelt. Sobald die absolute Mehrheit erreicht war, wurde die Stimmabgabe beendet. Da die 1. Klasse allein schon 98 Stimmen von den 193 möglichen besaß, kam der zahlenmäßig stärkste, in den unteren Klassen eingestufte Teil der Bürgerschaft nie zum Zuge. – 3. *Comitia tributa*, seit 471 v. Chr., nach *Tribus. Die Tributcomitien des Gesamtvolks hatten geringe Befugnisse. Sehr wichtig hingegen waren die der Plebeier für Beschlüsse der *Plebs *(Plebiscita)*, Wahl von Quaestoren, Aedilen, Volkstribunen und anderen plebeischen Beamten sowie des Pontifex maximus. – Seitdem im letzten Jh. der Republik ein großer Teil der röm. Bürger, weil er nicht in Rom wohnte, nicht in der V. erscheinen konnte, gaben die Stimmen der stadtröm. *Clienten den Ausschlag; Wahlbestechungen größten Ausmaßes wurden üblich. Das führte dazu, daß die V. als eine nicht mehr brauchbare Einrichtung in der Kaiserzeit rasch jede Bedeutung verlor. Augustus versuchte 5 n. Chr. erfolglos ein letztes Mal, die Centuriatcomitien durch ein Wahlgesetz zu retten.
LRoss Taylor, Roman voting assemblies, Ann Arbor 1966.

Volsci, Italikerstamm im Gebiet des Flusses Liris. In steten Kämpfen mit Rom (*Coriolan) drangen sie zeitweilig gegen Latium bis Velitrae (Velletri) und an der Küste nach *Antium vor. Wichtigste Städte im Innern: Arpinum, Aquinum, Casinum (Cassino); an der Küste: Anxur (*Tarracina). 338 v. Chr. hatte Rom sie endgültig unterworfen und zu Verbündeten mit latinischem Bürgerrecht gemacht.
StQuilici Gigli (Hg.), I Volsci, Roma 1992.

Volubilis, Ort in Mauretanien, von dem seit 1915 beachtliche Reste, insbesondere von Privathäusern, ausgegraben wurden. Funde von Bronzestatuen.
AJodin, V., regia Iubae, Paris 1987.

Vorsokratiker, gr. Philosophen vor Sokrates: *Philosophie.

Vulca, etruskischer Bildhauer aus Veii, der das Kultbild für den 509 v. Chr. geweihten Tempel des Iuppiter Capitolinus in Rom in *Terrakotta schuf. Von seiner Kunstart kann man sich an Hand der in *Veii gefundenen Terrakottaskulpturen, die vielleicht aus seiner Werkstatt stammen, eine Vorstellung machen.
MPallottino, La scuola di Vulca, 2. A. 1948.

Vulcanus (Volcanus), der Gott des Feuers, dem gr. Hephaistos angeglichen. Die Herkunft des Gottes ist umstritten. Vielleicht ist der Name identisch mit dem auf Kreta bezeugten *Velchanos;* doch ist das Wesen des Gottes V. ein anderes. Etruskisch hieß der Feuergott *Sethlans;* V. kann demnach nicht aus Etrurien nach Rom gekommen sein. Ein uralter Kultplatz, die *area Volcani*, lag am Rande des röm. Forums nach dem Capitol zu. 214 v. Chr. erhielt V. einen Tempel auf dem Marsfeld, außerhalb der Stadtgrenze *(Pomerium).* Der Gott der Feuersbrünste sollte draußen bleiben. Sein Hauptfest, die *Volcanalia*, fiel auf den 23. August.

Vulci, Stadt der Etrusker nahe der tyrrhenischen Küste auf der Höhe des Hafens Cosa, wohin die Römer, nachdem sie im J. 280 v. Chr. V. erobert hatten, eine Kolonie legten. Die Nekropolen haben reiche Funde etruskischer und importierter gr. Kunst zutage gebracht. Am berühmtesten die 1857 geöffnete "Tomba François" aus dem Ende des 4. Jh. v. Chr. Ihre Wandgemälde zeigen eine Szene aus der legendären röm. Königszeit: Ein Mann mit Namen *Mcstrna* (röm. *Mastarna)* durchtrennt mit dem Schwert die Fesseln des gefangenen *Caile Vipinas*, während in einer andern Gruppe *Cneve Tarchunies Rumach* (= Cn. Tarquinius Romanus) getötet wird. *Mastarna*, der treue Gefährte des *Caele Vibenna*, war nach einer Tradition identisch mit dem röm. König Servius Tullius.
ACavoli, Profilo di una città etrusca, V., Pistoia 1985. Messerschmidt, Nekropolen in V., 1930.

Vulgärlatein, das von der normierten Schriftsprache und der Umgangssprache der Gebildeten unterschiedene Latein, wie es das von Bildung wenig berührte Volk sprach und etwa in Pompeii an die Wände schrieb. Aus dem V. haben sich die romanischen Sprachen (Französisch, Spanisch, Italienisch, Rumänisch u. a.) entwickelt. Das V. ist daher für die Sprachwissenschaft von größtem Interesse. Was uns schriftlich überliefert ist, sind fast immer literarische Texte, die vom V. kaum etwas ahnen lassen. Eine Ausnahme bilden nur drei Arten: 1. Inschriften ohne jede literarische Ambition. 2. Stellen in der gebildeten Lit., an denen das V. parodisch oder sonstwie als Stileffekt verwendet wird, vor allem die Gespräche der Freigelassenen bei *Petronius. 3. Grammatische Lehrschriften, welche für Schulzwecke richtige und falsche, d. h. vulgäre Formen gegenüberstellen, z. B. die *Appendix Probi* (*Probus [2]). Eine schon nicht mehr reine, aber ergiebige Quelle ist jene Lit., deren Verfasser zwar gut zu schreiben beabsichtigten, aber den literarischen Stil nicht erreicht haben. Hierher gehören manche Grabschriften ungebildeter Leute, sodann Fachschriften der Spätantike wie das anonyme veterinärmedizinische Lehrbuch des Chiron (zu manchen Stellen besitzen wir daneben eine hochsprachliche Parallelfassung in der *Mulomedicina* des *Vegetius), oder medizinische Schriften, übersetzt nach Hippokrates, Oreibasios, Rufus, Dioskurides u. a. Bei deren Beurteilung müssen auch die in die Ü. eingedrungenen Graezismen berücksichtigt werden. In der christlichen Lit. mit vulgärer Färbung spielt oft

nicht so sehr das Unvermögen der Verfasser mit als vielmehr der Wunsch, zu einer Gemeinde von Leuten niederer Schichten in einer ihnen nahen Sprache zu reden. Augustinus, als Rhetor ein Meister der Sprache, nimmt in seinen Predigten bewußt Vulgarismen des Satzbaus auf. Vulgäre Formen, Wörter und Satzkonstruktionen finden sich besonders in den *Bibel-Ü der *Vetus Latina*, in der **Peregrinatio Aetheriae*, den **Vitae patrum*, den Schriften des Bischofs *Lucifer.
Gelegentlich hat das V. alte Sprachformen bewahrt, welche die Literatursprache der ciceronischen Zeit verschmäht hatte, so daß in einigen Zügen das V. mit dem Altlatein z. B. des Plautus übereinstimmt. Doch schrieb Plautus die Umgangssprache seiner Zeit, nicht V. – Eine charakteristische Erscheinung des V. im Verhältnis zur Hochsprache sind beispielsweise in der Phonetik die Hyperurbanismen: Der Sprecher will die ihm als unfein bekannten Erscheinungen der Aussprache meiden und übertreibt dabei. So pflegte im V. vor *s* + Konsonant ein *e* oder *i* gesprochen zu werden: *iscola* statt hochsprachlich *schola*. Hingegen hieß es hochsprachlich richtig *ischiadicus* (an Ischias leidend). Der Überkorrekte ließ auch hier das *i* weg und schrieb *sciaticus*. In der Declination beginnen die Casus zu schwinden, der Accusativ wird zum Normalfall, das Neutrum geht bis auf geringe Spuren verloren, neutrale Plurale werden zu fem. Singularen *(gaudia* zu frz. *la joie)*. Im Vokabular werden unregelmäßig flektierte Wörter durch regelmäßige ersetzt: *portare* statt *ferre*, *manducare* statt *edere*. Im Satzbau tritt Nebenordnung an Stelle der Unterordnung: *dico, venit* («Ich sage, er kommt») statt *dico eum venire* («Ich sage, daß er komme»).
T (Ausw.): GRohlfs, Sermo vulgaris Latinus, 3. A. 1969. Slotty V'isches Übungsbuch, 2. A. 1960. – Grandgent, Introduction to vulgar Latin, 1907. KVossler, Einführung ins V., 1955. VVäänänen, Le Latin vulgaire des inscriptions pompéiennes, 3. A. 1966; ders., Introduction au Latin vulgaire, 1964. ELöfstedt, Late Latin, 1959.

Vulgata (die allgemeingebräuchliche [Textausgabe]) heißt die von der Kirche als verbindlich anerkannte lat. *Bibelübersetzung des *Hieronymus.

W

Wasserleitungen: *Aquae ductus.

Wein war, mit Wasser gemischt, das Hauptgetränk des antiken Menschen. *Bier kannte man wohl, aber schätzte es nicht; destillierten Alkohol gab es nicht. Zwar war die Rebe in den Mittelmeerländern nicht einheimisch. Sie wächst wild im Kaukasus. Doch war sie schon in vorhistorischer Zeit nach Griechenland und von da nach Italien gekommen, was sich in der Sage vom Siegeszug des Weingottes *Dionysos spiegelt. Italien wurde in den Jahrhunderten vor Christi Geburt der größte Weinproduzent; besonders Campaniens Weine waren berühmt: Man exportierte nach Griechenland und bis nach Indien, vor allem aber nach Nordeuropa. Die Weingüter der senatorischen Grundbesitzer warfen reiche Gewinne ab, und der Schutz dieses Handelsprivilegs war ein weltwirtschaftliches Problem ersten Ranges (*Punische Kriege [Schluß]). Erst allmählich akklimatisierte sich die Weinrebe so, daß ihr Anbau auch in nördlicheren Gegenden (Gallien) möglich wurde. Doch war er in Germanien und Pannonien (Ungarn) noch lange gesetzlich verboten; Kaiser Probus (276-282 n. Chr.) führte ihn dort ein. Der Edelweinbau verfiel im Mittelalter. Den aus Amerika eingeschleppten Schädlingen fielen die alten europäischen Rebsorten dann ganz zum Opfer und mußten durch widerstandsfähigere amerikanische ersetzt werden. So wird zwar auch heute in den durch Horaz berühmten Lagen Wein gebaut, aber es ist nicht mehr der Wein, welchen der Dichter besungen hat. Italische und gr. Markenweine wurden in versiegelten Amphoren mit Stempel in den Handel gebracht (*Thasos). Die Amphoren von Chios enthielten einen mit Meerwasser versetzten Süßwein als Spezialität. Auch unvergorenen Traubensaft stellte man her; man machte ihn haltbar, indem man ihn durch Kochen eindickte *(defrutum).*
ChSeltman, Wine in the ancient world, London 1957. KKircher, Die sakrale Bedeutung des Weines im Altertum, 1910. RBilliard, La vigne dans l'antiquité, 1913. GHagenow, Aus den W.gärten der Antike, 1982. KWWeeber, Die W.kultur der Römer, 1993.

Weissagung: *Mantik, *Sibylla.

Wirtshäuser. Die Sitte der privaten Gastfreundschaft war im Altertum so allgemein verbreitet, daß W. nicht recht blühten. Nicht nur die miteinander bekannten Gastfreunde *(xenoi)* und ihre Familienangehörigen gewährten sich gegenseitig Aufnahme in ihren Häusern: Wenn jemand an einen Ort reiste, wo er selbst über keine Beziehungen verfügte, ließ er sich von einem Bekannten, der dort einen Gastfreund hatte, das Erkennungszeichen (**Symbolon)* mitgeben. Es diente ihm als Empfehlung und sicherte ihm die Aufnahme. Die Staaten ernannten an fremden Orten, mit denen man Beziehungen unterhielt, einen dort ansässigen, möglichst einflußreichen Mann zum **Proxenos*. Dieser vertrat die Interessen des ihn ernennenden Staates und beherbergte auch offizielle Personen, die in Angelegenheiten dieses Staates reisten. Manche Gemeinden beauftragten ihrerseits einen Bürger am eigenen Ort, Personen, die als Gäste des Staates empfangen wurden, zu bewirten (z. B. der von den Königen ernannte *Proxenos* in Sparta, in Rom der *hospes publicus).* An gr. Festspielorten wie Olympia erwartete eine große Herberge *(hestiatérion)* die vornehmeren Festgäste. Auch an Orakelstätten und Kurorten gab es solche von der Gemeinde errichteten Unterkunftshäuser. Im röm. Reich oblag den Städten die Pflicht, röm. Beamte und Militärpersonen zu beherbergen. Solche Einquartierung hatte Anspruch auf ein Drittel des privaten Hauses, in das sie eingewiesen war, falls die Bürger nicht, um der Last zu entgehen, eigens eine Gemeindeherberge zur Verfügung stellten. Im Orient gab es seit alters öffentliche Gemeindeherbergen, in deren Innenhof die Karawanen nächtigten und ein Brunnen Wasser für die Tiere bot. Die Stationen *(mansiones)* der röm. kaiserlichen *Post boten den Reisenden auch in abgelegensten Gegenden Nachtquartier und Verpflegung; doch beförderte die Post nur Reisende, die im Auftrag oder mit Erlaubnis des Kaisers unterwegs waren. Weitere Beherbergungsgelegenheit für jedermann boten seit dem 4. Jh. n. Chr. auch die christlichen **Xenodocheia*. All diese privaten und öffentlichen Einrichtungen entzogen den gewerblichen Wirten die vornehme Kundschaft. Die W. waren sehr primitiv. Wer konnte, mied sie, und die Literatur ist voll von Klagen über ihre schlechte Führung. Wirte waren als Kuppler und Weinpantscher verrufen, Wirtinnen und Kellnerinnen galten für Dirnen, denen sogar das röm. Recht den Schutz ihrer Ehre versagte. Man ersetzte zwar seit dem 1. Jh. n. Chr. den gebräuchlichen und verächtlich gewordenen Namen Wirt, *caupo* (davon das deutsche Wort *kaufen*, aufschlußreich für die Art des frühsten röm.- germanischen Kleinhandels !), gerne durch das vornehmere *hospes*, ein Wort, das ursprünglich den privaten Gastfreund bezeichnet hatte. Aber an der Sache besserte sich nichts. Während die Zahl privater Herbergen (gr. *pandokeíon* oder *katagógion*, vornehmer *xenón*, lat. *deversorium)*, meist in der Nähe der Stadttore, nicht übermäßig groß war, drängten sich in den Gassen die Speise- und mehr noch die Schankwirtschaften, besonders in der Nähe von Thermen und Theatern. Meist war die Kneipe ein nach der Straße offener, ebenerdiger Raum *(taberna).* Die Schenken von Pompeii haben auf der einen Seite der großen steinernen Theke einen eingelassenen Heißwasserkessel. Da die ärmere Bevölkerung keine Wohnungen mit Kochgelegenheit besaß, mußte sie das heiße Wasser vom Wirt beziehen. Im 1./2. Jh. n. Chr. besserten sich die Wohnverhältnisse. In Ostia, das eine spätere Zeit repräsentiert, fehlen diese Kessel in den Schanktischen. Zugleich aber schränkten kaiserliche Gesetze die Zahl der Wirtschaften ein und schrieben Sperrstunden vor.

TKleberg, Hôtels, restaurants et cabarets dans l'antiquité Romaine, Uppsala 1957; ders., In den W. und Weinstuben des antiken Roms, 1963. OHiltbrunner, Gastfreundschaft und Gasthaus in der Antike, in HCPeyer (Hg.), Gastfreundschaft, Taverne und Gasthaus im Mittelalter, 1983, 1-20.

X

Xanten: *Vetera.

Xanthippe, die Frau des *Sokrates. Er hatte sie wohl erst spät geheiratet, da seine 3 Söhne, als er 70jährig starb, noch nicht erwachsen waren. In den sprichwörtlichen Ruf eines zänkischen Weibes haben sie die Kyniker gebracht. Ihr Bild beruht sicher in vielen Zügen auf Erfindung; was daran historisch ist, läßt sich kaum entscheiden. Das Urteil wird dadurch erschwert, daß die Stellung der Ehefrau damals in Athen überhaupt eine wesentlich andere war als heutzutage. Die Frau hatte an den geistigen Interessen des Mannes keinen Anteil (*Ehe). So ist es, auch wenn sich unser modernes Empfinden daran stößt, durchaus natürlich, daß Sokrates seine letzten Stunden in philosophischer Besinnung mit seinen Freunden verbrachte und X. wegschickte.

Xanthippos. – 1. Vater des Perikles, führte die Athener 479 v. Chr. beim Sieg von *Mykale. – 2. Spartanischer Söldnergeneral in karthagischen Diensten, vernichtete 255 v. Chr. das röm. Invasionsheer des *Regulus.

Xanthos, Stadt in Lykien. In den reliefgeschmückten Grabbauten des 6. und 5. Jh. v. Chr. (Löwengrab, *Harpyien- und *Nereidenmonument; jetzt in London, British Museum) wirkt stark der ionische Einfluß.
Fouilles de X., Paris 1958ff. (darin Bd.8, 1-2: WAPChilds-PDemargue, Le monument des Néréides, Paris 1989). JWagner-GKlammet, Die türkische Südküste, 1978, 76-89. JWagner, Südtürkei, 1991.

Xenodocheion, Hospital. Das Altertum kannte bis ins 4. Jh. n. Chr. keine öffentlichen Krankenhäuser. Kranke und Gebrechliche wurden in der Familie oder im Haus von Freunden versorgt. Bei größeren Katastrophen öffneten die Bürger der Städte ihre privaten Häuser, um die Verletzten aufzunehmen. Das *iatreion* des gr.-röm. Arztes war nur ein Raum für die Untersuchung und ambulante Behandlung, keine Klinik. Der Arzt kam ins Haus des bettlägrigen Kranken, und berühmte Professoren erschienen dort mit einem Gefolge von Studenten. Vielerorts wurde ein Gemeindearzt angestellt, aber nirgends ein allgemeines Krankenhaus gebaut. Die Häuser bei vielbesuchten Asklepiosheiligtümern sind eher mit Kurhotels zu vergleichen. Römer, die eine große Schar Sklaven besaßen, richteten für diese ein Krankenrevier *(valetudinarium)* ein. Besonders nötig war es bei Gladiatorenschulen. Dieselbe Vorsorge wurde im röm. Heer getroffen. Die *Valetudinaria* in den festen Lagern zur Kaiserzeit waren vorzüglich eingerichtet (Reste z. B. in *Novaesium und *Carnuntum). Chirurgische Instrumente werden in Römerlagern öfter gefunden. Wer jedoch außerhalb dieses Personenkreises, ohne Verwandte und Freunde oder ausreichenden Besitz, krank und arbeitsunfähig wurde, blieb ohne staatliche Hilfe. Die öffentliche Speisung in gr. Städten war eine Ehrung für verdiente Bürger, das Recht auf staatliche Kornverteilung in Rom ein mit dem röm. Bürgerrecht verbundener Vorteil, beides nicht Armenfürsorge. Daher bettelten an den vielbegangenen Plätzen der antiken Großstädte, um Thermen und Amphitheater, stets viele Kranke und Alte um ein Almosen. – Erst das Christentum brachte eine Besserung. Sobald die Kirche durch ihre staatliche Anerkennung (313) die Möglichkeit erhielt, öffentlich zu wirken, wurden Xenodocheia errichtet, Häuser, in denen Hilfsbedürftige um Christi willen gespeist, beherbergt und wenn nötig gepflegt wurden. Zunächst waren die X. als Herbergen für Pilger gedacht, deren Zahl die Mittel der Gastfreundschaft zu übersteigen begann, und die dennoch nicht auf die übelbeleumdeten *Wirtshäuser angewiesen sein sollten. Doch da die Aufnahme im X. unentgeltlich war, dehnte sich der Kreis rasch aus. Das X. wurde auch Krankenhaus, Alters-, Witwen- und Waisenheim, Armenanstalt. Die erste Gründung in Konstantinopel war die des Senators Zotikós (zwischen 330 bis 360). Schon Kaiser Iulianus sah um 362 im X. eine für das Christentum werbende Institution, die er so hoch einschätzte, daß er befahl, in den Städten Kleinasiens ein Netz von heidnischen X. zu errichten, welche die Konkurrenz schlagen sollten. Sein Tod verhinderte die Ausführung des Planes. Sehr frühe X. finden sich auch in Aegypten (beim Kloster des *Pachomius). Am berühmtesten wurde der Komplex von Anstalten, den der Bischof *Basileios um 375 als «neue Stadt» vor den Toren von Kaisareia aufbaute. Zu den nach der Regel des Basileios lebenden orientalischen Klöstern gehört immer ein X. Neben Bischöfen, Klöstern und privaten Stiftern gründeten auch die Kaiser und ihre Angehörigen zahlreiche X. Der lat. Westen übernahm die Einrichtung wenig später. Etwa um 380 stifteten der Senator Pammachius eine Pilgerherberge im Hafen Roms (neben Ostia), eine hochadelige Römerin, Fabiola, ein Krankenhaus in Rom. Die Wirren der Völkerwanderung hemmten die Ausbreitung im Westen. Es blieben hier kleinere Anstalten des gemischten Typs die Regel, meist mit 12 Betten nach der Zahl der Apostel. Im Osten gab es mehr Häuser, die auf einen Zweig der Fürsorge spezialisiert waren. Von den Byzantinern übernahmen auch Perser und Araber das Krankenhaus; die heutigen Krankenhäuser unserer Städte sind historisch direkte Abkömmlinge des antik-christlichen X. Die X. standen unter Aufsicht der örtlichen Bischöfe, doch war das Vermögen an den Stiftungszweck gebunden, der Bischof nicht rechtlicher Eigentümer. Aus dieser besondern Rechtsstellung entwickelte sich der dem röm. Recht noch fremde Begriff der juristischen Person.

Xenokrates, der 3. Schulleiter der *Akademie 339-314 v. Chr.
RHeinze, X., 1892 (Nachdr. 1965), mit T (Frg.). TÜK: MIsnardi Parente, Senocrate, Ermodoro, Napoli 1982.

Xenophanes von Kolophón, ca. 565-470 v. Chr. Als gegen 540 Kolophon unter Perserherrschaft kam, begann für X. das Leben eines wandernden Dichters, bis er nach langen Jahren in Elea in Unteritalien eine neue Heimat fand. Er schrieb geschichtliche Epen *(Gründung von Ko-*

lophon, Kolonisation von Elea), Elegien und *Sillen*, eine von ihm erfundene Art von Verssatire. In den *Silloi* bekämpfte er als kritischer Denker traditionelle Sitten und Vorstellungen: Statt beim Symposion Mythen und politische Kampflieder zu singen, sollen vernünftige Männer die Gottheit preisen. Besser als die sportliche Tüchtigkeit des Olympiasiegers ist das geistige Wissen, das allein zur guten Ordnung *(Eunomía)* des Staates nützt. Schwer tadelte X. die menschengestaltigen Götter Homers, denen dieser alle Laster angehängt habe. In einem Lehrgedicht *Über die Natur* lehrte er, daß es nur eine Gottheit gebe, ewig, einheitlich, unbewegt und von vollkommener, d. h. kugelförmiger Gestalt. Er unterschied zwischen der dem Menschen unerreichbaren Wahrheit und dem Schein. Damit bereitete er den Monismus der eleatischen Philosophie und die auf dem Gegensatz von Sein und Meinung aufbauende Erkenntnistheorie seines Schülers *Parmenides vor.

T: MLWest, Iambi et elegi 2, 1992. TÜ: Vorsokr. I. EHeitsch, 1983 (Tusc.). TK: JHLesher, Toronto 1992. – Gigon, Der Ursprung der gr. Philosophie, 1945. KDeichgräber, X. *peri physeos*, in Ausgewählte Kl. Schriften, 1984, 36-66.

Xenophon. – 1. Athenischer Adliger, ca. 430-354 v. Chr. Er schloß sich als junger Mann Sokrates an, dessen sittliches Vorbild ihm tiefen Eindruck machte, wenn er auch als ein Mensch von praktisch nüchternem Sinn dem geistigen Forschen des Philosophen fremd blieb. 401 trat er als Offizier in die Griechentruppe des *Kyros (2) ein und leitete nach der Katastrophe von Kunaxa mit Erfolg den schwierigen Rückzug. Die politische Lage und seine eigene, der Demokratie abgeneigte aristokratische Natur ließen ihn auf die Seite der Spartaner treten. Athen bürgerte ihn darum als Landesverräter aus. Nach dem Krieg lebte er auf dem Landgut Skillus bei Olympia bis 370 als Landwirt und Schriftsteller. Nach der Schlacht bei Leuktra mußte er nach Korinth fliehen. Da jetzt Athen mit Sparta gegen Theben verbündet war, wurde das Verbannungsurteil aufgehoben, doch blieb X. bis zu seinem Tode in Korinth. Sein Sohn Gryllos fiel als attischer Reiter bei Mantineia. – X.s Schriften waren um ihrer Schlichtheit willen im ganzen Altertum geschätzt und sind alle erhalten. Sie lassen sich in Gruppen einteilen: *a)* Über Sokrates: Die *Apologie* (nach dem Vorbild Platons). Erinnerungen *(Apomnemoneumata*, lat. *Memorabilia). Symposion.* Das Bild, das X. von Sokrates entwirft, bleibt weit hinter dem hohen Ideal des Platon zurück; es ist in mancher Hinsicht banal. Der Vergleich lehrt mehr für das Denken X.s und Platons als für den historischen Sokrates, den auch X., wie alle Sokratiker, mit dichterischer Freiheit zeichnet. – *b)* Politische Schriften: *Hieron* (Über das Ideal des Herrschers). *Agesilaos* (Lobrede auf den 361 gestorbenen Spartanerkönig). *Der Staat der Spartaner* (Die Ursache seiner Kraft liegt in der lykurgischen Verfassung). *Der Staat der Athener*, als Gegenstück unter die Schriften X.s geraten, gehört einem unbekannten andern Verfasser. Der Erziehungsroman *Kyru paideia*, in dem er, einzelne geschichtliche Züge frei benutzend, das Heranwachsen des älteren *Kyros zum idealen König schildert. – *c)* Historische Schriften: *Anábasis*, der Hinaufmarsch (und Rückzug)

der 10 000 gr. Söldner, an dessen Gelingen X. selbst den Hauptanteil gehabt hatte. *Hellenikà*, eine Fortsetzung des Geschichtswerkes des Thukydides bis 362 v. Chr. – *d)* Kleine L e h r schriften: *Oikonomikós* (Sokrates spricht über die richtige Führung eines Haushalts). *Poroi* (Reform des athenischen Finanz- und Steuerwesens). *Anweisung für den Reiterführer. Über Pferdehaltung. Über die Jagd mit Hunden.*
T: ECMarchant, 1900-21 (Oxf. Cl.). TÜ: Verschiedene Hg. in Budé 1948ff. (nicht abgeschlossen). Einzeln: *Anabasis:* T: CHude, 1931 (Nachdr. 1972, Tb) TÜ: WMüri, 1990 (Tusc.). Ü: HVretska (Reclam). *Hellenika:* TÜ: GStrasburger, 1988 (Tusc.). *Memorabilia:* T: CHude, 1934 (Nachdr. 1985, Tb). TÜ: GJaerisch, 1987. Ü: RPreiswerk-WBurkert (Reclam). K: OGigon, 1953-56. *Sokratische Schriften:* Ü: EBux, 1956 (Kröner). *Symposion:* TÜ: EStärk (Reclam). K: GJWoldinga, Hilversum 1939. *Oikonomikos:* ÜK: LStrauss, X.s Socratic Discourse, 1970. *Poroi:* TÜ: ESchütrumpf, 1982. *Ökonomische Schriften:* TÜ: GAudring, 1992. *Pferdehaltung:* T: KWiddra, 1964 (Tb). Ü: EPollack, 1912. TÜ: EDelebècque, Paris 1978. *Jagd:* T: EDelebècque, Paris 1970. TÜ: ATessier, Venezia 1989. *Hieron:* TÜK: JLuccioni, Paris 1948. Ü: ECahn, in LStrauss, Über Tyrannis, 1963. *Kyru paideia:* T: WGemoll, 1912 (Nachdr. 1968, Tb). TÜ: RNickel, 1992 (Tusc.). – LStrauss, X.s Socrates, 1972. HRBreitenbach, X., 1966 (Sonderdr. aus Realencycl.). JKAnderson, X., London 1974. – Zu einzelnen Werken: DLGera, X.s Cyropaedia, Style, genre and lit. technique, Oxford 1993. VGray, The character of X.s Hellenica, London 1989. DKrömer, X.s Agesilaos, 1971 (Diss.Berlin). GProietti, X.s Sparta, Leiden 1987. HFrisch, The constitution of the Athenians, a philol.-hist. analysis of Pseudo-X.s treatise, Kopenhagen 1942.
2. X. von Ephesos schrieb im 2./3. Jh. n. Chr. einen Liebesroman *Ephesiakà* in 5 Büchern (*Roman).
TÜ (franz.): GDalmeyda, 1926 (Budé). Ü: Krabinger, 1820. GA Bürger, 1775. BKytzler, 1968.

Xerxes, König der Perser 485-465 v. Chr., Sohn und Nachfolger des Dareios. Seine groß angelegte Expedition gegen die Griechen (*Perserkriege) scheiterte bei Salamis. Nachdem der Hauptbefürworter des Feldzugs, *Mardonios, bei Plataiai gefallen war und ein Aufstand des Masistes, des Halbbruders des X., in Baktrien die Kräfte des Königs band, unterblieb der geplante Rachekrieg. Als dann die Athener den Persern am Eurymedon eine neue schwere Niederlage beibrachten, wurde X. durch die Verschwörung einiger Adliger ermordet.

Xuthos, Sohn des *Hellen, Vater des *Ion.

Z

Zagreus, ein Unterweltsgott, in der spätern *Orphik gleich dem von den Titanen zerrissenen Dionysos.

Zakynthos, Insel im Ionischen Meer, von Nordwestgriechen besiedelt.

Zaleukos, Gesetzgeber der epizephyrischen *Lokrer um 660 v. Chr. Seine Gesetze galten als die ersten geschriebenen in Griechenland. *Charondas.

Zalmoxis, ein Gott des thrakischen Stammes der Geten. Die gr. Legende (Herodot 4, 94ff.) wußte, er sei Sklave des *Pythagoras gewesen und habe nach seiner Freilassung den Thrakern die Zivilisation und die Unsterblichkeitslehre seines Meisters gebracht. Dann sei er 3 Jahre in einem unterirdischen Versteck verschwunden und habe so, als er im 4. Jahre wieder unter ihnen erschien, die Thraker von seiner Göttlichkeit überzeugt.

Zama, die letzte Schlacht Hannibals, in der er 202 v. Chr. Scipio unterlag. Die Bezeichnung Schlacht bei Z. ist falsch. Hannibal war von seinem Lager bei Z. in einem mehrtägigen Marsch Scipio entgegengezogen. Die Schlacht fand weit im Landesinnern nahe der tunesisch-algerischen Grenze statt, nach *Polybios bei Margaron (heute Draa el Meinan, südwestlich von El Kef?).
Kromayer-Veith, Antike Schlachtfelder IV, 1931.

Zarathustra (gr. *Zoroastres)*, persischer Religionsstifter. Nach persischer Tradition lebte Z. um 630 v. Chr. Die Griechen, die von ihm nur sehr sagenhafte Kunde hatten, setzten ihn 5000 Jahre vor dem Troianischen Krieg an. In der Achaimenidenzeit war die Lehre des Z. nicht offizielle Staatsreligion; dies wurde sie erst unter den Sassaniden. Vorher waren die medischen Magier der auch bei den Persern privilegierte Priesterstand. Zu den Grundlagen der altiranischen Religion gehörte der Allgott *Ahura Mazdah* und die Heiligkeit des Feuers. Z. brachte das dualistische Weltprinzip, indem er dem *Ahura Mazdah* den bösen Geist *Angra Mainyu* gegenüberstellte. Der Kampf zwischen Licht und Finsternis, Wahrheit und Lüge endet mit dem Sieg Mazdahs im Weltgericht.
Bidez-Cumont, Les Mages hellénisés, Paris 1938.

Zauberei spielte in den Vorstellungen des Volkes bei Griechen und Römern eine große Rolle. Man wertete sie durchaus negativ. Obschon der Staat sich offiziell der *Mantik und Orakel bediente, gab es weder bei Griechen noch Römern staatliche Zauberer. Das röm. Priesterritual enthält manche Relikte alter Z. *(*evocatio)*. An die Wirksamkeit der Z. glaubte auch der Staat und stellte sie unter schwere Strafen. Im alten

Rom bestimmte das *Zwölftafelgesetz (8. Tafel) den Tod für den, der «einen bösen Spruch gegen jemand singt» und der «das Korn (vom Felde) wegsingt» oder «die fremde Saat (auf sein Feld) herüberlockt». **carmen.* – Die gr. Sage erzählte von den Zauberinnen *Medeia und *Kirke. Das Motiv der Verzauberung eines Menschen in eine Tiergestalt kehrt in vielen Werwolfsagen wieder. Praktisch viel geübt wurde der Liebeszauber (als literarisches Motiv: *Sophokles, *Trachinierinnen;* *Theokrit, *Pharmakeutriai* u.a.); die zu diesem Zwecke gebrauten Tränke waren keineswegs immer harmlos. Lucretius und Caligula sollen nach einem Liebestrank wahnsinnig geworden sein. Schadenzauber gegen eine Person übte man oft in der Weise, daß man den Namen mit einer Verwünschung auf ein Bleitäfelchen schrieb und dieses vergrub. So weihte man den Feind den unterirdischen Mächten. Solche Täfelchen sind so zahlreich gefunden, daß die Sammlung dieser Inschriften mehrere Bände füllt (Hauptwerk: AAudollent, Defixionum tabellae, 1905). Besonders verrufen waren die Zauberinnen von Thessalien. Man sagte ihnen nach, sie verstünden den Mond vom Himmel herabzuziehen. Eine grausige Totenbeschwörung läßt *Lucanus (6, 420-830) durch die thessalische Hexe Erictho vornehmen. Ein weites Feld bot der Magie die Volksmedizin, welche viele Rezepte auf Sympathiezauber aufbaute. – Natürlich war bei den von der Aufklärung des 5. Jh. ergriffenen Griechen der Glaube an Z. weitgehend verschwunden. Das Wort *Góes* (Zauberer) bekam die Bedeutung Schwindler. Die Römer neigten an sich dem Aberglauben mehr zu. Doch auch die röm. Schriftsteller des 1. Jh. glaubten nicht an die Wirkungen der Z., die sie gerne als literarisches Motiv benutzten (GLuck, Hexen und Z. in der röm. Dichtung, 1962). Sie griffen nur das schändliche Treiben der Hexen an: Horaz *(Epode 5)* läßt sie einen unschuldigen Knaben zu Tode martern. Wenn Tiberius gegen ihn verübte Z. als Majestätsverletzung strafte, so geschah es nicht deshalb, weil er eine direkte Wirkung des Zaubers gefürchtet hätte. Seit dem 3. Jh. n. Chr. kehrte allerdings die echte Furcht vor Z. auch bei den halbbarbarischen Kaisern ein. Valentinian fühlte sich ständig von Z. bedroht und ließ große Staatsprozesse gegen die Verdächtigen führen. – Die Kaiserin *Iulia Domna verehrte den Wundermann Apollonios von Tyana hoch und ließ durch *Philostratos sein Leben beschreiben. Von hohem Interesse für die Zauberpraktiken des 2. Jh. n. Chr. ist die *Apologie* des der Z. angeklagten *Apuleius (Abt, Die Apologie des Apuleius, 1911). Für das 3./4. Jh. zeugt *Iamblichos *(Ägypt. Mysterien).* Er und andere Neuplatoniker praktizierten die *Theurgia,* ein System von Geheimlehren, durch Riten und Beschwörungen auf Götter und Dämonen zu wirken und sie dienstbar zu machen (ERDodds, Die Griechen und das Irrationale, 1970, 150-167). Zu diesen Schriften führender Literaten gesellt sich die niedrigere Schicht der Zauberliteratur auf Papyri.

TÜ: KPreisendanz, Die gr. Zauberpapyri, 2.A. 1973-74 TÜK (Ausw.): RMerkelbach-MTotti, Abrasax, 1990-91. RWDaniel-FMaltomini, Supplementum magicum, 1990. GLuck, Magie und andere Geheimlehren in der Antike, 1990 (Kröner). – *Aberglaube.

Zeitrechnung. Die Griechen ließen meistenorts Monate von 29 und 30 Tagen miteinander abwechseln und stellten den Ausgleich mit dem Sonnenjahr durch Schaltjahre mit 13 Monaten her. Die altorientalische Siebentagewoche fand erst durch das Juden- und Christentum in der gr.-röm. Welt Eingang. Doch teilten die Griechen den Monat manchmal in 3 Zehntagsabschnitte am Anfang, in der Mitte und am Ende ein und zählten innerhalb dieser Gruppen die Tage, sofern diese nicht ohnehin eine eigene Bezeichnung fanden (Feste, Neumondstag). Am Ende wurde zuweilen rückwärts gezählt, so daß z.B. der letzte Neunte den 22. Monatstag bedeutete, nämlich in der letzten Gruppe der 9., vom 30. aus gerechnet, Anfangs- und Endtag mitgezählt. Da das Sonnenjahr und damit die von der Witterung abhängigen Termine der Feldbestellung und der Schiffahrt mit den Daten des bürgerlichen Mondsonnenjahres schlecht übereinstimmten, verwendete man *Parapegmata*, d.h. Steckkalender. In ihnen waren die Tage nach beiden Systemen aufgezeichnet und bei jedem Tag ein Loch angebracht. Wenn man in jedem System täglich einen Markierungsstift ein Loch weitersteckte, so ließ sich der Tag jederzeit in der einen wie der andern Bedeutung ablesen. Die Monatsnamen und der Zeitpunkt des Jahresanfangs wichen in den einzelnen gr. Städten und Landschaften stark voneinander ab. In Athen begann das Jahr zur Sommersonnwende nach dem Monat *Skirophorión*. Eine Kalenderreform führte *Meton 433 v. Chr. ein. Nach dem jährlich wechselnden Haupt der Behörden (in Athen dem *Archon eponymos) konnte das Jahr bezeichnet werden; älteste derartige Jahrrechnung ist die nach den Herapriesterinnen in Argos. Die Historiker benutzten als gemeingriechische Datierung die Zählung der alle 4 Jahre stattfindenden Olympiaden; die erste wurde 776 v. Chr. gerechnet.

Die Römer glichen bis 46 v. Chr. ihre Mondmonate mit dem Sonnenjahr ebenfalls durch Einschaltung von Zusatzmonaten *(menses intercalares)* aus. Doch kannten sie Wochen zu 8 Tagen; jeden 9. (Ausgangs- und Endtag mitgezählt) fand der Markt *(nundinae)* statt. Innerhalb des Monats gab es Fixpunkte: **Kalendae* (Neumondstag und Monatserster), **Nonae* (der 5. oder 7.), **Idus* (Vollmondstag, der 13. oder 15.), von denen aus die Tage rückwärts gezählt wurden. Daß der alte Jahresanfang der 1. März war, spiegelt sich noch heute in den röm. Monatsnamen vom Sept. an, welche die Zahlwörter von 7 *(septem)* bis 10 *(decem)* enthalten. Seit 153 v. Chr. aber traten die beiden Consuln, nach denen das Jahr bezeichnet wurde (also mit zwei Namen, in Athen nur mit einem), ihr Amt am 1. Jan. an, und in der Folge setzte sich dieser Tag auch als Beginn der allgemeinen Monatsrechnung durch. Die Jahreszählung vom Gründungsjahr der Stadt Rom an blieb unsicher, bis sich der von Varro errechnete Ansatz von 753 v. Chr. gegen andere behauptete. In den Provinzen wurde öfter nach eigener sog. *Aera* gezählt, meist vom Beginn der röm. Verwaltung an (z.B. in Makedonien 145 v. Chr.), anders in Spanien (38 v. Chr.); ähnlich zählte man im Seleukidenreich ab 312 v. Chr. Im Jahre 46 v. Chr. leitete *Caesar (3) eine Reform des Kalenders ein, indem er 90 Schalttage nachholte und nach ägyptischem Vorbild (*Sosigenes) ein Jahr von 365 Tagen mit einem alle 4 Jahre im Februar zugesetzten Schalttag einführte. *Fasti.

EBickermann, Chronology of the ancient world, 1968. AESamuel, Greek and Roman chronology, 1972. ARehm, Parapegmastudien, Abh. Akad. München 1941; ders. in Realencyclopädie unter Parapegma.

Zela, kleiner Ort im Innern des Landes Pontos (Kleinasien), wo Caesar Pharnakes schlug (47 v. Chr.).

Kromayer, Schlachtenatlas, Blatt 21 (1924).

Zeno. – 1. *Zenon. – 2. Bischof v. Verona, aus Mauretanien, † 371/2. Erhalten ist von ihm eine Sammlung Predigten.

T: BLöfstedt, 1971 (Corp. Chr.). Ü: ABigelmair, 1934 (KV). GBanterle, Roma 1987 (it.). – Gedenkpredigt eines Bischofs Petronius auf Z.: TÜ: GMorin, in Miscellanea liturgica (Festschr. Giacomo Lercaro 2, Roma 1967, 196ff.).

Zenobia, Septimia Augusta, Witwe des Odainathos, der während der Schwäche des röm. Reichs im Orient ein eigenes Königreich mit der Hauptstadt *Palmyra begründet hatte. Seit 267 n. Chr. führte sie für den minderjährigen Sohn Vaballath die Regierung. Syrien, Mesopotamien, Arabien, Aegypten und Kleinasien bis Ankyra unterstanden ihr. Auch der tatkräftige röm. Kaiser *Aurelianus mußte sie zunächst anerkennen. Palmyra wurde mit prunkvollen Bauten geschmückt; gr. Künstler und Philosophen weilten am Hofe, und der Rhetor *Longinos war der erste Ratgeber der Königin. 271 begann Aurelian im Bestreben, die Reichseinheit wiederherzustellen, den Krieg, siegte bei Emesa und erzwang nach schwieriger Belagerung die Kapitulatlon Palmyras. Die Stadt wurde geschont, aber im folgenden Jahre nach erneutem Aufstand zerstört. Z., die auch der Sieger mit Achtung behandelte, starb als Gefangene in Tibur.

Kornemann, Große Frauen des Altertums, 1952. MTlas, Zénobie, Damascus 1986. RStoneman, Palmyra and its empire, Z.s revolt against Rome, Ann Arbor 1992.

Zenodotos aus Ephesos, der erste Vorsteher der Bibliothek von Alexandreia von ca. 285-260 v. Chr. Sein größtes Verdienst war die erste textkritische Homerausgabe; er schuf damit die Grundlage, auf der seine Nachfolger *Aristophanes (2) und *Aristarchos weiterbauten.

Zenon. – 1. Z. von Elea, Schüler des *Parmenides. Dessen Lehre von der unteilbaren Einheit des Seins stützte er, indem er mit geschickter Dialektik bewies, daß die andere, gewöhnliche Annahme der Vielheit zu paradoxen Widersprüchen führe. Ein Beispiel: Der schnellste Läufer Achilleus kann die langsame Schildkröte nicht einholen, denn er müßte zuerst den Ort, wo die Schildkröte gewesen ist, erreichen, dann den Ort, von dem sie inzwischen weitergekrochen ist, und so, wenn man unendliche Teilbarkeit annimmt, immer weiter eine unendliche Zahl stets kleiner werdender Strecken durchlaufen. Wer aber unendlich viele Strecken zu durchlaufen hat, kommt nie ans Ziel; die Schildkröte wird immer einen Vorsprung haben.

TÜ: Vorsokr. I. TÜK: MUntersteiner, 1963. HDPLee, 1967.
2. Z. von Kition, einer Phönizierstadt auf Kypros, ca. 336-264 v. Chr., der Begründer der *Stoa. In Athen war er Schüler des Kynikers Krates, des Megarikers *Stilpon und des Akademikers Polemon. Kurz vor 300 begann er mit wachsendem großen Erfolg in der Bunten Halle *(Stoá Poikíle)*, einem der schönsten öffentlichen Gebäude Athens, zu lehren. Sein Geist umfaßte die ganze gr. Bildung, und er besaß die Fähigkeit zur Synthese: Er gab seiner Zeit, die mehr glauben als forschen wollte, ein System. In 3 Teilen, Physik, Logik, Ethik, bot er ein geschlossenes Weltbild. Im einzelnen läßt sich nicht immer mit Sicherheit ausmachen, was von altstoischen Lehren auf Z. zurückgeht und was erst *Chrysippos, der große Schriftsteller der Stoa, beigetragen hat. Wir wissen z.B., daß Z. als Ziel nannte, «In harmonischer Übereinstimmung zu leben». Erst sein Nachfolger Kleanthes erweiterte dies zu der bekannten Formel «in Übereinstimmung mit der Natur zu leben».
Bildnis: Schefold. T: Arnim (*Stoa). – *Chrysippos.
3. Z. der Isaurier, Kaiser des Ostreichs, 474-491. *Monophysiten.

Zetes: *Kalais.

Zethos: *Amphion.

Zeus, der alte Himmelsgott der Indogermanen, identisch mit dem röm. Iuppiter. Älteste Namensform *Diwijos*, altlat. vorauszusetzen *Diovs pater.* Die Griechen brachten ihn bei ihrer Einwanderung in die Balkanhalbinsel mit als den höchsten Gott, den Vater der Götter und Menschen. Seine wichtigsten Erscheinungsformen: – 1. W e t t e r g o t t, der im Himmel oder auf den Berggipfeln (*Olympos) wohnte, Blitz und Donner in seinen Händen trug, die Wolken versammelte und regnen ließ (in alter Zeit sagte man nicht «es regnet", sondern «Z. regnet»). Zahlreiche Kultbräuche und *Feste galten dem Zwecke, Z. bei Dürre um Regen zu bitten. – 2. Der G o t t d e s H a u s e s und der Wohnstatt. Der Altar des Z. *herkeíos* (zu gr. *herkos*, Umzäunung des Hofes) stand im Hof des Hauses, und über die Schatz– und Vorratskammer wachte Z. *Ktesios* (der Erwerber). Dieser nahm die Gestalt der heiligen Hausschlange an. Den einzelnen wie auch die ganze Stadt schützte Z. *Sotér* (der Retter). – 3. Der S ü h n e g o t t. Am Altar des Z. *Meilichios* (des Gnädigen) konnte der mit Blutschuld Befleckte gereinigt werden (*Ixion). Ihm feierte man in Athen die *Diásia*, das Haupt-Zeusfest. Sein Charakter als der Gütige führte dazu, daß der *Meilichios* auch als Hausgott in Schlangengestalt verehrt wurde. – 4. Als göttliches Ebenbild des über die Familie patriarchalisch herrschenden Hausvaters war Z. der Hüter der R e c h t s - u n d G e s e l l s c h a f t s o r d n u n g und wahrte die ungeschriebenen Gesetze der Moral. Als Z. *Horkios* rief man ihn beim Eidschwur an. Die Verpflichtung gegen Freunde und Kameraden schützte Z. *Philios.* Der Fremde, an sich im primitiven Staat rechtlos, war dem Z. *Xenios* heilig und unantastbar wie der Schutzflehende, wenn er sich am Altar unter die Hut des Z. *Hikesios* stellte. Dike und Themis waren seine Beisitzerinnen; er zürnte ungerechten Richtern (*Hesiod, *Erga)*. – 5. Der Gott der K ö n i g e, die im patriarchalischen Staat die gleiche Rolle

spielten wie in der Familie der Hausvater. Das führte später dazu, daß viele Adelsgeschlechter ihren Stammbaum von Z. herleiteten: Z. wurde in den Sagen zum Liebhaber der Heroinen, mit denen er die Ahnherren der Fürstenhäuser zeugte. Als das Königtum im Staatsleben an Bedeutung verlor, blieb Z. doch der Schutzherr des Staates (Z. *Polieús)*, der politischen Freiheit (Z. *Eleuthereús)* und auch des Stadtrats (Z. *Bulaíos)*. – 6. Der Gott der *M a n t i k . Z. hatte ein uraltes Orakel in *Dodona. Er sandte Vorzeichen: Blitz, Donner, Meteore, Vogelzeichen, Träume usw.
Der Z. der einwandernden Griechen ging mit den Göttern der alten Bewohner des Landes manche Verbindungen ein. Hera, die Landesgöttin von Argos, wurde seine Gemahlin. Die älteren Götter galten als seine Geschwister (Poseidon, Hades, Hera), die jüngern, von Kreta, Asien und Thrakien übernommenen, als seine Kinder (Athene, Apollon, Artemis, Ares, Dionysos u.a.; eine Sonderstellung nehmen die *Dioskuren ein). In die Vorstellung von der Gestalt des Z. und in die Z.-sage gingen viele vorgr. Züge ein. Aus dem kretischen Mythos vom göttlichen Kinde entstand die Sage von der Z.-geburt: Kronos pflegte die Kinder, die ihm Rheia gebar, zu verschlucken, damit sie ihn nicht entthronen könnten. Als sie aber Z. geboren hatte, reichte sie ihm statt des Kindes einen Stein und ließ das Z.-kind heimlich in einer Berggrotte auf Kreta aufziehen (*Amaltheia, *Kureten). Der Wettergott mit den Blitzkeilen gleicht dem altorientalischen Teschub. Zur Abfolge der Regenten des Himmels vgl. *Kumarbi. Als Z. den Kronos gestürzt hatte, teilte er die Weltherrschaft mit seinen Brüdern Poseidon und Hades, die das Meer und die Unterwelt als ihr Reich erhielten.
Z. war der gewaltigste und umfassendste von allen Göttern. In diesem Wesen lag ein Zug zum Monotheismus; die andern Götter wurden zu Dienern des Allherrschers. Besonders ausgeprägt erscheint diese Vorstellung im religiösen Denken des *Aischylos, später bei den Stoikern (*Kleanthes). Aischylos nennt auch den Herrn des Meeres Z. *Enalios* und den Hades Z. *Chthonios* (Z. der Erdtiefe. Davon verschieden ist der Z. *Chthonios* bei Hesiod, *Erga* 465, der bäuerliche Spender der Erdfruchtbarkeit, der mit dem Totenreich nichts zu tun hat). Seit dem Beginn des *Synkretismus wurden viele fremde oberste Götter von den Griechen Z. genannt (z.B. *Ammon). In der Kaiserzeit verstieg man sich so weit, den Kaiser Nero als Z. *Eleutherios* zu feiern. Nur im Scherz hatte der Komiker Kratinos den Perikles als «zwiebelköpfigen Z.» bezeichnet.
Dem Z. heilig waren die Eiche und der Adler. Sein berühmtestes Standbild war das des *Pheidias in Olympia, wo im heiligen Bezirk des Z. die panhellenischen Spiele stattfanden. Von den erhaltenen Bildwerken ist der Z. von Ocricoli (im Vatikan) das bekannteste (*Bryaxis). Nach einem Original aus dem Umkreis des Pheidias ist der Dresdener Z. gearbeitet.
ABCook, Z., 1914-40 (3Bde). HLloyd-Jones, The Justice of Z., 1972. HSchwabl, Z., in Realencyclopädie 10A (1972) 253-376 und Suppl.15 (1978) 993-1481. – HvHülsen, Z., 1967. HWParke, The Oracles of Z., 1967. Simon (*Religion). Liegle, Der Z. des Phidias, 1952.

Zeuxis aus Herakleia, einer der berühmtesten antiken Maler, kam als junger Mann kurz vor 425 v. Chr. nach Athen, wo er mit *Parrhasios wetteiferte und mit Sokrates verkehrte. Für den Heratempel von Kroton in Unteritalien malte er die *Helena*, ein Idealbild weiblicher Schönheit, unter das er stolz die Homerverse *(Ilias* 3, 156/7) setzte:

Tadelt nicht die Troer und hellumschienten Achaier,
Die um ein solches Weib so lang ausharren im Elend.

Als Bahnbrecher zeigt ihn das Idyll *Die Kentaurenfamilie:* Eine schöne Kentaurin säugt ihre Zwillinge, während der rauhe Vater ein Löwenjunges bringt, die Kleinen zum Scherz erschreckend. Z. reizte an dem Thema ebensosehr die psychologisch interessante, neuartige Situation wie das technische Problem des vollkommenen Übergangs vom Menschen- zum Tierleib.
Pfuhl (*Malerei). Kraiker, Das Kentaurenbild des Z., 1950. KGschwantler, in Realencyclopädie Suppl.15 (1978) 1481-1488.

Zoilos v. Amphipolis, sophistischer Rhetor des 4. Jh. v. Chr., polemisierte gegen Platon und Isokrates. Seine Kritik gegen Homer trug ihm den Namen *Homeromastix* (Homergeißel) ein.
HGärtner, in Realencyclopädie Suppl.15 (1978) 1531-1554.

Zosimos, gr. Verfechter des Heidentums, verfaßte kurz vor oder nach 500 n. Chr. eine Geschichte der Kaiserzeit bis 410 n. Chr. (6 Bücher).
T: LMendelssohn, 1887 (Nachdr. 1963, Tb). TÜ: FPaschoud, 1971-89 (Budé). Ü: OVeh, 1990 (BGL 31). – FPaschoud, Cinq études sur Z., Paris 1975.

Zwölf Götter. Die olympischen obersten Götter wurden vielerorts in Griechenland und später auch in Rom gemeinsam in der alten heiligen Zahl 12 verehrt und dargestellt: Zeus, Hera, Poseidon, Demeter, Apollon, Artemis, Ares, Aphrodite, Hermes, Athene, Hephaistos, Hestia. Wo, wie im Parthenonfries, Dionysos mit erscheint, mußte Hestia fehlen. In Athen galt der 12-Götter-Altar am Markt als der Stadtmittelpunkt, von dem aus man die Entfernungen im attischen Straßennetz maß. Er war auch Asylstätte und als solcher vielleicht mit dem «Altar des Erbarmens» identisch. *Dreifigurenreliefs.
ChRLong, The twelve gods of Greece and Rome, Leiden 1987.

Zwölftafelgesetz. Die frühste schriftliche Fixierung des Rechts in Rom erfolgte nach der Überlieferung 451/0 v. Chr. durch die hierfür eingesetzte Kommission von 10 Männern *(Decemviri)* auf 12 Tafeln, die am Forum aufgestellt wurden. 387 v. Chr. gingen sie im Galliersturm zugrunde, doch blieben ihre Bestimmungen dauernd die Grundlage des röm. *Rechts. Zivil-, Straf- und Prozeßrecht waren noch nicht geschieden. Große Juristen wie S. *Aelius, *Labeo, *Gaius kommentierten das Z. Einzelne Sätze kennen wir aus Zitaten; doch modernisierten die Schriftsteller oft die altertümliche Sprache. Die Sprachforscher Roms erklärten sie in umfangreichen Schriften. Bis gegen Ende der Republik lernten die Knaben in der Schule das Z. auswendig und wuchsen so in das für die Römer so charakteristische formal-iuristische Denken hinein.
T: Bruns, Fontes iuris Romani, 1912. TÜ: RDüll, 1989 (Tusc.). TK: DFlach (*Recht). – AWatson, Rome of the XII tables, Princeton 1975.

HAUPTDATEN DER ANTIKEN GESCHICHTE

Griechische Geschichte

v. Chr.	
Gegen 1800	Einwanderer von Norden zerstören die nichtgr. frühhelladische Kultur.
ca. 1800–1600	Mittelhelladikum. Die Einwanderer übernehmen städtische Kultur und Ackerbau.
ca. 1580–1500	Frühmykenische Kultur. Ausgreifen nach Kreta und Ägypten. Goldschatz der Schliemann'schen Schachtgräber in Mykene.
ca. 1500–1400	Mittelmykenische Kultur. Griechische Fürsten in Knossos auf Kreta.
ca. 1500	Untergang des Reiches der alten Kreter.
ca. 1400–1250	Große Palastbauten in Mykene, Tiryns, Pylos, Theben.
ca. 1230	Die letzten Einwanderer (Dorier). Untergang der mykenischen Kultur.
ca. 1000–900	Blüte der protogeometrischen Kunst in Athen.
776	Beginn der Olympiadenzählung.
8./7. Jh.	Zeit der Adelsherrschaften.
652	Fall von Sardes; die in Kleinasien eingebrochenen Kimmerier bedrängen die ionischen Städte.
Gegen 600	Verfassungskämpfe, Aufkommen von Tyrannen.
594	Archontat des Solon.
560–528	Peisistratos Tyrann von Athen.
547	Die ionischen Städte fallen mit dem Lyderreich des Kroisos unter persische Herrschaft.
510	Sturz der Peisistratossöhne in Athen.
508	Demokratische Verfassung des Kleisthenes.
500–494	Ionischer Aufstand.
490	Schlacht bei Marathon.
480	Schlachten in den Thermopylen und bei Salamis. Die sizilischen Griechen besiegen die Karthager bei Himera.
479	Schlachten bei Plataiai und Mykale.
478	Gründung des 1. Attischen Seebundes vor Byzanz.

468 (?)	Doppelsieg Kimons am Eurymedon.
462–429	Führerschaft des Perikles in Athen.
449	Sieg beim kyprischen Salamis. Ende der Perserkriege.
431–404	Peloponnesischer Krieg.
421	Nikiasfriede.
415–413	Sizilische Expedition.
406	Schlacht bei den Arginusen.
405	Schlacht bei Aigos potamoi. Dionysios I. wird Tyrann von Syrakus.
404	Athen kapituliert. Herrschaft der Dreißig.
404–371	Sparta hat die Vormacht in Griechenland.
401	Zug der Zehntausend unter Kyros (Xenophon).
399	Tod des Sokrates.
387	Königsfriede des Antalkidas mit Persien.
371	Schlacht bei Leuktra. Beginn der Vorherrschaft Thebens.
362	Schlacht bei Mantineia, Ende der thebanischen Hegemonie.
348	Philipp II. von Makedonien erobert die Chalkidike. Zerstörung Olynths.
340	Philipp belagert Byzanz. Krieg mit Athen.
338	Philipp siegt bei Chaironeia. Ende der gr. Freiheit.
336–323	Alexander der Große.
334	Schlacht am Granikos.
333	Schlacht bei Issos.
331	Gründung von Alexandreia. Schlacht bei Gaugamela.
323	Tod Alexanders. Beginn der Diadochenkämpfe.
301	Schlacht bei Ipsos.
283–133	Königreich der Attaliden in Pergamon.
222	Niederlage Spartas bei Sellasia.
196	T. Quinctius Flamininus proklamiert die Freiheit Griechenlands.
146	Zerstörung Korinths. Griechenland wird röm. Provinz.

Geschichte der röm. Republik

v. Chr.	
8. Jh.	Etrusker in der Toscana, griechische Kolonien in Süditalien und Sizilien.
753	Gründung Roms (nach Varro).
509 (?)	Vertreibung der Könige.
474	Sieg Hierons I. über die Etrusker bei Cumae.
387	Schlacht an der Allia. Die Gallier zerstören Rom.
338	Latinerkrieg.
327	Beginn der Samniterkriege.
295	Schlacht bei Sentinum.
281–272	Krieg mit Tarent und König Pyrrhos.
264–241	1. Punischer Krieg.
229/219	2 Illyrische Kriege.
218–201	2. Punischer Krieg.
216	Schlacht bei Cannae.
202	Schlacht bei Zama.
197	Schlacht bei Kynoskephalai (2. Makedon. Krieg).
192–189	Krieg mit Antiochos d. Gr.
168	Schlacht bei Pydna (3. Makedonischer Krieg).
149–146	3. Punischer Krieg.
148	Letzter Makedon. Krieg, Makedonien wird Provinz.
146	Zerstörung von Korinth und Karthago.
133	Zerstörung von Numantia. Erbschaft des Attalos von Pergamon. Tribunat des Tib. Grachus.
123–122	Tribunat des C. Gracchus.
111–105	Iugurthinischer Krieg.
107–100	Consulate des Marius.
90–88	Bundesgenossenkrieg. Sulla.
89–84	1. Mithridatischer Krieg.
82–79	Diktatur Sullas.
74–63	3. Mithridatischer Krieg.
63	Consulat Ciceros. Catilinarische Verschwörung. Geburt des Augustus.
58–51	Caesars Gallischer Krieg.

49	Ausbruch des Bürgerkrieges.
48	Schlacht bei Pharsalos. Tod des Pompeius.
46	Schlacht bei Thapsus.
45	Schlacht bei Munda.
44	Ermordung Caesars.
42	Schlacht bei Philippi.
31	Schlacht bei Actium.

Die römischen Kaiser

(D. Kienast, Röm. Kaisertabelle, 1990.
O. Veh, Lexikon der röm. Kaiser, 1990)

27	Octavianus empfängt den Titel Augustus.
n. Chr.	
9	Schlacht im Teutoburger Walde.
14	Tod des Augustus.
14–37	Tiberius.
37–41	Caligula.
41–54	Claudius.
54–68	Nero.
69	Galba, Otho, Vitellius.
69–79	Vespasianus.
79–81	Titus.
79	Verschüttung von Pompeii.
81–96	Domitianus.
96–98	Nerva.
98–117	Traianus.
117–138	Hadrianus.
138–161	Antoninus Pius.
161–180	Marcus Aurelius und L. Verus († 169).
180–192	Commodus.
193	Pertinax, Didius Iulianus.
193–211	Septimius Severus.
194	Gegenkaiser Pescennius Niger geschlagen.
197	Gegenkaiser Clodius Albinus geschlagen.
217	Caracalla.

212	Allgemeine Verleihung des röm. Bürgerrechts.
217–218	Macrinus.
218–222	Elagabal.
222–235	Alexander Severus.
235–238	Maximinus Thrax.
238–244	Gordianus III.
244–249	Philippus Arabs.
249–251	Decius.
250	Erste allgemeine staatliche Christenverfolgung.
251–253	Trebonianus Gallus.
253–260	Valerianus und Gallienus.
253–268	Gallienus.
268–270	Claudius II. Gothicus.
270–275	Aurelianus.
273	Sieg über Zenobia.
275–276	Tacitus.
276–282	Probus.
282–283	Carus.
283–285	Carinus.
284–305	Diocletianus und Maximianus.
305–306	Constantius I. Chlorus und Galerius.
306–324	Constantinus, Maxentius († 312) und Maximianus († 309), Galerius († 311), Licinius († 324), Maximinus († 313).
313	Edict von Mailand (Glaubensfreiheit für die Christen).
324–337	Constantinus Alleinherrscher.
325	Konzil von Nikaia.
337–361	Constantinus II. († 340), Constans († 350) und Constantius II.
360–363	Iulianus.
363–364	Iovianus.
364–375	Valentinianus und Valens.
375–378	Gratianus und Valens.

378 Goten überschreiten die Donau, Schlacht bei Adrianopel.

379–383 Gratianus und Theodosius I.

383–395 Theodosius I.

395 Reichsteilung.

Westreich

395–423 Honorius.

408 Hinrichtung Stilichos.

410 Alarich plündert Rom. Nordeuropa und Spanien gehen in der Folgezeit verloren.

425–455 Valentinianus III.

429 Vandalen in Africa.

451 Aëtius schlägt die Hunnen.

456–472 Schattenkaiser, eingesetzt von Ricimer.

476 Odoaker begründet das germanische Königtum in Italien.

493–526 Königreich der Ostgoten in Italien unter Theoderich.

529 Benedictus gründet das Kloster Monte Cassino.

553 Narses vernichtet die Ostgoten und stellt die Reichseinheit her.

568 Beginn der Langobardenherrschaft in Italien.

Ostreich

395–408 Arcadius.

408–450 Theodosius II.

450–457 Marcianus, der erste vom Patriarchen von Konstantinopel gekrönte Kaiser.

457–474 Leon I.

474–491 Zenon der Isaurier.

491–518 Anastasios I.

518–527 Iustinus.

527–565 Iustinianus.

529–533 Veröffentlichung des Corpus iuris.

532 Nika-Aufstand in Konstantinopel.

533–555 Rückeroberung Afrikas und Italiens.

MASSE

Es gab im Altertum keine allgemein und überall gültigen Normen. Der absolute Wert der Maße wich von dem hier angegebenen verschiedenerorts etwas ab. OAWDilke, Mathematik, Maße und Gewichte in der Antike, 1991 (Reclam).

1. Längenmaße:

griechisch	*römisch*	*Übersetzung*	*Wert*
Dáktylos	digitus	Finger	18,5 mm
Palaisté	palmus	Handbreite	7,4 cm
Pus	pes	Fuß	29,6 cm
Péchys	cubitus	Elle	44,4 cm
	passus	Doppelschritt	1,48 m
Órgyia		Klafter	1,78 m
Pléthron		100 Fuß	29,6 m
Stadion			178,6 m
(attisch)	milia passum	Meile	1,48 km
Parasánges *(persisch)*			6 km

2. Flächenmaße:

attisch	*römisch*	*Übersetzung*	*Wert*
Pléthron			876 m^2
	iugerum (240 Fuß lang, 120 Fuß breit)	Morgen	2523 m^2

3. Hohlmaße:

Kýathos	cyathus	Schöpfbecher	0,045 l	1
Kotýle	hemina	Napf	0,27 l	1
	sextarius	Sechstel ($^1/_6$ congius)	0,55 l	1
Chus	congius	Guß	3,27 l	1
	urna	Wasserkrug	13,1 l	1
	amphora		26,2 l	1
Metretés		Maß	39,4 l	1
Choinix		Tagesration	1,3 l	2
	modius	Scheffel	8,7 l	2
Médimnos		Scheffel	52,5 l	2

[1] Nur für Flüssigkeiten [2] Kornmaße

4. Gewichte:

Chalkús		Kupferstück	0,09 g
Obolós		Spießchen	0,73 g
	scripulum	Steinchen	1,14 g
Drachmé		Handvoll	4,36 g
Statér			8,73 g
	uncia	Zwölftel ($^1/_{12}$ Pfund)	27,3 g
	libra	Pfund	327 g
Mna	mina	Mine	436 g
Tálanton	talentum	Talent	26,2 kg

1 Chalkus	=	$^1/_8$ Obolos
1 Obolos	=	$^1/_6$ Drachme
1 Stater	=	2 Drachmen
1 Mine	=	100 Drachmen
1 Talent	=	6000 Drachmen

Münzen wurden meist mit den Gewichtsbezeichnungen benannt. Es handelt sich dabei um das Gewicht in Silber, beim altröm. *As* um 1 ganzes (später $^1/_{24}$) Pfund Kupfer. Zahlte man in Goldmünzen, so wurde dies speziell gesagt; Gold war 10-13mal mehr wert als Silber (z. B. 1 Goldstater im Gewicht von 2 Drachmen = ca. 24 Silberdrachmen).

1 gr. *Drachme* oder ein röm. *Denarius* (in republikanischer Zeit, später entwertet) entspricht rund 1 nicht abgewerteten Franken. Doch verführt die vom Metallwert ausgehende Umrechnung in eine heutige Währung leicht zu falschen Vorstellungen: Sie sagt nichts über die wirkliche Kaufkraft in Waren, die übrigens zu allen Zeiten sehr großen Schwankungen unterworfen war.

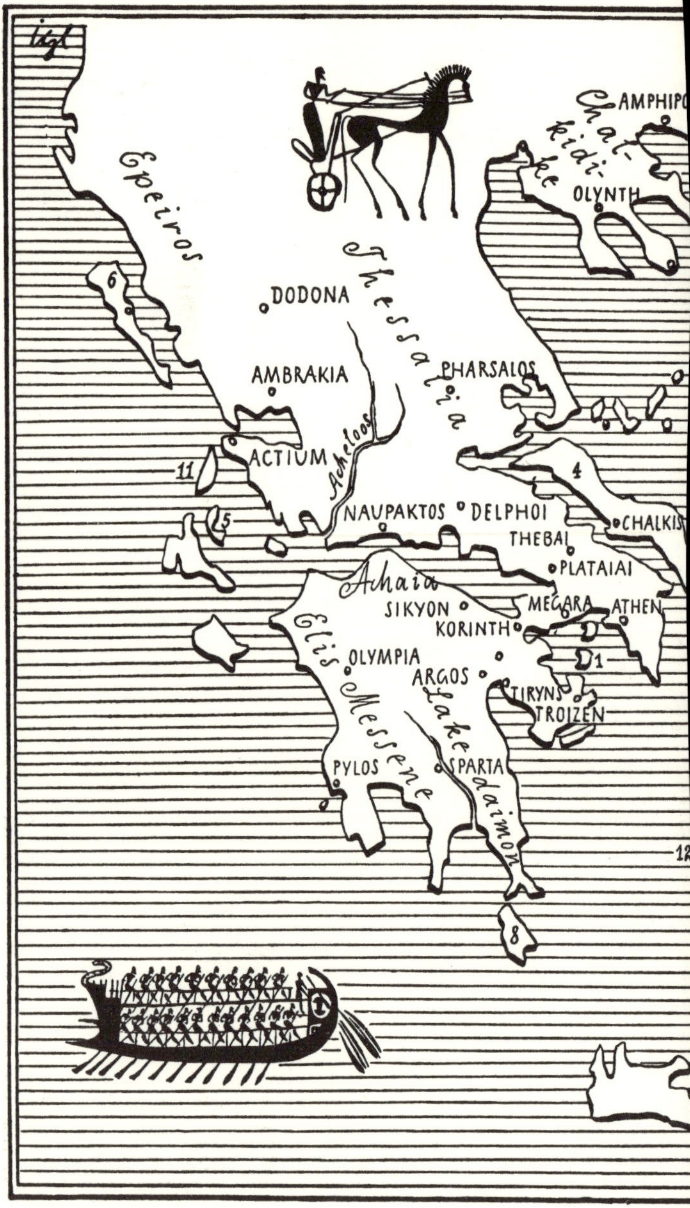
Epeiros
Thessalia
OLYNTH
DODONA
AMBRAKIA
PHARSALOS
ACTIUM
Acheloos
6
11
5
4
NAUPAKTOS
DELPHOI
THEBAI
PLATAIAI
Achaia
SIKYON
MEGARA
ATHEN
KORINTH
Elis
OLYMPIA
ARGOS
1
TIRYNS
TROIZEN
Messene
Lakedaimon
PYLOS
SPARTA
8